Historia De La Revolución Española, Desde La Guerra De La Independencia Á La Restauración En Sagunto, 1808-1874, Volume 3

Vicente Blasco Ibáñez

Nabu Public Domain Reprints:

You are holding a reproduction of an original work published before 1923 that is in the public domain in the United States of America, and possibly other countries. You may freely copy and distribute this work as no entity (individual or corporate) has a copyright on the body of the work. This book may contain prior copyright references, and library stamps (as most of these works were scanned from library copies). These have been scanned and retained as part of the historical artifact.

This book may have occasional imperfections such as missing or blurred pages, poor pictures, errant marks, etc. that were either part of the original artifact, or were introduced by the scanning process. We believe this work is culturally important, and despite the imperfections, have elected to bring it back into print as part of our continuing commitment to the preservation of printed works worldwide. We appreciate your understanding of the imperfections in the preservation process, and hope you enjoy this valuable book.

HISTORIA
DE LA
REVOLUCIÓN ESPAÑOLA

HISTORIA

DE LA

REVOLUCIÓN ESPAÑOLA

(DESDE LA GUERRA DE LA INDEPENDENCIA Á LA RESTAURACIÓN EN SAGUNTO)

1808 ╋ 1874

POR

D. VICENTE BLASCO IBÁÑEZ

CON UN PRÓLOGO

DE

D. FRANCISCO PI Y MARGALL

TOMO TERCERO
Y ÚLTIMO

BARCELONA

LA ENCICLOPEDIA DEMOCRÁTICA

86 — Calle de Balmes — 86

1892

ES PROPIEDAD DE ESTA ENCICLOPEDIA

Establecimiento tipográfico de B. Baseda, Villarroel, 17.—Barcelona

6543 - 176

F. CEA BERMÚDEZ

CALOMARDE

CAPITULO PRIMERO

1840-1841

Moderados y progresistas.—Sus programas políticos.—Absolutismo de los moderados.—Falso espíritu revolucionario de los progresistas.—Primeros actos de la regencia provisional.—Su conducta poco revolucionaria.—Manifiesto de Cristina.—Tratos de ésta con el Papa.—Disposiciones del gobierno.—Las nuevas Cortes.—Oradores notables.—Discusiones sobre la vacante regencia.—Las Cortes eligen á Espartero.—Juramento del regente.—Dimisión del gabinete Cortina.—Nuevo ministerio.—Su programa.—Disidencias progresistas.—Sus causas.—La tutela de la reina.—Es designado para desempeñarla D. Agustín Argüelles.—Modestas palabras de éste.—Indignación que el asunto de la tutela causa en los moderados.—Conducta de éstos.—Acertadas disposiciones de las Cortes.—Cuestiones internacionales.—Los conservadores y la integridad del territorio.—Suspenden las Cortes sus sesiones.

Alejada Cristina de la nación y deshecha con su marcha aquella corte, cuna de las intrigas reaccionarias y de las maquinaciones contra el progreso político, quedaban dueños del país, aunque colocados frente á frente y en actitud hostil, los partidos moderado y progresista, que después de la terminación de la guerra aun habían alcanzado mayor preponderancia.

Los moderados, que en su mayor parte habían sido en anteriores épocas furibundos revolucionarios, querían borrar el recuerdo de su vida pasada trabajando en favor de la reacción y pugnando inútilmente por detener al país que deseaba una completa regeneración.

Su impudor político era tan grande que no tenían inconveniente en afirmar por conducto de Alcalá Galiano, el más ilustre publicista de su partido, que las Constituciones y el régimen representativo eran verdaderas farsas y que lo único serio y beneficioso para las naciones era un monarca que legislase á su gusto ayudado por los consejos de las personas sabias que le rodeasen. Alcalá Galiano podía haber citado, en apoyo de su tesis, al célebre Fernando VII, que ayudado por los consejos sabios de las personas que le rodeaban, que eran el aguador *Chamorro*, un tropel de toreros y otro de frailes, podía haber hecho indudablemente la felicidad del país con leyes discutidas por tan respetable asamblea.

Aquellos moderados que llamándose constitucionales tan descaradamente defendían el absolutismo, se habían aprovechado hábilmente de su estancia en el poder para combatir el espíritu revolucionario y progresivo, y como éste tenía su principal abrigo en la vida regional, de aquí que obrando como perversos traductores de las instituciones francesas, dividieran en 1834 el territorio español en cuarenta y nueve provincias, arbitrariamente formadas, con cuya reforma borraron la antigua división territorial hecha por el tiempo, la historia y las costumbres, debilitando las energías regionales que era la única vida que le restaba á la nación.

Ante los procedimientos reaccionarios de los moderados no por esto se mostraban los progresistas más avanzados en las ideas, pues este partido había ido perdiendo rápidamente sus antiguas y nobles aspiraciones, quedando reducido á una agrupación que sólo deseaba el poder por las ventajas que reportaba, sin pensar en las reformas radicales que pedía el pueblo.

A cada momento proclamaban los progresistas la soberanía nacional, y sin embargo tal aspiración era en su boca una farsa indigna, pues en punto á ideas políticas estaban á la misma altura que los moderados difiriendo únicamente de éstos en los procedimientos. Mendizábal era de entre todos sus hombres populares el de mayor empuje y el más inclinado á la revolución, y sin embargo se mostraba arrepentido de haber apoyado la Constitución de 1812 que tachaba de traducción libre de la que la revolución francesa proclamó en 1791.

Aquellos patriotas que estaban siempre prontos á sublevarse contra el ministerio y á salir por las calles con el uniforme de nacional al són del himno de Riego, asustábanse ante la posibilidad de ser sospechosos para la monarquía y tachaban de demagógica la Constitución de Cádiz porque despojaba al rey de sus principales prerogativas confiriéndolas á la nación.

La soberanía nacional es hoy un concepto falso y mezquino que sólo pueden sostener políticos anticuados; pero al hablar de aquella época en que tal principio era el símbolo de la revolución, no podemos menos de protestar contra los directores del partido progresista que hablaban á todas horas de la soberanía de la nación al mismo tiempo que eran enemigos del sufragio universal, que defendían la facultad del rey para suspender y disolver las Cortes y que veían con ojos indiferentes la esclavitud en que estaban el municipio, la provincia y la nación misma.

En las votaciones de las Cortes, cuando los moderados apoyaban reformas en favor de la Corona y contra los derechos de la nación, los progresistas poníanse á su lado para hacerse simpáticos al trono, y en todas cuantas revoluciones han ocurrido desde aquella época á nuestros tiempos, el partido progresista con el pretexto de encauzarlas y dirigirlas las ha atajado siempre para poner en salvo la monarquía, institución que ha correspondido siempre á sus desvelos con terribles desdenes.

Desde que á la muerte de Fernando VII la monarquía se alió con los antiguos constitucionales, el espíritu doctrinario importado de Francia falseó los principios democráticos y verdaderamente populares que inspiraron á los legisladores de 1812.

La bandera revolucionaria tremolada en las Cortes de Cádiz quedó, desde 1836, abandonada y en el suelo; ni moderados ni progresistas quisieron continuar la campaña emprendida por los diputados de la época de la Independencia contra la tiranía y en favor de la dignidad de los pueblos, y su régimen descentralizador y democrático lo heredó é hizo suyo el glorioso partido republicano federal, que por entonces comenzó á formarse en algunas provincias de España y de que pronto hablaremos.

Cuando el gobierno de Espartero quedó constituído en regencia interina con motivo de la renuncia de la Reina Gobernadora, su primer acto fué suspender la ley de Ayuntamientos que había sido causa de la revolución, renovar las diputaciones provinciales y disolver las juntas revolucionarias en los pueblos, respetando únicamente las que funcionaban en las capitales de provincia.

Aquel gobierno progresista, al igual de los moderados, tenía gran miedo á la especie de federalismo práctico que se manifestaba en los pueblos apenas se iniciaba una revolución, y de aquí que se diera gran prisa en suprimir las juntas de las pequeñas poblaciones, dejando á las de las capitales un carácter puramente consultivo.

Urgía, para que el ministerio saliera cuanto antes de situación tan anormal, el convocar nuevas Cortes, y el gobierno señaló como fecha de reunión el 19 de Marzo de 1841.

En el seno del gobierno surgieron algunas controversias por la insistencia con que el ministro de Estado, Ferrer, y los individuos enviados por las provincias para componer la Junta Central que se proyectaba, pidieron que los diputados que iban á elegirse trajesen poderes para la abolición, ó cuando menos la reforma del Senado, cuerpo que se había hecho altamente impopular, por el espíritu reaccionario que demostraba en todas ocasiones.

Entretanto, la reina Cristina, apenas llegó á Marsella, envió á Espartero un manifiesto en el que atacaba con bastante rudeza al partido progresista, acusándolo de haber conjurado contra ella la ira del país, abandonándola en tan difícil situación.

Estaba este documento redactado por Zea Bermúdez, el famoso inventor del despotismo ilustrado, y sus párrafos sentimentales en los que hablaba la reina del dolor que le producía haber abandonado á sus hijas, excitaron la risa de la nación; pues todos los españoles sabían que el ideal de Cristina hacía mucho tiempo que era adquirir numerosos millones con especulaciones poco limpias, ó ir después al extranjero á vivir tranquila y regaladamente en compañía de su esposo Muñoz y de los hijos que con él tenía.

La regencia provisional, obrando con gran nobleza, publicó en la *Gaceta*, tal como lo deseaba Cristina, su acusador manifiesto y á continuación insertó otro dirigido á los españoles en el que refutaba brillantemente todos los cargos aducidos por la ex-reina gobernadora.

Cristina llamaba en su auxilio al partido moderado, que tenía en sus filas generales de gran prestigio capaces de organizar temibles insurrecciones, y para dar más fuerza á su causa trasladóse á Roma acompañada de Zea Bermúdez y se arrojó á los piés del reaccionario papa Gregorio XVI, el cual le dió la absolución de todos sus pecados y le prometió su ayuda con la condición de que hiciera cuanto pudiese para volver á ocupar la regencia de España y desde tan alto puesto sofocar el espíritu revolucionario que dominaba nuestro país.

La regencia provisional, presidida por Espartero, tuvo que luchar desde el principio con tremendas dificultades que parecían suscitadas intencionadamente.

Portugal se resistió á cumplir el tratado de navegación del Duero obligando con su tenacidad al gobierno español á pensar en una guerra, pero afortunadamente Inglaterra se encargó del arbitraje en tal cuestión y la nación vecina tuvo al fin que reconocer nuestros derechos.

Pero la que principalmente quiso dificultar la buena marcha del nuevo gobierno fué la Iglesia, que odiaba grandemente á Espartero por el crimen de haber terminado la guerra civil venciendo á don Carlos, en cuya persona fundaba el clero sus más risueñas esperanzas. Desde que comenzó la guerra civil, el nuncio apostólico se retiró de Madrid por no haber querido Gregorio XVI reconocer por reina de España á Isabel II y antes de partir dejó encargado de los negocios eclesiásticos á su asesor D. José Ramírez de Arellano, hombre de avanzada edad, carácter atrabiliario y rancias ideas, que al subir al poder Espartero se propuso molestarlo con continuas exigencias y protestas, lo que obligó á la regencia á expulsar del territorio español al nuncio interino.

Esta enérgica resolución de nuestro gobierno produjo gran efervescencia en el Vaticano, y el reaccionario cardenal Lambruschini, ministro de Estado del Papa, pensó hasta en pone

D. MANUEL CORTINA.

en entredicho á España lanzando tremenda excomunión sobre sus gobernantes; pero habían ya pasado los tiempos en que el diosecillo de Roma arrojaba de sus tronos á los reyes por medio de anatemas, y la corte pontificia contuvo su furor considerando lo ridículo que resultaría resucitar en pleno siglo xix la política de Gregorio VII.

No obstante, el clero español obró por su cuenta contra la revolución y negó la comunión á los liberales encendiendo el ánimo de los fanáticos con furibundas predicaciones y preparándolos para una nueva lucha.

Entretanto el gobierno que, como compuesto de legítimos progresistas sólo quería la revolución de nombre y deseaba borrar sus huellas cuanto antes, decretó en el mes de Noviembre que para el 1.º de Enero se hallasen constituídos los ayuntamientos y seguidamente las diputaciones provinciales con arreglo á las disposiciones de la ley y en términos que para aquella fecha las autoridades populares fuesen producto del sufragio electoral restringido.

Otras disposiciones de la regencia, muy elogiadas por la mayoría de la nación, fueron la supresión de la policía secreta, cuerpo odioso, cuyo desarrollo había sido favorecido por los gobiernos reaccionarios, y el establecimiento del registro civil y de los trabajos de estadística.

Como sucede siempre á la terminación de una guerra, el gobierno estaba agobiado por el exceso de personal militar, y esto hizo que se apresurara á licenciar los cuerpos francos y una parte del ejército, dando á los oficiales excelentes empleos que servían de justa recompensa á los que tan bravamente habían defendido la libertad durante seis años.

El 19 de Marzo de 1841, aniversario de la proclamación de la Constitución de 1837, reuniéronse las nuevas Cortes. Como los moderados, presintiendo una terrible derrota, se habían abstenido de tomar parte en la lucha, casi todos los elegidos fueron entusiastas progresistas. El partido moderado no tuvo en aquellas Cortes otro representante que el notable jurisconsulto D. Francisco Pacheco, elegido por la provincia de Alava.

Entre los diputados que por primera vez iban al Congreso figuraba González Brabo, que era ya considerado como un hombre de talento, aunque audaz, insolente y capaz de improvisarse una posición política sin reparar en los medios. Entonces figuraba como liberal de la extrema izquierda; pero todos conocían que era muy capaz de pasarse á la reacción si ésta le hacía seductoras proposiciones.

Las figuras más notables de aquellas Cortes, eran Olózaga, célebre por su elocuencia y su habilidad parlamentaria; López, orador sublime, cuyos discursos eran entonadas odas; Calatrava, el profundo definidor é intérprete del derecho, y Argüelles, que á causa de la edad y de las dolencias

TOMO III

era ya un grande hombre decadente, pero cuya figura inspiraba profundo respeto como viviente recuerdo de una época gloriosa.

La Cámara de diputados eligió por presidente á D. Agustín Argüelles y el Senado al conde de Almodóvar.

Así que se verificó la apertura de las Cortes, el gobierno presentó á ellas los documentos referentes á la abdicación de Cristina é inmediatamente púsose sobre el tapete la elección de nueva regencia, suscitándose la cuestión de si había de ser unipersonal ó compuesta de tres ó cinco individuos.

La discusión que sobre este asunto se originó fué muy empeñada y hasta muchos de los individuos del gobierno eran partidarios de que la regencia fuese trina, huyendo de los abusos á que se prestaba una autoridad unipersonal.

Don Manuel Cortina, ministro de la Gobernación, era partidario de la regencia única, y con tal arte supo defender sus ideas, que sus compañeros de ministerio, Gómez Becerra, Frías y Ferrer que se hallaban inclinados á la trina, pasáronse á su bando y decidieron al Senado en favor de su propósito.

La discusión de la regencia en ambas cámaras tuvo una amplitud nunca vista. Apenas se puso el asunto á discusión, treinta diputados y senadores pidieron la palabra en favor de la regencia única, cincuenta y uno en defensa de la trina y uno solo para sostener la quíntuple.

En el Congreso y en el Senado pronunciáronse discursos tan apasionados como eruditos, distinguiéndose Luzuriaga y Cortina en favor de la regencia única, y Posada Herrera y López sosteniendo la tésis de que con arreglo á los principios del partido progresista la regencia fuese múltiple.

Terminada la discusión en ambas cámaras, reuniéronse el 8 de Mayo en el palacio del Senado los individuos de este cuerpo y los diputados, para proceder á la votación.

El acto coménzó en medio de un profundo silencio. Primeramente se trató si la votación para nombrar la regencia había de ser secreta ó pública y nominal. Por doscientos cincuenta y cuatro votos contra treinta y seis, acordóse que la votación fuese pública; é inmediatamente Argüelles, que por su edad era el presidente, anunció que se iba á proceder á designar el número de regentes, para lo cual cada senador ó diputado había de pronunciar su propio nombre desde su asiento, añadiendo la palabra *uno*, *tres* ó *cinco*.

Una solemne calma siguió á la indicación presidencial, y los espectadores fueron acogiendo con creciente ansiedad las palabras de los votantes.

La regencia única fué aprobada por ciento cincuenta y tres votos, alcanzando ciento treinta y seis la trina y uno solo la quíntuple.

Una vez aprobada la regencia unipersonal, todos comprendieron que el llamado á desempeñarla era el gene-

D. Baldomero Espartero

ral Espartero, á causa de su prestigio y popularidad que nadie le podía disputar.

Pasó la asamblea á designar el nombre del regente, y el general Espartero fué elegido por ciento setenta y nueve votos. Los que eran poco afectos al militarismo y deseaban colocar al frente de la nación un personaje civil ilustre por su historia y sus méritos, designaron á D. Agustín Argüelles, que alcanzó ciento tres votos. Además la reina doña Cristina obtuvo cinco, uno el conde de Almodóvar y otro el brigadier D. Tomás Vicente.

El 10 de Mayo fué el día designado para la jura del nuevo regente, dándose á este acto el mayor esplendor, por medio de un ceremonial imponente y vistoso.

Espartero, con uniforme de gran gala, cubierto de condecoraciones y seguido de un brillante Estado mayor, penetró en el salón de sesiones, siendo acogida por el público con murmullos de simpatía su marcial figura, que hacía recordar á los célebres generales del tiempo de Carlos I.

El oscuro hijo del pueblo, elevado por sus propios méritos, sin otro apoyo que su valor ni más protección que su espada, iba á desempeñar el más alto cargo de la nación.

Cuando el héroe hubo prestado el juramento prescrito por la Constitución, dirigióse al presidente y á la asamblea, diciendo con voz enérgica:

—Señor presidente: deseo dirigir mi voz franca y sincera al pueblo español. Señores senadores y diputados, la vida de todo ciudadano pertenece á su patria. El pueblo español quiere que continúe consagrándole la mia. Yo me someto á su voluntad. Al darme esta nueva prueba de su confianza me impone nuevamente el deber de conservar sus leyes, la Constitución del Estado y el trono de una niña huérfana, la segunda Isabel. Con la confianza y voluntad de los pueblos, con los esfuerzos de los cuerpos colegisladores, con los de un ministerio respetable y digno de la nación la independencia, el orden público y la prosperidad nacional están al abrigo de los caprichos de la suerte y de la incertidumbre del porvenir. En campaña se me ha visto siempre como el primer soldado. Hoy como primer magistrado jamás perderé de vista que el menosprecio de las leyes y la alteración del orden social son siempre el resultado de la debilidad. Señores diputados y senadores: contad conmigo para sostener todos los actos inherentes al gobierno representativo.

Espartero, en medio de su gloria y de las dulzuras que le producían su nueva y brillante situación, comenzó á experimentar los sinsabores propios de la grandeza, siendo de éstos el más doloroso, ver que el gabinete que había funcionado durante la regencia provisional bajo la dirección de D. Manuel Cortina, apenas se encargó el caudillo de la suprema magistratura, se apresuró á presentar la dimisión.

Dolorosa resultaba para Espartero la separación de sus antiguos compañeros y especialmente de Gómez Becerra y Cortina, que eran sus amigos más útiles y adictos; pero ante la insistencia con que ofrecieron sus renuncias tuvo que pensar en sustituirlos con un ministerio cuyo presidente fué D. Antonio González que se encargó de la cartera de Estado. En gobernación entró D. Facundo Infante, en Gracia y Justicia D. José Alonso, en Hacienda D. Pedro Surrá y Rull, en Guerra D. Evaristo San Miguel y en Marina el general Carbó.

Al presentarse el nuevo ministerio ante las Cortes, González expuso su programa político prometiendo hacer cuantas reformas solicitase el país, atraer á los disidentes para conservar la fuerza del partido progresista, estrechar las relaciones con los pueblos de la América del Sur separados aún de la antigua metrópoli por los recuerdos de sus guerras de independencia, fomentar el espíritu de asociación y la instrucción pública, reducir el ejército, dar impulso á la venta de bienes nacionales y mejorar el estado de la Hacienda.

Este programa, á pesar de sus seductoras promesas, no logró evitar las disidencias y poco á poco el gobierno fué quedándose solo formándose frente á él un grupo de oposición parlamentaria compuesto de sus antiguos amigos.

El partido progresista, como todas las agrupaciones políticas muy numerosas y que no llevan al gobierno un programa revolucionario que cumplir, fraccionábase así que llegaba al poder, y las ambiciones bastardas y las pasiones mezquinas se encargaban de labrar su ruina.

La mayor parte de aquellos políticos que se llamaban revolucionarios y en punto á ideas estaban al mismo nivel de los moderados, deseaban el poder con el único fin de medrar, y como los puestos públicos no bastaban para todos, de aquí las protestas y las conjuraciones sin que al gobierno le fuera imposible impedirlas, pues no encontraba medios para acallar á tanto descontento.

Los puestos públicos se disputaban con un empeño nunca visto y hubo vacante de oficial de ministerio á la que se presentaron más de tres mil solicitantes argüyendo como méritos, su antigüedad en el partido progresista y su entusiasmo por Espartero y el régimen constitucional.

Al mismo tiempo que el gobierno, por las causas ya mencionadas, se desacreditaba con los progresistas, el regente perdía también su prestigio, circunstancia que explotaban los moderados acelerando con groseras calumnias la impopularidad de Espartero.

Con la abdicación y marcha al extranjero de Cristina quedaba vacante la tutela de doña Isabel y de su hermana doña Luisa Fernanda, y urgía el nombrar una persona de confianza que se encargara de tal misión.

María Cristina envió á España como comisionado al reaccionario publicista

D. Juan Donoso Cortés, el cual en nombre de la reina madre propuso á Espartero la formación de un consejo de tutela compuesto por igual de progresistas y moderados.

Cuando el gobierno presentó tal proposición á las Cortes, éstas se negaron á aceptarla, acordando que la tutela fuese unipersonal y se nombrara por el mismo procedimiento que la regencia.

El 10 de Julio se verificó la votación en ambas cámaras resultando elegido el presidente del Congreso D. Agustín Argüelles por ciento ochenta votos. Los moderados votaron en blanco, y los progresistas disidentes emitieron sus sufragios en favor del célebre poeta D. Manuel José Quintana.

Argüelles, al día siguiente de su nombramiento de tutor, abandonó la silla presidencial del Congreso después del despacho ordinario, y sentándose entre los diputados pidió la palabra para manifestar sus dudas sobre la compatibilidad entre el desempeño de su nuevo cargo tan íntimamente relacionado con Palacio y su continuación en la presidencia de la Cámara popular.

—Bien sé,—añadió el ilustre orador,—que tal incompatibilidad no está declarada por la Constitución; pero como aquí y fuera de aquí podría pensarse de otra manera por ser el caso nuevo, yo mismo dudo qué efecto produciría en mí la declaración por el Congreso de esa incompatibilidad; porque, señores, yo nací en las Cortes; no reconozco ni otra profesión ni otro cargo público que me haya ocupado en mi vida más que el de ser diputado. Mi edad, mi falta de salud me llaman á la vida privada; sométome, sin embargo, á lo que la nación quiera hacer de mí; mas sin una declaración expresa del Congreso yo tendría una pena suma en ocupar aquel sitio *(señalando al de la presidencia)*, y aun simplemente un lugar en estos escaños. El Congreso podrá deliberar lo que guste. Para mí su acuerdo será un precepto. Por consiguiente, señores, yo me retiro sin dar gracias porque, como antes dije, las gracias no se pueden dar por lo que supera á todos los sentimientos y á todo agradecimiento posible. Pido al Congreso me permita retirarme.

Las palabras de Argüelles, dichas con la modestia que era peculiar en aquel grande hombre, causaron profunda sensación sobre los oyentes que no esperaban tales manifestaciones. Así que se retiró el célebre diputado abrióse en el acto discusión tomando parte en ella Cortina, López, Madoz y otros oradores, los que opinaron no existía la incompatibilidad imaginada por la delicadeza de Argüelles, acabando por ratificar su cargo de presidente del Congreso.

La resolución que los progresistas habían dado al asunto de la tutela, produjo gran indignación en los moderados, no tardando en hacerse sentir las consecuencias.

María Cristina desde París envió un manifiesto y una carta dirigida á

Espartero, documentos ambos escritos con violento lenguaje y que eran como tremendas excitaciones á los moderados para que apresuraran el golpe proyectado contra la regencia del célebre general.

Aquellas Cortes progresistas eran tan monárquicas y estaban de tal modo dispuestas á no atacar en lo más mínimo á las personas reales, que faltando á las disposiciones de la ley siguieron abonando á la reina madre su pensión de algunos millones, correspondiendo con el dinero del país, á los ataques que ésta les dirigía.

Todos los elementos moderados concertáronse para seguir una política que perjudicara la regencia de Espartero. La marquesa de Santa Cruz, camarera mayor de Isabel II, no queriendo estar bajo las órdenes de un plebeyo oscuro como Argüelles, presentó la dimisión y su conducta fué imitada por todas las damas del palacio.

Hizo además Cristina un llamamiento á todos los generales y jefes militares que durante su estancia en Barcelona le habían ofrecido sus espadas para sostenerla en la regencia, y aceptó ahora sus servicios exigiéndoles que cuanto antes derribasen del poder al guerrero victorioso que había conseguido vencerla.

Como la causa de Cristina no era únicamente una causa personal sino que envolvía el triunfo de la reacción y la continuación de la preponderancia teocrática, de aquí que la masa de los conspiradores engrosara rápidamente y que muchos de los elementos que habían fomentado la guerra carlista se uniesen á Cristina para combatir á Espartero.

Mientras los moderados conspiraban, las Cortes seguían sus tareas legislativas tomando entre numerosos acuerdos algunos que daban por fin cierto tinte revolucionario á la situación.

Decretaron una quinta de cincuenta mil hombres, en reemplazo de los ochenta mil que eran licenciados; dieron nueva fuerza á la ley sobre supresión de mayorazgos; votaron la derogación de las leyes de culto y clero promulgadas por las disueltas Cortes de 1840; abolieron definitivamente el diezmo, y declararon otra vez bienes nacionales los del clero secular que les habían sido devueltos por aquellas Cortes.

Algunos incidentes diplomáticos tuvo el gobierno que ventilar con Francia referentes á límites en los Pirineos y á una estación sanitaria en la isla de Menorca; pero lo que más ruido produjo fué el intento de vender á Inglaterra por seis millones de reales las islas de Fernando Póo y Annobón.

Esta venta había sido concertada por el gabinete Pérez de Castro, pues siempre ese partido conservador que tiene en los labios la integridad del territorio y que acusa á los republicanos federales de disgregadores de la patria, ha sido el más propenso y fácil para vender por dinero ó por despóticas concesiones pedazos del suelo español. Nunca en épocas de libertad y revolución ha menguado en una sola pulgada el territorio de nuestra patria, pues tan tristes pérdidas han ocurrido siempre bajo el mando de esos mismos hombres que creen que la nación la constituye el suelo y no los hombres que lo pueblan. Bajo la monarquía absoluta ha perdido España sus principales provincias; el primer Borbón nos trajo la deshonra de Gibraltar y en nuestros mismos tiempos un Cánovas del Castillo puso á España á riesgo de perder las islas Carolinas.

La venta de Fernando Póo y Annobón concertada por Pérez de Castro en los últimos tiempos de su gobierno llegó por turno reglamentario á ser sometida á la aprobación del Senado; pero el gobierno apenas se apercibió retiró el proyecto y por un rasgo de caballerosidad cuidó de ocultar aquel convenio que tanto deshonraba al partido conservador.

El 24 de Agosto suspendieron las Cortes sus sesiones y la nación pareció que quedaba en la más absoluta calma, mientras que los conservadores conspiraban con más ahinco que nunca por derribar á Espartero.

CAPITULO II

1841-1842

Manejos de los moderados.—Calumnias contra los progresistas.—La conspiración conservadora.—Su organización.—Trabajos de O'Donell.—Sublevación en Pamplona.—Indiferencia de los carlistas.—Sublevación de Borso en Aragón.—Levantamiento de Montes de Oca en Alava.—Sublevación en Bilbao.—Insurrección en Madrid.—El general Concha pónese al frente de ella.—Ataque de Palacio.—Valiente defensa del coronel Dulce y los alabarderos.—Acertadas disposiciones del gobierno.—El general León.—Su inesperada presencia.—Derrota de los insurrectos.—Fuga de los comprometidos.—Prisión de León.—Fusilamiento de éste y otros militares.—Fin de la sublevación en Aragón y Alava.—Fusilamientos de Borso y Montes de Oca.—Infame conducta de O'Donell.—Bombardea á Pamplona y se retira á Francia.—Actitud de Espartero.—Su viaje por España.—El Ayuntamiento de Barcelona.—Derribo de la Ciudadela.—Irritación del regente y exageradas medidas que adopta contra los catalanes.—Impopularidad de Espartero en Cataluña.—Reunión de las Cortes.—Fracciones del partido progresista.—Voto de censura al gobierno.—Diputados republicanos.—D. Patricio Olavarria.—Propaganda republicana.—Disidencias en las Cortes.—Olózaga y Cortina.—Nuevo voto de censura.—Dimisión del gabinete.—Ministerio Rodil.—Calumnias contra Espartero.—*Los ayacuchos.*—La mayor edad de la reina.—Ridiculeces monárquicas en que caen los progresistas.

Los moderados no se daban tregua en la tarea de combatir la regencia.

Mientras llegaba la hora de dar el golpe de fuerza, ocupábanse en propalar groseras calumnias contra el regente y el tutor de la reina, proponiéndose hacer que tanto ésta como su hermana aparecieran á los ojos del pais como infelices víctimas de la violencia progresista. Hablábase de la terrible esclavitud que las princesas sufrían en el interior de palacio y se adornaba la relación con detalles horripilantes propios de una novela patibularia.

La ilustre viuda de Espoz y Mina y el eminente Quintana, que eran los encargados de la educación de las dos hermanas, se veían tachados de impíos y de intentar borrar en tan tiernas inteligencias todo precepto religioso, sin duda porque les enseñaban moralidad y virtud, cosas siempre desconocidas en los regios alcázares.

El sencillo D. Agustín Argüelles aun era objeto de mayores ataques por parte de los difamadores. Estos le llamaban *el zapatero Simón*, comparándolo con aquel demagogo de la revolución francesa que martirizaba al hijo de Luis XVI.

Para adquirir más fuerzas con que combatir á Espartero, pretendieron soliviantar á los carlistas y atraerse á los muchos elementos que aun le restaban á este partido en las provincias que habían sido teatro de la última guerra. Pero los partidarios de don Carlos no respondieron al llamamiento y los moderados tuvieron que contentarse con la cooperación de jefes militares como Diego León, O'Donell, Azpiroz, Concha, Narváez, Borso di Carminati, Norzagaray, Pavía y Pezuela, que aunque no estaban al frente de ningún cuerpo, gozaban de gran reputación y poseían el afecto del soldado.

La jefatura militar de la conspiración conservadora la desempeñaban los generales León y O'Donell, y la dirección del elemento civil estaba confiada á Isturiz, Montes de Oca y el mismo León, que tenían como auxiliares activos á Donoso Cortés, Egaña y los hermanos Carrasco.

Narváez, que tenía numerosos amigos en Andalucía y la Mancha, se comprometió á secundar el movimiento en dichas provincias.

Querían los conspiradores dar el golpe en Madrid, donde estaba Diego León que gozaba de gran prestigio en los regimientos de la Guardia Real; pero la negativa de varios coroneles y oficiales que á pesar de simpatizar con los conjurados no quisieron entrar en el plan, impidió que la sublevación se iniciase en la corte.

Acordóse entonces que dieran el grito contra Espartero el general Borso con la guarnición de Zaragoza, Piquero con las tropas acantonadas en Alava, O'Donell con las de Navarra, y el brigadier Orive con las de Valladolid.

Una sublevación que contaba con tan vastas ramificaciones y que unánimemente se manifestaba en tantos puntos, tenía grandes probabilidades de éxito; pero el principal empeño de los conjurados era apoderarse de la persona de la reina, símbolo de sus ideas, y este deseo fué la causa de su perdición, pues se decidieron á dar el golpe de mano en Madrid á pesar de todos los obstáculos.

A mediados del mes de Setiembre todos los conjurados estaban ya dispuestos á entrar en el ejercicio de sus funciones. O'Donell regresando de París á donde había ido á recoger de labios de Cristina las últimas instrucciones, dirigióse á Pamplona, punto para el cual había solicitado al gobierno se le destinara de cuartel; en Bilbao el coronel D. Ramón de la Rocha esperaba la orden para sublevarse con el regimiento de Borbón, y así todos los demás actores de la tragedia que se preparaba. El general Narváez, bien provisto de fondos, había desembarcado en Gibraltar dispuesto á la primera noticia á entrar en las provincias de Andalucía para fomentar la sublevación.

El general O'Donell trabajaba la guarnición de Pamplona y contaba ya con la adhesión de una parte de ella, esperando que el resto secundaría el movimiento. Tan descaradamente llevábase á cabo la preparación de aquél, que los progresistas más principales de Pamplona se apercibieron de sus manejos y enviaron en posta á Madrid al diputado Sagasti para que informara á Espartero de lo que ocurría; pero el regente acogió tales avisos como temores exagerados.

En la mañana del 27 de Setiembre, salió O'Donell de Pamplona con objeto de conducir su familia á Villalta, quedando desembarazado para ejecutar la sublevación á cuyo frente iba á ponerse, y á las ocho de la misma noche regresó á la plaza vestido de paisano aunque llevando como distintivo su faja de general. Inmediatamente O'Donell visitó los cuarteles y aunque arengó á las tropas sólo pudo conseguir arrastrar dos escasos batallones y un pequeño grupo de paisanos.

Confiaban los moderados mucho en que al grito del restablecimiento de los fueros se les uniría el pueblo vascongado tomando las armas, pero don Carlos y Cabrera habían escrito desde Francia á sus antiguos subordinados exhortándolos á que no tomasen parte en el próximo movimiento y diciendo que los liberales querían servirse de su valor en beneficio de la causa usurpadora, por lo que convenía á los buenos carlistas «permanecer ajenos y libres de todo contacto con los mortales enemigos de Dios y de la patria.»

O'Donell, con las escasas fuerzas que contestaron á su grito, encerróse en la ciudadela, mientras que el general Rivero, virey de Navarra, construía barricadas para impedir la fuga de la sublevada guarnición.

Mientras estos hechos ocurrían en Navarra, el general Borso di Carminati salía de Madrid con dirección á Zaragoza para ponerse al frente de los batallones de la Guardia Real que guarnecían la capital aragonesa. La oficialidad estaba dispuesta á sublevarse, pero con la condición de que el grito había de darse fuera de la ciudad, pues el pueblo zaragozano y la milicia eran entusiastas progresistas que idolatraban en Espartero y algún tiempo antes, con la sorpresa de Cabañero, habían demostrado á qué punto de heroísmo llegaban cuando era necesario defender la libertad.

Borso salió de Zaragoza con ánimo de pasar el Ebro y reforzar á O'Donell, y mientras tanto la insurrección iba alzando cabeza en todos los puntos designados por los directores del movimiento. El 4 de Octubre el general Piquero secundaba en Vitoria la sublevación de O'Donell en Pamplona é inmediatamente se formó en la capital de Alava una junta suprema de gobierno presidida por el ex-ministro de Marina D. Manuel Montes de Oca, hombre enérgico y audaz que había sido encargado por sus compañeros del directorio moderado de organizar el alzamiento en las provincias Vascongadas y de disponer lo necesario para recibir en ellas después del triunfo á doña María Cristina.

No encontró Montes de Oca el apoyo que esperaba de aquel país y aunque fueron bastantes los hombres que por efecto del predominante espíritu aventurero se presentaron á alistarse como voluntarios, sin saber por qué ni contra quién iban á batirse, fué imposible su organización por falta de armas y de dinero.

El audaz guerrillero D. Martín Zurbano, íntimamente unido á Espartero, y perfecto conocedor del país, tomó posición en la Puebla de Arganzón con las fuerzas que pudo reunir é inspiró grandes temores á la junta insurreccional de Vitoria, que creyó librarse de tan terrible enemigo poniendo á precio su cabeza.

Zurbano correspondió á tan horrible atención dando doble precio por la cabeza de Montes de Oca, el cual ayudado por Piquero no conseguía dar fuerza á la insurrección.

Los antiguos tercios carlistas alaveses se negaban á tomar las armas siguiendo las ocultas instrucciones de don Carlos, y pronto conoció Montes de Oca que la insurrección estaba próxima á sucumbir.

En Bilbao el coronel La Rocha se sublevó con su regimiento, expulsando de la capital al comandante general Santa Cruz y al jefe político D. Pedro Gómez de la Serna. Inmediatamente formóse una junta insurreccional que hizo cuanto pudo por reanimar aquella revolución que en todas partes nacía muerta.

En Guipúzcoa el general Urbiztondo, procedente del convenio de Vergara, también sublevó algunas tropas que acantonadas en Vergara sostuviéronse en actitud hostil por algún tiempo.

Mientras se cumplía en todas sus partes el plan de los moderados, los directores del movimiento y los generales que residían en Madrid vivían ocultos por temor á que el gobierno reduciéndolos á prisión dificultase la realización de sus planes.

El general D. Diego León, que por ser el jefe del movimiento era el más buscado por la policía, mudó en varios días algunos domicilios, recibiendo el día 7 la noticia de que en aquella misma noche el general Concha entrando en el cuartel de la Guardia de Corps, sublevaría al regimiento de infantería de la Princesa y al de húsares, que estaban en dicho edificio.

Concha había mandado en otros tiempos el regimiento de la Princesa, así es que, secundado por el teniente coronel Nouvilas y el entusiasta oficial Boira, logró sublevar á dicho cuerpo y conducirlo á palacio, cuya guardia se hallaba confiada al comandante Marchesi, afiliado también al movimiento.

Los jefes sublevados hablaron á los sencillos soldados de la necesidad de librar á Isabel y Luisa Fernanda de *la dura esclavitud en que las tenía Espartero*, y el batallón sólo pensó ya en entrar á viva fuerza en las habitaciones del palacio para poner en libertad á las dos princesas.

Los sublevados penetraron inmediatamente en el piso bajo del regio edificio; pero al ir á subir la escalera, recibieron una tremenda descarga que les impidió seguir adelante.

Estaba encargado de la guardia interior del palacio el coronel Dulce con diez y ocho alabarderos, exiguo grupo de hombres que consiguió detener á los asaltantes.

Entretanto las autoridades militares de Madrid, el jefe político Escalante y D. Manuel Cortina, que como comandante de un batallón de la milicia estaba de jefe de día de la plaza, tomaron acertadísimas disposiciones. Mandaron tocar generala y reuniendo los nacionales y las fuerzas de la guarnición, cortaron con ellas la retirada á los sublevados impidiéndoles la salida de aquella especie de ratonera en que voluntariamente se habían metido.

En esto el brigadier Pezuela y el general León, salvando las líneas establecidas alrededor de la plaza de Oriente, llegaron á palacio deseosos de compartir la misma suerte de sus compañeros de insurrección y de animar con su presencia á los sublevados.

Los soldados del regimiento de la Princesa acogieron con entusiastas vivas la presencia del célebre León, que era el general más popular del ejército de la reina; pero esto no impidió que los alabarderos defendieran cada vez con más empeño la escalera y que las fuerzas fieles á la regencia fuesen estrechando su círculo de hierro alrededor de palacio.

Era ya más de media noche, y como los soldados comenzaban á flaquear cansados por el tenaz é inútil combate, determinaron los jefes ponerse cuanto antes en salvo, evitando que á la luz del cercano día se cebaran en ellos los enemigos.

Cada uno de los generales moderados salió por donde pudo y valiéndose de los medios que para ocultarse les sugirieron su habilidad y sangre fría.

Al general Concha, que dirigió el ataque vestido de paisano, le fué fácil el ocultarse en Madrid y huir después al extranjero; pero no tuvieron igual suerte los demás conjurados, á excepción de Pezuela, Marchesi, Lersundi y Nouvilas, que también lograron ponerse en salvo á fuerza de sagacidad y buena fortuna.

El valiente León, poco acostumbrado á huir, emprendió tranquilamente

GENERAL LEON.

y sin apresurar el paso de su corcel la marcha por la carretera, cayendo en poder de un pelotón de húsares cerca de Colmenar Viejo. Estos soldados pertenecían al mismo regimiento que tantas veces se había batido tras la victoriosa lanza del héroe de Belascoin, y seguramente lo hubieran dejado en libertad á no ser porque el mismo León pidió que lo condujeran á Madrid, pues olvidando papeles comprometedores que llevaba en los bolsillos de su uniforme, creía que nadie podría probar ante el Consejo de guerra su participación en los recientes sucesos.

El conde de Requena y el brigadier Quiroga, que escapaban de Madrid en un carro, ocultos entre seras de carbón, fueron sorprendidos en Aravaca, así como el comandante Fulgosio, el teniente Boira, el alférez Gobernado y el brigadier Norzagaray.

De este modo fué vencida la insurrección en Madrid, que con tantos y tan valiosos elementos parecía contar.

Preso León y en poder del Consejo que había de juzgarle los comprometedores documentos ocultos en su uniforme, su triste suerte era de esperar. Aquel caudillo que á los treinta y un años había conseguido una fama sin límites y á quien hacía aún más interesante una figura gigantesca y marcial, fué condenado á muerte por el Consejo de guerra.

Es tan triste morir cuando sonríe la felicidad y se goza del prestigio de la gloria, que aquel valiente paladín, que sin inmutarse había pasado muchas veces por entre nubes de plomo carlista, sintióse poseído del afán de vivir, y no reparó en enviar á Espartero una carta pidiéndole la existencia y ofreciéndose en cambio á ser, si así lo quería, *el último soldado de su escolta.*

No era Espartero, hombre susceptible de enternecimientos, y como además estaba muy acostumbrado á fusilar en masa, de aquí que se negara á aceptar las numerosas demandas que se le dirigieron pidiéndole la vida de León y sus compañeros.

La sentencia del Consejo se cumplió en todas sus partes, y con impasible valor murieron fusilados el general León, el brigadier Quiroga, el comandante Fulgosio, el alférez Gobernado y el teniente Boira. Este último, que apenas si pasaba de los veinte años, se distinguió tanto en la capilla como en el acto de la ejecución por una fría serenidad que parecía burlarse de la muerte.

El conde de Requena y los brigadieres Fulgosio y Norzagaray fueron condenados á presidio, y contra los fugitivos Concha, Pezuela, Marchesi, Nouvilas, Rabanet y Lersundi se dictaron condenas de muerte por contumacia.

Tan triste fin como en Madrid, alcanzó la sublevación en los demás puntos. En Aragón, el general Borso, abandonado por sus tropas en vista del mal éxito de la empresa, fué preso y conducido á Zaragoza, donde murió fusilado.

Montes de Oca no tuvo mejor suerte en Vitoria. Convencido de la imposibilidad de allegar recursos ni organizar fuerzas, el audaz ex-ministro de Marina pensó en retirarse á Francia; pero su escolta, con el afán de adquirir el premio que Zurbano había prometido á los que lo aprisionasen, lo condujo á Vitoria, donde murió fusilado.

Inmediatamente Zurbano entró en Bilbao é hizo pasar por las armas á ocho individuos de la disuelta junta insurreccional, añadiendo á este acto algunas disposiciones arbitrarias, impropias de un militar ardientemente progresista, pues recordaban los brutales bandos de los realistas en 1825.

O'Donell, encerrado entretanto en el castillo de Pamplona, único punto donde aun se sostenía la causa en favor de la regencia de Cristina, procuraba extender la sublevación por los países limítrofes, y al llegar la noticia del desastre de Madrid aquel general obró con la vileza propia de un moderado, pues comenzó á bombardear Pamplona arrojando en los días 10 y 11 de Octubre más de mil quinientas granadas, que arruinaron muchas casas quitando la vida á seres inocentes que fueron nuevas víctimas de la ambición de Cristina y los moderados.

O'Donell, después de desahogar su rabia más como un bandido que como un militar, se dirigió á la frontera con parte de la guarnición, logrando ponerse en salvo después de causar tan grande daño á la capital navarra.

Aquella insurrección moderada que en tan distintos puntos se manifestó al mismo tiempo y que si bien en su período de preparación había sido adivinada por muchos, surgió inesperadamente y en medio de la general sorpresa, logró impresionar profundamente á Espartero hasta el punto de hacerle salir de su inacción y arrojarlo nuevamente en la vida militar.

Después que se consumaron los fusilamientos del desgraciado León y los demás jefes y oficiales comprometidos en el movimiento, el regente publicó en 18 de Octubre una proclama dirigida á la Milicia Nacional de Madrid dándola las gracias por su comportamiento valeroso en la noche del 7 y anunciando su próxima salida para las provincias del Norte, en la confianza de que la fuerza ciudadana sabría velar durante su ausencia por la tranquilidad de la capital y la defensa de las instituciones.

El 19 salió Espartero de Madrid acompañado de D. Evaristo San Miguel, ministro de la Guerra, y del de Gobernación, D. Facundo Infante, dirigiéndose primero á Burgos y después á San Sebastián, Pamplona y Zaragoza. Como en aquella época el pueblo estaba aun íntimamente unido al partido progresista, por ser el más revolucionario de entonces, y Espartero era su personificación, de aquí que el regente en todas los ciudades citadas fuese objeto de delirantes ovaciones que nunca se habían dispensado á ningún rey.

Pero afortunadamente, el pueblo no se deja siempre seducir por aparatosas manifestaciones ni por el esplendor de los guerreros afortunados, y en Barcelona especialmente las masas revolucionarias, que querían para su patria algo más importante y provechoso que músicas y aclamaciones, procedieron á ejecutar las reformas que creyeron convenientes y de utilidad.

Al estallar la conspiración moderada en Madrid y las provincias del Norte, los liberales avanzados de toda España pusiéronse á la defensiva y organizaron juntas revolucionarias, instituciones saludables que por estar en armonía con el carácter y aspiraciones de nuestro pueblo surgen apenas se inicia una revolución.

El gobierno de la regencia, siguiendo su política que en poco se diferenciaba de la de los moderados, se apresuró á disolver las nacientes juntas, y todas obedecieron sus órdenes menos la de Barcelona.

Dicha junta, que se había constituído apenas el capitán general Van-Halen tuvo que salir en dirección á Zaragoza para batir al insurrecto Borso, tomó el carácter de un gobierno casi autonómico y siguiendo las inspiraciones de D. Juan Antonio Llinás, antiguo revolucionario emigrado en 1823, llegó á decir á la regencia que obraría más ó menos revolucionariamente conforme se portasen los ministros en Madrid. «Si se levanta el cadalso para los traidores de todas categorías,—decía la junta en el documento dando parte de su instalación,—si se adopta una marcha enérgica y justiciera; si ese gobierno entra francamente en la senda de las reformas radicales, entonces cesará la junta... Mientras no, fuerza será que el país atienda por sí á la salvación de las libertades públicas á cada paso comprometidas por la insolencia y las contemplaciones de los ministerios que se han sucedido.»

La junta de Barcelona decretó un empréstito forzoso y tomó otros acuerdos propios de un gobierno popular y autonómico.

El vecindario de la ciudad aprovechó aquella sublevación para destruir la Ciudadela, fortaleza de triste recuerdo y que era símbolo de la tiranía, pues había sido construída por el primer Borbón, Felipe V, para tener esclavizada bajo la boca de sus cañones á la capital catalana y había servido como de Bastilla de la reacción, pues el conde de España hacinó en sus calabozos á los infelices liberales que no destinó á la horca.

El grito de ¡*Abajo la Ciudadela ó la muerte!* fué pronto general, y el 26 de Octubre de 1841 celebróse con una fiesta cívica presidida por la junta revolucionaria y el alcalde D. Pedro Mata, el principio de los trabajos para la demolición de tan funesto edificio.

Espartero, que debía el poder á estos movimientos espontáneos de la opinión revolucionaria, fué el primero en reprender desde las columnas de *La Gaceta* y con exagerada acritud las disposiciones de la junta de Barcelona y envió contra esta ciudad al general Van-Halen al frente de regulares fuerzas.

La junta revolucionaria, juzgándose débil para oponerse al gobierno ó creyendo improcedente una sublevación, dimitió sus cargos y se embarcó con rumbo á Marsella mientras que Van-Halen penetrando en Barcelona suspendió el derribo de la Ciudadela, declaró la capital en estado de sitio, disolvió el Ayuntamiento é hizo entregar las armas á los batallones de la milicia más conocidos por sus ideas democráticas.

No era Van-Halen un general á propósito para estar al frente de una región como Cataluña cuyos habitantes se distinguen por su independencia de carácter y su odio á toda coacción. Amigo dicho general de los procedimientos irreflexivos y arbitrarios propios de un tirano, hízose antipático á los catalanes é igualmente resultó odioso Espartero que era quien le sostenía.

Todos los demócratas y progresistas avanzados que hasta entonces fueron el principal sostén del regente comenzaron á hacer contra su persona una hostil propaganda que, extendiéndose por el Principado al amparo de la solidaridad que siempre existe entre los hijos de tal región, hizo que al poco tiempo no hubiese en Cataluña un solo esparterista.

El descrédito del regente extendióse por todas las provincias de España y el pueblo que poco antes se entusiasmaba gritando ¡viva Espartero! y creía á este célebre general un dechado de toda clase de talentos y cualidades, se convenció de que no era más que un militar aunque de buena voluntad sobradamente rudo, el cual sólo sabía batirse como un héroe en los campos de batalla y creía que las naciones podían gobernarse como un cuartel con arreglo á ordenanza, elevando el fusilamiento á la categoría de panacea de todos los males.

Don Salustiano Olózaga, que era el embajador de España en París y que vigilaba hábilmente á la ex-regente Cristina, envió al gobierno irrefutables pruebas de que dicha señora había sido la verdadera autora del movimiento moderado que á tantos militares costaba la vida, y la viuda de Fernando VII no ocultó su complicidad en la insurrección, pues publicó un manifiesto negándose á condenar la insurrección y considerándola como acertado remedio para los males de España.

La regencia, en vista de la actitud francamente sediciosa de Cristina, le retiró la cuantiosa pensión que como tutora y reina madre seguía percibiendo después de su abdicación, por uno de esos abusos comunes en los gobiernos poseídos del respeto monárquico.

Cuando las Cortes se reunieron nuevamente, el gobierno pudo apreciar inmediatamente las tristes consecuencias de la política restrictiva y de fuerza á que tan inclinado se mostraba Espartero.

El partido progresista aparecía en las Cortes dividido en tres fracciones; *la ministerial*, compuesta de los diputados resueltos á apoyar en todas ocasiones al gobierno fuesen cual fuesen sus actos; *la trinitaria* dirigida por López y Caballero en la que figuraban todos los enemigos de la regencia unipersonal y *la indifinida* que sin criterio fijo hacía una continua oposición al gobierno y que era acaudillada por Olózaga y Cortina.

Entre los defensores del gobierno y los oposicionistas, desarrollóse de tal modo esa manía de oratoria, principal defecto del sistema parlamentario, que la discusión de la contestación al mensaje de la Corona, consumió treinta y cuatro sesiones, en las que la oposición abrumó al gobierno con fundados y terribles cargos.

El principal motivo de discusión fué el haber declarado el gobierno en estado de sitio capitales tan importantes como Madrid y Barcelona sin fundar tal resolución en causas justificables. La oposición quiso que al ser contestado el mensaje de la Corona se dirigiera al gobierno un voto explícito de censura calificando de **inconstitucionales** los estados de sitio y logró su objeto aunque mitigando su censura con corteses palabras.

No sólo en aquella legislatura figuraban progresistas en representación del pueblo revolucionario, pues la idea republicana federal, que ya comenzaba á adquirir en España numerosos y entusiastas partidarios, tenía en las Cortes tres valientes defensores en las personas de los diputados Uzal, Méndez Vigo y el antiguo director de *El Huracán*, D. Patricio Olavarría.

Este entusiasta revolucionario que poseía un carácter entero y enérgico, renunció al poco tiempo su cargo de diputado por Galicia, convencido de que nada podía hacer á favor de la república en una asamblea compuesta de fanáticos de la monarquía y entusiastas por el cesarismo militar.

Como en aquel período se gozaba de una relativa libertad y los ideales progresivos se manifestaban con fuerza, apenas vino al suelo la coacción tiránica que ejercía Cristina, las doctrinas republicanas se extendieron rápidamente y en todas las capitales de importancia encontraron numerosos y firmes adeptos. Los ayuntamientos de Valencia, Sevilla y Barcelona eran mirados con recelo por el gobierno á causa de que la mayoría de sus individuos se manifestaban públicamente como republicanos, y en Figueras se daba el caso que D. Abdón Terradas, que fué en aquella época el propagandista más eminente del republicanismo, resultara elegido alcalde de la población en cinco elecciones sucesivas á pesar de las coacciones con que se opuso el gobierno.

La prensa, aprovechándose de la libertad de imprenta, hacía una continua propaganda á favor del dogma democrático en toda su pureza. Atacaba rudamente á la monarquía y á los progresistas tan empeñados en sostenerla; pedía la abolición de la Constitución vigente y la supresión del Trono, describiendo las ventajas que reportaría á la patria su unión con Portugal bajo la forma republicana federalista.

Pronto nos ocuparemos de los grandes progresos de tales ideas al hacer la historia del partido republicano en España.

En las Cortes, la única ventaja del gobierno consistía en estar la oposición dividida en varias fracciones; pues de este modo era como únicamente lograba tener una pequeña mayoría; pero para que dejase de reunir ésta, sólo era necesario que entre sus enemigos se estableciese una momentánea concordia.

Había en el seno de las Cortes dos hombres importantes capaces de derrumbar aquella regencia que ellos habían sido los primeros en encumbrar: D. Salustiano Olózaga y D. Manuel Cortina. El primero estaba resentido con Espartero á causa de haber prescindido de él en la formación de ministerio y Cortina tenía también alguna animosidad contra el regente por la ingratitud con que había procedido después de deber á sus manejos la aprobación de la regencia unipersonal.

Las Cortes estaban compuestas de progresistas, el partido moderado no tenía en ellas más que un solo representante y á pesar de esto el gobierno carecía de defensores, sucumbiendo bajo el peso de la homogeneidad del poder legislativo.

Las oposiciones iban preparando un ataque al gobierno que causara su ruina y encontraron pretexto interpelando al ministro de Hacienda Surrá y Rull, que fué presentado por los oposicionistas ante el país como un hombre de escasa competencia rentística y de dudosa moralidad, á causa de haber contratado empréstitos sin previa subasta y de haber favorecido en las negociaciones de la Hacienda á los banqueros que eran amigos y especialmente al célebre don José de Salamanca.

El ministro atacado se defendió con bastante éxito, pero como sus palabras no bastaron á desarmar la hostilidad de los oposicionistas, presentó por delicadeza su dimisión no queriendo aceptarla sus compañeros de gabinete con lo cual terminó aquella crisis.

Entonces las fracciones de la oposición acordaron marchar unidas siguiendo idéntica conducta, hasta que consiguieran derribar el ministerio y en la sesión del 28 de Mayo de 1842 presentaron una proposición en la que considerando que no se habían cumplido las seductoras promesas del gobierno al ocupar el poder, pedían al Congreso que declarara al gabinete sin el prestigio y fuerza moral necesarios para hacer el bien del país.

El debate de esta proposición dió lugar á que oradores tan eminentes como López, Cortina y Olózaga pronunciasen magníficos discursos en nombre de la oposición, y que defendiesen al gobierno con no menos elocuencia el ministro de la Guerra San Miguel y los diputados Posada Herrera y Lujan.

La discusión fué tan larga como enojosa, y cuando llegó el momento de votar, el gobierno fué derrotado por una mayoría de siete votos, viéndose en la precisa necesidad de presentar su dimisión ya que el presidente del gabinete había prometido solemnemente no disolver las Cortes aunque éstas le fueran hostiles.

El regente mostróse enojado con el Congreso por obligarle á desprenderse de ministros que le eran fieles, y llamó á D. Salustiano Olózaga para encargarle la formación de un nuevo gobierno, ya que él había sido el principal autor de la derrota del gabinete González. Pero Olózaga, al coaligarse con las otras fracciones de la oposición, había prometido no aceptar el poder si Espartero se lo ofrecía, y por esto se negó rotundamente á encargarse de la formación de un nuevo ministerio.

Las circunstancias indicaban que Espartero debía ofrecer igualmente el poder á D. Joaquín María López y á D. Manuel Cortina, que eran los jefes de las otras dos fracciones; pero el duque de la Victoria no simpatizaba ya con aquellos políticos que habían sido sus amigos, y prefirió consultar sobre la crisis al presidente del Congreso D. Pedro de Acuña, y al del Senado conde de Almodóvar.

No dió tampoco ningún resultado positivo dicha conferencia y Espartero se decidió á llamar al general Rodil que mandaba el ejército acantonado en las provincias Vascas.

El 17 de Junio llegó Rodil á Madrid y aceptó el cargo que se le confiaba sin entusiasmo alguno y únicamente por obedecer á la superioridad. Pasó mucho tiempo Rodil confeccionando su ministerio y fueron bastantes los que después de aceptar un puesto en él se negaron al día siguiente á desempeñarlo.

Por fin, después de numerosas reuniones y de acuerdos que se desvanecían apenas adoptados, quedó constituído el gabinete, encargándose Rodil de la presidencia y la cartera de la Guerra; el conde de Almodóvar, de la de Estado; D. Juan Antonio Zumalacárregui, de la de Gracia y Justicia; D. Ramón Calatrava, de la de Hacienda; D. Dionisio Capaz, de la de Marina, y el vizconde de Torre Solanot de la de Gobernación.

Al presentarse el nuevo ministerio ante las Cortes, su presidente pronunció un discurso en el cual limitóse á prometer que marcharía de acuerdo con la Constitución y las aspiraciones del Parlamento, procurando hacer constar en tonos enérgicos que sabría defender la independencia nacional. Nadie amenazaba entonces la integridad de nuestra patria, pero el gobierno al hablar de este modo, referíase al gabinete francés que mostraba cierto espíritu de agresión contra España á causa de que Luis Felipe favorecía á María Cristina, y deseaba combatir la regencia de Espartero.

Las generalidades y lugares comunes del programa del gobierno, no satisfacieron á las Cortes, y el gabinete Rodil se vió tan combatido por las oposiciones del Congreso, como lo había sido el ministerio anterior.

El 17 de Julio cerróse la legislatura, anunciándose la apertura de la siguiente para el 30 de Setiembre. Este intervalo lo aprovecharon las oposiciones para ponerse de acuerdo, y la concordia se verificó tan completamente, que Olózaga quedó comprometido á que si de nuevo le llamaba Espartero, para formar gabinete aceptaría el encargo, constituyendo un ministerio que gobernase con arreglo á los principios convenidos entre las tres fracciones oposicionistas.

El gobierno de Espartero comenzaba á experimentar un desprestigio tan rápido como completo. Odiado por las clases conservadoras, en el pueblo tenía su principal apoyo, y sin embargo, hacía lo posible para divorciarse de éste.

Las masas revolucionarias habían experimentado una gran decepción.

El ídolo que revestido del prestigio del pacificador había sido objeto de sus aclamaciones, resultaba ahora un hombre terco y de cortos alcances, y aunque liberal, más amigo de los procedimientos conservadores que de los revolucionarios, y de aquí que su antigua admiración por Espartero se transformara en desprecio y en odio.

Los moderados, siempre prontos á aprovecharse de las circunstancias para combatir ocultamente á sus enemigos, explotaban el odio popular y lo acrecentaban esparciendo odiosas calumnias contra Espartero.

Para hacerle objeto de la aversión de los industriales, pintábanle como vendido á Inglaterra, asegurando que iba á celebrar con ésta un convenio comercial que tenía por objeto destruir la industria algodonera tan floreciente en Cataluña.

No son los conservadores hombres capaces de pararse ante la enormidad de una calumnia, así es que tampoco vacilaron en presentar á Espartero como traidor á España, afirmando que á él se debía la desgraciada batalla de Ayacucho, tremenda derrota que nos hizo perder para siempre la posesión de la América del Sur. Esta versión era una falsedad irritante, pues al librarse la célebre batalla, Espartero estaba en el mar de vuelta de una comisión que sus jefes le habían encargado en España; pero tal prueba indiscutible no impidió que la mayoría de los españoles creyesen que el regente era el único culpable de la pérdida de un combate en que no había estado, y que los progresistas fieles á Espartero fuesen designado con el nombre de *ayacuchos*. A tan viles falsedades arrastra la pasión política.

El 14 de Noviembre volvieron á reunirse las Cortes, y pronto demostró el Congreso cual iba á ser su conducta, colocando en la presidencia á don Salustiano Olózaga por una gran mayoría, á pesar de que el gobierno se mostraba contrario á tal nombramiento.

Querían las oposiciones desacreditar á la regencia, presentándola como enemiga de la Constitución, y nada encontraron como suponer que Espartero quería prolongar la menor edad de Isabel II hasta más allá de los catorce años, que era la edad fijada por la Constitución para que la reina entrase en posesión de sus funciones.

Esta sospecha unida á la creencia de que los jefes y oficiales que por haber servido en el ejército del Perú estaban íntimamente unidos á Espartero seguirían apoyando con sus espadas la minoría de la reina, produjo gran oposición en la prensa, tanto moderada como progresista, y contribuyó á desacreditar aun más al regente ante aquellos buenos monárquicos que deseaban con ansia ser gobernados cuanto antes por una muchacha de catorce años, alegre, pizpireta y sin ninguna instrucción.

Aquellas Cortes, amigas en sumo grado de la Corona, al enviar á palacio su comisión, manifestaron por boca del presidente del Congreso, D. Manuel Cortina, el inmenso gozo que las embargaba al ver ya próxima la fecha en que la hija de Fernando VII con *su sabiduría hereditaria* regiría la nación española, dándola días de paz y prosperidad.

La reina contestaba á estas manifestaciones con un discursito escrito por Argüelles y aprendido de memoria, y aquí terminaba la farsa monárquica, sin que el gobierno pidiera al pueblo español que perdonara sus muchas faltas como ocurre al final de los sainetes.

Por fortuna no todos los revolucionarios eran en España iguales á los progresistas, tan rastreros como los moderados con los poderes tradicionales.

Existía ya un partido republicano capaz de dar pruebas de su virilidad, y tanto de su historia como de sus primeros hechos vamos á ocuparnos en el capítulo siguiente.

CAPITULO III

1842

Las ideas republicanas en España.—Sus primeras manifestaciones.—Conspiraciones republicanas en el segundo período constitucional.—Sublevaciones de Barcelona, Zaragoza y Valencia.—Eclipse de las ideas republicanas durante la segunda reacción.—El republicanismo en Cataluña.—Entusiasmo del pueblo por el nuevo credo político.—Prensa republicana.—D. Patricio Olavarría.—*El Huracán, El Cangrejo*.—Programa republicano federal.—Propaganda republicana.—*La Sociedad Patriótica* en Barcelona.—Abdón Terradas.—El entusiasmo republicano llevado al fanatismo.—*La canción de la Campana*.—Zurbano en Cataluña.—Sus arbitrariedades.—Atropella á la redacción de *El Republicano*.—Sublevación popular.—El agitador Carsí.—Primeros actos de la insurrección republicana.—El pueblo derrota á la guarnición de Barcelona.—Importancia que adquiere la insurrección.—Conducta de Espartero.—Sitio de Barcelona.—Se retira la junta revolucionaria.—Terrible bombardeo.—Anarquía entre los sitiados.—Rendición de Barcelona.—Tiranía de Espartero.—El general Seoane.—Tropelías que comete.—Impopularidad de Espartero.

Las doctrinas republicanas tardaron mucho á desarrollarse en España aunque no por esto son tan recientes y modernas como algunos creen.

El absolutismo y la Inquisición con sus muchos siglos de imperio, habían conseguido oprimir de tal modo el cerebro de España, que en la época en que toda Europa gozaba de los beneficios de la libertad y del progreso, nosotros permanecíamos todavía sumidos en la ignorancia y la degradación, resultando no ya la república, sino la monarquía constitucional, un estupendo progreso que asustaba al pueblo.

Ya hablamos en la introducción de la presente obra del efecto que la revolución francesa causó en nuestra patria y de la célebre conspiración republicana llamada de San Blas que asombra por su carencia de probabilidades de triunfo y por el entusiasmo rayano á la locura que demostraron en ella Picornell y los demás organizadores.

Aquel suceso, con el cual se manifiesta por primera vez la idea republicana en nuestra patria, no tiene más valor que el que le presta la grandeza heroica de sus actores, pues ni dejó huellas ni á los ojos de la nación tuvo otra importancia que la de una obra preparada por hombres á quienes habia exaltado el ejemplo de la Francia revolucionaria.

Tan extraordinaria parecía á España la idea de implantar en la península una república, que consideró como locos á Picornell y á sus compañeros, y el gobierno, en aquella época en que era raro el día que no se azotaba ó ahorcaba á algún individuo, se limitó á sentenciar á los conspiradores republicanos á reclusión perpetua.

No es de extrañar el juicio de la España del pasado siglo acerca de los primeros republicanos que surgieron de su seno.

Los pueblos ignorantes y fanatizados poseen una soberbia tan grande como su estupidez, y á todo aquel cuyo cerebro rompe las trabas creadas por la vulgaridad, lo tacha inmediatamente de loco. Ejemplos de esta verdad histórica son el inmortal genovés, Galileo y cuantos hombres han abierto nuevos horizontes al cerebro humano.

La España de Godoy y de Carlos IV hizo bien en tener por víctimas de exaltada demencia á Picornell y sus compañeros, primeros republicanos de España, pues éstos pertenecen á la inmortal legión de locos sublimes que el progreso coloca en sus altares.

Tras la intentona de 1794 la idea republicana sufrió un eclipse en España.

En 1802, bajo el gobierno del ministro D. Luis Urquijo, el hereje monárquico que hacía cruda guerra al Papado y quería establecer una Iglesia española independiente del Vaticano, la tendencia republicana volvió á reaparecer en Madrid públicamente y sin recato, siendo lo extraño que los que la defendieran fuesen jóvenes de la aristocracia y oficiales del distinguido cuerpo de artillería, que pusieron en moda el uso del gorro frigio y que en las mezquinas academias literarias de la época explicaban á su modo los absurdos de la forma monárquica y discutían un tema tan importante como era la abolición de la esclavitud.

Pero estas manifestaciones eran hijas solamente del entusiasmo poco firme de una juventud ligera ó irreflexiva que por haberse educado en Francia conocía la inmortal enciclopedia, pero que incapaz en su trivialidad de propagar las ideas republicanas, nada hizo para que éstas fuesen conocidas por el pueblo que ha sido siempre el que con más firmeza ha sabido defenderlas.

La vuelta de Godoy al poder anonadó aquellos intentos revolucionarios y la idea republicana no volvió á aparecer en España hasta el segundo periodo constitucional, del 20 al 23, época en que fué propagada dentro de la masonería popular que llevaba el título de *Confederación de caballeros comuneros ó hijos de Padilla* y defendida por periódicos tan leídos como *El Zurriago* y *La Tercerola*, que se publicaban en Madrid y *El Eco de Padilla*, en Cádiz.

Esta continua propaganda, había de dar sus frutos en aquel período abundante en hombres valerosos de acción y pronto las ideas republicanas tuvieron defensores que se propusieron alcanzar su triunfo por las armas.

A mediados de 1821 se realizó en Barcelona el primer movimiento republicano. El aventurero francés Jorge Bessieres que en la guerra de la Independencia se puso al servicio de nuestra patria alcanzando el grado de teniente coronel, fué el principal autor de la sublevación republicana. Comenzó ésta por el vocerío de imponentes grupos que reunidos en la plaza de San Jaime y en la Rambla pidieron el destierro de los absolutistas que conspiraban contra el gobierno liberal, y cuando los generales Sarsfiel, Fournás, Eroles y el obispo de la ciudad fueron embarcados con rumbo á Mallorca, los sediciosos, lejos de retirarse, comenzaron á dar vivas á la república disponiéndose al combate con los partidarios de la monarquía.

Las logias de carbonarios y comuneros, el audaz Bessieres y los emigrados piamonteses y napolitanos que residían en Barcelona, hicieron grandes esfuerzos por dar unidad y vida á aquel movimiento, pero la idea republicana no estaba suficientemente arraigada en los españoles para hacerlos marchar impávidos á la muerte, y el gobierno constitucional consiguió desbaratar la insurrección encerrando á Bessieres en el castillo de Figueras.

Como ya dijimos en otro lugar, el aventurero francés fué poco después uno de los más terribles caudillos del absolutismo y al sobrevenir la reacción murió fusilado por haberse puesto al frente del primer movimiento carlista, pero ésto no impide el que aquel hombre ligero y veleidoso obrase en 1821 con completa sinceridad defendiendo desinteresadamente las ideas republicanas.

En Zaragoza estalló al poco tiempo otro movimiento republicano al frente del cual se puso D. Francisco Villemor, hombre instruido como entusiasta por el dogma democrático. Ayudado por los republicanos franceses Uxón y Cugnet de Montarlot, arrojados de su patria á causa de sus continuas conspiraciones y contando con la tácita adhesión de Riego, verificó Villemor la sublevación republicana, pero el gobierno la venció fácilmente así como otro movimiento que estalló á los pocos días en Alcañiz en el mismo sentido político y que motivó el desarme de su milicia.

La facilidad con que el gobierno desbarataba las intentonas republicanas, no sólo venía á probar que la república no tenía aún en España verdaderos defensores, sino que demostraba la pobreza de espíritu de aquella revolución tan agitada como infructuosa y que era semejante á una llama sin calor ó un cañonazo con pólvora sola.

Conforme avanzaba el período revolucionario ya iban adquiriendo más importancia las sublevaciones republicanas. A principios de Enero de 1822 estalló en Valencia un movimiento con carácter republicano y socialista, manifestándose en él con todo su indómito valor el pueblo de las revolucionarias Germanías. El gobierno logró sofocar aquella revolución, pero esto sólo fué después de un empeñado combate y de abrumar á los republicanos con la superioridad que presta la artillería.

La manifestación del pueblo de Madrid en 1823 cuando al saber que Fernando estaba de acuerdo con las potencias de la Santa Alianza amotinóse bajo los balcones del regio palacio, también tuvo carácter antimonárquico, pues las masas justamente indignadas gritaron: ¡muera el rey traidor! ¡muera el tirano! ¡viva la nación! y altamente democrática fué la postrera resolución de las Cortes en Sevilla cuando despojaron al rey de toda autoridad para conducirlo forzosamente á Cádiz.

Al sobrevenir á fines de 1823 la espantosa reacción, desaparecieron de nuestra patria hasta las más moderadas ideas de libertad, y natural era que sufrieran un largo eclipse las doctrinas republicanas. Los emigrados liberales habían de coincidir en un solo ideal para poder batir de este modo á la triunfante reacción, y por esto ya hacían bastante con defender la Constitución de 1812 é intentar su restablecimiento con gran peligro de sus vidas.

Como durante los primeros años de la regencia de María Cristina el éxito de la guerra civil mostrábase indeciso y era probable el triunfo de aquella teocracia fanática y feroz que simbolizaba la causa de don Carlos, todos los liberales formaron un solo bando cuidándose más de defenderse de los carlistas que del progreso político de la nación. Pero ya en 1835 comenzaron á marcarse diversas tendencias en el seno del partido liberal. Frente á los moderados que querían la continuación del *despotismo ilustrado* bajo la forma del Estatuto Real surgieron los exaltados que pedían la federación de las antiguas regiones españolas, aunque respetando la forma monárquica.

En 1837 al discutirse la Constitución, los progresistas para aliarse con los moderados aceptaron el nocivo doctrinarismo francés, olvidando los principios democráticos en que se basaba la célebre Constitución de Cádiz.

Separáronse entonces del progresismo los elementos verdaderamente revolucionarios y la tendencia republicana comenzó á manifestarse nuevamente con gran fuerza.

En Cataluña fué donde el nuevo credo político hizo su aparición más imponente.

Estaba y está aún hoy más generalizada la ilustración en dicho país que en el resto de España, y además el partido republicano contaba con el apoyo de muchos miles de obreros á quienes seducían las importantes reformas sociales ofrecidas por el nuevo credo político.

Cataluña es la región española que puede honrarse con el título de cuna del partido republicano.

Todas las insurrecciones que desde 1835 estallaron en Barcelona, tuvieron un carácter republicano, pues esta idea era la única que conseguía sacar de su retraimiento á las masas obreras, escarmentadas de dar su sangre por constituciones que no variaban la organización del país y por revolucionarios como Espartero, que una vez en el poder adoptaban los procedimientos propios de los gobiernos moderados.

Ya hablamos de la sublevación republicana ocurrida en Barcelona en Mayo de 1838, y en la cual el pueblo y especialmente el célebre batallón de la *Blusa*, se batió durante dos días con un heroismo que asombró á los veteranos del ejército, y también del fusilamiento del jefe de la insurrección Xaudaró y Fábregas, ordenado por el sanguinario barón de Meer.

Xaudaró era tan decidido republicano y en aquella época de confusión política tenía tan determinadas sus ideas, que en su emigración durante el período reaccionario había escrito un proyecto de constitución de la república federal española.

También fuera de Cataluña la doctrina republicana tenía decididos defensores.

Ya hemos hablado del periódico *El Huracán*, fundado y dirigido por don Patricio Olavarría, y el cual hubo de cesar en su publicación durante algún tiempo á causa de la cruda guerra que le hacían por igual moderados y progresistas.

Al triunfar Espartero de Cristina, Olavarría, confiando en las promesas de los progresistas que ofrecían la libertad de la prensa y el respeto á todas las opiniones, volvió á publicar *El Huracán*; pero el fiscal de imprenta, que lo era entonces el joven D. Cándido Nocedal, en 1841 furibundo progresista y después jefe del partido carlista, fulminó contra la publicación republicana tantas denuncias que tuvo que suspender nuevamente su aparición.

El mismo fin alcanzó otro periódico satírico y republicano titulado *El Cangrejo* que empezó á publicarse en Madrid.

El incansable Olavarría no se desanimó por la supensión de *El Huracán* y siguió haciendo propaganda republicana por medio de hojas sueltas, en una de las cuales apareció el siguiente programa suscrito por Olavarría y tan conciso como claro:

«El objeto de nuestras afanosas tareas no es otro que derribar la Constitución de 1837, el trono y la regencia de Espartero; realizar la unión de España y Portugal y establecer en ambos países, bajo un pié de perfecta igualdad, un gobierno *republicano federal*, sobre la base de una constitución que está ya formada y se publicará en tiempo oportuno.»

Los diputados republicanos García Uzal y Méndez Vigo publicaron otro periódico titulado *El Peninsular*; pero al poco tiempo cesó igualmente en su publicación por no poder resistir las continuas é injustificadas denuncias de aquellos progresistas que cuando estaban en la oposición atacaban especialmente á los moderados como detentadores de la libertad de imprenta.

En el Congreso las ideas republicanas tuvieron un nuevo é ilustre representante, pues al grupo que formaban Olavarría, García Uzal y Méndez Vigo, unióse el inmortal poeta D. José Espronceda.

Una sola vez habló en la Cámara el ilustre autor de *El Diablo Mundo*, y luchando con la enfermedad laríngea que al poco tiempo le había de arrastrar á la tumba, pronunció en favor de las ideas republicanas un discurso enérgico, salpicado de imágenes tan originales como sublimes.

—Tan beneficiosa es la república para los pueblos,—dijo encarándose con aquella mayoría progresista escéptica ó falsamente revolucionaria, —que si se implantara en España aunque sólo fuera durante un año, después para restablecer la monarquía, tendríais que fusilar á todos los españoles.

No era solamente en Barcelona y en Madrid donde alcanzaban cierto prestigio las ideas republicanas, pues también en otras provincias, encontraban decididos partidarios.

En Teruel constituyóse en 1840 una Junta de propaganda republicana federal formada por D. Víctor Pruneda, D. Lorenzo Cebrían y don Manuel Llorente; en Valencia se publicaban hojas sueltas incitando al pueblo á una revolución en sentido republicano, y en Andalucía se propagaban públicamente las ideas democráticas.

Pero, como ya antes dijimos, en Cataluña era donde más arraigo alcanzaba el nuevo credo político. Toda la juventud ilustrada de Barcelona era republicana, y á ella se unían las masas obreras ansiosas de una verdadera revolución.

Existía en la capital catalana un centro republicano con el título de *Sociedad Patriótica*, del que era secretario el valeroso republicano de Figueras D. Abdón Terradas, y pronto se confederó dicho centro con la Asociación Cooperativa de Tejedores dirigida por D. Juan Muns, que tenía en Barcelona unos siete mil jornaleros inscritos, y más de veinte mil en la provincia.

El jóven Terradas así cómo logró

atraer á la comunión republicana á tan importante asociación obrera, conquistó también gran parte de la milicia, siendo nombrado por unanimidad segundo comandante del tercer batallón.

Tanta importancia llegó á adquirir el partido republicano y su propagandista Abdón Terradas que los progresistas asustados, hicieron que el gobierno disolviera la *Sociedad Patriótica*.

El valiente joven comenzó entonces á publicar una serie de hojas volantes contra el gobierno de los progresistas y lo inicuamente que éstos habían engañado al pueblo prometiéndole una revolución que sólo tenía de tal el nombre, y tal furor produjeron estos ataques á los esparteristas catalanes que contando con el apoyo del jefe político intentaron varias veces asesinar á Terradas, pero éste, auxiliado por sus correligionarios, consiguió librarse de tal brutales asechanzas.

El gobierno le destituyó de la comandancia del tercer batallón y la policía progresista allanó su domicilio y se apoderó de sus papeles, persiguiendo sin tregua al propagandista republicano que también tomó gran parte en los sucesos de Octubre de 1841, durante los cuales se inició el derribo de la Ciudadela.

Cuando Van-Halen fué enviado por Espartero á Barcelona para que arreglase militarmente los asuntos de Cataluña, dijo que su primera disposición iba á ser el fusilar á Abdón Terradas, pero éste, apenas supo estas palabras, se presentó voluntariamente al capitán general, pidiendo ser juzgado. Van-Halen admirado de tanto valor, lo dejó en libertad.

En 1842 al verificarse las elecciones municipales en la ciudad de Figueras, donde había nacido Abdón Terradas, sus paisanos le designaron para el cargo de alcalde; pero el jefe político de Gerona, autorizado por el gobierno progresista, le negó arbitrariamente la vara y convocó á nuevas elecciones. Cinco veces seguidas se verificaron éstas y en todas resultó elegido el ciudadano Terradas, quien al fin tomó posesión de la alcaldía, pues el gobierno progresista se cansó de luchar con la voluntad de un pueblo tan tenazmente republicano.

El entusiasmo de los catalanes por la república fué tan grande que llegó á convertirse en una religión casi fanática, pues muchos hijos de familias acomodadas abandonaron sus hogares prefiriendo arrastrar una existencia mísera antes que transigir con las ideas reaccionarias de sus mayores y hubo estudiantes que próximos á terminar su carrera dedicáronse á aprender oficios mecánicos para atender á su subsistencia en el porvenir, y no aceptar los destinos que pudiera ofrecerles el gobierno monárquico.

Contribuía á aumentar este entusiasmo el periódico *El Republicano*, que á fines de 1842 empezó á publicar en Barcelona el elocuente y enérgico joven D. Francisco P. Cuello, que había de morir algún tiempo después asesinado por los esbirros de la monarquía.

El Republicano en sus quince primeros números entusiasmó á sus valientes lectores publicando el siguiente plan revolucionario escrito por Abdón Terradas, y que iba acompañado de la famosa *Canción de la Campana:*

»Cuando el pueblo quiera conquistar sus derechos, debe empuñar en masa las armas al grito de ¡viva la República!

»Entonces será ocasión de cantar en Cataluña:

Ja la campana sona,
lo canó ja retrona...
¡Anem, anem, republicans, anem!
¡Al arma, amichs, anem!
¡A la victoria, anem!

I

Ja es arribat lo día
que 'l poble tan volía:
fugiu, tirans, lo poble vol ser rey.
Ja la campana sona...

II

La bandera adorada
que jau allí empolvada...
¡Correm, germans, al aire enarbolem!
Ja la campana...

III

Mireula qué 's galana
la ensenya ciutadana
que llibertat nos promet si la alsem.
Ja la campana...

IV

Lo garrot, la escopeta,
la fals y la forqueta
¡oh, catalans! ab valor empuñem.
Ja la campana...

»Debe dar muerte á todos los que hagan armas contra él.

»Debe aniquilar ó inutilizar todo lo que conserve algún poder ajeno á su voluntad, ó sea todo lo que dependa del actual sistema, como son las Cortes, el trono, los ministros, los tribunales, en una palabra: todos los funcionarios públicos.

V

La Cort y la noblesa,
l' orgull de la riquesa
caigan de un cop fins al nostre nivell.
Ja la campana...

»Debe atacar no más que á los hombres del poder y evitar los actos de venganza personal; es indigno de la majestad del pueblo atacar á los indefensos de los partidos vencidos.

»Debe apoderarse de todas las plazas fuertes y amalgamar la fuerza popular con la del ejército fiel al pueblo.

»A los caudillos que le dirijan, sólo debe obedecerlos mientras dure la insurrección, y fusilarlos si quieren dejar en ejercicio alguna autoridad del régimen actual.

»Inmediatamente después del triunfo, en cada pueblo se nombrará á pluralidad de votos tres simples administradores, uno de ellos presidente, que absorban toda la autoridad. En las grandes poblaciones éstos publican un estado de los demás funcionarios locales indispensables, y á los dos días convocan al pueblo para nombramiento. Si trataran de ejercer por sí este acto de soberanía, se les fusila y se eligen otros.

»A los ocho días debe reunirse nuevamente el pueblo para la elección de los representantes en el Congreso constituyente, y á éstos se les libran poderes en que se diga: Discutiréis y formularéis una Constitución republicana bajo las siguientes bases: La nación única soberana; todos los ciudadanos iguales en derechos; todas las leyes sujetas á la sanción del pueblo sin discusión y revocables todos los funcionarios elegidos por el pueblo, responsables y amovibles. La república debe asegurar un tratamiento á todos los funcionarios; educación y trabajo, ó lo necesario para vivir, á todos los ciudadanos. Dentro de tres meses debe estar terminado el proyecto de Constitución y presentado á la sanción del pueblo.

VI

La milicia y lo clero
no tingan mes que un fuero,
lo poble sols de una y altre es lo rey.
Ja la campana...

VII

Los públichs funcionaris
no tingan amos varis:
depengan tots del popular congrés.
Ja la campana...

VIII

Los ganduls que s' mantenen
del poble y luego 'l venen,
morin cremats, sino pa no tindrem.
Ja la campana...

IX

Y los que tras ells vingan,
bo será que entés tingan
que son criats, no senyors de la grey.
Ja la campana...

X

Un sol pago directe
y un sol ram que 'l celeste,
tothom de allí será pagat com deu.
Ja la campana...

XI

Que paguia qui te renda
ó be alguna prebenda:
lo qui no te tampoch deu pagar res.
Ja la campana...

XII

Lo delme, la gabella,
lo dret de la portella:
no, jornalers, may mes no pagarem.
Ja la campana...

»El pueblo permanece con las armas en la mano pronto á servirse de ellas si sus mandatarios no respetan aquellos principios. De este modo el pueblo por sí mismo puede hacer la revolución sin dejarla en manos de corifeos ambiciosos que le estafen como los de Setiembre y sólo aseguren su dominación.—*Abdón Terradas.*»

Este plan revolucionario se hizo muy popular así como la canción de la *Campana*, que fué en adelante el himno de guerra de los republicanos.

Claro está que dicho plan tiene numerosas exageraciones y que hoy no podría presentarlo como programa ningún partido político, pero Terradas al escribirlo no se propuso otra cosa que entusiasmar á los republicanos incitándolos á que apelasen cuanto antes á las armas.

El republicanismo catalán causó tal miedo á Espartero, que éste quiso enviar al Principado una persona de toda su confianza y de carácter enérgico y cruel, para imponerse á los revolucionarios.

El hombre escogido fué Zurbano, que por su valor y energía se había elevado á general desde contrabandista que había sido en sus mocedades, y cuyo principal defecto era su crueldad de carácter que deslucía muchas veces sus hazañas militares. Espartero le estimaba por su valor y adhesión incondicional, pero Zurbano, á pesar de ser ferviente progresista, se olvidaba muchas veces de que servía á un gobierno que se llamaba liberal y empleaba procedimientos tan tiránicos y bárbaros como los usados en 1823 por los cabecillas de la fe.

Pululaban en Cataluña numerosas partidas de bandoleros que fingiéndose carlistas cometían numerosos atropellos en los pueblos pequeños, y el gobierno, so pretexto de extinguir tal plaga, envió á Zurbano al Principado, aunque recomendándole que empleara también su actividad y energía contra el naciente partido republicano.

Zurbano, que por haber sido contrabandista conocía á fondo la guerra de montaña, consiguió en poco tiempo limpiar el país de las terribles cuadrillas de bandoleros, y el gobierno le nombró entonces inspector general de las aduanas en Cataluña, cargo en el que prestó grandes servicios al Estado, pero desde el cual hostilizó cuanto pudo á los republicanos persiguiendo y vejando á honradísimos comerciantes, cuyo único delito consistía en ser enemigos del gobierno progresista.

Las arbitrariedades de Zurbano produjeron gran irritación en toda Cataluña, y *El Republicano* se hizo eco de las innumerables quejas, publicando algunos artículos en los que se protestaba de los procedimientos arbitrarios del director de aduanas.

No necesitaron más los progresistas para perseguir á los republicanos, y el jefe político de Barcelona con gran aparato de fuerza invadió la redacción del periódico, llevándose preso al director Cuello y algunos redactores.

Por aquellos días había llegado á Barcelona un agitador republicano llamado Juan Manuel Carsí, muy recomendado por los correligionarios de Valencia y el cual se propuso organizar y dirigir un movimiento contra la monarquía.

Dicho revolucionario aprovechó para sus planes lo ocurrido en la redacción de *El Republicano*, y como el suceso había agrupado alrededor de las oficinas mucha gente que lo comentaba con indignación, Carsí arengó con enérgica elocuencia á las masas, encaminándolas á la plaza de San Jaime donde se hicieron fuertes disponiéndose á la defensa.

Los sublevados republicanos permanecieron dos días con las armas en la mano sin que las tropas les molestasen. Algunos batallones de la milicia habíanse unido á las masas insurrectas, y como siempre ocurría en aquella época de revoluciones de programa indeterminado y de agitaciones sin objeto, uniéronse á los sublevados algunos moderados y progresistas descontentos, que quitaron al movimiento una parte del carácter republicano que se esforzaban en darle Carsí, Garriga y algunos otros caudillos populares.

En la mañana del 15 de Noviembre el capitán general Van-Halen envió contra los sublevados dos columnas de infantería y caballería al mando del brigadier Ruiz, que atacaron la plaza por las calles de la Platería y de Fernando.

La lucha fué horrible y las tropas conocieron una vez más que de todas las guerras la más temible es la que se desarrolla en las calles.

Los sublevados parapetados tras fuertes barricadas hacían un certero fuego y además desde los balcones y azoteas caía sobre las columnas asaltantes una lluvia terrible de muebles, macetas, aceite hirviendo y toda clase de proyectiles.

El estrago que aquel combate causaba en las tropas era tan grande, que el brigadier Ruiz convencido de que allí iban á perecer las dos columnas si prolongaban el ataque algunos instantes más, mandó tocar retirada y celebró un armisticio con los sublevados para que le dejaran salir de aquellas terribles calles.

El republicano Garriga en nombre de los insurrectos conferenció con el jefe de las tropas, y cuando éste le propuso el deponer las armas y arreglar después el asunto pacíficamente con el gobierno, el revolucionario contestó:

—Tenemos demasiada experiencia para dejarnos engañar con tales promesas. Las autoridades nunca han discutido con jornaleros, pues así que nos ven desarmados no nos hacen caso. La monarquía no oye al pueblo más que cuando éste le habla con el fusil y la pólvora.

En virtud del armisticio celebrado con los insurrectos, las tropas retiráronse á los fuertes y entonces los vencedores sublevados se esparcieron por la ciudad ocupando sus más importantes posiciones.

El triunfo de la revolución y la derrota de las tropas produjeron gran entusiasmo en Cataluña, y de todos los pueblos cercanos acudieron voluntarios que engrosaron las masas insurrectas.

El gobierno mostró inmediatamente gran alarma por los sucesos de Barcelona, comprendiendo que de seguir victoriosa por mucho tiempo la insurrección catalana propagaríase á las principales capitales de España, en cuyo caso era cierta no sólo la caída del gobierno, sino la ruina de la monarquía. Además, los partidos coaligados contra la regencia de Espartero podían aprovechar aquella insurrección para arrojar á éste de su elevada magistratura, y ésto fué lo que principalmente movió al duque de la Victoria á adoptar resoluciones tan prontas como enérgicas con los sublevados de Barcelona.

Como las Cortes acababan de reanudar sus sesiones, Espartero pidió autorización para dirigirse á Cataluña al frente de un ejército, y la obtuvo, así como un voto de confianza para su gobierno.

No se fiaba Espartero de la fidelidad de aquellas Cortes, manejadas por López y Olózaga; así es que, á pesar de las muestras de adhesión que acababan de darle, suspendió sus sesiones antes de partir, temeroso de que se aprovecharan de su ausencia para tramar su ruína.

El 21 de Noviembre salió el regente de Madrid, acompañado de Rodil, el ministro de la Guerra, y el 30 llegó á Sarriá, donde estableció su cuartel general.

Los insurrectos republicanos, lejos de intimidarse por la proximidad del ejército sitiador, dispusiéronse á la defensa y nombraron una Junta revolucionaria que fué fiel representante de las aspiraciones democráticas de la sublevación, pues estaba compuesta por completo de industriales y obreros. Su presidente fué el audaz agitador D. Juan Manuel Carsi, exoficial del ejército, y los vocales don Fernando Avella (confitero), D. Antonio Brunet (chocolatero), D. Jaime Vidal Grau (fabricante), D. Benedicto Garriga (hojalatero), D. Raimundo Castro (vendedor de fósforos), D. Bernardo Xinxola (carpintero) y D. Jaime Giralt (dependiente de comercio).

Esta Junta, apenas tomó posesión de sus cargos, se ocupó más aun que de poner la ciudad en condiciones de defensa, en proteger las vidas y haciendas de los vecinos, logrando que en Barcelona se guardase mayor orden que en circunstancias normales.

«Esforzados catalanes, — decía la Junta en su primera proclama, — valiente ejército, españoles todos los que odiáis la tiranía, uníos con la confianza y firmeza de corazones libres, abrazad el pendón que enarbolamos, en el que está escrita la lisonjera esperanza de este pueblo, tantas veces sacrificado y vendido, y consolidemos de una vez la paz, el reposo, la justicia, la libertad y la suerte de las clases laboriosas.»

Los individuos de la Junta, comprendiendo que el pueblo, á pesar de todo su entusiasmo, no conseguiría vencer al disciplinado ejército que iba á atacarle, y que la defensa de la ciudad era imposible estando en poder de las tropas del gobierno el terrible castillo de Montjuich, intentó entrar en tratos con Espartero y Rodil, enviando para ello una comisión al campamento de Sarriá, pero el regente no quiso admitir tales inteligencias, y entonces la Junta publicó un manifiesto en el que exponía á los barceloneses lo apurado de la situación, presentando su renuncia si es que los sublevados pensaban seguir en su actitud hostil.

Esta inesperada resolución produjo gran efervescencia, y á tal punto llegó la indignación de los sublevados que aun estaban con las armas en la mano, que los miembros del Comité revolucionario, para salvar sus vidas, tuvieron que refugiarse en el vapor *Montcalegre*, protegidos por el cónsul de Francia, M. Fernando Lesseps, el mismo que muchos años después había de hacerse célebre abriendo el canal de Suez.

Al huir la Junta, la agitada muchedumbre comenzó una nueva insurrección, formando con los insurrectos más exaltados un comité revolucionario, que eligió por presidente á Crispín Gaviria (vendedor de fósforos y baratijas).

Este nuevo organismo propúsose imitar al célebre comité de *Salud Pública*, y después de cortar las calles con numerosas barricadas, publicó decretos sentenciando á pena de muerte á cuantos hablasen de capitulación, y ordenando el armamento y organización militar de todos los vecinos, desde los diez y seis á los cincuenta años, bajo pena de la vida para los que no acudiesen al llamamiento.

Como bajo el mando de tal gobierno comenzó á propagarse la anarquía, los batallones de la milicia nacional se disolvieron, huyendo la mayor parte de sus individuos por no querer prestar obediencia á las nuevas autoridades.

Espartero podía haber aguardado á que aquella anarquía diera sus frutos y le abriera las puertas de la ciudad, entrando en ésta sin derramamientos de sangre; pero el célebre caudillo tenía aficiones feroces, estaba acostumbrado á arreglar las cosas militarmente, y prefirió dar la orden á la guarnición de Montjuich para que comenzara el bombardeo de Barcelona.

El regente no tenía escrúpulo en tratar á la primera ciudad industrial de España, que había contribuido como ninguna otra á su elevación, como si fuera un país enemigo al que había que aniquilar á hierro y fuego.

El 3 de Setiembre, á las diez de la noche, rompió el fuego el castillo de Montjuich, arrojando sobre la desgraciada ciudad numerosas bombas, granadas y balas rasas, que produjeron la ruina de más de cuatrocientos edificios. A las ocho horas de bombardeo, los destrozos causados pasaban ya de doce millones de reales.

Luchando con tan desiguales armas era imposible á los sitiados el continuar la resistencia, así es que Barcelona capituló el 4 de Diciembre entrando en ella inmediatamente las tropas del gobierno.

Espartero estaba sin duda arrepentido ya de su barbarie y desde el cuartel general de Sarriá regresó á Madrid no queriendo entrar en Barcelona por no avergonzarse sin duda ante su vandálica obra.

El sitio de Barcelona era un suceso que iba á influir poderosamente en el porvenir de Espartero. El pueblo no podía ser ya engañado más tiempo por aquel general que meses antes era objeto de interminables aclamaciones. El que hasta entonces había sido considerado como el sostén y la espada de la revolución, en adelante no merecía más que el inflexible odio que debe profesarse á los hombres que antes de subir al poder halagan á la revolución y que desde el gobierno se olvidan de lo prometido empleando los procedimientos restrictivos y brutales propios de la política reaccionaria.

Espartero creyó que no había castigado lo bastante á Cataluña con el bombardeo de Barcelona, y para agobiar más aún á la infortunada región envió como capitán general del distrito al parlanchín y estrafalario Seoane, quien desde su asiento en el Senado había insultado villanamente al pueblo catalán diciendo en un discurso repleto de bufonadas que á Cataluña se la debía gobernar con el palo; que la conducta del barón de Meer en tal región, á pesar de parecer á muchos tiránica y arbitraria aun había sido blanda y contemplativa, que la milicia de Barcelona era una reunión de tunos y que la última insurrección republicana había sido la obra de cuatro mil pillos.

Fácil era adivinar cual iba á ser la conducta que seguiría en el Principado aquel general de sainete protegido de Espartero.

Apenas se encargó de la capitanía general fusiló á diez y nueve infelices á quienes sin prueba alguna tachó de autores de la sublevación; suprimió la Casa de Moneda que proporcionaba trabajo á gran número de familias; hizo reedificar la parte de la odiosa ciudadela demolida por el Ayuntamiento liberal é impuso al vecindario una contribución extraordinaria de doce millones de reales que no pudo cobrar á pesar de los procedimientos despóticos que empleó en la recaudación.

Desde la muerte de Fernando VII nunca los catalanes habían estado regidos por autoridades tan arbitrarias é irritantes.

Ni aun bajo el reaccionario gobierno de los moderados del Estatuto Real habían sido tratados de un modo tan denigrante los habitantes de la industriosa ciudad, pues el gobierno de Seoane sólo podía ser comparado con el del feroz conde de España.

Una autoridad, hija del sufragio como era la ejercida por Espartero, marchaba rápidamente á la ruina siguiendo esta conducta tan loca como despótica.

CAPITULO IV

1843

Conspiraciones de María Cristina.—La *Orden Militar Española*.—Situación de Espartero.—Nuevas Cortes.—Ministerio López.—Conflicto entre la regencia y las Cortes.—Ruidosa sesión en el Congreso.—Palabras de Olózaga.—Coalición contra Espartero.—El coronel D. Juan Prim.—Se subleva en Reus.—Efecto que causa su insurrección en toda España.—Desaciertos de Seoane.—Sublevación en Valencia.—El gobernador Camacho.—Su trágica muerte.—Apurada situación de Espartero.—Su manifiesto.—Sale Espartero de Madrid.—Desembarco de Narváez y demás emigrados en Valencia.—Sus planes militares.—Batalla de Torrejón de Ardoz.—Traidora farsa de Seoane.—Entrada en Madrid de los antiesparteristas.—Van-Halen bombardea á Sevilla.—Protesta de Espartero antes de embarcarse.—Su viaje á Inglaterra.—Torpeza de los progresistas.—Primeros actos del gobierno provisional.—Omnipotencia de Narváez.—Disposiciones reaccionarias de López.—Ridiculeces monárquicas.—La mayor edad de la reina.—Campaña contra el gobierno.—Insurrección en Cataluña á favor de la Junta Central.—Valerosa conducta del pueblo de Barcelona.—Heroica defensa.—Abdon Terradas subleva Figueras.—Bombardeo de Barcelona.—Rendición de la ciudad.—Resistencia de Ametller en el Ampurdán.—Sublevación de Zaragoza.—Es sofocada por el gobierno.

Mientras Espartero perdía aquel prestigio que le había elevado á la regencia y con sus actos de intemperancia se hacía odioso al pueblo, María Cristina, desde París, ayudada por O'Donell, Narváez y demás generales emigrados, seguía conspirando contra el gobierno progresista y proyectaba un nuevo movimiento para derribar del poder al duque de la Victoria.

Los sucesos de Barcelona, que tanto contribuían á hacer odioso al regente, avivaron el entusiasmo de los conspiradores, que reanudaron con más fe sus trabajos, bajo la dirección del esposo de Cristina, D. Fernando Muñoz, convertido ahora en duque de Rianzares.

Representaba éste, al par que á la persona de la reina madre, al elemento civil de la conjuración, y los militares tenían como delegados á O'Donell y á Narváez, que, considerándose de igual talla y prestigio, se disputaban continuamente la jefatura.

O'Donell, por su superior graduación, merecía mayores agasajos en la corte de emigrados que rodeaba á Cristina; pero Narváez supo hacerse el personaje importante é imprescindible de aquella situación, creando la Orden Militar Española, especie de masonería en la que entraban con gran aparato é imponente ceremonial todos los que estaban dispuestos á exponer su vida en la empresa de derribar á Espartero.

La Orden Militar dedicóse á ganar prosélitos en las filas del ejército español, para lo cual su consejo directivo, que lo componían los generales Narváez y Pezuela, los coroneles Orive y Córdova, y los políticos Escosura, Benavides, Donoso Cortés y Castillo Ayensa, fueron estableciendo logias en la península, á las que pronto se adhirieron muchos militares en servicio activo.

De tal centro partían todas las acusaciones que fundadas ó inciertas se dirigían contra el regente y que causaban gran impresión en España.

La situación de Espartero comenzaba á ser bastante crítica. Tenía un numeroso ejército y un partido que era entusiasta y disciplinado, por lo mismo que atendía más á la personalidad que á las ideas; pero, á pesar de esto, veía inseguro su poder, pues los militares estaban maleados en su mayor parte por los trabajos de conspiración, y el pueblo odiaba á Espartero casi tanto como dos años antes á Cristina.

Pronto tuvo el regente ocasión de conocer esto último, pues al entrar en Madrid, de vuelta de Cataluña, en 1.º de Enero de 1843, el pueblo lo acogió glacialmente, dándole con esto una cruel lección.

Espartero temía que las Cortes, á las cuales debía la regencia, le pidieran estrecha cuenta de sus actos, y por evitarse un voto de censura, se apresuró á disolverlas, convocando la reunión de un nuevo Parlamento para el 3 de Abril de 1843.

Como siempre ocurre bajo la dirección de los gobiernos parlamentarios, las elecciones verificáronse con la presión desmoralizadora de las autoridades, resultando elegida una gran mayoría compuesta de *ayacuchos* adeptos al gobierno, y que eran autómatas sujetos incondicionalmente á la voluntad del regente.

Este, á pesar de que podía estar tranquilo acerca de la adhesión de las Cortes, para contentarlas y tenerlas más sumisas quiso introducir modificaciones en el gabinete, y como Cortina fuese elegido presidente del Congreso, le dió el encargo de formar ministerio, sin lograr que el célebre jurisconsulto aceptase tal misión.

Entonces acudió el regente á don Salustiano Olózaga, el cual tampoco quiso admitir el encargo, y al fin el regente hubo de dirigirse á D. Joaquín María López, su oculto enemigo, quien en 9 de Mayo logró formar ministerio, encargándose de la presidencia y de la cartera de Gracia y Justicia.

Sus compañeros de gobierno fueron D. Mateo Miguel Ayllón, de Estado, D. Fermín Caballero, de Gobernación, D. Joaquín Frías, de Marina, don Manuel Aguilar, de Hacienda y el joven general D. Francisco Serrano, de la Guerra. Este último entró en el gabinete á instancias de Isabel, que quería un ministerio del que formase parte el *general bonito*, nombre que ella daba á Serrano.

Al presentarse el nuevo gobierno ante las Cortes, López, en un elocuente discurso expuso su programa político, que consistía en observar fielmente la Constitución, suavizar la ley de imprenta, decretar una amplia amnistía de todos los delitos políticos cometidos después de 1840 y levantar los estados de sitio que pesaban sobre algunas provincias.

Este programa fué acogido con entusiasmo por las Cortes, pero Espartero tuvo reparo en aceptarlo, pues con la proyectada ley de amnistía se favorecía la vuelta á España de los generales emigrados á causa de la última sublevación moderada, y la presencia en la península de O'Donell, Narváez y demás militares del partido conservador constituía un continuo peligro para Espartero.

El general Serrano, que sin duda era instrumento inconsciente de los enemigos del regente, vino á hacer más grande la tirantez entre éste y el gobierno formando como ministro de la Guerra una nueva combinación de puestos militares en la cual se relevaba la guarnición de Madrid compuesta de cuerpos afectos á Espartero y se pedía la destitución de los generales Linage, Zurbano, Ferraz y Tena que eran conocidos por la amistad inquebrantable que profesaban al duque de la Victoria.

Como era de esperar, Espartero se negó resueltamente á aceptar aquella combinación que tendía á dejarle desarmado y á merced de los moderados, y entonces el ministerio López, considerando que la regencia ponía obstáculos á su política, presentó su dimisión el 17 de Mayo ó sea ocho días después de haberse constituido.

El Congreso, que á pesar de componerse de diputados afectos á Espartero estaba influenciado por la opinión pública cada vez más hostil á la regencia del duque de la Victoria, declaró que el ministerio López merecía toda su confianza, con cuya manifestación planteóse el conflicto entre el poder ejecutivo y legislativo.

Espartero, haciendo caso omiso de tal declaración, aceptó las dimisiones del gabinete López, encomendando á Gómez Becerra la formación de un nuevo ministerio en el que Mendizábal desempeñaría la cartera de Hacienda. Para facilitar esta resolución, el regente firmó el decreto disolviendo las Cortes, y cuando Gómez Becerra se presentó en el Congreso á leer dicho documento, promovióse un tremendo tumulto.

Los diputados en masa hasta los más tenidos por *ayacuchos*, prorumpieron en amenazas contra Espartero, y el indefinible Olózaga, haciéndose eco de todas las protestas y de los rumores de usurpación del trono que circulaban contra el regente, pronunció un elocuente discurso interrumpido á cada momento por los aplausos de los diputados y al final del cual dió su famoso grito: *¡Dios salve al país! ¡Dios salve á la reina!*

El público que ocupaba las tribunas se unió al vocerío y al aplauso de los diputados, y el palacio de la representación nacional ofreció el aspecto de un club revolucionario en el que se decretaba la ruína del hombre que como general había conseguido tanta estimación como odio causaban sus actos de gobernante.

Desde la tarde del 27 de Mayo, en que se desarrolló tal escena, quedó decidida la ruína de Espartero, y hecha la coalición de todos los partidos contra el regente, incluso el mismo progresista.

No le restaba al regente más que la adhesión de aquellos amigos fieles que el pueblo llamaba *ayacuchos* y éstos habían caído en tal impopularidad que continuamente eran objeto de públicos insultos.

No tardó en manifestarse bajo forma revolucionaria el descontento que reinaba contra Espartero.

Entre los diputados de aquellas Cortes figuraba un joven coronel procedente de los cuerpos francos llamado D. Juan Prim y Prats, que por su valor temerario había conseguido en el curso de la pasada guerra civil labrarse una posición militar y adquirir gran renombre entre los liberales de Cataluña.

Hombre inquieto y audaz, Prim, á pesar de pertenecer al partido progresista, fué de los primeros en conspirar contra Espartero, y comisionado por sus correligionarios, enemigos del duque de la Victoria, dirigióse á París para entrar en relaciones con el partido moderado que también trabajaba para derribar al regente. Avistóse Prim con Narváez, y la conferencia no fué muy cordial, pues aquellos dos caracteres igualmente enérgicos se repelieron desde el primer instante como presintiendo que en el porvenir habían de ser implacables enemigos. Prim salió de la conferencia echando pestes contra el carácter orgulloso é irascible de Narváez y éste manifestó poco después á sus compañeros de emigración, con el gracejo propio de un andaluz, que aquel coronel catalán, á pesar de sus pocos años, parecía hombre de provecho, pero que hablaba mucho mejor el francés que el castellano.

Prim, á pesar del mal resultado de su conferencia con Narváez, logró entenderse con los demás militares emigrados y especialmente con Córdova, y volviendo á España, esperó ocasión para sublevarse contra Espartero y emplear sus facultades militares y aquel valor heroico que fomentaban su ambición.

Al divorciarse las Cortes, como ya hemos dicho, del regente de España, Prim creyó llegada la ocasión de dar rienda suelta á su contenida fogosidad y se sublevó en Reus al frente de algunos batallones, proclamando la mayor edad de la reina y pidiendo la destitución de Espartero.

Pronto fué este grito secundado por la mayor parte de las capitales y comenzaron á constituirse juntas revolucionarias, sin otro fin que derribar á Espartero, pues estaban compuestas de políticos de diversas procedencias, unidos solamente por el deseo de batir al común enemigo.

El plan político de la insurrección estaba encerrado en el programa que Prim acababa de publicar en Reus y en el cual se trataba á Espartero de soldado de fortuna y aventurero egoísta. Su ministro Mendizábal, que había sido el ídolo de los progresistas, era ahora tratado como un intrigante embaucador y dilapidador de los intereses públicos.

La única afirmación común de los partidos coaligados que sostenían la insurrección era el grito de ¡abajo Espartero! y los progresistas lo daban con más entusiasmo que nadie, no comprendiendo que con ello sacrificaban torpemente su propio partido y facilitaban el triunfo de los moderados, sus enemigos irreconciliables.

Prim, con su habitual actividad, intentó entrar en Tarragona y sublevar esta población; pero tanto las autoridades como la milicia nacional se negaron á escuchar sus proposiciones, y el joven caudillo hubo de retirarse á Reus para defenderse de Zurbano que á marchas forzadas había salido de Barcelona con el intento de apoderarse de aquella población.

Al abandonar el jefe esparterista la capital catalana, tuvo ocasión de apreciar hasta dónde llegaba el odio que los barceloneses sentían contra los defensores del regente, pues al atravesar la Rambla al frente de sus tropas, el pueblo comenzó á silbarle y á arrojarle piedras, viéndose obligado á tirar de la espada para defender su vida amenazada, no pudiendo evitar que á la salida de la población algunos grupos armados le dirigieran nutridas descargas.

El 10 de Junio, Zurbano situóse en los alrededores de Reus, y convencido de que Prim y los suyos no estaban dispuestos á capitular, rompió el fuego contra la plaza, logrando á las pocas horas que se rindiera ésta y que los sublevados se dieran á la fuga.

Así que Zurbano quedó dueño de Reus, dirigióse inmediatamente á Lérida, donde se le unió el **general Seoane**, jefe de las tropas de Cataluña, Aragón y Valencia. Zurbano, que era verdaderamente amigo del regente y tenía interés en sofocar cuanto antes aquella insurrección, decidió á su compañero á marchar juntos á Barcelona; pero al llegar á la formidable posición del Bruch, que encontraron ocupada por los sublevados, Seoane no quiso combatir, y á pesar de las protestas de Zurbano, dispuso la retirada á Zaragoza, sin preocuparse del mal efecto que causaría en el país esta desacertada resolución.

Seoane obraba así porque hacía ya mucho tiempo que, traicionando al regente, estaba en relaciones con los moderados, de cuyo partido había formado parte en tiempos del ministerio Isturiz. Espartero experimentaba ahora tan ruda traición como castigo de su empeño en encumbrar á un general lenguaraz, informal y casi loco, con el solo objeto de molestar á los catalanes á quienes Seoane insultaba del modo más infame.

Bien puede asegurarse que éste excéntrico amigo del regente le causó más daño que todos los sublevados juntos.

El ejemplo sedicioso de Cataluña se difundió rápidamente por todas las provincias, y Valencia fué el punto donde más importancia adquirió la sublevación antiesparterista.

Era jefe civil de la provincia de Valencia D. Miguel Antonio Camacho, hombre enérgico y aficionado á los procedimientos de fuerza, que profesaba al regente una adhesión fanática.

El 23 de Mayo un grupo de estudiantes inició la sublevación dando en los puntos más céntricos de la capital mueras al regente y vivas al ministerio López.

Camacho, auxiliado por el capitán general Zavala, consiguió restablecer el orden; pero la calma fué de corta duración, pues á los pocos días coaligados los moderados y los progresistas más ardientes reanudaron la sedición, ocupando los principales puntos de la ciudad numerosos grupos al frente de los cuales figuraban las personas más conocidas y respetables de la ciudad. El abogado Sabater, esposo de la célebre poetisa doña Gertrudis Gómez de Avellaneda; el novelista é historiador Boix, jefe del partido democrático; el progresista Blasco y el antiguo exaltado D. Vicente Beltrán de Lis, glorioso veterano de la guerra de la Independencia, acaudillaban las masas populares excitándolas á no obedecer á la autoridad que pretendía disolverlas.

Cuando más excitada estaba la pasión popular, el gobernador Camacho, dando una nueva prueba de su enérgico carácter, se presentó completamente solo en la plaza de Santa Catalina donde mayor era la aglomeración de gente, y á su vista el pueblo prorumpió en atronadores mueras, saliendo á relucir innumerables navajas y cuchillos.

Camacho, empujado por algunos amigos, y sin dejar de insultar á las masas manifestándolas que no le causaban miedo con sus demostraciones hostiles, entró en la vecina iglesia de Santa Catalina y allí fueron á buscarle las embravecidas turbas que al pié de un confesonario le dieron de puñaladas, sufriendo igual suerte un polizonte que le acompañaba y que por haberse hecho muy odioso á causa de sus arbitrariedades y tropelías fué arrastrado antes de morir por las principales calles de la población, bajo una granizada de insultos y golpes.

Cuando el general Zavala supo el lúgubre drama y quiso acudir á desbaratar la insurrección, vió que sus tropas no le seguían y que estaban dispuestas á unirse á los sublevados, circunstancia que unida á la noticia de que Barcelona y Tarragona se habían sublevado contra el regente, le indujo á deponer el mando y á salir de Valencia ocultamente.

Constituyóse entonces en Valencia una junta que se tituló de armamento y defensa, y en la cual entraron los principales corifeos de la sublevación, figurando como presidente el comandante de caballería D. Joaquín Armero, que era quien había decidido á la guarnición á seguir el movimiento repartiendo en los batallones gran cantidad de monedas de oro que había remitido el comité moderado que bajo la presidencia del duque de Rianzares funcionaba en París.

Alicante y Murcia imitaron inmediatamente el ejemplo de Valencia y la sublevación fué extendiéndose tanto por las Castillas como por las provincias del Sur.

Espartero mostrábase alarmado ante la importancia que revestía la insurrección y antes de resolverse á combatirla creyó conveniente publicar un manifiesto desautorizando las afirmaciones de sus enemigos que querían presentarle como un ambicioso dispuesto á suplantar á la reina en la primera ocasión propicia.

En dicho documento, que se publicó en la *Gaceta* el 13 de Junio, Espartero después de justificar la disolución de las Cortes fundándose en la imposibilidad de gobernar con un congreso hostil al jefe del Estado, añadía lo siguiente para sincerarse de las acusaciones referentes á propósitos regios:

«¡Españoles! Yo conozco y practico la Constitución mejor que los que tan pomposamente invocan su nombre á cada instante. Por la Constitución soy regente: en ella sólo están mis títulos y mis derechos; con ella á la vista he jurado consagrarme todo á la libertad de mi patria.

»Fuera de esta Constitución no hay más que un abismo para mí, no hay más que ruina para esta grande monarquía que con tanta sangre ha comprado su independencia y libertad; á quien tantos derechos asisten para recoger el fruto de sus inmensos sacrificios. ¿Responderé á las calumnias que he sido objeto? ¿Descenderé á desvanecer la acusación, más ó menos indirecta, de prolongar el término de mi regencia? Esta calumnia con que se ha querido acibarar mis días, con el noble orgullo de una conciencia pura, la rechazo. ¡Insensatos! Para acallar estas voces no han bastado las manifestaciones de mis ministros; no han bastado mis aserciones, mis protestas más solemnes ante las primeras corporaciones del Estado. ¿Y quién acalla lo que propala el odio personal, lo que se nutre á cada paso por la sed de reacción y venganza? ¿Pensaría yo poner dilación al día más grande que me espera para coronar mi vida pública? Cuando el ejemplo de tantos hombres desinteresados me halaga tan dulcemente al corazón, ¿iría yo á imitar á los que violentamente hollaron las leyes de su patria? No tengo su genio; tampoco me anima su ambición funesta. Expiaron, los más, de un modo cruel sus usurpaciones; terminó sus días en una roca ardiente del Océano el dictador del Continente. Gocen aquellos grandes hombres de una gloria tan costosa á la humanidad; que Baldomero Espartero, nacido en condición privada, elevado en el servicio de la libertad de su patria y de su reina, á la condición privada tornará, satisfecho de haber cumplido con todos sus deberes, con el premio de merecer las simpatías de los buenos.»

Hay que reconocer que este manifiesto era sincero y que interpretaba los verdaderos sentimientos del general; pero su estilo declamatorio, tan común en los progresistas, no era el más propio para aquietar la tormenta que rugía en contra del regente. Aquellos progresistas sencillos é idólatras á quienes la gente llamaba *ayacuchos* se enternecieron y derramaron lágrimas leyendo el manifiesto de Espartero; pero el país no hizo caso de él y continuó pidiendo la destitución del célebre general con el mismo empeño que si se tratara de un tremebundo tirano.

Espartero, en vista de los progresos que hacía la insurrección y á pesar de su repugnancia á emprender una guerra civil, creyó llegado el momento de batir á sus enemigos ó de cederles el campo y se dispuso á salir á campaña.

El 21 de Junio Espartero, que con su golpe de vista de soldado experto veía claramente la situación y comprendía que su ruina estaba próxima, pasó revista á la milicia de Madrid y se despidió del vecindario que en su mayor parte le era afecto. Como el célebre general comprendía que no iba ya á volver á aquella ciudad, sintióse conmovido por las ruidosas muestras de adhesión y entusiasmo que le daban tanto el pueblo como los milicianos y llorando como un niño se abrazó á la bandera del tercer batallón diciendo que así abrazaba á todos sus fieles compañeros los nacionales de Madrid.

El regente salió de la capital sin que pudiera tener por suyas más que Madrid, Zaragoza y Cádiz, pues las restantes ciudades habíanse emancipado de su autoridad y se disponían á combatirle.

Mientras que Espartero con su reducido ejército iba errante por la Mancha no sabiendo á dónde acudir é indeciso sobre el modo como debía empezar la campaña contra sus enemigos los generales Narváez, Concha y Pezuela desembarcaban en Valencia, donde la junta revolucionaria poníase entusiastamente á sus órdenes facilitándole los medios para dirigirse en contra del regente. Estos militares, obrando como buenos realistas, mostráronse al principio muy sumisos y deferentes con los revolucionarios de Valencia, que eran en su mayoría políticos de ideas avanzadas, y hasta afirmaron que querían ser verdaderos defensores de la libertad; pero esto no impidió que al verse triunfantes poco después, emplearan el sistema repugnante y supremo propio de los gobiernos reaccionarios.

El general Concha, puesto al frente de un regular ejército, salió de Valencia con dirección á Andalucía, y Narváez y Azpiroz llegaron á las inmediaciones de Madrid ultimando la rendición aunque sin resultado alguno.

El ejército que mandaba el estrambótico Seoane y en el cual iba Zurbano como segundo jefe á causa de su inferior graduación, se dirigió rápidamente en auxilio de Madrid, y el 18 de Julio llegó á Guadalajara.

Zurbano tenia sobrados motivos para estar receloso de Seoane, pero por causa de la subordinación militar no podía imponerle su criterio y marchaba á remolque de aquél, aun comprendiendo que hacía traición á Espartero.

Las fuerzas que mandaban Narváez y Azpiroz eran muy inferiores al ejército esparterista, pero á pesar de esto dichos generales no vacilaron en ir al encuentro de Seoane, pues estaban en relaciones con éste y sabían ciertamente que haría traición á Espartero.

En las llanuras de Torrejón de Ardoz avistáronse los dos ejércitos é inmediatamente rompióse el fuego, batiéndose los soldados de Espartero con tanta firmeza como escaso entusiasmo. Narváez con la audacia propia de su carácter púsose al frente de una columna é interponiéndose entre la infantería y la artillería enemiga á riesgo de ser destrozado entre dos fuegos, comenzó á gritar:

—¡Viva la Constitución! ¡todos somos unos! ¡abracémonos!

Seoane, que desde el principio del combate estaba esperando un momento oportuno para consumar su traición, contestó al grito de Narváez saliendo de las filas y uniéndose en estrecho abrazo con dicho general, ejemplo que imitaron muchos de los soldados con lo que cesó rápidamente el fuego.

Zurbano, indignado, lanzó el grito de *¡estamos vendidos!* y huyó á todo escape seguido de los pocos que no quisieron transigir con tan repugnante traición. Algunos batallones que por honor militar quisieron seguir resistiéndose fueron desarmados por sus mismos compañeros, y entretanto Seoane, que era un perfecto cómico, caía al suelo fingiendo una congoja y como si no quisiera sobrevivir á aquella derrota que él mismo había buscado. Las chuscas expresiones de Narváez volvieron pronto el conocimiento al farsante general, y éste en unión de Azpiroz y de aquél entró en Madrid en la noche del 23 de Julio, siendo recibidos los *vencedores* de Torrejón de Ardoz fría y desdeñosamente por el vecindario de la capital que permaneció fiel á Espartero hasta el último instante.

Entretanto el regente había permanecido inactivo en Albacete sin adoptar disposición alguna, como si tuviera prisa en que se consumara la destrucción de su autoridad para abandonar cuanto antes aquel alto cargo que tantos sinsabores le ocasionaba.

El regente podía haberse dirigido á Andalucía, centro de la sublevación, de la cual hubiera podido apoderarse fácilmente desbaratando los planes de sus enemigos, pero prefirió permanecer inactivo, y sólo cuando supo lo ocurrido en Torrejón de Ardoz, se determinó á mover sus tropas en dirección á Andalucía.

Mientras tan tarda y desacertadamente obraba el héroe de Luchana, sus enemigos, dueños ya de la capital de la nación, cambiaban la faz política del país y disolvían la milicia nacional tanto en Madrid como en las principales capitales.

En ninguna ocasión los vencedores se han cebado de un modo tan tenaz y persistente con el derrotado enemigo, pues el general Serrano, que en representación del gabinete López había sido nombrado interinamente ministro universal, decretaba desde Barcelona donde residía, la destitución del regente, tachándolo de traidor y sustractor del tesoro público y privándole de todos sus grados, empleos, títulos y condecoraciones.

Cuando Espartero llegó á Sevilla, que también se había unido á los sublevados, la encontró sitiada por Van-Halen, quien á pesar de saber que el regente estaba decidido á abandonar á España llevó su rigor hasta el punto de bombardear la capital andaluza, acto de crueldad que sólo sirvió para aumentar la pública excitación contra Espartero.

Este, no queriendo prolongar por más tiempo la infructuosa campaña en que tanta sangre se derramaba inútilmente, levantó el sitio de Sevilla y por Utrera se dirigió al Puerto de Santa María embarcándose en el vapor *Betis*. A bordo de este buque y en presencia del ministro de Gracia y Justicia Gómez Laserna y de los generales Noguera, Van-Halen, Linage y otros redactó la célebre protesta en que manifestaba:

«Que el estado de insurrección en que se hallaban varias poblaciones de la monarquía y la defección del ejército y armada le obligaban á salir sin permiso de las Cortes del territorio español antes de llegar el plazo en que con arreglo á la Constitución debía cesar en el cargo de regente del reino, y que considerando que no podía resignar el depósito de la autoridad real que le fuera confiado sino

... ...ida que la Constitución per... ...ningún modo entregarlo á ...anticonstitucionalmente se ...en gobierno, protestaba de ...manera más solemne contra cuanto ...era hecho ó se hiciese opuesto ...Constitución de la monarquía.»

Con la misma fecha que esta protesta, suscribió Espartero el siguiente documento en el cual su ánimo atribulado quejábase amargamente de la inconstancia de la nación, que al festejado héroe de ayer lo convertía hoy en odiado y perseguido proscrito.

«Acepté el cargo de regente del reino para afianzar la Constitución después que la Providencia coronando los nobles esfuerzos de los pueblos los había salvado del despotismo. Como primer magistrado juré la ley fundamental; jamás la quebranté ni aun para salvarla: sus enemigos han debido el triunfo á este ciego respeto, pero yo nunca soy perjuro. Feliz en otras ocasiones ví restablecido el imperio de las leyes y aun esperé que en el día señalado por la Constitución entregaría á la reina una monarquía tranquila dentro y respetada fuera. La nación me daba pruebas del aprecio que le merecían mis desvelos; y una ovación continuada, aun en las poblaciones mismas en que la insurrección había levantado la cabeza, me hacía conocer su voluntad á pesar del estado de agitación de algunas capitales á cuyos muros sólo estaba limitada la anarquía. Una insurrección militar que hasta carece de pretexto ha concluído la obra que muy pocos comenzaron, y abandonado de los mismos que tantas veces conduje á la victoria me veo en la necesidad de marchar á tierra extraña, haciendo los más fervientes votos por la felicidad de mi querida patria; á su justicia recomiendo á los que leales no han abandonado la causa legítima ni aun en los momentos más críticos; el Estado tendrá siempre en ellos servidores decididos.—A bordo del vapor *Betis* á 30 de Julio de 1843.—*El duque de la Victoria.*»

El fugitivo regente, después de dejar consignado su testamento político en tales documentos, se trasladó á bordo del navío *Malabar* de la marina real inglesa, el cual lo condujo á Lisboa tributándole todos los honores de regente. En dicho punto trasbordó al *Formidable*, también navío inglés, donde mereció idénticas distinciones, y después de unirse en el Havre con su esposa se trasladó á Londres, donde el gobierno británico, que seguía considerándolo como regente de derecho, le recibió con regia pompa celebrando inmediatamente una detenida conferencia con la reina Victoria.

De tal modo terminó la regencia de Espartero. Muchos fueron los desaciertos que cometió gobernando el país; pero hay que reconocer que éstos no obedecían á una perversa voluntad sino á la sencillez del gobernante que hacía cuanto sabía, y sabía muy poco.

El que un oscuro hijo del pueblo

ocupara un cargo tal elevado como era el de regente, produjo gran descontento en la gente de palacio, que le designaba con el apodo de el *Carretero* porque tal había sido el oficio de su padre. Ya dijimos que de iguales burlas y desdenes eran objeto el eminente Argüelles, administrador del real patrimonio, y la ilustrada condesa de Espoz y Mina, aya de las princesas, sólo porque habían sido colocados en tales cargos por el hombre más importante de aquella época.

Espartero, conociendo lo odiado que era por la clase aristocrática y la imposibilidad de que ésta reconociera nunca la magistratura que le había conferido la nación, debía haberse inclinado á la parte del pueblo facilitando la realización de sus justas aspiraciones; pero el regente, obrando muy al contrario, adoptó los procedimientos de la política moderada, se fué separando cada vez más de las masas que lo aclamaban, y de aquí provino su ruína.

Además Espartero podía atribuir su impopularidad y su caída al mismo partido progresista que le había ensalzado, y el cual es siempre tan bullanguero en la oposición como simple en el poder.

Los mismos progresistas que habían hecho un ídolo de la persona de Espartero se apresuraron después con infantil complacencia á desbaratar su propia obra y entraron en coalición con los moderados y hasta con los carlistas, sin perjuicio de clamar al cielo después de la victoria é invocar el nombre del invencible caudillo así que comprendieron que habían sido explotados por los conservadores y que éstos se aprovechaban de la caida del héroe de Luchana para restablecer el sistema reaccionario. No fué ésta la última torpeza que el partido progresista cometió siguiendo su política declamatoria y estúpida.

La coalición triunfante de Espartero vióse pronto en la necesidad de crear un poder que sustituyera al del regente, y se constituyó en Madrid un gobierno constitucional del que era presidente D. Joaquín María López, y en el que figuraban los mismos ministros á quienes Espartero había retirado su confianza.

Como siempre ocurre en España después que triunfa una idea política, el nuevo gobierno ocupóse especialmente en conceder grandes recompensas á todos los que habían contribuído á la ruina del régimen anterior. El general Narváez fué ascendido á teniente general por su hazaña de Torrejón de Ardoz, siendo también elevado á la Capitanía general de Castilla la Nueva, y al joven brigadier don Juan Prim, que acababa de ser agraciado por los vencedores con este empleo y el título de conde de Reus, se le confió el gobierno militar de Madrid.

Don Joaquín María López era tan notable en la tribuna como incapaz en el gobierno, y buena prueba fueron de ésto los dos anteriores nombramientos, pues constituía un tremendo desacierto dar los cargos militares más importantes de España á Narváez, que como jefe del partido moderado quería romper pronto la coalición para gobernar solo, y á Prim, que aunque procedente del partido progresista habíase convertido en un acólito del vencedor de Torrejón de Ardoz, comprendiendo que á su lado haría más rápidamente su carrera.

Narváez era el verdadero dueño de la situación; inmiscuíase en los asuntos de todos los ministerios y ejercía gran presión sobre López, cuyo ánimo débil é irresoluto se plegaba á todas las exigencias del general. Por imposición de Narváez el Gobierno Provisional desarmó á la milicia, sustituyó las diputaciones provinciales y los ayuntamientos por nuevas corporaciones creadas de real orden, disolvió el Senado porque en su mayoría era progresista y obligó al país al pago de contribuciones no votadas por las Cortes.

El elocuente López firmaba todas estas disposiciones inspiradas por los moderados sin comprender que con ellas iban éstos allanando el camino que había de conducirles al poder, pues el ministro, con la petulancia propia de un orador infatuado, creía que mientras pudiera hacer discursos en el Congreso no peligraría la libertad.

Los altos cargos de palacio sufrieron también trasformaciones á causa de las circunstancias políticas. D. Agustín Argüelles y la condesa de Espoz y Mina presentaron su dimisión al Gobierno Provisional apresurándose Narváez á sustituirlos con el general Castaños, duque de Bailén y la marquesa de Santa Cruz.

Incalculable fué el número de desaciertos y de irritantes atropellos que cometió el ministerio López impulsado secretamente por Narváez. A don Manuel de la Concha lo nombró teniente general; dió de baja en el ejército á muchos oficiales progresistas sustituyéndolos por carlistas procedentes del convenio de Vergara que estaban ahora afiliado, al partido moderado; concedió títulos honoríficos á todas las ciudades que se habían levantado en armas contra Espartero; dió grados y condecoraciones á todos los jefes y oficiales que habían figurado en el alzamiento y en cambio siguiendo el conocido refrán de *el último mono...* hizo fusilar algunos soldados del regimiento del Príncipe que exigían se les licenciase porque así lo había prometido el general Serrano en Tárrega cuando les indujo á sublevarse contra el regente.

Narváez hizo de modo que todos los altos cargos militares fuesen ocupados por furibundos conservadores, de modo que el ejército quedó á merced del partido moderado.

El 8 de Agosto D. Joaquín María López manifestó en palacio ante la reina, el cuerpo diplomático y las corporaciones oficiales, el vivo deseo que el gobierno tenía de que doña Isabel gobernase por sí misma la nación, por lo cual pensaba que las próximas Cortes fuesen las destinadas á recibir el regio juramento.

El elocuente López tenía muy buenos datos en que fundarse para solicitar que la regia niña pasase pronto á gobernar el país sin traba alguna. Bien era verdad que Isabel si sabía leer y escribir era desde poco antes y merced á la paciencia complaciente de su preceptor el ilustre Quintana; pero en cambio demostraba las brillantes facultades que Dios le había concedido para gobernar pueblos, jugando á las cuatro esquinas en los salones de palacio con las damas de honor, entreteniéndose en quemar lindos papelitos que eran billetes de Banco para contemplar la caprichosa espiral del humo y juzgando la valía de los ministerios por la mayor ó menor hermosura de sus individuos y la elegancia de sus trajes. Convertir á una niña de trece años ignorante y pervertida por la educación cortesana, en directora y árbitra de los destinos de algunos millones de seres, es un absurdo irritante capaz de sublevar el más obtuso sentido común; pero en los partidos monárquicos se ven las cosas de muy distinto modo y los honrados progresistas del año 1843, poseídos de una santa imbecilidad, lloraban al pensar que pronto serían gobernados por un ángel sin alas y aun se conmovían más profundamente al saber que la infanta doña Luisa Fernanda iba á regalar á su hermana en felicitación por su mayoría un alfiler con una *F*. que la penetración progresista adivinó que significaba *Felicidad para el país y la reina*. La historia no puede determinar fijamente quienes eran allí los menores de edad: si las hijas de Fernando VII ó los progresistas que se conmovían por las regias niñerías y querían que el mundo entero se ocupara de ellas.

Por fortuna no todos pensaban como el ministerio y sus amigos, pues los elementos exaltados del partido progresista se apercibieron, aunque tarde, de que estaban sirviendo de escabel á los moderados para que éstos alcanzasen el poder, y se propusieron combatir la influencia que ejercía Narváez, siendo bastantes los que comenzaron á arrepentirse de haber contribuído á la ruina del regente.

La prensa hizo públicas en breve estas tendencias políticas y *El Eco del Comercio* publicó un artículo declarando rota la coalición con los moderados y proclamando la necesidad de constituir una Junta Central compuesta de representantes de todas las provincias, que fuera la encargada de convocar y reunir las nuevas Cortes, fundándose al formular tal petición en las promesas hechas por los antiesparteristas antes del movimiento insurreccional.

Los progresistas que todavía permanecían fieles á Espartero y que publicaban el periódico *El Espectador* reuniéronse en el Instituto para rehabilitar al ex-regente, demostrando á la nación lo injusta que había sido destituyéndolo y proclamar la Constitución de 1837 sin modificaciones en sentido conservador.

Por otra parte *El Heraldo*, órgano de los moderados, comenzaba á atacar al gabinete López acusándolo de arbitrario é ilegal y al mismo tiempo los prohombres del partido conservador Sartorius, Pidal, Castro y otros defendían la Constitución de 1835, diciendo que estaba amenazada por el gobierno y que era la piedra angular del edificio político, lo cual no impidió que un año después destruyeran el mismo Código fundándose en que «no estaba en armonía con el verdadero carácter del régimen representativo.»

La viva campaña de la prensa contra el gobierno en una época tan agitada como lo era aquélla había de dar muy pronto sus resultados y no tardó en renacer en algunas provincias el fuego de la insurrección.

En Cataluña era donde los ánimos estaban más excitados á causa de que el pueblo era en su mayoría, como ya dijimos, decidido defensor de las ideas republicanas, habiendo contribuído á la caída de Espartero con la esperanza de que tras la destitución de éste se establecería un régimen más liberal y avanzado, y de aquí que su indignación fuera grande al notar que inconscientemente había trabajado en favor de los moderados que eran ahora los verdaderos dueños de la situación.

La Junta revolucionaria de Barcelona recordó al gobierno que se había comprometido antes de la caída de Espartero á constituir una Junta Central así que el regente saliera de España, y apoyó tal demanda en documentos firmados por el general Serrano que ejercía de ministro universal en el período de la insurrección.

Como siempre sucede en tales casos, el gobierno se negó á cumplir lo que había prometido, fundándose en que las juntas de provincia eran corporaciones auxiliares que nada podían exigir á los ministros, y entonces el pueblo de Barcelona apeló nuevamente á las armas gritando: ¡abajo el gobierno! ¡viva la Junta Central!

La revolución fué tan imponente, que el capitán general hubo de refugiarse en la Ciudadela y el gobierno eligió al brigadier Prim para que fuera á combatir á sus paisanos, encargo que aceptó el acólito de Narváez con gran asombro de los catalanes que no esperaban tan tremenda ingratitud de parte del joven militar á quien hasta entonces habían tenido como hombre de ideas avanzadas.

El 13 de Agosto el capitán general Arbuthnot publicó una proclama dirigida á los milicianos recomendándoles la obediencia al gobierno, pero el pueblo agolpado en la Rambla contestó á tales consejos aclamando á la Junta Central y dando mueras á los moderados y á Prim que acababa de ser nombrado gobernador militar de la plaza.

La Junta revolucionaria de Barcelona tomó el título de Suprema; volvió á armarse el célebre batallón de la *Blusa* que tanto se había distinguido en las sublevaciones republicanas, y

Prim fué objeto de ruidosas demostraciones de desagrado cuando se presentó ante el pueblo para aconsejarle que volviera á la obediencia del gobierno.

El capitán general dimitió su cargo siendo sustituido por Gil de Avalle, y así siguieron las cosas sin llegar á un derramamiento de sangre á pesar de que los revolucionarios y los defensores del gobierno se mostraban dispuestos á venir á las manos. El pueblo, como en protesta contra el gobierno de Madrid, rasgó las listas electorales, y los republicanos conmemoraron el 1.º de Setiembre, aniversario de la sublevación contra Cristina, con numerosos banquetes en los que se hizo una aplaudida propaganda anti-monárquica.

Como el batallón de la *Blusa* era el principal foco de la insurrección y estaba compuesto de hombres de probado valor, Prim intentó atraérselo, y presentándose ante dicho cuerpo pronunció una arenga con la que creyó cambiar el ánimo de aquellos exaltados. Pero los voluntarios de la *Blusa* contestaron á la arenga con vivas á la Junta Central y mueras á Prim y al gobierno, llegando algunos á apuntar con sus fusiles al audaz brigadier.

Entonces Prim, en un rasgo de intrepidez propio de su carácter, se salvó del peligro gritando:

—¡Aquí me tenéis! ¡Si creéis que vertiendo mi sangre ha de salvarse la patria, hacedme fuego!

Nadie como los valientes se conmueve ante las muestras de arrojo, y por esto los sublevados respetaron al brigadier y le dejaron franco el paso, aunque mostrándose más dispuestos que nunca á seguir combatiendo al gobierno.

Comenzaban á llegar á Barcelona numerosas fuerzas populares procedentes de diversos pueblos de Cataluña y se repartía profusamente una alocución de D. Juan Castells, en la cual después de describir el peligro en que estaba España de caer en manos de la reacción, se llamaba á las armas á los ilusos que hasta entonces habían sostenido el gabinete López creyendo que éste defendía la libertad.

Las autoridades fueron ya impotentes para contener la sublevación, y se refugiaron en la Ciudadela quedando toda Barcelona en poder de los insurrectos. El brigadier Prim al dirigirse á caballo á dicha fortaleza seguido de sus ayudantes, fué detenido por la muchedumbre que comenzó á increparle por su falta de catalanismo y á llamarle traidor.

—Ese lo que busca es la faja,— gritaron algunos hombres.

—Pues lo queréis, sea;—contestó entonces Prim,—ó faja ó mortaja.

Y al decir esto volvió su caballo y á todo galope se dirigió á Gracia poseído de despecho y ansioso de hacer armas contra sus paisanos.

Los barceloneses dispusiéronse á la defensa y pusieron al frente de su Junta al ex-diputado Degollada y al coronel Baiges, enviando proclamas á los pueblos para que acudieran en su socorro.

En la tarde del 3 de Setiembre iniciose la lucha, siendo ésta tan reñida que fueron muchos los que en ella perdieron la vida, figurando entre éstos el coronel Baiges.

Prim consiguió hacerse dueño de la Barceloneta y prosiguió el ataque de la ciudad por varios puntos. Entretanto Mataró, Gerona, Hostalrich, Olot y algunos pueblos del Ampurdán se levantaban también contra el gobierno, y el brigadier D. Narciso Ametller, que á pesar de ser republicano había sido enviado por el ministerio para combatir á los catalanes, se unió resueltamente á la Junta de Barcelona después de algunas vacilaciones.

Dicha Junta que necesitaba un militar conocido para ponerlo al frente de la insurrección, elevó á Ametller á mariscal de campo nombrándolo capitán general de Cataluña al mismo tiempo que declaraba traidor á Prim.

La noticia de la sublevación de Zaragoza animó mucho á los insurrectos catalanes é hizo que no les causara gran impresión la llegada de nuevas tropas al mando del general Araoz, que había sido nombrado por el gobierno capitán general del Principado.

El 22 de Setiembre reanudóse la lucha, y Prim, después de un reñido combate, consiguió apoderarse del pueblo de San Andrés de Palomar batiendo en la madrugada siguiente la columna de voluntarios mandada por Riera, la cual fué deshecha quedando su jefe prisionero.

El gobierno mostróse tan agradecido por los servicios de aquel joven militar ansioso de hacer carrera, que recompensó á Prim elevándolo á mariscal de campo por la toma de San Andrés, enviándole el general Serrano, ministro de la Guerra, la misma faja que llevaba puesta en el acto de firmar el nombramiento.

La sublevación experimentaba gran decadencia y los contratiempos sucedíanse con pasmosa rapidez. Algunas poblaciones sublevadas deponían las armas apenas se presentaban las tropas del gobierno, y Prim se apoderó de Mataró tras un reñido combate, acción que le fué recompensada con la gran cruz de San Fernando, por aquel gobierno que, influenciado por su protector Narváez, tenía empeño en elevar al joven general. El caudillo de los moderados, llevado de su excéntrico carácter, sentía sin duda cierta admiración ante el joven Prim, que en su afán de hacer carrera no vacilaba en combatir á sus mismos paisanos.

En aquella revolución que tenía un marcado carácter republicano, no podía permanecer inactivo el célebre propagandista Abdon Terradas, que residía en Figueras. A la voz conmovedora del fogoso republicano sublevóse esta ciudad, y la Junta revolucionaria que se formó publicó un programa político pidiendo la constitución de una Junta Central compuesta de representantes de todas las provincias y elegida por sufragio popular, la cual había de gobernar la nación hasta que se reuniesen las Cortes Constituyentes.

La Junta de Figueras se expresaba con la generosidad y alteza de miras propias de una corporación democrática y decía así en una parte de su proclama:

«Nosotros no invocamos este ni aquel sistema; ningún derecho nos asiste para imponer á los demás lo que á nosotros nos parece lo mejor. Dése la nación soberana las instituciones que más apetezca; elíjanse los jefes que la han de regir; resérvese la elección de todos sus funcionarios, y de este modo acabarán de una vez los partidos; pondráse un freno á los especuladores políticos; los aduladores y sostenedores de los tiranos se convertirán en aduladores y servidores de la causa del pueblo, porque éste será entonces el supremo poder y la felicidad de todos será el fruto de tamaña regeneración.»

El gobierno sentía con tanta urgencia el deseo de terminar la sublevación catalana, que culpaba á sus generales de tardos y débiles con los sublevados, separando de la capitanía general del Principado al general Araoz que fué reemplazado á los pocos días por D. Laureano Sanz, quien se propuso entrar en Barcelona á sangre y fuego.

No faltaron traidores que intentaron vender á la Junta revolucionaria; pero el entusiasmo de la población que estaba resuelta á morir por la libertad se acrecentó ante los peligros y no quedó un barcelonés liberal que no quisiera tomar parte en la lucha. La Junta declaró milicianos á todos los solteros y viudos sin hijos de diez y siete á cuarenta años, y los trece individuos que componían la autoridad revolucionaria, pidieron á la comisión de armamento y defensa otros tantos fusiles para luchar en las barricadas al lado del pueblo.

El general Sanz, que había prometido al gobierno acabar en un corto plazo aquella insurrección, convencióse pronto de que noblemente y cuerpo á cuerpo era imposible vencer á los insurrectos catalanes, y apeló á la superioridad que le prestaba la artillería, comenzando en 1.º de Octubre á bombardear á Barcelona, sin hacer caso del Ayuntamiento que protestaba indignado contra aquel acto de barbarie que venía á destrozar una ciudad próspera y floreciente tantas veces martirizada por la reacción.

El bombardeo indignó de tal modo á los catalanes que, ansiosos de venganza y sin reparar en su escasez de medios, dirigiéronse á la Ciudadela para tomarla por asalto, y durante muchas horas estuvieron pugnando por realizar una empresa tan imposible.

El sitio de Barcelona continuó con encarnizamiento cada vez más creciente y los insurrectos buscaron con ansia el batirse con sus enemigos que esquivaban todo encuentro, enviándoles desde las lejanas baterías un diluvio de hierro. Desde el 20 al 24 de Octubre arrojó Sanz sobre Barcelona más de cinco mil proyectiles que causaron graves destrozos en la población y quitaron la vida á muchos seres inocentes ajenos á la lucha.

Todo el resto del mes estuvieron defendiéndose los barceloneses, pero en el último día tuvieron noticia de la rendición de Zaragoza y para no estar sosteniendo por más tiempo aquella defensa que resultaba infructuosa, la Junta entró en relaciones con el general Sanz el 11 de Noviembre.

Estas negociaciones produjeron en el pueblo gran irritación y las masas armadas comenzaron á dar mueras á la Junta manifestando que no cumplirían la capitulación.

En la mañana del día 15 circuló por Barcelona la noticia de que las Cortes se habían reunido ya declarando mayor de edad á la reina, la cual había jurado ante ellas la Constitución, y entonces el pueblo comprendió lo infructuoso que resultaba prolongar la insurrección que después de los recientes sucesos carecía de objeto. La Junta acordó con Sanz un convenio honroso para ambas partes en el cual se estipulaba que nadie sería molestado por sus opiniones políticas, que la milicia, aunque sujeta á una reorganización, seguiría empuñando las armas y que el ejército entraría en Barcelona más como hermano del pueblo que como vencedor.

Este convenio fué suscrito por el general Sanz en la noche del 19 de Noviembre y entrando al siguiente día en Barcelona faltó á todo lo pactado, pues desarmó inmediatamente la milicia nacional, disolvió la Diputación provincial y el Ayuntamiento y tomó otras medidas propias del que entra por asalto en una plaza enemiga.

El brigadier Ametller, no queriendo entregarse á las tropas del gobierno, se refugió en Gerona con algunas fuerzas y allí fué á buscarlo Prim, quien inmediatamente puso sitio á aquella ciudad desmantelada desde la guerra de la Independencia y de defensa poco menos que imposible. El 7 de Noviembre capituló Gerona y Prim dejó en libertad á Ametller, con la condición que inmediatamente marcharía á Figueras y haría entrega de dicha plaza en las mismas condiciones; pero sobrevinieron desavenencias entre ambos caudillos, pues Ametller desde el fuerte castillo de Figueras declaró en 13 de Noviembre que el convenio era nulo y que estaba dispuesto á continuar la resistencia.

Prim contestó á esto publicando un manifiesto en el que calificaba de innoble la conducta del brigadier insurrecto y bloqueó inmediatamente el castillo de Figueras, empresa superior á sus fuerzas, por lo que acudió en su auxilio el general Sanz que después de dejar tranquila á Barcelona llegó á Figueras el 1.º de Diciembre intimando acto seguido la rendición á los insurrectos.

Ametller para rendirse exigió el reconocimiento de los empleos concedidos por la Junta y la conservación de la milicia nacional sin sujetarla á reorganización alguna, proposiciones que rechazaron los sitiadores rompiendo inmediatamente el fuego. El castillo de Figueras era demasiado fuerte para que lograse apoderarse de él un ejército tan reducido, y aunque el barón de Meer acudió á reforzarlo el 23 con considerables tropas, tanto este general como Sanz y Prim se convencieron de la imposibilidad de tomar á viva fuerza aquella plaza tenida por inexpugnable.

Por fin, Ametller accedió á capitular bajo favorables condiciones y el 13 de Enero de 1844 se retiró á Francia con los suyos, dejando Figueras en poder de las tropas del gobierno y quedando el barón de Meer encargado de la capitanía general de Cataluña.

También Zaragoza, como ya dijimos, imitó el ejemplo de Cataluña levantando bandera en 17 de Setiembre contra el gabinete López y en favor de la Junta Central. Los sublevados reconociendo, aunque tarde, que el gobierno actual era más moderado que la anterior regencia, se batieron valerosamente al grito de ¡viva Espartero! pero no pudieron sostenerse más de un mes y el 28 de Octubre capitularon honrosamente con el general Concha, á quien el gobierno premió con la gran cruz de San Fernando.

Al quedar sofocados los movimientos insurreccionales de Aragón y Cataluña, los prohombres de la situación creyeron haber restablecido la tranquilidad para mucho tiempo; pero pronto vinieron nuevos sucesos á demostrarles que el pueblo no podía dejar pasar sin belicosas protestas la repugnante farsa de la coalición antiesparterista, la cual engañando á las provincias con esperanzas de mayor libertad, las hizo derribar la regencia para sustituirla por un gobierno moderado que practicaba procedimientos propios de la reacción.

CAPITULO V

1843-1844

Influencia de Narváez en el gabinete López.—Las nuevas Cortes.—*La Joven España.*—Se declara la mayor edad de la reina.—Caída del gabinete López.—Formación del ministerio Olózaga.—Intrigas de los moderados.—La marquesa de Santa Cruz.—Disposiciones del gobierno favorables á los esparteristas.—Discordia entre Olózaga y Serrano.—Dimisión de éste.—El decreto de disolución de las Cortes.—Conferencia de Olózaga con Isabel.—Sus escandalosos resultados.—Vileza de la *inocente reina.*—Destitución de Olózaga.—Justas protestas de éste.—Decepción que sufre Serrano.—González Brabo elevado á la presidencia.—Su cinismo político.—Escándalo monárquico en las Cortes.—Defensa de Olózaga.—Ataques de los moderados.—Fuga de Olózaga.—Disposiciones reaccionarias de González Brabo.—Conspiración de los progresistas.—Sublevación de Alicante, Cartagena y Murcia.—Roncali se apodera de Alicante.—Venganza de los vencedores.—Rendición de Cartagena.—Vuelta de Cristina á España.—Decadencia de González Brabo.—Caída de éste.—Narváez sube al poder.

EL ministerio López estaba cada vez más supeditado á la falaz influencia de Narváez, quien se valía de él para adoptar medidas reaccionarias que facilitasen la vuelta de los moderados al poder. Según confesaba algún tiempo después el mismo López, político tan sublime en la tribuna como cándido en el gobierno, apenas los ministros tomaban algún acuerdo en sentido liberal, aparecía Narváez, quien hablaba de la necesidad de tiránicas medidas preventivas y de procedimientos de fuerza para atemorizar á los conspiradores, afirmando tales palabras con anónimos que él mismo fabricaba y en los cuales se le anunciaban terribles sublevaciones que iban á estallar de un momento á otro.

Entregado tan completamente aquel gobierno que se llamaba progresista á las inspiraciones del partido conservador, preparó las elecciones de las nuevas Cortes, siendo su resultado, como era de esperar, más favorable á los moderados que á los mismos amigos del Gabinete.

El 15 de Octubre reuniéronse las

nuevas Cortes, y en el acto de apertura el elocuente López, como presidente del ministerio, pronunció un armonioso discurso, en el cual hizo la apología de la fraternal amistad que unía á moderados y progresistas; pero como á un diputado se le ocurriera interpelar al gobierno sobre los sucesos ocurridos en Barcelona, Zaragoza y otros puntos, promovióse una alborotada discusión, en la que intervinieron el conde de las Navas, Caballero y Narváez, y que demostró que la tal concordia era fingida y que estaba próxima la ruptura de relaciones entre ambos partidos.

González Brabo, que sentía grandes deseos de adquirir notoriedad y figurar en las Cortes como jefe de partido, formó una agrupación titulada *La Joven España*, empresa en que le ayudó mucho Olózaga, el cual había de ser el primero en lamentar la formación del nuevo partido.

La Joven España vino á constituir en el Congreso como el centro de la izquierda, y produjo una nueva división en el partido progresista. La juventud dorada que fué á cobijarse bajo tal bandera carecía de creencias y de fe política; su facultad predominante era la ambición, su único propósito el medro, y carecía de programa fijo, pero todos estos defectos sabía ocultarlos bajo una afectada palabrería y la elocuencia hueca, pero atrevida y ruidosa de su jefe González Brabo.

La elección del presidente del Congreso fué motivo de empeñada lucha, pero al fin quedó designado D. Salustiano Olózaga, por sesenta y seis votos contra cuarenta y tres alcanzados por Cortina y siete por Cantero.

El gobierno estaba ansioso por declarar á la reina mayor de edad, quitando de este modo pretexto á las insurrecciones que se llevaban á cabo en nombre de la Junta Central, y en 26 de Octubre leyó á las Cortes una comunicación en la que se mostraba favorable á la declaración citada. Una comisión de las Cortes examinó tal asunto, dictaminando favorablemente, y el 8 de Noviembre reuniéronse ambas Cámaras, aprobándose la mayoría de la reina por ciento noventa y tres votos contra diez y seis.

El día 10 los monárquicos vieron regocijados como la reina juraba guardar y hacer guardar la Constitución española.

La mayor parte de aquellos diputados que accedían á declarar soberana de una nación á una niña de trece años, comprendían que esto era crear un poder sujeto á malévolas maquinaciones é interminables intrigas que tuvieran al país en perpetua agitación; pero todos ellos proponíanse explotar en provecho propio la debilidad y la ignorancia de la reina, y de aquí que tuvieran empeño en conferirla cuanto antes la dirección del Estado.

Aquellos monárquicos de 1843, que hubieran acogido como una loca extravagancia la idea de reconocer á la mujer el derecho electoral, encontraban lógico y beneficioso el confiar á una niña de trece años la suerte de muchos millones de seres.

La sublevación que ocurrió por aquellos días en León y Vigo demostró al gobierno que no había dado al país con sus extrañas medidas aquella tranquilidad de que se jactaba. En Galicia se efectuó la sublevación al grito de ¡viva la Junta Central! tendencia federalista que se manifestaba una vez más en las provincias, y el brigadier D. Martín José Iriarte púsose al frente del movimiento.

El gobierno envió contra los insurrectos al general Manso, pero el coronel Nouvilas y el brigadier D. Fernando Cotoner consiguieron antes de la llegada de tal refuerzo el desarmar á la milicia y obligar á Iriarte á refugiarse en Portugal.

El ministerio López tuvo pronto ocasión de convencerse de que había servido inconscientemente los intereses de los moderados, y que éstos se apresuraban á deshacerse de él por no necesitarle ya.

Apenas la reina juró la Constitución admitió las dimisiones que los ministros le habían presentado por pura fórmula. Los moderados, con la alegría de verse libres de aquel gabinete que para nada les servía, le prodigaron en las Cortes los votos de gracias, distinciones que el cándido López recibió con ingenuo agradecimiento que le hacía derramar lágrimas, no comprendiendo el alcance de aquellas honras fúnebres que le dispensaban los mismos que después de haber desprestigiado su nombre, convirtiéndolo en instrumento de reacción, lo rechazaban ahora al verle inservible.

El gobierno de López demostró una vez más lo fatales que resultan al frente de un Estado aquellos políticos que no son más que oradores, y cuán grande es la diferencia que existe entre hablar elocuentemente en la tribuna y gobernar con acierto una nación.

Como Olózaga era el presidente del Congreso, fué llamado por la reina para conferenciar sobre la crisis é indicarle que estaba dispuesta á aceptar un gabinete formado por él, si es que se decidía á ocupar el poder.

Olózaga estaba muy lejos de sospechar los grandes disgustos que le esperaban en el gobierno, y como confiaba en el apoyo de la levantisca agrupación dirigida por González Brabo á cuya existencia había contribuído él mismo, se decidió á formar situación comenzando por dirigirse á López y los demás ministros dimisionarios, los cuales manifestaron que aceptarían los cargos ofrecidos siempre que Olózaga desempeñase la cartera de Estado.

Aceptó Olózaga tal proposición, aunque con la exigencia de que don Manuel Cortina había de entrar en el ministerio de la Gobernación, en cuyo caso D. Fermín Caballero desempeñaría una nueva cartera que sería creada con título de Instrucción y

Obras Públicas; pero Cortina se negó á entrar en la combinación ministerial tal como lo esperaba Olózaga, y entonces éste libre ya de sus compromisos con el gabinete López, se dedicó á constituir gabinete con sus propios elementos, aunque luchando para ello con innumerables dificultades. Cortina no quiso aceptar la cartera que le ofrecía Olózaga, y en cambio éste no hizo caso de las francas solicitudes del joven González Brabo, que sentía un deseo insaciable de ser ministro.

La única condición que la pequeña reina había impuesto al expresidente del Congreso era el conservar en la cartera de la Guerra al general Serrano, el *ministro bonito* como decía Isabel en el lenguaje apasionado que le inspiraba su temperamento ardiente.

Por fin Olózaga constituyó su gabinete reservándose la presidencia y la cartera de Estado. En Gracia y Justicia entró D. Claudio Antón de Luzuriaga, en Hacienda D. Manuel Cantero, en Guerra continuó Serrano, la cartera de Marina dióse á Frias y la de Gobernación á Domenech.

El nuevo ministerio fué muy mal acogido por la Cámara y sobre todo por los jóvenes diputados afectos á González Brabo, quienes ofendidos de que á su jefe se le hubiera negado una cartera propusiéronse hacer una ruda oposición contra Olózaga acusándole de haber faltado á sus compromisos con el antiguo redactor de *El Guirigay*.

Mientras se verificaba la laboriosa formación del nuevo gobierno la reacción política se agrandaba rápidamente, y los mismos progresistas hacían gran competencia á los moderados en cuanto á servilismo monárquico, hasta el punto de que algunos escritores conservadores dijeran que ni en tiempos de Felipe II se había adulado tan escandalosamente la potestad regia.

Los moderados, para desprestigiar á los progresistas, propalaban alarmantes rumores sobre próximas conspiraciones, y de tal modo dominaban en palacio y tal carácter de verosimilitud daban á sus afirmaciones, que la misma reina al encargar á Olozága la formación de ministerio le dijo que le urgía mucho y que si no lo constituía en breves días veríase obligada á transferir á otro el encargo, pues sabía que la milicia nacional, movida por los progresistas, se estaba preparando para verificar un movimiento que tenía por objeto el arrojarla del trono.

Hay que tener en cuenta que la milicia no existía ya, pues había sido desarmada y disuelta algún tiempo antes.

El agente en palacio de todas las maquinaciones de los moderados, era la marquesa de Santa Cruz, camarera mayor y dama intriganta y de costumbres poco ejemplares, la cual procuraba que su joven señora mirase con creciente antipatía á los progresistas arrepentidos que formaban el gobierno.

Olózaga, á los pocos días de ocupar el poder, tuvo ocasión de apreciar el afecto que le profesaban en palacio, con motivo de una comida á la cual fueron convidados por la reina todos los ministros.

A las seis de la tarde acudieron á la cita Olózaga y sus compañeros de gabinete, pero la marquesa de Santa Cruz que sentía deseos de humillar á los respetuosos progresistas por ver si de este modo dimitían sus carteras, salió á su encuentro para decirles que por efecto de una mala inteligencia de la servidumbre se había suprimido el convite y sólo se había dispuesto comida para la reina.

—No importa,—dijo Olózaga entonces,—no venimos á acallar el hambre sino á acompañar á S. M. y sin comer; puesto que no hay la distraeremos de la escasez de la comida.

Los cortesanos opusieron aún alguna resistencia á los ministros, pero éstos lograron penetrar por fin en la cámara real donde encontraron preparado un gran banquete.

Intrigas miserables como ésta tenía que sufrirlas Olózaga á cada instante, sobrellevando con paciencia la animosidad que contra él sentían las gentes de palacio, muy devotas de los moderados.

Don Joaquín María López, que todavía estaba en buenas relaciones con el partido conservador no comprendiendo que éste había abusado de su sencillez labrando su descrédito, aspiraba á la presidencia del Congreso, apoyado por el gobierno y creyendo que no encontraría oposición en aquellas Cortes que poco antes le habían dado un amplio voto de confianza; pero los moderados, al llegar la votación, se unieron al grupo parlamentario de González Brabo eligiendo á don Pedro José Pidal, furibundo reaccionario y enemigo implacable de los progresistas.

El resultado de esta elección equivalía á una completa derrota del gobierno, y Olózaga, deseoso de contrarrestarla, buscó el medio de aumentar la influencia liberal y con este objeto presentó al Congreso un proyecto de ley de amnistía para todos los delitos políticos, indulto que favorecía especialmente á los progresistas perseguidos por su adhesión al duque de la Victoria. Además, dió un decreto reconociendo todos los empleos, honores y condecoraciones concedidas por Espartero durante su regencia, disposición que reconcilió á Olózaga con el partido *ayacucho*.

El Congreso nombró una comisión presidida por Martínez de la Rosa para dictaminar sobre el proyecto de amnistía, y se encomendó á este hombre público la redacción del dictamen exigiéndosele que fuera favorable; pero el orador moderado conocía perfectamente la candidez de los progresistas y con diversas excusas fué retardando la presentación del documento, con la esperanza de que el gobierno caería en breve plazo, quedando sin efecto dicho proyecto.

El gabinete resultaba de problemática existencia y así lo reconocían sus mismos individuos en vista de las continuas disidencias que surgían en su seno, no por diversidad de miras políticas, sino por los celos que mutuamente se profesaban Olózaga y Serrano.

Ambos ministros ejercían presión sobre el ánimo de la reina y se disputaban tenazmente la preponderancia en palacio y la influencia sobre aquella niña caprichosa y superficial que regía á la nación. Serrano con su belleza y marcial apostura, que tanto agrado producía en la reina, quería conquistar el corazón de ésta; pero Olózaga, hombre simpático, de conversación agradable y jocosa y campechano en alto grado, lograba atraerse también la amistad de Isabel, que pasaba muchas horas en insustanciales pláticas con su ayo y jefe de gobierno.

La influencia de Olózaga pudo más que la del general Serrano y éste empezó á ser recibido por la reina con cierto desvío que le puso fuera de sí y le impulsó á unirse con todos los enemigos del presidente del gabinete, el cual por su parte mostraba empeño en perjudicar al galante general que le disputaba su preponderancia palaciega.

Conocían los moderados la enemistad que existía entre los dos principales ministros y con su peculiar astucia se proponían explotarla, para lo cual fomentaban los recelos y odios de rivalidad en el inexperto Serrano que era en sumo grado impresionable.

Las disposiciones de Olózaga favorables á los esparteristas fueron causa de que la discordia que existía entre el presidente del Congreso y el ministro de la Guerra se manifestasen públicamente. El decreto rehabilitando á Espartero y á sus adictos en todos sus grados y honores produjo gran irritación á los moderados, y Narváez se apresuró á enviar á los ministros reunidos en Consejo una carta anunciando su resolución de dimitir la capitanía general de Madrid.

Olózaga, que no admitía imposiciones y que deseaba librarse de un aliado tan importuno y soberbio como era Narváez, se manifestó dispuesto á admitir su dimisión; pero Serrano, que estaba en muy buenas relaciones con el capitán general, manifestóse ofendido por tal resolución y anunció su propósito de salir del ministerio, aunque fundando su renuncia en un motivo tan ridículo como era el sentimiento que días antes le había producido la derrota de López en la elección de presidente del Congreso.

Olózaga, que hacía tiempo se sentía molestado por las pretensiones del general, oyó con gran calma sus palabras y le dijo después friamente:

—Si usted hace dimisión de su cartera yo aconsejaré á la reina que se la admita.

El general levantóse entonces precipitadamente con aire ofendido, y sin querer escuchar las explicaciones de los demás ministros y del mismo Olózaga, salió precipitadamente de la habitación donde estaba reunido el Consejo.

Olózaga, que veía claramente como sus enemigos le iban poco á poco minando el terreno é introduciendo la discordia en el seno del gabinete, se apresuró á defenderse, y como las Cortes eran su principal enemigo según lo habían demostrado al elegir presidente á Pidal, se decidió á pedir á la reina el decreto de disolución, que ésta firmó sin ningún inconveniente en la noche del 28 de Noviembre.

Como este suceso dió lugar poco después á ruidosos incidentes que demostraron lo ridículo y expuesto que es el confiar la gobernación de un Estado á una niña inexperta y caprichosa, hemos de detenernos especialmente en dicha escena para que más adelante resulte con mejor relieve la perfidia monárquica.

Olózaga se presentó en palacio la citada noche y conferenciando con la reina leyóla el decreto de disolución de las Cortes, y como ella le preguntase por qué no estaba satisfecho con el Parlamento, el jefe del ministerio expuso con la sencillez necesaria para ser entendido por una niña sin instrucción, las razones que tenía para pedir la citada disolución. Olózaga para dar más fuerza á sus expresiones acabó preguntando á Isabel por quién se decidía entre las Cortes y el gobierno, y la reina contestó: *"Por vosotros,"* firmando sin la menor dificultad el documento que le presentaba el ministro.

Todavía permaneció Olózaga más de una hora en la regia estancia conversando con Isabel, y cuando el ministro iba á marcharse la reina le regaló algunos dulces para su hija, dando á entender con sus palabras cariñosas y su infantil alegría que estaba muy contenta con el jefe de su gobierno.

La soberana de España no se acordó al poco rato del documento que acababa de firmar. y como dice un autor, después de la salida de Olózaga se pondría á jugar á casitas de alquiler y á quemar papeles, distracciones á que era muy aficionada. El presidente del Consejo tuvo la imprudencia de guardar en su bolsillo el decreto de disolución con la fecha en blanco, proponiéndose aprovecharlo en la ocasión más oportuna, circunstancia de que se valieron los moderados así que tuvieron conocimiento del suceso para inutilizar á Olózaga de un modo ruidoso.

Parece que Olózaga, autorizado por la franqueza que siempre observaba con la reina, le dió algunas cariñosas palmaditas en el brazo en el momento que firmaba el decreto, y en este detalle fundaron los moderados toda la acusación calumniosa y ridícula que formularon contra su enemigo.

El célebre poeta Campoamor, á pesar de pertenecer al partido moderado no pudo menos de reir ante tan extravagante acusación, y con su peculiar humorismo describió del modo siguiente la trama de su partido para perder á Olózaga:

«El señor Narváez fué por última vez á palacio á tomar el santo y seña, por ser esta una de las más honrosas incumbencias del capitán general de Madrid, y como desde la cosa de Torrejón de Ardoz el señor Narváez era el personaje de más importancia de España, incluso el señor Olózaga, presidente entonces del Consejo de ministros, tuvo S. M. la adorable previsión de pedirle su parecer sobre el decreto de disolución que había firmado el día anterior.—¡*Somos perdidos definitivamente!*—murmuró el señor Narváez al saber lo sustancial de la noticia; más al oir los detalles, su pensamiento se fijó exclusivamente en el pormenor de *las palmaditas*; circunstancia que todo el cuerpo diplomático no hubiera notado siquiera; pero que la fecunda vena del señor Narváez convirtió en pensamiento fundamental de un poema tan ingenioso, tan divertido y tan inmortal como el de Ariosto. El señor Narváez deseaba hallar un terreno donde batirse cuerpo á cuerpo con aquel fanfarrón que amenazaba reasumir en la suya todas las existencias y todas las celebridades de su época, y su poderosa imaginación abrió el palenque en la arena de *las palmaditas*. Para que el campo no fuese para él mismo una montaña inaccesible, era menester que su majestad lo convirtiese en llanura y aun en una pendiente inversa convenciéndose de que el señor Olózaga había cometido con ella un horrible desacato. Para conseguir esto se necesitaba que el señor Narváez esforzase mucho su razones, porque los libros de tafilete con cantos dorados, de los cuales entonces hacía uso S. M., no decían nada sobre el particular.

»La inviolabilidad del Trono; el derecho divino; las sombras de sus antepasados que demandaban venganza; tales creo yo que habrán sido las principales imágenes con que el señor Narváez engalanó su discurso; y después que inflamó la imaginación de S. M. la enganchó las alas de su genio y la niña se elevó... y se elevó... y se elevó... y al verse en la cúspide de su grandeza se convenció de que el señor Olózaga la había faltado al respeto, lo cual aseguró después.»

Bien fuera de este modo la escena entre la reina y Narváez ó bien de otro, lo cierto es que mientras Olózaga reunía á los ministros en la Casa de Campo para tratar sobre el decreto de disolución, Narváez iba en busca de Pidal y reunidos ambos personajes con la marquesa de Santa Cruz y demás gente cortesana preparaban la repugnante farsa que había de poner en movimiento al país. La reina, que en punto á perversión era muy precoz, pues tenía una malignidad impropia de sus pocos años, siguió fielmente las pérfidas indicaciones de sus consejeros y ante los vicepresidentes del Congreso que Pidal llamó á palacio, declaró que el día anterior Olózaga le había pedido que firmase el decreto de disolución de las Cortes, y que ella se había negado resueltamente á hacerlo, levantándose para marcharse por la puerta que estaba á su izquierda; pero que entonces Olózaga se adelantó rápidamente y echando el cerrojo á dicha puerta y á la que estaba en frente, cogió á la reina por el traje y haciéndola sentar á viva fuerza y llevándola á la mano la hizo firmar por la violencia. Que después de tener en su mano el decreto Olózaga la rogó que no dijese á nadie una palabra de lo ocurrido á lo que ella respondió que no podía prometerlo.

Oyeron el relato con grandes muestras de indignación los mismos que momentos antes lo habían amañado, y como la reina terminase preguntando con aire inocente: *¿Qué os parece?* Pidal, como si por su boca hablasen tres siglos de monarquía ofendidos, dijo con imponente voz:

—Señora, un ministro que se ha portado así, no merece que se le continúe por más tiempo la confianza.

Inmediatamente los prohombres moderados procedieron á extender la destitución de Olózaga, pero como para la validez de tal acto era necesaria la presencia de un ministro, fué llamado apresuradamente el general Serrano, que por su enemistad con el presidente del Consejo era el más indicado para prestar tal servicio.

El ministro de la Guerra, autorizando la declaración de la reina, firmó la destitución de Olózaga en el mismo momento que éste sin sospechar lo que ocurría, presentábase en palacio solicitando hablar á la soberana.

El duque de Osuna, que era el gentilhombre de servicio, contestó de mal talante que S. M. no recibía, y como Olózaga contestara con altivez que á un ministro no podía despedírsele con tal fórmula, el cortesano entró á anunciar la visita y á los pocos instantes volvió á salir para manifestar secamente al jefe del gobierno que la reina acababa de destituirle y que en el ministerio encontraría el decreto de exoneración. Este documento, por su brevedad y falta de razones, era propio de un monarca absoluto, pues faltando á la disposición constitucional que prohibe á los reyes el deprimir á sus ministros, decía así: «Usando de la prerogativa que me compete por el artículo 47 de la Constitución, vengo en exonerar por gravísimas razones á mí reservadas, á D. Salustiano de Olózaga de los cargos de presidente del Consejo de ministros y ministro de Estado.»

Como aun estaba en poder de Olózaga el decreto firmado por la reina disolviendo las actuales Cortes, Isabel dió un nuevo decreto anulando el que antes había firmado *á instancias del presidente del Consejo,* documento al que contestó Olózaga devolviendo inmediatamente el decreto y haciendo

D. SALUSTIANO OLÓZAGA.

observar la contradicción que existía entre la frase á *instancias* y la brutal violencia que se le atribuía sobre la persona de Isabel.

Acudió Olózaga á la prensa para hacer patente su inocencia, y la opinión pública se sublevó como era de esperar contra tan miserable intriga, atacando la vileza de la reina y de los moderados. Los diputados progresistas verificaron una reunión para acordar la conducta que habían de seguir en tal situación, y el general Serrano que acudió á ella, mostróse algo arrepentido de haber intervenido en la palaciega intriga, dando á entender que estaba plenamente convencido de la inocencia de Olózaga. Los progresistas mostráronse tan deseosos de sincerar al acusado ante el país, que desearon fuera el Parlamento el lugar donde se tratara la cuestión, para lo cual suscribieron un documento pidiendo la inmediata convocatoria de las Cortes.

Entretanto los moderados hacían todo lo posible para aprovecharse del suceso, y D. Pedro Pidal que había sido el principal protagonista del repugnante sainete monárquico, trabajaba porque la reina le encargase la formación del gabinete; pero apenas Serrano tuvo noticias de estos trabajos, se trasladó á palacio, donde con la influencia que le proporcionaban sus dotes personales, consiguió desbancar á los conservadores, logrando ser él á quien se diera el encargo de formar el ministerio de conciliación.

Serrano, no creyendo que la misma niña que tan villanamente se había portado con Olózaga, pudiera hacerle á él igualmente víctima de sus caprichos, citó en su domicilio á todos sus amigos para ofrecerles carteras y elevados puestos; pero cuando más ocupado se hallaba en tales trabajos recibió la noticia de que González Brabo acababa de jurar en palacio los cargos de presidente del Consejo y ministro de Gracia y Justicia. Este tremendo desaire era un justo castigo para el hombre que llevado de su ambición no había vacilado en traicionar á su compañero Olózaga.

González Brabo, por su procacidad, audacia y falta de escrúpulos, era el hombre que necesitaban los moderados para sostener aquella escandalosa situación que ellos habían creado con ocultas maquinaciones. Narváez, que desde la caída de Espartero era el hombre más influyente de la situación, necesitaba para combatir á Olózaga de políticos escandalosos y despreocupados como eran los de *La Joven España*, y de aquí que elevara á la presidencia del Consejo al joven González Brabo que dos meses antes mendigaba una cartera.

El precio de tal elevación ya se comprendía que era un encargo tan innoble como acusar públicamente á Olózaga cuya inocencia reconocía toda la nación; pero González Brabo tenía el sentido moral lo bastante corrompido para no retroceder ante la necesidad de ser calumniador á sabiendas.

Para él lo importante era medrar y realizar las aspiraciones de su ambición, importándole poco el que su patria le tuviera por el más cínico y repugnante de los políticos.

No tenía González Brabo á su disposición ni un solo personaje apto para ser ministro, pero esto no fué para él un obstáculo, y momentáneamente encargó á los subsecretarios de ministerio del despacho de las carteras formando y completando su gabinete después de la apertura de las Cortes.

González Brabo abandonó la cartera de Gracia y Justicia á D. Luis Mayans, moderado, casi carlista y se reservó la de Estado con la presidencia. En Gobernación entró D. José Justiniani, marqués de Peñaflorida; en Hacienda, D. Juan García Carrasco; en Guerra, el mariscal de campo don Manuel Mazarredo; y en Marina y Ultramar, el brigadier D. Filiberto Portillo, que muy pronto se hizo célebre por el descoco con que se apropiaba fondos públicos y realizaba escandalosos negocios á costa del país.

Las Cortes abrieron sus sesiones el día 1.º de Diciembre, y como en la primera reunión iba á tratarse el asunto de Olózaga, un numeroso público invadió las tribunas, y al ver entrar al ex-presidente del Consejo, le saludó con numerosos y nutridos aplausos. La sesión comenzó con la lectura de los decretos en que se exoneraba á Olózaga y se nombraba á González Brabo, levantándose éste inmediatamente para dar á conocer el acta de los sucesos que se suponían ocurridos en palacio entre Olózaga y la reina.

Apenas González Brabo terminó la lectura pidió Olózaga la palabra, produciendo tal demanda la más espantosa confusión. La mayoría moderada prorumpió en amenazas contra el orador pidiendo á la presidencia que lo arrojase del local, y éstos fueron aún los más prudentes, pues algunos conservadores graves y sesudos pidieron para Olózaga el presidio y la horca.

El tremendo escándalo duró por mucho tiempo, pues aquellos fervientes monárquicos no podían calmar la indignación que les producía ver que había un hombre que se atrevía á dudar de la veracidad de una niña á quien ellos llamaban sér de prestigio sobrehumano y ángel bajado á la tierra incapaz de mentir en ninguna ocasión.

Fué aquella una situación propicia para mostrar un loco entusiasmo monárquico, y los diputados moderados compitieron en servilismo para hacerse más agradables á la Corona.

Por fin se restableció el silencio y Olózaga comenzó á hablar refiriendo con veracidad y energía todos los hechos, aunque teniendo la noble generosidad de no denunciar á los intrigantes á quienes conocía. Tan completamente se justificó, que sus enemigos sólo supieron ya oponerse á su discurso apostrofándolo porque se atrevía á desmentir las palabras de la reina; pero Olózaga contestó con conmovedora dignidad, que ni á sus padres, ni á su patria, ni á su reina sacrificaría jamás su honra.

La justificación de Olózaga fué tan completa, que todos se convencieron de su inocencia exceptuando aquellos políticos á quienes convenía aparentar que creían en un absurdo que su razón rechazaba.

La probada inocencia de Olózaga, no le libró de los ataques de sus enemigos, y Martínez de la Rosa, Brabo Murillo, Posada Herrera, Pidal y otros moderados le dirigieron apasionadas acusaciones de las que le defendieron con elocuencia Cortina y López.

Diez y siete días duró dicho debate y al fin las Cortes, influenciadas por los moderados, acordaron dirigir un mensaje á la reina protestando contra el atentado de que la suponían víctima y disponiendo el procesamiento de Olózaga.

Tan excitado estaba por los conservadores el sentimiento monárquico de algunos fanáticos, que Olózaga adquirió la certeza de que se intentaba atentar contra su vida, y huyendo de Madrid consiguió no sin grandes peligros refugiarse en Portugal, donde se embarcó para Inglaterra.

Seguía residiendo en Londres el general Espartero, que tenía sobrados motivos para estar resentido con Olózaga que tanto había contribuido á su caída; pero la común desgracia y las gestiones de D. Pedro Gómez de la Serna, amigo de los dos personajes, hiciéronles olvidar antiguas diferencias, y la pasada amistad volvió á restablecerse entre ambos emigrados que tenían motivo más que suficiente para quejarse de la reina, cuya causa habían sostenido.

Entretanto, las Cortes españolas habían suspendido sus sesiones con motivo de la festividad de Pascua, y al reanudarlas en 27 de Diciembre el gobierno declaró suspendida su legislatura.

Con un gobernante tan desprovisto de conciencia política como lo era González Brabo, resultaba posible todo cuanto deseasen los moderados; así es que la más escandalosa reacción comenzó á enseñorearse de España.

En 30 de Diciembre ya se atrevió González Brabo á publicar en la *Gaceta* como real decreto la misma ley de Ayuntamientos que había motivado la caída de Cristina, y de la cual el presidente del Consejo había sido uno de los más implacables enemigos. Tan antipática era al país dicha ley que á pesar de que la mayoría de los ayuntamientos estaban constituidos de real orden los concejales presentaron la dimisión no queriendo sujetarse á tan tiránico decreto.

Un gobierno tan reaccionario y odioso como aquel no podía contentarse con oprimir al país, pues para llenar por completo su odioso papel había de derramar sangre, y de aquí que el despótico Narváez, como capitán general de Madrid, procurase inventar conspiraciones ridículas ya que por desgracia no las había de mayor importancia.

Algunos polizontes disfrazados dieron en las calles de Madrid el grito de ¡muera Narváez! ¡viva Espartero! y esto bastó para que el gobierno sacase las tropas de los cuarteles y las hiciese disparar sobre la indefensa muchedumbre que transitaba por las calles, llegando á tal extremo la ferocidad de los esbirros del gobierno que hicieron fuego sobre la despavorida gente que se había refugiado en un café, infiriendo graves heridas á algunas mujeres.

Estas bárbaras maquinaciones de los moderados que con el afán de atropellar al país inventaban conspiraciones donde no las había, produjeron un efecto contraproducente, pues el partido progresista que tan cándido se había mostrado dejándose arrebatar el poder, salió de su inacción, y avergonzándose de sus anteriores torpezas apeló nuevamente al procedimiento revolucionario para combatir al elemento conservador, su eterno enemigo.

Comenzaron á conspirar todos los elementos avanzados de la política española y prepararon una insurrección militar que tenía sus principales centros en Alicante, Cartagena, Murcia, Albacete, Almería y Málaga. La primera de estas ciudades era la indicada para iniciar el movimiento, y el 25 de Enero de 1844 verificóse la insurrección poniéndose á su frente el coronel don Pantaleón Bonet, que fué nombrado presidente de la Junta revolucionaria teniendo como á vice-presidente á don Manuel Carreras.

El primer acto de la Junta fué declarar traidores á la patria á Narváez y á los ministros, y el programa político de la revolución quedó sintetizado en estas palabras: *«Abajo el ministerio, la camarilla y la ley de Ayuntamientos en nombre de la soberanía del pueblo. ¡Viva la reina constitucional!»*

Alcoy contestó al movimiento sublevándose el día 29, pero las autoridades consiguieron dominar la insurrección y sus autores fueron inmediatamente pasados por las armas.

Los revolucionarios de Cartagena también cumplieron sus compromisos y el 1.º de Febrero se alzaron contra el gobierno formando una Junta presidida por el progresista D. Antonio Santa Cruz, á cuyo movimiento contestó Murcia á los dos días poniendo al frente de su corporación revolucionaria al general D. Francisco Ruiz.

El capitán general de Valencia, que era Roncali, se dispuso á combatir con la mayor energía las sublevaciones ocurridas en su distrito, y para evitar que Valencia se uniese á los insurrectos disolvió la milicia é inmediatamente salió con respetables fuerzas contra Alicante.

El gobierno extremaba entretanto sus precauciones de un modo irritante, hasta el punto de declarar en estado de sitio todas las poblaciones de España, enviando además contra los sublevados á los generales D. José de la Concha y D. Fernando Fernández de Córdova.

El revolucionario Bonet salió de Alicante con una fuerte columna al encuentro de las tropas del gobierno que mandaba el general Pardo, y encontrando á éste en las inmediaciones de Elda trabóse una reñida batalla de la que salió Pardo vencedor, gracias á haber imitado el ardid de Narváez en Torrejón de Ardoz; pues fingiendo que parte de sus fuerzas se adherían á los insurrectos logró acercarse á éstos sin ser molestado y de repente cargó sobre ellos causándoles muchas bajas y una tremenda dispersión.

Después de este desastre, la defensa de Murcia resultó imposible, y el día 7 se rindió esta ciudad pasando los sublevados á Cartagena.

Aquel mismo día llegó Roncali á las inmediaciones de Alicante y en vista de que los insurrectos desechaban sus intimaciones comenzó el bombardeo de la plaza encerrándola en un bloqueo rigoroso.

El feroz Roncali hizo fusilar á todos los oficiales que cayeron prisioneros en la acción de Elda y entró en relaciones con el capitán D. Juan Martín, sobrino del célebre *Empecinado*, al cual la Junta revolucionaria le había confiado la defensa del castillo, atendiendo á su abolengo liberal más que á sus propios méritos.

La traición del capitán Martín y el bombardeo de la plaza que iba también á comenzar por la parte de la costa abatieron á los defensores de Alicante, que se rindieron en 6 de Marzo, penetrando Roncali inmediatamente en la población y acompañando su victoria con actos de cruel venganza. La milicia quedó disuelta, hiciéronse numerosas prisiones y en el pueblo de Sella fueron detenidos el coronel Bonet y veintitres revolucionarios más, que habían conseguido salir de Alicante rompiendo la línea de bloqueo. Al anochecer del día 7 entraron en Alicante aquellos desgraciados cuyo destino era ser víctimas de la sanguinaria reacción, y juzgados en menos de un cuarto de hora por el Consejo de guerra que se constituyó, fueron puestos en capilla y fusilados en la madrugada siguiente.

Alicante presenció horrorizada las espantosas ejecuciones de aquellos mártires de la libertad, y aun aumentaron su indignación los nuevos fusilamientos que se hicieron á los pocos días en Concentaina y Monforte.

La revolución progresista no fué más afortunada en Cartagena. Córdova y Concha establecieron el 22 de Febrero el bloqueo de dicha plaza é intimaron la rendición á los sublevados. El general Ruiz, que estaba al frente de éstos, supo entusiasmarlos con fogosas proclamas en las que aseguraba que el gobierno moderado había entablado negociaciones con don Carlos para casar un hijo de éste con Isabel II y restablecer el absolutismo. En la mañana del 4 de Marzo los sitiados hicieron una brillante salida, y atacando á las tropas de Concha en las alturas del Calvario consiguieron derrotarlas, causándolas grandes pérdidas; pero por desgracia la noticia de la rendición de Alicante hizo decaer el ánimo de los revolucionarios, y aun aumentó más su desaliento al ver que Roncali se dirigía á marchas forzadas á Cartagena para reforzar las tropas sitiadoras.

El 13 de Marzo se unió Roncali con Córdova y Concha y el 22 amenazó á los sitiados con el bombardeo si no se rendían inmediatamente. Ante esta amenaza el Ayuntamiento envió á una Comisión para conferenciar con el general y ajustar la capitulación, y entretanto la Junta revolucionaria y los jefes más comprometidos se embarcaron en varios buques llegando con toda felicidad á Orán y Gibraltar.

Los sitiadores penetraron en Cartagena el 25 de Marzo, y Roncali experimentó gran pesar al no poder apoderarse de los jefes de la sublevación para fusilarlos como á los de Alicante.

De este modo terminó la insurrección en la que tantas esperanzas cifraba el partido progresista y que con tan valiosos elementos militares parecía contar.

Los progresistas, convencidos de que por el momento nada podían lograr en el terreno revolucionario, apelaron á la lucha legal, y en las elecciones de nuevas Cortes que se verificaron por entonces, consiguieron una completa victoria tanto en Madrid como en las más populosas capitales.

La victoria alcanzada en las urnas y la unión que existía entre las diversas fracciones del partido progresista, antes tan discordes y enemistadas, impresionó al gobierno conservador que, temiendo nuevas sublevaciones, disolvió la milicia nacional en todas las ciudades de importancia y tuvo el cinismo de reducir á prisión á los diputados progresistas Cortina, Madoz, Garnica, Garrido, Linares, Verdú y Pérez, atropellando lo dispuesto en las leyes sobre la inviolabilidad de los representantes de la nación.

Esta arbitrariedad escandalosa indignó á todos los españoles sin distinción de colores políticos; pero González Brabo no era hombre capaz de retroceder ante una ilegalidad por monstruosa que ésta fuera, y haciendo caso omiso de las leyes no dejó que los jueces tomasen declaración á los diputados presos hasta ocho días después, teniéndolos incomunicados durante dos meses y sólo á los tres y medio les dejó en libertad bajo fianza, viéndose por fin obligado el gobierno á absolverlos, en vista de que la causa después de todos los trámites legales no arrojaba el menor indicio de culpabilidad.

El mismo Narváez, que en punto á arbitrariedades despóticas era una notabilidad, sentía admiración ante su protegido González Brabo, á quien parecían perfectamente legales el atropello de las leyes y el fusilar á seres inocentes, sin duda porque como dice un autor «no hay peor tiranuelo que un demagogo arrepentido.»

La única preocupación de González Brabo en aquella época era congraciarse con María Cristina, que tan malos recuerdos guardaba del antiguo director de *El Guirigay*. Este veíase elevado repentinamente desde una humilde posición á la jefatura del gobierno; en palacio era considerado como el imprescindible sostenedor de la situación; la reina le apreciaba, Narváez le protegía, y únicamente le faltaba ser amigo de la emigrada reina madre á quien tanto había insultado desde las columnas de su procaz periódico. Para lograr tal reconciliación, no encontró medio más adecuado que revocar el decreto de la regencia de Espartero por el cual se había retirado á María Cristina su importante asignación como reina madre, y la devolvió el cuantioso sueldo pagando además todos los atrasos. Esta generosidad de González Brabo, que venía á pagar el esquilmado país, conmovió profundamente á Cristina, cuya pasión dominante era la avaricia y que tenía al dinero como regulador de sus sentimientos.

El antiguo periodista volvió á la gracia de la reina madre, que por unos cuantos millones se mostró muy amiga del hombre que algunos años antes la había llamado prostituta á la faz del país, y accedió á regresar á España que era lo que pretendía González Brabo.

A fines de Marzo entró Cristina en Madrid acompañada de su inseparable D. Fernando Muñoz, y su primer acto fué legitimar públicamente su matrimonio con dicho señor, al que el gobierno reconoció el título de duque de Rianzares.

El 24 de Marzo ó sea al día siguiente de la entrada de María Cristina en Madrid, murió el ilustre don Agustín Argüelles, cuya historia bien puede decirse que era la de la revolución española, y su entierro contrastó con la fría y oficial solemnidad del recibimiento de la reina madre, pues el pueblo conmovido y dando muestras de sincero pesar formó una innumerable guardia de honor en torno del féretro de aquel hombre ilustre y consecuente en la defensa de los principios democráticos, que fué el primero en proclamar en las inmortales Cortes de Cádiz.

González Brabo, que tanto empeño había mostrado en traer á España á la reina madre confiando en el agradecimiento de ésta, se convenció muy pronto de lo aventurado que resulta fiar en los buenos sentimientos de las personas reales. Creía el jefe del gobierno que en adelante podría contar con el apoyo de Cristina, pero ésta sólo pensó en apoderarse del ánimo de su hija y en imponerse al gobierno, teniendo especial cuidado en contrariar á González Brabo, haciéndole sufrir tremendos desengaños.

Bastó que la reina madre se mostrara enemiga del desvergonzado ministro, para que inmediatamente todos los moderados, fieles adoradores del éxito, le volvieran la espalda y fueran á ponerse á las órdenes de la que se mostraba como verdadera dueña de la nación.

Los que más favores debían á González Brabo fueron los primeros en atacarle, y *El Heraldo*, que era el órgano oficial del partido moderado, comenzó á acusarle de inmoralidad política.

En el seno del ministerio latía gran descontento á causa de la conducta del ministro de Marina D. Filiberto Portillo, que realizó varios negocios sucios con el agiotista D. José de Buschental, suponiendo un empréstito para la construcción de buques de guerra. Tan escandalosas fueron las irregularidades del ministro de Marina, que los mismos moderados viéronse obligados á protestar contra Portillo y á pedir que se le formase causa criminal, tanto por dicha estafa á la nación, como por varias fraudulentas jugadas de Bolsa.

Cuando cayó del poder el gabinete González Brabo, el desvergonzado Portillo, enriquecido con el producto de sus robos, marchó al extranjero en compañía de una célebre actriz y seguro de no ser perseguido, pues los conservadores que en todas ocasiones se dan el título de hombres de orden y defensores de la propiedad, consideran como sagradas las personas de los correligionarios que explotan al país con más ó menos cinismo.

Como la prensa es el enemigo más terrible de los gobiernos reaccionarios, González Brabo tuvo buen cuidado en impedir la difusión de los pensamientos políticos, y para ello dió un decreto sobre libertad de imprenta en el cual para la publicación de un periódico se exigía un depósito previo de seis mil duros en Madrid y de cuatro mil en provincias. La institución del jurado para todos los delitos de imprenta que estaba establecida desde 1837, no la tocó González Brabo, pero aumentó de un modo absurdo la responsabilidad de los autores y editores.

El partido moderado atendiendo á que en aquella época los hombres de espada eran los llamados á regir los destinos de la nación, tenía especial empeño en elevar á su jefe Narváez, y por esto el gobierno de González Brabo le nombró capitán general de los ejércitos nacionales. No podía fundarse tan escandaloso ascenso en ningún mérito, pues en las acciones de guerra Narváez no había pasado de ser un coronel tan valiente como ignorante, y la bufonada de Torrejón de Ardoz había sido ya premiada con el segundo entorchado; pero los moderados querían improvisar un capitán general para colocarlo frente á Espartero, jefe honorario de los progresistas, y esta fué la razón en que se apoyaron para llevar á cabo tan absurda elevación.

Después de hacer á Narváez capitán general, sólo restaba confiarle el gobierno de la nación, y á este fin se encaminaron todos los trabajos de la reina madre y de los prohombres moderados.

González Brabo, que desde la llegada de Cristina notaba que era mal recibido en palacio á consecuencia de ciertos incidentes palaciegos, presentó su dimisión á la reina madre que ejercía de verdadera soberana, pues Isabel seguía dedicada á los juegos infantiles y á la admiración de los ministros bonitos. La esposa del duque de Rianzares, después de asegurarle que continuaría en el poder, encargó la formación de un ministerio al imprescindible Narváez.

El 2 de Mayo quedó constituído el nuevo gabinete encargándose Narváez de la presidencia y la cartera de Guerra. El marqués de Viluma entró en el ministerio de Estado; Pidal en Gobernación; Mayans en Gracia y Justicia; Mon en Hacienda y en Marina el general Armero.

Después de la tiranía de un demagogo arrepentido iba á sufrir España la de un hombre de sable que creyendo que una nación es igual á un regimiento indisciplinado, quería gobernarla á palos.

CAPITULO VI

1844-1845

Primeras medidas de Narváez.—Planes reaccionarios de Cristina.—Viaje de la reina á Barcelona.—Manejos de los carlistas.—Carácter político de Narváez.—Persecuciones que sufren los liberales.—Entrada de Martinez de la Rosa en el Ministerio.—Las nuevas Cortes.—Reforma constitucional.—El diputado D. José M.ª Orense.—La Constitución de 1845.—Protesta de Espartero.—Conspiraciones progresistas.—Sublevación de Zurbano.—Fracaso que sufre.—Sanguinaria conducta de la reina y su gobierno.—Fusilamiento de Zurbano.—Tremendas disposiciones del gobierno.—La policía reaccionaria.—Espíritu anti-liberal de las Cortes.—Supresión de todas las reformas revolucionarias.—Adulaciones monárquicas de los progresistas.—Exigencias del clero.—Los bienes nacionales.—Reformas que Mon hace en Hacienda.—Motín en Madrid.—Indignos fusilamientos.—El nuevo Senado.—Cuestiones que provoca el matrimonio de la reina.—Sale Narváez del poder.—Intentos de establecer un gabinete absolutista.—Ministerio Miraflores.—Nuevos honores que se conceden á Narváez.

Narváez que, interpretando las aspiraciones de su partido, había de extremar la reacción, tenía buen golpe de vista para apreciar el verdadero estado del país y por esto se propuso adoptar algunas medidas de carácter liberal para que el país mirase con menos prevención su gobierno.

Con tal fin, levantó el estado de sitio que pesaba sobre toda España y proyectó el convocar las Cortes, no pudiendo hacer esto último con la rapidez por él deseada á causa de que en el seno del gabinete ejercía gran influencia la reaccionaria Cristina por medio del marqués de Viluma, furibundo carlista arrepentido que trabajaba descaradamente por el restablecimiento del despotismo.

María Cristina para estorbar los planes de Narváez que ella juzgaba sobradamente liberales, decidió á su hija á emprender un viaje á Barcelona, y el 1.º de Junio llegaron á la capital catalana la corte y el presidente del Consejo con algunos de los ministros. Este viaje equivalía á una maniobra reaccionaria de Cristina, que habiendo prometido al Papa durante su destierro el restablecimiento del régimen absoluto y de los privilegios de la Iglesia tal como se hallaban establecidos antes de la muerte de Fernando VII, trabajaba contra el sistema constitucional ayudada por el clero y los elementos carlistas.

Apenas llegó la joven reina á Barcelona recibió la visita de numerosas comisiones de moderados y carlistas que presentaron exposiciones pidiendo la supresión de la Constitución de 1837 y el restablecimiento del Estatuto real, declarándose al mismo tiempo nulas y sin ningún valor las ventas de los bienes de la Iglesia y restableciendo los diezmos y primicias.

Como á María Cristina le había ofrecido el Papa el perdón de todos sus pecados si mataba la libertad en España, y las corporaciones religiosas la habían prometido su más firme apoyo si las devolvía sus antiguos bienes, influyó mucho en el ánimo de la inexperta Isabel para que acogiera favorablemente aquellas exposiciones de las clases parásitas que se presentaban como la opinión unánime del país.

Afortunadamente estaba allí Narváez, que si era enemigo de los revolucionarios era todavía más enemigo de los carlistas. El antiguo soldado de Arlabán no podía olvidar que había derramado su sangre por la Constitución y que en su cuerpo llevaba tremendas señales del plomo absolutista, lo que le hacía odiar todo cuanto trascendiera á carlismo. Además Narváez era tirano en toda la extensión de la palabra y no quería compartir la opresión del país con ningún poder absoluto. Adorador de las palabras más que de la esencia de las cosas, aquel déspota algo estrafalario, no quería dejar de llamarse liberal y muchas veces cuando más extremaba sus procedimientos reaccionarios igualándose al tiránico Fernando VII, recordaba con entusiasmo que en su juventud había combatido por la Constitución de 1812, que en la jornada del 7 de Julio de 1822 había contribuido á la derrota de la absolutista Guardia Real y que durante la segunda reacción había sido tan perseguido como muchos de los que figuraban ahora en los partidos avanzados.

Aquel hombre tan inclinado al despotismo en la práctica como enemigo en teoría, se indignó al conocer los manejos reaccionarios de Cristina, y como su carácter violento no le permitía valerse de contemplaciones palaciegas, dijo rudamente á Isabel y á su madre que si se restablecía el absolutismo y se daba preponderancia á los elementos carlistas, «él lo echaría todo á rodar» y se iría con los revolucionarios, lo que no sería nada grato para el Trono.

Narváez con sus tremendas amenazas consiguió imponerse á María Cristina y al marqués de Viluma, que eran los principales agentes de la conspiración reaccionaria, aunque para no romper del todo, hizo bastantes concesiones al carlismo que no fueron tan grandes como deseaban algunos de los ministros.

Como eran públicamente conocidas las tendencias reaccionarias de la Corte y de algunos individuos del gobierno, las autoridades de las provincias, para hacerse simpáticas á la superioridad y satisfacer su afán de venganza, extremaban sus procedimientos reaccionarios para perseguir y vejar ilegalmente á los progresistas. En algunas provincias los enemigos del gobierno eran tratados como parias y en Madrid la persecución se extremó hasta el punto de que varios oficiales del ejército tendieron una celada á los escritores progresistas don Eduardo y don Eusebio Asquerino, para apalearlos brutalmente.

Cortina, Madoz, Cantero y otros prohombres del partido de oposición viéronse en la necesidad de emigrar para poner en seguro sus vidas, y el famoso jefe de policía D. Francisco Chico era el primero en atentar contra la seguridad de los ciudadanos, cuidándose más que de perseguir á los malhechores de insultar y apalear á cuantas personas honradas profesaban ideas liberales. En otras poblaciones como Barcelona, Zaragoza y Caspe, la reacción aun revistió mayores caracteres de salvajismo, pues las autoridades inventaron conspiraciones con el solo objeto de fusilar á aquellos liberales que tenían por peligrosos.

Como en el seno del gabinete el ministro de Estado, D. Manuel de la Pezuela, marqués de Viluma, tropezaba en todos sus trabajos reaccionarios con la oposición de Narváez, decidióse á presentar su renuncia y vino á sustituirle desde París, donde se encontraba de embajador, el célebre Martínez de la Rosa, autor del Estatuto Real.

El 7 de Julio volvieron Narváez y los demás ministros á Madrid siendo portadores de los decretos de disolución de las Cortes y convocatoria de otras que habían de reunirse el día 10 de Octubre.

Proponíase el gobierno reformar la Constitución de 1837 en sentido más autoritario, y el partido progresista en vista de los preparativos del gobierno para falsear las elecciones acordó el retraimiento. En cambio los absolutistas conociendo que era aquella ocasión propicia para hacer triunfar sus ideas, aun que sólo fuera parcialmente, acudieron á la lucha electoral, y auxiliados poderosamente por los obispos y por la corte, consiguieron hacer triunfar un buen número de candidatos.

Así que las Cortes abrieron sus sesiones en 10 de Octubre eligieron presidente del Congreso á Castro y Orozco contra Isturiz que á pesar de ser furibundo moderado todavía aparecía demasiado liberal á los ojos de aquella asamblea reaccionaria.

Narváez manifestaba gran impaciencia por acelerar la reforma constitucional, y en la sesión del día 18 leyó el proyecto fundado «en la nece-

D. JOSÉ MARÍA ORENSE

sidad de robustecer la acción del gobierno.»

Emprendieron inmediatamente las Cortes la reforma solicitada por el gobierno y el resultado de estos trabajos fué la Constitución de 1845, código político en el que se ensalzaba el poder monárquico hasta el punto de reconocerle la mitad de la representación nacional; pues la ley política no tenía por fundamento la voluntad de las Cortes, sino el acuerdo de éstas con la Corona.

En dicha Constitución quedaba suprimido el jurado para los delitos de imprenta, instituyéndose en cambio un tribunal especial; el Senado perdía su carácter electivo, pasando á ser vitalicio y de nombramiento real; los diputados eran elegidos por cinco años en vez de tres y se negaba á las Cortes la facultad de intervenir en el matrimonio del monarca, pudiendo únicamente discutir las capitulaciones matrimoniales. Otras limitaciones aun más irritantes ponía la Constitución al poder legislativo, y además ratificábase la existencia de los absurdos fueros militar y eclesiástico y suprimía la milicia nacional.

Apenas si en aquellas Cortes había oposición; pues como ya dijimos, el partido progresista optó por el retraimiento, y únicamente D. José María Orense, marqués de Albaida, desobedeciendo el acuerdo de sus correligionarios, tomó asiento en dicha Asamblea para combatir de un modo brillante las teorías reaccionarias expuestas por el gobierno y sus amigos.

Aunque Orense figuró por primera vez en la esfera política en las Cortes de 1844, su historia liberal era ya muy antigua, pues en los últimos años del reinado de Fernando VII y cuando apenas había salido de la adolescencia, sufrió terribles persecuciones á causa de sus ideas revolucionarias. Mucho tiempo pasó confinado en un presidio á pesar de su título de grande de España, y cuando al fin logró fugarse, se refugió en Inglaterra, donde, al igual de otros muchos, se entusiasmó estudiando las instituciones políticas británicas, que son aparentemente liberales, pero que en el fondo resultan absurdas; pues la rutina, la tradición y el exagerado respeto á la monarquía y á las antiguas jerarquías feudales dificultan todo progreso.

Cuando Orense regresó á España se afilió al partido progresista por ser éste el más avanzado, pero no fué de aquellos políticos inconscientes que no se tomaban el trabajo de discurrir y cuya única misión era aclamar á Espartero. El hombre que había de ser uno de los más firmes defensores de las ideas democráticas tenía personalidad propia y voluntad independiente, por lo cual poníase muchas veces en pugna con sus correligionarios, como le ocurrió al verificarse las elecciones en 1844.

Completamente solo y sin nadie que le ayudara, combatió Orense los principales artículos del proyecto constitucional, acreditándose de infatigable polemista. No por esto era Orense un buen orador; su lenguaje sencillo y llano rayaba en la vulgaridad, pero tenía ocurrencias tan felices como originales ó inesperadas salidas de tono con las que lograba confundir á sus enemigos.

Aquellas Cortes estaban compuestas en su totalidad de moderados y progresistas que no podían transigir con ninguna reforma que tuviese el más leve tinte de libertad, y á pesar de esto, Orense en sus discursos tuvo el valor de hacer rotundas afirmaciones democráticas, sosteniendo valerosamente la inviolabilidad de los derechos individuales, que declaró anteriores y superiores á toda ley y á toda soberanía, incluso la de la nación; declaraciones atrevidas que asombraron é indignaron al reaccionario Congreso.

Los progresistas, que en punto á ideas estaban al mismo nivel de los moderados, aun se enojaron más que éstos con el valeroso Orense, rechazando la responsabilidad de tales afirmaciones, y aunque el revolucionario diputado siguió figurando en dicho partido durante algunos años, fué por compromiso personal, uniéndose al fin á la agrupación demócrata, con cuyas ideas y propósitos simpatizaba desde mucho antes.

El mismo 10 de Octubre, día en que se verificó la apertura de las Cortes, espiraba el plazo legal de la regencia de Espartero, y éste, con tal motivo, dirigió desde Londres un manifiesto al país en el que afirmaba nuevamente su protesta contra la rebelión moderada que le había obligado á emigrar.

El ex-regente, rodeado de valiosos elementos, no podía permanecer en la inacción y conspiraba contra el gobierno de Narváez. En Londres se hallaban á su lado Olózaga, Linage, Gurrea y algunos otros; Mendizábal dirigía los trabajos revolucionarios desde París, y el general Infante hacía lo mismo desde Lisboa.

Narváez, que tenía fija toda su atención en el desterrado Espartero, se apercibió inmediatamente de los trabajos revolucionarios, y para estorbarlos, ganó con dinero á algunos de los agentes de ínfima clase que empleaban los progresistas y encargó á varios sargentos de reconocida astucia que se fingieran dispuestos á sublevarse para enterarse concienzudamente del plan revolucionario.

Por tan viles medios logró el gobierno descubrir una parte del plan de los progresistas y reducir á prisión á un buen número de entusiastas revolucionarios á los que hubiera fusilado indudablemente á no ser por el clamoreo de toda la prensa que protestó contra el castigo terrible que se pretendía dar á los problemáticos protagonistas de una revolución que estaba todavía en proyecto. En Barcelona no alcanzaron tanto éxito las protestas de la opinión, pues el sanguinario barón de Meer fusiló, casi sin formación de causa, á unos cuantos infelices.

A pesar de las precauciones que adoptó el gobierno, los progresistas continuaron sus trabajos de conspiración, que dirigía en Madrid una junta presidida por Gómez Becerra, y en la que se distinguía por su actividad y audacia el joven D. Ricardo Múñiz. En muchas ocasiones se vieron los conspiradores próximos á caer en manos de la policía, pero por fin consideraron ultimados sus trabajos y creyeron llegada la hora de llevarlos á la práctica.

El general Zurbano era el encargado de iniciar la sublevación, y aunque los comités revolucionarios le prometieron muchos recursos, no le enviaron ninguno cuando llegó el instante de obrar, y el valiente guerrillero se lanzó al campo por su propia cuenta el 11 de Noviembre de 1844 al frente de veinte hombres, entre los que estaba su hijo don Benito.

Equivalía este arrojo á una tremenda locura, y Zurbano era el primero en conocer que marchaba á una muerte cierta; pero uno de los individuos de la Junta de Madrid, revolucionario de los que permanecen tranquilamente en su casa criticando los actos de los que exponen su vida, se había permitido dudar del valor del general en vista de que no quería iniciar el movimiento sin medios para ello, y tal sospecha bastó para que el pundonoroso Zurbano se lanzase á la lucha de cualquier modo para demostrar que no le arredraba el peligro.

Uniéronse unos cuarenta hombres á los veinte que acaudillaba Zurbano, y éste, en vista de su escasez de fuerza, consultó si había ó no de seguirse adelante, y como la respuesta fuese afirmativa, la partida cayó sobre Nájera apoderándose de las autoridades y fusilando á un espía del gobierno llamado Oribe, que se fingía progresista para vender á los sublevados.

Zurbano, desde Nájera, dió el día 13 de Noviembre un manifiesto al ejército y á la milicia exponiendo todo el programa político de la revolución, que consistía en restablecer la Constitución de 1837 y dar el poder á Espartero. La partida recibió el refuerzo de algunos jóvenes, é inmediatamente tuvo que salir de Nájera, perseguida de cerca por las tropas del gobierno. En Torrecilla de Cámeros encontró Zurbano á su hijo don Feliciano que le entregó una carta de Narváez, llegada poco después de efectuarse la sublevación, y en la cual el general, con lenguaje afectuoso, le excitaba á mantenerse fiel á la disciplina, y le anunciaba que estaba vendido por los suyos, y que el gobierno conocía todos sus trabajos, añadiendo, que si se alzaba en armas, no debía esperar cuartel.

Zurbano, poco después de haber leído esta carta, se convenció de que la revolución había fracasado, y el día 16, después de pesadas y angustiosas marchas por la sierra, disolvió su partida quedándose únicamente con sus dos hijos, su secretario, su cuñado y algunos oficiales.

El pequeño grupo aun tuvo que fraccionarse para evitar la persecución activa de las tropas del gobierno; pero á los pocos días los dos hijos de Zurbano fueron hechos prisioneros en unión de algunos otros revolucionarios.

La infeliz esposa de Zurbano marchó inmediatamente á Madrid para arrojarse á los piés de la reina cuando ésta salia de la iglesia de Atocha, suplicándola con conmovedoras frases que perdonase la vida á sus hijos, al menos por los grandes servicios que había prestado el padre en la guerra civil.

—Se atenderá, se atenderá;—dijo Isabel con precipitación, queriendo terminar aquella dolorosa escena que turbaba su perenne felicidad.

Y efectivamente, se atendió el ruego de la madre, pues el 26 y el 30 de Noviembre fueron fusilados en Logroño Benito y Feliciano Zurbano, Martínez, cuñado del general, y los oficiales Aguilar, Arandia, Baltanás y Herbias. Hay que hacer notar que don Feliciano Zurbano, que sufrió igual suerte que los sublevados, no era autor de otro delito que el de haber ido al encuentro de su padre para entregarle la carta de Narváez y algunos otros pliegos que le había confiado el general Orive, gobernador militar de Logroño.

Entretanto, el general D. Martín Zurbano había conseguido ocultarse en un pajar en compañía de su inseparable amigo D. Cayo Muro, y allí permanecieron muchos días hasta que recibieron la visita de un clérigo enviado por el general Villalonga, el cual les ofreció dinero y pasaportes para marchar á Francia.

Pero Zurbano supo entonces la ejecución de sus hijos, noticia que le produjo una inflamación cerebral, y decidido á matar ó á morir, se negó á fugarse, y nuevamente salió al campo á intentar otro alzamiento.

No tardaron las tropas del gobierno en apoderarse de Zurbano y de Muro, y como éste en la marcha á Logroño intentara escaparse, fué muerto y conducido su cadáver sobre una caballería hasta la capital.

Zurbano, al entrar en Logroño, marchando frío y serenamente junto al cadáver de su amigo, conmovió á todo el vecindario, que interiormente lamentaba el triste fin del valeroso soldado.

Al marchar al lugar de la ejecución le dijeron que tuviera resignación, á lo que contestó con energía el general:

—La tengo para la muerte que jamás me amedrentó; pero no para la conducta que conmigo se observa. Soy un general de la nación española y se me han negado las consideraciones que no se rehusan á un facineroso; se me han negado los consuelos de la amistad, y hasta se me prohibe despedirme de mi esposa; ¡esto no se hace ni entre sarracenos!

Cuando las tropas que habían de fusilarlo formaron el cuadro, el general se descubrió y dirigiéndose á los soldados les gritó así:

—Soldados, servid á vuestra patria con honor, obedeced á vuestros jefes; jamás faltéis á vuestros juramentos; yo muero cumpliendo los míos. Soldados, ¡viva la reina! ¡viva la Constitución del 37! ¡viva la libertad!

Zurbano se arrodilló sobre el mismo suelo manchado aún con la sangre de sus hijos y una certera descarga le dió instantánea muerte. Este hecho que ocurrió en 21 de Enero de 1845 causó tremenda impresión en toda España, que veía asombrada como la reacción no se detenía en su ansia de perpetrar asesinatos políticos.

El gobierno de los moderados menudeaba las ejecuciones hasta el punto de parecer que tenía la vida de un hombre en menos que la del más insignificante animal. En el año 1844 González Brabo y Narváez, fusilaron más de doscientos liberales y tal era el afán que sentían de persecución, que hasta el mismo Prim, á pesar de los servicios que había prestado al gobierno en Cataluña, estuvo próximo á ser víctima de la reacción, pues se le acusó de intentar el asesinato de Narváez. El fiscal de su causa pidió para el joven general la pena de muerte fundándose únicamente en *indicios*, pero el consejo de guerra le condenó á seis años de castillo y la madre del sentenciado consiguió por conducto de Narváez que la reina lo indultase.

Prim, que por querer hacer su carrera con sobrada rapidez se había desacreditado por igual ante los moderados y los progresistas y que era considerado entonces como un joven fátuo, audaz y sin ideas fijas, no quiso permanecer en España donde le despreciaban los personajes más influyentes y obtuvo licencia para pasar al extranjero.

A mediados de Noviembre y como en combinación con el movimiento efectuado por Zurbano, el general Ruiz, jefe del fracasado movimiento de Cartagena, entró en España con algunas fuerzas por la parte de Huesca dando al país una proclama en que se pedía la Constitución de 1837 y el restablecimiento de la milicia nacional.

Inmediatamente la autoridad militar del distrito acudió á sofocar el movimiento, y los insurrectos fueron batidos, logrando repasar la frontera los principales comprometidos, librándose con ésto de una muerte cierta, pues el gobierno ordenó que fueran pasados por las armas todos los sublevados sufriendo tan triste suerte once patriotas que fueron hechos prisioneros.

El gobierno de Narváez, como todos los gobiernos tiránicos, fundaba su marcha política en los informes de la policía, y de aquí que creyera con la mejor buena fé todas las noticias que inventaban sus esbirros para demostrar que trabajaban y ser remunerados por el gobierno. La policía hizo saber á Narváez que Espartero iba á desembarcar disfrazado en las costas de España para autorizar con su presencia un alzamiento, y el sanguinario presidente del Consejo, sin pararse á considerar lo absurdo de tal noticia, se propuso exterminar á su rival pasando á todos los capitanes generales, con el carácter de muy reservada, una circular en la que se les prevenía que apenas aprehendiesen á Espartero, cuyo disfraz detallaba marcadamente, lo fusilaran sin contemplaciones de ningún género, pues ésta era la voluntad de la reina.

Tan brutal orden demostraba la gratitud de que era capaz doña Isabel II, que sin ningún remordimiento firmaba la sentencia de muerte del caudillo á cuyo esfuerzo debía la corona. Pero hay que reconocer que tan embrolladas estaban las ideas en el cerebro de la reina y con tanta indiferencia miraba á aquellos mismos que la rodeaban prodigándola toda suerte de homenajes, que si alguien la hubiese presentado un decreto mandando fusilar al mismo Narváez lo hubiera firmado con igual facilidad.

La discusión de la reforma constitucional en las Cortes fué, como ya dijimos antes, una clara demostración de lo mucho que predominaban en tal Asamblea las ideas reaccionarias. Las cuestiones políticas apenas si merecieron los honores de una seria discusión, y el principio de la soberanía nacional fué desechado por casi toda la Cámara, y hasta excitó sangrientas burlas por parte de los elementos clericales. Lo único que logró normalizar un tanto la discusión fué la necesidad de la autorización de las Cortes para que la reina pudiese contraer matrimonio.

Tan enemiga se mostraba la Cámara de que la reina pudiera casarse sin permiso de las Cortes, que gran parte de la mayoría intentó separarse del gobierno en este asunto; pero el enérgico Narváez supo hacer que prevaleciera su imperiosa voluntad y al fin el artículo fué aprobado.

El pensamiento del gobierno era casar á doña Isabel con el conde de Trápani, hermano de su madre doña María Cristina, y por esto deseaba que las Cortes no interviniesen en el arreglo del matrimonio, pues conocía la antipatía con que los mismos moderados miraban á la ex-regente y á toda su familia.

El 23 de Mayo de 1845 fué sancionada la nueva Constitución, y los moderados mostráronse satisfechos ante su obra, con la que destruían todo cuanto quedaba de las pasadas revoluciones. El jurado y la milicia popular quedaban suprimidos, así como también la poca autonomía administrativa que les restaba á los ayuntamientos y diputaciones, y las Cortes quedaban reducidas á un simple cuerpo consultivo renunciando por completo á su potestad legislativa.

La Constitución de 1845 era la consagración del más completo absolutismo, sólo que éste en vez de residir únicamente en la persona del rey lo desempeñaban por igual la corona y el gobierno.

El partido progresista, que conforme se sumía en la desgracia se mostraba cada vez más monárquico, declaró que aceptaba la Constitución de 1845 y que, como siempre, estaba dispuesto á sostener á la reina que tanto empeño mostraba en proteger á los moderados. Un partido que tan absurdamente procedía y que aceptaba todas las obras de la reacción no sentía rubor al apellidarse pomposamente progresista.

Esta conducta resultaba tanto más absurda, cuanto que algunos de los mismos moderados que nada tenían de liberales, y entre ellos el humorístico poeta Campoamor, manifestaban lo reaccionaria que resultaba la nueva Constitución, condoliéndose especialmente de la supresión del jurado para los delitos de imprenta, reforma que tan tiránicamente coartaba el pensamiento. Pero el gobierno hacía caso omiso de las lamentaciones de sus correligionarios y tenía empeño en impedir que la prensa gozase la más leve libertad, pues de lo contrario se exponía á que el país por medio de los periódicos de oposición se enterase de todos sus despilfarros y arbitrariedades.

Las reaccionarias Cortes, después de aprobar la reforma constitucional, tomaron varios acuerdos encaminados únicamente á extremar el despotismo de la situación.

La venta de los bienes del clero fué suspendida fundándose en razones tan sólidas como «que los clamores de la Iglesia habían afligido el ánimo de la reina y que era necesario dotar decorosamente al culto y sus ministros.» Fueron aprobados los decretos del ministro Mon sobre conversión de los créditos contra el Estado en títulos de la Deuda consolidada al tres por ciento, y se devolvieron al clero los bienes procedentes de la desamortización eclesiástica que no habían sido todavía enajenados.

Esta última medida no produjo el efecto deseado por los moderados. Las gentes de Iglesia, siempre humildes con el poderoso y soberbias con el débil, mostráronse cada vez más insaciables conforme el gobierno extremaba sus concesiones, y no agradecieron el donativo que les hacía Narváez; deseaban todos los bienes enajenados por el decreto de Mendizábal, exigiendo además fueran castigados sus compradores.

Como los moderados, gente práctica y atenta siempre al negocio, habían sido los únicos que se aprovecharon de las reformas de los progresistas, y la mayor parte de los bienes nacionales habían sido adquiridos por los prohombres del partido conservador, de aquí que la mayoría del Congreso se opusiera á las exageradas pretensiones del elemento clerical, poniéndose en pugna con María Cristina que daba todo su apoyo á la insaciable clerigalla.

El marqués de Viluma y los diputados absolutistas mostráronse ofendidos por la tenaz resistencia de la mayoría moderada y abandonaron el Congreso, tachando de revolucionarios á Narváez y á los ministros.

Apenas las Cortes suspendieron sus sesiones, la reina salió para Barcelona y las provincias Vascongadas, á pesar de la empeñada oposición de Narváez. Este comprendía la significación de tales viajes, en los cuales los personajes absolutistas, libres de la vigilancia del gobierno, influían en el ánimo de Isabel y arreglaban su casamiento con un hijo de don Carlos. Por esto se resistió tenazmente el general á autorizar dicho viaje; pero la reina, que ya iba siendo ducha en intrigas palaciegas, le presentó una certificación facultativa en la que le prescribían el cambio de aires como indispensable para la curación de los herpes, que ya entonces atormentaban á Isabel, y el general hubo de consentir mal de su grado.

Entretanto, el ministro Mon realizaba en el ramo de Hacienda algunas reformas económicas, siendo de éstas la más importante el cambio del antiguo sistema tributario por el que hoy nos rige, el cual aunque defectuoso, es superior al que le precedió. El ministro de Hacienda estableció la contribución directa sobre inmuebles, cultivo y ganadería, suprimiendo las antiguas contribuciones de pajas y utensilios, frutos civiles, culto y clero, rentas provinciales y sus agregadas, subsidio industrial y de comercio, catastro, equivalente y talla, servicio de Navarra, donativo de las provincias Vascongadas, manda pía forzosa, cuarteles y derechos de sucesión.

El producto de tan innumerables contribuciones sólo ascendía á doscientos ochenta y cuatro millones de reales y el impuesto directo producía trescientos millones, á pesar de que se carecía de una estadística exacta y muchos grandes propietarios dejaban de contribuir amparados por el caciquismo.

Mon reformó además profundamente la contribución industrial y de comercio, impuso un derecho de hipotecas en favor del Estado sobre todas las traslaciones de bienes inmuebles, ideó una contribución sobre inquilinatos que había de producir más de seis millones de reales y desestancó el azufre, conservando estancados el tabaco y la sal. El impuesto de consumos fué extendido á las poblaciones de segundo y tercer orden, y el presupuesto de gastos fué calculado en mil ciento ochenta y cuatro millones de reales, cifra que en nuestros días se ha triplicado á causa de los incesantes y crecientes despilfarros de la monarquía.

Como todas estas reformas venían á establecer nuevos impuestos y aumentar los que antes existían, fueron mal recibidas en los pueblos, dando lugar á numerosos motines que el gobierno reprimió con aquella ferocidad que le inspiraban todas las alteraciones del orden público.

El comercio de Madrid protestó contra los nuevos impuestos cerrando las tiendas el 19 de Agosto y esto bastó para que el gobierno pusiera sobre las armas á toda la guarnición y el vecindario fuese víctima de falsas alarmas que sembraron la consternación en las calles. Como de costumbre, la policía dió gritos subversivos para perder á algunos patriotas tan entusiastas como inexpertos, y estas falsas demostraciones justificaron más de cien arrestos que los esbirros de la reacción hicieron en las calles.

El gobierno necesitaba coronar el suceso con algún fusilamiento, pues estaba acostumbrado á restablecer el orden derramando sangre, aunque fuese de un sér inocente, y por esto un Consejo de guerra ilegalmente formado, pues Madrid no se hallaba en estado de sitio, sentenció á muerte á un sastre de veintidos años llamado Manuel Gil, acusado de haber tirado desde su buhardilla un ladrillo al gobernador de Madrid. No había más pruebas contra el joven que los informes de la policía y además éste negaba con bastante fundamento el desmán que se le atribuía, pero la infame sentencia se cumplió, y en la tarde del 21 de Agosto el infeliz Manuel Gil, que dejaba á su esposa y una niña de tres meses, fué fusilado en las afueras de la Puerta de Toledo.

El general Mazarredo, capitán general de Madrid, creyó del caso publicar una alocución diciendo que el ejército había merecido bien de la patria por la *victoria* que acababa de alcanzar contra el revolucionario sastrecillo.

El 15 de Setiembre volvieron á repetirse los desórdenes en Madrid, arrestando el gobierno á varios jefes y oficiales acusados de estar en relaciones con los conspiradores progresistas.

Mientras el país demostraba con estas nerviosas agitaciones su profundo malestar, Narváez ejercía de dueño absoluto de la nación, y la reina en las provincias del Norte se ocupaba en curar sus herpes con suntuosas fiestas que pagaban los empobrecidos españoles.

A mediados de Diciembre volvieron las Cortes á reanudar sus sesiones y el Senado fué constituido de real orden por el nombramiento de sesenta y cinco senadores que representaban fielmente, no al país, sino á los parásitos que le agobiaban, pues de ellos cuarenta y cinco eran generales y catorce obispos y arzobispos.

Al abrir el Congreso sus sesiones, el reaccionario Castro y Orozco fué elegido presidente contra D. Joaquín Pacheco, que era el jefe de la oposición que se había formado en el seno del partido moderado con los elementos más ilustrados. Al constituirse el Congreso recibióse el acta de una elección parcial por la provincia de Salamanca en la que resultaban elegidos los progresistas Cortina y Cantero, procesados en tiempo de González Brabo, pero que habían sido absueltos en el mes de Octubre anterior, á pesar de lo cual la mayoría moderada del Congreso, procediendo arbitrariamente, rechazó el acta atropellando su legalidad indiscutible. Los moderados creían abatir con estos golpes á sus enemigos los progresistas, y lo único que hacían era alejarlos de los procedimientos legales empeñándolos más en los trabajos de conspiración.

Por la misma época hubo gran agitación en el partido carlista, pues don Carlos María Isidro de Borbón abdicó su corona *in partibus* de España en favor de su hijo D. Carlos Luis, que tomó el título de conde de Montemolín.

Esta abdicación del viejo rey titular de los carlistas tenía por objeto facilitar el casamiento de Montemolín con Isabel II, proyecto que defendían algunos moderados, pero que repugnaba á Narváez, quien publicó una circular en la que no escaseaba las amenazas á los carlistas.

Las innumerables intrigas de éstos en el asunto del casamiento produjeron gran agitación en el país, que ya no se ocupó más que de los proyectos matrimoniales de la reina. Las Cortes, á pesar de que la Constitución que ellas mismas habían aprobado les vedaba el intervenir en tal asunto, interpelaron al gobierno sobre el matrimonio de la reina, mostrándose contrarias al conde de Trapani que era el candidato más en auge en aquella época. La discusión de este asunto produjo la desunión en el seno del ministerio, pues mientras Mayans, Martínez de la Rosa y Narváez defendían á Trapani, los ministros Mon y Pidal le combatían enérgicamente.

Las imposiciones de Narváez en todas las cuestiones de palacio eran tan continuas, que Isabel II acabó por aborrecer á su protector, y aconsejada por María Cristina, que quería librarse del general, le aceptó una dimisión que no había presentado, llamando inmediatamente al absolutista marqués de Viluma para que se encargara de la formación de un nuevo gabinete.

El marqués de Viluma, que á pesar de sus ideas absolutistas veía claramente la situación y conocía que no estaba el país para sufrir una reacción tan completa como la que deseaban él y sus amigos, se resistió á aceptar el poder; pero Cristina se encargó de disipar tales escrúpulos, y entonces el marqués llamó á Isturiz, Tejada, Isla Fernández, Roncali y Tacón, y les propuso la aceptación de las carteras ministeriales, encargando, además, la capitanía general de Madrid al barón de Meer, que era el militar más sanguinario de aquella época y el más aficionado á perseguir cruelmente á todo el que se mostrase partidario de la libertad.

Iba á jurar este reaccionario ministerio cuando Narváez, á quien comenzaba ya á parecerle pesada la broma de la reina aceptando una dimisión que él no había presentado, se avistó con Isabel y María Cristina, dirigiéndolas tales amenazas, que la ex-regente se apresuró á deshacer todo lo hecho, obligando á Viluma á renunciar inmediatamente el encargo de formar gabinete.

La ligera Isabel llamó inmediatamente á Narváez para conferirle de nuevo el poder; pero el general, que había logrado su deseo de imponerse y que quería dar una ruda lección á su insignificante soberana, se negó á ello, y aconsejó que se confiriera tal encargo al marqués de Miraflores, que de todos los prohombres del partido moderado era el más inútil al par que el más presuntuoso.

El insignificante marqués constituyó su gabinete en 12 de Febrero, encargando á Isturiz de la cartera de Gobernación; á Arrazola de Gracia y Justicia; á Peña Aguayo de Hacienda; al general Roncali de Guerra, y de Marina al general Topete.

La reina, que juzgaba á Narváez como hombre indispensable para el sostenimiento de su trono, quiso halagar al atrabiliario general con nuevos honores, y como esto no resultaba fácil, pues era ya capitán general y tenía toda clase de condecoraciones, inventóse una nueva dignidad nombrando á Narváez general en jefe del ejército, á pesar de que la nación estaba en paz. Isabel, al hacer tal nombramiento, apeló á las antiguas fórmulas del absolutismo, dando á Narváez el título de generalísimo de *mis reales ejércitos*, lo que provocó algunos rumores en el Congreso, á pesar de que la mayoría de los diputados eran furibundos reaccionarios. A los individuos del ministerio Narváez se les dieron altos cargos para amortiguar la amargura de una dimisión forzosa, y Martínez de la Rosa fué nombrado embajador en París.

Miraflores, sustituyendo á Narváez, no venía á hacer más grata la situación de España.

Después de la tiranía de un déspota sanguinario, iba á sufrir el país las ridiculeces de un reaccionario inepto.

CAPITULO VII

1846-1847

El gabinete Miraflores.—Sus tendencias absolutistas.—Intrigas sobre el casamiento de la reina.—Escándalo parlamentario.—Caida del ministerio Miraflores.—Vuelta de Narváez al poder.—Persecuciones contra la prensa.—Las jugadas de Bolsa.—Enemistad entre Cristina y Narváez.—Proyectos sobre Méjico.—Caida de Narváez.—Ministerio Isturiz.—Sublevación de Galicia.—El comandante Solís.—Conducta del general Concha.—Derrota de los insurrectos.—Heroismo de Solís.—Sanguinarios castigos.—El traidor Rubin.—Barbarie del gobierno.—Tiránicas disposiciones de los capitanes generales.—Proyectos sobre el Ecuador.—El casamiento de la reina.—Candidatos á la mano de Isabel II.—Matrimonio de la reina con D. Francisco de Asís.—Vileza de éste.—Ministerio Sotomayor.—Actitud de los carlistas.—Su sublevación en Cataluña.—El canónigo Tristany.—Su muerte y derrota de los carlistas.—Situación del país.

Con la subida al poder del gabinete Miraflores, la nación entraba en un período tan absolutista en la esencia como en los procedimientos.

La potestad monárquica lo absorbía todo, pues no era ya simplemente un poder ejecutivo, sino que legislaba más que las Cortes, las cuales estaban reducidas á un simple cuerpo consultivo que formaba el gobierno á su antojo, valiéndose de toda clase de corruptelas electorales.

El espíritu reaccionario que dominaba en palacio tendía al restablecimiento del régimen absolutista, y si no trabajaba franca y decididamente por destruir el régimen liberal, era porque la opinión pública, tanto en España como en Europa, se oponía resueltamente á tales resurrecciones del pasado y su actitud asustaba á los moderados.

El ministerio Miraflores, al presentarse ante las Cortes, explanó un programa vulgar, diciendo que se proponía seguir la política del gabinete anterior y moralizar el país, frase hueca y sin sentido de la que tanto uso han hecho los poderes reaccionarios.

La cuestión que en aquel entonces más agitaba los ánimos era el casamiento de la reina, y los elementos más moderados se inclinaban á favor del candidato conde de Trapani, conociendo que el matrimonio de éste con Isabel equivalía al triunfo del obsolutismo y la teocracia en España. Cristina, que como hermana del candidato y directora del movimiento reaccionario estaba muy interesada en favor de tal matrimonio, intrigaba en Palacio y decidía por conducto del duque de Rivas, embajador de España en Nápoles, que los reyes de las Dos Sicilias pidiesen para el conde de Trapani la mano de Isabel II. A pesar de que estos manejos se llevaban á cabo con caráter secreto, trascendieron muy en breve á las Cortes, y aunque éstas vivían en vergonzosa dependencia del gobierno, no faltó quien protestara contra tales intrigas, siendo D. Cándido Nocedal el que con más energía pidió que se hiciesen públicas las odiosas gestiones de Cristina.

Estas reclamaciones que hizo dicho diputado en la sesión del 16 de Marzo produjeron un verdadero tumulto en el Congreso, causando tal indignación en los semi-absolutistas de Pezuela, España y otros, que abandonaron el salón gritando que Nocedal atentaba contra las prerogativas sagradas de la reina y que ellos no podían autorizar tal con su presencia.

El Congreso excitó al débil gabinete Miraflores á que mantuviese su independencia contra los que en Palacio intrigaban tan descaradamente, y le dió un voto de confianza; pero esto no impidió que Narváez, que ya empezaba á cansarse de aquel gobierno de mojiganga, se resolviera á destituirlo, para lo cual aconsejó á Isabel que obligara á Miraflores á presentar su dimisión.

Cuando el sencillo marqués se presentó en Palacio á conferenciar con la reina, oyó con sorpresa de labios de ésta que era preciso disolver las Cortes.

Miraflores repuso que era imposible aceptar semejante resolución por no ser constitucional; pero la soberana insistió y entonces el marqués presentó su dimisión y la de sus compañeros, que fueron inmediatamente admitidas.

Esta manera de proceder injustificada y caprichosa era muy propia de una reina infantil que, según afirmaba después el mismo Miraflores, cuando estaba celebrando consejo interrumpía importantes discusiones para dirigir impertinentes preguntas á los ministros, y algunas veces llegaba á arrojarles á las narices bolitas de papel.

Narváez, seguro de derribar del poder á Miraflores, tenía ya formado su gabinete, y de aquí que inmediatamente jurara en manos de la reina y tomara posesión del mando. El afortunado general se encargó de las carteras de Estado y Guerra, que ya había desempeñado anteriormente; en Gracia y Justicia, entró D. Pedro Egaña, que era el más fiel instrumento de María Cristina; en Gobernación, don Javier de Búrgos, y en Marina, Pezuela, el autor del alboroto parlamentario que sirvió de pretexto á la caída de Miraflores, quedando las demás carteras sin proveer por el momento.

El primer acto del nuevo gobierno fué suspender las sesiones de las Cortes, y pareciéndole aun muy peligrosa la insignificante libertad de que gozaba la prensa, publicó una circular en la que se prohibía á los periódicos, bajo las más severas penas, *la suposición de malas intenciones en los actos oficiales de los funcionarios públicos,* disposición inquisitorial que dió más impunidad á las bandas de ladrones encargadas de la administración del Estado.

Esta circular acabó con toda la prensa de España, pues los periódicos progresistas y moderados tibios suspendieron su publicación, quedando únicamente algunos libelos reaccionarios que defendían francamente el restablecimiento del absolutismo y las tropelías que llevaba á cabo el gobierno.

El ministro más inteligente de aquel gabinete era D. Javier de Búrgos; pero como amigo y antiguo protegido de Zea Bermúdez, era en el fondo decidido partidario del *despotismo ilustrado*, y de aquí que en la ley electoral que puso á la firma de la reina se negase al pueblo toda intervención en los negocios públicos, no permitiendo que eligiera á sus representantes.

A los pocos días de constituido el nuevo gobierno, surgió nuevamente la crisis, á causa de algunas escandalosas jugadas de Bolsa.

Narváez, á quien la inmoderada sed de placeres le hacía necesitar mucho dinero, era uno de los más asiduos jugadores; pero á pesar de esto vióse obligado á amenazar á los bolsistas con la clausura del establecimiento si seguían abusando tan escandalosamente del crédito público. Pezuela, que estaba encargado interinamente de la cartera de Hacienda, presentó un proyecto de ley que restringía las jugadas á plazo, y los ministros se dividieron de tal modo en la apreciación del proyecto y tal interés particular demostraron en el asunto, que la reina, con su habitual frescura, hubo de decirles «que no quería ministros jugadores de Bolsa.» Narváez, que entendió la indirecta, presentó la dimisión, y á los diez y nueve días de haber sido nombrado fué relevado el ministerio.

La verdadera causa de la caída de Narváez no fué el proyecto de ley de Bolsa, sino la incompatibilidad que hacía tiempo existía entre Narváez y María Cristina, los cuales se disputaban la influencia en Palacio.

La ex-regente, valida de su cualidad de madre, quería ser la persona más influente en Palacio y no podía transigir con Narváez, genio adusto, rudo y anticortesano; y éste, por su parte, había declarado una guerra á muerte á María Cristina y á su protegido el banquero Salamanca, que se aprovechaban de la influencia para enriquecerse con enormes jugadas de Bolsa.

Un negocio de carácter internacional vino á hacer aun más tirantes las relaciones entre la reina madre y el afortunado general general.

Narváez, durante su anterior ministerio, había proyectado el establecimiento de una monarquía española en Méjico, idea descabellada, pero propia de un militar que creía que la fuerza era el principal elemento para realizar hasta las más absurdas empresas.

El embajador Bermúdez de Castro fué enviado á Méjico con algunos millones para ganar voluntades en favor del gobierno español, y al poco tiempo manifestó á Narváez que contaba con la adhesión del general Paredes y algunos batallones mejicanos que seguramente realizarían la empresa con completo éxito.

Narváez, seguro ya de la realización de su proyecto, ofreció el trono de Méjico al infante D. Enrique de Borbón; pero éste, confiado en casarse con su prima doña Isabel, rechazó la proposición. Entonces María Cristina, á pesar de que hacía tiempo mostrábase disgustada con Narváez, solicitó de éste, por medio de su hija, una entrevista y en ella propuso al general que, en vista de la falta de candidatos, nombrase rey de Méjico á uno de los hijos que ella había tenido con don Fernando Muñoz. Narváez negóse rotundamente á aceptar tal proposición, que con su habitual franqueza calificó de descabellada, y entonces Cristina, disimulando el disgusto que le producía la respuesta del general, propuso un nuevo candidato que fué don Carlos de Borbón; pero el bravo combatiente de Arlabán lo rechazó con mayor energía, pues aborrecía á los carlistas más aun que á los revolucionarios.

La ex-regente salió de la conferencia dando á Narváez aparentes muestras de amistad; pero al otro día aconsejó á su hija la destitución del presidente del Consejo, lo que verificó Isabel diciendo al general con la mayor frescura que no quería á su lado jugadores de Bolsa, palabras que motivaron la crisis ministerial.

Poco tiempo después de la caída de Narváez, se supo en España que el general Paredes se había sublevado entrando triunfante en la capital de Méjico; pero como carecía de candidato á quién entregar la flamante corona del reino de Nueva España, permaneció en la inacción, y dió tiempo á los gobiernos de los Estados Unidos é Inglaterra para intervenir en el asunto, quedando al fin reducida aquella revolución á una loca intentona sin resultado alguno, que costó á nuestra patria una regular cantidad de millones.

Istúriz fué el encargado por la reina de formar el nuevo ministerio. El presidente del Consejo se encargó de la cartera de Estado; en Gracia y Justicia continuó Egaña, el agente de Cristina; en Guerra y Marina entró el general Armero, y del desempeño de las otras carteras se encargaron interinamente los subsecretarios. Por consejo de la reina fué nombrado Narváez embajador extraordinario en Nápoles; pero el general, no queriendo sufrir tal burla, se negó indignado á aceptar el cargo y fué condenado al destierro. Pezuela, que tan buenos servicios prestaba á la reina, fué nombrado capitán general de Madrid, publicando el gabinete su ley de Bolsa apenas se constituyó.

Mientras la familia real y el partido moderado gobernaban tan caprichosamente el país, los progresistas y demás elementos avanzados continuaban sus trabajos de conspiración y preparaban en Galicia un formidable pronunciamiento.

El gobierno supo que quien más alentaba á los conspiradores era el infante D. Enrique de Borbón, primo de la reina y de reconocidas ideas liberales, y aterrado por el peligro, procedió inmediatamente á ultimar su constitución. Pidal aceptó entonces la cartera de Gobernación; Egaña, que por carácter era incompatible con Isturiz, abandonó la de Gracia y Justicia, que ocupó Díaz Caneja; Mon entró en Hacienda, y para la de Guerra fué designado el general D. Laureano Sanz, que estaba ausente de Madrid.

El ministerio no tuvo tiempo para ocuparse en confeccionar su programa político, pues hubo de acudir inmediatamente á sofocar la insurrección de Galicia, que revestía un carácter imponente. La junta revolucionaria que dirigía el pronunciamiento en toda la región gallega, estaba presidida por D. Vicente Alsina, y en ella figuraba como secretario D. Antonio Romero Ortiz.

El movimiento revolucionario fué iniciado por el bravo comandante don Miguel Solís, quien el 2 de Abril se sublevó en Lugo al frente de dos batallones, publicando una proclama en la que se protestaba contra Cristina y las camarillas palaciegas que querían imponer á la reina un casamiento funesto para la nación, y se vitoreaba á ésta y á la Constitución, dándose al final el grito de: ¡abajo los extranjeros! y ¡abajo el sistema tributario!

El movimiento se había preparado con buena base, pues toda la guarnición de Galicia estaba comprometida en él, é indudablemente se hubiera adherido á Solís si la sublevación se hubiese iniciado en la Coruña; pero ciertas consideraciones impidieron que el plan se cumpliera tal como se había acordado, y esto fué la principal causa de que se malograra la insurrección.

La ciudad de Santiago secundó el movimiento en 4 de Abril. Todos los insurrectos esperaban la ayuda del infante don Enrique, que se encontraba en las costas gallegas mandando el bergantín *Manzanares*, y cuyo auxilio daría un carácter de mayor importancia á la revolución que él había sido el primero en preparar; pero el infante, cuyo carácter tornadizo é informal no era un misterio, después de algunas vacilaciones, se decidió á abandonar á los sublevados, y optó por obedecer una orden de destierro que el gobierno le había enviado pocos días antes.

A pesar de esta decepción, el movimiento iba propagándose rápidamente, y fueron bastantes los batallones que se unieron á los insurrectos; pero las plazas más importantes, como eran el Ferrol y la Coruña, permanecieron fieles al gobierno, y los generales Puig Samper y Villalonga, con las escasas fuerzas que les siguieron fieles, supieron contener los progresos de la sublevación, la cual vino á experimentar un nuevo quebranto con la adhesión de un brigadier llamado Rubín de Celis, que poco después resultó ser un traidor vendido al gobierno de Madrid.

La junta revolucionaria puso á Solís al frente de todo el movimiento, dándole el empleo de mariscal de campo; pero dicho militar era tan bravo como modesto, y después de varias negativas consintió en aceptar el empleo con la condición de que después del triunfo volvería á su anterior categoría de comandante.

Hay, sin embargo, que reconocer que, en el bravo Solís, las condiciones de carácter estaban á más altura que las condiciones de mando, pues dirigiendo las tropas sublevadas y organizando el paisanaje insurrecto, cometió tantas torpezas, que cuando el general Concha, enviado por el gobierno, llegó á Galicia, la sublevación había perdido ya mucha de su primitiva importancia.

Apenas Concha, con un regular ejército, entró en Galicia, batió algunas columnas de insurrectos, haciéndolas buen número de prisioneros y entrando sin oposición en Villafranca.

Entretanto, Solís, con gran parte de sus fuerzas, llegaba á las puertas de la Coruña para apoyar una sublevación popular que había de verificarse en la capital; pero en vista de que no estallaba el movimiento se dirigió hacia Betanzos, donde derrotó al regimiento provincial de Málaga haciéndole más de cien prisioneros.

Confiaba Solís en que el Ferrol se uniría al movimiento, pero pronto se convenció de lo contrario, y perseguido ya de cerca por el ejército de Concha se retiró el 20 de Abril hacia Santiago.

Entretanto el traidor Rubín, al frente de una división de sublevados, se dirigía á Orense, donde había valiosos elementos revolucionarios dispuestos á sublevarse; pero cuando ya estaba en las inmediaciones de la plaza y los conjurados esperaban ansiosamente su entrada, se retiró bruscamente á Rivadavia dejando que se posesionasen de Orense las tropas del gobierno. Los oficiales de la división insurrecta mostrábanse deseosos de combatir; pero Rubín, despreciando sus excitaciones, replegó las fuerzas sobre Puenteareas quedando inactivo en este punto.

No tardó en hacerse pública su repugnante traición. La junta revolucionaria le ordenó repetidas veces que marchase sobre Santiago para unirse con Solís, pero Rubín no sólo dejó de obedecer, sino que en adelante se abstuvo de contestar á ninguna de las comunicaciones de la corporación insurrecta, obrando en cambio en perfecta inteligencia con el general Concha.

Solís, que por su carácter noble y leal era incapaz de sospechar tal traición, oficio á Rubín de Celis para que se uniera á él, en cuyo caso la derrota de Concha era segura, y aunque no recibió contestación, confió en que su compañero no dejaría de acudir á la cita y salió al encuentro de Concha, que se dirigía á Santiago.

Ambos ejércitos avistáronse en Cacheira y trabaron una reñida acción, en la que los sublevados se sostuvieron valientemente durante algunas horas esperando en vano la llegada de Rubín; pero al fin vencidos tuvieron que replegarse sobre Santiago con numerosas pérdidas.

El general Concha, que acababa de recibir el refuerzo de algunos batallones, atacó resueltamente á Santiago, y penetrando en la plaza trabó en las calles una reñida lucha.

El comandante Buceta, que tan célebre había de hacerse poco después como uno de los conspiradores más infatigables que ha tenido España y que había contribuido mucho al movimiento, comprendió que Rubín los había vendido y que ya no quedaba ninguna esperanza de éxito, por lo que aconsejó á Solís, que abandonase á Santiago en vista de la gran superioridad numérica de las tropas del gobierno.

—Aquí hemos de salvar la patria ó morir,—contestó el honrado Solís con heroica entereza,—el que sea cobarde puede retirarse.

Buceta había demostrado en muchas ocasiones que no era valor lo que le faltaba, y sin esperanza alguna siguió combatiendo al lado de su jefe.

El general Concha fué arrollando á los sublevados en las calles, y al fin Solís hubo de encerrarse en el convento de San Martín con unos mil quinientos hombres faltos de municiones y desmoralizados por la promesa que les había hecho Concha de indultarlos si es que se rendían.

El infatigable Solís, apreciando el estado moral de sus tropas, procuró reanimarlas asegurando que por la noche saldrían del convento rompiendo á bayonetazos la línea enemiga; pero habían ya perdido la confianza en su jefe y le contestaron pidiendo á gritos la capitulación. Concha, apercibiéndose de tal desorden, procuraba fomentarlo anunciando á los sitiados que si no se rendían bombardearía inmediatamente el convento y entraría al asalto sin dar cuartel á nadie.

El inquieto Buceta, que había descubierto una galería secreta del convento, rogó á Solís que escapase con él; pero el bizarro jefe se negó á ello diciendo que quería participar hasta el último momento de la suerte de los suyos.

Escapó Buceta, é inmediatamente Solís salió del convento al frente de cincuenta y cuatro oficiales y mil cuatrocientos soldados que entregaron las armas á las tropas del gobierno.

La más triste suerte aguardaba á los vencidos. Algunos de los generales del gobierno querían fusilar á todos los oficiales prisioneros, pero el consejo de guerra que se formó contentóse con enviar á presidio á los alféreces y tenientes, sentenciando á la última pena á los capitanes y jefes.

El heróico Solís, al comparecer ante el consejo, estuvo á una altura sublime, sin que en un sólo instante la debilidad lograse quebrantar su ánimo. Defendió valerosamente sus convicciones, y dijo que si se le declaraba traidor lo eran más todos los militares de España, pues raramente podría encontrarse uno que no se hubiera sublevado, y las más de las veces contra la libertad.

El tribunal le pidió repetidas veces los nombres de sus cómplices, pero Solís respondió que no los tenía y acogió con una serenidad olímpica la sentencia del consejo que se le notificó puesto ya en capilla. Los capitanes D. Jacinto Dabán y D. Fermín Mariné, condenados también á muerte, abrazaron estrechamente á su compañero, habiendo necesidad de separarlos por la fuerza. Solís, maniatado como un criminal, fué conducido á las afueras de la aldea del Carral situada á tres leguas de la Coruña, y en el atrio de la iglesia de San Esteban se detuvo el piquete para fusilarlo. La ejecución había de ser por la espalda, pero el heróico comandante se resistió á ello, y encarándose con la tropa, gritó:

—Solís nunca ha sido traidor y ha de morir, no como tal, sino como corresponde á un militar honrado y caballero.

El héroe, después de estas palabras, dió la voz de fuego, y á los pocos instantes su cuerpo ensangrentado quedaba tendido en el umbral de la iglesia.

Pocas horas después fueron fusilados el comandante D. Víctor Velazco y los capitanes Ferrer, Dabán y Mariné (1), que arengaron á las tropas antes de morir.

Esta sangrienta ejecución fué presenciada forzosamente por los capitanes D. José Llorens, D. Juan Sánchez, D. Ignacio de la Infanta, don Santiago de la Llave, D. José Márquez, D. José Martínez y D. Felipe Valero, á los cuales se les hizo pasar sobre los

---

(1) El capitán D. Fermín Mariné, que con tanta entereza supo morir, era hermano del actual brigadier Mariné, que tanto se ha distinguido conspirando á favor de la República al lado de D. Manuel Ruiz Zorrilla. El bravo brigadier republicano era alférez al tomar parte en dicho movimiento al lado de su hermano, y debió á su juventud y á su graduación el no morir fusilado.

cadáveres de sus amigos para ser fusilados en un punto cercano.

Los soldados prisioneros á los cuales se había ofrecido el perdón, fueron despojados del uniforme y hacinados en inmundos calabozos, desde donde fueron conducidos á los presidios de Africa.

El 26 de Abril de 1846 verificóse esta bárbara matanza, y á los ocho dias moría fusilado en Betanzos el sargento D. Antonio Samitier, al cual se le había ofrecido también el indulto.

El gobierno, deseoso de premiar la barbarie de D. José de la Concha, que más que como militar se había distinguido como verdugo, lo ascendió á teniente general.

Entretanto, el brigadier Rubín de Celis consumaba su traición. Mientras Solís luchaba con las tropas de Concha esperando un auxilio que no había de llegar, Rubín permanecía inactivo en Vigo ó cansaba sus tropas con infructuosas marchas, hasta que al recibir la noticia del desastre de su noble compañero, se dirigió precipitadamente á la frontera portuguesa, y acompañado de dos ó tres oficiales huyó á favor de la oscuridad de la noche sin que le alcanzaran los numerosos disparos que le hicieron sus soldados para castigar su traición.

Era tanta la ferocidad del gobierno moderado, que aun le pareció demasiado benigna la conducta observada por Concha, y como éste al principio de la campaña preguntase al ministro de la Guerra qué es lo que debía hacer con los que se entregasen invocando adhesión á la reina, el gobierno le contestó que los fusilase y se abstuviera de hacer preguntas inútiles.

El gobierno de Istúriz, como todos los gobiernos conservadores, creía que lo principal era obtener ese orden que nace de la imposición y de la fuerza; y se complacía en derramar sangre creyendo que el mayor bienestar de un país consiste en reducirlo al silencio y la quietud de las tumbas.

Los sucesos de Galicia dieron pretexto al gobierno para autorizar á los capitanes generales á que adoptasen cuantas medidas extraordinarias creyesen oportunas. Siendo tan conocidas las aficiones de las autoridades militares al despotismo irracional é irritante, fácil es adivinar lo mucho que abusarían los capitanes generales de sus nuevas facultades.

El general Bretón, que hacía mucho tiempo venía oprimiendo á Cataluña, creyó del caso publicar un bando estúpido y brutal en el que se prevenía que «toda persona de la clase que fuere que propalase noticias que tuviesen tendencias á subvertir el orden, sería puesta inmediatamente á disposición de la autoridad militar, que permanecería reunida en la Ciudadela, para que juzgado verbalmente el acusado ó acusados y probado el delito sufriese la pena de ser pasado por las armas.»

Balboa, el capitán general de Burgos estuvo al mismo nivel, previniendo que «toda persona de cualquier clase, condición ó sexo que fuese desde la edad de diez y ocho años arriba que de obra ó de palabra procure conspirar contra el gobierno de la reina nuestra señora, probado que sea, sin consulta será pasado por las armas.»

El gobernador general de Málaga Fulgosio no se contentaba con condenar á muerte á los conspiradores, sino que amenazaba con la pena de ser fusilados á todos cuantos tuviesen en su poder ropa, alhajas, papeles ú otros objetos de los revolucionarios y no los presentasen á la autoridad local inmediatamente.

Todas las autoridades militares rivalizaron en aquel período en punto á tiranizar á sus distritos, y España ofreció el mismo aspecto que en 1824, pues aquellos mismos militares que habían servido á Fernando VII mostraban empeño en resucitar la ya muerta reacción.

En este período tan degradante para la nación española y que hacía infructíferos los esfuerzos de nuestro pueblo para conquistar la libertad, volvió á iniciarse otro proyecto de monarquía española en América, sólo que no fué ya Méjico el lugar indicado, sino la república del Ecuador. El general Flores, arrojado de tal país por su desmedida ambición, vino á España, donde se entendió con María Cristina, que estaba dispuesta á toda clase de arreglos con tal de crear un trono donde colocar á uno de sus hijos. Flores ofreció realizar este proyecto en el Ecuador si se le daban dos mil hombres, pertrechos de guerra y algunos millones; y la ambiciosa Cristina, no escarmentada todavía por el mal éxito del conato de monarquía mejicana, aceptó el trato, y el gobierno de Isturiz, por contentar á la reina madre, cometió la bajeza de poner tropas españolas á las órdenes del aventurero americano.

Afortunadamente la prensa de toda España, sin distinción de colores políticos, protestó del hecho, é Inglaterra pasó al gobierno español una comunicación tan enérgica, que el proyecto no pudo ya llevarse á efecto.

Tal cúmulo de torpezas y arbitrariedades que agobiaban y deshonraban al país, no podían menos de causar pena á los moderados sensatos, y el jurisconsulto Pacheco, jefe de la oposición conservadora, pidió con insistencia la pronta reunión de las Cortes como único medio de evitar aquellos actos que causaban tan completo descrédito. Pero el gobierno hizo caso omiso de tales reclamaciones, pues antes de la apertura de las Cortes deseaba arreglar el casamiento de la reina, asunto que había experimentado bastantes peripecias.

El número de candidatos oficiales á la mano de doña Isabel había sido bastante grande. Primero, el gobierno había pensado en el duque de Cádiz, hijo de la infanta doña Luisa Carlota; más tarde en el conde de Aquila y en el de Trapani, hermanos del rey de Nápoles y de doña María Cristina, y hasta se había pensado en el conde de Montemolin, hijo de don Carlos, cuya candidatura defendió en la prensa con gran calor el reaccionario filósofo Balmes, pero que fué rechazada unánimemente por todos los liberales. También el rey de Francia presentó su candidato, que fué el duque de Aumale, pero en vista de que Inglaterra se opuso enérgicamente, Luis Felipe cedió en sus pretensiones á condición de que su hijo, el duque de Montpensier, se casaría con la infanta Luisa Fernanda, hermana de Isabel II.

Narváez, tal vez por la identidad de carácter, sentía simpatía por el infante D. Enrique de Borbón, y lo presentaba candidato con la importante ventaja de que la reina manifestaba más simpatía por su primo que por ningún otro; pero el infante ofrecía para el partido moderado el terrible inconveniente de ser de ideas muy avanzadas y haber publicado en 31 de Diciembre de 1845 un manifiesto en el que afirmaba sus convicciones liberales.

Como los antecedentes casi republicanos del infante don Enrique hicieron fracasar su candidatura, algunos partidarios de la unión ibérica fijaron su vista en el heredero de la corona de Portugal, mientras que el gobierno llegó á pensar seriamente en el hijo de don Carlos, quien para facilitar la designación, publicó un manifiesto en el que prometía indirectamente renunciar al absolutismo.

Al fin la reina acabó por decidirse y escogió por esposo al infante don Francisco, hermano de don Enrique y muy contrario á éste en carácter y creencias, pues era un ente insignificante, casi femenil y fanatizado hasta el punto de estar bajo el absoluto dominio del clero, defectos todos que influyeron á favor de su designación.

Estaba el infante don Francisco de guarnición en Pamplona, cuando fué aceptada su candidatura, y como se guiaba siempre por el consejo de algunos amigos clérigos y consideraba, en virtud de sus ideas absolutistas, á don Carlos y sus sucesores como legítimos soberanos de España, cometió la torpeza de escribir al conde de Montelín una carta excitándolo á contraer matrimonio con Isabel II y ofreciéndose á renunciar á su mano si es que él así lo deseaba, acabando por formular toda clase de excusas, demostrando que él no había solicitado el ser esposo de la reina.

El hijo de don Carlos, más digno que el futuro rey de España, no quiso contestar á tan vergonzosa carta y la entregó á Luis Felipe, apresurándose el gobierno español á echar tierra á tan degradante asunto que demostraba el verdadero carácter del prometido de la reina.

El 10 de Octubre de 1846, cumpleaños de Isabel II, se verificó el matrimonio de ésta con D. Francisco de Asís y el de su hermana Luisa Fernanda con Antonio de Orleans, duque de Montpensier.

La nación debió conmoverse de gozo al saber que en adelante iba á cargarse el presupuesto con la asignación del rey consorte y que la infanta llevaba en dote cerca de cincuenta y ocho millones de reales.

Las Cortes habían sido reunidas el 14 de Setiembre para discutir las capitulaciones matrimoniales, y una vez cumplido este encargo fueron disueltas, convocándose otras nuevas para el 25 de Diciembre.

El partido progresista decidió esta vez acudir á la lucha electoral, descorazonado por el mal éxito de sus anteriores intentonas revolucionarias.

El gobierno hizo una guerra sin cuartel á todos los candidatos de oposición, y no fueron solo los progresistas los combatidos por el poder ministerial, pues el mismo Pacheco, moderado conservador, tuvo que luchar con el caciquismo reaccionario, á pesar de lo cual fué elegido en dos distritos.

El partido progresista, á pesar de los amaños y arbitrariedades del gobierno, logró enviar á las Cortes cincuenta diputados, entre los cuales figuraban Mendizábal, Cortina, Sancho, Luján, San Miguel, Laserna y Olózaga.

Como éste último residía en el extranjero desde que los moderados le arrojaron del poder de un modo tan indigno, pidió el necesario pasaporte para entrar en España con la inviolabilidad de diputado, seguridades que el gobierno le negó arbitrariamente. Olózaga, á pesar de esto, pasó la frontera; pero fué detenido inmediatamente y encerrado en la ciudadela de Pamplona.

El último día del año 1846 inauguraron las Cortes sus sesiones, siendo elegido el marqués de Viluma presidente del Senado, y el señor Castro Orozco, del Congreso, derrotando al candidato del gobierno, que era don Juan Bravo Murillo.

Isturiz, resentido por esta derrota, presentó á la reina la dimisión del gabinete, la cual fué aceptada inmediatamente.

La soberana llamó á palacio, para constituir nuevo ministerio, al duque de Sotomayor, siendo de notar que no consultara previamente á los presidentes de las Cámaras, como era de costumbre.

Sotomayor tuvo que luchar bastante para constituir su ministerio; pero al fin logró ultimarlo, encargándose él de la presidencia y de la cartera de Estado. Seijas Lozano, entró en Gobernación; en Gracia y Justicia, Bravo Murillo; en Hacienda, Santillán; Pavía y Lacy, en Guerra, y Oliván, en Marina; creándose, además, un nuevo ministerio con el título de Comercio Instrucción de Obras Públicas, que fué encomendado á D. Mariano Roca de Tovores, marqués de Molins. Inmediatamente el nuevo ministerio experimentó una modificación, pues Pavía abandonó la cartera de la Guerra, siendo sustituído por el general Oraá.

Al partido que más efecto produjo el casamiento de la reina fué al carlista, que había cifrado en él grandes esperanzas y que creía poder conquistar el poder por medio del casamiento de Montemolín con Isabel II. Cuando los hechos vinieron á demostrar lo infundadas que eran tales esperanzas, el desilusionado partido carlista acudió nuevamente á los procedimientos de fuerza y se dispuso á tomar las armas para defender el absolutismo.

Como Inglaterra había visto con profundo despecho el casamiento de la infanta Luisa Fernanda con el hijo de Luis Felipe, quiso crear al gobierno español nuevas complicaciones, y comenzó á halagar al pretendiente Montemolín, quien dió un manifiesto al país, prometiendo fundar un gran partido nacional.

Los corifeos del carlismo en Cataluña, creyendo llegada la hora de hacer algo en beneficio de su causa, tomaron las armas y se lanzaron al campo, levantando varias partidas en la provincia de Gerona. El general Bretón, capitán general de Cataluña, comprendiendo el peligro que ofrecía dicho movimiento si no se le atajaba inmediatamente, salió en persecución de los facciosos á fines de Diciembre de 1846, logrando desbaratar la insurrección por medio de algunos fusilamientos é indultando á todos cuantos se presentaban.

Este resultado fué sólo momentáneo, pues á los pocos días volvió á recrudecerse la guerra con motivo de haberse puesto al frente de las partidas carlistas el canónigo Tristany, logrando apoderarse de Cervera y Tarrasa.

Bretón, á pesar de encontrarse enfermo de gravedad, marchó, al frente de sus tropas, en una silla de manos, recuperando á Cervera, donde publicó una proclama terrorífica, llamando á Tristany jefe de bandidos y asesinos. El cabecilla carlista publicaba por su parte un manifiesto en el que presentaba á Carlos VII, ó sea el conde de Montemolín, como rey constitucional, pidiendo para su causa, que se mostraba entonces enemiga del absolutismo, el apoyo de todos los españoles.

Bretón, á causa de sus dolencias, fué relevado de la capitanía general de Cataluña, entrando á sustituirle el ex-ministro de la Guerra, Pavía y Lacy, marqués de Novaliches.

La insurrección carlista iba ya haciéndose imponente, pues Tristany tenía organizados bajo sus órdenes cerca de dos mil hombres, y eran bastantes los cabecillas que operaban en combinación con él; pero afortunadamente, el jefe faccioso fué sorprendido en las inmediaciones de Solsona por el coronel Baxeras, siendo derrotado completamente, y cayendo prisionero en unión de la mayor parte de sus oficiales. En esta sorpresa murió el famoso cabecilla Ros de Eroles, que tanto se había distinguido en Cataluña como caudillo de la reacción. En cuanto á Tristany, fué fusilado el 17 de Mayo en unión de algunos de sus oficiales.

El año 1847 comenzaba para España con las agitaciones propias de un país dirigido por un gobierno moderado, y que queriendo, según decía, cimentar el orden, sólo lograba sumir á la patria en una interminable serie de sangrientas luchas.

Extremando los procedimientos reaccionarios, daba vida y calor al partido carlista, que apelaba á las armas, y conculcando los sagrados derechos del pueblo, lanzaba á los partidos avanzados á los procedimientos revolucionarios y de fuerza.

La nación iba á experimentar nuevos quebrantos con otra guerra civil por una mera cuestión dinástica, y numerosos pronunciamientos revolucionarios, en los cuales el pueblo desahogaba su furor contra la dominante reacción.

CAPITULO VIII

1847-1848

Obstáculos que encuentra el gabinete Sotomayor.—Escándalos en Palacio.—Apasionamientos lujuriosos de Isabel.—Osadía de su amante el general Serrano.—Ministerio Pacheco.—Vindicación de Godoy.—Licenciosidades regias.—Vergonzosa conferencia en el Pardo.—Propósitos de Narváez.—Intervención armada en Portugal.—El marqués del Duero.—Caida del gabinete Pacheco.—El magistrado García Goyena.—Imposición de la reina.—Ministerio García Goyena.—Su conducta honrada.—Proyectos de Escosura contra el militarismo.—Protestas de los generales.—Un artículo de Pi y Margall.—Exoneración del gabinete.—Subida de Narváez al poder.—Sus primeras disposiciones.—Ataques contra Salamanca.—La guerra carlista en Cataluña.—Regreso de Espartero.—La revolución de 1848.—Conspiraciones en Madrid.—Movimiento en 26 de Abril.—Derrota de los insurrectos republicanos.—Sublevación del 7 de Mayo.—Muerte del capitán general Fulgosio.—Fusilamientos que ordena el gobierno.—Sublevación en Sevilla.—Movimiento en el Ferrol.—Martirio del abogado Somoza.—Persecuciones que sufren los liberales.—El infante don Enrique se declara republicano.—Inmoralidades en la Hacienda.—Estado de España á fines de 1848.

EL ministerio Sotomayor, gabinete insignificante á quien todos auguraban muy corta vida, hubo de luchar desde el principio con las intrigas palaciegas, que eran el obstáculo con que tropezaba todo gobierno que no era del gusto de los cortesanos.

La aprobación de cada proyecto que los ministros presentaban á la reina costábales reñir una empeñada batalla, y el relevo del general Bretón de la capitanía general de Cataluña fué objeto de grandes discusiones logrando al fin que lo firmase Isabel después de mucho tiempo y no pocos ruegos.

Tratándose de dos seres de tan opuestos caracteres y aficiones como eran doña Isabel y su esposo don Francisco de Asís, resultaban lógicas y naturales las desavenencias vergonzosas que surgieron inmediatamente entre ambos cónyuges, y que eran motivo más que suficiente para que la nación avergonzada de tener á su frente seres tan depravados se alzara en masa para borrar con una sangrienta reivindicación tan asquerosa ignominia.

Por desgracia el pueblo español parecía contaminado del repugnante ejemplo que le daban sus soberanos, y consentía pacientemente los escándalos regios, no yéndole en zaga los prohombres del partido moderado, que con tal de conservar el poder terciaban en las livianas aventuras de la reina y sin rubor alguno ejercían de regios alcahuetes.

Los escándalos palaciegos no eran un misterio para nadie; la reina hacía gala de su impudicia y toda la nación sabía que ejercía más influencia en el inflamable temperamento de Isabel el gallardo general Serrano que el afeminado y mediocre D. Francisco de Asís.

Ninguno de los tres protagonistas de la repugnante aventura se cuidaba de ocultar la parte que en ella desempeñaba. El general Serrano, orgulloso de su buena fortuna, hacía alarde de su influencia y procedía en palacio como un verdadero dueño; doña Isabel no se cuidaba de ocultar en público el afecto que sentía por el apuesto general y D. Francisco de Asís, sin carácter ni energía para evitar el escándalo, creía poner á salvo su honor dirigiendo á su esposa los dicterios más soeces no comprendiendo que con esto aumentaba aún más su deshonra.

Tremendas escenas de carácter íntimo ocurrieron entre los dos esposos, pero la reina con su genio varonil y su aire descocado supo imponerse al débil esposo, quien por toda venganza dejó de salir á paseo en compañía de su mujer, dándose el caso de que durante muchos meses la reina saliera en un coche yendo en otro el rey con el infante don Antonio.

A tal punto llegaron los escándalos de palacio, que María Cristina, á pesar de ser bastante despreocupada en punto á conveniencias sociales, sintióse avergonzada por la publicidad de tales escenas, y no queriendo autorizarlas con su presencia marchó á París dejando que el general Serrano y su protegido el banquero Salamanca dominasen en palacio.

El gobierno, comprendiendo el descrédito que acarreaba al trono aquel continuo escándalo, quiso alejar de Madrid al general Serrano, y para ello le nombró capitán general de Navarra, pero inmediatamente tropezó con la más tremenda oposición, pues ni el general quiso alejarse de Madrid, ni Isabel pudo consentir quedarse sin su favorito. Serrano se negó á aceptar el cargo, y la reina no quiso firmar el decreto.

El honrado general Oraá, que era quien más irritado se mostraba por tales escándalos, haciendo uso de sus facultades como ministro de la Guerra ordenó á Serrano que saliera inmediatamente para Pamplona donde su presencia era necesaria, pero el amante de la reina se negó á cumplir tal orden, fundándose en su carácter de senador.

Este acto de indisciplina que llevaba á cabo el general alentado por la caprichosa reina, indignó á los ministros, quienes se creyeron en el caso de reunir una junta de prohombres del partido moderado para consultarles lo que debía hacerse en tal situación. Todos los convocados convinieron en que no podía tolerarse un escándalo de tal naturaleza y aconsejaron al gobierno que pidiese autorización al Senado para desterrar al atrevido general.

La alta Cámara, que no estaba menos abochornada por los cínicos alardes de Serrano, concedió inmediatamente la autorización, y el Congreso para prestar mayor fuerza al gobierno le dió un voto de confianza.

El amante de la reina no permanecía inactivo mientras esto sucedía. Respondiendo á los juramentos amorosos de Isabel que antes quería morir que verse separada de su gallardo general, la aconsejó el cambio de ministros como único medio de permanecer tranquilo á su lado.

La reina, que era siempre muy activa en todo cuanto tocaba de cerca á sus pasiones, llamó inmediatamente á palacio á D. Joaquín Francisco Pacheco y le encomendó la formación de gabinete, pero el agraciado contestó que el gobierno actual gozaba la confianza de las Cámaras y no había dimitido, por lo cual le era imposible aceptar el encargo.

La reina, en un rapto de su caprichoso carácter, mostróse convencida por las razones de Pacheco, y al despachar después con los ministros dióles tales pruebas de confianza, que Serrano, alarmado por el golpe que le amenazaba, se refugió en la embajada inglesa, evitando así el castigo.

Como el gobierno estaba protegido por el rey, creía poder mantenerse mucho tiempo en el poder, pero todos comprendían que aquella situación no podía prolongarse, pues la reina odiaba á los ministros y deseaba deshacerse de ellos cuanto antes.

Los consejeros íntimos de Isabel, que se titulaban sus amigos y libertadores, no tardaron en acudir en su auxilio y por conducto del poeta don Ventura de la Vega la indicaron el medio para librarse del ministerio.

Al presentarse al día siguiente en palacio el ministro marqués de Molins la reina le dictó un decreto relevando al gobierno, y entonces Pacheco, que mostraba afán en ocupar el poder, accedió á formar gabinete, conducta impropia é inesperada en un hombre de su reputación y seriedad.

De la presidencia y de la cartera de Estado se encargó el mismo Pacheco, dando la de Gobernación á D. Antonia Benavides; la de Gracia y Justicia á D. Florencio Rodriguez Vahamonde; la de Fomento á D. Nicomedes Pastor Diaz; la de Hacienda á don José Salamanca; la de Guerra al general Mazarredo, y la de Marina al general Sotelo.

Estaba entonces tan depravado el sentido moral en nuestra nación, que las Cortes no vacilaron en sancionar tan repugnante intriga dando un voto de gracias al gobierno.

Pacheco no fué ingrato con los agentes palaciegos que le habían elevado al poder y distribuyó entre ellos con mano pródiga los empleos y honores. Ventura de la Vega fué nombrado secretario de doña Isabel II, y á Serrano se le ofreció la Capitanía general de Cuba con carta blanca, cargo que no quiso aceptar.

Como estaba en moda respetar y sostener á los favoritos de las reinas, el gobierno se acordó del célebre don Manuel Godoy, amante de la abuela de Isabel II que desde 1808 residía en París, pobre y olvidado, y le rehabilitó en sus títulos de duque de Alcudia, capitán general del ejército español y senador del reino. Este reconocimiento que el país vió con la mayor indiferencia, pues ya habían pasado los tiempos en que era odiado el nombre del amante de María Luisa, obligó también al gobierno á absolver á Olózaga de su delito imaginario contra Isabel, permitiéndole que se sentara en el Congreso.

El 5 de Mayo suspendieron las Cortes sus sesiones y la nación dejando de ocuparse de la política pudo fijarse más en los escándalos palaciegos que cada vez iban en aumento.

La prensa aunque amordazada por la previa censura, publicaba intencionados artículos en los cuales por medio de la forma novelesca se relataban los pesares del desgraciado rey, así como las escandalosas aventuras de su esposa.

Isabel para dedicarse con más libertad á sus licenciosas costumbres, pasó á Aranjuez algunos días, al mismo tiempo que D. Francisco de Asís se retiraba al Pardo, de donde no volvió en muchos meses.

El escándalo regio llegaba hasta París, y María Cristina avergonzada por los excesos de su hija, le escribía una carta en uno de cuyos párrafos decía así: «Pude ser flaca, no me avergüenzo de confesar un pecado que sepultó el arrepentimiento, pero jamás ofendí al esposo que me destinó la Providencia, y sólo cuando ningún vínculo me ataba á los deberes de una mujer dependiente, ví entrar en el corazón á un amor que hice lícito ante Dios para que disculpase el secreto que guardé á un pueblo cariñoso y por cuya felicidad tanto me he desvelado. Yo te ruego como madre cariñosa que atenta á tu propio bien y á la tranquilidad de los españoles, vuelvas al lado de tu esposo, á quien por otro conducto escribo con el mismo fin mientras yo quedó rogando á Dios por tu ventura.»

El gobierno quiso ejercer de mediador para acabar la desavenencia entre ambos cónyuges, y envió al Pardo al ministro de la Gobernación Benavides, quien conferenciando con don Francisco de Asís, hizo alarde de toda su oratoria para persuadirle de que debía poner término á aquella separación que tanto daño causaba al prestigio del trono.

—Lo comprendo, lo comprendo todo,—dijo el reyecillo contestando á las palabras del ministro;—pero se ha querido ultrajar mi dignidad de marido, mayormente cuando mis exigencias no son exageradas. Yo sé que Isabelita no me ama; yo la disculpo porque nuestro enlace ha sido hijo de la razón de Estado y no de la inclinación. Yo soy tanto más tolerante en este sentido cuanto yo tampoco he podido tenerla cariño. Yo no he repugnado entrar en el camino del disimulo; siempre me he manifestado propicio á sostener las apariencias para evitar este desagradable rompimiento; pero Isabelita más ingenua ó más vehemente, no ha podido cumplir con este deber hipócrita, sacrificio que exigía el bien de la nación. Yo me casé porque debía casarme, porque el oficio de rey lisonjea; yo entraba ganando en la partida y no debía tirar por la ventana la fortuna con que la ocasión me brindaba, y entré con el propósito de ser tolerante para que lo fueran igualmente conmigo; para mí no habría sido enojosa nunca la presencia de un privado.

Como se ve, D. Francisco de Asís al aceptar tan francamente la deshonra con tal de saborear las delicias del poder, procedía como un verdadero Borbón, más ansioso de gozar que de tener tranquila la conciencia.

—Permítame V. M.,—contestó Benavides,—que observe una cosa, y es que lo que acaba de afirmar relativamente á la tolerancia de un valido, está en contradicción manifiesta con la conducta de V. M., porque según veo, la privanza del general Serrano es lo que más le retrae para entrar en el buen concierto que solicitamos todos.

—No lo niego,—replicó vivamente el rey,—ese, ese es el obstáculo principal que me ataja para llegar á la avenencia con Isabelita. Despídase al favorito y vendrá en seguida la reconciliación ya que mi esposa la desea. Yo habría tolerado á Serrano; nada exigiría si no hubiera agraviado mi persona; pero me ha maltratado con calificativos indignos, me ha faltado al respeto, no ha tenido para mí las debidas consideraciones, y por lo tanto le aborrezco. Es un pequeño Godoy que no ha sabido conducirse, porque aquél al menos para ser el amante de mi abuela, enamoró primero á Carlos IV. El bien de quince millones de españoles exige éste y otros sacrificios. Yo no he nacido para Isabelita, ni Isabelita para mí, pero es preciso que el pueblo entienda lo contrario. Yo seré tolerante, pero desaparezca la influencia de Serrano y aceptaré la concordia.

—El gobierno deplora esta influencia,—replicó Benavides,—y está resuelto á desbaratarla para bien de todos; pero es necesario que el rey ayude, reconciliándose antes.

—Mi dignidad reclama que antes

que nada desaparezca el general Serrano,—dijo don Francisco de Asís. —Yo he dado testimonios evidentes de que el favor en palacio de ese hombre, era la causa de la separación y por lo tanto no me resigno á retroceder en mi promesa.

El enviado del gobierno nada consiguió en esta repugnante conferencia que hacía la apología de la dignidad y el honor de los reyes. Aun transcurrieron muchos meses antes de que don Francisco de Asís volviera á unirse con su esposa y entretanto el general Serrano se daba aires de legítimo monarca presentándose en público con Isabel, dando órdenes en palacio como único dueño, influyendo de un modo irritante sobre los ministros y teniendo una camarilla de cortesanos que le adulaban como árbitro de la situación.

Pacheco, en quien la posesión del poder había desvanecido aquella ductibilidad hija de la ambición que le hacía considerar los actos más indignos como intrigas propias de gobernantes, mostróse al fin enojado por el escándalo palaciego y las continuas imposiciones de Serrano, y comprendiendo al fin que la inmoralidad de la reina era incompatible con la dignidad personal de los ministros buscó un medio para salir de aquel vergonzoso atolladero en que voluntariamente había metido su honor.

Débil el presidente del Consejo para llevar á cabo por propia cuenta un acto de energía, quiso por medio de la convicción apartar á Isabel de su vida de escándalos, pero en vista de que no lograba ningún resultado se decidió á llamar á Narváez que estaba en París para que con sus procedimientos radicales viniese á moralizar aquella degradante situación.

El enérgico general contestó á Pacheco con una breve carta en la que decía con el estilo brusco que le era habitual: «No iré á España si no se me da carta blanca, pues al estado á que han llegado las cosas no hay otro medio que empuñar el garrote y pegar de firme; fusilar á Serrano y no dejar un solo empleado en palacio, desterrando además á Nápoles á María Cristina.»

Narváez á pesar de estas bravatas no vaciló en volver á Madrid y pronto veremos cuán inútiles fueron sus enérgicos propósitos para moralizar la situación.

El ministerio Pacheco, antes de abandonar el poder quiso adquirir notoriedad verificando una intervención armada en el vecino reino de Portugal, donde peligraba la corona de doña María de la Gloria.

En 1847 era imponente en toda Europa el espíritu republicano que demostraban los pueblos y la propaganda revolucionaria que tenía su principal foco en las sociedades secretas y que se exteriorizó al siguiente año por medio de imponentes insurrecciones que estallaron al mismo tiempo en los principales Estados del viejo continente.

El pueblo portugués, influenciado por la propaganda republicana y socialista que tenía su principal foco en Francia, se mostraba dispuesto á derribar del trono á su reina proclamando la república, y el gobierno español de acuerdo con el de Inglaterra creyó muy del caso y perfectamente legal el invadir el país vecino atropellando bárbaramente su autonomía, tan digna de respeto como la de España.

Para impedir que el pueblo lusitano proclamase su libertad dándose un gobierno democrático, el general don Manuel de la Concha, á principios de Junio, entró en Portugal con diez batallones de cazadores, bastando este pequeño ejército para amedrantar al país. Los monárquicos portugueses, imitando á sus correligionarios de todos los países, no vacilaron en ponerse al lado de aquellos extranjeros que invadían su patria, quedando reducida la campaña de Concha á un simple paseo militar, pues los soldados españoles entraron en Oporto sin disparar sus fusiles cargados en la frontera.

El gobierno español, entusiasmado por tan fácil triunfo, se dió aires de omnipotente creyendo que había desarmado la revolución en toda Europa, y concedió á Concha el título de marqués del Duero con la grandeza de España de primera clase.

La empresa sobre Portugal no evitó al gobierno su caída por todos adivinada.

Narváez que, como ya dijimos, había llegado á Madrid llamado por Pacheco, aconsejó á éste que presentara la dimisión, comprometiéndose él á sustituirle; pero con tales obstáculos tropezó, que en breve hubo de renunciar á constituir el ministerio.

Serrano, que seguía disponiendo en absoluto de la voluntad de la reina, aconsejó á ésta que aceptase la dimisión de Pacheco, recomendando á su protegido Salamanca para que constituyese ministerio.

El famoso banquero quedó encargado de formar el gobierno, y el día 2 de Setiembre presentó á la reina la siguiente combinación ministerial: don José de Salamanca, presidencia y Hacienda; D. Patricio de la Escosura, Gobernación; Fomento, el general Ros de Olano; Guerra, el general Córdova; Marina, el general Sotelo, y Estado, D. Modesto Cortazar.

Para la cartera de Gracia y Justicia deseaba Salamanca un hombre reputado y virtuoso que diese un tinte de honradez al ministerio, y fijó sus ojos en D. Florencio García Goyena, magistrado integérrimo y jurisconsulto de gran saber.

Salamanca tenía sobrados motivos para esperar que García Goyena se negaría á entrar en un ministerio cuya principal misión era sostener las ilícitas relaciones de Serrano y la reina cubriendo los escándalos de ésta y para obligarle á ello hizo que doña Isabel le llamara á palacio. Cuando el señor García Goyena se presentó ante la reina y su inseparable Serrano, el astuto Salamanca, que también estaba presente, le manifestó la necesidad de que aceptase la cartera de Gracia y Justicia, y como el virtuoso magistrado se negase á ello dando á entender que no era hombre apto para transigir con el escándalo y la licencia, la reina le amenazó con la cárcel y la ruína de su familia, medio por el que logró abatir la inflexibilidad del hombre de ley.

García Goyena aceptó la cartera de Gracia y Justicia, y á los pocos días se le adjudicó también contra su voluntad la presidencia del Consejo.

Este ministerio, como se ve, estaba creado con el único y exclusivo objeto de tolerar las adulteras relaciones de la reina con Serrano; pero García Goyena, ya que por la fuerza había sido llevado al poder, quiso hacer algo beneficioso para la nación, y considerando tan imparcialmente á los triunfantes moderados como á los postergados progresistas, aseguró públicamente que el gabinete no pertenecía á partido alguno y que sus propósitos eran de gobernar sin inclinarse en favor de ninguna agrupación política.

El primer acto del ministerio García Goyena fué conceder una amplia amnistía á todos los emigrados que la solicitasen, sin exigirles otra cosa que un juramento de fidelidad á la reina y la Constitución. Al mismo tiempo le fueron devueltos á Espartero todos sus grados y honores, siendo nombrado, además, senador del reino.

El partido moderado, como era de esperar, recibió muy mal estas disposiciones, y Escosura, el ministro de la Gobernación, sólo logró desenojarlos pasando á los periódicos una circular inquisitorial en la que les prohibía bajo las más severas penas aludir ni remotamente á los sucesos vergonzosos que ocurrían en palacio, prohibición que aun excitó más la curiosidad y que hizo que los periódicos diesen cuenta de los escándalos de la reina en forma de leyendas y cuentos fantásticos.

El ministerio, con aquella imparcialidad política de que hacía alarde, comenzó á captarse las simpatías del país que fijó principalmente su atención en los atrevidos proyectos de Escosura, el cual con sus propósitos de reformar la administración pública quería reivindicar la potestad civil y abatir la influencia del elemento militar que se inmiscuía en todas las esferas del Estado.

España en aquella época necesitaba urgentemente de tal reforma, pues la pasada guerra civil y los continuos pronunciamientos del ejército, habían dado tal fuerza al elemento militar que raros eran los cargos civiles que no estaban desempeñados por hombres de uniforme, llevando á tal punto la influencia castrense que no se comprendía la vida y la importancia de un partido sin que su jefe fuese algún general que se hubiera distinguido en el exterminio de los hombres.

Escosura, que por su temperamento inquieto era hombre capaz de grandes atrevimientos, al tener la audacia de atacar de frente á aquellos ambiciosos galoneados que tiranizaban la nación, conquistó la voluntad de todos los buenos españoles que deseaban verdaderamente la regeneración de la patria.

El 29 de Setiembre publicó la *Gaceta* el plan de la nueva organización administrativa, y después de un largo preámbulo justificando la medida se anunciaba la creación de nuevos funcionarios de administración civil, con el título de gobernadores civiles generales, gobernadores civiles de provincia y subdelegados civiles de distrito, concediéndose á los primeros mayores atribuciones que á los capitanes generales en el orden militar y siendo once los distritos civiles creados, á saber: Castilla la Nueva, Castilla la Vieja, Cantabria, Burgos, Galicia, Extremadura, Andalucía, Granada, Valencia y Murcia, Cataluña y Aragón.

Esta reforma, considerada políticamente resultaba deficiente, pues era hija del doctrinarismo entonces en boga, pero tenía el mérito de estar encaminada á abatir el militarismo.

De esperar era la general protesta del elemento militar ante la reforma de Escosura. Teniendo en cuenta que hoy á pesar del progreso de la época y de las circunstancias favorables al orden civil todavía ejerce gran influencia el elemento militar, fácil es imaginarse la dominación que en 1847 ejercerían las gentes de armas sobre la nación española. No hay más que ver que en el mismo ministerio García Goyena una cartera tan ajena al ramo militar como es la de Fomento estaba confiada al general Ros de Olano, el cual aprovechó su estancia en el ministerio para que su compañero Córdova, ministro de la Guerra, le concediera el segundo entorchado á cambio de otros favores.

El elemento militar creía en aquella época que era el único llamado á desempeñar los altos puestos de la nación; los ejemplos de Espartero y Narváez habían sido contagiosos; todos los generales, por el mero hecho de ceñirse la faja, se creían ya genios de la política, y hasta los cadetes, al salir del colegio no soñaban, como el colmo de sus aspiraciones, en llevar con el tiempo entorchados sino en ser presidentes de ministerio. Las costumbres militares aplicábanse con el mayor desenfado á la política y á la organización del Estado y no había uno solo de aquellos políticos de uniforme que dejase de creer que la felicidad del país consistía en disciplinarlo como un pelotón de reclutas cambiando la Constitución por la ordenanza.

Isabel II sancionó sin ningún reparo el decreto de Escosura, y éste se apresuró á llevarlo á la práctica nombrando inmediatamente los once gobernadores generales y una buena parte de los empleados inferiores. Pero entretanto los elementos militares no permanecían inactivos. Narváez, comprendiendo que con la ley de Escosura se mataba la influencia del ejército, se apresuró á desbaratar los planes del ministerio. Para esto se atrajo á los generales Ros de Olano y Córdova, individuos del gabinete, los cuales, después de algunos reparos, accedieron á hacer traición á sus compañeros de ministerio acordando presentarse á la reina á la que expondrían la inmensa gravedad que entrañaba aquella reforma que, según ellos, hería de muerte al ejército.

Una circunstancia inesperada vino á favorecerles. *El Correo*, órgano de Escosura, publicó aquel mismo día un notable artículo, en el cual se aplaudía la reforma del ministro de la Gobernación en todo lo que representaba la reivindicación del elemento civil contra las intrusiones y arbitrariedades del elemento militar.

Los generales creyeron que aquel escrito era del mismo Escosura; pero el artículo fué obra de un joven escritor aun desconocido encargado de las revistas literarias del *Correo*.

El autor de aquel artículo que tanta importancia alcanzó y que fué causa de la caída del ministerio, se llamaba D. Francisco Pí y Margall, nombre que en 1847 era totalmente desconocido fuera de los círculos literarios.

Los generales se presentaron á la reina con el periódico indicado, y le manifestaron que aquel atentado contra los derechos del ejército era obra de sus compañeros de ministerio que querían debilitar el poder de doña Isabel para destronarla reemplazándola con el infante don Enrique.

La reina, que tenía especial predilección por todos los absurdos, aceptó tal patraña, y al día siguiente, 3 de Octubre, decretó la exoneración del ministerio encargando á Ros de Olano el comunicarlo á sus compañeros.

Estaban éstos reunidos en consejo, cuando se presentó Narváez gritándoles con rudeza:

—¡Ea! suspendan ustedes toda deliberación, pues la reina acaba de exonerarles.

Los ministros quedaron mudos por la sorpresa y la indignación, y el honrado García Goyena fué el primero en reponerse, contestando con noble entereza:

—He aceptado el puesto que ocupo porque la reina me exigió este sacrificio, pero ni mi proceder ni mi historia justifican la mancha que con esa exoneración inmotivada se quiere lanzar sobre mi cabeza encanecida en las duras vigilias de la magistratura.

El impresionable Escosura manifestó su indignación con frases más enérgicas y descorteses, y los demás ministros hicieron otro tanto, llegando el escándalo á tal punto que Narváez, comprendiendo el efecto que en el país iba á causar aquella imprudente medida de la reina, invitó á los individuos del gabinete á que escribiesen sus dimisiones para evitar la exoneración. Así lo hicieron, y cuando Ros de Olano se presentó á recoger las dimisiones, García Goyena y Escosura se negaron á entregarle las suyas dirigiéndole los más denigrantes calificativos por su traición.

Narváez fué encargado por la reina de formar gabinete, y el 3 de Octubre lo acabó de constituir, reservándose la presidencia con la cartera de Estado.

En Gracia y Justicia entró don Lorenzo Arrazola; en Hacienda don Francisco Orlando, y en Gobernación D. Luis José Sartorius, conde de San Luis. En Guerra y en Fomento quedaron los generales Córdova y Ros de Olano, que tan villanamente habían traicionado al gabinete Garcia Goyena; pero poco después hubo una crisis parcial, y salieron del ministerio ambos señores, ocupando entonces Narváez la cartera de la Guerra; Bravo Murillo la de Fomento; Sotomayor la de Estado, y la de Marina Bertrán de Lis. En cuanto á Córdova y Ros de Olano, al salir del gabinete recibieron grandes ascensos y distinciones en recompensa de su deslealtad al anterior gabinete.

Narváez, según su costumbre, subía al poder dispuesto á tiranizar á la nación siguiendo una política de fuerza, y sus primeros actos fueron suspender las sesiones de las Cortes hasta el 15 de Noviembre, y dejar sin efecto el decreto sobre reforma administrativa.

La privanza de Serrano iba entonces en decadencia, no por la influencia que en contra suya pudiera ejercer Narváez, sino porque un rival había venido á quitarle una parte del afecto de la reina. El músico Valldemosa, maestro de canto de la reina, había logrado despertar en su favor los fogosos instintos de Isabel, y Serrano, disgustado por tal infidelidad, que disminuía su influencia, aceptó la capitanía general de Granada ofrecida por el gobierno.

Al ausentarse Serrano, D. Francisco de Asís accedió á volver á Madrid, donde llegó el 13 de Octubre, reconciliándose con su esposa, y provocando con este motivo una escena que los monárquicos calificaron de conmovedora, ensalzando de paso la sublime fidelidad de la reina. El digno rey venía dispuesto á todo, y no sólo hizo buena cara al maestro Valldemosa, sino que pasó por alto las relaciones de Isabel (que entonces parecía muy entusiasmada por la música) con el cantante del Circo, D. José Mirall, hombre de hermosa figura, y que al poco tiempo fué desterrado por orden de Narváez, quien descargaba su cólera en los amantes regios de escasa representación.

Tras D. Francisco de Asís regresó á Madrid la reina madre, y durante algunos meses reinó en palacio una calma octaviana, pues Isabel sólo sintió caprichos por hombres de baja estofa, no ocurriéndosele elevar ninguno á la categoría de personaje, que era lo que lograba irritar á aquella virtuosa corte.

Al reunirse las Cortes, fué elegido presidente del Congreso el reaccionario Mon, y los diputados afectos á

Narváez, que no podían olvidar la intención que había tenido María Cristina de anular al general, se propusieron mortificarla pidiendo el procesamiento del ex-ministro de Hacienda D. José de Salamanca, que había sido el agente de muchos negocios nada limpios realizados por la reina madre.

Primeramente pensaron los ofendidos moderados pedir el procesamiento de todo el anterior ministerio; pero después decidieron acusar únicamente á Salamanca por varios asuntos, entre los que figuraban el haber obtenido una prima enorme en el contrato de arriendo del tabaco celebrado por la Hacienda con los banqueros Manzanedo y Casares, y haberse aprovechado de los valores emitidos por la caja de Amortización al tres por ciento, así como haber contratado el Banco un empréstito forzoso con la línea férrea de Madrid á Aranjuez, construída por el mismo Salamanca.

El Congreso nombró una comisión para entender en estos negocios nada limpios, y ésta, á últimos del año, dió un dictamen acusador para Salamanca, el cual no sabía cómo defenderse; pero Cristina, que temía aparecer públicamente complicada en tan indignas explotaciones, influyó en el ánimo de su hija, á la que fué muy fácil echar tierra al asunto, pues los complacientes moderados se doblegaban á la menor de sus indicaciones.

En aquellas Cortes el ex-ministro Escosura, que tenía suficientes motivos para odiar á los moderados y á la misma reina, tomó asiento en los bancos de la minoría progresista, siendo recibido con entusiasmo por esta agrupación parlamentaria.

Los oradores más notables de aquella legislatura fueron Ríos Rosas, Olózaga, Cortina, Benavides y Pidal, que especialmente en la discusión del mensaje de la corona hicieron un derroche de elocuencia que fué acogido por el país con aire indiferente, pues lo que él deseaba era libertad y no discursos. Antes de que terminara el año aun experimentó el ministerio otra crisis parcial, pasando á Hacienda Bertrán de Lis y entrando en Marina el marqués de Molins, y en Guerra el general Figueras.

Entretanto la guerra civil tomaba gran incremento en Cataluña. El general Pavía y Lacy había creído anonadar el espíritu carlista de dicha región por medio del terror, y fusilaba sin compasión á cuantos eran sospechosos de rebeldía, comprendiendo, como era de esperar en tan terribles disposiciones, algunos inocentes.

Las draconianas órdenes del capitán general de Cataluña dieron un resultado contraproducente, pues la indignación enardeció el entusiasmo de los carlistas, y en la alta montaña del Principado comenzaron á pulular numerosas partidas que contestaron á los castigos de la autoridad con terribles represalias.

El movimiento carlista tuvo eco en las provincias de Burgos, León y Orense, donde se levantaron varias partidas proclamando á Carlos VI *con la Constitución de 1812* (¡), pero pronto fueron batidas y dispersadas completamente por las tropas del gobierno.

El general Pavía fué sustituido por D. Manuel de la Concha en el mando superior de Cataluña, é inmediatamente entró en campaña contra los carlistas, que tenian ya más de dos mil hombres organizados; pero no tuvo tiempo de batir al enemigo, pues el gobierno le relevó pocos días después, volviendo á encargar á Pavía del mando.

El fusilamiento del canónigo Tristany había producido gran efervescencia en el país y aumentado considerablemente las partidas carlistas, esperando éstas que de un momento á otro pasase la frontera el famoso Cabrera, á quien se mostraban dispuestos á someterse todos los cabecillas del Principado.

Pavía disponía de un gran ejército que podía fácilmente anonadar á los insurrectos, pero á pesar de esto no consiguió grandes ventajas, y si á fines de 1847 logró aterrar á los carlistas y que la mayor parte de éstos se presentasen á indulto, fué porque armó al vecindario liberal de los pueblos formando con ellos valerosas columnas, que acosaron por todas partes al enemigo.

A pesar de este triunfo que hacia esperar la completa extinción de la guerra, ésta, á principios del año siguiente, volvió á recrudecerse, adquiriendo un carácter alarmante que hasta entonces no había tenido.

Por este tiempo llegó á Madrid de vuelta de su emigración el general Espartero, á quien Narváez recibió con grandes consideraciones (1), lo que motivó generales protestas de los moderados intransigentes, que querian hacer á los progresistas una guerra ruda y sin cuartel.

Pidal y otros prohombres del moderantismo se alarmaron tanto por aquellas muestras de respeto, que acusaron á Narváez de que trataba de liberalizarse, y hasta pensaron en privarle de la jefatura del partido moderado dándosela á Odonell.

El partido progresista, que conocía el odio irreconciliable que le profesaban tanto los moderados como la gente de palacio, y que estaba convencido de que por los medios legales nunca alcanzaría el poder, seguía conspirando y adquiriendo adeptos, principalmente en el ejército, estando decidido

───

(1) La presencia de Espartero en Madrid impresionó á sus mismos enemigos que se mostraban como avergonzados ante aquel hombre, al que tan inicuamente habían derribado.

En aquella ocasión dió Espartero una nueva muestra de su entereza de carácter, pues al ir á hacer la visita de ordenanza al ministro de la Guerra encontróse en la antesala con varios generales que le saludaron, separándose solo uno que, volviendo la espalda y haciéndose el distraído, púsose á mirar en una ventana. Este general era de los que más traidoramente habían vendido á Espartero en la hora de su caída, por lo que éste se acercó, y tocándole en un hombro le dijo con acento sarcástico estas palabras de doble sentido:—*General... está usted haciendo lo que siempre ha hecho: volver la espalda al enemigo.*

á principios de 1848 á acudir nuevamente á las armas.

El citado año fué el de la gran explosión revolucionaria. Nunca se ha visto en Europa, á un mismo tiempo, levantarse con tan sublime ímpetu á todos los pueblos en demanda de su libertad, y la República, después de llevar al combate á muchos miles de ciudadanos en las principales capitales de Europa, fué aclamada como vencedora en las calles de París y sobre las clásicas ruinas de Roma.

La noticia de la caída de Luis Felipe y de la proclamación de la República en Francia en 24 de Febrero, produjo en España honda impresión y entusiasmó á los elementos avanzados del partido progresista inclinados á las doctrinas democráticas y que miraban sin pavor la República.

Orense, el banquero López Grado, el agitador Ordax Avecilla, Sagasti, Rivero y Segundo Flores, que formaban á la cabeza de la fracción democrática del partido progresista, se inclinaban á una revolución decisiva que cambiara la faz del país, teniendo que luchar con los elementos templados del partido que eran Mendizábal, Sancho, Madoz, San Miguel, Laserna y Cantero, los cuales no querían acudir á los procedimientos de fuerza y deseaban un acomodamiento con los moderados ó por lo menos permanecer cómodamente en una actitud espectante.

La proclamación de la república francesa asustó á los progresistas moderados tanto como enardeció á los revolucionarios que muy acertadamente prescindían de Espartero, el cual vivía retirado en Logroño, comprendiendo que de su cabeza no había de salir la verdadera organización de España.

Los elementos exaltados decidiéronse á pedir protección al gobierno de la república francesa para llevar á cabo la revolución en España, y enviaron como delegado á París á Don José Segundo Flores, á quien se unió en nombre de los republicanos de Cataluña el célebre Abdón Terradas (1).

Los dos emisarios fueron acogidos con grandes muestras de consideración por el Gobierno Provisional de la república francesa, y el enérgico tribuno Ledru-Rollin se mostró dispuesto desde el primer instante á prestar apoyo á los revolucionarios españoles; pero el célebre Lamartine, que, como todos los poetas que se mezclan en la política ejercía una perniciosa influencia, mostró cierto reparo en

(1) D. José Segundo Flores, hombre de gran ilustración y no menor energía, no volvió á España después de cumplida su comisión. Sorprendiéndole en París la noticia del fracaso revolucionario en Madrid, quedóse en la capital de Francia y allí permanece todavía dedicado al periodismo á pesar de su ancianidad, estando en relaciones con los primeros hombres de dicha nación. Fué el amigo más íntimo del eminente filósofo Augusto Comte y uno de sus testamentarios y ha sido el protector y compañero de todos los emigrados españoles en distintas épocas. Prim le quería como á un hermano, y el ilustre Pi y Margall recuerda siempre con agradecimiento que el señor Segundo Flores fué quien le proporcionó trabajos literarios cuando en 1866 tuvo que emigrar.

intervenir en los asuntos de España, con lo cual quedó la comisión sin resultado alguno.

Entretanto el comité revolucionario trabajaba activamente en Madrid y hacía todos los preparativos para una revolución.

Los principales militares comprometidos en el movimiento eran Gándara, el infatigable Buceta, Muñiz, Serrano Bedoya, Clavijo y López Vázquez, que con sus trabajos lograron comprometer en el movimiento unos setecientos oficiales que estaban de reemplazo y á los cuales equipó y armó el coronel Gándara de su bolsillo particular.

El movimiento se había fijado para mediados del mes de Abril, pero Orense, que contaba con muchos clubs que estaban ya organizados para la lucha y que temia que la policía descubriendo los preparativos estorbase la insurrección, influyó para que se adelantase la fecha del movimiento, acordándose que éste se realizara el 26 de Marzo.

El gobierno, que se cuidaba principalmente de fomentar el cuerpo de policía y que retribuía sus servicios con largueza, tuvo alguna noticia de lo que proyectaban los revolucionarios, pues el 22 de Marzo suspendió las sesiones de las Cortes y tomó grandes precauciones militares.

El encargado de iniciar el movimiento el día 26 era el paisano Gallego que tenía ganada la guardia del Principal y comprometidas otras tropas para secundar el movimiento, pero la impaciencia de los clubs de los barrios populares destruyó la combinación.

A las tres de la tarde comenzó el movimiento en la plazuela del Progreso á causa de que un conocido periodista y enérgico revolucionario que salía armado de su casa, al encontrarse con un jefe de policía que se había distinguido tristemente persiguiendo y apaleando á los enemigos del gobierno, lo mató de un tiro de carabina.

Don Narciso de la Escosura y don José de Arellano pusiéronse al frente de las fuerzas populares que comenzaron á tirotearse con las tropas que acudian á sofocar la insurrección.

El jefe popular Gallego faltó á sus compromisos, dejando de unirse á los revolucionarios las tropas comprometidas, con lo cual las fuerzas de la insurrección quedaron reducidas á unos quinientos paisanos que con un valor pocas veces visto y al grito de ¡viva la República! se batieron avanzando desde la plaza del Progreso á la del Callao; pero cayó sobre ellos toda la guarnición de Madrid y después de cuatro horas de combate tuvieron que dispersarse. Aquella misma noche se constituyó por orden del gobierno un Consejo de guerra formado por seis capitanes bajo la presidencia del general Balboa, hombre tan feroz como soez que al ocupar su puesto, dijo á los vocales, frotándose las manos con satisfacción:

—Señores: es preciso que á la madrugada tengamos morcillas.

Los capitanes ofendidos por tanta brutalidad, contestaron dignamente:

—Nosotros somos aquí jueces y tenemos que dar cuenta de nuestro proceder á nuestra conciencia y á Dios; por consiguiente, no firmaremos sentencia que no esté plenamente justificada.

A pesar de esta respuesta, Balboa, que era un sanguinario monomaníaco, quería fusilar á treinta paisanos que habían caído prisioneros; pero intervino el gobierno que prohibió todo derramamiento de sangre, pues temía excitar la indignación del pueblo. Esto no impidió que muchos ciudadanos, por el mero hecho de ser sospechosos á la policía, fueran condenados á presidio ó deportados á Filipinas, y que el famoso Chico, jefe de los esbirros, apalease y asesinase al día siguiente á varios paisanos indefensos y atestase las cárceles con otros muchos que figuraban en las listas formadas por sus agentes.

Tan grande era el entusiasmo de los revolucionarios, que no les desalentó el fracaso de la tentativa del día 26 y continuaron sus trabajos sin experimentar ninguna interrupción. El famoso banquero Salamanca, que tan poderosos motivos tenía para odiar al gobierno, proporcionó considerables sumas á Buceta y Muñiz, los cuales por propia cuenta seguían los trabajos, logrando comprometer á algunos regimientos de la guarnición.

El gobierno, como de costumbre, tenía noticia, aunque incompleta, de tales trabajos, y sabiendo que el regimiento de San Marcial era de los más minados por el espíritu revolucionario, prendió á veintitres sargentos y cambió toda la oficialidad.

Esta disposición, así como otras que adoptó el gobierno, atemorizaron á los principales jefes del proyectado levantamiento que huyeron al extranjero; pero el audaz Buceta, confiado y entusiasta por carácter, siguió impávido sus manejos, y el 7 de Mayo sacó sublevado á la plaza Mayor el regimiento de España, al mismo tiempo que el pueblo republicano emprendía á tiros á la fuerza pública y levantaba barricadas en las principales calles de Madrid.

El capitán general Fulgosio salió á combatir el movimiento con gran escolta; pero en la Puerta del Sol fué muerto de un tiro por uno de los jefes de la sublevación que iba completamente solo y á quien nadie detuvo á pesar de ser muchos los que presenciaron el suceso.

Es casi seguro que de haber secundado el movimiento todas las fuerzas comprometidas la revolución hubiese triunfado; pero el regimiento de la Princesa no se decidió á levantarse y en los primeros momentos los insurrectos no supieron aprovecharse del atolondramiento del gobierno.

A pesar de esto, aquel movimiento, según el testimonio de D. Fernando Fernández de Córdova, que fué uno de los generales que lo combatieron, resultó el más imponente y terrible de los ocurridos en las calles de Madrid, á causa del entusiasmo y la tenacidad con que se batió el paisanaje republicano.

El brigadier Lersundi, con muchas fuerzas y no menos artillería, atacó á los sublevados que, tras una larga resistencia, fueron vencidos, cayendo muchos de ellos prisioneros.

Narváez, al saber la muerte de Fulgosio, nombró capitán general de Castilla la Nueva al general Pezuela, quien constituyó inmediatamente un Consejo de guerra que, funcionando con gran actividad, mandó fusilar, al anochecer del mismo día, á un sargento, dos cabos, cinco soldados y cinco paisanos, siendo condenados á cadena perpetua otros muchos prisioneros.

Los jefes de la insurrección lograron ponerse en salvo, librándose milagrosamente de caer en manos del gobierno. El audaz Buceta, que se había refugiado en la habitación de un amigo, al ver que la policía llamaba á la puerta, salió á recibirla fingiendo con gran naturalidad el papel de dueño de la casa y acompañándola con amables extremos en el infructuoso registro domiciliario, y en cuanto al marqués de Albaida, jefe civil del movimiento, debió su salvación á haberse refugiado en la vivienda de otro grande de España, el conde de Campo-Alanje, que no podía resultar sospechoso á los perseguidores, pues era extremadamente moderado.

La revolución de Madrid produjo eco en Sevilla, donde el 13 de Setiembre estalló un movimiento no menos importante; subleváronse dos batallones al frente de los cuales púsose el comandante D. José Portal, auxiliado por los capitanes Troyano y Ruíz y el teniente D. Domingo Moriones, los cuales, con tan escasas fuerzas, consiguieron hacerse dueños de Sevilla, arrojando de ella á las tropas que todavía se mantenían fieles al capitán general del distrito Schelly.

A pesar de este triunfo tan completo, los sublevados viendo que en España nadie respondía al movimiento y que el pueblo no quería tomar las armas, decidieron abandonar la ciudad y llegaron el 15 á Huelva, sin que nadie se atreviera á impedirles el paso y entraron el 18 en Portugal por Aldeanova.

Al poco tiempo hubo otra tentativa revolucionaria en el Ferrol organizada por el incansable Buceta á quien buscaba la policía de toda España.

Las autoridades se apercibieron del movimiento antes que éste estallase y redujeron á prisión á los principales conspiradores, al frente de los cuales, figuraba el conocido abogado D. Manuel Somoza.

Este consecuente revolucionario era hombre de cuantiosa fortuna y de gran ilustración, figurando como uno de los adalides más enérgicos y decididos que en España tenían las doctrinas democráticas. Su carácter era de una entereza espartana y de tal modo sabia guardar los secretos que le confiaban que, á pesar de que los generales Ros de Olano y Calonge le ofrecieron respetar su vida si denunciaba á sus compañeros, él se negó resueltamente á hacer tal delación.

El Consejo de guerra le condenó á cadena perpetua y ciñéndole el grillete como si fuera un vil criminal fué enviado á Madrid á marchas forzadas, y como al pasar el Guadarrama intentara fugarse, sus guardianes le derribaron á pedradas, volteándolo después con salvaje furor y haciéndole víctima en el calabozo de inquisitoriales tormentos. Cuando el infeliz Somoza ingresó en el Saladero, sus guardianes le conducían en una camilla, aunque sin atender á su curación ni permitirle la asistencia facultativa, llegando á tal punto los malos tratamientos que, próximo ya á ser enviado á Filipinas en una cuerda de deportados políticos, se le eximió de esta pena por temor de que pereciera en el camino. Narváez extremó en aquella ocasión sus instintos despóticos más que nunca, pues quería sincerarse á los ojos de los moderados y evitar que éstos, tachándolo de aficionado á la demagogia le despojasen de la jefatura del partido. Pidal, que era considerado como la primera inteligencia del moderantismo, había dicho poco tiempo antes del célebre general: «Don Ramón quiere la popularidad teatral y callejera de Espartero, como si el partido progresista pudiera perdonarle ni derribar á su ídolo remendado y barnizado en la emigración. Veo que Narváez no va á ver la tormenta sino cuando le caiga encima. Antes de que llegue ese caso se necesita aquí un hombre de menos arrebatos y tan apuesto para la esgrima como para poner en buenas condiciones la contienda que vendrá sin remedio.»

Pidal con estas palabras ofrecía á Odonell la jefatura del partido moderado por creer que Narváez se portaba blandamente con los revolucionarios, y éste, que no podía vivir sin dar pasto á sus aficiones de mando, quiso evitar el ser sustituido en la dirección de la grey moderada y para ello mostróse arrepentido de sus conatos de benevolencia con los progresistas y los persiguió con una saña salvaje.

Las represalias del gobierno después de la victoria fueron en extremo feroces. En varias provincias se fusiló sin consideración de ninguna clase y rara era la semana que dejaba de salir para Filipinas una larga cuerda compuesta muchas veces de infelices cuyo único delito consistía en tener el mismo apellido que alguno de los que habían tomado parte en las insurrecciones.

El régimen brutal y tiránico de los gobiernos de Fernando VII había vuelto á renacer, y Narváez parecía dominado por una manía sanguinaria á juzgar por la naturalidad con que disponía el fusilamiento de los ciudadanos. La policía resultaba en aquella época la institución más digna de respeto á juzgar por los halagos que la dispensaba el gobierno, y bastaba la simple delación de un despreciable esbirro para que un español fuera sentenciado á cadena perpetua. Las garantías constitucionales quedaron suspendidas durante mucho tiempo y la prensa liberal cesó en su publicación, comprendiendo que era imposible la vida y la independencia bajo un gobierno que ofrecía como suprema razón el sable del polizonte.

El infante D. Enrique de Borbón, que estaba emigrado en Francia y que se condolia de aquellas tropelías del gobierno, publicó en Perpiñán una proclama dirigida á todos los españoles, en la cual se declaraba republicano y atacaba duramente á la monarquía enumerando todas sus miserias, que él conocía perfectamente. La corte tenía al infante por un hombre genial y de carácter independiente, pero estaba lejos de esperar tal declaración, por lo que ésta impresionó bastante á las gentes de palacio. El gobierno destituyó á don Enrique de todos los honores y consideraciones de Infante, privándole además del cargo de almirante de la armada y de todas sus condecoraciones; y el nuevo republicano acusó á Narváez recibo de su decreto enviándole una carta escrita con gran desenfado y no menos libertad de lenguaje, en la que ponía como nuevos á su prima la reina y al célebre general, al que tildaba de alcahuete con gran copia de datos.

El 18 de Mayo, Narváez, en un arranque de su rudo carácter, después de celebrar una tormentosa conferencia con el embajador de Inglaterra Bulwer Litton, le dió los pasaportes haciéndole salir inmediatamente de España.

Esta peligrosa resolución fué motivada por la creencia en que estaba Narváez de que el gobierno inglés, ofendido por el matrimonio del duque de Montpensier con doña Luisa Fernanda, quería crear obstáculos al gobierno español, para lo cual fomentaba por medio de su embajador la guerra carlista en Cataluña y auxiliaba secretamente á los revolucionarios progresistas y demócratas.

El arranque del jefe del gobierno podia haber producido una guerra internacional, pero afortunadamente Inglaterra despreció el quijotismo de Narváez y se contentó con dar también los pasaportes al embajador español Isturiz, suspendiendo las relaciones diplomáticas con nuestra nación.

Mientras el partido moderado ejercía tan irritante dictadura sobre el país, experimentaba íntimamente una profunda desunión, pues como todos los partidos doctrinarios estaba compuesto de gentes que atendían más á las conveniencias de su egoismo que al entusiasmo político, y como no habían cargos públicos suficientes para saciar la ambición de todos, de aquí la interminable serie de disidencias y protestas.

A mediados de Junio hubo nueva crisis ministerial entrando Pidal en

Estado, y en Hacienda el conde de la Romera al que muy pronto sustituyó Mon.

En ningún ministerio como en el de Hacienda se llevaban á cabo tan espantosas inmoralidades. A la sombra de la protección oficial formábanse escandalosas fortunas y todos los funcionarios de importancia al poco tiempo de ejercer sus cargos insultaban con su riqueza la miseria del país. El escándalo era tanto más irritante cuanto que los robos verificados en las esferas oficiales quedaban impunes y aun muchas veces los premiaba el gobierno con una gran cruz.

En aquella época se consideraba la amistad con un ministro de Hacienda como el medio más seguro para hacer fortuna, y el ejemplo de Salamanca que protegido por los gobiernos había adquirido sumas fabulosas, enloquecía á la nación y hacía que los capitales abandonando la agricultura y la industria se dedicasen á los negocios de Bolsa y á las empresas ferroviarias, causa entonces de inmorales agios y de no pequeñas estafas.

El 15 de Diciembre reuniéronse las Cortes sin que el país adivinase en el porvenir cuando iba á cesar aquella vergonzosa dictadura con la cual le martirizaba el gobierno de Narváez.

El discurso de la corona produjo á los progresistas una irritación sin límites. Los moderados mostraban empeño en aparecer como los únicos representantes de la causa monárquica y esto enfurecía á los progresistas que como de costumbre seguían correspondiendo á los desaires de la reina con una adhesión sin límites.

Al constituirse las Cortes, el Congreso eligió presidente á Mayans y el Senado al marqués de Miraflores. En las primeras sesiones el diputado Cortina acusó al gobierno por las escandalosas arbitrariedades y brutales atropellos que había cometido con el pretexto de evitar la repetición de movimientos revolucionarios, y de tal modo puso de manifiesto lo irracional de aquella dictadura que Narváez accedió voluntariamente á despojarse de las despóticas facultades que se había abrogado devolviendo nuevamente al país las garantías constitucionales.

Después de este debate, las sesiones de las Cortes ofrecieron tan escaso interés que apenas si el país se apercibió de que funcionaba la mal llamada representación nacional.

El despotismo del gobierno moderado hacía enmudecer al país á fines de 1848 y le tenía en una calma sepulcral. Unicamente en Cataluña había españoles que protestasen contra el gobierno de Isabel II, y los carlistas por un lado y por otro los republicanos combatían con las armas en la mano á los sostenedores del moderantismo.

CAPITULO IX

1848-1849

Disposiciones reaccionarias de Narváez.—Disidencias en el partido moderado.—González Brabo, Odonell y Alcalá Galiano.—Mon sale del ministerio.—Política internacional reaccionaria.—Auxilios á Pío IX.—Expedición á Italia.—Intrigas palaciegas.—Grosero fanatismo de los reyes.—Conspiración palaciega contra Narváez.—La desbarata éste.—*El ministerio relámpago.*—La guerra civil en Cataluña.—Trabajos revolucionarios del infante don Enrique.—Partidas republicanas.—Entrada de Cabrera en España.—Fusilamiento de varios republicanos.—Progresos de los carlistas.—Operaciones del general Concha.—Trabajos para la terminación de la guerra.—El barón de Abella.—Prisión de Montemolín.—Fuga de Cabrera.—Las doctrinas democráticas.—Gran desarrollo del republicanismo en Cataluña.—Formación del partido democrático.—Orense, Rivero y Ordax Avecilla.—Indecisión de los demócratas.—Su programa.—Sixto Cámara.—Su verdadero carácter.—Verdadera importancia del partido democrático.

El gobierno de Narváez, en vista de la tranquilidad que sus sangrientas represalias habían producido en el país, quiso dar una muestra de generosidad con los vencidos, y á mediados del mes de Mayo publicó un decreto de amnistía para todos los emigrados políticos.

El deseo de Narváez era cimentar cada vez más su prestigio en el ejército, cuidando en todas ocasiones de halagar y dar fuerza al elemento militar, y con este fin reconoció como generales á los caudillos carlistas Eguía, Villarreal, Zaratiegui, Montenegro y otros, así como un gran número de jefes y oficiales, con lo cual el elemento reaccionario aumentó considerablemente en el ejército.

A pesar de la omnipotencia de que parecía gozar Narváez, su partido estaba fraccionado y disidencias de carácter puramente personal separaban á los diversos grupos moderados. Cada prohombre de la situación tenía su grupo que combatía rudamente á los otros, y además el gobierno sufría la oposición personal de varios oradores moderados, como eran Bermúdez de Castro, Gonzalo Morón, Benavides, Nocedal y González Brabo. Este último, sobre todo, se mostraba muy enojado por el olvido en que le tenían desde 1844, y que reconocía por causa el haber recibido Isabel II, con motivo de su boda y como regalo de un súbdito incógnito, una caja maqueada de gran valor artístico que contenía una colección completa de *El Guirigay*, aquel periódico procaz é inmoral que escribió González Brabo contra María Cristina. Isabel, leyendo aquellos artículos pornográficos en los que se insultaba á su madre y á su padrastro Muñoz, cobró gran odio á su autor y se propuso tenerle eternamente postergado; pero no debió ser muy vehemente tal indignación por cuanto algunos años después le volvió á llamar al poder, considerándolo en adelante como el más firme sostén del trono.

En el Senado no encontraba el gobierno menos oposición, pues habían en él muchos personajes que, á pesar de ser moderados, detestaban á los ministros por motivos puramente particulares. A la cabeza de esta oposición figuraban el general Odonell, hombre de ambición sin límites á quien causaba gran furor la elevación de Narváez, el pretencioso marqués de Viluma y D. Antonio Alcalá Galiano, que se creía una gloria nacional y que acusaba de ingratitud al gobierno y á la patria en vista de que no le hacían ministro, como era su constante deseo. Aquel apóstata de la revolución no comprendía que los traidores sólo son estimados por los partidos mientras son útiles, y que una vez pasada la oportunidad quedan relegados al olvido. Además, como escritor y hombre de ciencia, Alcalá Galiano no pasaba de ser una medianía, y como orador, aunque muy notable, resultaba odioso, pues su elocuencia era mercenaria y se vendía al primero que lograba seducirle con ofrecimientos.

La división que minaba el partido moderado no tardó en producir una nueva crisis ministerial, y á mediados de Agosto D. Alejandro Mon abandonó la cartera de Hacienda por ciertas desavenencias con Narváez á propósito de una ley de aranceles que causaba grandes perjuicios á la industria catalana. D. Juan Bravo Murillo fué el encargado de reemplazarle en tal departamento, entrando en Fomento el señor Seijas Lozano.

Los partidarios de Mon mostráronse muy ofendidos por la destitución de su amigo, y á pesar de ser monárquicos entusiastas, dijeron en público que el ministro había sido sacrificado por querer ordenar la Hacienda y negarse á entregar los muchos millones que pedía la intendencia de palacio para atender á las locuras siempre costosas de la caprichosa Isabel.

Narváez, que para evitar las murmuraciones de los suyos quería mostrarse como un modelo de gobernantes reaccionarios, propúsose mezclarse en la política europea, é ideó tomar parte en una empresa liberticida á la que ayudaban las principales potencias del continente.

El papa Pío IX, á quien la revolución había obligado á huir de la ciudad eterna, solicitaba la intervención de todas las potencias de Europa para matar la naciente república romana, y Narváez quiso aprovechar esta ocasión para congraciarse con el elemento clerical que tanta influencia ejercía en palacio. Con este propósito envió á Italia una expedición de cinco mil hombres, que desembarcó en Gaeta al mando del general Córdova, á quien siguió el general Zabala en calidad de segundo jefe con otros cinco mil soldados.

Al mismo tiempo, la república francesa, que sólo tenía de tal el nombre, pues era autoritaria y anti-democrática en extremo, envió á Italia con un gran ejército al general Oudinot, el cual, después de experimentar algunas derrotas, consiguió, auxiliado por las tropas de la Iglesia, entrar en Roma y matar la república fundada por Garibaldi y Mazzini.

Cuando las tropas españolas desembarcaron en Italia, el auxilio resultó innecesario, pues no llegaron á disparar sus armas; pero las fiebres de las lagunas Pontinas, donde estuvieron acampadas mucho tiempo, se encargaron de causar en sus filas numerosas bajas, y al fin regresaron á España sin ninguna honra, pero con numerosas y santas bendiciones del Papa.

La política exterior del gobierno español, que atentaba contra la autonomía de las naciones en beneficio del fanatismo y de la tiranía, era un fiel reflejo de las influencias que dominaban en palacio en favor del restablecimiento del despotismo.

La caprichosa Isabel, de apetitos tan despiertos como de inteligencia obtusa, se rodeaba de gentes fanáticas y de intrigantes clérigos que hacían una continua propaganda en favor del absolutismo y contra aquella vaga sombra de libertad de la que se revestía el gobierno de vez en cuando. Quien más confianza gozaba en el ánimo de la reina era la monja sor Patrocinio, llamada vulgarmente *la monja de las llagas*, que en 1836 había sido ya procesada como impostora, pues explotaba la imbécil credulidad de las gentes fanáticas haciéndose pasar por santa, diciendo que la virgen le había abierto cinco llagas milagrosas que no podían cerrarse jamás, y callándose que ella tenía buen cuidado de abrírselas todos los días con un cauterio que le proporcionó un amigo capuchino.

Esta extraña mujer, mezcla rara de fanatismo y de mundana ambición, sufría el continuo tormento físico con tal de proporcionar grandes ganancias á su convento y de ejercer completa influencia sobre el estúpido D. Francisco de Asís y su esposa, la cual llegaba á tal punto en su fanática adoración, que con grandes muestras de contento vestíase la ropa interior que ya antes había usado sor Patrocinio por espacio de algunos días.

El rey también mostraba gran afición por las monjas, pues todas las cantidades que sacaba á su esposa á cambio de su tolerancia como marido, las entregaba á las comunidades de los conventos que visitaba, donde en cambio le prestaban ciertos servicios tan vergonzosos como antinaturales.

Otro de los favoritos palaciegos en aquella época era el padre Fulgencio, clérigo ignorante, lascivo y ambicioso, que figuraba como confesor de don Francisco de Asís, y aun algo más, el cual quería derribar á Narváez por parecerle demasiado liberal. Para esto se puso de acuerdo con sor Patrocinio y otras religiosas, atrayendo además á la conspiración á los generales Balboa y Cleonard, al brigadier Bustillo, á los gentiles hombres Quiroga, hermano de la monja milagrosa, á Baena, amante de la reina, y á otros elementos cortesanos.

Manejado D. Francisco de Asís por estos reaccionarios ambiciosos, avistóse con Isabel é intentó persuadirla de la necesidad de destituir á Narváez, amenazándola con separarse de ella sino accedía á sus deseos. Isabel prometió á su esposo obedecerle, y cuando Narváez llegó á palacio á la hora acostumbrada, supo que la reina le había destituido y que acababa de nombrar un ministerio presidido por el general Cleonard, en el que figuraban Balboa, Bustillos, el conde de Colombí y otros personajes, que el marqués de Viluma, con ser tan reaccionario, había rechazado tiempo antes, tachándolos de demasiado absolutistas.

Este gabinete que se llamó *el ministerio relámpago* por no haber durado más que algunas horas, causó gran alarma en el país que se veía ya próximo á sufrir una tiranía mucho mayor que la de los calamitosos tiempos de Fernando VII.

Narváez, envalentonado por la alarma y la indignación que demostraba el país, avistóse con los reyes y se desató en amenazas hasta el punto de que logró intimidar á los regios cónyuges destruyendo la intriga clerical en muy poco tiempo.

Apenas Narváez se vió afirmado en el poder se ensañó contra los autores de aquella conspiración y desterró á sor Patrocinio á Talavera, al padre Fulgencio á Archidona, al secretario del rey D. Martin Roda á Oviedo, á los gentil-hombres Baena y Quiroga á Melilla y á Ronda, al general Balboa á Ceuta y al general Cleonard á Jaen.

Don Francisco de Asís al ver la inflexibilidad con que eran castigados sus amigos, quedó anonadado, pero pronto hubo de revivir al calor de nuevas amistades que le proporcionó el elemento clerical, é hizo pagar cara á Narváez aquella humillación.

Mientras en la esfera de la política

ocurrían tales sucesos, la guerra civil continuaba tomando incremento en Cataluña á pesar de la obcecación de Narváez y de Pavía que se empeñaban en considerarla como próxima á extinguirse.

El espíritu carlista volvía á electrizar nuevamente á los habitantes de la alta montaña de Cataluña, y en el transcurso del año 1848 aumentaron notablemente las partidas, al frente de las cuales púsose el titulado general Masgoret, quien en nombre de Carlos VI dió un manifiesto francamente absolutista.

No era el conde de Montemolín el único Borbón que conspiraba contra el gobierno de España, pues estaba en Perpiñán el infante don Enrique, quien después de publicar un manifiesto republicano organizaba fuerzas y allegaba recursos para derribar en España la monarquía, llevando á cabo estos trabajos con un entusiasmo irreflexivo propio de su carácter vehemente.

Por desgracia el infante, desposeído por Narváez de todos sus bienes, apenas si disponía de recursos suficientes para atender con decoro á su propia subsistencia, pero con el afán de adquirir armas para entregarlas á los republicanos de Cataluña no vaciló en vender sus joyas y las de su esposa entregando todo el producto á los que en el Principado habían de iniciar el alzamiento republicano.

A principios de Abril de 1848 se levantó en Gerona la primera partida republicana al mando del patriota Ballera, quien dirigió á los catalanes el siguiente manifiesto:

«El grito lanzado por el ciudadano Enrique de Borbón, será repetido en todas las provincias de España. República es la bandera, alrededor de la cual se agrupan todos los libres para defender la libertad, para aniquilar de una vez para siempre los planes de los tiranos que nos tienen esclavizados.

»El pueblo, unido siempre á la marina y ejército, estrecharán hoy sus fraternales lazos, y en su valor y muy acreditado patriotismo y suma constancia se estrellarán los enemigos de la libertad y de la patria.

»Yo, que toda mi vida he defendido la causa del pueblo y que por ella he derramado más de una vez mi sangre en los campos de batalla, ofrezco de nuevo en aras de la patria mi vida y mi espada que desenvaino por cuarta vez, venido del extranjero para combatir la traición y la tiranía.

»Pronto la victoria coronará nuestros esfuerzos, concluirá el poder de los tiranos y la libertad quedará por siempre asegurada.

»¡Gloria eterna á los libres! ¡Viva la República! ¡Libertad, Igualdad y Fraternidad!»

Este llamamiento produjo bastante efecto en el partido republicano de Cataluña, que, como ya dijimos, era muy numeroso, y pronto comenzaron á formarse partidas compuestas en su mayoría de jóvenes de esmerada educación que abandonaron las comodidades de la ciudad para combatir en los montes á favor de sus sagrados ideales.

Esta conducta noble y entusiasta de los jóvenes republicanos de Barcelona y Figueras encontró imitadores en las provincias de Valencia y Alicante, donde también se levantaron algunas partidas.

Una de las causas que más contribuían al desarrollo de las huestes carlistas en Cataluña era el auxilio que al conde de Montemolín prestaban los legitimistas franceses. Estaban éstos como aterrados por los progresos que las ideas republicanas y socialistas hacían en su patria, y llevados de una absurda esperanza creían evitar aquello que ellos consideraban un peligro, contribuyendo al restablecimiento del absolutismo en España, para lo cual ponían á disposición de Montemolín enormes sumas.

Cabrera, animado por estos auxilios, se decidió á entrar en España, y en la noche del 23 de Junio pasó la frontera acompañado de los antiguos cabecillas Forcadell y Arnau, de un intendente y un numeroso Estado mayor. El célebre tigre del Maestrazgo reunió á sus órdenes unos dos mil hombres, é inmediatamente dió un manifiesto al ejército invitándolo á que abandonase á Isabel y reconociese á don Carlos.

Cabrera, fiándose en las adulaciones de los que le rodeaban y creyendo que tenía gran prestigio en el país, esperaba una sublevación general en toda España; pero todo el resultado que dieron sus excitaciones fué el alzamiento de algunas partidas en Navarra y Guipúzcoa mandadas por Elío, las cuales á los pocos días tuvieron que internarse en Francia perseguidas de cerca por las tropas del gobierno.

En Extremadura y la Mancha los cabecillas Royo y Peco también intentaron un alzamiento, pero cayeron inmediatamente en poder de las autoridades, no teniendo mejor suerte en otras provincias los corifeos del carlismo.

No por esto se desalentó el caudillo carlista, y con gran confianza y no menor actividad comenzó á dedicarse á la organización y aumento de sus fuerzas mientras que algunas partidas sueltas se extendían por el bajo Aragón y llegaban hasta el Maestrazgo.

La presencia de Cabrera había comunicado á los carlistas una gran confianza en su triunfo, por lo que la guerra comenzó á tomar proporciones muy alarmantes, dictando Narváez algunas instrucciones para terminarla, que por ser en extremo rigurosas y contraproducentes obligaron á Pavía á presentar la dimisión.

A mediados de Setiembre fué relevado Pavía del mando del ejército de Cataluña sustituyéndolo D. Fernando Fernández de Córdova, quien se propuso poner en práctica las draconianas instrucciones de Narváez sin conseguir resultado alguno.

Las tropas del gobierno mostraban más empeño en perseguir á las partidas republicanas que á las hordas carlistas, y mientras Cabrera recorría el Ampurdán libremente amenazando varias poblaciones de importancia, el general Nouvilas desaprovechaba magníficas ocasiones para derrotarle, ocupándose únicamente en perseguir á los republicanos, los cuales se batían con un valor heroico y en varias ocasiones alcanzaron el triunfo.

Narváez recomendaba especialmente á sus generales el exterminio de los republicanos, y merced á esta distinción Cabrera recorría libremente el país hasta Huesca y con completa calma iba dedicándose á la organización y disciplina de sus fuerzas.

Pronto los carlistas alcanzaron una ventaja tan importante como fué la posesión de La Bisbal, pero no por esto Nouvilas y Córdova se preocuparon de ellos; pues el primero siguió persiguiendo tenazmente á los republicanos y especialmente á Victoriano Ametller que había entrado en España para ponerse al frente del movimiento.

La partida de Ametller fué alcanzada por Nouvilas, cuyas tropas eran muy superiores en número, quedando completamente dispersada y cayendo prisioneros los jefes Barrera y Altamira que fueron fusilados en Figueras.

Al mismo tiempo el general Córdova descubrió en Barcelona al Comité que fomentaba y dirigía la revolución republicana y redujo á prisión á los jóvenes D. Ramón López Vázquez, D. Juan Valterra y D. Joaquín Clavijo, los cuales fueron condenados por el Consejo de guerra á ser fusilados.

No tenía Córdova las pruebas necesarias para ordenar tan terrible castigo, pero deseoso de exterminar á los republicanos no vaciló en cometer una horrible arbitrariedad y dispuso el inmediato fusilamiento de aquellos tres valerosos conspiradores.

Esta conducta del capitán general de Cataluña era tanto más odiosa cuanto que el mismo Córdova, por aquellos días, escribía á Narváez influyendo para que no fuesen fusilados los carlistas prisioneros.

La sentencia de los tres jefes republicanos produjo tal impresión en el vecindario de Barcelona, que acudió en masa al capitán general pidiendo la suspensión de la sentencia y que solicitase del gobierno el indulto, pero Córdova se mostró inexorable y para evitar las manifestaciones populares aceleró la hora de la ejecución, faltando á las disposiciones de la ordenanza.

Cuando los tres reos que sólo permanecieron seis horas en capilla fueron conducidos al sitio de la ejecución, Clavijo dijo á sus compañeros con entereza:

—Serenáos. Hoy nos toca morir tranquilamente y sin afectación. Nuestro partido llegará un día al gobierno de la nación y honrará nuestra memoria vengándonos de ese general, á quien debemos perdonar aunque tan cruel ha sido con nosotros. ¡Viva la República!

Los otros dos jóvenes repitieron este grito con entusiasmo y una descarga puso fin á su existencia.

Como á Córdova le era difícil justificar el asesinato de aquellos heroicos jóvenes, inventó varias cartas y claves secretas que fueron publicadas después de su muerte, ó sea cuando sus supuestos autores no podian ya protestar contra tal falsedad.

Muchos años después, el general Córdova, que tan villanamente asesinaba á los republicanos, y el general Nouvilas, que los perseguía tenazmente mientras respetaba á los carlistas, fueron ministros de la Guerra de la República española. Por algo se ha dicho que España es la patria de la desvergüenza política.

Los carlistas, envalentonados por la tibieza con que les perseguían las tropas del gobierno, verificaban rápidos progresos y extendían sus correrías por el Maestrazgo y el Bajo Aragón. La suerte les era también favorable, pues Cabrera consiguió derrotar en Aviñó al brigadier Manzano, haciéndolo prisionero con más de cuatrocientos soldados y alcanzó otros triunfos cuya importancia en vano quiso aminorar el gobierno.

Córdova, que aunque en su juventud había sido un buen soldado tenía más de diplomático que de general, apeló á la seducción para batir á los que nunca buscaba en el campo de batalla é hizo grandes promesas á los principales jefes, reconociendo como brigadier y teniente coronel del ejército nacional á los cabecillas José Pons (a) *Bep del Oli* y Miguel Vila (a) *Caletrus*, medida que, como era de esperar, causó la más triste impresión en los honrados oficiales del ejército que nunca lograban ver premiada de tal modo su fidelidad y su constancia.

Estas concesiones del gobierno aun dieron mayor ánimo á los carlistas, que en el Principado consiguieron inmensas ventajas, logrando Tristany apoderarse de Manresa y reuniendo Cabrera bajo sus órdenes más de diez mil hombres.

Estas ventajas del carlismo acabaron de desacreditar á Córdova que sólo servía para fusilar republicanos, y presentó la dimisión siendo sustituído por D. Manuel de la Concha, quien se encargó del mando el 20 de Noviembre de 1848.

El marqués del Duero, aunque más militar y entendido que su antecesor, no desdeñó su vil sistema de corrupción y concediendo grados y honores consiguió que se presentara á indulto el cabecilla Posas y otros. Concha publicó un manifiesto en el que después de amenazar con rudas penas á los que no depusiesen las armas se desató contra los republicanos llamándoles terroristas y desorganizadores de la sociedad é inmediatamente entró en campaña al mismo tiempo que Cabrera se apoderaba de Ripoll fusilando por traidores á dos de sus oficiales, uno de los cuales era hermano de *Bep del Olí*, por lo cual éste, deseando venganza, se dedicó á la persecución del caudillo tortosino prestando al gobierno muy buenos servicios.

Cabrera había replegado sus fuerzas en el Ampurdán desde donde efectuaba audaces correrías, mientras que los hermanos Tristany operaban en las provincias de Lérida y Tarragona.

A principios de Enero de 1849 entró Concha en Vich y su primer cuidado fué armar en somatén á los liberales de los pueblos que prestaron gran ayuda á las tropas del gobierno.

El 26 del mismo mes trabóse en Amer una reñida acción de la que salió herido Cabrera y el 5 de Febrero el coronel Quesada obtuvo en Selma una completa victoria.

La situación de los carlistas cambiaba rápidamente y se hacía bastante crítica, pues el mismo Cabrera se quejaba públicamente de que había muchos traidores en su campo que tramaban algo contra su vida.

La decadencia de las armas carlistas inició la deserción en sus filas, y muchos cabecillas, entre ellos el titulado general Masgoret, trasmontaron la frontera dejando abandonados á Cabrera y los Tristany que eran los únicos que sostenían la bandera del absolutismo.

En cuanto á las partidas republicanas que se sostenían en armas en Cataluña al mando de Ametller, Ballera y Baldrich, se batían con gran valor aun conociendo que su triunfo era imposible, lo que acrecentaba el mérito de sus esfuerzos.

Año y medio duraba ya la guerra en el Principado sin resultado alguno, y los pueblos, á pesar de ser carlistas, comenzaban ya á cansarse de aquella lucha que tantos quebrantos les causaba, llegando á tal punto la indiferencia y el desaliento del país que Cabrera escribió á Montemolin encareciéndole la necesidad de que se presentara en Cataluña cuanto antes, pues de lo contrario la guerra terminaría en breve plazo.

Para hacer más grande la decadencia de los carlistas, el barón de Abella, que hasta entonces había sido uno de los más decididos montemolinistas, fundó en Cataluña el partido de la paz, dándole la forma de una asociación que tomó el título: *Germandad de la Concepció, asociació de pagesos y propietaris formada baix la invocació de la Inmaculada Verge Maria.*

Esta asociación en la que entraron los pueblos que más se habían distinguido en favor de los carlistas y que ahora deseaban la paz, alarmó con sobrado motivo á Cabrera y los Tristany, quienes se propusieron destruirla, para lo cual Rafael Tristany fingió que se ponía de acuerdo con el barón de Abella pidiéndole una conferencia á la que asistió dicho señor acompañado de los propietarios Casades y Serra. Los tres fueron hechos prisioneros por Tristany y conducidos á San Llorens del Morunys donde estaba Cabrera, el cual con aquella indiferencia sanguinaria que le caracterizaba los hizo fusilar á las pocas horas.

Como estas víctimas eran muy apreciadas y tenían mucho prestigio en el país, su muerte produjo gran resonancia y enajenó á los carlistas las pocas simpatías de que gozaban.

A los pocos días *Bep del Oli* sorprendía á Cabrera en el mismo pueblo de San Llorens, y el jefe carlista tuvo que huir completamente solo, librándose milagrosamente de caer prisionero. Los pueblos iban armándose en somatén, numerosas partidas de paisanos acosaban á los carlistas por todas partes, y tanto Cabrera como los Tristany, viéronse obligados á refugiarse en la alta montaña, donde aun les quedaban algunos amigos.

El general Concha y los brigadieres Quesada y Pons *(Bep del Oli)*, desbarataron todas las partidas sueltas, y con estos triunfos coincidió la prisión del conde de Montemolín, que fué detenido por una partida de aduaneros franceses cuando iba á pasar la frontera, acudiendo al llamamiento de Cabrera.

Este, que estaba desesperado por tales desgracias, se olvidó de su cualidad de militar que ostentaba en todas ocasiones, y cometió una canallesca traición propia de un bandido. Por orden suya, los Tristany fingiéronse dispuestos á reconocer á Isabel II, siempre que se les concedieran algunas ventajas, y citaron al coronel Rotalde al santuario de Pinós en la noche del 13 de Abril, para entrar en negociaciones.

Cuando Concha tuvo noticia de ello, recelando una traición, avisó á Rotalde para que no se pusiera en camino, pero la orden llegó demasiado tarde, y el coronel emprendió la marcha, uniéndose afortunadamente con otro regimiento mandado por el coronel La Rocha, que tomó el mando de la columna, y, adivinando una emboscada, adoptó acertadas disposiciones.

Al llegar á los desfiladeros cercanos al santuario, los carlistas, que estaban ocultos tras las peñas, rompieron el fuego, acompañando los disparos de una gritería espantosa, pero los dos regimientos cargaron inmediatamente á la bayoneta con una gran bravura, derrotando al enemigo á pesar de estar allí reunidas todas las fuerzas carlistas del Principado.

Después de esta traición, que censuraron enérgicamente todos los carlistas honrados, Cabrera juzgó ya imposible la continuación de la guerra, y perseguido de cerca por Concha pasó la frontera y fué arrestado en Err, siendo internado inmediatamente en el territorio francés.

Los dos Tristany todavía se mantuvieron más de un mes en territorio catalán, pero batidos por Pons y otros jefes, tuvieron que replegarse hacia la frontera pasando ésta inmediatamente y refugiarse en Francia.

Así terminó la segunda guerra carlista, que por más de un año fué la más seria preocupación de Narváez.

Como su extinción se debió especialmente á la inteligencia y acierto de D. Manuel de la Concha, el gobierno lo elevó á capitán general, á pesar de su juventud.

Antes de pasar á reseñar los actos del gobierno desde que terminó la guerra civil en el Principado, fuerza es ocuparnos del gran predominio que las doctrinas democráticas iban alcanzando en España.

Como ya dijimos, Cataluña fué la región donde primeramente arraigaron los verdaderos principios revolucionarios, constituyéndose un fuerte partido que, al par que republicano, fué marcadamente socialista. Mientras el resto de España permanecía en un completo estado de ignorancia y muy tardíamente se enteraba de las teorías formuladas en pró de la reforma social, en Cataluña se traducían las obras más notables de los comunistas franceses, llegando á ser Fourier, San Simón, Cabet y Luis Blanc, autores populares. *El sistema industrial*, de Fourier, y *El viaje á Icaria*, de Cabet, eran leídos por los obreros catalanes antes de que en Madrid tuvieran noticia de tales obras, y cuando Cabet marchó á Tejas para ensayar en el seno de la república de los Estados Unidos su soñada Icaria, se publicaron anuncios en Barcelona invitando á cuantos quisieran ir á formar parte de aquellas colonias comunistas ideadas por el escritor francés.

En aquella misma época comenzaban á figurar en Cataluña algunos hombres que poco después habían de aparecer como eminencias del republicanismo español, y al lado del agitador Terradas y del valiente periodista Cuello, trabajaban Monturiol, Suñer y Capdevila, Montaldo, Moya, Larumbe, Guardiola, Roberto Robert y otros obreros de reconocida ilustración.

En Madrid también el partido republicano y socialista encontraba valientes propagandistas y defensores en Sixto Cámara, Federico Beltrán, Antonio Ignacio Cervera, y especialmente en el infatigable Fernando Garrido que, cuando no estaba en la cárcel por sus predicaciones y sus escritos, se ocupaba con una constancia sin límites en popularizar los verdaderos principios revolucionarios.

A pesar de esto hay que confesar que fuera de Cataluña no existió verdadero partido republicano antes de 1868, pues la llamada agrupación demócrata no tenía muy determinada sus ideas sobre la forma de gobierno, y muchos de sus prohombres creían compatible la democracia con la monarquía.

Las ilustres personalidades que más allá de los límites del Principado defendían con calor la república, eran tachados de utopistas y locos por los *revolucionarios* progresistas, y Patricio Olavarría, Fernando Garrido y Pí Margall, que se declaró francamente republicano en 1848, tuvieron que sufrir mayores insultos de parte de sus allegados los progresistas que de los moderados más reaccionarios.

En cambio en Cataluña, á pesar de estar sometida al brutal régimen del militarismo, el partido republicano crecía rápidamente dando públicas muestras de entusiasmo y valor. Al estallar en 1848 la insurrección carlista en el Principado, levantáronse en armas, como ya dijimos, numerosas partidas republicanas capitaneadas por Victoriano Ametller, Baldrich, Ballera, Altamira, Barrera, Molins y otros revolucionarios de prestigio que consiguieron derrotar en muchos encuentros á las tropas del gobierno.

Al proclamarse en Francia la república, se organizó en Barcelona una gran manifestación republicana para solemnizar el triunfo de la revolución, á la cual asistieron miles de obreros ostentando el gorro frigio.

Disgustado por tan imponente manifestación, el capitán general de Cataluña D. Manuel Pavía y Lacy, marqués de Novaliches, quiso vengarse, y nada le pareció mejor á su menguado cerebro que uniformar con gorro frigio á los presidiarios que hacían la limpieza de las calles. Este estúpido ultraje indignó al pueblo barcelonés y sirvió para aumentar las filas de las partidas republicanas.

Como dice un autor, aquella infeliz idea del obtuso general, podía justificar el que los republicanos prometiesen para el día de su triunfo vestir de generales y de obispos á los barrenderos públicos, colocando coronas regias en la cabeza de los encargados de limpiar las alcantarillas.

Como las autoridades monárquicas perseguían con tanto encarnizamiento á los jefes del republicanismo catalán, éstos se habían refugiado en Francia, y apoyados por las logias carbonarias del extranjero preparaban un levantamiento republicano que no llegó á verificarse y que anunció Abdón Terradas encubiertamente en una proclama que desde París dirigió á todos los republicanos españoles.

Dominada la sublevación republicana en Cataluña en 1849, muchos de los republicanos, con el afán de hacer algo práctico por sus ideales, se unieron á la indefinida agrupación democrática que, á causa de sus vacilaciones y de su afán de transigir con lo existente, causó más daño que provecho al desarrollo del republicanismo.

En la esfera de la política oficial, D. José María Orense fué el primero que, al discutirse en las Cortes de 1844 la reforma constitucional, enarboló la bandera de la democracia; pero hasta 1847 nadie mostró su adhesión á aquellos gloriosos principios iniciados en las cortes de Cádiz y que ahora volvían á aparecer.

En dicho año los diputados progresistas Rivero, Ordax Avecilla, Puig y Aguilar, mostráronse en disidencia con su partido, y uniéronse á Orense formando el núcleo de la agrupación democrática.

Ordax Avecilla era quien más entusiasmo demostraba por las nuevas ideas. Hombre de gran energía y de no menor ilustración, se había distinguido durante la primera guerra civil luchando voluntariamente en favor de la libertad é ilustrando los grados que alcanzó con heroicas hazañas, y como escritor obtuvo gran renombre por sus folletos sobre política palpitante. Era, por carácter, un conspirador infatigable, y los grandes servicios que prestaba á su partido, así como su entusiasmo sin límites, le proporcionaban justo prestigio en las masas populares.

La agrupación democrática era poderosamente auxiliada en la prensa por los hermanos don Eduardo y don Eusebio Asquerino, redactores de *El Siglo*, y D. Nemesio Fernández Cuesta, quienes pusieron sus brillantes plumas al servicio de las nuevas ideas despreciando las continuas persecuciones del gobierno.

Con el establecimiento de la república en Francia aceleróse la formación del partido democrático. El primer pensamiento de los iniciadores de tal partido fué restablecer el espíritu de la Constitución de 1812, bastardeado por los moderados y los progresistas, privando á la monarquía, como representación del poder ejecutivo, de toda facultad legislativa, y reconociendo en toda su amplitud la soberanía nacional; pero el gran desarrollo que iba alcanzando el partido republicano les obligó á modificar su programa para atraer á su bando á los verdaderamente revolucionarios, y con este objeto dijeron en uno de sus manifiestos:

«Somos una escuela más bien que un partido, y desde el punto de vista de escuela defendemos nuestros principios, en los que no nos negaremos á introducir las modificaciones que aconseje la práctica si somos llamados al poder. Ya esto sentado, queremos la libertad en todas sus manifestaciones, y como libertad y ley son términos antagónicos, porque la libertad es una norma jurídica á que forzosamente han de ajustar sus actos los ciudadanos y la libertad es la facultad de obrar con arreglo á las inspiraciones propias sin sujeción á norma extrema, no queremos ley en aquello que debe ser libre, es decir, en los actos que no afecten al derecho ajeno. Somos, pues, partidarios de la ilegislabilidad de los derechos individuales.»

El partido democrático, formado por políticos contaminados aun por resabios de doctrinarismo, con el fin de no disgustar á los republicanos declaró accidental la forma de gobierno, pero se guardó muy bien de hacer declaraciones públicas contra la monarquía por no disgustar á la reina, pues algunos de sus prohombres y fundadores acariciaban la ilusión de ser ministros de Isabel II. Para que el país tuviera conocimiento de sus propósitos, el partido enumeró en varios programas las reformas que constituían su bandera y que eran la abolición de quintas, matrículas de mar y derechos de puertas; la supresión de pasaportes; el desestanco de la sal y del tabaco; la rebaja de los presupues-

D. JOSÉ ORDAS DE AVECILLA.

tos; la organización de la milicia nacional; la libertad de imprenta; el sufragio universal; la educación primaria gratuita y obligatoria; la reforma de los procedimientos del fisco y de la curia; el sistema liberal de enseñanza superior; la libertad del comercio interior y de introducción de primeras materias; el juicio por jurados y el derecho de reunión y manifestación pacíficas.

La mayor parte de estas reformas se pedían con escasa publicidad como si sus mismos autores temieran el asustar con ellas á la soberana, contrastando esta tímida conducta con el valor y la entereza de los republicanos catalanes que defendían por todos los medios á su alcance la reforma política y social.

Los diputados iniciadores del programa democrático seguían figurando en público como progresistas; pero éstos, que no admitían ninguno de sus avanzados proyectos y que profesaban tan ciego cariño á la reina como á Espartero, hicieron lo posible para arrojar de su comunión á los revolucionarios disidentes, los cuales constituyeron en Madrid una Junta central democrática, presidida por Rivero y de la que entraron á formar parte Ordax Avecilla, Sixto Cámara, Fernández Cuesta, Becerra, Pí y Margall y Figueras. Además, como agentes de importancia unidos á la junta, figuraban Garrido, Guardiola, Chao, Beltrán, Aguilar y otros.

En las provincias alcanzó muy pronto eco la formación del grupo democrático, y especialmente en Valencia, donde se puso al frente del nuevo partido el abogado D. José Cristóbal Sorní, que en su vejez fué ministro de la República federal. Sorní que, á pesar de ser notable jurisconsulto, se distinguía aun más por su entusiasmo y temerario valor, figuraba en el partido progresista desde 1835 y fué en 1843 de los que se opusieron á la coalición contra Espartero, conociendo que ésta era un ardid de los moderados para derribar á su eterno enemigo. Al aceptar los progresistas la Constitución de 1845, se separó de ellos, no queriendo hacerse responsable de un acto tan reaccionario, y desde entonces cobró gran afición á las doctrinas democráticas, avanzando al compás del programa político hasta ser decidido partidario de la República federal.

Los progresistas más avanzados recibieron con gran entusiasmo la formación del nuevo partido é ingresaron en él García López, Ruiz Pons, García Ruiz y otros de gran prestigio en las provincias, los cuales se dedicaron á la formación de comités.

El nuevo partido fué agitado casi en su cuna por las ambiciones personales, pues Sixto Cámara, que estaba movido continuamente por un loco afán de notoriedad, quería suplantar á Rivero en la jefatura del partido y empleaba como instrumento inconsciente á Ordax Avecilla, quien francamente manifestaba pertenecerle á él la dirección del partido á causa de su antigüedad y de los grandes servicios que había prestado á la revolución.

Las divergencias entre estos tres personajes quitaron mucha importancia al partido y disgustaron á los individuos más sensatos de la Junta central; pero hay que manifestar que el verdadero causante de todas aquellas luchas era Sixto Cámara, cuyo carácter inquieto y ambición desmedida le hacian temible.

Sixto Cámara, como otros muchos héroes cuyo recuerdo consagra la historia, debió todo el prestigio de que hoy goza su nombre á la trágica muerte que alcanzó algunos años después. Su vida política tuvo poco de fructuosa para las ideas que sustentaba y en todos sus actos se traslucía más el deseo de gloria personal que el de la prosperidad de las doctrinas que defendía.

Sixto Cámara había abandonado la Rioja, su patria; y llegado á Madrid como representante en la Junta central del partido progresista que presidia Calvo Mateo, y al morir éste casó con su viuda poseedora de una respetable fortuna. Su inteligencia, aunque bastante despierta, era oscurecida por una ilustración menos que mediana; pero compensaba esta falta con una osadía y una travesura extraordinarias. Aunque en los últimos años de su vida se declaró republicano fué porque llegó á convencerse de que Isabel II no le haría ministro, lo cual era su eterna pretensión. Como la caprichosa soberana encontraba gran placer en conspirar contra sus propios gobiernos, celebró varias conferencias secretas con Sixto Cámara, al que trataba como un agente sin concederle nunca por esto una completa confianza, á pesar de las excitaciones de la poetisa Carolina Coronado y de la duquesa de Alba que eran sus protectoras.

Para dar una prueba del republicanismo de Sixto Cámara, basta decir que cuando Pí y Margall en el seno de la Junta central declaró que la forma obligada de la democracia era la república, el joven riojano mostróse muy contrariado y hasta intentó hacer algunas objeciones.

Como se ve, el partido democrático no tenía la exuberante vida ni la fe inquebrantable del republicanismo en Cataluña, mas no por ésto hay que negarle que influyó mucho en la marcha política de España, como más adelante veremos, y que de su seno surgió el glorioso partido republicano federal.

CAPITULO X

1849-1853

El ministro Bravo Murillo.—Sus disposiciones absolutistas.—Tribulaciones de Narváez.—La oposición palaciega.—La irritación del rey consorte.—Condescendencias de Narváez.—Apertura de las Cortes.—Despilfarros de la reina.—Sale Bravo Murillo del ministerio.—Protestas de los moderados.—El favorito Lersundi.—Dimisión de Narváez.—Gabinete Bravo Murillo.—Carácter político de este personaje.—Su programa de gobierno.—Oposición del elemento militar.—Reformas en Hacienda.—Incidente que ocurre en su votación.—Dictadura de Bravo Murillo.—Desprecio con que trata á las Cortes.—Inmorales explotaciones de María Cristina.—Bravo Murillo logra imponerse al elemento militar.—Debilidad de los progresistas.—Sus inteligencias con los moderados.—Dimisión de los partidos.—Energía de Bravo Murillo.—Concordato con la Santa Sede.—Tentativa de regicidio.—El cura Merino.—Su demencia.—Su suplicio.—Decretos reaccionarios.—Tiránica ley de imprenta.—Desarrollo de las órdenes religiosas.—Ignorancia y fanatismo.—Reformas del gabinete.—Reforma constitucional ideada por Bravo Murillo.—Protestas que produce.—Coalición de moderados y progresistas.—Los proyectos del gobierno.—Su absolutismo.—Destierro de Narváez.—Caída de Bravo Murillo.—Gabinete Roncali.—Gabinete Lersundi.—Inmoralidades del gobierno.—Las irregularidades de Esteban Collantes.—Caída de Lersundi.

EXAGERADAMENTE reaccionario era en su conjunto el gabinete Narváez, como ya lo había demostrado en varias ocasiones, pero el más extremado en punto á ideas absolutistas era don Juan Bravo Murillo, ministro de Hacienda, quien afectaba públicamente despreciar la Constitución y hacía lo posible para restablecer el absolutismo de hecho.

A principios de Noviembre de 1849 tuvo el gobierno que presentar los presupuestos á la aprobación de las Cámaras, pero Bravo Murillo, que despreciaba las discusiones parlamentarias y que no quería que los diputados entrasen á examinar los asuntos financieros, exigió que los presupuestos se pusiesen en práctica por autorización y sin discusión alguna, lo que se decretó en 3 de Diciembre.

Esta tiránica disposición fué objeto

de justas y generales censuras, pero Bravo Murillo, que procedía siempre como ministro de una monarquía absoluta, hizo alarde de despreciar á las Cortes y no se preocupó por las protestas de la opinión.

A principios de 1850 se reanudaron las sesiones de las Cámaras, comenzando por conceder al gobierno plena autorización para cobrar los impuestos. Como después de ésto quedó el Congreso sin ningún asunto importante que discutir, los diputados, á pesar de que en su mayoría pertenecían al partido dominante, suscitaron miserables intrigas y comenzaron á combatirse, formando pequeños grupos que capitaneaban los hombres más conocidos del moderantismo. Tan cruda fué la guerra que se hicieron estas agrupaciones y tan continuos los insultos que se cruzaron entre uno y otro bando, que González Bravo y Ríos Rosas llegaron á desafiarse saliendo herido del lance el primero de dichos oradores.

Cuando las Cortes suspendieron sus sesiones á mediados de Febrero, Narváez, que hasta entonces había gozado tranquilamente del poder, comenzó á experimentar grandes sinsabores con motivo de las intrigas que contra él se fraguaban en palacio.

La reina, dejándose llevar de su caprichoso carácter, le dió una temporada por mostrarse amorosa y condescendiente con su esposo, y éste no quiso desaprovechar tan buena ocasión para hacer la guerra á aquel gobierno que aborrecía por oponerse á todos los exagerados favores que él quería hacer á las órdenes religiosas.

Don Francisco de Asís empezó á mortificar á Narváez pidiendo el restablecimiento de algunas comunidades religiosas suprimidas por los liberales y después le exigió que le devolviesen á su querido favorito el padre Fulgencio, quien, en su viaje de Archidona á Madrid, escandalizó á todos sus compañeros de diligencia con su lenguaje, sus modales y la intimidad que demostraba con cierta bailarina que iba en su compañía.

El padre Fulgencio era el eterno enemigo de Narváez y se había propuesto arrojarle del poder; así es que apenas se alojó en palacio, comenzó á fraguar intrigas contra el presidente del Consejo. La situación de éste no podía ser más triste.

La familia real le mostraba tanto desdén y le trataba con tan grosera altanería que Narváez estuvo varias veces á punto de presentar la dimisión, pero no lo hizo por no dar gusto al rey, quien, para exasperarle más, llegó hasta negarle el saludo.

Al mismo tiempo la caprichosa lujuria de la reina llegaba al último límite, no entrando en palacio un solo hombre de agradable y varonil presencia que no sirviera de pasto á las insaciables pasiones de Isabel. El regio tálamo era un lugar de paso por donde desfilaban los hombres de más distintas clases y condiciones, mereciendo los favores de la soberana lo mismo el criado que el guardia, el gentilhombre que el general. A tal punto llegó el escándalo que Narváez, para impedir que el general Córdova, buen mozo y galanteador, adquiriese con la reina una confianza tan grande como el general Serrano cuando fuera á palacio á tomar el santo y seña, se dedicó por sí mismo á cumplir tal ceremonia extralimitándose en sus atribuciones, aunque ésto le produjera alguna mortificación.

Aquella resistencia de Narváez y la calma con que acogía todas las groserías del rey irritaron á éste, quien no contento con los muchos millones que le daban *para sus monjitas*, amenazó á su esposa con dar un nuevo escándalo sino destituía á Narváez publicando un manifiesto en el que haría públicos muchos secretos de su vida conyugal.

Isabel, que deseaba tener contento á su esposo y al mismo tiempo conservar á Narváez, tan necesario para el sostenimiento de su trono, puso en su conocimiento las pretensiones de aquél, y el general, á pesar de su altivo y brusco carácter, hubo de humillarse y entrar en tratos con un ente como D. Francisco de Asís, el cual se contentó por lo pronto con que le dejaran dirigir libremente los asuntos de palacio y diesen una mitra al padre Fulgencio, su amigo y algo más.

Narváez intentó hacer algunas observaciones á lo manifestado por el rey, pero éste, nerviosillo y encolerizado, dijo que no quería se abusara por más tiempo de su bondad y que al día siguiente se marcharía á Aranjuez para no volver más á Madrid, mostrando al país la separación moral que existía entre él y su esposa.

El general, á quien repugnaba seguir en tratos con aquella gente, reunió inmediatamente á los ministros, quienes acordaron unánimemente presentar su dimisión, dejando libre el campo á otro gobierno que transigiera con las inmoralidades de palacio.

La resuelta actitud del ministerio produjo gran impresión en la corte, que comprendió los peligros que ocasionaría la dimisión de un gabinete que era el más firme sostén del trono. Se reunió en palacio un consejo de familia al que asistieron María Cristina y su esposo Muñoz, apelándose á la influencia del patriarca de las Indias y del mismo padre Fulgencio para que el rey consorte desistiese de su viaje á Aranjuez. El incalificable D. Francisco de Asís dijo *que se sacrificaba una vez más por la felicidad de España*, pero exigió que á su favorito el padre Fulgencio se le diese la silla episcopal de Cartagena.

Las Cortes recientemente elegidas se reunieron el 31 de Octubre, figurando en ellas muy pocos progresistas, pues la Junta central del partido había acordado el retraimiento. Los diputados progresistas que fueron elegidos renunciaron al cargo para acallar las protestas de sus correligionarios, quedando únicamente en los escaños los moderados de la fracción más reaccionaria, por lo que se dió el título á aquel congreso de *Congreso de familia*.

En la primera sesión fué elegido presidente D. Luis Mayans, y el gobierno hizo presente en el discurso de la corona que se habían restablecido las relaciones con Inglaterra, cortándose en cambio las que existían con el reino de Nápoles á causa de que una hermana del rey se había casado con el pretendiente conde de Montemolín.

Las Cortes moderadas no tardaron en sufrir las consecuencias de su homogeneidad, pues los diputados y senadores adictos al gobierno, en vista de que no tenían enfrente una oposición que les hiciese guardar la disciplina, se dividieron en grupos, llegando á crear al ministerio serios conflictos.

La Hacienda de la nación estaba en un estado más desastroso que nunca y los presupuestos arrojaban un déficit de seiscientos millones de reales, que más que á las torpezas del gobierno se debía á los locos despilfarros de la reina, que ignoraba el verdadero valor del dinero y gastaba locamente sin hacer caso de las indicaciones de los ministros.

Bravo Murillo fué el primer ministro de Hacienda que se mostró asustado por la enormidad del déficit y se propuso no ser tolerante con los despilfarradores pidiendo enérgicamente economías. No tardó en encontrar oposición en el seno del mismo gabinete, pues los ministros de Guerra y Marina, que gastaban muchos millones con el pretexto de reorganizar el ejército y la armada, y el de la Gobernación, que invertía fabulosas sumas en la construcción del Teatro Real, se negaron resueltamente á hacer economías y aún tuvieron la avilantez de asegurar que eran insuficientes los presupuestos de sus respectivos ministerios.

Bravo Murillo, indignado por esta conducta de sus compañeros, presentó la dimisión, siendo nombrado para sustituirle Seijas Lozano y entrando en Fomento Calderón Collantes.

Tan escandalosa era la inmoralidad de palacio y tan grandes los despilfarros de la reina, que los mismos moderados mostraron gran disgusto por la caída de Bravo Murillo. Hasta los conservadores más reaccionarios comprendieron la necesidad de que sobreviniera una revolución que con su torbellino desvaneciera el mefítico hálito de la sentina cortesana, y Donoso Cortés, que era un orador casi absolutista, se encaró en el Congreso con los ministros para decirles *que la raza borbónica moriría á manos de la revolución* y encargarles *que apartasen de la cabeza de Isabel II aquella maldición que pesaba sobre su raza*. Bravo Murillo también manifestó su indignación con tonos sombríos, diciendo que después de lo sucedido había perdido su entusiasmo y su fe política y que temía que la situación se agravase para el trono de un modo alarmante.

El gobierno, cumpliendo lo dispuesto en las leyes, presentó los presupuestos á la aprobación de las Cortes, pero éstas no querían mezclarse en los negocios públicos, y dieron una nueva muestra de sumisión al gobierno no discutiéndolos y autorizando al gabinete para que los planteáse como legales desde principios de 1851.

Narváez continuaba en tanto gozando las dulzuras del poder á cambio de grandes humillaciones y no menores disgustos. Como si no tuviera bastante con el dolor que le producían las disidencias y enemistades de sus correligionarios, le hacían sufrir en palacio todo género de contrariedades, complaciéndose los regios cónyuges en humillarlo y escarnecerlo.

Un nuevo favorito, con tanto prestigio como el general Serrano, dominaba en palacio, manejando á su gusto la regia voluntad. Era éste el joven y pulcro general Lersundi, que al afecto que le profesaba la reina unía la ventaja de ser visto con agrado por don Francisco de Asís.

Narváez era hombre de pocos aguantes é incapaz de sufrir un favorito, especialmente si éste era militar, y tanto por ésto como por los continuos desaires de que era objeto, presentó su dimisión el 10 de Enero de 1851, la cual le fué admitida.

El despechado general marchó al extranjero inmediatamente, asegurando que no volvería á encargarse del gobierno mientras el rey consorte interviniese en los asuntos políticos, y que prefería mandar una división indisciplinada antes que entenderse otra vez con la gentecilla palaciega.

La reina pensó en varios prohombres moderados para darles el poder, pero al fin fué preferido el candidato presentado por María Cristina, que era Bravo Murillo.

Este se encargó de la formación del gabinete, que quedó constituído en la siguiente forma:

Bravo Murillo, presidencia y Hacienda; Beltrán de Lis, la cartera de Estado; D. Fermín Arteche, la de Gobernación; D. Ventura García Romero, la de Gracia y Justicia; D. Santiago Fernández Negrete, la de Fomento; el conde de Mirasol, la de Guerra, y el general Armero, la de Marina.

Todo el programa político de Bravo Murillo estaba reducido á tres puntos: abatir la omnipotencia del elemento militar; mejorar la Hacienda pública cuanto fuera posible, y acabar con la política sustituyéndola por la administración.

Bravo Murillo era un hombre que iba á realizar en el poder el *despotismo ilustrado* de Zea Bermúdez. Su carácter imperioso y despótico le hacía ser irreconciliable enemigo de la libertad, y aborrecía las discusiones parlamentarias, los artículos políticos de la prensa, y todo cuanto hiciera alguna oposición al poder del gobierno.

Hay que reconocer que si hubiera amado la libertad y hubiera creído en el progreso, su energía de carácter, su gran iniciativa y su espíritu reformador le hubieran hecho uno de nuestros primeros revolucionarios, más grande aun que Mendizábal; pero se mostraba muy inclinado al absolutismo y creía que la felicidad de las naciones consiste en suprimir la política. Además, como las Cortes podían oponer algunos reparos á sus radicales medidas administrativas, Bravo Murillo prescindió de aquéllas obrando en ésto como un legítimo moderado que reconocía el poder del rey como superior al de la nación.

Bravo Murillo ha sido el gobernante más reaccionario del presente siglo, pero tenía al menos la condición de ser más lógico que Narváez y otros, que después de hollar los derechos de la nación y escarnecer al pueblo, combatían rudamente á los partidarios del absolutismo y se apellidaban liberales con cierta complacencia.

Bravo Murillo tuvo el mérito de llevar la franqueza al último límite. Veía de cerca las miserias y las intrigas del sistema parlamentario, conocía los medios de que se vale un ministro de la Gobernación para fabricar unas Cortes á su gusto, y enemigo por temperamento de las farsas públicas, prefería ser francamente absolutista antes que defender un sistema de representación nacional que sólo tenía de tal el nombre.

Los partidarios de Narváez y de Sartorius, conde de San Luis, comenzaron á hacer á Bravo Murillo una ruda oposición tachándolo justamente de dictador; pero el presidente del Consejo no se preocupó por tales ataques, y siguió haciendo la guerra al parlamentarismo. Más ruda oposición encontró en el momento que llegó á intentar el abatir la preponderancia del militarismo.

El conde de Mirasol, así que se apercibió de las intenciones del jefe del gabinete, presentó su dimisión pensando Bravo Murillo en sustituirlo, colocando un hombre civil en el Ministerio de la Guerra; pero por desgracia intervino en el asunto la gente de palacio, y como Lersundi era el favorito del día, Bravo Murillo tuvo que transigir y entregarle la cartera de la Guerra, aunque á condición de que secundaría todos sus trabajos.

La aceptación de Lersundi y su conformidad con Bravo Murillo escandalizó á todos los generales, llegando á discutir los directores de las armas si debían ó no reconocerlo como ministro. Odonell, que era Director general de infantería, fué el que más dispuesto se mostró á no reconocer á Lersundi, y en vista de que sus compañeros se atemorizaron ante las amenazas de Bravo Murillo, presentó la dimisión, y en el Senado hizo contra el gobierno una oposición constante.

A principios del mes de Abril, Bravo Murillo presentó á la deliberación de las Cortes un proyecto de arreglo de la Deuda, complementario de la reforma de Mon, y que introdujo una verdadera revolución en la Hacienda.

Quien más claramente y con mayor

copia de datos combatió el proyecto de Bravo Murillo desde la prensa fué don Francisco Pí y Margall que publicó un largo estudio calificando de arbitraria dentro de los principios que sustentaba el ministro la reducción de los intereses de la Deuda, y combatiendo por ilógica la inclusión de la Deuda diferida, declarada amortizable en la perpetua, así como tachó de ineficaz y de propia para desarrollar el desorden administrativo la división de la Deuda en tres secciones. Además, afirmó que la reforma introducida en la Deuda flotante no merecía siquiera el nombre de arreglo, pues era sólo una dilación para llegar á consolidarla.

El proyecto de Bravo Murillo fué discutido detenidamente por las Cortes, dándose el caso de que al ser votado en el Congreso en la sesión del 5 de Febrero, el ministro de Fomento, Fernández Negrete, que en las reuniones del gabinete no había hecho la menor oposición, votase en contra del proyecto sin dar explicación alguna. Este suceso produjo gran sorpresa entre los ministros y no menor escándalo en el Congreso, viéndose obligado Fernández Negrete á presentar su dimisión.

Las Cortes fueron disueltas inmediatamente, convocándose á elecciones para el 10 de Mayo. El ministerio fué reformado entrando en Fomento don Fermín Arteta; en Estado, el marqués de Miraflores, y pasando á Gobernación Beltrán de Lis.

Las elecciones fueron reñidísimas, pues el partido progresista acudió á la lucha, así como las fracciones moderadas hostiles al gobierno; pero éste se valió de los medios de que siempre dispone un poder centralizador y absorbente, y sacó triunfante á cuantos candidatos quiso favorecer. El partido progresista no inspiraba gran cuidado al gobierno, y por esto sacó victoriosos más de cincuenta diputados; pero en cambio los candidatos moderados hostiles al gabinete sufrieron una gran oposición, y hasta el mismo Sartorius no pudo ir al Congreso por el distrito que había representado siempre. Las elecciones dieron á Bravo Murillo una mayoría de amigos más numerosa que las agrupaciones reunidas de Narváez, Pidal, Sartorius, Ríos Rosas y González Brabo.

Mayans fué reelegido presidente del Congreso, y en las primeras sesiones se discutieron algunas concesiones de ferrocarriles, que eran otros tantos escandalosos negocios cuyas primas cobraba la reina madre.

Suspendidas las sesiones de Cortes el 30 de Julio, volvieron á reanudarse el 5 de Noviembre, presentando el gobierno ocho proyectos de ley que no llegaron á examinarse, pués á las pocas sesiones suspendió la legislatura Bravo Murillo, que cada vez transigía menos con que las Cortes interviniesen en los asuntos del gobierno.

El famoso golpe de estado que dió Napoleón III contra la República francesa y que lo elevó al imperio, sirvió de pretexto á Bravo Murillo para cerrar las Cortes, diciendo que era en señal de júbilo.

El presidente del Consejo, apenas se vió libre de tales trabas, procedió como un verdadero dictador, y para que no le opusieran obstáculos las gentes de palacio hizo caso omiso de los escándalos de la reina y halagó á María Cristina protegiendo al banquero Salamanca, que era el agente de la reina madre en todos los negocios sucios. La concesión de líneas férreas era el ramo que mejor se prestaba á las indignas explotaciones de Cristina y del célebre banquero, y de aquí que el gobierno diera á esta flamante sociedad financiera escandalosos y arbitrarios privilegios que produjeron algunos centenares de millones.

Así que Bravo Murillo vió asegurado por tales medios su prestigio en palacio dedicóse á combatir y atemorizar á sus enemigos políticos, procurando destruir todos los partidos, incluso el moderado, al que él pertenecía, sustituyéndolos por uno que pensaba crear con el título de *administrativo nacional*.

Los moderados y los progresistas fueron igualmente objeto de su sañuda persecución, pero quien con más encono resultó combatido por el gobierno fué el elemento militar, pues Bravo Murillo decia públicamente *que no pararia hasta meter en un puño á todos los generales*. Hay que reconocer que durante el período de su mando consiguió tal objeto y que fué inflexible en sus relaciones con el elemento militar.

Como Pezuela, capitán general de Madrid, anduviese en contestaciones con Lersundi, fué depuesto inmediatamente, y al presentar este último su dimisión por motivos de delicadeza, quedó sustituído en la cartera de la Guerra por el general Ezpeleta que se mostraba sumiso á Bravo Murillo.

Otra modificación experimentó el gabinete á los pocos días, pues don Fermín Arteta abandonó la cartera de Fomento, sustituyéndole D. Mariano Reinoso.

El mal estado de los partidos españoles parecía facilitar la tendencia absorbente de Bravo Murillo. Los moderados estaban divididos en varias fracciones que se odiaban con el encono propio de las divergencias personales, y los progresistas no estaban más unidos ni observaban mejor disciplina. Espartero seguía siendo su jefe, pero su influencia sobre el partido era puramente nominal, pues vivía en Logroño completamente retirado de la política, y ni aun se cuidaba de ocupar el cargo de senador vitalicio que le habían concedido.

La mayoría de los progresistas, que deseaban hacer una política egoísta y utilitaria y que después de ocho años de ausencia del poder estaban convencidos de que la reina no los llamaría nunca al gobierno, se manifestaban dispuestos á entrar en inteligencia con los moderados, tan perseguidos como ellos por Bravo Murillo, estableciendo una coalición que titulaban *unión liberal* para combatir rudamente al gabinete existente.

Por fortuna no todos los progresistas pensaban de un modo tan degradante, y una importante minoría declaraba indigna semejante fusión, afirmando que en aquella situación crítica el partido debía conservar su personalidad más que nunca, extremando su programa liberal ante las tendencias reaccionarias de Bravo Murillo.

La institución de la milicia nacional produjo un gran cisma en el seno de la comunión progresista, discutiéndose con gran empeño si debía considerarse ó no como artículo de fe del partido el armamento del pueblo. Cortina, Olózaga, Cantero, Madoz, Escosura y todos los que se mostraban inclinados á transigir con el moderantismo constituyendo la unión liberal, combatían el ejército popular; pero Ordax Avecilla, Rivero, Orense y los que, sin dejar de llamarse progresistas, formaban la agrupación democrática, manifestaban su adhesión á la milicia nacional.

Bravo Murillo conocía esta desunión que existía en los partidos y por lo mismo los miraba ya con desprecio, seguro de vencerlos; pero le preocupaba el creciente desarrollo de los enemigos de la dinastía, pues no eran sólo los republicanos los que querían derribar á Isabel II, puesto que entre los progresistas, y aun entre los mismos moderados á pesar de su monarquismo, había muchos que, ofendidos por el desenfreno y la locura de Isabel, querían sustituirla en el trono por D. Pedro de Braganza, aspirando á realizar por este medio la unión de España con Portugal.

Pero estos temores que experimentaba Bravo Murillo no le impedían mostrarse cada vez más enérgico é inflexible en su política, reprimiendo la ambición del militarismo y complaciéndose en enfrenar sus ambiciones y en despreciar las amenazas de los generales influyentes y especialmente de Narváez.

El jefe del gobierno tenía una entereza y una energía sin límites.

—Apruébese la reforma constitucional,—decía siempre á los suyos;—continúe yo obteniendo la confianza de la corona y yo probaré á los españoles que sin más insignia que este frac sabré ahorcar generales con sus propias fajas.

Si Bravo Murillo no llegó á ahorcar generales, por lo menos llegó á intimidarlos y á causarles miedo, viéndose á militares tan bravucones como Narváez, Concha, Odonell, Pezuela y Serrano mirar con alarma y zozobra al jefe del gobierno.

A mediados de Diciembre de 1851 dió á luz doña Isabel una niña que recibió el mismo nombre, celebrándose con tal motivo grandes festejos y concediéndose multitud de honores. Bravo Murillo, que entre sus buenas cualidades tenía la de despreciar las condecoraciones y cintajos que tanto halagan la vanidad de ciertos hombres, rechazó repetidas veces el toisón de oro que le ofreció la reina con verdadera insistencia en premio de sus servicios.

Un hombre de tanta entereza no había de retroceder ante ningún obstáculo; así es que, despreciando la potestad legislativa de las Cortes, planteó todas sus reformas en decretos, evitando las protestas de la prensa con medidas represivas que hasta entonces no se había atrevido á usar ningún gobierno.

Con motivo de las gracias concedidas por el parto de la reina y que fueron distribuídas con la falta de equidad que siempre se observa en tales casos, hubo algunas protestas en el ejército, y para justificar el adagio de que «siempre se rompe la soga por lo más delgado,» fueron fusilados en Madrid un cabo y un corneta del regimiento de Baza.

El suceso más notable de 1851 fué el concordato del gobierno español con Pío IX, el cual, á cambio de grandes concesiones y de la obligación de que el país pagara suntuosamente el culto y clero, reconoció como legítima la venta de bienes eclesiásticos y reanudó sus relaciones con el gobierno de España.

El 2 de Febrero de 1852 ocurrió un hecho que por lo inesperado y la condición de su autor produjo grande impresión en toda España. Cuando doña Isabel se disponia á salir de la capilla de palacio, el cura D. Martín Merino se acercó á ella dándola una puñalada en el costado derecho que sólo produjo una herida levísima, pues el arma tropezó con el corsé. La reina cayó desmayada y el cura permaneció junto á ella tranquilamente, gritando: *Yo he sido, no me escapo*.

Inmediatamente fué encarcelado, tramitándose su proceso con gran rapidez. Cuando se tomó declaración al cura Merino sobre el móvil de su crimen, dijo: «que había ido á palacio á lavar el oprobio de la humanidad vengando en cuanto estuviera de su parte la necia ignorancia de los que creen que es fidelidad aguantar la infidelidad y el perjurio de los reyes; que su objeto era quitar la vida á la reina; que no tenía cómplices; que compró el puñal en el Rastro para matar á Narváez, á Cristina y á la reina; que las vicisitudes de su vida y el ningún apoyo que había encontrado en las autoridades habianle hecho amarga la existencia y producido aversión á todo el género humano y á toda clase de gobiernos é injusticias.»

Resultaba indudable que Merino era un pobre demente digno de compasión y atacado de monomanía suicida; la incoherencia de su lenguaje y sus arranques insensatos le hacían merecedor de compasión, pero el tribunal creyó que sería grave falta de monarquismo el no obrar con bárbara saña contra aquel loco, y á los cinco días de cometido el atentado sacó á luz todo el bárbaro aparato de suplicios de la Edad media condenando al cura á morir en garrote vil, siendo reducido su cadáver á cenizas que serían aventadas por el verdugo.

Merino marchó al suplicio con la tranquilidad de un sér inconsciente, y momentos antes de morir dijo al sacerdote que le acompañaba:

—Hoy hablarán muchos de mí para odiarme ó compadecerme, pero acaso sea yo el que más se alegre del destino que me aguarda. Crea usted que es hoy uno de los mejores días de mi vida.

El infeliz demente murió con asombrosa serenidad y la terrible sentencia se cumplió en todas sus horripilantes partes.

El peligro que había corrido la reina produjo una verdadera explosión de servilismo en los moderados y los progresistas, pues ambos partidos fueron en competencia por ver quién se mostraba más adicto á la reina y más interesado por su bienestar. Entretanto Bravo Murillo aprovechó esta ocasión inesperada, y declamando contra los peligros de que vivía rodeado el Trono, fué poniendo en práctica sin protesta sus proyectos absolutistas.

Esta conducta reaccionaria del gobierno no impedía que las ideas republicanas adquiriesen cada vez más preponderancia. Bravo Murillo, que no era apasionado y que contemplaba imparcialmente la situación del país, comprendió el tremendo peligro que representaba la propaganda republicana y teniendo por revolucionarios á cuantos defendiesen ideas liberales, publicó el 2 de Abril un decreto sobre imprenta que fué el más tiránico de todos los conocidos en España, siendo tan grandes los obstáculos que se oponían á la difusión del pensamiento que á excepción de *El Heraldo*, órgano de los moderados, dejaron de publicarse todos los periódicos, los cuales en su último número insertaron la Constitución vigente que tan cínicamente atropellaba el gobierno.

No fueron los periódicos los únicos que sufrieron tal represión, pues la previa censura se hizo también extensiva á los libros, quedando prohibidas hasta las novelas más inocentes. La célebre *Historia de la pintura*, que por entonces publicó D. Francisco Pí y Margall y que es uno de los monumentos de la literatura española en el presente siglo, sufrió igual suerte, siendo interrumpida su publicación y confiscados sus ejemplares por orden de la autoridad.

Al mismo tiempo que se tiranizaba de tal modo el pensamiento, el gobierno para halagar al clero fomentaba el fanatismo, siendo el resultado de tales gestiones el que en menos de tres meses ingresasen ocho mil quinientas trece monjas en los doscientos ochenta y seis conventos que existían en España.

Bravo Murillo, siguiendo el mismo sistema que Napoleón III para matar la libertad francesa, ostentaba el lema *mucha administración y poca política*, lema engañoso con el que se seducía al país, adormeciéndolo para que le fuera más llevadera su esclavitud. Las concesiones de ferrocarriles y ciertas obras públicas imprimían al país una febril y ficticia actividad; los agiotistas y los agentes favorecidos por el gobierno hablaban de colosales empresas y manejaban millones, pero en el fondo el pueblo trabajador vivía en espantosa miseria y se veía despojado de sus derechos.

Bravo Murillo, á pesar de la ostentación de fuerza que hacía, tropezaba continuamente con obstáculos, y su ministerio iba modificándose en continuas crisis. El ministro de Marina, Armero, abandonó su puesto, entrando á sustituirlo Ezpeleta, quien entregó la cartera de la Guerra al general Lara. Después, el marqués de Miraflores, por no estar conforme con los planes absolutistas de Bravo Murillo, abandonó la cartera de Estado, pasando á ésta Beltrán de Lis, y entrando en Gobernación D. Melchor Ordóñez. Poco después, Reinoso abandonó el ministerio de Fomento y Lara el de la Guerra, sucediéndoles D. Cristóbal Bordín y el general Urbina.

Como la tendencia dominante de aquel gabinete era contra los militares, la cartera de la Guerra aun pasó por diversas manos, llegando á desempeñarla en las postrimerías de aquel ministerio varios generales de escaso nombre y nula representación.

Bravo Murillo, con el propósito de establecer el sistema del despotismo ilustrado, había redactado un proyecto de reforma constitucional en sentido absolutista que se decidió á presentar á la aprobación de la reina, fiando en el apoyo de María Cristina, que le estaba agradecida por los negocios que le permitía hacer.

La reina madre, que conocía por experiencia la antipatía que el país profesaba á las ideas absolutistas, tachó el proyecto de demasiado reaccionario, aunque no por esto le negó su apoyo. La única objeción que hizo fué manifestando lo difícil que era encontrar unas Cortes que votasen tan resueltamente la muerte del sistema representativo; pero Bravo Murillo contestó con gran seguridad:—*Yo me encargo de obviar ese inconveniente.*

Cristina, en vista de las seguridades que la daba el primer ministro, se comprometió á apoyar sus proyectos y á usar de toda su influencia para con su hija, y Bravo Murillo, que tenía gran confianza en su triunfo, convocó nuevas Cortes encargadas de revisar la Constitución y que habían de reunirse el 1.º de Diciembre.

Todos los partidos mostráronse alarmados por aquella tentativa en favor del absolutismo, y el peligro común hizo que se unieran moderados y progresistas, figurando al lado de Narváez, Pidal, Sartorius y González Brabo, Cortina, Mendizábal, Olózaga y los demás prohombres del progresismo que tan perseguidos habían sido por sus nuevos amigos.

El Heraldo y *El Clamor Público*, órganos de los dos partidos, pactaron una coalición contra el gobierno y comenzaron á hacer propaganda electoral en nombre del *gran partido constitucional*, título que adoptaron los coaligados.

Unidos moderados y progresistas combatieron valerosamente al presidente del Consejo por sus tenebrosos planes políticos, y en sus escritos de oposición llegaron también á dirigir algunos ataques á Isabel II, reconociéndola como verdadera autora de aquella situación. El peligro indignó mucho á los monárquicos y hasta los más moderados empezaron á pensar en un cambio de dinastía, encontrando en su partido varios generales dispuestos á sublevarse así que Bravo Murillo se atreviera á llevar á la práctica sus planes.

El 1.º de Diciembre, tal como se había anunciado, se reunieron las Cortes para aprobar los proyectos absolutistas del gobierno, y el Senado nombró presidente al marqués de Miraflores, no ofreciendo su primera sesión ningún incidente notable.

En el Congreso fué más ruidosa la apertura y el gobierno quedó derrotado por la oposición. Tejada, que era el candidato ministerial para la presidencia, sólo obtuvo ciento siete votos, contra ciento veintiuno que alcanzó Martínez de la Rosa, el cual, en su discurso de gracias, elogió el sistema representativo como garantía de dignidad para la nación.

Bravo Murillo, al ver frustrados sus planes, se presentó á la reina inmediatamente pidiéndola que firmase la disolución de las Cortes, á lo que accedió sin hacer objeción alguna la incapaz Isabel, que deseaba sostener á aquel ministro empeñado en restablecer el absolutismo, tan grato á la monarquía.

Bravo Murillo, el 2 de Diciembre de 1852, dió lectura del decreto de disolución en ambas Cámaras, y las Cortes fueron cerradas después de haber funcionado durante veinticuatro horas.

Moderados y progresistas mostráronse indignados por aquella despótica medida; pero en realidad, no tenían derecho para quejarse, pues ellos mismos eran los que habían confeccionado la Constitución de 1845, que reconocía al monarca la facultad de disolver las Cortes, y la reina obraba lógicamente al hacer uso de un derecho garantido en las leyes. Además, Narváez y González Bravo, como moderados, y Olózaga y Cortina, como progresistas, no podían vituperar á Bravo Murillo por la disolución de las Cortes, pues ellos habían hecho lo mismo siempre que así lo había exigido su propio interés. Tan doctrinarios eran los moderados y progresistas como Bravo Murillo, y nada podían, por lo tanto, echarle á éste en cara, pues al menos tenía la ventaja de no ser hipócrita en política y llevar el respeto á la monarquía á las últimas consecuencias lógicas.

Al publicar el ministerio en la *Gaceta* el decreto de disolución de las

Cortes, dió á luz los famosos proyectos de Bravo Murillo, los cuales eran nueve: uno de ley fundamental y ocho de leyes orgánicas que trataban de la organización del Senado, de las elecciones de diputados á Cortes, del régimen de los cuerpos colegisladores, de las relaciones entre ambos cuerpos, de la seguridad de las personas, de la seguridad de la propiedad, del orden público y de las grandezas y títulos del reino. Todas estas leyes estaban inspiradas en un absolutismo vergonzante y tendían á despreciar el sistema representativo.

En el proyecto de Constitución se concedía á la corona la facultad de hacer las leyes con las Cortes y de poder dictarlas por sí sola cuando las Cámaras estuviesen cerradas.

Basta copiar tres artículos de dicha Constitución para apreciar en toda su amplitud su tendencia reaccionaria.

«Título 1.º Artículo 1.º La religión de la nación española es exclusivamente la católica, apostólica y romana.

»Título 2.º Artículo 3.º El rey ejerce con las Cortes la potestad de hacer las leyes.

»Título 4.º Artículo 20. La potestad de hacer ejecutar las leyes reside en el rey. Su autoridad se extiende á todo lo que forma la gobernación del Estado en el interior y en el exterior, para lo cual ejercerá todas las atribuciones y expedirá los decretos, órdenes é instrucciones oportunas.

»En casos urgentes el rey podrá anticipar disposiciones legislativas, oyendo previamente á los respectivos cuerpos de la alta administración del Estado y dando en la legislatura inmediata cuenta á las Cortes para su examen y resolución.»

No era menor la reforma en las elecciones de diputados que introducía Bravo Murillo. Los diputados quedaban reducidos á ciento setenta y uno, los distritos eran pocos y extensos y la elección se verificaba por cinco años.

La única reforma aceptable y digna de aplauso consistía en someter al examen del Tribunal Supremo todas las actas electorales, dando al tribunal un mes de plazo para que examinara tanto los documentos como los testigos, dictaminando con arreglo á la ley.

Por desgracia, ésta era la única reforma aceptable, pues todas las demás seguían concebidas en el sentido más reaccionario. Para ser diputado, además de tener todas las condiciones de elector en un censo tan restringido, era necesario haber cumplido los treinta años de edad. Las condiciones para ser elector eran tantas, especialmente en lo referente á fortuna, que de los quince millones de habitantes que en aquel entonces contaba España, sólo unos veinticinco mil tenían derecho electoral, quedando el resto, ó sea la gran mayoría de la nación, confiado á la *paternal* autoridad de aquel gobierno semi-absolutista.

En algunos distritos bastaba obtener setenta y seis votos para ser proclamado diputado, cargo que no podía ser ambicionado, pues apenas si tenía representación ni funciones que cumplir, ya que las Cortes ideadas por Bravo Murillo sólo habían de ocuparse en aprobar las leyes que la Corona iniciara y pusiera en vigor por su propia voluntad. Para que todo fuera en dichos proyectos de la potestad real, los presidentes y vicepresidentes de las Cámaras habían de ser nombrados por el monarca y los ministros podían hacer uso de la palabra en las sesiones sin sujetarse á turno, teniendo preferencia en las discusiones los asuntos que ellos iniciasen.

Para que fuera mayor la humillación de las Cortes, Bravo Murillo creaba una nueva clase de funcionarios llamados *comisarios del gobierno* los cuales sin ser diputados ni senadores, podían asistir á ambas Cámaras é iniciar los debates, y aunque no tenían voto podían marcar el curso de las discusiones y hablar cuantas veces quisieran sin consumir turno.

Para mayor escarnio las sesiones habían de ser á puerta cerrada publicándose al día siguiente el acta en la *Gaceta* sin que ningún periódico pudiese hablar lo más mínimo referente á las discusiones parlamentarias.

Tal era en conjunto y á grandes rasgos el proyecto de Bravo Murillo que, como se ve, tendía al restablecimiento del absolutismo y á matar el régimen representativo convirtiendo ambas Cámaras en una especie de cuerpos consultores palaciegos propios sólos para aumentar el esplendor de la Corte.

Ya dijimos que á María Cristina le pareció muy bien este proyecto y en cuanto á doña Isabel no lo tenía ni por bueno ni por malo, pues sólo se preocupaba de sus amantes y firmaba con sin igual indiferencia cuanto le presentaba su primer ministro.

La publicación de aquel absurdo plan que parecía obra de un loco y la disolución de las Cortes que le había precedido, fué considerado por el país como una cínica provocación, resultando general la protesta contra el engendro del ministro y la reina que lo patrocinaba.

Los demócratas se aprovecharon de aquella indignación para hacer una continua y fructífera propaganda que llevó á sus filas un buen contingente, y los moderados y progresistas se dispusieron á repeler con las armas las intrusiones del gobierno.

La conducta de los progresistas que titulándose revolucionarios no tenían inconveniente en unirse á los moderados y llamaban á la reina *sér inocente*, asegurando que ella no tenía ninguna culpa de lo ocurrido, pues la engañaba su primer ministro, era muy propia de ese partido que muchos sin conocerlo llaman glorioso y que en realidad no fué más que una de las tantas fracciones que querían el poder por el poder y que para ser gobierno elogiaba continuamente en forma rastrera y lacayuna á la mujer coronada que les pagaba tanta adulación con el más absoluto desprecio.

No pasó desapercibida para el gobierno la importancia de la coalición en contra suyo que acababan de pactar moderados y progresistas, y comprendiendo que su caida era inevitable si no apelaba á una enérgica resistencia, quiso mostrar hasta el último momento que no le atemorizaban los generales acostumbrados á dominar la nación.

El partido progresista con sus debilidades, su monarquismo desdeñado y su afición al elemento militar, le inspiraba un profundo desprecio.

—Insensatos,—decia muchas veces al hablar de los progresistas,—se creen liberales y se dejan fascinar por los entorchados y los fajines. Me llaman absolutista y con más razón podría yo llamarles tiranos que no otra cosa son los que quieren sujetar al país al yugo de los hombres de espada.

Bravo Murillo tenía razón al criticar tan irónicamente á los progresistas, pero el país obraba perfectamente al proponerse derribarle del poder.

El ministerio llegó al último límite en punto á medidas represivas. Suprimió las lecciones que daban en el Ateneo varios hombres notables sobre *Elocuencia* ó *Historia y progresos de los gobiernos representativos*; prohibió las reuniones electorales que pensaban verificar los partidos coaligados, ó impuso silencio á la prensa que ni indirectamente podia atacar al gobierno.

La coalición moderada-progresista que había tomado el título de *partido monárquico constitucional* constituyó un comité directivo poniendo á su frente como á presidente al general Narváez, el cual dió un manifiesto combatiendo con alguna energia las reformas de Bravo Murillo.

No tardó éste en vengarse y mandó salir de España á Narváez con el ridículo pretexto de comisionarle para que fuera á Viena á estudiar la organización del ejército austriaco. El general intentó resistirse, pero Bravo Murillo, que era inflexible, puso á la puerta de su casa una silla de posta y casi á la fuerza le hizo emprender el viaje, partiendo Narváez con más aspecto de deportado que de comisionado del gobierno.

Al dia siguiente, 10 de Diciembre, los progresistas dieron un manifiesto electoral al país, en el cual, después de elogiar como de costumbre á la *inocente* reina, se combatia rudamente la revisión constitucional estando dicho documento firmado por un buen número de exdiputados y exministros.

Así que Narváez pasó la frontera y se vió libre de la vigilancia de Bravo Murillo, dió rienda suelta á su furor y desde Bayona dirigió á Isabel II una carta redactada con toda la rudeza de un soldado ofendido, en la que calificaba á Bravo Murillo y sus reformas con las peores frases, y presagiaba una guerra civil en el caso de que se efectuara la reforma constitucional.

Como la reina á pesar de todas sus ligerezas respetaba un poco á Narváez y le temía algo más, se afectó bastante con la lectura de dicha carta y se la enseñó á Bravo Murillo, quien hubo de calificarla de proclama revolucionaria.

El jefe del gabinete, á pesar de su inflexibilidad conoció que había llegado la hora de su caída y que conservando el poder exponía á la nación á una guerra civil, por lo cual reunió á los ministros en consejo, acordando éstos presentar su dimisión á la reina. Esta la aceptó en 14 de Diciembre manifestando en el decreto en que admitía la dimisión, lo satisfecha que estaba «de los eminentes y especiales servicios que había prestado el gabinete al trono y al país.»

La caída de Bravo Murillo fué acogida por la nación con general entusiasmo. La gente, según decían los periódicos de oposición, se abrazaba en las calles felicitándose por la ruina de aquel gabinete que, según la feliz expresión de *El Heraldo*, era «una horrible pesadilla que había oprimido durante dos años el pecho de España.»

Los progresistas, siempre cándidos y confiados en la benevolencia de la reina, esperaban que ésta los llamaría al poder; pero vieron con gran sorpresa que se formaba un gabinete de transición presidido por el general Roncali, conde de Alcoy, tan insignificante militar como reaccionario político. D. Alejandro Llorente entró en Gobernación; D. Federico Vahey en Gracia y Justicia; el conde de Mirasol en Fomento y Marina; D. Gabriel Aristizábal en Hacienda y en Guerra el general Lara.

Creía el país que el nuevo ministerio se limitaría á preparar la situación para que entrase en el poder un gabinete más liberal, pero con gran asombro vió que el ministro de la Gobernación en su primera circular manifestaba que el gobierno no renunciaba á una revisión constitucional que viniese á aumentar los derechos del Trono.

La alegría que había producido la caída de Bravo Murillo se desvaneció inmediatamente y todos comprendieron que el nuevo gabinete era hechura del anterior, y que la reina seguía deseosa de matar el régimen constitucional.

La amenazante protesta que se produjo en el país intimó bastante á la Corte y á Roncali, y pronto cambió la política del ministerio, entrando Benavides en Gobernación en sustitución de Llorente que pasó á desempeñar la cartera de Hacienda.

Benavides expidió una nueva circular á los gobernadores muy contraria á la de su antecesor, anatematizando todo proyecto de reforma constitucional, y como Roncali era una de las muchas nulidades que produce el ejército español, muy pronto se hizo el ministro de la Gobernación el verdadero jefe del gabinete.

Las Cortes fueron convocadas para el 4 de Febrero de 1853 y el gobierno adoptó algunas disposiciones que demostraban cierto espíritu de tolerancia, y contra las cuales protestó el reaccionario conde de Mirasol abandonando las dos carteras que desempeñaba. Las reuniones electorales fueron permitidas por el gobierno, lo que no impidió que ejerciera presión en los comicios, á pesar de lo cual el resultado de las elecciones fué bastante favorable para la coalición que seguian sosteniendo moderados y progresistas.

Al verificarse la apertura de las Cortes, Benavides dió un decreto prohibiendo á los periódicos la publicación de los discursos parlamentarios que no fuesen copiados del *Diario de Cortes* y asimismo el insertar un discurso sin su correspondiente refutación.

Como el ministerio temía la oposición de sus enemigos, apadrinó la candidatura de Martínez de la Rosa, que era la acordada por la coalición, y declaró además con gran solemnidad que no había apadrinado ni apadrinaría nunca la reforma constitucional ideada por Bravo Murillo. A pesar de estas concesiones, el ministerio fué combatido con verdadera saña en el Congreso y en el Senado por moderados y progresistas, los cuales le negaron toda autoridad para resolver los conflictos en que se hallaba la nación. Cuando más ocupadas estaban ambas Cámaras combatiendo al ministerio, Roncali, en 8 de Abril, suspendió bruscamente sus sesiones, medida injustificada que produjo grandes protestas aun en el seno del gabinete, ocasionando la dimisión del ministro de Gracia y Justicia.

Aquella inesperada disolución obedecía á una de las muchas artimañas que tenian su foco en el regio palacio. El general Roncali, que á más de nulo y pretencioso era de carácter antipático, no llegó nunca á ser del agrado de la reina, la cual buscó un medio tan desacertado como le pudo sugerir su menguada imaginación, para destituir á aquel ministerio hijo de una intriga palaciega.

Isabel, para desacreditar por completo á Roncali, le exigió la disolución de las Cortes y á los dos dias le ordenó la destitución de Llorente, el ministro de Hacienda, por no enviar éste á palacio cuanto dinero se le pedía fundándose en el frívolo pretexto de que el pais no daba más de sí.

Roncali, que deseaba conservar el poder, se avistó con Llorente y con su acostumbrada rudeza manifestóle que la reina deseaba su dimisión; pero Benavides, que estaba presente y comprendía la verdadera significación de aquellas regias indicaciones, se apresuró también á extender la suya ocupándose inmediatamente el general en buscar nuevos ministros. Pero la reina se negó á aceptar cuantos candidatos le presentó Roncali y al fin éste, después de esforzar mucho su menguada inteligencia, logró comprender que lo que la soberana deseaba era que él abandonase el gobierno y presentó la dimisión de todo el gabinete.

El 14 de Abril quedó constituido

un nuevo gabinete bajo la presidencia del gallardo general Lersundi, que gracias á sus condescendencias amorosas con la reina lograba hacer una rápida carrera. Lersundi, además de la presidencia, se encargó de la cartera de Guerra; en Estado entró D. Luis de la Torre Ayllón; en Gobernación D. Pedro Egaña; en Gracia y Justicia y Fomento D. Pablo Govantes; en Hacienda D. Manuel Bermúdez de Castro y en Marina D. Antonio Doral.

Este gabinete carecía de representación política y no tenía otra significación que un capricho de Isabel II que quería ver á su amigo ejerciendo de jefe de gobierno, y una conveniencia egoísta de María Cristina, que con aquel ministerio de nulidades puestas por completo á su devoción, podía realizar unida al banquero Salamanca algunos negocios lucrativos.

La coalición constitucional se mostró cobarde ante este ministerio á pesar de que conocía lo deshonroso de su origen. Los progresistas, siempre complacientes con el Trono y eternos aduladores de la majestad, se lamentaron mucho de aquellos abusos de la soberana, pero procuraron no combatir rudamente á Lersundi por no disgustar á la cariñosa Isabel II.

Los moderados, por su parte, aunque mantenían la coalición con los progresistas, sólo era aparentemente, pues desde la caída de Bravo Murillo trataban con benevolencia á los sucesivos gobiernos por estar compuestos de hombres que, aunque disidentes, pertenecían al mismo partido, y en cuanto á Narváez, como no lo llamaban al poder, seguía representando el papel de liberal, siendo los mismos progresistas los que con más fervor le adulaban olvidando que en épocas casi recientes había sido su más cruel perseguidor.

El gabinete Lersundi se manifestó en los primeros meses de su existencia como un gobierno indefinible que no tenía ningún plan determinado, conducta fácil de explicar, pues lo que deseaban los ministros era no enemistarse con ningún partido y á la sombra de tal benevolencia saquear al país con los propios negocios y facilitar los de María Cristina.

Bermúdez de Castro era el ministro menos inmoral y el único que se mostraba dispuesto á no transigir con las tremendas irregularidades que proponía Cristina, cosa que disgustó tanto á ésta como á D. Pedro Egaña, que era en el seno del gabinete el padrino de todos los negocios sucios.

Bermúdez de Castro planteó algunas economías en el presupuesto de gastos, que aunque tímidas fueron provechosas y su tendencia moralizadora, digna de aplauso, fué motivo más que suficiente para que sus compañeros, con una continua oposición, le obligaran á dimitir en 21 de Junio. El ministro de Estado presentó también su dimisión y en el mismo día fueron reemplazados, entrando en Hacienda don Luis Pastor; en Fomento D. Claudio Moyano y en Estado D. Angel Calderón de la Barca que era en aquel entonces ministro plenipotenciario en los Estados Unidos.

No tardó en surgir nuevamente la crisis. El gabinete volvió á ocuparse de la concesión de la línea del Norte, negocio al que se había opuesto Bermúdez de Castro, pues era una escandalosa explotación que producía á Salamanca el concesonario más de cien millones de reales.

Pastor, el ministro de Hacienda, pasaba por todo; Lersundi, ocupado únicamente en resultar agradable á la reina, no se preocupaba de tales cuestiones, y Egaña defendía tenazmente la concesión por lo mismo que había de participar de las ganancias; pero estaba allí D. Claudio Moyano, político reaccionario, pero de reconocida honradez é inflexibilidad de carácter, quien se negó enérgicamente á consentir tal negocio, no ablandándose ante los seductores ofrecimientos que le hicieron y abandonando el gobierno antes que transigir con el robo oficial.

A principios de Agosto entró á sustituirle D. Agustín Esteban Collantes, y el porvenir se encargó de demostrar que Egaña había sabido escoger bien el compañero, pues el nuevo ministro se hizo célebre por sus escandalosas irregularidades.

Apenas Esteban Collantes entró en Fomento, declaró válidas las concesiones de ferrocarriles que tanto habían escandalizado al país y que el Consejo de Estado había declarado nulas y sin ningún valor.

Aquella vergonzosa audacia del ministro de Fomento produjo una enérgica campaña contra el gabinete y por todas partes se elevaron acusaciones de inmoralidad contra los ministros. Al poco tiempo descubrióse una escandalosa contrata de carbón de piedra que había hecho el ministro de Marina y éste tuvo que abandonar el cargo, reemplazándole el mismo Esteban Collantes, hombre capaz de desempeñar á un mismo tiempo todos los ministerios y enriquecerse con los más escandalosos y audaces negocios.

El gabinete comenzó á vivir en perpetua crisis. Lersundi perdía rápidamente el afecto de la reina que comenzaba á mostrar gran predilección por D. Luis Sartorius, conde de San Luis, hombre reaccionario y de mediana capacidad, pero á quien sobraban las condiciones personales necesarias para llamar la atención en los salones de palacio.

Lersundi, al conocer que se acercaba rápidamente su última hora como jefe de gobierno, presentó la dimisión el 10 de Setiembre, quedando moderados y progresistas como en suspenso y con la vista fija en palacio esperando cada partido ser el preferido y el designado para ocupar el poder.

CAPITULO XI

1853-1854

El gabinete Sartorius.—Efecto que produce su elevación en todos los partidos.—Actitud de Narváez. —Muerte de Mendizábal.—Reunión de las Cortes.—La cuestión ferrocarrilera.—Disolución de las Cortes.—Actitud reaccionaria del gobierno.—Persecución que sufren los periodistas.—Trabajos revolucionarios.—Indecisión de los generales.—Sublevación de Zaragoza.—Penalidades de Bermúdez de Castro.—La casa de banca Rianzares y Compañía.—Los escándalos en Palacio.— El cholo de la reina.—Preparativos revolucionarios.—Primer fracaso de la insurrección.—Candidez del ministro de la Guerra.—Dulce se subleva con la caballería en el Campo de Guardias.— Disposiciones del gobierno.—Carácter político de Odonell.—Batalla de Vicálvaro.—Frialdad con que el país acoge el movimiento.—Resolución decisiva de los agentes revolucionarios.—Manifiesto de Manzanares.—Su carácter democrático.—Efecto que produce en la nación.—Sublevaciones de Alcira, Barcelona, Valladolid y Zaragoza.—Espartero se adhiere al movimiento.— Manifestación revolucionaria en Madrid.—Dimisión del gabinete Sartorius.—Ministerio del duque de Rivas.—Ineficacia de sus reformas.

Don Luis Sartorius fué el llamado por la reina para constituir gabinete, siendo grande el desencanto que experimentaron los progresistas al conocer la resolución de la soberana.

Sartorius arregló su gabinete encargándose de la presidencia y de la cartera de Gobernación; en Gracia y Justicia, entró el marqués de Gerona; en Hacienda, el antiguo progresista D. Jacinto Félix Domenech; en Guerra, el general Blásser; en Marina, el marqués de Molins, y en Fomento, continuó el famoso D. Agustín Esteban Collantes. Por entonces llegó á España, procedente de los Estados Unidos, el plenipotenciario D. Angel Calderón de la Barca, quien fué confirmado en el nombramiento de ministro de Estado.

El gabinete Sartorius hizo llegar al último límite las protestas de los desairados progresistas, quienes criticaban á doña Isabel el mal uso que hacía de la regia prerogativa, manifestando lo escandaloso que era que en menos de dos años hubiera llamado al poder á más de cuarenta ministros. Aquel continuo desprecio de que eran víctimas hizo que los progresistas prorumpieran en amenazas contra los Borbones y que se manifestaran partidarios de la casa de Braganza; pero se cuidaron mucho de hacer ver que seguían tan fervientes monárquicos como antes, pues estos originales *revolucionarios* no querían que se dudara ni por un instante de su afecto á la realeza.

No fué más lisonjero el efecto que el desenlace de la crisis produjo entre los moderados. Sartorius pertenecía á su partido y se había acreditado en varias ocasiones como reaccionario de los más retrógrados; pero como la agrupación moderada estaba fraccionada en siete ú ocho bandos, de aquí que el nuevo gobierno no encontrara protección más que en aquellos de sus amigos más allegados.

Como cada gabinete que se formaba era solamente obra de un grupo del moderantismo, sólo servía para hacer más grande la desunión en el partido reaccionario y gozaba de corta vida, pues tenía que luchar con sus mismos correligionarios que eran los enemigos más encarnizados. Cada uno de aquellos ministerios para poder vivir necesitaba sobornar á sus enemigos dándoles altos puestos en la administración, con lo cual ésta convertíase en un cuerpo de hombres sin conciencia ni dignidad que sólo atendían á exprimir el jugo del país.

Entretanto la reina, que creía cosa de juego el gobernar una nación, tomaba en broma las cuestiones políticas y tenía especial gusto en aumentar la discordia entre sus defensores.

Cuando Sartorius fué llamado al poder, Narváez, que estaba retirado de la política activa, protegía la constitución de un gabinete presidido por Odonell como el medio más adecuado para preparar la organización del partido moderado; así es que manifestó gran disgusto por la subida del conde de San Luis á la presidencia del Consejo y le dijo con su ruda franqueza:

—Se pierde usted y pierde á los demás. Sólo Odonell puede y debe ocupar ahora el poder. Está de Dios; yo no soy presuntuoso, pero desde que me separé de ustedes caminamos de mal en peor, y tenga usted por seguro que no pasará mucho tiempo sin que todo se lo lleve la trampa.

Sartorius quiso al principio hacerse perdonar su inmerecida elevación al poder, y para resultar simpático al país realizó algunas reformas útiles, como la supresión de pasaportes, la de los registros de equipajes en las puertas de las poblaciones y el establecimiento de los procedimientos civiles y penales ideados por el marqués de Gerona, jurisconsulto notable. Estas disposiciones beneficiosas de Sartorius no lograron salvarle de la oposición, pues moderados y progresistas le movieron cruda guerra, manteniendo contra él la coalición que habían ajustado para combatir á los anteriores gobiernos y llevando como bandera de combate el lema *moralidad administrativa*.

Como en aquella época la infortunada Polonia era el pueblo de moda y sus desgracias despertaban las simpatías de toda Europa, los partidos coaligados compararon el saqueo de dicha nación por los rusos con el que sufría España gobernada por el conde de San Luis y apodaron *polacos* á todos los amigos de Sartorius y *polacadas* las arbitrarias disposiciones del ministerio.

Por aquellos días murió el insigne Mendizábal, al que tanto debía la nación, y su entierro fué una imponente manifestación política á la que asistió el conde de San Luis, en apariencia para rendir un tributo de admiración al ilustre finado; pero en realidad para quitar al acto su carácter de demostración contra el gobierno. Mendizábal, que tanto había sido calumniado por sus enemigos, murió pobre, habiéndose distinguido en sus últimos años combatiendo la reforma constitucional de Bravo Murillo con una energía propia de sus mejores tiempos. Sus reformas atrevidas y saludables que en 1835 decidieron el éxito de la guerra civil y que en 1851 fueron destruidas en su mayor parte por el funesto concordato con la Santa Sede, serán siempre un monumento de imperecedera memoria para el personaje que bien puede ser llamado el primero de nuestros revolucionarios.

Al reunirse las Cortes fueron elegidos presidente del Congreso Martínez de la Rosa, y del Senado el marqués de Viluma, ocupando Narváez su asiento en la alta Cámara.

Deseoso Sartorius de desvanecer la sospecha de inmoralidad que sus enemigos hacían recaer sobre él, anuló la concesión del ferrocarril del Norte aprobada por el anterior gobierno y dispuso que las obras se sacasen á pública subasta por cuenta del Estado, pero se negó á llevar al Congreso el expediente, que era lo que le pedían varios diputados; dejando en secreto las inmoralidades que existían en tal concesión y la intervención que en ella habían tenido María Cristina y Salamanca, lo que dió motivo á muchos para sospechar que en la resolución del conde de San Luis se encerraba un negocio más escandaloso aún que el que se suprimía.

Se discutía entonces en el Senado la cuestión de los ferrocarriles, y Sartorius, faltando á lo prescrito en la Constitución, invitó á la alta Cámara á que cesase en su debate para que éste fuese iniciado en el Congreso donde el gobierno tenía mayoría.

Sartorius, sin esperar la contestación del Senado, presentó en el Congreso dichos proyectos, y entonces los senadores moderados y progresistas, ofendidos por esta preterición que se hacía sufrir á la Cámara privilegiada, hicieron una ruda oposición al jefe del gobierno, el cual, seguro como estaba de que no le faltaría el apoyo de la reina, habló á sus enemigos en el Senado con soberbia altanería, que su juventud é inexperiencia aun hacían más irritante.

Esto acabó de indignar á la Cámara, y el 9 de Diciembre los senadores derrotaron en una votación al gobierno. El resultado era de esperar. El conde de San Luis solicitó inmediatamente el apoyo de Isabel y las Cortes fueron suspendidas al día siguiente.

A partir de este suceso cambió por completo la política del conde de San Luis, pues se propuso imitar el sistema reaccionario y represivo tal como lo habían usado los más despóticos gobiernos de Fernando VII.

El gabinete, viéndose combatido por todos los partidos lo mismo moderados que avanzados, propúsose repeler la fuerza con la fuerza y persiguió con empeño nunca visto á todos cuantos se manifestaban contrarios al gobierno.

Todos los generales moderados sospechosos de animosidad contra el ministerio fueron deportados á las islas Canarias ó á varios castillos de la Península, logrando únicamente Odonell salvarse de las garras de la policía ocultándose en las casas de varios amigos y sufriendo durante cinco meses las consecuencias de una vida errante y llena de peripecias que tuvo por escenario el radio de Madrid.

No fueron únicamente los generales los únicos que sufrieron la persecución del gobierno, pues los periodistas que habían recogido el guante lanzado por el ministerio y que le atacaban con valientes artículos, fueron perseguidos por la policía que dió una verdadera batida en las redacciones.

El director de *Las Novedades*, don Angel Fernández de los Ríos y los jóvenes escritores Ayala y Cánovas del Castillo, que entonces comenzaban á darse á conocer, fueron los que con más energía combatieron á Sartorius redactando una hoja revolucionaria que se repartió con gran profusión, llegando á aparecer hasta en la misma alcoba de la reina, y en la cual se hacía una compendiada reseña de la historia de España, profetizando que en breve dejaría de reinar Isabel II entrando á sustituirla en el trono don Pedro de Braganza, bajo cuya autoridad se realizaría la unión de España con Portugal, tan deseada por todos.

A principios de Febrero fué sorprendido en sesión el comité central directivo del partido democrático, que bajo la presidencia de D. Nicolás María Rivero se había reunido en casa de D. Manuel Becerra, siendo reducidos á prisión todos sus individuos á excepción de D. Francisco Pi y Margall que se salvó gracias á la presencia de ánimo de una señora parienta de Becerra que evitó cayera en poder de los esbirros.

A pesar del arresto de los periodistas, los diarios siguieron haciendo una ruda oposición al gobierno, y nuevos escritores se ofrecieron á ocupar los puestos vacantes en las redacciones para continuar aquella liberal cruzada contra el conde de San Luis.

Los esfuerzos que éste hacía para acallar la voz de la opinión pública, demostrando en palacio que el país estaba completamente tranquilo, resultaban inútiles, pues llegaban á poder de la reina las protestas del elemento liberal, y en el mes de Enero recibió aquélla una exposición firmada por gran número de exministros, senadores, diputados, títulos de Castilla, escritores y capitalistas, en la cual se pedía á la soberana un completo cambio de política, enumerando los males que el gobierno estaba causando á la nación y el peligro en que ponía al Trono.

Isabel dió á leer este documento á Sartorius, pero éste contestó tachando á todos los firmantes de enemigos de la monarquía y proponiéndose castigarlos por su audacia.

Los partidos moderado y progresista, más unidos que nunca, propusiéronse apelar á las armas para derribar al ministerio, y entraron de lleno en los trabajos revolucionarios. Los generales Odonell, Serrano, Mesina, Dulce, Ros de Olano, San Miguel, Echagüe y otros, comprometiéronse á iniciar y secundar el movimiento, siendo ayudados por varios revolucionarios del elemento civil, entre los que se distinguían D. Manuel Somoza, tan notable por su valor en la revolución de 1848, D. Angel Fernández de los Ríos y D. Antonio Cánovas del Castillo.

Además funcionaba un directorio revolucionario, en el que figuraban los generales Nogueras, Ossorio y Ametller, estando al frente de otros comités subalternos Ortiz de Pinedo, Cisneros y Martos.

A pesar del acierto con que se llevaban á cabo los preparativos revolucionarios, los conjurados no pudieron detener la impaciencia de algunos de sus compañeros, y en Zaragoza hubo un conato de sublevación que quedó frustrado por haber muerto á los primeros tiros el brigadier Hore, que estaba á la cabeza del movimiento.

La fecha de la sublevación general fué fijada para el 22 de Febrero, y D. Manuel Somoza, en combinación con varios jefes militares, intentó iniciar nuevamente el movimiento en Zaragoza, pero la indecisión de los comprometidos hizo aplazar el golpe.

En aquella conspiración imponente, los hombres civiles mostrábanse más valerosos, activos y audaces que los militares, pues Odonell, que andaba fugitivo por Madrid de casa en casa, no sabía qué hacer ni qué disposición tomar, y en cuanto á Ros de Olano y otros generales se manifestaban inclinados á permanecer en la inacción diciendo que nada debía intentarse mientras que Sartorius no se decidiese á dar el golpe de estado que esperaban moderados y progresistas. Esto equivalía á declarar que no querían hacer nada dichos generales, pues el conde de San Luis no pensaba en imitar á Bravo Murillo ni soñaba en golpes de estado.

A principio de su ministerio mostróse Sartorius igual á todos los gobiernos anteriores. No era liberal, pero tampoco absolutista, y si adoptó medidas tan cruelmente represivas fué por vengarse y defenderse de aquellos tenaces enemigos que le combatían, y en especial de los moderados, hasta poco antes sus fieles compañeros.

Cuando la abortada conspiración de Zaragoza dió á entender á Sartorius que los moderados estaban dispuestos á apelar á las armas, no dudó más en sus procedimientos represivos y se propuso ser cruel hasta ahogar en sangre la naciente revolución. El coronel Latorre, que cayó prisionero al dirigirse hacia la frontera con los fugitivos revolucionarios de Zaragoza, fué fusilado inmediatamente por orden del gobierno, quien declaró en estado de sitio toda España, encarcelando y deportando además á casi todos los redactores de los periódicos.

Sólo dos publicaciones fueron respetadas por Sartorius, *El Clamor Público*, porque combatía á la unión liberal, y *El Heraldo*, por ser el órgano del gobierno que defendía con gran desfachatez todas sus arbitrariedades.

El conde de San Luis apercibióse de que conspiraban contra él Zabala, Manzano, Ros de Olano, Serrano y otros generales, por lo que les hizo salir inmediatamente de Madrid, é igual castigo hubiera sufrido el general Dulce, á no ser porque respondió de su lealtad con gran empeño el ministro de la Guerra, el cual tenía tanta confianza en él que le encomendó la dirección general del arma de Caballería.

El ex-ministro Bermúdez de Castro, que era en aquel entonces diputado y que llevado de su rectitud combatía á Sartorius, fué desterrado por éste sin fundamento de ninguna clase y conducido á Cádiz donde fué encerrado en el castillo de Santa Catalina en rigorosa incomunicación, no permitiéndosele ni aun el uso de libros. Con tanta crueldad fué conducido á tal punto, que, al pasar por Jerez, sus guardianes no le permitieron que visitara breves instantes á su anciana madre ni á un hermano moribundo.

En aquella ocasión no era únicamente Sartorius quien se vengaba, sino María Cristina y Salamanca, que no podían olvidar la noble tenacidad con que Bermúdez de Castro, siendo ministro, se había opuesto á sus indignas especulaciones. Desde el castillo de Santa Catalina, el desgraciado ex-ministro fué conducido á Canarias en el bergantín *Rianzares*, obligándosele á pagar el precio del pasaje, sopena de viajar sobre cubierta.

El conde de San Luis, á pesar de aquella confianza que públicamente demostraba, comprendía que no tardaría en caer del poder y aprovechaba su época de omnipotencia para realizar grandes negocios, en los que intervenía la casa de banca Rianzares y

Compañía, fundada y sostenida por Cristina y su marido Muñoz, el cual antes de entrar en la Guardia de Corps había sido mancebo de tienda y tenía instintos comerciales, unidos á una avaricia tan extremada que oscurecía la de su esposa, á pesar de que ésta era interesada sin límites. Con tan cínico descaro explotaban la reina madre y su esposo todas las fuentes de riqueza del país, siendo mayor el escándalo en vista de que este par de agiotistas eran los destinados á crear y dar vida á los ministerios.

Sartorius no pensaba en reunir las Cortes por temor á sus ataques, pero este miedo á la opinión pública sólo servía para fomentar las manifestaciones clandestinas del malestar público que agitaban el espíritu revolucionario del país.

Publicábase sin pié de imprenta una hoja volante titulada *El Murciélago*, redactada por Cánovas, Ayala y Somoza, los cuales dirigían rudos ataques contra el gobierno y la reina. Esta publicación clandestina tenía el privilegio de excitar la indignación de Sartorius, que ponía en juego toda su policía para descubrir á los autores; pero las pesquisas resultaban siempre inútiles, y en cambio *El Murciélago* seguía publicándose y penetrando en todas partes, apareciendo como por arte mágica sobre las mesas de los ministerios y hasta en los bolsillos de los trajes de la reina.

Los escándalos palaciegos no merecían menos la acerba crítica de *El Murciélago*, y éste relataba la venta de honores y empleos que Cristina hacía en palacio y lo enamorada que estaba la reina del comandante Arana, después duque de Baena, especie de «chulo endiosado» que á cambio de los halagos y el dinero que le proporcionaba Isabel la daba tremendas palizas, con lo cual aumentaba el cariño de aquella mujer caprichosa hasta la demencia.

Todos estos escándalos excitában la opinión pública y preparaban el terreno á la revolución, que el gobierno veía llegar á pasos agigantados. Puestos de acuerdo los conspiradores decidiéronse efectuar el movimiento en la mañana del 13 de Junio, comprometiéndose Dulce á sacar los regimientos de caballería en dirección á Alcalá de Henares.

A las cinco de la mañana de dicho día, Odonell, que era el jefe del movimiento, salió de Madrid en el carruaje del marqués de la Vega de Armijo, deteniéndose en el pueblo de Canillejas donde esperó la llegada de Dulce.

Este entretanto estaba con la caballería haciendo evoluciones en las afueras de la capital y esperando la llegada de algunos batallones de infantería que habían prometido unirse al movimiento. Pero las horas fueron transcurriendo sin que llegaran las fuerzas esperadas, y como un ejercicio tan prolongado cansaba á los soldados y podía excitar las sospechas del gobierno, Dulce se decidió á enviar los regimientos á sus cuarteles aplazando el movimiento, y Odonell despechado por tal fracaso regresó á Madrid aquella misma tarde.

Sartorius llegó á sospechar algo de lo ocurrido, pero el ministro de la Guerra tenía absoluta confianza en Dulce y no dió crédito á ninguno de los rumores que circulaban.

El fracasado movimiento del día 13 fué fijado para el 28 de Junio, y con alguna imprudencia debieron proceder los conjurados por cuanto en la noche anterior el gobernador militar de Madrid, D. Genaro Quesada, llegó á concebir serias sospechas que comunicó al ministro de la Guerra general Blásser, el cual, no creyendo que Dulce pudiese engañarle, pasó á casa de este general á quien encontró dispuesto á acostarse. El ministro manifestó á Dulce sus temores y las sospechas que recaían sobre él, pero el director de la caballería manifestóse sorprendido y contestó con acento convincente:

—Me calumnian de un modo infame, pues el gobierno no tiene un defensor más leal que yo.

Marchóse Blásser satisfecho, pero Quesada que estaba sobre la pista de la conspiración, volvió á manifestarle sus sospechas acompañándolas de tan importantes datos que el ministro volvió otra vez á la casa de Dulce á quien encontró durmiendo, lo que le tranquilizó é hizo arrepentirse de haber dado crédito á las sospechas del gobernador militar.

Pronto se convenció de que éste era quien se hallaba en lo cierto.

A las pocas horas, cuando empezaba á despuntar el día, el general Dulce se presentó en los cuarteles, llevando poco después los regimientos de caballería al Campo de Guardias, donde se les unió el batallón del Príncipe, que fué la única fuerza de infantería que tomó parte en la sublevación. Odonell, que se presentó en un carruaje, dióse á conocer á las tropas, y en el pueblo de Canillejas, rodeado de los generales Dulce, Ros de Olano y Masina, las arengó diciendo que aquella insurrección era un deber que la patria tiranizada exigía á todos sus hijos.

Odonell, comprendiendo que para una empresa tan aventurada era perjudicial la cooperación de hombres tibios é irresolutos, terminó pidiendo que se retirasen aquellos que no estuviesen dispuestos á seguirle, á cuya excitación contestó el conde de la Cimera, coronel del regimiento de Santiago, saliendo de las filas y volviéndose á Madrid, no sin manifestar antes que había sido engañado y calificar la sublevación con los términos más duros.

La corte y el ministerio, que se hallaban en el Escorial, recibieron con gran sorpresa la noticia de la insurrección.

Isabel, convencida del monarquismo de Narváez, se ofreció á presentarse ante los insurrectos, segura de que éstos la seguirían; pero Sartorius se opuso á tal resolución, y tanto la

O'DONNELL.

reina como los ministros salieron apresuradamente para Madrid.

Lo primero que hizo el conde de San Luis al llegar á la capital fué enterarse de si Narváez había tomado parte en la insurrección, y al saber que el caudillo moderado permanecía quieto, mostróse muy esperanzado de batir totalmente á los insurrectos. A pesar de esto, Narváez simpatizaba con el movimiento, y si no se puso á su frente, fué por ciertas divergencias con Odonell, nacidas de su exagerado amor propio.

Circulaba ya por Madrid una proclama suscrita por los generales sublevados, en la cual se limitaban á protestar contra la inmoralidad administrativa y á denunciar las irregularidades de los otros gobiernos, sin decir por esto ni una sola palabra de reformas políticas ni de libertad. Lo único de notable que había en aquel documento era que se evitaba cuidadosamente el citar el nombre de doña Isabel, lo que daba á la revolución un carácter antidinástico.

Los redactores de *Las Novedades*, en cuya imprenta estuvo escondido Odonell más de cinco meses, así como los agentes revolucionarios Cánovas del Castillo, Ayala, Martos, Cisneros y otros, aunque monárquicos, eran enemigos de los Borbones y partidarios de la casa de Braganza, que significaba la unión de España con Portugal, y de aquí que el movimiento tuviera un carácter verdaderamente temible para doña Isabel.

Además, Odonell era hombre de ideas políticas muy confusas é indeterminadas, pues según el testimonio de una persona que tuvo ocasión de tratarle íntimamente, «la teoría política le era completamente indiferente; para él no había más que el ser gobierno, sin que le importara gran cosa la forma de éste.»

La víspera de la sublevación le hablaba así á Fernández de los Ríos, su compañero de ocultación:

—Una vez obligado á conspirar, una vez obligado á montar á caballo, voy sin ningún escrúpulo hasta la república; cuando juego mi cabeza lo que me importa es no perder; triunfando, todo lo que venga después lo acepto.

Como se ve, Odonell, al levantarse en armas, estaba dispuesto á todo, incluso á derribar á Isabel II de su trono, y de seguro que á no ser por la indecisión de los partidos y la conducta que al triunfar la revolución observó el general San Miguel, progresista reaccionario y vividor, España se hubiera visto libre de aquella mujer que aun había de causarla grandes males.

Como el más engañado por aquella sublevación había sido el ministro de la Guerra, Blásser, que confiaba en la amistad y adhesión de Dulce, entregóse á la desesperación y publicó una proclama dirigida á las tropas sublevadas, en la que decía así:

«¡Soldados! Habéis obedecido á vuestro general; pero ese general es un traidor. La ordenanza, que tanto os recomienda la obediencia, no podía preveer que el director general de una arma arrastrase al crimen al subordinado con la fuerza de su misma autoridad. La reina está dispuesta á perdonar vuestro desgraciado error, si al escuchar la voz de su clemencia y antes que llegue la hora del castigo abandonáis esas banderas que, no vosotros, sino vuestro jefe superior ha cubierto de infamia, alzándolas alevosamente contra su persona y su gobierno.

»¡Soldados! La reina os espera.—Madrid 28 de Junio de 1854.—El ministro de la Guerra, Anselmo Blásser.»

El gobierno comprendía bien el carácter de aquella insurrección, pues la reputaba de antidinástica, y de igual modo la consideró Isabel, quien dirigió una alocución á la guarnición de Madrid calificando la conducta de Dulce de crimen de alta traición y á los generales rebeldes de ingratos que atentaban contra su persona y su trono.

En la tarde del día 29 la reina revistó á las tropas, acompañada de su esposo y de su hija, y no le pasó desapercibida la indiferencia con que el pueblo miró á la canallesca familia que le esclavizaba. Al amanecer del día 30 salieron en persecución de los insurrectos, al frente de una parte de la guarnición, el capitán general y el ministro de la Guerra.

Entretanto Odonell había entrado triunfante en Alcalá, donde se le unieron dos regimientos de caballería, un escuadrón de cazadores y la escuela de instrucción que constaba de trescientos soldados montados. De tal modo reforzado, acampó Odonell en las llanuras de Vicálvaro, á dos leguas de Madrid, y formando en línea de batalla esperó el ataque de las fuerzas del gobierno.

A las tres de la tarde se avistaron ambos ejércitos, y á las cuatro comenzó la batalla, que fué muy reñida, aunque no decisiva para ninguna de las dos partes, pues las tropas del gobierno se retiraron á Madrid bastante destrozadas, y las de Odonell después de replegarse en Vicálvaro se dirigieron á Aranjuez. Sobre el campo de batalla quedaron unos cien muertos y gran número de caballos destrozados por la metralla de la artillería.

Cuando las tropas del gobierno entraban en Madrid por la puerta de Alcalá, hubo una falsa alarma, y los batallones se desordenaron inmediatamente, ofreciendo el aspecto de un ejército derrotado. A pesar de ésto, el gobierno se adjudicó el triunfo, y como si hubiera batido por completo la insurrección comenzó ya á pensar en el fusilamiento de Dulce, Odonell y demás generales en el Campo de Guardias.

Aunque los sublevados no habían sido realmente vencidos, su situación se iba haciendo apurada por momentos, y más que contra el gobierno tenían que luchar contra la indiferencia del país que miraba friamente aquella insurrección sin ningún carácter político. Los sublevados tenían bien merecido este desvío del país, pues en sus manifiestos se limitaban á invocar la moralidad administrativa, frase hueca en los labios de los doctrinarios, y hacer algunas vagas alusiones á la pureza del régimen representativo.

Tan escaso era el deseo que sentían aquellos militares de dar libertad al país, que se resistían á hacer declaraciones revolucionarias, y en el manifiesto que publicaron en Aranjuez en 4 de Julio siguieron hablando vagamente de las inmoralidades de los ministros, limitándose á decir al final del documento: *Al banquillo de los reos los restauradores de los frailes.*

En Madrid funcionaba un comité revolucionario formado por Fernández de los Ríos, Tassara, Cánovas, Vega Armijo, Ortiz de Pinedo y otros que preparaban un movimiento popular en nombre de la soberanía nacional. Como estos conspiradores por estar en continuo roce con las masas populares conocían sus aspiraciones y comprendían que la causa de su frialdad estaba en lo indefinido de las promesas de los insurrectos, decidiéronse á dar un programa al movimiento que estaba ya perdido, si no tomaba un carácter más revolucionario.

Comisionado por sus compañeros, salió Cánovas de Madrid el mismo día 4 de Julio, y llegó á Aranjuez cuando Odonell, perseguido ya de cerca por las tropas del gobierno, había abandonado dicha población. En Villarrubia encontró Cánovas á los insurrectos y expuso á su general la necesidad de redactar un programa político en consonancia con las aspiraciones del país y que diese á la insurrección un carácter simpático.

El joven Cánovas, que por la pobreza y la desgracia en que había vivido era de carácter adulador y rastrero, supo decidir al general que vacilaba en mostrarse verdaderamente revolucionario, y éste le encargó por fin, la redacción de una proclama, ó más bien programa político que se hizo célebre con el título de *Manifiesto de Manzanares.*

Este documento que tanto había de influir en el éxito de la revolución, era como sigue:

«Españoles:

»La entusiasta acogida que va encontrando en los pueblos el ejército liberal, el esfuerzo de los soldados que le componen, tan heroicamente mostrado en los campos de Vicálvaro, el aplauso con que en todas partes ha sido recogida la noticia de nuestro patriótico alzamiento, aseguran desde ahora el triunfo de la libertad y de las leyes que hemos jurado defender. Dentro de pocos días la mayor parte de las provincias habrán sacudido el yugo de los tiranos; el ejército entero habrá venido á ponerse bajo nuestras banderas, que son las leales; la nación disfrutará los beneficios del régimen representativo, por el cual ha derramado hasta ahora tanta sangre inútil y ha soportado tan costosos sacrificios. Día es, pues, de decir, lo que estamos resueltos á hacer en el de la victoria. Nosotros queremos la conservación del trono, pero sin camarilla que lo deshonren; queremos la práctica rigurosa de las leyes fundamentales, mejorándolas, sobre todo, la electoral y la de imprenta; queremos la rebaja de los impuestos, fundada en una estricta economía; queremos que se respeten en los empleos militares y civiles la antigüedad y los merecimientos; queremos arrancar los pueblos á la centralización que los devora, dándoles la independencia local necesaria para que conserven y aumenten sus intereses propios, y como garantía de todo ésto, queremos y plantearemos sobre sólidas bases la milicia nacional.

»Tales son nuestros intentos que expresamos francamente, sin imponerlos por esto á la nación. Las Juntas de gobierno que deben irse constituyendo en las provincias libres; las Cortes generales que luego se reunan; la misma nación, en fin, fijarán las bases definitivas de la regeneración liberal á que aspiramos. Nosotros tenemos consagrados á la voluntad nacional nuestras espadas, y no las envainaremos hasta que ella esté cumplida.

»Cuartel general de Manzanares, 6 de Julio de 1854.—El general en jefe del ejército constitucional, *Leopoldo Odonell, conde de Lucena.*»

Como era de esperar este programa que fué repartido con gran profusión, produjo muy buen efecto en el país que deseaba reformas verdaderamente revolucionarias. El manifiesto de Manzanares iba mucho más allá de las aspiraciones de los moderados y de los progresistas, pues era un programa francamente democrático que se apartaba de las costumbres doctrinarias seguidas hasta entonces. En él no solamente se hacía un llamamiento á las Juntas populares y revolucionarias, organismos surgidos espontáneamente en todas las insurrecciones españolas, sino que se defendía la descentralización del poder dejando libre á la revolución aun en sus últimas consecuencias y autorizando únicamente á las futuras Cortes, producto de la voluntad nacional, para que fijasen el alcance del movimiento. Monárquicos eran los que firmaban dicho documento, pero no imponían al país tal forma de gobierno ya que prometían respetar la voluntad nacional, y no envainar sus espadas hasta que ésta se viera cumplida.

El espíritu democrático que campeaba en el programa del Manzanares, tenía una clara explicación. El movimiento insurreccional estaba ya perdido á causa de la indiferencia del país, y era necesario hacer un llamamiento al pueblo, para que con su entusiasmo viniera á dar vida á la sublevación. El que lucha por salvar su vida en peligro no repara en concesión más ó menos, y de aquí que Odonell y los demás generales que eran francamente conservadores hiciesen al pueblo seductoras promesas democráticas, aunque con la reserva mental de no cumplirlas.

El pueblo, tan crédulo y sencillo como valeroso y entusiasta, es siempre el eterno víctima de la falsedad de los políticos doctrinarios, y en esta ocasión sufrió el mismo engaño, fiando en las promesas de Odonell y secundando inmediatamente el movimiento.

No tardó en producir su efecto el programa del Manzanares. Ya en la noche del día 5 un grupo de revolucionarios de Valencia, afiliados en su mayor parte al partido republicano, se sublevó en la ciudad de Alcira resistiendo con heroica entereza á las tropas del gobierno que bombardearon la población.

El 14 de Julio Barcelona y Valladolid secundaron el movimiento, iniciándolo en la capital catalana el coronel Manso de Zúñiga con el regimiento de Navarra, al que se unió inmediatamente el pueblo. Otras fuerzas de la guarnición de Barcelona se unieron también á los revolucionarios, y á las once de la noche el capitán general de Cataluña, La Rocha, manifestó al pueblo, «que si hasta entonces había estado resuelto á sostener al gobierno, objeto de tan vivas antipatías, cedía á la fuerza de las circunstancias y á la opinión pública, adhiriéndose al pronunciamiento.»

La insurrección se esparció rápidamente por toda Cataluña, y habiendo desembarcado procedente de Canarias,

donde sufría destierro, el capitán general D. Manuel de la Concha, se encargó del mando, siendo reemplazado poco después por el general Dulce.

La agitación socialista que existía en Barcelona y la continua animosidad entre patronos y obreros fueron causa de algunos disturbios y del incendio de ciertas fábricas donde se habían establecido telares mecánicos. Las autoridades revolucionarias fusilaron á los autores de tales desmanes, y para agravar más la situación apareció en Barcelona el cólera morbo, causando numerosos estragos.

Emigró entonces la mayor parte del vecindario; cerráronse los centros de producción, y el hambre vino á hacer aún más triste la situación de la capital catalana.

En Valladolid pusiéronse al frente de la revolución el general Nogueras y el escritor D. José Güell y Renté, casado por una aventura de carácter novelesco (1) con la infanta doña Josefa de Borbón, hermana de D. Francisco de Asís.

Güell y Renté dirigió á Isabel II una larga carta en la que exponía el odio que sentía el país contra el ministerio Sartorius, carta que por una

_____

(1) A mediados de 1847 el Sr. Güell y Renté, poeta cubano de escaso renombre, tuvo el arrojo de salvar la vida á la infanta doña Josefa, deteniendo los caballos de su carruaje que iban desbocados. La infanta se enamoró de su salvador hasta el punto de casarse con él, no sin que antes de lograr esto y durante dos años sufriera Güell las persecuciones del gobierno, que por orden de la familia real quería impedir tal unión.

casualidad llegó á manos de la reina turbando su engañosa tranquilidad, y revelándola el peligro en que se hallaba su trono.

Pronto recibió la insurrección un considerable refuerzo con las sublevaciones de Valencia y Zaragoza, y aun vino á darla más importancia la adhesión de un hombre tan popular y respetado como era el general Espartero. Este, que seguía viviendo en Logroño alejado de la vida política, se decidió á salir de su retraimiento para atacar la reacción y pronunciando su frase tan célebre como hueca: *cúmplase la voluntad nacional*, marchó á Zaragoza donde le recibieron los sublevados con entusiasmo indescriptible.

Como se ve, la publicación de un breve documento saturado de espíritu democrático había bastado para cambiar radicalmente la faz del país, debiendo la insurrección su vida al famoso manifiesto de Manzanares.

El conde de San Luis, que después de Vicálvaro se creía ya vencedor y se disponía á castigar á los rebeldes vencidos, se consideró perdido irremisiblemente al ver la importancia que adquiría la insurrección. Sartorius reunió á sus compañeros de ministerio el 17 de Julio y acordaron presentar su dimisión, que inmediatamente aceptó la reina, aunque dirigiendo al gabinete grandes elogios por los servicios que la había prestado.

La noticia de la caída de Sartorius produjo en el pueblo de Madrid un entusiasmo sin límites que aun vino á aumentarse al ser conocida la sublevación de las principales capitales de España.

Se verificaba en dicho día una corrida de toros que al poco rato vino á convertirse en una manifestación revolucionaria, pues el público obligó á la banda de música de la plaza á entonar el himno de Riego, lo que acabó de excitar á la muchedumbre que se lanzó á las calles en actitud francamente revolucionaria. El entonces joven periodista y después célebre poeta don Gaspar Núñez de Arce arengó á los manifestantes en una de las puertas del café Suizo, é improvisándose jefe de la sedición, púsose al frente de la muchedumbre que prorumpió en vivas á la libertad y á la soberanía nacional.

La manifestación dirigióse al gobierno civil y al ministerio de la Gobernación, aclamando á Espartero y Odonell, y tomó por asalto ambos edificios, dando mueras á Isabel II, á María Cristina y á Sartorius.

Este al dimitir había recomendado á la reina que encargase al general Lara la formación de un ministerio de resistencia; pero el general, que comprendía lo difícil de la situación, se negó á aceptar el encargo, recomendando á su vez al general Córdova, como el más indicado por las circunstancias, para hacer frente á la avalancha revolucionaria.

Aceptó Córdova el encargo y en palacio creyeron que podía dominar la insurrección por pertenecer á una de las fracciones del partidario moderado que simpatizaba con los rebeldes; pero olvidaban que el general era muy odioso para el pueblo á causa de los injustos fusilamientos á que había condenado en Cataluña á los partidarios de la República.

A pesar de la impopularidad de Córdova y de que éste trataba de sostener en el trono á Isabel II, tan antipática á todos los partidos, los progresistas no tuvieron inconveniente en acudir á un llamamiento que les hizo en la tarde del día 17 para que le ayudasen á formar un gabinete de conciliación. Once años de alejamiento del poder tenían á los prohombres del partido progresista con grandes ansias de gozar las delicias del presupuesto, así es que se entendieron fácilmente con el general Córdova, dándole tres ministros que fueron Roda, Gómez de la Serna y Cantero.

Los demás puestos del gabinete se distribuyeron entre los moderados, y á causa de ciertos inconvenientes que Ríos Rosas presentó á última hora, Córdova hubo de ceder la presidencia al duque de Rivas, quien además se encargó de la cartera de Marina. En Estado, entró D. Luis Mayans; en Gracia y Justicia, D. Pedro Gómez de la Serna; en Fomento, D. Miguel de la Roda; en Gobernación, D. Antonio Ríos Rosas; en Hacienda, D. Manuel Cantero, y en Guerra, el general Córdova.

Hay que reconocer que este gabinete, á excepción de Córdova que era un vividor político sin ninguna idea propia, simpatizaba con los principios sostenidos por los insurrectos, á pesar de lo cual se vió obligado durante su breve vida á combatir la revolución.

Los nuevos ministros aceptaron y juraron sus cargos á condición de que fuesen reunidas inmediatamente las Cortes, se concediera libertad á la imprenta, se rebajasen los gastos públicos y se descentralizara la administración; pero todas estas reformas eran ya insuficientes para contener la efervescencia revolucionaria.

El flamante liberalismo de la reina llegaba demasiado tarde, pues once años de continua opresión y una tiranía tan irritante como la ejercida por Bravo Murillo y Sartorius habían producido en el país una indignación que mal podía desvanecerla Isabel II con reformas arrancadas más por la imperiosa necesidad que por el convencimiento.

CAPITULO XII

1854

Las jornadas de Julio.—Su verdadero carácter político.—Saqueo é incendio de varios palacios.—Salvajismo del coronel Gándara.—Las barricadas.—Junta revolucionaria.—Su formación arbitraria.—Combates del día 18.—El brigadier Garrigó.—Sus servicios á la revolución.—Héroes populares.—Brutalidades de Gándara.—Valiente defensa de la calle de Atocha.—Desarrollo del movimiento durante la noche del 18.—Combates del 19.—Oficiosidades del general San Miguel. —Su entrevista con la reina.—Dimisión del ministerio.—Conducta reaccionaria de la Junta.— Valiente protesta de Pi y Margall.—*El Eco de la Revolución.*—Prisión y justificación de Pi y Margall.—Adulaciones monárquicas de la Junta.—Las ridiculeces de San Miguel, ministro universal.—Informalidades de Allende Salazar.—Medidas de la Junta.—Fusilamiento del polizonte Chico.—Manifiesto rastrero de Isabel.—Entrada de Espartero y Odonell en Madrid.—Un abrazo grotesco.—Constitución del ministerio.—Su conducta poco liberal.—Fuga de Cristina.—Protestas que motiva.—Convocatoria de las Cortes.—Meetings electorales.—Don Emilio Castelar.— Resultado de las elecciones.

Los partidos doctrinarios han manifestado gran empeño en desvirtuar las jornadas de Junio de 1854 pintándolas como una revolución que únicamente tenía por objeto un cambio de ministerio y ocultando su verdadera tendencia que, si no era francamente republicana, al menos iba dirigida contra doña Isabel de Borbón, á la que el pueblo quería arrojar del trono.

Todo el país se manifestaba unánimemente contra aquella soberana, que por igual se había hecho antipática al pueblo y al ejército.

Después del efecto que el programa de Manzanares había producido en la nación, el triunfo revolucionario era ya seguro, y claramente lo demostraba el que la reina hubiese abandonado á sus eternos amigos, los moderados, creando un ministerio que, aunque tenía cierto tinte progresista y deseaba reformas, no podía atajar la corriente popular tan hostil al trono.

Cuando el gabinete presidido por el duque de Rivas juró en manos de la reina en la mañana del 18 de Julio, Madrid estaba ya en plena insurrección.

Ya vimos como en la tarde del día anterior las masas populares se apoderaron del Gobierno Civil y del ministerio de la Gobernación, sin resistencia de las tropas que guardaban dichos edificios, adquiriendo en ellos las armas que necesitaban para tomar parte en la lucha.

Otros grupos de amotinados penetraron en las casas que habitaban el conde de San Luis y Esteban Collantes, á pesar de la resistencia de la guardia municipal, arrojando á las llamas todos sus muebles y adornos artísticos. Igual escena se desarrolló en los domicilios del banquero Salamanca, el ex-ministro Domenech, el ex-gobernador conde de Quinto y el conde de Vista Hérmosa, siendo de notar que, á pesar de tal saqueo, aquellas turbas de gente hambrienta y haraposa en su mayor parte, no cometieron el menor robo, teniendo especial placer de condenar al fuego todas las riquezas de aquellos potentados que habían medrado á costa del país.

El palacio de María Cristina, situado en la plaza de los Ministerios, fué también objeto de los odios populares, pues los amotinados, después de romper á pedradas los cristales de los balcones y del vestíbulo, forzaron la entrada arrollando á la guardia municipal que no quiso romper el fuego á causa de las muchas mujeres que figuraban al frente de los grupos. Los amotinados, así que estuvieron dentro de palacio, rompieron los cuadros y los espejos, prendieron fuego á las colgaduras y arrojaron los suntuosos muebles á una hoguera encendida en el centro de la plaza.

Cristina, que era buscada con verdadera ansia por los sublevados, debió su salvación á haberse refugiado en el palacio real desde que se inició el motín, lo que la libró de una muerte segura.

Algunos miles de curiosos contemplaban aquella escena de destrucción, sin imaginar el carácter horrible que muy pronto iba á tener.

El coronel Gándara, furibundo progresista y conspirador en 1848, que ahora se había convertido en fiel satélite del gobierno, se presentó de improviso en la plaza con algunas compañías y, sin las intimaciones de costumbre, hizo fuego sobre la descuidada muchedumbre, produciendo la descarga cerrada algunos muertos y muchos heridos, entre éstos varios soldados y un oficial de artillería de los que formaban el retén de la casa de Cristina.

El pueblo huyó precipitadamente y Gándara se posesionó de la plaza de los Ministerios, avanzando después hacia la de Santo Domingo donde se habían levantado ya varias barricadas.

Esta última plaza era núcleo de la insurrección, y tanto en ella como en las calles inmediatas fué donde el pueblo sostuvo una heroica y tenaz lucha con las tropas del gobierno.

El general Córdova que de presidente del ministerio había quedado ministro de la Guerra, nombró gobernador militar de Madrid al brigadier Pons, que no era otro que el famoso ex-cabecilla carlista *Pep del Oli*, el cual puso inmediatamente sobre las armas toda la guarnición.

Córdova y sus compañeros de gobierno forjábanse la ilusión de terminar en breves horas el popular movimiento, pero éste se hacía cada vez más imponente, pues hasta personas de ideas políticas indefinidas tomaban las armas indignadas por el acto de barbarie que había cometido el coronel Gándara.

En la misma noche del 17 se constituyó por su propia voluntad una Junta revolucionaria interina en la Casa del Ayuntamiento, eligiéndose presidente á sí propio el intrigante é indefinido general D. Evaristo San Miguel, entrando á figurar como individuos los señores Sevillano, Escalante, Crespo, general Valdés, Iriarte, Mollinedo, marqués de Tabuerniga, Fernández de los Ríos, marqués de la Vega de Armijo, Aguirre, Conde González y Ordax Avecilla.

Aquella Junta, como todas las que se crean á espaldas del pueblo y sin consultar para nada su voluntad, sólo sirvió para falsear la revolución y quitarle su verdadero carácter, tendiendo un manto protector sobre las instituciones que eran odiosas á los sublevados.

Su primer acto fué enviar á la reina una respetuosa exposición en la cual á vuelta de muchos piropos y no menos adulaciones palaciegas, se la pedía que confiase el gobierno del país á ministros que fuesen más dignos de confianza. Este servilismo monárquico, muy propio del partido progresista, equivalía á un insulto á los valientes patriotas que en aquellos momentos se batían en las barricadas al grito de ¡abajo Isabel II!

Un acto tan vil del organismo que quería dirigir la revolución había de hacer estéril la sangre vertida por el pueblo, pues no era propio de hombres fuertes postrarse á los piés del mismo sér que se quería derribar.

La exposición de la Junta fué muy mal recibida en palacio, pues doña Isabel demostró gran desprecio á los comisionados, y el general Córdova les dirigió frases muy duras volviendo la comisión á su salón de sesiones disgustada y cariacontecida como si no se hubiese buscado ella misma aquellos regios desaires.

El pueblo seguía batiéndose con heroico valor mientras la Junta perdía el tiempo con tales humillaciones, y los combatientes revolucionarios carecían de un jefe que organizase el plan de defensa y unificase sus esfuerzos.

Pí y Margall, que era amigo particular del brigadier D. Narciso Atmeller, que en 1843 se había sublevado en Barcelona contra el ministerio López, y que en la actualidad estaba preso en el Parque, se comprometió ante la Junta á ir en busca de dicho jefe; pero aunque el brigadier, después de algunas dificultades, accedió á salir de la prisión y presentarse en la Casa del Ayuntamiento, fueron tantas las objeciones que opuso á los individuos de la Junta, que al fin se prescindió de él, no encargándose Atmeller del mando hasta el 19 por la tarde.

Al amanecer del día 18 se recrudeció la lucha, que fué muy encarnizada, aunque después de algunas horas de fuego el pueblo hubo de ceder un tanto ante la superioridad numérica de la guarnición, á la que se había unido toda la guardia civil del distrito.

El brigadier Garrigó, que había sido hecho prisionero en Vicálvaro por las tropas del gobierno, y á quien Córdova acababa de ascender dándole el mando de la caballería, en vez de combatir al pueblo, como le encargaba el ministro de la Guerra, utilizó toda la influencia de que disponía en favor de los sublevados.

Garrigó ordenó á las tropas que ocupaban la mayor parte de la plaza de Santo Domingo, que abandonasen sus posesiones, y los jefes obedecieron, aunque con marcada repugnancia; pero al retirarse por una de las calles inmediatas, obligaron á los soldados á volver rápidamente las caras, haciendo fuego contra el pueblo, que estaba descuidado, y en el cual causó muchas víctimas aquella inesperada agresión.

Entonces se reprodujo el combate con más furor, generalizándose rápidamente en todo Madrid. Entretanto, el brigadier Garrigó seguía favoreciendo al pueblo, y en la plaza Mayor ordenaba la retirada á la guardia civil, que llevaba la mejor parte en la contienda, y la cual consintió en ser desarmada, pasando sus fusiles á manos del pueblo.

En esta memorable jornada el pueblo de Madrid derramó generosamente su sangre en favor de la revolución, siendo muchos los rasgos de heróico valor. Sixto Cámara, al frente de un pelotón de paisanos, y teniendo á su lado á Pí y Margall, que aunque no tomaba en la lucha una parte directa, exponía su vida en los puntos de más peligro, animando con su heroica frialdad á los combatientes, defendió con fiera tenacidad la plaza de San Miguel; y en la calle de Atocha, el torero Cúchares con su cuadrilla sostuvo un combate de muchas horas contra fuerzas muy superiores de la guardia civil.

El coronel Gándara, que en aquellas jornadas desempeñó el odioso papel de esbirro, y que obraba oficiosamente, pues no tenía en propiedad el mando de ningún cuerpo, salió del ministerio de la Guerra al frente de una columna de infantería y varias piezas de artillería, recorriendo el Prado, la Carrera de San Jerónimo y la plaza de Santa Ana, y cometiendo odiosas tropelías contra transeuntes indefensos. Como desde una casa de la calle de Atocha hicieran fuego algunos paisanos, Gándara destruyó el edificio á cañonazos, no sufriendo ningún daño los revolucionarios que la defendían, y produciendo, en cambio, los cañonazos la muerte á dos infelices vecinos.

Las crueldades de Gándara excitaron de tal modo la indignación de los habitantes de la calle de Atocha, que, asomándose á los balcones y tejados, comenzaron á arrojar sus muebles y toda clase de proyectiles sobre la columna, causándola muchas bajas y obligando á los soldados á refugiarse en las casas.

Parapetados los defensores del gobierno y de la revolución en edificios fronteros, estuvieron haciéndose fuego hasta el anochecer en que cesaron de disparar, conservando sus respectivas posiciones.

Las fuerzas populares reorganizáronse durante la noche; se repartieron entre ellas las armas y municiones en gran profusión; fueron levantadas nuevas barricadas, y un buen número de oficiales de reemplazo, experimentados en la guerra, pusiéronse al frente de los grupos revolucionarios.

La guarnición de Madrid comenzaba á ser escasa para contener el movimiento; no llegaban los refuerzos pedidos por Córdova y el gobierno comenzaba á presentir el verdadero resultado de aquella lucha.

Al amanecer del día 19 reanudóse el combate, y como las tropas encerradas en la Casa de Correos y en varios cuarteles estaban rigurosamente bloqueadas por el pueblo y no podían intentar una salida, pues las calles estaban erizadas de barricadas, hubieron de rendirse por hambre. Entretanto en casa del señor Sevillano se constituia definitivamente aquella Junta llamada revolucionaria que se había nombrado á sí mismo, tomando el título de Junta de salvación, armamento y defensa. El progresista don Francisco Salmerón y Alonso había constituido otra junta en el Sur de Madrid; pero esta separación no reconocía por causa diferencia de ideas, sino resentimientos hijos de la ambición personal, y bastó que la de Armamento y Defensa nombrara vocal á D. Francisco Salmerón, para que éste inmediatamente disolviera su pequeña Junta.

La primera disposición del organismo que tan injustificadamente dirigía el movimiento, fué recomendar á los sublevados que no disparasen un tiro sin que mediase provocación por parte de las tropas, y al mismo tiempo su presidente, el general San Miguel, convertido en acérrimo defensor de la reina, se avistó con ésta en palacio y le hizo presente la necesidad de contemporizar con el pueblo, pues de lo contrario corría el peligro de ser destronada.

Tanto la reina como los ministros convinieron en lo dicho por San Miguel, y aquella misma tarde se suspendió el fuego, aunque el pueblo y el ejército siguieron conservando sus posiciones.

El insignificante gobierno presidido por el duque de Rivas delegó su poder en la Junta revolucionaria, que empezó á funcionar como soberana, instalándose en los salones del ministerio de la Gobernación.

Los individuos de esta Junta, de la que dependía la suerte de la revolución, eran en su mayor parte moderados y progresistas, partidarios de la híbrida unión liberal, estando en minoría los progresistas intransigentes y figurando un solo representante del partido democrático.

La Junta carecía de programa político y decía desear que el pueblo mismo fijase sus aspiraciones, pero al mismo tiempo seguía una política absorbente y procuraba mistificar las aspiraciones del país.

Al demócrata que más indignación producía aquella conducta era á Pi y Margall que, no pudiendo por más tiempo consentir aquel engaño que los corifeos de la revolución hacían sufrir al pueblo, publicó una proclama que desconcertó á los falsarios y produjo gran entusiasmo en el pueblo que con tanto valor se había batido en las barricadas en defensa de una revolución que comenzaba ya á sufrir mistificaciones.

Este documento digno de ser conocido y que equivale á un rudo golpe que el recto sentido político daba á las argucias doctrinarias, decía así:

El Eco de la Revolución

Madrid 21 de Julio de 1854.—Núm. 1.

«AL PUEBLO.

»Pueblo: Después de once años de esclavitud, has roto al fin con noble y fiero orgullo tus cadenas. Este triunfo no lo debes á ningún partido, no lo debes al ejército, no lo debes al oro, ni á las armas de los que tantas veces se han arrogado el título de ser tus defensores y caudillos. Este triunfo lo debes á tus propias fuerzas, á tu patriotismo, á tu arrojo, á ese valor con que desde tus frágiles barricadas has envuelto en un torbellino de fuego las bayonetas, los caballos y los cañones de tus enemigos. Helos allí rotos, avergonzados, encerrados en sus castillos, temiendo justamente que te vengues de su perfidia, de sus traiciones, de su infame alevosía.

»Tuyo es el triunfo, Pueblo, y tuyos han de ser los frutos de esa revolución ante la cual quedan oscurecidas las glorias del Siete de Julio y el Dos de Mayo. Sobre ti, y exclusivamente sobre ti, pesan las cargas del Estado. Tú eres el que en los alquileres de tus pobres viviendas pagas con usura al propietario la contribución de inmuebles, tú el que en el vino que bebes y en el pan que comes satisfaces la contribución sobre consumos, tú el que con tus desgraciados hijos llenas las filas de ese ejército, destinado por una impía disciplina á combatir contra ti y á derramar tu sangre. ¡Pobre é infortunado Pueblo! no sueltes las armas hasta que no te se garantice una reforma completa y radical en el sistema tributario, y sobre todo en el modo de exigir la contribución de sangre, negro borrón de la civilización moderna, que no puede tardar en desaparecer de la superficie de la tierra.

»Tú que eres el que más trabajas ¿no eres acaso el que más sufres? ¿Qué haría sin ti esa turba de nobles, propietarios, de parásitos que insultan de continuo tu miseria con sus espléndidos trenes, sus ruidosos festines, y sus opíparos banquetes? Ellos son, sin embargo, los que gozan de los beneficios de tu trabajo, ellos los que te miran con desprecio, ellos los que, salvo cuando les inspiran venganzas y odios personales, se muestran siempre dispuestos á remachar los hierros que te oprimen. Para ellos son todos los derechos, para ti todos los deberes; para ellos los honores, para ti las cargas. No puedes manifestar tu opinión por escrito, como ellos, porque no tienes seis mil duros para depositar en el Banco de San Fernando;

no puedes elegir los concejales ni los diputados de tu patria, porque no disfrutas, como ellos de renta, ni pagas una contribución directa que puedas cargar luego sobre otros ciudadanos; eres en fin, por no disponer de capital alguno, un verdadero paria de la sociedad, un verdadero esclavo.

»¿Has de continuar así después del glorioso triunfo que acabas de obtener con el sólo auxilio de tus propias armas? Tú, que eres el que trabajas; tú, que eres el que haces las revoluciones; tú, que eres el que redimes con tu sangre las libertades patrias; tú que eres el que cubres todas las atenciones del Estado ¿no eres por lo menos tan acreedor como el que más á intervenir en el gobierno de la nación, en el gobierno de ti mismo? O proclamas el principio del sufragio universal, ó conspiras contra tu propia dignidad, cavando desde hoy con tus propias manos la fosa en que han de venir á sucumbir tus conquistadas libertades. Acabas de consignar de una manera tan brillante como sangrienta tu soberanía: y ¿la hablas de abdicar momentos después de haberla consignado? Proclama el sufragio universal, pide y exige una libertad amplia y completa. Que no haya en adelante traba alguna para el pensamiento, compresión alguna para la conciencia, límite alguno para la libertad de enseñar, de reunirte, de asociarte. Toda traba á esas libertades es un principio de tiranía, una causa de retroceso, un arma terrible para tus constantes é infatigables enemigos. Recuerda como se ha ido realizando la reacción por que has pasado: medidas represivas, que parecían en un principio insignificantes te han conducido al borde del absolutismo, de una teocracia absurda, de un espantoso precipicio. Afuera toda traba, afuera toda condición; una libertad condicional, no es una libertad, es una esclavitud modificada y engañosa.

»¿Depende acaso de ti que tengas capitales? ¿Cómo puede ser, pues, el capital base y motivo de derechos que son inherentes á la calidad de hombre, que nacen con el hombre mismo? Todo hombre que tiene uso de razón es, sólo por ser tal, elector y elegible; todo hombre que tiene uso de razón es, sólo por ser tal, soberano en toda la extensión de la palabra. Puede pensar libremente, escribir libremente, enseñar libremente, hablar libremente de lo humano y de lo divino, reunirse libremente; y el que de cualquier modo coarta esta libertad es un tirano. La libertad no tiene por límite sino la dignidad misma del hombre y los preceptos escritos en tu frente y en tu corazón por el dedo de la Naturaleza. Todo otro límite es arbitrario, y, como tal, despótico y absurdo.

»La fatalidad de las cosas quiere que no podamos aun destruir del todo la tiranía del capital; arranquemos por de pronto, cuando menos, esos inicuos privilegios y ese monopolio político con que se presenta armado desde hace tantos años; arranquémosle ese derecho de cargar en cabeza ajena los gravámenes que sobre él imponen, solo aparentemente, los gobiernos. Que no se exija censo para el ejercicio de ninguna libertad, que baste ser hombre para ser completamente libre.

»No puede ser del todo libre mientras esté á merced del capitalista y el empresario, mientras dependa de ellos que trabajes ó no trabajes, mientras los productos de tus manos no tengan un valor siempre y en todo tiempo cambiable y aceptable, mientras no encuentres abiertas de continuo Cajas de crédito para el libre ejercicio de tu industria; mas esa esclavitud es ahora por de pronto indestructible; esa completa libertad económica es, por ahora, irrealizable. Ten confianza y espera en la marcha de las ideas: esa libertad llegará, y llegará cuanto antes, sin que tengas necesidad de verter de nuevo la sangre con que has regado el árbol de las libertades públicas.

»¡Pueblo! llevas hoy armas y tienes en tus propias manos tus destinos. Asegura de una vez para siempre el triunfo de la libertad, pide para ella garantías. No confíes en esa ni en otra persona; derriba de sus inmerecidos altares á todos tus antiguos ídolos.

»Tu primera y más sólida garantía son tus propias armas; exige el armamento universal del pueblo. Tus demás garantías son, no las personas, sino las instituciones; exige la convocación de Cortes Constituyentes elegidas por voto de todos los ciudadanos sin distinción ninguna, es decir, por el sufragio universal. La constitución del año 37 y la del año 12 son insuficientes para los adelantos de la época; á los hombres del 54 no les puede convenir sino una Constitución formulada y escrita según las ideas y opiniones del año en que vivimos. ¿Qué adelantamos con que se nos conceda la libertad de imprenta del año 37? Esta libertad está consignada en la Constitución del año 37 con sujeción á leyes especiales que cada gobierno escribe conforme á sus intereses y á su más ó menos embozada tiranía. Esta libertad no se extiende, además, á materias religiosas. ¿Es así la libertad de imprenta una verdad ó una mentira?

»La libertad de imprenta, como la de conciencia, la de enseñanza, la de reunión, la de asociación y de todas las demás libertades, ya os lo hemos dicho, para ser una verdad deben ser amplias, completas, sin trabas de ninguna clase.

»¡Vivan, pues, las libertades individuales, pueblo de valientes! ¡Viva la Milicia Nacional! ¡Vivan las Cortes Constituyentes! ¡Viva el Sufragio Universal! ¡Viva la reforma radical del sistema tributario!»

Este documento desconcertó grandemente á los fingidos revolucionarios que temblaron al ver que había quien intentaba despertar al pueblo de su engañoso sueño, enseñándole el verdadero camino revolucionario. Los progresistas y los moderados que se proponían mistificar el movimiento y que lo habían conseguido desde el primer instante, temerosos de los efectos de este documento prohibieron su circulación, recogieron los pocos ejemplares que aun quedaban sin distribuir y lanzaron al viento la ridícula patraña de que el autor de *El Eco de la Revolución* era un escritor vendido á María Cristina; consiguiendo de una Junta revolucionaria de barrio que prendiera á Pí y Margall y lo condujera entre bayonetas por las calles sufriendo insultos de los defensores de las barricadas que al verle de aquel modo le creían un reaccionario preso por sus maquinaciones contra la revolución.

Absurdos tan tristes como éste son bastante frecuentes en las revoluciones.

El ilustre historiador D. Eduardo Chao, al saber lo ocurrido, increpó duramente á los individuos de la Junta de Armamento y Defensa, y esta corporación se apresuró á poner en libertad á Pí y Margall, dándole toda clase de explicaciones y haciendo que el valiente escritor al regresar á su casa fuera acompañado por las entusiastas aclamaciones del pueblo armado que poco antes lo había llenado de insultos creyéndolo un traidor.

Entretanto la reina, que en los primeros instantes de la revolución se había creído próxima á ser arrojada del trono, comenzaba á tranquilizarse en vista de la actitud francamente monárquica de los corifeos de la revolución. El general San Miguel, presidente de la Junta, era quien más empeño demostraba en acallar las manifestaciones antimonárquicas del pueblo armado y sostener aquel trono vacilante.

El insignificante general, para tranquilizar á los demócratas que formaban parte de la Junta, había dicho: *Dejemos á doña Isabel con el gorro frigio;* pero á pesar de esta absurda promesa, el sostenimiento de la monarquía resultaba problemático, pues nadie á excepción de San Miguel se decidía á salir en su defensa.

Espartero, que era el verdadero árbitro de la situación, se limitaba á decir su frase tan cacareada *cúmplase la voluntad nacional,* y estas palabras tomadas al pié de la letra resultaban poco satisfactorias para la monarquía.

El pueblo manifestaba bien claramente cual era su voluntad, pues en las barricadas donde figuraban los retratos de Espartero, Odonell y San Miguel, no aparecía la efigie de la reina, y el grito de ¡¡muera Isabel!! sonaba á cada instante en las calles. La voluntad nacional no podía manifestarse más clara, y al apoyar los prohombres progresistas á una reina tan odiada y antipopular demostraron cuán falsamente procedían y que repugnante engaño encerraban sus promesas.

El 21 de Julio, Isabel, por consejo de su madre, escribió una sentida carta al general Espartero, rogándole que no la abandonase en tan triste situación; y el gobierno, al enterarse de tal misiva, se apresuró á dimitir, aconsejando á la reina que nombrase ministro universal al presidente de la Junta, D. Evaristo San Miguel, en tanto que llegaba Espartero á Madrid.

Aquel general, revolucionario de sainete, mostróse muy agradecido por la nueva distinción que le dispensaba la reina, y acudió inmediatamente á palacio para hacerse cargo del poder, surgiendo en este nombramiento un incidente que demostró el genio chusco que tenía doña Isabel hasta en los instantes en que el país estaba en la mayor desgracia.

Al encargar la reina á San Miguel el despacho de todos los ministerios, Ríos Rosas, que estaba presente, dijo á la reina:

—Sírvase V. M. hablar en voz alta y sonora al interesado, porque el pobre general es sordo.

—Sí que me ha oído,—contestó sonriendo la reina.—¿No ves que cara de pascua ha puesto?

Efectivamente, cara de pascua debió ser la de San Miguel con aquel nombramiento, que venía á colmar los mayores ensueños de su desmedida ambición.

Además, San Miguel fué nombrado capitán general de Madrid, y de este modo asumió en su persona todos los principales cargos del Estado. Su primer acto fué dirigir una alocución al pueblo de Madrid, participando su nombramiento y la próxima llegada de Espartero, que iba á encargarse de dirigir los destinos de la nación.

Con esto el movimiento quedó terminado, y los reaccionarios no disputaron ya al pueblo aquella victoria, que tan cara le costaba y que iba á resultar inútil.

El partido demócrata, que por su supeditación á los progresistas, había hecho infructuosa aquella revolución, comprendió inmediatamente la torpeza de su conducta, y queriendo remediarla, así como conducir al pueblo por nuevos derroteros, creó en el mismo 21 de Julio un club político, llamado *Círculo de la Unión*, en el cual pronunciaron fogosos discursos Orense, el conde de Las Navas, Sixto Cámara, Ordax Avecilla, Rivero y otros. En la sesión celebrada al día siguiente despertó lisonjeras esperanzas un discurso del general Allende Salazar, enviado por Espartero á Madrid para que expusiera á la reina las condiciones con que aceptaría el gobierno. En estas condiciones Espartero se mostraba inclinado á sustituir la monarquía doctrinaria por una monarquía democrática, y como la reina presentara algunos reparos, Allende Salazar le dijo que la autoridad de la revolución era superior á la del trono, á lo que contestó bruscamente la reina que aceptaba íntegro el programa sin ninguna clase de restricciones.

Este acto bastó para hacer de Allende Salazar un personaje popular, y aun se cuidó él de hacer más grande la reciente aureola con el discurso que pronunció en el *Círculo de la Unión*, y en el cual, después de decir que Espartero estaba resuelto á consolidar definitivamente el triunfo de la revolución y á ser el Washington de España, afirmó que el duque de la Victoria no sentía repugnancia alguna hacia la República, y que él, por su parte, si hubiera estado en Madrid durante las jornadas revolucionarias, su primer cuidado hubiera sido tomar el palacio real y proclamar la República con la presidencia de Espartero.

Estas declaraciones produjeron un entusiasmo sin límites entre los demócratas; pero pronto tuvieron ocasión de conocer al general y saber que era un hombre sin formalidad, un charlatán con uniforme que hablaba por los codos, sin comprender el valor de lo que decía, y que, con una ligereza sin ejemplo, atribuía á Espartero cosas que éste se hallaba muy lejos de pensar.

El primer cuidado de San Miguel y de los prohombres progresistas que le aconsejaban fué poner las cosas en el mismo ser y estado que tenían en 1843 al ocurrir la caída de Espartero, para lo cual fué repuesto el Ayuntamiento que funcionaba en Madrid en aquella época y se procedió á la organización de la Milicia Nacional.

En los siguientes días la Junta tomó otras medidas, entre las cuales figuró el restablecimiento de la ley de imprenta de 1837, por la cual se obligaba á las empresas periodísticas á un depósito previo de dos mil duros en vez de los seis mil que exigían los gobiernos reaccionarios. Aquellos progresistas que cuando estaban en la oposición se mostraban tan amantes de la libertad de imprenta, apenas ocupaban el poder procedían más tiránicamente que los moderados, y exigían con más empeño la fianza á los editores de los periódicos democráticos que empezaban á publicarse.

Rara es la revolución que no va acompañada de actos censurables que sirvan de desahogo al furor popular, y la de 1854 no se libró de este triste privilegio. Las turbas capitaneadas por el torero Pucheta, que se había distinguido en la lucha de las barricadas, dirigiéronse á casa del ex-jefe de policía D. Francisco Chico, al cual arrancaron del lecho en que le había postrado la enfermedad, conduciéndolo á la plaza de Cebada donde fué fusilado en unión de un criado que no quiso abandonarle. Este suceso se explicaba, atendiendo al terror que Chico había inspirado durante muchos años á los liberales, á los cuales perseguía con tanta obstinación como protegía á los ladrones y asesinos que le cedían gran parte de su botín.

Por estos repugnantes medios el esbirro de los reaccionarios llegó á ser uno de los principales personajes de Madrid, poseyendo magníficas fincas, lujosos carruajes y numerosa servidumbre, y adornando á sus queridas con pompa regia.

Este bandido, que merced á la protección de Narváez y otros gobernantes llegó á ser un personaje más importante que el mismo gobernador de Madrid, murió fusilado sobre un colchón por aquellos mismos á quienes en años anteriores había perseguido y apaleado por el hecho de ser liberales.

Las turbas, no satisfechas con aquel suplicio, fusilaron á otros agentes de policía, y las ejecuciones hubieran continuado á no presentarse en la plaza de la Cebada el general San Miguel, quien consiguió apaciguar á la muchedumbre y restablecer el orden.

La reina, que deseaba congraciarse con los vencedores y que no la mirasen con tanta hostilidad, publicó una alocución dirigida á todos los españoles, y en la cual se humillaba del modo más rastrero para conseguir que respetasen su corona. Esa dignidad y ese prestigio de que tanto alardean los reyes en tiempo de paz, son para ellos cosas desconocidas cuando el pueblo se levanta enfurecido é intenta arrojarlos del trono.

El famoso manifiesto de 1854, tan deshonroso para Isabel como para la monarquía, era como sigue:

«Españoles: Una serie de deplorables equivocaciones ha podido separarme de vosotros, introduciendo entre el pueblo y el trono absurdas desconfianzas. Han calumniado mi corazón al suponerle sentimientos contrarios al bienestar y á la libertad de los que son mis hijos; pero así como la verdad ha llegado por fin á los oídos de vuestra reina, espero que el amor y la confianza renazcan y se afirmen en vuestros corazones.

»Los sacrificios del pueblo español para sostener sus libertades y mis derechos me imponen el deber de no olvidar nunca los principios que he representado; los únicos que puedo representar, los principios de la libertad, sin los cuales no hay naciones dignas de este nombre.

»Una nueva era, fundada en la unión del pueblo con el monarca, hará desaparecer hasta la más leve sombra de los tristes acontecimientos que y la primera deseo borrar de nuestros anales.

»Deploro en lo más profundo de mi alma las desgracias ocurridas, y procuraré hacerlas olvidar con incansable solicitud.

»Me entrego confiadamente y sin reserva á la lealtad nacional. Los sentimientos de los valientes son siempre sublimes.

»Que nada turbe en lo sucesivo la armonía que deseo conservar con mi pueblo. Yo estoy dispuesta á hacer todo género de sacrificios para el bien general del país; deseo que éste torne á manifestar su voluntad por el órgano de sus legítimos representantes, y acepto y ofrezco desde ahora, todas las garantías que afiancen sus derechos y los de mi trono.

»El decoro de éste, es vuestro decoro, españoles: mi dignidad de reina, de mujer y de madre es la dignidad de la nación que hizo un día mi nombre símbolo de la libertad. No temo, pues, confiarme á vosotros, no temo poner en vuestras manos mi persona y la de mi hija, no temo colocar mi suerte bajo la égida de vuestra lealtad, porque creo firmemente que os hago árbitros de vuestra propia honra y de la salud de la patria.

»El nombramiento del esforzado duque de la Victoria para presidente del Consejo de ministros, y mi completa adhesión á sus ideas, dirigidas á la felicidad común, serán la prenda más segura del cumplimiento de vuestras nobles aspiraciones.

»Españoles: Podéis hacer la ventura y la gloria de vuestra reina aceptando las que ella os desea y os prepara en lo íntimo de su maternal corazón. La acrisolada lealtad del que va á dirigir mis consejos, el ardiente patriotismo que ha manifestado en tantas ocasiones, pondrá sus sentimientos en consonancia con los míos.

»Dado en Palacio á 26 de Julio de 1854.—*Yo la Reina*.—El ministro de la Guerra,—*Evaristo San Miguel*.»

Nadie hizo caso de este documento que fué acogido fría y desdeñosamente. La nación conocía bien á la hija de Fernando VII que tantas veces la había engañado y comprendía que todas aquellas humildes promesas eran arrancadas por el miedo y cumplidas con la reserva mental de faltar á ellas apenas tuviera ocasión.

Todos conocían bien á Isabel II y sabían que con tal de conservar aquel trono que le proporcionaba millones con que atender á su vida de despilfarros y de orgías, era capaz de firmar hasta la sentencia de muerte del mayor de sus amigos. La falta de espontaneidad en las regias promesas y lo falsos que eran sus alardes de liberalismo lo demostraba su conducta, pues en el mes anterior, cuando hubiera podido con algunas reformas impedir la revolución, se arrojó en brazos de la reacción y ocho días antes aun llamaba traidores á los mismos que ahora halagaba viéndolos árbitros de su destino y dueños de la voluntad del pueblo.

Es indudable que en 1854 el pueblo español estaba más animado que nunca por un espíritu antimonárquico y hubiera aceptado con entusiasmo el establecimiento de la República; pero faltó quien se atreviera á romper con la tradición política del país y la farsa progresista siguió adelante. Los principales demócratas se dejaron engañar por los que se habían improvisado jefes de la revolución, y en cuanto á Pí y Margall, que tuvo el valor de decir la verdad, ya vimos cual fué el premio que obtuvo.

De los progresistas no había que esperanzar nada. Eran un partido corrompido por el ansia del poder, que tenía un programa igual en el fondo al de los moderados, y que únicamente se llamaba revolucionario cuando se veían lejos del festín del presupuesto. La idea de la república producía tanto terror á los progresistas como á los moderados, y en la monarquía, ó más bien dicho en la reina, cifraban toda su felicidad.

Si Isabel II se olvidaba de llamarlos al poder era una mujer perversa, incapaz y lujuriosa á la que había que atacar; pero apenas los elevaba al gobierno, la reina se convertía en un ángel.

El 29 de Julio entró Espartero en Madrid, y su recibimiento fué uno de los más entusiastas que se han conocido. Las aclamaciones de la muchedumbre fueron interminables, y el popular regocijo volvió á reproducirse por la tarde á la entrada de Odonell, que había sido el iniciador de la revolución.

Los dos célebres generales se abrazaron cariñosamente en presencia de la multitud, y algunos progresistas cándidos y de buena fe (género que abundaba mucho en el partido), lloraron como niños ante aquel abrazo que consideraban un acto sublime y que en realidad no era más que una de las muchas comedias de aquella época.

Ni Espartero ni Odonell podían profesarse una regular estimación, ni borrar de su pecho antiguos resentimientos. Espartero no podía olvidar que Odonell había sido uno de los generales que en 1841 se habían sublevado contra su regencia, y éste por su parte mal podía perdonar al duque de la Victoria el fusilamiento de su amigo D. Diego León, y la sentencia de muerte que contra él mismo había dictado. Además Odonell como iniciador de aquella revolución no podía ver con tranquilidad como Espartero se aprovechaba de ella y era su héroe más popular, siendo así que había permanecido tranquilo en Logroño hasta el momento decisivo del triunfo.

En aquel mismo día quedó constituido el ministerio. Espartero que se encargó de la presidencia dió á Odonell la cartera de la Guerra, y entraron en Estado D. Joaquín Francisco Pacheco, jefe de los conservadores puritanos; en Gobernación, D. Francisco Santa Cruz; en Gracia Justicia, D. José Alonso; en Fomento, D. Francisco Luján; en Hacienda, D. José Manuel Collado y el general Allende Salazar, en Marina. Casi todos los ministros pertenecían al partido progresista y desempeñaban por primera vez sus cargos, siendo á excepción del distinguido jurisconsulto Pacheco, tristes medianías ó reconocidas nulidades. Santa Cruz era popular por su ignorancia y rudeza, y lo chuscamente que desfiguraba el idioma en sus chabacanos discursos; Alonso, el ministro de Gracia y Justicia, era un monomaníaco religioso atacado de tendencias místicas; á Collado se le hizo ministro de Hacienda por poseer una cuantiosa fortuna y haber prestado mucho dinero á los progresistas, y en cuanto á Allende Salazar ya vimos que era un charlatán ridículo sin formalidad alguna.

El nuevo gobierno se apresuró á desvanecer lo que aun quedaba en pié de la revolución, y con mano pródiga fué premiando á los que lo habían elevado al poder. Odonell y San Miguel fueron ascendidos á capitanes generales y se derramó un verdadero diluvio de ascensos sobre los generales y jefes que habían contribuido al triunfo del movimiento, concediéndose pensiones á las familias de los patriotas que habían muerto en las revolucionarias jornadas en defensa de la libertad.

Las barricadas de Madrid fueron deshechas, dando el gobierno las gracias á sus defensores, é inmediatamente quedaron disueltas las juntas revolucionarias de provincias que, como de costumbre, obedecieron sin réplica al poder central.

No tardaron en experimentarse las consecuencias de aquella sumisión de las corporaciones populares á un gobierno que sólo era revolucionario en el nombre. El ministerio, no temiendo ya la imponente protesta de las juntas revolucionarias, puso en práctica su programa, casi reaccionario, restableciendo los odiosos impuestos que las corporaciones populares habían abolido. Como si esto no le bastase, se atribuyó la potestad legislativa y por decreto restableció la Constitución de 1837, negando al pueblo que lo había elevado con sus armas el tan deseado sufragio universal, pues convocó Cortes Constituyentes con arreglo á la ley electoral de 1837, que sólo concedía el derecho de sufragio á los principales contribuyentes.

Pronto se convenció el pueblo de que había sido engañado, pues aquellas reformas no permitían dudar sobre las intenciones del gobierno. Aquella revolución que tanta sangre costaba no había servido para otra cosa que para que el presidente del Consejo fuese Espartero, y para que existiera una milicia nacional completamente inservible, pues pasaba el tiempo ocupada en infantiles alardes y en entregarse á ridículas manifestaciones de una fuerza que no tenía. En cambio el gobierno no adoptaba ni una sola medida progresiva, ni realizaba la más pequeña reforma.

El asunto que más preocupaba á aquel ministerio surgido de entre las ruinas de una revolución, era el empeño que mostraba el pueblo en someter al juicio de un jurado ó asamblea popular la conducta de doña María Cristina, refugiada entonces en palacio, y que tan odiosa se había hecho á causa de sus inmorales explotaciones.

Los demócratas del *Círculo de la Unión*, interpretando las aspiraciones del pueblo, dirigieron á Espartero una exposición en la que se pedía se exigiera á la reina madre responsabilidad por sus actos, enumerando los grandes males que Cristina había causado al país. El pueblo apoyó este documento con manifestaciones de entusiasmo, y el gobierno se vió en apurado trance, pues tenía que optar entre su prestigio político y el afecto de la reina.

El ministerio había prometido al país en un documento público que Cristina no saldría de Madrid *ni de dia, ni de noche, ni furtivamente,* y el pueblo y la milicia nacional apremiaban á Espartero para que cuanto antes procesase á la reina madre, recordando que el lema de la bandera enarbolada por Odonell en Manzanares era la moralidad. Al mismo tiempo doña Isabel se oponía resueltamente á autorizar ninguna disposición contra su madre, y el gobierno veíase en un conflicto no sabiendo en los primeros instantes á qué parte decidirse. Pero tratándose de progresistas la elección no era dudosa, y al fin optaron los ministros por acceder á los deseos de la reina, é hicieron salir para Portugal á doña María Cristina escoltada por un fuerte destacamento que mandaba el brigadier Garrigó. Esta marcha, que se verificó en la madrugada del 28 de Agosto, la anunció el gobierno horas después en la *Gaceta*.

El efecto que esta deslealtad al pueblo produjo en Madrid, fué inmenso.

Numerosos grupos dieron en las calles mueras á la reina y á Odonell, se pidió el nombramiento de un nuevo ministerio presidido por Espartero, y la popularidad de éste estuvo próxima á desvanecerse.

La hostilidad del pueblo se convirtió muy pronto en protesta armada, pues en muchas calles levantáronse barricadas, y parte de la milicia se manifestó dispuesta á adherirse al movimiento, mientras el gobierno acuartelaba sus tropas.

Una comisión del *Círculo de la Unión* se presentó á Espartero para hacerle presente lo disgustado que estaba el pueblo de la conducta del gobierno, y el célebre general, que no tenía nunca una idea propia y que para hablar necesitaba oir antes el parecer de muchos, acordó convocar una reunión á la que asistirían los representantes de todas las corporaciones populares para tratar tal asunto.

La reunión comenzó por una disputa entre Orense y Allende Salazar, motivada por una de las genialidades de este grotesco personaje; pero cuando al fin se entró en el asunto principal, los ministros pusieron en práctica la comedia que tenían preparada. Espartero manifestó que el gobierno había acordado la expulsión de Cristina á propuesta suya y por unanimidad, y que los recientes desórdenes eran debidos al oro extranjero y á las maquinaciones de los carlistas.

Los representantes populares oyeron estas palabras con asombro; pero aun fué mayor esta impresión cuando después de encarecer la unión de los liberales y el acuerdo que existía entre él y Odonell, abrazó á éste, que se manifestaba muy conforme con todo lo dicho por su compañero.

Esta farsa demostró una vez más que el duque de la Victoria seguía siendo el progresista de 1843, corto de alcances, inepto en política y amigo de ridículos golpes teatrales, que sólo lograban conmover á algunos de sus allegados.

El ministerio acordó dirigir un manifiesto al pueblo y á la milicia, que debió, sin duda, ser inspirado por Allende Salazar, pues en él se apelaba á un recurso grotesco para disculpar al gobierno, diciendo que éste había prometido que doña María Cristina no saldría *furtivamente ni de noche ni de día*, con lo cual se recordaba que ésta había salido de Madrid al amanecer y sin ocultarse.

En otro país esta chuscada de mal género, que equivalía á burlarse descaradamente del pueblo, hubiera bastado para la inmediata ruina del gobierno; pero en Madrid sirvió para que la milicia abandonase su actitud hostil y se preparase á combatir al pueblo, que aun persistía en su actitud revolucionaria.

El general San Miguel, que se creía un personaje popular, se dirigió á las barricadas para arengar á los sublevados, pero fué silbado estrepitosamente y hubo de retirarse despechado. Otros personajes progresistas consiguieron más éxito en sus gestiones, y en la mañana del 29 los sublevados fueron abandonando las barricadas, mientras que la policía llenaba las cárceles de sospechosos.

El gobierno, al verse libre de la cuestión de Cristina, tan enojosa para él, se dedicó á los trabajos electorales, fijando el 4 de Octubre como fecha de la elección de diputados.

Dos grandes reuniones electorales verificáronse durante el mes de Setiembre en el teatro Real. La primera, que fué organizada por el naciente partido de la Unión Liberal, se verificó el día 17, y hablaron en ella Laserna, Ros de O!ano, González Brabo, Calvo Asensio, fundador de *La Iberia*, y otros, llamando la atención el joven Martos, que en su discurso se manifestó partidario del derecho de insurrección, afirmando que había conspirado y conspiraría siempre contra todos aquellos gobiernos que conculcasen las leyes.

La otra reunión, que se verificó el día 25 bajo la presidencia de D. Nemesio Fernández Cuesta, tuvo por objeto acordar una candidatura de la juventud liberal, y lo más notable en ella fué el arrebatador discurso de un joven de veintidós años, alumno de la Escuela Normal de Filosofía, que se presentaba por primera vez al público, revelándose como á ser privilegiado que había de colocar la tribuna española muy por encima de la oratoria de los otros países. Era D. Emilio Castelar. El efecto que causó su discurso fué tan grande, que el público acordó incluirle en la candidatura de jóvenes demócratas, pero alcanzó en las elecciones muy pocos votos. El demócrata Galilea, propietario de *El Tribuno*, viendo á Castelar todavía fluctuante en política, y temiendo que los moderados hicieran suyo un joven de tan grandes y legítimas esperanzas, le dió una plaza de redactor en su periódico, con la modesta retribución de treinta duros mensuales, que aliviaron á Castelar de la miseria en que vivia. De este modo comenzó el gran tribuno su carrera política, tan brillante en su primer período como triste y antipática después de 1873.

Verificáronse las elecciones sin que ocurriera ningún incidente digno de mención, y como de costumbre, el gobierno sacó triunfante una gran mayoría, pues el ministro de la Gobernación influyó en los comicios ni más ni menos que en épocas en que dominaba el elemento reaccionario.

CAPITULO XIII

1854-1856

Ridiculeces de Espartero.—Siguen los abrazos.—Votación en las Cortes contra Isabel II.—Crisis ministeriales.—Reforma constitucional.—Discusión en las Cortes.—Desamortización eclesiástica.—Conflicto entre la reina y el gobierno.—Conspiraciones de Isabel.—Entereza del gobierno.—La milicia nacional.—Tramas de Odonell.—Actitud de la milicia.—Reforma ministerial.—Los disgustos de Espartero.—Insurrecciones carlistas en Cataluña y otras provincias.—Agitación socialista en Barcelona.—Sorda enemistad de Espartero y Odonell.—Crisis ministerial en 1856.—Algarada misteriosa.—Desórdenes en Castilla.—Traición de Odonell.—Su entrevista con la reina.—Espartero y Escosura.—Debilidad del duque de la Victoria.—El último consejo de ministros.—Espartero y Odonell ante la reina.—Caída de Espartero.—Ministerio Odonell.—Reunión extraordinaria de las Cortes.—Voto de censura al gobierno.—Enérgica actitud de la milicia.—La lucha en las calles.—Entereza de las Cortes.—Conducta censurable de Espartero.—Piérdese por él la revolución.—Triunfo del gobierno.—Sus primeras disposiciones.—Sublevaciones en las provincias.—Tiranías del general Zapatero en Barcelona.—Sus brutalidades y locuras.—Protección que le presta Odonell.—El gobierno de éste.

Inauguró el Congreso sus sesiones el 8 de Noviembre designando como presidente á D. Evaristo San Miguel, y como vice-presidente al general Dulce.

Espartero, que era celoso por temperamento y comenzaba á odiar á San Miguel en vista de la popularidad que había alcanzado en la milicia nacional, se indignó ante aquella elección, y no sabiendo ocultar sus pasiones anunció que iba á dimitir la presidencia del gobierno. Como el carácter susceptible é infantil del general no era un secreto para nadie, los diputados comprendieron cuál era el verdadero móvil de la conducta de Espartero, y en la sesión del día 28 en que quedó el Congreso constituído definitivamente, eligieron al duque de la Victoria presidente de la Cámara, y vice-presidente á Odonell.

Con esto quedó satisfecha la pueril vanidad de Espartero que no quería ni por un solo momento dejar de ser el primer personaje de España, y como la presidencia del Congreso era incompatible con la presidencia del ministerio, se acogió á este último cargo siendo entonces elegido para ponerse al frente de la Cámara el antiguo progresista D. Pascual Madoz.

El general San Miguel se manifestó muy resentido por la conducta de Espartero, pero sus amigos concertaron una entrevista con el jefe del gobierno y en pleno Congreso los dos generales después de una escena patética se abrazaron estrechamente. Como se ve, Espartero seguía consecuente en su sistema de gobernar puramente progresista, y todo lo arreglaba con abrazos, lágrimas y frases de relumbrón.

Como las Cortes tenían el carácter de Constituyentes, en la sesión del 30 de Noviembre se presentó una proposición para que se confirmase en el trono á Isabel II y únicamente votaron en contra de la soberana veintiún diputado que fueron: Ruíz Pons, Lozano, Alfonso, Suris, Chao, Sorní, Calvet, Madoz (D. Fernando), Bertemati, Navarro, García Ruíz, Cantalapiedra, Mendicuti, Rivero, Ferrer y Garcés, Orense, Pereira, Figueras, Ordax Avecilla, Pomés y Miquel y el conde de las Navas. Se ha pretendido dar á esta manifestación un carácter republicano que estuvo muy lejos de tener, pues aunque algunos de los votantes pertenecían al partido democrático la mayor parte eran monárquicos, enemigos de la soberana, pero no de la institución; y buena prueba de ello fué que muchos explicaron su voto diciendo que eran partidarios de la casa de Braganza, pues aunque contrarios de Isabel II, deseaban la continuación del régimen monárquico.

El día 28 hubo una crisis ministerial, abandonando Pacheco y Alonso las carteras de Estado y Gracia y Justicia, entrando á sustituirles Luzuriaga y Aguirre. Poco después abandonó Collado el ministerio de Hacienda y le reemplazó el duque de Sevillano quien hizo frente á las necesidades apremiantes del Tesoro público con anticipos de su propio capital. Este sacrificio no logró poner á flote la Hacienda, y Sevillano presentó su dimisión pasando la cartera á D. Pascual Madoz que abandonó la presidencia del Congreso al general Infante.

A principios de 1855 comenzaron las Cortes á discutir las bases del nuevo proyecto de Constitución que se diferenciaba únicamente de la de 1845 en estos dos artículos.

1.º Los poderes públicos emanan de la nación y por lo mismo pertenece á ésta la facultad de establecer sus leyes fundamentales.

2.º La nación se obliga á mantener y proteger el culto y á los ministros de la religión católica; pero ningún español puede ser perseguido civilmente por sus opiniones, mientras no las manifieste por actos públicos contrarios á la religión.

En la base 3.ª se establecía el jurado para toda clase de delitos de imprenta, y en la base 8.ª se marcaba la división de las Cortes en dos cuerpos colegisladores de origen electivo y con idénticas facultades.

Los obispos que tenían asiento en el Congreso, deseosos de perpetuar en España la brutal intolerancia religiosa, protestaron en términos insolentes contra la base 2.ª, pero su alarma subió de punto cuando Madoz, el ministro de Hacienda, propuso á sus compañeros de gabinete la desamortización de los bienes eclesiásticos exceptuados de la venta por el concordato de 1851, único medio de salvar la deplorable situación financiera del país.

A últimos de Febrero, presentó Madoz su proyecto al Congreso que lo aprobó inmediatamente, pero la reina que estaba aconsejada por el Nuncio y la camarilla palaciega y que ya había olvidado el miedo que le produjo la revolución, se negó á firmar el decreto, con lo cual quedó deshecha aquella armonía entre el trono y la representación nacional tan cacareada por los progresistas. La tenaz resistencia de la reina demostraba la sinceridad con que había firmado el humillante manifiesto del 26 de Julio.

Desvanecida la primera impresión que las jornadas revolucionarias habían producido en la reina, ésta, procediendo como una verdadera hija de Fernando VII, se ocupaba en conspirar contra sus mismos ministros y preparaba un golpe maestro para librarse de la influencia de Espartero y del partido progresista.

El plan consistía en que Isabel II se dejara conducir por el clero y algunos generales cortesanos á las Provincias Vascongadas, donde daría un manifiesto al país protestando contra las violencias de que le había hecho víctima la revolución. Como de costumbre la *virtuosa* sor Patrocinio y el *respetable* D. Francisco de Asís figuraban en tan ridícula tramoya y arreglaban todos los preparativos para aquella fuga que había de causar la muerte á la revolución.

Los ministros progresistas, que sólo eran enérgico y radicales cuando se trataba de conservar el poder, expusieron á la reina con gran entereza los conflictos á que su negativa iba á dar lugar y la amenazaron con la proclamación de la República, declarándose incapaces para resistir la indignación del pueblo.

Isabel, asustada por tales amenazas, accedió á firmar la desamortización de los bienes eclesiásticos, pero antes se avistó con el Nuncio prometiéndole que en la primera ocasión favorable desharía todo lo hecho.

El gobierno no quiso dejar sin castigo las reaccionarias intrigas de la camarilla palaciega, y ordenó el destierro de sor Patrocinio y demás camaradas, lo que produjo grandes disgustos en palacio. D. Francisco de Asís á pesar de toda su majestad lloró como un niño, afirmando con voz rabiosilla que antes pasarían sobre su cadáver que dejaría marchar al destierro á sus amigos; pero la sangre no llegó al río, y los intrigantes religiosos sufrieron el castigo del gobierno sin que les valiera para nada la protección del dignísimo rey consorte.

La milicia nacional vino á ser para el gobierno un motivo de discusión. Odonell, que desde el primer momento del triunfo no perdió de vista su propósito de suplantar un día á Espartero, había utilizado su posición de ministro de la Guerra para colocar en los primeros puestos del ejército á sus más íntimos amigos; pero encontraba un serio obstáculo á sus planes en el entusiasmo que la milicia nacional sentía por el duque de la Victoria.

Deseando librarse de tan temible enemigo, Odonell púsose do acuerdo con el inepto Santa Cruz, ministro de la Gobernación, y ambos acordaron disolver la fuerza ciudadana.

Santa Cruz presentó á las Cortes un proyecto de ley en que se negaba á la milicia el derecho de representar ante el poder legislativo y de ocuparse en otros asuntos que los relativos á su organización interna, y los diputados aprobaron este proyecto; pero la milicia, alarmada por tal disposición que confirmaba la sospecha de que pronto iba á ser disuelta, púsose inmediatamente sobre las armas.

Esto bastó para que Santa Cruz abandonase su cartera y con motivo de su dimisión fué reformado casi todo el ministerio.

El general Zabala entró en Estado; en Gracia y Justicia D. Manuel de la Fuente Andrés; en Gobernación D. Julián Huelves; en Hacienda don Juan Bruil y en Fomento D. Manuel Alonso Martínez.

Este ministerio estaba compuesto de personas tan insignificantes como el formado á raíz de la revolución, siendo el más inteligente de todos los ministros Alonso Martínez, que tenía entonces veintiocho años y que debía su rápida elevación al cariño extraordinario que le profesaba Espartero. Alonso Martínez comenzó su carrera política correspondiendo con la más repugnante ingratitud al noble afecto de su protector, pues apenas entró en el ministerio se decidió á favor de Odonell, conspirando ocultamente contra Espartero.

Como esta modificación ministerial tenía cierto carácter reaccionario á causa de las opiniones moderadas de los elegidos, las Cortes la recibieron con disgusto é interpelaron á Espartero; pero el célebre general tenía tal afán de que su voluntad fuese respetada y estaba tan poco dispuesto á sufrir objeciones, que irritado contra los diputados dijo que los ministros dimitentes se habían marchado por estar aburridos de tanta oposición y que él se encontraba en igual caso, por lo que pensaba retirarse á Bruselas.

En Consejo de ministros y ante la

reina que lo presidía, el duque de la Victoria volvió á manifestar esta resolución; pero Odonell, que aún no creía llegado el momento oportuno para desarrollar sus planes y librarse de aquel rival, invocó la amistad que le unía con Espartero y éste, como de costumbre, declaró terminado el conflicto abrazándose una vez más con el general que había de derribarle del poder.

La reforma iniciada por D. Pascual Madoz estableciendo la desamortización de los bienes eclesiásticos produjo gran irritación en la corte romana, que rompió sus relaciones con el gobierno español, saliendo el Nuncio de Madrid en són de protesta. Los elementos clericales apelaron nuevamente á las armas contra el gobierno nacido de la revolución, y en las provincias de Cataluña, Aragón y Navarra, levantáronse á fines de Mayo varias partidas carlistas con tanto aparato como escaso resultado, pues á mediados de Junio las tropas del gobierno habían ya extinguido aquel conato de insurrección.

En Cataluña el movimiento de 1854 había servido para resucitar la agitación socialista, y en Barcelona hubo imponentes desórdenes, en uno de los cuales perdió la vida el diputado Sol y Pedrís.

El proyecto presentado por D. Laureano Figuerola sobre organización industrial provocó la protesta de los obreros catalanes, que enviaron á las Cortes una exposición suscrita por treinta y cuatro mil firmas, en la cual se pedía la libertad absoluta de asociación.

En Cataluña volvió á reproducirse otra vez el movimiento carlista y los cabecillas Marsal, Estartús, Borjes y Tristany entraron en España poniéndose al frente de pequeñas partidas con las que se sostuvieron algunos meses; pero el general Bassols, gran conocedor del país, logró acabar las facciones á principios de 1856, fusilando á Marsal, Mas y Pons, y obligando á Tristany á pasar la frontera.

Entretanto la situación del gobierno se hacía cada vez más difícil. Espartero y Odonell se abrazaban fraternalmente apenas surgía el menor desacuerdo; pero ésto no impedía que ambos generales se mirasen como irreconciliables enemigos procurando estar en guardia para librarse de los manejos que cada uno de ellos tramaba contra el otro. Espartero tenía en su favor la popularidad y la milicia nacional que le adoraba como á un ídolo, y Odonell disponía por su parte de todo el ejército á cuyo frente había puesto á sus principales amigos.

A mediados de Enero de 1856 Alonso Martínez provocó la crisis ministerial presentando su dimisión, fundada en el pretexto de que dos elementos políticos como eran el progresista y el unionista que en año y medio de gobierno no habían podido fundirse, corrían el peligro de separarse con demasiada brusquedad. La crisis ministerial quedó resuelta entrando en Gobernación D. Patricio de la Escosura; en Gracia y Justicia, Arias Uria; y en Fomento, Lujan. Poco después el ministro de Hacienda, don Juan Bruil, fué reemplazado por don Francisco Santa Cruz.

Por aquellos días dió mucho que hablar un conato de insurrección de una parte de la milicia, que se supuso estaba en inteligencia con los demócratas para proclamar la república en pleno Congreso, haciendo huir á tiros á los diputados de la mayoría. En los alrededores del Congreso hubo, en efecto, algún tumulto y varios disparos, pero ciertos detalles hicieron creer que aquella algarada fué obra de Odonell, que deseaba convencer al país de que se hallaba en plena anarquía para ofrecerse él después como un salvador del orden.

La desamortización eclesiástica se llevaba á cabo sin inconveniente alguno hasta en las Vascongadas y en Navarra, con asombro del clero que no creía encontrar entre sus devotos feligreses quien comprara los bienes de la Iglesia vendidos por los revolucionarios.

Mientras esto ocurría, en Castilla la Vieja estallaron varios desórdenes de carácter social. Miles de infelices jornaleros agobiados por la falta de trabajo y la carestía de pan se entregaron á tremendos excesos incendiando molinos y fábricas, y los barcos para los trasportes fluviales. El gobernador de Valladolid, que quiso restablecer el orden fué gravemente herido, y la milicia nacional sólo á costa de grandes esfuerzos consiguió disolver las turbas.

En Burgos, Palencia, Ríoseco y otras poblaciones reprodujéronse estos desórdenes, motivados por el hambre y la desesperación, siendo utilizados por los elementos reaccionarios que, exagerando el peligro y pintando á la sociedad como próxima á disolverse, pidieron el establecimiento de una dictadura.

Tan grande llegó á ser el conflicto que el ministro de la Gobernación, Escosura, marchó por acuerdo del Consejo á Valladolid, declarando á esta plaza en estado de sitio el 22 de Junio.

Odonell, que veía ya llegada la hora de dar rienda suelta á su ambición y librarse del duque de la Victoria, se avistó con la reina, y relatando á su gusto los sucesos de Castilla la persuadió de la necesidad que había de constituir un gobierno fuerte capaz de desbaratar á los revolucionarios. Isabel, que había heredado de su padre la mala intención y la astucia, y que aborrecía por igual á Espartero y Odonell, encontró la ocasión propicia para enemistar públicamente á los dos generales y hacer que se combatieran, para lo cual encomendó á Odonell la constitución de un ministerio que en un momento dado pudiera sustituir al actual.

Como las Cortes eran un obstáculo para tales combinaciones, fueron suspendidas el día 1.° de Julio fijando su reapertura para el 1.° de Octubre, y

Odonell, libre ya de la vigilancia de los diputados se dedicó á formar un ministerio de unión liberal, en el que entraban Cantero, Ríos Rosas, Pastor Diaz y Collado.

Espartero, que como de costumbre estaba en el limbo, no se enteró de los manejos de sus enemigos á pesar de la poca prudencia con que éstos procedían; pero á los pocos días llegó de Valladolid el inquieto Escosura, quien á las pocas horas tenía conocimiento de todo cuanto tramaba Odonell.

Escosura, en vista del doble juego de Odonell que fingiendo lealtad á Espartero conspiraba contra él sin ningún recato, comprendió que el ambicioso general debía estar seguro de la protección de la reina, y para saber á qué atenerse se dirigió á palacio donde tuvo una entrevista con doña Isabel, exhortándola á que si no tenía confianza en él se lo dijera con entera franqueza.

Doña Isabel le hizo muchas y cariñosas protestas de amistad, pero Escosura, que conocía bien el carácter de aquella mujerzuela, salió de palacio con el convencimiento de que sus temores eran ciertos y se avistó inmediatamente con Espartero manifestándole todo cuanto ocurría.

El duque de la Victoria estaba muy lejos de sospechar aquella traición de Odonell, y su asombro fué tan grande, que por algún tiempo no acertó á encontrar una idea.

—¿Qué he de hacer, Escosura?—preguntó indeciso y asombrado.

—Muy sencillo,—contestó el ministro de la Gobernación;—el que tiene la *Gaceta*, tiene el mando; todo puede hacerse en un momento y fácilmente: se destituye á Odonell, al capitán general y á los directores de las armas; firmados ó no por la reina, se publican los decretos, y la conducta que observen los conjurados para destruir la situación, servirá de norma para lo que deba avanzar la revolución.

Espartero aceptó calurosamente esta idea; pero á la media hora cambió de opinión y dijo que estaba dispuesto á esperar mayores pruebas de la traición de Odonell para decidirse á obrar contra él.

El duque de la Victoria seguía siendo el hombre irresoluto é inepto en política, sin fuerzas para sostenerse en el poder. Poco después se le presentó el joven general Prim, que seguía postergado por su veleidad política y deseaba encontrar una ocasión en que hacer uso de su temerario valor y sus instintos de aventurero. Prim, que conocía al detalle todos los manejos de Odonell, iba á ponerse á las órdenes de Espartero y á proponerle un plan para librarle de sus enemigos.

—Si usted permanece inactivo,—dijo Prim,—tenga la seguridad de que Odonell le derribará del poder, tal vez mañana. Entrégueme usted el gobierno militar de Madrid y destituya á Odonell, que yo me encargaré de fusilar á éste y á unos cuantos de sus amigos, con lo que quedará afirmada la situación.

Espartero se mostró indignado y dijo con mal humor al aventurero general:

—¡Eso podríamos hacer! ¡Fusilar á Odonell para que inmediatamente viniera la república! ¡Bien estaría entonces España! Aunque la reina me quite el poder, nada me importa con tal que se sostenga la monarquía.

Estas palabras de Espartero, dichas con verdadera ingenuidad, demuestran el error de ciertos escritores progresistas que han querido pintar al duque de la Victoria como un hombre de ideas avanzadas, tanto en política como en religión, cuando era monárquico y católico hasta el fanatismo.

Aquella misma tarde reuniéronse los ministros en consejo, bajo la presidencia de Espartero, y Escosura comenzó dando cuenta del resultado de su viaje á Valladolid.

Odonell, que estaba resuelto á quitarse la máscara cuanto antes, poniéndose en disidencia con los ministros, se fundó en los sucesos de Castilla para ponderar «la anarquía que devoraba al país y que él no podía tolerar por más tiempo...»

—Perfectamente,—contestó Escosura con marcada intención;—tan conforme estoy con esa idea, que traigo redactado un proyecto para reprimir la insolencia de esa prensa moderada para la cual nada hay digno de respeto.

—Algo es eso,—dijo Odonell que quedó desconcertado ante el inesperado golpe de Escosura;—pero yo empezaría por disolver algunos batallones levantiscos de la milicia nacional, que son un semillero de perturbaciones.

El Consejo pasó á tratar otros asuntos y en todos ellos aparecieron en pugna Escosura y Odonell que aprovechaban el menor detalle para discutir con el encono de irreconciliables enemigos. Escosura, que era de genio arrebatado é incapaz de aguantar por mucho tiempo una situación tan tirante, abandonó todo fingimiento y dijo á Odonell, con ruda franqueza:

—En suma, don Leopoldo, ¿á qué cansarnos con tantas discusiones? Lo que hay aquí es que no cabemos los dos en un saco.

—Políticamente tiene usted razón, —contestó con calma el general,—y lo mejor es que vayamos á presentar á la reina nuestras dimisiones.

Los ministros se trasladaron inmediatamente á palacio y allí aun quiso Espartero arreglar el asunto haciendo que Odonell y Escosura se abrazasen, pero éste no era hombre capaz de contentarse con tales comedias y su contrario deseaba dar pronto el golpe, pues estaba apremiado por sus amigos militares que le pedían ascensos.

Oyó la reina con gran atención la querella de los dos ministros, y al final dijo mirando á Odonell con zalameros ojos:

—Pues entre Escosura y tú me quedo contigo.

—Así lo esperaba yo,—dijo Escosura sonriendo amargamente, — y como nada tengo que hacer aquí me marcho.

—Espere usted que los dos nos vamos juntos.

Estas palabras las dijo con balbuciente voz el sencillo Espartero, que al fin comprendía lo ridículo de su situación y se convencía una vez más de la falsedad de la reina. Pero no abandonó tan pronto el salón el héroe de Luchana que no oyera la voz de la reina diciendo con tono cariñoso:

—Odonell, tú no me abandonarás, ¿no es verdad?

De este modo cayó del poder aquel popular caudillo, capaz de conducir á la victoria á un ejército en una noche como la de Luchana, pero inútil para gobernar la más pequeña aldea.

Al día siguiente, 15 de Julio, en las primeras horas de la mañana, Odonell realizaba sus ensueños de ambición jurando en manos de la reina la Presidencia del ministerio y la cartera de la Guerra. En Estado entró Pastor Díaz; Ríos Rosas en Gobernación; Luzuriaga en Gracia y Justicia; Collado en Fomento; Cantero en Hacienda, y Bayarri en Marina. El aprovechado Alonso Martínez, que tan ingrato se había mostrado con Espartero ayudando á Odonell, fué nombrado por éste gobernador de Madrid. La cartera de Gracia y Justicia la desempeñó al fin D. Cirilo Alvarez, pues Luzuriaga se negó á aceptarla.

Tremendo fué el efecto que la decisión de la reina causó en el partido progresista. Protestaron todos sus individuos contra aquello que llamaban traición de la reina y de Odonell, y en la tarde del día 14, cuando ya comenzaban á ser conocidos los nombres de los nuevos ministros, se reunieron los diputados en sesión extraordinaria por convocatoria del presidente de las Cortes, D. Facundo Infante.

Noventa y tres diputados asistieron á la sesión que se abrió á las cuatro y media de la tarde, y apenas fué leída el acta de la anterior presentóse una proposición suscrita por Madoz, Calvo Asensio, Sagasta y D. Francisco Salmerón en la que se pedía que las Cortes declarasen que el nuevo ministerio no merecía su confianza.

Por unanimidad fué aprobada la proposición é inmediatamente se procedió al sorteo de las secciones, oyéndose ya las descargas de la tropa y la milicia que comenzaron á combatir en las inmediaciones de palacio.

Las Cortes nombraron una Comisión que había de avistarse con la reina para hacerla presente el acuerdo tomado contra el nuevo gobierno; pero doña Isabel se negó á recibir á los comisionados, y Odonell pasó al Congreso un oficio en el que negaba á los diputados reunidos toda autoridad para constituirse, calificándolos de minoría sin libertad que obedecía sólo á la presión de los insurrectos. Ríos Rosas, llevado de su carácter violento, fué aún más allá, pues como ministro de la Gobernación calificó al Congreso de minoría facciosa. Para apreciar la verdad de estas afirmaciones del gobierno, baste saber que según el reglamento de las Cortes eran suficientes cincuenta y seis diputados para tomar acuerdos y en el Congreso se hallaban reunidos noventa y tres.

Indignados los diputados progresistas por la brutalidad del gobierno, resolvieron defenderse tenazmente, y todos los que tenían mando en la milicia salieron á ponerse al frente de los batallones mientras que los demás quedaron en sesión permanente.

Al poco rato estaba sobre las armas toda la milicia, distinguiéndose los batallones que al mando de Sixto Cámara y Becerra ocupaban la plaza de Santo Domingo, los cuales cargaron valerosamente á la bayoneta poniendo en fuga á las tropas del gobierno y llegando á posesionarse de los edificios fronterizos al palacio real.

El combate se había generalizado en toda la población, pero sus principales focos estaban en las inmediaciones del Congreso y en la plaza de Oriente.

Las Cortes estuvieron reunidas toda la noche viendo con alegría que el éxito del combate era favorable á la milicia. Tan segura parecía ya la derrota de las tropas del gobierno que Isabel pensaba en huir de Madrid y Odonell se mostraba sumamente abatido, no ocultándose de manifestar que el éxito de la jornada y la corona de la reina dependían de la actitud que adoptase Espartero.

Con que el duque de la Victoria desenvainase su gloriosa espada poniéndose al frente de la milicia, el triunfo del pueblo era seguro y la reina tendría que abandonar aquel trono que constituía su felicidad.

En las primeras horas de la madrugada se presentó Espartero ante el Congreso, siendo vitoreado por los diputados con un entusiasmo sin límites, al que contestó el general con la más dolorosa de las decepciones. A las numerosas preguntas que le dirigieron los diputados, contestó que él no podía ponerse de ningún modo á la cabeza del pueblo, pues si éste vencía la reina caería del trono é inmediatamente sería un hecho el triunfo de la república, forma de gobierno con la que él no podía transigir.

Como casi todos los diputados eran progresistas y por tanto furibundos monárquicos que pagaban á la reina sus desdenes con la sumisión del perro, vitorearon á su caudillo por aquella decisión que equivalía á un suicidio y lo mismo hicieron algunos de aquellos batallones de cándidos milicianos que exponían sus vidas por un hombre inepto considerado como gran revolucionario é indigno de sacrificio alguno.

La negativa de Espartero á tomar parte en la resistencia fué conocida inmediatamente en palacio, y Odonell quedó asombrado, pues nunca había podido imaginar que la imbecilidad de su rival llegase á tal punto. La situación cambió rápidamente, y la Corte, que ya hacía sus preparativos de viaje, confió en el triunfo, entregándose á la más loca alegría.

Odonell estaba tan turbado por aquella revolución, que no sabía qué medidas adoptar, teniendo un paisano, el ministro de Hacienda, Cantero, que tomar la iniciativa en la lucha contra la milicia. El general Serrano se encargó de las tropas que combatían en los distritos del Sur de Madrid, y don Manuel de la Concha tomó el mando de las de Palacio.

Serrano, después de haber dirigido varias intimaciones á los diputados para que abandonasen el Congreso, dió orden hacia el medio día al brigadier D. Blas Pierrad para que atacase la plaza de las Cortes al mismo tiempo que la artillería comenzaba á disparar sobre el palacio de la representación nacional. Una de las baterías que más estrago causó en el palacio del Congreso estaba mandada por un joven oficial llamado D. Manuel Pavía, que muchos años después, en el de 1874, había de entrar con la fuerza armada en dicho edificio para hollar nuevamente la augusta respetabilidad de las Cortes.

Un casco de granada, destrozando la techumbre de cristales del salón de sesiones, cayó á los piés del diputado demócrata Sorní y entonces el general Infante, como presidente, advirtió á los reunidos la grave situación en que estaban, diciendo finalmente: «los cañones están á las mismas puertas.»

—Bien,—contestó el diputado señor Bautista Alonso,—los cañones están en su puesto y nosotros en el nuestro.

Infante, en vista de lo inútil que resultaba la lucha, pasó á conferenciar con Serrano, quien prometió una tregua de tres horas para que los diputados se retirasen y la milicia abandonara sus posiciones. No necesitaba ésta de tal arreglo para abandonar la lucha. La inesperada conducta de Espartero había producido el desaliento en sus filas y los pocos batallones que aun se resistían con heroica tenacidad fueron retirándose poco á poco hasta el punto de que al anochecer del día 15 quedase ya completamente pacificada la población.

Los vencedores hicieron muchos prisioneros y en los sótanos del ministerio de la Gobernación fueron hacinados algunos centenares de milicianos que prolongaron la resistencia.

Un ayudante se presentó á Odonell para preguntarle qué había de hacer con los prisioneros.

—Fusilarlos;—contestó con sencillez el general, que estaba muy contento por el triunfo alcanzado.

El ministro Cantero, que estaba presente, y á cuyos esfuerzos se debía el éxito de la jornada, mostróse indignado por tan bárbara determinación y dijo á Odonell:

—General, ¿después de haber vencido va usted á causar esas víctimas que serán padres de familia llevando el luto á tantos infelices?

—Pues entonces que los pongan en libertad,—contestó Odonell con indiferencia.

Tal aprecio hacía el conde de Lucena de la vida de los hombres, y con tanta indiferencia miraba los derramamientos de sangre.

Vencedor ya el gobierno y despejada su situación política, quiso afirmar su obra que tenía por cimientos los centenares de cadáveres tendidos en las calles de Madrid. Tras del triunfo vinieron las recompensas y Serrano fué ascendido á capitán general del ejército, así como los brigadieres Pierrad, Talledo y otros á mariscales de campo.

El Ayuntamiento y la Diputación provincial de Madrid fueron suprimidos, sustituyéndolos el gobierno con corporaciones de Real orden; las Cortes quedaron disueltas y á los pocos días fué desarmada en toda España la milicia nacional.

Los periódicos progresistas protestaron de aquellas medidas reaccionarias, pero el gobierno dió el último golpe prohibiendo á la prensa la discusión de las medidas que en adelante adoptase para garantir aquella tiranía que él llamaba orden.

La resistencia que el pueblo de Madrid había opuesto á aquel golpe de estado no tardó en tener resonancia en otras poblaciones. Valencia y Málaga intentaron un pronunciamiento que fué fácilmente desbaratado, pero en Zaragoza y Barcelona la insurrección tuvo un carácter más alarmante.

El general Falcón, capitán general de Aragón, púsose al frente de los insurrectos, y en Barcelona fueron los socialistas los que dieron vida á la rebelión contra Odonell.

El gobierno envió á Zaragoza al general Dulce, que, después de algunas negociaciones, concedió á los insurrectos cuanto pidieron con el objeto de no derramar sangre, y entró á fines de Julio en la capital aragonesa, mientras que la Junta revolucionaria marchaba á Francia.

En Barcelona no fué resuelta tan pacíficamente la insurrección. El general Zapatero, ansioso sin duda de imitar al conde de España, de triste memoria, procedía con toda la brutalidad de un esbirro de la época de Fernando VII. Antes de que ocurriera en Madrid el golpe de estado, ya se había distinguido Zapatero persiguiendo rudamente á las asociaciones obreras, incautándose de sus cajas de socorros y tratando á todos los trabajadores como si fuesen hombres peligrosos á los que había que suprimir.

Cuando las Cortes fueron disueltas en Madrid y antes de que nadie pensase en Cataluña en acudir á las armas, publicó Zapatero un insolente bando lleno de provocaciones y amenazas que produjo la mayor indignación. El pueblo barcelonés no quiso sufrir por más tiempo las fanfarronadas de aquel tiranuelo y comenzó á levantar barricadas en las calles.

En el primer instante la milicia no quiso prestar su apoyo al movimiento y además nombró una comisión de oficiales que se presentó al capitán general para manifestarle que sus batallones estaban dispuestos á mantener el orden. El general Zapatero, lejos de agradecer aquellos ofrecimientos, recibió á los comisionados con la mayor grosería y rechazó el auxilio que le ofrecían, calificando á la milicia de turba de sediciosos á la que él sabría castigar.

Este general, que obraba como un demente, siguió llevando á cabo toda clase de imprudencias y en la tarde del 21 de Julio hizo que las tropas rompieran el fuego contra un grupo de obreros que salía de una fábrica de fundición y que pacíficamente atravesaba la Rambla dirigiéndose á sus casas. Aquel vil asesinato que no se hubiera atrevido á cometer el más depravado bandido produjo numerosas víctimas, y tal fué la indignación que este vandálico hecho produjo en el vecindario de Barcelona, que inmediatamente la milicia y el pueblo corrieron á las armas.

Comenzó la insurrección y los sublevados se apoderaron de varios puntos estratégicos, rompiendo el fuego contra las tropas á los gritos de ¡viva Espartero! y ¡viva la República! Todo el día duró el combate y por la noche se recrudeció éste, comenzando á disparar los cañones contra los puntos ocupados por el pueblo.

El 22 de Julio, los insurrectos se habían parapetado al Sur de la población, defendido por fuertes barricadas levantadas durante la noche y que eran verdaderos baluartes. El general Bassols fué enviado por Zapatero para tomar por asalto las fortificaciones populares; pero al apoderarse de la tercera barricada recibió en un costado una herida de bastante gravedad. El encargado de sucederle en el mando fué el general Villalonga, quien con nuevas tropas que acababan de llegar de las Baleares consiguió, después de una empeñada lucha, que los sublevados emprendieran la retirada hacia Gracia, donde fueron perseguidos y acuchillados por la caballería. Entretanto, las baterías de Montjuich bombardeaban al pueblo de Sans, donde nadie se había sublevado contra el gobierno y reinaba el más completo orden.

Estas brutalidades no satisfacían aún al sanguinario Zapatero y ordenó que fuesen fusilados en Gracia diez y seis nacionales prisioneros, ejecución que fué seguida de otras, en las que perdieron la vida jóvenes inofensivos, recién salidos de la niñez y que ni aún por pura fórmula fueron sometidos al juicio de un Consejo de guerra.

El general Zapatero parecía embriagarse con la sangre derramada y cada vez se mostraba más brutal y tiránico. Durante meses enteros Barcelona pareció una de las infelices ciudades de Polonia, sujetas al salvaje capricho del déspota eslavo. Un sinnúmero de obreros fueron arrancados de sus talleres y conducidos á presidio sin acusación previa y quedaron disueltas todas las asociaciones obreras de Cataluña, prohibiéndose además las cajas de socorros.

Zapatero, ebrio por su propia tiranía y ansioso de insultar y vejar por sí propio á todos cuantos llevaban blusa y eran obreros, hacía conducir á los presos á su despacho, donde los llenaba de injurias por sus propósitos de querer emancipar las clases trabajadoras, llegando muchas veces á abofetearles, siempre en presencia de sus ayudantes, para evitar el justo arranque de indignación de las víctimas. Estos *actos de valor* del general le produjeron algún quebranto, pues un día en que abofeteó á un honrado obrero, éste, enfurecido por el brutal insulto, echó sus manos al cuello de Zapatero y apretando furiosamente lo hubiera estrangulado, á no acudir á tiempo los ayudantes del general.

Como era de esperar, Odonell que dos años antes protestaba contra las violencias del gobierno y se presentaba como decidido revolucionario, miraba con la mayor simpatía las brutalidades de Zapatero, apresurándose á premiarle por las hazañas que llevaba á cabo en beneficio de la causa del orden.

Algunas insurrecciones que estallaron en Reus, Tarragona y otros puntos de Cataluña, fueron también sofocadas en sangre, y el gobierno nacido del golpe de estado pudo congratularse de ser un gobierno realmente conservador, simpático á las clases que se llamaban á sí mismas importantes.

Odonell era traidor al pueblo que le había elevado, destruía la libertad, fusilaba sin compasión, sostenía al frente de las provincias monomaníacos sanguinarios vestidos de general y consentía las repugnantes prostituciones de la soberana; era, pues, un gran gobernante, un eminente hombre de Estado y esa trinidad tan cacareada de la propiedad, el orden y la familia, podía dormir tranquila mientras él estuviese en el poder.

CAPITULO XLV

1856

le Odonell.—Su servilismo en palacio.—La *Acta Adicional* á la Constitución.—Decaden-
lonell.—Sistema denigrante que emplea Isabel para sustituirle con Narváez.—Gabinete
de éste.—Sublevación republicana en Málaga.—Debate entre Odonell y Narváez.—Pro-
ley de imprenta.—Las extravagancias de Miraflores.—Manejos carlistas de D. Francis-
s.—Trabajos revolucionarios.—Sublevación republicana en Sevilla.—Sanguinarios su-
denados por el gobierno.—Disidencias entre los moderados.—Imbecilidades del rey
.—Dimisión de Narváez.—El ministerio acéfalo.—Su fracaso.—El gabinete Armero.—
ilicancia.—Su caída.—Ministerio Isturiz.—Amargura de Bravo Murillo.—La estatua
izábal.—Isturiz se inclina á la Unión liberal.—Ministerio Odonell.—Su programa po-
inismo de Posada Herrera.—Su conducta electoral.—Preparativos de los partidos.—
 de los progresistas—Reforma en el ministerio.—Apertura de las Cortes.—El proceso
an Collantes.—Inmoralidad administrativa.—Tendencia aventurera y militar de la
eral.—Ignorancia de Odonell.—Influencia corruptora de la Unión liberal.

eral Odonell conocía perfec-
nte á qué precio le había
reina al poder. No bastaba
 traidor á sus amigos pro-
con canallesco egoísmo; era
ra hacerse simpático á doña
bre todo al rey, que le odia-
 sublevación de Vicálvaro,
na política reaccionaria y
con más encono aunque el
rváez, el espíritu liberal del

Para lograr hacerse aceptable en
palacio, declaró nula la Constitución
discutida y aprobada por las Cortes,
que ponía algunas cortapisas al poder
real, y se propuso restablecer la Constitución de 1845 en toda su integridad.

El enérgico ministro de Hacienda,
Cantero, que aunque era enemigo de
la Constitución votada recientemente
por las Cortes no podía transigir con
aquella reacción demasiado violenta

que iniciaba Odonell, propuso hacer más suave el cambio político añadiendo al Código de 1845 una serie de disposiciones complementarias, inspiradas en un criterio expansivo.

Odonell aceptó la idea y en la *Gaceta* del 15 de Setiembre apareció el decreto en virtud del cual se restablecía la Constitución de 1845 con una *Acta adicional* en la que se establecía el jurado para los delitos de imprenta; se sometía á reelección á los diputados que admitiesen empleos; se prescribía que cada año estuviesen reunidas las Cortes cuatro meses al menos; se ampliaba el número de casos en que el rey necesitaba estar autorizado por las Cortes; se establecía un Consejo de Estado y se limitaba la facultad de la Corona de nombrar directamente los alcaldes á las poblaciones de más de cuarenta mil almas.

Esta reforma, como todas las que se hacen inspiradas en un espíritu mediocre y conciliador, disgustó por igual á los dos partidos. Los liberales escandalizáronse justamente al ver que el gobierno se apoderaba de la facultad legislativa y daba por su propia voluntad leyes fundamentales, y en cambio la reina se mostraba disgustada con tal reforma, tachándola de demasiado liberal, y como en palacio no lograba Odonell hacerse simpático á pesar de todas sus complacencias, la camarilla acordó arrojarle del poder para sustituirle con Narváez.

Isabel iba á demostrar nuevamente lo susceptible que era de agradecimiento. Había abandonado á Espartero á quien debía su trono y ahora iba á engañar á Odonell, que defendió su corona, impidiendo el advenimiento de la república, que era la forma de gobierno deseada por los hombres ilustrados. En esta ocasión la ingratitud de la reina tenía su parte simpática y era que iba á servir de cruel castigo á Odonell, que tan villanamente había engañado á sus compañeros y al país.

La desamortización eclesiástica fué el asunto que explotaron las gentes cortesanas para destituir al gobierno. Desde 1855, en que las Cortes votaron tal desamortización, eran ya muchas las fincas enajenadas á pesar de las protestas del clero que había intentado sin éxito resucitar la guerra carlista.

Cantero, que estaba agobiado por el mal estado de la Hacienda y que era ardiente partidario de la completa desamortización, prescindiendo de ridículos concordatos con la Santa Sede pasó una circular á los gobernadores civiles recomendándoles que procurasen activar las ventas de bienes eclesiásticos como único medio de remediar la mísera situación del erario.

Odonell, que carecía de criterio en todas las cuestiones y que no tenía otra ilustración que la proporcionada por la lectura de novelas, tenía á Cantero por un grande hombre, y se prestó á hacer suyo el proyecto de desamortización, pero tropezó inmediatamente con la enérgica oposición de la reina.

Cantero, que conocía perfectamente á las personas reales, para sacar adelante su proyecto halagó los instintos de la reina y la beatería de D. Francisco de Asís, ofreciendo á los dignos esposos sesenta millones para la reconstrucción de templos ruinosos.

Este ofrecimiento que en otras circunstancias hubiese halagado á los regios consortes, no consiguió conmoverlos ahora que estaban aconsejados por la fanática clerigalla, y doña Isabel lloró delante de los ministros quejándose de la violencia que querían ejercer sobre sus sentimientos religiosos.

No fué necesario más para que Odonell retirase el proyecto de desamortización, y en Consejo de ministros se lo manifestó á Cantero, quien declaró que abandonaba la cartera de Hacienda.

—Pronto me seguirán ustedes,—dijo Cantero á sus compañeros de gabinete,—caerán como yo y menos dignamente, porque ya están caídos y tendrán que considerarse como echados por el balcón sin que nadie les recoja porque olerán como cadáveres en putrefacción.

Esta ruda profecía de Cantero no tardó en cumplirse. La reina había creído que en vista de su oposición á la venta de bienes eclesiásticos dimitiría Odonell, y se mostró muy disgustada en vista del desenlace de aquella crisis.

Cantero fué reemplazado por D. Pedro Salaverría, que inmediatamente suspendió la venta de los bienes eclesiásticos, pero esta humillación no logró salvar al ministerio de su próxima ruina.

Doña Isabel quería librarse de Odonell, pero en vista de que éste no atendía sus indirectas indicaciones para que abandonase el poder, se decidió á despedirle del mismo modo que se arroja á la calle á un criado defectuoso.

El 10 de Octubre se conmemoró el cumpleaños de la reina con una brillante fiesta, é Isabel que bailó repetidas veces con Narváez, en un descanso llamó á Odonell y con seca brevedad le manifestó que había resuelto encargar á su pareja en la danza la formación de un nuevo gabinete. A la reina le pareció aún poco el despedir al general de un modo tan desdeñoso, y se complació en echarle en cara la jornada de Vicálvaro, diciendo que él con los demás generales habían jugado su corona á cara ó cruz.

Odonell intentó justificarse demostrando que tal afirmación era calumniosa; pero la reina le volvió la espalda y regresó al salón de baile donde siguió danzando con Narváez.

De este modo cayó Odonell, henchido de despecho y de vergüenza y prometiéndose que jamás volvería á ser engañado por la reina; pero éste propósito no lo cumplió, pues diez años después sufrió de doña Isabel una humillación aún más terrible que le costó la vida.

Narváez constituyó dos días después

su gabinete encargándose de la presidencia sin cartera. Pidal entró en Estado; en Gobernación D. Cándido Nocedal, que poco antes había figurado como furibundo progresista y que por el tiempo había de ser jefe del carlismo; en Gracia y Justicia Seijas Lozano; Moyano en Fomento; Barzanallana (D. Manuel) en Hacienda; Lersundi en Marina, y de la cartera de la Guerra se encargó Urbiztondo antiguo general carlista procedente del convenio de Vergara.

El nuevo gobierno representaba la reacción franca y radical, é imitando á los ministros de Fernando VII que se creían con fuerzas para borrar los sucesos y desvanecer el curso del tiempo, hizo volver todas las cosas al ser y estado en que se hallaban antes de Julio de 1854. Todas las disposiciones contrarias al concordato con la Santa Sede fueron dejadas sin efecto, suspendiéndose la venta de bienes eclesiásticos y restableciendo la Constitución de 1845 en el sentido más estricto y sin acta adicional.

Narváez convocó las Cortes para el 1.º de Mayo de 1857, y en las elecciones que se verificaron á fines de Mayo, el gobierno obtuvo, como era de esperar, una completa victoria, no dejando á la oposición más de cinco puestos, lo que hizo que los progresistas volvieran á su antiguo sistema de amenazar con la revolución.

Ya en Noviembre del año anterior, la elevación de Narváez había producido protestas armadas, pues en la ciudad de Málaga subleváronse algunos centenares de paisanos al grito de ¡viva la República! los cuales después de luchar valerosamente durante algunas horas hubieron de escapar perseguidos por las autoridades, que fusilaron á algunos de los promovedores de la insurrección. Los revolucionarios y progresistas eran perseguidos por los agentes del gobierno con una saña salvaje, y en cambio Narváez, para demostrar cuáles eran las verdaderas tendencias políticas del gobierno, publicó en Abril de 1857 una real orden amnistiando á todos los que habían tenido parte en el último levantamiento carlista, harto más censurable que la insurrección republicana, pues había abundado en crímenes y toda clase de excesos.

Reunidas las Cortes, el marqués de Viluma fué nombrado presidente del Senado y Martínez de la Rosa del Congreso.

En esta Cámara las discusiones parlamentarias ofrecieron escaso interés, pero no así en el Congreso, donde se abrió un amplio debate sobre la insurrección de Vicálvaro. Odonell se defendió de los ataques de sus enemigos justificando la necesidad de aquel movimiento, y para dar más fuerza á sus palabras excitó á Narváez á que declarase si era ó no cierto que desde 1853 estaba de acuerdo con los insurrectos y había tomado parte en algunos preparativos del movimiento. El presidente del Consejo intentó eludir una respuesta categórica, pero al fin hubo de declarar que había estado de acuerdo con Odonell y demás generales comprometidos en el movimiento aunque sin proponerse nunca el tomar en él una parte activa.

Odonell aprovechó aquella ocasión para hacer declaraciones políticas revelándose como partidario de la desamortización eclesiástica y de reformas liberales, especialmente en las leyes electoral y de imprenta.

El general habíase ya marcado su rumbo político. Sabía que la reina no llamaría nunca al poder á los progresistas por creerlos demasiado revolucionarios y que el partido moderado sentiría la necesidad de turnar en el gobierno con otro tan reaccionario en su esencia como él, y aprovechó la ocasión que se le presentaba para hacerse jefe de partido levantando la bandera de la Unión liberal «organismo político sin verdadero programa, destinado á recoger todos los apóstatas y disidentes de las demás agrupaciones y á servir de refugio á los progresistas que se desesperaban y se sentían desfallecer y á los moderados que no aceptaban la política violenta y perturbadora de sus jefes.»

Odonell era un ignorante fuera de las cuestiones militares y se jactaba de su falta de cultura diciendo en público que no entendía de leyes; carecía de toda condición para ser jefe de partido, pero era capitán general y en tiempos de Isabel II esto resultaba suficiente para pasar como un modelo de sabiduría.

El apóstata Nocedal era de todos los ministros el que más empeño mostraba en extremar la reacción, y el 16 de Mayo presentó á las Cortes su famoso proyecto de ley de imprenta que era el más tiránico y absurdo de cuantos se habían ideado hasta entonces. Como la discusión del proyecto marchaba con bastante lentitud, Nocedal logró que lo autorizasen para que rigiese como ley mientras se verificaba el debate, y la prensa comenzó á sufrir una terrible persecución

Los diputados que con más elocuencia combatieron el proyecto de ley de imprenta fueron los poetas Ayala y Campoamor, pero sus palabras no produjeron efecto y el proyecto fué aprobado por el Congreso.

Al mismo tiempo que Nocedal presentaba en el Congreso su proyecto, el insignificante marqués de Miraflores incurría en la extravagancia de ofrecer al Senado una ley electoral basada en la insaculación, suprimiendo los sistemas electorales ensayados hasta entonces y dejando al azar del sorteo la designación de los diputados y senadores.

Como era de esperar, esta ridícula proposición no obtuvo otro resultado que una tempestad de carcajadas.

Las Cortes suspendieron sus sesiones el 16 de Julio de 1857 sin que llegaran á discutir los presupuestos, figurando entre los proyectos aprobados un tratado de límites entre España y Francia, varios proyectos de carreteras y ferrocarriles y las bases para la ley de Instrucción Pública ideada por D. Claudio Moyano y que aun sigue hoy en su parte fundamental á pesar de todos sus defectos.

Por aquellos días declaróse oficialmente el nuevo embarazo de la reina, que produjo en palacio escandalosos incidentes, pues D. Francisco de Asís que estaba convencido de no tener ninguna parte en la producción del nuevo vástago, se mostraba muy contrariado ante el estado de su esposa, no porque le incomodase aquella prueba de su deshonra, sino porque el embarazo venía á estorbar las negociaciones entabladas por él con el conde de Montemolín, para unir las dos ramas de la familia de Borbón.

Don Francisco de Asís, que era un dócil instrumento de la clerigalla, quería casar á la princesa de Asturias, doña María Isabel, con el joven don Carlos, sobrino de Montemolín é hijo de D. Juan de Borbón, que después había de provocar y sostener una guerra con el título de Carlos VII. Tenía ya el digno rey consorte muy adelantados sus trabajos de conciliación cuando aquel embarazo de su esposa venía á complicar el asunto. Nada se perdía si el nuevo vástago era hembra, pero en caso de ser varón echaba por tierra todas las intrigas del imbécil D. Francisco de Asís y de aquí que mostrara gran contrariedad y enojo que poco después había de manifestarse ruidosamente.

Al cerrar las Cortes sus sesiones, la política vergonzosa que imperaba no sufrió suspensión alguna, pues continuaron funcionando los verdaderos centros directivos del país que eran las antecámaras de palacio y la alcoba de la reina.

Odonell, creando aquel partido de la Unión liberal que excitaba los apetitos y ambiciones de todos los vividores políticos, había conseguido agrupar considerables fuerzas y daba ya por seguro que la reina le llamaría al poder en plazo más ó menos breve para evitar insurrecciones populares que podían ser funestas para el trono.

El general no se engañaba al apreciar el verdadero estado del país. La fiebre revolucionaria estaba latente en varias provincias y las sociedades secretas, especialmente la de los Carbonarios, fomentaban la insurrección en favor de la república.

En Andalucía fué donde se revelaron los trabajos de los conspiradores carbonarios. Un ex-oficial del ejército, llamado D. Manuel Caro, y el comerciante de Utrera, D. Gabriel Lallabe, pusiéronse al frente de una partida republicana compuesta de doscientos hombres reclutados en Sevilla y pueblos inmediatos. La partida penetró sin resistencia en Utrera, donde se apoderaron de algunos caballos, y continuó su marcha sin cometer ningún exceso en los pueblos del tránsito, limitándose sus jefes á pedir raciones y exigir á los Ayuntamientos auxilios metálicos que nunca hacian efectivos. Entre Alcalá del Valle y Benamejí encontráronse con las fuerzas del gobierno cambiando algunos tiros, y modificando entonces su ruta, la partida entró en Morón, donde sólo exigió raciones de pan, carne y vino á pesar de la falta de recursos que les agobiaba.

Los jefes de la partida, que esperaban que todo el país se adheriría á su movimiento, sólo tenían doscientos setenta infantes y setenta caballos y en vista de la escasez de sus fuerzas intentaron internarse en la serranía de Ronda; pero al ir á salir del pueblo de Benaojan fueron alcanzados por las tropas del gobierno que dispersaron la partida haciendo prisioneros á casi todos sus individuos.

Justamente cuando ocurrió este suceso el partido moderado comenzaba á murmurar públicamente contra su jefe tachándolo de falta de energía é incapaz para sostener el orden que aquellos conservadores creían imposible el sustentar si no se derramaba mucha sangre.

Narváez, que deseaba sincerarse ante los suyos y que no necesitaba muchas excitaciones para mostrarse cruel y sanguinario, dispuso, con el consentimiento de la reina, la ejecución inmediata de todos los republicanos prisioneros. La prensa protestó y fueron numerosas las exposiciones que se dirigieron á la reina pidiéndola piedad para los desgraciados; pero doña Isabel era digna hija de Fernando VII, gozaba con los suplicios de sus enemigos y dejó indiferente que murieran fusilados en Sevilla, Utrera y el Arahal, más de cien republicanos.

Los consejos de guerra, que funcionaban sin descanso, impusieron la misma pena á los demás prisioneros; pero la opinión de España entera, indignada ante aquellos asesinatos hechos á sangre fría, lanzó un grito de horror, exigiendo con tanta energía el término de tan espantosos crímenes, que el gobierno, amedrentado, conmutó las restantes condenas de muerte por cadena perpetua.

Aun hubo cortesanos viles que elogiaron á la reina por su *rasgo de clemencia*, felicitándola porque se había contentado con fusilar á cien españoles honrados cuyo único delito consistía en ser enemigos de la monarquía no habiendo cometido exceso alguno que ni remotamente justificase tan bárbara crueldad.

Otra partida republicana sorprendida en la provincia de Jaén no obtuvo tampoco clemencia y todos sus individuos fueron fusilados por orden de aquella reina que hubiese querido conocer á todos los enemigos de la monarquía que existieran en España para condenarlos á muerte inmediatamente y vivir tranquila en la confianza de que nadie pensaba en arrojarla de aquel palacio, teatro de escándalos, orgías y locos desenfrenos.

La crueldad que Narváez había manifestado le congració con los moderados, y comprendiendo el general que el único medio para mantener su partido sumiso y disciplinado era proceder como un bandido sin conciencia, se apresuró á poner en práctica su sistema empleado durante el terror de 1848, é hizo en Madrid y las principales capitales numerosas prisiones enviando á Leganés las famosas cuerdas de presos en las que figuraban personas honradísimas acusadas de conspiraciones que sólo existían en la imaginación de los gobernantes.

Con estos brutales procedimientos que alarmaron al país, Narváez logró atraerse á los moderados intransigentes que poco antes pensaban en la jefatura de D. Cándido Nocedal; pero comenzó á enemistarse con el elemento sensato del partido á cuyo frente estaban Posada Herrera y Bermúdez de Castro, los cuales hicieron bastante oposición á la violenta política de Narváez y á la ley de imprenta de Nocedal.

El presidente del Consejo se veía en situación bastante crítica, pues sus deseos de exterminar la revolución comenzaban á producir disidencias en el partido moderado, mostrándose inclinados los mejores elementos de éste á irse con Odonell que ofrecía un gobierno menos violento.

Narváez no sabía qué hacer ni á qué parte decidirse. Sus conveniencias como jefe de partido le impulsaban á detenerse y á ser más liberal para conservar mejor la disciplina en su agrupación; pero las gentes de palacio le exigían seguir adelante en su conducta reaccionaria y no se mostraban contentas más que el día en que fusilaba algún revolucionario ó reducía á prisión á unos cuantos padres de familia.

Estaba en aquella época ya muy adelantado el embarazo de la reina, y D. Francisco de Asís, que conocía las estrechas relaciones de su esposa con el oficial Puigmoltó, amenazaba con dar un escándalo mayor que todos los anteriores si no se seguía la política que él indicase. Ya sabemos cual era ésta y el interés que el reyecillo consorte mostraba en favorecer á Montemolín.

Don Francisco, impulsado por la camarilla clerical y dominado en absoluto por su confesor, no sólo quería la unión de las dos ramas de la familia borbónica sino que siempre que hablaba de don Carlos y su familia los llamaba *la rama legítima* por creer que Carlos V y sus descendientes eran los llamados por Dios para ocupar el trono de España. Por esto el embarazo de la reina le preocupaba desagradablemente, pues el nacimiento de un niño destruiría todos los proyectos forjados por él y por Montemolín. Isabel que sabía por experiencia la afición que aquel hombrecillo débil tenía á los escándalos, llegó á atemorizarse ante sus amenazas y fué cediendo á sus exigencias, temerosa de que su esposo al nacer el nuevo vástago declarase que no era suyo.

De aquí que aunque parezca muy extraño, la reina comenzase á conspirar contra sí misma y favoreciese las conjuraciones carlistas que algunos años después habían de dar como resultado la misteriosa sublevación de San Carlos de la Rápita.

menzó Isabel por aceptar una estrambótica de su marido, que tía en constituir un ministerio residencia, concurriendo ambos rtes á las reuniones de los mi- s para presidirlas. Esta idea des- ada solo podía ocurrírsele á un re como D. Francisco de Asís, el mismo Fernando VII con ser bsoluto nunca pensó en suprimir esidencia del ministerio, com- iendo la necesidad de éste para ger su irresponsabilidad como rca.

rváez al tener noticia de estas as del rey consorte, presentó su ión y en la noche del 12 de Oc- abandonó el poder.

reina conferenció por telégrafo ravo Murillo que estaba en Pa- o logrando que éste aceptase el go de formar ministerio, pues gaba á transigir con la peregri- a de un ministerio acéfalo y no a comprometerse al inmediato amiento de su proyecto de re- constitucional.

tonces fué llamado á palacio el al Armero, moderado afecto á ión liberal, quien se mostró par- o de la Constitución de 1845, ada por algunas leyes liberales emigo de la tendencia absolu- manifestada por Bravo Murillo, 52.

reina intentó aún formar un sterio que se comprometiera á ear dicha reforma constitucio- aunque con algunas modificacio-

nes; pero entre los moderados eran muy escasos los que se atrevían á patrocinar aquel franco retroceso al absolutismo, y por fin doña Isabel tuvo que resignarse á nombrar un ministerio de transición cuya presidencia fué encomendada al general Armero, que por ser de escasa representación política y de una inteligencia casi nula no excitó recelos y pudo rodearse de hombres notables que pensaban ser los árbitros de la nueva situación.

El 15 de Octubre constituyóse interinamente el nuevo gobierno, ocupando la presidencia y la cartera de la Guerra el general Armero, y encargándose del despacho de los ministerios los subsecretarios de la anterior situación. La reunión de las Cortes que estaba ya próxima, fué aplazada para el 30 de Diciembre, y más adelante con motivo del alumbramiento de la reina fué retardada dicha solemnidad hasta el 10 de Enero de 1858.

El ministerio fué organizado definitivamente el 25 de Octubre, entrando á desempeñar las carteras de Estado y Ultramar, Martínez de la Rosa; la de Gobernación, D. Manuel Bermúdez de Castro; la de Gracia y Justicia, D. Joaquín José Casaus; la de Fomento, D. Pedro Salaverría; la de Hacienda, D. Alejandro Mon; y la de Marina, D. José María Bustillo.

El partido moderado combatió al nuevo gabinete tachándolo de afecto á la Unión liberal; y llegó á circular la noticia de que Narváez y Bravo Murillo iban á reconciliarse creando un ministerio francamente reaccionario. Afortunadamente para el gabinete Armero la reina estaba muy avanzada en su embarazo y no se encontraba en disposición de intrigar tal como era su costumbre; así es que dejó vivir á aquel ministerio que no tenía ninguna fuerza política.

En la noche del 28 de Noviembre de 1857 nació el príncipe de Asturias, á quien se puso el nombre de Alfonso, y que estaba destinado á ocupar el trono de España después de una gran revolución que venció á su madre y que vino á demostrar que aunque la monarquía puede ser restaurada por la fuerza de las bayonetas, el prestigio de los reyes acabó para siempre en nuestra patria.

El ministerio Armero en su breve gestión política no llevó á cabo nada digno de mención. Las Cortes fueron abiertas el 10 de Enero de 1858 y la reina leyó un mensaje lleno de declaraciones vagas, en el cual se daba á entender que el gobierno quería seguir una política más expansiva que la del gabinete anterior.

Don Javier Isturiz fué nombrado presidente del Senado, y en el Congreso Bravo Murillo derrotó á Mayans que era el candidato del gobierno para la presidencia.

Resultaba irónico el elegir presidente del Congreso á un político como Bravo Murillo tan enemigo de las Cortes, y el gobierno no por esta consideración sino por el despecho que le causaba su derrota, presentó inmediatamente á doña Isabel el decreto de disolución de las Cámaras, que la reina firmó sin inconveniente alguno.

Armero, en vista de esta prueba de confianza que le daba la reina, se retiró muy tranquilo; pero al día siguiente fué grande su sorpresa cuando le llamó la soberana para decirle que había cambiado de parecer y que no creía oportuna la disolución de las Cortes.

Dimitió entonces Armero en nombre de todo el ministerio, y doña Isabel admitió la renuncia conferenciando con los presidentes del Congreso y del Senado y encomendando á este último, que era Isturiz, la formación del nuevo gabinete. Aceptó éste, previo una conferencia con Bravo Murillo que le ofreció el apoyo de la mayoría siempre que el nuevo gabinete fuese compuesto de moderados; pero Isturiz, que estaba en relaciones con la Unión liberal, no cumplió esta condición, designando para formar el gabinete á los políticos de tendencia más conciliadora.

Isturiz se reservó la presidencia con la cartera de Estado, y designó para la de Gobernación á D. Ventura Díaz, para Gracia y Justicia á D. José Fernández de la Hoz, para Fomento al conde de Guendelain, para Hacienda á D. José Sánchez Ocaña, para Guerra al general D. Fermín de Ezpeleta, y para Marina á D. José Quesada. El nuevo gobierno al presentarse ante las Cortes expuso su programa político reducido á la promesa de observar estrictamente la Constitución de 1845.

El encumbramiento de Isturiz hizo experimentar una gran decepción á los unionistas que creían llegado ya el momento de ocupar el poder, y en cuanto á su jefe Odonell mostrábase ofendido al observar que doña Isabel seguía favoreciendo á los moderados.

Tan sombría y amenazante llegó á ser la actitud adoptada por el conde de Lucena, que doña Isabel se mostró arrepentida de su conducta, y de tal modo llegó á preocuparse, que Bravo Murillo en su eterno desprecio al militarismo, se lamentaba de aquella política en que sólo eran favorecidos los audaces y amenazadores.

—Un uniforme, una espada,—decía amargamente el reaccionario político,—reemplazan ya con ventaja la toga del legislador. La sociedad española está fuera de su asiento.

La mayoría del Congreso recibió al nuevo gobierno con una benevolencia desdeñosa que ocultaba un gran fondo de hostilidad. Aquellos ministros no podían resultar simpáticos al partido moderado, pues aunque algunos estaban dispuestos á obedecer á Bravo Murillo, la mayoría se inclinaba á Odonell cuya importancia crecía por momentos. Isturiz, por su parte, no era hombre capaz de atraerse grandes simpatías, pues carecía de creencias políticas, procedía como un verdadero escéptico y en su afán de ser conciliador, se dejaba arrastrar á merced del oleaje del Congreso.

Las Cortes discutieron las bases de la reforma hipotecaria, y siguiendo la ya tradicional costumbre autorizaron al gobierno para plantear los presupuestos antes de discutirlos. Además en el Congreso se habló algo acerca de la colocación de la estatua de Mendizábal en la plaza del Progreso. El clero, que tenía motivo para odiar al gran revolucionario á quien la patria agradecida quería rendir aquella muestra de respeto, oponíase tenazmente á la erección del monumento, y algunos obispos influyeron en el ánimo de la reina, logrando que la estatua quedase arrinconada y que una vez más triunfase la opinión de los reaccionarios.

No tardó en ponerse en evidencia la diversidad de opiniones que existía en el seno del gabinete. El ministro de Hacienda, que era un furibundo moderado, propuso que fueran devueltos á la Iglesia los bienes del clero que aún estaban en poder del Estado, y el de la Gobernación se propuso aumentar la centralización administrativa poniendo corregidores al frente de las provincias.

En Consejo de ministros se rechazaron estos proyectos, así como el del ferrocarril de los Alduides, en el que se adivinaba un negocio de mal género, y entonces D. Ventura Díaz abandonó la cartera de la Gobernación siendo sustituído interinamente por Fernández de la Hoz.

La mayoría moderada que veía con sorpresa el relativo liberalismo del gobierno se propuso hacerle una ruda oposición; pero Isturiz para evitarse una derrota suspendió á principios de Mayo las sesiones de las Cortes.

Reuniéronse entonces los diputados en casa de varios prohombres del moderantismo, y Bravo Murillo amenazó al gobierno con una guerra sin cuartel si no daba la vacante cartera de la Gobernación á un diputado de la mayoría.

La contestación de Isturiz fué nombrar en 14 de Mayo ministro de la Gobernación á D. José Posada Herrera que figuraba ya al lado de Odonell, y ante este reto del gabinete uniéronse todas las fracciones del partido moderado para derribar á Isturiz. Bravo Murillo y otros prohombres moderados conferenciaron con doña Isabel para decidirla en su favor; pero la reina marchó á las provincias de Levante para asistir á la inauguración del ferrocarril de Valencia á Alicante y al volver á Madrid á últimos de Junio fué cuando se inició la crisis ministerial.

Posada Herrera, que estaba de acuerdo con Odonell, pidió en Consejo de ministros la disolución de las Cortes y la rectificación de las listas electorales, produciendo ésto tales disidencias en el seno del gabinete, que el gobierno presentó su dimisión el día 30 de Junio.

Esperaban los moderados que la reina llamaría á Bravo Murillo para formar gabinete, pero el designado fué Odonell, que en aquel mismo día constituyó su ministerio encargándose de la presidencia con la cartera de la Guerra, Posada Herrera entró en Gobernación, Calderón Collantes en Estado, Fernández Negrete en Gracia y Justicia, en Fomento el marqués de Corvera, en Hacienda Salaverría y la cartera de Marina siguió desempeñándola el general Quesada.

Como Odonell tenía gran empeño en demostrar que representaba una política distinta de la seguida por los gobiernos anteriores y llevaba tras sí mucha gente ansiosa de gozar las dulzuras del presupuesto, removió en masa á casi todos los empleados, sujetó á una rectificación las listas electorales y dirigió una circular á los gobernadores en la que exponía su programa.

Posada Herrera, que fué el encargado de redactar dicho documento, manifestaba ante todo que el gobierno seguiría manteniendo la Constitución de 1845, pero que estaba dispuesto á interpretarla en el sentido más lato y que deseaba perfeccionar la administración del país dando más libertad á las provincias y á los municipios y llevando á cabo la desamortización civil.

Respecto á la desamortización eclesiástica el gobierno prometía realizarla *de acuerdo con la Santa Sede.* El jurado para los delitos de imprenta también entraba en el programa del gobierno así como la promesa de que los gobernadores no influirían en las elecciones «pero esto sin que el gobierno renunciase á ejercer en los comicios la *influencia legal* que su posición le permitía.»

Estas palabras, que equivalían á una brutal declaración de que el gobierno sacaría triunfantes sus candidatos sin reparar en medios, fué muy comentada por la prensa que decia que aunque los anteriores gobiernos habían hecho lo mismo, al menos habían sabido guardar las apariencias.

A pesar de los preparativos del gobierno, las oposiciones se prepararon á luchar y los progresistas publicaron un manifiesto en el que decian que en vista de la justa revisión de las leyes electorales se creían obligados á acudir á las urnas. Y para nombrar una junta directiva del partido y designar los candidatos para las próximas elecciones, verificaron los progresistas un *meeting* en el teatro de Novedades que fué presidido por Olózaga. Este, que era ya francamente enemigo de la dinastía borbónica, sin dejar de ser monárquico, atacó en un enérgico discurso á la Unión liberal, calificándola de mistificación vergonzosa y probando que carecía de condiciones de partido por no tener masas ni programa. Además, aquel hombre que se llamaba revolucionario, atacó al partido democrático tachándolo de anarquista, y acabó presentando á los progresistas como los únicos que podían gobernar liberalmente á España. Entre todos los oradores que hablaron después, se distinguió D. Patricio de la Escosura, quien poniéndose en pugna con Olózaga respecto á las apreciaciones con la Unión liberal, dijo que era necesario mostrar benevolencia al gobierno de Odonell por lo menos hasta que se viera si eran ciertas ó no sus promesas liberales. Con esto se pusieron de manifiesto las diversas tendencias que existian en el seno del partido progresista, y para impedir que éste se desmembrase más aun de lo que estaba yendo á ingresar en la Unión liberal, formóse una nueva junta casi tan numerosa como el partido, en la cual entraron elementos de todas las fracciones.

El partido progresista, á pesar de que veía mermadas sus filas por la continua deserción de los que ansiosos de gozar los residuos del poder iban á alistarse en la Unión liberal, manteníase en pié más monárquico y más amenazador que nunca, con la loca esperanza de que la reina en difíciles circunstancias los llamaría á desempeñar el poder.

Las villanías que doña Isabel había cometido con los ministros progresistas nada les habían enseñado, y tachando de anarquista al partido democrático, que era el verdaderamente popular, seguían ostentando con una tenacidad infantil su lema *de revolucionarios ante la reacción y conservadores ante la anarquía*, palabras que han seguido repitiendo hasta la fecha como si el progreso político no les hubiese mostrado otra cosa.

El ministerio Odonell, haciendo caso omiso de los partidos de oposición, iba planteando su programa, y el 2 de Octubre decretó la continuación de la venta de los bienes nacionales *exceptuando los eclesiásticos*. Disueltas las Cortes fueron convocadas otras nuevas para el 1.º de Diciembre, y en las elecciones generales triunfó, como era de esperar, el gobierno, gracias al cinismo político de Posada Herrera á quien se llamó desde entonces el *gran elector*. El ministro de la Gobernación designó por telégrafo á los gobernadores todos los candidatos que habían de triunfar, y si salieron algunos de oposicion fué porque lo consintió Posada Herrera, quien decía públicamente que *estaba ya sobresaturado de mayoría*. Los progresistas obtuvieron un número bastante regular de puestos porque al gobierno no le inspiraban gran cuidado, pero no así los moderados á quienes Odonell hizo una guerra encarnizada.

Antes de reunirse las Cortes dimitió su cargo el ministro de Marina por exigencias de sus compañeros que estaban ofendidos de que hubiese presentado á la firma de la reina unos decretos de que no habia dado cuenta en Consejo de ministros, y se designó para sustituirle al general Mac-Crohon.

Al abrirse las Cortes el Senado eligió presidente al general Concha, marqués del Duero, y el Congreso á D. Francisco Martínez de la Rosa, que á pesar de ser casi absolutista, era considerado por muchos como encarnación del sistema representativo.

La política vaga y plagada de lugares comunes, propia de aquel gobierno, se manifestó claramente en el mensaje de la Corona, en el cual entre conceptos indefinidos y contradictorios, se repetía la palabra moralidad, que ya había servido de engañosa bandera á los insurrectos de Vicálvaro.

Hay, sin embargo, que reconocer que el gabinete Odonell realizó en parte sus promesas de moralidad administrativa, pues sometió á las Cortes los presupuestos del año siguiente que fueron ampliamente discutidos, y apenas quedaron aprobados presentó el ministro de Hacienda los del siguiente ejercicio, observancia fiel de la Constitución, que después de las arbitrariedades de los moderados produjo muy buen efecto en el país.

Deseaban unionistas y progresistas vengarse de las persecuciones que en otro tiempo les habían hecho sufrir los moderados, y en la sesión del 14 de Febrero de 1859 pidió el diputado Sagasta la presentación del expediente formado en 1854 con motivo del acopio de ciento treinta mil cargos de piedra para la construcción del canal de Manzanares, negocio que era una de las muchas irregularidades del tiempo en que el ministerio Sartorius cometía sus famosas *polacadas*. Tan escandaloso resultaba lo consignado en el expediente, que á propuesta de Elduayen se nombró una comisión parlamentaria encargada de decidir si habia ó no lugar á la formación de proceso.

El ex-ministro D. Agustín Esteban

Collantes, tan famoso por sus irregularidades y que era el verdadero autor de este negocio sucio, se defendió con habilidad; pero Sagasta y Elduayen sostuvieron enérgicamente la acusación, y al fin el Congreso, por una gran mayoría, acordó que había lugar á formular la acusación ante el Senado.

Esta Cámara, suspendidas el 3 de Junio las sesiones parlamentarias, se constituyó en tribunal de justicia siendo comisarios D. Florencio Rodríguez Vaamonde y D. Juan Sevilla, y secretario D. José Gelabert y Hore. La comisión encargada de acusar al procesado, la formaban D. Fernando Calderón Collantes, D. Antonio Romero Ortiz, D. José Alfaro Sandoval, don Antonio Cánovas del Castillo, D. Emilio Bernar, D. Miguel Zorrilla y don Antonio Rivero Cidraque, defendiendo á Esteban Collantes los abogados Cortina, González Acebedo, Casanueva y Alvarez Sobrino.

Los debates revistieron gran solemnidad distinguiéndose entre los defensores D. Manuel Cortina, y entre los acusadores Cánovas del Castillo que en aquella circunstancia comenzó á crearse un nombre político.

El ex-ministro acusado, á pesar de la opinión pública, fué absuelto por bastar para ello la tercera parte de los jueces, y justificando una vez más que siempre se rompe la cuerda por lo más delgado, se condenó á D. José María Mora, director de Obras públicas en la época en que se verificó el negocio de los cargos de piedra; pero éste, que se hallaba en Londres, contestó publicando un folleto en el cual hacía importantes revelaciones y acusaba á los mismos que le habían sentenciado de negocios aún más escandalosos.

Así terminó el proceso de Esteban Collantes que vino á demostrar una vez más lo ilusoria que es la responsabilidad ministerial en la monarquía parlamentaria.

Entretanto la Unión liberal, de la que tanto esperaban los monárquicos y que tan seductores ofrecimientos había hecho al país, convertíase en una agrupación de aventureros ansiosos únicamente de medrar á costa del país y perpetuar su estancia en el poder por medio de absurdas empresas militares, parodia de pasados siglos, que convirtiesen á la hija de Fernando VII en una Isabel la Católica y á Odonell en otro Gran Capitán.

El conde de Lucena que era ignorante como un soldado tosco y conocía la historia por las novelas, siendo su lectura favorita *Los tres mosqueteros*, de Dumas, soñaba en emprender ruidosas conquistas más allá de los mares que cimentasen su reputación militar y deslumbraran la opinión pública que comenzaba á mostrársele hostil.

El resultado de estos proyectos de política aventurera, pronto tendremos ocasión de verlo, así como de apreciar la influencia corruptora que la Unión liberal ejerció sobre España.

CAPITULO XV

1858-1860

Servilismo de Odonell.—Sus complacencias con la teocracia.—Su manía religiosa y militar.—La guerra de Conchinchina.—Imbécil participación de nuestro gobierno.—Inutilidad del auxilio prestado por España.—Miras de Odonell sobre Marruecos.—Conflictos con el gobierno del sultán.—Prudencia de éste y exageradas exigencias de Odonell.—Arbitrariedad del gobierno español.—Declaración de guerra.—Docilidad de las Cámaras.—Loco entusiasmo de la nación.—Falta de fundamento en la guerra de África.—Ideas reaccionarias que hace revivir la patriotería.—La campaña de Marruecos.—Sus principales incidentes.—Toma de Tetuán.—Indecisión de Odonell que esteriliza la guerra.—Solicita el mismo la paz.—Bases que presenta.—Segunda campaña.—Batalla de Wad-Ras.—Tratado definitivo de paz.—El despertar de la opinión.—Amargura de Odonell.—Conspiración carlista.—Influencia del clero en palacio.—La familia real conspirando contra sí misma.—Doña Isabel partidaria de don Carlos.—Manejos de la teocracia.—La *Conisión Regia Suprema*.—Sus extensos trabajos de conspiración.—El general D. Jaime Ortega.—Sus preparativos.—Manifiesto de don Carlos.—Sublevación de Ortega en San Carlos de la Rápita.—Su fracaso.—Prisión y fusilamiento de Ortega.—Detención de Montemolín.—Su abdicación espontánea.—Su retractación desde el extranjero.—Vileza de los principales conspiradores carlistas.

Así que terminó el ruidoso proceso de Esteban Collantes y que el país quedó convencido de que la responsabilidad ministerial era una farsa, Odonell suspendió las sesiones de las Cortes, y como conocía que su gobierno no tenía estabilidad y que el país lo miraba con indiferencia ó con odio, procuró excitar con guerreras empresas el entusiasmo patriótico tan natural en los españoles.

Al mismo tiempo intentaba Odonell captarse las simpatías de las gentes que rodeaban á la reina y eran sus consejeras, y como la Iglesia ejercía gran influencia en palacio, procuró el general conquistar el apoyo del clero prestándose en el asunto de la desamortización á todas las exigencias de la corte de Roma. Parecióle aun poco esta ductilidad al caudillo de Vicálvaro, y como doña Isabel y su esposo eran fanáticos hasta la exageración, Odonell se hizo beato y mostró espe-

r en tomar parte en todas las
s religiosas que los reyes
an constantemente para que
erdonase los extravíos de sus
asiones.
modo Odonell, que en la in-
nfesaba no estar muy segu-
existencia de Dios, llegó
ionomaníaco religioso aban-
uchas veces el examen de
untos de Estado para ir
un cirio en las procesio-
verificaban en palacio.
o que le mostraba la reina
jigatería religiosa y la si-
l país, movíanle á soñar
on mayor ahinco en las em-
itares que constituían toda
n. El estado de la hacienda
es relativamente próspero,
mortización proporcionaba
cursos al Erario al mismo
e los muchos ferrocarriles
cción activaban la circula-
os capitales dando nueva
negocios.
ell hubiese sido un media-
ante y un buen patriota,
rovechado aquella época de
ngrandecimiento para em-
ejoras beneficiosas al país,
ell, deseoso de mantenerse
r por el falso prestigio de
y pensando únicamente
ilitar, prefirió gastar esté-
centenares de millones en
ustas que además no dieron
tilidad á España.
de la misma furia belicosa

que los aventureros de la Edad media, Odonell sólo vivió para hacer la guerra y en los pocos años que duró su gobierno, España tuvo que luchar con la Conchinchina, Marruecos, Méjico, Santo Domingo y con las repúblicas del Ecuador, Perú, Bolivia y Chile.

Las fantásticas empresas de Odonell después de derramados muchos millones y mucha sangre, no aumentaron en una sola pulgada el territorio nacional, y en cambio sirvieron para abrir un abismo entre España y América, haciendo que las naciones hermanas que comenzaban á mirarnos con simpatía nos considerasen en adelante con el odio que merece el aventurero que se presenta á turbar la paz de un hogar honrado.

Apenas subió Odonell al poder en 1858, su primera idea fué entablar una guerra con Méjico con fútiles pretextos, pero tuvo que abandonar este proyecto que ya había indicado en el discurso de la Corona en vista de la oposición que en ambas Cámaras le hicieron algunos políticos y especialmente el general Prim.

No por esto desistió Odonell de su política militar, y ya que no podía hacer la guerra contra Méjico entró en negociaciones con Francia para ayudar á Napoleón III en la conquista de Conchinchina que tenía por fundamento el asesinato de algunos misioneros católicos por los fanáticos de aquel país. El Imperio nada ofreció á nuestro gobierno en aquella conquista, pero á pesar de esto las tropas españolas partieron á Conchinchina como auxiliares de las legiones francesas, y Odonell, no sabiendo cómo justificar tal guerra, la dió un carácter religioso, lo que fué muy del agrado de la reina y de las *virtuosas* damas que formaban su corte.

Afortunadamente la nación no se entusiasmó mucho con aquella guerra, pues el pueblo con su buen sentido comprendía que si resulta lógico que los hombres se maten por defender sus propios intereses y los de su país, es ridículo y estúpido derramar la sangre por diferencias de apreciación en lo que el mortal pueda encontrar más allá de la muerte, pues en esto consisten todas las religiones.

El coronel D. Carlos Palanca fué el encargado de mandar las tropas españolas que salieron en dirección á Conchinchina, en Setiembre de 1858, con la orden de ponerse bajo la dirección del contraalmirante que mandaba la escuadra francesa. Los soldados españoles mostraron en esta campaña su superioridad sobre los mejores soldados del mundo, y aunque los franceses se batieron con gran valor, no supieron resistir tan bien como nuestros compatriotas los asfixiantes rigores de una temperatura elevadísima, y la inquietud y zozobra propias de una guerra de emboscadas.

El coronel Palanca, que cayó herido de gravedad en una de las primeras acciones, fué sustituído por el capitán D. Serafín Olave, que años después se mostró como decidido republicano federal, y que en aquella ocasión desempeñó el mando de las tropas españolas con acierto y bizarría. Los conchinchinos, inferiores en armas á los europeos, fueron derrotados en todos los combates, pero la naturaleza especial de aquella guerra hizo que durase algunos años y que fuese interrumpida por largas treguas.

Cuando por fin la expedición logró una completa victoria, Francia olvidó en absoluto al gobierno español, que tanto le había auxiliado, y desoyendo reclamaciones, tomó para sí tres provincias de la Conchinchina.

—Si España quiere compensaciones,—dijo el gobierno de Napoleon III, —que las busque en el Tonkin: esta expedición es francesa y los españoles son nuestros auxiliares, no nuestros aliados.

Los conchinchinos, por el tratado de paz firmado en Saigon en 1862, se comprometieron á respetar y proteger á los misioneros católicos, á pagar indemnización de guerra á Francia, dándole además tres provincias marítimas, y á ajustar un tratado de comercio ventajoso, y cuando llegó la hora de recompensar á los vencedores, las tropas españolas que habían ido siempre á la vanguardia, sufriendo los mayores peligros y privaciones, quedaron olvidadas, embarcándose para Manila, donde debieron consolarse pensando que á falta de recompensas materiales, se habían ganado á tiros y bayonetazos un puesto en el cielo combatiendo á favor del catolicismo y de los misioneros jesuitas.

Como era de esperar, Odonell no podia estar muy satisfecho de aquella guerra de Conchinchina, en la que tan despreciativamente le trataba Francia, y para satisfacer la sed de galones y entorchados que experimentaban los paniaguados que le rodeaban, buscó pretexto para una nueva guerra, y deseoso de luchar con una nación más débil y atrasada que España, fijó sus ojos en Marruecos.

No era difícil encontrar un medio para romper las hostilidades con el imperio marroquí, que aunque sometido al bárbaro absolutismo de los sultanes, vive en continua anarquía á causa de las muchas tribus independientes que existen en sus territorios y se niegan á acatar las órdenes del gobierno.

Desde mediados del pasado siglo, bajo el reinado de Carlos III, que España vivía en las mejores relaciones con Marruecos; pero en 1856, el brigadier Buceta, comandante general de la plaza de Ceuta y hombre tan impetuoso como irreflexivo, tomó pretexto de los ataques dirigidos por algunos moros del Riff contra Melilla, para hacer una salida en la que resultaron derrotadas nuestras tropas.

Envalentonados los riffeños que vivían independientes del gobierno marroquí, comenzaron á tirotear las fortificaciones avanzadas de Ceuta y Melilla, incomodando por todos los medios á sus guarniciones.

El gobierno marroquí fué quien más molestado se mostró por aquellas escaramuzas, y para dar una satisfacción á España, consintió en ensanchar los límites de nuestras posiciones de modo que quedasen bien demarcadas y sin peligro de ataque. El brigadier Gómez, nuevo comandante general de Ceuta, obedeciendo las instrucciones del gobierno, llevó el ensanche de los límites más allá de lo permitido por el gobierno marroquí, y entonces algunos kábilas independientes derribaron varios garitones y una piedra con las armas de España, por creerlos colocados dentro del territorio imperial.

Hubo entonces quien dijo que este incidente había sido preparado por Odonell, deseoso de hallar un motivo para romper abiertamente con el gobierno marroquí; pero si tal exceso no fué obra suya, indudablemente le produciría grandísimo gozo, pues le proporcionaba un pretexto para aquella guerra tan deseada.

El 5 de Setiembre de 1859, Odonell pasó al gobierno marroquí una enérgica nota en la que se exigía que fuese repuesta inmediatamente la piedra derribada por la tribu de Anghera, y que recibiese un respetuoso saludo la bandera española. Además habían de ser castigados con gran severidad ante los muros de Ceuta los moros agresores y se debía declarar oficialmente el derecho de España á levantar cuantas fortificaciones creyera convenientes en el campo de aquella plaza, garantizando además el imperio de Marruecos sus propósitos de paz y armonía con nuestra nación, fijándose, para cumplir tales exigencias, solo el breve plazo de diez dias.

Hay que advertir que por entonces nuestras tropas habían llevado á cabo en el territorio marroquí una gran tala, y que el gobierno del sultán reclamó ante el nuestro, sin conceder gran importancia á este suceso, como tampoco al atropello realizado por la tribu de Anghera.

Entretanto el brigadier Gómez, gobernador de Ceuta, sin esperar la contestación del gobierno marroquí, iniciaba las hostilidades haciendo algunas salidas contra las tribus del Riff. Esto obedecía indudablemente á expresivas órdenes de Odonell, que en la Península organizaba con gran actividad un ejército de observación puesto á las órdenes del general Echagüe, el cual acampó en Algeciras dispuesto á embarcarse para África al primer aviso. Además, en Cádiz se formaba una división de reserva, al frente de la cual se puso el general Orozco.

El encargado de los negocios de España en Marruecos, á los dos dias de presentada la nota, amenazó retirarse si el gobierno marroquí no le daba una pronta contestación, y entonces los ministros del sultán manifestaron que estaban dispuestos á dar toda clase de satisfacciones y que únicamente pedían prórroga en lo referente á las nuevas obras de fortificación de Ceuta, asunto que había de someterse á consulta del emperador.

El ministerio marroquí se quejaba con sobrada razón del tono imperativo de la nota diplomática y de los atropellos que consumaba el gobernador de Ceuta fusilando moros, talando el territorio é incendiando las chozas de los pastores; pero á pesar de esto, prometía castigar severamente á los que habian derribado la piedra, aunque pidiendo se prorogase el plazo de diez dias, pues este tiempo era insuficiente, y más estando gravemente enfermo el emperador. Esta enfermedad tomáronla los españoles como un ardid diplomático de los marroquíes, pero pronto vino á demostrarse su veracidad, pues el emperador, que pasaba de los ochenta años, murió á los dos dias, sucediéndole en el trono, su hijo Sidi-Mohamed.

El nuevo emperador, que era amigo de la paz, no quiso inaugurar su reinado con una guerra que comprendía sería desastrosa para los suyos, y se mostró dispuesto á transigir con todas las pretensiones del gobierno español, para lo cual pidió una prórroga que le permitiera perseguir y castigar á los rebeldes de Anghera.

El encargado de negocios de España fijó como plazo definitivo el 15 de Octubre, pero á pesar de que el gobierno marroquí volvió á repetir que lo juzgaba insuficiente y de que Sidi-Mohamed consentía en el ensanche del campo de Ceuta hasta las posiciones elevadas que los españoles creyesen convenientes, sus observaciones fueron desatendidas y España continuó sus injustificadas exigencias.

Como Odonell estaba resuelto desde el principio á llevar á cabo aquella guerra, sentía gran contrariedad ante las disposiciones pacíficas que mostraban los marroquíes, y de aquí que el representante de España correspondiera á la amistosa nota del gobierno marroquí con otra escueta y provocativa en extremo, en la que se exigía que sin pérdida de tiempo se diesen las satisfacciones pedidas y que la línea fronteriza se extendiese hasta Sierra-Bullones, ocupando más de tres leguas de terreno.

«Mientras tanto,—decía la nota,— queda armado el gobierno español, y os advierto que el menor retardo por vuestra parte en el cumplimiento de mi demanda, será la señal del rompimiento de las hostilidades.»

Esta inesperada resolución produjo gran extrañeza en los que de buena fe seguían el curso de las negociaciones diplomáticas, y no causó menos asombro á los marroquíes que veían al gobierno español dar al asunto una importancia que estaba muy lejos de tener. A pesar de esto el gobierno del sultán contestó en forma muy comedida, volviendo á pedir que se le concediera plazo suficiente, pero el 24 de Octubre respondió España por conducto de su cónsul, que el asunto estaba ya resuelto, pues quedaba declarada la guerra entre ambas naciones.

Odonell al ver los sucesos en la sazón por él deseada, reunió las Cortes el 1.º de Octubre, estando todos los diputados, y especialmente los de la mayoría, enterados de la marcha de tal asunto y decididos á la guerra no por puro patriotismo sino por el deseo de que ésta produjera gran gloria á la Unión liberal.

Los diputados progresistas, gente dada á la sensiblería y aficionada á los arranques patrioteros, trataban con benevolencia al gobierno en todo lo referente á aquel asunto que llamaban de honra nacional, y el único obstáculo con que tropezaba el gobierno era la oposición de los moderados que querían vengarse de su derrota en las urnas, estorbando los trabajos del gabinete unionista.

Afortunadamente para Odonell los moderados cedieron por la fuerza de ocultas promesas, cesando en aquella oposición que tal vez hubiese abierto los ojos al país, el cual engañado por los informes oficiales, consideraba la guerra con Marruecos no sólo justa sino conveniente en extremo.

Odonell, antes de abordar directamente la cuestión de Marruecos y dando tiempo á que por la vía diplomática se precipitasen las negociaciones del modo que ya hemos visto, presentó á las Cortes un convenio celebrado con el Pontífice, por el cual los bienes eclesiásticos se convertían en inscripciones intransferibles del tres por ciento consolidado, conservando la Iglesia el derecho de adquirir. Este contrato era muy oneroso para la nación, pero en tiempo de los unionistas lo que menos atención merecía era el interés del país, y de aquí que para halagar las aficiones clericales de la reina fuese aprobado el convenio, así como para dar gusto á Odonell autorizaron las Cortes una quinta de cincuenta mil hombres, con la que pudo elevarse el ejército activo á la cifra de ciento sesenta mil soldados.

En la sesión del 22 de Octubre Odonell se decidió á pedir á las Cortes la declaración de guerra contra el imperio de Marruecos, y lo hizo fundándose en que la honra nacional exigía el acudir á las armas para conseguir una satisfacción que no había podido lograrse por la vía diplomática. La patriotería encubrió con sus seductores matices la tremenda arbitrariedad que se ocultaba en aquel asunto. Los diputados de todos los partidos apoyaron con entusiasmo la proposición del jefe del gobierno, y únicamente González Brabo, en nombre de los moderados, anunció que en tiempo oportuno pediría cuenta de los antecedentes de la cuestión y exigiría las responsabilidades á que hubiese lugar, pero añadió que por el momento no podía menos de unirse al sentimiento de la Cámara.

El entusiasmo de los diputados no quiso admitir prórogas para desbordarse, y sin debate alguno ni examinar los documentos diplomáticos fué declarada la guerra por aclamación, suspendiendo los cuerpos colegisladores sus tareas á los pocos días.

La declaración de guerra produjo en nuestra patria un entusiasmo sin límites. Somos un pueblo de carácter militar y las perversas máximas con que España ha sido educada durante tres siglos de monarquía y fanatismo, nos hacen mirar como más noble y digna la profesión de soldado que el honrado trabajo.

Odonell dió muestras de conocer perfectamente al pueblo que gobernaba, soñando en emprender absurdas empresas guerreras ayudado por esa inocente admiración que sienten las muchedumbres por el brillo de los arreos militares y las relaciones novelescas de la guerra. Además, á la idea patriótica se unía el fanatismo religioso y el odio tradicional que dejaron en nuestra patria siete siglos de dominación sarracena, y la fanática muchedumbre de los campos salía de su existencia taciturna entusiasmándose al pensar que los enemigos de Cristo iban á ser pasados á cuchillo por los soldados de la cruz.

Mientras la nación se mostraba agitada por la fiebre de una nueva cruzada, Odonell no encontraba ningún plan concreto que á los ojos de las personas ilustradas justificase su guerra en Africa. Ni remotamente podía ocurrírsele la idea de conquistar el imperio de Marruecos convirtiéndolo en territorio español. Francia con ser más poderosa que nuestra patria había necesitado para someter á Argelia sostener una guerra de treinta años y gastar fabulosas sumas. Además las grandes potencias no permitirían tal anexión, y Odonell demostraba bien claramente que no estaba dispuesto á discutir con éstas, pues se humillaba servilmente ante las irritantes exigencias de Inglaterra, declarando que no estaba dispuesto á anexionarse nuevos territorios y á ocupar en el Estrecho ninguna posición que pudiera darle superioridad sobre Gibraltar.

El gobierno de la Unión liberal era un verdadero gobierno monárquico, duro, arbitrario y tiránico con los débiles y servil y rastrero con los fuertes.

Pero la opinión no reparaba gran cosa en la conducta de Odonell que se envalentonaba con unos y se humillaba con otros, pues estaba agitada de continuo por la prensa ministerial y la progresista que ensalzaba la guerra de Africa como la realización de los más hermosos ideales de España, y traían á colación el testamento de Isabel la Católica diciendo que «el porvenir de España estaba en Africa,» y que éramos «el pueblo destinado por la Providencia para cristianizar á los feroces hijos del Islam.» Con esto se deslumbraba á las gentes sencillas que creian ya muy mezquino el apoderarse de Marruecos y hablaban de ir á rescatar el *Santo Sepulcro* y plantar la bandera española sobre los muros de Jerusalén que estaba y está hoy en poder de los mahometanos, sin que á Dios se le ocurra hacer un milagro para devolver á sus adoradores el país donde pereció su hijo.

El pasado resucitaba. Era moda recordar aquellos siglos en que los españoles como turba de aventureros paseaban sus armas inconscientes y sus fanfarronerías sin objeto por todo el mundo, y los admiradores de la tradición gritaban en la tribuna y en la prensa:—*Es preciso continuar el plan del cardenal Cisneros*.

No faltaban en España hombres sensatos y de ideas avanzadas que querían protestar contra la conducta del gobierno y poner en claro la verdadera finalidad de aquella guerra; pero tan general era la obsesión patriótica que ni aun en los periódicos de oposición encontraban espacio para combatir á Odonell. Todos los partidos callaban, no atreviéndose á combatir al gobierno mientras durase la guerra, y únicamente los carlistas intentaron aprovecharse de las circunstancias como más adelante veremos.

El ejército que había de invadir Marruecos componíase de cuarenta mil hombres divididos en tres cuerpos. Al frente del primero púsose el general Echagüe; del segundo se encargó el general Zabala, y del tercero el general Ros de Olano. La división de reserva fué confiada al general Prim, y de las fuerzas de caballería se encargó el general de esta arma D. Félix Alcalá Galiano. La escuadra constaba de cuatro buques de vela y diez vapores con doscientos veintitres cañones y tres mil tripulantes.

El general en jefe encargado de dirigir la campaña fué el mismo Odonell, que no por ésto abandonó la presidencia del gobierno ni la cartera de la Guerra.

No creemos pertinente ni dentro de los fines de esta obra el relatar la marcha é incidentes de la guerra de Africa, campaña tan gloriosa como estéril.

Odonell demostró en ella que era tan entusiasta por las glorias militares como incapaz para desentrañar los misterios del arte de la guerra. Nuestras tropas desembarcaron en el punto menos indicado para el caso, y en su marcha á Tetuán siguieron la ruta más larga y difícil, teniendo que sostener incesantes combates que si no quebrantaron el valor de nuestras huestes les causaron importantísimas bajas.

Imprevisiones y ligerezas del general en jefe fueron causa de grandes mortandades, y el servicio administrativo resultó tan deficiente que varias veces nuestros batallones estuvieron próximos á perecer de hambre.

La ineptitud de Odonell y la mala dirección de la campaña causó á nuestro ejército más daño que las armas de los marroquíes, los cuales fueron derrotados tantas veces como intentaron oponerse á la marcha de los españoles, uniéndose á esto los estragos causados por la epidemia colérica que atacó á más de cuatro mil combatientes.

El 4 de Febrero de 1860, el ejército español después de una brillante serie de victorias entró en Tetuán, la ciudad sagrada de Marruecos, derrotando antes en las célebres batallas del 31 de Enero y 4 de Febrero al ejército del Sultán mandado por el príncipe Muley-el-Abbas.

Esta conquista de la ciudad marroquí que venía á coronar el éxito de la campaña, produjo en la Península un loco frenesí, y en todas las poblaciones se celebraron grandes festejos rivalizando todos los partidos en tales manifestaciones patrióticas. La Unión liberal se felicitaba por el éxito que le aseguraba el poder para muchos años y veía con gozo como Odonell alcanzaba una popularidad más grande aún que la de Espartero.

Sólo el partido carlista no se unía á la general manifestación, y en silencio meditaba un golpe de mano que por las circunstancias en que se verificó vino á resultar una traición repugnante que atentaba al prestigio de la patria. Este fué el movimiento de San Carlos de la Rápita del que hablaremos más adelante.

Cuando el país al contemplar á Odonell dueño de Tetuán creía que inmediatamente iba á marchar directamente sobre Tánger, vió con asombro que el general se disponía á entablar negociaciones de paz con el emperador de Marruecos, resolución extraña que esterilizaba los triunfos de las armas españolas. Entonces comenzó á reconocer la parte ilustrada del país que Odonell carecía de plan y que únicamente hacía la guerra con fines egoístas, derramando el dinero y la sangre

Batalla de Tetuán (Cuadro de F. Sanz)

a para crearse un prestigio
eral que poco antes se mos-
laz hasta la temeridad, pre-
ahora prudente hasta la ti-
permanecía tranquilamente
1, dejando que los moros apro-
esta tregua para reponerse
lizar sus fuerzas, mientras
ntones excitaban al popula-
tico predicando la guerra

l, no contento con observar
ucta tan perjudicial, descen-
iifestar á los marroquíes que
;puesto á celebrar un tratado
recibió á los parlamentarios
al gobierno del emperador
de condiciones cuyas prin-
ises eran: la cesión completa
orio recorrido por los españo-
Ceuta á Tetuán, conservan-
a esta ciudad y las islas de
iz para establecer pesquerías;
ación de gastos de guerra
en cuatrocientos millones de
tablecimiento de misiones en
de Fez, celebrar un tratado
cio ventajoso para nuestra
sostener ésta un encargado
os cerca del emperador.
iierno marroquí se conforma-
las las condiciones excepto la
pero como deseaba ganar
on objeto de completar sus
vos para la segunda campaña,
estar conforme en principio
lo propuesto por Odonell y
ués de muchas conferencias

infructuosas declaró que no consentiría en la cesión de Tetuán.

Entretanto en España la opinión
pública que estaba inflamada por el
buen éxito de la guerra, pedía la continuación de la lucha y Odonell era
objeto de sañudas críticas sin que los
periódicos unionistas se atreviesen á
defender su cambio de conducta.

Odonell hay que reconocer que comenzaba á sentir miedo y temía reanudar la campaña por si una derrota
venía á desvanecer los anteriores triunfos y á complicar la situación que por
cierto era poco agradable.

Las tropas marroquíes iban acos-
tumbrándose cada vez más á luchar
con nuestro ejército; en sus movimientos estratégicos mostraban estar dirigidos por inteligencias superiores y
se sospechaba con bastante fundamento que la Gran Bretaña enviaba ocultamente recursos al imperio y le prometía su apoyo, pues la artillería del
ejército moro era servida por ingleses.

Aquel Odonell que no había vacilado en meter á la nación en supremos
compromisos dilapidando su tesoro, se
asustaba ahora de su propia obra y tenía prisa de retroceder cuanto antes. Al
presentársele los periodistas Navarro
Rodrigo y Núñez de Arce, corresponsales de *La Época* y *La Iberia* y el
escritor D. Pedro Antonio de Alarcón
soldado voluntario, y solicitar su permiso para volver á Madrid, el general
les encargó encarecidamente que defendiesen en la prensa la paz con Marruecos, y añadió así:

—Digan ustedes en la corte que me envíen soldados y raciones; yo en cambio les enviaré mucha gloria para la patria y si por ventura me pierdo que me busquen en el desierto de Sahara.

Con estas palabras indicaba Odonell lo arrepentido que estaba de su empresa, arrepentimiento censurable, pues un ambicioso, como él lo era, que ansiaba desempeñar el papel de gran conquistador y gran político, debía haber calculado bien las consecuencias antes de invadir Marruecos y pensar que es un repugnante crimen sacrificar sobre el campo de batalla algunos miles de hombres por satisfacer pueriles vanidades ó ambiciones quiméricas.

La negativa de los moros á ceder Tetuán á España y el clamoreo del pueblo español que pedía la continuación de la guerra, movió á Odonell á reanudar la campaña y dejando la ciudad santa fuertemente guarnecida, emprendió con el grueso del ejército un movimiento sobre Tánger. El ejército marroquí se había ya repuesto de sus anteriores derrotas, y ocupando posiciones que Odonell podia haber tomado sin resistencia á no haber permanecido inactivo en Tetuán se opuso á la marcha de los españoles.

El 23 de Marzo se libró una sangrienta batalla en los desfiladeros de Vad-Ras, en la que resultó triunfante el ejército español aunque sufriendo muy importantes pérdidas.

Después de esta victoria resultaba natural que Odonell prosiguiera la marcha sobre Tánger; pero el general prefirió entenderse con los marroquíes y al día siguiente de la victoria recibió al príncipe Muley-el-Abbas, hermano del emperador, conviniendo definitivamente ambos generales el tratado de pacificación.

La indemnización de cuatrocientos millones de reales pedida por Odonell, hubo de reducirse á doscientos y así mismo fué reformada la primera cláusula siguiendo Tetuán en poder del imperio de Marruecos, si bien se pactó que España conservaría la plaza hasta que el gobierno marroquí hiciera efectivo el total de la indemnización de guerra.

La paz fué ratificada solemnemente el 26 de Abril de 1860 y el tratado de comercio, que en cumplimiento de la última base del convenio se ajustó entre España y Marruecos, fué perjudicial para ambas naciones y sirvió en cambio para favorecer á Inglaterra y Francia.

Esta paz tan extemporánea fué para la muchedumbre patriótica de España como un jarro de agua fría arrojado sobre el fuego de su entusiasmo. Odonell, que al regresar á España esperaba una interminable ovación, fué recibido con relativa frialdad y formidables acusaciones cayeron sobre su nombre. La opinión imparcial le acusaba con sobrada justicia de haber querido jugar con el prestigio de España, y haciendo el exacto balance de la reciente guerra encontraba que después de haber muerto en el campo de batalla ó á causa de la epidemia más de ocho mil soldados y de haber gastado la nación doce millones de duros, no conseguía otras ventajas que las ofrecidas por el gobierno de Marruecos antes de la declaración de guerra.

Los mismos que antes de comenzar la lucha excitaban el romanticismo guerrero del país y presentaban á Odonell como un gran caudillo, disculpaban ahora á éste diciendo que á causa del clima y del carácter belicoso de los marroquíes, era imposible conservar las conquistas realizadas, consideración que debían haber hecho antes de emprender la guerra.

Los militares no estaban menos quejosos con Odonell, pues las recompensas de la guerra, con ser muchas, habían favorecido más al privilegio que al verdadero mérito.

Odonell, no comprendiendo el rumor de descontento que se elevaba en el ejército, decía con extrañeza:

—*He dado á manos llenas y todos están descontentos.*

El general tenía razón en punto á la prodigalidad en los premios, pues éstos fueron muchos, pero habían favorecido á militares significados en política ó pertenecientes á clases privilegiadas, quedando en cambio olvidados los jefes y oficiales que más trabajaron en la campaña y que volvían á su patria tal como se fueron. Estos se quejaban amargamente y de aquí que si Odonell ganó algunos amigos perdió en cambio todas las simpatías de que gozaba en el ejército, viendo además que eran objeto de acerbas críticas sus cualidades militares.

Odonell se disculpó del mal éxito de la campaña de Africa con las amenazas de Inglaterra que se había opuesto á que los españoles entrasen en Tánger; pero esto resultaba una excusa más ó menos verosímil, siendo la versión aceptable que Odonell se había apresurado á volver á España por cansancio y asustado además por la intentona carlista de San Carlos de la Rápita que delataba la existencia de una conspiración teocrática que contaba en España con numerosos partidarios y que tenía por objeto sustituir la rama borbónica de don Carlos á la de doña Isabel, estableciendo el régimen absoluto en vez del representativo. Esta conspiración, contando con más elementos que ninguna otra en España, vino á desvanecerse de un modo oscuro y vergonzoso en San Carlos de la Rápita, ocultándose en ella uno de los mayores misterios de nuestra historia contemporánea.

Las revelaciones de algunos carlistas que tomaron parte activa en la extraña conspiración, demostraron que la misma doña Isabel y su esposo habían influido mucho en aquella empresa que tenía por objeto el derribarlos del trono.

Para comprender que la reina adoptase una resolución tan absurda como era el conspirar ella misma contra su trono, hay que hacer algo de historia retrospectiva.

Los sucesos ocurridos junto al lecho de agonía de Fernando VII, el primer testamento arrancado al rey por la astucia de Calomarde, la bofetada de la infanta doña Carlota y otros actos ocurridos en la última época de Fernando VII, hacían muy discutible ante el criterio de la política absolutista la legitimidad de doña Isabel para ocupar el trono de España.

La Iglesia, íntima aliada de los carlistas, con la convicción de que el triunfo de los facciosos sería el suyo propio, influía en palacio, procurando inclinar las voluntades reales en favor de la rama borbónica postergada, aunque para ello hubiera de valerse de amenazas y decir que Dios llamaba al trono á don Carlos, y que oponerse á su triunfo era ser rebelde á la santa voluntad. Ya vimos durante la primera guerra civil el apoyo que prestó la Iglesia á la causa de don Carlos, y como cuando Mendizábal con su célebre ley de desamortización la privó de sus principales recursos, apeló el clero á la fuerza moral y se propuso obsesionar las débiles voluntades de la regente y sus hijas.

María Cristina era una mujer fanática, y pronto los clérigos se apoderaron de su voluntad y la convirtieron en un juguete de los intereses teocráticos. Para lisonjearla, consintió la Iglesia sus secretos amoríos con Muñoz y aun la ayudó á ocultarlos; pero estos favores no impidieron que los clérigos encargados de dirigir su conciencia, la amenazasen con la cólera divina si no devolvía á don Carlos el poder que ella le usurpaba.

Otra mujer, fácilmente hubiese conocido la intriga que ocultaban tales consejos, pero María Cristina, educada con la fanática religiosidad que se acostumbra en los palacios, quedó muy impresionada por los consejos de aquellos que se llamaban representantes de Dios, y como por entonces ocurrieran los movimientos revolucionarios de 1835 y 1836 que acabaron de aterrarla haciéndola temer por la suerte del trono, accedió á escribir á don Carlos declarando que reconocía sus derechos á la Corona y proponiéndole una transacción, que consistía en casar á Isabel con el hijo de don Carlos, á quien la regente llamaba en sus cartas *príncipe de Asturias*.

Contestó don Carlos rechazando la proposición y exigiendo como base principal de toda avenencia, que comenzase por renunciar el cargo de regente y le prestase acatamiento.

Mientras continuaban estas amistosas negociaciones entre Cristina y el pretendiente, los defensores de ambas causas se degollaban en los campos de batalla, y la regente, haciendo traición al entusiasmo con que defendía su corona el partido liberal, prometía á don Carlos cederle el poder si se presentaba á recogerlo en Madrid, y de aquí la inesperada aparición del pretendiente en las cercanías de la capital, empresa que por mucho tiempo fué tenida como misteriosa. Aun después de terminada la guerra Cristina siguió en buenas relaciones con su cuñado, y mostró su deseo de que las dos ramas borbónicas se uniesen por el casamiento del conde de Montemolín con su prima Isabel.

Al renunciar María Cristina á la regencia y establecerse en Francia, Zea Bermúdez, Martínez de la Rosa, Toreno y otros moderados conocidos, trabajaron por conseguir este enlace, del que ellos hacían depender la tranquilidad de España; pero siempre tropezaron con las exigencias de don Carlos que no quería transigir en punto á doctrinas políticas y que consentía el casamiento de su hijo con la condición de que éste había de ser el verdadero rey é Isabel quedar reducida á la categoría de reina consorte.

Cristina, que por amor á su hija no quiso aceptar tales exigencias, pasó á Roma á confesarse con el pontífice Gregorio XVI, preguntándole, presa de mortal angustia, si su alma obtendría la salvación. El vice-dios recordó los grandes daños que la desamortización había producido en la Iglesia, le echó en cara su condescendencia con los liberales y le prometió la gloria eterna si volvía la política de España al ser y estado que tenía antes de 1833. La viuda de Fernando VII cumplió su palabra, pues hizo todo cuanto supo para que la reacción volviera á apoderarse de nuestra patria, y fácilmente hubiera consentido el casamiento de su hija con el conde de Montemolín, á no ser que ésto equivalía á privarla del trono.

Aun fué más peligroso para Isabel II el arrepentimiento de su tía doña Luisa Carlota. Como ésta por el acto de violencia ejercido sobre Calomarde era la principal autora de la postergación de don Carlos, sufria la continua persecución del clero, quien la amenazaba con las penas del infierno por haberse opuesto á la voluntad de Dios. Estas continuas amenazas bastaron á trastornar el cerebro de la infanta, quien pasó los últimos años de su vida lamentándose amargamente y pidiendo perdón al cielo por el varonil arranque que llevó á cabo junto al lecho del rey. Doña Carlota no satisfecha con estas lamentaciones y para lograr el perdón de la Iglesia, utilizó toda la influencia que tenía sobre el ánimo de su sobrina para convencerla de que su corona era usurpada y debía devolverla á su tío el infante don Carlos. Iguales ideas inculcó en el ánimo de sus hijos los infantes don Enrique y don Francisco de Asís, pero el primero, á quien ya vimos convertido en republicano, no hizo gran caso de las fanáticas creencias de su madre, mientras que el segundo, sér afeminado, de escasa inteligencia y nula energía, creyó todo lo dicho por doña Carlota y en su juventud cayó en un fanatismo imbécil que le hizo instrumento fiel de las intrigas teocráticas. De tal modo impresionó á don Francisco de Asís el arrepentimiento de su madre que se declaró resuelto partidario de la causa carlista, proponiéndose ayudarla en todo cuanto le fuera posible.

Cuando al tratarse del casamiento de la reina el gobierno fijó los ojos en el hijo de doña Luisa Carlota, ésta que experimentaba ya la monomanía de los remordimientos, habló de publicar un manifiesto al pais para tranquilizar su conciencia y revelar la verdad de lo ocurrido en la alcoba de Fernando VII, y esto bastó para que el gobierno desistiese de sostener la candidatura Pero ocurrió en esto la repentina muerte de doña Luisa Carlota que dió lugar á muchos comentarios, y la teocracia logró que don Francisco fuese el esposo de la reina, lo que suponía una gran influencia de la Iglesia en palacio y en los negocios públicos.

El rey consorte que como ya vimos antes de su casamiento escribía á Montemolin comprometedoras cartas, continuó la correspondencia así que se vió en el trono y no tuvo reparo en tratar al hijo de don Carlos como si fuese el verdadero monarca, prometiéndole que haría todo lo posible para devolverle la corona *que Isabelita y él le usurpaban.*

Como estos escrúpulos no eran vanas hipocresías, pues el afeminado rey los sentía, no tuvo inconveniente en trasmitirlos á su esposa, la cual en sus asiduas pláticas con los frailes y las monjas que figuraban en su corte fué convenciéndose de que á los ojos de Dios sería una obra muy meritoria devolver aquella corona que ahora conocía era usurpada.

La oposición que Narváez en su ojeriza al carlismo hizo á todos los planes de don Francisco de Asís, motivó el odio que éste mostraba al reaccionario general y las humillaciones que le hizo sufrir hasta lograr arrojarlo del poder. Doña Isabel, movida por su propio interés, se resistía á reconocer la necesidad de devolver la corona á su primo el conde de Montemolín; pero por otra parte sus aficiones religiosas la ligaban con los agentes teocráticos que mostraban gran empeño en restaurar lo que ellos llamaban la legitimidad monárquica. Es indudable que la religiosidad crece conforme aumentan los pecados, y que las mujeres disolutas son siempre las más supersticiosas, y de aquí que Isabel continuamente acudiera á la Iglesia en demanda de bulas y absoluciones que se le concedían, aunque siempre persuadiéndola de que era una usurpadora del trono y de que Montemolín resultaba el único y legítimo rey.

Isabel estaba convencida de la legitimidad del carlismo, pero se contentaba con hacer vagas promesas, y como la teocracia necesitaba algo más, de aquí que hiciese trabajar en este sentido á D. Francisco de Asís, quien era ayudado por sor Patrocinio, el padre Fulgencio, el cardenal Alameda y el nuncio del Papa, los cuales le aconsejaban la abdicación, y en cambio del trono que perdía en la tierra, le aseguraban otro eterno en el cielo.

Isabel luchó entre el egoísmo y la

stición, pero al fin se resolvió al
icio manifestando que estaba dis-
a á llamar al trono al conde de
emolín.
 personajes carlistas que forma-
arte de la corte, ultimaron los
rativos del golpe de Estado, y
jue nada se opusiera á la subida
n Carlos al trono, convencieron á
na de que era necesario separar
váez del poder. Esta, guiándose
les indicaciones, constituyó el
ete-relámpago, llamado así por-
ólo duró muy breves horas, y
 principales individuos estaban
eligencia con don Carlos, el cual
ez mantenía frecuente corres-
ncia con su primo don Francis-
l general Cleonard, presidente
inisterio, debía adoptar inme-
ente las medidas necesarias
roclamar rey á don Carlos; pero
Isabel, con la veleidad propia de
nujer de su temperamento, se
ntió de lo que había hecho por
acer á su marido y llamó á Nar-
ara que la socorriera. Ya diji-
ómo éste castigó á todos los in-
los del ministerio-relámpago y á
entes carlistas autores de aquella
a; pero como D. Francisco de
ué respetado á causa de su posi-
volvió inmediatamente á reanu-
s maquinaciones.
vo Murillo, al suceder á Nar-
n el poder, mantuvo sus buenas
ones con el conde de Montemo-
de seguro que hubiese visto con
tía su elevación al trono á no

estar ligado por intereses particulares con María Cristina. Con su proyecto de reforma constitucional en sentido reaccionario y el concordato que celebró con la Santa Sede, se propuso Bravo Murillo demostrar á la Iglesia que podía gozar todos los privilegios que ambicionaba sin necesidad de llevár á don Carlos al trono, y como el clero únicamente deseaba muchas concesiones sin preocuparse de la mayor ó menor legitimidad del monarca, de ahí que mostrase gran benevolencia al gobierno y comenzase á desatender la causa de Montemolín.

La revolución de 1854, que vino á violentar las opiniones políticas de la reina, hizo renacer en palacio el afecto al carlismo y la idea de que doña Isabel debía abdicar la corona pasándola á don Carlos, que sabría enfrenar más enérgicamente los impetuosos arranques de la revolución.

D. Francisco de Asís, que conocía el estado de ánimo de su esposa, trabajaba con gran éxito para inclinarla nuevamente á la abdicación, y el clero le ayudaba manifestando que el reinado de doña Isabel, por proceder de una usurpación, tenía vicio de origen y que la conducta más justa y cristiana era abandonar el trono, entregándolo á aquel á quien Dios señalaba como soberano legítimo.

El adoptar esta conducta equivalía á un suicidio, pero los confesores prometían á la reina el perdón de los pecados si abdicaba, y como sus faltas eran muchas y su fanatismo grande, de ahí que accediese á todo lo propuesto y escribiera una carta al conde de Montemolín manifestándose pesarosa por su situación y dando á entender que estaba dispuesta á cederle la corona.

El conde, que obraba ya independientemente, pues su padre el infante don Carlos María Isidro había fallecido en Trieste á principios de Marzo de 1855, contestó á su prima con una cariñosa carta en la que daba gracias á Dios por haberla tocado en el corazón, demostrándola la injusticia de su causa. Pero Isabel, que luchaba entre el egoísmo y la superstición, no quiso continuar aquellas negociaciones que la podían privar de la corona y únicamente al nacimiento del príncipe Alfonso en 1857, para evitar el escándalo con que la amenazaba su esposo, accedió á entenderse por escrito con el conde de Montemolín.

Tres cartas escribió la reina de su puño y letra á su primo don Carlos reconociendo su derecho al trono y manifestando su resolución de abdicar para que la revolución no se apoderase de lo que á él le pertenecía por la voluntad de Dios. Montemolín, por conducto del cardenal arzobispo de Toledo, envió á la reina cartas igualmente cariñosas y expresivas en las que pretendía asegurarse de si Isabel estaba dispuesta por completo á restaurar la rama legítima, y convencido por fin de la sinceridad de sus promesas, comenzó á combinar el plan que dos años después había de fracasar en San Carlos de la Rápita.

Montemolín aconsejado por su secretario D. Joaquín Elío estableció en Madrid una Junta central de conspiración con el título de *Comisión Regia Suprema* que se reunía en casa de P. Maldonado, bajo la presidencia del general conde de Cleonard, figurando como individuos los condes de Fuentes y Orgaz, los marqueses de la Vera, de Valle-Hermoso y de Cerdañola, el duque de Pastrana, el conde de la Patilla, y como secretarios don Joaquín Peralta y el conde del Pinar. Esta Junta estuvo reuniéndose por espacio de dos años en el mismo lugar y casi públicamente sin miedo á ser sorprendida por la policía, pues la reina conocía su existencia y ayudaba poderosamente sus trabajos.

El plan de los conspiradores consistía en ir reuniendo elementos para una insurrección militar que estallaría al mismo tiempo en Madrid y en las principales capitales y que coincidiría con el levantamiento de grandes partidas carlistas en las Vascongadas, Navarra y Cataluña. Los conspiradores contaban con que el gobierno quedaría sorprendido y sin fuerzas para combatir la insurrección y que doña Isabel se apresuraría á abdicar en su nombre y el de sus hijos en favor de Carlos VI.

Contando con elementos tan valiosos como eran la protección de la reina y muchos millones, fácil es adivinar la rapidez con que la *Comisión Regia Suprema* llevaría á cabo sus trabajos. Si el presidente Cleonard al seducir á cualquiera de los generales en activo aba con el respeto profesado por la ordenanza, hacía uso de pala... ue demostraban que la reina es... n conspiración y que le decidían ... r en ella. En poco tiempo fue... ntos los generales y altos funcio... comprometidos, que la Junta a vino á ser como un gobierno nportante y respetado que el de ión. En todos los centros oficia... ían los conspiradores gran in... ia; y el secretario de la Junta, aquín Peralta, era uno de los ...os funcionarios del Ministerio Guerra y arreglaba las traslacio... cuerpos y las combinaciones de ...s á gusto de la *Comisión Regia*, ndo no, apelaba Cleonard á la que imponía á Odonell todas sus endaciones.

...ca conspiración alguna ha con... España con tan importantes ...tos y á los pocos meses de ini... sus trabajos la Junta tenía im... tes agentes en todos los gobier... provincia. Hasta en el seno del gobierno contaba con partida... conspiración, pues el ministro ...cia y Justicia, Fernández Ne... se había declarado carlista.

... conspiración por su misma tud resultaba inverosímil, y por tendría hoy á no ser por las ...s que existen. Efectivamente, ...ver á unos reyes conspirando ellos mismos y poniendo los pales elementos de fuerza á dis... ón de los que intentan arrojarlos ono, y aun es todavía más extra...

ño que una conjuración que llevaba á cabo sus trabajos con tanta publicidad no fuera conocido hasta última hora por el gobierno, figurando en éste dos hombres tan astutos y sagaces como lo eran Odonell y Posada Herrera.

Los conspiradores no queriendo aventurarlo todo á un audaz golpe de fuerza procedían con mucha calma, y cuando el general Cleonard dió por ultimados sus trabajos de propaganda en el ejército, cedió la presidencia de la *Comisión Regia* al marqués de Cerdañola, quien se encargó de atraerse elementos civiles.

Al mismo tiempo D. Antonio Quintanilla, que era uno de los agentes carlistas más activos, emprendió una serie de viajes por Europa para explorar el ánimo de las potencias en lo referente á don Carlos y contratar un empréstito. El czar de Rusia y el gobierno inglés aunque no se comprometieron á nada manifestaron que verían con simpatía el triunfo de don Carlos, y en cuanto al emperador Napoleón III se mostró propicio á auxiliar la empresa carlista á causa de la enemistad personal que existía entre su esposa Eugenia Montijo y doña Isabel, lo que no impedía que en otros tiempos hubiesen sido alegres camaradas de aventuras.

En Londres vió Quintanilla al general Cabrera, quien juzgó el plan muy aventurado por la escasa confianza que le merecían las personas adheridas, y en París al general Narváez, quien manifestó que simpatizaba con la insurrección, pero sin comprometerse más que con vagas declaraciones, como si esperase para decidirse el instante del triunfo. Bravo Murillo fué más franco, pues se decidió por la causa de don Carlos, conociendo que éste iba á realizar su sistema de gobierno ó sea el *despotismo ilustrado*.

Mientras Quintanilla, cumplido ya su encargo, regresaba á Venecia, donde se hallaba don Carlos, la *Comisión Regia Suprema* continuaba sus trabajos de conspiración, que se extendían aún con mayor rapidez desde que Odonell había salido de Madrid para ponerse en Marruecos al frente del ejército.

Si los carlistas hubiesen sentido el menor afecto por su patria, debían haberse detenido en vista de que ésta se hallaba comprometida en una guerra extranjera, pero tal circunstancia aun les sirvió de estímulo, haciéndoles redoblar sus trabajos. A excepción de los partidos progresista y democrático, en todos los demás encontraron hombres dispuestos á servirles, y la aristocracia auxilió de tal modo el movimiento proyectado, que por suscrición reunió una respetable cantidad de millones.

Ultimados ya los trabajos y hechos todos los preparativos para dar el golpe, faltaba únicamente un general que se comprometiese á iniciar el movimiento y se prestó á serlo don Jaime Ortega, joven de tanto valor como fortuna y perteneciente á esa clase de militares por desgracia tan

abundantes en España, dispu servir á todas las causas, valier cépticos y sin otro ideal qu hacer una pronta y brillante

Predilecto de la fortuna, sin grandes méritos militares camente por la participación q en el movimiento contra E en 1843, se encontró á los ve años con el empleo de brigadi la expedición á Portugal mand el general Concha, en la que si se disparó un tiro, fué asce mariscal de campo, alcanzan más grandes cruces y la digr gentil hombre.

Casado con una mujer riq dedicóse á la política, fué dipu varias legislaturas distingu por la exaltación de sus ideas sistas y conspiró contra los mo en unión de su amigo Prim qu él, era otro hijo mimado de la

La amistad que entabló en za con la tía de la reina, doñ Carlota, que estaba entonces período álgido de sus remordir trastornó por completo sus ide ticas. La monomaniaca hizo á revelaciones muy graves s legitimidad de Isabel II, y de t impresionaron sus palabras a general, que éste se hizo carli romper por esto sus buenas rel con la reina, la cual sabía qu piraba contra ella y aun par le decidió á lanzarse al camp ciar el movimiento.

Ortega, poseído de esa te

ambición propia de los hombres audaces, quería ser el primero en iniciar el movimiento aunque con esto expusiera su vida, y la *Comisión Regia*, por encargo de don Carlos que quería aprovechar esta firme voluntad, gestionó el que se le confiriera un cargo elevado, prefiriendo especialmente la Capitanía general de Madrid; pero Odonell que no creía á Ortega merecedor de tan alto puesto, se opuso resueltamente á concedérselo. Procuraron entonces los conspiradores darle la Capitanía general de Navarra para que iniciase la rebelión en Pamplona, pero también se negó el gobierno á ello y únicamente á costa de muchas influencias consiguióse la de las islas Baleares, que aceptó Ortega con gran alegría aunque la situación del distrito no era la más favorable para promover una insurrección.

Ortega había solicitado antes formar parte del ejército de Marruecos, donde pensaba ganar el segundo entorchado y conseguir gran renombre; pero Odonell se negó á ello y resignado fué á tomar posesión de su cargo en las Baleares. El general, una vez establecido en Mallorca, procuró asociar á su empresa elementos de gran valía, lo que resultó fácil, ya que doña Isabel no tenía simpatías en ninguna clase del país y que el conde de Montemolín prometía mayores reformas en sentido liberal.

Ortega contaba con el afecto y antigua amistad del abogado D. Pablo Morales, hombre de gran talento que á pesar de no ser carlista entró en la conspiración arrastrado por el cariño entrañable que profesaba al general. Comisionado por éste, Morales marchó inmediatamente á Bruselas, donde conferenció con don Carlos, ultimando todos los trabajos á juzgar por la siguiente carta que el pretendiente dirigió al capitán general de las Baleares:

«Bruselas 18 de Febrero de 1860.

»Las distancias se estrechan, mi estimado general. Todo lo que se deseaba por aquí está ya arreglado. Quedan algunos detalles que se arreglarán y para los que Morales va encargado y te los dirá, así como todo su viaje.

»Te volveré á escribir y si no lo hará Elío para confirmar la época que, como te dirá Morales, será lo más pronto posible. El momento decisivo está muy cercano y en él vamos á jugar la suerte de nuestro país. Un porvenir brillante y glorioso se te ofrece; mi confianza en tí, así como la de mi familia, no puede ser mayor, y espero que responderás de un modo digno de tí y de la grande empresa que nos mueve.

»Mi reconocimiento será proporcionado á tus eminentes servicios, y de todos modos cuenta siempre con el particular aprecio de tu afectísimo, *Carlos Luis.*»

Por entonces la *Comisión Regia Suprema* teniendo ultimados todos sus trabajos y considerando que la ausencia de Odonell era muy beneficiosa para sus planes, escribió al pretendiente pidiéndole con urgencia la orden para sublevarse, pues en el estado á que habían llegado las cosas, cada momento que transcurría era un peligro para el secreto de la conjuración.

Montemolín acordó que fuese el general Ortega quien iniciase el movimiento el 19 de Setiembre, é hizo redactar á D. Pablo Morales un manifiesto en el que fluctuaba entre los principios reaccionarios y las conquistas del progreso aludiendo de un modo vago á importantes cuestiones políticas, como si quisiera evitar claras explicaciones y reconociendo á pesar de esto que España necesitaba un gobierno representativo compuesto de diputados que fuesen á las Cortes con mandato imperativo.

En los instantes supremos que precedieron al de la iniciativa del levantamiento, surgieron algunas dificultades entre los carlistas por la mala distribución de fondos, y se apeló á Cabrera, que aunque desconfiando mucho del éxito del movimiento, accedió á entregar doce mil duros para los últimos gastos. Habíase convenido en que el conde de Montemolín desembarcara en las costas de Valencia, si bien se detendría antes en Palma para unirse á Ortega con las tropas de su mando y estaban dispuestos á secundar el movimiento el general Bassols, gobernador general de Menorca, así como los brigadieres Martínez Tenaquero, Palacios, Garrigó, Marconell, Ceballos, Arjona, Bermúdez y otros que estaban en activo ó en situación de cuartel.

En Valencia los elementos carlistas lo tenían todo preparado para sublevar la ciudad al grito de ¡viva Carlos VI! y hacer que ésta tributase u recibimiento triunfal á Montemolí al desembarcar en su puerto. Conta ban los carlistas con la adhesión d una gran parte de las fuerzas qu guarnecían Valencia, y tal era s confianza en el triunfo, que tenían y preparado el tren que había de con ducir á don Carlos á Madrid y redac tado el número de la *Gaceta* extra ordinaria en que se daba cuenta a país de la elevación del nuevo mona ca, por la voluntad del pueblo y de ejército y de la renuncia de doñ Isabel.

A última hora surgieron algunc inconvenientes que dificultaron el de embarco del conde de Montemolín, la *Comisión Regia Suprema*, que r tuvo aviso de esta demora, comet algunas imprudencias que descubrie ron al ministro de la Gobernación, Po sada Herrera, todo cuanto ocurría.

Este, alarmado ante aquella vast conspiración que únicamente lograb descubrir á última hora, tomó gran des precauciones para impedir que en Madrid estallase el movimiento y en vió á Valencia al general D. José de la Concha, con el encargo de proceder enérgicamente contra los conspiradores.

Concha demostró su ineptitud, pues no logró descubrir ningún indicio re-

:onario en la ciudad donde esta-
foco de la conspiración carlista;
on su presencia hizo desistir á
rlistas valencianos de intentar
embarco de Montemolín en este
. Los conspiradores mostráronse
larmados durante algunos días
ilaron de muy cerca á Concha
veriguar si descubría los prepa-
s del movimiento, llegando á
uno de los conjurados, que era
lote:
i el general nos pone en un
 yo le despacharé, y no le fal-
i la unción.
retanto Montemolín había lle-
i Marsella donde pensaba em-
se, y por medio de su secreta-
isaba á su hermano D. Juan de
n y á Cabrera para que se unie-
la expedición; pero ninguno de
s acudió á la cita; el primero
ertas desavenencias de familia
egundo por desconfiar del éxito
ovimiento á causa de las perso-
e lo habían preparado.
se equivocó Cabrera en sus pro-
os, pues cuando llegó el instan-
cisivo la mayor parte de los no-
 los clérigos comprometidos en
amiento, vacilaron y retrocedie-
vidando las bravatas que habían
ido cuando comenzaban á ini-
 los trabajos de conspiración.
os carlistas importantes opina-
ue debía aplazarse el golpe; pero
era tiempo de retroceder, y el
 Marzo llegó don Carlos á Mar-
acompañado de su hermano don

Fernando, su secretario Elío, su embajador Quintanilla, un ayudante de
campo y un criado. Algo afectó al
pretendiente el no encontrar á las
personas que había convocado con
oportunidad; pero no quiso detenerse
y escribió á Ortega para que todo lo
tuviera dispuesto, embarcándose el
día 24 en el vapor francés *L' Huveaune* que hizo rumbo á Palma de
Mallorca. Pero á las pocas horas de
navegacion el buque fué sorprendido
por una gran tempestad, y el capitán
á pesar de las reclamaciones de los
pasajeros cuya calidad y fines ignoraba, retrocedió buscando abrigo en el
puerto de Cette, volviendo á emprender la navegación en la madrugada
del 27. Por fin, en la mañana del
29 de Marzo fondeó el buque en la
bahía de Palma de Mallorca, con un
retraso enorme.

El general Ortega que por este retraso se mostraba preocupado hasta el
punto de hacer sospechar á sus allegados que era víctima de enajenación
mental, desahogó su mal humor con
numerosas arbitrariedades que le pri-
varon de muchas simpatías, y al notar que algunos de los comprometidos
en la conspiración se mostraban indecisos y vacilantes, les recomendó valor y audacia recordándoles que si
fracasaba el movimiento sólo peligraba su cabeza, pues los demás serían
indultados.

Don Carlos, no creyendo prudente
el desembarcar en Mallorca, se trasladó á Mahón, donde el gobernador mi-

litar, Bassols, dispuso el embarque de la guarnición en *L' Huveaune;* pero el capitán de este buque no consintió en tomar á bordo más de trescientos cuarenta y cuatro soldados y algunos oficiales que estaban lejos de sospechar el objeto de su viaje.

El vapor entró nuevamente en la bahía de Palma en la noche del día 31, y el general Ortega que acudió inmediatamente á bordo con el pretexto de saludar á los oficiales, conferenció largamente con don Carlos y dispuso que *L' Huveaune* navegase con rumbo á Amposta. Después detuvo Ortega el vapor-correo *Jaime I*, que se dirigía á Barcelona, embarcando en él las restantes fuerzas y zarpando en la madrugada del 1.º de Abril para llegar en aquella misma noche á San Carlos de la Rápita.

La expedición componíase de tres mil seiscientos hombres, con cuatro piezas de artillería y cincuenta caballos, fuerza relativamente escasa para la empresa acometida por Ortega, lo que obligó á Montemolín, apenas desembarcó, á escribir á Cabrera pidiéndole que cuanto antes entrase en Cataluña para levantar partidas.

Entretanto el general Ortega mandaba cortar los postes del telégrafo en una gran extensión de terreno y daba á entender á sus tropas que iban sublevadas, si bien ni aun los mismos jefes de los cuerpos sabían á favor de qué causa, y estaban lejos de sospechar que el pretendiente Montemolín marchaba entre ellos.

Pronto empezó á cundir en la población la sospecha de que iba á ser proclamado Carlos VI, á causa de haber visto á Ortega conferenciar con algunos carlistas caracterizados del distrito, y alarmado el alcalde puso el hecho en conocimiento del de Tortosa, el cual á su vez hizo saber la insurrección á todas las autoridades de Cataluña, algunas de las cuales no tenían motivo para sorprenderse, pues hacía tiempo que esperaban el movimiento.

Después de dar á sus tropas un día de descanso, Ortega prosiguió la marcha y llegó al medio día del 3 de Abril á Coll de Creu, cerca de Tortosa. El general entró á almorzar en una casa y aprovechando su ausencia se reunieron los jefes y oficiales para acordar lo qué debían hacer, pues les tenía muy intranquilos el carácter misterioso de aquella insurrección. Una comisión de los reunidos entró en el alojamiento de Ortega para manifestarle que la oficialidad estaba resuelta á no seguirle, si bien por consideraciones de afecto protegería su fuga, si es que se había insurreccionado contra el gobierno.

El jefe de la artillería que almorzaba con el general, insultó á los comisionados diciendo que debían ser cañoneados los que osaran pedir explicaciones á su superior; pero conociendo Ortega lo crítico de la situación, montó inmediatamente á caballo para arengar á las tropas. Iba ya á hablar el general, cuando el coronel

Rodríguez Vera vitoreó á la reina y al gobierno, siendo contestado unánimemente por todas las fuerzas, y entonces Ortega, conociendo que el movimiento había fracasado, huyó á todo galope pasando junto al coche en que iba Montemolín, al cual le gritó que todo se había perdido.

El general en su huída sin rumbo fijo llegó á Calanda el día 5 y el alcalde de este pueblo le hizo detener ocupándole catorce mil duros y algunos documentos de importancia. Ortega, al ser preso, preguntó con ansiedad si en Madrid había estallado un movimiento carlista y abdicado la reina su corona, y al contestarle negativamente, murmuró con desaliento:—*¡Me han vendido!*

El general fué conducido á Tortosa en unión de los carlistas Elío y Cavero, y el día 16 compareció ante el Consejo de guerra, comenzando por protestar contra la incompetencia para juzgarle de dicho tribunal ya que él había sido detenido por una autoridad civil. Esta reclamación era justa y se apoyaba en la ley; pero el presidente del Consejo dió lectura entonces á un decreto del ministro de Gracia y Justicia, en el cual ordenaba la reina que Ortega fuese sometido á los tribunales militares. Esto afectó mucho al general que conocía la gran participación que la reina y su ministro tenían en el movimiento; pero á pesar de ello se negó á hacer revelaciones y escuchó con gran serenidad la sentencia de muerte que le fué leída en la noche del 17. Toda la noche estuvo esperando Ortega el perdón de la reina, pero estaba doña Isabel demasiado interesada en que el motivo de la insurrección quedase en el misterio y el infortunado general fué fusilado en la mañana del 18 de Abril perdiéndose con su vida los detalles de aquella conspiración tan fuerte en sus preparativos como débil en sus resultados.

Entretanto el conde de Montemolín había conseguido refugiarse en una casa de campo cerca de Ulldecona y allí permaneció diez y ocho días, hasta que la guardia civil descubrió su retiro en la madrugada del 21 de Abril. Don Carlos al presentarse sus perseguidores levantóse de la cama y antes que le preguntaran quién era, dijo á los guardias:

—Señores, estoy á la disposición de ustedes; soy el conde de Montemolín, el señor es mi hermano y éste un criado de confianza. Vamos á donde ustedes gusten.

Los tres fueron conducidos al gobierno militar de Tortosa, y allí quedaron presos hasta que el gobierno decidiera su suerte.

Nadie dudó del modo como Isabel resolvería la cuestión. Fusilado Ortega que sólo era un instrumento, se respetó al verdadero causante, y el gobierno tuvo buen cuidado en hacer que se olvidase aquella conspiración en que tan comprometidos estaban la reina y su ridículo esposo.

El gobierno decretó una amnistía para todos los sublevados, mandando sobreseer las causas incoadas, y el general Dulce, capitán general de Cataluña, pidió á Montemolín una abdicación solemne, diciendo que éste era el único medio para que la reina se mostrase clemente con él.

Don Carlos, mostrando la debilidad propia de todo Borbón, accedió á ello publicando voluntariamente el siguiente documento:

«Yo, D. Carlos de Borbón y Braganza, conde de Montemolín, digo y á la faz del mundo públicamente declaro: Que íntimamente persuadido por la ineficacia de las diferentes tentativas que se han hecho en pró de los derechos que creo tener á la sucesión de la corona de España y deseando que por mi parte, ni invocando mi nombre, vuelva á turbarse la paz, la tranquilidad y el sosiego de mi patria, cuya felicidad anhelo, de *motu proprio* y con la más libre y espontánea voluntad para que en nada obste la reclusión en que me hallo, renuncio solemnemente ahora y para siempre á los anunciados derechos; protestando que este sacrificio que hago en aras de mi patria es efecto de la convicción que he adquirido en la última frustrada tentativa de que los esfuerzos que en mi pro se hagan ocasionarán siempre una guerra civil, que quiero evitar á costa de cualquier sacrificio. Por tanto, empeño mi palabra de honor de no volver jamás á consentir que se levante en España ni en sus dominios mi bandera y declaro que, si por desgracia hubiera en lo sucesivo quien invoque mi nombre á este fin, lo tendré por enemigo de mi honra y fama. Declaro asimismo que al instante que llegue á gozar de plena libertad, renovaré esta voluntaria renuncia para que en ningún tiempo pueda ponerse en duda la espontaneidad con que la formulo. ¡Que la paz y la felicidad de mi patria sea el galardón de este sacrificio! Tolosa 23 de Abril de 1860.—*Carlos de Borbón*.»

Isabel y sus ministros creyeron haber alcanzado un gran triunfo con esta renuncia, y contentos por él, dejaron en libertad á Montemolín, lo hicieron conducir á Portvendres en un buque de guerra y con las mayores consideraciones.

El país vió con indignación esta conducta injusta y no pudo menos de acordarse del sanguinario rigor con que eran tratados por la monarquía los insurrectos siempre que éstos pertenecían á una clase humilde; y la indignación se trocó en risa cuando vió que el agraciado burlábase del gobierno y apenas llegado al extranjero retractábase la su abdicación en la siguiente forma:

«Yo, D. Carlos Luis de Borbón y Braganza, conde de Montemolín, solemnemente que el acta de Tolosa de Abril del presente año fué el resultado de una violencia moral y en un día en que me hallaba en una posición en nada compatible con el carácter libre las resoluciones agenas que

ara ser válida; que por esto es
egal é irratificable; que los
á que se refiere no pueden
no en los que los tienen por
ndamental de donde emanan
r la misma son llamados á
s en su lugar y día; aten-
il parecer de jurisconsultos
e idóneos que he consultado,
probación reiterada que me
nifestado mis mejores ser-
vengo en retractar la dicha
Tortosa de 23 de Abril del
año de 1860 y la declaro
todas sus partes y como no
Dado en Colonia á 15 de Ju-
360.—*Carlos Luis de Borbón
nza, conde de Montemolin.*»
e modo terminó la conspira-
lista de 1860, é Isabel II á
la anterior retractación si-
nunicándose con su primo,
os Borbones lo olvidan todo y
mpre de acuerdo cuando se
burlarse del país.
cas partidas carlistas que en
ncias del Norte secundaron
miento de San Carlos de la
ieron tratadas con gran cruel-
fusiló á los prisioneros, así
os obreros de las minas de
e Baracaldo que se habían
lo por cuestión de jornales.
anto Montemolín gozaba en
jero del regalo de una vida

El gobierno tenía en su poder los documentos de la *Comisión Regia Suprema* que comprometían á elevados personajes; pero al conocer la gran participación que la familia real había tenido en el suceso, prefirió inutilizarlos, con lo que respiraron tranquilos muchos nobles y clérigos que, á pesar de estar comprometidos en el movimiento, dirigieron á doña Isabel una servil carta de felicitación.

El cardenal fray Cirilo Alameda, uno de los agentes más principales del carlismo, hizo más aún, pues llamó públicamente *gavilla de perdidos* á los que se habían sublevado siguiendo sus indicaciones.

Con tal clase de gentes no era extraño que el infortunado Ortega se viese abandonado en el trance supremo, y Cabrera dió muestras de gran penetración negándose á entrar en un movimiento preparado por hombres tan viles.

En aquella ocasión se demostró una vez más que el carlismo habían muerto, pues á pesar de los grandes preparativos de la *Comisión Regia Suprema*, el movimiento fracasó por falta de valor en sus elementos.

Como muy bien dice un autor al tratar tal asunto: «los conspiradores carlistas defendían una causa muerta y dieron pruebas de que ellos mismos no eran otra cosa que cadáveres insepultos.»

CAPITULO XVI

1859-1862

Continúa la política aventurera de la Unión liberal.—Apertura de las Cortes.—Sus actos.—La cuestión de Italia.—Tendencia ultramontana de la reina.—Conducta de Odonell.—Divisiones en la Unión liberal.—Conducta de Ríos Rosas.—Ruidosa interpelación de Sagasta.—Trabajos de los carlistas.—El pretendiente D. Juan de Borbón.—Su carácter y sus ideas.—Extraña muerte de Montemolín.—Trabajos de partido democrático.—Persecuciones del gobierno.—Los carbonarios.—Movimiento proyectado.—El revolucionario Sixto Cámara.—Su trágico fin.—Barbarie de Odonell.—Fernando Garrido.—La república de Méjico.—Miras ambiciosas de Odonell.—Tratado de París.—Infructuosas tentativas para establecer una monarquía en Méjico.—Exageradas pretensiones de Francia é Inglaterra.—Intrigas de Napoleón III.—El traidor Miramón.—Benito Juárez.—Guerra en Méjico.—Nuestro embajador Pacheco.—Sus torpezas.—Triunfo de Juárez —Coalición de España, Francia é Inglaterra.—Tratado de Londres —Envío de las tres expediciones.—Conducta del general Prim.—Sus trabajos diplomáticos.—Conferencias de Orizava.—Noble retirada de Prim.—Comentarios diversos sobre su conducta.—Actitud de la reina.—Doctilidad de Odonell.—Tiranía de Napoleón III.—El imperio de Maximiliano.—Su trágico fin.—Efecto que la guerra de Méjico produjo en el ejército francés.

Después de haber relatado la célebre conspiración que tan desastroso fin tuvo en San Carlos de la Rápita, volvamos á ocuparnos de la política de la Unión liberal, que seguía consecuente en su sistema de aventuras militares y para conservar el poder accedia á todos los caprichos de la reina.

Las Cortes reanudaron sus sesiones en 25 de Mayo de 1860, siendo elegido presidente del Senado el marqués del Duero y del Congreso Martínez de la Rosa, que parecía desempeñar este cargo por derecho propio. La primera ocupación de ambas Cámaras fué declarar beneméritos de la patria á cuantos habían tomado parte en las campañas de Marruecos, manifestando unánimemente que la guerra había sido gloriosa para el país á pesar de sus escasos resultados.

amnistía concedida por el go-
) para salvar á Montemolín y á
rmano don Fernando no alcanzó
 unanimidad, pues fué atacada
icamente por Olózaga y Rivero
mpararon esta conducta benévola que un año antes se había
/ado con las insurrecciones re-
anas, bárbaramente castigadas.
 dos oradores consiguieron dejar
nal parado al gobierno, y el mide Gracia y Justicia que, como
bemos, estaba complicado en la
iración montemolinista, cometió
prudencia de manifestar que en
San Carlos de la Rápita no po-
 hacerse investigaciones profun-
ues de lo contrario se corría el
o de encontrar á cada paso cul-
 «dignos del mayor respeto.»
 Cortes suspendieron sus sesio-
5 de Julio y tanto el gobierno
la Unión liberal salieron muy
rados de aquella campaña par-
taria y seguramente hubieran
completamente derrotados á no
r el apoyo que los progresistas
n prestando á Odonell, auxilio
 éste correspondió colocando al
al Zabala en el ministerio de
ia.
gobierno aprovechó la clausura
nentaria para acompañar á la
en su correría por varias provin-
lel Mediterráneo, demostrando
as ciudades, y especialmente Bar-
l, su espíritu antiborbónico, con
cial acogida que dispensaron á
.

Las Cortes se abrieron nuevamente el 25 de Octubre entrando acto seguido en la discusión de la conducta que debía seguir España con el gobierno de Italia. Esta cuestión era de gran interés, pues el representante de España en la corte de Turín obedeciendo á la influencia que la Iglesia ejercía en palacio, había pretextado en 9 de Octubre contra la anexión de Nápoles llevada á cabo por el gobierno de Víctor Manuel y pedido los pasaportes.

Alcalá Galiano en nombre de los moderados y Aparici y Guijarro en representación de los carlistas, pidieron la intervención armada de España contra de Víctor Manuel para impedir la unificación de Italia que asustaba al clero; pero Odonell que solamente se mostraba belicoso con las naciones débiles y conocía el entusiasmo que reinaba en el pueblo italiano á favor de la unidad, no quiso comprometerse en una guerra de éxito dudoso y se limitó á protestar pacíficamente contra las conquistas de Víctor Manuel.

Doña Isabel, que aconsejada por los clérigos palaciegos quería á todo trance enviar un ejército que protegiese á Pío IX, se mostró muy disgustada por la decisión de Odonell, y éste, que no quería contrariar en nada á la reina, se dispuso á hacer la guerra al gobierno italiano, y así lo hubiese verificado á no ser por la oposición del emperador de Francia, que quería intervenir por sí solo en los asuntos de Italia.

Terminado el debate de esta cuestión, entraron las Cortes á discutir los presupuestos para 1860-61. En ella, Olózaga, combatiendo los derechos consignados en favor del infante don Sebastián, ex-general carlista que había reconocido á la reina, dirigió tremendos ataques á la dinastía que provocaron el aplauso del país. El ministro de la Gobernación, Posada Herrera, presentó algunos proyectos de ley muy reaccionarios, á los que el general Zabala, recordando su procedencia progresista, se opuso tenazmente; pero medió Odonell en aquel conflicto que amenazaba convertirse en crisis, y el ministro de Marina continuó en el gabinete.

No era posible que un partido como la Unión liberal, compuesto de tan diversos y extraños elementos, permaneciese mucho tiempo compacto y disciplinado; así es que pronto surgieron disidencias fundadas no en la diversidad de principios políticos, sino motivadas por odios personales. Ríos Rosas, que tenía con Odonell ciertos motivos de disgusto y que no veía con calma la permanencia de Posada Herrera en el ministerio de la Gobernación, se declaró en divergencia con el gabinete, y en la sesión del 12 de Abril atacó con un violentísimo discurso la política de la Unión liberal.

Odonell, que como orador y político era inhábil en extremo, procuró defenderse de las abrumadoras acusaciones de su antiguo amigo, pero lo hizo de un modo desdichado, y aunque el voto de censura propuesto por Ríos Rosas no llegó á aprobarse, el gobierno quedó en el más completo descrédito.

El diputado Sagasta, que comenzaba á distinguirse como redactor del periódico *La Iberia* y estaba ganoso de adquirir notoriedad, aprovechó la ocasión para pronunciar un notable discurso atacando al gobierno por su conducta en la cuestión de Italia y extrañando que éste combatiera la soberanía de otras naciones, cuando doña Isabel, de la que Odonell y sus compañeros eran ministros, sólo en nombre de tal soberanía ocupaba el trono. Protestó la reaccionaria mayoría contra tal afirmación, y Odonell, echándoselas de definidor político á pesar de su extremada ignorancia, se levantó para decir que doña Isabel era reina no sólo por la voluntad del país, sino por tradición y por herencia.

Esta teoría de Odonell acerca del poder real, produjo gran animación en la Cámara, pues la mayoría unionista defendió á su jefe y los progresistas lo atacaron en nombre de aquella soberanía nacional que continuamente tenían en los labios y que sin embargo olvidaban apenas subían al poder.

Como siempre sucede en tales casos, cada orador definió á su modo el tema de la discusión, pero todos se guardaron de atacar de frente á la institución monárquica, considerándola por encima de todas las leyes y rivalizando los partidos en cinismo y abyección.

A principios de Mayo de 1861 fueron suspendidas las sesiones de Cortes cuando se estaba discutiendo un proyecto de ley de imprenta menos reaccionario que el de Nocedal.

El gobierno estaba muy preocupado por el rápido crecimiento del partido republicano, y esto hizo que mirase con indiferencia el viaje de propaganda de D. Juan de Borbón, que entró de incógnito en España y recorrió varias provincias con el objeto de resucitar el espíritu carlista.

La intentona de San Carlos de la Rápita había tenido un fin trágico para la rama borbónica de don Carlos. El 27 de Diciembre de 1860, D. Fernando de Borbón, que había acompañado á su hermano Montemolín en la expedición á España, se sintió gravemente enfermo, y el 1.º de Enero del siguiente año expiró en un castillo inmediato á Trieste.

Montemolín, que le había acompañado hasta en sus últimos instantes, regresó á Trieste el día 5 en unión de su joven esposa que estaba en cinta; pero á las pocas horas los esposos tuvieron que guardar cama atacados de una enfermedad que los médicos calificaron de tifus. En la tarde del 13 de Enero murió don Carlos y pocas horas después le siguió su esposa.

Fácil es adivinar el efecto que estos rápidos fallecimientos causarían en España. Eran demasiado extrañas y casuales las circunstancias que acompañaron la muerte de los dos Borbones, y la opinión pública se manifestó inclinada á creer en un envenenamiento que unos achacaban á doña Isabel y otros al infante D. Juan de Borbón, padre del que después se tituló Carlos VII.

Don Juan, al verse único representante de la rama borbónica que se llamaba legítima, tomó la jefatura del partido carlista, y trastornando todo su programa político, publicó un manifiesto en el que anatematizaba el absolutismo y se declaraba partidario de la soberanía nacional asegurando que respetaría la lucha de las ideas y que quería la libertad individual, la libertad sin restricción para la prensa como el medio de matar los abusos; la igualdad ante la ley; la libertad completa en las elecciones; el sufragio universal; la abolición de consumos y puertas; el desestanco del tabaco y la sal; la desamortización de los bienes del real patrimonio y la supresión del derecho de veto concedido al monarca, que en tal sistema debía esperarlo todo de la voluntad nacional.

El nuevo pretendiente se manifestaba, en una palabra, resuelto á defender la monarquía democrática, pero nada conseguía con ello, pues los carlistas lo despreciaban por revolucionario y los liberales avanzados lo miraban con desconfianza, á causa de su desmedida ambición.

En Madrid encontró don Juan varios generales dispuestos á sublevarse en su favor, pero estaba muy reciente el fracaso de San Carlos de la Rápita y el pretendiente no era hombre de acción, por lo cual prefirió reconocer á su prima Isabel y ponerse á sus órdenes con la idea quizás de que á su lado podría aprovecharse de los numerosos desaciertos que cometia la soberana.

Odonell debió adivinar las intenciones de don Juan, por cuanto se negó á aceptar sus proposiciones y fueron olvidadas cuantas solicitudes envió desde el extranjero pidiendo permiso para venir á establecerse en España, previo un reconocimiento solemne de la legitimidad de doña Isabel.

Las medidas preventivas adoptadas por el gobierno para impedir el desarrollo de las doctrinas democráticas, no lograban atemorizar á los valientes propagandistas que constituían la agrupación de la cual había de surgir el poderoso partido republicano federal, llamado á regenerar la nación española.

El gobierno, considerando al partido democrático como ilegal, impedíale las manifestaciones públicas, y esto obligó á los demócratas á valerse de las organizaciones secretas, medio útil y justificado, siempre que se tiene que combatir á poderes tiránicos que impiden las libres manifestaciones de la opinión.

El partido democrático merecía las simpatías de las masas populares, y contaba, por tanto, con grandes elementos de acción; pero carecía de verdaderos jefes y organizadores, pues obedecía las órdenes de algunos hombres que, á fuerza de ser vocingleros ó imprudentes, llegaron á adquirir gran popularidad. Pronto experimentó el partido las consecuencias de tan desacertada dirección, pues empleó elementos de gran valía en movimientos aislados que no podían conducir á un verdadero triunfo.

Desde 1857 la asociación secreta de los *Carbonarios* habíase convertido en una gran fuerza revolucionaria, pues en ella figuraban los principales elementos de la democracia. Los carbonarios tenían agentes en los principales puntos de España encargados de la preparación de un movimiento, y atendiendo, sin duda, á sus informes, más entusiastas que ciertos, la asociación organizó un movimiento insurreccional en Agosto de 1859 que debía tener por base la plaza de Olivenza, siendo secundado por Sevilla, Badajoz, Málaga y otras poblaciones.

Los conspiradores, más optimistas de lo que conviene serlo en tales casos, creían que todos los comprometidos cumplirían su compromiso, y esperaban un éxito inmediato y completo.

El inquieto Sixto Cámara, que estaba emigrado en Portugal, era uno de los que más confiaban en el próximo triunfo del partido democrático, y desatendiendo los consejos de los que conocían la falta de oportunidad de aquel movimiento, marchó á Olivenza, entrando en ésta con la reserva necesaria para que la policía no le sorprendiese.

No tardó Sixto Cámara en convencerse de la imposibilidad de la insurrección. Las tropas que guarnecían el castillo no estaban comprometidas en el movimiento y las que habían prometido sublevarse se negaron á cumplir su promesa. Para colmo de desgracias, Sixto Cámara, á poco de haber llegado á Olivenza, recibió de sus amigos de Badajoz la noticia de que la policía salía en su busca, y el revolucionario, en vez de ocultarse en casa de algún correligionario y esperar ocasión oportuna para pasar la frontera, se decidió á salir inmediatamente para Portugal y á las doce de la mañana abandonó á Olivenza acompañado de un joven demócrata llamado Moreno Ruiz que no quiso abandonar en tan difícil trance al que consideraba como su jefe y amigo.

Era el día uno de los más calurosos de Agosto, y como los dos fugitivos desconocían el terreno por donde marchaban y temerosos de ser descubiertos se alejaron de la carretera, estraviáronse en los atajos perdiendo un tiempo precioso. El traje que llevaba Sixto Cámara, impropio para una marcha, y lo elevado de la temperatura, le produjeron una angustiosa sofocación y devorado por la sed se lanzó á beber el agua putrefacta de una charca que por desgracia encontró. Moreno Ruiz, conociendo el peligro que corría su compañero, le rogó repetidas veces que dejara de beber el cenagoso líquido; pero Cámara que parecía enloquecido por el calor, desatendía sus indicaciones y apenas se apartaba algunos pasos de la charca volvía á ella para be-

ber con mayor frenesí. No tardó el revolucionario en sentir un profundo malestar y se arrojó al suelo manifestando lo imposible que le era continuar la marcha.

Su joven compañero, desesperado por tal situación, buscó socorro en los alrededores y al fin encontró una casa de campo cuyos habitantes accedieron á prestarle auxilio. Sixto Cámara, que estaba ya agonizando, fué conducido á la casa sobre una caballería y espiró á los pocos momentos de llegar.

Moreno Ruiz quiso entonces seguir su camino á la frontera, pero no se lo permitieron los labriegos y al saber quien era el que acababa de morir tuvieron la crueldad de dar parte á las autoridades. El desgraciado joven fué preso y conducido á Badajoz y después de breves formalidades condenado á garrote vil, suplicio que sufrió en unión del que había dado el aviso á Sixto Cámara y de otro demócrata comprometido en el movimiento. La ejecución abundó en horripilantes detalles, siendo uno de éstos el que como en Badajoz sólo había un aparato de dar muerte, el desgraciado Moreno Ruiz hubo de presenciar la ejecución de las otras víctimas esperando su turno.

En aquella ocasión demostró el general Odonell la barbarie de su frío carácter y su servil deseo de agradar á la reina á quien la democracia era muy odiosa. Al saber D. Estanislao Figueras la ejecución que se preparaba en Badajoz, se avistó con el general Odonell, de quien era amigo, manifestándole la extrañeza que le causaba ver que se mostrase tan inflexible con los conspiradores un general que había labrado su fortuna sublevándose. A esto contestó Odonell que cuantas veces se había sublevado había jugado su cabeza á cara ó cruz, seguro siempre de ser fusilado caso de ser vencido, y que por esto mismo se mostraba inexorable con los demás. Esto no era más que un pretexto, pues lo que se proponía Odonell al mostrarse tan cruel era lisonjear á la reina, demostrándola que en punto á sanguinario podía muy bien hacer competencia á Narváez.

Las ejecuciones de Badajoz produjeron gran indignación en el país, y Odonell, que se proponía á atemorizar á los demócratas, se convenció bien pronto de la inutilidad de sus esfuerzos. Sixto Cámara y sus compañeros aparecieron ante los ojos del pueblo revestidos de la sublime aureola de los mártires, y la prensa democrática abrió una suscripción para atender á la subsistencia de sus familias, la cual por su éxito alarmó al gobierno y causó gran disgusto á la reina.

Como la conspiración que debía iniciarse en Olivenza tenía ramificaciones en varios puntos de España, el gobierno hizo numerosas prisiones y en Sevilla condenó á muerte á un sargento de artillería que aparecía gravemente comprometido en el movimiento. El gobierno fué tan vil que ofreció la vida al sentenciado si d[e] sus cómplices y el sargento como principal conspirador propagandista republicano nando Garrido, que, efect[o] había trabajado en sentido nario á la guarnición.

Garrido fué preso é indu[...] te hubiese muerto en garro[...] circunstancia inesperada no auxiliado. Los oficiales de a[...] mostraron muy indignados lación del sargento, que en [...] to deshonraba la tradición d[e] que pertenecía, y una co[...] ellos visitó al preso para [...] cara su felonía impropia de[...] ro. El sargento mostróse c[...] y entonces los oficiales le [...] que pidiese un careo con [...] y afirmase no conocerlo, pr[...] le á cambio de este servicio nar su indulto.

El sargento, cumpliendo sa al avistarse con Garrido [...] bunal, afirmó no conocerlo, otro quien le había instigad[o] varse. Gracias á esto logr[ó] salvar su vida, siendo fusi[...] pocos días el infeliz sargent[o]

Al ocurrir la guerra de [...] partido democrático cesó de pero apenas terminada la volvió á combatir de fren[te] bierno. La Unión liberal ha[...] mado mucha sangre de c[...] para que el partido olvidase de venganza, y á Sixto Cá[...] compañeros tenía que añadi[r] roso D. Tomás Brú, jefe de los demócratas de Sagunto que á fines del año 1858 fué asesinado por los esbirros de los monárquicos en ocasión en que trabajaba la elección de Rivero para diputado por aquel distrito. Este miserable asesinato motivó una grandiosa suscripción y grandes manifestaciones públicas que revelaron la fuerza inmensa de la democracia.

La guerra de Africa con sus infructuosos resultados no logró desvanecer en Odonell la afición á las aventuras militares, y apenas repuesto el país de las pérdidas experimentadas en la campaña de Marruecos puso el gobierno sus ojos en la república de Méjico que por cuestiones financieras era la víctima que se disputaban varias potencias europeas.

Ya al abrirse la legislatura de 1858 el gobierno en el mensaje de la Corona anunció como probable la guerra con Méjico, lo que produjo en el Congreso una larga discusión, en la que tomó parte el general Prim, manifestándose enemigo de la guerra y combatiéndola con argumentos de gran fuerza. A pesar de esto, Odonell seguía mostrándose inclinado á iniciar las hostilidades contra aquella república; pero sobrevino en esto la cuestión de Marruecos que le ofrecía una guerra más desprovista de complicaciones con las grandes potencias y para poder dedicarse con más libertad á la campaña de Africa buscó una reconciliación con Méjico que obtuvo fácilmente.

Mon, el embajador de España en París, se entendió con el general Almonte, representante de Méjico y después de algunas conferencias ajustaron un tratado de amistad y comercio entre ambas naciones, que fué firmado en París el 26 de Setiembre de 1859. Por una cláusula secreta de este tratado, Almonte se comprometía á establecer la monarquía en Méjico, debiendo ocupar el trono un Borbón que había de ser el conde de Montemolín ó su hermano don Juan y si éstos renunciaban el infante don Sebastián. La principal condición era que el nuevo monarca de Méjico reconociese con preferencia la deuda española y la pagase sin previa revisión.

Tanto Montemolín como su hermano don Juan se negaron á aceptar el trono que se les ofrecía, y en cuanto á don Sebastián, que se mostraba dispuesto, tropezó con la oposición de Francia é Inglaterra, que aunque estaban conformes con el proyecto de monarquía mejicana, se negaban á que el rey fuese un español, justificando su intervención con créditos muy superiores á los de España, pues el gobierno francés decía que el de Méjico le era deudor de quince millones de duros é Inglaterra hacía subir su crédito á cincuenta y ocho millones. Las dos grandes potencias, al hacer estas reclamaciones, procedían con ese espíritu de bandolerismo que caracteriza á las grandes naciones cuando quieren imponerse á pueblos débiles. Francia, especialmente, abusaba de un modo criminal de la infeliz república, pues su crédito de quince millones era falso, ya que únicamente consistía en un préstamo de cuatrocientos mil francos hecho al general Miramón, ex-presidente de Méjico, refugiado en París, el cual con tal de que el gobierno de Napoleón III atendiese á su vida de vicios en la gran metrópoli y le ayudara á recobrar el mando en su país, no vaciló en firmar cuantos documentos le presentaron.

El traidor Miramón, además de comprometerse á reconocer los créditos de Francia é Inglaterra, lo que equivalía á robar de un modo infame á su patria, se avino á convertir la república mejicana en una monarquía, admitiendo el candidato que le indicara el gobierno francés.

Napoleón pensaba en tener á Méjico durante algunos años bajo su opresor protectorado, para anexionarlo después á Francia, y propuso como candidato al trono al duque de Aumale, el cual no aceptó, y después á Maximiliano de Austria que tuvo la debilidad de admitir el odioso papel de tirano de un país identificado con el gobierno republicano.

La intervención de Napoleón en los asuntos de Méjico dió pronto sus resultados, pues Zuloaga, el presidente de la república, patriota digno y sencillo, cayó del poder volviendo á su modesta profesión de vendedor de tabaco. El general Miramón, apoyado por Francia, subió á la presidencia; pero como para nadie era un secreto que el triunfo de este traidor equivalía á la humillación de la patria y á la muerte de la república, no tardó en surgir la protesta acompañada de agitaciones revolucionarias.

Méjico contaba con un republicano de tanta inteligencia como indomable energía, que era D. Benito Juárez, hijo de una pobre familia de indios, pero que, merced á su talento, había conseguido elevarse á los primeros puestos de la nación. Juárez enarboló la bandera republicana, que representaba la dignidad y la independencia de la patria, y á su lado se agruparon todos los hombres honrados enemigos de la institución monárquica, que en la libre tierra americana resultaba una planta parásita. Méjico quedó dividido en dos partidos; el ejército y el elemento oficial pusiéronse al lado de Miramón, pero el pueblo siguió con entusiasmo y valor al enérgico Juárez, que entró triunfante en Veracruz, haciéndose dueño del poder en nombre de la soberanía popular y declarando traidores á Miramón y su gobierno. Desde este momento hubo en Méjico dos presidentes, pero el pueblo estuvo unánimemente de parte de Juárez, que representaba la protesta militante contra los deshonrosos tratados ajustados primero con España y después con Francia é Inglaterra.

En este estado se encontraban las cosas de Méjico, cuando al gobierno español se le ocurrió enviar como representante extraordinario á D. Joaquín Francisco Pacheco, tan ilustre jurisconsulto como inhábil diplomático, el cual procedió con la más absurda torpeza. Pacheco comenzó por herir el amor propio del bravo Juárez, pues al desembarcar en Veracruz le envió una comunicación despreciativa pidiéndole medios para atravesar el país hasta llegar donde estaba el jefe del estado, que, en su concepto, era el traidor Miramón. Juárez, despreciando la ofensa, dió una lección de cortesía á Pacheco, pues le contestó en términos muy escogidos y le facilitó escolta y todas las comodidades para llegar á la ciudad de Méjico, sin que nuestro flamante diplomático demostrase su buena educación dando las gracias por tales favores.

Para Pacheco, el ilustre Juárez, á pesar de que tenía á su lado todo el país y que representaba la noble causa de la dignidad nacional, era un rebelde indigno de respeto, y el único gobernante legítimo resultaba el infame Miramón, á quien aborrecían todos los mejicanos honrados. Como éste se sentía ya sin prestigio y acababa de sufrir tremendas derrotas, lo esperaba todo de la protección de Europa y para halagar al gobierno español dispuso grandes fiestas á la aproximación de Pacheco, entrando éste en Méjico con aparato triunfal.

El embajador español no tardó en convencerse de que Miramón estaba próximo á la completa ruina y que Juárez era el verdadero dueño del país; pero el amor propio pudo más que la reflexión y la conveniencia de los grandes intereses que le habían sido confiados, y afectó desconocer la importancia del tribuno mejicano, entendiéndose únicamente con Miramón, y presentando á Odonell como grandes triunfos las concesiones que hacía á España el odiado presidente de la república.

Miramón estaba más necesitado que nunca del apoyo de Europa. El país en masa le negaba la obediencia y su gobierno no se extendía más allá de los muros de la capital de Méjico; pero aun este mezquino poder le fué imposible conservar, pues una nueva derrota que le hizo sufrir Juárez le obligó á abandonar el poder y embarcarse con rumbo á Europa á fines de Diciembre de 1859.

Juárez entró victorioso en la capital de Méjico, y el Congreso le proclamó presidente de la república y dictador absoluto. La primera disposición de Juárez fué revisar escrupulosamente los títulos de la deuda extranjera, y como contra esta medida justa protestase Pacheco en términos insolentes, el enérgico presidente lo expulsó de Méjico.

Regresó nuestro diplomático á España colérico é indignado quejándose de la conducta de Juárez, del que decía que era un usurpador que tenía á Méjico en la más terrible anarquía, y al mismo tiempo el fugitivo Miramón se presentó á Napoleón III manifestando que estaba dispuesto á destruir la república mejicana y crear un imperio, cuya corona ceñiría el príncipe Maximiliano de Austria.

Odonell, ocupado en la guerra con Marruecos, no pensó en los asuntos de Méjico, pero apenas hubo firmado el tratado de paz de Wad-Ras, se propuso hacer la guerra á la república mejicana, é hizo que el ministro de Estado dirigiese reclamaciones á Juárez por la expulsión del embajador Pacheco. El presidente de Méjico contestó extensamente en Febrero de 1861 afirmando que la expulsión de Pacheco era un incidente de carácter personal y privado que en nada afectaba el cariño franco y leal que Méjico sentía hacia España y que no debía enfriar las buenas relaciones que existian entre ambos gobiernos.

Esta contestación no era del gusto de Odonell que quería hacer la guerra á Méjico fundándose en una provocación, y pasando por encima de toda conveniencia dirigió una estemporánea é insultante nota al gobierno mejicano al mismo tiempo que hacía grandes preparativos militares. Al saber esto Francia é Inglaterra pusieron apresuradamente en pié de guerra á sus ejércitos y establecieron una inteligencia común para invadir la república de Méjico, evitando la intervención exclusiva de España.

No estaban las dos potencias muy acordes respecto á sus propósitos, pues mientras Napoleón aspiraba á crear en Méjico una monarquía protegida por Francia y sujeta á todas sus inspiraciones, Inglaterra, más práctica mercial se limitaba á proponer la pación de las aduanas de Verac Tampico para reintegrarse de aq deudas que equivalían á verda robos.

El gobierno de los Estados U no se oponía á la intervenció Francia é Inglaterra, pero rechaz de España á causa de las miras ciosas y ridículas de la Unión li Odonell, deseoso de echarla de g hombre y terciar con las primera tencias de Europa, agobiaba co sinnúmero de notas diplomáticas gabinetes de París y Londres, vista de que no le daban ningun ticipación en el negocio se d á obrar por sí solo y dió orden a neral Serrano, capitán genera Cuba, para que pusiese en pié de rra el mayor número de tropas tras llegaba el jefe de la expedi

El ministro de Estado notific tonces á Francia é Inglaterra qu paña iba á emprender por sí so guerra con Méjico, y que aunque braban fuerzas para ello estaba puesta á admitir la cooperación dos potencias en cuyo caso los ejércitos operarían reunidos.

Inglaterra y Francia, en vista decisión de nuestro gobierno, acc ron á unir sus tropas á las españo á fines de Octubre de 1861 se fir Londres por los representantes tres naciones un tratado en el q convenían las condiciones de la vención. Estas consistían en no

pensación territorial de ningu-
ecie ni ventajas comerciales
a nación en particular, y no
en la política de Méjico nin-
esión que menoscabase el de-
e este país para elegirse la for-
gobierno que creyese más con-
e.
terra fué quien propuso esta
láusula, pues no quería dar á
dición un carácter político;
ancia pensaba ya en el medio
rantar su promesa, y el gobier-
ñol ayudaba á Napoleón, sin
o le proporcionara ninguna
y únicamente por instinto recio.
ie buscaba Odonell en aquella
a era que España fuese coloca-
e las potencias de primer or-
sconociendo en su ignorancia
do que esta categoría, si es que
ne de envidiable, no se gana
nfos militares sino con la pros-
y riqueza que logra el país.
do se pensó en designar el jefe
ndase la expedición española,
licitó con empeño este puesto,
de que Odonell le trataba con
anza, y consiguió realizar su
o, siendo nombrado, además
eral en jefe, comisionado con
oderes para la resolución de
asuntos diplomáticos pudiesen
n la cuestión de Méjico.
se había opuesto de un modo
o en las Cortes á la guerra de
y si deseaba con tanto empe-
ando de la expedición españo-

la, era porque se proponía estorbar los planes de Napoleón, pues estaba convencido de la mala fe con que procedía Francia en los asuntos de Méjico.

Prim salió de Madrid á fines de Noviembre de 1861 y llegó á la Habana un mes después, donde le recibió con gran pompa el general Serrano, quien le manifestó que había enviado ya á Méjico la expedición bajo el mando interino del general Gasset, yendo al frente de la escuadra el general Ruvalcaba. La expedición había llegado á las aguas de Veracruz en són de conquista, produciéndose en los mejicanos una gran excitación contra España.

Prim desaprobó con violento lenguaje la conducta de Serrano y surgió entre ambos una discusión muy viva, que fomentó la enemistad de los dos generales.

Cuando Prim salió para Méjico, Serrano le despidió con grandes muestras de afecto, lo que no impidió que escribiese á Odonell y á la reina, excitándolos á que desconfiasen del jefe de la expedición.

Prim, que conocía los muchos enemigos que su carácter le había suscitado, era lo bastante astuto para no marchar á Méjico sin antes asegurarse del apoyo de las personas que dirigían la situación.

Apreciando el carácter de Isabel II, antes de salir de Madrid la había insinuado la idea de que era posible el establecimiento de una monarquía en Méjico, cuyo trono ocuparía la princesa doña María Isabel, plan que la reina acogió con gran entusiasmo. También el ministro de Estado, al conferenciar con el general, le apuntó la idea de que sustituyese la princesa Isabel por la infanta doña Luisa Fernanda, esposa de Montpensier, y Prim mostró su conformidad, aunque en su interior estaba resuelto á oponerse al proyecto de una monarquía en Méjico, y se burlaba por igual de la reina y del ministro.

Prim desembarcó en Veracruz el 7 de Enero de 1862 é inmediatamente pudo apreciar la gran efervescencia que existía contra los españoles. Apenas si los mejicanos se acordaban de Francia é Inglaterra, que se disponían á hacerles la guerra, y todo su odio era para España, la cual creían que se proponía la reconquista del país. En casi todas las casas ondeaban banderas con los lemas: *¡Viva Méjico libre! ¡Muera España agresora!* y á la voz elocuente de Juárez armábase todo el país dispuesto á defender su independencia. El pueblo mejicano negábase á tener la menor comunicación con los españoles y á prestarles el más leve auxilio, viéndose obligado nuestro ejército á sufrir las mayores contrariedades para poder procurarse la subsistencia.

Reunidas las tres expediciones en Veracruz, se trató ante todo de nombrar el general que había de mandar los ejércitos reunidos, y el jefe de la expedición inglesa se mostró dispuesto á reconocer la superioridad del general Prim; pero el estado mayor francés opuso dificultades pretextando que el mariscal Bazaine, que estaba ya en camino de Méjico, era superior en graduación al general español; y en vista de que no podía llegarse á un acuerdo definitivo, se convino en que cada una de las expediciones maniobrase por su cuenta, sin perjuicio de unirse cuando así lo exigiesen las circunstancias.

Los jefes del ejército francés tenían instrucciones directas de Napoleón, y de aquí su resistencia á supeditarse á los planes de Inglaterra y España. Napoleón era el único que tenía miras ambiciosas sobre aquel país, pues la expedición inglesa sólo tenía por objeto arrancar unos cuantos millones para llevarlos á Londres, y en cuanto á la española carecía de instrucciones de su gobierno é iba á aquella guerra sin objeto determinado, cosa que Prim era el primero en conocer.

El 10 de Enero fué publicada una proclama suscripta por los representantes de las tres potencias y dirigida á los mejicanos, en la cual justificaban la intervención armada diciendo que el gobierno de la república había violado la fe de los tratados y tenía en perpetua amenaza la seguridad de sus súbditos. Después los tres representantes presentaron sus reclamaciones de los créditos, siendo notable la de España por su justicia y moderación; pero no así las de Francia é Inglaterra que se aprovechaban de la debilidad de la república para robarla de

General Prim (Cuadro de Mr. Regnault).—Museo del Louvre (París)

modo más infame. El gobierno mejicano acogió benévolamente las reclamaciones á pesar de la enormidad de las dos últimas y dió las gracias á España por su moderación ofreciéndose á pagar inmediatamente sus deudas en numerario y en bonos del Tesoro.

Esta resolución terminaba el conflicto de un modo pacífico, pero como contrariaba los planes de Napoleón III, el embajador francés, olvidando las promesas hechas en el manifiesto de Veracruz de no entrar en la cuestión política, dejó á un lado los asuntos económicos y comenzó á lamentarse de la anarquía, que, según él, atravesaba el país, diciendo que era necesario sustituir el régimen republicano por el monárquico.

Prim, ante aquellas oficiosidades irritantes del tirano francés que por la fuerza quería levantar un trono en Méjico para sentar en él á su protegido Maximiliano, se condujo de un modo digno é imparcial, y de acuerdo con el representante de Inglaterra se opuso á hacer la guerra á los mejicanos, que estaban dispuestos á pagar las deudas, único motivo de aquella expedición. En cuanto al proyecto que abrigaba Francia de fundar una monarquía mejicana, los dos representantes convinieron que era absurdo y tiránico y acordaron abstenerse de intervenir en la política del país.

Prim fué designado por las tres potencias para entablar negociaciones con el ministerio mejicano, y el resultado de aquéllas fué la convención firmada en Soledad en cuyo pacto se acordó celebrar conferencias diplomáticas en Orizaba, quedando interinamente en poder de los expedicionarios esta plaza y las de Córdoba y Tehucan, aunque con la condición de desocuparlas caso de que se rompieran las hostilidades.

El gobierno mejicano quedó muy satisfecho de las ideas expuestas por Prim en nombre de España é Inglaterra; pero pronto se vió que el conflicto no había terminado, pues el mariscal Bazaine, olvidando el manifiesto de Veracruz y aun el tratado de Londres se desenmascaró diciendo que Francia había enviado sus soldados á Méjico para establecer la monarquía y apoyándose en la adhesión de algunos mejicanos corrompidos que sólo ansiaban medrar afirmó que el país deseaba un rey y que Napoleón iba á dárselo.

No era Prim hombre capaz de ayudar á la realización de tan vergonzosa infamia y escribió así al gobierno de España:

—Serán vanos los esfuerzos de la Francia, bien clara y francamente se lo he manifestado al emperador: la monarquía no se puede aclimatar ya en Méjico. Podrá imponerse, pero durará el tiempo que dure la ocupación del país por una fuerza extranjera mucho más considerable que la que ninguna nación de Europa esté dispuesta á destinar á tal objeto. Por esto es mi opinión que si mis temores se realizan, el único partido que podemos adoptar es retirarnos con nuestras fuerzas.

Al celebrarse la primera conferencia en Orizaba, el representante de Francia dijo claramente que Napoleón III tomaba á su cargo la empresa de establecer un *gobierno de orden* en Méjico separándose con esto del tratado de Londres. Entonces el general Prim declaró con noble energía que España no podía asociarse á aquel atentado contra la independencia de un pueblo digno por todos conceptos de respeto y anunció al gobierno mejicano que en breve se embarcaría la expedición española abandonando el país; manifestaciones á las que se adhirió el representante de Inglaterra.

Esta noble conducta de Prim era tanto más digna de elogio cuanto el general sabía perfectamente que Odonell le desautorizaría; pero prefirió correr este peligro antes que consentir que España desempeñase el papel de cómplice en aquel acto de bandolerismo que iba á cometer el imperio francés. Comprometía Prim su reputación de soldado y diplomático con el vulgo imbécil que cree en las grandezas de la guerra y sueña en absurdas empresas militares; pero en cambio iba á recibir los plácemes de todos los hombres versados en cuestiones diplomáticas, que reconocían aquella conducta como la más patriótica, digna y útil. No tardó Prim en recoger los frutos de su noble conducta, pues el representante del gobierno mejicano en las conferencias de Orizaba le escribió una larga carta manifestándole que los mejicanos apreciaban en todo su valor la conducta noble y digna de los representantes de Inglaterra y España, y que la república estaba dispuesta á entrar en tratos favorables con ellos, no queriendo que el general saliese del país sin celebrar antes un tratado beneficioso para España que él pudiese ostentar como una prueba del agradecimiento de Méjico.

Añadía el ministro mejicano que en media hora podrían entenderse los dos, dando á España y á Méjico un día de gloria con una fraternal reconciliación. Prim contestó en iguales términos, señalando lugar y hora para la entrevista, pero las circunstancias por que atravesaba el país no permitieron la conferencia, y el general, que tenía prisa por salir de Méjico, no quiso esperar, y replegando sus tropas sobre Veracruz regresó á la Habana á fines de Abril.

Serrano, impulsado por el odio que profesaba á Prim, preparó la opinión en contra de éste tachando su conducta de torpe y antipatriótica, lo que hizo que el general fuese recibido friamente en la capital de Cuba. Prim, haciendo caso omiso de esta manifestación, escribió un extenso *memorandum*, que envió á la reina, describiendo el verdadero carácter de la guerra de Méjico, detallando lo absurdo de las pretensiones de Francia y la imposibilidad de establecer una monarquía en aquel país, y mencionando el gran prestigio que en la república mejicana había adquirido España con la resolución de su representante.

ntras tanto, el general Serrano
a también á Madrid atacando
lucta de Prim, y aunque logró
le su parte al gobierno, no con-
apoderarse de la voluntad de
a.
 había sabido interesar en su
 doña Isabel valiéndose de su
aco, pues la reina estaba dis-
hasta ayudar á los republicanos
ico con tal de que no triunfa-
planes de Napoleón III, al que
 por el hecho de ser esposo de
enia Montijo, su antigua amiga
orrascosa juventud.
progresistas y una gran parte
 moderados elogiaban la conde Prim, pero los amigos del
o dirigíanle los más tremendos
, distinguiéndose por su cru-
l periódico *La Epoca*, órgano
do de Odonell. Este, deseoso
nadar á Prim, al que odiaba
la guerra de Africa, llevó á la
e la reina un decreto desauto-
 al jefe de la expedición espa-
ero doña Isabel, que estaba de
 con el conde de Reus y al
tiempo no quería privarse de los
s de Odonell, púsose de acuerdo
Francisco de Asís, el cual salió
entro del presidente del minis-
 le dijo con aire inocente:
en venido seas; la reina te es-
paciente. Suponemos que ven-
elicitarnos por el gran aconte-
o de Méjico; Prim se ha por-
mo un hombre. Ven, ven, la
stá loca de contenta.

Odonell quedó desconcertado por tal recibimiento y aun experimentó mayor turbación cuando fué saludado por la reina con estas palabras:

—¿Has visto que cosa tan buena ha hecho Prim?

Doña Isabel daba muestras de conocer perfectamente el carácter de Odonell, pues éste con tal de conservar el poder se amoldaba á todas las exigencias y era capaz de defender lo mismo que había censurado momentos antes. En aquella ocasión no tuvo valor para mantener su propósito y se guardó el decreto acabando por decir para complacer á doña Isabel que la conducta de Prim era digna de elogio comprometiéndose á defenderla en las Cortes como así lo hizo.

De este modo terminó la intervención de España en Méjico, evitándose nuestra patria, gracias á Prim, la gran vergüenza de obligar por la fuerza á un país civilizado á acatar una forma de gobierno en pugna con sus costumbres republicanas. Francia, deshonrada por su emperador, continuó la aventura é impuso á Méjico por la fuerza de las armas la persona de Maximiliano de Austria, el cual se tituló pomposamente emperador de Méjico, sentándose en aquel trono ficticio que se bamboleaba al soplo de la revolución. Estaba allí rodeado del pueblo armado y representando la patriótica protesta el intrépido Juárez, y entre el humilde indio elevado al poder por el voto espontáneo de sus compatriotas y el canallesco Bonaparte que ostentaba una diadema imperial formada en las calles de París con las lágrimas y la sangre derramada en la horrible jornada del 2 de Diciembre, la suerte se decidió por el primero y la república venció al imperio.

Maximiliano fué fusilado en Querétaro ahogándose en sangre la comedia imperial forjada por Napoleón III, y un modesto soldado mejicano de origen indio, el general Ignacio Zaragoza, derrotó en la batalla de Puebla á aquellos veteranos que se habían batido en las trincheras de Sebastopol, en los puentes de Pekin y en los campos de Magenta y Solferino, obligándolos á huir hacia la costa. Napoleón fué castigado por su crimen de Méjico, pues en este país vió quebrantado su poderío militar del mismo modo que su tío Napoleón el Grande encontró su ruina en la humilde España.

La guerra franco-prusiana que acabó con el segundo imperio no fué más que la continuación de la infame campaña de Méjico. Moltke resultó continuador del indio Zaragoza y batalla de Puebla de los Angel fué el prólogo de la vergüenza Sedán.

CAPITULO XVII

1861-1864

encia de Odonell en su política aventurera.—Anexión de Santo Domingo.—La cuestión de Ita-
.—Conflicto con Venezuela.—Disidencia de Ríos Rosas.—Debates parlamentarios.—Discursos
Rivero y Olózaga.—Muerte de Martínez de la Rosa.—Nuevas disidencias en el partido unio-
ta.—Reapertura de las Cortes.—Debate en el Senado sobre la cuestión de Méjico.—Evolución
Cánovas del Castillo.—Crisis ministerial.—Odonell forma nuevo gabinete.—Manejos de la réi-
.—Caida de Odonell.—Lo que fué la Unión liberal.—Perniciosa influencia que ejerció sobre el
is.—Debilidad de los progresistas.—Ministerio Miraflores.—Prim vuelve al partido progresis-
—Programa ridículo de Miraflores.—El aniversario del 2 de Mayo.—Disposiciones electorales
gobierno.—Las nuevas Cortes.—Ridiculeces de Miraflores.—Vergonzosa persecución contra
protestantes.—Conspira Isabel contra su gabinete.—Caída de Miraflores.—Ministerio Arra-
a.—Su breve vida.—Ministerio Mon.—Bárbara ley de imprenta de Cánovas del Castillo.—Los
nsejos de guerra.—Escándalos y discordias en Palacio.—Fin del Ministerio Mon.—Odonell re-
ncia el poder.—Narváez forma Ministerio.—Recelos que le inspira Odonell.—Franca reacción.
El partido democrático.—*La Discusión*.—Polémicas entre socialistas é individualistas.—La
olevación republicana socialista de Loja.—Grandiosa discusión entre Castelar y Pi y Margall.
Triunfo de las doctrinas socialistas.

As decepciones que sufría Odonell á causa de su afición á distin- e en la política internacional, no guían borrar en él su tendencia aventuras militares, y, apenas inada la cuestión de Méjico, ya ba en realizar nuevas conquistas vando su poderío guerrero en paí- ébiles, incapaces de una seria re- ncia.

Deseoso el duque de Tetuán de eclipsar á Napoleón III, que por medio de sus intrigas había conseguido apoderarse de Méjico, puso sus ojos en la República de Santo Domingo, entrando en inteligencia con el general Santana, presidente de dicho Estado, para llevar á cabo la anexión á España de dicho territorio, que perdimos en 1794 á consecuencia de la célebre paz que valió al favorito Godoy el título de príncipe.

Las negociaciones resultaron á medida del deseo de Odonell, pues el general Santana accedió á todas las proposiciones de nuestro gobierno, y la república dominicana se convirtió en una provincia española. Esta anexión, lograda á costa de algunos millones y de la entrada de algunos negros zafios y feroces en el generalato del ejército español, fué presentada por los periódicos del gobierno como una gran conquista, digna de la gratitud nacional; pero pronto vinieron los hechos á demostrar que era un desacierto más de los muchos que cometía Odonell, pues los republicanos de Santo Domingo, deseosos de recobrar la independencia de su patria, promovieron una larga guerra, de la que más adelante hablaremos, y que costó á España no pocos millones y la vida de algunos miles de soldados, no lográndose al fin consolidar en dicho territorio la dominación española.

La cuestión de Italia fué también otro de los asuntos que ejerció alguna seducción sobre el belicoso carácter de Odonell. Pío IX había pedido socorro á los gobiernos de España, Portugal, Austria y Baviera, é Isabel II se mostraba muy dispuesta á prestar auxilio al pontífice; pero Odonell, que tan diligente se mostraba siempre en declarar la guerra á los pueblos débiles, miraba á Italia con recelo y se presentaba muy impresionado por el entusiasmo que demostraba el pueblo italiano en favor de Víctor M representante de la unidad de tria. Como Napoleón III quis único que interviniera en la c italiana y comenzó por ocupa con su ejército, Odonell demos reina la imposibilidad de aquel presa á la que no se sentía inc

El gobierno de la Unión libe recía creado por la fatalida entender en asuntos internaci pues al poco tiempo tuvo una cación con el gobierno de Ven á consecuencia de haber sido a dos varios colonos procedentes islas Canarias, por una partida beldes. Odonell se lisonjeó ya idea de una guerra que le per ensayar sus facultades militare tra un pueblo débil; pero el g venezolano desbarató sus planes toda clase de satisfacciones al paña é indemnizando á las fami las víctimas al mismo tiempo q ligaba á los asesinos. El du Tetuán no pudo ya ensañarse venezolanos, y el 12 de Agosto d se firmó en Santander un co amistoso por los representantes bas naciones.

Como la política exterior era l cipal preocupación del gobier interior languidecía y present caso movimiento. La disiden Ríos Rosas no impedía que la liberal tuviese en ambas Cámar gran mayoría, con la que no po char la oposición progresista, p taba fraccionada por cuestión

l que debía observarse con el
no de Odonell. Los progresistas
sigentes, que estaban en mino-
rastraban la masa del partido
á los procedimientos revolucio-
, pero los progresistas benévolos
rotegidos por el gabinete, que
orecía dándoles altos cargos y
 en el Congreso.
rincipal oposición en las Cortes
 representada por Rivero que
a en representación de los de-
as y Olózaga en nombre de los
sistas, pero sus valientes discur-
vez de contribuir á la derrota
)ierno servían para hacer más
cta y disciplinada la mayoría
sta.
 preocupación causaba en Odo-
 actitud del disidente Ríos Ro-
) sembraba la desconfianza y la
plina en la mayoría, atrayendo
rupo gran número de diputados
 falta de divergencias de doc-
)ombatían al gobierno fundán-
n cuestiones puramente perso-

Mayo cerráronse las Cortes vol-
á abrirse á principios de No-
:e y demostrándose la gran
 que comenzaba á adquirir el
ite Ríos Rosas, pues al ser ele-
 presidencia del Congreso al-
)chenta y nueve votos para tan
rgo.
liscusión parlamentaria la inició
ll intentando declarar ilegal al
) democrático, doctrina á la que
so enérgicamente Rivero defen-
diendo sus ideas políticas con gran elocuencia.

También Olózaga sostuvo una animada discusión con el gobierno, pues mostrándose cada vez más antiborbónico acusó á Odonell de hacer política reaccionaria y teocrática por adular los sentimientos fanáticos de doña Isabel. El jefe del gobierno, estrechado por las acusaciones de Olózaga, hizo declaraciones marcadamente reaccionarias, lo que le privó del auxilio de los progresistas benévolos algunos de los cuales abandonaron los altos cargos que ocupaban. El marqués de Corvera dimitió la cartera de Fomento, siendo reemplazado por el marqués de la Vega de Armijo, y el gobierno faltando á las promesas hechas al país pidió autorización para plantear los presupuestos del mismo modo que lo habían hecho los gabinetes moderados.

En Febrero de 1862 murió el célebre D. Francisco Martínez de la Rosa, presidente de las Cortes, á quien muchos con visible injusticia miraban como viviente personificación del régimen representativo. Ya vimos cual había sido la conducta política de Martínez de la Rosa y como en tiempos de Fernando VII y posteriormente había transigido con las doctrinas absolutistas siendo, aunque encubiertamente, un decidido partidario del despotismo ilustrado. Como la Unión liberal no era un modelo de gobiernos representativos y mostraba simpatía por los políticos que como Martínez de la Rosa se llamaban liberales y eran absolutislas en el fondo, de aquí que conmemorara con gran pompa el fallecimiento de tal personaje que, convencido de que la presidencia de las Cortes era el cargo más tranquilo, honorífico y bien retribuido, lo desempeñaba en todas las situaciones á gusto de todos los gobiernos.

Algunos meses duró aquella legislatura que no fué nada grata para el ministerio, pues tuvo que luchar con continuas é importantes disidencias. Ya no era Ríos Rosas el único unionista que atacaba al gobierno, pues Alonso Martínez, descontento de Odonell y en divergencia con Posada Herrera acerca de las atribuciones que debían darse á los ayuntamientos, combatía al gobierno ayudado por un numeroso grupo de diputados que le siguió en su nueva evolución.

Las Cortes suspendieron sus sesiones á principios de Julio de 1862, y la reina en compañía del gobierno visitó las provincias de Andalucía y Murcia siendo recibida con gran frialdad, aunque no escasearon las asalariadas ovaciones oficiales.

Hay que reconocer que el país, merced á la desamortización civil y eclesiástica, atravesaba una época de asombrosa prosperidad material; pero el gobierno, comprometido en sus aventureras empresas internacionales, no sólo consumió tales gérmenes de riqueza sino que arruinó al país con abusivos empréstitos.

Las Cortes fueron abiertas el primero de Diciembre siendo elegido presidente del Senado el general don Manuel de la Concha, y del Congreso López Ballesteros. En esta última Cámara comenzó la discusión de algunos proyectos de ley sobre delitos electorales é incompatibilidades, presentados por el gobierno y en el Senado comenzó á discutirse la conducta seguida por el general Prim en la guerra de Méjico.

Napoleón III, ofendido con Prim que había descubierto sus abominables planes, se quejaba de la conducta del general y encontró un apasionado intérprete en el moderado Mon, quien combatió en el Congreso con gran encono al marqués de los Castillejos y al gobierno que no había desautorizado su conducta y la defendía ahora después de haberla desaprobado á raiz de la retirada de nuestras tropas del territorio mejicano. Odonell que no llegaba nunca á convencerse de que era un orador detestable, pronunció un discurso en el que quiso justificar su cambio de opinión, pero lo hizo tan mal que el prestigio de su gobierno quedó profundamente quebrantado.

Después de este debate, las Cortes aprobaron los presupuestos para el año económico de 1863-64 é igualmente algunos proyectos de ley sobre desestanco de la pólvora, declaración de puertos francos á favor de Melilla y las Chafarinas, impuesto en los trasportes en los ferrocarriles, empréstito para carreteras y entrega á los pueblos de títulos de la Deuda equivalentes á la venta de bienes de propios.

Una discusión que se originó sobre política interior motivó una nueva disidencia en el seno de la Unión liberal. El joven Cánovas del Castillo á quien tanto había protegido el general Odonell, mostrábase ofendido con éste porque no le hacía ministro, y comprendiendo que el prestigio político del duque de Tetuán estaba herido de muerte, anunció su disidencia con un discurso que produjo en el Congreso gran hilaridad tanto por sus incoherencias como por las arrogantes manifestaciones del orador que delataron en éste una ambición soberbia y sin límites. Cánovas, después de abandonar villanamente á su protector, ingresó en el grupo que capitaneaba Ríos Rosas siguiéndole en su evolución los diputados Elduayen, Mena y Zorrilla, Nacarino Bravo, Ardanaz, Bernar y Aguirre y Tejada.

La aspiración de Ríos Rosas era arrebatar á Odonell la jefatura de la Unión liberal, y creyendo al recibir tal refuerzo que había llegado el momento oportuno para dar el golpe, pronunció uno de sus más furibundos discursos de oposición pidiendo que el gabinete fuese desautorizado; pero al procederse á la votación Odonell tuvo ciento sesenta y seis votos á su favor y los disidentes sólo lograron reunir setenta y siete.

Odonell á pesar de este triunfo, comprendió que era preciso transigir con los disidentes, y como éstos alegaban por principal motivo la permanencia de Posada Herrera en el ministerio de la Gobernación, el jefe del gobierno se decidió á sacrificarlo y encargó al marqués de la Vega de Armijo que provocase la crisis. Este cumplió el encargo, pero tan desacertadamente, que en Consejo de ministros manifestó que era imposible la continuación del gabinete, pues en él, exceptuando á Odonell, no habían hombres de prestigio. Estas inconvenientes palabras que equivalían á un verdadero insulto hasta para el mismo que las profería, fueron apreciadas en su justo valor por los ministros, los cuales, comprendiendo lo que significaba tan extemporánea manifestación, presentaron sus dimisiones.

Odonell recibió de la reina el encargo de formar nuevo ministerio y el 19 de Enero de 1863 quedó constituído éste, conservando Odonell la presidencia con la cartera de la Guerra. El general Serrano duque de la Torre entró en Estado; en Gracia y Justicia D. Nicomedes Pastor Diaz; en Fomento Lujan; en Hacienda Salaverría y D. Augusto Ulloa en Marina por no haber querido aceptar esta cartera el general Bustillo. El ministerio de la Gobernación fué encomendado á Vega de Armijo como en premio de haber provocado la crisis.

La fortuna tornaba á sonreir á Odonell y de nuevo se hacía las mayores ilusiones no recelando ni aun remotamente que pronto iba á caer del poder. La reina acababa de darle una muestra de su confianza encomendándole de nuevo la formación de ministerio y hasta la oposición se empeñaba en ayudarle, pues Ríos Rosas, satisfecho con la caída de su enemigo Posada Herrera, prometía al gobierno su benevolencia aunque se había negado á aceptar una cartera. O'donell, pues, no distinguía en su horizonte político ningún indicio de ruina y era porque no miraba por el lado de palacio que era de donde les había venido la muerte á todos los gabinetes.

El partido moderado influía continuamente en el ánimo de doña Isabel en contra de la Unión liberal, y la reina, á quien le hacía mucha gracia el conspirar contra sus ministros, era juguete de las sugestiones de su reaccionaria servidumbre. Desde el momento que la soberana se prestaba á tales juegos estaba ya decretada la muerte del nuevo ministerio.

Al presentarse éste ante las Cortes, expuso su programa político que difería muy poco del anterior, pues estaba cortado sobre el mismo patrón y contenía idénticas promesas. O'donell prometía una vez más, en la completa seguridad de no cumplirlo, el gobernar constitucionalmente con arreglo á la voluntad de las Cortes, respetar los derechos individuales, fomentar la riqueza pública, activar la discusión de las leyes presentadas y redactar un proyecto de reforma constitucional en el que quedasen suprimidas las restricciones establecidas por Narváez en 1857.

El nuevo ministerio no alcanzó muy buena acogida, pues moderados y progresistas le hicieron sufrir numerosas interpelaciones, y el demócrata Rivero tuvo la habilidad de perturbar de tal modo al gobierno con una intencionada pregunta, que D. Nicomedes Pastor Díaz abandonó el ministerio, pasando la cartera de Gracia y Justicia á manos de D. Pedro Nolasco Aurioles.

Los ataques de la oposición y especialmente de Rivero, lograron que los principales personajes de la Unión liberal hiciesen declaraciones contradictorias que probaban la poca unidad del partido, y O'donell, queriendo evitar aquellos debates que demostraban la desorganización de sus huestes pidió á la reina el decreto de disolución de las Cortes, que entraban ya en el quinto año de su vida.

O'donell confiaba en que la reina firmaría sin dificultad dicho decreto pero la soberana, aunque al principio se mostró dispuesta á ello, exigió después al general que sacase del ministerio á Ulloa y á Vega de Armijo por serle poco simpáticos y acabó al fin por responder con evasivas, lo que dió á entender al duque de Tetuán que estaba derrotado y le obligó presentar su dimisión el 25 de Abril la cual fué aceptada sin dificultad.

De este modo cayó del poder por una intriga palaciega la Unión liberal, partido que prometió mucho para no hacer nada á pesar de que dispuso de la suprema autoridad durante cinco años período suficiente para realizar algunas de las reformas que había ofrecido

Odonell, escéptico en política como pocos, quería únicamente el poder por el poder y con tal de conservarlo no tenía inconveniente en acceder á todas las reaccionarias pretensiones que venían de palacio, olvidándose de sus promesas políticas y de la necesidad en que estaba de distinguirse de los moderados.

En sus cinco años de gobierno, Odonell no se separó en nada de la conducta seguida por el partido conservador. La opinión pública fué para él objeto de ludibrio; empleó la ley de imprenta de Nocedal para perseguir sin descanso á la prensa y extremó la centralización administrativa de un modo que no se habían atrevido á hacerlo los moderados.

El título que ostentaba aquel partido de *Unión liberal*, era una repugnante falsedad, pues, como dice un autor, más debía haberse titulado *Unión militar* ya que en conjunto no era más que una guardia pretoriana de generales escépticos y egoístas, dispuestos lo mismo á combatir al pueblo que al trono, con tal de gozar las ventajas del poder.

Uno de los mayores errores de la historia contemporánea ha sido atribuir al gobierno de la Unión liberal la gran prosperidad que alcanzó la nación en sus tiempos. Odonell tuvo la fortuna de que bajo su gobierno diesen fruto las reformas realizadas por los progresistas y que empezasen á experimentarse las ventajas de los ferrocarriles establecidos. Para apreciar los escasos servicios que la Unión liberal prestó á España, baste saber que en su época el Tesoro recibió más ingresos que nunca con la venta de una gran masa de bienes eclesiásticos y civiles y la desamortización de los bienes de propios, á pesar de lo cual, cuando Odonell abandonó el poder, el Erario estaba más arruinado y exhausto que nunca.

Cinco años del gobierno de los unionistas habían bastado para consumir una asombrosa cantidad de millones. Esto hace la apología de la moralidad y previsión de los unionistas.

En guerras imbéciles y ridículas consumió Odonell miles de millones y mucha sangre española, y para completar su despilfarro soldadesco, llegó á gastar dos mil millones en la construcción de cuarteles para aquel ejército permanente que arruinaba al país.

Gracias á Odonell, que tan rastrero y cobarde se mostraba con las potencias fuertes, España fué considerada como un verdadero azote por todos los pueblos débiles, y fuimos á los ojos de Europa una nación de fanfarrones que, sin tener para vivir, gastábamos como unos locos en absurdas empresas guerreras.

Aun causó Odonell á España un mal más terrible, cual fué introducir en la política el más vergonzoso escepticismo. El partido progresista, aunque cándido y desacertado, tenía el mérito de entusiasmar á la juventud hablando al corazón; pero el ambicioso Odonell la habló al estómago, siendo el verdadero creador de ese cinismo público que aun hoy es la más terrible peste que corroe nuestra política. La Unión liberal fué la escuela de esos políticos del presente que juegan con los intereses del país y cambian con la mayor facilidad de opiniones con tal de conseguir sus fines particulares.

Doña Isabel, así que hubo aceptado la dimisión del segundo gabinete Odonell, llamó á Palacio á Cortina, Madoz y Moreno López, representantes de la fracción conservadora y dinástica del partido progresista, y les pidió su opinión acerca de la situación política y de las resoluciones que convenía adoptar. Madoz se mostró partidario de que se llamase al poder un gabinete moderado ó progresista, excluyendo los elementos intransigentes de ambos partidos; Cortina aprovechó la ocasión para hacer un rastrero elogio de la reina, diciendo que los progresistas estaban al lado del trono dispuestos á prestarle grandes servicios, y Moreno López se inclinó á un ministerio de transición, juzgando peligrosa por el momento una política de innovaciones. Como se ve no quedó en muy buen lugar la dignidad del partido progresista, pues sus representantes se limitaron á adular á la reina tan torpemente como pudiera hacerlo el más inepto cortesano.

La reina, no sabiendo ciertamente á quién dirigirse, llamó al general Armero y le encomendó la formación de un gabinete que representase la más templada tendencia del moderantismo; pero el general exigió para ocupar el poder la disolución de las Cortes, medida que no quiso aceptar la soberana. Esta, en vista de que no encontraba quien quisiera aceptar la herencia de Odonell, puso al fin sus ojos en el marqués de Miraflores, personaje ridículo que se había hecho famoso con su proyecto electoral de la insaculación. El grotesco personaje aceptó el poder con todas las condiciones que á doña Isabel le pareció bien imponerle, y en la noche del 2 de Marzo formó gabinete, encargándose de la presidencia con la cartera de Estado. En Gobernación entró Rodríguez Baamonde; en Gracia y Justicia, Monares; en Fomento, Moreno López; en Hacienda, D. José Sierra; en Guerra, D. José de la Concha, y en Marina, el general Mata y Alós.

Se anunció la reapertura de las Cortes para el 9 de Abril y los progresistas celebraron una reunión previa para acordar la actitud que debían seguir con el nuevo ministerio, decidiéndose á permanecer en actitud expectante. En esta reunión, muchos que hasta entonces habían pertenecido á la Unión liberal, volvieron á las filas del partido progresista, y el general Prim declaró que se desligaba de los compromisos personales que le unían á Odonell, añadiendo que ninguna agrupación política tenía tantas probabilidades como la progresista de ser gobierno para dar al país libertad

ñola, de las del barrio de la Paloma que llevan la navaja en la liga.

Sin embargo, todo éste ardor patriotero de la hija de Fernando VII, se desvaneció rápidamente apenas los ministros la dijeron que los manifestantes obedecían á un plan revolucionario, y no hubo procesión, con gran disgusto de la chulería de Madrid.

Las sesiones de Cortes fueron suspendidas el 6 de Mayo, y el 20 se creó el ministerio de Ultramar encargándose interinamente de dicha cartera el general Concha.

Como la vida de aquel gabinete moderado era imposible mientras las Cortes tuviesen una gran mayoría unionista, la reina autorizó á Miraflores para que fuese preparando los trabajos electorales, y á consecuencia de esto presentó su dimisión el ministro de Hacienda sustituyéndole Moreno López y entrando en Fomento Alonso Martinez y en Ultramar el jurisconsulto catalán D. Francisco Permanyer.

Una vez resuelta esta crisis fueron disueltas las Cortes fijándose el 11 de Octubre para las elecciones de las nuevas.

Alonso Martinez, que para ser consecuente en las malas pasiones odiaba á su protector O'donell, así como anteriormente había traicionado á su protector Espartero, inspiró á Miraflores una circular en la que el gobierno no reconocía personalidad á otros partidos que al moderado y al progresista. O'donell comprendió que aquel golpe iba dirigido exclusivamente á él por el hombre que había pertenecido á la Unión liberal hasta el momento en que la vió caída.

El gobierno dió permiso para celebrar reuniones electorales, pero con tales restricciones que casi hacían ilusorio tal derecho. Según las órdenes del gobierno, las reuniones debían ser presididas por delegados de la autoridad y no podían tomar parte en dichos actos los ciudadanos que careciesen de documentos en que se acreditase su condición de electores.

Estas restricciones irritaron á todos los partidos liberales y especialmente al progresista que en 8 de Setiembre publicó un manifiesto declarando que renunciaba á celebrar reuniones electorales é iba al retraimiento más completo, aunque haciendo constar que ni por esto abandonaba el terreno legal ni pensaba acudir á la revolución.

Moreno López, el ministro de Hacienda, que á pesar de haber entrado en el gabinete Miraflores, no renunciaba á sus ideas progresistas, se manifestó muy disgustado por las restrictivas disposiciones del gobierno y presentó su dimisión, aunque á instancias de sus compañeros de gabinete, la aplazó hasta la fecha de las elecciones, siendo entonces sustituído por D. Victorio Fernández Lascoiti, subsecretario de dicho ministerio.

Las elecciones fueron miradas por el país con la mayor indiferencia y apenas si hubo lucha. De trescientos diputados que componian el Congreso,

ierno tuvo á sus órdenes dos-
s cuarenta y ocho que eran en
ayoría tránsfugas de todos los
os y aventureros sin creencias
uscaban en la política el medio
arse una posición.
el discurso que la reina leyó al
e las Cortes, prometió conservar
orma constitucional de 1857,
ner la senaduría hereditaria,
guna latitud á las atribuciones
ayuntamientos y corporaciones
iciales, descentralizando un poco
ninistración y presentar un pro-
de ley de imprenta y otro de
público para evitar arbitrarie-
cuando quedasen en suspenso
rantías de la constitución.
Antonio Ríos Rosas, fué elegido
ente del Congreso por cien to
a y ocho votos contra noventa
que obtuvo el moderado Mon
la presidencia del Senado fué
ado D. Manuel de la Concha.
esar de que el gobierno había
sto á su capricho de la voluntad
al en las elecciones, las nuevas
se mostraban poco dispuestas á
nisión y especialmente en el
o el gobierno tuvo que luchar
a hostilidad declarada.
ninisterio, á causa del poco arrai-
e tenía en el país y de la falta
programa determinado, había
:har contra todos y especial-
contra los mismos diputados
:ababa de elegir. Su presidente,
rqués de Miraflores, divertía á
Isabel que ya en 1846 se había

burlado lindamente de su ineptitud y que ahora extremaba aun más sus chuscadas con el marqués, pues las escasas facultades de éste se habían entorpecido aun más con la edad.

La única política de Miraflores consistía en plegarse á todos los caprichos y exigencias de doña Isabel, y como ésta era extremadamente fanática, lo mismo que su esposo, el ministerio vióse en un compromiso por querer halagar sus preocupaciones religiosas. En Granada los pastores protestantes Alhama, Matamoros, Bustamante y otros, hacían propaganda evangélica repartiendo biblias, y ésto fué suficiente para que el gobierno, movido por doña Isabel sobre cuyo ánimo influía su esposo don Francisco y el padre Claret, condenase á presidio á los propagandistas religiosos. Prodújose el mayor escándalo no sólo en España sino en toda Europa ante un acto de tan bárbara intolerancia que ponía á la España del siglo XIX al mismo nivel que la de Carlos II. Los protestantes de todas las naciones de Europa y de algunas de América, dirigieron á Isabel II numerosas exposiciones suscritas por más de cincuenta mil firmas de personas importantes pertenecientes á todas las religiones, en las cuales á nombre de la civilización ultrajada y de la humanidad desconocida, pedían el indulto de los sacerdotes evangélicos que estaban en la cárcel confundidos con los más abyectos criminales. Entre estos documentos figuraba una exposición firmada por treinta mil señoras de las de más alta posición de Europa, en la cual, se recordaban las frases de tolerancia y benignidad pronunciadas por Jesucristo y se daba una lección de dulzura femenil á la licenciosa Isabel II.

El inepto Miraflores, avergonzado de su tiránica conducta que tanto escándalo producía en las naciones cultas, prohibió severamente á la prensa el ocuparse de los protestantes de Granada, y deseoso de desvanecer la mala impresión causada por su conducta, conmutó á los presos la pena impuesta por la de extrañamiento del reino.

Este nuevo acto de barbarie confirmó la mala opinión que tenían de España las naciones extranjeras, y acreditó al gabinete de Miraflores de legítimo continuador de las *glorias* de Torquemada.

La reina, que después de haber exigido la realización de un absurdo era la primera en arrepentirse de él haciendo responsables á sus dóciles instrumentos, se mostró convencida de que con un gabinete tan inepto y sin criterio propio como el de Miraflores marchaba directamente á la ruina, y por esto volvió á su antigua conducta, que consistía en conspirar contra sus propios ministros; y conociendo que en el Senado reinaba gran animosidad contra el gobierno, animó á sus individuos é hizo que se uniesen los partidarios de Narváez y Odonell, que juntos formaban una imponente mayoría. Alonso Martínez, que entre las nulidades que formaban el ministerio

descollaba como una eminencia, prendiendo el peligro, quiso va del apoyo de los grandes de Esp para esto no sólo los declaró sena por derecho propio, sino que h más servil apología de la import social de la aristocracia; pero tod inútil, pues en la sesión verif por el Senado el 15 de Enero de 1 fué derrotado el gobierno y hu presentar su dimisión á la reina la admitió inmediatamente.

Doña Isabel encargó á los pres tes de ambas Cámaras la formaci un ministerio; pero Ríos Rosas se sentía débil sin otro apoyo q de su grupo parlamentario, decli encargo, y D. Manuel de la Co que lo aceptó, tropezó con serias cultades que no le permitieron l una combinación aceptable.

Entonces apareció un minis inesperado presidido por D. Lo Arrazola, que además se encarg la cartera de Estado. Benavides en Gobernación; Moyano en For to; D. Fernando Alvarez en Gra Justicia; Trúpita en Hacienda; sundi en Guerra; Rubalcaba en l na y D. Alejandro Castro en U mar.

El nuevo ministerio iba á tener corta vida, y al presentarse er Cortes el 18 de Enero, expuso su grama, que era el mismo del pa moderado aunque sin intransige y con una tendencia conciliadora

Estando compuestas las Corte elementos hostiles al gobierno y

s al moderantismo, era una lo-
;obernar mientras no se eligie-
uevas Cortes, y así lo exigió
iez á Arrazola en una conferen-
e celebraron ambos.
presidente del Consejo comenzó
:dir á las Cortes la suspensión de
siones parlamentarias por quince
á pretexto de necesitarlos para
ar la rebaja del presupuesto de
, y cuando los trabajos parla-
rios volvieron á reanudarse,
ola declaró que el gobierno era
patible con aquellas Cortes, por
l iba á solicitar de la reina el
:o de disolución. Doña Isabel pi-
los ministros algunos días de
para resolver, y al fin manifestó
s escrúpulos que impulsaron á
ola y sus compañeros á presen-
s dimisiones, las cuales les fue-
lmitidas inmediatamente.
ministerio que inmediatamente
mó, presentóse á las Cortes el
Marzo. Era su presidente D. Ale-
) Mon, quien había cedido la
a de Estado al jurisconsulto Pa-
, sin duda en agradecimiento á
numerables disparates que había
ido durante su estancia en Mé-
omo representante de España.
bicioso joven Cánovas del Cas-
e encargó de la cartera de Go-
ción; D. Luis Mayans de la de
a y Justicia; D. Augusto Ulloa
de Fomento; Salaverría de la de
nda; el general Marchessi de la
uerra; el vicealmirante Pareja de
Marina, y López Ballesteros de

la de Ultramar. Este ministerio, al explanar su programa político, prometió devolver su integridad á la Constitución de 1845, asegurar la sinceridad electoral y presentar una ley de imprenta más expansiva que la de Nocedal que aun seguía vigente.

Las Cortes estuvieron abiertas hasta el 23 de Junio, discutiendo con gran parsimonia varios proyectos de ley, entre los cuales figuraba el de imprenta, que era obra de Cánovas del Castillo. El proyecto no podía ser más bárbaro. En algunos puntos de poca importancia resultaba más expansivo que la ley de Nocedal, pero en cambio sometía á los periodistas al fallo de los consejos de guerra, considerando los delitos de imprenta como atentados contra el orden público. Estas extrañas disposiciones resultaban aún más repugnantes al considerar que su autor se había labrado su posición política por medio de la prensa, escribiendo en periódicos clandestinos como *El Murciélago*.

El gabinete Mon buscó el benévolo apoyo de Odonell, quien prometió su auxilio siempre que los disidentes unionistas capitaneados por Ríos Rosas depusieran su actitud hostil, lo que motivó que éste y el general comenzaran á tratarse con menos frialdad, aunque nunca llegaron á una reconciliación completa.

El gobierno experimentaba las consecuencias de la política militar seguida por la Unión liberal, pues el Tesoro estaba exhausto y de los presupuestos surgía un déficit enorme. El ministro de Hacienda, para aliviar la situación, no encontró otro medio mejor que recargar los impuestos y agobiar más aún á los contribuyentes. Esto motivó un malestar general y movió á los periódicos á hacer una cruda guerra al gobierno, que era presentado públicamente como un autómata obediente á las gentes palaciegas, ansiosas cada vez más de derrochar en locuras la fortuna de la nación. Cánovas, ejerciendo de vengador de todos sus compañeros, enviaba á los periodistas de oposición al Consejo de guerra; pero afortunadamente éste era presidido por el coronel Díaz de Rada que, aunque procedente de las filas carlistas, estaba comprometido con los progresistas y absolvía á casi todos los procesados.

En el regio palacio habían vuelto á surgir las escandalosas discordias entre doña Isabel y su esposo á causa de que éste, aconsejado por sor Patrocinio, el padre Claret y otras gentes de sotana, se oponía tenazmente á que volviese á España doña María Cristina, cuyo viaje se había ya anunciado. El barniz liberal que la reina madre parecía haber adquirido en el extranjero, era lo que motivaba la oposición del rey consorte, pero doña Isabel, que estaba más entregada que nunca á su loca lujuria, deseaba ver á su madre para que ésta la descansase de los negocios de Estado y poder dedicarse con más libertad á sus placeres. Este antagonismo que existía entre ambos esposos, motivaba un sinnúmero de intrigas y escándalos que el gobierno había de consentir necesariamente, pero cuya publicidad procuraba evitar.

A pesar de las innobles complacencias que el ministerio tenía con la reina, ésta no se mostraba contenta, pues necesitaba un gobierno de fuerza como habían sido los de Narváez, el cual, al par que atemorizara al pueblo, lograse imponerse á D. Francisco de Asís y á la camarilla teocrática. Doña Isabel, en aquella ocasión como en todas, despreció los procedimientos francos y prefirió plantear la crisis por un medio indirecto, valiéndose del ministro de Fomento D. Augusto Ulloa, quien en pleno Consejo manifestó que el gabinete carecía de homogeneidad y que por lo tanto debía retirarse antes de que la reina le hiciese abandonar el poder. Como todos los ministros adivinaron de donde procedía el golpe, se apresuraron á presentar sus dimisiones, que fueron aceptadas por la reina el 14 de Setiembre.

La soberana llamó entonces general Odonell y le ofreció el poder pero el jefe de la Unión liberal tenía empeño en anular al partido moderado, haciendo que se gastara en el ejercicio del poder, y por esto aconsejó á la reina que llamase á Narváez, porque la situación era difícil y la tendencia revolucionaria de los partidos avanzados hacían necesaria la creación de un gobierno de resistencia que podía contar con su apoyo.

A doña Isabel le agradó este conse

mó á Narváez, que estaba en
tomando baños en el Molar.
áez aceptó el poder que le ofre-
eina, pero no se dejó engañar
benevolencia de Odonell y
ndió cual era el deseo de éste,
una carta dirigida á Gonzá-
bo, decia así:
lo mucho de la sinceridad de
l al aconsejar á la reina que
ne. No me conoce ó no quiere
me si presume que soy déspota
tinto: algo hay de verdad en
unción, pero no tanto como él
zina. Yo he sido político de re-
la cuando el país lo ha necesi-
ero hoy la resistencia labraría
:rédito y eso es lo que buscan
ulos, anularme para siempre.
enga usted entendido, amigo
que aun cuando me encontraba
atisfecho y tranquilo fuera ó
de este tumulto que tanto me
brantado, si S. M. me llama,
con apresuramiento y cogeré
do con gusto, por el placer de
l duque de Tetuán con un pal-
narices, porque voy á ser más
que Riego; porque como ya no
progresistas á chaparrones,
salir á la calle sin paraguas y
gas de camisa. Ya verá usted
el duque de Tetuán me vea
esta actitud, como cede su pro-
."
legar Narváez á Madrid confe-
con la reina y constituyó in-
amente su ministerio, encar-
e de la presidencia sin cartera.

Don Alejandro Llorente entró en Estado y D. Luis González Brabo en Gobernación, después de haber permanecido veinte años alejado del poder á causa de la antipatía que le profesaba la reina por sus procacidades insertas en *El Guirigay*. D. Antonio Alcalá Galiano que se consideraba también como un desterrado de las esferas del gobierno, pues desde 1836 no había vuelto á ser ministro, ocupó la cartera de Fomento entrando además en Gracia y Justicia D. Lorenzo Arrazola; en Hacienda D. Manuel Barzanallana; en Guerra el general Córdoba; en Marina el general Armero y en Ultramar Seijas Lozano.

Como se ve, la monarquía entraba en un período de franca reacción y el gobierno de Narváez se proponia combatir rudamente todas las aspiraciones populares y especialmente al partido democrático.

Este contestaba á tales ataques organizándose fuertemente y haciendo más propaganda que nunca. El organo en la prensa del partido democrático era el célebre periódico *La Discusión* dirigido primeramente por D. Nicolás María Rivero y después por D. Francisco Pí y Margall que con sus artículos tan valientes en la forma como profundos en la esencia, consiguió hacer de tal publicación el faro de la prensa española.

Una breve polémica surgida entre D. José María Orense y D. Fernando Garrido acerca de la compatibilidad entre el socialismo y la democracia, dividió al partido en socialistas é individualistas, originando grandes discusiones entre los periódicos que representaban las dos tendencias. Afortunadamente llegóse á una avenencia por medio del documento que se llamó *declaración de los treinta* (por ser éste el número de los individuos que lo firmaban) y en el cual se reconocía que eran demócratas cualquiera que fuesen sus opiniones en las cuestiones filosóficas, económicas y sociales, todos aquellos que profesasen en política el principio de las libertades individuales absolutas é ilegislables y el de el sufragio universal.

El acto revolucionario de más importancia que llevó á cabo el partido democrático fué la sublevación ocurrida en Loja en 1861 bajo el gobierno de Odonell y de la cual ya hablamos en otra ocasión. La asociación carbonaria á la cual estaban afiliados todos los demócratas españoles, fué la directora de este movimiento que causó gran pavor á la corte y al gobierno. En el cortijo de la Torre, situado en las inmediaciones de Loja, el albeitar D. Rafael Pérez del Alamo, patriota de energía y que gozaba de gran prestigio sobre las masas, reunió algunos centenares de jornaleros y se puso á su frente enarbolando la bandera republicana socialista. Pronto aumentaron las huestes revolucionarias que, llevando á su frente á Pérez del Alamo, Calvo, Narváez Ortiz y *El Estudiante,* se posesionaron de Loja apoderándose poco después de Iznajar sin cometer atropello alguno.

Odonell quedó tan aterrado al tener noticia del movimiento que no supo cómo evitarlo, temiendo que los demócratas de Cataluña y de otras provincias se levantaran también en armas; pero los jefes de la revolución, aunque valientes hasta el heroismo, carecían de condiciones de mando y dieron tiempo al gobierno para que reponiéndose de su sorpresa enviara á Loja numerosas tropas que consiguieron desbandar á los insurrectos ensañándose con los que cayeron prisioneros. Muchos fueron fusilados por Odonell que consideraba haber salvado la propiedad y la familia con aquel golpe, y más de cuatrocientos fueron condenados á presidio.

De este modo terminó la revolución de Loja, que aunque no dió ningún resultado inmediato sirvió para mantener latente el entusiasmo bélico de los demócratas.

Lo que el partido democrático hizo de más notable durante el año 186 fué el debate que se originó entre *La Democracia*, periódico creado por d Emilio Castelar, y *La Discusión* que dirigía D. Francisco Pí y Margall.

Castelar, individualista más entusiasta que reflexivo, ayudado por R vero combatía á Pí y Margall que e convencido socialista y defensor e pecialmente de las doctrinas de Proudon, entablándose entre los ilustre contendientes una discusión que tal vez la más notable de cuantas s han originado en España y en la cua llevó la mejor parte el representante de la doctrina socialista.

La subida al poder del reaccionario gabinete Narváez y las amenazas de que era objeto el partido democrático, desvanecieron las divergencias de criterio que en éste comenzaban á marcarse y todos los demócratas se unieron estrechamente en el común pensamiento de combatir á los enemigos del pueblo que ocupaban las esferas del gobierno y representaban los arbitrarios intereses de la monarquía.

CAPITULO XVIII

1863-1865

Los propósitos de Narváez.—Regreso á España de Cristina.—Disolución de las Cortes.—Actitud de todos los partidos.—La anexión de Santo Domingo.—Historia de tan desdichada empresa.—Crisis que estuvo próxima á producir.—Mensaje de la Corona.—Estado ruinoso de la Hacienda.—Discusión del mensaje.—Efecto que el *Syllabus* causa en España.—Gestiones reaccionarias de don Francisco de Asís.—Su monstruoso plan.—*El rasgo* de la reina.—Efecto que causa en la opinión.—Notable artículo de Castelar.—Persecución que sufre éste.—Conflicto del gobierno con la Universidad.—Actitud de los estudiantes.—Tumulto en la noche del 8 de Abril.—Conducta del gobierno.—*La noche de San Daniel.*—Brutalidad del ministerio.—Fin de Alcalá Galiano.—Ley de imprenta de González Brabo.—Intemperancia de Narváez y sus compañeros.—Protesta y retirada de los progresistas en el Senado.—Narváez cae del poder y le reemplaza Odonell.—El partido progresista.—Pónese á su frente el general Prim.—Sus actos políticos.—Sus conspiraciones.—Banquete en los Campos Elíseos.—Rozamientos con Espartero.—Movimiento fracasado.—Destierro de Prim.—El general Contreras.—Negociaciones de Prim con Odonell.—Decadencia de Espartero.—Movimiento que se intenta en Valencia.—Su fracaso.—Fuga de Prim á Francia.—Se presenta en Navarra.—Inutilidad de sus esfuerzos.

NARVÁEZ, al subir al poder, se proponía seguir una política expansiva, como ya vimos en su carta á González Brabo, pero no contaba con las exigencias despóticas de doña Isabel ni con su propio carácter, que le arrastraba á ser un decidido partidario de la violencia y la arbitrariedad.

Apenas tomó posesión del gobierno, dictó varias medidas represivas contra los progresistas, que, convencidos ya de que nada podían esperar del trono, habían adoptado francamente una conducta revolucionaria, mirando con manifiesta hostilidad á sus correligionarios, Madoz, Figuerola y algún otro, que todavía se atrevían á defender á Isabel II.

La ex-regente doña María Cristina, después de diez años de ausencia, resó á Madrid el 30 de Setiembre, ...do acogida glacialmente por el ...blo, que algún tiempo antes tanto ...diaba.

La reina madre volvía á España ...s liberal que nunca, y compren...ndo que de seguir su hija favore...ndo á los elementos reaccionarios ...ría el peligro de que todos los par... ...s monárquicos liberales se uniesen ...s republicanos para derribarla del ...to, la aconsejó la formación de un ...inete presidido por Prim; pero la ...a desechó estos consejos de su ma... y firmó sin resistencia el decreto ... le presentó Narváez disolviendo Cortes elegidas en el año anterior ...onvocando unas nuevas para el ...de Diciembre.

...sta resolución del gobierno causó ...a impresión en el ánimo de los de... ... partidos. Los unionistas pensaron ...el retraimiento, pero por fin se de...eron á tomar parte en la lucha.

...progresistas se decidieron desde ...rimer momento por el retraimien... ...bsoluto, convencidos una vez más ...que por los procedimientos legales ...onseguirían nada.

...ostraba Narváez tal empeño en ...ordazar la opinión pública para de ... modo verificar las elecciones más ...a gusto, que le pareció insuficiente ... ley de imprenta del reaccionario ...cedal, y quiso aumentarla con nue... ... restricciones que agobiasen á la ...nsa hasta un límite inconcebible. El ministro de la Gobernación, don ...ejandro Llorente, se opuso á este pensamiento y tuvo por ello que abandonar su cartera pasando ésta á manos de D. Antonio Benavides que se prestó á todas las exigencias de Narváez.

Verificadas las elecciones, triunfó el gobierno en toda la línea, como era de esperar, y el partido progresista, que había acordado el retraimiento, dirigió grandes reproches á su correligionario Candau que era el único de este partido que tomó asiento en las Cortes.

Cuando el gabinete Narváez satisfecho de su triunfo iba á presentarse ante las Cortes surgió en su seno una cuestión que estuvo á punto de producir la caída del gabinete. En el mensaje de la Corona que la reina había de leer en la apertura de las Cortes, el gobierno declaraba haber resuelto el abandono de la isla de Santo Domingo, anexionada á España desde 1861 por la torpe política de Odonell. Doña Isabel, que estaba encantada por dicha anexión considerándola como una de las páginas más brillantes de su historia, se negó á leer tal declaración que calificaba de bochornosa, y entonces Narváez, convencido de la necesidad de abandonar un territorio que ninguna ventaja reportaba á España y que en cambio servía de tumba á muchos de nuestros soldados, presentó la dimisión del gabinete.

La reina encomendó la formación de un nuevo gabinete al marqués de Novaliches, y como éste no logró ultimar una combinación aceptable, llamó á Isturiz, pero cuando éste tenía ya ultimados sus trabajos, le ordenó doña Isabel que suspendiese toda gestión, pues acababa de tener una entrevista con Narváez el cual la había convencido de la necesidad de abandonar Santo Domingo, no procediendo ya al cambio de ministerio.

Efectivamente; la anexión de Santo Domingo era una empresa ruinosa que en menos de tres años había costado á España trescientos millones de reales y las vidas de quince mil soldados.

La antigua isla Española estaba dividida en dos repúblicas, la de Haití y la de Santo Domingo, sosteniendo frecuentes guerras que eran siempre favorables á la primera. Los dominicanos, temiendo el ser absorbidos por sus belicosos vecinos los negros de Haití, solicitaron en varias ocasiones el ser anexionados en España, y esta petición se hizo aun más frecuente desde 1855 en que subió á la presidencia de la república D. Pedro Santana, antiguo labrador y tonelero que se había hecho célebre por su ferocidad en las guerras con los haitianos, contándose de él que en un combate degolló con su machete cincuenta y siete enemigos. Santana, admirado por todos á causa de su barbarie, gobernaba el país como un rey absoluto, y cuando se cansó de aquel poder sin límites y quiso retirarse á la vida privada convencido de que algún día sus enemigos conseguirían derribarle, entró en tratos con Serrano, el capitán general de Cuba, para ceder la isla á España.

Serrano, creyendo que con esta negociación podría adquirir gran gloria, interesó á Odonell en el asunto, y el duque de Tetuán, viendo en esto uno de aquellos ridículos golpes de efecto que le sostenían en el poder, aprobó la anexión, dando á Santana, á cambio de ella, el empleo de teniente general del ejército español, el título de marqués de las Carreras, una senaduría vitalicia y una pensión anual de doce mil duros.

El brutal y repugnante tonelero, célebre degollador de negros, fué ensalzado en el Congreso por los diputados unionistas como un sublime personaje, y Cánovas del Castillo, por dar gusto á Odonell, llegó a compararlo con Cristóbal Colón.

El 18 de Marzo de 1861 se verificó la anexión de Santo Domingo, quedando Santana al frente de la nueva provincia española como capitán general. La república de Haití protestó contra la anexión, diciendo muy acertadamente que ésta no era obra espontánea del pueblo, sino de un traidor, y pronto se encargaron los hechos de dar la razón al gobierno haitiano, pues cerca de su frontera comenzaron á levantarse partidas de insurrectos dominicanos. Santana marchó á combatirlos y bien pronto cayeron en su poder muchos de los insurrectos, á los que, dejándose llevar de su ferocidad, macheteó y fusiló sin someterlos antes á un Consejo de guerra.

La isla quedó momentáneamente pacificada, pero no tardó el gobierno español en hacer renacer la guerra con sus tremendos desaciertos. Montó en Santo Domingo una gran intendencia, una Audiencia y un cuerpo de administración, que por lo numeroso é inútil, ni estaba en consonancia con el país, ni éste podía sostenerlo, y, además, envió un arzobispo que dió grandes muestras de intolerancia religiosa publicando pastorales que ofendían los sentimientos del país.

Los negros de Santo Domingo conservaban muchas de las costumbres bárbaras de su raza, no tenían una noción exacta del pudor, vivían entregados á la poligamia y estaban en su mayor parte afiliados á la Masonería, siendo, por rutina, decididos partidarios de ella, sin comprender de un modo claro su espíritu moral y civilizador. El obispo español, en vista de que los dominicanos no se preocupaban de la religión, quiso en unos cuantos días convertirlos en fervorosos católicos y moralizar sus costumbres, que tenían el arraigo de la tradición, y, para ello, nada le pareció mejor que insultarlos con numerosas pastorales, que abundaban en los más groseros epítetos. La Iglesia se encargó de hacer odioso y aborrecible el gobierno de España, y no tardó Odonell en convencerse de que la tal anexión era un fracaso más de su política.

La isla resultaba pobre hasta el punto de no encontrarse en ella recursos para el mantenimiento de las tropas. Las tierras eran feraces, pero estaban todas sin cultivo por la pereza de los habitantes que preferían cualquier ocupación antes que trabajar, y además el ejército indígena dominicano que constaba de tres mil soldados escasos, tenía más de mil generales acostumbrados á una vida de desobediencias é insurrecciones, y que se mostraban indignados y amenazantes porque el gobierno español no reconocía sus empleos. En resumen, la anexión de Santo Domingo no proporcionaba á la Hacienda española ningún ingreso, y era causa de enormes gastos.

La dominación continuó de este modo y con una relativa tranquilidad hasta 1863, año en que estalló una imponente insurrección en Santiago de los Caballeros. Santana, que en vano había manifestado al gobierno español lo absurdas que eran algunas de sus medidas, pues chocaban de frente con las costumbres del país, dimitió su cargo, siendo sustituido por el general Rivero, quien derrotó á los insurrectos, consiguiendo por medio de un indulto apaciguar momentáneamente el país; pero á fines de Mayo la revolución se había ya extendido por toda la isla.

No vamos á relatar los incidentes de una guerra que duró dos años; baste saber que los soldados españoles se mostraban en todas ocasiones á la altura de su reputación heroica, que los dominicanos fueron derrotados casi siempre, y que las enfermedades propias de aquel clima causaron en nuestro ejército una mortandad que contó

TOMO III 37

á miles las víctimas. Al general Rivero sucedieron en el mando de la isla los generales Vargas y Gándara, sin que ninguno de ellos lograse sofocar la insurrección que contaba ya con el apoyo de la inmensa mayoría de los dominicanos. Algunos de los jefes españoles, y entre ellos el brigadier Buceta, cometieron algunos actos de crueldad, creyendo que por el sistema del terror lograrían atemorizar á los insurrectos; pero esta bárbara conducta no dió otro resultado que una nota amenazadora de los Estados Unidos.

Aquella guerra costosa y sin término enojó á los mismos que con tanto entusiasmo habían defendido la anexión; así es que se acogió con simpatía la idea de Narváez, de abandonar á Santo Domingo.

El 7 de Enero de 1865 aprobaron las Cortes el abandono de Santo Domingo, é inmediatamente se ordenó la retirada de las tropas españolas. El 11 de Julio se embarcaron los últimos batallones, y nada guardó la isla como recuerdo de la anexión, aparte de los quince mil soldados que quedaron sepultados en aquel inhospitalario suelo, como eterno testimonio de la fatal vanidad de Odonell y de la repugnante política de la Unión liberal.

El triunfo alcanzado por los republicanos de Santo Domingo alentó mucho á los separatistas cubanos que trabajaban con gran entusiasmo por librar la Gran Antilla del yugo español. Ya habían hecho varias tentativas bajo la dirección del general español D. Narciso López, que se había distinguido durante la primera guerra carlista como general de caballería á las órdenes de Córdoba y Espartero. Durante catorce años el general López tuvo en continua amenaza á las autoridades españolas, efectuando en Cuba numerosos desembarcos, pero por fin cayó en poder de nuestras tropas y fué conducido á la Habana donde murió en garrote vil. Los separatistas cubanos no perdían la esperanza de librar á Cuba de la dominación española, y aprendiendo con el ejemplo de Santo Domingo de que por medio de una guerra en los bosques traidora inacabable podían desesperar á los españoles, comenzaron á organizarse y acopiar elementos para la gran insurrección que había de estallar fines de 1868.

Al abrirse las Cortes elegidas por Narváez el 22 de Diciembre de 1864 leyó la reina el mensaje de la Corona en el cual, además del abandono de Santo Domingo, se daba cuenta de haberse alterado las buenas relaciones con el Perú y se lamentaba la mala situación de la Hacienda española.

No pecaba el gobierno de pesimista al decir que era desesperada la situación financiera de España, pues la deuda flotante ascendía á setecientos millones y no había medio de extinguirla. La Unión liberal había malgastado en tres años las inmensas riquezas producto de la desamortización, ña no sólo estaba arruinada, e carecía de crédito, pues no ·aba con quién contratar un tito aun concediendo las mayotajas.

enado discutió durante todo el) Enero de 1865 el mensaje orona y á principios de Febreeste documento al Congreso, iendo gran impresión un discurpronunció el reaccionario ApaGuijarro profetizando el inmeiunfo de la revolución, diciendo o sibilítico que ya oía el rumor .urbas que iban á derribar á la le su trono y prediciendo el de la democracia y la decadenlas doctrinas reaccionarias que ·esentaba con estas palabras: *viene y yo me voy*.

nensaje fué votado el día 25 endo los debates Narváez, que a negra descripción del estado ; y especialmente de la Hacienmiseria se extendía por toda , pero á la reina y á su corte ·rtaban muy poco las penas de ñoles con tal que no faltasen s para las esplendorosas fiestas cos despilfarros de palacio.

nciclica que en 1864 había diPío IX á todos los obispos ristiandad y á la que acompaña*yllabus* ó resumen de los errosóficos que la Iglesia encontrauestro siglo, causó gran impretre los reaccionarios de Espa¹ estrambótico engendro del exuberante en ridículos anatemas contra el liberalismo, no mereció la menor atención de los gobiernos de las naciones cultas, pero Isabel y su fanático esposo don Francisco de Asís recibieron el documento con grandes muestras de veneración y el gobierno de Narváez que quería halagar á los ultramontanos no les fué á la zaga en punto á exageradas demostraciones de fanatismo.

Envalentonáronse con esto los obispos y valiéndose de don Francisco de Asís, que era su instrumento inconsciente, hicieron que se avistara con Narváez para pedirle que, como jefe del partido moderado, modificase su programa político en sentido más reaccionario, con lo cual los carlistas reconocerían la legitimidad de doña Isabel y todos juntos combatirían mejor la *hidra de la revolución*. Narváez, que odiaba por carácter á los carlistas, se negó rotundamente á aceptar tal indicación, y entonces el rey consorte se retiró visiblemente disgustado diciendo que no faltaría quién se encargara de realizar su plan.

González Brabo, que era materia dispuesta para toda clase de maquinaciones, aceptó todas las ideas expuestas por don Francisco de Asís y conviniendo con él en que la revolución se acercaba amenazante y era necesario inutilizarla, convinieron en valerse de los mismos procedimientos usados por algunos tiranuelos de la Edad media para deshacerse de sus enemigos. El rey consorte y González Brabo obrando como dignos compinches, acordaron enviar como cebo á los progresistas y á los demócratas algunos generales reaccionarios que se prestarían aparentemente á sublevarse en favor de la revolución, con lo que se conseguiría comprometer gravemente á los principales personajes de ambos partidos. Para hacer más verosímil la celada se darían grandes facilidades á los conspiradores en cuestión de fondos, y una vez realizado el movimiento los mismos militares sublevados se encargarían de exterminar á los demócratas y á los progresistas que hubiesen caído en tan burdo lazo. Este plan, tan monstruoso como imbécil que era digno del menguado caletre de don Francisco de Asís, no llegó á verificarse, pues el imbécil esposo de la reina se atemorizó á última hora y consideró como muy arriesgado el jugar á revoluciones en un país empobrecido y hambriento.

Por su parte Isabel pensaba detener los avances de la revolución, y para ello se valió del famoso *rasgo*, que fué uno de aquellos golpes de efecto tan falsos como aparatosos que había puesto en moda Odonell en el curso de su gobierno.

El ministro de Hacienda, Barzanallana, con el propósito de salvar momentáneamente la angustiosa situación financiera, aunque el país cayera después en un estado más mísero, concibió la idea de exigir á los contribuyentes un anticipo forzoso de seiscientos millones de reales. Este inesperado golpe produjo en el país

generales protestas, pero el que no encontraba otra solu salir del conflicto, sostuvo e to. Estaba entonces la dadiv más necesitada de dinero qu guna otra ocasión, y como a de Hacienda le era imposib anticipos, propuso ella al g venta de los bienes del real nio en beneficio del Estad que se le entregase el veint ciento del producto líquido.

Este *rasgo* produjo en los dos, y aun en los unionistas entusiasmo, estableciéndose una empeñada competencia á poner en las nubes á doña aquel acto de abnegación, fondo era un negocio sucio, el cual la reina se embolsa millones por la venta de bi tenecientes al país.

Las adulaciones fueron t les y serviles que España p nación de esclavos. Las Co un voto de gracias á la rein *ber salvado á la nación*, y zanallana siguiese mante proyecto de anticipo forzo quitaba importancia al fam fué despojado de la cartera da, dándose ésta á D. Al Castro.

Los periódicos ministeri ciosos con sus patéticas decl habian conseguido extravi nión, pintando á doña Isabe sér casi divino. Afortunada *Democracia* publicó un a

Castelar titulado *El Rasgo...* que restableció la verdad de los hechos. Este artículo, digno de eterna fama por la energía de su lenguaje, la valentía de sus conceptos y la inmensa sensación que produjo, era como sigue:

«*Un Rasgo...*

»Los periódicos reaccionarios de todos matices nos han atronado los oídos en estos últimos días con la expansión de su ruidoso entusiasmo, de sus himnos pindáricos; verdadero *delirium tremens* de la adulación cortesana. Según ellos, ni la casta Berenguela, ni la animosa María de Molina, ni la generosa Sancha, ni la grande Isabel, ni reina alguna desde Semíramis hasta María Luisa, han tenido inspiración semejante á la inspiración que registrarán con gloria nuestros anales, y escribirán con letras de oro los agradecidos pueblos en bruñidos mármoles. El general Narváez, que en esto de achaques de historia es muy fuerte, ha dicho, si bien con voz más apagada que en Arlabán, ha dicho no recordar rey alguno capaz de tanta abnegación. D. Martín Belda, hombre de grandes pulmones, ha gritado de suerte que bambolearon hasta las bóvedas del Congreso. D. Lope Gispert nos ha dado una muestra de oratoria bizantina, digna por lo extraña á los parlamentos, de eterna recordación. El Congreso ha salido de madre y dilatándose por esas calles, mereciendo de la guardia de palacio honores idénticos á los que se tributan al liberal infante D. Sebastián Gabriel. La mano tribunicia de González Brabo, que en otro tiempo acariciara el puñal de Bruto, ha movido los hilos del telégrafo para que la nación entera se postrara de hinojos, y todas las campanas perturbaran el aire difundiendo con sus lenguas de bronce en ondas sonoras el entusiasmo público por la región de las estrellas. Hasta el paraíso del Teatro Real se ha contagiado, ese paraíso que, por su idiosincracia particular, es el infierno de las silbas. Sólo falta una corona poética y una estatua. De la primera ya se han encargado los gacetilleros de los periódicos subvencionados, y la segunda ya la ha propuesto *Las Noticias*, de tal magnitud, que á su lado parecerán enanos el coloso de Rodas y la esfinge de Tebas. Regocijémonos, pues, juntemos las manos, abramos el pecho, doblemos la rodilla y la espina dorsal, y el mundo entero sepa que aquí no ha muerto la casta de los cortesanos.

»Si la voz de *La Democracia* pudiera llegar hasta el palacio de los reyes, tapiados á la verdad por turbas de cortesanos, seríamos osados á decirles que despidieran á tantos adoradores. No eran para los reyes los días del siglo décimo-séptimo tan difíciles como son los días del siglo décimonono, y, sin embargo, Quevedo aconsejaba á Felipe IV que arrojase lejos de sí á los atrevidos que con los de la casa real comercian. «El rey, decía el gran escritor, puede y debe tener sufrimiento para no castigar con demostración de su mano en todos los casos; mas en el que tocare á desautorizar su casa y profanarla, él ha de ser el ejecutor de su justicia. Este género de gente, señor, el rey que los ve en su casa, no ha de aguardar que otro los castigue y eche. Mejor parece el azote en sus manos, para ésto, que el cetro.» Los moderados, ineptos y corrompidos que, pendientes de un cabello, caían sobre el abismo, han hecho del patrimonio de la corona asunto de sus cábalas, alimento de sus intrigas, pedestal de su poder maldito; y no han tirado sino á presentar la casa real como el escudo interpuesto entre su pecho y la justa cólera del pueblo.

»Sólo de esta suerte se concibe cuanto ha pasado aquí; la improvisación del proyecto; el sacrificio de Barzanallana; la retirada del anticipo; la presentación como un donativo al país de aquello mismo que es del país propiedad exclusiva; el entusiasmo de una mayoría servil y egoísta; los telegramas á los cuarenta y nueve procónsules; el ruído y la algazara de todos los satisfechos, y la vocinglería infinita de esos periódicos que sólo creen grandes á los reyes cuando pueden convertir su cetro en llave del Tesoro, para dividirse los tributos que sobre el Tesoro suda el esquilmado pueblo.

»Pero vamos á ver con serena imparcialidad, que resta en último término de tan celebrado rasgo. Resta primero una grande igualdad. En los países constitucionales, el rey debe contar por única renta la lista civil, el estipendio que las Cortes le decretan para sostener su dignidad. Impidiendo al rey tener una existencia aparte, una propiedad como rey, aparte de los presupuestos generales del país, se consigue unirle íntimamente con el pueblo. En Inglaterra donde la monarquía tiene tanta autoridad, poder tan prestigioso, sus bienes han pasado á ser de la nación. Diferentes alternativas tuvo la lista civil en el reinado de Jacobo I, de Carlos II hasta que por fin los productos de las tierras reales, y los servicios decretados por el Parlamento, se reunieron en un fondo común que se llamó fondo consolidado. Con él Inglaterra paga su salario á los reyes y parte de los intereses de la deuda pública. La reina Victoria, el jefe de aquella aristocracia de grandes propietarios, no tiene propiedad. Si posee el ducado de Lancastre, lo posee, no como soberana, ciertamente, pues como soberana no posee nada que no sea de la nación; lo posee como particular, como duquesa de Lancastre. La reina de Inglaterra percibe por su lista civil, unos treinta y seis millones de reales, mientras que la reina Isabel percibe cincuenta. Y en los treinta y seis millones de reales se incluyen los servicios votados por los parlamentos y los productos de las antiguas tierras reales administradas por el Estado. Ahora bien, ¿existe en España una legalidad semejante? Exis-

ndadores de nuestro sistema
ional fueron demasiado gran-
consentir un rey con domi-
ales, alzando sobre la Cons-
de 1812, esa tumba del feu-
Y en virtud de esto declara-
iedad del país los bienes de
. Ahora bien, cuando el pase ha presentado ante las
 una suerte anormal é in-
ible, ofreciendo al país bie-
eran del país, las Cortes, en
ntusiasmarse y gritar, han
cir al patrimonio con el tex-
ley en la mano: los apuros
o no permiten que continúe
pación tanto tiempo consen-
incautamos de esos bienes
nuestros, y desamortizándo-
earémoslos en deuda intrans-
 los daremos al monarca á
 su dotación, descargando al
 los cincuenta millones de la
, que no puede soportar. El
 patrimonio, no ha sido más
sgo de atrevimiento contra

si ha sido una grande ilega-
sido también un grande des-
Hace mucho tiempo que se
areciendo cuanto podía ser-
sacar de apuros al Erario los
trimoniales de la corona. Y
irgo, nada, absolutamente
sacará ahora; nada. La reina
 los tesoros de nuestras ar-
feraces territorios de Aran-
'ardo, la Casa de Campo, la
San Lorenzo, el Retiro, San

Ildefonso, más de cien leguas cuadradas donde no podrá dar sus frutos el trabajo libre, donde la amortización extenderá su lepra cancerosa. El valle de Alcudia, que es la principal riqueza del patrimonio, compuesto de ciento veinte millares de tierra, no podrá ser desamortizado á causa de que no pertenece á la corona, y, según sentencias últimas, pertenece á los herederos de Godoy. En igual caso se encuentra la riquísima quinta de la Albufera, traspasada por Carlos IV á Godoy á cambio de unas dehesas en Aranjuez y de unos terrenos en la Moncloa. Si después de esto se trasmite á la corona el veinticinco por ciento de cuanto hay que venderse, quisiéramos que nos dijeran los periódicos reaccionarios qué resta de tan celebrado rasgo, qué resta sino un grande y terrible desencanto.

»Además resta una grande imprudencia. Se ha engañado á los pueblos, haciéndoles creer que á consecuencia del rasgo de la reina se retiraba por innecesario el anticipo. Los labradores, los industriales, han abrazado á sus hijos que ya veían sin pan y han mirado con éxtasis sus propiedades que veían ya en pública subasta. La donación de la reina era popular porque estaba unida, en el corazón del pueblo, á la retirada del anticipo. El hambriento bendice como un mensaje de la Providencia la mano salvadora que le trae un pedazo de pan. Y cuando apenas acaba de difundirse la alegría, cuando el corazón descansa, cuando el sueño tranquilo se ciñe á los párpados antes inquietos, el gobierno anuncia que renace el anticipo con más fuerza, con más poder, cayendo con doble pesadumbre sobre la mayor parte de los contribuyentes, y aumentando el hambre del pobre, de cuyo pan, mermado por el fisco, salen al cabo todos los tributos. Díganos si al fin de esto las manos que han aplaudido no amenazan; los corazones que han bendecido no maldicen; las fuerzas que se han serenado no se irritan, víctimas de un engaño. Los pueblos no se gobiernan con el charlatanismo de los curanderos, ni con los saltos mortales de los clowns, ni con los milagros y portentos de los embaucadores. Los que han aconsejado todo esto, los que han tramado todo este enredo, son, por engañadores del pueblo, reos de lesa nación; por desleales al monarca, reos de lesa majestad. Acordaos de lo que sucedió en la revolución francesa. Las promesas no cumplidas del ministro de Hacienda Calonne, perdieron á la monarquía. Cuando después que éste prometió aliviar al pueblo y el pueblo respiró, su sucesor vino á pedir el empréstito de los cuatrocientos veinte millones de francos, el pueblo, engañado y ofendido, comenzó aquella revolución que arrancó de las sienes de Luis XVI la corona y de los hombros de Luis XVI la cabeza. Cuando los pueblos reciban la noticia del nuevo anticipo, veréis las consecuencias, ministros de Isabel II, de la indigna farsa en que

habéis comprometido, para vosotros, el nombre de la rein

»Y en último resultado que gran pérdida para el pueblo; mensa, irreparable pérdida. mente la desamortización de nes del patrimonio, podía hacerse con arreglo á los pr democráticos y con la mira pu el pueblo. Muchos de estos b originan de aquellos tiempos el pueblo era el más enérgic de los reyes. Entre las clases res, mediante un pequeño car bían dividirse esos dominios sos, que tantas veces se ha reg la sangre del pueblo. Todavía den descubrir las huellas de l cias municipales que fueron á y á las Navas, en las camp Aranjuez, definitivamente cc das en sitio real, si no estam vocados, por Isabel la Católic otros deseamos la desamor fecunda que convertiría esos t hoy improductivos, en colmer gámoslo así, de innumerables dores. Los bienes que se res patrimonio son inmensos, el cinco por ciento, desproporc la comisión que ha de hacer l siones y el deslinde de las tan tarda como las que deslir bienes del clero; y en último do, lo que reste del botín que sin derecho el patrimonio, v engordar á una docena de traf de usureros, en vez de ceder neficio del pueblo. Véase, tenemos razón; véase si tenemos derecho para protestar contra ese proyecto de Ley que, desde el punto de vista político, es un engaño; desde el punto de vista jurídico, una usurpación; desde el punto de vista legal, un gran desacato á la ley; desde el punto de vista popular, una amenaza á los intereses del pueblo; y desde todos los puntos de vista, uno de esos amaños de que el partido moderado se vale para sostenerse en el poder que la voluntad de la nación rechaza; que la conciencia de la nación maldice.»

El efecto que produjo este artículo fué fatal para el prestigio regio que tanto había aumentado á causa de las irreflexivas alabanzas que el vulgo tributaba al famoso *rasgo*. Castelar poniendo las cosas en el lugar que les correspondía restableció la verdad, y su artículo irritó de tal modo al gobierno, que éste llegó á ordenar el procesamiento del autor y quiso despojarlo de su cátedra de Historia en la Universidad Central.

Esta arbitrariedad, propia del carácter violento de Narváez tuvo terribles consecuencias. La opinión comprendía que se procesase á Castelar como periodista por un delito de imprenta, pero se sublevaba indignada al ver que el gobierno quería despojar al escritor de una cátedra ocupada después de brillantes oposiciones.

Narváez, con la violenta actividad que le era característica, formó á toda prisa un expediente y sin esperar el fallo del tribunal competente despojó á Castelar de la toga del profesorado. El claustro universitario no quiso legitimar con su silencio tan repugnante atropello, y el rector de la Universidad Central, señor Montalban, protestó enérgicamente, pero fué destituido por el ministro de Fomento que nombró en su reemplazo al marqués de Zafra, furibundo reaccionario que odiaba al profesorado liberal y se mostraba dispuesto á ser un agente de Narváez y del clero dentro de la universidad.

Los estudiantes, que en su inmensa mayoría eran partidarios de las ideas avanzadas, quisieron protestar de la conducta del gobierno y hacer una manifestación de simpatía al ex-rector señor Montalban, y para ello el 8 de Abril de 1865, organizaron una serenata en su obsequio, obteniendo antes el permiso de las autoridades con la promesa de no alterar el orden.

Una inmensa muchedumbre se agolpó bajo los balcones de la casa del señor Montalban, y cuando iba ya á comenzar la serenata envió una orden el gobernador revocando el permiso que había dado antes. Esta inesperada medida produjo gran excitación y en las principales calles formáronse animados grupos que fueron disueltos por la guardia veterana y algunas fuerzas del ejército. Pero los grupos volvieron á formarse constituidos en su mayor parte por estudiantes que silbaban á los agentes de la autoridad.

El gobierno apeló entonces á uno de sus procedimientos jesuíticos, que fué enviar á que se mezclasen entre la multitud algunos agentes de policía secreta que prorumpieron en vivas y mueras. Esta era la señal que aguardaban los esbirros de la reacción para hacer de las suyas, é inmediatamente fuerzas del ejército ocuparon la Puerta del Sol y numerosos pelotones de caballería se arrojaron en las calles contiguas sobre la muchedumbre inerme descargando sablazos sobre seres á quienes hacían respetables su sexo y su edad. La soldadesca que se muestra siempre bárbara y feroz cuando combate al pueblo indefenso, se lució apaleando en la Puerta del Sol á niños y ancianos, no respetando ni á ciertos funcionarios públicos que estaban mezclados con la muchedumbre. Diputados de la nación pertenecientes á la mayoría moderada, fueron apaleados por la guardia veterana, y el novelista D. Pedro Antonio Alarcón, que pertenecía á la minoría unionista, fué atropellado por un grupo de agentes de policía que le descargaron algunos bastonazos en la cabeza á pesar de que él manifestó que era diputado y como tal inviolable.

La prensa calificó aquella hazaña del gobierno de *brutal ojeo de ciudadanos inermes*, pero tan salvajes actos no resultaban más que un preludio de lo mucho que el feroz gobierno de Narváez era capaz de hacer.

El día siguiente por ser domingo y no haber clases en la universidad no ocurrió ningún incidente, per[o] nes 10 de Abril, el nuevo recto[r] qués de Zafra, se presentó á tor[ar] sesión de su cargo y los estu[diantes] le recibieron con estrepitosos si[lbidos] La guardia civil ocupó la univ[ersidad] para proteger la persona del [nuevo] rector y entonces algunos es[tudian]tes escribieron con carbón [el si]guiente rótulo en la puerta d[el cen]tro docente: *Cuartel de la G[uardia] Civil.*

Esta ocurrencia fué acogi[da con] gran algazara y los grupos que [fueron] disueltos por la fuerza pública [volvie]ron á reunirse á corta distanci[a vito]reando al ex-rector Montalban [y di]rigiéndose después á Palacio, [fueron] rechazados por la caballería en [las in]mediaciones de la plaza de O[riente.] Al anochecer los grupos fuero[n cre]ciendo en los puntos más céntr[icos de] la capital, y á pesar de que de [ellos] salía ningún grito subversivo, [el mi]nistro de la Gobernación, G[onzález] Bravo, ordenó una carga de cal[lejones] sin que fuera precedida por la[s inti]maciones de ordenanza.

La confusión fué espanto[sa, la] muchedumbre inerme vióse acu[chilla]da y fusilada por aquellos a[gentes] que deshonraban el uniform[e del] ejército español, y que enar[decidos] por aquella cacería feroz propia [de un] pueblo salvaje, hacían fuego [sobre] las mujeres y los niños que se [habían] asomado á los balcones. La g[uardia] veterana demostró en aquella j[ornada] que era un cuerpo que dejaba

iminales bandas de *lazzaronis* [napoli]tanos.

[Fue]ron muchos los muertos, y los [herido]s pasaron de cien. El pueblo [indign]ado y deseoso de venganza que[ría cor]rer á las armas, pero los perió[dicos] progresistas y democráticos pu[sier]on suplementos recomendando [la cal]ma á sus correligionarios con [objeto] de quitar todo pretexto al go[bierno] que estaba preparado y en dis[posici]ón de cometer los mayores actos [de bar]barie.

[El] Ayuntamiento y la Diputación [provin]cial desaprobaron la conduc[ta del] gobierno y se negaron á enten[derse] con el gobernador civil pidiendo [la diso]lución de aquella horda de ase[sinos] que se llamaba guardia vetera[na. Pe]ro el gobierno por toda contesta[ción p]rocesó á ambas corporaciones y [nomb]ró un Ayuntamiento de real [orden] compuesto de moderados aven[turero]s.

[Al] día siguiente de aquella triste [noche] que se conoce en la historia [con el] nombre de *noche de San Da*[niel,] Madrid presentaba el aspecto de [una c]iudad casi deshabitada; apenas [tran]sitaba gente por las calles y los [establ]ecimientos públicos estaban ce[rrados]. Los ministros reuniéronse en [Conse]jo para acordar la conducta que [habían] de seguir y se decidieron á soste[ner la] bárbara política de resistencia. [Alcalá] Galiano que era ministro de [Fomen]to, fué el único que se opuso á [que e]l gobierno perseverase en aque[lla es]pecie de terror reaccionario. El antiguo agitador de 1820 al contemplar los salvajes atropellos de la noche de San Daniel recordaba las sanguinarias arbitrariedades de los tiránicos ministros de Fernando VII, y al considerar que él como ministro se había hecho solidario del salvaje atropello que acababa de sufrir el pueblo de Madrid poniéndose al nivel de aquellos absolutistas que en su mocedad tan enérgicamente había combatido, sentía crecer en su conciencia un remordimiento angustioso y que todo su pasado renacía amenazante ante él, acusándolo de asesino por su desmedida ambición. Alcalá Galiano se opuso tenazmente á que el gabinete persistiese en tan criminal política, y al ver que sus compañeros se decidían por el extremo contrario, sintióse enfermo de gravedad en el mismo Consejo y fué trasladado á su casa, donde murió á los pocos días. De este modo acabó víctima de los remordimientos aquel hombre cuya vida estaba dividida en dos diversas épocas; tan brillante y gloriosa una como vil y deshonrosa la otra y que en sus últimos años se dedicó con gran empeño á desvirtuar y oscurecer sus actos revolucionarios de la juventud que es lo único que le honra á los ojos de la posteridad. Alcalá Galiano murió maldecido, despreciado y atormentado por su conciencia, suerte cruel reservada á todos los apóstatas que engañan al pueblo.

No tardó el gobierno en tocar las consecuencias legítimas de su conducta en la noche de San Daniel. La reina, su imbécil esposo y la corrompida corte en su odio al pueblo aplaudieron el atropello ordenado por Narváez, pero éste conoció inmediatamente que estaba completamente solo y que la opinión nacional le era hostil. Además, la cuestión financiera aparecía más embrollada que nunca, pues el famoso rasgo no había logrado sacar al Tesoro de su penuria y el ministro de Hacienda no encontraba quién quisiera contratar un empréstito aun en condiciones ruinosas para el país.

En las Cortes no se habían presentado los asuntos políticos más favorablemente al gobierno.

Un proyecto de ley de imprenta ideado por González Brabo y que resultaba más reaccionario aun que el de Nocedal, produjo generales protestas en el país, pues reducía á los periódicos á simples sucursales de la *Gaceta*. Toda la prensa incluso la absolutista protestó contra el proyecto de González Brabo atacando de paso á Narváez que se hacía solidario de tales atentados contra las conquistas de la civilización.

Narváez y sus compañeros de ministerio al verse execrados y maldecidos por todo el país, parecían poseídos de furiosa demencia, y para defenderse faltaban á todas las conveniencias sociales. En la discusión sobre el abandono de la isla de Santo Domingo, Narváez irritado contra un diputado de la oposición, que combatía la medida, llegó á insultarle en pleno Congreso, con palabrotas propias de un cuerpo de guardia, y el ministro de Hacienda al tener que contestar á un hábil discurso del diputado Ardanaz, que combatió sus planes rentísticos, no sabiendo como justificarse y deshacer los sólidos argumentos de su contrincante, dió por toda respuesta, con aire desdeñoso, el famoso verso de la *Divina Comedia: Non ragionam di lor; ma guarda é passa*. Esta insolencia de D. Alejandro de Castro, produjo gran indignación aun en los mismos individuos de la mayoría, y Narváez tuvo que hacer grandes esfuerzos en una sesión secreta, que duró algunas horas, para que no se aprobara un voto de censura contra el ministro de Hacienda.

Cuando las Cortes reanudaron sus sesiones, después de los sucesos de la noche de San Daniel, presentáronse en el Senado Prim, Laserna, Cantero, Olañeta y el marqués de Perales, que eran todos los representantes que el partido progresista tenía en la alta Cámara, los cuales después de hacer constar su protesta contra la conducta del gobierno, se retiraron. Los senadores unionistas no imitaron este retraimiento y atacaron enérgicamente al ministerio, encargándose de contestar á todos, durante diez sesiones, el cínico González Brabo, que era tan ambicioso y malvado como excelente orador de pelea.

En el Congreso, Elduayen, el marqués de la Vega de Armijo y Cánovas del Castillo, exigieron responsabilidad al gobierno por su conducta; pero quien más se distinguió fué Ríos Rosas, que con el más grandilocuente de los discursos, pidió al gobierno que se abriese una información parlamentaria sobre los sucesos de la noche de San Daniel y llamó á los individuos de la guardia veterana «miserables que habían deshonrado su uniforme,» despreciando con olímpica serenidad el clamoreo de la mercenaria mayoría, que quería ahogar con sus voces aquella justa y varonil protesta.

Ciento cincuenta y cuatro diputados aprobaron la conducta del gobierno, contra ciento cuatro que la censuraron, y esta victoria aun cuando satisfizo al gobierno, le dió á entender que no prevalecía en las Cortes más que por los votos de unos cuantos diputados asalariados y que la opinión del país estaba toda en contra suya.

Al morir Alcalá Galiano, fué sustituido en la cartera de Fomento por D. Manuel de Orovio, hombre de carácter rudo y sin ninguna ilustración, quien estimaba á Narváez tal vez por su misma ignorancia y por la admiración que profesaba á los brutales procedimientos reaccionarios.

Narváez, y especialmente González Brabo, que era infatigable en punto á pelear con los unionistas, aun sostuvieron algunas batallas en las Cortes; pero el presidente del Consejo, en una conferencia que tuvo con la reina, se convenció de que el general Odonell era ahora el hombre de moda en Palacio y presentó la dimisión del gabinete, que le fué admitida inmediatamente.

Decidida la reina á prescindir del partido moderado, no podía escoger entre las otras dos agrupaciones políticas y había de acudir forzosamente á la Unión liberal, por lo que encomendó la formación de ministerio á D. Leopoldo Odonell.

El partido progresista hacia ya mucho tiempo que había perdido toda esperanza de conseguir el poder pacíficamente y por la voluntad de doña Isabel, por lo cual se había decidido á conspirar no sólo contra los ministerios, como en pasados tiempos, sino contra la dinastía borbónica, aunque sin decidirse por esto en favor de la república.

El general Prim era el jefe militar de los progresistas, y desde 1863 se había apoderado de la dirección del partido, infiltrándole sus propias condiciones de carácter.

Gobernaba todavía la Unión liberal, á la que Prim tenía mucho que agradecer, cuando en 1863 se entendió con el infatigable conspirador Muñiz y con varios prohombres del partido progresista, los cuales aceptaron la jefatura del general. No todos fueron de la misma opinión en el seno del partido, pues Sagasta en nombre de la redacción de *La Iberia*, y D. Manuel Ruiz Zorrilla, que entonces comenzaba á adquirir alguna significación, se opusieron tenazmente á reconocer como jefe á aquel general que hasta entonces había sido un aventurero de la política, figurando en todos los partidos, y decidiéndose siempre por aquel que le daba más. En la redacción del periódico *Las Novedades* encontraba el principal apoyo del proyecto de jefatura en favor de Prim y por fin ésta fué aceptada, siendo ahora Ruiz Zorrilla el más apasionado defensor del general, después de haberle hecho cruda guerra hasta por medios propios de la inexperiencia de la juventud.

Hay que reconocer que los que defendieron la jefatura del general Prim prestaron el más grande servicio al partido progresista, pues éste necesitaba un hombre de voluntad inquebrantable y tenacidad á toda prueba, que fuese tan valiente y de prestigio como Espartero, pero que careciese de su infantil candidez; cualidades todas que poseía en alto grado el general Prim.

Al caer del poder la Unión liberal, celebraron los progresistas un gran banquete al que no pudo asistir el general por estar cazando en sus posesiones de los montes de Toledo; pero los comensales le dedicaron cariñosos recuerdos y Ruiz Zorrilla, al brindar, dijo que Prim representaba la gloria de Africa sin la mengua de la paz. A otro banquete que poco después se celebró en un finca del marqués de Perales, pudo ya asistir el general, cediéndole Olózaga la presidencia, á cuyo honor correspondió Prim diciendo, que cuanto era y cuanto valía estaba á disposición del partido progresista, que podía disponer de su inteligencia y de su espada. En la misma reunión, á propuesta de Fernández de los Ríos, se acordó reclamar los restos del célebre constituyente de 1812, Muñoz Torrero, sepultados en Portugal, y elevarle un monumento á expensas del partido. Esta empresa se llevó á cabo con gran actividad, pues el 5 de Mayo de 1864 se inauguró el panteón costeado por los progresistas en el cementerio de San Nicolás, dándose en él nueva y definitiva sepultura al valiente defensor de la soberanía nacional en la Cortes de Cádiz.

Prim, á pesar de su ingreso en el partido progresista, siguió manteniendo sus relaciones de amistad con la reina, que aunque le miraba con desconfianza, le recibía con gran agasajo dándole esperanzas de llamarle algún día al poder aunque con la condición de templar la política de los progresistas. Al caer todos los gabinetes que se sucedieron en este período de tiempo, esperaba Prim que la reina le llamase al poder, pero cuando se constituyó el ministerio anterior al de Narváez, el novel jefe de los progresistas se convenció de que la soberana se burlaba de él y de su partido y entonces se decidió á adoptar la política revolucionaria devolviendo golpes á cambio de las mofas regias.

Prim no quiso ocultar su resentimiento y deseoso de que la reina supiera que iba á tener en él un terrible enemigo, se avistó con ella para manifestarle que conocía bien el engaño de que había sido objeto y que por última vez pisaba los salones de Palacio.

ediatamente Prim comenzó los
s revolucionarios é hizo una es-
osa revisión en los escalafones
s y oficiales para saber cierta-
los elementos con que podía
En esta difícil investigación
on mucho á Prim, Muñoz, Mi-
l Bosch, Gaminde y Moriones,
el resultado tan satisfactorio
imó mucho á los conspiradores.
ementos liberales del ejército
a disgustados en vista de la pos-
ón que sufrian y que aun hacía
ritante la protección que el go-
dispensaba á los jefes y oficia-
listas procedentes del convenio
gara.
esar de esto no era trabajo fácil
nización de una conspiración,
os hombres civiles que hasta
es habían estado al frente del
 progresista tenían descuida-
s trabajos militares; pero Prim
:ompañeros á fuerza de activi-
nsiguieron comprometer en el
iento algunos regimientos en
vincias y parte de la guarnición
drid.
ó en esto la fecha señalada
 traslación de los restos morta-
Muñoz Torrero y con tal pre-
organizaron los progresistas en
mpos Elíseos un banquete nu-
simo, que se verificó el 3 de
de 1864, bajo la presidencia del
l Prim. En tal acto se hicieron
antes declaraciones y claras
zas, asistiendo á él, vestidos de
o, algunos de los jefes de la
guarnición comprometidos en el movimiento.

Prim, en nombre del partido progresista, emplazó á los enemigos de la libertad para dentro de dos años, reto que cumplió en todas sus partes.

El general quería iniciar el movimiento al día siguiente del banquete; pero Olózaga cometió la imprudencia de proponer en su discurso la jubilación de Espartero como jefe del partido, y algunos de los militares conspiradores tomaron pretexto de estas declaraciones para desligarse de sus compromisos, retirándose á pesar de los ruegos del general Prim.

Las palabras de Olózaga aun tuvieron mayores consecuencias, pues Espartero, ofendido por ellas, envió desde Logroño su dimisión de presidente honorario de la junta del partido, lamentándose de la ingratitud de sus correligionarios.

Los progresistas no podían aceptar esta retirada del duque de la Victoria. Hacía ya muchos años que el solitario de Logroño no intervenía en la dirección del partido, ni servía para manejar el más exiguo grupo político; pero conservaba el prestigio de sus hazañas militares durante la guerra civil y tenía muchos admiradores irreflexivos, especialmente en el ejército, que no querían obedecer los acuerdos del partido si estaban en pugna con la voluntad de Espartero.

Por esto los prohombres del progresismo se decidieron á dar á Espartero todo género de satisfacciones, aunque con la reserva mental de no concederle participación en los trabajos prácticos y revolucionarios que corrían exclusivamente á cargo de Prim.

Los aplazamientos en los preparativos revolucionarios son siempre fatales, y en aquella ocasión el gobierno no tardó en tener conocimiento de lo que se tramaba valiéndose de las delaciones de un jefe traidor. Prim había fijado el movimiento para el 6 de Junio; pero á última hora recibió Moriones la noticia de que el gobernador militar de Madrid tenía exacto conocimiento de la trama revolucionaria, y se dió contra orden á todos los comprometidos.

El movimiento fué aplazado para los primeros días de Agosto, y el general Prim, que se hallaba en Toledo, entró en Madrid en la noche del 5 para ponerse al frente de dos regimientos que estaban comprometidos; pero la falta de resolución del coronel Diaz de Rada, jefe del de Saboya, hizo fracasar el plan.

El gobierno sometió á Consejo de guerra á varios oficiales y sargentos de los dos regimientos; pero el fallo fué absolutorio, y el único castigo que pudo imponer Narváez fué el destierro del general Prim á Oviedo.

Antes de salir para tal punto el héroe de los Castillejos recibió numerosas muestras de simpatía de parte de sus correligionarios, así como entusiastas adhesiones de militares que hasta entonces habían permanecido alejados de la política revolucionaria.

Uno de éstos fué el **mariscal de campo D. Juan Contreras**, que á pesar de haber figurado siempre en el partido moderado y de no haber tenido la más leve participación en el fracasado movimiento, fué considerado por el gobierno como sospechoso y desterrado á la Coruña, sin que se le permitiera cuidar á su hija moribunda, que expiró á los pocos días lejos de su padre. Contreras, enfurecido por este bárbaro atropello, que hería sus más delicados sentimientos, fué á avistarse con Prim, al que apenas conocía, y le dijo así:

—Nadie mejor que usted sabe que soy inocente; pero desde este momento cuente usted conmigo para todo.

Los moderados, con sus locas arbitrariedades, se encargaban de engrosar las filas de los partidarios de la revolución, y ésta encontró en Contreras uno de sus más decididos y activos agentes.

Prim, al llegar á Oviedo, cayó enfermo de gravedad y cuando estaba ya en plena convalecencia, recibió una comunicación del general Córdoba levantándole el destierro que sufría.

El general regresó inmediatamente á Madrid, y para conocer el estado de ánimo de los unionistas, celebró varias conferencias con Odonell, que se mostraba ofendido por la protección que la reina dispensaba á Narváez y á los moderados; pero no por esto estaba dispuesto á apelar á la revolución armada, limitando todos sus trabajos á las intrigas palaciegas que tenían por objeto conquistar el ánimo de doña Isabel. Odonell, aun en el caso de tener que apelar á las armas, exigía como condición precisa el conservar á doña Isabel en el trono, condición que, aunque no repugnaba á Prim, no podían consentirla los progresistas, los cuales deseaban un cambio radical de dinastía, sin dejar por esto de ser monárquicos. Además, era necesario contar con el partido democrático para hacer una coalición revolucionaria, pues era el que disponía de las masas populares, y si Prim se prestaba á la inteligencia con los demócratas, Odonell negábase rotundamente á entenderse con ellos. Estas divergencias hicieron imposible el acuerdo entre unionistas y progresistas, deshaciéndose la iniciada coalición con gran pesar del general Prim, á quien gustaba más entenderse con elementos de espada que con agrupaciones populares.

Al convencerse los progresistas de que era imposible su inteligencia con la Unión liberal, entraron en negociaciones con el partido democrático, no sin tener que acallar la marcada repugnancia del general Prim. La consecuencia de esta inteligencia con los demócratas fué que el Comité Central progresista publicase en 10 de Febrero de 1865 una circular dirigida á todos los correligionarios, aconsejándoles el más absoluto retraimiento en las próximas elecciones, para no servir de escabel á cualquiera de las fracciones reaccionarias que se disputaban el poder.

Tan desacertada era la conducta política seguida por la reina, que María Cristina, cansada ya de aconsejarla sin resultado alguno y no queriendo hacerse solidaria de los desaciertos de su hija ni tener su parte de inconsciente preparación en la catástrofe que veía próxima, se retiró á Francia y, al pasar por Logroño, celebró con Espartero una larga conferencia, en la cual los dos ex-regentes, que veinte años antes tanto se habían odiado y combatido, unidos ahora por la simpatía del común desaliento, se lamentaron juntos de la política rastrera y fatal que seguía Isabel II.

Espartero seguía siendo un fervoroso monárquico, y á pesar que deseaba figurar eternamente como jefe del partido progresista, desaprobaba los trabajos de conspiración que llevaban á cabo sus correligionarios.

Decidido partidario de Isabel II, se resignaba á sufrir toda suerte de desdenes, y como programa político en aquellas azarosas circunstancias, exponía el siguiente: «Si la reina llamase al poder al partido progresista, éste sólo debe entrar á gobernar con la legalidad de 1856; pero si antes viene la revolución armada, que no se cuente conmigo para ella, pues yo, sin faltar á mi dignidad, no puedo combatir los principios dinásticos que siempre he defendido, y muy particularmente en la guerra de los siete años.»

A un hombre que de tal modo se expresaba, razón tenía Olózaga para considerarlo como un ídolo viejo y carcomido á quien urgía sustituir. Desgraciadamente, en España siempre prevalece lo absurdo é inexplicable, y los progresistas ardientes que ansiaban la revolución, porque ésta significaba el destronamiento de Isabel II, eran los mismos que no querían decidirse á tomar las armas si Espartero no autorizaba la empresa.

El destierro y la enfermedad de Prim por una parte y por otra la continua traslación que sufrían los regimientos á causa de las desconfianzas del gobierno, habían interrumpido los trabajos revolucionarios; pero éstos se reanudaron en los primeros meses de 1865 y adquirieron mayor actividad después de los sucesos de la noche de San Daniel, que tan profundamente habían excitado la indignación pública.

Prim se convenció de que no podía contar con los regimientos de guarnición en Madrid por estar éstos mandados por jefes muy adictos al gobierno; pero logró comprometer á varias fuerzas que estaban de guarnición en Valencia y Cartagena. El general, para dar el golpe, aguardaba tener por completo á sus órdenes á la guarnición de Pamplona; pero llegó en esto la noticia de que en Valencia estaban dispuestos á sublevarse inmediatamente tres regimientos, mandados por los coroneles Rada, Alemany y Acosta, y convenientemente disfrazado se dirigió á esta ciudad, donde llegó el 5 de Junio.

El coronel Acosta salió á recibirlo, y se comprometió á que en aquella misma noche se efectuaría el movimiento iniciándole el coronel Alemany; pero cuando llegó el momento oportuno, faltó á este jefe el necesario valor y se dejó prender por el segundo cabo La Rocha, á pesar de que toda la guarnición estaba dispuesta á seguir á los jefes comprometidos.

El coronel Rada, que por su indecisión había hecho fracasar ya varios movimientos, se mostró en esta circunstancia tan débil como de costumbre, negándose á iniciar la revolución y á libertar á su compañero, sin tener en cuenta que había motivos sobrados para confiar en el triunfo.

Prim, exasperado por la cobardía de tales conspiradores, les dirigió terribles insultos, mas no por esto logró que saliesen de su actitud pasiva, hubo de convencerse de que el movimiento había fracasado totalmente, urgía poner en salvo su persona.

El gobierno, que tenía exacto conocimiento del viaje de Prim, había tomado bien sus precauciones, y el general al huir tuvo que sufrir grandes riesgos. Durante algunas horas permaneció en alta mar en una lancha pequeña, y al fin logró que un vapor lo recogiese llevándolo á Marsella, donde desembarcó con nombre supuesto.

No era Prim hombre capaz de permanecer inactivo mientras tuviese un soldado que le siguiera, y para hacer valer el compromiso que con él había contraído la guarnición de Pamplona só el Mediodía de Francia y en- España por la parte de Navarra zado de aldeano y guiando una a de bueyes. En el pueblo de ete se encontró con Moriones uarchaba á su encuentro, para estarle que la guarnición de lona, aunque no se retractaba de npromiso revolucionario, se ne- i iniciar el movimiento, prome- , únicamente el secundarlo; lo onvenció al general de que por :es nada serio podía intentarse, iizo regresar á Francia, donde uó sus trabajos de conspiración :niendo correspondencia activa os jefes que le habían ofrecido rvicios.

gobierno, cuando tuvo exacto imiento del peligro que había lo, depuso á las autoridades de Valencia, trasladó muchos cuerpos y puso en situación de reemplazo á todos los oficiales que le eran sospechosos.

El fracaso que sufrió un movimiento tan bien combinado, no logró desalentar al general Prin, pues este espíritu vigoroso se mostraba más grande conforme arreciaban las desgracias y á cada golpe en vago aparecía más confiado y más fuerte.

Lo único que resultaba en él digno de crítica en 1865 era que dedicase tan gigantescos esfuerzos á una revolución que sólo tenía de tal el nombre, pues Prim no pensaba ni un momento en la posibilidad de destruir la monarquía, y aspiraba más á satisfacer sus ambiciones personales que á realizar la regeneración política tan necesaria al pueblo español.

CAPITULO XIX

1865-1866

Primeras gestiones de Odonell.—Intenta sin fruto atraerse á los progresistas.—Gabinete qu[e] Odonell.—Candidez de Prim.—Intrigas palaciegas.—Energía de Odonell.—Odios cleric[ales] Conspiración absolutista en Palacio.—Retraimiento electoral.—Reuniones de los progre[sistas] los demócratas.—Olózaga y Espartero.—Apertura de las Cortes.—Trabajos revoluciona[rios] Prim.—Desprecio que hace éste de las fuerzas populares.—Fracaso de la insurrección.—E[xilio] de Prim.—Su retirada á Portugal.—Manifiesto que publica.—Fusilamiento del capitán Es[quivel] —Miseria del país y despilfarros del gobierno.—Inteligencia de Prim con los demócratas.[—De] cisión política de algunos progresistas.—Plan revolucionario.—Torpeza de algunos de su[s jefes?] tes.—Sublevación en el cuartel de San Gil.—Sus horribles detalles.—Jornada del 22 de J[unio] Combates en las calles.—Audacia del general Serrano.—Heroísmo de los demócratas.—[...] del gobierno.—Vileza de los reaccionarios.—Monstruosa orden de la reina.

Como el general Odonell, por las conferencias que algunos meses antes había celebrado con el general Prim, estaba al corriente de los trabajos revolucionarios de los progresistas, su primer cuidado al subir al poder en sustitución de Narváez, fué atraerse á los conspiradores constituyendo un gabinete mixto en el que Prim desempeñaría la cartera de la Guerra.

Si al duque de Tetuán le causaban impresión los trabajos del progresismo, era por los valiosos elementos que éste contaba en los militares, y buena prueba de ello fué que á los dem[ócra]tas, con ser más revolucionarios [y te]mibles, siguió tratándolos con [más] rudeza, sin duda porque sólo co[ntaban] con las masas populares á las [que el] ejército podía vencer en todas l[as re]voluciones.

Odonell, comprendiendo que [para] afirmarse en el poder necesitab[a ante] todo destruir las disidencias qu[e mi]naban la Unión liberal, llamó a[...] Rosas para ofrecerle una carter[a ro]gándole que la aceptase, pues el [nue]vo gabinete iba á hacer una p[olítica] de amplia base con el propósi[to...]

ir en uno solo todos los parti-
nárquicos, haciendo que en-
n la Unión liberal los progre-
 los moderados. Ríos Rosas,
ıocía al duque de Tetuán lo
te para no fiarse mucho de sus
ıs, aceptó la cartera que se le
con la condición de que los
.stas entrarian en el nuevo ga-
y Odonell facultó al eterno di-
para que se entendiese con los
ıstas decidiéndolos á aceptar
 puestos en el ministerio. Ríos
e propuso avistarse con López
Fernández de los Ríos y Sa-
ue eran los directores de los
:os *El Progreso Constitucio-*
Soberanía Nacional y *La Ibe-*
a ofrecerles tres carteras como
ıtantes del partido progresista.
Grado, que fué el primero á
·isitó, manifestóse dispuesto á
el alto cargo que se le ofrecía,
rnández de los Rios se negó á
iendo que *La Soberanía Na-*
levaba por lema *Todo ó Nada*
l, cumpliendo la línea de con-
ue se había trazado en su pe-
no quería formar parte de
ministerio de Isabel II.
esuelta actitud de Fernández
Ríos hacía ya imposible la
ición, y Ríos Rosas creyó in-
istarse con Sagasta, omisión
perdonó nunca el joven y am-
periodista.
Rosas se lamentó del mal éxi-
ıuel plan por el cual creía po-
esarmar á la revolución, y al

dar cuenta Odonell de lo ocurrido se
negó á aceptar un puesto en el gobierno.

El duque de Tetuán tuvo entonces
que formar un gabinete puramente
unionista y se reservó la presidencia
con la cartera de la Guerra. En Estado entró Bermúdez; en Gobernación,
Posada Herrera; en Gracia y Justicia, Calderón Collantes; en Fomento,
el marqués de la Vega de Armijo; en
Hacienda, Alonso Martínez; en Marina, el general Zabala, y en Ultramar, Cánovas del Castillo.

El nuevo gobierno comenzó dando
una amplia amnistía por delitos políticos y el 22 de Junio se presentó á
las Cortes para exponer su programa.
Odonell prometió á las Cámaras realizar las promesas de la Unión liberal,
derogar los tiránicos proyectos de ley
de imprenta, restablecer el jurado
para los delitos de la prensa, presentar un proyecto de ley electoral estableciendo la elección por grandes cir-
cunscripciones, activar enérgicamente la desamortización eclesiástica para
salvar la Hacienda de su angustioso
estado y no violentar las leyes en las
cuestiones de orden público. La cuestión de Italia también llamó la atención del nuevo gabinete y pocos días
después, á propuesta del gobierno, las
Cortes reconocieron la unidad italiana, que tanta irritación producía al
Papa.

Los progresistas recibieron con marcada hostilidad el nuevo gobierno, y
D. Pascual Madoz dijo que como ga-

binete moderado no le parecía del todo mal.

El general Prim, que por la amnistía concedida por el gobierno había vuelto de su corta emigración, se avistó con Odonell, y quedó tan encantado de la amabilidad con que éste le trató, que inmediatamente quiso convencer á sus correligionarios de que debían abandonar su retraimiento y prestar su benevolencia á la situación. Pronto se convenció Prim de la falsedad que encubrían las amabilidades de Odonell.

Este, durante la conferencia, se había ofrecido voluntariamente á colocar y ascender á todos los jefes amigos de Prim á quienes el gobierno de Narváez había dejado de reemplazo, y el héroe de los Castillejos que todo lo era antes que cándido, incurrió en la ligereza de presentar al jefe del gobierno dicha lista, que sirvió al astuto duque de Tetuán para vigilar atentamente como sospechoso de conspiración á todos los comprendidos en ella. Este ardid villano de Odonell disgustó mucho á Prim é hizo que se enfriaran las relaciones entre los dos generales.

Cuando se cerraron las Cortes al llegar el verano, extinguiéndose las luchas parlamentarias, el gobierno, como de costumbre, tuvo que combatir las influencias palaciegas y preocuparse de las intrigas de los cortesanos, los cuales, á pesar de que Odonell no llevaba aun un mes de poder, ya se atrevían á pedir su inmediata destitución y el llamami to de los moderados más intran gentes.

Los directores de todas las intri palaciegas eran el padre Claret, cerdote rudo, fanático é ignoran célebre como autor de *La Llave Oro* y otras obras pornográfico-r giosas, y el secretario particular de reina, D. Miguel Tenorio, mozu almibarado, que tenía por princi obligación de su cargo acompa nocturnamente á doña Isabel. E dos entes, que eran instrumentos f les de la reacción y de las influenc teocráticas, tenían el firme apoyo D. Francisco de Asís, que más ent gado que nunca á sus aficiones m jiles cerraba los ojos ante los cándalos palaciegos y se entreg con las *monjitas* del convento de Salesas á bacanales místico-coreog ficas que trascendían al público eran muy comentadas.

Odonell, comprendiendo que nu conseguiría afirmarse en el pode no combatía y anonadaba la influ cia teocrática en Palacio, atacó todos los medios á los directores aquella incesante conspiración sacr tanesca, consiguiendo al fin desteri al padre Claret y á sor Patrocin Este atentado á tan preclaras lumb ras de la Iglesia clamaba venganza los obispos de toda España lanzar una verdadera lluvia de pastora anatematizando al gobierno por hal reconocido la unidad italiana. P Odonell se mantuvo firme y dispue

á las perturbadoras gentes abel, que durante el gobier- gabinetes moderados se ha-) más altiva que nunca y)a grandes deseos de exter- que ella llamaba *canalla re- ia*, no podía estar conforme ducta seguida por Odonell, lo sus antiguas costumbres, tiempo que lo halagaba pú- e, conspiraba contra él ani-)s elementos palaciegos que en la preparación de un Estado, mediante el cual uprimido el régimen repre- y ella seria proclamada rei- a.)na funcionaba públicamen- inta conspiradora llamada *abelino*, cuya presidencia l general Lersundi y de la ban parte Egaña, Marfori y onocian á la reina muy in- . Esta junta entendíase con ales personajes carlistas de gadas y tenía el proyecto nar reina absoluta á Isa- e en punto á perversidad, icios estaba al nivel de su nando VII y por tanto re- es méritos que éste para ti- nación. tario de la reina, D. Miguel ra de los que más interve- asunto, yendo frecuente- de Zarauz, donde estaba la eando, á Bayona para enten- los conspiradores. Odonell,

que conocía los manejos del almibarado secretario, lo desterró á Andalucía, pero Tenorio seguro con la protección de la reina, desobedeció al gobierno, viéndose obligado el duque de Tetuán para que Doña Isabel firmase la cesantía de su secretario á amenazarla con una crisis.

La cuestión de Italia fué tambien objeto en la corte de grandes discusiones, pues doña Isabel no reconocia con gusto el gobierno de Víctor Manuel, pero al fin admitió al embajador italiano y recibió en Zarauz con mucho agrado al príncipe Amadeo de Saboya, hijo segundo del rey de Italia, el cual estaba entonces muy lejos de pensar que algún día ocuparía el trono de España.

Mientras la corte hacia una vida de continuos placeres gastando á raudales el dinero de la nacion y doña Isabel se avistaba pomposamente en San Sebastián y Biarritz con los emperadores de Francia, la epidemia colérica se cebaba en algunas capitales de España, y especialmente en Madrid, donde la mortandad fué aterradora.

Creian algunos monárquicos de buena fe que la reina correría inmediatamente á la capital aprovechando una ocasión tan propicia para recobrar su perdido prestigio y hacerse simpática al pueblo, socorriendo por su propia mano á los enfermos; pero la *maternal señora* como la llamaban sus adulladores, se guardó muy bien de entrar en aquel foco de infección y si salió de Zarauz, fué para trasladarse á la Granja, donde permaneció mucho tiempo aislada y mirando con terror la capital de su reino.

En esto estalló un tumulto en Zaragoza, en el cual, el general Zapatero, jefe del distrito, demostró que era digno de conservar la fama de verdugo que años antes había adquirido en Barcelona. El pueblo zaragozano, que estaba en la mayor miseria, protestó contra el recargo introducido en la tarifa de consumos formando grupos en las calles más céntricas; pero inmediatamente el sanguinario general mandó hacer fuego causando veinte victimas, entre las cuales figuraba un niño de ocho años. Estos asesinatos que llamaban las gentes de palacio saludables actos de energía, eran muy del agrado de doña Isabel que se felicitaba de que le zurrasen fuerte á *la canalla*.

Las Cortes elegidas el año anterior fueron disueltas en el mes de Octubre, fijándose la fecha de 1.° de Diciembre para la elección de nuevas Cámaras. El gobierno prometió no ejercer presión sobre el cuerpo electoral, pero pronto los progresistas se apercibieron de que habían sido remitidas á los gobernadores circulares reservadas, y esto les decidió á ser partidarios del retraimiento, organizando un grandioso meeting, que, bajo la presidencia de Olózaga, se verificó el 29 de Octubre en el Circo de Price.

Olózaga pronunció un notabilísimo discurso, diciendo que desde 1814 los españoles verdaderamente liberales vivían en permanente incompatibilidad con los obstáculos tradicionales que la dinastía borbónica oponia al progreso político de la nación. «Cincuenta años, —dijo,—han transcurrido viendo como han bajado á la tumba, engañados, perseguidos y aniquilados los hombres más grandes y de más positivo patriotismo de nuestro país.»

Después, ocupándose de la conducta que debía seguir el partido progresista, se declaró partidario del retraimiento, y entre los aplausos del público, terminó su discurso con esta rotunda declaración: «Si el partido progresista quiere seguir otro camino, si olvidando su historia y desconociendo sus intereses quiere servir de comparsa á sus enemigos, hágalo en buenhora, pero que no cuente conmigo.»

Don Pascual Madoz, en representación del progresismo conservador y tolerante con la dinastía, combatió el retraimiento como perjudicial á los intereses del partido; pero sus declaraciones fueron acogidas con rumores y muestras de desagrado, lo que obligó al orador á manifestar que no acudiría á las urnas, pues quería seguir al partido hasta en sus extravíos.

El general Prim habló también en dicho acto, acusando al gobierno de haber faltado cinicamente á sus compromisos con los progresistas, y diciendo al fin que el partido tenía trazada su marcha y que sabría pasar por encima de cuantos obstáculos le opusieran sus enemigos. Al terminar el meeting, los progresistas, con el mayor entusiasmo, acordaron el retraimiento, una nueva Junta central, Espartero la presidencia ho· i Olózaga la efectiva.

10 tiempo que los progresis iban este acto, que si no era nte anti-monárquico tenía il valor de ser una pública e antipatía contra la dinas ica, y especialmente contra el partido democrático, cu igrosaban rápidamente, ha n demostraciones republica ntusiasmaban mejor á las ulares que las vacilantes y is declaraciónes de los pro-

Noviembre celebraron los s en el Circo de la Plaza na imponente reunión pre D. Nicolás María Rivero. locuentes oradores del par crático hicieron uso de la stinguiéndose Orense, Pí y Rivero, Tristán Medina, Martos y Castelar. Todos ar que expusieron algunos programa democrático, tra conducta que debía seguir en aquellas circunstancias, isistía en destruir lo exis ido después en libertad á la ra que eligiera la forma de nás en armonía con su vo-

erno, atemorizado por el re que acordaban los partidos y deseoso, especialmente, i buenas relaciones con los is, hizo en vano algunas

gestiones para lograr que abandona sen la actitud revolucionaria en que se habían colocado.

El Comité central progresista, con secuente en su propósito de aislar á la Unión liberal, publicó un manifies to á la nación en el que justificaba el procedimiento revolucionario adopta do y decía que el retraimiento era testimonio de dignidad en el presente y garantía de triunfo para el porvenir.

Olózaga, comprendiendo que Es partero aun gozaba de gran populari dad en el partido y que era prematu ro querer sustituirlo con el general Prim, quiso congraciarse con el héroe de Luchana, y para ello hizo un viaje á Logroño; pero aquél, ofendido por las declaraciones que Olózaga había hecho en el banquete de los Campos Elíseos y recordando que en 1843 ha bía contribuído poderosamente á su caída de la regencia, se negó á reci birlo, dando una prueba de incorrec ción propia de su carácter brusco y violento.

El jefe civil de los progresistas, ofendido por este desaire, se empeñó entonces en que Prim fuese de dere cho el jefe militar del partido y acor daron ambos no poner en conocimien to del duque de la Victoria ninguno de sus trabajos de conspiración, segu ros como estaban de que éste, antes que se realizasen, las condenaría, sin perjuicio de aplaudirlos después como actos espontáneos de la voluntad na cional, si es que el éxito venía á co ronarlos.

Al verificarse las elecciones con el absoluto retraimiento de los partidos avanzados, le fué fácil á Posada Herrera llevar á las Cortes una gran mayoría de unionistas, formándose la minoría de moderados y neo-católicos.

Como el cólera había cesado de azotar la capital de España, la reina regresó á ella, siendo recibida con la hostil frialdad que merecía su egoísmo y repitiéndose las muestras de antipatía al dirigirse doña Isabel al palacio del Congreso para la apertura de las Cámaras. Las autoridades habían pagado á unos cuantos vagamundos para que vitoreasen á la reina, pero el público que ocupaba la carrera ahogó sus gritos con un imponente murmullo de disgusto.

En el mensaje de la Corona se consignaba el reconocimiento del reino de Italia, el tratado de paz con la república del Salvador, la declaración de guerra á Chile y algunas reformas en la administración de nuestras posesiones de Ultramar. El documento terminaba con la risible afirmación de que el orden era completo en España, porque el país estaba ya desengañado de las revoluciones, y que en el caso improbable de que los partidos avanzados creasen obstáculos al gobierno, éste sabría vencerlos invocando el nombre de Dios.

Este alarde de mojigata devoción sirvió de poco al gobierno, y mal debía estar Dios con Odonell por cuanto, cinco días después de leído el mensaje, estalló una revolución que puso en peligro la corona de la reina existencia del ministerio.

El general Prim, como ya d conspiraba con gran éxito, aunc pezaba con el inconveniente d el elemento unionista numer presentación en el ejército. Per que por su carácter y sus haza zaba también de generales sim logró al poco tiempo comprom los trabajos revolucionarios á u te de la guarnición de Madrid dándole poderosamente en esta sa los generales D. Juan Cont D. Blas Pierrad; los comandan Romualdo Palacios, y D. José nero, y el capitán de artiller Baltasar Hidalgo. Además, Pr tendió sus trabajos á Alcalá de F donde había dos regimientos d nieros, logrando comprometer sargentos y oficiales, aunque tan afortunado con los coronel compañías de cazadores que e también en dicha población de salir mandadas por el capi pinosa, y el infatigable cons Muñiz consiguió comprometer gimiento de Burgos que iba de Valencia á Madrid.

Por desgracia, Prim, llevado afectos personales, cometió la l de encargar la insurrección de regimiento al coronel Díaz de que por su indecisión y timide: ya malogrado otros movimie especialmente el preparado en cia en Junio del año anterior.

Hecho el recuento de las

onarias, resultaba que Prim
con cinco regimientos com-
los, base muy aceptable para
n movimiento á la que había
lir la promesa de dos batallo-
uarnición en Valladolid y el
ito de Calatrava que estaba en
z, de secundar el movimiento.
onfiado estaba Prim en el
que desdeñó el apoyo del par-
iocrático por no verse obliga-
er concesiones al pueblo. El
era un verdadero progresista,
so ante todo con la monarquía,
e enemigo personal de doña
, todavía indeciso en sus pro-
de destronamiento, y buena
le ello fué la contestación que
fatigable Muñiz cuando éste
ejaba que aceptase el apoyo
ilo.
dejo que se mezclen en el
los paisanos con los soldados,
l general,—pierden éstos su
a, se apresuran aquéllos á for-
.as revolucionarias y me tiran
por el balcón; mientras que
ndo independientemente me
las puertas de la capital con
superiores á su guarnición, la
me rinde, y cuando el país
iba del pronunciamiento, ya
gobierno vigoroso que sin
i disturbios ha verificado el
político.
palabras, que revelaban un
precio al pueblo, no sólo eran
el general Prim, sino de los
stas de todos los tiempos que

han creído que las revoluciones se llevan á cabo únicamente por el mercenario esfuerzo de los hombres que vis-
ten uniforme. El partido progresista
era enemigo del pueblo, y si más adelante el general Prim buscó el apoyo
del partido demócrata fué porque se
convenció de que con movimientos
puramente militares no triunfaba la
revolución y de que era necesario
imitar á Odonell en Manzanares, que
sólo con muy sólidas garantías consiguió que el pueblo acudiese á las
armas.

El movimiento fué fijado para el
2 de Enero de 1866, y en la madrugada de dicho día el general Prim salió para Villarejo en un faetón acompañado de Milans del Bosch, el comandante Pavía y Alburquerque,
Monteverde, Rubio y un ayuda de
cámara. Prim esperaba encontrar en
el camino y en abierta sedición al regimiento de Burgos, pero el coronel
Díaz de Rada, encargado de este trabajo, como de costumbre había faltado á sus compromisos por carencia de
valor ó por otras causas.

El general había enviado representantes á todos los cuerpos comprometidos saliendo Merelo para Aranjuez,
Lagunero y Ventura para Alcalá de
Henares, el teniente coronel Campos
para Avila y para Valladolid el comandante González Iscar.

Los dos regimientos de ingenieros
que estaban en Alcalá no pudieron
iniciar el movimiento á causa de la
enérgica oposición de los dos corone-

les con quienes no habían contado los conspiradores; pero en Aranjuez el regimiento de Calatrava salió sublevado á las órdenes de Merelo, y poco después el regimiento de Bailén mandado por el capitán Terrones, uniéndose ambos cuerpos en Villarejo con el general Prim, que permaneció en dicho punto esperando que se le incorporasen las demás fuerzas comprometidas.

En Castilla la Vieja el movimiento insurreccional también tuvo iniciadores, pero quedó sofocado rápidamente. González Iscar sublevó en Valladolid al regimiento de Almansa, y poniéndose á su frente fué á marchas forzadas sobre Zamora, donde había de reunírsele con otro regimiento el coronel Villegas; pero éste faltó á sus compromisos, y González Iscar, considerando muy aventurado el unirse á Prim, entró en Portugal con las fuerzas que le seguían.

Cuando el general Prim vió reducidas todas las tropas con que podía contar á los regimientos de Calatrava y Bailén, conoció que el movimiento había fracasado; pero dispuesto á arrostrar la aventura hasta en sus últimas consecuencias reunió las tropas y las arengó con energía manifestando francamente que podían considerarse solas, pero que él no rechazaba el compromiso en que había puesto á los soldados, ni les abandonaría dispuesto como estaba á sufrir su misma suerte.

—¿Queréis seguirme?—dijo el general al finalizar su arenga.

—Sí,—contestaron los oficiales los soldados;—la victoria ó la muer con nuestro general. Si somos poco mejor; á más gloria tocaremos.

Prim quedó muy satisfecho por l muestras de simpatía que le daban s tropas, y como no había perdido au la esperanza de que algunos cuerp secundasen el movimiento, hizo vari marchas y contramarchas sin alejar mucho de Madrid.

El gobierno tuvo noticia del mo miento el 3 de Enero y en los prim ros instantes experimentó gran alar pensando que el general Prim tení sus órdenes grandes fuerzas; p cuando Odonell supo que únicamen se habían sublevado dos regimient volvió de su asombro y se apresuró enviar fuerzas en persecución de l sublevados dando su mando al gener Zabala, ministro de Marina. Al d siguiente formóse una nueva colum na dirigida por el general Echagüe, como si estas fuerzas no fuesen su ficientes para batir á dos regimiento se encomendó á D. Manuel de la Co cha la dirección de una tercera colum na que saliendo de Almaden cortar la retirada á las fuerzas insurrecta

El fracaso que los comandantes L gunero y Palacios habían experime tado con los regimientos de ingenie de guarnición en Alcalá, les ha exasperado hasta el punto de que, reparar que excitaban las sospechas las autoridades, permanecieron en cha población entendiéndose con v rios sargentos del regimiento de ballería de Figueras para sublevar cuando menos un escuadrón é intentar un movimiento sobre Molina de Aragón y Sigüenza.

La delación de un cabo puso al descubierto los trabajos de los conspiradores, y los sargentos Fernández y Casaus fueron presos descubriéndose entonces la intervención que tenía en el movimiento el capitán Espinosa, que estaba á la sazón en Almaden á las órdenes de Concha y el cual fué preso y conducido á Madrid siendo sometido á un Consejo de guerra.

Los dos infelices sargentos de Alcalá fueron condenados á muerte, y todos los sargentos de la guarnición de Madrid se mostraron dispuestos á salvarlos, para lo cual celebraron en casa del conspirador Muñiz una reunión presidida por D. Manuel Becerra, en la cual se convino un movimiento que había de estallar aquella misma noche encargándose de iniciarlo el regimiento de Isabel II. Por desgracia el oficial de prevención de dicho regimiento faltó á su compromiso, y el general Contreras, que había de ponerse al frente de la fuerza, estuvo rondando el cuartel toda la noche á riesgo de ser descubierto. Los dos sargentos fueron fusilados al día siguiente en presencia de todos sus compañeros que estaban más dispuestos que nunca á sublevarse.

Prim, convencido ya de que ninguna fuerza vendría á unírsele y pesaroso de no haber contado con el elemento democrático que hubiera indudablemente promovido una revolución en Madrid á haber solicitado el general su auxilio, retrocedió acosado en todas direcciones por las tropas del gobierno y en la noche del día 7 llegó á Madridejos siguiendo la línea del ferrocarril.

El país miraba con cierta indiferencia su sublevación, y esto se comprende teniendo en cuenta que su programa era oscuro é indeterminado, pues se reducía á gritar ¡viva la libertad! y ¡abajo el gobierno! cuidándose mucho de no hacer manifestaciones contra Isabel II ni contra la monarquía.

Perseguido de cerca por Zabala se dirigió Prim á su extensa posesión de los montes de Toledo, repartiendo á sus soldados cuantos comestibles y vino tenía allí y siguiendo inmediatamente su movimiento de retirada con gran rapidez. El día 9 llegó á Retuerta, el 10 á Navalucillos y el 11 á Belvis de la Jara, desistiendo de su primitivo proyecto de entrar en Andalucía y dirigiéndose rápidamente á Portugal.

Echague y Zabala le seguían tan de cerca y tuvieron tantas ocasiones para copar á las fuerzas insurrectas, que llegó á sospecharse con sobrado motivo que los generales del gobierno tenían instrucciones reservadas de Odonell, el cual no queriendo verse en el triste caso de tener que fusilar á su antiguo compañero, se contentaba empujándolo hacia la frontera y viéndolo huir.

El 20 de Enero llegó Prim al pueblo de Barranco situado en la frontera portuguesa, y haciendo formar el cuadro á sus soldados se colocó en medio diciéndoles con condolido acento: «que muchos debían haber respondido al grito que ellos habían dado para salvar la patria de la ruina á que la empujaban los enemigos de la libertad, y no podía juzgar si los que debieron ayudarles en su gloriosa empresa habían sido desleales ó cobardes ó habían tenido imposibilidad invencible para unirse á ellos. Que aislados y solos como estaban se les ofrecían dos caminos: ó luchar ó pasar la frontera, y que aun que lo primero era lo que él más deseaba, lo segundo resultaba indudablemente más patriótico, pues si aquel día mismo no entraban en Portugal tendrían que entrar el día siguiente con las manos enrojecidas con sangre de hermanos, y no era contra ellos contra los que habían alzado la bandera, sino contra el gobierno, contra el que más tarde ó más temprano lucharía toda la nación como lo demostraba la simpatía con que los pueblos les habían acogido.» El general dijo, por fin, que en el momento de pisar la raya de Portugal era cuando los sublevados debían mostrarse más españoles, y que él por su parte haría lo posible para asegurar la subsistencia de todos los insurrectos permaneciendo siempre junto á ellos, pues los corazones unidos por la desgracia no se separarían jamás. Los soldados contestaron vitoreando con gran entusiasmo al general Prim é inmediatamente entraron en Portugal, donde las autoridades procedieron á su desarme conduciéndolos á diversos depósitos.

La columna de los sublevados bía corrido en diez y siete días cientos veinte kilómetros lo que como término medio de cada jor cuarenta y dos kilómetros, y en retirada había demostrado Prim pericia si bien no se explica más por una orden secreta de Odo el que generales tan experimenta como lo eran Concha, Echague y bala no llegasen nunca á alcanzar sublevados á pesar de que en va ocasiones les hubiera sido muy f coparlos.

Lo primero que hizo Prim al ha se en Portugal fué dirigir al país manifiesto en el que explicaba su titud revolucionario y detallaba causas que habían influído en el caso de su movimiento, termina con estas palabras que demostra una energía inquebrantable y blime:

«Mas por haber entrado en F tugal, ¿he terminado mi obra? declaro vencido? No y mil veces Esos inconvenientes materiales me obligan á descansar un día, ces en breve. Las fuerzas de la revolu en España son las mismas que an la necesidad de la revolución la n ma también. Aunque yo no tom parte en ella, la revolución se har yo soy incapaz de faltar á mi pu de honor. Animo, españoles; el día la redención se acerca: tenemos nuestra parte la fuerza y el derec hemos comenzado la lucha por el p blo y para el pueblo, que no pu morir. Nadie ceje; nuestros adversarios nada pueden esperar de sí mismos, sino de nuestra debilidad. Para sostenerse necesitan no perder un solo encuentro, y una sola victoria nuestra nos daría el triunfo. Españoles: ¡más fe y más ánimo que nunca! ¡Españoles: ¡Viva la libertad, viva el progreso, viva la soberanía nacional! *Juan Prim.*»

El movimiento, á pesar de su completo fracaso, había producido eco en Andalucía donde se levantaron algunas partidas, y en Cataluña donde el patriota Escoda consiguió reunir unos mil hombres penetrando en Reus; pero la entrada de Prim en Portugal hizo que estas fuerzas populares se disolviera antes que las tropas del gobierno consiguieran alcanzarlas.

Odonell, que como todos los gobernantes monárquicos sólo sabía solemnizar sus triunfos con derramamientos de sangre, hizo fusilar á un paisano llamado Bernal que había maltratado á un guardia veterano y sentenció á muerte al capitán Espinosa, á pesar de que éste no se había sublevado y figuraba en la columna expedicionaria de Concha. La única causa para condenarlo á la última pena era la convicción de que había conspirado, y á pesar de las grandes gestiones que se hicieron en favor del infeliz capitán y de que su joven esposa que acababa de dar á luz una niña se arrojó á las plantas de Isabel II, Espinosa murió fusilado el 3 de Febrero en la Fuente Castellana por orden de Odonell que debía todo su prestigio político á haberse sublevado con éxito.

La viuda de Espinosa perdió la razón é Isabel II mostróse muy contenta por la completa extinción de aquel movimiento que puso en peligro su trono. El fusilamiento de Espinosa resultaba una irritante arbitrariedad, pues si el gobierno había de fusilar á todos los que sin sublevarse habían conspirado, resultaba en peligro la vida de medio ejército español.

El 4 de Enero quedaron constituídas las Cortes, siendo elegidos presidente del Congreso D. Antonio Ríos Rosa y del Senado el duque de la Torre, iniciándose en ambas Cámaras una gran discusión sobre la insurrección de Prim y la conducta del gobierno. Tanto extremaron los unionistas sus ataques contra los progresistas, que algunos de éstos, que hasta entonces eran partidarios de la lucha legal, optaron por el retraimiento y la revolución, declarando Figuerola en el Congreso que la conspiración contra la libertad tenía su raíz en el regio alcázar.

Las aficiones despóticas de Odonell que se excedía en su habitual sistema de represión, originaron algunas disidencias en el partido unionista, y Ríos Rosas se separó de Odonell diciéndole con ruda franqueza:

—Con el sistema reaccionario que ha emprendido usted se pierde y nos pierde miserablemente en provecho de los moderados. Yo no puedo asociarme á esta política suicida.

Odonell no hizo caso de estas leales observaciones, y para contentar á las gentes de palacio puso especial empeño en imitar los procedimientos de Narváez. Tomó por lema *ó la dictadura ó la revolución*, suspendió todos los comités tanto progresista como democráticos, anulando la prensa á fuerza de denuncias y multas. Tan irritante fué la conducta de Odonell, que *El Progreso Constitucional*, dirigido por López Grado, que era el único periódico progresista, benévolo con el partido dominante, cesó de publicarse dirigiendo á sus lectores á guisa de despedida las siguientes frases: *¡Paso á los acontecimientos! ¡Paso á la justicia de Dios!*

Al mismo tiempo que el país era de tal modo tiranizado, vivía en un continuo malestar económico, estando las clases obreras en la miseria, el comercio paralizado, y quebrando con alarmante frecuencia los bancos y las sociedades de crédito. A pesar de esta miseria nacional el general Odonell, que para sostenerse en el poder consideraba como imprescindible el auxilio del ejército, adulaba á los militares presentando para ello á las Cortes proyectos para el aumento del ejército y la armada; y usurpando la facultad legislativa planteaba, durante el interregno parlamentario, reformas en la fuerza armada que costaban al país centenares de millones.

Los despilfarros de la Unión liberal y la repugnante tiranía que Odonell hacía sufrir al país, causaban al gobierno un efecto contraproducente, pues la nación mostraba más simpatía que nunca á los procedimientos revolucionarios.

El fracaso que el general Prim había experimentado en el mes de Enero se olvidó muy pronto, y el jefe militar de los progresistas volvió á ser considerado como el héroe popular de quien esperaba el país la ansiada regeneración.

Prim había comprendido el por qué de la indiferencia que el pueblo había mostrado en el anterior pronunciamiento, y estaba convencido de que la falta de éxito procedía de la carencia de un programa definido y del desprecio manifestado al elemento popular. El general, á costa propia, acababa de ver que la época de las revoluciones puramente militares había ya pasado para siempre, y deseoso de que el pueblo armado tomase también parte en las insurrecciones que preparaba, entró en inteligencia con los demócratas más influyentes, reformando sus ideas políticas hasta el punto de transigir con algunos de los puntos más principales del credo democrático, tales como la soberanía nacional en su sentido más amplio y el sufragio universal; consintiendo que el país después de su triunfo eligiese las instituciones más en armonía con sus ideas.

El general celebró varias conferencias en París con D. Joaquín Aguirre

A. RÍOS ROSAS

A. FERNÁNDEZ DE LOS RÍOS

MANUEL BECERRA

y D. Manuel Becerra, y contándose como se contaba con el auxilio de las masas democráticas que trabajaban por la revolución con gran entusiasmo, se acordó que se verificase en el mismo Madrid el próximo movimiento, aprovechándose la circunstancia de estar los sargentos del cuerpo de artillería muy disgustados con los oficiales por haber hecho éstos que se revocase un decreto en virtud del cual podían aquéllos ascender hasta el empleo de comandante dentro del cuerpo. Prim encomendó al audaz Moriones la dirección de los trabajos revolucionarios en Madrid, y Muñiz quedó encargado de preparar el movimiento en Castilla la Vieja.

Ocurrió por entonces un incidente que demostró como los progresistas eran revolucionarios únicamente por conveniencias egoístas, y estaban dispuestos todavía á transigir con Isabel II si ésta les llamaba al poder. Una fracción del partido, la más humilde pero entusiasta, era francamente revolucionaria y ansiaba derribar la dinastía; pero la gran mayoría del progresismo ó sea la compuesta por hombres que por su historia y posición social influían en la marcha de la agrupación política, no sentían repugnancia ante la idea de alcanzar el poder humillándose en las gradas de aquel trono que era el foco de donde partían todos los males del país.

Isabel II adivinaba los proyectos revolucionarios de los progresistas, y para evitar el peligro se propuso hacer algunas concesiones liberales dando el gobierno á los progresistas sin perjuicio de arrebatárselo apenas depusieran éstos su actitud amenazadora. Comisionado por ella D. Nazario Carriquirri, moderado muy conocido, se avistó á mediados de Abril en casa del señor Cantero con éste y sus correligionarios Muñiz y Ruiz Zorrilla, proponiéndoles que aceptasen con benevolencia un ministerio moderado compuesto de enemigos personales de Narváez que disolvería las Cortes, rectificaría las listas electorales y concedería una importante minoría á los progresistas encargándose de preparar su elevación al poder. Ruiz Zorrilla opuso algunos reparos acabando por aceptar la idea del mismo modo que Cantero y Muñiz, conformándose á aceptar un ministerio presidido por Lersundi, siempre que éste tuviese un carácter transitorio y fuese reemplazado por otro francamente progresista.

La designación del jefe del futuro gobierno produjo cierta disidencia. Carriquirri y Cantero proponían al duque de la Victoria mientras Muñiz y Ruiz Zorrilla se mostraban partidarios del general Prim, no llegándose por ambas partes á un acuerdo definitivo.

Odonell no tardó en tener noticia de estas entrevistas, y comprendiendo que doña Isabel era su verdadera iniciadora, quiso librarse á tiempo del peligro, para lo cual se avistó con Lersundi, y después de explicarle lo poco airoso que le era el papel que le encomendaban ofreciéndole la presidencia del Consejo, le brindó con la capitanía general de Cuba, la cual fué aceptada inmediatamente. Esto desbarató todos los planes de los conferenciantes y los progresistas, juzgando como informalidad de la reina lo que era intriga de Odonell, volvieron á ocuparse de la revolución con más ardor que nunca.

Moriones y Muñiz, que eran los principales agentes de Prim, llevaron á cabo los trabajos de conspiración en Madrid y Castilla la Vieja con pasmosa actividad. El general deseaba que la revolución fuese iniciada en Valladolid, donde contaba con cuatro regimientos de artillería que serían secundados por las guarniciones de Palencia y Burgos antes que el gobierno tuviese noticia del suceso. Además, en Madrid habían de sublevarse las masas democráticas, aunque tomando antes los progresistas las precauciones necesarias para que el movimiento no revistiese un carácter antimonárquico. La fecha designada para la insurrección era el 20 de Mayo, y Prim, apenas se diera el primer grito marcharía desde Hendaya á San Sebastián, reuniéndose con el general Nouvilas en Vitoria y pasando después á Burgos y Valladolid, mientras Muñiz con un regimiento ocuparía Avila que no tenía guarnición.

Prim contaba con que el gobierno sacaría de Madrid gran parte de su guarnición para batir á los insurrectos, y entonces Moriones podría sublevarse en la capital con los regimient artillería comprometidos.

La revolución contaba en Ma con importantes elementos, pues fuerzas comprometidas por Mori eran cuatro regimientos de artiller dos de infantería además de los c del partido democrático que se r traban ansiosos de batirse y eran in nentes por lo numerosos y entusias

El convenio revolucionario entre progresistas y demócratas se veri poco tiempo antes de la fecha marc para el movimiento y tropezó con rias dificultades, tanto porque Prir entendía á la fuerza y de mala g con las masas populares como por en el seno del partido democrático e tían algunas divisiones, foment por la rivalidad entre Rivero y Bec por cuestión de jefatura. Rivero al ba haber sido el fundador del par en las Cortes de 1849, y Becerr argumento no menos important ser el organizador y caudillo de fuerzas populares de Madrid. La es de Becerra, mujer de carácter varo gran entusiasmo político que hací cordar á madama Roland, ahon con sus celos esta división fatal pa partido; pero afortunadamente I Margall que medió en tales diferer fué más dichoso que Figueras, Or y Martos que habían intentado sin é unir á dos hombres tan necesarios, reconciliación se llevó á cabo, reali dose la unión tan necesaria en aqu circunstancias.

Las revelaciones traidoras de un

de los regimientos compro-
sieron á Odonell al tanto de
ría, lo que imposibilitó que
ento se llevase á cabo el
Mayo. Al día siguiente fue-
los á prisión un comandante
ciales y sargentos del regi-
Burgos á que pertenecía
el cual, á cambio de su re-
cción, fué ascendido á ca-
riado á Filipinas.
piradores, para adoptar nue-
ciones, reuniéronse en casa
acordando aplazar el movi-
a el 5 de Junio; pero tantos
cruzaron entre Becerra y
acerca de como había sido
el movimiento por éste,
leseoso de evitar penosos in-
nvió á Moriones á Valencia
rganizase el movimiento en

ajos revolucionarios en Ma-
ron entonces encomendados
y Becerra, que, descono-
spíritu de la guarnición y
mo hombres poco versados
militares, cometieron un
de desaciertos, desbaratan-
anto había costado de orga-
tivo Moriones. Este gozaba
restigio entre los militares
idos; así es que al presen-
nombre Sagasta y Becerra
ntos, fueron muy mal reci-
ue no por esto se retracta-
promesas.
fué aplazado el movimien-
22 de Junio, y en estos diez

y siete días que se perdieron inútilmente, varios cuerpos de la guarnición
que estaban comprometidos se separaron por las genialidades de Becerra,
quedando como únicas fuerzas revolucionarias los cuatro regimientos de artillería y esto gracias á las buenas gestiones del capitán de esta arma, don
Baltasar Hidalgo de Quintana, quien
reparó acertadamente los errores cometidos por Becerra, Aguirre y Sagasta,
y ordenó á los sargentos que en el momento decisivo aprisionasen á los jefes
y oficiales no comprometidos, aunque
cuidando de respetar sus vidas.

Los demócratas nombraron una junta revolucionaria presidida por Rivero,
en la cual figuraban D. Patricio Lozano, D. Francisco Cuartero, D. Pedro
Pallarés, el marqués de Santa Marta
y Pí y Margall.

Los coroneles Lagunero y Escalante
que habían de ponerse al frente de las
fuerzas comprometidas en Valladolid,
salieron de la corte en la noche del 20
metidos en el furgón de equipajes del
tren correo, habiendo partido dos días
antes para igual punto Ruiz Zorrilla
y Muñiz, precisamente en el mismo
tren en que iba el general Caballero
de Rodas, enviado por el gobierno para
tomar precauciones en la capital de
Castilla la Vieja.

Prim cometió un tremendo desacierto encargando de dirigir la revolución en Madrid al general D. Blas
Pierrad, que estaba de cuartel en Soria,
y el cual como militar era nulo, habiéndose distinguido únicamente en

1856 ametrallando al pueblo á nombre de la reacción.

Pierrad aceptó inmediatamente el encargo que le confería Prim, y con su ignorancia é indecisión fué quien más contribuyó al mal éxito del movimiento. Estuvo siempre vacilante hasta el momento de iniciarse la insurrección, y aun entonces se arrodilló ante un crucifijo dando muestras de una extremada devoción que sólo podía disculpar el miedo, y empleando horas que eran muy precisas en la redacción de su testamento y en otras extravagancias semejantes, rogando á Dios con gran fervor por las almas de los que se estaban batiendo desde la madrugada del 22 de Junio.

Según se había convenido por los organizadores de la insurrección, los artilleros que ocupaban el cuartel de San Gil fueron los encargados de iniciar el movimiento en las primeras horas del citado día. Los sargentos deseaban aprisionar dormidos á los oficiales y reducirlos á prisión; pero desgraciadamente éstos permanecieron hasta la madrugada entretenidos en jugar al tresillo en compañía del coronel Puig, por lo cual los conspiradores se hubieron de resignar á sorprenderlos despiertos. Un grupo de sargentos penetró en el cuarto de banderas y apuntando con sus carabinas á los oficiales les intimaron la rendición, gritando:—*¡El que se muera es muerto!*

Un oficial que estaba durmiendo en un diván se despertó á los gritos y disparó su revólver sobre uno de los sargentos dejándolo muerto, pero inmediatamente cayó víctima de una descarga á quemaropa. Entonces se desarrolló una terrible escena en aquella pequeña habitación. Los oficiales tirando de sus sables acometieron á los sargentos, pero éstos, superiores en número y en armamento, llevaron la mejor parte. El coronel Puig y el alférez Pozo pasaron á una habitación contigua y trataron de ganar una puerta que comunicaba con el patio donde el regimiento estaba ya en abierta sedición, pero la puerta estaba clavada y cuando forcejaban por abrirla les hicieron una descarga que hirió gravemente al coronel en el costado izquierdo. El alférez, después de dejar al herido sobre un sofá del cuarto de banderas, se dirigió al ministerio de la Gobernación para dar cuenta de lo que ocurría, y entretanto el coronel Puig arrastrándose con gran trabajo y perdiendo mucha sangre trató de llegar al cercano cuartel de la Montaña con la creencia de que sus tropas no se habían sublevado; pero al salir á la calle un sargento le disparó un tiro en la sien que le dejó sin vida.

En el cuartel, donde estaba el regimiento montado de artillería, ocurrió una escena semejante. En el cuarto de banderas habían pasado la noche el coronel Espinosa, el comandante Cadaval y el teniente Porta, llegando al amanecer los oficiales Hinestrosa y Torreblanca. El primero de éstos, al mandar que se tocase diana oyó un tiro y corrió inmediatamente á informarse de lo qué ocurría, disparando entonces sobre él un sargento que no logró herirle. Torreblanca acudió entonces revólver en mano en auxilio de su compañero, pero cayó víctima de una descarga sufriendo la misma suerte el comandante Cadaval que bajó al patio. Los sargentos comprometidos en el movimiento se hicieron dueños de ambos cuarteles, quedando al frente de unos mil doscientos soldados y treinta piezas de artillería. Su primera disposición fué enviar algunos destacamentos con cañones para recorrer las calles y auxiliar al pueblo que estaba levantando ya barricadas en los principales puntos de Madrid.

El gobierno no podía estar más ajeno á toda sospecha de próxima revolución, así es que el movimiento le pilló totalmente desprevenido. Odonell estaba acostado cuando le informaron de lo que ocurría, y montando á caballo sin otra escolta que un ayudante y dos ordenanzas, fué avisando personalmente á los generales que vivían más próximos á su casa, que eran Serrano, Quesada, los hermanos Concha, Ros de Olano, Echagüe, Zabala, Novaliches y Narváez, los cuales se prestaron inmediatamente á combatir la insurrección.

Pocos movimientos revolucionarios han contado con tantos elementos para alcanzar el triunfo, pero el iniciado en el cuartel de San Gil tenía la desgracia de carecer por completo de dirección tanto en la parte militar como en la civil, pues ni Pierrad ni Becerra estuvieron á la altura de los cargos que se les habían conferido.

Los artilleros iban de un lado para otro sin saber qué hacer de sus cañones, mientras que Pierrad, aturdido, daba órdenes contradictorias huyendo de los puestos de más peligro, donde el pueblo republicano se batía con gran valor, pero completamente á ciegas, sin jefes y sin un plan determinado que tendiera á un fin común.

Odonell, con su buen golpe de vista militar, adivinó inmediatamente que el movimiento carecía de dirección, y comprendiendo que el éxito dependía de aprovechar bien el tiempo, reunió prontamente todas las fuerzas de la guarnición que habían permanecido fieles y que resultaban superiores á los sublevados, los cuales habían cometido la torpeza de hacerse fuertes en los cuarteles localizando de este modo el movimiento.

El general Zabala, después de dejar guarnecido el Palacio por fuerzas respetables, se dirigió á atacar el cuartel de San Gil, mientras Serrano corría al Parque reuniendo todas las piezas de artillería disponibles y en compañía de Odonell llegaba á la Puerta del Sol dispersando á los defensores de algunas barricadas.

En los distritos del Norte y el Este de Madrid los paisanos habían levantado muchas barricadas extendiéndose la insurrección hasta la calle de Preciados donde los artilleros insurrectos habían colocado dos cañones.

Una columna mandada por el teniente coronel Camino se apoderó fácilmente de las dos piezas é hizo en las barricadas unos cincuenta prisioneros que fueron encerrados en los sótanos del ministerio de la Gobernación.

La actitud de las tropas que ocupaban el cuartel de la Montaña inmediato al de San Gil y que era desconocida, preocupaba mucho á Odonell que necesitaba conocer de un modo cierto la situación moral de dichos cuerpos. El general Serrano se ofreció con gran riesgo de su vida á cumplir esta misión, y acompañado sólo de un ayudante y dos ordenanzas salió de Madrid por el puente de Segovia, se alejó hasta unos tres cuartos y cruzando el río por un vado subió á pié por cuestas casi inaccesibles al cuartel de la Montaña, penetrando por una ventana en el edificio.

En vista del silencio que reinaba en éste comprendió que la guarnición permanecia fiel al gobierno y se presentó á los jefes y oficiales los cuales le acogieron con vivas, formándose inmediatamente las tropas á las que arengó el general.

Contento Serrano del buen éxito de su empresa manifestó á Odonell por una señal convenida que el cuartel de la Montaña permanecía fiel al gobierno é inmediatamente hizo ocupar una casa existente entre dicho edificio y el de San Gil, poniéndose en inteligencia con el general Zabala que dirigía el ataque por la parte exterior.

Los artilleros sublevados se defendieron con la salvaje bravura que da la desesperación, y al fuego de los sitiadores contestaron con una verdadera nube de metralla.

Un batallón de zapadores abrió una brecha suficiente para el asalto, derribando la puerta trasera del edificio y por ella penetró una columna que mandaba el coronel Chacón arrollando valerosamente todos los obstáculos. Cuando las fuerzas del gobierno ocuparon el patio del cuartel, el combate tomó un horrible carácter, convirtiéndose en luchas parciales cuerpo á cuerpo. A fuerza de terribles cargas á la bayoneta consiguieron barrer á los insurrectos de todo el piso bajo; pero éstos se defendieron durante algunas horas en el primer piso y de éste pasaron al segundo, donde continuaron aun la resistencia rindiéndose al fin la mayor parte. Todavía unos trescientos insurrectos se hicieron fuertes en las buhardillas causando grandes bajas á los sitiadores, pero al fin hubieron de ceder ante el número y entregar las armas pasando de doscientos los que en aquella lucha cuerpo á cuerpo perdieron la vida.

Odonell, comprendiendo que con este triunfo se había ya sofocado la insurrección, pasó á Palacio para manifestarlo á doña Isabel y D. Francisco de Asís que estaban trémulos de terror.

Entretanto el paisanaje se defendia valerosamente en una extensa zona de Madrid, cuyo centro era la plaza de San Ildefonso y en la del Sur estaba localizado el combate especialmente

D. FRANCISCO SERRANO

zas de la Cebada y de Antón

ll, en vista de que la insurrec-
ilar no obedecía á ningún plan
o batirla por zonas y concen-
su ataque en los distritos del
ncargándose los generales Se-
D. Manuel Concha de apo-
le la plaza de San Ildefonso,
ndo cuantas barricadas encon-
paso y recibiendo desde las
y bocas-calles un nutrido fue-
ie resultó gravemente herido
ier Jovellar.
volucionarios se defendieron
ite en las barricadas de la ci-
a y de las calles de Hortaleza
al y Barquillo; pero al fin se
on de ellas las tropas del go-
ientras que los generales No-
y Planas se hacían dueños de
; de artillería colocadas por
·ectos en la Puerta de Bilbao
fendió el general Contreras
a tenacidad como desgracia.
la ya la insurrección en el
Madrid, tres columnas man-
· los generales Concha, Se-
iarqués de Zornoza se dirigie-
barrios del Sur, y después
os combates que produjeron
íctimas en una y otra parte,
ron al anochecer ser dueños
ribles barricadas elevadas en
de Toledo y Segovia y en las
la Cebada, Progreso y Antón

ar la noche la insurrección
ninado ya y quedaba comple-
tamente extinguido un movimiento que, á contar con mejor dirección y no permanecer inactivo y á la defensiva, hubiera alcanzado el triunfo.

El general Pierrad demostró su ineptitud como jefe supremo de la revolución; Contreras é Hidalgo que ejercieron de lugartenientes dieron á entender que eran más valerosos que inteligentes, y fueron generales las quejas contra Prim por no haberse puesto en persona al frente del movimiento que seguramente hubiera alcanzado de este modo mayor éxito. La actitud de Prim permaneciendo inactivo en Hendaya sin querer atravesar la frontera, fué objeto de justas y generales censuras.

El partido democrático fué quien mejor cumplió sus compromisos en aquella revolución. El pueblo republicano se batió con un heroísmo sublime, y sus jefes, á pesar de ser hombres poco acostumbrados á la lucha, permanecieron en las barricadas hasta el último instante. Rivero y Don José Cristobal Sorní estuvieron carabina en mano hasta muy entrada la noche defendiendo la barricada de la plaza de Antón Martín; Pí y Margall pasó toda la mañana y parte de la tarde recorriendo solo y sin armas las barricadas de los barrios del Norte, permaneciendo hasta el último momento en las que Serrano y Concha destruían á cañonazos y estando algunas horas al lado del titulado general Lara que mandaba las fuerzas populares y que por la tarde cayó prisionero siendo fusilado en la calle de Jacometrezo. La pérdida más sensible que experimentó el partido democrático fué la del joven republicano señor Capilla, notario de gran reputación que al intentar insurreccionar un regimiento que ocupaba el cuartel de Santa Isabel cayó muerto por un pistoletazo que un oficial traidor le disparó á través de una reja.

Las víctimas que la funesta jornada del 22 de Junio produjo tanto en el pueblo como en el ejército no pueden conocerse con exactitud, pues el gobierno tuvo empeño en ocultarlas. Se dijo por algunos que no pasaban de ochocientas, pero otros que parecen mejor enterados las elevan á dos mil.

Así que la insurrección fué sofocada, los reaccionarios cobardes que se habían ocultado durante la lucha cobraron ánimos y se mostraron ansiosos de venganza.

Los reyes que tan tímidos se habían mostrado mientras el éxito del combate estaba indeciso, al considerar su triunfo trocaron su cobardía en audacia mostrándose dispuestos á ensañarse con los vencidos.

Cuando el general Zabala entró en Palacio por la noche para dar cuenta de los sucesos, la reina, en agradecimiento al valor demostrado por el conquistador de San Gil, le convidó á comer, galantería impropia para con un hombre que venía del campo de la lucha emocionado por los terribles incidentes del combate y el triste espectáculo que ofrecían los horrorosos montones de cadáveres.

A los postres y mientras tomaban el café la reina preguntó al general cuantos prisioneros se habían hecho, á lo que contestó éste que pasaban de mil. Entonces doña Isabel con una calma espeluznante, exclamó así:

—Pues que se cumpla la ley en todos y que los fusilen antes del amanecer.

Zabala retrocedió horrorizado comprendiendo hasta dónde llegaba la monstruosidad de aquella mujerzuela á quien los cortesanos viles llamaban *madre de los españoles*.

Aquello era el repugnante estertor de la fiera monárquica que iba á perecer y que en su agonía mostrábase ansiosa de sangre.

Después de la monstruosa petición de la reina en 1866, resultaba necesario y lógico el destronamiento de 1868.

CAPITULO XX

1866

La revolución en las provincias. — Fracaso de la conspiración. — La opinión de Narváez. — Fusilamientos que ordena Odonell. — Salvajismo del gobierno. — Aficiones sanguinarias de la reina. — Hipocresía de Odonell. — Sentencias á que condena á los jefes de la revolución. — Conspiración palaciega. — Desacuerdo entre la reina y Odonell. — Humillante retirada de éste. — Sus amenazas. — La última aventura de la Unión liberal. — Conflicto con el Perú y Chile. — Excitación en ambas repúblicas contra España. — Exageradas pretensiones de Odonell. — Intransigencias del contraalmirante Pareja. — Bloquéo de las costas chilenas. — Suicidio de Pareja. — Méndez Núñez se encarga del mando. — Derrota de la escuadra chilena. — Bombardeo del Callao. — Heroismo de los marinos españoles. — Inutilidad de la guerra del Pacífico.

El mal éxito que tuvo en Madrid el movimiento revolucionario, hizo fracasar los preparativos hechos en varias provincias. Al saberse en Valladolid, en el mismo día 22, por un Boletín extraordinario el fracaso de la insurrección en la capital, todos los militares comprometidos se retrajeron, á excepción de los sargentos de artillería que se mostraban siempre dispuestos á la lucha.

Cuatro compañías cuyos oficiales estaban comprometidos en la conspiración salieron por orden del capitán general á publicar por las calles el bando declarando el distrito en estado de guerra; y el teniente coronel D. Amable Escalante, hombre de valor temerario y que era uno de los agentes de Prim, increpó en el punto más céntrico de la ciudad á los que mandaban dichas fuerzas llamándolos á grandes voces cobardes y traidores y retándolos á un combate personal. Esta imprudencia, hija de la indignación, pudo muy bien costar la vida á Escalante y á su compañero Lagunero; pero cuando una hora después la policía fué en su busca ya habían salido ambos de Valladolid dirigiéndose á Portugal cuya frontera consiguieron ganar.

En Gerona se sublevó el regimiento

de infantería de Bailén. El brigadier Milans del Bosch había de ponerse al frente de dicho cuerpo, pero acudió tarde á la cita, y el regimiento, después de vagar algunos días por los Pirineos sin saber qué hacer y perseguido por fuerzas superiores, vióse obligado á refugiarse en Francia.

A pesar del triunfo alcanzado por el gobierno en las calles de Madrid, la insurrección del 22 de Junio impresionó profundamente á todos los reaccionarios y les hizo ver el peligro en que estaba el trono. Entre los innumerables heridos en la sangrienta jornada figuraba, aunque muy levemente, el general Narváez, que fué conducido á Palacio, atendiendo á su curación la misma reina.

El jefe de los moderados, que á causa de su avanzada edad se mostraba muy asustado por aquella herida creyendo que le conduciría al sepulcro, decía á á todos que estaba arrepentido de su política reaccionaria y antipopular y que era necesaria la unión de todos los monárquicos para salvar la dinastía y dar más libertad al país.

—He presenciado en mi vida,—decía el general,—muchas sublevaciones militares y civiles, pero ninguna me ha asustado como la presente, no por su importancia, sino porque veo en ella un carácter social que me hace temer por el porvenir de España.

Narváez, atemorizado y obsesionado por el grandioso espectáculo de la revolución, decía verdad; pero, como hombre irreflexivo, poco tiempo después al ser llamado su partido al poder cambiaba radicalmente de ideas y seguía siendo el gobernante despótico, atento únicamente á halagar la ferocidad de los moderados intransigentes y de los palaciegos y á perseguir con irritantes arbitrariedades á sus enemigos políticos.

Odonell, que consideraba con el mayor desprecio la vida de los hombres, solemnizó su victoria con el salvajismo acostumbrado. La familia real le pedía sangre y sangre hubo para afirmar una vez más la monarquía vacilante.

Los Consejos de guerra, bajo la presión del gobierno, realizaban con la mayor actividad su odioso encargo y firmaban casi sin examen las sentencias de muerte. Tres días después de la insurrección, el 25 de Junio, murieron fusilados veintiún sargentos, en medio de las indignadas protestas d la opinión pública que creía que 1 reina aprovecharía la ocasión para hacerse simpática al país mostrándos clemente.

Cuando el piquete encargado del fusilamiento hubo hecho la primera descarga quedaron varios sargentos en pié y al hacérseles nuevamente fuego aun quedaron incólumes algunos de estos infelices que por dos veces sufrieron la espantosa agonía de una muerte próxima. Entonces el sacerdote que había acompañado á los reos en sus últimos instantes, levantando el crucifijo púsose en frente de los fusiles apuntados pidiendo al jefe de las tropas que formaban el cuadro que

? á los infelices que las balas
espetado. El militar contestó
lás groseros insultos amena-
sacerdote con fusilarle si vol-
lar, y entonces éste se retiró
o no queriendo autorizar con
icia tan salvaje acto.
ierno siguió fusilando en los
sivos, y el 7 de Julio habían
jecutados sesenta y seis hom-
eran sargentos, cabos y solda-
rometidos en la insurrección,
ión de un ex-coronel carlista
isano que sufrieron también
suerte sin ninguna prueba
iva.
ll se había empeñado en de-
que en punto á sanguinario y
o tenía nada que envidiar á
pero á pesar de ésto en Pala-
ligiosos y virtuosísimos mo-
mostraban disgustados por-
silaban los hombres á docenas
llos deseaban que las ejecu-
esen á centenares.
orito de Isabel II manifestó á
el disgusto de la reina, dicien-
sta le tachaba de poco enér-
ntonces el general herido en
propio le respondió con ira:
es no ve esa señora que si fu-
los los soldados cogidos va á
se tanta sangre que llegará
alcoba y se ahogará con ella?
ua tuvo inmediatamente co-
to de esta respuesta y no se
ió á Odonell.
indignación producía el feroz
de represión empleado por el

gobierno que hasta los mismos unionistas se dirigieron al presidente del
Consejo rogándole que hiciese cesar
tan horrible matanza, pero Odonell,
con una hipocresía digna de un jesuita, contestó á sus correligionarios:

—Yo no fusilo á nadie; los tribunales competentes juzgarán y fallarán
con arreglo á la ley.

Esta contestación era ridícula, pues
todos sabían que en aquella ocasión la
ley era la voluntad del duque de Tetuán, y que aquello que él llamaba tribunales competentes eran cuerpos que
estaban por completo á sus órdenes.

Lo que sentía Odonell era tener que
ensañarse con sargentos y soldados y
que no cayesen en su poder los principales jefes de la insurrección á los
cuales quería fusilar. Pierrad, Contreras é Hidalgo lograron huir á Francia
venciendo grandes peligros, especialmente el último que era el más perseguido por la policía y que varias veces estuvo próximo á caer en sus
manos.

El gobierno, además, condenó á
muerte en garrote vil á D. Práxedes
Mateo Sagasta, D. Cristino Martos, Don
Manuel Becerra y D. Emilio Castelar,
los cuales lograron ganar la frontera
de Francia, así como D. Francisco Pi
y Margall que era perseguido como
individuo de la Junta revolucionaria
creada por el partido democrático.

Rivero, Sorní y otros importantes
revolucionarios cayeron en manos de
los esbirros del gobierno y fueron con-

ducidos á la cárcel del Saladero viéndose próximos á ser fusilados.

En Barcelona los señores Mas y Ventura, oficiales de caballería que aunque comprometidos en la insurrección no habían llegado á sublevarse contra el gobierno, fueron condenados á muerte y pasados por las armas, con gran sorpresa del vecindario barcelonés que esperaba la concesión del indulto.

Este castigo verdaderamente arbitrario acabó de demostrar de lo qué era capaz el gobierno, y se apresuraron á emigrar temiendo por su vida todos los que habían tomado parte en los trabajos insurreccionales, aunque no hubiesen llegado á hacer armas contra la dinastía.

Odonell no tardó en ser castigado por los mismos que le habían impulsado á adoptar una conducta propia de un verdugo miserable.

Su respuesta á la sanguinaria proposición de la reina había indignado mucho á ésta, y aprovecharon tal ocasión para derribar los principales enemigos que Odonell tenía en Palacio y que eran el ex-secretario de la reina D. Miguel Tenorio, sor Patrocinio y demás gentecilla del mismo jaez.

Para el duque de Tetuán no pasó inadvertida esta conspiración palaciega, así como que Narváez, restablecido ya de su herida, mostraba deseos de ocupar el poder; pero sentía gran confianza considerando que sería muy absurdo que la reina pensase hacerle abandonar el gobierno justamente cuando acababa de salvar su corona.

La actitud del Senado inspiraba á Odonell algún recelo, y para hacer más fácil la aprobación del voto de confianza que pensaba pedir á las Cortes, presentó á la firma de la reina un decreto de promoción de nuevos senadores. Doña Isabel, con gran sorpresa de su ministro y á pesar de que días antes se había manifestado conforme con dicho proyecto, se negó á firmarlo, y Odonell con visible irritación la preguntó si le retiraba su confianza ahora que estaba ya vencida la insurrección que él solo era capaz de reprimir; pero la reina en vez de contestar directamente dijo que la osadía de los revolucionarios provenía de haber reconocido el gobierno al nuevo reino de Italia.

Comprendiendo el general que lo que su ama deseaba era la dimisión, púsose fuera de sí y dijo con ronca voz:

—Bien; me marcho y me alegro; al fin y al cabo las cosas tenían que suceder de este modo.

La reina preguntó al general si estas palabras equivalían á una amenaza, y éste se limitó á contestar que mientras Isabel II reinase no volvería él á entrar en Palacio.

Herido por aquella vil ingratitud y agitado tal vez por el remordimiento de su crueldad con los revolucionarios para halagar á tan miserable reina, se retiró Odonell en un estado tal de sobreexcitación que según dijo después á sus amigos, creyó morir de repente. Su salud se resintió de un

alarmante, pues como él mismo
…ba había envejecido más aquel
…e en diez años y durante los
… meses que vivió se le oyó siem-
…ablar de Isabel II con marcado
… de venganza.

…indudable que á no haberle sor-
…ido la muerte, Odonell hubiese
…l jefe y organizador de la revo-
…, de 1868.

…tes de entrar á reseñar los actos
…ltimo período de la monarquía de
… II y los desmanes del gobierno
…rado, debemos ocuparnos de la
…ra aventura de la Unión liberal
…cuente siempre en su política
…listadora y quijotesca que hacía
…r á diario los conflictos inter-
…nales.

…sde 1863 que nuestro gobierno
…a reclamaciones diplomáticas al
…erú con motivo de haber sido
…ados en Talambo algunos súb-
… españoles por una partida de in-
…ctos. El gobierno peruano aceptó
… justas todas las reclamaciones y
…opuso cumplirlas; pero una revo-
…n armada le arrojó del poder,
…o sustituido por otro ministerio
…e negó á reconocer el convenio.
…ell envió entonces á las costas
…nas una escuadra que comenzó
…poderarse de las islas Chinchas,
…nsos depósitos de guano que pro-
…n al país grandes rendimientos.

…l Perú protestó enviando al con-
…lmirante Pareja, jefe de nuestra
…adra, una comisión pidiéndole la
…olución de las islas Chinchas y
que se borrase del documento en
que se hacía constar la toma de posesión
de dichas islas por España, la palabra
reivindicación que hería el sentimiento nacional del pueblo peruano. La
palabra fué mantenida al fin, convi-
niéndose por ambas partes darle una
interpretación distinta.

La República de Chile, en virtud
de una alianza ofensiva-defensiva que
tenía ajustada con el Perú, se declaró
contra España, convirtiendo el carbón
de piedra en contrabando de guerra
para impedir de este modo el abaste-
cimiento de nuestra escuadra.

El gobierno español envió nuevos
buques al Pacífico, y la prensa de ambas repúblicas se desató en injurias
contra España verificándose en varias
ciudades ruidosas manifestaciones en
idéntico sentido.

Un periódico de Chile, titulado *San
Martín*, distinguíase por los insultos
groseros que dirigía á España, y nuestro embajador tuvo que amenazar al
gobierno con retirarse si no se imponía
silencio á dicha publicación. Los ministros chilenos reunidos en Consejo
acordaron suprimir el periódico y así
lo hicieron; pero Odonell, que era siempre arrogante en demasía cuando trataba con una nación inferior, no se dió
por satisfecho con esta satisfacción y
entrando ya en el terreno de la injusticia quiso violentar la dignidad de
Chile exigiendo á su gobierno que sa-
ludase á nuestro pabellón con veintiún
cañonazos, que pagase tres millones
de reales como indemnización á Es-

paña por haberse negado á suministrar carbón y víveres á nuestros buques y que enviase un plenipotenciario á Madrid para dar explicaciones de lo ocurrido y conceder más ventajas al comercio español que á ningún otro.

Tan absurdas é infundadas eran las pretensiones de Odónell, que el mismo representante de España en Chile las consideró excesivas presentándolas con rubor al gobierno de dicha nación.

Entretanto continuaban las negociaciones con el Perú y se arreglaba lo de las islas Chinchas, cuya ocupación era puramente nominal, pues los peruanos seguían sacando todo el guano que necesitaban invirtiendo los importantes productos en la compra de pertrechos militares.

Por fin el 29 de Marzo de 1865 se llegó á un arreglo con el gobierno del Perú, pero éste fué sólo momentáneo, pues la obstinación del gobierno español en imponer á Chile las humillantes condiciones de paz motivó una guerra fratricida é infructuosa en extremo.

El contraalmirante Pareja era un marino pundonoroso y valiente, pero excesivamente influído por esa patriotería brutal que pone el derecho de parte del más fuerte, y de aquí que mediando en las negociaciones se indispusiera inmediatamente con el gobierno chileno y llegase á tachar de mal español á nuestro representante Tavira, hombre justo y reflexivo que veía la cuestión en su verdadero aspecto.

El ministro de Estado de Chile señor Santa María, envió al gobierno español una atenta nota demostrando que no había ningún agravio que reparar, y que en cuanto á la indemnización pedida, el gobierno estaba dispuesto á darla, pero terminaba afirmando que todos los chilenos antes se dejarían matar que saludar al pabellón español por ofensas no cometidas.

Con esto se hacía inminente el rompimiento, pero aun contribuyeron á agravar la situación los españoles residentes en Valparaiso que enviaron á Odonell una exposición acusando al representante Tavira de defender mejor los intereses de Chile que los de España. El relevo de Tavira no se hizo esperar, y entonces Pareja, por orden del gobierno español, asumió la representación militar y la diplomática, lo que hizo inevitable la guerra.

Pareja, en 17 de Setiembre, envió a gobierno chileno el memorial de agravios que se limitaba á recordar los insultos del periódico *San Martin* y algunos mueras dados frente á la casa del representante español, acabando por reproducir la petición de indemnización y saludo á la bandera española.

Este documento fué recibido en Valparaiso el 18 Setiembre, justamente cuando se estaban verificando las fiestas conmemorativas de la independencia de Chile. El ministro de Estado calificó de imaginarios todos los cargos y de humillantes é indecorosas las proposiciones de España, tachando las amenazas de guerra como un abuso escandaloso de fuerza del cual sabría defenderse la república Chilena.

ntraalmirante Pareja contestó
ta fijando un plazo de cuarenta
ioras de término para romper
lidades, y el gobierno Chileno
ó á tal comunicación haciendo
obre España la responsabilidad
:uanto pudiera ocurrir y dicien-
Chile nunca compraría la paz á
su dignidad.

cuadra española estableció in-
mente el bloqueo de las costas
á pesar de la gran extensión
y de su escasez de fuerzas,
buques que la componían eran
la *Villa de Madrid* y las go-
icedora y *Covadonga*, situadas
Valparaiso; la *Resolución* que
á la entrada del puerto de
ión y la *Blanca* y la *Beren-*
e navegaban en aguas de Co-

ıea de bloqueo era de más de
as leguas, y el contraalmiran-
a, situado en el centro, no po-
ir con prontitud á ninguno de
emos. La fragata *Numancia*,
daba D. Casto Méndez Nú-
manecia en aguas del Callao
do la actitud de la escuadra
que, á pesar del reciente tra-
paz con España, mostraba in-
s de socorrer á Chile.

le estado se hallaban las hos-
cuando Méndez Núñez avisó
de que las fragatas *Blanca* y
ela, situadas al Norte de la
bloqueo, se hallaban cercadas
nos buques peruanos y chile-
corrían gran peligro. Pareja

despachó inmediatamente en su socorro la goleta *Covadonga*, pero ésta fué apresada inmediatamente antes de llegar á su destino por la fragata chilena *Esmeralda*, muy superior en marcha y armamento.

El contraalmirante Pareja, al recibir la fatal noticia, encerróse en su camarote y se suicidó disparándose un tiro de revólver en la sien, dejando escritas antes las siguientes líneas: «*Suplico encarecidamente que no se arroje mi cadáver en las aguas de Chile.*»

D. Casto Méndez Núñez, que acababa de ser ascendido á brigadier, tomó el mando de la escuadra, y obrando más acertadamente que el desgraciado Pareja, renunció al bloqueo de tan extensa costa agrupando los buques para operar con más rapidez y mayor fuerza sobre los puntos donde le conviniese la lucha. En un Consejo de oficiales que inmediatamente reunió, acordóse por unanimidad vengar el apresamiento de la *Covadonga* y caer sobre Valparaiso, lo que verificó acto seguido mientras en el Perú era derribado el gobierno por una revolución, y el nuevo ministerio declaraba la guerra á España.

Nuestra escuadra buscó á los buques chilenos, y tras un reñido combate, los derrotó, siendo apresados algunos de éstos y otros echados á pique. Inmediatamente Méndez Núñez ordenó el bombardeo de Valparaiso que quedó reducido á un montón de escombros, é inutilizado ya Chile para continuar la lucha, nuestra escuadra se dirigió al

Perú, cuyos habitantes se mostraban muy envalentonados.

Carecía Méndez Núñez de elementos para acometer una empresa de importancia, pero á pesar de esto se decidió á atacar el puerto del Callao que estaba defendido por fortificaciones formidables y poderosa artillería y que tenía la entrada de su dársena guardada por una gran torre blindada con dos poderosos cañones Armstrong que disparaban proyectiles de trescientas libras.

Forzar la entrada de tal puerto con buques que en su mayor parte eran de madera, resultaba una temeridad según la opinión de expertos oficiales de las escuadras extranjeras que estaban en aquellas aguas; pero Méndez Núñez, con la audacia y el heroismo que resultan axiomáticos en la marina española, se colocó frente al Callao anunciando que iba á bombardear el puerto y concediendo á los buques neutrales un plazo de seis dias para retirarse.

El 2 de Mayo de 1866 nuestros buques con sublime arrogancia avanzaron en línea de batalla sobre el puerto del Callao aclamados por los entusiastas hurras de las tripulaciones de las escuadras extranjeras que veian con asombro como marchaban á una muerte cierta aquellos heroicos marinos dignos sucesores de Churruca y de Gravina.

La fragata Numancia inició el combate y poco despues entraban en fuego todos los buques de nuestra escuadra. Era de esperar por la desigualdad de elementos que el triunfo fuese de los peruanos; pero nuestra escuadra tras algunas horas de combate consiguió volar la torre blindada y apagar los fuegos de casi todas las baterias peruanas. La marina española tuvo unas doscientas bajas entre muertos y heridos, contándose entre estos últimos el bravo Méndez Núñez; pero mayores fueron aún las pérdidas de los peruanos especialmente en la voladura de la torre blindada.

El éxito del combate quedó indeciso, pues si bien los buques españoles se retiraron con aire victorioso después de haber destrozado las fortificaciones del Callao y dispuestos aún á continuar el combate, quedó todavia un fuerte peruano disparando sin interrupción. A pesar de que los peruanos se valieron de este detalle para atribuirse la victoria, el triunfo moral fué de nuestra escuadra y asi lo fallaron los marinos extranjeros que estaban asombrados del temerario valor de los marinos españoles.

En el combate del Callao los tripulantes de nuestra escuadra rayaron todos en el último limite del heroismo sin distinción de categorias, y Méndez Núñez fué quien mejor supo demostrar que no se habia extinguido en nuestra patria la raza de los vencedores en Lepanto y de los gloriosamente vencidos en Trafalgar. Su entereza en el combate no tuvo límites y pronunció frases por lo concisas y enérgicas dignas de la antigua Esparta. En lo más reñido de la lucha

do una de las fragatas era presa
lamas, se negó á que se evitase
;ro de una explosión mojando
sito de la pólvora y entonces
ció sus famosas palabras: *«Es-
uiere más honra sin barcos que
sin honra.»*
ficialidad de nuestra escuadra
'acífico era partidaria de que al
uiente se renovase el ataque
lao para completar la victoria
lo que, á pesar de las averías
s por los buques, podría in-
e un desembarco; pero Méndez
no aceptó el proyecto y ordenó
ada enviando la *Numancia* á
;uelta al mundo, siendo este bu-
primer acorazado que navegó
redondez de la tierra.
este modo terminó la última
aventura militar de la Unión liberal.

Ningún resultado beneficioso produjo para la patria, antes bien, estuvo próxima á convertirse en un desastre, pues es indudable que, á no ser por la pericia de Méndez Núñez y sus oficiales, por lo certero de sus disparos, y por la caprichosa ayuda de la suerte, nuestra escuadra hubiese perecido frente á las formidables fortificaciones del Callao.

Después de esta sublime aventura suspendiéronse las hostilidades entre España y las dos repúblicas, estableciéndose de hecho la paz aunque el tratado en que ésta se cimentaba tardó cinco años en firmarse. La guerra del Pacífico dió á España igual resultado que las de Marruecos y Santo Domingo: mucha gloria y ningún provecho.

CAPITULO XXI

1867-1868

Política de la reina y de Narváez.—Gabinete que forma éste.—Maquinaciones reaccionarias de González Brabo.—Peligros que corre el régimen parlamentario.—Allanamiento del palacio del Congreso.—Actitud de Ríos Rosas.—Prisión y destierro de éste y algunos diputados.—Serrano entrega á la reina la exposición parlamentaria.—Castigo que sufre.—Alardes reaccionarios de González Brabo.—Circular revolucionaria de los progresistas.—Relaciones entre Prim y Odonell.—Planes poco revolucionarios de éste.—El favorito Marfori.—Los demócratas y los progresistas.—Conferencias de Bruselas y de Ostende.—Movimiento insurreccional en Aragón y Cataluña.—Triunfo de los revolucionarios en Llinás de Marcuello.—Término de la insurrección.—Fallecimiento de Odonell.—Apertura de las Cortes.—Su envilecimiento.—El gobierno extrema la reacción.—Jactancia de González Brabo.—Manejos de Miraflores.—Crisis ministerial.—Actitud de los unionistas.—Los duques de Montpensier.—Actitud que observa con ellos la reina.—Escándalo que da en París el infante don Enrique.—Fallecimiento de Narváez.—Ingratitud de los reyes.—Gabinete González Brabo.—Inteligencia entre unionistas y progresistas.—Prisión de Serrano y varios generales.—Destierro de los duques de Montpensier.—Divergencias entre los conspiradores.—Movimientos fracasados.—Absurdas negociaciones entre los progresistas y el pretendiente don Carlos.—Cabrera y Sagasta.—Verdadero espíritu del partido progresista.—Montpensier y Prim.—Descuido de la reina.—Preludios de la revolución.

Doña Isabel, perturbada por los elogios de los cortesanos, imbuida en la falsa idea de que era reina por derecho propio y la Providencia le protegería por enormes que fuesen sus crímenes y educada en principios políticos propios de la monarquía absoluta, extremaba cada vez más su sistema reaccionario no haciendo caso de las continuas revoluciones que eran signos del malestar del país.

Su lema era «á mayor presión revolucionaria mayor resistencia,» y por esto considerando á Odonell demasiado liberal creyó más acertado, después de la jornada de 22 de Junio, dar el poder á Narváez, encargándole que

ina política francamente ab-
y neo-católica.
iez al constituir su gabinete
gó de la presidencia con la
de la Guerra, encomendando
nente la de Estado á D. Lo-
razola. En Gobernación entró
González Brabo; en Gracia y
el mismo Arrazola; en Fomen-
o; en Hacienda Barzanallana;
na el general Rubalcaba y en
r D. Alejandro de Castro.
as después entró á desempe-
rtera de Estado en propiedad
al D. Eusebio Calonge y fué
o capitán general de Madrid
onario conde de Cheste.
ez con su acostumbrada astu-
sido el primero en aconsejar
l que fusilase á todos los sos-
de conspiración; pero apenas
poder suspendió las ejecucio-
hacerse simpático al país
sta orden en nombre de la
ma reina.
ino á aumentar la indignación
ell que exclamaba desespe-

decir que doña Isabel ha que-
yo derramase toda esa sangre
erme odioso y conseguir que
re inspirase horror al país.
rdó en hacerse sentir la políti-
quel gabinete furiosamente
ario, pues éste declaró que
periódico á excepción de la
odía dar noticias referentes á
ósitos y actos del gobierno.
iez que tan propicio se mostra-

ba el 22 de Junio á entenderse con los unionistas para oponerse á los progresos de la revolución, dando libertad al país, olvidó tales propósitos apenas ocupó el poder. y en unión de González Brabo que era como el Mefistófeles del despotismo, se ocupó en volver al país lentamente al régimen absoluto.

Hay que manifestar que Narváez, que no quería comprometerse en planes demasiado aventurados, se oponía á los proyectos extremadamente radicales de González Brabo; pero éste se entendía con la reina que aceptaba entusiasmada las proposiciones de su corrompido ministro.

González Brabo conocia que con sus planes liberticidas halagaba á la reina y se le hacía simpático, ayudándole, además, en su empresa algunos obispos y el imbécil D. Francisco de Asis que estaba siempre pronto á proteger una política de retroceso. Bravo Murillo también adoptaba el plan, pues á pesar de sus diferencias personales con Narváez apoyaba al gobierno, viendo que éste iba á anular el sistema representativo poniendo en práctica la famosa *Reforma* que él había ideado quince años antes.

Ante el peligro que corría el régimen parlamentario las oposiciones liberales se agruparon para defenderlo, y aun muchos hombres del partido moderado entraron en esta coalición constitucional. Todos adivinaban un próximo golpe de Estado y para evitarlo se reunieron en 27 de Diciembre el general Serrano, presidente del Se-

CAPITULO XXI

1867-1868

Política de la reina y de Narváez.—Gabinete que forma éste.—Maquinaciones reaccionarias de González Brabo.—Peligros que corre el régimen parlamentario.—Allanamiento del palacio del Congreso.—Actitud de Ríos Rosas.—Prisión y destierro de éste y algunos diputados.—Serrano entrega á la reina la exposición parlamentaria.—Castigo que sufre.—Alardes reaccionarios de González Brabo.—Circular revolucionaria de los progresistas.—Relaciones entre Prim y Odonell.—Planes poco revolucionarios de éste.—El favorito Marfori.—Los demócratas y los progresistas.—Conferencias de Bruselas y de Ostende.—Movimiento insurreccional en Aragón y Cataluña.—Triunfo de los revolucionarios en Llinás de Marcuello.—Término de la insurrección.—Fallecimiento de Odonell.—Apertura de las Cortes.—Su envilecimiento.—El gobierno extrema la reacción.—Jactancia de González Brabo.—Manejos de Miraflores.—Crisis ministerial.—Actitud de los unionistas.—Los duques de Montpensier.—Actitud que observa con ellos la reina.—Escándalo que da en París el infante don Enrique.—Fallecimiento de Narváez.—Ingratitud de los reyes.—Gabinete González Brabo.—Inteligencia entre unionistas y progresistas.—Prisión de Serrano y varios generales.—Destierro de los duques de Montpensier.—Divergencias entre los conspiradores.—Movimientos fracasados.—Absurdas negociaciones entre los progresistas y el pretendiente don Carlos.—Cabrera y Sagasta.—Verdadero espíritu del partido progresista.—Montpensier y Prim.—Descuido de la reina.—Preludios de la revolución.

Doña Isabel, perturbada por los elogios de los cortesanos, imbuida en la falsa idea de que era reina por derecho propio y la Providencia le protegería por enormes que fuesen sus crímenes y educada en principios políticos propios de la monarquía absoluta, extremaba cada vez más su sistema reaccionario no haciendo caso de las continuas revoluciones que eran signos del malestar del país.

Su lema era «á mayor presión revolucionaria mayor resistencia,» y por esto considerando á Odonell demasiado liberal creyó más acertado, después de la jornada de 22 de Junio, dar el poder á Narváez, encargándole que

a política francamente ab-
neo-católica.

z al constituir su gabinete
) de la presidencia con la
la Guerra, encomendando
nte la de Estado á D. Lo-
zola. En Gobernación entró
onzález Brabo; en Gracia y
mismo Arrazola; en Fomen-
en Hacienda Barzanallana;
el general Rubalcaba y en
D. Alejandro de Castro.
después entró á desempe-
.era de Estado en propiedad
D. Eusebio Calonge y fué
capitán general de Madrid
lario conde de Cheste.
; con su acostumbrada astu-
sido el primero en aconsejar
que fusilase á todos los sos-
le conspiración; pero apenas
oder suspendió las ejecucio-
hacerse simpático al país
a orden en nombre de la
a reina.
ío á aumentar la indignación
l que exclamaba desespe-

ecir que doña Isabel ha que-
o derramase toda esa sangre
me odioso y conseguir que
e inspirase horror al país.
ó en hacerse sentir la políti-
el gabinete furiosamente
io, pues éste declaró que
eriódico á excepción de la
lia dar noticias referentes á
.tos y actos del gobierno.
: que tan propicio se mostra-

ba el 22 de Junio á entenderse con los unionistas para oponerse á los progresos de la revolución, dando libertad al país, olvidó tales propósitos apenas ocupó el poder. y en unión de González Brabo que era como el Mefistófeles del despotismo, se ocupó en volver al país lentamente al régimen absoluto.

Hay que manifestar que Narváez, que no quería comprometerse en planes demasiado aventurados, se oponía á los proyectos extremadamente radicales de González Brabo; pero éste se entendía con la reina que aceptaba entusiasmada las proposiciones de su corrompido ministro.

González Brabo conocía que con sus planes liberticidas halagaba á la reina y se le hacía simpático, ayudándole, además, en su empresa algunos obispos y el imbécil D. Francisco de Asís que estaba siempre pronto á proteger una política de retroceso. Bravo Murillo también adoptaba el plan, pues á pesar de sus diferencias personales con Narváez apoyaba al gobierno, viendo que éste iba á anular el sistema representativo poniendo en práctica la famosa *Reforma* que él había ideado quince años antes.

Ante el peligro que corría el régimen parlamentario las oposiciones liberales se agruparon para defenderlo, y aun muchos hombres del partido moderado entraron en esta coalición constitucional. Todos adivinaban un próximo golpe de Estado y para evitarlo se reunieron en 27 de Diciembre el general Serrano, presidente del Senado y el del Congreso D. Antonio Rios Rosas, redactando una exposición á la reina en la que pidiendo que se cumpliera la Constitución violada por el gobierno, se exigía la convocación de las Cortes antes que terminase el año. Ambos presidentes para que la exposición llevase el mayor número posible de firmas, convocaron á todos los diputados y senadores residentes en Madrid á una reunión que debía celebrarse en el salón de conferencias del Congreso.

Narváez se enfureció al conocer los propósitos de los presidentes de las Cámaras, y como para sus fines políticos había mantenido la suspensión de las garantías constitucionales decretada por Odonell, ordenó al conde de Cheste, capitán general de Madrid, que se presentase en el palacio del Congreso y procediese á su clausura impidiendo á todo trance la reunión de diputados y senadores, á los que calificó de facciosos y revolucionarios.

El conde de Cheste cumplió este encargo con toda la grosería propia de un militar absolutista, como lo da á entender la siguiente comunicación dirigida al presidente del Congreso por el oficial mayor de la Secretaría, que fué quien sufrió el atropello.

Excmo. Señor: Altamente impresionado por un suceso grave ocurrido en el Palacio de la Representación Nacional, tomo la pluma para ponerlo en conocimiento de V. E.... Dispénsame la pesadez del relato en obsequio de la claridad con que V. E. debe conocer hasta los más pequeños detalles de este suceso. A las once de la noche de ayer salí del palacio del Congreso y de regreso á la media hora supe por los dependientes de servicio que el señor capitán general de Madrid se había presentado en la portería pidiendo para firmarla una exposición que, suscrita por los señores diputados, dijo se pensaba elevar á la reina. Habiéndole contestado que nada sabían sobre el particular, preguntó por mí y, enterado de mi momentánea salida, quedó en volver. Así lo verificó á las doce y media, acompañado del gobernador de la provincia, de un ayudante, del jefe militar del cantón y me parece que del oficial de un piquete que se situó á la puerta que el palacio tiene en la calle del Florín. Avisado por el portero de la presentación de la autoridad militar, pasé á recibirla á la galería contigua á mi despacho; y después de oir del gobernador que yo era el jefe de la secretaría, el señor capitán general me pidió la mencionada exposición. Al decirle que ni tenía, ni sabía nada de semejante documento, me contestó en tono duro y altivo: *Miente usted*, y pasando á vías de hecho me tiró de un revés el sombrero al suelo y con voces destempladas y poniendo por testigo á las personas allí presentes, entre las cuales se hallaban varios porteros, mandó al comandante del cantón que me llevase á las prisiones militares para responder ante el Consejo de guerra del desacato que dijo yo había cometido hablándole con el sombrero puesto. No entraré en consideración de ningún género sobre un acto tan incalificable que las personas constituidas en dignidad no se permiten nunca en los pueblos cultos, y me limitaré, por tanto, á decir que después de pedirme los nombres de los señores de la comisión permanente del Congreso y de los empleados que habitan el palacio del mismo, dió orden al jefe de guardia para que únicamente á ellos se permitiese la entrada en el edificio, previa presentación de un pase que el gobernador les facilitaría; y mandándome quedar donde estaba se retiró seguido de las personas que le acompañaban, disponiendo que las llaves de las puertas se entregasen al oficial de guardia. Esto es, Excmo. Señor, lo ocurrido y que en cumplimiento de mi deber pongo en noticia de V. E.—Madrid 28 de Diciembre de 1866.—ANTONIO DE CASTRO Y HOYO.»

Ríos Rosas, indignado justamente por aquella brutal irrupción en el palacio de la representación nacional, dirigió á Narváez la siguiente comunicación, en la que atacaba con entereza la conducta del capitán general.

«Excmo. Señor: El capitán general de este distrito militar y el gobernador civil de esta provincia se presentaron anoche en el palacio del Congreso de los diputados y perpetraron los actos que refiere detalladamente la copia del oficio que, dándome cuenta de ellos me ha pasado en la mañana de hoy el oficial mayor de la secretaría del mismo Congreso. Dicha copia es adjunta. Para llevar á efecto en una casa particular cualquier acto gubernativo ó judicial emanado de la autoridad pública, la autoridad tiene el deber de dirigirse al jefe de la misma casa, y aun cuando dichos señores capitán general y gobernador no reconociesen en mi persona más carácter que éste á mí han debido dirigirse á fin de practicar cualquier gestión de la índole indicada. Pero el palacio del Congreso no es un edificio privado, ni el que dirige á V. E. esta comunicación el mero dueño ó jefe de tal domicilio. El palacio del Congreso de los diputados de la nación es un edificio nacional donde existen toda clase de dependencias de este cuerpo colegislador y cuya dirección, régimen y gobierno interior, estén suspendidas, cerradas ó disueltas las Cortes, pertenecen exclusivamente al presidente é individuos de la comisión permanente del Congreso, á quienes por conducto del gobierno supremo que V. E. dignamente preside, sea que la monarquía se halle en estado normal, sea que se halle en estado de sitio, deben dirigirse, y de hecho se han dirigido siempre cualesquiera autoridades para todo procedimiento de su respectiva incumbencia. A los vicios de forma de que, según las consideraciones apuntadas, adolece el acto ejecutado por las autoridades referidas, se allegan la ilegalidad y violencia que el mismo acto encierra en su fondo, secuestrando el edificio y las dependencias del Congreso y privando al presidente é individuos de la Comisión de gobierno interior del libre y legítimo uso y ejercicio de las atribuciones que han recibido de la ley y de la autoridad de aquel cuerpo y á los diputados á Cortes del derecho de penetrar en el palacio del mismo cuando lo estimen conveniente. Para la reparación de este arbitrario despojo y allanamiento y de los desmanes que lo han acompañado y por acuerdo de la misma Comisión, acudo á la autoridad del gobierno esperando confiadamente de su respeto á las leyes que revocará sin demora las providencias adoptadas por dichas autoridades. Dios guarde á V. E. muchos años.—Madrid 28 de Diciembre de 1866.—Antonio de los Ríos y Rosas.»

Ríos Rosas, no satisfecho de su enérgica protesta, fué á avistarse con Narváez á altas horas de la noche (1) y como ambos personajes eran de carácter violento su conferencia se convirtió á las pocas palabras en destemplada y escandalosa reyerta estando próximos á venir á las manos. Narváez, á pesar de todo, se mantuvo en declarar que la proyectada exposición á la reina era un acto sedicioso al que él se opondría por todos los medios.

El gobierno pasó una comunicación oficial á Ríos Rosas, aprobando la conducta del conde de Cheste y negando al presidente del Congreso, derecho alguno para calificar los actos de la autoridad, y como el enérgico orador con la tenacidad propia de su carácter insistiera en entregar personalmente á la reina la exposición que estaba ya suscripta por más de cien diputados, el gobierno lo redujo á prisión así como á los señores D. José Fernández de la Hoz, D. Cristóbal Martín de Herrera, D. Pedro Salaverría y don Mauricio López Roberto, los cuales fueron confinados á las islas Baleares.

Narváez fué más implacable con Ríos Rosas, pues lo desterró á Puerto-Rico transigiendo después de muchas influencias con señalarle como á punto de destierro las islas Canarias.

La exposición que de tal modo había indignado al gobierno, estaba firmada por ciento veintiún diputados residentes en Madrid, y en ella se manifestaba á la reina que la potestad de hacer leyes no podía ejercerla exclusivamente el gobierno mientras existiese la Constitución, se marcaban todas las ocasiones en que los ministros habían violentado el código fundamental y se terminaba protestando

---

(1) Varios diputados unionistas acompañaron á Ríos Rosas quedándose á la puerta de casa de Narváez. Cuando el enérgico presidente del Congreso salió de la conferencia, iba fuera de sí bufando de furor y profería en voz sorda terribles amenazas contra Narváez y los moderados.

—¿Estaba en casa el general?—le preguntaron algunos diputados.

—Sí; iba ya á dormir y me ha recibido en su alcoba.

—¿Y qué le ha parecido á usted?

—Pues... un tirano con gorro de dormir.

del atropello llevado á cabo en el palacio del Congreso por el capitán general y el gobernador de Madrid.

El general Serrano se encargó de presentar dicho documento á la reina y aprovechando la confianza que tenía con su antigua *amiga*, la habló con gran franqueza atacando la marcha que seguia el gobierno é intentando demostrar á doña Isabel que con su torpe política marchaba rectamente á la revolución.

Doña Isabel sintió gran despecho por aquellas exhortaciones de su antiguo amante; pero fiel á las costumbres cortesanas, supo fingir un agradecido convencimiento en el que creyó cándidamente Serrano.

Este, al retirarse, creia haber asestado un golpe de muerte á Narváez y los moderados; pero á las pocas horas recibió con sorpresa la orden de darse preso y salir desterrado.

Esta orden la había dado Narváez á quien la reina dió cuenta inmediatamente de su conferencia con Serrano y de todo lo que éste la había manifestado.

El duque de la Torre que estaba convencido de que su alta jerarquía y sus antiguas relaciones con la reina le ponían á cubierto de los atropellos del gobierno, mostróse tan fuera de sí al ser preso, que no se recató en decir que algún día había de arrepentirse doña Isabel de su conducta. El amor propio pudo más que las convicciones políticas y desde aquel día Serrano puso su espada á favor de la revolución.

El gobierno, que estaba muy envalentonado por la protección que prestaba la reina á todos sus atropellos, disolvió las Cortes y convocó otras nuevas que debían reunirse el 27 de Marzo de 1867. Todos los partidos liberales acordaron el retraimiento y el gobierno obtuvo por tanto una gran mayoría dejando la minoría á los elementos neo-católicos. El marqués de Miraflores fué designado para la presidencia del Senado y de la del Congreso se encargó D. Martín Belda, marqués de Cabra, famoso por la protección secreta que prestaba á los secuestradores de Andalucía.

González Brabo, animado por la mayoría dócil y reaccionaria que tenía en el Congreso, quiso desarrollar su política oscurantista.

El apóstata político que era el alma del gabinete, dirigía la marcha política de éste en favor de las doctrinas neo-católicas, y en una reunión verificada por la mayoría parlamentaria, González Brabo llegó á decir resumiendo todas sus aspiraciones políticas: "Después de las inolvidables fechas del 3 de Enero y 22 de Junio, es preciso establecer una línea divisoria entre lo pasado y lo actual, reuniendo alrededor del Trono todos los elementos conservadores, religiosos, monárquicos y sociales para seguir dominando el peligro que á fuerza de perseverancia se ha logrado vencer."

Con estas declaraciones halagaba González Brabo á los neo-católicos y quería conquistar el apoyo de los carlistas, lo que no logró, pues los defensores de don Carlos combatían á los moderados casi absolutistas con el encono que se profesan los enemigos que comulgan en idénticos principios.

La exageración despótica del gobierno de Narváez en vez de atemorizar á los partidos avanzados sirvió para darles más vigor que nunca y hacer que recurriesen nuevamente y con más fe á los procedimientos revolucionarios. El partido democrático siguió conspirando y organizando sus elementos de combate y el progresista envió á todos sus comités, á principios de 1867, una circular reservada que decía así:

«Han transcurrido seis meses desde el memorable día 22 de Junio; si los poderes públicos hubiesen tenido entonces, no diremos sentimientos humanos, sino tan sólo instintos de conservación, instantáneamente se hubieran desvanecido las consecuencias de aquel aciago día. Mas á aquella demostración se siguieron deseos de satisfacer inveterados rencores y de realizar proyectos secretos de los poderes públicos ó para hablar con más exactitud de la corte y el ministerio, de doña Isabel y D. Francisco de Borbón con sus ministros, sus cortesanos y sus servidores, no habiendo juzgado que debían acudir con remedios eficaces á los males populares, sino por el contrario, despejar al país de sus verdaderas garantías, procediendo, en fin, con bárbara franqueza de conquistadores y tiranos. Tribunales feroces destinaban centenares de víctimas al sacrificio, y una mujer, y una señora, las consideraba impasible ó las veía acaso con placer, caminar al patíbulo. Vióse también que unas Cortes serviles vendían al poder la seguridad individual, la libertad civil y la fortuna pública. Vióse igualmente imponerse horrible mordaza á la imprenta, una vez que el poder se hallaba desembarazado ante una tribuna levantada por él mismo, privando al país de sus franquicias, entregando el gobierno de las provincias á mandatarios rapaces ó á generales sanguinarios, organizando en todas partes tribunales excepcionales, expidiéndose numerosas listas de proscripción, prendiendo á millares de ciudadanos, saqueando á los ricos con extraordinarios tributos y enviando á morir á muchos pobres á Fernando Póo y á Filipinas, bajo el pretexto de que eran vagos. Condenaban á muerte á los más notables, sustituían con meros decretos las leyes votadas por las Cortes, dilapidaban los recursos del país con empréstitos ruinosos y oscuros, violaban el hogar doméstico. En Zarauz y antes en Madrid, meditaba la reina Isabel conspiraciones facciosas contra Italia en provecho de la curia romana. Todo esto se vió después del infausto día 22, todo esto se ve y más; se proscribía al ilustre Olózaga, se realizaba un negocio escandaloso con la casa de Fould. ¿Toleraremos por más tiempo este estado de cosas? No lo piensa así la junta revolucionaria de Madrid, es imposible humanamente la persistencia de esta situación; está próximo al fin de esa orgía de libertinos y verdugos que nos ofende, nos mancha y nos infama. Los miembros de la junta han jurado por su vida acelerar el momento supremo; poco importa al público saber el modo, basta que sepa los esfuerzos. Queremos la expulsión definitiva, completa y perpetua de la familia de Borbón; aspiramos á provocar una sentencia nacional, una resolución solemne del país acerca del régimen que ha de sustituir al que actualmente nos oprime; nos proponemos este fin y declaramos enemigo público y reo de lesa nación y merecedor por ello de que la junta le combata con todas sus fuerzas á cualquiera que oponga resistencia y aun ambigüedad y restricciones al proyecto de expulsar del país á la familia de Borbón y á todas sus líneas y ramas, y apelar á la soberanía nacional para constituir políticamente España. Suena la hora de sacudir el yugo de esta degradación: arrojemos para siempre á esa raza funesta. ¡Abajo los Borbones! ¡Viva la soberanía nacional!»

Este documento dejaba bastante que desear en punto á aspiraciones políticas claras y concretas, pero á pesar de ello produjo gran entusiasmo en los conspiradores progresistas y como circuló con gran profusión, pronto llegó á conocimiento del gobierno.

Narváez era tan ciego é irreflexivo en la última época de su vida, que en vez de alarmarse ante los preparativos revolucionarios y halagar á la Unión liberal para que no hiciese causa común con los progresistas, mostraba especial empeño en exasperar á los amigos de Odonell empujándolos con sus imprudencias á la rebelión armada.

En el Senado los unionistas presentaron un voto de censura al gobierno por haber desterrado tan arbitrariamente al general Serrano. Sus compañeros Ros de Olano y Concha defendieron la proposición, ayudándoles Calderón Collantes é Istúriz, y como al llegar el momento de votar lo hicieron favorablemente los señores Nandín, Carramolino, Zúñiga y Morales Puigdevant que eran magistrados del Tribunal Supremo, el gobierno ansioso de venganza los destituyó de sus cargos sin motivo justificado.

El país protestó con indignación de semejante arbitrariedad, pero Narváez y González Brabo eran déspotas por carácter y no se retenian ni sentían arrepentimiento ante las manifestaciones de la opinión pública.

Los progresistas, animados por el odio que toda la nación profesaba al gobierno, seguían conspirando bajo la dirección de Prim, pero éste no inspiraba á Narváez tanto cuidado como el general Odonell, que aunque permanecia inactivo no por esto dejaba de mostrarse resuelto á intentar algo contra Isabel II que tan villanamente le había ofendido.

El duque de Tetuán, á pesar de su disgusto con los Borbones, no estaba resuelto á derribar la dinastía y únicamente pensaba en destronar á doña Isabel, poniendo en el trono á su hijo don Alfonso con una regencia que él se encargaría de desempeñar. El general Prim hacía gigantescos esfuerzos en favor de la causa revolucionaria y trabajaba por atraer á ésta á Odonell, confiándole la dirección suprema de la conspiración, pero el duque de Tetuán no quería aceptar un cambio de dinastía ni deseaba entrar en relaciones con los progresistas, á los que odiaba.

Prim escribía desde Londres á uno de sus amigos la siguiente carta en la que daba cuenta de sus gestiones para atraer á Odonell:

Me han asegurado,—decía el general, que D. Pascual Madoz se ha persuadido ya de que con los Borbones no se va á ninguna parte y no deja de asegurarlo así á cuantos quieren oirle. Véale usted sin demora y le autorizo á usted para que tome mi nombre en la empresa. Aconséjele usted que dé un viaje á Francia y hable á .... en igual sentido, pues tengo la seguridad de que le convencerá. Yo quiero escribir al duque de Tetuán porque temo un desaire: no olvido á quien se le olvidan los .... que le he hecho pasar. No .... sabe que puedo confundir .... pero no conviene irritar .... bien es bueno tenerle de .... Sé que su enojo contra .... es casi rabioso. Este conocimiento me suministró la idea de .... mandé á Francia á N... .... explorase: pero el duque respondió que jamás atentaría contra la dinastía, mayormente cuando existía un niño que podría, andando el tiempo, reparar los errores pasados; y que, sobre todo, estaba resuelto á no ir con los progresistas ni al cielo. Esta respuesta, amigo mío, puede haber sido accidental ó resultado del poco tacto del explorador. Persuada usted á Madoz para que haga los oficios de N... que yo espero que sacaremos gran partido. Necesitamos la cooperación de ese hombre, porque si no carecemos de prestigio ni de masas, estamos faltos de dinero. Respeto las apreciaciones de usted respecto á Pierrad y Contreras, pero ni el uno ni el otro harán grandes cosas. Más confianza tengo en Moriones, á pesar de ser muy precipitado.»

En efecto, Prim hizo nuevas gestiones cerca de Odonell para atraerlo á su causa, y el duque de Tetuán, sin dar una respuesta definitiva, dió á entender que no se negaría á entrar en inteligencia con los progresistas siempre que éstos rompiesen su unión con los demócratas y le ayudasen á combatir al pueblo que querría aprovecharse de la revolución para implantar la república. Además, no quería transigir con la total caída de los Borbones, pidiendo que el príncipe Alfonso no fuese excluído de la Corona y que los progresistas del mismo modo que los unionistas le reconociesen por rey.

Entretanto la política reaccionaria del gobierno seguía desenvolviéndose sin ningún incidente y la legislatura de 1867 duró cuatro meses que fueron empleados en la discusión de los presupuestos y en la aprobación de algunas leyes de escasa importancia. El general Calonge, ministro de Estado, por disidencia con sus compañeros dimitió su cartera el 10 de Junio, reemplazándole entonces D. Alejandro de Castro, y entrando en Ultramar don Carlos Marfori, que era el favorito que más en boga estaba en el ánimo de la reina.

Marfori, especie de chulo endiosado, poseedor de ocultas prendas que enloquecían á la reina, fué una palpable demostración de lo rápidamente que se puede hacer carrera cuando se logra contar con el cariño de una reina. Desde un empleo insignificante se vió elevado á los más altos puestos y en menos de un año fué gobernador civil de Madrid, ministro de Ultramar é Intendente de Palacio, y hubiera llegado seguramente á presidente del Consejo á no haber sido derribada del trono su amada señora. Narváez, á pesar de su carácter atrabiliario é independiente, veíase obligado á transigir con Marfori, guardándole ciertas consideraciones, y cuando tal hacía el presidente del Consejo inútil es manifestar las adulaciones de que sería objeto por parte de los personajes de menos categoría.

Las sesiones de Cortes fueron suspendidas por un real decreto el 13 de Julio y el 27 del mismo mes hubo una nueva modificación en el gobierno por haber dimitido los ministros de Estado y de Marina. Don Lorenzo Arrazola ocupó el primero de dichos ministerios y D. Martín Belda el segundo, entrando en Gracia y Justicia D. Joaquín Roncali. Los nuevos ministros eran por completo hechura de González Brabo, pues éste actuaba como verdadero jefe del gobierno, siendo la presidencia de Narváez poco menos que nominal.

Mientras tanto los partidos arrojados fuera de la legalidad continuaban sus trabajos revolucionarios y Prim volvía á relacionarse con los demócratas con mayor intimidad, en vista de que le era imposible entenderse con Odonell.

Olózaga, que era un intermediario de las relaciones con el partido democrático, deseaba el destronamiento de Isabel II, pero transigía difícilmente con el sufragio universal y se negaba á admitir la posibilidad del establecimiento de una república. Para desvanecer estas diferencias celebraron progresistas y demócratas una reunión, pero en ella no pudieron llegar á un acuerdo definitivo, porque éstos querían que el movimiento se hiciese en nombre de la república y los primeros mostrábanse decididos partidarios de la monarquía constitucional.

Para llegar á la avenencia deseada, verificóse en Bruselas en el mes de Junio otra reunión á la que concurrieron en representación del partido progresista Prim y Olózaga y en nombre del democrático Martos, Orense y Chao. En dicha conferencia acordóse llevar á cabo el movimiento en nombre de la Soberanía Nacional, dejando que una Asamblea elegida por sufragio universal determinase la forma política del país después del movimiento revolucionario, que fué puesto bajo la dirección del general Prim.

La reunión más importante que celebraron los emigrados fué la conferencia de Ostende, á la que concurrieron más de cuarenta y cinco delegados de ambos partidos.

Pí y Margall y Castelar, que residían en París, no quisieron asistir á la reunión, en vista de que algunos de sus compañeros, y especialmente Martos, Becerra, García Ruiz y Chao se mostraban dispuestos á transigir con la monarquía y defendían con tibieza la república.

En representación del elemento militar revolucionario asistieron á las conferencias de Ostende los generales Contreras, Pierrad y Milans del Bosch y el coronel Moriones, acordándose destruir todo lo existente y nombrar á continuación una Asamblea constituyente elegida por sufragio universal, la cual decidiría la suerte del país bajo la dirección de un gobierno provisional.

En Ostende se demostró que existía alguna división en el seno del partido progresista; pues Olózaga, celoso por la gran preponderancia que alcanzaba Prim, le creaba bajo mano toda clase de obstáculos. Por esto el general dijo en una de las conferencias poniendo sus ojos en Olózaga que le miraba sonriendo:

—Sé y me consta que anda un ratón mordiéndome la suela del zapato; pero ¡ay de él si aprieto el pié! que seguramente le dejaré aplastado.

En la misma reunión se demostró que D. José María Orense, que en 1868 había de defender con tanto calor la república federal, no era republicano al verificarse las conferencias de Ostende; pues defendió con gran entusiasmo la monarquía de la casa de Braganza y se ofreció á ir con Olózaga á Portugal para brindar al rey don Fernando con la corona de España.

En la junta de Ostende hubo además detalles que demostraron como los progresistas, tan revolucionarios en el procedimiento, eran reaccionarios en punto á ideas, y buena prueba fueron de esto las genialidades del rudo general Contreras, quien no transigía con la idea del sufragio universal y pedía que antes de iniciar el movimiento se buscase un rey para reemplazar á Isabel II y que éste fuese español, diciendo así con su soldadesca llaneza:—*Yo prefiero Cúchares, que al fin es español, á todos los monarcas extranjeros.*

El general Pierrad se ofreció á iniciar el movimiento revolucionario entrando en España por la parte de Canfranc, y Prim puso bajo sus órdenes al coronel Moriones, quien se mostró disgustado, pues tenía motivos suficientes para creerse superior á su nuevo jefe, que era el verdadero responsable del fracaso del 22 de Junio en Madrid.

Ultimados todos los preparativos revolucionarios, Pierrad y Moriones pasaron la frontera en los primeros días de Agosto poniéndose al frente de algunos centenares de carabineros, á los que se unieron algunos patriotas de Juca y Canfranc. Al mismo tiempo el conocido guerrillero republicano D. Gabriel Baldrich levantó algunas partidas en Cataluña, dirigiendo al país la siguiente alocución:

«Liberales: Ha sonado la hora de la reivindicación política. En estos momentos resuena ya en toda España el grito de *¡Abajo lo existente!* Este es el lema. La revolución es santa, simultánea y segura. Su objeto es derrocar á un gobierno inmoral y opresor que cínicamente arruina y expolia á la nación, chupando los intereses y la sangre de sus hijos. Se ha dicho que la revolución es santa y reparadora. A su frente se hallan hombres eminentes, esforzados y de gran categoría militar. No la teman los hombres de bien, porque respetará los intereses creados y todas las carreras, así civiles como militares. Se conservarán los grados y aun se ascenderá, según sus servicios, á los jefes y oficiales que secunden la santa causa por que combatimos y la clase de tropa obtendrá sus licencias absolutas luego de haber triunfado. La patria os llama; no desoigáis su grito de dolor. ¡Ay del que hostilice! Estas son las instrucciones que me ha dado nuestro general en jefe D. Juan Prim, que á estas horas está pisando el suelo patrio, al nombrarme comandante general de esta provincia de Barcelona. ¡Viva la soberanía nacional! ¡Viva la patria!—Campo del honor 16 de Agosto de 1867.—El coronel, Gabriel Baldrich.»

Otro guerrillero republicano, el valiente Escoda que tanto se había distinguido en la sublevación popular de 1848, levantó una numerosa partida en las inmediaciones de Villanueva y Geltrú al mismo tiempo que el comandante Lagunero conseguía sublevar el regimiento de Bailén acantonado en el campo de Tarragona.

En la liberal población de Bejar estalló también la revolución, iniciada por los elementos populares que en 24 de Agosto atacaron la guardia civil que guarnecía la ciudad consiguiendo vencerla después de un reñido combate; pero bastó que el brigadier Aguirre saliera de Valladolid con una fuerte columna para que inmediatamente los revolucionarios abandonasen la población. Como se ve el movimiento tenía elementos en varios puntos de España, pero carecía de verdadera base para convertirse en imponente revolución.

A falta de una plaza fuerte de gran importancia, Valencia era la capital indicada para centro revolucionario y á dicha ciudad fué enviado por Prim el general D. Carlos Latorre con encargo de iniciar la revolución; pero los jefes de los regimientos comprometidos se negaron á dar el grito exigiendo además para secundar el movimiento que se sublevase una plaza fuerte con seis mil hombres al menos. El general Prim se había embarcado para Valencia, pero por proceder el vapor que le conducía de un punto infestado le obligaron á zarpar inmediatamente.

En Aragón, el plan revolucionario tuvo más éxito á pesar de la dirección de Pierrad, que como esperaba Moriones, no hizo más que desaciertos. El general Manso de Zúñiga, capitán general de Aragón, salió al encuentro de los insurrectos alcanzándoles en Linás de Marcuello, pero á los primeros disparos tuvo la desgracia de ser muerto con lo cual sus tropas huyeron desalentadas y en completa derrota.

Esta desgracia, por lo inesperada, produjo gran pánico entre los moderados, y Narváez, asombrado por el triunfo de los revolucionarios y comprendiendo la gran fuerza moral que esto prestaba al movimiento, se apresuró á enviar á Aragón grandes refuerzos que á las órdenes del general Vega persiguieron sin tregua alguna á las tropas de Moriones y Pierrad sin conseguir darles alcance. El general Moriones demostró en aquella ocasión sus grandes facultades militares, les supo estratégicamente las peligrosas atenciones, supo colocarse con escasos y desorganizados grupos contra su más poderoso y ladino adversario logrando evitar entre otras cosas que el movimiento fuera sofocado

se decidió á repasar los Pirineos en 21 de Agosto.

De este modo terminó el movimiento de 1867, siendo digno de notar que á pesar de los contratiempos y fracasos que experimentaba la causa revolucionaria, sus defensores no sentían el menor desaliento, antes bien, parecían crecer en fuerza y en entusiasmo conforme la revolución tropezaba con mayores obstáculos. Consistía ésto en que el país estaba ya en abierto y decisivo divorcio con la dinastía borbónica y en que la revolución contaba con las simpatías de la gran mayoría de los españoles, pues hasta los ciudadanos más pacíficos é indiferentes en política se lamentaban de las inmoralidades y desaciertos del gobierno ansiando que llegara pronto el saludable golpe de fuerza que derribara del trono á aquella meretriz coronada.

Como de costumbre, el gobierno celebró á su modo la victoria alcanzada sobre la revolución, extremando sus procedimientos reaccionarios y reprimiendo con mano más férrea las justas aspiraciones del país. Con esta conducta conseguía Narváez establecer en la nación una calma ficticia semejante á la paz de la tumba y que los moderados presentaban como la más suprema felicidad que podía alcanzar un pueblo.

La calma en que terminaba el país y que acentuaban aun más la clausura de las Cortes y la esclavitud de la prensa, fue interrumpida por el fallecimiento del general O'Donell ocurrido en Biarritz el 4 de Noviembre de 1867. Esta defunción produjo bastante efecto en el país y causó gran alegría á los moderados que temían la venganza del duque de Tetuán. Este en el violento delirio que precedió á su muerte, dió á entender lo dispuesto que estaba á marchar á la revolución, profiriendo tremendas censuras contra la reina que le había engañado abusando de su buena fe.

Si Odonell hubiese vivido algunos años más, es indudable que hubiese dirigido la revolución, no ocupando entonces el general Serrano el alto cargo á que le condujeron más las circunstancias que sus méritos personales.

El cadáver de Odonell fué conducido á Madrid y enterrado con todos los honores propios de su elevado cargo, pronunciando Narváez el elogio fúnebre de su antiguo compañero de armas y manifestando que no tardaría en seguirle á la tumba, pues ya notaba que su vida comenzaba á extinguirse.

No hay que decir el poco efecto que causaría en Palacio la muerte de aquel hombre que tantas veces había salvado el trono. La ingratitud es siempre el rasgo característico de todos los reyes; pero en Isabel II este defecto era aún más exagerado que en sus antecesores y por ésto al saber la muerte de Odonell sólo se le ocurrieron estas infames palabras:

—Había prometido no volver á poner los piés en esta casa y se ha salido con la suya.

Con el fallecimiento del duque de Tetuán el partido de la Unión liberal experimentaba una gran pérdida y era preciso sustituir la jefatura con una persona de reconocida aptitud que sostuviera el prestigio de la agrupación política.

Los unionistas más ilustrados pensaron en D. Antonio Ríos Rosas, pero se atravesaba un período de fuerza en el cual los hombres de espada eran los más importantes en la política y al fin quedó al frente del partido el general Serrano, duque de la Torre, que nunca había llegado á imaginarse tener que dirigir la Unión liberal.

El 27 de Diciembre fué la fecha señalada para el principio de la nueva legislatura, designando la reina para la presidencia del Senado al marqués de Miraflores y del Congreso al conde de San Luis. Tan extremadas eran entonces las ideas reaccionarias, que algunos diputados ministeriales se opusieron al nombramiento de Sartorius, juzgándolo demasiado liberal á pesar de que estaba fresco en la memoria de todos el recuerdo de su política casi carlista en 1854.

Al leer la reina en las Cortes el discurso de apertura, los diputados neo-católicos se quejaron á Narváez de aquella muestra de atención marcada por las costumbres parlamentarias, pues por su gusto la reina debía despreciar á todos los diputados con lo que despreciaría á la nación y al régimen representativo, desafiando las tendencias liberales del país y demostrando que era soberana absoluta por derecho propio.

Las Cortes habían llegado al último grado de envilecimiento. La representación nacional y la independencia parlamentaria eran un mito: bastaba que un ministro hiciese una proposición para que inmediatamente fuese aprobada á ojos cerrados y tan absurdo fué el servilismo de los diputados, que hasta el mismo Narváez llegó á lamentarse de la degradación en que habían caído las Cortes y de la ineptitud manifiesta de casi todos sus individuos.

Cánovas del Castillo, que con tres ó cuatro diputados más componía la oposición, llamó á las Cortes creadas por González Brabo *vagón de tercera*, á causa de la insignificancia de sus individuos.

Si entre la mayoría moderada ó la minoría neo-católica existían algunos hombres de talento, éstos intencionadamente cometían numerosos desaciertos para desprestigiar el régimen parlamentario con la esperanza de que se cumplirían las promesas hechas en Palacio de restablecer el absolutismo deshonrando el régimen liberal.

González Brabo había prometido á los neo-católicos que aquellas Cortes serían las últimas que reuniría Isabel II, y su promesa se realizó aunque en sentido muy distinto del que él quiso dar á su declaración.

Lo mismo los gobernantes que la corte vivían en la más deplorable ceguedad y tomando la fingida calma en que estaba el país por una voluntaria sumisión, daban por muerto el espíritu revolucionario y soñaban en extremar aun más los procedimientos despóticos.

Doña Isabel, enloquecida por los viriles encantos de Marfori, sólo pensaba en acelerar su elevación, y en cuanto á D. Francisco de Asís las orgías místicas con *monjitas* y curas no le daban tiempo para ocuparse de los asuntos políticos, tanto más cuanto que sus teocráticos consejeros no necesitaban de su influencia en vista de lo rectamente que marchaba el gobierno al absolutismo.

A pesar de esto no faltaban aún entre los moderados más recalcitrantes hombres que veían claramente la situación y como el gobierno marchaba á su ruina.

Uno de éstos era el conde de San Luis, que recordaba todavía como el pueblo se había sublevado en 1854 ante sus reaccionarias medidas y que ahora, adivinando los peligros que se creaba el gobierno con sus arbitrarias disposiciones, se presentó á González Brabo para recomendarle que abandonase tan peligroso sistema, pues de lo contrario la revolución reuniría poderosos elementos para dar al trono una batalla decisiva.

—Me alegraré de ello,—contestó fatuamente González Brabo,—pues ya estoy cansado de andar á alfilerazos con la revolución y deseo luchar con ella á brazo partido y puñal en mano hasta que uno de los dos sucumba.

Esto no pasaba de ser una fanfarronada propia del miserable que cobardemente insultaba al pueblo cuando se veía seguro en las altas esferas del poder y que quedó atemorizado sin voluntad ni energía cuando poco después vió surgir en Cádiz una verdadera revolución.

El gabinete Narváez á pesar de su omnipotencia tuvo que luchar con obstáculos que le oponían algunos de sus allegados, siendo de éstos el más bullanguero é intrigante el marqués de Miraflores, personaje inepto y grotesco que tal vez por esto era muy apreciado por D. Francisco de Asís, quien le consultaba sobre asuntos políticos.

Miraflores, llevado de su fatua necedad, aspiraba al poder convencido de que era el único que podia reconciliar á los moderados y los unionistas, y para conseguir su deseo entregó con gran reserva á doña Isabel una carta en la que enumeraba los peligros que hacía correr el trono la intransigencia de Narváez. Este, que tenía sus espías entre los cortesanos, supo inmediatamente lo ocurrido y después de desahogarse en Consejo de ministros contra el presidente del Senado, «*estúpido viejo,*» como él lo llamaba, dió orden á la prensa ministerial para que dirigiese duros ataques á Miraflores, tarea en la que se excedió *El Español*, órgano de González Brabo, que pintó al marqués como un ente ridículo y peligroso á fuerza de imbécil. Conoció Miraflores de donde provenían aquellos ataques y presentó la dimisión de la presidencia del Senado, pero pocos días después volvió á admitir el cargo con lo que se cubrió nuevamente de ridículo.

Una crisis parcial vino á modificar el ministerio. D. Martín Belda, que tal vez no había pisado nunca la cubierta de un buque, á pesar de lo cual, Narváez le había dado la cartera de Marina, se enemistó con los individuos de la Armada por lo mal que invertía el presupuesto y los escandalosos abusos que llevaba á cabo, siendo tan imponente la hostilidad contra tal ministro que hubo de abandonar la cartera lo mismo que el de Hacienda á quien miraban en Palacio con malos ojos porque no facilitaba todas las cantidades que la reina necesitaba para sus despilfarros. La crisis se resolvió entrando en Hacienda Sánchez Ocaña y en Marina D. Severo Catalina, tan ignorante como Belda en cuestiones navales.

El elemento teocrático extremaba cada vez más su influencia sobre el gobierno, y las Cortes parecían una sacristía según las doctrinas que en ellas se vertían. No hablaba ningún orador sin dejar de decir á guisa de exordio que la sociedad estaba perturbada por las ideas liberales y que era necesario volverla á su cauce, proponiendo para esto D. Cándido Nocedal un remedio propio del partido absolutista, á cuyo frente figuraba ahora el antiguo y furibundo revolucionario.

—Restableced,—decía en uno de

sus discursos,—el sentimiento moral debajo del sayal del franciscano, de la sotana del jesuita y de la capucha del hijo de Santo Domingo, y cuando lo hayáis hecho, cuando hayáis resucitado el siglo XVII podéis despedir al ejército, la guardia civil y la policía.

Camino llevaban de cumplirse estos deseos de Nocedal, según el gobierno extremaba sus instintos reaccionarios á impulsos de la reina. La nación era víctima de una dictadura sin freno, estando todos los ciudadanos á merced de una policía desatentada que castigaba las más de las veces á ciegas ó influida por venganzas de carácter personal.

Como á la muerte de Odonell, en virtud de una amnistía habían vuelto á sus casas los diputados y generales unionistas confinados á consecuencia de la famosa exposición de las Cortes, el gobierno los vigilaba ahora con la mayor rigurosidad, lo que obligaba á los amigos del duque de Tetuán á afirmarse en su propósito de derribar lo existente y á entenderse con los progresistas que trabajaban en aquella revolución aguardada con ansia por todo el país, arruinado por la crisis espantosa del comercio y de la industria, é irritado por las incesantes tiranías del gobierno.

Tan general era el disgusto contra la conducta seguida por Isabel II, que hasta su misma hermana doña Luisa Fernanda, duquesa de Montpensier, conferenció con ella para aconsejarle que llamara sin pérdida de tiempo á los liberales, único medio de salvar su trono en peligro.

La reina que sabía como los duques de Montpensier conspiraban contra ella, respondió con desabrimiento y enojo á su hermana, negándole competencia para mezclarse en asuntos políticos, y esto produjo una escena violenta entre las dos damas, saliendo doña Luisa Fernanda muy alterada de Palacio.

Doña Isabel, como de costumbre, pidió á Narváez que le aconsejara en tal asunto, y el general, arrastrado por su carácter violento que aun hacía más insufrible sus dolencias, dictó á la reina una carta dirigida á los duques, en la cual se les insultaba con los términos más duros. A esta carta contestaron el duque de Montpensier y su esposa, sincerándose de los cargos que les dirigía su hermana y extrañando la descortesía del estilo; pero Isabel aún les envió otra carta más injuriosa á la que los duques no contestaron.

Con esto, doña Isabel, divorciada ya del país se indisponía con su familia, coincidiendo esto con un escándalo que promovió desde la capital de Francia su primo D. Enrique de Borbón. Este, llevado de su carácter ligero y caprichoso y de la simpatía que profesaba á los revolucionarios, dió á los periódicos franceses algunas cartas de su regia cuñada que la comprometían gravemente. La emperatriz Eugenia que por motivos puramente mujeriles odiaba á Isabel II acogió con gran regocijo los comentarios sobre dichos documentos, así como su esposo Napoleón III, pero el embajador de España, deseoso de que su reina no sufriese tan depresivo escándalo, se avistó con don Enrique para que desmintiera rotundamente lo dicho por los periodistas franceses, negándose á ello el infante que dijo tenía su puesto de honor no al lado de la reina, su cuñada, sino al de los emigrados liberales.

El gobierno de Narváez en vista de estas declaraciones que tachó de insolentes, exoneró una vez más al infante don Enrique de todos sus títulos, honores y empleos.

Las mayores desgracias caían sobre la monarquía de Isabel II poco antes de extinguirse, y para que no le quedase ni aun el único hombre que era capaz de defenderla, á mediados de Abril de 1868 cayó Narváez gravemente enfermo, comprendiendo todos que no tardaría en bajar á la tumba.

Los últimos días del reaccionario general fueron verdaderamente terribles, pues en vez de ser endulzados por el cariño de los suyos, sólo sintió el enfermo en torno de su lecho, repugnantes intrigas forjadas por los ambiciosos que sentían la ansia de heredarle. El marqués de Miraflores y González Brabo eran sus visitantes más asíduos, por lo mismo que aspiraban á ser sus inmediatos herederos, y deseosos de formar gabinete intrigaban cerca de los monarcas y apelaban á todos los medios para alcanzar el poder. Miraflores, conociendo la verdadera situación del país, se presentaba como el único hombre capaz de salvar el trono realizando la fusión de unionistas y moderados tenida por imposible; pero el lenguaje dictatorial y las promesas reaccionarias de González Brabo gustaban más en Palacio y de aquí que la reina le autorizase antes de morir Narváez á formar nuevo gabinete.

González Brabo procuró que el muribundo general no tuviese noticia de aquella herencia en vida que tanto podía disgustarle; pero algo debió traslucir Narváez, pues tres días antes de su muerte pedía á gritos la salud, aunque sólo fuese momentánea «para poder desbaratar los proyectos de más de cuatro farsantes.» En las últimas horas de su vida cayó en un furioso delirio pronunciando entre otras frases éstas, que repitió varias veces con marcada predilección: *No se asuste V. M. que aquí estoy yo... En cuanto yo vuelva la espalda verán ustedes á España con más disonancia que el órgano de Móstoles.*

Lo último que dijo Narváez fué: *Esto se acabó*, predicción acertadísima, pues con su vida acababa aquel largo periodo de crímenes y vergüenzas conocido con la denominación de reinado de Isabel II.

La ingratitud de los reyes se demostró también en esta ocasión de un modo palpable. Cuando en Palacio se supo la muerte del general, Isabel permaneció impasible, y únicamente D. Francisco de Asís, con un acento de monja ruborosa, dijo al marqués de Miraflores:

—Es una pérdida muy sensible; ni Isabelita ni yo dudamos de la gravedad de las circunstancias; pero también sabemos que es grande la misericordia de Dios y sabrá sacarnos de este amargo trance como nos ha sacado de otros.

Tal fué el agradecimiento que los reyes manifestaron ante el cadáver de aquel hombre que se había hecho odioso á la nación por sostener su trono, exponiendo numerosas veces la vida por la misma mujer que no tenía para él ni una lágrima.

Al verse González Brabo dueño absoluto de la situación y libre de la pesada tutela de Narváez, propúsose extremar la política de su antecesor combatiendo especialmente al elemento militar, que era peligroso por el auxilio que podía prestar á la revolución.

—A la tercera va la vencida,—decía jactanciosamente el cínico ministro;—ni Bravo Murillo ni el conde de San Luis pudieron sobreponerse al elemento militar. Yo haré ver que también en España puede ejercer la dictadura un paisano.

Al constituir su ministerio conservó la cartera de Gobernación, dando la de Estado á D. Joaquín Roncali; la de Fomento á D. Severo Catalina; la de Hacienda á Orovio y la de Ultramar á Rodríguez Rubí. En Gracia y Justicia entró D. Carlos María Coronado, catedrático de la universidad central; en Guerra el general Mayalde, furibundo absolutista que había comenzado su carrera militar en 1823 como esbirro de las bandas de la Fe, y la cartera de Marina volvió á ocuparla aquel D. Martín Belda, tan antipático á los individuos de la armada por sus desaciertos é irregularidades.

González Brabo para fortalecerse en el poder y conquistar algunas simpatías en el ejército, se apresuró á cubrir las vacantes de Odonell y Narváez nombrando capitanes generales á D. José de la Concha y á D. Manuel Pavía y Lacy, marqués de Novaliches. Además para realizar con mayor desembarazo su política despótica, González Brabo prescindió de las Cortes declarando terminadas sus sesiones el 19 de Mayo de 1868.

Entretanto el partido progresista continuaba sus trabajos revolucionarios y buscaba la coalición con los unionistas, la que en el mes de Marzo no había podido verificarse después de algunas conferencias, porque el duque de la Torre aun tenía esperanzas de ser llamado al poder por Isabel II.

Prim se irritó con aquellos conspiradores condicionales que únicamente iban á la revolución porque la reina prescindía de ellos y se propuso no solicitar ya su concurso, pero los nombramientos de capitanes generales hechos por González Brabo indignaron á Ros de Olano, Córdoba y Zabala que se creían con más méritos para alcanzar tales puestos y les de-

adoptar la causa de la
A principios de Junio se
asa de D. Augusto Ulloa
presidida por el duque
á la que asistieron diez y
les quedando acordada la

ico *La Iberia* publicó en
un artículo titulado *La*
abra que tenia por fin
teligencia entre unionis-
istas. Este artículo pro-
nsación y estaba redac-
ilmente, que hacia impo-
nuncia, á pesar de que
reto á la monarquía. El
alarmó ante tan audaz
y queriendo hacer un
erza, encomendó al ca-
l de Madrid, conde de
procedia como un verda-
la tarea de prender á los
errano, Dulce, Zabala,
rano Bedoya y brigadier
nás Echagüe fué arres-
Sebastián y Caballero de
nora.
les presos fueron ence-
s prisiones militares de
o y en el mismo dia 7 de
nó á los duques de Mont-
saliesen de la Península
les de haber conspirado
r parte de los generales

Brabo comunicó á los du-
tpensier la orden de des-
do siguiente:
ños señores: De algún

tiempo á esta parte tiene el gobierno noticia y en el público cunde la idea de que se intenta subvertir el orden político, garantizado por las instituciones fundamentales del reino, tomando el nombre de VV. AA. como enseña de propósitos revolucionarios y término de maquinaciones, que la autoridad tiene el deber sagrado de impedir. Lejos está del ánimo de la reina y de su gobierno el suponer que VV. AA. hayan consentido el que así se abuse de la alta jerarquía en que se hallan como príncipes de la real familia, para quienes la lealtad y la sumisión á la ley del Estado y al gobierno legítimo de la reina es más que para todos los súbditos obligatoria. Por lo mismo, y considerando que la presencia de VV. AA. en España, cuando semejantes conspiraciones se procuran y avaloran, puede contribuir de alguna manera á fomentarlas por intrigas y sugestiones ajenas á su deseo, la reina, de acuerdo con el dictamen del Consejo de ministros, se ha servido resolver que VV. AA. salgan de la Península en el más breve plazo posible, y fijar su residencia fuera de los dominios españoles donde les conviniera, hasta tanto que, desengañados por la represión y el escarmiento los conspiradores, que así comprometen altos nombres y respetables intereses, cese la ocasión que hay para el gobierno de la reina en la dolorosa necesidad de adoptar esta medida.— Madrid 7 de Julio de 1868.—González Brabo.»

Los duques antes de embarcarse en la fragata *Villa de Madrid*, que los trasladó á Lisboa, protestaron de la medida de la reina asegurando que nunca habían conspirado contra ésta; pero sus declaraciones causaron poco efecto en la opinión; pues todos sabían que Montpensier era un ambicioso que conspiraba abiertamente por alcanzar el trono ayudado por generales como Córdoba que mudaba de opiniones políticas con la mayor facilidad y por sus compañeros Dulce, Echagüe, Ros de Olano, Zabala y el brigadier de marina Topete.

Serrano, que al principio no mostraba gran simpatía á Montpensier se agregó por fin, aunque con grandes reservas, á la conspiración montpensierista que contaba en la clase civil con hombres como D. Manuel Cantero, D. José Posada Herrera, D. Antonio Rios Rosas, D. Patricio de la Escosura y D. Adelardo López de Ayala.

El plan político de los conspiradores era elevar al trono á doña María Luisa Fernanda, proclamando príncipe de Asturias á su hijo D. Antonio de Orleans, empresa para la cual el duque de Montpensier que gozaba justa fama de avaro hizo algunos desembolsos, si bien no pasó de tres millones de reales todo lo que el duque dió para la revolución en diferentes plazos, cantidad que le fué reintegrada después del destronamiento de Isabel II.

La avaricia característica en los Orleans se demostró palpablemente en tal ocasión, pues era hasta absurdo mostrarse tan poco espléndido justamente cuando se trataba de adquirir una corona que permitía robar al país arrancándole á cientos los millones.

Los generales presos en Madrid fueron trasladados á Andalucía en la misma noche del 7 de Julio de 1868 y encerrados en el castillo de San Sebastián de Cádiz. El brigadier Topete que se encontraba en tal ciudad, visitó varias veces al duque de la Torre en su prisión, conviniendo ambos en que la situación del país hacía inevitable un movimiento revolucionario, aunque no por esto se decidía el marino á hacer armas contra doña Isabel, á la que profesaba particular simpatía. Serrano con sus argumentos consiguió persuadir á Topete, y éste se prestó á ser el hombre de corazón que iniciase el movimiento, aunque con la condición de que la duquesa de Montpensier había de ser proclamada reina.

Los elementos populares que la revolución tenía en Cádiz estaban muy lejos de admitir tal solución, pues los jefes revolucionarios de más prestigio como eran Salvochea, Gillne, Cala, Benot y La Rosa, no querían que el próximo movimiento se convirtiese en uno de tantos pronunciamientos que sólo tenían por objeto el cambio de personas y de instituciones. Los revolucionarios de Andalucía, así como los de casi toda España, querían derribar el trono existente no para levantar otro, sino para establecer la república que era la forma de gobierno que ambicionaba el pueblo.

Dentro de la gran coalición republicana existían tres diferentes tendencias. Los republicanos y los progresistas aunque se miraban con desconfianza, coincidían en un punto cual era el derribar el trono de doña Isabel; pero los unionistas no se mostraban tan resueltos y vacilaban hasta en el último instante esperando siempre que la reina los llamase al poder. Entre los antiguos amigos de Odonell y el general Prim existía escasa amistad, pues los primeros sabían que Prim era muy opuesto á la candidatura de los duques de Montpensier y de aquí que Ayala y otros agentes unionistas aprovechasen todas las ocasiones para calificar al héroe de los Castillejos con frases injuriosas.

La discordia entre unionistas y progresistas se exteriorizaba en todas las circunstancias. El general Dulce escribía á D. Rafael Izquierdo, segundo cabo de la capitanía general de Sevilla, que estaba comprometido con los unionistas, pidiéndole que secundase el movimiento que se preparaba y recomendándole que no se entendiese con los progresistas ni con los demócratas, carta á la que contestó Izquierdo, diciendo que estaba dispuesto á auxiliar el movimiento siempre que éste fuese obra no de un partido sino de la voluntad nacional. Tan vehemente era la preocupación experimentada por los unionistas contra Prim, que varias veces intentaron sorprenderlo anticipando la fecha del movimiento ó iniciándolo por su propia cuenta; pero la vigilancia de Aristegui y Paul y Angulo que eran los agentes del jefe militar de los progresistas, estorbó la realización de tan pérfidos proyectos.

Para dirigir los trabajos revolucionarios en toda España, formóse en Madrid un comité mixto en el que figuraban por los progresistas D. Manuel Cantero, presidente; D. José Olózaga, D. Ricardo Muñiz y D. Juan Moreno Benitez, y en representación de los unionistas D. Juan Alvarez Lorenzana y los hermanos López Roberts. Además figuraba como agregado al comité para dirigir los trabajos puramente militares, el entonces mariscal de campo D. Joaquín Jovellar.

Como se ve, los unionistas y progresistas que fervientes monárquicos iban á la revolución solamente por despecho, prescindían del partido demócrata al que miraban con recelo por el gran prestigio que tenia en las masas populares y sus deseos de que la revolución fuese verdadera en toda la extensión de la palabra.

El comité para aunar los trabajos púsose en relación con Prim que seguía en Londres y los generales desterrados que habian sido conducidos á Canarias, y á fines del mes de Julio, estando todo preparado y faltando únicamente un general de prestigio que se pusiese al frente del movimiento, se telegrafió á Prim quien contestó inmediatamente diciendo que tenía buque preparado y que estaba dispuesto á partir.

Contaban los conspiradores principalmente con D. Rafael Izquierdo, el segundo cabo de Sevilla, pero éste cuando menos se esperaba retiró sus compromisos manifestando que permanecería quieto desde el momento en que Prim tomaba parte en el movimiento. Esta inesperada dificultad retrasó la insurrección que al fin fué fijada para el 9 de Agosto, fecha en que había de verificarse en Cádiz una corrida de toros que atraería gran concurrencia de las poblaciones inmediatas. Había de iniciar el movimiento el general de marina Arias, que mandaba la fragata *Villa de Madrid*, desembarcando doscientos hombres de su tripulación, pero dicho jefe se negó á cumplir sus compromisos fracasando el movimiento una vez más.

Conforme se aplazaba la fecha para la insurrección, aumentaba la discordia entre unionistas y progresistas que más que coaligados parecían enemigos deseosos de devorarse apenas triunfase la revolución. Los unionistas trabajaban por la candidatura del duque de Montpensier y los progresistas por su parte también buscaban un rey que fuese completamente suyo, llegando hasta á pensar en el hijo de D. Juan de Borbón, que más adelante había de provocar y sostener una guerra con el título de Carlos VII.

A fines de 1867 un progresista de Aragón, llamado D. Félix Cascajares que tenía alguna influencia en su partido, aunque era víctima de la monomanía religiosa, pensó en que el peligro de una futura insurrección carlista que comprometiese la revolución desaparecía desde el momento en que don Carlos fuese el jefe de dicha revolución. Con este propósito avistóse con el padre Maldonado y otros agentes carlistas, ofreciéndoles que el partido progresista reconocería por rey á don Carlos si adoptaba las doctrinas liberales y después fué á avistarse con Prim en París, el cual, lejos de rechazar tan absurdo plan, se mostró inclinado á intentar una prueba y autorizó á Cascajares con ciertas retricciones para que se entendiera con el pretendiente. El místico progresista aragonés se avistó con don Carlos en Gratz, y al regresar á París, manifestó á Prim que el asunto marchaba perfectamente y que á poco que se trabajase, el pretendiente aceptaría la soberanía nacional, lo que podría lograrse tan sólo con que Sagasta ú otro personaje progresista tuviese una conferencia con aquél.

Por encargo de Prim y después de ser muy aconsejado por éste, salió Sagasta para Londres donde celebró una conferencia con Cabrera, encargado por su señor de explorar antes el ánimo de los progresistas. Sagasta expuso los principios en que su partido no podía ceder y Cabrera, en nombre del pretendiente, declaró que éste los aceptaba todos menos la soberanía nacional, porque ésto equivaldría á renunciar á

CARLOS RUBIO

CALVO ASENCIO

la legitimidad, base de la fuerza del partido carlista. Cabrera, á pesar de esto, dijo que tal opinión era exclusivamente suya y que nada perdería el enviado progresista en avistarse con don Carlos que iba á llegar dentro de pocos instantes; pero Sagasta, comprendiendo que no daria más resultado su conferencia con el joven pretendiente, se apresuró á despedirse. Cabrera le rogó con verdadero empeño que se quedara á comer anunciándole la próxima llegada del pretendiente; pero el progresista se excusó diciendo:

—En la mesa, usted y su señora tratarían á don Carlos como rey, y yo no puedo considerarle más que como un caballero particular, lo cual haría á ustedes pasar mal rato y especialmente á su señora y esto me produciría tal pena que estaría violento en un acto que debe ser placentero y de expansión.

Cabrera, en vista de estas razones dejó partir á Sagasta y de este modo se rompieron unas negociaciones que por lo absurdas serían consideradas como faltas si no se hubiesen hecho públicas atestiguándolas personas de gran veracidad.

Imposible parece que el partido progresista llegase á pensar seriamente en una inteligencia con don Carlos, representante de una causa odiosa para todo liberal, pues, aun reconociendo la soberanía de la nación, el joven pretendiente hubiese resultado antipático al país que tanto había sufrido con las guerras civiles.

En esta ocasión, mejor que en ninguna otra, se demostró el verdadero espiritu de los progresistas, reaccionarios en el poder y bullangueros en la oposición, llamándose más revolucionarios que ningún otro partido, no porque deseasen cambiar el régimen del país, sino porque odiaban personalmente á Isabel II viendo que ésta no los llamaba á sus consejos. La mejor prueba de que el partido progresista trabajaba por su propia prosperidad y no por la dignidad del país, está en aquel famoso y degradante artículo de *La Iberia* escrito por Carlos Rubio que sin conocerlo hizo el verdadero programa de los progresistas.

Cuando la nación era víctima de una tiranía sin ejemplo, cuando el pueblo recordaba con sus miserias aquella plebe romana azotada por los caprichos de Césares dementes, cuando el comercio y la industria estaban arruinados, cuando el Palacio real era un burdel con aspecto de sacristía, cuando España entera pedía el torbellino revolucionario que sanease su fétido ambiente político, los progresistas desde las columnas de *La Iberia* ofrecían alfombrar de rosas el camino de la reina si ésta les llamaba al poder y todavía se mostraban dispuestos á transigir diciendo al fin: «*Aun es tiempo, señora; mañana será tarde.*»

El partido progresista no fué á la revolución por sus propias convicciones; se puso en frente de Isabel II cuando se convenció de que ésta se burlaba de él y nunca le llamaría al poder. Tratándose de un partido tan falto de verdaderas convicciones políticas y de espíritu revolucionario, resultaban naturales absurdos tan grandes como la idea de hacer á don Carlos rey de España; pero lo más irritante era que los que de tal modo procedían atacasen por todos los medios al partido democrático que era el único que procedía noblemente y decía al pueblo la verdad. Para los progresistas todos los reyes eran aceptables y todas las soluciones buenas con tal de imposibilitar el triunfo de la República ó sea el gobierno del pueblo por el pueblo.

A la ingratitud de los monárquicos que trabajaban por la revolución, correspondían los republicanos trabajando con asombroso desinterés á favor del movimiento que se proyectaba y teniendo la firme convicción de que después del golpe revolucionario el sufragio universal haría triunfar á su partido por ser éste el más numeroso y popular.

Mientras tanto continuaban los antagonismos entre unionistas y progresistas. El duque de Montpensier, que sufría un verdadero disgusto cada vez que había de facilitar alguna cantidad para los trabajos revolucionarios, estaba muy receloso de la actitud de Prim, el cual todavía no había manifestado conformidad con la candidatura del duque al trono de España.

Para salir de dudas y saber ciertamente lo qué pensaban en tal asunto los principales hombres del progresismo, envió el duque á su ayudante, el coronel Solís, á que se entendiera con Muñiz, el cual antes de dar una contestación definitiva se trasladó á Londres para conocer concretamente el pensamiento del general. El 23 de Agosto se celebró en la capital inglesa una gran conferencia á la que asistieron Prim, Muñiz, Sagasta y Ruiz Zorrilla, tratándose en ella principalmente de los preparativos del próximo movimiento y únicamente como incidencia, dijo Prim á Muñiz:

—Diga usted al ayudante del duque que la bandera de la revolución es Cortes Constituyentes, y que el país decida libremente de su suerte.

Prim al negarse á aceptar la candidatura del duque de Montpensier, se apoyaba en que Napoleón III estaba dispuesto á favorecer secretamente la revolución siempre que ésta no fuese para entronizar á un individuo de la familia de los Orleans, y en esto se fundaba el general para no contraer compromisos con Montpensier ni aceptar los cuantiosos fondos que éste le ofrecía.

Don Nicolás María Rivero al saber las instrucciones que daba Prim á sus agentes para que no tomasen dinero del duque, dijo en una de sus genialidades:

—Pues es una tontería del general Prim privarse de tan poderoso elemento para la revolución. Se toma el dinero del duque de Montpensier, y si no sale rey, que no saldrá, se le devuelve con el interés del seis por ciento.

La candidatura del duque tropezaba en todas partes con una tremenda oposición, y hasta el mismo Napoleón III publicaba sueltos en los periódicos oficiosos de París, dificultando los trabajos de D. Antonio de Orleans y anunciando que en lo futuro provocarían conflictos internacionales.

Mientras tan poderosos elementos se preparaban á caer sobre el trono de Isabel II, ésta parecía ajena á tales peligros, y en compañía de Marfori se entregaba con más furor que nunca á una vida de orgías y de disipación. Cegada por los placeres hasta el punto de no ver la actitud amenazante del país que se manifestaba con alarmante publicidad, vivió en la Granja tranquila y dichosa una parte del verano de 1868, y en 9 de Agosto se dirigió á Lequeitio, donde continuó su vida de placeres.

Tan absurda era la confianza que la reina y sus ministros tenían en la paciente adhesión del país, que cuando poco después en Andalucía y en Madrid se sabía la insurrección de la escuadra en Cádiz, D. Martín Belda respondía de la fidelidad de los marinos, y el general Mayalde se mostraba tranquilo sobre la disciplina y buen espíritu de las tropas.

La nación, poco antes de estallar el movimiento revolucionario, se encontraba igual que en los más tiránicos tiempos de Fernando VII. Si el silencio de un país fuese la muestra de su conformidad con la conducta del gobierno, González Brabo hubiese ocupado seguramente el poder durante toda su vida. La prensa, perseguida no ya sólo por el fiscal de imprenta sino por los más abyectos polizontes, veíase obligada á llenar sus columnas con escritos insulsos sin ningún sabor político, pues de lo contrario corría el peligro de sentir la venganza de un gobierno despótico y susceptible cual ninguno. Para atacar á los ministros era preciso acudir á simbolismos enrevesados y de aquí que los artículos de oposición fuesen geroglíficos indescifrables. En cambio la prensa clandestina funcionaba sin descanso y las proclamas revolucionarias circulaban de mano en mano.

El ministro de Fomento ayudaba á González Brabo en la represión general, pues convertía las universidades en seminarios y con una enseñanza puramente teológica pretendía corromper la inteligencia de la juventud, lo que no podía lograr, pues los jóvenes estudiantes, apenas emancipados de la tutela universitaria, se declaraban en su mayor parte republicanos.

González Brabo, en medio de todos sus defectos y de sus aficiones despóticas, sólo tenía una idea laudable, cual era la de abatir el poderoso militarismo, pero aun en esto demostraba poseer el don de la inoportunidad, pues cuando más necesitaba de la adhesión de los generales, que eran los únicos sostenedores del trono, tuvo la mala idea de pasar á los gobernadores civiles una circular reservada, encargándoles que vigilasen á los capitanes generales. El marqués de Novaliches, que lo era de Cataluña, al conocer casualmente la medida ministerial, suspendió acto continuo al gobernador de Barcelona y marchó á Madrid para tener una explicación con González Brabo, el cual, después de mil excusas y de interpretar la orden de modo que no ofendiese á los militares, consiguió al fin que Novaliches consintiera en encargarse de la capitanía general de Castilla la Nueva, pasando á Cataluña el conde de Cheste.

González Brabo, para decidir á ambos generales á que aceptasen tales cargos, les habló en nombre de la monarquía amenazada, diciendo que aquellos eran puestos de honor.

Efectivamente, pronto iba á ser necesario que desenvainasen sus espadas para defender una dinastía que odiaba todo el país, y cuya ruina estaba decretada en las inapelables leyes de la historia.

CAPITULO XXII

1868

Trabajos revolucionarios en la armada.—El capitán Lagier.—Los generales desterrados en Canarias.—Viaje de Prim.—Su entrevista con Topete.—Sublevación de la escuadra en Cádiz.—Proclama de Topete.—Llegada de los generales desterrados.—Manifiesto notable de Ayala.—Los revolucionarios de Madrid.—Cobardía de González Bravo.—Ministerio de D. José de la Concha.—Disposiciones de éste.—Sublevación de Sevilla.—Notable programa de su junta revolucionaria.—Sublevación de varias provincias.—Combates en Santander.—Ejércitos de Serrano y Novaliches.—Asesinato del montpensierista Vallin.—Negociaciones entre Serrano y Novaliches.—Batalla de Alcolea.—Derrota y herida de Novaliches.—La junta de Madrid.—Sublevación del pueblo.—La junta democrática.—Armamento popular.—Junta con carácter definitivo.—Desacierto de los demócratas.—Apostasía de Rivero.—Monarquismo intransigente de Prim.—Alarma de la corte en San Sebastian.—Absurdos planes de la reina.—Su fuga á Francia.—Su furibundo manifiesto.—Entrada de Serrano en Madrid.—Servilismo de la junta.—Serrano ministro universal.—Derroche de recompensas á los militares.—Prim en Barcelona.—Hácese antipático al pueblo catalán.—Entusiasmo republicano.—Entrada de Prim en Madrid.—Oposición que hace á los demócratas.—El Gobierno Provisional.—Agonía ridícula de la junta de Madrid.

Los marinos de la escuadra surta en la bahía de Cádiz, mostrábanse á principios del mes de Setiembre decididos á no demorar más tiempo la insurrección, tanto por el deseo que sentían de derribar al gobierno como porque su situación se iba haciendo violenta y comprometida.

Las autoridades de Andalucía conocían los preparativos revolucionarios de la armada y daban cuenta de ellos al gobierno, el cual tenía sus informes por muy exagerados, pero á pesar de esto la situación no podía prolongarse sin grave peligro para Topete y sus compañeros.

Prim recibió un aviso del brigadier Topete en el que éste le manifestaba que iba á enviarle un vapor con fondos facilitados por Montpensier; pero el general, que, como ya dijimos, no quería nada del duque, se negó á aceptar el ofrecimiento y fletó otro buque con el producto de una suscripción abierta entre los revolucionarios andaluces. El vapor salió de Cádiz é hizo rumbo á Londres llevando á bordo al ayudante de Prim y algunos de los conspiradores.

Con más dificultades se tropezaron para encontrar una embarcación que fuese á recoger los generales desterrados en Canarias y cuya presencia era necesaria en España para iniciarse el movimiento. Al fin el capitán mercante D. Ramón Lagier, muy conocido por sus ideas republicanas, con la generosidad propia de su carácter, se encargó de prestar gratuitamente tan importante servicio, y embarcando como sobrecargo á D. Adelardo López de Ayala, salió de Cádiz el 8 de Setiembre llegando á Orotava cinco días después.

Ayala, venciendo muchas dificultades, consiguió ponerse en inteligencia con los generales, los cuales consiguieron evadirse en la noche del 14 haciendo rumbo inmediatamente el vapor hacia Cádiz. Mientras tanto Topete, que esperaba con impaciencia la llegada de Serrano y sus compañeros, había concentrado en la bahía gaditana las fragatas de guerra *Zaragoza, Tetuán, Villa de Madrid y Lealtad;* los vapores *Ferrol, Vulcano é Isabel II;* las goletas *Edetana, Santa Lucia, Concordia y Ligera* y los transportes *Santa Maria y Tornado.* El buque almirante que era la *Zaragoza,* estaba mandado por Topete y los demás buques tenían por jefes á Malcampo, Barcaiztegui, Rodriguez Arias, los hermanos Guerra (D. Fernando y D. Alfonso), Uriarte, Montojo, Pardo, Pilón, Vial, Pastor y Landero y Oreiro.

Prim se había embarcado en el puerto de Southampton el 12 de Setiembre en el vapor *Delta* disfrazado de camarero de los condes de Bar y acompañado de Sagasta, Zorrilla y el coronel Merelo. El 17 de Setiembre llegaron á Gibraltar, y para no ser molestados por las autoridades inglesas, Prim y sus compañeros al desembarcar, escondiéronse en unos tinglados que servían de depósito de carbones y allí fué á buscarlos Paul y Angulo, quien les dió cuenta de lo avanzados que estaban los trabajos revolucionarios y de la impaciencia de Topete al ver que no llegaban los generales y no poder, por tanto, proclamar á la duquesa de Montpensier reina de España.

Prim, á pesar de que conocía el poco afecto que le profesaba Topete y que estaba convencido de que éste no querría presentarle á la escuadra mientras no llegasen los generales unionistas, decidió embarcarse inmediatamente para Cádiz encontrando en aquel mismo día un vapor que se prestaba á hacer el viaje. El propietario de la embarcación, Mr. Blant, exigía una cantidad exorbitante por el viaje; pero al saber que el viajero era el general Prim, se negó á admitir retribución alguna por ser gran admirador de sus proezas

La escuadra española en la rada de Cádiz, iniciando la Revolución de Septiembre
(Cuadro de Monleón)

y partidario entusiasta de la revolución.

En aquella misma noche llegó Prim á las aguas de Cádiz observando la imponente actitud de los buques de guerra, y aunque no esperaba ser muy bien recibido por Topete, pasó en una lancha á la fragata *Zaragoza* acompañado de Sagasta y Ruiz Zorrilla. Al subir á bordo los tres conspiradores, Topete dió un cariñoso abrazo al general Prim y cuando quedaron solos le manifestó que había vacilado mucho antes de decidirse á hacer armas contra Isabel II; pero que se había convencido ya de que esta reina era incompatible con la felicidad de la nación, por lo que deseaba sentar en el trono como soberana constitucional á su hermana Luisa Fernanda, duquesa de Montpensier, añadiendo además que él solo podía reconocer como jefe del movimiento al general Serrano.

Prim, á pesar de que estas declaraciones herían su amor propio, procedió con gran astucia y confiando sacar partido de los futuros acontecimientos, dijo que no tenía inconveniente en ocupar un puesto secundario en la sublevación y que no era enemigo de la candidatura de doña Luisa Fernanda; pero que por respetos á esta señora, creía más conveniente no lanzar inmediatamente su nombre, dejando su proclamación á cargo de las Cortes Constituyentes, que se reunirían después del golpe revolucionario. Topete, halagado por estas declaraciones y en vista de que no llegaban los generales unionistas y era necesario acelerar el movimiento, se resolvió á dar interinamente al general Prim el mando supremo del movimiento.

En la madrugada del 18 de Setiembre, la escuadra, ya en abierta insurrección, avanzó majestuosamente en línea de batalla sobre el puerto de Cádiz, mientras la marinería formada en las vergas daba vivas á la libertad. Topete hizo á la escuadra la presentación del general Prim, cuya aparición fué saludada con frenéticos hurras y después arengó á su tripulación, terminando su arenga con veintiún cañonazos, que anunciaron que doña Isabel de Borbón acababa de caer para siempre del trono de España.

Mientras tanto, el coronel Merelo había sublevado la guarnición de Cádiz y el vecindario tributó una gran ovación á Prim y Topete, cuando éstos desembarcaron. Por toda la ciudad repartíase con profusión una proclama del jefe de la escuadra que decía así:

«Gaditanos:

»Un marino que os debe señaladas distinciones, y entre ellas la de haber llevado vuestra representación al Parlamento, os dirige su voz para explicaros un gravísimo suceso. Este es, la actitud de la marina para con el malhadado gobierno que rige los destinos de la nación.

»No esperéis de mi pluma bellezas. Preparaos sólo á oir verdades.

»Nuestro desventurado país yace sometido años há á la más horrible dictadura. Nuestra ley fundamental rasgada, los derechos del ciudadano escarnecidos, la representación nacional ficticiamente creada; los lazos que deben ligar al pueblo con el trono y formar la monarquía constitucional, completamente rotos.

»No es preciso proclamar estas verdades, están en la conciencia de todos.

»En otro caso recordaría el derecho de legislar que el gobierno por sí solo ha ejercido, agravándose con el cinismo de pretender aprobaciones posteriores de las mal llamadas Cortes sin permitirlas siquiera discusión sobre cada uno de los decretos que en conjunto les presentaban; pues hasta del servilismo de sus secuaces desconfiaba en el examen de sus actos.

»Que mis palabras no son exageradas, lo dicen las leyes administrativas, la de orden público y la de imprenta.

»Con otro fin; el de presentaros una que sea la absoluta negación de toda idea liberal os cito la de instrucción pública.

»Pasando del orden público al económico, recientes están las emisiones, los empréstitos, la agravación de todas las contribuciones. ¿Cuál ha sido su inversión? La conocéis y la deplora como vosotros la marina de guerra, apoyo de la mercante y seguridad del comercio: cuerpo proclamado poco há la gloria del país y que ahora mira sus arsenales desiertos; la miseria de sus operarios; la postergación de sus individuos todos y en tan triste cuadro un vivo retrato de la moralidad del gobierno.

»Males de tanta gravedad exigen remedios análogos. Desgraciadamente los legales están vedados. Forzoso es, por tanto, apelar á los supremos y á los heroicos.

»Hé aquí la razón de la nueva actitud de la marina. Una de las dos partes de su juramento está violado con mengua de la otra. Salir á la defensa de ambos, no sólo es lícito, sino obligatorio.

»Expuestos los motivos de mi proceder, y del de mis compañeros, os diré nuestras aspiraciones.

»Aspiramos á que los poderes legítimos, pueblo y trono, funcionen en la órbita que la Constitución les señala, restableciendo la armonía ya extinguida y el lazo ya roto entre ellos.

»Aspiramos á que las Cortes Constituyentes, aplicando su leal saber, y aprovechando lecciones harto repetidas de una funesta experiencia, acuerden cuanto conduzca al restablecimiento de la verdadera monarquía constitucional.

»Aspiramos á que los derechos del ciudadano sean profundamente respetados por los gobiernos, reconociéndolos las cualidades de sagrados que en sí tienen.

»Aspiramos á que la Hacienda se rija moral é ilustradamente, modificando gravámenes, extinguiendo restricciones, dando amplitud al ejercicio de toda industria lícita y ancho campo á la actividad industrial y al talento.

»Estas son, concretamente expuestas, mis aspiraciones y las de mis compañeros. ¿Os asociáis á ellas sin distinción de partidos, olvidando pequeñas diferencias que son dañosas para el país? Obrando así, labraréis la felicidad de la patria.

»¿No hay posibilidad de obtener el concurso de todos? Pues haga el bien el que para ello tenga fuerza.

»Nuestros propósitos no se derivan de afección especial á partido determinado. A ninguno pertenecemos y reconocemos á todos buen deseo, puesto que todos los suponemos impulsados por el bien de la patria, y esta es precisamente la bandera que la marina enarbola.

»Nadie recele que este hecho signifique alejamiento para con otros cuerpos, ni deseos de ventaja. Si modestos marinos nos lanzamos hoy, colocándonos en puesto que á otros más autorizados corresponde, lo hacemos obedeciendo á apremiantes motivos. Vengan en nuestro auxilio, tomen en sus manos la bandera izada los demás cuerpos militares, los hombres de Estado, el pueblo. A todos pedimos una sola cosa, «plaza de honor en el combate» para defender el pabellón hasta «fijarlo.» Esto y la satisfacción de nuestra conciencia son las únicas recompensas á que aspiramos.

»Como á los grandes sacudimientos suelen acompañar catástrofes que empañan su brillo con ventaja cierta de los enemigos, creo con mis compañeros hacer un servicio á la causa liberal, presentándonos á defenderla conteniendo todo exceso. Libertad sin orden, sin respeto á las personas y á las cosas, no se concibe.

»Correspondo, gaditanos, á vuestro afecto colocándome á vanguardia en la lucha que hoy empieza, y sostendréis con vuestro reconocido denuedo.

»Os pago explicándoos mi conducta, su razón y su fin. A vosotros me dirijo únicamente. Hablen al país los que para ello tengan títulos.

»Bahia de Cádiz, á bordo de la *Zaragoza;* 17 de Setiembre de 1868.—JUAN BAUTISTA TOPETE.»

Sublevada Cádiz, la revolución se extendió inmediatamente por toda la provincia propagándose á las inmediatas y el general Prim publicó un manifiesto en el que llamaba á todos los españoles á las armas en nombre de la dignidad ultrajada del país, lamentándose de que la ceguedad de la reina hubiese hecho inevitables procedimientos de fuerza. El general, en este documento manifestábase poco explícito, sin duda porque no quería desarrollar su programa político antes de avistarse con los generales desterrados en Canarias.

Los revolucionarios de Cádiz constituyeron una junta insurreccional y Prim anunció este suceso con la siguiente proclama que se fijó en todas las esquinas y se distribuyó profusamente:

«Gaditanos:

»¡Viva la libertad! ¡Viva la Soberanía Nacional!

»Ayer gemiais bajo la presión de un gobierno despótico. Hoy ondea sobre nuestros muros el pendón de la libertad.

»La escuadra nacional primero, conducida por el brigadier Topete; la guarnición y el pueblo fraternizando después, han proclamado la revolución, y Cádiz está en armas. El pueblo que fué cuna de nuestras libertades, el albergue de los defensores de nuestra independencia y el último asilo de los que protestaron contra la invasión extranjera, ha dado el ejemplo que ha ya imitado la provincia, y que secundarán mañana el resto de los buenos españoles.

»¡Pueblo del año 12, del 20 y del 23! Pueblo de Muñoz Torrero, de Riego y de Argüelles. Yo te felicito por tu iniciativa y por tu resolución.

»La escuadra, la guarnición y el pueblo de Cádiz resuelven el problema revolucionario. Cada hora sabremos la sublevación de un pueblo; cada dia el alzamiento de una guarnición.

»Mientras llega el momento de que la España, libremente convocada, decida de sus destinos, es necesario organizarse para continuar la lucha, y no dejar las poblaciones huérfanas de de toda autoridad.

»Esta es la razón que me ha obligado á elegir una Junta provincial que atienda á los servicios más urgentes; que administre la localidad, que organice, de acuerdo con las juntas de distrito, la provincia. Hombres encanecidos en el servicio de la libertad, jóvenes llenos de fe y entusiasmo por las ideas que constituyen la civilización moderna, ciudadanos independientes que han prestado toda clase de servicios á la revolución en los momentos críticos; representantes, en fin, de todos los matices de la opinión liberal y de todas las afecciones locales, forman la junta que ha de gobernaros. El brigadier D. Juan Topete la preside: su solo nombre, aparte de la respetabilidad y nacimientos de los individuos que la forman, es una garantía de acierto.

»Si hubiera algún pequeño resentimiento contra algunos de sus miembros, yo os ruego que le olvidéis; si hubiera alguna prevención, yo os suplico que desaparezca. Acabemos el movimiento revolucionario, despertemos el entusiasmo, y conservemos el orden en las poblaciones, y reservemos al sufragio universal primero, y á las Cortes Constituyentes después que decidan de nuestros destinos.

»Hoy somos todos revolucionarios. Mañana seremos buenos y dignos ciudadanos que atacan el fallo supremo de la Soberanía Nacional.

»Hé aquí los nombres de los individuos que constituyen la Junta provisional.

»D. Juan Topete, presidente; D. Pedro López y D. Pedro Víctor y Pico, vicepresidentes; D. Manuel Francisco Paul, D. José de Sola, D. Juan Valverde, Conde de Casa Brunet, D. Pablo Corzo, D. Ramón Cala, D. Joaquín Pastor, D. Rafael Guillén, don Antonio Pérez de la Riva, D. Julián López, D. Antonio Lerdo de Tejada,

D. Eduardo Benot, D. Manuel Mac-Crohon, D. Horacio Halcón, D. Francisco Lisaur.

»Cádiz 19 de Setiembre de 1868.—Juan Prim.»

El vapor *Buenaventura*, mandado por el capitán Lagier que conducía á los generales desterrados y á López de Ayala, llegó á Cádiz en la misma tarde del día 19.

Prim y Serrano, al avistarse, se abrazaron con efusión sin que el último mostrara el menor disgusto por haberse anticipado el movimiento, y reunidos en consejo todos los generales acordaron inmediatamente un plan de campaña así como las reformas que debían ofrecer al país. Pensóse redactar un manifiesto que sintetizase las aspiraciones de la revolución y este documento fué encargado á Ayala quien hizo una obra notable, tanto por la gallardía de su estilo como por la saludable rudeza con que atacaba los defectos de aquella reina tan odiosa al país. Este manifiesto que causó honda y general sensación, decía así:

«Españoles:

»La ciudad de Cádiz, puesta en armas con toda su provincia, con la armada anclada en su puerto, y todo el departamento marítimo de la Carraca, declara solemnemente que niega su obediencia al gobierno de Madrid; seguro de que es leal intérprete de todos los ciudadanos que en el dilatado ejercicio de la paciencia, no hayan perdido el sentimiento de la dignidad, y resuelta á no deponer las armas hasta que la Nación recobre su soberanía, manifieste su voluntad y se cumpla.

»¿Habrá algún español tan ajeno á las desventuras de su país que nos pregunte las causas de tan grave acontecimiento?

»Si hiciéramos un examen prolijo de nuestros agravios, más difícil sería justificar á los ojos del mundo y de la historia la mansedumbre con que los hemos sufrido, que la extrema resolución con que procuramos evitarlos.

»Que cada uno repase su memoria, y todos acudiréis á las armas.

»Hollada la ley fundamental, convertida siempre antes en celada que en defensa del ciudadano, corrompido el sufragio por la amenaza y el soborno, dependiente la seguridad individual, no del derecho propio, sino de la irresponsable voluntad de cualquiera de las autoridades; muerto el municipio, pasto la Administración y la Hacienda de la inmoralidad y el agio; tiranizada la enseñanza, muda la prensa, y sólo interrumpido el universal silencio por las frecuentes noticias de las nuevas fortunas improvisadas, del nuevo negocio, de la nueva real orden encaminada á defraudar el Tesoro público; de títulos de Castilla vilmente prodigados, del alto precio, en fin, á que logran su venta la deshonra y el vicio. Tal es la España de hoy. Españoles, quién la aborrece tanto, que se atreva á exclamar: «¡así ha de ser siempre!»

»No, no será. Ya basta de escándalos.

»Desde estas murallas, siempre fieles á nuestra libertad é independencia; depuesto todo interés de partido, atentos sólo al bien general, os llamamos á todos á que seais partícipes de la gloria de realizarlo.

»Nuestra heróica Marina, que siempre ha permanecido extraña á nuestras diferencias interiores, al lanzar la primera el grito de protesta, bien claramente demuestra que no es un partido el que se queja, sino que los clamores salen de las entrañas mismas de la patria.

»No tratamos de deslindar los campos políticos. Nuestra empresa es más alta y más sencilla. Peleamos por la existencia y el decoro.

»Queremos que una legalidad común por todos creada, tenga implícito y constante el respeto de todos. Queremos que el encargado de observar la Constitución, no sea su enemigo irreconciliable.

»Queremos que las causas que influyan en las supremas resoluciones, las podamos decir en alta voz delante de nuestras madres, de nuestras esposas y de nuestras hijas: queremos vivir la vida de la honra y de la libertad.

»Queremos que un gobierno provisional que represente todas las fuerzas vivas del país asegure el orden, en tanto que el sufragio universal echa los cimientos de nuestra regeneración social y política.

»Contamos para realizar nuestro inquebrantable propósito con el concurso de todos los liberales unánimes y compactos ante el común peligro; con el apoyo de las clases acomodadas que no querrán que el fruto de sus sudores siga enriqueciendo la interminable serie de agiotistas y favoritos; con los amantes del orden, si quieren verlo establecido sobre las firmísimas bases de la moralidad y del derecho; con los ardientes partidarios de las libertades individuales, cuyas aspiraciones pondremos bajo el amparo de la ley; con el apoyo de los ministros del altar, interesados antes que nadie en cegar en su origen las fuentes del vicio y del mal ejemplo; con el pueblo todo y con la aprobación, en fin, de la Europa entera: pues no es posible que en el consejo de las naciones se haya decretado ni se decrete que España ha de vivir envilecida.

»Rechazamos el nombre que ya nos dan nuestros enemigos: rebeldes son cualquiera que sea el puesto en que se encuentren los constantes violadores de todas las leyes, y fieles servidores de su patria los que, á despecho de todo linaje de inconvenientes, la devuelven su respeto perdido.

»Españoles: Acudid todos á las armas, único medio de economizar la efusión de sangre, y no olvidéis que en estas circunstancias, en que las poblaciones van ejerciendo sucesivamente el gobierno de sí mismas, dejan escritos en la historia todos sus instintos y cualidades con caracteres indelebles. Sed, como siempre, valientes y generosos. La única esperanza de nuestros enemigos consiste ya en los excesos á que desean vernos entregados. Desesperémoslos desde el primer momento, manifestando con nuestra conducta que siempre fuímos dignos de la libertad, que tan inicuamente nos han arrebatado.

»Acudid á las armas, no con el impulso del encono, siempre funesto; no con la furia de la ira, siempre débil, sino con la solemne y poderosa serenidad con que la justicia empuña su espada.

»¡Viva España con honra!

»Cádiz 19 de Setiembre de 1868.— Duque de la Torre.—Juan Prim.— Domingo Dulce.—Francisco Serrano Bedoya. — Ramón Nouvilas.—Rafael Primo de Rivera.—Antonio Caballero de Rodas.—Juan Topete.»

Este documento, como se ve, era bastante ambiguo, pues en él no se prejuzgaba nada acerca de la forma de gobierno que se adoptaría después de la revolución. Topete quería que inmediatamente se proclamase reina á doña Luisa Fernanda, pero Prim se opuso considerando esta declaración incompatible con la soberanía nacional que se afirmaba en todos los manifiestos insurreccionales, y Serrano, que á pesar de ser montpensierista consideraba prematura tal declaración, se adhirió al parecer de Prim.

Montpensier escribió á Topete manifestando su conformidad con el movimiento y pidiendo un puesto de honor en la escuadra; pero los generales, después de alguna discusión, convinieron en contestar al duque con una carta afectuosa agradeciendo su ofrecimiento, pero añadiendo que por razones de alta política no podían aceptarlo.

En Madrid se tuvo noticia de la sublevación de la escuadra en la misma mañana del 19 de Setiembre y el capitán general publicó el estado de guerra al mismo tiempo que el comité revolucionario compuesto de unionistas y progresistas distribuía proclamas y adoptaba disposiciones para después del triunfo.

Rivero y Figueras, que eran los únicos personajes democráticos que residían en Madrid, fueron á ofrecer sus servicios al comité; pero éste les miraba con sospecha por pertenecer á un partido demasiado revolucionario y de aquí que los recibieran friamente aquellos políticos que querían dominar la revolución en su nacimiento. Rivero intentó sublevar á Zaragoza, pero en vista de que los elementos democráticos no respondían á sus deseos, pasó á Valladolid donde tampoco obtuvo éxito.

Mientras tanto la corte que estaba en Lequeitio, había pasado á San Sebastián el 17 de Setiembre, y á apenas establecida en esta ciudad, González Brabo, que acompañaba á la reina en su viaje, tuvo conocimiento de la sublevación de la marina.

El miserable reaccionario que en tiempos de tranquilidad tantas fanfarronadas é injurias había proferido contra los liberales, diciendo jactanciosamente que deseaba batirse cuerpo á cuerpo con la revolución, apenas vió inmediato el peligro, se apresuró á presentar su dimisión, aconsejando á doña Isabel que encomendase la formación de un gabinete de fuerza al general D. José de la Concha, que casualmente se encontraba en San Sebastián.

Concha, que conocia lo apurado de la situación, aceptó el encargo como un penoso deber, proponiéndose cumplirlo tan bien como pudiera, y como González Brabo en una de sus miserables fanfarronerías fuese á ofrecerle su ayuda desde el puesto en que se creyera que pudieran ser útiles sus servicios, el marqués de la Habana le rogó aceptase el Gobierno civil de Madrid. La respuesta de aquel infame, que tanto había tiranizado á su patria, fué huir inmediatamente á Francia con tal precipitación, que dejó en San Sebastián todo su equipaje.

La reina, que acostumbrada á las pruebas de sumisión que en varias ocasiones le había dado el pueblo, creía que las presentes circunstancias eran las mismas, quería trasladarse inmediatamente á Madrid; pero su esposo y el infante don Sebastián la disuadieron de tal idea, obligándola á que aguardase hasta tanto que telegrafiara el general Concha, que había salido para Madrid á conjurar el peligro.

Concha llegó á la capital el día 20, é inmediatamente constituyó el ministerio, encargándose de la presidencia con la cartera de la Guerra, y manteniendo en la de Estado á D. Joaquín Roncali que estaba en San Sebastián acompañando á la reina. D. Antonio Estrada entró en el ministerio de Marina, y de las restantes carteras se encargaron los subsecretarios y directores generales más antiguos, quedando así como ministros interinos de la Gobernación, D. Cayetano Bonafox; de Gracia y Justicia, Gomis; de Fomento, Bremón; de Hacienda, Cabezas, y de Ultramar, Nacarino Brabo.

Concha reunió inmediatamente un consejo de generales para oponerse con rapidez al avance de la revolución, y dió el mando del ejército de Andalucía al marqués de Novaliches, enviando á los distritos militares de Aragón y Cataluña á D. Juan Pezuela, conde de Cheste; al de Valencia, al general Gasset, y al de Castilla la Vieja, D. Eusebio Calonge, quedando D. Manuel de la Concha al frente de la capitanía general de Castilla la Nueva.

La revolución se extendía y aumentaba de un modo vertiginoso, demostrándose con esto lo dispuesta que estaba la opinión pública á secundar el movimiento contra la dinastía borbónica.

En el mismo día 19 de Setiembre, el general D. Rafael Izquierdo, segundo cabo de la capitanía general de Sevilla, se sublevó en esta ciudad con toda la guarnición, constituyéndose inmediatamente una junta provisional, en la que tuvieron gran mayoría los republicanos, pues el pueblo se mostraba más inclinado á éstos que á los progresistas. El consecuente é ilustrado demócrata Díaz Quintero, que entró en la junta, redactó inmediatamente un programa revolucionario, en el que se decretaba el sufragio universal, y sin ninguna clase de restricciones, las libertades de imprenta, de enseñanza, de cultos, de comercio y de industria, la reforma liberal de los Aranceles gradualmente hasta que pudiera establecerse la libertad de comercio, la abolición de la pena de muerte, la inviolabilidad del domicilio y de la correspondencia, la Constitución de 1856, como legalidad interina, prescindiendo de los artículos relativos á la forma de gobierno monárquica; la abolición de quintas y matrículas de mar, el ejército voluntario, el desestanco de la sal y del tabaco; la unidad de fueros y la convocación de Cortes Constituyentes. Los progresistas, procediendo como de costumbre, acogieron con disgusto el programa de Díaz Quintero, mirando con prevención á los republicanos que, verdaderamente revolucionarios, no querían como ellos, poner trabas al movimiento desde el primer instante, ni falsificar la espontánea opinión del país.

El general Prim, comprendiendo que de quedarse en Cádiz al lado de Serrano y los otros generales unionistas, desempeñaría un papel secundario, se embarcó en la *Zaragoza* que mandaba Malcampo, y salió á recorrer la costa del Mediterráneo propagando la insurrección en todos sus puertos.

Málaga, Almería, Cartagena, Alicante y Valencia acogieron con gran entusiasmo al general y se decidieron en favor de la revolución, distinguiéndose el pueblo valenciano con la delirante ovación que tributó á Prim y á la cual se asoció el arzobispo.

Varias poblaciones de España se habían sublevado también espontáneamente al recibir la noticia de lo ocurrido en Cádiz. En los días 19 y 20 los valerosos revolucionarios de Santoña y Santander se sublevaron contra el gobierno é inmediatamente marchó contra ellos el general Calonge, el cual después de un reñido combate con el pueblo santanderino, que se mostró heróico en grado sumo, consiguió apoderarse el día 24 de la ciudad, solemnizando su triunfo efímero con desmanes impropios de un militar.

El republicano pueblo de Béjar que tanto se había distinguido en circunstancias revolucionarias, se sublevó también y tan tenazmente supo defenderse de las tropas mandadas por el brigadier Nanneti, que las rechazó haciéndolas sufrir grandes pérdidas. Lo mismo ocurrió en otra población fabril como era Alcoy, donde la masa obrera, cortando las calles con grandes barricadas construídas con fardos de lana, se defendió de las tropas enviadas por Gasset, obligándolas á retirarse después de sufrir muchas bajas en sus filas.

Mientras tanto Serrano había llegado á Sevilla el 21 de Setiembre, nombrando á Izquierdo general en jefe del ejército de Andalucía y á Nouvilas segundo cabo. La noticia de que Novaliches acababa de atravesar la cordillera de Despeñaperros le hizo salir apresuradamente para Córdoba, donde organizó el ejército insurreccionado, que constaba de once batallones de infantería de línea, tres de cazadores, uno de infantería de marina, otro de guardia civil, dos de guardia rural, dos regimientos de caballería, dos escuadrones de carabineros y uno de guardia civil, un batallón de artillería de á pié y un regimiento montado con veintiocho piezas, de las cuales doce eran del sistema Krupp.

El día 24 llegó á Andújar el marqués de Novaliches y publicó dos alocuciones, una dirigida á sus soldados recomendándoles el amor á la disciplina, á la reina, á la Constitución y al orden, y otra á los habitantes de Andalucía prometiéndoles restablecer la tranquilidad y destruir la naciente revolución que amenazaba al país con una espantosa anarquía.

En Andújar se concentraron las tropas fieles á la reina, y Novaliches, pasando revista el día 27, vió que disponía de nueve mil hombres, mil trescientos caballos y treinta y dos piezas de las cuales veinticuatro eran del sistema Krupp, lo que le hacía inferior á Serrano en infantería, pero muy superior en las otras dos armas.

Un hecho censurable ocurrió inmediatamente arrojando un borrón sobre las tropas que mandaba Novaliches. Serrano envió al activo agente montpensierista D. Benjamín Fernández Vallín con varias comunicaciones para algunos jefes del ejército de la reina comprometidos en el movimiento; pero el infortunado emisario tuvo la desgracia de ser reconocido por el coronel Ceballos Escalera perteneciente al ejército de Novaliches, quien lo detuvo intentando en el primer instante ofenderlo de palabra y obra; pero cambiando rápidamente de parecer avisó á su general que había cogido á un espía y lo condujo maniatado hasta las cercanías de Montoro donde ante una cruz de madera lo hizo asesinar á bayonetazos y tiros por varios soldados de su escolta. Ceballos Escalera al entrar en Montoro se fingió loco para hacer creer que su crimen era á causa de una enajenación mental; pero indudablemente tal infamia fué producto de antiguos resentimientos que dicho jefe tenía con Vallín, el cual gozaba fama de duelista que sabía aprovecharse de su gran maestría en las armas.

Novaliches, viendo ya cercano el choque con el ejército revolucionario, telegrafió á Madrid pidiendo refuerzos; pero Concha le contestó que para enviarle seis ú ocho mil hombres tardaría por lo menos una semana y las circunstancias gravísimas por que atravesaban el trono y la monarquía exigían que inmediatamente saliesen sus tropas de la inacción.

Serrano, que no estaba muy seguro del éxito de la próxima batalla y que deseaba evitar el derramamiento de sangre, entabló negociaciones con Novaliches, dirigiéndole una sentida carta en la que se reflejaba el dramático estilo de D. Adelardo López de Ayala y que este mismo se ofreció á llevar á su destino á pesar del triste fin que pocos días antes había sufrido el desgraciado Fernández Vallín por encargarse de una comisión semejante. La carta firmada por Serrano decía así:

«Excmo. Sr. Marqués de Novaliches, capitán general de los ejércitos nacionales.

»Muy Sr. mío: Antes que una funesta eventualidad haga inevitable la lucha entre los dos ejércitos hermanos; antes que se dispare el primer tiro, que seguramente producirá un eco de espanto y de dolor en todos los corazones, me dirijo á V. por medio de esta carta para descargo de mi conciencia y eterna justificación de las armas que la patria me ha confiado.

»Ya supongo que en estas solemnes circunstancias habrá llegado oficialmente á su noticia todo cuanto pueda contribuir á ilustrar su juicio acerca del verdadero estado de las cosas. Sin duda V. no ignora que el grito de protesta que ha lanzado unánime toda la armada, ha sido inmediatamente secundado por las plazas de Cádiz, Ceuta, Santoña, Jaca, Badajoz, la Coruña, el Ferrol, Vigo y Tarifa y por las ciudades de Sevilla, Málaga, Córdoba, Huelva y Santander con todas sus guarniciones y todas las fuerzas del campo de Gibraltar y por otras muchas poblaciones que sin temor de equivocarme puedo asegurar que habrán ya tomado ó tomarán las armas con el mismo propósito.

»Difícil es conocer cuál es la mejor manera de servir al país cuando éste calla ó muestra tímida y parcialmente sus deseos; pero hoy habla con voz tan clara y tan solemne que no es posible que á los ojos de nadie aparezca oscura la senda del patriotismo. Hay especialmente un punto sobre el cual no es lícita la equivocación; tal es la imposibilidad de sostener lo existente, ó mejor dicho, lo que ayer existía.

»Estoy seguro de que dentro de sí mismo encuentra V. la evidencia de esta verdad, y en tal caso no podrá usted menos de convenir conmigo en que la obligación del ejército es, en estos momentos, tan sencilla como sublime: consiste sólo en respetar la aspiración universal y en defender la vida, la honra y la hacienda del ciudadano en tanto que la nación dispone libremente de sus destinos.

»Apartarle de esta senda es convertirlo en instrumento de perdición y de ruina.

»Las pasiones están afortunadamente contenidas hasta ahora por la absoluta confianza que el país tiene en su victoria; pero al primer conato de resistencia, á la noticia del primer combate, estallarán furiosas y terribles y el primero que lo provoque será responsable ante Dios y ante la historia de la sangre que se derrame y de todas las desgracias que sobrevengan.

»En presencia del extranjero el honor militar tiene temerarias exigencias; pero en el caso presente, V. lo sabe tan bien como yo, el honor sólo consiste en asegurar la paz y la ventura de los hermanos.

»En nombre de la humanidad y de la conciencia invito á V. á que, dejándome expedito el paso en la marcha que tengo resuelta, se agregue á las tropas de mi mando y no prive á las que le acompañan de la gloria de contribuir con todas á asegurar la honra y la libertad de su patria.

»La consecuencia de los continuos errores que todos hemos sufrido y lamentado, producen hoy indignación y lástima; evitemos que produzcan horror. ¡Último y triste servicio que ya podemos prestar á lo que hoy se derrumba por decreto irrevocable de la Providencia!

»Su propio criterio esforzará mis razones: su patriotismo le aconsejará lo mejor.

»Mi enviado, D. Adelardo López de Ayala, lleva el encargo de entregar á V. este documento y de asegurarle la alta consideración y no interrumpida amistad con que es de usted su afectísimo amigo y S. S. Q. B. S. M.—Francisco Serrano.»

Llegó Ayala, sin ningún tropiezo, al cuartel general de Novaliches, y éste, después de enterarse de la carta de Serrano, entregó al emisario la contestación siguiente:

«Excmo. Sr. Duque de la Torre, capitán general de los ejércitos nacionales:

»Muy Sr. mío: Tengo en mi poder el escrito que se ha servido usted dirigirme por su enviado D. Adelardo López de Ayala, en el día de hoy 27, aunque por equivocación haya puesto en él la fecha del 28.

»Profundo es mi dolor al saber que es usted quien se halla al frente del movimiento de esa ciudad, y estoy seguro de que en el acto de escribir el documento, y antes de recibir mi contestación, habrá usted adivinado cual había de ser ésta.

»El gobierno constitucional de Su Majestad la reina, doña Isabel II (que Dios guarde), me ha confiado el mando de este ejército, que estoy seguro cumplirá sus deberes, por muy sensible que le sea tener que cruzar las bayonetas con los que ayer eran sus camaradas; esto sólo puede evitarse reconociendo todos la legalidad existente para apartar de nuestra desventurada patria mayores desgracias. La reina y su gobierno constitucional lo celebrarían, y el pueblo, que sólo anhela paz, libertad y justicia, abrirá su pecho á la esperanza librándose de la pena que hoy le agobia.

»Sí, lo que es de todo punto improbable, la suerte no favoreciese este resultado, siempre nos cabría á estas brillantes tropas y á mí, el justo orgullo de no haber provocado la lucha, y la historia, severa siempre con los que dan el grito de guerra civil, guardará para nosotros una página gloriosa.

»El mismo enviado lleva el encargo de entregar á usted esta respuesta, que debe mirar como la expresión unánime del sentimiento de todas las clases del ejército que tengo el honor de mandar, sin que por esto deje dudar de la alta consideración y no interrumpida amistad con que es de usted afectísimo amigo y S. S. Q. B. S. M.—Novaliches.

»Cuartel general de Montoro, 27 de Setiembre de 1868.»

Después de las comunicaciones que se habían cruzado entre ambos campos, resultaba inevitable el combate, y las tropas de Serrano salieron inmediatamente de Córdoba, ocupando el general Caballero de Rodas el puente de Alcolea, por el que pasa la carretera de Madrid, sobre el Guadalquivir.

Este puente de antigua, pero sólida construcción, que en la guerra de la Independencia fué teatro de algunos combates, tiene veinte ojos y mide trescientos cuarenta metros, estando unos seiscientos metros más abajo el puente del ferrocarril que cortaron los insurrectos.

El brigadier Lacy, á quien Novaliches había encargado el ataque de la izquierda, se movió tan torpemente que cayó prisionero en poder de Serrano con toda su brigada, teniendo éste la generosidad de dejar marchar dicha fuerza al ejército de que procedía.

La batalla empezó á las tres de la tarde del día 28, generalizándose al poco tiempo, y siendo tan sangrienta y feroz que las descargas se hacían casi á quemaropa, y las cargas á la bayoneta se repitieron con gran frecuencia. La artillería fué la que desempeñó el principal papel en aquel combate, y la que dió la victoria á Serrano.

Novaliches, desesperado por la resistencia que encontraba y deseoso de dar un golpe decisivo, intentó al anochecer apoderarse del puente de Alcolea, defendido por un batallón del regimiento de Valencia y una compañía de cazadores de Simancas, que tenían por apoyo las divisiones de los generales Rey y Caballero de Rodas. Las tropas de la reina atacaron el puente con gran denuedo, pero sus defensores se mantuvieron firmes, y la columna retrocedió.

Entonces Novaliches en el paroxismo de su desesperación, y con un heroísmo digno de mejor causa, púsose á la cabeza de sus tropas y se arrojó sobre el puente con tremendo empuje pugnando por abatir la tenacidad de sus defensores; pero á los pocos instantes recibió en la boca un casco de metralla que hiriéndolo gravemente le imposibilitó para continuar la lucha. El general Paredes se encargó entonces del mando, y á pesar de que sus tropas no estaban desalentadas y se mostraban dispuestas á continuar la lucha, desistió del ataque del puente, empresa decisiva en aquel combate. El fuego continuó entre ambos ejércitos sin que intentaran desalojarse de sus respectivas posiciones, y á las ocho y media de la noche se suspendió la batalla, ordenando Paredes á sus tropas la retirada hacia el Carpio, la que se verificó á las doce con gran sorpresa de los insurrectos que no se tenían aún por vencedores. La horrible cifra de mil doscientos hombres costó á ambos ejércitos entre muertos y heridos aquella última hazaña de la dinastía borbónica.

Serrano podía ya marchar hacia Madrid; pues tenía libre el camino de la capital, pero queriendo antes fundir los dos ejércitos en uno solo con el título de libertador, se lo propuso al general Paredes, quien reunió un consejo de jefes, acordando éstos la unión siempre que fuese con el compromiso de sostener el trono de doña Isabel. Serrano no accedió á tal proposición, pero ofreció á las tropas de Novaliches todas las ventajas que el futuro gobierno había de conceder á las suyas, y ésto bastó para que se desvanecieran los alardes monárquicos de la mayor parte de los jefes. Sólo el general Echevarría y el coronel Trillo se negaron á realizar la fusión, y obtuvieron sus pasaportes para Madrid, punto donde se dirigían también los ejércitos reunidos bajo la dirección del duque de la Torre.

Mientras tanto el comité revolucionario de Madrid funcionaba y hacía correr de mano en mano ejemplares de los manifiestos publicados en Cádiz por Topete, Prim y Serrano.

También había recibido el comité numerosos ejemplares del programa publicado por la junta revolucionaria de Sevilla; pero se cuidó mucho en no distribuirlos, pues á los unionistas y á los progresistas les molestaban las afirmaciones democráticas del republicano Díaz Quintero, las cuales estorbaban sus propósitos de verificar una revolución incompleta como la de 1854, que sólo sirvió para elevar á un partido conservando el mismo régimen político á la nación.

El comité de Madrid recibía fácilmente los documentos que enviaban los insurrectos de Andalucía por la adhesión de una gran parte de los empleados de correos y telégrafos, lo que les sirvió para tener conocimiento en la misma mañana del 29 de Setiembre del resultado de la batalla de Alcolea.

Esta noticia entusiasmó de tal modo á los progresistas que, llevados de su odio á las juntas populares y sus deseos de enfrenar inmediatamente la revolución, designaron á Madoz para gobernador civil de Madrid y á Ros de Olano para capitán general de Castilla la Nueva.

La actitud del gobierno dió pronto

á entender cuál había sido el resultado de la lucha entablada en Andalucía, pues en las primeras horas de la mañana del 29 se fijó en las esquinas de Madrid la siguiente alocución del capitán general marqués del Duero:

«Madrileños:

»La guarnición de esta capital, apoyada por los hombres honrados de todos los partidos, por todos los que quieren respeto á las personas y respeto á la propiedad, ha podido conservar el orden público hasta aquí, sin molestar á nadie.

»Seguid todos prestando apoyo y manifestando vuestra aprobación incesante á la conducta noble y serena de las tropas que tengo la honra de mandar; esperad con calma los sucesos que se desenvuelven en la península, y la causa de la civilización y de la libertad no peligrará ni se manchará por exceso alguno en el pueblo de la metrópoli que debe dar ejemplo á todos de cultura y facilitar con su actitud firme y digna la solución que más convenga á la patria y á los intereses de todos.

»Después de lo que acabo de manifestaros os aseguro que se conservará la tranquilidad pública.

»Manuel de la Concha.»

Esta breve alocución iba acompañada de una concisa noticia de la batalla de Alcolea, sin que el gobierno dijere cual había sido su éxito, pues se limitaba á manifestar que habiéndose ya comenzado el combate algo tarde, las tropas leales habían acampado al llegar la noche en el mismo sitio en que combatieron.

Esta manera de expresarse, impropia de un gobierno que se cree fuerte, dió á entender al pueblo de Madrid que la causa monárquica había sido vencida, é inmediatamente se lanzó á la calle dando vivas á la libertad y mueras á Isabel II.

Los demócratas, á quienes una larga experiencia había demostrado lo poco que debían esperar de los progresistas y los deseos que éstos tenían de excluirlos de la revolución, ocuparon el ministerio de la Gobernación y organizaron una junta á cuyo frente se puso el teniente coronel D. Amable Escalante, hombre tan valeroso como extravagante, á quien el pueblo sacó de la cárcel del Saladero, donde estaba preso hacía poco tiempo, y que comenzó por nombrarse á sí propio brigadier.

El pueblo entusiasmado y dando mueras á Isabel II y á los Borbones, arrancó las coronas reales de los escudos y de las muestras, y por disposición de Escalante se abrió el Parque Nacional distribuyéndose más de cuarenta mil fusiles y carabinas, lo que disgustó mucho á los progresistas porque daba un marcado carácter democrático á la revolución.

Un grupo popular armado fué enviado á Palacio por Rivero para custodiar las riquezas que contenía, y aquellos pobres obreros que con tanta fidelidad guardaron las riquezas regias, permanecieron un día sin comer por haberles olvidado los individuos de la junta y no querer ellos abandonar el puesto que se les había confiado.

Los progresistas y unionistas formaron una junta interina compuesta por D. Pascual Madoz, D. Juan Lorenzana, D. Laureano Figuerola, el marqués de la Vega de Armijo, D. Vicente Rodríguez, D. Juan Moreno Benítez, D. Francisco Romero Robledo, D. José Olózaga, D. Ignacio Rojo Arias, D. Nicolás Calvo Guaiti, D. José Abascal, D. Camilo Labrador, D. Ricardo Muñiz, D. Antonio Ramos Calderón y D. Carlos Navarro Rodrigo.

Esta junta que tendió desde el primer momento á desvirtuar la revolución, afectaba no reconocer la junta de los demócratas, negándola autoridad como si la suya no fuese constituída tan arbitraria y caprichosamente; pero el armamento del pueblo, dispuesto por Escalante, y la popularidad del partido democrático obligó á transigir á aquellos falsos revolucionarios y las dos juntas se fusionaron en una sola figurando al lado de los unionistas y progresistas antes citados, los demócratas D. Nicolás María Rivero, D. Estanislao Figueras, D. Bernardo García, D. José Cristóbal Soruí, don Eduardo Chao, D. Manuel Ortiz de Pinedo, D. Adolfo Joarizti, D. Francisco García López, D. Miguel Morayta, D. Tomás Carretero y D. Francisco Javier Carratalá.

La nueva junta con el carácter de provisional dirigió al pueblo de Madrid la siguiente alocución:

"Madrileños:

"Constituída en nombre del pueblo la junta provisional de gobierno, su primer deber es dirigiros la palabra.

"La dinastía de los Borbones ha concluído.

"El fanatismo y la licencia fueron el sino de su vida privada. La ingratitud y la crueldad han sido el premio otorgado á los que en 1808 defendieron la nación y el trono y á los que en 1833 salvaron á la hija de Fernando VII. Sufra la ley de la expiación, y el Pueblo, que tan generoso ha sido con el padre y con la hija, recobre hoy su soberanía, que no puede ser patrimonio de ninguna familia ni persona, como proclamaron las inmortales Cortes de 1812.

"El ejército y la marina con abnegación sublime han pensado antes en la patria que en ninguna familia. Desde Cádiz á Santoña ha resonado el grito de libertad, y unas Cortes Constituyentes elegidas por sufragio universal decidirán sobre los destinos de la patria. Hoy, reunidos ante la gravedad solemne de las circunstancias un considerable número de ciudadanos, ha constituído una junta provisional, en tanto que mañana el pueblo todo de Madrid, reunido por barrios y por distritos, formula su voluntad soberana.

"No empañemos la alegría del triunfo con ningún desorden, que llenaría de júbilo á los enemigos de la libertad;

que todos los vecinos se organicen por distritos y vigilen porque nada manche nuestra gloriosa revolución.

»¡Viva la soberanía nacional! ¡Viva la marina! ¡Viva el ejército! ¡Vivan los generales que le han conducido á la Victoria! ¡Abajo los Borbones! ¡Viva el pueblo soberano!—Madrid 29 de Setiembre de 1868.»

Don Pascual Madoz que se empeñaba en ser considerado como gobernador de Madrid, aunque sólo lo fuese interino, firmaba este manifiesto en primer término, siguiendo después los nombres de los demás individuos de las juntas fusionadas. El primer acuerdo de la junta provisional fué expedir á todas las provincias un telegrama redactado del siguiente modo:

«Madrid 29 de Setiembre de 1868.

»El pueblo de Madrid acaba de dar el grito santo de *Libertad y Abajo los Borbones*, y el ejército, sin excepción de un solo hombre, fraterniza en todas partes con él. El júbilo y la confianza son universales. Una junta provisional salida del seno de la revolución y compuesta de los tres elementos de ella acaba de acordar el armamento de la milicia nacional voluntaria y la elección de otra junta definitiva por medio del sufragio universal, que quedará constituída mañana.

»¡Españoles! secundad todos el grito de la que fué corte de los Borbones y de hoy más será el santuario de la libertad.—El Director general por la junta provisional, EDUARDO CHAO.»

Al día siguiente se procedió á la elección de nueva junta, organizándose la votación por distritos y barrios siendo muy escaso el número de electores á causa de la falta de costumbres políticas. La carencia de iniciativa en los votantes, hizo que resultasen reelegidos la mayor parte de los individuos de la junta provisional siendo la siguiente lista el resultado de la elección:

Presidentes honorarios.—D. Francisco Serrano y D. Juan Prim.

Presidente efectivo.—D. Joaquín Aguirre.

Vicepresidentes.—D. Nicolás María Rivero, D. Antonio Aguilar y Correa.

Secretarios.—D. Inocente Ortiz y Casado, D. Telesforo Montejo, D. Felipe Picatoste, D. Francisco Salmerón y Alonso.

Diputados.—D. Gregorio de las Pozas, D. Carlos Rubio, D. Eduardo Martín de la Cámara, D. Práxedes Mateo Sagasta, D. Francisco García López, D. Laureano Figuerola, D. Vicente Rodríguez, D. Fermín Arias, D. Pedro Martínez Luna, D. Francisco Montemar, D. Manuel Cantero, D. Nicolás Soto, D. Pascual Madoz, D. José Olózaga, D. José Cristóbal Sorni, D. Juan Sierra, D. Julián López Andino, D. Baltasar Mata, D. Camilo Laorga, D. Juan Fernández, don Juan Antonio González.

Los elementos democráticos cometieron un terrible desacierto al no mantenerse independientes y acceder á entrar en aquella junta compuesta de unionistas y progresistas, cuyo falso espíritu revolucionario era público desde el momento que aspiraban á encauzar el movimiento en sentido monárquico y á oponer obstáculos á las justas aspiraciones del pueblo. Aquellos demócratas que tan furibundo, é intransigentes se mostraban poco antes, tenían prisa en ser autoridad y figurar en la esfera oficial, y de aquí que olvidasen los procedimientos que ellos mismos habían proclamado, con la mísera aspiración de ser individuos de una junta que carecía de iniciativa y entusiasmo y no había de influir para nada en los destinos de la nación.

Rivero fué el más culpable de todos, pues olvidando su historia política y las esperanzas que justamente había hecho concebir su enérgico carácter, demostró tanta debilidad en sus convicciones como ambiciosas impaciencias por llegar al poder. Un hombre de su popularidad, teniendo el auxilio del pueblo armado que odiaba á la monarquía, debía haberse negado á la fusión con la junta monárquica y proclamar en Madrid la república, seguro de que capitales tan importantes como eran Barcelona, Valencia, Zaragoza, Málaga, Sevilla y Cádiz se hubiesen adherido inmediatamente al movimiento por ser sus habitantes entusiastas republicanos como se demostró un año después al estallar en toda España el movimiento federal.

El antiguo director de *La Discusión* y D. Estanislao Figueras, que eran los dos personajes de más viso dentro del partido democrático que residían entonces en España, debían haber desconfiado de los progresistas, cuya política estacionaria conocían bien, y haber acelerado el triunfo de la república, con lo cual se hubiesen evitado las vergüenzas políticas que sufrió el país durante el período constituyente y la monarquía de Amadeo, lográndose al mismo tiempo que la forma de gobierno republicana, naciese con más vida y con mayor entusiasmo en el país que en 1873. Rivero, desde el momento que transigió llevado de ambiciosas miras, cometió una apostasía indigna, de la que fué castigado algún tiempo después.

Sumisos los demócratas de la junta á las indicaciones de sus monárquicos compañeros, no se opusieron al envío de comisiones encargadas de saludar á los generales vencedores, acto que en el fondo era un alarde de servilismo que demostraba que en España no había terminado aun la dictadura de los hombres de espada. Una de estas comisiones se avistó con Prim en Cartagena la noche del 30 de Setiembre, y el general manifestó que era necesario que se disolvieran cuanto antes las juntas revolucionarias, pues estaban muy engañados los que creían que él iba á favorecer la causa republicana, pues deseaba que el *gobierno legal* funcionase cuanto antes, así como las Cortes Constituyentes *para hacer monarquía á toda prisa.*

El gobierno legal era para Prim un ministerio cuyo núcleo importante se había constituido en Cádiz por sí y ante sí, sin consultar para nada la voluntad del pueblo, y en el cual, dicho general desempeñaba la cartera de la Guerra, Serrano la presidencia, Sagasta el ministerio de la Gobernación, Ruiz Zorrilla el de Fomento y Topete el de Marina.

Esta manera de constituirse *legalmente*, por la propia voluntad y sin esperar el asentimiento ni la conformidad del país, estaba dentro del sistema progresista, y por esto la comisión de la junta de Madrid acogió sin protesta las imprudentes palabras de Prim. Mientras tanto el pueblo se creía libre porque le dejaban ostentar por las calles una carabina vieja y entonar el himno de Riego, y con la fe del que habla de cosas indiscutibles y por todos reconocidas aclamaba la soberanía nacional y daba vivas á Prim y Serrano, que la detentaban tanto como Isabel II, aunque de un modo más hipócrita y cubriéndose con la capa de la revolución.

Los resultados de la hipocresía política de los vencedores y de la ignorancia y ceguedad del pueblo, pronto podremos apreciarlos.

Mientras se esparcía tan rápidamente por toda la nación el fuego insurreccional, los reyes, que estaban en San Sebastián, veían con asombro y miedo como se les iba la corona de las manos y cuan escasos eran sus verdaderos defensores. Toda la chusma cortesana galoneada, brillante y con vírgenes espadas, que tantas fanfarronerías sabía decir en tiempos de tranquilidad jurando dar su vida por su reina, huían ahora cobardemente y buscaban un asilo en el extranjero, conociendo que aquella revolución era la definitiva y que la autoridad de su ama había concluido para siempre.

Doña Isabel quedó casi sin otro apoyo que el de su esposo don Francisco de Asís, que con sus pueriles terrores contribuía á quebrantar más el ánimo de la reina. La entrada del general Calonge en Santander, después de batir á los revolucionarios, animó un poco á la soberana; pero sus ilusiones momentáneas se desvanecieron ante las noticias que llegaban de Madrid. El general Concha, que al principio era partidario de que la reina fuese á la capital, aunque sin la odiosa compañía de Marfori, revocaba después su comunicación, diciendo que si Novaliches no vencía en Andalucía todo se había perdido.

En aquellas circunstancias de horrorosa inquietud para la familia real, el infante don Sebastián, acordándose que había sido generalísimo de los carlistas, tuvo una idea absurda, que por esto mismo pareció inmejorable á los regios consortes. Tratábase de sublevar las provincias Vascongadas, al grito de Dios, Patria y Rey, proclamando reina absoluta á doña Isabel y se confiaba en que algunos generales cortesanos como Lersundi, Calonge, Blásser, Zapatero y otros se pondrían al frente de las partidas absolutistas; que Pezuela y Gasset secundarían el movimiento y que Novaliches vencería á Serrano en Andalucía, con lo cual la reina sería llevada en triunfo á Madrid y podría solemnizar su victoria fusilando algunos centenares de personas, entre generales y políticos.

Doña Isabel, dispuesta ya á realizar el proyecto, pidió á la diputación foral de Guipúzcoa que decretase el armamento del país, pero dicho organismo se negó á ello, no queriendo provocar una guerra civil, y para colmo de los infortunios regios, dos batallones que Calonge enviaba desde Valladolid á San Sebastián se pronunciaron en Burgos á instigaciones del vecindario que ya se había sublevado.

Cuando se recibió en San Sebastián la noticia de la derrota de Alcolea y la desgracia de Novaliches, se aumentó el pánico que reinaba en la corte y la reina vióse ya completamente sola.

Para detener el golpe revolucionario, aún se le ocurrió un plan tan descabellado como era escribir á Espartero, enviándole su hijo don Alfonso, príncipe de Asturias, y encomendándole la defensa de éste ya que no la de la madre, pero sus allegados la disuadieron, recordándola que á la edad de setenta y cinco años no estaba ya el duque de la Victoria para emprender ninguna campaña, además que ante la revolución permanecería inactivo, limitándose á formular su eterna muletilla: *cúmplase la voluntad nacional.*

En la tarde del 29 recibióse en San Sebastián un telegrama de Concha, aconsejando á la reina que emprendiese inmediatamente el viaje en vista de que la insurrección, extendiéndose por toda España, no tardaría en estallar en las provincias Vascongadas, con lo cual corría el peligro de caer en manos de los insurrectos; y á las cuatro de aquella misma tarde recibíase otro telegrama firmado por Ros de Olano, capitán general interino de Madrid, en el que se daba cuenta de la unión fraternal del pueblo y el ejército al grito de ¡Abajo los Borbones!

La revolución no podía ser más rápida y decisiva, y la hija de Fernando VII, asombrada de que en tan poco tiempo se hubiese desvanecido aquel poder que tanto ensalzaban sus cortesanos, murmuró con tristeza: *Creía tener más raíces en este país.*

No había ya en España quien se atreviese á defenderla, ni aun el conde de Cheste, que días antes había hecho reír á España entera con sus fanfarronadas de ridícula caballería, que le hacían pasar por el don Quijote de una Dulcinea tan averiada y odiosa como era doña Isabel.

La reina se apresuró á salir para Francia llevándose una parte del botín que su rapacidad había arrancado al país en muchos años de gobierno y que consistía en alhajas tasadas poco antes en la Granja en sesenta y cuatro millones de reales, y cuarenta millones en metálico procedentes de anticipos hechos por los últimos ministros de Hacienda que para contentar

D. NICOLÁS MARIA RIVERO.

á la reina faltaban descaradamente á las leyes.

Al atravesar la frontera francesa el tren que conducía á la soberana destronada, cruzóse con otro cuyos viajeros saludaron á doña Isabel con gritos de ¡mueran los Borbones! y ¡abajo la p... coronada! Eran los emigrados demócratas que volvían á su patria y con tales palabras escupían al rostro de su perseguidora la miseria y los terribles sufrimientos experimentados en la proscripción.

Doña Isabel desde Pau dirigió un manifiesto al país, redactado en estilo furibundo por el pedantesco D. Severo Catalina, y en el cual protestaba contra su destronamiento, afirmando que no reconocería ninguna de las resoluciones de los gobiernos revolucionarios que se formarían «al impulso de los furores demagógicos con presión indudable de las voluntades y las conciencias.» Hay que manifestar que la despechada señora, ansiosa de crear complicaciones á la nación española, había recomendado al capitán general de Cuba que sublevara la isla contra España, indicación que dicha autoridad se guardó de cumplir. El día 3 de Octubre verificó su entrada en Madrid el general Serrano, demostrándose una vez más la censurable facilidad con que el pueblo olvida la historia política de ciertos hombres públicos mediante un deslumbrador golpe de efecto. Los revolucionarios de Madrid aclamaban delirantes al duque de la Torre, que en la jornada del 22 de Junio les había ametrallado salvando la monarquía. La victoria de Alcolea borraba en la memoria popular todas las faltas políticas que había cometido el duque de la Torre.

Éste salió al balcón del ministerio de la Gobernación donde estaba la mal llamada junta revolucionaria, y desde allí dirigió á la muchedumbre un breve discurso encareciendo la necesidad de grandes sacrificios y no menores virtudes para consolidar la libertad. D. Nicolás María Rivero también habló para recomendar que se prescindiera un tanto del radicalismo de las ideas en beneficio de la revolución declarando con esto francamente su apostasía. Después, para coronar el acto, se abrazaron Serrano y Rivero, espectáculo ridículo que hacía recordar los tiempos de Espartero, pero que fué acogido con aplausos por la cándida muchedumbre.

Al quedar solos, el duque de la Torre que conocía la impaciente ambición de Rivero, le manifestó que contaba con él para la formación de ministerio, y el antiguo jefe de los demócratas, aunque no dió una contestación definitiva, se manifestó halagado por tal proposición.

Por la noche la junta revolucionaria en pleno pasó al palacio de la Presidencia que ocupaba el general Serrano para cumplimentarlo, y el duque como si aquella junta que era puramente de una capital fuese la representación de toda España, pidió su autorización para formar inmediatamente un ministerio. Ortiz de Pinedo, para halagar al general, propuso que se le concediese esta autorización inmediatamente, y por aclamación, pero la mayoría creyó más decoroso deliberar en el palacio de la Gobernación, enviando después la respuesta.

Al constituirse la junta en sesión para tal objeto, algunos individuos se negaron á lo propuesto por el general Serrano, temiendo que con ello adquiriesen preponderancia los unionistas sobre los progresistas; pero bastó que Muñiz, que era el hombre de confianza de Prim, dijese que éste deseaba que no se suscitase ninguna dificultad al duque de la Torre, y que estaba entendido con él en lo referente á la futura composición del ministerio, para que todos obedeciesen servilmente tales indicaciones, y doblasen la cerviz ante la voluntad de Prim manifestada por su agente. El resultado de aquella unanimidad rastrera que se formó en el seno de la junta fué la autorización pedida por Serrano, que estaba redactada en los siguientes términos:

«Consumada felizmente la gloriosa revolución que se inició en Cádiz y llegado el caso de organizar la Administración pública, esta junta revolucionaria de Madrid encomienda al capitán general de ejército D. Francisco Serrano, duque de la Torre, la formación de un ministerio provisional que se encargue de la gobernación del Estado hasta la reunión de las Cortes Constituyentes.

»Madrid 3 de Octubre de 1868.

»El presidente, JOAQUÍN AGUIRRE.—El vicepresidente, NICOLÁS MARÍA RIVERO.—PASCUAL MADOZ.—AMABLE ESCALANTE.—RICARDO MUÑIZ.—MANUEL MERELO.—LAUREANO FIGUEROLA.—JOSÉ MARÍA CARRASCÓN.—MARIANO AZARA.—FACUNDO DE LOS RÍOS Y PORTILLA.—FÉLIX DE PEREDA.—VICENTE RODRÍGUEZ.—JOSÉ CRISTÓBAL SORNÍ.—MANUEL GARCÍA Y GARCÍA.—FRANCISCO ROMERO Y ROBLEDO.—CRISTINO MARTOS.—JUAN MORENO BENÍTEZ.—MAURICIO LÓPEZ ROBERTS.—NICOLÁS CALVO GUAYTI.—VENTURA PAREDES.—CAMILO SALVADOR.—MIGUEL MORAYTA.—BERNARDO GARCÍA.—TOMÁS CARRETERO.—RUPERTO FERNANDEZ DE LAS CUEVAS.—FRANCISCO CARRATALÁ.—ANTONIO VALLÉS Y PABLO.—EDUARDO CHAO.—MANUEL ORTIZ DE PINEDO.—MANUEL PALLARES.—JOSÉ ABASCAL.—IGNACIO ROJO ARIAS.—Secretarios, ANTONIO RAMOS CALDERÓN.—MARIANO VALLEJA.—FRANCISCO JIMÉNEZ DE GUINEA.

»Excmo. Sr. D. Francisco Serrano, duque de la Torre.»

Así terminó la junta de Madrid que fué tan servil en su abdicación como insignificante en su gestión política. Era indigno que cuando acababa de verificarse una revolución para derribar autoridades arbitrarias y caprichosas, la junta de Madrid que no era más que una junta local, se creyese con autorización suficiente para dar al duque de la Torre el encargo de formar ministerio.

Las juntas provinciales debían haber protestado negándose á reconocer á Serrano, con lo cual la autoridad de éste hubiese quedado reducida á Madrid; pero, por desgracia, aunque en el primer instante se resistieron á acatar la autorización concedida al vencedor de Alcolea, acabaron al fin por respetarla, consintiendo en disolverse, con lo cual quedó omnipotente aquel ministerio creado en Cádiz por la arbitraria voluntad de los generales insurrectos y cimentado, no en la voluntad del país, sino en la brutal supremacía que dan las armas.

Serrano, deseoso de completar su ministerio, volvió á ofrecer una cartera á Rivero; pero éste quería otra para Martos, y como el duque de la Torre ignoraba si Prim consentiría dos demócratas en el gabinete, no llegó á decidirse. Después ofreció la cartera de Hacienda á D. Manuel Cantero; pero éste puso por condición al aceptarla la elevación del duque de Montpensier al trono, y como Prim era opuesto á esta candidatura, el duque no quiso adquirir ningún compromiso.

En vista de las dificultades con que tropezaba creyó Serrano lo más conveniente esperar la llegada de Prim y asumió todas las funciones de ministro universal, como ya lo había hecho en 1843, cuando la coalición de moderados y progresistas contra Espartero.

El nombre de éste era aclamado en algunas provincias con ese rutinarismo político que adolece nuestro pueblo, y Serrano por pura fórmula y temiendo una aceptación, le telegrafió poniéndose á sus órdenes y ofreciéndole el poder. La contestación de Espartero fué muy afectuosa, felicitando en ella á Serrano, Prim y Topete, y afirmando que los que habían llevado á cabo la revolución eran los que debían formar el gobierno provisional, tocándoles á todos los demás el apoyarlo así como acatar y defender la ley fundamental que hiciera la nación en uso de su soberanía.

Dueño ya Serrano de la situación, anunció en la *Gaceta* que aceptaba el encargo de la junta de Madrid, y que en su día daría cuenta de sus actos á las Cortes Constituyentes que se eligiesen. Inmediatamente sonó la hora de las recompensas, y el periódico oficial no tuvo bastante espacio para las relaciones de gracias y ascensos concedidas al ejército que había tomado parte en la revolución. Serrano arrojó á manos llenas los galones y entorchados sobre los militares unionistas, dejando que á los progresistas los premiase Prim (elevado recientemente á la categoría de capitán general), cuando fuese á ocupar el ministerio de la Guerra. Hubo militares que de un sólo golpe saltaron tres empleos, simples paisanos fueron convertidos en coroneles y brigadieres, y como dice un autor: «una vez más se mostró con harta elocuencia, que el ejército vende muy caro su apoyo.»

La revolución se había verificado en las provincias de un modo muy ordenado y pacífico, limitándose las demostraciones á discursos pronunciados en la vía pública, y á la quema de los retratos de la reina, junto con la destrucción de los escudos regios que figuraban en los edificios públicos y establecimientos comerciales. Únicamente en Zaragoza hubo alguna agitación, llegando el pueblo á pedir la cabeza del gobernador á causa de lo odioso que se había hecho por sus tropelías durante la dominación moderada.

Los partidarios de Isabel creían que los generales Gasset y Pezuela sostendrían valerosamente á Isabel II en los distritos de Valencia y Cataluña, pero apenas se acercó la escuadra en que iba Prim, se apresuraron á huir á Francia, imitándolos Blaser, encargado de la capitanía general de Aragón.

Prim fué objeto en Barcelona de un recibimiento entusiasta, pero apenas se apercibieron los catalanes de que el general alardeaba de monarquismo, decayeron en su entusiasmo demostrando gran frialdad. Al desembarcar el general desatendió al pueblo que le exigía se arrancase la corona real que llevaba en la gorra de su uniforme, y dijo que España debía conservar la monarquía como la forma de gobierno más compatible con la prosperidad y el orden de la nación.

Estas palabras causaron pésimo efecto más aún por la creencia general que existía en Barcelona de que Prim venía decidido á inaugurar una política francamente democrática, lo que hacía que muchos lo designasen como presidente de la futura república.

El efecto que las palabras de Prim causaron en un pueblo tan republicano como el de Barcelona, fué deplorable. En la arenga que dirigió al pueblo se limitó á recomendar la unión entre todos los liberales, y una completa sumisión á los acuerdos de las Cortes Constituyentes olvidando las aspiraciones de cada partido. D. Juan Tutau, en nombre del pueblo, manifestó á Prim que los barceloneses estaban lo suficientemente ilustrados para tener ideales propios, que Cataluña quería la república federal, y que la revolución podía considerarse muerta desde el momento en que se volviese á la monarquía. El general insistió en que lo patriótico era esperar la resolución de las Cortes acerca de la forma de gobierno para acatar su fallo, y terminó gritando: ¡viva la libertad y abajo los Borbones! pero el pueblo le contestó dando vivas á la república federal.

Durante los pocos días que Prim permaneció en Barcelona se mermó tanto su popularidad, que llegó á ser antipático á sus compatriotas, lo que hizo que su despedida fuese fría. Prim para el pueblo catalán inteligente é ilustrado, había ya perdido todo su prestigio. Mientras le creyeron una garantía para la revolución, fué un héroe popular; pero ahora, después de la decepción experimentada, le tenían ya por un ambicioso vulgar que aclamaba á la libertad, y al mismo tiempo tenía miedo á sus más lógicas consecuencias. En Tarragona y Reus pudo apreciar el creciente desarrollo del partido republicano, en vista de lo mal acogidas que eran sus palabras, pidiendo confianza absoluta para los hombres que formaban el gobierno provisional *legalmente* constituído. En Zaragoza mereció mayores muestras de entusiasmo, y su entrada en Madrid, que se verificó el 7 de Octubre, fué grandiosa, demostrándose en ella el loco afecto que todavía guarda nuestro pueblo á los hombres de espada que logran hacerse célebres por sus hazañas.

Prim avistóse inmediatamente con Serrano, y conviniendo ambos en la necesidad de enfrenar las tendencias republicanas del país, procedieron sin pérdida de tiempo á la formación de ministerio. Serrano, á pesar de ser unionista, se mostraba más dispuesto que Prim á transigir con los demócratas, y quería que en el gobierno provisional tuviesen representación los tres partidos que habían efectuado el movimiento.

El duque de la Torre se había entendido con Rivero, quien se prestaba á entrar en Gracia y Justicia con tal que diese otra cartera á Becerra ó á Martos, pero Prim se negó á ello considerando excesivo que figurasen dos demócratas en el ministerio, y entonces Rivero no quiso entrar solo en el gobierno provisional, temiendo que sus amigos íntimos le tachasen de ingrato y ambicioso.

Tenían ya comprometidas los generales de la revolución desde que se avistaron en Cádiz, las carteras de Gobernación, Fomento, Guerra y Marina, y los cuatro ministerios restantes se dividieron por igual entre unionistas y progresistas, con exclusión de los demócratas, quedando el gobierno provisional constituído en la siguiente forma: Presidencia sin cartera, el duque de la Torre; Estado, D. Juan Alvarez Lorenzana; Gobernación, D. Práxedes Mateo Sagasta; Gracia y Justicia, D. Antonio Romero Ortiz; Fomento, D. Manuel Ruiz Zorrilla; Hacienda, D. Laureano Figuerola; Guerra, el general Prim; Marina, D. Juan Bautista Topete y Ultramar, D. Adelardo López de Ayala.

La Junta revolucionaria de Madrid que tan mal había cumplido su encargo, y de la que ya nadie se acordaba, quiso despedirse antes de hundirse en el olvido con una declaración política que nadie le pedía, y que estaba reducida á un extracto del famoso programa político de *La Discusión* ideado por Rivero, aunque callándose sobre puntos tan interesantes como eran la abolición del ejército permanente, la forma de gobierno compatible con la democracia y la descentralización política.

Esta declaración fué acogida por el

país con el frío desprecio que merecían casi todos sus firmantes, y la mayor parte de éstos se apresuraron á reclamar al gobierno altos y lucrativos puestos en premio á la facilidad con que habían puesto en sus manos la autoridad popular de que estaban revestidos.

CAPITULO XXIII

1868-1869

Carácter del Gobierno Provisional.—Ideas de sus individuos.—Monarquismo de Prim y Ruiz Zorrilla.—Disolución de las juntas de provincia.—Derechos que decreta el gobierno.—Los demócratas apóstatas.—Su manifiesto.—El partido republicano federal.—Su brillante y gigantesca propaganda.—El republicanismo en Cataluña, Valencia, Aragón y Andalucía.—Manifestaciones republicanas.—Entusiasmo federal.—Manifiesto de 17 de Noviembre.—Medidas del gobierno contra la milicia nacional.—Sublevación republicana en Cádiz.—Insurrección de los republicanos de Málaga.—Protesta del comité republicano.—Coacciones que ejerce Sagasta.—Propaganda reaccionaria.—Asesinato del gobernador de Burgos.—Elección de las Cortes Constituyentes.—Coacciones del gobierno.—Victoria de los republicanos.—Apertura de las Cortes.—Trabajos de la minoría republicana.—Pí y Margall contesta al mensaje del gobierno.—Interpelación sobre Hacienda.—Las bases constitucionales.—Discusiones en la comisión constitucional.—Brillante debate en el Congreso.—La libertad religiosa.—Contestación de Castelar al canónigo Manterola.—Discurso de Pí y Margall sobre la separación de la Iglesia y el Estado.—Discusión de los derechos individuales.—Defensa que hace Pí y Margall de la República Federal.—Votación de la forma de gobierno.—Dimisión de López de Ayala.—Aprobación de la Constitución de 1869.—El duque de la Torre es nombrado Regente del reino.—Su juramento ante las Cortes.

Todos los individuos que formaban el Gobierno Provisional eran ministros por primera vez, á excepción del general Serrano, y reinaba entre ellos un completo disentimiento en lo referente á la forma que había de revestir el futuro régimen del país.

De los cuatro ministros unionistas, Topete y Ayala eran decididos partidarios de que el trono de España lo ocupase el duque de Montpensier; Lorenzana mostrábase á favor de una regencia durante la menor edad de Alfonso de Borbón, el hijo de la ex-reina Isabel, y Serrano, á quien gustaba mucho aquella situación provisional que le hacía gozar los honores y distinciones propios de un presidente de república, permanecía en actitud indiferente deseando que se prolongaran tales circunstancias.

Los progresistas por su parte defendían calurosamente la candidatura de D. Fernando de Portugal, con la cual proponíanse realizar la Unidad Ibérica, teniendo Fernández de los Ríos, que era el autor de la proposición, el apoyo ministerial de Sagasta y Ruiz Zorrilla. No por esto gozaba de unánime asentimiento en el seno del partido progresista la candidatura ibérica, pues eran muchos los que querían hacer rey al general Espartero y los que ponían sus ojos en el duque de Génova.

Imperaba, pues, entre los hombres de la revolución el mayor desorden en cuanto á la elección del futuro rey, pero todos se mostraban acordes y unánimes cuando se trataba de falsear las manifestaciones del pueblo, que se reía del proyecto de una futura monarquía.

Los progresistas eran los que más apasionados se mostraban del régimen monárquico y los que hacían gala de una santa indignación apenas les proponían el establecimiento de la República.

Serrano transigía con esta forma de gobierno con tal de que lo respetasen en la presidencia y se mostraba convencido de que un país que no quiere la monarquía tradicional y semi-absoluta ha de recurrir forzosamente á la República; pero Prim y Ruiz Zorrilla, entusiasmados con su proyecto de monarquía democrática, querían forzosamente corresponder al entusiasmo revolucionario de la nación dándola un rey.

En la designación de candidato no estaban acordes los progresistas, pero esto les preocupaba poco, pues para ellos lo importante era tener un hombre coronado que se dejara manejar dócilmente por su partido y á nombre del cual obrar sin responsabilidades y con entera independencia.

Al constituirse el Gobierno Provisional su primera tarea fué procurar la disolución de las juntas de provincia, y Sagasta, al ver que muchas se negaban á reconocer la legitimidad del ministerio, las amenazó enérgicamente diciendo que trataría á sus individuos como perturbadores del órden público. Todas las juntas atemorizadas por las órdenes del gobierno se disolvieron sin protesta, distinguiéndose únicamente la de Teruel, que á pesar de su escasa fuerza fué la que resistió más tiempo, causándola escasa mella las amenazas de Sagasta.

Las juntas, antes de disolverse, nombraron por orden del gobierno los ayuntamientos y diputaciones provinciales que con carácter de interinidad habían de regir hasta que el pueblo eligiese definitivamente dichas corporaciones por sufragio universal. También acordó el gobierno que mientras las futuras Cortes Constituyentes formaban una nueva Constitución, rigiese como legal la de 1856.

El Gobierno Provisional entró inmediatamente á realizar por medio de decretos las reformas prometidas, poniendo en vigor la libertad de imprenta, el derecho de reunión y asociación pacíficas y el sufragio universal para todos los ciudadanos que estuviesen en el pleno uso de sus derechos civiles y hubiesen cumplido veinticinco años. Además se organizó la milicia nacional y se permitió á los ayuntamientos que para obras de utilidad pública dispusiesen de las inscripciones intransferibles de la Deuda pública que tuviesen en su poder, señalándose para mediados de Enero las elecciones de las Cortes Constituyentes que habían de reunirse el 11 de Febrero de 1869.

El Gobierno Provisional deseaba ser reconocido por las potencias extranjeras, y con este objeto el ministro de Estado, D. Juan Alvarez Lorenzana, redactó una circular explicando las causas que habían hecho inevitable la revolución y justificando ésta, al mismo tiempo que pedía á las naciones que conservasen las buenas relaciones de amistad que las unían con España.

El 25 de Octubre publicó el gobierno un manifiesto dirigido al país, y en el cual, faltando á sus promesas de dejar en absoluto á las Cortes Constituyentes la designación de la futura forma de gobierno, se mostraba partidario de la monarquía, combatiendo la República como una institución propia de los pueblos sin tradiciones y sin historia. Los ministros de la revolución encomiaban las ventajas de la monarquía, aunque terminando con la manifestación hipócrita de que si el país se manifestaba en contra de ella, el gobierno acataría su fallo, promesa que reconocía por causa lo escasas que fueron las manifestaciones antimonárquicas en el mes de Octubre, y en las declaraciones benévolas al gabinete de Rivero, Becerra, Martos y otros demócratas, lo que hacía que Prim, optimista en extremo, dijese que en España no existían republicanos. Pronto se encargaron los sucesos de sacar de su error al general y á sus compañeros.

La calma momentánea y breve que había sucedido á las agitaciones de la revolución se desvaneció apenas fué publicado el decreto de la convocatoria de las Cortes, agitando al país por una parte la propaganda de los partidos avanzados y por otra los manejos del gobierno que quería asegurarse una mayoría en las futuras Cortes, aunque para ello tuviese que falsear la opinión del país.

Sagasta, desde el ministerio de la Gobernación, mostrábase dispuesto á eclipsar la triste memoria de Posada Herrera, que por sus arbitrariedades había merecido el apodo de *el Gran Elector*, y á nombre de la revolución tuvo el cinismo de poner trabas al derecho de reunión y restringir la libertad de imprenta por medio de circulares enviadas á los gobernadores.

Los unionistas y los progresistas se preparaban á luchar en las elecciones con el carácter de ministeriales y á ellos se unieron Rivero, Martos, Becerra y otros que, á pesar de su apostasía, aun seguían con sin igual descaro llamándose demócratas, aunque disculpando esta evolución con el ridículo sofisma de que la democracia no era consustancial con ninguna forma de gobierno, y que lo mismo resultaba compatible con la monarquía que con la república. Estos falsarios políticos, en unión de los directores de casi todos los periódicos monárquicos de Madrid, publicaron el 12 de Noviembre un manifiesto, llamado de conciliación liberal, en el que se defendía la *monarquía popular* que había de nacer de la soberanía del pueblo, estando rodeada de instituciones puramente democráticas. Este manifiesto lo firmaban al lado de los señores ya expresados los marqueses de Perales y de Vega de Armijo, don Martín Herrera, D. Augusto Ulloa, D. J. Fernández de la Hoz y otros hombres sin pudor político procedentes lo mismo del moderantismo que del campo republicano, y que inventaban aquella fórmula con el propósito de que el pueblo abandonase las doctrinas republicanas, á que tan inclinado se mostraba, dando su apoyo á aquella situación que se llamaba revolucionaria y que, sin embargo, por falta de valor ó por carencia de fe política se mostraba decidida partidaria de la monarquía á pesar de sus ominosas consecuencias.

El pretexto que hacían valer aquellos apóstatas para disculpar su paso á la monarquía era que la República, en su concepto, constituía una utopia, una innovación peligrosa teniendo en cuenta la situación del país. Rivero se había hecho monárquico sin otro motivo que su desmedida ambición; Martos porque su excepticismo político no le permitía tener ideas propias é iba arrastrado allí donde conocía le era más fácil desempeñar mejor papel, y el burdo Becerra, que tan á la perfección había ejercido algunos años de demagogo, pretendía justificar su apostasía diciendo con grotesca seriedad que el pueblo español era muy ignorante, argumento que él debía aplicarse á sí propio con entera justicia.

El efecto que produjo el manifiesto de 12 de Noviembre fué contraproducente para los firmantes, pues lejos de hacer propaganda monárquica sirvió para reanimar el espíritu republicano federal del pueblo español. Protestaron los comités republicanos contra el funesto manifiesto, é indignados por los pérfidos ataques de aquéllos apóstatas procedieron á la organización del partido con tal rapidez y entusiasmo que en muy pocos días consiguieron poner á las masas federales en tal actitud que el Gobierno Provisional mostróse asombrado é inquieto. Jamás una idea política se había desarrollado de un modo tan rápido é imponente. Las ideas de república y federación habían sido hasta entonces vagas é indeterminadas aspiraciones que sólo conseguían

MANUEL GARCIA

FERNANDO GARRIDO

ROBERTO ROBERT

atraer la atención de la clase ilustrada; pero cuando fueron expuestas y propagadas por hombres como Pí y Margall, Castelar, Garrido y Orense el pueblo español vió en ellas la verdadera fórmula de la regeneración política que tantas veces había presentido y ansiado sin poderla determinar y se abrazó con entusiasmo á la nueva bandera.

La propaganda federal recordó la de aquellos primeros apóstoles que iban por el mundo conocido predicando las doctrinas evangélicas sin reparar en obstáculos y rodeados del general aplauso, pues los oradores federales eran recibidos en las principales poblaciones con más entusiasmo y cariño que si fuesen jefes del Estado. El pueblo habíase apercibido por fin de que la principal causa de la infructuosidad de todas las revoluciones del siglo era la absurda centralización política, y quería que las provincias y municipios tuviesen vida y poder para que de este modo la soberanía popular dejase de ser una ilusión mentida.

Cataluña, cuna del partido republicano, fué la primera región que acogió con entusiasmo la propaganda federal. Los comités del partido organizaban brillantísimas manifestaciones contra la tendencia monárquica del gobierno, verificándose una de éstas en Barcelona el 22 de Noviembre, en la cual más de cuarenta mil personas pidieron la proclamación de la República. Valencia era después de Cataluña el punto donde el nuevo credo político conquistaba más partidarios, electrizándose su población, tan dada á los alardes imaginativos, á la voz portentosa del tribuno Castelar que estaba entonces en el apogeo de su poética elocuencia.

Todos los hombres del partido federal trabajaban á porfía en la propaganda de las ideas, y mientras Castelar entusiasmaba á sus correligionarios de Zaragoza ó Sevilla, el incansable y firme Garrido recorría las principales poblaciones de Cataluña, Valencia y Andalucía, excursión que igualmente realizaba el venerable Orense, quien con su oratoria genial y familiar entusiasmaba á las masas obreras.

Nunca en España ni en ninguna otra nación se ha visto propaganda más grandiosa y que diese mejores resultados. Desde la Coruña á Cádiz sonaban de continuo las voces de los propagandistas federales y raro era el día que el gobierno dejaba de tener noticia de alguna manifestación inmensa que aclamaba la República como la verdadera forma de gobierno de la revolución.

Los partidarios de la monarquía estaban aterrados ante aquel partido que tan pujante y poderoso se mostraba al nacer, y el general Prim, que un mes antes aseguraba que en España no existían republicanos, muy preocupado ahora con ellos se disponía á la resistencia, y queriendo evitar que aquella situación política de carácter provisional favoreciese el desarrollo del partido federalista, se apresuraba á buscar secretamente en el extranjero un rey para España, con lo que pretendía dar fin á la obra revolucionaria.

Era necesario organizar aquellas inmensas masas que marchaban directa y francamente á conquistar la regeneración política para el país, y con este objeto creóse en Madrid un comité republicano compuesto de treinta individuos designados por trece mil setecientos treinta y cinco electores que tomaron parte en la votación. Los individuos más conocidos del nuevo comité eran Pí y Margall, Figueras, Castelar, Orense, Pierrad, García López, Barcia, Guisarola, Joarizti y Córdoba y López, teniendo dicho comité como órganos en la prensa al antiguo periódico *La Discusión* y á *La Igualdad* que comenzó á publicarse dirigido por D. Estanislao Figueras.

El nuevo partido no se contentaba únicamente con ser defensor de la República, pues una carta notabilísima que Pí y Margall envió desde París á un periódico de Bilbao demostrando de un modo claro y terminante que la forma republicana necesitaba el complemento de la federación, impresionó de tal modo á los republicanos al ser reproducida por casi todos los periódicos avanzados de España, que el naciente y glorioso partido declaróse unánimemente federal. Como se ve, el republicanismo surgió en España casi al mismo tiempo que la doctrina federal, siendo las aspiraciones republicanas unitarias posteriores á la restauración borbónica de 1874 y nacidas de vergonzosas apostasías políticas y del deseo de imitar servilmente el republicanismo francés que aun hoy se halla muy lejos de estar definitivamente consolidado á causa de la exagerada centralización que existe de dicho país.

El nuevo comité republicano, para dar cuenta de su constitución y contestar al mismo tiempo de un modo enérgico al manifiesto publicado por Rivero, Martos y los demás apóstatas de la democracia, dió á luz el 17 de Noviembre un notable documento redactado por Castelar y firmado por todos los individuos del comité á excepción de Pí y Margall que aun estaba en París y en el cual se demostraba que las ideas democráticas sólo eran compatibles con el régimen republicano, desmintiendo con esto las afirmaciones hechas en el manifiesto publicado por la coalición monárquica cinco días antes.

«La República,—decía,—es la forma esencial de la democracia, como el cuerpo humano es la forma esencial de nuestra vida; como la palabra humana es la forma esencial del pensamiento. Pudo en otro tiempo, pudo en otras condiciones históricas la República contagiarse con el feudalismo, como se contagia la sangre con el aire apestado; pero hoy, después del advenimiento del pueblo y de su alianza con la libertad, hoy en América y en Europa sólo existe la democracia donde existe la República y sólo se llaman democráticos los partidos republicanos.

»La monarquía es una institución de tal manera injusta y absurda, que donde existe sólo existe para conservar algún privilegio, para sostener alguna iniquidad. Existe en Inglaterra para conservar la más insolente de las aristocracias y la más orgullosa de las iglesias; en Portugal, para subordinarla á Inglaterra; en Bélgica, para subordinarla á Francia; en Grecia, para subordinarla á Rusia; en el Brasil, en las riberas del Nuevo Mundo, limpias de reyes, para sostener la infamia de la esclavitud y los crímenes de los negreros.»

Pocos días después verificóse en Madrid la primera manifestación republicana á la que asistieron más de treinta mil personas, siendo aclamado en ella el venerable Orense como personificación de las ideas del pueblo. García López, Sorní y el general Pierrad dirigieron la palabra á los manifestantes siendo muy aplaudidos, y el gran orador Castelar, en el discurso que pronunció en aquel acto, estuvo á una altura sublime, produciendo en los oyentes un indescriptible entusiasmo.

Esta propaganda gigantesca, que cada vez se hizo más imponente, alarmó mucho al gobierno, el cual, conociendo que á las palabras seguirían los hechos y que la milicia nacional, compuesta en su mayoría de republicanos, no tardaría en intentar algo contra el régimen provisional establecido por los septembristas, decidióse á reorganizar los cuerpos armados populares, especialmente en Andalucía, donde la agitación republicana y socialista era imponente.

Al ser conocidas estas disposiciones del gobierno comenzaron á agitarse los ánimos dando á entender la efervescencia popular la proximidad de una sublevación. En Puerto de Santa María y en San Fernando hubo algunos desórdenes por cuestiones puramente locales, y esto bastó para que el general Peralta, gobernador militar de Cádiz, declarase la ciudad en estado de sitio, desarmando sin motivo justificado algunos batallones de milicia conocidos por sus ideas republicanas. Los milicianos negáronse á cumplir la orden y antes que entregar las armas prefirieron sublevarse en unión del pueblo ocupando los puntos más importantes de la ciudad. El 6 de Diciembre comenzó la lucha enarbolando los sublevados la bandera de República Federal y batiéndose durante sesenta horas á las órdenes de Salvoechea, con tal encarnizamiento que fueron muy numerosas las pérdidas ocasionadas por el combate.

El día 8 se celebró un armisticio de dos días esperando los sublevados el auxilio de las demás provincias andaluzas; pero en vista de que éste no llegaba y de que era imposible prolongar por más tiempo tan heroica resistencia, el día 13 entregaron la ciudad al general Caballero de Rodas, el cual procedió inmediatamente al desarme de los voluntarios gaditanos.

La sublevación de Cádiz fué preludio de las que muy en breve habian de estallar contra el gobierno que queriendo detener la corriente republicana aspiraba á desarmar y disolver la milicia ocultando hipócritamente este propósito con el nombre de reorganización.

En Sevilla, Badajoz, Valladolid y Orense hubo alguna agitación, pero donde ésta se manifestó de un modo más enérgico y alarmante para el gobierno fué en Málaga.

La milicia nacional de esta ciudad, á pesar de su convencimiento de que no sería auxiliada por ninguna otra provincia, tan pronto como supo que el general Caballero de Rodas tenía instrucciones para desarmarla, dispúsose á la resistencia, alentada por el valiente republicano D. Romualdo Lafuente, que fué quien organizó la insurrección. Una comisión de republicanos de Málaga, después de avistarse con Caballero de Rodas, fué á Madrid para pedir al gobierno que retirando su orden de reorganización evitase á su ciudad una lucha que la cubriese de luto; pero los ministros se mostraron inflexibles, tanto más cuanto que estaban muy irritados por el triunfo completo que los republicanos acababan de alcanzar en las recientes elecciones municipales.

Caballero de Rodas, obedeciendo las órdenes del gobierno, marchó sobre Málaga al mismo tiempo que la milicia de la ciudad se preparaba á la resistencia levantando barricadas en los barrios de la Trinidad y del Perchel. El general dirigió desde Antequera á los sublevados una alocución excitándolos á que inmediatamente depusieran su actitud hostil; pero en vista de su negativa siguió adelante para tomar el mando de las tropas que interinamente tenía el brigadier Pavía y Alburquerque, el cual, al triunfar la revolución, había saltado á tal grado desde el de comandante.

En 30 de Diciembre aumentó aun más la agitación al saberse la próxima llegada del general, y éste al día siguiente hizo fijar en las esquinas un bando en que ordenaba de un modo terminante el desarme de una parte de la milicia.

El coronel Burgos, que salió con un piquete á declarar en las calles el estado de guerra de la ciudad, recibió una descarga que decidió inmediatamente la lucha. Esta comenzó al oscurecer y duró hasta la madrugada, sufriéndose por ambas partes importantes pérdidas. A las siete de la mañana del día siguiente, que era el primero del año, se reanudó el combate siendo los insurrectos atacados á un tiempo por las tres columnas que mandaban Caballero de Rodas, Pavía y Burgos, sufriendo además el continuo fuego del castillo de Gibralfaro y de la marina de guerra.

Este ataque combinado obligó á los sublevados á abandonar sus posiciones, quedando por la tarde los barrios del Perchel y la Trinidad ocupados por las tropas del gobierno. Los últimos insurrectos parapetados en la plaza de la Constitución, defendiéronse con bizarría; pero el brigadier Pavía consiguió desalojarlos de aquel punto después de un reñido combate en el que cayó herido de gravedad el coronel Burgos. Hasta la tarde del 2 de Enero no quedó la insurrección totalmente sofocada, y cuando se hicieron cálculos sobre las pérdidas ocasionadas por el combate, vióse que en ambas partes habían ascendido á cerca de mil doscientas bajas.

El gobierno mostróse muy satisfecho por aquel triunfo, con el que creía haber consolidado su existencia sin importarle gran cosa la sangre que se había derramado en la lucha; pero la victoria de Málaga sólo sirvió para hacer más odiosos á los ojos de los republicanos á aquellos aventureros políticos encumbrados por la revolución y que procedían con igual criterio que la reina á quien ellos habían destronado.

El Comité nacional del partido republicano no permaneció indiferente ante los sucesos que acababan de ocurrir en Málaga, y publicó el siguiente manifiesto dirigido á todos los españoles que equivalió á una razonada acusación contra los hombres que formaban el Gobierno Provisional:

«Grande y heroica la nación española, cansada de sufrir la ignominiosa humillación á que la había sometido la raza degradada que ocupaba el trono, consumó la más sorprendente revolución que registra la historia. Las juntas revolucionarias que se pusieron al frente de las provincias, dieron grandes muestras de patriotismo y sabiduría al par que de generosidad, relegando todo género de resentimientos y consignando en sus manifiestos y programas todas las libertades y los principios de buena administración que son hoy la conquista de la civilización y de la ciencia.

»Concurrieron á aquella gloriosa revolución todos los partidos liberales que habían sufrido últimamente la persecución de la menguada y dilapidadora pandilla que, escudada y protegida por el trono, había esquilmado toda la riqueza del país, conculcado todas las leyes y exterminado por el patíbulo ó relegado á las cárceles, á los presidios y á la emigración todo cuanto de noble y generoso abrigaba el país.

»La marina, que tanto había enaltecido el pabellón español en las costas del Pacífico, inauguró la revolución en Cádiz, y esta culta y heroica ciudad, que secundó con enérgico entusiasmo aquel alzamiento, que tres veces fué cuna de nuestras libertades, se ve postrada y ensangrentada como atleta herido y todo en ella es luto y tristeza, desolación y ruina.

»El ejército en Sevilla y Alcolea, guiado por varios generales, secundó también aquel alzamiento, y como Alcoy, Béjar y Santander, lo selló con su sangre. El partido de la unión liberal, el progresista y el republicano, todos con nuestras fuerzas contribuimos á establecerlo y consolidarlo.

»Y no se dirá, por cierto, que los republicanos fuimos ingratos.

»Consignadas están en nuestras proclamas, en nuestras alocuciones, y todavía resuenan en todos los ámbitos de la nación nuestras palabras de gratitud, nuestros elogios á la marina, á sus denodados jefes, al ejército, á sus generales y al partido de la unión liberal, dando al olvido las luchas que éste habría sostenido contra nosotros, y los sangrientos agravios que nos había inferido. Pero, por desgracia, á tanta grandeza de la nación española, cupo en suerte un gobierno nimiamente pequeño.

»La junta de Madrid, que no representaba á la nación ni á la provincia, sino meramente á esta localidad, confirió al vencedor de Alcolea, rodeado entonces de gran prestigio, más quizá que por su victoria, por haber firmado el célebre manifiesto de Cádiz, la ardua y trascendental misión de constituir un Gobierno Provisional que se encargara de regir el país hasta la reunión de las Cortes Constituyentes.

»No es nuestro propósito el examen y calificación de aquel acto de la junta revolucionaria de Madrid; pero forzoso es reconocer que el general Serrano estuvo sumamente desacertado en la elección de sus compañeros. Todos ellos estaban grandemente identificados con la revolución, todos ó casi todos venían de la emigración animados, al parecer, de los más liberales sentimientos, pero ninguno tenía en su partido la autoridad que la grandiosidad de los acontecimientos y la gravedad de las circunstancias reclamaban. Y lo que fué todavía más imperdonable en el jefe encargado de formar un Gobierno Provisional es que, á pesar de que en su manifiesto de Cádiz había ofrecido gobernar con todas las fuerzas vivas del país, no se dió participación en el gobierno al elemento republicano que hubiera sido una garantía de la neutralidad del poder ejecutivo en las cuestiones constituyentes que debe plantear y resolver la nación en uso de su indisputable soberanía. Y eso que fuerza viva y muy viva del país es ese partido que ha renovado en toda la nación, como por una especie de milagro, la resurrección de Lázaro.

»Así fué tan doloroso y profundo el efecto que produjo en los individuos de la misma junta que había conferido al general Serrano tan grave misión. Así se produjo el tremendo conflicto de que casi todas las juntas de provincia se negasen á prestar obediencia, y necesario fué que se pusieran en juego todas las influencias, que se estimulara el patriotismo de todas las juntas, á fin de que se evitaran los peligros de una colisión que debía resultar necesariamente de aquel hecho.

»Apenas constituído el Gobierno Provisional, no pudiendo en su pequeñez é ineptitud llenar la alta misión que se había impuesto, y proponiéndose ya, sin duda, adoptar una marcha contraria al espíritu de la revolución, creyó encontrar un obstáculo en las juntas revolucionarias, y entrando en un desatinado camino, del que desgraciadamente no se ha apartado todavía, exigió su inmediata disolución.

»En vano se le hizo presente la inconveniencia de esta medida; en vano se le demostró que en las juntas había de encontrar todo el apoyo que su autoridad necesitaba: en vano al exponer los individuos del gobierno provisional como motivo para la disolución de las juntas, la importancia de las personas que componían aquel gobierno, se les recordaba que no lo había sido menor por cierto la de los generales Espartero y Odonell, que en 1854 formaban el Gobierno Provisional, y sin embargo, lejos de considerarse embarazados por la existencia de las juntas revolucionarias como consultivas, fundaban en ellas su principal apoyo. Todo fué en vano, el Gobierno Provisional exigió á toda costa la disolución de las juntas, y éstas, con marcada repugnancia, previendo los fatales resultados que su disolución había de acarrear, pero deseando, sin embargo, no oponer obstáculos á la marcha del Gobierno Provisional que creyeron revolucionario, por un acto de patriotismo de que hoy deben estar arrepentidas, y cediendo á influencias que entonces parecían legítimas, se disolvieron.

»Desde entonces, el gobierno no ha hecho más que contrariar dictatorialmente la revolución para imponer al país lo que el país rechaza. Esperaba éste después de los actos de tiranía y arbitrariedad que en el último reinado había visto practicados, que se hubiera seguido una marcha diametralmente contraria, que asegurase la libertad, y mejorase la administración pública. Pero á pesar de sus formales promesas de resolver todas las cuestiones con el criterio democrático, se sigue el mismo sistema que hizo necesaria la gran Revolución nacional.

»Fuera de algunos decretos verdaderamente liberales, emanados del ministerio de Fomento, se va por el mismo fatal camino que seguía el de doña Isabel de Borbón. En la administración de justicia la misma absurda organización; la misma arbitrariedad en la elección de los jueces y magistrados, que más que como guardadores de la ley son considerados por los pueblos como agentes electores. En Hacienda no se ve mejora alguna; la falange de empleados no ha disminuido; sigue el estanco de la sal y del tabaco. Se perciben las mismas contribuciones, y si las juntas suprimieron la de consumos, la hemos visto sustituida por otra casi tan odiosa é impopular. En la administración se apela á la influencia moral, tan detestada en otros tiempos por las mismas personas que hoy la ejercen, para lo cual se nombran gobernadores que contraríen la opinión pública de las provincias, intentando restablecer en ellas la influencia de ciertas individualidades que por la presión ilegítima que en ominosos tiempos habían ejercido, se han hecho altamente odiosas.

»Las provincias de Ultramar están regidas como anteriormente, sin vislumbrarse siquiera el día en que aquellos hermanos nuestros puedan respirar libremente, y gozar de las libertades á que tienen derecho como todos los españoles. De aquí ha nacido el movimiento que ensangrienta la parte oriental de la isla de Cuba, y el riesgo que corremos de ver desgarrarse el seno de la patria con la separación de aquella rica y feraz Antilla.

»Descendiendo el Gobierno Provisional de la gran altura en que se hallaba colocado, prefirió ser el gobierno de un partido á serlo de la nación, y se declaró monárquico, cambiando así las condiciones de la lucha legal de los partidos, y arrojando en la balanza el peso de su opinión oficial, cuando no tenía otra misión ni otro poder que el de juez del campo para asegurar la libertad, la legalidad y la verdad del sufragio. Así se explica que se haya desposeído á la juventud, que es en su mayoría republicana, del derecho de votar, exigiendo como condición de capacidad la de haber cumplido veinticinco años. Y es que todo esto y más se necesita para imponer á la noble Nación española un monarca, rechazado por el voto unánime de todos los pueblos que se levantaron al grito de ¡Viva la libertad!

»A este desatentado propósito se atribuyen los conflictos que con indignación y espanto estamos presenciando todos los días.

»Ayer fué la liberal y hermosa Cádiz la que vió sus calles barridas por la metralla, y á sus hijos predilectos fugitivos, ó gimiendo en las mazmorras, y sujetos al fallo de un Consejo de guerra.

»Hoy es la democrática, la industriosa Málaga, cañoneada y ametrallada con mengua de la civilización, la que yace postrada y casi exánime después de tremenda y heroica lucha bajo la planta del vencedor. Y otras poblaciones ilustres de la bella Andalucía no se han salvado de una suerte igual, sino resignándose en aras del objeto supremo de la revolución, al inmenso sacrificio de entregar las armas que los primeros habían empuñado para rescatar, al par que la libertad y la honra de España, todos los derechos que son hoy patrimonio de la civilización y de la dignidad humana.

Ha llegado, pues, el momento de que cuantos se han consagrado con buenos fines á la santa obra de regenerar la patria en la revolución de Setiembre, se unan á detener en su insensata carrera á cuantos pretenden por insidiosas artes y violentos medios, reducir este gran movimiento regenerador ante la faz de Europa, á las mezquinas proporciones de un raquítico cambio de dinastía.

Por esto os aconsejamos que recobréis unánimes la

provocación que se os dirige y el escarnio que se hace al gran principio de la soberanía nacional, que el país ha proclamado. Pero en las circunstancias actuales, llamado el pueblo en breve plazo á decidir de sus destinos en las urnas electorales, no queremos que se diga que apelamos á las armas para hacernos justicia, cuando podemos y debemos esperarla del fallo de la opinión y por medio del sufragio.

»A las calumnias y los insultos hemos contestado hasta aquí, recomendando incesantemente á nuestros correligionarios la paz, el orden y la legalidad; á las agresiones de la fuerza bruta les recomendamos ahora, con todo el fervor de nuestra convicción, que no respondan más que con su voto en los comicios, corriendo unidos y compactos á depositarlo en las urnas, próximas á abrirse.

»Nada de vanos alardes, pero nada tampoco de abatimientos, y sigamos todos el ejemplo de Cádiz, más heroica quizá cuando ha ido resuelta á los colegios electorales, á pesar del terror que querían infundirla sus procónsules, que cuando respondía denodada y victoriosa á las bárbaras agresiones de la Unión liberal.

»Prescindiendo, pues, del Gobierno Provisional, marchemos todos en apretada falange con fe y decisión bajo la bandera republicana á ejercer el derecho de votar, que hemos conquistado á fuerza de abnegación y perseverancia para que salga triunfante de las urnas la República, que consagra la libertad y la justicia y con ella el juicio imparcial y severo de los tristes acontecimientos de Cádiz y Málaga.

»¡Unión! ¡A las urnas! ¡Viva la República!

»Madrid 5 de Enero de 1869.—Presidente, José María Orense.—José Cristobal Sorní.—Blas Pierrad.—Estanislao Figueras.—Francisco García López.—Eduardo Chao.—Fernando Garrido.—Emilio Castelar.—Roque Barcia.—Enrique Pérez de Guzman.—José Guisasola.—Pedro Pruneda.—Justo María Zabala.—Adolfo Joarizti.—Simón García y García.—Mariano Vázquez Reguera.—Nicolás Aravaca.—Juan José de Paz.—Julián Arrese.—Antonio del Val y Ripoll.—Alfedro Vega.—Antonio Merino.—Francisco Valero.—Gregorio García Meneses.—Luciano Garrido.—Secretario, Ceferino Tresserra.»

El alarde de fuerza que los republicanos pensaban hacer en las próximas elecciones de Cortes Constituyentes, preocupaba mucho al gobierno, el cual procedía con la hipocresía propia de los moderados, pues mientras aseguraba en la *Gaceta* que respetaría la libertad del cuerpo electoral esperándolo todo de los liberales para salvar la obra de la revolución y levantar un nuevo trono, Sagasta influía tiránicamente sobre los gobernadores recomendándoles que se opusieran con todas sus fuerzas al triunfo de los republicanos.

Esta conducta despótica contrastaba

con la tolerante benevolencia observada por el gobierno con los absolutistas y especialmente con los clérigos reaccionarios que desde el púlpito hacían una propaganda descarada contra la revolución pidiendo el exterminio de todos los liberales. La propaganda clerical no tardó en dar sus resultados exacerbándose más al dar el ministro de Fomento un decreto disponiendo que el Estado se incautase de todos los archivos, bibliotecas y colecciones científicas existentes en las catedrales y monasterios considerándolos como riquezas nacionales.

El gobernador de Burgos al dirigirse á la catedral para cumplir este decreto, fué asesinado á puñaladas en la misma puerta del templo por una turba de fanáticos instigados públicamente por el clero. El cadáver del infeliz gobernador fué arrastrado por las calles con gran contento de los canónigos de la catedral, sufriendo innumerables profanaciones.

El gobierno acogió este hecho como producto de una vasta conspiración carlista que favorecía ocultamente Isabel II y formuló terribles amenazas diciendo que sería inexorable así que los enemigos de la libertad se atrevieran a levantarse en armas.

Al verificarse las elecciones sucedió lo que todos esperaban, esto es, que el gobierno haciendo funcionar los resortes de la centralización política triunfó sin contar para nada con el apoyo del país, llevando á las Cortes una gran mayoría de unionistas y progresistas, entrando también en el reparto ministerial los demócratas monárquicos que capitaneaba Rivero y la fracción llamada de los economistas en la que figuraban D. Segismundo Moret, D. José Echegaray y D. Gabriel Rodríguez.

El partido republicano federal, á pesar de todas las precauciones de Sagasta, consiguió ruidosos triunfos que aun hicieron más palpables las irritantes violencias de los gobernadores sobre el cuerpo electoral. D. Fermín Salvoechea, el valeroso é ilustrado federal de Cádiz que estaba condenado á doce años de deportación en Ultramar por haber dirigido la sublevación republicana ocurrida poco antes en esta ciudad, fué elegido diputado por una mayoría inmensa é iguales triunfos alcanzó el popular partido en Barcelona, Gerona, Valencia, Alicante, Zaragoza, Lérida, Huesca, Córdoba, Sevilla, Málaga, Murcia y otras provincias.

Los federales de Madrid proponíanse sacar triunfantes su candidatura en la que figuraban los principales hombres de su partido, pero Rivero, que era entonces alcalde de la capital, hizo á dicha candidatura una guerra cruel, prohibiendo á todos los dependientes del municipio que la votasen á pesar de lo cual obtuvo los sufragios de unos quince mil electores.

La apertura de las Cortes Constituyentes verificose el 11 de Febrero con gran solemnidad, recibiendo una comisión de diputados en la puerta del Congreso al Gobierno Provisional. El general Serrano leyó el hasta entonces llamado mensaje de la Corona, en el cual procuraba justificarse el gobierno de los sucesos ocurridos en Cádiz y Málaga, aunque haciendo constar, para ganarse un poco de popularidad, que los republicanos que se habían batido valerosamente defendiendo sus ideas en las dos ciudades andaluzas, no eran tan dignos de reprobación como los reaccionarios que en Burgos habían asesinado cobardemente al gobernador. El gobierno prometía además reformar la administración, consolidar y elevar el crédito, y sofocar, estableciendo reformas liberales, la guerra civil de Cuba que había legado la anterior situación política.

El 22 de Febrero quedaron aprobadas todas las actas, é inmediatamente se constituyeron aquellas Cortes inmortales, siendo elegido presidente D. Nicolás María Rivero, sin otra oposición que de la minoría republicana.

Inútil es hablar aquí de la importancia de las Cortes Constituyentes de 1869, pues reconocido es por todos el efecto que produjeron en el país. Su importancia sólo es comparable con la de las Cortes de Cádiz aunque revistieron más brillantez exterior que éstas. Las Cortes de 1812 significan el advenimiento del régimen constitucional, y las de 1869 son la aparición y el triunfo del verdadero republicanismo en España. La revolución, agitando el país hasta en sus más profundas capas, sacó á la superficie genios hasta entonces desconocidos, y España dió á todas las naciones del mundo un ejemplo de elocuencia que tal vez nunca volverá á repetirse. Oradores tan eminentes como Castelar y Pi y Margall ocuparon por primera vez los asientos del Congreso, y otros hombres, aunque no de tanta talla, de singular mérito, se revelaron al país en toda la plenitud de sus brillantes facultades.

La minoría republicana era la que más atraía la atención de toda la nación, por lo mismo que tenía mayores deberes que cumplir, protestando contra aquella revolución falseada en su cuna.

El mismo día de la constitución de la Cámara reuniéronse los diputados republicanos en casa de D. José María Orense, para acordar el orden que habían de seguir en sus trabajos parlamentarios y la distribución de éstos.

Como las cuestiones financieras merecen escasa atención en nuestro país, y son pocos los que se atreven á enfrascarse en una Hacienda tan enrevesada como la española, nadie quería encargarse de interpelar al gobierno sobre tal punto, hasta que don Francisco Pi y Margall se prestó voluntariamente á ello. Esta proposición fué acogida con tibieza, pues Pi y Margall había hablado pocas veces en público, y aunque conocido como escritor admirable, muchos desconfiaban de que su oratoria estuviese á la altura de su pluma. La minoría republicana convino, sin embargo, en que contestase en nombre de ella al mensaje del Gobierno Provisional, y al día siguiente Pi y Margall obtuvo un triunfo inmenso combatiendo con lógica incontrastable la conducta seguida por el gobierno.

Aquella gloria que caía sobre la noble frente del insigne pensador tocaba también á la minoría federal, que se mostraba irresistible defendiendo sus ideales hasta el punto de que sus mismos enemigos se sentían subyugados. Nunca un grupo parlamentario ha sido compuesto de hombres tan eminentes y de tan diversas aptitudes. Como dice Vera y González al describir aquella brillante agrupación de republicanos: «Pi los abrumaba y los vencía con su argumentación irrebatible, con su dialéctica sin rival, con su elocuencia elevada y severa, que tenía la solemnidad de la razón y el prestigio de veinte años de consecuencia; Figueras, conocedor profundo de la táctica parlamentaria, sabía como nadie desconcertarlos con una interpelación oportuna, con una frase intencionada, promoviendo declaraciones contradictorias que quebrantaban grandemente á aquella heterogénea mayoría; Castelar los deslumbraba y rendía con su elocuencia maravillosa. Orense les dirigía ataques certeros y sabía dirigirle grandes verdades en lenguaje sencillo. García López, con su palabra apasionada, producía verdaderas tempestades en el seno de la mayoría. Tutau compartía con Pi la

crítica de la marcha financiera del gobierno, y demostraba sus excepcionales dotes de hacendista; Sorní, Benot, Serraclara, Díaz Quintero, Cala, Palanca, fustigaban incesantemente al gabinete con discursos notabilísimos inspirados en los verdaderos principios revolucionarios. Defensores de la República unitaria, no había más que dos: García Ruiz, espíritu estrecho y desabrido, orador insignificante, y Sánchez Ruano, joven de agudo ingenio y fácil palabra, orador incisivo y un tanto mordaz de grandes condiciones para el Parlamento.»

El ministro de Hacienda D. Laureano Figuerola, presentó á las Cortes en 24 de Marzo, un nuevo proyecto de empréstito y entonces fué cuando la misma minoría republicana rogó á Pi y Margall que cumpliese su promesa de combatir la gestión financiera del gobierno.

Pi y Margall hizo uso de la palabra en la misma sesión, y pronunció un discurso notabilísimo cuyos principales fragmentos reproducimos para dar una prueba palpable de su mérito:

Señores diputados: Triste cosa es para mí, que he consagrado mi vida á las ideas revolucionarias, verme obligado á combatir uno y otro día á un gobierno nacido de la revolución, pero tan desacertada es su marcha que no me es posible, contra mi deseo y contra mi voluntad, proceder de otra suerte.

Debo ante todo declarar, al impugnar el proyecto sometido á la resolución de la Cámara, que nosotros, los republicanos no estamos contra los empréstitos, cuando tienen por objeto el fomento de la riqueza pública, pero sí los consideramos funestos cuando se destinan á cubrir déficits anteriores.

»Porque, señores; ¿qué es un déficit? ¿No es un desnivel económico resultante del predominio de los gastos sobre los ingresos? ¿No se aumentan los gastos, cuando para pagar deudas anteriores se cargan los presupuestos venideros con nuevas obligaciones? Cuando se emprende el camino de los empréstitos para cubrir déficits se va directamente á la ruina, á la bancarrota, porque no se hace más que aumentar el desnivel de los presupuestos.

»¡Cosa singular! Cuando después de la revolución de Setiembre se creía que el gobierno entraría resueltamente en el camino de las verdaderas reformas, sigue la senda de sus antecesores, y trae empréstito sobre empréstito.

»Ahora se nos pide uno de cien millones de escudos, cuando no se ha podido realizar el de doscientos millones, y está pendiente todavía una negociación con la casa Rothschild. Si hoy concediéramos lo que se nos pide, ténganlo muy presente los señores diputados, la cifra de los intereses de la Deuda, llegará á mil millones de reales. ¿Qué presupuesto es capaz de resistir esta obligación permanente?

. . . .

»El señor Figuerola no se fija más que en la necesidad del empréstito para pagar la Deuda, y no recuerda que toda nuestra historia financiera está diciendo que ese sistema de empréstitos nos ha conducido siempre en último término á las Cortes de cuentas como el de 1851.

»Se me ha dicho en la comisión de presupuestos: si no consideráis bueno el empréstito, ¿qué camino tomaríais vosotros? La minoría republicana no tiene obligación de decir con qué sustituiría los proyectos que combate; pero aunque tuviera esa obligación tampoco podría cumplirla, porque no conoce otros datos que los que ha querido traernos el ministro de Hacienda.

»Si el gobierno hubiera hecho todas las reformas que nosotros hemos aconsejado, la situación económica sería bien diferente. Lejos de eso, presenta ahora un proyecto de ley, por el cual se piden veinticinco mil hombres, obstinándose en mantener un ejército de ochenta mil, sin tener en cuenta que hoy, como siempre, el ejército en vez de ser el apoyo de los gobiernos, es su mayor peligro. Recordad lo que ha sucedido á hombres tan reputados, de tanto prestigio, de tanta influencia como Espartero, Narváez y Odonell, y veréis que, á pesar de sus grandes cualidades, no podían contener las insurrecciones militares. ¿Qué quiere decir esto? Que el ejército, en vez de ser salvaguardia de la nación se convierte fácilmente en instrumento de los partidos.

»Tal vez haya quien me objete con el ejemplo del ejército francés, que no se mezcla, como el de España en luchas intestinas, pero esa objeción no tiene fundamento. Francia, por su situación geográfica, por las potencias que le rodean, está condenada á acechar constantemente los movimientos de esas naciones; cree que tiene una misión providencial que realizar en el mundo; tiene alta conciencia de sus ideas y el ejército responde á este sentimiento del país, á esta necesidad nacional. En cambio, el ejército español sabe que está destinado á ser hoy mantenedor de una idea política y mañana de otra, y en tales circunstancias el gobierno no puede considerar al ejército como el baluarte de la libertad. Yo me atrevo á asegurar que los enemigos de la libertad, donde trabajan principalmente es en el ejército.»

. . . .

En otra parte de su discurso tratando de lo justo y conveniente que era suprimir el presupuesto del clero, dijo así:

«Todas las religiones parten del mismo principio aunque aparentemente sean contradictorias y remuevan cruda guerra. Todas tienen su biblia, donde están resueltas las cuestiones morales, sociales y políticas; su arca santa donde se encierra la revelación de la divinidad; todas se dicen poseedoras de la verdad absoluta, y tienden á la absorción de la autoridad y del poder. Si vosotros aceptáis una iglesia con preferencia á otra, no dejará la privilegiada de trabajar un instante hasta conseguir que condenéis en vuestros Códigos todo pensamiento que la sea contrario, hasta que logre ver subyugadas la razón y la conciencia individuales.

»Si queréis, no sólo hacer economías, sino consolidar la conquista más importante de esta revolución, tenéis que aceptar la independencia completa entre la Iglesia y el Estado.

»Pero se dice que todas éstas son utopías irrealizables, mientras los españoles profesen la religión católica. ¡Qué absurdo, señores diputados! Hace tiempo que el catolicismo ha muerto en el corazón de los pueblos. Colocadlos, sino, entre su religión y sus intereses materiales y los veréis ponerse inmediatamente del lado de los intereses, como se han puesto enfrente de los diezmos, á pesar de habernos enseñado á todos cuando niños los mandamientos de la Iglesia.

»En 1855 el gobierno no se atrevió á poner en práctica la desamortización eclesiástica en las provincias Vascongadas, temiendo lastimar sus sentimientos católicos; pero cuando lo hizo, á instancias de las corporaciones liberales de aquel país, todos cuantos llevaban á censo bienes de las comunidades religiosas, se apresuraron á redimirlos sin escrúpulo de conciencia, á pesar de cuanto la Iglesia decía. No tengáis, pues, temor de perturbación alguna por la cuestión religiosa, siempre que no lastiméis los intereses de los pueblos. Si hubierais planteado ya esas reformas, ¡cuán distinta sería hoy la situación económica del país!

»Y ahora creo necesario explicar una idea mía, que con buena ó mala fe se ha desfigurado en los periódicos. Me refiero á la contribución sobre la venta de efectos públicos.

»Yo tuve el honor de sostener en la comisión de presupuestos que donde quiera que se presente la renta, allí aparece la contribución, y sostengo en este momento que no hay motivo alguno para conceder un privilegio al que impulsado por un sentimiento egoísta, lleva sus capitales al abismo sin fondo de la Bolsa, con perjuicio de la propiedad, del comercio y de la industria. Contra esta idea se ha presentado un verdadero sofisma, cual es el que el rentista hace un contrato con el Estado. También le hace el que lleva á imprimir sus obras á la Imprenta Nacional, el que contrata las obras públicas, y no por eso deja de pagar una contribución proporcionada á la ganancia que reporta por esos conceptos.

»La cualidad de contratista del Estado no libra, pues, de ser contribuyente. El impuesto debe ser proporcional á la riqueza, y ninguna puede conocerse con mayor exactitud que la que consiste en efectos públicos.

»Por lo demás, entre el empréstito y la contribución para cubrir los déficits, yo estoy por el último medio. La contribución es un *¡ay!* arrancado en un sólo momento; pero los empréstitos son una serie de ayes, á veces perpetuos para los pueblos, que siempre están dispuestos á hacer sacrificios, cuando ven un gobierno que comprende la altura de su misión. Todos recordamos la época azarosa de la guerra civil, en que hubo que recurrir á impuestos extraordinarios; pero todos recordamos también que había que aguardar horas enteras á la puerta de las oficinas de recaudación para pagar la contribución ¿y por qué? Porque se veía un gobierno que desamortizaba los bienes eclesiásticos, que emprendía verdaderas reformas económicas; porque se veía un gran gobierno comprometido en una gran obra.

»Pero vosotros sois débiles; no habeis sabido ó no habéis querido comprender la idea revolucionaria y por eso os encontráis en un callejón sin salida y no podéis realizar ni la contribución ni el empréstito.»

. . . .

Figuerola que intentó defenderse, quedó derrotado visiblemente por los fuertes argumentos del diputado federal, monstrándose la mayoría en el primer instante confusa y sin saber qué resolución adoptar; pero al fin los mandatos del gobierno pudieron más que aquella impresión momentánea quedando aprobado el proyecto de empréstito.

Las verdaderas tareas de aquellas Cortes, llamadas para formar una Constitución, comenzaron á principios de Abril ó sea cuando fueron puestas á discusión las bases constitucionales, redactadas por la comisión nombrada al efecto. Esta comisión la componían Ríos Rosas, Posada Herrera, Silvela (D. Manuel), Vega de Armijo y Ulloa en representación del partido unionista; Martos, Moret, Becerra, Godinez de Paz y Romero Girón en nombre de los demócratas monárquicos y Olózaga, Aguirre, Mata, Valera y Montero Ríos como progresistas. La presidencia y vicepresidencia de la comisión las desempeñaron Olózaga y Ríos Rosas, actuando como secretarios Romero Girón y Moret. Después de veinticinco días, la comisión dió por terminados sus trabajos con completa unanimidad en lo referente á las bases. Los unionistas habíanse resistido á admitir los derechos individuales, pero al fin los aceptaron en vista de la actitud que tomaron los progresistas y los demócratas. En la cuestión religiosa no se entendieron tan fácilmente.

La mayoría de la comisión estaba por la libertad de cultos, y Aguirre y Montero Ríos mostrábanse inclinados á la completa separación de la Iglesia y el Estado; pero los unionistas defendían con tanta tenacidad la unidad religiosa que amenazaron con dimitir sus cargos si es que la comisión acordaba algo que molestase á la Iglesia Católica.

Para evitar un rompimiento decidióse discutir sobre las restantes bases mientras se buscaba una fórmula de conciliación en el asunto religioso y se consultó acerca del problema al arzobispo de Santiago, que era diputado, el cual dijo después de poner en ejercicio su infalible sabiduría que la separación de la Iglesia y el Estado era *una idea pestilente é infernal*.

Ríos Rosas fué encargado de redactar la fórmula de la inviolabilidad de domicilio, y Posada Herrera escribió la de respeto á la propiedad, sin que por esto abandonase aquella actitud reservada y espectante que era la personificación de su política utilitaria.

Acordado ya todo el primer título de la Constitución, exceptuando el artículo referente á la libertad religiosa, la comisión pasó al examen de las demás bases, que fueron aprobadas rápidamente sin otra discusión que la originada por la que se refería al establecimiento del jurado que al fin se aceptó por unanimidad.

El proyecto de restablecer el Senado también produjo algunas divergencias, pues Martos, Valera y Mata defendían la Cámara única, mientras que Becerra y Rivero defendían un Senado elegido por los ayuntamientos y diputaciones provinciales; Romero Girón, Ríos Rosas y Moret un Senado de clases, en el que tuviera una pequeña representación el elemento popular, y los unionistas deseaban que fuese mixto, mitad por elección y mitad por Real orden. Después de muchas discusiones, llegaron por fin los partidos coaligados á convenir en una fórmula, desechando todas las propuestas anteriormente.

La cuestión religiosa seguía preocupando á la comisión, y al ser sometida de nuevo á su examen, la discusión fué más empeñada, pues los demócratas y parte de los progresistas querían la completa separación de la Iglesia y el Estado; Olózaga era partidario de una libertad religiosa condicional, y los unionistas pedían la unidad religiosa con cierta tolerancia.

Tales asperezas creó en el seno de la comisión el continuo debate, que para evitar una ruptura, acordóse someter el asunto á la apreciación de los ministros. Romero Ortiz apoyado por Serrano y Topete, defendió la tolerancia, y Sagasta, Prim y Ruiz Zorrilla, mostráronse partidarios de la libertad de cultos, aunque sin llegar nunca á la separación de la Iglesia y el Estado. Olózaga con sus oficiosidades consiguió unificar las diversas tendencias que existían en el seno del gobierno, y al fin se adoptó la fórmula de aceptar la Iglesia católica como privilegiada y mantenida por el Estado, estableciéndose al mismo tiempo una libertad condicional de cultos.

El proyecto de Constitución, después de leído ante el Congreso, comenzó á discutirse el 6 de Abril. Varios diputados hablaron sobre la totalidad del proyecto, y Cánovas del Castillo, entonces todavía aspirante á personaje, aprovechó la ocasión para declarar que no era moderado, unionista ni progresista, sino simplemente conservador, y que á su juicio, los problemas políticos debían resolverse por el criterio de la libertad, aunque sin llegar nunca á las concesiones que hacía el Gobierno Provisional.

Al entrar en la discusión del proyecto por artículos, el que trataba de la cuestión religiosa fué el que más pronto atrajo la atención de toda la Cámara. Estaba allí el canónigo Manterola, que fué también uno de los grandes oradores que aquella revolución sacó de la oscuridad, y que mostrándose ingrato con el movimiento político que contribuía á darle una justa fama atacaba todas las conquistas revolucionarias y era el campeón más decidido del absolutismo y de la intolerancia religiosa.

Resultaba necesario que la revolución y la libertad del pensamiento contestasen por boca de un gran orador á las pérfidas palabras de aquel clérigo tan reaccionario como elocuente, y Castelar, en la sesión del 12 de Abril, se encargó de esta misión pronunciando un discurso que hoy goza de los honores de la celebridad, y que es tal vez el más elocuente de cuantos han surgido de la tribuna española, así como el que ha causado un efecto más arrebatador en los diputados y en el público.

El discurso del ilustre tribuno de la democracia fué una deslumbradora explosión de elocuencia que deshizo el defecto causado por las palabras de Manterola. Hé aquí la peroración inmortal de Castelar á favor de la libertad de conciencia:

«Decía mi ilustre amigo, el señor

Ríos Rosas, en la última sesión, con la autoridad que le da su palabra, su talento, su alta elocuencia, su íntegro carácter, decíame que dudaba si tenía derecho á darme consejos. Yo creo que S. S. lo tiene siempre: como orador lo tiene para dárselos á un principiante; como hombre de Estado lo tiene para dárselos al que no aspira á serlo, ni tiene estos títulos; como hombre de experiencia lo tiene para dárselos al que entra por vez primera en este sitio. Yo los recibo, y puedo decir que el día en que el señor Ríos Rosas me aconsejó que no tratara á la Iglesia católica con cierta aspereza, yo dudaba si había obrado bien, yo dudaba si había procedido bien, yo dudaba si había sido justo ó injusto, si había sido cruel, y sobre todo, si había sido prudente.

»¿Qué dije yo, señores, qué dije yo entonces? Yo no ataqué ninguna creencia, yo no ataqué el culto, yo no ataqué el dogma. Yo dije que la Iglesia católica, organizada como vosotros lo organizáis, organizada como un poder del Estado, no puede menos de traernos grandes perturbaciones y grandes conflictos, porque la Iglesia católica con su ideal de autoridad, con su ideal de infabilidad, con la ambición que tiene de extender estas ideas sobre todos los pueblos, no puede menos de ser en el organismo de los Estados libres causa de una gran perturbación, causa de una grande y constante amenaza para todos los derechos.

»Señores, si alguna duda pudierais tener, si algún remordimiento pudiera asaltaros, ¿no se ha levantado el señor Manterola con la autoridad que le da su ciencia, con la autoridad que le dan sus virtudes, con la autoridad que le da su alta representación en la Iglesia, con la autoridad que le da la altísima representación que tiene en este sitio, no se ha levantado á decirnos en breves, en sencillas, con elocuentísimas palabras, cuál es el criterio de la Iglesia sobre el derecho de la soberanía nacional, sobre la tolerancia ó intolerancia religiosa, sobre el porvenir de las naciones? Si en todo su discurso no habéis encontrado lo que yo decía, si no habéis hallado que reprueba el derecho, que reprueba la conciencia y que reprueba la filosofía moderna, yo digo que no he dicho nada, yo digo que todos vosotros tenéis razón; pero su discurso, absolutamente todo su discurso, no ha sido más que una completa confirmación de mis palabras: cuanto yo decía, lo ha demostrado el señor Manterola. Pues qué, ¿no nos ha dicho que el dogma de la soberanía nacional, expresado en términos tan modestos por la comisión, no es admisible, puesto que él no reconoce más dogma que la soberanía de la Iglesia? Y ¿no habéis visto ya que después de tantos y tan grandes cataclismos, que después de las guerras de las investiduras, que después de las guerras religiosas, que después del advenimiento de tantos Estados láicos, que después de tantos Concordatos en que la Iglesia ha tenido que aceptar la existencia civil de muchas religiones, aun se acuerda, aun no ha podido desprenderse de su antiguo criterio, del criterio de Gregorio VII y de Inocencio III, y aun cree que todos los poderes civiles son una usurpación de su poder soberano?

»Señores, nadie como yo ha aplaudido la presencia en este sitio del señor Manterola, la presencia en este sitio del ilustre Obispo de Jaen, la presencia en este sitio del ilustre Cardenal de Santiago. Yo creía, yo creo, que esta Cámara no sería la expresión del país si á esta Cámara no hubieran venido los que guardan todavía el sagrado depósito de nuestras antiguas creencias, y los que aun dirigen la moral de nuestras familias. Yo los trato con mucho respeto, yo los miro con gran veneración por sus talentos, por su edad, por el alto ministerio que representan. Consagrado desde edad temprana al cultivo de las ideas abstractas ó de las ideas puras, en medio de una sociedad entregada, en verdad, muchas veces al culto de la materia, en medio de una sociedad muy aficionada á la letra de cambio, en esta especie de indeferentismo en que ha caído un poco el espíritu, la idea, admito sí, admito algo de infinito, algo de divino, si es que ha de vivir el mundo incorruptible en medio del gran progreso de la historia, en medio de nuestro siglo.

»Pero, señores, digo más: hago una concesión mayor todavía á los señores que se sientan en aquel banco (señalando al de los prelados): les hago una concesión que no me duele hacerles, que debo hacerles, porque es verdad. A medida que viene la libertad, se aflojan los lazos materiales; á medida que los lazos materiales se aflojan, se aprietan los lazos morales. Así es necesario, para que una sociedad libre pueda vivir, es absolutamente indispensable, que tenga grandes lazos morales, que tenga grandes lazos de idea, que tenga derechos, que tenga deberes, deberes impuestos, no por la autoridad civil, no por los ejércitos, sino por su propia razón, por su propia conciencia. Por eso, señores, yo no he visto, cuando he ido á los pueblos esclavos, no he visto nunca practicar la fiesta del domingo: yo no la he visto practicada en España. yo no lo he visto practicado jamás en París.

»El domingo en los pueblos esclavos es una saturnal. En cambio, yo he visto el domingo celebrado con una severidad extraordinaria, con una severidad de costumbres que asombra, en los dos únicos pueblos libres que he visitado en mi larga peregrinación por Europa, en Suiza y en Inglaterra. ¿Y de qué depende esto? Yo sé de lo que depende: depende de que allí hay lazos de costumbres, lazos de inteligencia, lazos de costumbres y de inteligencia que no existen donde la religión se impone por la fuerza ó la voluntad, á la conciencia, por medio de leyes artificiales y mecánicas. Así me decía un príncipe ruso en Ginebra que había más libertad en San Petersburgo que en Nueva-York; y preguntándole yo el por qué, me contestaba: «Por una razón muy sencilla, porque yo soy muy aficionado á la música, y en San Petersburgo puedo tocar el violín en domingo, mientras que no puedo tocarlo en Nueva-York.» Hé aquí cómo la separación de la Iglesia y el Estado, cómo la libertad de cultos, cómo la libertad religiosa engendra este gran principio, la aceptación voluntaria de la religión ó de la metafísica, ó de la moral que cada individuo tenga en su conciencia. Ya sabe el señor Manterola lo que San Pablo dijo: «Nihil tam voluntarium quam religio.»

»Nada hay tan voluntario como la religión. El gran Tertuliano, en su carta á Escápulo, decía también: "Non est religionis cogese religionem."

»No es propio de la religión obligar por fuerza, cohibir para que se ejerza la religión. ¿Y qué ha estado pidiendo durante toda esta tarde el señor Manterola? ¿Qué ha estado exigiendo durante todo su largo discurso á los señores de la comisión? Ha estado pidiendo, ha estado exigiendo que no se pueda ser español, que no se pueda tener el título de español, que no se puedan ejercer derechos civiles, que no se pueda aspirar á las altas magistraturas políticas del país sino llevando impresa por fuerza sobre la carne la marca de una religión forzosamente impuesta, no de una religión aceptada por la razón y por la conciencia.

»Por consiguiente, el señor Manterola en todo su discurso no ha hecho más que pedir lo que pedían los antiguos paganos, que no comprendían, que no comprendieron jamás esta gran idea de la separación de la Iglesia y el Estado; lo que pedían los antiguos paganos, que consistía en que el Rey fuera al mismo tiempo Papa, ó lo que es igual, que el Pontífice sea al mismo tiempo en alguna parte y en alguna medida Rey de España.

»Se ha concluido para siempre el dogma de la protección de las Iglesias por el Estado. El Estado no tiene religión, no la puede tener, no la debe tener. El Estado no confiesa, el Estado no comulga, el Estado no se muere. Yo quisiera que el señor Manterola tuviese la bondad de decirme en qué sitio del Valle de Josafat va á estar el día del juicio el alma del Estado que se llama España.

»Andaba un día un gran poeta alemán allá por el polo, y era una de esas inmensas noches polares en que las auroras de color de rosa se reflejan sobre el hielo. El espectáculo era magnífico, era inmenso. Hallábase á su lado un misionero, y como una ballena se moviese, le decía el misionero: «mirad, ante este grande y extraordinario espectáculo hasta la ballena se conmueve y alaba á Dios.» Un poco más lejos hallábase un naturalista, y el alemán le dijo: «vosotros, los naturalistas, soléis suprimir la acción divina en vuestra ciencia; pues hé aquí que este misionero me ha dicho que cuando ese gran espectáculo se ofreció á nuestra vista por la naturaleza, hasta la ballena se movia y alababa á Dios.» El naturalista contestó al poeta alemán: «no es eso; es que hay ciertas ratas azules que se meten en el cuerpo de la ballena, y al fijarse en ciertos puntos del sistema nervioso, la molestan y la obligan á que se conmueva, porque ese animal tan grande y que tiene tantas arrobas de aceite, no tiene sin embargo, ni un átomo de sentimiento religioso.» Pues bien, exactamente lo mismo puede decirse del Estado. Ese animal tan grande no tiene ni siquiera un átomo de sentimiento religioso.

»Y sino, ¿en nombre de qué condenaba el señor Manterola al finalizar su discurso los grandes errores, los grandes excesos, causa tal vez de su perdición, que en materia religiosa cometieron los revolucionarios franceses?

»No crea el señor Manterola que nosotros estamos aquí para defender los errores de nuestros mismos amigos: como no nos creemos infalibles, no nos creemos impecables, ni depositarios de la verdad; como no creemos tener las reglas eternas de la moral y del derecho, cuando nuestros amigos se equivocan, condenamos sus equivocaciones; cuando yerran los que nos han precedido en la defensa de la idea republicana, decimos que han errado; porque nosotros no tenemos desde hace diez y nueve siglos el espíritu humano amortizado en nuestras manos.

»Pues bien, señores diputados, Barnave, que comprendía mejor que otros de los suyos la revolución francesa, decía: «Pido en nombre de la libertad, pido en nombre de la conciencia, que se revoque el edicto de los reyes que arrojaba á los jesuitas.» La Cámara no quiso acceder, y aquella hubiera sido, si no medida mucho más prudente, más sabia, más progresiva, que la medida de exigir al clero el juramento civil, que trajo tantas complicaciones y tantas desgracias sobre la revolución francesa. En nombre del principio que el señor Manterola ha sostenido esta tarde de que el Estado puede y debe imponer una religión, Enrique VIII pudo en un día cambiar la religión católica por la protestante; como Teodosio, por una especie de golpe de Estado semejante al de 18 de Brumario, pudo cambiar en el Senado romano la religión pagana por la religión católica; como más tarde la Convención francesa tuvo la debilidad de aceptar por un momento el culto de la diosa Razón; como más tarde Robespierre proclamó el dogma del Sér Supremo, diciendo que todos debian creer en Dios para ser ciudadanos franceses, lo cual era una reacción inmensa, reacción tan grande como la que más tarde realizó Napoleón I, cuando después de haber dudado si restauraría el protestantismo ó restauraría el catolicismo, se decidió por restaurar el catolicismo solamente porque era una religión autoritaria, solamente porque hacía esclavos á los hombres, solamente porque hacía del

Papa y de Carlo Magno una especie de dioses.

»Por consecuencia, el señor Manterola no tenía razón, absolutamente ninguna razón, al exigir, en nombre del catolicismo, en nombre del cristianismo, en nombre de una idea moral, en nombre de una idea religiosa, fuerza coercitiva, apoyo coercitivo al Estado. Esto sería un gran retroceso, porque, señores, ó creemos en la religión porque así nos lo dicta nuestra conciencia, ó no creemos en la religión porque también la conciencia nos lo dicta así. Si creemos en la religión porque nos lo dicta nuestra conciencia, es inútil, completamente inútil, la protección del Estado. Si no creemos en la religión porque nuestra conciencia nos lo dicta, en vano es que el Estado nos imponga la creencia; no llegará hasta el fondo de nuestro sér, no llegará al fondo de nuestro espíritu: y como la religión, después de todo, no es tanto una relación social como una relación del hombre con Dios, podréis engañar con la religión impuesta por el Estado á los demás hombres, pero no engañaréis jamás á Dios; á Dios, que escudriña con su mirada el abismo de la conciencia.

»Pero, señores, hay en la historia dos ideas que no se han realizado nunca: hay en la sociedad dos ideas que nunca se han realizado: la idea de una nación y la idea de una religión para todos. Yo he tomado este apunte, porque me ha admirado mucho la seguridad con que el señor Manterola decía que el catolicismo progresaba en Inglaterra, que el catolicismo progresaba en los Estados-Unidos, que el catolicismo progresaba en Oriente.

»Señores, el catolicismo no progresa en Inglaterra. Lo que allí sucede es que los liberales, esos liberales tenidos siempre por réprobos y herejes en la escuela de S. S. reconocen el derecho que tiene el campesino católico, que tiene el pobre irlandés á no pagar de su bolsillo una religión en que no cree su conciencia. Esto ha sucedido y sucede en Inglaterra.

»En cuanto á los Estados-Unidos diré que allí hay treinta y cuatro ó treinta y cinco millones de habitantes: de estos treinta y cuatro ó treinta y cinco millones de habitantes hay treinta y un millones de protestantes y cuatro millones de católicos, si es que llega; y estos cuatro millones se cuentan naturalmente, porque allí hay muchos europeos, y porque aquella nación ha anexionado la Luisiana, Nueva-Tejas, la California y, en fin, una porción de territorios cuyos habitantes son de origen católico.

»Pero, señores, lo que más me maravilla es que, después de estas reflexiones, el señor Manterola dijera que el catolicismo se extiende también por Oriente. ¡Ah, señores! Haced esta ligera reflexión conmigo: no ha sido posible, lo ha intentado César, lo ha intentado Alejandro, lo ha intentado Carlo Magno, lo ha intentado Carlos V, lo ha intentado Napoleón; no ha sido posible constituir una sola nación; la idea de variedad y de autonomía de los pueblos ha vencido á todos los conquistadores; y tampoco ha sido posible crear una sola religión; la idea de la libertad de conciencia ha vencido á los Pontífices.

»Cuatro razas fundamentales hay en Europa: la raza latina, la raza germánica, la raza griega y la raza eslava.

»Pues bien, en la raza latina, su amor á la unidad, su amor á la disciplina y á la organización se ve por el catolicismo: en la raza germánica, su amor á la conciencia y al derecho personal, su amor á la libertad del individuo se ve por el protestantismo: en la raza griega, se nota todavía lo que se notaba en los antiguos tiempos, el predominio de la idea metafísica sobre la idea moral, y en la raza eslava, que está preparando una gran invasión en Europa, según sus sueños, se ve lo que ha sucedido en los imperios autoritarios, lo que sucedió en Asia y en la Roma imperial, una religión autocrática. Por consiguiente, no ha sido posible de ninguna suerte encajar á todos los pueblos modernos en la idea de la unidad religiosa.

»¿Y en Oriente? Señores, yo traeré mañana al señor Manterola, á quien después de haber combatido como enemigo abrazaré como hermano, en prueba de que practicamos aquí los principios evangélicos; yo le traeré mañana un libro de la Sociedad Oriental de Francia, en que hay un estado del progreso del catolicismo en Oriente, y allí se convencerá S. S. de lo que afirmo. En la historia antigua, en el antiguo Oriente, hay dos razas fundamentales: la raza indo-europea y la raza semítica.

»La raza europea ha sido la raza pagana que ha creado los ídolos, la raza civil que ha creado la filosofía y el derecho semítico: la raza semítica es la que crea todas las grandes religiones que todavía son la base de la conciencia moral del género humano: Mahoma, Moisés, Cristo, pueden decirse que abrazan completamente toda la esfera religiosa moderna en sus diversas manifestaciones.

»Pues bien: ¿cuál es el carácter de la raza indo-europea que ha creado á Grecia, Roma y Germania? El predominio de la idea de particularidad y de individualidad sobre la idea de unidad. ¿Cuál es el carácter de la raza semítica que ha creado las tres grandes religiones, el mahometismo, el judaísmo y el cristianismo? El predominio de la idea de unidad sobre la idea de variedad. Pues todavía existe eso; así es que los cristianos de la raza semítica adoran á Dios, y apenas se acuerdan de la segunda y tercera persona de la Santísima Trinidad, mientras que los cristianos de la raza indo-europea adoran á la Virgen y á los santos, y apenas se acuerdan de Dios. ¿Por qué? Porque la metafísica no puede destruir lo que está en el organismo y en las leyes fatales de la naturaleza.

»Señores, entremos ahora en algunas de las particularidades del discurso del señor Manterola.

»El señor Manterola decía: «¿Cuándo han tratado mal, en qué tiempo han tratado mal los católicos y la Iglesia católica á los judíos?» Y al decir esto se dirigía á mí, como reconviniéndome, y añadía: «esto lo dice el señor Castelar, que es catedrático de Historia.»

»Es verdad que lo soy, y lo tengo á mucha honra: y por consiguiente, cuando se trata de historia es una cosa bastante difícil el tratar con un catedrático que tiene ciertas nociones muy frescas, como para mí sería muy difícil el tratar de teología con persona tan altamente caracterizada como el señor Manterola. Pues bien, cabalmente en los apuntes de hoy para la explicación de mi cátedra tenía el siguiente: «En la escritura de fundación del monasterio de San Cosme y San Damián, que lleva la fecha de 978, hay un inventario que los frailes hicieron de la manera siguiente: primero ponían «varios objetos;» y luego ponen «cincuenta yeguas» y después «treinta moros y veinte moras:» es decir, que ponían sus cincuenta yeguas antes que sus treinta moros y sus veinte moras esclavas.» De suerte que para aquellos sacerdotes de la libertad, de la igualdad y de la fraternidad, eran antes sus bestias de carga que sus criados, que sus esclavos; lo mismo, exactamente lo mismo que para los antiguos griegos y para los antiguos romanos.

»Señores, sobre esto de la unidad religiosa hay en España una preocupación de la cual me quejo, como me quejaba el otro día de la preocupación monárquica. Nada más fácil que á ojo de buen cubero decir las cosas. España es una nación eminentemente monárquica, y se recoge esa idea y cunde y se repite por todas partes hasta el fin de los siglos: España es una nación intolerante en materias religiosas, y se sigue esto repitiendo, y ya hemos convenido todos en ello.

»Pues bien: yo le digo á S. S. que hay épocas, muchas épocas en nuestra historia de la Edad media en que España no ha sido nunca, absolutamente nunca, una nación tan intolerante como el señor Manterola supone. Pues qué, ¿hay por ventura, en el mundo nada más ilustre, nada más grande, nada más digno de la corona material y moral que lleva, nada que en el país esté tan venerado, como el nombre ilustre del inmortal Fernando III, de Fernando III el Santo? ¿hay algo? ¿Conoce el señor Manterola algún rey que pueda ponerse á su lado? Pues mientras su hijo conquistaba á Murcia, él conquistaba Sevilla y Córdoba. ¿Y qué hacía, señor Manterola, con los moros vencidos? Les daba el fuero de los jueces, les permitía tener sus mezquitas, les dejaba sus jueces propios, les dejaba su legislación propia. Hacía más: cuando era robado un cristiano, al cristiano se devolvía lo mismo que se le robaba; pero cuando era robado un moro, al moro se le devolvía doble. Esto tiene que estudiarlo el señor Manterola en las grandes leyes, en los grandes fueros, en esa gran tradición de la legislación mudejar, tradición que nosotros podríamos aplicar ahora mismo á las religiones de los diversos cultos el día que estableciésemos la libertad religiosa y diéramos la prueba de que, como dijo madame Stael, en España lo antiguo es la libertad, lo moderno, el despotismo. Hay, señores, una gran tendencia en la escuela neo-católica á convertir la religión en lo que decían los antiguos: los antiguos decían que la religión solo servía para amedrentar á los pueblos; por esto decía el patricio romano: «Relio est metus:» la religión quiere decir miedo.

»Yo podría decir á los que hablan así de la religión aquello que dice la Biblia: «Cognovit bos possessorem suum, et asinus præsepe domini sui, et Israel non cognovit et populus meus non intelexit,» que quiere decir que el buey conoce su amo, el asno su pesebre y los neo-católicos no conocen á su Dios.

»La intolerancia religiosa comenzó en el siglo XIV, continuó en el siglo XV por el predominio que quisieron tomar los reyes sobre la Iglesia, se empezó digo, una gran persecución contra los judíos, y cuando ésta persecución se empezó, fué cuando San Vicente Ferrer predicó contra los judíos, atribuyéndolos una fábula que nos ha citado hoy el señor Manterola y que ya el P. Feijóo refutó hace mucho tiempo: la dichosa fábula del niño, que se atribuye á todas las religiones perseguidas, según lo atestigua Tácito y los antiguos historiadores paganos. Se dijo que un niño había sido asesinado y que habían bebido su sangre, atribuyéndose este hecho á los judíos, y entonces fué cuando, después de haber oído á San Vicente Ferrer, degollaron á muchos judíos de Toledo, que habían hecho de la judería de la gran ciudad el bazar más hermoso de toda la Europa occidental. Y para esto no ha tenido una sola palabra de condenación, sino antes bien de excusa, el señor Manterola, en nombre de Aquél que había dicho: «Perdónalos, porque no saben lo que se hacen.»

»Lo detestaba, ha dicho el señor Manterola, y lo detesta; pues entonces debe S. S. detestar toda la historia de la intolerancia religiosa, en que, siquiera sea duro decirlo, tanta parte, tan principal parte le cabe á la Iglesia. Porque sabe muy bien el señor Manterola, y esta tarde lo ha indicado, que la Iglesia se defendía de esta gran mancha de sangre, que debía olerle tan mal como le olía aquella célebre sangre á lady Macbeth, diciendo: «nosotros no matábamos al reo; lo entregábamos al brazo civil.» Pues esto es lo mismo que si el asesino dijera: «yo no he matado, quien ha matado es este puñal.» ¡La inquisición, señores, la inquisición era el puñal de la Iglesia!

»Pues qué, señores diputados, ¿no está esto completamente averiguado, que la Iglesia perseguía por perseguir? ¿Quiere el señor Manterola que yo le cite la encíclica de Inocencio III, y mañana se la traeré, porque no pensaba yo que hoy se tratase de librar á la Iglesia del dictado de intolerante, en cuya encíclica se condenaba á eterna esclavitud á los judíos? ¿Quiere que le traiga la carta de San Pío V, Papa Santo, el cual, escribiendo á Felipe II, le decía: «que era necesario buscar á toda costa un asesino para matar á Isabel de Inglaterra, con lo cual se prestaría un gran servicio á Dios y al Estado.»

»Me preguntaba el señor Manterola si yo había estado en Roma. Sí, he estado en Roma; he visto sus ruinas, he contemplado sus trescientas cúpulas, he asistido á las ceremonias de la Semana Santa, he mirado las grandes Sibilas de Miguel Angel, que parecen repetir, no ya bendiciones, si no eternas maldiciones sobre aquella ciudad, he visto la puesta del sol tras la Basílica de San Pedro, me he arrobado en el éxtasis que inspiran las artes con su eterna irradiación, he querido encontrar en sus cenizas un átomo de fe religiosa, y sólo he encontrado el desengaño y la duda.

»Sí, he estado en Roma, y he visto lo siguiente, señores Diputados; y aquí podría invocar la autoridad del señor Posada Herrera, embajador revolucionario de la Nación española, que tantas y tan extraordinarias distinciones ha merecido al Papa, hasta el punto de haberle formado su pintoresca Guardia noble.

»Hay, señores, en Roma, un sitio que es lo que se llama sala regia, en cuyo punto está la gran capilla Sixtina, inmortalizada por Miguel Angel, y la capilla Paulina, donde se celebran los misterios del Jueves Santo, donde se pone el monumento, y en el fondo está el sitio por donde se entra á las habitaciones particulares de Su Santidad. Pues esa sala se halla pintada, si no me engaño, aunque tengo muy buena memoria, por el célebre historiador de la pintura en Italia, por Vasari, que era un gran historiador, pero un mediano artista.

»Pues bien, este grande historiador había pintado aquello á gusto de los Papas, y había pintado, entre otras cosas, la falsa donación de Constantino, porque en la historia eclesiástica hay muchas falsedades, las falsas decretales, el falso voto de Santiago, por el cual hemos estado pagando tantos siglos un tributo que no debíamos, y que si lo pidiéramos ahora á la Iglesia con todos sus intereses, no habría en toda la Nación española bastante para pagarnos aquello que indebidamente le hemos dado.

»Pues bien, señores Diputados: en aquel salón se encuentran varias cosas, entre otras, D. Fernando el Católico, y esto con mucha justicia; pero hay un fresco en el cual está un emisario del Rey de Francia presentándole al Papa la cabeza de Coligny; hay un fresco donde están, en medio de apoteosis, en medio de ángeles, los verdugos, los asesinos de la noche de San né; de suerte que la Iglesia, nte acepta aquello, no sola- capilla Sixtina ha llama- á la noche de San Bar- después la ha inmor- s frescos de Miguel 'a eterna herejía á ia y á la his-

ñor Manterola: tenéis que decir de , qué tenéis que decir de esa e institución, cuando ella os ha antado á sus pechos, cuando ella ado las universidades?» Es ver- o no trato nunca, absolutamente , de ser injusto con mis ene-

ando la Europa entera se des- nía, cuando el feudalismo reina- ando el mundo era un caos, en- (pues qué, ¿vive tanto tiempo stitución sin servir para algo al so?) ciertamente, indudable- , las teorías de la Iglesia refre- á los poderosos, combatieron á ertes, levantaron el espíritu de biles y extendieron rayos de luz, benéficos, sobre todas las tierras ropa, porque era el único ele- intelectual y espiritual que ha- el caos de la barbarie. Por eso daron las universidades.

ro ¡ah, señor Manterola! ¡Ah, s Diputados! Me dirijo á la Cá- comparad las universidades que necieron fieles, muy fieles, á la adicional después del siglo XVI, universidades que se separaron de esta idea en los siglos XVI, XVII y XVIII.

»Pues qué, ¿puede comparar el señor Manterola nuestra magnífica Universidad de Salamanca, puede compararla hoy con la Universidad de Oxford, con la de Cambridge ó con la de Heidelberg? No. ¿Por qué aquellas universidades, como el señor Manterola me dice y afirma, son más ilustres, son más grandes, han seguido los progresos del espíritu humano y han engendrado las unas á los grandes filósofos, las otras á los grandes naturalistas? No es porque hayan tenido más razón, más inteligencia que nosotros, sino porque no han tenido sobre su cuello la infame coyunda de la Inquisición, que quemó hasta el tuétano de nuestros huesos y hasta la médula de nuestra inteligencia.

»El señor Manterola se levanta y dice: «¿qué tenéis que decir de Descartes, de Malebranche, de Orígenes y de Tertuliano?»

»Descartes no pudo escribir en Francia, tuvo que escribir en Holanda. ¿Por qué en Francia no pudo escribir? Porque allí había catolicismo y monarquía, en tanto que en Holanda había libertad de conciencia y república. Malebranche fué casi tachado de panteísta por su idea platónica de los cuerpos y de las ideas en Dios. ¿Y por qué me cita el señor Manterola á Tertuliano? ¿No sabe que Tertuliano murió en el molinismo? ¿A qué me cita S. S. también á Orígenes? ¿No sabe que Orígenes ha sido rechazado por la Iglesia? ¿Y por qué? ¿Por negar á Dios? No, por negar el dogma del infierno y el dogma del diablo.

»Decía el señor Manterola: «La filosofía de Hegel ha muerto en Alemania.» Este es el error, no de la Iglesia católica, sino de la Iglesia en sus relaciones con la ciencia y la política. Yo hablo de la Iglesia en su aspecto civil, en su aspecto social.

»De lo relativo al dogma hablo con todo respeto, con el gran respeto que todas las instituciones históricas me merecen; hablo de la Iglesia en su conducta política, en sus relaciones con la ciencia moderna. Pues bien, yo digo una cosa: si la filosofía de Hegel ha muerto en Alemania, señores Diputados, ¿sabéis dónde ha ido á refugiarse? Pues ha ido á refugiarse en Italia, donde tiene sus grandes maestros; en Florencia, donde está Ferrari: en Nápoles, donde está Vera. ¿Y sabe S. S. por qué sucede eso? Porque Italia, opresa durante mucho tiempo; la Italia que ha visto á su Papa oponerse completamente á su unidad é independencia; la Italia que ha visto arrebatar niños como Mortara, levantar patíbulos como los que se levantaron para Monti y Togneti, cada día se va separando de la Iglesia y se va echando en brazos de la ciencia y de la razón humana. Y aquí viene la teoría que el señor Manterola no comprende de los derechos ilegislables, por lo cual atacaba con toda cortesía á mi amigo el señor Figueras; y como quiera que mi amigo el señor Figueras no puede contestar por estar un poco enfermo de la garganta, debo decir en su nombre al señor Manterola que casualmente, si á alguna cosa se puede llamar derechos divinos, es á los derechos fundamentales, humanos, ilegislables.

»¿Y sabe S. S. por qué? Porque después de todo, si en nombre de la religión decís lo que yo creo, que la música de los mundos, que la mecánica celeste es una de las demostraciones de la existencia de Dios, de que el universo está organizado por una inteligencia superior, suprema, los derechos individuales, las leyes de nuestra naturaleza, las leyes de nuestra organización, las leyes de nuestra voluntad, las leyes de nuestra conciencia, las leyes de nuestro espíritu, son otra mecánica celeste no menos grande, y muestran que la mano de Dios ha tocado á la frente de este pobre sér humano y lo ha hecho á Dios semejante.

»Después de todo, como hay algo que no se puede olvidar, como hay algo en el aire que se respira, en la tierra en que se nace, en el sol que se recibe en la frente, algo de aquellas instituciones en que hemos vivido, el señor Manterola, al hablar de las provincias Vascongadas, al hablar de aquella república con esa emoción extraordinaria que yo he compartido con S. S., porque yo celebro que allí se conserve esa gran democracia histórica para desmentir á los que creen que nuestra patria no puede llegar á ser una gran república, y una gran república federativa; al hablar de aquel árbol cuyas hojas los soldados de la revolución francesa trocaban en escarapelas (buena prueba de que si puede haber disidencias entre los reyes no puede haberlas entre los pueblos), de aquel árbol que desde Ginebra saludaba Rousseau como el más antiguo testimonio de la libertad en el mundo. Al hablarnos de todo esto el señor Manterola, se ha conmovido, me ha conmovido á mí, ha conmovido elocuentemente á toda la Cámara, ¿y por qué, señores Diputados? Porque esta era la única centella de libertad que habia en su elocuentísimo discurso. Así decia el señor Manterola, que era aquella una república modelo, porque se respetaba el domicilio; pues yo le pido al señor Manterola que nos ayude á formar la república modelo, la república divina, aquella en que se respete el asilo de Dios, el asilo de la conciencia humana.

»Ahora bien, señores, nos decia el señor Manterola que los judíos no se llevaron nada de España, absolutamente nada, que los judíos lo más que sabían hacer eran babuchas, que los judíos no brillaban en ciencias, no brillaban en artes, que los judíos no nos han quitado nada. Yo, al vuelo, voy á citar unos cuantos nombres europeos de hombres que brillan en el mundo y que hubieran brillado en España sin la expulsión de los judíos.

»Spinoza: podréis participar ó no de sus ideas, pero no podréis negar que Spinoza es quizás el filósofo más alto de toda la filosofía moderna; pues Spinoza, si no fué engendrado en España, fué engendrado por progenitores españoles, y á causa de la expulsión de los judíos, fué parido lejos de España, y la intolerancia nos arrebató esa gloria.

»Y sin remontarnos á tiempos remotos, ¿no se gloria hoy la Inglaterra con el ilustre nombre de Disraeli, enemigo nuestro en política, enemigo del gran movimiento moderno; tory, conservador reaccionario, aunque ya quisiera yo que muchos progresistas de aquí fueran como los conservadores ingleses? Pues Disraeli es un judío, pero de origen español; Disraeli es un gran novelista, un grande orador, un grande hombre de Estado, una gloria que debía de reivindicar hoy la Nación española.

»Pues qué, señores Diputados, ¿no os acordáis del nombre más ilustre de Italia, del nombre Manin? Dije el otro día que Garibaldi era muy grande, pero que al fin era un soldado: Manin es un hombre civil, el tipo de los hombres civiles que nosotros hoy tanto necesitamos, y que tendremos, si no estamos destinados á perder la libertad. Manin, solo, aislado, fundó una república bajo las bombas del Austria, proclamó la libertad, sostuvo la independencia de la patria, del arte y de tantas ideas sublimes, y la sostuvo interponiendo su pecho entre el poder del Austria y la indefensa Italia. ¿Y quién era ese hombre cuyas cenizas ha conservado París, y cuyas exequias tomaron las proporciones de una perturbación del orden público en París, porque había necesidad de impedir que fueran sus admiradores, los liberales de todos los países, á suspirar en aquellos restos sagrados (porque no hay ya fronteras en el mundo, todos los amantes de la libertad se confunden en el derecho), quién era, digo, aquel hombre que hoy descansa, no donde descansan los antiguos Dux, sino en el pórtico de la más ilustre, de la más sublime basílica oriental, de la basílica de San Marcos? Allí descansa Manin. ¿Y qué era Manin? Descendiente de judíos. ¿Y qué eran esos judíos? Judíos españoles.

»De suerte que al quitarnos á los judíos nos habéis quitado infinidad de nombres que hubieran sido una gloria para la patria.

»Señores Diputados, yo no solo fuí á Roma, sino que también fuí á Liorna: me encontré con que Liorna era una de las más ilustres ciudades de Italia: no es una ciudad artística ciertamente, no es una ciudad científica, pero es una ciudad mercantil é industrial de primer orden. Inmediatamente me dijeron que lo único que había que ver allí era la sinagoga; fuí allá, y me encontré con una magnífica sinagoga de mármol blanco, en cuyas paredes se leen nombres como García, Rodríguez, Ruiz, etc. Al ver esto, acerquéme al guía y le dije: «nombres de mi país, nombres de mi patria;» á lo cual me contestó: «nosotros todavía enseñamos el hebreo en la hermosa lengua española; todavía tenemos escuelas de español, todavía enseñamos á traducir las primeras páginas de la Biblia en lengua española porque no hemos podido olvidar, no hemos olvidado nunca después de más de tres siglos de injusticia, que allí están, que en aquella tierra están los huesos de nuestros padres.» Y había una inscripción y esta inscripción decía que la habían visitado reyes españoles, creo que eran Carlos IV y María Luisa, y habían ido allí y no se habían conmovido y no habían visto la causa de nuestra desgracia y no habían visto los nombres españoles allí esculpidos. Los Médicis, más tolerantes, los Médicis más filósofos, los Médicis, más previsores y más ilustrados, recogieron lo que el absolutismo de España arrojaba de su seno, y los restos, los residuos de la Nación española los aprovecharon para alimentar su gran ciudad, su gran puerto, y el faro que le alumbra arde todavía vivificado por el espíritu de la libertad religiosa.

»Señores Diputados, me decía el señor Manterola (y ahora me siento), que renunciaba á todas sus creencias, que renunciaba á todas sus ideas, si los judíos volvían á juntarse y volvían á levantar el templo de Jerusalén. Pues qué, ¿cree el señor Manterola en el dogma terrible de que los hijos son responsables de las culpas de sus padres? ¿Cree el señor Manterola que los judíos de hoy son los que mataron á Cristo? Pues yo no lo creo; yo soy más cristiano que todo eso.

»Grande es Dios en el Sinaí; el trueno le precede, el rayo le acompaña, la luz le envuelve, la tierra tiembla, los montes se desgajan; pero hay un Dios más grande, más grande todavía, que no es el majestuoso Dios del Sinaí, sino el humilde Dios del Calvario, clavado en una cruz, herido, yerto, coronado de espinas, con la hiel en los labios, y sin embargo, diciendo: "¡Padre mío, perdónalos, perdona á mis verdugos, perdona á mis perseguidores, porque no saben lo que se hacen!» Grande es la religión del poder, pero es más grande la religión del amor; grande es la religión de la justicia implacable, pero es más grande la religión del perdón misericordioso; y yo, en nombre de esta religión; yo en nombre del Evangelio, vengo aquí á pediros que escribáis al frente de vuestro Código fundamental la libertad religiosa, es decir, libertad, fraternidad, igualdad entre todos los hombres.»

Al terminar Castelar su discurso tanto la mayoría como la minoría, sintióse conmovida de tal modo, que la sesión quedó interrumpida un buen rato siendo interminables las aclamaciones al orador que se veía rodeado por sus compañeros y felicitado con gran entusiasmo.

El debate sobre la cuestión religiosa duró cerca de un mes é intervinieron en él los principales oradores de la Cámara.

La minoría republicana, después del brillante discurso de Castelar, todavía hizo otro alarde de su valía por medio de Pí y Margall que habló en la sesión del 3 de Mayo defendiendo la separación de la Iglesia y el Estado.

En su discurso hubo párrafos tan admirables por su elocuencia clara y convincente como los que á continuación publicamos:

«Soy, señores, partidario decidido de la libertad de cultos, no sólo por lo que es en sí misma, sino porque la considero como la base obligada de la libertad del pensamiento, pues éste no puede ser libre allí donde se halla establecida una religión sola, considerada por el Estado como única verdadera; porque entonces el Estado tiene que impedir los ataques que se dirijan contra la religión que mantiene.

»De aquí la previa censura consignada en todas nuestras leyes de imprenta; así en las confeccionadas por situaciones progresistas como moderadas respecto á los escritos religiosos, como una condición indispensable de esa religión, porque no puede en realidad suceder otra cosa. Y digo que no hay libertad del pensamiento con una religión única, porque hallándose en el dogma de la Iglesia envueltos todos los problemas científicos, filosóficos, políticos y económicos, no hay libertad de pensamiento ni la inteligencia puede desenvolverse cuando la Iglesia impone el criterio de los libros sagrados en todas esas cuestiones, lo cual es la consecuencia inevitable de la unidad religiosa en un país.

»Entonces el pensamiento no puede hacer más que examinar las Escrituras, y buscar por medio de una serie de transacciones el modo de concordar con su texto lo que le dicta la razón ó la ciencia le enseña.

»Y no se diga, como decía el señor cardenal de Santiago, que la Iglesia para lo que prohibe la libertad es para el error, porque ella se considera como depositaria de la verdad; porque, decidme, ¿quién puede tener un criterio tan perfecto que asegure desde luego, tratándose de un problema de esta especie, que yo me equivoco al emitir una idea? ¿Pues no se ha visto en la historia que el error de hoy ha sido la verdad de mañana, y acaso la ley de la humanidad entera?

. . . .

»Nadie hay que niegue que dos y dos son cuatro, que los tres ángulos de un triángulo son iguales á dos rectos, que la piedra lanzada al aire desciende otra vez á tierra, porque esas son verdades demostradas, son aceptadas por todos sin contradicción alguna, porque son *verdaderas verdades*. Si la verdad religiosa estuviese en el mismo caso de la evidencia, por nadie sería combatida, y el caso es, que desde sus primeros tiempos hasta la época presente, ninguna religión ha tenido más herejías ni más impugnadores que la religión cristiana.

»Pero se nos dice: Ya que negáis la autoridad de la Iglesia para fijar por sí misma la verdad, ¿no veis que la humanidad entera está contra vosotros? ¿No será su fallo bastante para destruir vuestras doctrinas?

»No: porque en la historia se ven muchos ejemplos, de que hay momentos en la vida de los pueblos, en que un solo individuo ha tenido razón contra la humanidad. Una sociedad se encuentra con un sistema completo de creencias, de leyes y de costumbres, cuando en la mente de un individuo oscurecido entre la multitud surge una idea y se levanta á proclamarla. Los intereses creados se oponen, y la idea tiene que vencer y vencer todos los obstáculos que halla en su camino.

»Pues bien, si vosotros queréis dar á la humanidad el derecho de ahogar esa idea, lo que haréis será, no detener el progreso de la sociedad, que es una ley irresistible, sino obligar por el momento á que esa idea se oculte, á que baje al fondo de las logias; pero desde allí buscará los medios de propagarse y de imponerse después por la fuerza, y el progreso se realizará á través de grandes perturbaciones y conflictos; al paso que, dejando á la idea campo abierto, si es mala se verá inmediatamente rechazada, y si es buena irá poco á poco infiltrándose en todas las conciencias y se llegará al mismo resultado, á la realización del progreso tranquila y pacíficamente.

»Pero también se me dirá: ¿Es que creeis que vuestra razón, esa razón tan frágil que nunca llega á conocer las causas de los fenómenos naturales, es soberana? Y yo respondo que sí; que la razón del hombre es soberana, tan soberana que nada hay sobre ella. Todos nos sentimos dominados por la razón al obrar, y por más que á veces, en uso del libre albedrío tengamos la debilidad de obrar contra sus fallos, la razón, á pesar nuestro, oprime nuestra conciencia y acrimina nuestra conducta.

»El mismo Dios, en último término, no es sino el resultado de una serie de abstracciones de nuestra propia razón. El hombre, en estado salvaje, cuando ve una porción de objetos que son superiores á su inteligencia, cree al pronto que son seres voluntarios como él mismo; luego imagina que existe dentro de ellos una conciencia que los dirige y que preside á sus movimientos, y por ultimo los considera dioses. Hé aquí el politeismo; la idea de Dios en todas las cosas superiores á la inteligencia del hombre. El hombre crea un Dios para cada grupo de objetos semejantes, y después, cuando por un esfuerzo de su entendimiento, cuando por una serie de abstracciones más elevadas, llega á comprender que hay una ley general para la realización de todos esos fenómenos, concibe la idea del Dios único ó unipersonal.

. . . .

»Siendo de necesidad absoluta para el cumplimiento de la misión humana la libertad del pensamiento, es igualmente indispensable la libertad de cultos. Pero se dice, ¿queréis la libertad de cultos cuando el país no la quiere? ¿Queréis la libertad de cultos en un país en que todos somos católicos? Abordemos de lleno esta cuestión.

»He dicho en otro discurso, que el catolicismo ha muerto en la conciencia de la humanidad y en la conciencia del pueblo español, y ahora estoy en el deber de demostrarlo.

»Contra el recusable ejemplo de Inglaterra en que, según nos decía el señor Manterola, el catolicismo se está imponiendo al protestantismo, yo cité á S. S. el ejemplo de Austria, de Francia, de Italia, de España misma; países que han sido eminentemente católicos, los hijos predilectos de la Iglesia y donde el catolicismo va siendo cada dia más débil. Y en cuanto á nuestro país, ¿no os dice nada, señores, que sostenéis la unidad religiosa, la indiferencia, la sonrisa con que en esta Cámara, compuesta de todas las clases sociales se oye hablar, así de los misterios de la religión como de los milagros? No os dice nada el hecho de que, cuando habla un hombre como yo le oigáis, si no con complacencia, al menos sin manifestar que vuestras opiniones están en contra de las suyas? ¿No os dice nada el hecho de que, cuando se levanta una voz elocuente á dirigir duros ataques al catolicismo, esta Cámara se haya estremecido de entusiasmo ahogando esa voz con aplausos nutridísimos?

»Pues si llevarais en vuestra conciencia la fe del catolicismo, no aplaudiriais de esa manera á un orador que tan vigorosamente lo ha combatido. Pero hay, además de esta y fuera de aquí otras señales, para conocer que la idea católica va perdiendo terreno en nuestra patria. Esas cuestaciones de Semana Santa en que la Iglesia ha tenido que acudir á móviles mundanos para conseguir los recursos que no van como en otro tiempo á llevarla espontáneamente los fieles, esas cuestaciones en que hay que acudir á la belleza de las señoras encargadas de recogerlas para estimular el sentimiento de la caridad; esas rifas en que la Iglesia no vacile en fomentar el vicio del juego, para buscar por otro lado los auxilios que necesita; esa tendencia del pueblo español en cuanto puede usar de su libertad á dirigirse contra los conventos como en el año 1834 y como sucede hoy; á excluir á los jesuitas, á derribar iglesias, á suprimir conventos de monjas, está indicando la verdad de mi proposición. En efecto, señores: ¿sabéis lo que tenemos de católicos? La práctica, el hábito, la forma, la rutina, pero no la fe.

»Y es, señores, que cuando penetraron en España las ideas de la revolución francesa, con la revolución en la idea política, en la idea económica vino también la revolución en la idea religiosa; y así veis que ya en tiempo de Carlos IV se adoptaron rigorosas disposiciones para impedir que los libros franceses que la propagaban, pasasen la frontera. Nuestros padres dudaron, y nosotros que fuimos concebidos en la duda, podremos ahora querer creer, pero no creemos.

»Sí, que el catolicismo ha muerto en la conciencia de la humanidad y del pueblo español, nos lo prueba la conducta de la misma Iglesia, que hace gala de intolerancia. La Iglesia está condenada á transigir para vivir y transige de mil maneras; transige como lo ha hecho en la cuestión de sus bienes desamortizados, y transige hasta con las pasiones y los vicios al autorizar esos medios de allegar recursos de que antes os he hablado.

»Vosotros habéis oído aquí á un príncipe de la Iglesia, y como yo, habéis echado de menos en su palabra aquella fuerza de raciocinio con que los primeros padres de la Iglesia combatían el paganismo, aquel sentimiento de los oradores cristianos de la Edad media contra los herejes, aquel vigor y aquel entusiasmo de los hombres del siglo XVI al oponerse á la reforma. Habéis visto en el cardenal de Santiago un orador como otro cualquiera, y eso os prueba hasta qué punto ha llegado la decadencia de la Iglesia católica.

»¿Por qué razón se ha de imponer la carga de la Iglesia católica á los que no quieren pertenecer á esa Iglesia? ¿Con qué derecho se les ha de hacer contribuir á las cargas de una religión en que no creen? Yo no lo comprendo y lo comprendo menos en el estado en que se halla el país.

»Atraviesa ésta una de las más penosas crisis económicas, la Hacienda se halla en una situación deplorable, tres mil millones se han buscado por empréstito, y todavía se nos dice por el señor ministro del ramo que en el presupuesto corriente habrá un desnivel de ochocientos millones, es decir, que aun se vislumbra otro empréstito en el porvenir; en cambio se ha aumentado el capítulo de la Deuda, que llega ya á mil cien millones, á la cifra total del presupuesto de 1845, y cuando no tenemos recursos para hacer frente á nuestras más preferentes atenciones, se viene á decirnos que debemos pagar doscientos millones al clero católico.

»Supónese por algunos que esos doscientos millones son á título de indemnización, y en este punto debo decir, que yo considero la propiedad de la Iglesia tan sagrada como cualquier otra; pero cuando una institución sale de sus límites, cuando llega á tener como tenía la Iglesia, amortizada la tercera parte del territorio nacional, si no la justicia civil, la justicia revolucionaria debe barrer esas dificultades.»

. . . .

La discusión sobre la libertad religiosa se prolongó algunos días y á pesar de lo agotado que estaba el tema y de que en él habían lucido sus facultades los principales oradores de la Cámara, todavía sirvió para que en la sesión del 4 de Mayo se diese á conocer por primera vez en el Congreso D. José Echegaray, quien, con un brillante discurso en defensa de la libertad del pensamiento, reveló sus deslumbrantes facultades de narrador dramático que tantos triunfos le habían de valer en la patria escena.

El artículo constitucional que trataba de los derechos individuales fué combatido por Pi y Margall en nombre de la minoría republicana, sosteniendo que no debían dictarse leyes preventivas ni represivas sobre dichos derechos, so pena que la libertad fuese una mentida afirmación.

Cuando se llegó á discutir la base constitucional que trataba de la forma de gobierno, fué cuando la minoría republicana estuvo á más altura defendiendo la República y la federación con una elocuencia sublime que nunca ha tenido á su servicio ningún ideal político. Orense, Garrido, Castelar, Ferrer y Garcés, La Rosa y otros, pronunciaron notabilísimos discursos en defensa de la República federal, y Pí y Margall, que por su carácter y por su ciencia era moralmente el jefe de la minoría, habló en la sesión del 19 de Mayo de tal modo que amigos y enemigos reconocieron que su discurso era el más claro y contundente de cuantos se habían pronunciado contra la monarquía y en defensa de la federación.

Este discurso, que es una acabada expresión de las doctrinas federales y que produjo sensación inmensa en toda la Cámara, es como sigue:

«Señores: después de los muchos discursos que se han pronunciado sobre los dos artículos que se están debatiendo, me veré poco menos que condenado á ser el eco de los oradores que me han precedido en el uso de la palabra.

»Si en mi discurso anterior podía prometerme dar cierta novedad al asunto, á pesar de lo mucho que sobre él se había dicho, hoy es para mí punto menos que imposible. Como los más de los argumentos que aquí se han hecho no han sido á mi modo de ver, cumplidamente contestados, creo, sin embargo, no sería inútil que los reproduzca, dándoles toda la fuerza que esté á mi alcance.

»Dos son los artículos que se están discutiendo en este momento, y cualquiera diría que no se está discutiendo sino uno, el que se refiere á la forma de gobierno. Sobre el artículo 32 en que se consigna el principio de soberanía nacional, apenas se ha dicho nada: ni hay quien lo haya combatido, ni hay tampoco quien se haya creído en la necesidad de defenderlo.

»Sólo hoy el señor Alvarez ha hablado detenidamente de esa soberanía, tomándola por tema de su discurso.

»La soberanía nacional, ha dicho el señor Alvarez, tiene dos aspectos, uno positivo, otro negativo. Bajo el punto de vista negativo es la antítesis del derecho divino y significa que los pueblos no son patrimonio de casta alguna y tienen el derecho de destruir los poderes creados, siempre que éstos sean un obstáculo á su marcha, violen las leyes y traten de impedir el progreso. Bajo el punto de vista afirmativo no es la soberanía nacional más que la intervención de los pueblos en la gestión suprema de los negocios públicos; ó en otros términos, la facultad de gobernarse por sí mismos.

»Examinándolo detenidamente, no ha hecho más el señor Alvarez que darnos una explicación analítica de lo que es la soberanía nacional; y en esa explicación nada encuentro en verdad que no podamos aceptar todos, hasta los que nos sentamos en estos bancos.

»Más el señor Alvarez no ha limitado aquí sus afirmaciones. Ha dicho que es preciso no confundir la teoría de la soberanía nacional con la del poder, idea verdaderamente nueva. El poder, para el señor Alvarez, es, según parece, un hecho social, espontáneo, no una creación del hombre; es algo que se impone á la sociedad, algo que por decirlo así es condición de vida de la sociedad misma. El poder nace de las entrañas mismas de los pueblos.

»Deseo preguntar al señor Alvarez, qué nos ha querido decir con esto, porque si entiende que el poder no es una creación hija del antojo ó del capricho del hombre, estoy de acuerdo con S. S.; mas si nos ha querido decir que no emana de la sociedad, no puedo en manera alguna aceptar su teoría. Si el poder no debe ser considerado como creación de la sociedad, es evidentemente la negación de la soberanía nacional; tanto, que se va á parar en que no puede ser creado nunca por ninguna Asamblea.

»No creía, sin duda, esto el señor Alvarez, toda vez que nos ha estado diciendo que hay que adoptar la forma monárquica y llamar una dinastía que venga á reemplazar la que hemos derribado, cosa que es afirmar implícitamente la creación de un poder.

»El poder, desengáñese el señor Alvarez, aunque en realidad tiene algo de místico y de impalpable, cuando se le examina en las sociedades primitivas á las cuales no alcanza la luz de la historia; en las sociedades, por decirlo así, históricas, lo vemos siempre nacer ó de la fuerza ó de la voluntad de los pueblos. Cuando este poder emana de la fuerza; es decir, de la victoria, toma cierto carácter de divino; mas desde el momento en que es hijo del consentimiento expreso ó tácito de los pueblos, pierde su primitivo carácter, y no es más que una emanación directa de la soberanía nacional.

»Si otra cosa creyese el señor Alvarez, debía aceptar, no la teoría que aquí seguimos, sino la de los absolutistas, teoría que no creo admita el señor Alvarez.

»Hechas estas observaciones, entro de lleno en el artículo 33, es decir, en el que establece que la forma de gobierno de la nación española es la monarquía.

»No se puede hallar, en verdad, un artículo escrito con más precisión; y sin embargo, cuando se le examina y se le compara con el resto del código ¡qué serie de contradicciones! Se acaba de consignar la soberanía de la nación, y en frente de esta soberanía se levanta la de un rey, de una familia, de una dinastía; que con arreglo al proyecto que se discute, podrá disponer de las fuerzas terrestres y marítimas, declarar la guerra, llevar la nación á las más aventuradas empresas, convocar el Parlamento, suspenderlo una vez por legislatura, disolverlo con sólo la limitación de convocar otro para dentro de tres meses.

»Esta contradicción que han hecho ver ya otros oradores de estos bancos, no es la única, ni tampoco la más importante.

»Antiguamente estaba dividida la humanidad en castas y en ellas estaban vinculadas las diversas funciones sociales. En una estaban vinculadas de ordinario las funciones del gobierno, en otra las sacerdotales, en otra las mecánicas.

»Estas castas, que al parecer no existieron sino en las antiguas edades, se han venido reproduciendo con más ó menos suaves formas, hasta la Edad media y aun hasta nuestros tiempos. Durante la Edad media hubo nobles, sacerdotes y pecheros, constituyendo bajo el nombre de estados ó clases, verdaderas castas. A medida que la libertad ha ido creciendo y la civilización desarrollándose, han perdido esas castas gran parte de su antiguo poderío, y hoy apenas si quedan restos de tan injustificadas distinciones.

»En la Constitución de 1845, que regía antes de la revolución de Setiembre, existía aun algo de esas castas. Por ella había un Senado en que se sentaban ciertos nobles por derecho propio, recuerdo indudablemente del antiguo régimen. Lo habéis borrado vosotros en el proyecto que discutimos llamando al Senado á las primeras magistraturas del país, á los que por una sola vez hayan sido diputados en Cortes soberanas y aun á los primeros contribuyentes, sin que concedáis á nadie la facultad de sentarse en él por derecho propio. ¿Cómo habiendo borrado de los cuerpos colegisladores hasta el último recuerdo de las castas conserváis este régimen para la primera magistratura de la nación? ¿Cómo establecéis que esa magistratura esté vinculada en una sola familia? ¿Cabe mayor contradicción en el fondo de vuestro proyecto?

»Habéis cometido todavía otro más grave, más palmaria. Abogáis por el régimen de la libertad, queréis establecerlo, y fundáis la monarquía hereditaria, os entregáis al régimen de la fatalidad. Porque fatalidad es elegir un rey y tener mañana que admitir á su hijo, cualesquiera que sean sus condiciones intelectuales, morales y físicas. ¡Cómo! tratándose de la suerte de la nación ¿vais á entregaros nada menos que á la suerte, á la fatalidad, al acaso?

»No comprendo en vosotros esa contradicción más grande, más terrible, más trascendental que las ya indicadas.

»Y no me digáis que esas monarquías se sostienen durante siglos grande altura, gracias á lo ilustre su origen y á la esmerada educación que de niños reciben los príncipes; la historia nos demuestra lo contrario. Se observa constantemente cierta degeneración en esas dinastías. Ahí están para demostrarlo las dos últimas que hemos tenido en España.

»Desde el Renacimiento acá hemos sido gobernados por la casa de Austria y la de Borbón. La de Austria principia por un hombre de cierto genio; por Carlos I que sueña con la monarquía universal con que soñaron Carlo Magno y Gregorio VII. Está muy por debajo de Carlos I, su hijo Felipe II; muy por debajo de Felipe II, Felipe III; muy por debajo de Felipe III, Felipe IV. Cuando llegáis á Carlos II, dais ya con un rey imbécil.

»¡Cosa particular! Los retratos de esos reyes están en nuestros museos; no hay más que irlos comparando, para ver que á esa degeneración moral é intelectual, corresponde una degeneración física. Escrita está en sus semblantes esa degeneración.

»Llegamos á la dinastía de los Borbones. No hubo en ella ningún genio político como en la casa de Austria; no hubo más que medianías y vulgaridades. Se sostiene algún tanto en Fernando VI y en Carlos III, declina luego bruscamente en Carlos IV, continúa degenerando en Fernando VII. No tengo necesidad de deciros si está degenerada ó no la raza de este monarca.

Adoptado el principio hereditario, [...] que aceptar todas las monstruo[sida]des que os presenta la historia; [reye]s que, como Fernando VII, co[mien]zan conspirando contra sus pro[gen]itores y conspiran luego contra su [patr]ia; reyes que, como Enrique de [Tra]stamara, llegan al trono teñidos [con] la sangre de sus hermanos; reyes [que], como Sancho el Bravo, hacen [guerr]as contra su propio padre.

»Caéis todavía en una contradicción mayor: exponéis la suerte de nuestro pueblo y la de esa misma libertad de que tan arrogantes os mostráis.

»Hay, señores, en el mundo dos principios que se contradicen mutuamente, están en perpetua lucha, y precisamente por estarlo engendran el movimiento político. Estos dos principios son la autoridad y la libertad.

»La monarquía ha sido la más viva encarnación del principio de autoridad; ha venido á ser en los pueblos lo que la patria potestad en las familias. Así el rey en un principio ha gozado de un poder sin límites; ha sido el primer magistrado de la nación, el primer general de los ejércitos, el primer juez, el primero y único propietario, el dueño de la tierra, el árbitro de la suerte de los pueblos. Resolvía el problema de la libertad y el orden, ó sea, la autoridad sacrificando la libertad. Mas como la libertad no es un principio inerte, sino una fuerza viva, como va creciendo á medida que las relaciones económicas se multiplican, el entendimiento se eleva y la civilización se desenvuelve, llega un tiempo en que la libertad entra en lucha con la autoridad; y como la autoridad al determinarse no puede menos de irse limitando, y al entrar en lucha con la libertad aceptar limitaciones cada vez más graves, vienen momentos en que va cediendo de su antiguo absolutismo.

»Pero guardaos bien de creer que esos triunfos sean sólidos, porque las monarquías tienden siempre, como todas las ideas y todas las instituciones, al absolutismo de su origen, según decía elocuentemente el señor Gil Berges. Importa poco que la autoridad monárquica se encuentre limitada un año; tal vez un siglo; trabajará siempre para reconquistar su perdido absolutismo.

»Lo habéis visto en nuestra misma patria. Al fin de la Edad media la monarquía se encontraba limitada, de una parte por el poder feudal, de otra por el poder municipal, de otra por ciertas Cortes, que aunque no tenían períodos fijos de convocación, no dejaban de ejercer grande influencia en los negocios públicos, porque estaban necesariamente llamadas á resolver los negocios de su sección y votar los subsidios. El poder real, deseoso de deshacerse del feudal, que tanto daba que hacer á don Pedro, tantas amarguras causó á Enrique III y tan escandaloso fué durante el reinado de Juan II, buscó para derribarlo el estado llano; y después de haberlo conseguido con el auxilio del pueblo, volvió las armas contra el pueblo mismo, rasgando los fueros municipales, anulando las Cortes y llevando la nación al más alto grado de absolutismo á que pudo llevársela. Llevó tan allá las cosas que hizo perder la vida al municipio, sustituyendo los alcaldes y regidores de elección popular por alcaldes y regidores perpetuos. Cuando la monarquía se encontró más limitada á causa de la revolución francesa, que tuvo pronto eco entre nosotros, aumentó naturalmente la resistencia á la limitación de sus derechos, combatiendo sin tregua las libertades del pueblo.

»No tengo necesidad de recordar el reinado de Fernando VII: lo conocéis, por desgracia, todos. Se dice que aquel rey fué ingrato y asi lo entiendo; pero hay que tomar en cuenta que obedecia inconscientemente á la ley de la monarquía, á la ley de una institución que no puede menos de recordar siempre el absolutismo de su origen.

»Lo que ha sucedido en España ha sucedido en todas partes. Importa poco que la monarquía cambie de origen y en vez de ser de derecho divino sea popular; las monarquías populares han sido tanto ó más despóticas que las de origen divino. Napoleón, que recogió la corona de Francia entre el polvo de la revolución francesa, fué uno de los mayores déspotas de la tierra. Un sobrino suyo volvió á recoger la corona del polvo de las barricadas de Diciembre y fué también déspota. ¿Váis á buscar una monarquía que no sea la de un soldado? Si Luis Felipe no retrocedió todo lo que deseaba, retrocedió hasta donde se lo permitian las condiciones de vida de su pueblo. Después de cinco años de reinado escribió las leyes de Setiembre, leyes que vendrán también para nosotros después de restablecida la monarquía. Cuando esto os han dicho otros antes que yo, habéis contestado: «Ahí tenéis los pueblos de Bélgica y de Inglaterra, donde hay monarquía y las libertades están sin embargo al abrigo de toda amenaza.» Aun cuando este punto histórico haya sido examinado ya bajo diferentes puntos de vista, lo examinaré de nuevo.

»El pueblo belga, como dijo elocuentemente el señor Figueras, se encontraba en condiciones especiales. El rey nació allí con el pueblo mismo. Bélgica ha formado siempre parte de otras naciones: en ciertas épocas de Francia, en otras de Holanda, en otras de los Países Bajos, en otras de Austria. Alcanzó su independencia en 1830, y á pesar de los esfuerzos que ha hecho, está constantemente bajo la amenaza de ser absorbida por otras naciones. Han comprendido sus reyes que de faltar al pacto con su pueblo, se exponían á que pueblo y rey cayesen en manos de Francia, y por eso han cumplido su palabra. Si el rey no hubiese permanecido fiel al pacto con su pueblo, si hubiese hollado alguna de las libertades de Bélgica, no habria podido impedir en 1848 que sus súbditos proclamaran la República y se adhirieran á Francia.

»En Inglaterra respetan también los reyes la Constitución; pero ya os han contestado voces más autorizadas, que esto nace en gran parte de que allí hay una aristocracia poderosa que tiene siempre á raya los ímpetus de la corona; que aquella Constitución no ha sido obra de una Asamblea, ni de un día, antes ha ido desenvolviéndose lentamente en una larga serie de siglos; que por otra parte está esa Constitución arraigada en las costumbres de aquel pueblo. Otra consideración importante conviene tomar en cuenta, y es que en Inglaterra no hay partidos enemigos de la libertad, no hay un inglés que crea posible limitar los derechos individuales, no hay uno que no se sintiese humillado si viese coartada ó violada una de sus libertades. Y ¿es esta la condición de vuestro pueblo? Tenemos aquí, en este mismo sitio, hombres que, apoyados mañana en esta Constitución, se creerán con derecho á restringir y reprimir las libertades políticas. Tenemos un partido conservador que, lejos de creer que la libertad debe ser absoluta, cree, por lo contrario, que debe ser limitada y proporcionada á la cultura del pueblo. Tenemos un partido tradicionalista que, no sólo cree que la libertad debe ser limitada, sino que la niega, creyendo que la libertad para el error es incompatible con el dogma católico. En un pueblo donde hay partidos enemigos de la libertad, ¿es posible que **creais** que por escribir los derechos **individuales** en un papel que llamáis Constitución los tenéis ya garantidos? Lo están mucho menos cuando los ponéis bajo la garantía de un rey irresponsable, inamovible y hereditario. Nos decís á cada momento que en la minoría no hay sino poetas y soñadores que no ven la realidad de las cosas. Permitidme que os diga que nosotros somos menos teóricos que vosotros, más conocedores de la realidad, más previsores. A nosotros se nos debe calificar de prácticos, no á vosotros que censuráis nuestra conducta.

»Doña Isabel II, según vosotros, ha trabajado perpetuamente contra los derechos que vosotros otorgasteis. A no haber aquí partidos que se hubiesen prestado á ser sus instrumentos, ¿habría podido limitarlos ni rasgarlos?

»¡Ah señores! Esa reina lo que hacía era aprovecharse de los partidos que limitaban la libertad, y llamarlos al poder luego que un partido liberal había escrito Constituciones más libres, y limitado sus prerogativas. ¿Habréis olvidado los que hicisteis la Constitución del 56, que se valió de la unión liberal para restaurar la del 45? Si los unionistas no se hubieran plegado á los deseos de aquella señora, ¿habría sido posible que la restaurara? Decídmelo en conciencia.

»Vosotros, los hombres de la unión liberal, preparasteis entonces las vías reaccionarias, é hicisteis posible la venida de los Narváez y los González Brabo. Creísteis que la reina había sido ingrata, cuando á los tres meses de hecha la Constitución os echó de palacio; y creisteis mal porque la reina no hizo entonces más que obedecer á las leyes de la historia. Siempre que un poder da una batalla á otro poder revolucionario y le vence, el vencedor está condenado á retirarse de la vida política y dejar paso á los partidos reaccionarios.

»Volvéis á incurrir, sin embargo, en los mismos errores, volvéis á caer en las mismas redes. Mañana que venga un rey, los partidos reaccionarios le prestarán un apoyo para rasgar ese pacto que ahora escribis. Si no lo encuentra en la unión liberal, lo buscará en el partido moderado, que estará siempre dispuesto á borrar una Constitución escrita por los partidos revolucionarios.

»Grande error cometéis estableciendo la monarquía hereditaria. Decís que es necesario un poder moderador; pero yo os pregunto: ¿de qué queréis que sea moderador ese poder? ¿creeis que ha de serlo de los abusos de la libertad? Creeis entonces que ese poder tiene la facultad de limitarla y destruirla, si así lo exigen las condiciones del pais, y las necesidades del orden, y negáis la sustantividad de los derechos individuales. ¿Pretendéis que debe ser moderador, no de los abusos de la libertad, sino de los abusos y los extravios de las Asambleas? Venís entonces á decir que sobre el criterio de de las Asambleas está el de los reyes, y negáis la soberanía del pueblo.

»¡Poder moderador! No hay ningún poder que necesite moderar á los demás en su régimen como el que pretendéis establecer; la misma libertad los modera.

»Decís también que no es posible extirpar en un momento una monarquía que cuenta siglos de existencia; mas si hemos de atenernos á la tradición, ¿por dónde creeis posible el progreso? Debe la tradición servirnos para las Constituciones futuras; pero no hemos de seguirla servilmente hasta el punto de decir: ¿ha existido esto durante siglos? pues es preciso que subsista.

»Si los adelantos del pueblo han hecho ineficaz la forma de gobierno que antes existia; si, como acabáis de ver, es incompatible con la libertad, ¿por dónde creéis que se debe respetarla?

»En lugar de la monarquía, ya lo sabéis, nosotros estableceríamos la República federal.

»¿La República federal? diréis quizá; ¿por qué no la unitaria? ¿por qué la federal en un país que tiene ya conquistada su unidad?

»Preciso será que me explique algo extensamente sobre este punto, me haga cargo de las objeciones que han venido de los bancos de enfrente, y diga algo de nuestra futura Constitución.

»Por de pronto, señores, no soy partidario de las repúblicas unitarias, porque la historia me enseña que las repúblicas, cuando de grande extensión, no viven nunca larga vida. Las de Grecia fueron todas de corta extensión. La romana estuvo reducida por siglos al casco de una ciudad, y sólo en sus últimos tiempos admitió en las centurias los pueblos del contorno, procurando relegarlas á las últimas á fin de que no pudiesen votar nunca, ni pudieran ejercer influencia en las decisiones del pueblo. Las italianas fueron todas reducidísimas.

»Repúblicas unitarias de grande extensión no hemos conocido en Europa más que tres, y las tres fueron á cual más desgraciadas. La inglesa, á los cuatro años de constituída, cayó bajo el protectorado de Cromwell, y á los once era reemplazada por la monarquía de los Estuardos.

»La francesa del 93, á los siete años de constituída, cayó á los piés de Bonaparte. La del 48 no pudo sobrevivir ni siquiera tres años á las tristes y célebres jornadas de Junio que ocurrieron á raiz de la revolución de Febrero.

»Las Repúblicas unitarias de grande extensión no han tenido nunca larga vida, y esto se explica fácilmente. Entre las Repúblicas unitarias y las monarquías hay sin duda gran diferencia, puesto que en las monarquías el poder ejecutivo es inamovible é irresponsable, al paso que en las Repúblicas es siempre responsable y amovible. Mas las funciones del Estado siguen siendo casi las mismas. El **poder** central es tanto ó más fuerte y **absorbente** que en las mismas **monarquías**; y como, por otra parte, carece **del freno** que realmente existe en el régimen monárquico, se exalta la ambición, crecen las pasiones, sobrevienen los tumultos, aumenta el desorden, y los pueblos, cansados de la anarquía, que no hay nada que tanto les canse, se entregan en brazos de la dictadura.

»Montesquieu había ya notado este fenómeno, y en uno de los más brillantes capítulos que tiene en su *Espíritu de las leyes*, «las pequeñas Repúblicas, decía, suelen morir por una fuerza exterior; las grandes por un vicio interior. Este doble mal inficiona así á las democráticas como á las aristocráticas, así á las buenas como á las malas; está el mal en las cosas, y y no hay forma humana que baste á impedirlo.»

"Probablemente, añadía, los pueblos se habrían visto condenados á vivir bajo el régimen de uno solo, si no hubiesen encontrado una forma de gobierno que á las ventajas de la República añade la fuerza exterior de la monarquía, si no hubiesen dado con la República federal.»

»Montesquieu, como veis, al examinar las condiciones de vida de la República, entendía que era preciso hacerla, no unitaria, sino federativa, para lograr que fuese duradera.

»Comprenderíamos, decís, que fueseis á constituir una República federal con pueblos que no estuviesen unidos por el lazo de la nacionalidad; tratándose de pueblos á quienes une ese lazo, ¿es posible que penséis en la federación?

»Este argumento, á primera vista muy fuerte, no lo es cuando se examinan las condiciones de nuestra patria. En tiempo de Fernando *el Santo* se encontraba España dividida en multitud de reinos: existía el de Castilla, el de Asturias y León, el de Portugal, el de Navarra, el de Aragón y otros ciento, sentados en la España árabe sobre las ruinas del antiguo califato. Cuando se quiso dar unidad á esos pueblos, ¿se los consultó? No, se hizo la unidad, parte por la conquista, parte por la sucesión, parte por el matrimonio de los reyes. Asturias, León y Castilla, vinieron á reunirse por sucesión en la cabeza de Fernando *el Santo*; los de Aragón y Castilla, por el matrimonio de los Reyes Católicos; el de Navarra, por la estrategia de Fernando V; los árabes, por la fuerza de la conquista. Nótese bien que cuando los diversos pueblos cristianos se fueron incorporando á la corona de Castilla, conservaron su antigua autonomía, sus fueros, es decir, sus antiguas leyes civiles, sus instituciones políticas y sus costumbres. Para alcanzar esa tan ponderada unidad, se quiso acabar con los fueros, y no se pudo conseguir sino por medio de la violencia. Para menoscabar los de Aragón hubo necesidad de ahogarlos en la sangre de Lanuza; para acabar con los de Cataluña hubo necesidad de ahogarlos en la que derramó en Barcelona Felipe V. Hay todavía un pueblo que los conserva, gracias á su situación topográfica, á la indomable energía de sus hijos y al fuerte sentimiento que tiene de su libertad y de su autonomía. Cuando ha creído que sus fueros podían peligrar, ha tirado de la espada y ha peleado durante siete años á la sombra de las banderas de Carlos V.

»¿A qué me venís hablando de una unidad producto de la violencia? Notad que, después de todo, esas provincias tienen un sello particular. Cataluña conserva su lengua, sus costumbres, sus antiguas leyes, y bajo esas leyes vive, crece y se desarrolla como ninguna otra; Aragón, Mallorca, Navarra y Vizcaya, viven al amparo de leyes especiales. ¿Y de qué leyes? De leyes que difieren de las nuestras en puntos capitalísimos, tales como el de las sucesiones.

»Al paso que en Castilla existe el principio de la sucesión forzosa, en todos aquellos pueblos prevalece la libertad de testar, diferencia que modifica notablemente las condiciones de la propiedad y la familia.

»¡Cómo! Cuando tantas provincias están aún apegadas á su lengua, á sus costumbres, á sus fueros; cuando aún recuerdan con fruición los que tuvieron y han perdido, ¿me venís diciendo que existe la unidad y es preciso conservarla?

»Conviene tener en cuenta que precisamente ese espíritu provincial nos da fuerza siempre que sobreviene en España una crisis. Si el año 1808 hubiésemos tenido esa unidad que tanto deseáis, es más que probable que después de la derrota del 2 de Mayo hubieseis visto á España uncida al carro vencedor de Bonaparte. Precisamente porque existía ese espíritu provincial en todas partes se constituyeron las provincias independientemente de Madrid, formaron juntas, hicieron armamentos, levantaron á los pueblos y lograron que aquel héroe, vencedor de tantos pueblos, viniese á quedar vencido en esta pobre tierra. Nótese al paso otro hecho que os probará que aun cuando se estableciese el sistema federal, no peligraría esa unidad que tanto os interesa: pasados los primeros momentos, consintieron todas las provincias en que se constituyera la Junta central y más tarde se convocaran y reunieran las Cortes de Cádiz. Esto debe probaros que existe en España un espíritu provincial que dista de ser un obstáculo para el desarrollo de la unidad nacional.

«Queréis la federación, se nos ha dicho además, y no advertís que la federación no es más que un medio para llegar á la unificación del derecho; tomáis, á lo que parece, la federación por una forma definitiva.» ¿Por dónde ha podido decir nadie que nosotros, ahora ni nunca, hayamos proclamado ni la forma federal ni ninguna otra como definitiva? Hombres encanecidos en el estudio de la política y de la filosofía, sobrado sabemos que las formas de gobierno, del mismo modo que las ideas, existen eternamente, y se están combinando, reformando, transformando y adaptando á las circunstancias de los tiempos y al desarrollo mismo del derecho. Deseamos establecer la forma federal, pero no la que pudo existir, por ejemplo, en las tribus judáicas ni en las Repúblicas de Grecia mientras estuvieron bajo el Consejo de los Anfitiones, sino la que busca la unidad como la presenta la naturaleza, es decir, la unidad en la variedad, no la unidad en la uniformidad.

«Nosotros, decía el señor Rodríguez, comprendemos y aceptamos la federación de España y Portugal, comprendemos la de las diversas naciones de Europa, no la de España.» A este argumento contestó con el del señor Figueras: «¡Cómo! ¿Creéis que para unir Portugal y España se debe y puede emplear la federación y no para unir las demás provincias? Pues qué, ¿Portugal no ha formado parte de la corona de España hasta el siglo XI? Pues qué, ¿no ha vuelto á formar parte de nuestra nación en tiempo de Felipe II y no ha permanecido en ella hasta Felipe IV? Pues qué, por su situación topográfica, ¿no forma parte integrante de la nación española? Puesto que nos hemos creído con derecho para unir por la violencia pueblos que antes estaban segregados de la corona de España, ¿por qué no tomamos las armas y no vamos á conquistar á Portugal? Si la unidad debe consistir en hacer que los pueblos doblen la cabeza bajo un solo cetro, ¿por qué no hemos de hacer que Portugal incline también la suya bajo el cetro español? ¿Cómo se concibe, por otra parte, que cuando se trata de establecer la unidad en Europa y en la humanidad se recurra á la federación, y cuando se trata de establecer la federación en una nación como la nuestra se diga que es un absurdo? ¿Dónde está aquí la lógica y el raciocinio que tanto distingue al señor Rodríguez?»

»Preciso es que explique ahora cuál es la base, por decirlo así, filosófica de esa federación que defendemos. Hay, señores, en una nación muchos seres, ya individuales, ya colectivos, que la hacen una entidad sumamente compleja. Dentro de una nación vemos, en primer lugar, al individuo, inviolable en todo lo que se refiere á su sér íntimo, es decir, al pensamiento y la conciencia. Vemos luego la familia, extensión de nuestra propia personalidad, de la cual formamos parte en cuanto nacemos. Vemos sobre la familia al pueblo, que se compone de varias familias. Vemos sobre el pueblo la provincia, que se compone de diversos pueblos. Vemos sobre la provincia la nación, que se compone de diversas provincias. Vemos, además, multitud de asociaciones que realizan los variados y diversos fines de la actividad humana. Entre estos seres colectivos, que constituyen toda una jerarquía, hay unos que pueden llamarse naturales y espontáneos, otros de puro artificio. Son, por ejemplo, seres de puro artificio las actuales provincias, hijas de una división administrativa completamente arbitraria. Son de la misma índole las asociaciones industriales y mercantiles, asociaciones pasajeras, que mueren una vez que han realizado el fin para que fueron creadas. Pero hay otros seres que son naturales y espontáneos, y estos son la familia, el pueblo, la provincia, el Estado. El amor y la generación forman la familia; el amor la sostiene; el amor la multiplica y la divide. Las familias engendran las familias, y unas y otras van componiendo diversos grupos, que son los que llamamos pueblos; grupos que en un principio vienen á estar formados por una especie de ley de consanguinidad. A medida que se van desenvolviendo las relaciones económicas, sienten los pueblos necesidades que no pueden satisfacer por sí, y forman el grupo que llamamos provincia. A su vez, las provincias, cuando sienten necesidades de orden superior, entran á formar la entidad Estado. De esta manera se van desenvolviendo los seres colectivos, que forman una jerarquía conocida por todo el mundo. Estos seres colectivos, nótese bien, no engendran nunca un sér colectivo superior, sino en virtud de necesidades que son en cierto modo extrañas á su personalidad. Ha de parecer oscura mi idea, y me propongo aclararla con un ejemplo.

»Un pueblo pequeño, aislado, trata de satisfacer las necesidades propias de su vida dentro de sí mismo. ¿Tiene cerca de sí un arroyo que le impide pasar á los campos cuyo fruto debe servirle de sustento? Levanta un puente con sus pequeños subsidios. ¿Tiene necesidad de regar esos campos y aprovechar las aguas del arroyo? Construye acequias. ¿Siente necesidad de que se le administre justicia? Crea un pequeño jurado ó un arbitraje que venga á dirimir las diferencias entre los vecinos. ¿Siente necesidad de instrucción? Nombra su maestro. ¿Siente la necesidad de la religión? Elige y paga un sacerdote. Este pueblo, para llenar esas necesidades, no se acuerda jamás de ninguna otra colectividad; todo lo busca y lo encuentra dentro de sí mismo. Mas desde el momento en que por sentir mayores necesidades entra en relaciones con otro que haya nacido del mismo ó distinto tronco, forma, queriendo ó sin querer, la provincia. ¿Para qué nace entonces la provincia? Para sasisfacer las necesidades comunes á diversos pueblos. Puestos, por ejemplo, en contacto dos pueblos que se hallan uno de otro á cierta distancia, necesitan de un camino que los enlace, y ambos reunen sus fuerzas para llevarlo á cabo. ¿Hay un arroyo que en su curso atraviesa los dos términos? Como puede suceder que los riberiegos superiores perjudiquen los derechos de los inferiores buscan el medio de entenderse acerca del uso del agua y el riego de sus diversos campos. Así van buscando la satisfacción de todas sus comunes necesidades.

»Nace á su vez la nación, cuando la provincia, deseosa de extender su acción, se ve obligada á ponerse en contacto con otros grupos de pueblos; cuando enclavada con éstos dentro de un territorio cercado de ríos ó vastas cordilleras, comprende que en esas cordilleras y en esos ríos está el común peligro y la común defensa.

»Por una parte, esos seres colectivos son naturales y espontáneos, y por otra, la jerarquía no se establece sino de menor á mayor y en vista de comunes necesidades.

»¿Qué se deduce de ahí? que es preciso pensar en una organización que vaya de abajo á arriba y no de arriba á abajo. Esta es la enorme diferencia que hay de la descentralización á la federación. La descentralización parte de arriba abajo; la federación de abajo arriba. ¿Qué más da? diréis tal vez. Si la organización viene de abajo, las provincias son las que limitan la acción del Estado; si de arriba, el Estado es el que limita la acción de las demás colectividades. En el primer caso, el Estado tiene funciones limitadas de que no puede excederse: en vez de limitar las funciones de las provincias, está limitado por las provincias mismas. Es entonces el Estado hijo de un pacto que no se puede romper sino con el mútuo acuerdo de los que lo otorgaron. Por esto las repúblicas federales son sólidas y duraderas; sobre estar bien deslindados todos los derechos, están garantidas y aseguradas la autonomía del municipio, la de la provincia, y, por fin, la del Estado.

»Mas ¿cuál es vuestra Constitución? se nos pregunta. No parece sino que se trata de algo completamente desconocido. ¿No tenéis, entre otras, dos repúblicas federales modelo de naciones por el orden y la libertad de que disfrutan? Para saber la Constitución que hemos de adoptar, no tenéis más que fijar la vista en los códigos de esos dos grandes pueblos. La Constitución americana dice que los Estados Unidos se han constituido para hacer su unión más fuerte, establecer la justicia, asegurar la paz y el orden, proveer á la común defensa, asegurar el bienestar general y conseguir para ellos y para sus hijos los beneficios de la libertad. La Constitución suiza dice textualmente: «que el objeto de la federación es asegurar la independencia del país contra el extranjero, consolidar el orden y la tranquilidad interiores, asegurar el bienestar y garantir completamente los derechos de los ciudadanos.» Es verdaderamente un sofisma decir que dejan de estar garantidos los derechos en esas Constituciones.

»Una vez conocidos los fines de la confederación, es fácil saber cuál ha de ser la Constitución de nuestra república. Puesto que ante todo se trata de asegurar la independencia del país contra el extranjero, es evidente que tendrá la República federal su ejército y su marina. Ha de regir la vida exterior de la nación, y ha de ser naturalmente quien nombre á los embajadores, los cónsules y todos los representantes necesarios para mantener las relaciones con los demás pueblos. Si, por otra parte, ha de asegurar los grandes intereses nacionales, cuidará de las grandes vías de comunicación, de los ferrocarriles, de los canales, de los correos, de los telégrafos, de las costas, del comercio.

»Decía el otro día el señor Rodríguez que si mañana estableciésemos la federación en España, no nos habíamos de ver poco embarazados para resolver la cuestión mercantil. ¿Por qué? Precisamente es la cuestión más fácil de arreglar. ¿De qué comercio se trata; del interior ó del exterior? Si del interior, ya sabéis que existe en España hace muchos años la libertad de tráfico. No ignoráis, además, que todas las confederaciones han confiado al centro y no á las provincias, las relaciones mercantiles. La confederación suiza ha declarado libre la compra y venta de mercancías en todos los Estados y la completa imposibilidad de adoptar medidas que puedan ser obstáculo al comercio. La confederación americana ha dicho que pertenece al poder central, es decir, al poder federal, no sólo el comercio exterior, sino también el interior. Véase cómo la cuestión está resuelta: la libertad de tráfico existe en todas partes. ¿De dónde habían de venir esas dificultades?

»Relativamente al comercio exterior tiene demasiado talento el señor

Rodríguez para creer que la República federal pueda impedir su desenvolvimiento. El comercio exterior forma parte de la vida exterior de una nación, y toda la vida exterior de las naciones pertenece en el sistema federal al centro y no á las provincias. Imposible parece que el señor Rodríguez haya podido incurrir en aberración semejante y su argumento haya podido producir efecto en una Cámara.

»En una confederación, por fin, se hace necesaria una administración de justicia federal, tanto para dirimir cuestiones que se susciten entre individuos de diversos Estados, como para resolver las que surjan entre los Estados mismos. ¿Significa esto que la administración de justicia pertenece en absoluto al poder central? No: la justicia para ciudadanos de una misma provincia se ha de administrar en la provincia misma, y allí han de concluir todas las apelaciones. No puede pertenecer al poder central lo que es peculiar de la provincia: Establecidas como vía de ejemplo las principales bases en que puede descansar la Constitución federal, os remito para el resto á las Constituciones de Suiza y los Estados Unidos.

»Voy á examinar ahora cuáles son las ventajas del sistema federal. De esas ventajas unas son políticas, otras económicas, otras de orden social. Ventajas políticas: primeramente la que antes he dicho, la de que las funciones del individuo, las del municipio, las de la provincia, las del Estado se hallan perfectamente determinadas; la de que los derechos del individuo, los del municipio, los de la provincia, no pueden jamás venir limitados ni mermados por el poder central. La República federal es un pacto, y como he dicho, no es posible que se rescinda sin la voluntad de los contratantes.

»Otra ventaja de las repúblicas federales es que sucede en ellas lo que en las asociaciones especiales; que fuera de los fines para que se las crea, permanecen los ciudadanos completamente libres. Os asociáis mañana para construir un camino de hierro, un canal, una obra cualquiera. ¿En qué está comprometida vuestra libertad por aquel contrato? Sólo en lo que constituya los fines especiales de la asociación. Fuera de ellos vuestra libertad queda íntegra. Determina la República federal cuáles son los fines del Estado, y fuera de ellos quedáis completamente libres.

»Otra ventaja política que no puedo menos de manifestaros. La conocía perfectamente Montesquieu cuando decía: «La República federal previene todos los inconvenientes de las repúblicas unitarias y aun de las monarquías; porque si en una República federal viniese un hombre á ser tan poderoso que pudiera ser un peligro para las provincias, alarmaría á las provincias mismas y las pondría contra él en guardia; y si mañana viniese á ejercer sobre una provincia un poder tal que lograse sublevarla en

del municipio, la de la provincia, y, por fin, la del Estado.

Mas ¿cuál es vuestra Constitución? se nos pregunta. No parece sino que se trata de algo completamente desconocido. ¿No tenéis, entre otras, dos repúblicas federales modelo de naciones por el orden y la libertad de que disfrutan? Para saber la Consti... que hemos de adoptar, no ... que fijar la vista en lo... esos dos grandes pue... tución americana ... ...cluye diciendo... Unidos se han ... ... si el conflicto lle... su unión m... ... que la federación se des... ticia, ase... ... tal que los confederados continuarían, veer á ... ...siendo soberanos.»

bie... ¿Qué sucede hoy, además, en los e... pueblos monárquicos, aun los que gozan de grandes libertades? La vida política no está aquí escalonada y se hace á saltos. Un joven insignificante acaba de salir de la Universidad, tiene por sus padres ó por sus deudos cierta influencia en tal ó cual distrito, ó en tal ó cual provincia, y sin conocimientos, sin talento tal vez, viene de golpe á ser individuo de la representación nacional. Así se es aquí á menudo legislador, sin tener práctica alguna de negocios. En una República federal hay Estados con Parlamentos y con una vida tanto ó más desarrollada que en el centro. El ciudadano procura allí ser antes miembro de la diputación de su provincia que de la de diputación á Cortes; y cuando llega al centro, ha pasado por una serie de estudios, de trabajos y de lu-

naturalmente qu... y conocedor bajadores, los ... presentan... á veces de ver la las rel... ...stados Unidos regi... Si, ...fué simple artesano. ... ...trarnos? Aquel hombre ... ...giendo los destinos de la ... ...asó antes una vida de traba... ...e luchas en el Estado á que ...necía; ha ido, por grados, del ...nicipio á la provincia, de la provincia al Estado.

»Si grandes son las ventajas políticas que nacen de la federación, grandes son las que nacen en el terreno de la administración y de la economía. Suprimís por de pronto todas esas ruedas de que hoy tenéis necesidad para mantener sujetos al Estado el municipio y la provincia. Ni tenéis tampoco los inmensos gastos que produce la centralización en el terreno de la Hacienda. Cada provincia decreta sus impuestos, los recauda, los distribuye, y tiene el sistema tributario acomodado á sus necesidades. Los gastos y los ingresos son entonces más conocidos de los ciudadanos; y, si hay que hacer sacrificios, se los hace con menos repugnancia, porque se conoce el objeto á que se los aplica. No olvidéis que los pueblos nunca pagan con menos disgusto las contribuciones que cuando saben el destino de su importe. Estableced en cualquier pueblo una contribución para hacer un puente útil, y mientras vean que se le construye os la pagarán con gusto. No pagarán así contribuciones cuyos productos va-

ultarse en el mar sin fondo o. No ven la aplicación que , y cuando se sienten abru- levantan contra el que las

is, por otra parte, á las tonomía que en otros , vereis al punto re- ida. ¿Qué compara- ragón de hoy y el el Católico? La , tan poderosa en aque- pos, ¿puede decirse que hoy to, atendido el desarrollo que el comercio en España? as provincias que estuvieron mperio de los califas y los encontraréis acaso en ellas ente industria, ni el activo , ni el desarrollo de las cien- s artes que en otros tiempos jad que cada provincia apro- medios de vida y los ele- le riqueza con que cuenta, y no recobran todas su antiguo

además muchas cuestiones de cial que nunca se resolverán e cuando se confíen á las s, es decir, cuando vuelvan cias á ser Estados. Hablan- este punto, decía el señor z: «Cuando tengáis la Repú- ral no será poco difícil arre- uestiones de Andalucía, que mpre al reparto de bienes.» r lugar, es preciso tomar en ue cuando en Andalucía se eparto de bienes, se trata del

reparto de bienes que son ó fueron comunes, no de los bienes de los particulares. Esos repartos vienen además provocados por leyes anteriores y por vicios que ha introducido, tanto el gobierno de la monarquía absoluta como el de la monarquía constitucional.

»Ya Carlos III en una pragmática decretó el reparto de los bienes comunes baldíos y realengos; no lo hizo sólo por una sino por muchas. Empezó por decretar el reparto de los bienes comunes, baldíos y realengos de Extremadura, y acabó por decretar el de todos los del reino. Nuestras Cortes de Cádiz en 1813 volvieron á decretar el reparto de los bienes de propios y arbitrios de los pueblos para recompensar á los militares y á las familias de militares que se hubiesen sacrificado por la independencia de la patria.

»Las Cortes de 1822 hicieron otro tanto para recompensar también á los que hubiesen prestado servicios á la causa de la libertad, por todos estos decretos se hicieron diferentes repartos de bienes comunes, y esa costumbre de repartirlos tal vez sea una de las más poderosas causas de esa tendencia que tanto encarece el señor Rodríguez.

»Las cuestiones sociales toman casi siempre, por otra parte, un carácter especial en cada pueblo. Así, en Andalucía los mayores males son debidos á lo concentrada que ha estado y está siempre la propiedad, al paso que en las grandes provincias del Norte lo que se siente no son ya sino los males que nacen de la extremada división de la tierra. Así como en Andalucía tenéis los grandes y vastos *latifundios* de que nos hablaban los antiguos historiadores romanos, *latifundios* que, según decían, habían perdido á Italia, encontráis en el Norte pequeñas propiedades que no sirven ni para el sustento de una regular familia. Tenéis, además, en Galicia, hace mucho tiempo la cuestión de los foros, que ya la traía agitada en el siglo XVIII y vino á resolverse por un auto del antiguo Consejo de Castilla que, sobreponiéndose á la ley, hizo respetar aquellos censos, suspendiendo la persecución de los pleitos que sobre ellos existían y la presentación de nuevas demandas.

»Como tenéis la cuestión de los foros en Galicia, tenéis en Cataluña, por ejemplo, la de la *rabassa morta*, cuestión sumamente grave que muchas veces ha puesto en alarma á los propietarios de aquella provincia. Y yo os pregunto: si mañana os trajesen aquí la cuestión de Andalucía ó la de los foros de Galicia ó la de la *rabassa morta* de Cataluña, ¿cuántos habría aquí capaces de comprenderlas y resolverlas? Si esas cuestiones se sometiesen, por lo contrario, al criterio de las diversas provincias en que han surgido, ¿cuántos serían los representantes de aquellas provincias que dejasen de comprenderlas? Ahí tenéis cómo las cuestiones sociales, las más grandes que pueden existir en un país, son precisamente las más fáciles de resolver bajo la jurisdicción de la provincia y por consiguiente bajo la República federal.

»No quiero hablar aquí del socialismo, de que tanto se habla en los bancos de enfrente con el innoble objeto de dividir esta minoría, cuando estamos cansados de decir, y lo repito ahora, que la minoría no tiene por bandera más que un conjunto de principios políticos, y fuera de ellos nos consideramos todos libres para pensar como tengamos por conveniente. Puede ser uno republicano y aceptar ó no las teorías del socialismo.

»El señor Rodríguez, al hablar del socialismo, se dirige casi siempre á mi humilde persona. No puedo menos de repetirle lo que ya manifesté en mi primer discurso. Siempre que la libertad me sirva para la resolución de las cuestiones, la aceptaré con preferencia á cualquiera otra solución; mas desde el momento en que crea que no quepa resolverlas por la libertad, querré y pediré la intervención del Estado, porque creo que cuando se trata de los males que afligen á los pueblos, hay necesidad de remediarlos por cuantos medios estén á nuestro alcance.

»Estas cuestiones sociales no son exclusivas de España; existen en todas partes y cada pueblo las resuelve, no siempre por el criterio de la libertad, sino unas veces por el de la libertad y otras por el de la autoridad.

»Explicadas ya las ventajas políticas, administrativas y económicas que nacen de la federación, presentada las principales bases en que descansa, examinadas las esenciales condiciones de su vida, no creo preciso decir más ni repetir que por el camino de la República federal, como antes dije, vamos á la unidad en la variedad, no á la uniformidad. Si la variedad asusta tanto al señor Rodríguez y á sus compañeros, no tienen más que volver los ojos á Grecia, donde había repúblicas regidas por tan distintas leyes, instituciones y costumbres.

»Allí fué donde se echaron las bases de la ciencia, donde la filosofía recorrió todo el camino que va del misticismo al ateismo, donde la libertad tuvo mayor desarrollo; donde no sólo la ciencia, sino también el arte se elevaron á mayor altura. Cuanta más variedad haya en los pueblos, mayores serán sus fuentes de vida; y no porque varíen las leyes, las instituciones y las costumbres dejará de irse á la unidad, favorecida y fomentada hoy más que nunca por los intereses. Nosotros, hoy, en Europa, estamos distantes de haber llegado á la unidad que se desea; no tenemos ni siquiera ese lazo federal que algunos queremos para España. ¿Obsta esto para que la unidad se vaya formando á medida que las grandes vías de comunicación van multiplicando las relaciones de los pueblos y son más generales los intereses? ¿Acaso no se han celebrado tratados internacionales para que podamos mandar cartas y partes telegráficos de uno al otro confín de Europa, valernos de los mismos pesos y medidas y hacer que las monedas de España, como las de Francia, las de Alemania, las de Bélgica y las de otras naciones puedan circular indistintamente por toda Europa? Tenedlo entendido: vosotros queréis la unidad en la uniformidad, nosotros la unidad en la variedad.»

Cuando terminada la discusión llegó el momento de votar la forma de gobierno, ciento ochenta y un diputados optaron por la monarquía, mostrándose partidarios de la República unitaria, dos, que fueron García Ruiz y Sánchez Ruano.

En pró de la República federal votaron sesenta y cuatro diputados, que fueron: Paul y Angulo, Soler (don Juan Pablo), Bové, Gil Berges, Río y Ramos, Garrido, Ferrer y Garcés, Benavent, Ruiz y Ruiz, Villanueva, Tutau, Hidalgo, Noguero, Serraclara, Soler y Pla, Castillo, Carrasco, Joarizti, Guerrero, Guzmán y Manrique, Alsina, Moxó, Sánchez Yago, Pierrad, Palau y Generés, Compte, Paul y Picardo, Gastón, Díaz Quintero, Pí y Margall, Guillén, Jimeno, Castejón (D. Pedro), Llorens, Caymó, Ametller, Robert, Sorni, La Rosa (don Adolfo), Santa María, Rubio, Cabello, Fantoni, Moreno Rodríguez, Albors, Pastor y Landero, García López, Rebullida, Pruneda, Castejón, Caro, Bori, Salvany, Benot, Abarzuza, Castelar, Figueras, Palanca, Orense, Blanc, La Rosa (Gumersindo), Guzmán (Santa Marta), Maissonave, Suñer y Capdevila.

El ministerio sufrió una transformación antes de que se llegase á votar la forma de gobierno á causa de una intemperancia de López de Ayala que desempeñaba la cartera de Ultramar. Este pronunció contestando á la minoría republicana un violentísimo discurso en el que insultó gravemente al pueblo produciendo en el Congreso un terrible escándalo.

Estas terribles injurias, que ni aun en tiempos de González Brabo se había atrevido nadie á proferir, disgustaron de tal modo á la misma mayoría que Serrano se apresuró á deshacer el mal efecto que habían causado suplicando á los diputados federales que no hiciesen caso del incidente y ensalzando el valor y el patriotismo del pueblo republicano. Ayala ante una desautorizacion tan pública dimitió su cartera entrando á desempeñar interinamente el ministerio de Ultramar el brigadier Topete.

La Constitución fué votada el 1.º de Junio y aprobada por doscientos catorce votos contra cincuenta y cinco. Los diputados de la minoría republicana acordaron firmar la Constitución como individuos de la Asamblea aunque sin aceptarla, y así lo hicieron á excepción de Pi y Margall, Joarizti y el marqués de Santa Marta que se negaron á poner su firma.

Seis días después se promulgó la Constitución solemnemente y como el trono estaba vacante y habían fracasado todas las negociaciones para encontrar un monarca que fuese del gusto de los progresistas, Olózaga propuso que se nombrara regente del reino al general Serrano.

Algunos diputados de la mayoría defendían la idea de crear un directorio-regencia, compuesto de cinco individuos que serían Serrano, Prim, Topete, Rivero y Olózaga, pero este plan no alcanzó éxito, y después de una reñida discusión fué elegido regente del reino el duque de la Torre en la sesión del 15 de Junio. El nuevo regente, á pesar de que se daba aires de reyezuelo, carecía del derecho de veto y del de sanción, por lo cual su personalidad quedaba reducida á una simple figura decorativa.

Por esto decían algunos unionistas ofendidos de que su jefe hubiese quedado en tal situación, que Prim para librarse de un rival peligroso lo había encerrado en una jaula de oro que era la regencia.

Serrano, al tomar posesión de su elevado cargo, leyó ante las Cortes un discurso en el que afirmaba que con su regencia la revolución entraba en un nuevo periodo, ensalzando las leyes hechas por la Asamblea Constituyente.

Rivero, como presidente de las Cortes, contestó con otro muy intencionado, en el cual, después de ensalzar los derechos individuales, dijo:

«El día en que se amenguara la Soberanía Nacional, el día en que los derechos de los españoles se conculcasen ó se vieran mermados, el nombre del general Serrano hoy tan glorioso y el recuerdo gloriosísimo de Alcolea se sepultarian en la nada.»

Los hombres que monopolizaban la revolución, comenzaban ya á desconfiar unos de otros.

CAPITULO XXIV

1869

Ministerio Prim.—Organización del partido republicano federal.— El pacto de Tortosa.—Otros pactos federales.—Disidencias monárquicas.—Candidatos al trono.—Crisis ministerial.—Divergencias entre Prim y Serrano.—Intenta Prim una conciliación con los federales.—Negativa de Pí y Margall.—Ineficacia de las Cortes Constituyentes.—Despotismo de Sagasta.—Persecución que sufren los periodistas republicanos —*La Partida de la Porra*.—*El Combate* de Paul y Angulo.—La Constitución de 1869.—Los carlistas.—Propaganda reaccionaria del clero.—Arbitrariedades de Prim y Sagasta.—Ponen en vigor la ley de Abril de 1821.—Débil insurrección carlista.—Brutalidad del gobierno.—Actitud del partido federal.—Trabajos revolucionarios.—Actitud de la milicia de Madrid el 8 de Setiembre.—Manifestación en Tarragona.—Asesinato del gobernador interino.—Despóticas disposiciones de Sagasta sobre las reuniones públicas.—Protesta de la minoría republicana.—Sublevación de la milicia de Barcelona —La insurrección federal en todo el Principado.—Operaciones de los partidos republicanos.—Sublevación de Andalucía.—Paul y Angulo. —Salvoechea y Guillén.—Pacificación de Andalucía y Cataluña.—Heroica insurrección de los federales de Zaragoza.—Insurrección de Valencia.—D. Froilán Carvajal.—Su heroica muerte.—Levantamiento de los federales de Valencia.—Terrible combate y gloriosa resistencia.—Defensa de Alcira.—Grandeza de la insurrección valenciana.—Pésima dirección del movimiento republicano.

El Gobierno Provisional dejó de existir con la elevación de Serrano á la regencia del reino, constituyéndose el 19 de Junio un nuevo ministerio bajo la presidencia del general Prim. Los unionistas Lorenzana y Romero Ortiz abandonaron el ministerio, con lo cual creyóse que se había roto la conciliación entre los dos partidos que monopolizaban el poder; pero el duque de la Torre reemplazó á sus correligionarios que abandonaban el ministerio, entrando en Estado D. Manuel Silvela, y en Gracia y Justicia D. Cristóbal Martín Herrera.

Esta resolución del general Serrano hizo que aparentemente continuase la conciliación que estaba profundamente quebrantada y era combatida por Prim y Rivero.

Los republicanos federales sabían

aprovecharse de las disidencias de los monárquicos y mientras éstos se combatían ocultamente con terrible encono, el popular partido aceleraba la obra de su organización, tanto legal como revolucionaria.

Las provincias del Mediodía, y más especialmente las que en la Edad media constituyeron la célebre corona de Aragón, eran las que con más unanimidad habían acogido la idea federal por estar en consonancia con el espíritu regionalista que de antiguo latía en ellas, y las que más entusiasmo manifestaban por el procedimiento revolucionario, mostrándose dispuestas á empuñar las armas en defensa de sus convicciones políticas.

Había en dichas provincias hombres de inteligencia y de acción, ansiosos de apresurar el triunfo de la República federal, y para coordinar todos sus trabajos idearon la formación de un pacto federal que uniese á todas las provincias aragonesas.

La reunión se verificó en Tortosa el 18 de Mayo de 1869 y á ella asistieron delegados de las citadas provincias, los cuales redactaron el siguiente notable manifiesto, que causó gran impresión en toda España:

«*Los representantes de los comités republicano-federal de Aragón, Cataluña, Valencia y Baleares, á sus correligionarios.*

»Pendiente del fallo de las Constituyentes las resoluciones de los gravísimos problemas que planteó en España la revolución de Setiembre, excitado el sentimiento moral del país por la incertidumbre de si será ó no fecundo en resultados aquel gran movimiento de la opinión, destinado á operar en nuestra patria una transformación radical, necesaria para que España viva la vida de los pueblos libres, deber es y deber imperioso para cuantos nos sentimos impulsados á contribuir con nuestros esfuerzos á la grande obra de nuestra regeneración política y social, trabajar para que en lo posible se realicen nuestros deseos, y se cumpla nuestra aspiración patriótica y salvadora.

»Debemos y queremos hacer que el esfuerzo de Setiembre sea una revolución y no un pronunciamiento. Queremos acabar con las inconscientes agitaciones que tan sólo dan por resultado esa política personal mezquina, que ha viciado nuestro carácter, que ha debilitado nuestra voluntad para toda resolución elevada, y ha hecho que nuestra pobre patria, vegetando á la sombra del doctrinarismo, juguete de cuatro pretorianos ambiciosos, incapaz de crear nada estable y duradero, oscilase continuamente entre revoluciones estériles y reacciones insensatas.

»La revolución de Setiembre, hecho material, resultado de otra revolución verificada en el orden de los sentimientos y de las ideas, significaba dos cosas; el odio á una dinastía ingrata y corrompida, y la necesidad de dar á todos una legalidad común, imposible de realizar con la monarquía y el predominio de los partidos medios, porque esa legalidad sólo puede asentarse sobre la sólida base de los derechos individuales, que son y deben ser el nervio de todas las constituciones políticas, destinadas á armonizar los encontrados intereses de las sociedades modernas.

»Cómo ha interpretado el gobierno las aspiraciones del país después de la revolución de Setiembre, y cómo las ha realizado, no tenemos necesidad de decirlo: escrito está en la conciencia de todos. A nuestro propósito, á nuestro deber de republicanos, cumple tan sólo decir que es necesario vigilar constante y cuidadosamente para que la Revolución no se bastardee, para que una vez más no se vea el pueblo burlado en sus esperanzas, engañado en su confianza y una nueva decepción esterilice sus sacrificios y su abnegación generosa.

»Sí, la libertad tan trabajosamente conquistada peligra en nuestra patria. La Revolución no ha llevado, ni puede llevar nunca á la inteligencia y á la voluntad de ciertos hombres el amor á las grandes reformas que cambian la faz de un pueblo, y le salvan en las crisis supremas, así como tampoco la virtud de la constancia en un propósito desinteresado y digno. Partidos sin ideal político, entidades sin cohesión ni fuerza de ninguna clase, por una fatalidad ineludible, quizá por una debilidad censurable de la Revolución, hanse apoderado del gobernalle de la nave del Estado, á la que vemos desmantelada y rota, expuesta á estrellarse en los escollos de la reacción.

»Debemos, pues, salvar á nuestra patria de un grave peligro y de una gran vergüenza. Debemos demostrar al mundo que cincuenta años de desgracias en nuestros esfuerzos revolucionarios han aleccionado al pueblo español. Desprestigiados los antiguos partidos, desacreditadas todas las soluciones eclécticas, derribado un trono secular, y en la patente imposibilidad de levantarlo de nuevo, el país entero fija su vista y tiende ansioso los brazos al ideal del porvenir, á las soluciones radicales de la democracia moderna. El partido republicano español está llamado á una gran misión y debe cumplirla. Para él ha pasado el período de la propaganda y ha llegado ya el de la realización práctica de sus doctrinas. Es un hecho de convencimiento universal en España, que para constituir sólida y definitivamente el país, para dar la expansión necesaria á todos los encontrados intereses, no hay más solución que la República, ni medio más eficaz que nuestros principios regeneradores.

»Para continuar la obra de la Revolución y solidarla, para salvar la libertad de los pérfidos amaños que contra ella preparan sus enemigos declarados y sus falsos amigos; para cumplir con un deber de patriotismo que nuestra conciencia y el interés de nuestro partido reclaman de nosotros, para aborrar á España nuevas agitaciones estériles y días de luto y desolación nos hemos reunido, asociado y concertado los representantes del pueblo republicano de Aragón, Cataluña, Valencia y Baleares, animados de la resolución firmísima, inquebrantable de oponer una valla poderosa á la marcha de la reacción, venga de donde viniere, y sea quien fuere el que la aliente en sus funestos propósitos, y la guie en su desastroso camino. Pueden venir días de crisis suprema para la causa de la libertad; días en que sean necesarios grandes esfuerzos de carácter, de varonil decisión, de desinteresado amor al sacrificio por la salvación de la patria. Aragón, Cataluña y Valencia, unidas en un mismo pensamiento, animadas por igual deseo, invencibles con la reunión de sus grandes recursos, serán el baluarte en donde se refugiará la Revolución después de un día de desgracia, para desde aquí llamar al resto de España á la reconquista de sus derechos y sus libertades.

»Consideraciones elevadas aconsejan como buena esta forma de federación. Aragón, Cataluña y Valencia, unidas por su situación topográfica, solidarias en sus más preciados intereses, confundidas por sus recuerdos históricos, semejantes si no iguales en carácter y costumbres, émulas dignas en su pasión por la libertad, están llamadas por su naturaleza á marchar unidas á vivir aliadas, y á cumplir juntas los altos destinos providenciales de nuestra raza.

»Es preciso perfeccionar la actual organización de nuestro partido, buscando en nuestras condiciones geográficas ó históricas la base de esa organización. El fraccionamiento y división territorial establecida en nuestra geografía política y administrativa, ha venido creando poderosos medios á la tiranía para mantener en continua divergencia las fuerzas vivas del país, dificultando ó haciendo impotente la acción de los partidos, y disminuyendo su fuerza de cohesión en su estado de relaciones con sus propios elementos. El partido republicano democrático federal, sin intentar la imposible unidad de esos dispersos miembros, que es contraria á su forma constituyente, debe, no obstante, como medio de organización, procurar la cohesión, creando grandes agrupaciones que le hagan fuerte y respetado.

»Nos unimos para resistir á la tiranía, y á fuer de aragoneses, catalanes y valencianos, evocando en nuestro favor honrosos antecedentes históricos, tenemos derecho á esperar que merecerá la importancia debida nuestra firmísima resolución. El déspota que quiera esclavizarnos, no lo logrará sin vencer las dificultades inmensas que sabrán oponerle nuestro carácter varonil é independiente, la tenacidad en nuestros propósitos, nuestro amor inmenso á la libertad. Siempre que la monarquía ha intentado consumar alguno de sus atentados contra las libertades populares, se ha encontrado aquí con una de esas terribles protestas con que los pueblos libres resisten á la opresión. Valencia y Baleares, con las guerra democráticas de las germanías, humillaron el orgullo de Carlos V. Aragón, en defensa de sus sagrados fueros, desafió heroicamente el omnímodo poder de Felipe II; Cataluña supo luchar contra los dos últimos reyes de la casa de Austria, y al entronizarse en España los Borbones, realizó con su resistencia la brillante epopeya de la guerra de Sucesión que la inmortalizó en la historia. Y lo decimos á la faz del mundo; sabremos continuar nuestras gloriosas tradiciones liberales.

»¡Que no se interpreta mal el pensamiento que ha presidido á la confederación de los republicanos de estas provincias! No se nos oculta que nuestra resolución ha de despertar recelos, reales ó fingidos; de futuros proyectos de separación ó segregación de estas provincias del resto de España. Protestamos desde luego de tal acusación. Sabemos bien lo que queremos y á dónde vamos, y no tenemos para qué ocultar nuestros propósitos. Somos republicanos: creemos que la república democrática sólo es posible en España bajo una organización federal; pero como nadie ignora, la federación no es la separación. Cuando estas provincias confederadas protesten contra la tiranía y la resistan, protestarán y resistirán en nombre de toda España, y no cejarán en sus propósitos y redoblarán sus esfuerzos, seguras de que las secundarán las demás provincias hermanas, y lucharán hasta que nuestra patria se constituya sobre la base de una organización federal y descentralizadora, la más apropiada á un pueblo de las condiciones especiales del nuestro, regido por instituciones democráticas.

»Las consecuencias que de este pacto de unión pueden resultar para la conducta del partido republicano de las provincias que lo forman, serán asimismo objeto de equivocados comentarios. Acerca de esto, tan sólo nos resta declarar: Que á fuer de republicanos amamos la paz y la fraternidad entre todos los hombres, y sentimos natural repulsión hacia toda solución de fuerza. Confiamos en la poderosa virtud de nuestras ideas; nuestros principios han conquistado ya todas las inteligencias, no tardarán en dirigir las voluntades, y se implantarán por la misma fuerza de las circunstancias que vence siempre los más decididos propósitos y la más arraigada tenacidad.

»Nos confederamos para defendernos, para resistir; no para ofender, no para provocar, porque hoy por hoy el amor á nuestra patria, la conciencia de nuestro deber, el interés de nuestro partido, no á otra cosa nos obligan. La anarquía, sea cualquiera el disfraz con que se presente, tiene en el *Pacto federal de Tortosa* un enemigo tan decidido como lo tiene la reacción. Creemos firmísimamente que el orden sólo es posible con la libertad, y porque queremos el primero, defenderemos con todas nuestras fuerzas la segunda. Deseamos el establecimiento de la república democrática federal, quizás tanto porque sólo con ella es posible la libertad y la justicia, como porque es la única forma de gobierno que, en el estado actual de España puede salvarnos de gravísimos trastornos políticos y sociales, y de una guerra civil, que con la restauración de la monarquía vendrían indefectiblemente.

»Por lo demás, inútil es manifestar aquí que los representantes de las provincias al confederarnos para salvar la Revolución de los peligros que la amenazan, no tratamos de quebrantar en lo más mínimo la maravillosa unidad de nuestro gran partido y mucho menos apartarnos del afectuoso cariño hacia los republicanos de las demás provincias de España, hermanos y correligionarios nuestros.

»Con arreglo, pues, á estas consideraciones generales, los representantes de los Comités republicanos reunidos en Tortosa, se constituyen en Asamblea confederada y presentan á la aprobación de sus representados y á la consideración de los republicanos de toda España las siguientes bases:

»1.ª Los ciudadanos aquí reunidos convienen en que las tres antiguas provincias de Aragón, Cataluña y Valencia, inclusas las islas Baleares, estén aliadas y estén unidas para todo lo que se refiera á la conducta del partido republicano y á la causa de la Revolución, sin que en manera alguna se entienda por esto que pretendan separarse del resto de España.

»2.ª Asimismo manifiestan que la forma de gobierno que creen conveniente para España es la República Democrática Federal, con todas sus legítimas y naturales consecuencias.

»3.ª El partido republicano democrático federal de las expresadas provincias completará su organización en la forma siguiente: Habrá comités locales, de distrito judicial, provinciales y de Estado. Los comités locales se establecerán en todas las poblaciones, los de distrito judicial en las que sean cabeza de partido, los provinciales en las capitales de Estado en Barcelona, Valencia y Zaragoza, que representarán respectivamente á Cataluña, Valencia y Aragón. El comité provincial de las islas Baleares, se entenderá con el comité de Estado de Cataluña.

»4.ª Los representantes aquí reunidos manifiestan que no consideran conveniente apelar á la fuerza material por el solo hecho de que las Cortes Constituyentes voten la forma monárquica, siempre que en lo sucesivo no se conculquen los principios proclamados por la Revolución de Setiembre; pero convencidos de los males que inevitablemente ha de producir la monarquía, declinan toda responsabilidad de los que se ocasionen con su establecimiento.

»Hermanos y correligionarios nuestros: tales son los propósitos que animan á las provincias unidas; este es el Pacto federal solemnemente contraido en medio de las azarosas, azarosísimas circunstancias por que la nación atraviesa y al glorioso recuerdo de nuestra antigua historia popular: si algún dia la libertad peligra, si la tormenta reaccionaria amenaza los sacrosantos derechos del pueblo y la tiranía intenta menoscabar nuestras conquistas revolucionarias encontrará en nuestras fuerzas confederadas la más tenaz y decidida resistencia. Mientras tanto, realicemos pacíficamente nuestros destinos, cumplamos como buenos republicanos los deberes que nos impone la grandeza de la causa que defendemos, y estad seguros de que con esta conducta enérgica, digna y levantada, haremos imposible el restablecimiento de la tiranía, se realizarán nuestras patrióticas aspiraciones y España se regenerará bajo la égida santa de la libertad y la justicia.

»¡Viva la República Democrática Federal!

»Tortosa 18 de Mayo de 1869.— El presidente, MANUEL BES HÉDIJER, representante de la provincia de Tarragona.— El vicepresidente por el Estado de Aragón, MAMÉS DE BENEDICTO, representante de la provincia de Teruel.— El vicepresidente por el Estado de Cataluña, JOSÉ ANSELMO CLAVÉ, representante de la provincia de Barcelona.— El vicepresidente por el Estado de Valencia, JOSÉ FRANCH, representante de la provincia de Valencia.— Por las islas Baleares, JOSÉ GUARRO.— Por la provincia de Barcelona, VALENTÍN ALMIRALL. — JOSÉ LUIS PELLICER.— Por la de Castellón de la Plana, SEBASTIAN CABALLER Y ROZO.— FRANCISCO GONZALEZ CHERMA.— Por la de Huesca, FERMÍN COLOMER.— ANGEL PALACIOS.— EUGENIO SERRANO.— Por la de Lérida, FRANCISCO CAMI.— BAUTISTA TARRAGO.— Por la de Tarragona, MANUEL SALAVERA.— Por la de Teruel, FRANCISCO GIMENEZ.— AMBROSIO GIMENO.— Por la de Valencia, JOSÉ CLIMENT.— PASCUAL GARCÍA Y ENRÍQUEZ.— El secretario por el Estado de Aragón, MARCELINO ISÁBAL.— El secretario por el Estado de Cataluña, JOSÉ GUELL Y MERCADER.— El secretario por el Estado de Valencia, FRANCISCO LLORENS BELLÉS. En representación del comité federal de Alicante.— JOSÉ RIZO.»

El Pacto de Tortosa produjo inmensa sensación en los federales de toda España y fué atacado duramente por la prensa monárquica y la unitaria; pero la minoría republicana, comprendiendo su importancia, lo elogió y los diputados de las provincias aragonesas dirigieron á los firmantes del Pacto la siguiente carta, redactada por Castelar:

«Los Diputados republicanos de Aragón, Cataluña y Valencia á los firmantes del Pacto federal de Tortosa.

»Faltaríamos á un imperioso deber y desoiríamos consejos de nuestras conciencias, impulsos de nuestros corazones, si calláramos ante un hecho tan trascendental como vuestra reunión, y un documento tan notable como vuestro manifiesto. La seguridad de que la tiranía no reaparecerá, la esperanza de que el sufragio universal, ilustrado por la palabra hablada y por la palabra escrita, completamente libres nos llevará á la realización de todo nuestro ideal político; la confianza en la energía y en la prudencia del pueblo, se aumentan cuando se ve á los representantes de las regiones más valerosas y más batalladoras quizá de toda Europa, reunirse con la calma propia de los fuertes y trazarse unánimes sin olvidar ni un momento la idea fundamental de nuestras creencias, un código de conducta en que la pasión y la fe de los tribunos se hermanan con la previsión y la madurez de los hombres de Estado.

»Nosotros acabamos de pelear por la República en la Asamblea Constituyente. Vencidos somos, vencidos después de haber agotado todas nuestras fuerzas y de haber conducido la defensa hasta el límite último de todos nuestros derechos. Pero esta batalla sólo ha servido para afirmarnos en nuestras creencias, fortalecernos en nuestras esperanzas é inspirarnos en la seguridad de que siendo imposibles ó al menos peligrosas todas las soluciones monárquicas, nuestros propios enemigos han de reconocer la **fuerza de la República.**

»Ejemplos de sensatez y cordura, como el vuestro, allanan el camino que conduce á estas inevitables soluciones. Sí; es necesario concluir con los golpes de Estado arriba, y con los estériles pronunciamientos abajo. Es necesario concluir con esas agitaciones diarias que nos han traído dos oligarquías igualmente insufribles, una oligarquía burocrática y otra oligarquía militar, las cuales consumen la médula del país, engendrando esos presupuestos monstruos, causa primera del atraso en que yacen la agricultura y la industria, de las perturbaciones que sufren el capital y el trabajo. Es necesario que los derechos individuales conquistados sirvan como de una gran pedagogía para instruir al pueblo en sus intereses, y el sufragio universal, definitivamente adquirido como un poderoso instrumento para realizar todas las reformas. Las bases fundamentales de vuestro manifiesto; el respeto á los acuerdos de la Asamblea; la organización ordenada y pacífica de nuestras fuerzas; el propósito de librar nuestro porvenir al ejercicio de los derechos individuales, cuya limitación no consentiremos jamás, nos prueban que hay entre vuestra inteligencia y nuestra inteligencia, entre vuestra voluntad y nuestra voluntad, la más perfecta armonía.

»Este acuerdo, que nace de la comunidad de nuestras creencias, de la comunidad de nuestras desventuras pasadas, no se rompe en cuanto atañe al porvenir. Creemos firmemente en la necesidad de despertar el espíritu municipal y el espíritu provincial, para que la federación sea una verdad moralmente demostrada, antes de ser una verdad práctica. La federación es la unidad en la variedad; la ley eterna del arte, de la naturaleza, de la ciencia, aplicada á la sociedad. Durante la Edad media, existió la variedad sin la unidad. De aquí el triste aislamiento de los pueblos en el día nefasto en que sucumbieron sus respectivas instituciones libres. Padilla y los comuneros se encontraron solos en Villalar. Segovia, Medina del Campo, Valladolid, Zamora, Toledo y Salamanca, no hallaron á Valencia, á Barcelona, á Zaragoza en el día de sus grandes desventuras. Lanuza subió solo al patíbulo. Cataluña no comprendió que al caer aquella cabeza en Aragón, caían también sus sacrosantos fueros. Juan Lorenzo trabajó solo en Valencia. Y cuando este triste resultado del aislamiento feudal de la Edad media llegó á sus últimas consecuencias, nada fué tan fácil á los Borbones como acabar con las últimas libertades, que habían quedado un tanto firmes, con las libertades catalanas.

»Mas á pesar de este aislamiento, ¡cuán superior fué la época de la variedad á la tristísima subsiguiente de aquella unidad monstruosa en que todo principio, todo elemento liberal, desapareció de las conciencias por la Inquisición y de la sociedad por el rey! Los municipios, las cartas-pueblas, las Cortes, los jurados, los concelleres, los alcaldes de nombramiento popular, las justicias, habían dado así á Castilla como á Valencia, así á Cataluña como á Aragón, así á Galicia como á Asturias, así á Extremadura como á Andalucía, una grandeza y una prosperidad incalculables, grandeza y prosperidad que acompañan siempre á todas las libertades. En el instante mismo en que esta libertad desapareció para abrir paso á la unidad monárquica, el imperio español fué inmenso, colosal, pero fué también como la antigua Roma, en los últimos días de su imperial unidad, el cadáver más grande y más podrido que han visto los siglos.

»No sacrifiquemos la unidad á la variedad como lo hizo la Edad media. No sacrifiquemos la variedad á la unidad como lo hicieron las grandes monarquías. Armonicemos estos dos principios y resultará la federación, base indestructible de la libertad. Uno de los mayores servicios que el manifiesto de Tortosa ha prestado á la revolución, es demostrar que en este movimiento federal no hay peligro alguno para la unidad de la patria, para la unidad de esta nuestra España, que todos amamos con igual entusiasmo, y por cuya integridad todos hemos vertido nuestra sangre: Castilla en el inmortal dos de Mayo, Valencia y Alicante en memorables jornadas, Aragón en Zaragoza, Cataluña en los desfiladeros del Bruch y en los muros todavía humeantes de Gerona.

»Lejos de ir á la desmembración de la nacionalidad, vamos á perfeccionarla, poniendo su cúspide á la obra de tantos siglos, por medio de la federación en Portugal. Si hemos de creer á una gran parte de su prensa, á las manifestaciones de Coimbra, á las poderosas asociaciones de Oporto y de Lisboa, á las palabras de ilustres repúblicos, Portugal, que protestaría en una guerra interminable contra toda unión monárquica con España, está dispuesto á aceptar una federación peninsular que le permitiese conservar su autonomía como nosotros conservaremos la nuestra, á la sombra de una sola bandera y en el seno de una sola nación.

»Los Estados Unidos de Europa, que son el ideal de nuestro siglo, pueden y deben comenzar en España. Nuesta posición geográfica, nuestra independencia inquebrantable, nos dare; dos los medios de iniciar esta gloriosísima obra. La opinión europea nos auxilia de una manera poderosa. En Francia hasta los partidos más conservadores sienten una aspiración vivísima á tener asegurado su hogar, su conciencia, sus derechos, su dignidad de ciudadanos contra un nuevo 2 de Diciembre, contra un nuevo 18 de Brumario, y buscan los gérmenes federales que no han podido extinguir sus legiones centralizadoras de empleados, ni sus legiones todavía más centralizadoras de soldados que la han traído á su actual bizantina decadencia. En Alemania, todos los liberales afirman ya que la federación republicana es la única defensa contra el cesarismo militar de Prusia, y la autocracia infame que siempre queda en el fondo de la política del Austria. Italia, que está deshonrada y arruinada por su corte, cuyas serviles complacencias con Napoleón, han traído días nefastos como el día de Aspromonte y Mentana, Italia comprende que la coronación de su unidad en Roma, podría ser el comienzo de una decadencia tan larga y tan horrible como la decadencia del imperio romano, si no animase esa unidad con la federación de las maravillosas ciudades, en cuyas repúblicas renacieron, para gloria del género humano, las artes y las ciencias.

»Y ninguno de estos países teme por su nacionalidad, por su independencia. Al contrario, saben que las federaciones salvan la unidad nacional, con una energía sin ejemplo. Cuando los reaccionarios, por defender sus privilegios religiosos, promueven guerras como la guerra de Sonderbun, la República engendra generales ciudadanos como Dufour, que fortalece la unidad de Suiza, y cuando los esclavistas pretenden desgarrar los Estados Unidos, la República engendra á Grant, que dispersa con su espada á los negreros y demuestra la fuerte unidad que existe en el seno de las nacionalidades libres.

»Continuad, pues, amigos, en la propaganda razonada de nuestras ideas y en la organización legal de nuestras fuerzas. Contamos con la conciencia de nuestro siglo para este gran trabajo, y para triunfar tenemos libres las reuniones, libre la prensa, libre la tribuna y en las manos el más grande instrumento de progreso, el sufragio universal. Perseveremos en el entusiasmo por nuestras ideas, en la sensatez de nuestra conducta, y estemos seguros de que nuestro destino es comenzar en esta tierra gloriosísima la federación de los Estados Unidos de Europa, fórmula que nos ha dado la ciencia y que realizará una política inspirada en el amor á la libertad y á la justicia.

»Salud y fraternidad.—Madrid 28 de Mayo de 1869.»

Esta carta llevaba las firmas de los diputados republicanos por Aragón, Cataluña y Valencia, entre los que figuraban Castelar, Pí y Margall, Tutau, Serraclara, Guerrero y Sorní.

El pacto de Tortosa fué pronto imitado por las demás regiones y el 12 de Junio se reunieron en Córdoba los representantes de Andalucía, Extremadura y Murcia, juntándose tres días después en Valladolid, con gran solemnidad, los delegados de once provincias, que ajustaron el pacto Castellano.

Las provincias Vascongadas y Navarra, á pesar de que era escaso en ellas el partido federal, siguieron el ejemplo de las demás regiones, enviando sus delegados á la villa de Eibar y las provincias gallegas, junto con la de Asturias, fueron las últimas en constituirse á pesar de los esfuerzos del infatigable propagandista federal D. Eladio Carreño.

Organizado el partido federal de toda España en cinco grandes agrupaciones, propuso Pí y Margall la constitución del pacto federal, enviando cada una de aquéllas representantes á Madrid, y por encargo de éstos dicho ilustre federal redactó un importante manifiesto en que determinaba, hasta en sus últimos detalles, la organización del partido. Como se ve, el federalismo en España nacía siendo pactista y las regiones consideraban la nacionalidad no como un hecho que por ser real y existente había de ser indiscutible, sino como el resultado de un convenio entre las provincias en virtud de su autonomía y de su libérrima voluntad.

Mientras los republicanos federales se organizaban de un modo tan imponente, los monárquicos, y especialmente los individuos del gobierno, seguían agitados por encontradas aspiraciones y odios terribles que empezaban á renacer.

La designación de monarca motivaba todas las divergencias en el seno de aquel ministerio que sólo se mostraba unánime cuando se trataba de combatir la República. El regente Serrano y los unionistas defendían la elevación de Montpensier al trono de España, y los progresistas eran partidarios de D. Fernando de Portugal, cuya candidatura se hizo imposible poco después. Estas divergencias servían para prolongar la interinidad, con gran placer de Serrano, á quien gustaba desempeñar un cargo tan elevado como era el de regente. Tantas veces como los ministros unionistas pusieron sobre el tapete la candidatura del duque de Montpensier, Prim, Sagasta y Ruiz Zorrilla se opusieron á ella diciendo que preferían antes la República.

Tan asustado se mostraba aquel gobierno monárquico por la propaganda y los alardes de fuerza de los republicanos, que bastó que á fines de Junio apareciese en las inmediaciones de Córdoba una pequeña partida con carácter indeterminado, para que inmediatamente el ministro de la Gobernación, olvidando todas las garantías consignadas en la reciente Constitución, pasase á los gobernadores una circular encargándoles castigasen con gran severidad á todos los que diesen gritos subversivos. Al mismo tiempo Martín de Herrera, el ministro de Gracia y Justicia, declaraba subversivos los gritos de *¡viva la república! ¡abajo la monarquía!*

Este ministro, al dar un decreto sobre arreglo de tribunales, se separó de tal modo de lo prescrito en la Constitución, que muchos progresistas y demócratas monárquicos que le odiaban, presentaron á la Asamblea un voto de censura. Silvela y Topete defendieron á su compañero Martín de Herrera con bastante desacierto, y Martos y Romero Girón atacaron con tanta energía al ministro de Gracia y Justicia y profirieron tales amenazas para el caso de que su voto de censura no fuese aprobado, que Prim obligó al citado ministro á abandonar su cartera, á pesar de que la votación de las Cortes le fué favorable.

La caída de Martín de Herrera trajo la de Figuerola, el ministro de Hacienda, el cual se había hecho antipático á la Cámara y veía muy quebrantado su prestigio á causa de los discursos de oposición de Pí y Margall y Tutau que eran los primeros hacendistas de aquella Cámara.

Una comunicación del fabricante catalán Puig y Llagostera en la que se decían algunas crudas verdades sobre la conducta del ministro excitó de tal modo el resentimiento de Figuerola, que éste llamó miserable y villano en pleno Parlamento al autor de la comunicación, lo que produjo gran escándalo en la Cámara. Prim, para calmar los ánimos, dijo que debía dispensarse á Figuerola por estar obcecado por un detalle que no valía la pena, y esto fué suficiente para que el ministro de Hacienda, juzgándose desautorizado, presentase su dimisión que por algunos días quedó en suspenso, aceptándose finalmente al ocurrir la crisis motivada por el voto de censura á Martín Herrera.

Esta crisis era de gran importancia por lo mismo que significaba la inutilidad de la conciliación para seguir gobernando.

Las divergencias cada vez más crecientes entre Prim y Serrano, separaban á los progresistas de los uñionistas y cada uno de ambos partidos se decidía por una política diferente.

Serrano mostraba ahora una extremada intransigencia monárquica y se negaba á hacer concesiones á los partidos populares, mientras Prim mostrábase partidario de las reformas democráticas para atraer de este modo al partido republicano federal que le inspiraba cierto temor.

Impulsado por esta idea y con el propósito de sondear el ánimo de la minoría federal, Prim encomendó á Ruiz Zorrilla la misión de entenderse con los republicanos, ofreciéndoles dos carteras en el ministerio próximo á formarse: la de Hacienda para Pí y Margall, cuya competencia financiera era universalmente reconocida, y la de Fomento para Castelar como catedrático ilustre. Al esplanar Ruiz Zorrilla su oferta, Castelar mostróse indeciso, pero Pí y Margall se negó resueltamente diciendo que no quería nada con aquella situación y que se negaba á entrar en tratos con ella, por lo mismo que sólo deseaba combatirla.

Prim, que creía evitar con esta negociación la sublevación federal que iba á estallar en las principales provincias, mostróse disgustado por el fracaso de su plan, y á falta de los federales, echó mano, al constituir el ministerio, de los demócratas monárquicos que hacía tiempo ansiaban desempeñar una cartera. D. Manuel Ruiz Zorrilla pasó á desempeñar la cartera de Gracia y Justicia, y en Hacienda entró D. Constantino Ardanaz, unionista; en Fomento D. José Echegaray y en Ultramar D. Manuel Becerra.

Prim, á pesar de sus tendencias reformistas y del apoyo que ahora prestaba á los demócratas, tenía que transigir con los unionistas sosteniendo aquella conciliación que era el principal obstáculo á los avances revolucionarios.

Las Cortes, después de celebrar muchas sesiones dobles para la discusión y aprobación de los presupuestos y de varios debates sobre política del momento, suspendieron sus trabajos el 15 de Julio.

Algunas reformas había hecho la Asamblea Constituyente, mas no por esto realizó las esperanzas que en ella puso el país. Los principales abusos de la destruida monarquía seguían aún en pié; la Iglesia influía en el Estado de un modo irritante; la administración y la política continuaban centralizadas y el ejército no sufría ninguna reforma; antes bien, con la capa de la libertad subsistía un militarismo que hacía recordar los tiempos de Narváez. El odioso sistema de quintas subsistía á pesar de que Prim había prometido su abolición, y esta falta de formalidad ocasionó disturbios sangrientos en varias localidades, y especialmente en Jerez, donde el pueblo fué víctima de una brutalidad salvaje por parte de las tropas.

Castelar, el político que ahora juzga necesarias para el sostenimiento de la libertad mucha caballería, mucha

ria y mucha guardia civil, era
~es (á pesar de que en 1869
  más libertad que en los tiem-
  esto escribimos), el que con
  gía combatía las quintas y la
  ~ganización militar, diciendo
   ·casiones:
  ..iitarismo es la mayor de las
  ; que sufre nuestra patria. Para
  :lo es necesario: 1." Abolir las
  is; 2." Licenciar el ejército actual
  ·vando los cuerpos facultativos;
  eclarar á todos los ciudadanos
  inte á cuarenta años soldados;
  :igirles cinco días de ejercicio al
).º no ponerlos en pié de guerra
  , no movilizarlos sino para el
  e que peligre la independencia
  ial; 6.º Fiar la seguridad de la
  :dad y de las personas á una
  ia cívica organizada por las di-
  .ones de provincia. Hé aquí nues-
  :eencias sobre el ejército, creen-
  [ue, tarde ó temprano, han de
  rtirse en.leyes de la patria.»
  Constitución declaraba las liber-
  de reunión y asociación, pero
  bernadores, obedeciendo las ins-
  ones del ministerio, oponían
  ulos al ejercicio de tales dere-
  é idénticas coacciones experi-
  .ba la libertad de la prensa. Sa-
  sentíase muy molestado por los
  ;s de la prensa republicana y
  con denuncias y persecuciones
  lía vencer los bríos y la fogosi-
  ; los escritores de oposición, se
  de un procedimiento tan infame,
  fué reunir á los principales ban-

didos de Madrid formando con ellos una banda que capitaneó el famoso aventurero y empresario de espectáculos D. Felipe Ducazcal. Esta horda conocida con el célebre nombre de *partida de la porra*, fué pagada y protegida por las autoridades y tenía por misión apalear á los periodistas republicanos, lo que hizo en varias ocasiones dejando mal heridos á respetables escritores.

Afortunadamente este medio brutal y villano que recordaba á los tiranuelos italianos de la Edad media con sus bandas de asesinos mercenarios, no pudo subsistir mucho tiempo en una nación viril y altiva como es la nuestra, y así que los escritores republicanos se convencieron de lo inútil que era acudir á las autoridades en demanda de protección, decidieron contestar á tiros á los garrotazos de los sicarios ministeriales. La redacción de *El Combate*, periódico extremadamente valeroso que dirigía Paul y Angulo, fué teatro de sangrientas luchas entre los periodistas republicanos y los bandidos que pagaba Sagasta, encontrando éstos allí un escarmiento á sus criminales desmanes.

Al suspender las Cortes sus sesiones y quedar terminado el primer período de la revolución de Setiembre, la Cámara eligió una comisión permanente en la cual entraron como representantes de la minoría republicana don Francisco Pí y Margall y D. José Cristóbal Sorní.

No tardaron los hombres de la revolución en reconocer cuán infructuosa era la obra llevada á cabo por ellos. La Constitución de 1869, en vez de tranquilizar al país como esperaban los progresistas y unionistas, sólo había servido para aumentar la agitación en los partidos extremos. El código político de 1869, como todas las Constituciones inspiradas en un término medio y en un absurdo sistema de conciliación, no satisfacía á los reaccionarios ni á los republicanos, ni lograba otra adhesión que la de los más insignificantes progresistas; pues hasta los mismos ministros lo despreciaban, ya que sus actos estaban en continua discrepancia con su espíritu y su letra.

Los carlistas combatían la Constitución por no poder transigir con la tolerancia religiosa y el sistema parlamentario; los conservadores atacaban el dogma de la soberanía nacional, y los republicanos federales no podían mostrarse conformes con el artículo referente á la forma de gobierno y con la tendencia centralizadora que se notaba en dicho código.

El partido carlista fué el primero que dió un carácter práctico á su protesta. Contaba con el apoyo del clero, el cual obedecía las secretas órdenes del Vaticano, empeñado en reconocer por reina de España á Isabel II y en hacer caso omiso del destronamiento, y valiéndose de armas tan poderosas como el púlpito y el confesonario realizaba una activa propaganda contra el gobierno de la revolución.

El ministro Ruiz Zorrilla, que entre todos sus compañeros era el más reformador y de espíritu anti-clerical, al ocupar el ministerio de Gracia y Justicia propúsose adoptar algunas medidas vigorosas contra los que explotaban la Iglesia en favor del carlismo, entre las cuales se contaba el reducir el presupuesto del clero en cincuenta millones de reales; pero los demás ministros se opusieron tenazmente á tal reforma y ésta quedó aplazada indefinidamente por orden de Prim y Serrano.

A pesar de esto, los carlistas tomaron por pretexto los planes del gobierno que no habían llegado á cumplirse, y conspiraron contra él, favorecidos indirectamente por los moderados, pues la ex-reina Isabel apoyaba á los absolutistas, siendo buena prueba de esto las afectuosas conferencias que celebraba en París con su sobrino don Carlos. Los ministros, á pesar de esto, no se mostraban muy preocupados por la actitud de los carlistas, pues conocían que los elementos con que contaban éstos no eran tan importantes como los del partido federal; pero la agitación de los absolutistas les sirvió para comprender en las mismas medidas de represión á éstos y á los republicanos que eran los que más temor les inspiraba.

Conocían Prim y Sagasta que si permanecían á la espectativa dejando que se organizase tranquilamente el partido federal, llegaría un día en que éste tranquilamente y de un solo golpe

D. PRÁXEDES MATEO SAGASTA.

aría la frágil obra monárquica
a por los setembristas, y por
os personajes se apresuraron
car con arbitrarias medidas
ediata sublevación del partido
ano, con el convencimiento
or este medio les sería más
ir en detalle y aisladamente
as anti-monárquicas que exis-
las provincias. La gran falta
Zorrilla, que años después
clararse republicano, es ha-
rizado con su presencia en
nisterio la vil trama urdida
n y por Sagasta para poner
armas y sacrificar á los hon-
ublicanos que no intentaban
lla época ningún golpe de
ntra el gobierno.
itaban Prim y Sagasta un
para hostilizar á los republi-
sobreexcitar sus pasiones, y
traron en algunos hechos de
ortancia ocurridos en Extre-
justificándose de este modo
er en ejercicio una ley que
cionarios constitucionales die-
27 de Abril de 1821, y por
las autoridades tenían facul-
olutas sobre los perturbado-
rden público, prestándose su
o á toda clase de abusos y
es.
días después de haberse sus-
las sesiones de las Cortes,
a *Gaceta* un decreto firmado
ráxedes Mateo Sagasta, en el
onía en vigor dicha ley que
descaradamente los derechos
individuales consignados en la Constitución que acababa de promulgarse. El país se mostró muy indignado por aquella arbitrariedad del gobierno, que apenas cerradas las Cortes se apresuraba á violar la Constitución con un descaro que hubiese envidiado Narváez; y los diputados de la minoría republicana publicaron un manifiesto contra la vil obra de Sagasta.

Esta no tardó en dar sus resultados. Los gobernadores, obedeciendo las órdenes de Sagasta, procedieron en sus provincias con el irritante despotismo que observaban los capitanes generales en tiempos de Isabel II, ensañándose especialmente con los republicanos y reduciendo á prisión á cuantos trataban de ejercitar los derechos consignados en la Constitución vigente.

La ley de 1821 era el pretexto para tratar á los políticos enemigos del gobierno como si fuesen malhechores, y parapetadas tras ella las autoridades convirtióse en un mito la seguridad personal.

Al mismo tiempo que Sagasta recomendaba á los gobernadores su odioso decreto, Prim, el general á quien muchos seguían aun llamando caudillo de la libertad, pasaba una circular á los capitanes generales, diciendo así:

«Póngase V. E. de acuerdo con los gobernadores civiles para que éstos prevengan enérgica y terminantemente á los alcaldes, que presten toda clase de auxilios y ayuden á la persecución de las partidas de sublevados, todos los cuales deben ser pasados por las armas en el acto, si fuesen aprehendidos con ellas en la mano, y aun los que las arrojen en la persecución. De orden de S. A. lo traslado á V. E. para su conocimiento y efectos consiguientes.»

Cuando se dió esta circular ya se habían levantado en Cataluña, Navarra y las Castillas, algunas partidas carlistas poco numerosas, mal armadas y que huían ante pequeños destacamentos del ejército.

Tan débil fué aquel preludio de la insurrección carlista, que tres semanas después, y sin ningún encuentro sangriento, quedaba extinguida en toda España la sublevación absolutista. A pesar de su brevedad, aquella campaña tuvo detalles horribles á causa del funesto decreto del gobierno. El coronel Casalís sorprendió en Montealegre, cerca de Barcelona, once paisanos que estaban comiendo tranquilamente en una arboleda, y la mayor parte de los cuales eran jóvenes menores de diez y ocho años. Bastó que alguno de ellos llevase armas para que inmediatamente Casalís los considerase como carlistas, y á pesar de sus protestas y de que no habían hecho ninguna manifestación hostil contra el gobierno, los fusiló inmediatamente, fundándose en la famosa ley puesta en vigor por Sagasta. Este salvaje hecho produjo en el país una general protesta, lo que no impidió que el gobierno diese un ascenso al coronel Casalís en premio á su asesinato.

También fué fusilado en las inmediaciones de León el señor Balanzategui por haber preparado un movimiento carlista que no llegó á verificarse, hecho del que protestó indignada la prensa de Europa y América. Para que resultara más arbitraria la conducta del gobierno, mientras en unas provincias se castigaba de tan cruel modo á los sospechosos de conspiración carlista, en otras se indultaba á cabecillas que habían hecho armas contra el gobierno manifestándose francamente en actitud sediciosa.

A pesar de que el restablecimiento de la ley de 1821 iba dirigido principalmente contra los federales, éstos se abstuvieron de protestar mientras quedó un carlista en armas; pero así que terminó la sublevación absolutista, los republicanos manifestaron el disgusto que sentían por la marcha reaccionaria seguida por el gobierno. La propaganda federal volvió á reanimarse, y Castelar se dirigió á Zaragoza atacando con valientes discursos la conducta del gobierno al mismo tiempo que Orense peroraba en las provincias Cantábricas, Pierrad y Joarizti en Cataluña, y Paul y Angulo, Guillen, Salvoechea y otros en las poblaciones andaluzas.

La continua excitación que los oradores producían en las masas federales hacía ya inevitable un levantamiento, al que se oponía con todas sus fuerzas Pi y Margall, juzgando que el pueblo no estaba suficientemente preparado para batir la situación creada por la revolución de Setiembre. Los demás prohombres del republicanismo, mostrábanse decididos por la insurrección, figurando al frente el anciano Orense, que conservaba todo el fuego de la juventud cuando se trataba de insurrecciones. Castelar, á pesar de que personalmente era incapaz de tomar parte en una revolución, sentíase entonces poseído de un ardor bélico, y tanto en sus escritos como en sus discursos, llamaba á las armas á sus correligionarios, imitándole en esta conducta el siempre irresoluto Figueras. La causa republicana contaba con hombres de acción como Joarizti, Paul y Angulo y Salvoechea, ilustrados y valerosos; con Suñer y Capdevila, célebre por su negación de Dios en pleno Parlamento, y con otros muchos que ejercían gran influencia en sus respectivas provincias.

No tardó aquella excitación revolucionaria en dar sus frutos, manifestándose el primer alarde de insurrección federal en Madrid el 8 de Setiembre.

D. Nicolás María Rivero, como alcalde popular, ordenó que la milicia nacional dejase de dar la guardia al ministerio de la Gobernación, y esto bastó para que inmediatamente circulase la noticia de que el gobierno pensaba desarmar los batallones republicanos, lo que hizo que los voluntarios que daban dicha guardia no sólo se negaran á retirarse, sino que apoyados por algunos grupos populares, se encerraran en el ministerio adoptando una actitud de resistencia. Rivero, en una de sus intemperancias, en vez de desmentir las noticias que circulaban, prorumpió en bravatas contra los voluntarios; pero tan peligroso llegó á hacerse aquel conflicto, que después de todas sus amenazas se apresuró á conferenciar con Pi y Margall, único individuo del directorio federal que residía en Madrid y al cual rogó que evitase un choque sangriento. Pi y Margall se dirigió al ministerio de la Gobernación siendo recibido por los voluntarios con aclamaciones de entusiasmo, y les arengó rogándoles que evacuasen el edificio y obedeciesen las órdenes de las autoridades ya que éstas nada intentaban contra los voluntarios republicanos y que el alcalde prometía revocar su órden referente á la guardia del ministerio de Gobernación. Los milicianos mostráronse convencidos por las palabras de Pi y Margall, el cual logró evitar un choque que hubiera tenido terribles consecuencias.

Como ya dijimos, el general don Blas Pierrad había salido de Madrid dirigiéndose á Cataluña con el pretexto de hacer propaganda federal; pero en realidad con bastante esperanza de organizar un levantamiento en las provincias catalanas que se iniciaría en Tortosa. Contra lo que esperaba el general en esta ciudad, nadie se levantó en armas, limitándose sus habitantes á hacer una gran manifestación republicana en conmemoración del pacto federal.

El 20 de Setiembre verificóse en

Tarragona otra manifestación de igual clase, presidida por Pierrad y que á consecuencia de un desgraciado incidente, vino á convertirse en base de la insurrección cuando menos se esperaba.

Los gobernadores, apoyándose en la ley dada por Sagasta, oponían obstáculos al ejercicio de los derechos consignados en la Constitución, y el de Tarragona se había hecho odioso al vecindario prohibiendo una manifestación pacífica que los republicanos quisieron verificar poco tiempo antes.

Al llevarse á cabo la manifestación presidida por Pierrad, hallábase ausente el gobernador y desempeñaba interinamente su cargo el secretario don Raimundo Reyes, el cual al oir que los manifestantes daban vivas á la República federal, se dirigió al encuentro de Pierrad que marchaba al frente de las masas, ordenándole con descompuestas palabras que contuviera las demostraciones de los suyos. Inmediatamente algunos hombres se arrojaron sobre el desgraciado Reyes y lo hirieron, arrastrándolo después vivo hasta el muelle con el propósito de arrojarlo al mar; pero algunos carabineros rescataron el cuerpo agonizante en el cual se extinguió la vida poco después entre horribles sufrimientos. Este atentado tan inesperado como salvaje, dejó consternada á toda la población y los manifestantes se disolvieron inmediatamente siendo el general Pierrad encerrado en la cárcel pública de Tarragona.

Los republicanos de toda España protestaron indignados contra aquel crimen del que no eran responsables ni ellos ni Pierrad; pero el gobierno tenía empeño en aprovechar el suceso en favor de sus planes y procedió inmediatamente al desarme de las milicias de Tarragona y Tortosa que no habían tenido parte alguna en el criminal suceso.

Este desarme injustificado que anunciaba el de los voluntarios republicanos de toda España, produjo gran efervescencia en los exaltados ánimos que se mostraron más decididos que nunca á combatir al ministerio Prim.

El gobierno, que tenía ya compromisos con el duque de Génova para sentarlo en el trono de España, aprovechó esta circunstancia para intentar un golpe supremo que anonadase al partido republicano, y Sagasta fué el encargado de ello, sin duda por ser el más tiranuelo y el más audaz de los ministros, ya que en pleno Parlamento tenía el descaro de calificar de *inaguantables* los derechos consignados en la Constitución.

La *Gaceta* publicó en 26 de Setiembre una circular de Sagasta á los gobernadores, en la cual después de injuriar groseramente á los republicanos, atribuía á las libertades de imprenta y de reunión el crimen ocurrido en Tarragona, y prohibía las manifestaciones republicanas aunque estas fuesen pacíficas, ordenando el inmediato arresto de todos los que escudándose en los derechos contenidos en el título I de la Constitución, acudiesen á una manifestación anti-monárquica.

El ministro de la Gobernación para reforzar este decreto, por el cual se daba carácter de rebelión á las manifestaciones pacíficas, disolvió muchos ayuntamientos por el mero hecho de tener una mayoría federal.

Esta circular que tan escandalosamente violaba los derechos individuales, irritó no sólo á los republicanos, sino á todos los que eran enemigos de que con carácter revolucionario resucitase aquella dictadura moderada, que tanto había sufrido la nación en tiempos de Isabel II.

Como el golpe del gobierno iba dirigido principalmente contra el partido federal, los individuos de la minoría republicana que residían en Madrid reuniéronse para acordar la conducta que debían seguir sus correligionarios en tales circunstancias y protestaron contra los actos del gobierno con el siguiente manifiesto:

«Los diputados republicanos que en Madrid se encuentran, fieles al mandato de sus electores de conservar á toda costa la integridad de las libertades fundamentales y el respeto á los derechos del individuo, conquista suprema de la Revolución de Setiembre, se apresuran á protestar con toda la energía de sus conciencias contra la serie interminable de atentados que un gobierno arbitrario, dictatorial se ha permitido, violando los artículos principales de la Constitución á título de ampararlos, y desconociendo la soberanía de las Cortes á título de servirla y defenderla, sin detenerse ni ante la idea de que inaugura una reacción á cuyo término estaría, si el pueblo español no lo evitase, la ruina de todos los partidos liberales, la vergüenza y la deshonra de la patria.

»Ya cuando á fines de Julio comenzó una sublevación carlista contra la cual sólo se necesitaban los eficaces procedimientos de la libertad, el gobierno que nos rige usurpó la soberanía de la nación, desconoció los derechos fundamentales, violó el Código que acababa de promulgarse, y sin sombra de autoridad para ello, promulgó la ley de funesta recordación que destila cada uno de sus artículos sangre liberal, como que fué el puñal blandido contra nosotros por la dinastía de los Borbones.

»Entonces protestamos, sí, protestamos citando uno á uno los artículos de la Constitución violados y prometiendo que en el día de la continuación de las sesiones de Cortes presentaríamos, en defensa del derecho, meditada acta de acusación, contra un gobierno capaz de restaurar la execrable política que el país creía destruida para siempre con el antiguo trono.

»La ley de Abril se cumplió de una manera tal que vino á demostrar al mundo cómo aquí cambian los gobiernos sin que cambie la arbitrariedad, y las revoluciones vienen sin que desarraiguen las seculares costumbres de la tiranía. Como si la ley no fuese bastante bárbara la agravó un mandato ministerial. Infelices, cuyo nombre todo el país recuerda, fueron asesinados en los campos de Cataluña. No se identificaron, no se investigó su delito, no se les permitió ni siquiera el derecho último de los criminales más empedernidos y feroces, el derecho de defensa; y es fama que hasta sangre inocente corrió en aquella carnicería, crimen que no sólo está impune sino premiado como un mérito y con el cual deshonraron nuestros gobernantes la Revolución de Setiembre.

»El país tenía derecho á esperar que, con una política llamada democrática, la vida, el hogar, la libertad de los ciudadanos se verían á salvo de los desmanes que agotaron su paciencia é hicieron necesaria una revolución. Al fin de inaugurar una época de libertad, se había escrito el título primero de la Constitución, en el cual están consignados los derechos fundamentales humanos y asegurados contra las arbitrariedades y los desvaríos del poder.

»Pero desde el día en que el Código fundamental se promulgó tramóse contra él una conjuración en el gobierno, conjuración que empezó por adulterarlo para concluir por destruirlo. Varios gobernadores, contrariando el espíritu y desconociendo la letra de la Constitución, declararon el Código fundamental indiscutible. El ministro de la Gobernación prohibió los lemas escritos en las banderas y los vivas con que en todo tiempo ha expresado el pueblo sus votos y ha revelado su conciencia. Una lucha continua se empeñó entre el pueblo que se creía amparado en la manifestación pacífica de sus opiniones por la Constitución, y el gobierno, que legislaba y aun perseguía tales manifestaciones por medio de sus agentes, poniendo, con audacia sin ejemplo, su autoridad administrativa sobre la nacion, su policía sobre los legisladores, su capricho sobre aquellas facultades primordiales superiores á todas las leyes y que, á título de Código fundamental de la naturaleza humana habían pasado á ser por el voto de la revolución sancionada en las Cortes los fundamentos de la nueva sociedad democrática, levantada sobre las ruinas de las instituciones monárquicas que por tanto tiempo oprimieron y degradaron al pueblo.

»En estos últimos días el gobierno ha buscado pretexto en un delito común para acabar de destruir la Constitución y aniquilar los derechos individuales. Cometióse en la persona del secretario del Gobierno civil de Tarragona uno de esos horribles crímenes contra los que bastan los tribunales del país y la fuerza de las leyes comunes. El partido republicano unánimemente reprobó, desde sus clubs, desde sus periódicos, desde sus comités, aquel atentado radicalmente contrario á todas sus doctrinas y opuesto á toda su conducta; crimen aislado que no podía manchar la limpia historia de un partido el cual en todo tiempo predicó la inviolabilidad de la vida humana, é intervino con su autoridad y su prestigio para evitar la efusión de sangre. Si alguna reprobación le faltara á ese crimen, nosotros grabamos aquí la nuestra, unánime, profunda, como nacida de conciencias que jamás transigirán con ningún principio ni ningún hecho que pudiera parecer una negociación de las ideas humanitarias á las cuales hemos ajustado siempre nuestra conducta y que son como leyes universales de nuestra vida.

»Pero lo que no podíamos creer ni imaginar siquiera es que el gobierno llevase su demencia reaccionaria hasta imputarnos ese crimen y fundar sobre tan calumniosa imputación la menguada política que atenta á todos nuestros derechos. Y esto, ¿cuándo? Cuando todavía está fresca la sangre de varios alcaldes republicanos asesinados por la furia de los partidos monárquicos. Y esto, ¿por quién? Por un poder que ha visto impasible apalear y dejar por muertos en sus redacciones á escritores que con más ó menos razón, pero con perfecto derecho ejercían su crítica sobre el gobierno, sobre la Asamblea, sobre la Constitución, como ciudadanos españoles á quienes las leyes garantizaban la absoluta libertad de su pensamiento.

»Es una alevosía insultar así desde las regiones del poder, que deben ser serenas, en la *Gaceta* oficial costeada por todos los ciudadanos, con diatrivas calumniosas á un partido que forma una grande porción del país. Si nosotros quisiéramos usar de represalias, si nosotros buscáramos en la historia sangre que arrojar á nuestros calumniadores, el corazón de Basa, mordido por sus sacrificadores, los nombres de Canterac y Saint Just, las sombras de los célebres asesinos de la calle de la Luna, bastarían para decir á partidos que tienen esas negras páginas en su historia cuánto arriesgan al querer arrojar imputaciones infundadas sobre un partido que no tiene ningún remordimiento por un crimen cuya perpetración solo ha encontrado un grito formidable de reprobación en su clara é inflexible conciencia.

»Pero lo cierto es que, fundado en un crimen, á cuya severa reparación somos los primeros en invitarle, porque es lo único á que tiene derecho, el gobierno, por deshonrar y oprimir al partido republicano, ha escrito la circular publicada en la *Gaceta* del 26 de Setiembre, y contra la cual protesta unánimemente toda la minoría republicana, por considerarla un atentado á los derechos individuales, que están sobre todos los poderes.

»Nosotros no podemos reconocer al gobierno facultades para poner su autoridad administrativa sobre la autoridad de la nación. Nosotros no podemos reconocer la competencia del gobierno para limitar á su antojo las esenciales facultades humanas. Nosotros protestamos, pues, contra esa circular, que creemos encaminada á destruir toda la obra de la Revolución de Setiembre. Ese funesto documento, que parece una verdadera provocación, osa mermar el derecho de reunión y de asociación, limita la facultad ilimitable de expresar el pensamiento humano, amenazar de supresión las reuniones pacíficas, lanzar fuera de la legalidad todo un partido como en los tiempos más tristes de nuestra historia, poner sus gobernadores y sus agentes de policía sobre la Constitución, ahogar las manifestaciones públicas, en que la opinión se expresa é iniciar esa serie de escándalos, á cuyo principio está el retraimiento de los tan inicua ó infamemente perseguidos, pero á cuyo término están luchas tan necesarias y castigos tan merecidos como el que hundió en el polvo un trono de quince siglos.

»¿Y por qué se hace todo esto? ¿Por qué se prohiben las manifestaciones pacíficas? ¿Por qué se ahoga la palabra en la garganta de los pueblos? ¿Por qué se viola descaradamente la inviolabilidad parlamentaria? ¿Por qué se suprimen ayuntamientos nombrados por el sufragio universal, y se sustituyen con ayuntamientos nombrados en el ministerio de la Gobernación? ¿Por qué se desconocen los derechos individuales? ¿Por qué se prohibe discutir la Constitución? ¿Por qué se arrancan las armas á los voluntarios de la libertad? ¿Por qué se escribe la última circular, que ha coronado todas las insensateces del gobierno? Es necesario que lo sepa el mundo civilizado, para que deje esta situación revolucionaria en el vacío donde se asfixió la antigua dinastía. Se procede tan bárbaramente para matar la opinión pública en el país. Y se intenta matar la opinión pública para hacer triunfar una indigna conjuración diplomática y traernos un rey extranjero contra el cual, si no quedaran españoles en España, protestarían las piedras de nuestras inmortales ciudades, y se levantarían los huesos de los mártires de nuestra independencia, que hay sembrados desde las llanuras de Vitoria hasta los muros de Cádiz.

»La minoría republicana seria cómplice de estas maquinaciones si por más tiempo callase. No considera, no puede considerar legítima ninguna determinación que se tome en el silencio de la opinión, y entre las ruinas de los derechos individuales. Su primer impulso seria escribir esta protesta contra la rebelde circular del ministro de la Gobernación, y aguardar los decretos de la justicia universal, que tarde ó temprano castiga á los poderes soberbios. Pero deseando dar una prueba de su prudencia, ya agotada, se presentaría á la Asamblea con el acta de acusación en la mano.

»Y si esta acusación no se admite, si las Cortes consienten que los derechos individuales sean violados, la Constitución desconocida, la libertad ahogada, el poder convertido en arbitrariedad insensata, los ministros dueños de legislar á su antojo, el gobierno árbitro de nuestras facultades más preciosas, el municipio una agencia del poder, la minoría republicana se retirará de la Asamblea, y entregándose á un retraimiento aconsejado por su dignidad, comenzará una época de asfixia para los nuevos poderes que parecen haber absorbido por sus poros todos los errores que mataron á los antiguos y se cumplirán así tal vez más pronto las eternas leyes del progreso, contra las cuales nada pueden esos gobiernos, que olvidados de su origen y creyéndose irresponsables desconocen todos los derechos, porque si no encuentran el merecido castigo en la justicia y en la ley, lo encuentran tarde ó temprano en el tribunal último á que no apelan nunca vanamente los oprimidos, en el tribunal de las revoluciones.

»Madrid 28 de Setiembre de 1869.—José María Orense.—Estanislao Figueras.—Emilio Castelar.—Fernando Garrido. — José Cristóbal Sorní. — Francisco Díaz Quintero. — Joaquín Gil Berges. — Benigno Rebullida. — Juan Tutau. — Francisco Suñer y Capdevila.—Roberto Robert.—Federico Rubio.— Pedro Moreno Rodríguez.—Buenaventura Abarzuza.—José Tomás Salvany.—Santiago Soler y Plá. — Víctor Pruneda.—Eusebio Gimeno.»

Las arbitrarias medidas de Sagasta acabaron con la escasa paciencia de los republicanos, que se decidieron á luchar antes que el gobierno le quitase las armas á la milicia, como ya venía anunciándolo.

Barcelona fué el punto donde se inició la sublevación. Los comandantes de algunos batallones de milicia de la capital catalana, reuniéronse el 27 de Setiembre para protestar del desarme de los voluntarios de Tarragona, y publicaron su protesta en los periódicos republicanos, indignándose con esto el gobernador, quien ordenó la disolución de los citados batallones.

Algunos centenares de voluntarios negáronse á entregar las armas, y dando vivas á la República se fortificaron en el Carmen y la Magdalena, levantando barricadas en las calles de Poniente y de San Pablo. La guarnición púsose inmediatamente en pié de guerra, y á las diez y media de la noche rompió el fuego contra los insurrectos republicanos, iniciando el ataque por la calle del Carmen, donde las tropas, después de una encarnizada lucha, consiguieron apoderarse á la bayoneta de cinco barricadas. A la una de la madrugada generalizóse el combate tomando parte en él toda la guarnición al mando del capitán general, y sólo mediante la gran superioridad que daba á las tropas el uso de la artillería, consiguieron apoderarse de las posiciones ocupadas por los republicanos, haciendo prisioneros á muchos de éstos, entre los cuales estaba el valiente diputado federal don Gonzalo Serraclara. Sólo contando con fuerzas diez veces superiores á la milicia sublevada consiguieron las autoridades el triunfo, y á las tres de la madrugada quedó la ciudad tranquila, aunque la insurrección republicana se propagó por las poblaciones inmediatas.

En la noche del día 27, mientras los republicanos se batían tan valerosamente, el Comité provincial del partido delegó sus facultades en una junta revolucionaria compuesta de D. Adolfo Joarizti, D. José Tomás Salvany, D. Pablo Alsina, D. José Anselmo Clavé y D. Baldomero Lostau.

Esta junta publicó un manifiesto llamando á las armas á todos los catalanes y decretando que todos los pueblos de la provincia formasen somatenes y se sublevasen en favor de la República federal.

Los federales catalanes respondieron á este llamamiento, pues inmediatamente se levantaron en Martorell, Monistrol, Olesa y Manresa grandes partidas, algunas de las cuales constaban de mil quinientos hombres. D. Baldomero Lostau, obrero de veintitrés años, que por su valor é ilustración gozaba de gran prestigio, sublevóse en Igualada y salió de esta población con una gran partida, á la que pronto se unió otra mandada por Joarizti, alma sublime que olvidaba sus crónicas y mortales dolencias cuando se trataba de hacer algo en pro de sus ideales. El valeroso Marcelino Juvany insurreccionó la comarca del Vallés, y los hermanos Suñer levantaron en masa todo el Ampurdán, al mismo tiempo que la milicia de Reus tomaba las armas en pro de la República federal, y los hermanos Castejón, diputados de la minoría, sublevaban los voluntarios de Balaguer.

A los pocos días la República federal contaba en Cataluña con ocho mil combatientes, y el gobierno se mostraba aterrado ante aquella sublevación que había promovido con sus intransigencias y arbitrariedades.

El éxito de la revolución federal era seguro si las demás provincias secundaban el movimiento, y por esto los representantes del pacto de Tortosa acudieron á sus compañeros de las demás regiones en demanda de auxilio, recordándoles sus promesas de apoyarse mútuamente en circunstancias revolucionarias; pero por desgracia, aunque todos cumplieron sus compromisos, fueron sublevándose lentamente y sin unificar su acción, lo que permitió á Prim valerse de las escasas tropas con que contaba, batiendo el levantamiento en grupos aislados.

Los federales de Andalucía fueron los primeros en secundar la insurrección catalana. En la provincia de Cádiz el popular y valeroso Salvoechea, cuya elección de diputado habían anulado las Cortes, sublevóse al frente de los más briosos y decididos federales, levantando también otras partidas los diputados Paul y Angulo y Guillén.

D. José Paul y Angulo, que era en aquella época uno de los personajes más populares de España, había sido antes de la Revolución de Setiembre íntimo amigo de Prim y el mejor de

R. CALA Y BARCA

FERMÍN SALVOECHEA

sus agentes, prestándole servicios que merecian una gratitud eterna. Prim, á pesar de esto, apenas ocupó el poder, mostróse ingrato con el que tantos favores le habia hecho, llegando en su desvío miserable, hasta negarse á que fueran devueltas á Paul y Angulo las grandes cantidades que éste habia anticipado para el triunfo de la revolución y que mermaron considerablemente su fortuna. El carácter arrebatado de Paul y Angulo se resintió profundamente por esta ingratitud, y como no era hombre que pudiera ocultar sus sentimientos, hizo desde entonces una guerra sin cuartel al general Prim, valiéndose para ésta de su cargo de diputado y del periódico *El Combate*, que se distinguió por la crudeza de lenguaje...

causa de su sencillez y nobleza de sentimientos, de una pérfida maquinación que prepararon el gobernador Somoza, antiguo conspirador, y el coronel Luque. Estos malvados, valiéndose del engaño, cercaron la partida de Guillén en las inmediaciones de Puerto de Santa María y después de un desesperado combate que sostuvieron los federales contra fuerzas cien veces mayores en número, don Rafael Guillén, que habia caido prisionero, fué villanamente asesinado de un bayonetazo y dos tiros por orden del coronel Luque. Este hecho produjo general indignación en toda España y las autoridades con extremada atención. A pesar de esto, la insurrección diose por toda Andalucía levantando numerosas partidas en la provincia de Sevilla los diputados Fantoni y Cabello de la Vega, el valeroso joven D. Diego Carrasco y el cura de Arahal D. Antonio Pedregal Guerrero, las cuales consiguieron apoderarse de Carmona. En la provincia de Málaga sublevaronse el cura de Rivas y don Antonio Aznaga; en la de Granada, Lumbreras y Romero Giménez y en la de Jaen, cerca de Despeñaperros, el incansable D. José Plaza que tuvo en jaque por mucho tiempo á la columna del brigadier Burgos.

Todas estas fuerzas demostraban la vitalidad y entusiasmo del partido federal, pero á pesar de esto no eran ni con mucho suficientes para oponer una resistencia formal al ejército disciplinado con que contaba el gobierno; así es que al poco tiempo las tropas consiguieron barrer las partidas del territorio andaluz no pudiendo Salvoechea y Paul y Angulo entrar en Jerez como era su deseo á pesar de que el vecindario estaba dispuesto á apoyar la insurrección.

En las dos Castillas, Asturias y Galicia, el movimiento federal sólo se anunció por algunas intentonas que no obtuvieron ningún éxito, quedando reducida la revolución republicana en su forma más imponente, á la antigua nacionalidad aragonesa ó sea Cataluña y Valencia.

Los núcleos federales puestos en revolución por diferentes republicanos de Cataluña, dueños de la frontera francesa, tres mil de los cuales en La Bisbal á las órdenes de los hermanos Viñas y Suñer, tuvieron que combatir tenazmente á las tropas del gobierno. Una columna mandada por el brigadier Crespo sitió la población haciendo sobre ella un nutrido fuego de artillería; pero tan considerables fueron las pérdidas experimentadas por las fuerzas del ejército, que el citado jefe dispuso la retirada quedando victoriosos los federales. Desgraciadamente éstos emplearon su triunfo del peor modo, pues divididos por egoistas rivalidades estuvieron á punto de combatir entre sí, y antes de que llegasen nuevas tropas, Suñer y Capdevila, los hermanos Viñas y otros jefes de la insurrección, tuvieron que huir y refugiarse en Francia para librarse de la muerte con que les amenazaban sus insubordinados compañeros. De este modo la indisciplina de los republicanos fomentada por pérfidas insinuaciones de los agentes secretos del gobierno, pudo más que los esfuerzos del ejército que en algunas ocasiones fué batido por los insurrectos federales.

La desorganización y fuga de los defensores de La Bisbal produjo gran desaliento en las huestes republicanas de Cataluña y fueron muchos los insurrectos que se presentaron solicitando indulto. Más de cuatro mil federales entregaron voluntariamente las armas. Una partida de mil quinientos de la provincia de Lérida, que dirigió Balaguer á la columna del general Figuerola, hubo de refugiarse en la Seo de Urgel y traspasar la frontera francesa, perseguida de cerca por la mayor parte de las tropas del Principado, aunque en varios puntos consiguió detener su marcha con una resistencia tenaz.

La sublevación de Reus preocupaba mucho á Prim que no quería intentar ninguna hostilidad contra su ciudad natal, y en vez de bombardear la población como le aconsejaban sus amigos, se limitó á aglomerar en torno de la plaza un imponente número de tropas y bloquearla estrechamente, con lo que consiguió al poco tiempo que los batallones de la milicia entregasen las armas sin combatir.

El indulto que ofrecía el gobierno á todos los sublevados hizo que éstos desertasen casi en masa, resultando vanos los esfuerzos de Joarizti, Lostau, Juvany y otros para reanimar aquella insurrección próxima ya extinguirse. Las partidas se disolvieron con rapidez y el 14 de Octubre Cataluña quedó por completo pacificada.

En Aragón la insurrección duró menos tiempo; pero fué más sangrienta. El pueblo esperaba que los diputados federales se pondrían á su lado en caso de lucha, y confiaban especialmente en Castelar á quien creían tan audaz y arrojado en su vida política como enérgico se mostraba en sus discursos; pero cuando llegó el momento de prueba sólo los diputados Noguera y Pruneda acudieron al llamamiento revolucionario.

Al recibirse en Zaragoza la orden del gobierno para el desarme de la milicia, el comité provincial del partido republicano, con gran extrañeza de sus correligionarios aconsejó á éstos que entregasen las armas; pero cuando la insurrección federal se difundió por toda España y más de veinte provincias se levantaron en armas contra el gobierno, el consejo del comité resultó infructuoso y muchos voluntarios zaragozanos se dispusieron á morir antes que entregar sus fusiles.

La orden del comité fué acogida por los federales con tanta indignación, que uno de los voluntarios llamado San Román, antes de pasar por la vergüenza de entregar su fusil, se degolló con una navaja, acto de salvaje grandiosidad que avergonzó á los que ya habían depuesto sus armas y que decidió á unos pocos batallones á desobedecer las órdenes del gobierno.

Los escasos voluntarios que se mostraban decididos á no entregar los fusiles, ayudados por muchos labradores de las poblaciones inmediatas, levantaron barricadas el día 7 en las principales calles, despreciando las intimaciones de ordenanza que les dirigió el capitán general.

En las primeras horas de la tarde del día 7 comenzó el combate, que fué de los más terribles, iniciándose el fuego en el distrito de San Pablo y extendiéndose poco después por la calle Mayor, plaza del Pilar, Arco de la Seo, Universidad y barrio de San Miguel, durante la lucha toda la noche sin interrupción, hasta bien entrada la mañana del día siguiente. Las autoridades contaban con la guarnición de Zaragoza, que era bastante numerosa, y la columna del brigadier Merelo, teniendo que combatir únicamente á ochocientos paisanos de los cuales la mayoría iban armados con navajas, á pesar de lo cual los insurrectos llegaron á apoderarse varias veces de las piezas de artillería, que después reconquistaron las tropas con gran trabajo. Aquel puñado de héroes, labriegos en su mayoría, que despreciaban por cobardes á los miles de voluntarios que habían entregado las armas sin resistencia, causaron al ejército más de trescientas bajas, y únicamente se retiraron en vista de la desproporción numérica con sus enemigos, convencidos con sobrado fundamento de que si toda la milicia les hubiese prestado auxilio, Zaragoza habría quedado en poder de los federales.

Después de este fácil triunfo que tanta sangre costó al gobierno, el movimiento insurreccional se malogró en todo Aragón, entregando las armas sin resistencia los milicianos de Teruel, Barbastro y otros puntos que ya habían proclamado la República.

En Valencia fué, sin disputa, el punto donde la insurrección tomó un carácter más imponente y produjo mayor alarma al gobierno. En la provincia de Alicante, el primero y único en dar el grito insurreccional en favor de la república federalista fué el ilustrado joven D. Froilán Carvajal, que si por su valor resultaba un campeón decidido de la causa popular, por su dulzura de carácter no servía para la guerra de montaña, que crece y se extiende siempre merced á imposiciones y enérgicas medidas. Carvajal, luchando con la indiferencia de algunos titulados republicanos que braveaban en tiempos de paz y sólo sabían poner obstáculos en los instantes de peligro, logró reunir una pequeña partida con la cual se dirigió hacia Novelda, en cuya población no pudo entrar por estar ya ocupada por una fuerte columna, lo que le obligó á internarse en la sierra de Castalla, encontrándose en las inmediaciones de esta población cercado por una columna que mandaba el teniente coronel Arrando. Este jefe avanzó hacia los republicanos gritando:

—No tirar. Están ustedes indultados. Lean ustedes el bando.

Carvajal leyó el documento que le entregaba Arrando en el cual el gobierno perdonaba á los insurrectos, y en vista de tales promesas, la partida depuso las armas.

No tardó en manifestarse la repugnante traición que encerraba aquel acto y que deshonraba al ejército español siempre noble y digno. Arrando telegrafió al gobierno diciendo que había *batido* en Castalla la partida republicana de Froilán Carvajal, cogiéndola prisionera con su jefe, é inmediatamente aquellos nobles, víctimas de una traición infame, fueron encerrados en la cárcel de Ibi y sometidos á un Consejo de guerra.

Cuando se tomó declaración á Carvajal, éste dijo con conmovedora firmeza:

—He tomado las armas porque habiéndonos obligado el gobierno á jurar una Constitución con la mayor parte de la cual no estábamos conformes, el gobierno ha sido el primero en violarla en la parte más aceptable que tenía; esto es, en los derechos individuales.

Carvajal fué condenado á muerte en virtud de una ley marcial que no había sido aun publicada, y marchó al lugar de la ejecución tan tranquilo y sereno que asombró á los que iban á darle muerte.

Al apuntarle el piquete sus fusiles, su hermosa voz gritó: ¡Viva la República! y un instante después cayó como caen los mártires de una idea sublime, poseídos de la sublimidad de la misión que cumplen. Los compañeros de Carvajal fueron indultados, conmutándoles el gobierno la pena por la de cadena perpetua, y poco después publicó la *Gaceta* las sentencias de muerte, por cómplices en dicho movimiento, de D. Francisco Soler, D. Camilo Pérez Pastor, D. Jerónimo Poveda, D. Emigdio Santamaría, D. José Marceli, D. Antonio Gálvez Arce y el escritor D. Enrique Rodríguez Solís, que era entonces casi un niño.

Estas sentencias quedaron sin efecto por haberse librado de ellas los interesados huyendo á Francia, de donde volvieron poco después gracias á la amnistía que acordó el gobierno al terminar la insurrección.

Otra partida republicana se levantó en el reino de Valencia mandada por el joven guerrillero *Palloc*, pero éste á los pocos días, arrastrado por su valor temerario que le hizo entrar completamente solo en un pueblo donde tenía muchos enemigos, fué asesinado, disolviéndose inmediatamente el grupo de sus partidarios.

Donde alcanzó el movimiento federal más imponente aspecto, fué en la ciudad de Valencia. Los jefes del partido republicano en dicha ciudad mostrábanse reacios en cumplir los acuerdos del pacto de Tortosa, acudiendo en auxilio de sus correligionarios de Cataluña; pero el desarme de la milicia ordenado por el gobierno sacó al partido de su actitud espectante, y el 8 de Octubre por la mañana los batallones de voluntarios, secundados por el pueblo, rompieron el fuego contra las tropas de la guarnición al grito de ¡Viva la República federal! El primer choque fué terrible y decisivo, demostrando los republicanos valencianos esa impetuosidad irresistible propia de los pueblos meridionales cuando están agitados por el entusiasmo. Después de una lucha encarnizada las tropas fueron derrotadas y desalojadas de sus posiciones, quedando materialmente deshechas en poco tiempo las columnas de ataque que por diferentes puntos de la ciudad se dirigían á tomar la plaza del Mercado. En la calle de Caballeros el combate fué horrible, y el regimiento de Toledo, después de perder toda su plana mayor, se vió envuelto y copado por el pueblo, al que hubo de entregar sus armas.

El alcalde popular de Valencia,

D. José Antonio Guerrero, púsose al frente del movimiento, y los valientes federales de Valencia recibieron como refuerzo numerosas partidas de algunos pueblos de la provincia, entre las cuales se distinguía por su arrojo la columna formada por los republicanos de Pedralva y Bugarra, que dieron grandes muestras de temerario valor.

La sublevación de una capital tan importante como Valencia, que podía servir de núcleo á la revolución republicana en toda la costa mediterránea, preocupó mucho al gobierno, quien inmediatamente dirigió contra dicha ciudad todas las fuerzas de que podía disponer. Además, el capitán general del distrito, D. Rafael Primo de Rivera, manteníase apuradamente con la guarnición en un extremo de la ciudad y solicitaba con urgencia el auxilio del gobierno. No tardaron en afluir á Valencia las columnas de Merelo, Ferrer, Palacios y Velarde, á las que siguió la del brigadier Burgos, que en 11 de Octubre hubo de sostener un sangriento combate con algunas fuerzas republicanas que quisieron cortarle el paso en Alcira.

Las tropas, para apoderarse de esta población, tuvieron que desalojar lentamente á los insurrectos, asaltando casa por casa, y sólo á costa de setenta muertos y un gran número de heridos, consiguieron que los federales se declarasen en retirada y abandonasen Alcira.

La brigada Burgos al llegar á las inmediaciones de Valencia se incorporó al ejército sitiador, cuyo mando tenía el general Alaminos, el cual, después de numerosas intimaciones, comenzó el 12 de Octubre el ataque general de la ciudad precedido de un terrible bombardeo.

El pueblo que había levantado en las calles más de novecientas barricadas rechazó heroicamente un ataque de los treinta batallones con que contaba Alaminos, y al iniciarse el segundo avance los federales siguieron resistiendo tenazmente, disputando á palmos el terreno; pero era imposible sostener el empuje de tan superiores fuerzas en una ciudad abierta, y al fin el 16 de Octubre entraron las tropas del gobierno en la ciudad, deponiendo los federales sus armas sin previa capitulación.

La insurrección de Valencia fué un motivo de justo orgullo para el partido federal que logró poner en una sola ciudad diez mil hombres sobre las armas y sostenerla ocho días en rebelión contra el gobierno, sin que hubiera que lamentarse el más pequeño desmán ni el más leve atentado contra las personas de los vecinos y sus propiedades. Tal fué el entusiasmo de los federales valencianos y la prontitud y disciplina con que obedecían las órdenes de su directorio, que en aquellos ocho días de combate montaron fábricas de pólvora y cartuchos y fundieron algunos cañones que contestaban al fuego de las baterías enemigas.

Con la entrada de las tropas en Valencia finalizó la insurrección federal, pues los que aun seguían en Béjar con las armas en la mano, tuvieron que refugiarse en Portugal, así como se hubieron de dispersar las partidas que aun se mantenían en algunas provincias.

Prim, mediante sus enérgicas disposiciones que fueron secundadas hábilmente por el ejército, vió el 22 de Octubre terminada la revolución, consiguiendo en menos de quince días aniquilar un movimiento que contaba con más de setenta mil combatientes y que puso al gobierno próximo á la ruina.

El afortunado general demostró grandes condiciones militares, pero de poco le hubieran servido éstas á tener la insurrección federal mejores directores.

Figueras y Castelar, principales promovedores de aquella insurrección, demostraron que sólo en la tribuna eran útiles al país y á su partido, pues quince días antes de que estallase el movimiento por ellos fomentado, mostrábanse atolondrados hasta el punto de no tomar disposición alguna y de dejar las provincias á su propia dirección é impulso. De haber dado los directores de la revolución una orden terminante á sus correligionarios de toda España, es seguro que muchas provincias donde apenas produjo eco el movimiento se hubiesen levantado en favor de la República federal, con lo que los setenta mil combatientes se hubiesen convertido en cien mil y el gobierno teniendo muchos puntos á que acudir al mismo tiempo, no hubiera podido agolpar sus fuerzas en determinados lugares de la península.

De todos los promovedores de la insurrección federal, organizada sin dar cuenta de ella á Pi y Margall, Orense fué el único que cumplió con su deber, pues aficionado á predicar más con el ejemplo que con la palabra, se dirigió á Béjar, á pesar de su avanzada edad, dispuesto á compartir toda clase de penalidades con los insurrectos republicanos; pero las autoridades lo detuvieron en Aldeanueva, encerrándolo en la cárcel de Salamanca, donde permaneció hasta que el gobierno dió su ley de amnistía.

La revolución federal, á pesar de haber fracasado por la falta de virilidad de sus organizadores, fué uno de los más grandiosos movimientos que el pueblo español ha llevado á cabo en este siglo.

Jamás partido alguno, ni aún el carlista que cuenta con el fanatismo y la ignorancia, ha conseguido ni conseguirá en el espacio de quince días juntar en derredor de su bandera tan asombroso número de combatientes.

CAPITULO XXV

1869-1870

Tareas parlamentarias.—Actitud de la minoría federal.—Discursos de Orense, Figueras, Castelar y Pí y Margall.—Retirada de la minoría federal.—Candidatura del duque de Génova.—Desacuerdo ministerial.—Marasmo parlamentario.—Pí y Margall hace volver á las Cortes á la minoría republicana.—Discurso que pronuncia.—Contestación de Prim.—Suspenden las Cortes sus sesiones.—Reorganización del partido federal.—Disidencias entre los hombres de la situación.—Propaganda de Ruiz Zorrilla en favor del duque de Génova.—Su fracaso.—Crisis ministerial.—Ruiz Zorrilla presidente de las Cortes.—Campaña de Pí y Castelar en las Cortes.—Oposición de Prim á la candidatura de Montpensier.—Animosidad de los unionistas contra Prim.—Apurada situación de éste.—Primera Asamblea del partido federal.—Ilusiones de Rivero.—Desórdenes que promueven las quintas.—Sucesos de Gracia.—Ardides de Zorrilla para aprobar las leyes sin discusión.—Enérgica interpelación de Pí y Margall.—Su firmeza.—Discusión sobre la esclavitud.—Manejos de los unitarios para perturbar el partido federal.—*La declaración de la prensa*.—Protesta del Directorio.—Triunfo del sistema federal y del Pacto.—Manifiesto de los diputados republicanos.—Trabajos de Prim para encontrar un rey.—D. Fernando de Coburgo, el duque de Génova y el príncipe Hohenzollern.—Impopularidad de Montpensier.—Su desafío con D. Enrique de Borbón.—Candidatura de Espartero.—Conflicto entre Francia y Prusia por la corona de España.—Guerra franco-alemana.—Manifiesto del directorio republicano.—Solicita el auxilio de la República Francesa.—Entrevista de Castelar con Gambetta.—Viaje de Pí y Margall á Francia.—Gambetta no cumple sus promesas.—El Gobierno Provisional de Francia envía á España al conde de Keratry solicitando socorros.—Entrevista de éste con Prim.—Candidatura de Amadeo de Saboya.—Su resistencia á aceptar la corona de España.—Manejos de Víctor Manuel.—Amadeo acepta la corona.—Votación del rey.—Su insignificante resultado.—Nómbrase una comisión para que pase á Italia.—Ciérranse las Cortes hasta su regreso.—Agitación que se produce en el país.—Protestas de los republicanos.—Trabajos de los carlistas.—Doña Isabel y don Carlos.—Sus conferencias en París y su impudor político.—Propaganda del clero contra don Amadeo.—La isla de Cuba.—Insurrección separatista.—Carácter horrible de la guerra en Cuba.—Arbitrariedades del gobierno.—Hazañas de *la partida de la porra*.—Vuelven á ser abiertas las Cortes.—Proposición de autorización al gobierno para plantear leyes.—Protestas que provoca.—Discurso de Pí y Margall.—Preparativos de los progresistas para recibir á Amadeo.—Asesinato del general Prim.—Impresión que produce.—Misterio en que queda el crimen.—Llegada de Amadeo á España.—Su actitud.—Entrada en Madrid.—Su juramento y proclamación.

El 1.º de Octubre, cuando comenzaba á iniciarse la insurrección federal, reanudaron las Cortes sus sesiones pronunciando el presidente don Nicolás María Rivero un discurso en el que excitó á los diputados á terminar la obra constitucional votando las leyes complementarias; pero todos se mostraban preocupados con la naciente insurrección é hicieron poco caso de las palabras del presidente.

En la sesión del 2 de Octubre, Prim se levantó para poner en conocimiento de la Cámara que estaban rotas casi todas las líneas férreas y telegráficas de toda España, por lo que pedía se concediesen al gobierno facultades extraordinarias para hacer frente á la situación. El ministerio aun concretó más sus aspiraciones, dando lectura á un proyecto de ley por el cual se declaraban en suspenso las garantías constitucionales, quedando autorizado el gobierno para declarar en estado de sitio las provincias que creyese convenientes.

En la siguiente sesión púsose á discusión este proyecto, combatiéndolo la minoría por boca de Orense, Figueras y Castelar, quien pronunció un discurso elocuentísimo contra las despóticas aspiraciones del gobierno.

Pí y Margall, en nombre de la minoría, resumió el debate demostrando que las Cortes no tenían el derecho de abdicar su soberanía y oponiéndose enérgicamente á la dictadura que el gobierno solicitaba.

—Tened en cuenta,—dijo á los ministros,—que cuando un poder revolucionario da la batalla á otro más liberal y le vence, la victoria es derrota.

Después demostró que el partido federal se había lanzado á la lucha no por su voluntad, sino por las provocasiones del gobierno que para evitar la propaganda antimonárquica, impedía á los republicanos el legítimo ejercicio de sus derechos.

—Habéis querido la lucha,—exclamó al terminar su discurso,—vosotros sois los responsables de ella, y sobre vosotros caerá la sangre que se derrame.

Estas valientes palabras, fueron acogidas con ruidosas protestas en los bancos de la mayoría, y á continuación Sagasta, con su proverbial destemplanza, se levantó para decir que los republicanos hacían aborrecibles *los derechos individuales que pesaban como una losa de plomo sobre el gobierno* y que de seguir las cosas en tal estado todas las personas honradas tendrían que abandonar España para ir á vivir en Marruecos.

Fácil es imaginarse la indignación que estos groseros insultos producirían en la minoría federal. Orense acusó á Sagasta de haber provocado la insurrección federal con sus arranques de tiranuelo que constituían irritantes retos para la dignidad del pueblo español. Pí y Margall quiso también contestar en defensa de su partido; pero Rivero, contra todo derecho, le negó la palabra mientras contemplaba impasible como se insultaban desde sus asientos los diputados de la mayoría y de la minoría y como Sagasta aprovechaba el tumulto para llamar rebeldes á los diputados federales, negándoles la facultad de continuar en la Cámara.

Después de este escándalo y de lo

público que era que los diputados federales alentaban la insurrección, la situación de la minoría en las Cortes resultaba violenta, por lo que acordó unánimemente el retirarse. Figueras y Castelar, que aun se mostraban belicosos, optaban por la retirada absoluta; pero Pí y Margall se oponía á esta idea conociendo que el alzamiento no tardaría á ser dominado por el gobierno, y que si la minoría se cerraba voluntariamente las puertas de la legalidad, el partido perdería toda su importancia. Al fin se acordó una retirada condicional que duraría lo que el gobierno tardase en levantar la suspensión de las garantías constitucionales, y en la sesión del día 5, después de un extenso discurso de D. Fernando Garrido contra el proyecto del gobierno, se puso á votación éste, siendo aprobado por ciento cincuenta y cuatro votos contra diez y nueve.

Al aprobarse la ley, se levantó Castelar para manifestar al gobierno en nombre de los diputados federales, que éstos no podían ni querían permanecer en las Cortes mientras estuviesen suspendidos los derechos individuales; pero que volverían así que las garantías constitucionales estuviesen restablecidas, para acusar solemnemente al gobierno. Prim rogó por tres veces á los republicanos que no se retirasen, diciendo que mirasen bien lo que hacían; pero Castelar respondió con entereza que si aquellas palabras envolvían una amenaza la rechazaba, y sí un ruego, no podía atenderlo.

Los diputados federales se retiraron aquel mismo día, y aunque algunos, como Pí y Margall, no eran partidarios de la insurrección, acataron los hechos consumados y por compañerismo hicieron cuanto pudieron en favor de los sublevados.

Cuando el alzamiento federal quedó dominado, mostróse el partido republicano quebrantado, aunque no abatido, por la imposibilidad momentánea de seguir oponiéndose al gobierno.

Los republicanos eran perseguidos con fiero encono; unos estaban proscriptos, otros ocultos y varios diputados de la minoría como Orense, Cala, Benot, Pruneda, Bori y Soler, estaban en la cárcel por su complicidad en la insurrección.

Prim, ante el momentáneo desaliento de los federales, creyó que era llegado el instante de llevar á cabo sus planes monárquicos sentando en el trono de España al duque de Génova, candidato á favor del cual tenía asegurados más de ciento cuarenta votos de la mayoría.

Apenas se trató de la elección de rey, volvió á surgir la discordia en el seno del gabinete, pues los ministros unionistas no querían transigir con la candidatura del presunto Tomás I. Prim intentó impedir el desacuerdo ministerial; pero en 2 de Noviembre D. Manuel Silvela y D. Constantino Ardanaz, ministros de Estado y de Hacienda, presentaron sus dimisiones, siendo reemplazados por un progresista y un demócrata monárquico. El primero fué D. Laureano Figuerola que volvió á ocupar la cartera de Hacienda, y de la de Estado se encargó D. Cristino Martos, recomendado eficazmente por su amigo Rivero.

Otro unionista quedaba en el gabinete y era el brigadier Topete, el cual por exigencias de Montpensier y su partido presentó la dimisión, que no le fué admitida, llegando á decir á Prim con este motivo en pleno Congreso, que Serrano, Topete y él eran tres hombres necesarios para la marcha de la revolución, por lo mismo que se completaban, y que si Topete insistía en retirarse él haría lo mismo. Esta declaración fué desmentida dos días después, pues Topete se retiró y Prim no solamente permaneció en su puesto sino que se encargó interinamente de la cartera de Marina.

Serrano mostrábase muy disgustado por la derrota que habían sufrido sus amigos los unionistas y el duque de Montpensier; pero como su cargo de regente era puramente honorífico y no le permitía la menor intervención en la política, hubo de respetar los manejos de Prim.

Con la ausencia de la minoría federal, las Cortes Constituyentes, que poco antes se mostraban tan animadas y exuberantes en elocuencia, cayeron en una calma fúnebre, deslizándose las sesiones lánguida y monótonamente sin otros incidentes que las brutalidades oratorias de Becerra, que por lucirse como ministro de Ultramar, acusó á los republicanos de estar en connivencia con los filibusteros de Cuba, que les enviaban dinero para que llevasen á cabo la insurrección federal; desatinos de que se rió toda la Cámara y que sólo merecieron por parte de los interesados un despreciativo silencio.

Prim había prometido á la minoría federal que levantaría la suspensión de las garantías constitucionales apenas terminase la insurrección, pero transcurrió más de un mes sin que el gobierno cumpliese su palabra, y entonces comprendió Pi y Margall que el general quería aprovecharse de la afirmación hecha por los diputados federales y tenerlos fuera del Congreso todo el tiempo que le conviniera, con lo que se libraría de sus justos ataques.

Pí y Margall para evitar que se realizase el plan de Prim reunió á los diputados residentes en Madrid el 20 de Noviembre, manifestándoles la conveniencia de volver á las Cortes, á lo que se resistieron muchos, juzgando indecoroso olvidar de tal modo la afirmación que habían hecho ante el país; pero Pí les hizo ver que podían entrar en el Congreso honrosamente y censurando al gobierno por la dictadura que ejercía, y en otra reunión que se verificó dos días después acordóse tras un largo debate volver á las Cortes, dando primeramente un manifiesto al país para justificar tal acto.

De la redacción de dicho documento fué encargado como de costumbre D. Emilio Castelar, que impresionable por temperamento y en vista del mal éxito que había tenido la insurrección por él provocada, evitó hablar en el manifiesto de federación, lo que indignó á Pi y Margall y á muchos diputados, quienes le obligaron á redactar otro borrador que tampoco fué aprobado. El tercer manifiesto que escribió Castelar fué el que aprobaron los diputados de la minoría por ser sus declaraciones federales, categóricas y claras.

Después que el manifiesto hubo circulado profusamente por toda España, volvieron los diputados federales á las Cortes el 27 de Noviembre.

Pi y Margall había sido encargado por sus compañeros de explicar al gobierno las causas que habían influído en ellos para volver á las Cortes, pero Figueras, que estaba despechado por no habérsele encargado tal misión, quiso ser el primero en hablar, y apenas tomó asiento promovió una discusión incidental sobre atropellos cometidos por la autoridad militar de Reus.

Este debate que Figueras tuvo buen cuidado en prolongar no terminó hasta muy entrada la tarde y entonces fué cuando Pi y Margall pronunció el siguiente magnífico discurso que fué la más tremenda acusación dirigida contra aquel gobierno.

«Señores diputados: Hace poco más de mes y medio que abandonamos voluntariamente estos bancos los diputados de la minoría republicana. En suspenso las garantías constitucionales y en abierta insurrección nuestro partido, creímos que ni podíamos ni debíamos permanecer entre vosotros. Después que la insurrección estuvo concluída, esperábamos para volver á estos bancos que el gobierno viniera á deponer en manos de las Cortes la dictadura de que le habían investido; pero viendo que esa dictadura se prolongaba y de día en día se iban violando y conculcando más y más las leyes, hemos creido de nuestro deber venir á estos escaños para ver si podemos detener al gobierno en ese camino de arbitrariedad, en cuyo término no puede encontrar sino su propia ruina.

»Mermadas están nuestras huestes, menores son las fuerzas con que contamos; pero tales como son, creemos que serán bastantes para salvar la libertad amenazada.

»Venimos aquí después de una insurrección. ¿Qué es lo que esa insurrección ha sido? Se cree generalmente que ha sido una batalla dada por el partido republicano á los poderes constituídos.

»Eso no es exacto. Esa insurrección no ha sido una batalla dada, sino una batalla aceptada; no se ha hecho con ella más que contestar á un reto, á un reto intencional y sin intención; pero al fin reto.

»Ya os lo dijimos antes de abandonar estos bancos, y hoy os lo repito. Tomando por pretexto un bárbaro asesinato cometido en Tarragona en la persona de un funcionario público, empezasteis por el desarme de la milicia de aquella ciudad, que en ningún modo podía ser responsable de aquel crimen. Al día siguiente desarmasteis la milicia de Tortosa, que todavía tenía menos que ver con aquellos deplorables acontecimientos.

»Poco después, porque unos comandantes de voluntarios protestaron en Barcelona contra tan injustificados desarmes; como si esta protesta fuera un crimen, como si aun siéndolo pudieran ser responsables de él los batallones de que eran jefes aquellos comandantes, disolvisteis parte de la milicia de Barcelona. No pudiendo aquellos voluntarios resistir á tal ultraje, se alzaron en armas, formaron barricadas, y después de una lucha insignificante, se lanzaron al campo, dando origen á una insurrección, que ha sido indudablemente una de las de más importancia.

»Muchos creyeron entonces interesado el honor del partido en la lucha, y lo creyeron tanto más, cuanto que vieron en la *Gaceta* una circular del ministro de la Gobernación, en la cual se decía que debían impedirse á toda costa los ataques que se dirigiesen contra la Constitución monárquica del Estado: palabras que, traducidas como siempre se traducen en este país palabras de ese género, podían habernos llevado á la completa destrucción de la libertad del pensamiento.

»Vuestro sistema de provocación ha sido tal que hasta después de empeñada la lucha, digo mal, cuando la insurrección iba ya de vencida, cuando algunos de sus jefes ganaban unos las fronteras de Portugal, otros las de Francia, disteis lugar á uno de los más sangrientos episodios de esta corta guerra.

»Los batallones de voluntarios de Valencia se habían comprometido á defender la causa del orden. Vosotros, sin embargo, quisisteis desarmarlos siguiendo una conducta bien distinta de la que seguisteis en Madrid, y disteis lugar á una sangrienta lucha que será indudablemente una importante página de la triste historia de vuestras insurrecciones populares.

»Me diréis que las provocaciones de los gobiernos no autorizan siempre una insurrección. Pero yo os pregunto: vosotros, que como gobierno habéis salido de la parte más culta é ilustrada del país ¿no os consideráis con suficientes fuerzas sobre vosotros mismos para moderar vuestras pasiones, para conteneros dentro de los límites de la prudencia, para respetar las leyes, y queréis que los pueblos, menos cultos y menos ilustrados tengan más imperio sobre sí mismos y sepan moderar sus pasiones dentro del círculo de la ley escrita?

»Un mal grave han tenido todos los gobiernos anteriores, y ese mal habéis tenido vosotros. Apenas nace un conflicto, empezáis por desconfiar de las leyes, las pedís en seguida de carácter excepcional, y después no sabéis conteneros ni aún dentro de los límites de esas mismas leyes.

»Nace en Julio la insurrección carlista cuando acababa de promulgarse la Constitución, y al instante, cerradas como estaban las Cortes, os abrogasteis la facultad de restablecer la ley de 17 de Abril de 1821, ley bárbara y draconiana, contra la cual todos vosotros habéis protestado.

»Nace la insurrección republicana á fines de Setiembre, y apenas se abren las Cortes, venís á pedir se suspendan las garantías constitucionales y se os dé facultad para declarar en estado de guerra algunas provincias del reino ó el reino entero.

»No satisfechos cuando la insurrección carlista con haber restablecido la ley de 17 de Abril de 1821, expedís por el Ministerio de la Guerra una orden por la que se previene á los comandantes de la fuerza armada que fusilen en el acto á los insurrectos que cojan con las armas en la mano y aun á aquellos que las hayan abandonado en el momento de la fuga. Después de obtenida durante la insurrección republicana la suspensión de las garantías individuales y la autorización para declarar en estado de guerra las provincias, no satisfechos tampoco, desterráis á centenares de ciudadanos á más del radio de 250 kilómetros contra lo que la Constitución previene. Y ¡cosa triste! cuando aquí ha venido un diputado carlista á pedirnos cuenta de la bárbara orden que se expidió por el Ministerio de la Guerra, se ha levantado nada menos que el señor Presidente del Consejo de Ministros para decir que él es su autor, y que acepta la responsabilidad de los fusilamientos de Montealegre; que con ellos impidió que toda una provincia se levantase en armas, y que si volviesen á sobrevenir acontecimientos iguales volvería á hacer lo mismo. ¡Oh! ¿En qué país vivimos? ¿Dónde estamos? El señor Presidente del Consejo de Ministros ¿ha medido bien la extensión de las palabras que aquí pronunció, ha comprendido bien el sentido que tienen? Esto era decir: en surgiendo un conflicto cualquiera, para mí no hay leyes; sobre la voluntad de la nación está la mía; sobre la fuerza de la ley está la ley de la fuerza.

»Y si esto es así, ¿á qué buscar garantías para los derechos individuales, á qué redactar Constituciones, á qué poner cortapisas á los poderes públicos? ¿No valdría más que en las Constituciones se escribiese un artículo que dijese: en cuanto surja un conflicto, en cuanto alguien se levante en armas, las leyes todas quedarán cerradas en una arca de siete llaves, y no habrá sobre ella más que la espada del soldado? Triste, aflictiva es la noticia de las víctimas de sus bárbaras é inhumanas órdenes; pero más triste, más aflictivo todavía es ver el desprecio con que el gobierno habla de las leyes en el mismo seno de la representación nacional.

»Vengamos, empero, á la insurrección republicana: concretémonos á ella y veamos el uso que ha hecho el gobierno de la dictadura que se le concedió por la ley de 5 de Octubre. ¿Qué se le concedía por esta ley? Se le concedía que pudiese prender á los ciudadanos, aunque no fuese por causa de delito; que pudiese allanar nuestras moradas sin auto de juez competente; que pudiese suspender el ejercicio de la libertad de imprenta, de la libertad de reunirse, de la libertad de asociarse. A esto se reducían las facultades del gobierno por la ley de 5 de Octubre. De todas estas facultades el gobierno ha usado bien á su sabor. Ha suprimido casi todos los periódicos republicanos, y los que se han salvado han necesitado del beneplácito de las autoridades militares para poder circular por las provincias; se han cerrado todos los clubs de nuestro partido; se han disuelto todos nuestros comités, todos nuestros casinos, todas nuestras asociaciones; no queda nada en pié. Han sido presos centenares de ciudadanos sin formación de causa, sin que se les conozca delito; se han allanado las moradas de cuantos ciudadanos han parecido sospechosos á los gobernadores de provincia; se ha hecho, en fin, cuanto cabía hacer dentro de las facultades excepcionales. Y todo sin necesidad ninguna, teniendo en las leyes comunes medios sobrados para sofocar aquella insurrección. ¿No teniais por ventura una ley de imprenta en virtud de la cual son castigados todos los artículos en que se comete algún delito penado por el Código? Si algún artículo sedicioso hubiese visto la luz en un periódico, ¿no teniais el recurso de detener á sus autores, de llevarlos á los tribunales de justicia y de castigarlos por fin? Si en nuestros clubs se hubiesen dado gritos subversivos, si se hubiese llamado al pueblo á las armas, ¿no teniais acaso el derecho de prenderlos como verdaderos autores del delito de rebelión y sedición, tan duramente penados por el Código? Si, en una palabra, nuestras asociaciones se extralimitaban, ¿no teniais medios para reprimirlas dentro del Código mismo? ¿Para qué entonces la arbitrariedad? ¿Qué se adelanta con prender á los ciudadanos y allanar las moradas cuando no son reos de ningún delito? ¿No comprendéis que entonces lo que sucede es precisamente lo contrario de lo que queréis conseguir? ¿No comprendéis que entonces se exaltan las pasiones, y que si la insurrección tenía una importancia como dos, llega á tenerla como ciento?

»Si vosotros os hubierais siquiera limitado al uso de las facultades que las Cortes os concedieron... Pero vosotros os habéis salido de la ley de 5 de Octubre que os confirió esas atribuciones extraordinarias. ¿Cuántos centenares de ciudadanos, procedentes de Aragón y Cataluña, tenéis, hoy en la Carraca, es decir, á más de cien leguas de su residencia, sin que se les haya formado causa, según acaba de confesarnos el señor Presidente del Consejo de Ministros? ¿Cuántos centenares de ciudadanos tenéis detenidos, sin que sepan aún por qué causa se les prendió? Hay un artículo en la Constitución que dice, que aun cuando estén en suspenso las garantías constitucionales, no tenéis derecho para deportar, ni extrañar del reino, ni para desterrar á más de cuarenta leguas de su domicilio á los ciudadanos, como no sea en virtud de providencia de juez competente. ¿No os bastaban aún las facultades discrecionales, que habéis tenido que saltar por ellas y usurpar atribuciones que no se os habían concedido? No es ésta, sin embargo, la sola falta que habéis cometido. ¿Se os autorizó acaso por la ley de 5 de Octubre para que suspendierais los ayuntamientos republicanos todos, para que separaseis de las diputaciones provinciales á los que profesaban nuestras ideas, para que desarmaseis á todos los voluntarios republicanos de España, con excepción de los de Madrid? ¿En virtud de qué ley habéis podido hacer todo esto?

»Sé que hay una ley municipal, una ley provincial, un decreto orgánico sobre los Voluntarios de la Libertad, leyes todas escritas por vosotros mismos; pero sé también que las habéis violado todas escandalosamente. Con arreglo á vuestra ley municipal, no pueden ser suspendidos los ayuntamientos más que por tres causas: primera, por extralimitación grave, dándola publicidad é incitando á los demás ayuntamientos á cometerla; segunda, por alteración del orden público: tercera, por desobediencia grave cuando el ayuntamiento insiste en ella después de haber sido amonestado y multado.

»Decidme: todos esos ayuntamientos que habéis, no sé si destituído ó suspendido ¿han cometido alguno de esos delitos? Está prevenido en la misma ley municipal que la suspensión no puede ser más que de treinta días: que á los tres días debe el gobernador de la provincia elevar el expediente al gobierno; que el gobierno ha de pasarlo en seguida al Consejo de Estado, y decidirse dentro de los treinta días, ó bien á llevar á los ayuntamientos suspensos á los tribunales de justicia, ó bien á presentar á las Cortes un proyecto de ley de disolución. Antes de los treinta días, ó lo que es lo mismo dentro de ese plazo, debíais haber sujetado á los ayuntamientos suspensos á la formación de la correspondiente causa criminal ó haber presentado aquí un proyecto de ley para disolverlos.

»¿Cuántos proyectos de ley han sido presentados á estas Cortes, para disolver á los ayuntamientos suspensos? ¿Cuántos dictámenes ha dado el Consejo de Estado para que se procese á esos mismos ayuntamientos? Ni el Consejo de Estado ha dado esos dictámenes, ni vosotros habéis venido á pedir esa disolución. ¿De qué necesitamos más para que todo el mundo se convenza de las ilegalidades que habéis cometido?

»No vengo á confundir unos ayuntamientos con otros. Si los ha habido que han tomado parte en la insurrección; si los ha habido que han desobedecido al gobierno, estabais en vuestro derecho al suspenderlos; pero aún tratándose de estos ayuntamientos, estabais en la obligación de llenar los preceptos de la ley.

»Para que veáis cómo una arbitrariedad no hace más que engendrar conflictos y agravar situaciones ¿sabéis á qué estáis expuestos siguiendo esta conducta? Hay ya muchos ayuntamientos entre los suspensos, que lo ha sido hace ya más de treinta días; y la ley dice, que cuando los ayuntamientos suspensos no hayan sido sometidos á los tribunales de justicia, ni se haya presentado proyecto de ley para su disolución, esos ayuntamientos quedan repuestos de hecho y de derecho. Pues bien: suponed ahora que esos ayuntamientos suspensos vinieran y dijeran: «En virtud de esa ley que nos declara repuestos de hecho y de derecho, nosotros nos presentamos en las casas consistoriales y volvemos á ocupar sus escaños, desalojando de ellos á los que no podemos mirar ya más que como intrusos.» Suponed más: suponed que el alcalde, que es, como sabéis, el jefe nato y superior de la fuerza ciudadana, llama en su auxilio á los Voluntarios de la Libertad, y viéndose contrariado por vuestras autoridades, resiste y se promueve un conflicto. ¿Qué sucedería entonces? ¿De parte de quién estarían la razón y el derecho? La razón y el derecho estarían de parte de los ayuntamientos, y vosotros seriais los rebeldes. Hé aquí á lo que conduce el camino de la arbitrariedad; se trata de evitar conflictos, y no se hace más que engendrarlos.

»No quiero aumentar el capítulo de cargos que estoy formulando, ocupándome de las diputaciones provinciales, que en cuanto á su suspensión, se rigen poco más ó menos por las mismas leyes que los municipios.

»Vengamos ahora á la disolución de los Voluntarios de la Libertad. ¿En virtud de qué derecho habéis disuelto toda la milicia republicana del país excepto la de Madrid? ¿Os autorizaba para ello la ley de 5 de Octubre? No. ¿Os autorizaba para ello el decreto orgánico de los Voluntarios? Tampoco. La ley sobre los Voluntarios de la Libertad, es, á no dudarlo, más vaga, más ambigua que la ley de ayuntamientos. Aquella ley dice, que cuando por circunstancias graves el gobierno crea necesario disolver en todo ó en parte los batallones de Voluntarios, tiene el gobierno el deber de ponerlo en conocimiento de las Cortes, inmediatamente si están abiertas; en las ocho primeras sesiones si cerradas, y ha de proceder á su inmediata reorganización.

»En un principio, al abrirse las Cortes, recuerdo que vinieron aquí algunas comunicaciones en que se participaba que habían sido desarmadas las milicias de Tarragona, Tortosa y Barcelona, anunciando que se las reorganizaría en cuanto la insurrección fuese sofocada. Pero ¿han oído las Cortes el desarme de los Voluntarios de la Libertad de los demás pueblos de España? ¿Han visto que en algún punto se haya procedido á la reorganización de la milicia ciudadana? ¡Ah!

no es extraño: se necesitaba sin duda de un pretexto para ir desarmando la milicia.

»Todos sabéis que el partido progresista, si bien en algún tiempo creyó que la milicia era una institución necesaria, llegó tiempo en que la miró con cierto recelo y desconfianza. Ya en 1851 algunos de sus hombres no vacilaron en decir que la consideraban como peligrosa, como un obstáculo para la conservación del orden público. Después que el general Prim volvió de la unión liberal al seno del partido progresista, se ocupó el partido de esta cuestión, y hubo periódicos progresistas que tuvieron sus vacilaciones y sus dudas acerca de si la milicia era una institución que formaba parte integrante y especial del dogma progresista. Después acá, efecto sin duda de ese cambio de ideas, no habéis sido nunca vosotros los que habéis armado la milicia; ella es la que se ha armado á pesar vuestro. Ella es la que se armó en 1854; ella la que se ha armado en Madrid en 1868.

»En los puntos en que no haya un Escalante para abrir los parques del Estado y entregar á los ciudadanos las armas, ¡que pocos voluntarios habéis armado! ¡Con cuánta lentitud habéis organizado los batallones hasta en las ciudades más populosas! Recordad ahora que dentro de este mismo recinto, un ministro progresista, en una sesión célebre, estuvo poniendo de relieve todos los peligros que encerraba la milicia ciudadana, y la estuvo presentando como un escollo contra la libertad y el orden; unid á esto la conducta que acaba de seguir el gobierno y os explicaréis perfectamente el desarme.

»Mas si el partido progresista ha cambiado de opinión; si cree realmente que la milicia es un peligro; si considera con ella imposible el orden ¿por qué razón no ha venido á decirlo con franqueza? ¿Por qué razón no ha abordado de frente la cuestión y no ha desarmado en un día toda la milicia de España sin distinción de partidos? Porque lo duro, lo grave, lo terrible es ver al que debe ser gobierno de la nación convertirse en gobierno de bandería.

»Ved cuántas ilegalidades habéis cometido. Ya sabéis que no suelo ser difuso, ya sabéis que no suelo exagerar los cargos. Me contento con formularlos y voy á formular el último.

»Vosotros habéis ejercido la dictadura en virtud de la ley de 5 de Octubre, y esa ley decía que quedaban suspendidas las garantías constitucionales para mientras durase la insurrección á mano armada. ¿Cuánto tiempo hace que la insurrección á mano armada ha concluído? Vosotros, sin embargo, conserváis la dictadura. ¿Diréis quizá que la insurrección no está concluída? Cuando os conviene, venís diciendo que hace ya tiempo que concluyó; cuando os conviene, venís hablando de partidas que aun están recorriendo algunos puntos del reino, partidas de que nadie tiene noticias sino vosotros. Mas es ya un hecho que la insurrección acabó, y acabó hace ya tiempo. Vuestro deber era haberos presentado aquí tan pronto como acabó la insurrección armada, á decir: «El período de insurrección armada ha concluido, concluida está también la suspensión de las garantías constitucionales, concluida mi dictadura. ¿Por qué no lo habéis hecho? ¿Qué motivos tenéis para no hacerlo?

»El verdadero motivo es el que las causas que hoy penden de los consejos de guerra pasarían á los tribunales ordinarios. ¡Qué miedo tienen siempre los gobiernos á los verdaderos tribunales! Si creéis que los procedimientos de los tribunales ordinarios son lentos, enojosos, inútiles ¿por qué no venís á proponernos la reforma del procedimiento criminal haciendo que sea más rápido? Si, por el contrario, creéis que las prácticas exigidas en nuestra ley de procedimientos para defender la inocencia y conocer al verdadero delincuente, son necesarias para la defensa de la inocencia y para depurar la criminalidad del acusado ¿por qué persistís aún en llevar á ciertos delincuentes á los consejos de guerra? O por mejor decir ¿por qué no suprimís el bárbaro procedimiento que se sigue en esos consejos? ¿Sabéis la inconsecuencia en que incurrís entregando á los consejos de guerra á esas pobres víctimas que llamáis insurrectos?

»Hace medio siglo que está escrito en todas las Constituciones que debe establecerse el jurado para toda clase de delitos. Esta es la hora en que el jurado no se ha establecido. ¿Sabéis por qué? Porque se ha dicho siempre que el pueblo está poco ilustrado, que el pueblo podría hacer prevalecer la voz de las pasiones sobre la de la razón, que el pueblo podría dejarse llevar de intereses personales, de rencores, de odios y de espíritu de venganza. A pesar de esto, existe esa especie de jurado que llamamos consejo de guerra, compuesto ¿de qué personas? ¡De hombres que acaban de batirse con aquellos á quienes van á juzgar; de hombres que están tal vez heridos por las balas de los acusados; de hombres que acaso han visto caer muertos por las balas de los insurrectos á sus más queridos camaradas, acaso á sus hermanos, quizá á sus propios hijos! ¿Quién se ha de atrever á sostener que los consejos de guerra no sean más peligrosos que el jurado del pueblo? ¿Quién, que esos consejos no se dejarán llevar de la voz de la pasión, del rencor, del odio, del deseo de venganza? Para sostener esos consejos de guerra, sin embargo, es para lo que estáis sosteniendo la suspensión de garantías.

»Seguís ejerciendo la dictadura ¿y en odio á quién? En odio al partido republicano. Deseáis mermar las fuerzas de ese partido porque le creéis un obstáculo para vuestros planes monárquicos. Por eso le habéis provocado á batalla y por eso siguen en suspenso las garantías constitucionales. Y, sin embargo, después de haber cometido toda esa serie de arbitrariedades de que os he hablado ¿qué habéis conseguido? Han surgido en seguida una porción de conflictos y habéis tenido que ceder vergonzosamente. Creíais necesaria una gran reforma en el clero, la considerabais urgentísima, sobre todo bajo el punto de vista económico, y cuando habéis planteado la cuestión, habiendo encontrado en frente de vosotros la unión liberal, habéis debido pasar por la humillación de renunciar á vuestros proyectos, contentándoos con que se haga una rebaja del treinta por ciento en el presupuesto del clero.

»Habéis querido resolver la cuestión monárquica presentando una candidatura fantástica de la cual nadie hace caso en España; habéis ido rebuscando votos en su favor de una manera incalificable, y sin embargo, os halláis sin candidato, os halláis sin la solución á que aspirabais. Habéis vencido á los republicanos; y después de haberlos vencido, os halláis con las mismas ó mayores dificultades que antes.

»El partido progresista hace ya tiempo que no comprende cuál es su verdadera situación. He sido uno de sus más acérrimos enemigos en la prensa; permítanme ahora que les demuestre cuál es su verdadero estado. Esta lección será, después de todo, provechosa, no porque venga de mí, sino porque viene de los mismos hechos.

»El partido progresista, ayer fuerte, es hoy débil. Se halla sólo en el poder y se vanagloria de haber echado de su seno á la unión liberal. Desgraciadamente está más solo de lo que se cree.

»Así como en el tiempo no hay más que tres instantes, el pasado, el presente y el futuro, así en las naciones no hay más que tres partidos lógicos, el partido de lo pasado, el partido de lo presente, el partido de lo porvenir: concretándolo más: el partido de la tradición, ó sea el partido absolutista; el partido de lo presente, ó sea el partido conservador; el partido de lo futuro, ó sea el partido revolucionario.

»Esos tres partidos corresponden por otra parte á los tres grandes elementos con que se desenvuelve toda idea, con que se realiza todo progreso: el uno es siempre una afirmación, el otro una negación y el otro una síntesis. Cuando un partido representa uno de esos tres grandes momentos de toda idea, no solo es lógico, sino también fuerte. Pero ¡ay del día en que un partido pierda su significación! ¡Ay del día en que deje de ser lo que fué! El partido progresista era en otro tiempo el partido revolucionario; es decir, el partido del porvenir, la representación de las ideas más avanzadas del país.

»Las aspiraciones todas del pueblo español estaban escritas en la bandera del partido progresista. Era entonces este partido, poderoso, fuerte. Volved sino la vista al año 1836. El partido absolutista estaba luchando bravamente en las provincias del Norte y del Oriente: el partido conservador, asido á esas tradiciones, de que no quería desprenderse, se mantenía firme en el gobierno, y el partido progresista, á pesar de los desastres de aquella guerra, á pesar de una situación en que no se sabía si triunfaría al fin la libertad ó el despotismo, agitaba las ciudades, ponía en conmoción los pueblos y arrancaba á los poderes constituidos concesiones cada día mayores, concesiones que le iban elevando á la completa posesión del poder y á la realización de sus ideas.

»¡Ah! tuvo entonces un ministro de Hacienda, á la vez Presidente del Consejo de Ministros, que inspirándose en las ideas del partido, vino á destruir el mundo feudal para levantar sobre sus ruinas el reinado del trabajo. ¡Qué grandes, qué poderosos erais entonces! Vosotros restaurasteis las antiguas leyes de desvinculación y desamortización, vosotros desmayorazgasteis los bienes de los nobles; vosotros desamortizasteis los que estaban en manos de las comunidades religiosas; vosotros suprimisteis el diezmo; vosotros hicisteis entrar en la circulación una gran masa de la propiedad, que estaba concentrada y muerta en manos de los sacerdotes y de los ricos hombres. No satisfechos aun con haber realizado esas grandes reformas, sin temor á lo que pudiese decir la Iglesia, sin deteneros un punto ante la consideración de que iba á encenderse de nuevo la guerra civil, acabasteis por desamortizar hasta los bienes del clero secular.

»No erais sólo fuertes en el terreno de la economía, lo erais también en el de la política. En 1840 ¿de qué necesitasteis para vencer á la reina madre? Os bastó vuestra voluntad; os bastó querer para destruir aquella regencia y levantar sobre sus ruinas á vuestro caudillo, á vuestro jefe, el general Espartero.

»Vosotros os encontrasteis entonces en una situación en que no se ha encontrado después partido alguno. Erais dueños del Poder legislativo y del Poder ejecutivo; erais dueños del ejército y del pueblo; no teniais que luchar como han tenido que luchar los partidos conservadores, ni con las camarillas de palacio ni con los antojos de una reina.

»¡Cuán fuertes, cuán poderosos erais! Sin embargo, caisteis; en parte por no saber afianzar las conquistas del progreso, por no seguir la senda que el mismo progreso os trazaba; pero caisteis además por una causa que aun no os explicáis. La idea republicana, que ya había tenido sus mártires en 1796; la idea republicana que había asomado tímidamente durante el período de las Cortes de Cádiz; la idea republicana que había entrado ya en conjuraciones en 1821, en el año 40 hizo de nuevo su aparición en el estadio de la vida política. Creció entonces rápidamente, y á poco tenía ya sus órganos en la prensa de Madrid y en la de Barcelona; á poco os daba una batalla en las calles de aquella ciudad, consiguiendo de pronto un señalado triunfo.

»Más tarde, cuando caisteis víctimas de aquella funesta coalición, cuyas tristes consecuencias hemos sufrido todos, la idea republicana se extinguió, digo mal, se eclipsó por algún tiempo; pocos años después, gracias al sacudimiento que produjo la revolución francesa de 1848, se encarnó en algunos diputados de aquel Parlamento, constituyó programa, bandera, y se reunió alrededor de esa bandera todo un partido. El partido progresista había sido antes el representante de las ideas más avanzadas del país; el partido democrático fué entonces el que vino á ser la expresión más fiel de las aspiraciones del pueblo. El partido democrático fué entonces agrandándose y vosotros decreciendo.

»Ved, sino, lo que os ha sucedido desde 1843. En 1844 os subleváis en Alicante y Cartagena, y sucumbís. En 1846 os subleváis en Galicia y sucumbís también. En 1848, aprovechando la revolución de Febrero, os subleváis en Madrid y Sevilla, y también sucumbís. Mientras estuvisteis solos, siempre sucumbisteis, siempre. En 1854 lograsteis levantar la cabeza y enseñorearos del poder; pero ¿cómo? Con la ayuda de una fracción conservadora, con el auxilio de los hombres de Vicálvaro. Ellos fueron los que hicieron la revolución; vosotros no pudisteis hacer más que secundarla.

Vencedores, os visteis obligados ya entonces á incluir en vuestras candidaturas los nombres de algunos republicanos para hacerlas aceptables al pueblo.

»Se abrieron las Cortes Constituyentes de 1854 y se empezó á notar desde luego un movimiento que era lógico, y como tal necesario; una parte del partido progresista fué acercándose á los demócratas, y otra parte iba caminando hacia los hombres de Vicálvaro. Entonces fué cuando se constituyó el centro parlamentario, primer bosquejo de la unión liberal. Gracias á aquel centro pudo Odonell bombardear este recinto y ametrallarnos en las calles de Madrid.

»Pasó algún tiempo: Odonell entró por segunda vez en el poder. De improviso visteis pasar á las filas de la unión liberal la flor y nata de vuestro partido, los hombres más eminentes que teniais, salvo algunas excepciones. A esos hombres los calificasteis entonces de traidores, de tránsfugas, de hombres que habían vendido su causa. No; esos hombres habían comprendido, mejor que vosotros ahora, la verdadera situación del partido progresista; esos hombres conocieron la evolución por que había pasado.

»Desde entonces acá, habéis intentado varias veces sobreponeros á los poderes constituidos; nada tampoco habéis conseguido. En 1866 se subleva el general Prim al frente de algunos escuadrones; no pudo hace más que cruzar España para ganar la frontera de Portugal. En 22 de Junio del mismo año os subleváis en las calles de Madrid, y á pesar de tener á vuestro lado parte de la democracia, á pesar de tener soldados, armas, cañones, sucumbisteis de nuevo. Emigrados ya, desde Bruselas, desde París, desde otros puntos, fraguáis una vasta conspiración trabajando durante todo un año en el ejército y el pueblo y no lográis hacer más que la pobre y ridícula algarada de Agosto de 1869.

»En 1868 triunfasteis; pero ¿cómo? ¿Vosotros solos? No: triunfasteis porque se levantó con la armada un Topete que no era progresista; triunfasteis porque se levantó al frente del ejército de Andalucía un Serrano, jefe de la unión liberal. Serrano dió la batalla de Alcolea y decidió los destinos de los Borbones y también los destinos de la revolución.

»¿No os dicen nada estos hechos? Vosotros que erais antes tan poderosos por vosotros mismos, ¿no comprendéis que algo debe haber pasado para que después no hayáis podido nada con solo vuestras fuerzas? Como os he dicho antes, habéis perdido toda vuestra influencia. Dejasteis de ser la expresión de las ideas más avanzadas del país y fuisteis debilitándoos, perdiéndoos cada vez más, euajenándoos, sobre todo, las simpatías del pueblo, las simpatías de la sociedad española.

»¿Qué representáis ahora? ¿Las clases conservadoras? No: las clases conservadoras no están nunca por gobiernos que blasonan de revolucionarios. ¿Representáis la clase del campo, esa clase, no de propietarios, sino de labradores, que están fecundando con el sudor de su frente los campos de la patria? Tampoco; esos, ó son republicanos, ó son absolutistas de Carlos VII. ¿Representáis tampoco esas grandes masas obreras de las ciudades que se hallan en contacto con las de toda Europa y están preparando una revolución que dejará oscurecidos vuestros mezquinos levantamientos? Tampoco, porque esas clases, hoy por hoy, son republicanas.

»¿Qué representáis, pues? La industria y el comercio, que podíais tener con vosotros, es decir, la pequeña industria y el pequeño comercio os ven sin poder resolver el problema económico; os ven marchar de empréstito en empréstito á la ruina y á la bancarrota; os ven sin poder nivelar el presupuesto; os ven sin saber de qué medidas echar mano para saldar el déficit; os ven sin saber qué hacer para salvar la gran crisis económica por que venimos hace años pasando y han perdido en vosotros todo género de confianza.

»¿Qué representáis entonces, repito? Y si nada representáis ¿qué podéis esperar?

»Cuando un partido deja perder como vosotros la bandera que un día levantara; cuando, por mejor decir, se la han arrancado los acontecimientos, es decir, las evoluciones de las ideas, con las cuales no pueden menos de transformarse los partidos, es preciso que ese partido medite sobre sí mismo y estudie las consecuencias de su situación. Un partido que pierde su significación y su razón de ser, tiene necesidad de irse á refundir en los partidos que ha ido creando la marcha de las ideas.

»Por eso el partido progresista no tiene hace mucho tiempo más que dos caminos: ó irse á la unión liberal, ó venirse al partido republicano. O ha de pasar á la unión liberal para aumentar la fuerza conservadora de ese partido, ó venirse al partido republicano para robustecerle y acelerar su triunfo. Pasándose á la unión liberal abdica sus principios, falta á su propio fin: viniendo al partido republicano realiza, por el contrario, su idea de progreso, responde á sus propios principios, está en armonía con sus antiguas aspiraciones.

»Por esto os decía que la lección que podía daros, no yo, sino los acontecimientos, podría ser una lección provechosa.

»Podremos ser republicanos unitarios, he oído alguna vez; pero nunca republicanos federales. Eso no lo decís vosotros, pero lo dicen algunos de vuestro campo.

»Ya sé yo que nosotros tenemos fama de fanáticos, que se nos acusa de que sacrificamos los principios á una vana forma de gobierno. ¡Qué error tan craso! La República federal no es una forma; la República federal es un sistema, y no un sistema meramente político, sino un sistema á la vez político, administrativo y económico.

»¿Sabéis lo qué es la federación? La solución del gran problema político del siglo. Después de haberse reconocido la autonomía de las naciones, se ha reconocido la autonomía del individuo. Después de reconocida la del individuo, se ha visto la necesidad de reconocer en general la autonomía del sér humano, es decir, de todos los seres humanos; del individuo, del pueblo, de la provincia, de la nación, de las naciones. O son autónomos el pueblo y la provincia, ó no lo son el individuo y la nación. Si la nación es autónoma, fuerza es que lo sean todas las colectividades sociales, todas las agrupaciones naturales, el municipio y la provincia.

»Pues bien: la federación viene á asentar sobre bases indestructibles la autonomía del municipio y de la provincia, y dejando establecida la autonomía del municipio y la de la provincia, viene á consolidar la autonomía del individuo y la del Estado.

»Hé aquí por qué os digo que la federación no es una vana forma de gobierno. Determina la esfera de acción de cada una de esas colectividades, y dentro de esa esfera de acción, tanto en lo político, como en lo económico y en lo administrativo, deja en plena posesión de sí mismos la provincia y el municipio.

»Nosotros oponemos la federación á la descentralización. La descentralización es sólo administrativa, y nosotros, no sólo queremos la descentralización administrativa, sino también la política y la económica. Y por ahí resolvemos principalmente la cuestión económica de la Hacienda.

»Con la federación las provincias son completamente libres en el ejercicio de todas sus facultades; con ella presupuestan sus gastos, imponen sus tributos, los distribuyen, los recaudan y los aplican. Descentralizado así por completo el presupuesto y la contribución, como en el Estado no reconoce la federación sino un determinado número de gastos nacionales, deja reducidas las cargas de la nación á un presupuesto exiguo que puede cubrir con uno ó dos tributos.

»Pero es hora ya de que concluya: vosotros habéis cometido una serie de ilegalidades, extralimitándoos hasta de las facultades que os fueron concedidas por la ley de 5 de Octubre; vosotros habéis cometido esas ilegalidades sin llenar vuestro objeto; vosotros lo habéis hecho todo en mengua del partido republicano; y el partido republicano va é irá, sin embargo, creciendo, porque su idea es una idea sólida que se ha encarnado en el país y no puede menos de ir tomando raíces en la conciencia de los pueblos, en el entendimiento de todos los hombres pensadores y amantes de su patria.

»¿Pretendéis seguir por ese camino? Vuestro aislamiento crecerá de día en día y no lograréis resolver ningún problema. ¿Comprendéis vuestro aislamiento y estudiáis en consecuencia lo que os conviene? Tendréis entonces que convenir en que es preciso abdicar toda dictadura y vendréis á refundiros en el partido republicano. He dicho.»

El discurso de Pí y Margall causó profunda sensación en el Congreso y el general Prim le contestó con una breve arenga saludando á los diputados federales con estas palabras:

—En un día de dolor para mí, de dolor para mis compañeros de gabinete y de dolor para todos los señores diputados de la mayoría, os retirasteis de este sitio para ir á tomar las armas. Os hemos batido; os hemos vencido; no os guardamos rencor: seáis bien venidos al terreno legal.

Prim afirmó seguidamente que la libertad no corría peligro alguno y que el gobierno dentro de pocos días depositaría en las Cortes Constituyentes las facultades extraordinarias de que le habían revestido.

Efectivamente, en la sesión del día 9 levantóse la suspensión de las garantías constitucionales, y dos días después Castelar pronunció un elocuentísimo discurso combatiendo la política interior y exterior del gobierno, justificando la reciente insurrección federal y atacando la candidatura del duque de Génova que apoyaba Prim. Sagasta, que seguía dando muestras de intemperancia parlamentaria usando en las Cortes un lenguaje casi tabernario, contestó al elocuente tribuno asegurando con irritante cinismo que el ejercicio absoluto de los derechos individuales y de la libertad sumiría al país en la mayor barbarie, declaraciones propias únicamente de un Narváez ó un González Brabo.

Antes de que las Cortes suspendieran sus sesiones á mediados de Diciembre, aprobaron un dictamen fijando en ochenta mil hombres el ejército permanente, á pesar de la oposición de la minoría republicana, y acordaron á instancias del ministro de Hacienda abrir una información sobre la sustracción de alhajas efectuada por la ex-reina Isabel.

Además las Cortes aprobaron la publicación de las leyes de matrimonio civil, reforma de la casación en lo civil, supresión de la pena de argolla, reglas sobre las penas de interdicción, establecimiento del recurso de casación en lo criminal y otras disposiciones debidas á la iniciativa de don Eugenio Montero Ríos, sub-secretario del ministerio de Gracia y Justicia que desempeñaba Ruiz Zorrilla, el cual, apadrinando tales proyectos, demostró que, aunque progresista, era un hombre amante de las verdaderas reformas y sinceramente liberal.

Al suspender las Cortes sus sesiones, la minoría republicana se reunió para devolver al partido su antigua organización, remediando el desorden que había producido la insurrección de Octubre. La mayor parte de los comités habían sido disueltos, los principales hombres de acción del partido estaban en la emigración ó en la cárcel y era urgente reorganizar y dar unidad á aquella inmensa masa federal que tanto atemorizaba al gobierno; pero por desgracia la minoría no quiso acometer inmediatamente tan grande empresa, contentándose con reconstituir los comités locales y los provinciales.

El partido federal á pesar de su reciente derrota daba aun muestras de su vitalidad y una de éstas fué el grandioso *meeting* que el 26 de Diciembre se verificó en el Circo, bajo la presidencia de García López.

El gobierno que alardeaba por su reciente triunfo, estaba en situación apurada luchando con ocultas é internas dificultades. Los unionistas, que no tenían ya ningún representante en el ministerio, acentuaban cada vez más su oposición á éste, y el descontento de Serrano y sus amigos hacía improlongable tal situación. El duque de la Torre decía públicamente que estaba ya cansado de desempeñar un papel tan subalterno como era la regencia, sirviendo de autómata á los deseos de Prim y que deseaba la pronta creación de un poder vigoroso que pusiese fin á aquella interinidad. Rivero, por su parte, defendía la creación de una regencia trina en la cual, por de contado, entraría él con Serrano y Prim, y entretanto Sagasta, hasta entonces obediente al presidente del Consejo, comenzaba á mostrar ciertas inclinaciones en favor de Montpensier.

Prim, en vista de lo apurado de su situación, creyó necesario activar la propaganda en favor de la candidatura del duque de Génova, y con este objeto encargó á Ruiz Zorrilla que emprendiese un viaje por las provincias de Valencia y Cataluña para hacer atmósfera en favor del candidato italiano; pero el resultado de esta expedición fué fatal, pues en Valencia recibieron al propagandista monárquico con visibles muestras de desagrado, y en las calles de Barcelona lo apedreó el pueblo. Sin duda á causa de estas manifestaciones, el candidato Tomás, duque de Génova, manifestó por adelantado que no aceptaría la corona de España, y nuevamente se encontraron Prim y los progresistas sin un rey á quien colocar en el vacante trono, aunque no por esto se les ocurrió pensar en la república que era el único medio de que no se repitieran tan lamentables fracasos y lo que deseaba el pueblo español.

Los montpensieristas, al ver fuera de concurso la candidatura del duque de Génova, volvieron nuevamente á recobrar sus esperanzas, siendo causa aquel fracaso dinástico de una crisis ministerial que se resolvió el 8 de Enero de 1870, saliendo del gabinete Ruiz Zorrilla y Martos.

Prim, para reconstituir su gabinete, comenzó por ofrecer la cartera de Marina á Topete, quien la aceptó con la esperanza de poder trabajar otra vez con más éxito en favor de la candidatura de Montpensier. De la cartera de Estado, vacante por la salida de Martos, se encargó Sagasta, cuya permanencia en el ministerio de la Gobernación era imposible, pues el pueblo la consideraba como una provocación á su dignidad. En Gracia y Justicia entró Montero Ríos, que había sido el mentor de Ruiz Zorrilla, inspirándole sus mejores determinaciones, y de la cartera de Gobernación se encargó D. Nicolás María Rivero que hubo de abandonar la presidencia de las Cortes.

Al reanudar éstas sus sesiones el 17 de Enero fué elegido presidente D. Manuel Ruiz Zorrilla, por ciento nueve votos contra sesenta y uno que obtuvo Ríos Rosas y veintinueve que la minoría republicana dió á Figueras.

Esta inesperada elevación de Ruiz Zorrilla á tan alta dignidad como era la presidencia de la Asamblea, produjo gran extrañeza en el país, pues dicho político, aunque liberal y de alguna firmeza de voluntad, carecía de representación política para merecer tal distinción, siendo como hombre una capacidad no muy brillante, pues ni como orador, ni como sabio, ni como estadista se había distinguido nunca. La fidelidad con los amigos y el agradecimiento al protector que le había dado importancia eran sus principales condiciones, y por esto Prim, que en la espectativa de tener un día que obligar á la Cámara á aceptar el rey que él propusiera, necesitaba un presidente fiel y sumiso, elevó á su amigo Ruiz Zorrilla á tan alta magistratura.

La minoría republicana se mostró en esta nueva legislatura tan notable como en las anteriores, combatiendo al gobierno de aquel modo brillante que entusiasmaba al país. Pí y Margall pronunció varios discursos sobre Hacienda, tan valiosos, que hasta los mismos periódicos del gobierno los calificaron de inmejorables, y tan contundente resultó su argumentación, terrible á fuerza de ser lógica, que el Ministro de Hacienda, Figuerola, no supo qué contestar y con sus contradicciones y su confusión dió un triste espectáculo á la Asamblea. Castelar combatió con gran energía al gobierno por su empeño en anular la grandiosa Revolución de Setiembre imponiendo un rey al país, y presentó una proposición declarando excluída del trono á la rama borbónica de los Orleans. El general Prim estaba tan desalentado que en vez de contestar á la minoría tan bizarramente como en otras ocasiones, se limitó á recomendar á los diputados de la mayoría que rechazasen la proposición presentada por Castelar.

La candidatura de Montpensier, á falta de otras que pudieran oponérsele, iba ganando terreno contra la voluntad de los progresistas, y se aseguraba que Sagasta la favorecía ocultamente; Prim, á pesar del desaliento que le producían aquellas continuas contrariedades, rechazaba con tenacidad la candidatura de D. Antonio de Orleans, despreciando los ofrecimientos y las amenazas que le dirigían sus partidarios; hasta que por fin, convencidos los unionistas de que nada conseguirían del jefe del gobierno, se decidieron á hacerle una guerra franca é implacable.

La conciliación estuvo ya á punto de romperse con motivo de varios nombramientos de gobernadores de provincia hechos por Rivero, buscando también los unionistas pretexto para la ruptura en la discusión de la ley del matrimonio civil y en otros debates; pero el gobierno les hizo cuantas concesiones exigieron, creyendo evitar el conflicto de este modo.

Los unionistas, que estaban resueltos á formar al lado de las oposiciones para debilitar de este modo la mayoría de que disponía Prim, tomaron como pretexto una emisión de bonos presentada por Figuerola á las Cortes, y combatieron el proyecto ayudando á los republicanos, los conservadores y los carlistas.

La situación del gobierno era apurada, pues todas aquellas minorías casi igualaban en votos á la mayoría, y por esto, al llegar el momento de la votación, el general Prim comprendiendo que la traición de alguno de los suyos podía acarrearle una vergonzosa derrota, lanzó con desesperación á sus correligionarios el famoso apóstrofe:

—¡Radicales, á defenderse! El que me quiera que me siga.

Por muy pocos votos alcanzó el gobierno la victoria, y la conciliación entre unionistas y progresistas quedó rota públicamente.

Mientras los partidos de la situación se destrozaban de este modo, el republicano federal iba reorganizándose y convocaba en Madrid su primera Asamblea nacional, á la que cada provincia envió tres representantes.

El 6 de Marzo de 1870 celebró la Asamblea su primera sesión en el teatro de la Alhambra, reuniéndose después en los salones de Capellanes y eligiendo por unanimidad para el cargo de presidente á D. Francisco Pi y Margall.

En los debates marcóse cierta tendencia á desvirtuar las radicales afirmaciones del programa del partido, pues eran bastantes los que tenían la ilusión de que Prim y los progresistas transigirían con la República si ésta no era muy avanzada; pero por fortuna predominó el elemento intransigente y se acordó mantener en toda su integridad las doctrinas federalistas y el procedimiento del pacto, que era la continua preocupación de los republicanos tibios.

La minoría republicana acogió con hostil frialdad la reunión de aquella Asamblea, de la cual desconfiaba, creyendo que intentaba suplantarla y limitar sus facultades; pero cuando se persuadió de que no la guiaba otro fin que la reorganización del partido, prestóla todo su apoyo, y Castelar, que era el más refractario, tomó parte activa en sus últimas deliberaciones.

La Asamblea, antes de disolverse, nombró una jefatura ó Directorio Nacional del partido, compuesta por Pi y Margall, Orense, Figueras, Castelar y Barberá, este último como representante de Valencia, á la cual quiso la Asamblea rendir tal honor por haber sido el punto donde la reciente insurrección federal se había mantenido con más firmeza y grandiosidad.

Por encargo de los representantes de la Asamblea, Pi y Margall redactó un notabilísimo manifiesto y las bases por que había de regirse el partido, disposiciones que produjeron gran entusiasmo y que devolvieron á la gran familia republicana la energía que tenía antes de los sucesos de Octubre.

La situación del gobierno era bastante comprometida, pues aunque los progresistas contaban con el auxilio de los demócratas monárquicos, tenían en cambio que defenderse de sus antiguos aliados los unionistas. Como Topete después de la ruptura de la conciliación no podía permanecer al lado de Prim, dimitió la cartera de Marina, siendo sustituído por Beranger que había tomado una parte activa en la sublevación de la escuadra en Cádiz.

Rivero se había hecho la ilusión de que en aquella lucha que se iniciaba contra los unionistas, el prestigio de su nombre haría que la izquierda de la Cámara prestara su apoyo al gobierno; pero pronto se convenció de que con su apostasía había perdido las simpatías que antes gozaba entre los republicanos federales.

El político que en sus discursos y desde las columnas de *La Discusión* tantas veces había defendido la abolición de las quintas, subió á la tribuna como ministro para leer un proyecto de ley pidiendo cuarenta mil hombres para el reemplazo del ejército.

Los diputados federales no sólo combatieron el proyecto, sino que aconsejaron á los ayuntamientos que protestasen contra el vergonzoso tributo de sangre, y Pí y Margall en la sesión del 17 de Marzo pronunció un elocuente discurso atacando las quintas.

Con motivo de éstas, reinaba gran efervescencia en el país, pues el general Prim había asegurado que las del año anterior serían las últimas. En varios puntos, al sortearse los mozos, produjéronse graves desórdenes, y en Gracia cuatrocientos republicanos barceloneses se sublevaron contra el gobierno dando vivas á la República federal. Podían las autoridades militares con unas cuantas compañías vencer aquella insurrección; pero Prim, discurriendo como buen militar, creía que los actos de barbarie eran resoluciones de político enérgico, y ordenó el bombardeo de Gracia, que recibió más de mil quinientos proyectiles. Esta censurable medida, de la que protestó todo el país, resultó inútil, pues cuando las columnas de ataque penetraron en Gracia no encontraron enemigos á quien combatir y apenas si hicieron veinte prisioneros.

El Directorio del partido republicano federal protestó enérgicamente contra la conducta del gobierno en los sucesos de Gracia, y por aquel entonces Becerra hubo de abandonar el ministerio á causa de su ligereza en acusar y calumniar á sus enemigos, entrando en el ministerio de Ultramar D. Segismundo Moret, que era uno de los más elocuentes oradores de la mayoría.

Restablecida la calma en toda la nación, las Cortes continuaron sus tareas, y como el gobierno se sentía muy molestado por la oposición de los diputados federales, el presidente de la Cámara, Ruiz Zorrilla, y otros diputados, apelaron á mil ardides para que las leyes orgánicas, la electoral, la de orden público y el código penal fuesen discutidas y votadas por sorpresa, antes que la minoría, y especialmente Pí y Margall, pudieran apercibirse del engaño y pedir la palabra en contra.

Esto motivó una proposición de censura al gobierno, que Pí y Margall presentó dos días después, defendiéndola con tremenda energía. Pocas veces se había oído en el Congreso atacar de un modo tan sencillo al par que contundente, logrando el orador poner fuera de sí á los ministros, especialmente cuando con gran suma de datos calificó de vergonzosos é inmorales los contratos celebrados con el banco de París y la casa Rothschild.

Prim se manifestó herido en su dignidad personal y hasta formuló amenazas, que no produjeron ningún efecto en Pí y Margall; Rivero, el antiguo demócrata, afirmó con cinismo que los gobiernos podían limitar cuando quisieran los derechos individuales, y el mísero y atribulado Figuerola, no sabiendo cómo defender su gestión en el ministerio de Hacienda, se limitó á lamentarse de que se pusiera en duda su honradez, diciendo que si Pí no retiraba sus calificativos, no volvería á cruzar su palabra, su mirada, ni su mano, con él.

Ruiz Zorrilla, como presidente de la Cámara, rogó al diputado federal que atenuase siquiera algunas de sus acusaciones; pero Pí no era capaz de imitar á los doctrinarios que retiran las verdades después de dichas y se sostuvo firme en la acusación, desafiando con su entereza á la mayoría. Entonces Figuerola dijo con tono compungido que Pí y Margall había concluido para él por toda la vida, declaración que hizo reir á una parte de la Cámara, pues no era éste el medio que debía emplear para su defensa un ministro de Hacienda.

En esta misma sesión discutióse el proyecto de ley de Moret, sobre la esclavitud, el cual se limitaba á declarar libres todos los esclavos nacidos á partir del 17 de Setiembre de 1868, así como todos los que cumpliesen sesenta años de edad y los que no constasen en el censo que debía formarse en Cuba á fines de 1870. Castelar, combatiendo este proyecto en nombre de la humanidad y de la abolición de la esclavitud, que debía ser absoluta, pronunció el más hermoso y arrebatador de sus discursos, pidiendo la inmediata libertad de los negros.

Las Cortes suspendieron sus sesiones el 23 de Junio y antes de su clausura, para demostrar que olvidaban todo lo ocurrido, aprobaron una ley de amnistía para todos los delitos políticos cometidos antes de la Revolución de Setiembre.

El partido republicano federal, que mediante la organización iniciada por su Asamblea se mostraba tan fuerte y poderoso como antes de la insurrección, vino á ser agitado por las maquinaciones de los escasos unitarios que eran un motivo de continua perturbación. Dos tendencias agitaban continuamente la gran agrupación antimonárquica. La una tenía por base la autonomía individual y el pacto, doctrina que formando una armónica cadena se extendía del ciudadano al municipio, de éste á la provincia y de la provincia á la nación, y que era la que contaba con mayor número de defensores. La otra hacía que la nación fuese fuente de derecho y origen de todos los poderes y era sustentada por un exiguo grupo de hombres ambiciosos é irresolutos.

Los republicanos unitarios no constituían partido, pues no eran más que dos García Ruiz y Sánchez Ruano, los cuales carecían de simpatías en el país. A pesar de ésto, fueron hábiles para explotar la ambición de algunos federales de segunda fila, el despecho de Figueras, al verse oscurecido por Pí y Margall y las indecisiones de Castelar, que no tenía muy arraigadas sus convicciones federalistas; y valiéndose Sánchez Ruano, que era habilidoso en extremo, de todas estas cir-

...redactó con la conformi-
... ...eras y Castelar una decla-
... ...or de la república unitaria
... ...an de publicar en un mismo
... ...os periódicos republicanos
de Madrid.

Castelar y Figueras, á pesar de que
por este medio confiaban despojar á Pí
y Margall de la jefatura del partido
que de hecho desempeñaba, se negaron á firmar la llamada *declaración de
prensa*, esperando antes de decidirse á favor del unitarismo ó del federalismo, ver de qué modo acogía el
pueblo aquel cambio de principios.

El manifiesto de la prensa apareció
firmado por los directores de *La Discusión* D. Bernardo García; de *El
Pueblo* D. Pablo Nugués; de *Gil Blas*
D. Luis Rivera; de *La Igualdad* don
Andrés Mellado; de *La República Ibérica* D. Miguel Morayta; y de *El Sufragio Universal* D. Miguel Jorro,
llevándose tan en secreto su preparación, que Pí y Margall y otros federales no tuvieron noticia del citado
manifiesto hasta que apareció inserto
en los periódicos.

La declaración de la prensa produjo
gran alarma en el partido republicano,
y numerosas comisiones de federales
se presentaron en el mismo día al directorio manifestando la indignación
que les producía un documento puramente unitario.

Pí y Margall avistóse inmediatamente con Castelar y Figueras, y á las
primeras palabras de la conferencia,
conoció que éstos tenían alguna participación en la intriga. Inmediatamente redactó una declaración contraria á la de la prensa que sus dos
compañeros se resistieron á firmar;
pero la actitud enérgica de Pí les hizo
cesar en sus vacilaciones y ambos suscribieron el siguiente documento que
hubo de publicarse en los periódicos
monárquicos, pues los del partido estaban todos á las órdenes de Sánchez
Ruano.

«Una declaración suscrita por los
representantes de la prensa republicana diaria de esta villa, ha producido
entre nuestros correligionarios, apenas
ha sido publicada en los periódicos del
día 7, una honda y general alarma.
Deseoso de acallarla, y sobre todo, de
evitar que la opinión se extravíe, ha
creído este Directorio conveniente manifestar:

»Primero. Que la declaración de la
prensa republicana del día 7, es sólo
la expresión de los periódicos que la
firman.

»Segundo. Que este Directorio no
la acepta.

»Tercero. Que este Directorio, hoy
como siempre, al proclamar como forma de gobierno de su partido la república democrática federal, aspira á
constituir la nación española en un
grupo de verdaderos Estados, unidos
por un *pacto federal que sea la expresión de su unidad*, la salvaguardia de
sus intereses generales y la más sólida
garantía de los derechos del individuo.

»Cuarto. Que este Directorio no

está, por fin, dispuesto á sacrificar á circunstancias de ningún género, ninguno de los principios constitutivos del dogma del partido.

»Al obrar así este Directorio, no hace más que repetir lo que tantas veces se ha escrito en anteriores manifiestos, y ajustarse estrictamente á las resoluciones de la Asamblea de que emanan sus poderes. Cree que por este camino podrá evitar al partido toda clase de perturbaciones, y está resuelto á seguirlo, pasando por todos los obstáculos que en cualquier sentido puedan oponérsele.

»Este Directorio espera que se sirva usted comunicar este escrito á los comités locales de su provincia, y activar los trabajos para el nombramiento y reunión de la próxima Asamblea, hoy más que nunca convenientes.

»Salud y República federal.

»Madrid 10 de Mayo de 1870.

»FRANCISCO PI Y MARGALL.—ESTANISLAO FIGUERAS.—EMILIO CASTELAR.»

La publicación de este documento reaccionó de tal modo la opinión del partido, que los firmantes de la declaración de la prensa quedaron completamente aislados hasta el punto de que D. Andrés Mellado, director de *La Igualdad*, comprendiendo el mal paso que acababa de dar, se retractó de lo dicho y se puso á la disposición del Directorio, aunque abandonando la dirección de dicho periódico, en la que le reemplazó D. Eduardo Benot.

El Directorio recibió numerosas adhesiones de sus correligionarios y los diputados de la minoría republicana que no estaban conformes con la declaración de la prensa, publicaron el siguiente manifiesto en el que apoyaban lo dicho por el Directorio:

«*Los Diputados republicanos federales que suscriben, á su partido.*

»Varios periódicos republicanos de Madrid han publicado recientemente una *declaración* de principios, autorizada por unitarios y *federales*.

»No habiéndola encontrado los que suscriben completamente conforme con sus creencias, entienden llenar un deber de su misión, al par que satisfacer la propia conciencia, presentando concisamente al soberano juicio del partido los fundamentos de sus convicciones, como explicación de este sentimiento.

»Para nosotros el *pacto*, determinado por el sufragio universal, encierra el principio generador de los diferentes organismos sociales en toda República federal.

»El *pacto* supone la libertad y la igualdad de los contratantes, y la justa reciprocidad en los intereses y las relaciones.

»Sin el *pacto*, la autonomía, en sus diversos grados ó jerarquías, carece de vínculo jurídico, y sólo por la fuerza, y á nombre de la fuerza, pueden resolverse los conflictos de relación.

»Creemos que, así como el sufragio

cunstancias, redactó con la conformidad de Figueras y Castelar una declaración en favor de la república unitaria que habían de publicar en un mismo día todos los periódicos republicanos de Madrid.

universal es la forma orgánica correlativa al ejercicio de los derechos individuales, el *pacto* es la forma de derecho que se deriva lógicamente del sufragio universal.

»Sin el *pacto*, jamás hubiéramos debido apellidarnos federales.

»Opinamos que sólo con él se respetan y consagran verdaderamente, y no será una nueva decepción la autonomía del municipio, el Estado y la nación.

»Creemos que es quimérico si no es afectado, todo temor de rompimiento de la unidad nacional, en lo que tiene de necesaria y conveniente y justa, porque el municipio, la provincia ó el Estado y la nación, federalmente formados, no son hechos arbitrarios, artificiales ó absurdos, como hay en muchas partes, sino creaciones espontáneas, naturales, inevitables, producidas por necesidades y sentimientos comunes, y sostenidas por la armonía íntima de los varios órdenes de intereses y relaciones que engendra la sociedad. Las antiguas provincias, que no ha trazado ningún legislador, que son la obra espontánea de sus condiciones naturales, y que tres siglos de centralización monárquica y despotismo no han podido destruir, se nos ofrecen como el mejor comprobante de la solidez de nuestros juicios.

»No somos, pues, separatistas.

»*Queremos la unidad nacional;* pero queremos que la constituya la agrupación de Estados autónomos, es decir, soberanos, ligados por un pacto que, al par que sea la solemne expresión *de esa unidad creada por el poder incontrastable de la naturaleza y el tiempo*, sea también la salvaguardia más firme de los intereses generales y la más sólida garantía de los derechos individuales.

»¿Por qué esta organización, que ha mantenido fuertemente unida la patria de Guillermo Tell y dilatado maravillosamente la de Washington, sin debilitarla, no ha de ser posible aquí, donde las afinidades de la naturaleza y la historia son muchísimo mayores?

»No somos, no, separatistas. Somos, por el contrario, anexionistas; somos los verdaderos creadores de la integridad nacional, los últimos restauradores de la patria, porque ciego ha de ser el que no vea que la unión de Portugal sólo es posible y hacedera en la forma que sostenemos.

»En buena hora, se nos dirá,—¿mas cómo impediréis vosotros que algunos insensatos, violando esas leyes de la naturaleza y la historia, quebranten la unidad nacional y fraccionen la patria?

»Nuestra respuesta será categórica: lo impediríamos por los mismos principios de la autonomía y el sufragio universal, que presiden á la constitución del municipio, el Estado y la nación. Como no son éstas, lo repetimos, creaciones arbitrarias en una organización federal; como las determinan condiciones y circunstancias comunes y no accidentales, no hay bajo ella, quien tenga derecho á romper la integridad de esos seres. Como la patria es la obra augusta de las generaciones y los siglos; como de todas partes acudimos á formarla y defenderla, y todos la regamos con nuestra sangre; como es una herencia común, el suelo de la patria es la propiedad y el derecho de todos, y nadie puede enajenarla ni mutilarla sin atacar nuestro propio sér.

»Concretaremos más nuestro pensamiento.

»Nosotros entendemos que, no siendo la provincia ó Estado un hecho arbitrario ni un accidente histórico, el pacto no es ni puede ser, como se supone, una fórmula indiferente, caprichosa ó vana.

»Nosotros entendemos que el pacto, entre el Estado y la nación es la aplicación del mismo principio, que establece la autonomía individual y constituye el municipio y la provincia; el desenvolvimiento de la misma ley orgánica, su última consecuencia en el estado actual de la civilización.

»Nosotros entendemos que no es la nación, sino el Estado federal el mejor órgano para la aplicación de los principios universales del derecho; que la legislación ha de acomodarse siempre á las condiciones de lugar y tiempo, y la diversidad de estas condiciones, en un país como España, rechaza hoy su unidad absoluta y universal. Hartas demostraciones nos presentan los anales contemporáneos. **La unidad se realiza en nuestro siglo por la universalidad de la ciencia y la** solidaridad de los intereses, ó no se realiza.

»Cuando no fuéramos federales por las consideraciones que dejamos expuestas, lo seríamos por otras políticas que la historia abona. Creemos que sólo en la organización federal es verdad el equilibrio de los poderes que la ciencia proclama y han buscado en vano los partidos constitucionales. Creemos que sólo con ella podrán salvarse las sociedades modernas de los peligros del militarismo, y se consolidará la libertad en España; que sólo con ella podrá preservarse la República de atentados tan sacrílegos como el del 18 Brumario y de asaltos tan infames como el 2 de Diciembre. Si uno y otro César hubieran tenido que pedir sus pretorianos á un Estado autónomo, de cierto no habrían concebido la dictadura. Y aunque hubiesen sorprendido algún Estado, la resistencia de los demás habría salvado la libertad de todos.

»De esta exposición de nuestras convicciones bien se desprende que entendemos el federalismo de la misma manera que el Directorio del partido republicano en sus dos últimos manifiestos.

»Madrid 13 de Mayo de 1870.—Alcantú.—Alsina.—Barcia.—Benot.—Blanc.—Bové.—Cabello.—Cervera.—Compte.—Chao.—Díaz Quintero.—Ferrer y Garcés.—García López.—Garrido.—Guzman (Santa Marta).—Lardies.—Pico Domínguez.—Sorní.—Tutau.»

Los patriarcas del partido federal, Orense y Pruneda que se hallaban emigrados en Bayona, enviaron también su adhesión al Directorio en la siguiente forma:

«Los que firman, republicanos federales los más antiguos de España, y el uno con su carácter de miembro del Directorio del partido, creen un deber ineludible de manifestar, que no están conformes en manera alguna con la declaración de la prensa republicana de Madrid, y publicada en los periódicos del 7. Y al mismo tiempo declaran su más completa adhesión á lo manifestado por el Directorio en su comunicación del 10 á los presidentes de los comités de provincias.

»Bayona 13 de Mayo de 1870.—José María Orense.—Victor Pruneda.»

Con esta protesta tan general y unánime, quedó sofocada la tendencia unitaria del partido y los que llamándose federales combatían la federación, redujéronse al silencio, guardando para más adelante sus planes de creación de una república unitaria y centralizadora que tenía por único objeto ofrecer la presidencia á Prim.

Las Cortes permanecieron cerradas hasta el 31 de Octubre, y entretanto los políticos monárquicos seguían ocupándose de los candidatos al trono, distinguiéndose especialmente los unionistas, la mayor parte de los cuales trabajaban á favor de la candidatura de Montpensier, mientras que otro grupo de su partido se ponía al lado de D. Alfonso de Borbón, en quien su madre, la ex-reina Isabel, había abdicado la corona, formándose de este modo el núcleo del actual partido conservador.

Prim continuaba en tanto sus trabajos para encontrar un rey que ocupara el vacante trono, y á pesar de que ofrecía un regalo de tanta importancia como es una corona, sus gestiones equivalieron á un largo é interminable calvario. Primeramente había puesto sus ojos en D. Fernando de Coburgo, padre del rey de Portugal y hombre que más inclinado á las aficiones artísticas que á la ambición del poder, gustaba de vivir como un simple y oscuro ciudadano.

Don Fernando, al principio, manifestóse dispuesto á aceptar la corona que se le ofrecía, aunque sin dar por esto una contestación definitiva; pero después en vista de la oposición de Napoleón III y de la dificultad que presentaba su casamiento con una actriz, M.ª Hensler, hija de un sastre de Londres. se decidió por negarse enérgicamente á aquel regalo que le quería hacer Prim, manifestándolo así en un telegrama lacónico que los progresistas calificaron de ofensivo para el decoro nacional, olvidando que eran ellos los que envilecían á España, yendo de corte en corte mendigando un hombre á quien colocar en el trono, para que sirviera de pantalla á sus ambiciones desmedidas.

Prim, al ver fracasada tal candidatura, trató de ofrecer la corona de España á D. Luis de Braganza, rey de Portugal, el cual se apresuró á rechazarla en una carta que con fecha 26 de Setiembre de 1869 publicaron todos los periódicos lusitanos.

Entonces, como ya dijimos, comenzóse á hablar de la candidatura del duque Tomás de Génova, sobrino de Víctor Manuel, al cual apoyaron con entusiasmo Prim y Ruiz Zorrilla.

El gobierno convocó á la mayoría á varias conferencias secretas y reunió á favor de su candidato unos ciento cincuenta votos; pero no se atrevió á presentar el asunto á las Cortes, pues juntos los unionistas partidarios de Montpensier con las oposiciones republicana y carlista, excedían en votos al grupo reunido por los ministros.

El duque de Génova era un jovenzuelo de quince años, raquítico, pequeño, casi imbécil y con instintos de tiranuelo caprichoso; pero esto impresionaba poco á los escépticos progresistas que consideraban con igual indiferencia la majestad de la monarquía que la majestad del pueblo, y por encargo de Prim, Ruiz Zorrilla emprendió aquel viaje de propaganda por Valencia y Cataluña en favor de dicho candidato y que tan desagradables recuerdos le dejó.

Prim mostróse algo abatido por las manifestaciones del país, y poco después llegó la renuncia del duque de Génova, conseguida secretamente por Víctor Manuel, el cual deseaba para su hijo Amadeo el trono de España, habiendo hecho ya indicaciones en este sentido su representante en Madrid.

A pesar de esto Prim no llegó á pensar seriamente en D. Amadeo de Saboya y se decidió por otro candidato de la familia real de Prusia, el príncipe Leopoldo Hohenzollern Sigmaringen.

Bismarck propuso esta candidatura al embajador de España en Berlin, con el propósito de excitar la ira de Napoleón III, y Prim, que odiaba al emperador francés, la acogió con entusiasmo para mortificar á su antiguo enemigo de la expedición á Méjico.

La mayoría parlamentaria, sumisa siempre al gobierno, defendió la candidatura del príncipe alemán, mientras los unionistas, desesperados ya, seguian sustentando la del duque de Montpensier.

Prim con sus ocultos manejos había logrado convertir en un personaje impopular á D. Antonio de Orleans; pero un incidente inesperado vino aún á hacer más imposible su elevación al trono.

El infante don Enrique, que varias veces se había hecho republicano y que ahora defendia la candidatura del general Espartero para rey de España mostrándose cual siempre como hombre estrafalario y casi loco, tenía empeño en insultar, muchas veces sin motivo, al duque de Montpensier, llamándole en los periódicos *pastelero francés* y dirigiéndole toda clase de injurias personales. Don Antonio de Orleans contestó desafiando á su primo, y tuvo la desgracia de matarlo de un tiro de pistola; hecho que produjo honda sensación y que le imposibilitó definitivamente para aspirar al trono de España.

El 19 de Marzo de 1870, las Cortes, después de una reñida discusión, desecharon la candidatura de Montpensier, acabando para siempre las relaciones entre los unionistas y los progresistas. Estos últimos se apoyaron entonces en los demócratas monárquicos y abandonaron su antiguo nombre por el de radicales.

No todos los diputados progresistas estaban conformes con la candidatura del príncipe alemán, pues había algunos que eran partidarios de un rey español y popular y fijaban sus ojos en Espartero sin considerar que éste que en su juventud nunca había dado muestras de gran capacidad, estaba ya en los setenta y siete años y su inteligencia adolecía de todas las chocheces de la vejez. A pesar de esto treinta y ocho diputados dieron al país un manifiesto jurando en el *santuario de su conciencia* que Espartero, rey, equivalía á España con honra; pero Prim, á quien estorbaba aquella candidatura, escribió con tal maña al duque de la Victoria que éste renunció aquel honor que se le quería conferir, dando en su respuesta más pruebas de sensatez y seriedad que los que deseaban elegirle.

Quedó, pues, libre el campo á la candidatura de Hohenzollern y no tardó Napoleón III en oponerse á ella, cosa que alegró mucho á Bismarck, el cual en los asuntos de España sólo buscaba indisponerse con su eterno enemigo al cual hacia cuatro años deseaba batir, aun cuando el canciller alemán procuraba que apareciese Francia como provocadora de la guerra.

A las preguntas del embajador español, Bismarck contestó siempre envolviéndose en una completa neutralidad, diciendo que Alemania dejaba el asunto á la libre elección del príncipe Leopoldo, y cuando éste fué consultado respondió, por consejo del astuto canciller y del rey de Prusia, que estaba dispuesto á aceptar la corona de España siempre que las Cortes lo designasen como rey.

Esta contestación produjo un efecto tremendo en el gobierno francés, pues Napoleón comprendió el peligro que corría su trono si Alemania establecía en España una sucursal de su poder. Además el tirano francés quería conservar su preponderancia en Europa y que nada se hiciera en las naciones sin su permiso, para lo cual exigió al gabinete de Berlín que se opusiera á la candidatura del príncipe Leopoldo, siendo la contestación negativa. Entonces cruzáronse notas agresivas entre los dos gobiernos estallando la guerra franco-prusiana tan breve como terrible.

No es del objeto de la presente obra reseñar aquella lucha vergonzosa para Francia, en la cual el tiranuelo Napoleón, elevado al solio por los crímenes del 2 de Diciembre, cayó de un modo deshonroso en la catástrofe de Sedán, humillándose rastreramente á las plantas de su afortunado enemigo, el emperador de Alemania.

Bismarck, en el curso de la guerra, prometió á Prim grandes ventajas si colocaba sesenta mil hombres en la frontera para distraer de este modo las fuerzas de Francia; pero el gobierno español, después de deliberar con gran detención, acordó abstenerse de intervenir en asuntos internacionales.

Entretanto, en vista de que el gobierno después de haber provocado con sus deseos monárquicos la guerra franco-prusiana se decidía por la candidatura de don Amadeo de Saboya, el directorio del partido republicano federal quiso protestar contra aquella imposición de un monarca que detestaba el pueblo español, y publicó el siguiente manifiesto dirigido á sus correligionarios y en el cual les recomendaba permanecer atentos para aprovecharse en favor de sus ideales de los graves sucesos que estaban ocurriendo en Europa.

«Republicanos federales: Estamos atravesando una de las grandes crisis por que puede pasar un pueblo. En tan supremos instantes conviene mirar con faz serena los sucesos y no dejarse llevar de impresiones del momento. Un paso dado en falso comprometería, no sólo la suerte del partido, sino también la de la patria.

»Nuestras ideas son hoy la esperanza de todos los que aman la libertad y el progreso. Una monarquía que no se ha podido realizar en dos años, estando tranquila Europa, mal se ha de poder realizar en medio de la conflagración general de los pueblos. La República se presenta ya como una necesidad á los ojos de todos los partidos y nuestro triunfo es seguro como sepamos hermanar la energía con la calma, el entusiasmo con la prudencia.

»Esperad tranquilos y apercibidos los avisos y los consejos de los hombres en quienes habéis puesto vuestra confianza. Seguimos con escrupulosa atención los acontecimientos y velamos sin cesar por la causa de la República federal única bandera á que viviremos y moriremos abrazados. Tened por seguro que cualesquiera que sean las circunstancias que sobrevengan, no faltaremos á nuestro deber ni á nuestro puesto.

»Republicanos federales; sin organización ni disciplina, harto lo sabéis, no hay ni partidos ni triunfos posibles. Esperamos mucho de vuestra decisión y vuestra energía; pero hoy por hoy lo esperamos todo de vuestra sensatez y vuestro patriotismo.

»Salud y República federal. Madrid, 10 de Agosto de 1870.—FRANCISCO PI Y MARGALL.—ESTANISLAO FIGUERAS.—EMILIO CASTELAR.»

Al proclamarse la República en Francia el 4 de Setiembre, los federales de toda España se entusiasmaron, verificando en Madrid y en las principales provincias imponentes manifestaciones de simpatía á la nación vecina. Aun vino á aumentar esta efervescencia el manifiesto que el día 23 de Setiembre publicaron los sesenta y cinco diputados de la minoría federal, quejándose de la arbitrariedad del gobierno que tenía cerradas las Cortes para impedir el triunfo de la República.

El directorio del partido, que estaba muy animado por la proclamación de la República en Francia y que esperaba le fuera favorable este suceso, pensó solicitar el auxilio de la nación vecina para implantar en España la forma republicana, y con tal objeto comisionó á Castelar el cual fué á avistarse con León Gambetta que desde el Mediodía de Francia ejercía de hecho la dictadura en nombre del gobierno provisional de armamento y defensa. Castelar habló al tribuno francés con su natural elocuencia, de la situación de España, de la pujanza del partido republicano federal y de lo beneficioso que sería para Francia contar con el auxilio de una república aliada que le ayudaría poderosamente á combatir á la enemiga Alemania.

Gambetta aceptó la proposición con entusiasmo, y se comprometió á poner á disposición del directorio en breve plazo tres millones de francos.

Seguramente que contando con tal cantidad y con el entusiasmo y el valor que entonces tenían las masas federales, Prim hubiese sido vencido, pues ya no tenía tanto prestigio sobre el ejército, y eran muchos los militares que estaban dispuestos á desenvainar su espada en favor de la República federal; pero transcurrió el plazo marcado por Gambetta y éste no cumplió su compromiso.

Como entretanto la candidatura de don Amadeo de Saboya ganaba terreno y Prim había ya reunido un número considerable de votos ganando la confianza de algunos montpensieristas y esparteristas, el directorio, comprendiendo la urgencia que Francia se decidiera en uno ú otro sentido, rogó á Pí y Margall que marchase á Francia para pedir á Gambetta el cumplimiento de su promesa.

El ilustre estadista español no logró avistarse con el tribuno francés, pues las necesidades de la guerra obligaban á éste á llevar una vida errante; pero celebró una larga conferencia en Burdeos con Mr. Laurent, ministro de lo Interior y con el de Justicia, Mr. Cremieux, á los que expuso Pí y Margall el objeto de su comisión con esa notable claridad que le es característica.

—La Alemania,—dijo,—está en contra vuestra, y tendréis siempre comprometida la frontera del Rhin; tenéis á Italia aliada con Prusia, y por consiguiente comprometida la frontera de los Alpes. Si ahora consentís en que un hijo de Víctor Manuel se siente en el trono de España, tendréis también comprometida la frontera de los Pirineos y estaréis por consiguiente rodeados por todas partes de enemigos. Tres millones de francos suponen un sacrificio escasísimo para Francia, y en cambio el triunfo de la república española asegura el apoyo de una nación dispuesta á ayudarle eficazmente en su lucha contra Prusia y capaz por su indisputable fuerza de inclinar en su favor la balanza de la lucha.

Los dos ministros franceses aceptaron como muy exactas las apreciaciones de Pí y Margall, comprometiéndose á hacer cuanto pudieran para convencer á Gambetta; pero éste se excusó de entregar la cantidad pedida pretextando el mal estado de la guerra. La verdadera causa fué la ignorancia del político francés en todo lo referente á nuestra patria, pues cuando más adelante vino Gambetta á España y vió de cerca nuestra situación, confesó que nunca había creído que el partido republicano federal fuese tan fuerte y vigoroso, y que á haberlo sabido en 1870 hubiese obrado de otro modo.

Por desgracia había ya pasado la oportunidad para Francia y para España.

Lo que el gobierno provisional de Francia deseó durante la guerra fué la alianza con Prim y el gabinete español, y con tal misión delegó al conde de Keratry, el cual salió de París en un globo para salvar las líneas de sitio de los prusianos, llegando á Madrid el 19 de Octubre, después de vencer muchas dificultades y peligros. Los primeros políticos que visitó fueron **Pí y Margall y Castelar**, como individuos del directorio; y después pasó á **avistarse con Prim**, haciendo caso omiso de Serrano, pues todos sabían que éste era una simple figura decorativa de la situación.

Creíase por entonces que Prim se mostraba inclinado, en vista de sus fracasos dinásticos, á crear una república que sólo tuviera de tal el nombre dejando en pié todos los absurdos del régimen monárquico; pero ni aun esto quiso hacer aquel general que, como buen militar, era demasiado autoritario para transigir con una sombra de democracia.

Cuando el conde Keratry expuso en nombre del gobierno francés su petición de socorro, Prim le escuchó con afectada benevolencia diciéndole que si antes del desastre de Sedán hubiera hecho Francia un llamamiento á Italia y España, él se hubiera apresurado á prestar su ayuda; pero como que ahora toda la nación francesa estaba reducida á París, sitiado por los prusianos, consideraba como una loca temeridad el que España corriese en apoyo de los franceses.

Keratry dió á entender que la nación española contaba con sobrados elementos para decidir la lucha en favor de Francia, y excitó á Prim á que se hiciera republicano, con lo que salvaría la revolución española y consumaría una inteligencia imperecedera y fecunda con Francia. El general, que era escéptico en política, manifestó algunas dudas sobre la vitalidad de la nueva república francesa, las cuales desvaneció Keratry demostrándole que la opinión imperialista había muerto en Francia á causa de los desastres de la guerra y que el partido legitimista resultaba incompatible con el espíritu de la época.

—Tened un arranque de liberalismo,—dijo Keratry,—y haceos republicano. Tened en cuenta que Francia, por respetar vuestro poder y por confiar en vuestro sentido reformista, ha cerrado momentáneamente los oídos al llamamiento del partido federal. Creedme; ha llegado la hora de que toméis la iniciativa y conservéis la gloria del poderoso movimiento liberal de este país, que seáis el Washington de España, y fundéis la República: de lo contrario, la unión liberal os hará su prisionero, y las Cortes, cansadas ya de una interinidad, que es *una verdadera república anónima*, se inclinarán tal vez por salir de ella á una solución reaccionaria. Sed el representante genuino de los liberales españoles, avanzad un paso y seréis el presidente de una República basada sobre la unión ibérica, fundada con el sentimiento de dos pueblos; porque, como sabéis, el partido anti-unitario de Portugal, sólo se compone de los príncipes de Braganza, y de los empleados celosos de sus prebendas. Si os decidís, yo os prometo, debidamente autorizado, el apoyo del directorio republicano y el del gobierno francés. En cuanto á la pobreza momentánea de la España, tan rica en recursos no explotados, recordad que nunca habéis acudido en vano á nuestra hacienda, y en cambio de de ochenta mil hombres en aptitud de entrar en campaña á los diez días, os prometo su paga, y un subsidio de cincuenta millones á vuestra libre disposición, los buenos oficios y buques de Francia para asegurar la posesión de Cuba, y no omitir nada para hacer de la España y la Francia dos verdaderas hermanas unidas por el espíritu de la libertad.

—Yo soy liberal por temperamento y por convicción,—contestó Prim,—y mi historia lo acredita. Si de mí solo se tratase no tendría inconveniente alguno en decidirme por la república; pero la tradición monárquica es aquí muy poderosa y el partido conservador, que de ningún modo transige con la forma republicana, muy fuerte.

—Recordad la insurrección federal del año pasado que ha levantado en armas á sesenta mil defensores de este principio; recordad la situación de Cataluña y la heróica resistencia de Zaragoza, Barcelona y Valencia y convendréis conmigo en que solo un partido con verdadero arraigo en el país ha podido realizar semejante campaña.

—Precisamente esa insurrección,—repuso Prim esquivando la contestación que se le pedía,—ha enemistado al ejército con los republicanos.

—Veo con disgusto,—dijo entonces Keratry,—que no me han engañado al asegurarme que trabajáis activamente en favor del duque de Aosta, y que éste será rey de España; pero tened presente que Italia se ha comprometido en principio á auxiliar á nuestra nación en su lucha contra Prusia.

—Es cierto,—aseguró Prim,—Italia se decidirá á marchar si España la precede, pero yo os digo á mi vez: obtened que Italia marche la primera y yo os prometo formalmente que España la seguirá.

Comprendió Keratry que era inútil prolongar aquella conferencia y la terminó diciendo:

—General, regreso á mi país con sentimiento profundísimo; usted y España lo compartirán algún día. Preveo y temo que no podrán librarse ustedes de la guerra civil, porque desguarnecida la frontera francesa por las tropas que hoy ocupa no podrá ser vigilada según nuestro deseo, y los carlistas pasarán á pesar de todo. Tened cuidado de que vuestro futuro rey no experimente la triste muerte de Maximiliano. La república hubiera salvado á España y Francia.

Prim acompañó á Keratry hasta la puerta sonriendo mientras decía:

—He preferido el papel de Monck al de Cromwell, y no habrá en España república mientras yo viva. Esta es mi última palabra.

Keratry dió cuenta á su gobierno de la conferencia y á continuación añadió el siguiente dato:

«Reunidos en el mismo día con Mr. Keratry, los tres principales jefes del directorio republicano señores Castelar, Figueras y Pí y Margall, reanudando el deseo de su cuarto colega el señor Orense, á quien había visto en Burdeos, y les había escrito en sentido favorable á los intereses de Francia, dí cuenta del desfavorable resultado de mi comisión, que habían previsto dichos señores, y cuando buscábamos una fórmula conveniente á los intereses de la causa republicana, contrarió súbitamente nuestra conversación la llegada, que no esperábamos, del general Milans del Bosch, amigo íntimo de Prim. Habíamos tratado ya del ofrecimiento leal hecho al general Prim de la presidencia de la República española, con el apoyo leal de todos los republicanos, para cuyo fin haría esfuerzos el directorio. En caso de rechazar el general mis proposiciones era político y conveniente ayudar la acción del partido republicano, proporcionándole como empréstito la cantidad necesaria para sus trabajos. Gambetta, á quien informé de todo lo tratado y convenido á mi regreso á Tours, se negó al envío de los tres millones de francos que pedía el directorio republicano. Gambetta estaba deseoso de salvar á Francia con sus únicos esfuerzos, y España continuó asistiendo impasible á nuestros desastres. *Conde de Keratry.* Madrid 19 de Octubre de 1870.»

Si la conferencia con el enviado francés se hubiese verificado un mes antes, es indudable que Prim hubiese acogido favorablemente el plan de constituir en España una república unitaria, pues estaba desalentado por las negativas de los candidatos regios; pero ahora se mostraba con esperanzas de encontrar un rey conforme á sus deseos en la persona del duque de Aosta, don Amadeo, hijo de Víctor Manuel.

Como éste no ocultaba sus deseos de que su hijo fuese á ocupar el trono de España, nuestro embajador Montemar entabló las necesarias negociaciones; pero no fué fácil tarea convencer al candidato, pues á la primera invitación contestó don Amadeo, escribiendo así á su padre: «¿A qué soy llamado? ¿á regir los destinos de un país trabajado, dividido en mil partidos? Esta tarea, ardua para todos, lo sería doblemente para mí, ajeno por completo al difícil arte de gobernar. No sería yo ciertamente quien gobernara, sino que me impondrían la ley los que me hubiesen elevado al poder. Estas razones son bastante poderosas para decidirme hoy mismo (8 de Octubre de 1870) á poner en manos de V. M. mi formal renuncia á la corona de España, rogándole la haga transmitir á quien corresponde.»

Prim, á pesar de esta negativa, insistió en su ofrecimiento, y con este motivo entablóse entre él y el embajador Montemar una correspondencia, tratando ambos un asunto tan serio en términos tan vulgares y chocarreros que cuando por exigencia de un diputado se hubieron de leer las cartas en las Cortes, la Cámara lanzó una carcajada. De buen modo se iniciaba la monarquía de la casa de Saboya.

La ambición de Víctor Manuel logró vencer la resistencia de su hijo, y por fin D. Amadeo de Saboya el 31 de Octubre de 1870 telegrafió al gobierno español diciendo:

«Autorizado por el rey mi padre, consiento en que el mariscal Prim presente á las Cortes mi candidatura para el trono de España, si esto puede unir á los defensores del orden, de la libertad y del sistema constitucional. Aceptaré la corona de España si el voto de las Cortes me prueba que tal es el deseo de la nación española.»

El rey de Italia, sin detenerse á considerar que hollaba la dignidad de España, consultó á las potencias europeas pidiéndolas que diesen su opinión sobre la candidatura de su hijo don Amadeo, á lo que las naciones pequeñas contestaron con calurosas felicitaciones, y las grandes con fría indiferencia aprovechando tal ocasión el Papa para volver á manifestar que él no reconocía otro soberano de España que D. Isabel II, á la cual seguía dando el título de reina.

Doña Isabel, que después de su destronamiento vivía en París acompañada de muy pocos partidarios y que en varias ocasiones intentó sin éxito alguno sublevar algunas provincias españolas, tuvo que seguir los consejos de sus más respetables partidarios, los cuales para reanimar la causa borbónica la indicaron la conveniencia de que renunciara su corona nominal en su hijo Alfonso á la sazón de trece años de edad.

La ceremonia se verificó el 25 de Junio de 1870 en el palacio de Basilewski, en presencia de doña Isabel, doña María Cristina y sus principales partidarios, no asistiendo D. Francisco de Asís, el cual protestó de la abdicación.

Entonces se formó el partido alfonsino compuesto de moderados y unionistas, siendo de notar que Cánovas del Castillo se negó por aquella época á entrar en él sin duda porque veía muy incierta la restauración borbónica.

Los alfonsinos trabajaron mucho para que Prim recibiese á D. Alfonso como candidato, diciendo que éste no era un rey de partido sino un rey nacional; pero el jefe del gobierno contestó que había gritado: *¡abajo los Borbones!* y no estaba arrepentido de ello.

Prim, á pesar de que había encontrado ya un candidato á su gusto, veía la situación poco favorable, pues podía sufrir una derrota en las Cortes si los unionistas y los esparteristas se unían á la minoría republicana. El gobierno, deseando disipar aquel peligro y evitarse un nuevo fracaso, hizo inmensos esfuerzos para corromper y atraerse á los montpensieristas y esparteristas, y á fuerza de esparcir millones y empleos elevados, consiguió atraerse á todos aquellos aventureros monárquicos que resistían para venderse más caros consiguiendo crearse una mayoría dócil.

Apenas por procedimientos tan viles reunió el gobierno el número de votos necesario para imponer un rey á la nación, reanudáronse las sesiones de las Cortes en 31 de Octubre, y tres días después anunció Prim que el duque de Aosta había aceptado la corona. Presentó entonces la minoría republicana una proposición en que se pedía á las Cortes declarasen haber visto con desagrado la usurpación de atribuciones que había cometido el presidente del Consejo de ministros ofreciendo la corona de España á varios príncipes extranjeros desconocidos del pueblo é incapaces de representar su soberanía. Castelar defendió con su acostumbrada elocuencia esta proposición, contestándole de un modo harto desgraciado el general Prim y Moret.

El ministerio, realizados ya todos sus preparativos para la proclamación de Amadeo de Saboya, señalaron la sesión del 16 de Noviembre para la votación del rey, y como temían los ataques continuos de la minoría federal suspendieron las sesiones de las Cortes hasta el citado día. Antes de que se verificara la elección, los diputados federales, que empleaban con éxito el sistema obstruccionista, promovieron algunos incidentes; pero Ruiz Zorrilla, saliéndose de las prescripciones reglamentarias, les quitó la palabra diciendo que las protestas de los federales eran el albor de la nueva monarquía y el último desahogo de la república.

De trescientos once diputados que tomaron parte en la elección de rey, ciento noventa y uno votaron en favor de D. Amadeo de Saboya; veintisiete al duque de Montpensier; ocho al general Espartero; dos á D. Alfonso de Borbón y uno á la duquesa de Montpensier. Los diputados carlistas y conservadores que eran diez y nueve, votaron en blanco.

La minoría federal escribió en sus papeletas: *Rey ninguno. República federal.* En esta forma votaron sesenta diputados que fueron los señores Ferrer y Garcés, Gil Berges, Rosa (don Adolfo), Chao, Blanc, Pi y Margall, Paul y Picardo, Soler y Plá, Alsina, Castillo, Palanca, Rubio (D. Federico), Cervera, Villanueva, Rosa (don Gumersindo), Benot, Gastón, Bobé, Garrido, Palau y Generés, Castejón (D. Ramón), Moreno Rodríguez, Fantoni, Castelar, Figueras, Sánchez Yago, Hidalgo, Llorens, Ruiz y Ruiz, Guzmán y Manrique, Tutau, Maisonave, Santamaría, Soler (D. Juan Pablo), Presumo, Noguero, Pico Domínguez, Alcantú, Paul y Angulo, Pruneda, Lardíes, García López, Moxó, Cabello de la Vega, Bori, Barcia, Rebullida, Abarzuza, Guzmán (Santa Marta), Salvany, Guerrero, Sorni, Cala, Suñer y Capdevila, Robert, Castejón (D. Pedro), Díaz Quintero, Carrasco, Compte y Benavent.

En esta votación no tomaron parte por estar presos ó emigrados, los diputados federales Pierrad, Joarizti, Orense, Alvarez, Río y Ramos y Serraclara. Los hermanos García Ruiz y Sánchez Ruano, que eran los únicos unitarios que existían en aquella Cámara, votaron en favor de la república.

La votación resultó poco honrosa para el nuevo rey, pues el número total de diputados de las Cortes Constituyentes era trescientos cuarenta y cuatro y el mínimum de la mayoría absoluta ciento setenta y tres, de lo que resultaba que D. Amadeo de Saboya obtenía un trono por diez y nueve votos de mayoría.

Ruiz Zorrilla, apenas terminó el escrutinio, declaró rey de los españoles al duque de Aosta, é inmediatamente se eligió una comisión de diputados que en unión del presidente y de los secretarios de la Asamblea pasara á Italia para poner en conocimiento del candidato su elección. Fueron designados para formar parte de dicha comisión los señores Santa Cruz, Madoz, Ulloa, Silvela (D. Manuel), López de Ayala, Martín de Herrera, Martos, Sardoal, duque de Tetuán, conde de Encinas, marqués de Torreorgaz, marqués de Valdeguerrero, Salazar y Mazarredo, marqués de Machicota, Peralta, Montesinos, García Gómez, Valera, López Domínguez, Gasset y Artime, Rodríguez (D. Gabriel), Alvareda, Balaguer y Navarro Rodrigo; y entre las protestas de la minoría republicana se acordó que las sesiones de las Cortes quedasen suspendidas hasta el regreso de los comisionados.

Inmediatamente Ruiz Zorrilla pronunció un discurso bastante extenso, pero muy desgraciado en su fondo y en su forma, en el cual hizo la apología de D. Amadeo de Saboya, afirmando que la misión del partido republicano debía ceñirse á trabajar para el porvenir con el objeto de que nuestros hijos ó nuestros nietos defendiesen tal forma de gobierno; pero que por el momento lo que debían hacer los diputados federales era ingresar en la extrema izquierda de aquella monarquía que acababa de fundar las Cortes. Como era de esperar, este discurso fué acogido con unánimes y ruidosas protestas, mereciendo una espantosa rechifla su último párrafo en el cual dijo Ruiz Zorrilla que la elección de rey por las Cortes Constituyentes era una página gloriosa para el porvenir.

Suspendidas las sesiones de las Cortes marchó la comisión á Italia embarcándose en Cartagena el día 26 de Noviembre y llegando á Génova el día 29, no pudiendo bajar á tierra hasta tres días después por reinar en varios puertos españoles la epidemia de fiebre amarilla. El 4 de Diciembre llegaron los comisionados á Florencia siendo recibidos por Víctor Manuel y el príncipe Amadeo. Ruiz Zorrilla pidió á Víctor Manuel que diese permiso á su hijo para ocupar el trono de España, y así que le fué concedido, leyó un largo discurso en el que barajando las citas históricas y los recuerdos de las épocas más gloriosas de España con los deseos del partido progresista, excitó al nuevo rey á que renovase aquella política de aventuras y de conquistas que tan fatal había sido para nuestro país.

El príncipe Amadeo contestó con un discurso en italiano hablando de su juventud inexperta, de su lealtad constitucional y de sus deseos de ser el primer ciudadano de la nación, asegurando que permanecería neutral en las luchas entre los partidos. Los comisionados victorearon entonces á *Amadeo I, rey de España*, y poco después recibieron en su alojamiento la visita del duque de Aosta.

Después de fastuosas fiestas con que los reyes de Italia obsequiaron á la comisión, ésta regresó á España reanudándose las sesiones de las Cortes el 15 de Diciembre.

Durante la clausura parlamentaria, que duró cerca de un mes, mostróse en forma imponente la agitación que se produjo en el país al saber que, gracias á los manejos de los progresistas, la nación tenía ya un rey que ella no deseaba. Los republicanos y los carlistas, que constituían los dos partidos más numerosos, protestaban contra la elección de don Amadeo y procuraban hacer antipática á los ojos de la masa indiferente del país la personalidad del nuevo monarca, tarea en que les ayudaban los unionistas, despechados por la derrota del duque de Montpensier, y los conservadores, que organizaban su partido en favor de don Alfonso.

El directorio federal, convencido ya de que no podía contar con los millones ofrecidos por Gambetta y de que sin dinero era imposible intentar una insurrección, dirigió un manifiesto á sus correligionarios recomendándoles la calma y la confianza en el porvenir, pues la nueva monarquía sería en su concepto poco duradera. A pesar de ésto la prensa republicana mostrábase inclinada á la insurrección y optimista en favor de sus ideales hasta el punto de asegurar que don Amadeo no vendría á España, y que si llegaba á decidirse á pisar nuestro suelo sufriría la misma suerte de Maximiliano en Méjico repitiéndose en la Península los fusilamientos de Querétaro. Esto entusiasmaba al pueblo y eran muchos los federales que se hallaban dispuestos á exponer nuevamente la vida en favor de sus ideales; pero el directorio del partido veía clara la situación y no quiso lanzar á sus correligionarios á una insurrección que seguramente sería vencida.

Los dos pretendientes á la corona de España que se hallaban en París, doña Isabel de Borbón y don Carlos, protestaron contra la elección de don Amadeo declarando nulo el acuerdo de las Cortes. Ambos pretendientes vivían en la capital de Francia en la más adorable intimidad y doña Isabel había intentado varias veces una avenencia con su sobrino prometiéndole hacerlo capitán general é infante de España si la reconocía como reina y sublevaba en su favor las provincias del Norte.

Don Carlos no se avino á ello fundándose en la legitimidad de su causa, y á su vez pidió á su tía que lo reconociese como único y verdadero pretendiente.

—No una, sino diez coronas,—dijo la ex-reina,—te daría yo si solo dependiese de mí; pero ni mi hija mayor ni mi madre pasarían por ello y debo pensar además en mi hijo Alfonso.

El que la tía y el sobrino siguieran manteniendo sus supuestos derechos no impidió que continuaran en cariñosa amistad exhibiéndose cogidos del brazo en los puntos más céntricos de París. Estas muestras de cariño debieran haberlas presenciado desde sus tumbas los muchos miles de hombres que habían perdido la vida en las guerras civiles defendiendo cuestiones de sucesión que sólo importaban á la familia borbónica y de este modo se hubiesen convencido de que la mayor de las imbecilidades es dar la vida por los asuntos de los reyes, pues estos son ingratos y malvados por carácter y por educación.

Quien hizo una propaganda más terrible contra el nuevo monarca fué el partido carlista, pues al mismo tiempo que efectuaba todos los preparativos para una lucha civil incitó al alto clero á hacer una guerra sin cuartel al duque de Aosta, condenando su proclamación por ser hijo de Víctor Manuel á quien el Papa había excomulgado como usurpador de los Estados Pontificios.

Levantóse entonces un inmenso clamoreo en todos los púlpitos contra el nuevo rey, y los hombres de acción del partido carlista se aprovecharon del terror que en las gentes crédulas y fanáticas producían aquellos anatemas para reclutar gente que tomara las armas en favor del pretendiente don Carlos.

Mientras en la Península se preparaba una guerra, España comenzaba á sufrir las tristes consecuencias de otra, que muchos hombres fieles observadores veían como inevitable desde algún tiempo antes.

La isla de Cuba era desde 1840 teatro de una continua agitación y propaganda separatista, habiéndose llevado á cabo en diversas épocas intentonas insurreccionales, entre ellas las del brigadier D. Narciso López, que invariablemente conducían á sus autores al cadalso. La tiranía de nuestros capitanes generales, que procedían como reyezuelos caprichosos y despóticos, servía para aumentar la irritación de los naturales contra España y para que los separatistas, que contaban con la oculta protección de los Estados Unidos, hicieran ingresar en sus filas á la juventud del país, ilustrada y ansiosa de una revolución. Los conspiradores cubanos fueron preparando con gran calma su obra y en 1868 tenían ya reunidos algunos centenares de millones y muchos miles de hombres dispuestos á luchar por la independencia de la isla.

La insurrección se inició en Jara á fines de 1868, y los escritores reaccionarios han hecho hincapié en este dato para atribuir á la Revolución de Setiembre la culpa del movimiento separatista. Nada más lejos de la verdad. Los insurrectos cubanos venían preparándose hacia mucho tiempo, siendo buena prueba de la animosidad que reinaba entre españoles y antillanos, las frecuentes reyertas que surgían en las calles, y de seguro que á permanecer más tiempo Isabel II en el trono de España, la insurrección hubiese estallado en su reinado.

No creemos propio de la presente obra hacer una reseña de la horrible guerra de Cuba que terminó diez años más tarde por el convenio del Zanjón. En ella el valor del soldado español, su sobriedad y su ánimo para sufrir las más horribles penalidades excitó la admiración de todas las naciones, así como el patriotismo de los españoles residentes en la isla los cuales organizaron numerosos batallones de voluntarios compartiendo con el ejército las fatigas de la campaña.

A pesar del mal estado de nuestra Hacienda, España gastó en los diez años de guerra diez mil millones de reales por conservar la isla de Cuba, siendo aquella lucha, especialmente en su primera época, un cúmulo de horrores espantosos que la convirtió en una riña de fieras.

El gobierno de Prim, teniendo que atender á esta guerra, y combatido además en la Península por la propaganda de republicanos y carlistas, se olvidó muchas veces de la legalidad apelando á procedimientos infames. Cometiéronse en las calles de Madrid asesinatos como el de Azcárraga que quedaron impunes, mostrando empeño las autoridades en no descubrir á los autores, y la famosa *partida de la porra* penetró en el teatro de Calderón donde se representaba una revista política titulada *Macarronini I* alusiva á el rey Amadeo y disolvió al público á fuerza de atropellos y golpes.

La brutal conducta del gobierno exacerbaba aún más las pasiones y provocaba protestas destempladas ó insolentes en la prensa de oposición. En esto se distinguió el periódico *El Combate*, dirigido por Paul y Angulo, el cual raro era el día que no llamaba desde sus columnas *canalla* y *ladrón* á Prim, *borracho* y *cobarde* á Rivero, dedicando al príncipe Amadeo otros epítetos más difíciles de repetir aquí.

Cuando las Cortes volvieron á reunirse el 15 de Diciembre, Ruiz Zorrilla, excediéndose en sus facultades de presidente, impidió varias veces el uso de la palabra á los diputados federales, queriendo ejercer una continua coacción sobre las minorías.

Al darse cuenta á la Asamblea del viaje de la comisión parlamentaria á Italia, Martos y Rivero pronunciaron entusiásticos discursos en honor de don Amadeo.

En la sesión del 19 de Diciembre, Romero Robledo presentó una proposición pidiendo á las Cortes que autorizasen al gobierno para plantear como leyes los proyectos de ceremonial para la recepción y jura del rey; la división de distritos electorales; la dotación del monarca; las incompatibilidades y la negociación de billetes del Tesoro.

Esta proposición agitó mucho á las minorías, que la juzgaron contraria á la Constitución y se propusieron atacarla enérgicamente. Las sesiones fueron acaloradísimas, y Ríos Rosas, con su elocuencia vehemente, llegó á decir que la mayoría cometería una indignidad si aprobaba el proyecto.

El ministro de Fomento, Echegaray, tuvo la ligereza de decir que á los gobiernos cuando tratan de salvar la patria se les debe permitir todo, declaración que fué acogida con generales protestas.

Un discurso de Cánovas atacando al gobierno por la conducta brutal y contraria á las leyes que había observado con los malhechores de Andalucía, produjo en la Cámara una verdadera tempestad.

Tocaba á la minoría republicana intervenir en aquel debate, y Pí y Margall, en nombre de ella, pronunció un discurso que produjo sensación profundísima y que fué el último destello radiante de aquella minoría federal que á tan grandiosa altura puso la elocuencia y la energía en aquellas Cortes Constituyentes.

Las palabras de Pí y Margall fueron el más acabado proceso que se hizo de la situación creada por los setembristas; así es que no podemos menos de dejar á una voz tan autorizada la descripción de lo que fué aquel gobierno, y por ello reproducimos el brillante discurso del ilustre federal:

«Señores diputados: A pesar de las explicaciones que nos daba anoche el señor Martín Herrera, apenas acierto á comprender la impaciencia del gobierno y de la mayoría. Todos vosotros sabéis que durante el interregno parlamentario ocurrió entre Francia y Prusia el grave conflicto que todos lamentamos. Después del gran desastre de Sedán, de la proclamación de la república y de la marcha de los prusianos sobre París, todos los que hoy estamos en la oposición, todos convinimos en la urgente necesidad de reanudad las sesiones de las Cortes. Las oposiciones todas manifestamos este deseo en el seno de la comisión permanente y el gobierno y la mayoria se negaron constantemente á realizarlo. Fué tal la resistencia que el gobierno opuso en aquellos momentos, que hasta llegó á amenazarnos con que, aun después del 1.º de Noviembre, época en la cual debían reunirse las Cortes en virtud de su propio acuerdo, pediría la suspensión de las Cortes si no hubiese terminado la guerra ó no hubiese cambiado notablemente la faz de los sucesos. Decía entonces el gobierno que era sumamente peligroso abrir las Cortes, que era fácil que en los debates, oradores fogosos y apasionados comprometieran la situación, á sus ojos envidiable, que tenía España respecto de las naciones beligerantes y aun respecto de las demás naciones; y á pesar de que nosotros decíamos que era preciso adelantarnos á los acontecimientos para que no nos viéramos protocolizados, el gobierno y la mayoría en el seno de la comisión se opusieron constantemente á adelantar la apertura de esta Cámara. Vino el 1.º de Noviembre, y á pesar de que no había terminado la guerra, ni había cambiado notablemente la marcha de los acontecimientos. se abrieron las Cortes.

»Él gobierno á los dos días vino aquí y presentó la candidatura del duque de Aosta, suspendiendo de nuevo las sesiones contra nuestra voluntad. Contra la voluntad de las oposiciones todas se suspendieron las sesiones durante doce días sin duda para que meditáramos sobre las excelencias de la casa de Saboya ó registrásemos la historia en blanco del esclarecido príncipe Amadeo. Vino el 16 de Noviembre y se hizo la elección de monarca, lográndose que saliese nombrado el príncipe Amadeo, gracias á la inconsecuencia, por no calificarla de otro modo, de antiguos partidarios de Montpensier y Espartero. Nombróse una comisión que fuera á ofrecer la Corona al duque de Aosta, y volvieron á suspenderse las sesiones contra la voluntad de todos nosotros, pretendiéndose que la comisión debía llevar á su cabeza nada menos que al presidente de las Cortes.

»Después de tantas vacaciones innecesarias, combatidas por todos los que nos sentamos en los bancos de la oposición, ¿con qué derecho venís á decirnos ahora que es preciso que en el improrogable término de ocho ó diez días discutamos cinco proyectos de ley y si no llegamos á discutirlos y aprobarlos os debemos autorizar para plantearlos como si fueran leyes, pasando, además, porque recibido el juramento del rey, tengamos las Cortes por disueltas? ¿Qué razón, qué motivo hay para ejercer esa presión sobre nosotros? Si tan necesarios creíais esos proyectos de ley, ¿por qué esas constantes vacaciones? ¿Por qué no acceder á nuestro deseo cuando creíamos que debía adelantarse la reapertura de las Córtes? He buscado los motivos de tanta impaciencia y no he podido encontrarlos hasta que ayer nos lo explicó el señor Herrera. «Es preciso, se dice, poner término á la interinidad; es preciso cerrar el período constituyente. Es indispensable que las Córtes hayan dejado de existir cuando venga el rey; es preciso que no haya dos soberanías, la una enfrente de la otra.»

»¿No erais vosotros los que hace algún tiempo, cuando desde los bancos de la oposición se os encarecía la necesidad de poner término al período constituyente, decíais que si bien no considerabais la interinidad como un bien, tampoco podíais considerarla como la fuente de los graves males que nos afligen? Decíais entonces que era vulgar atribuir á la interinidad la agitación política del país y la paralización de los negocios. ¡Cómo! ¿La interinidad no era entonces un gran mal y hoy no podéis prolongarla por meses, ni siquiera por quince días? «Urge, decía el señor Herrera, cerrar el período constituyente y sin la aprobación de esos proyectos de ley no es posible, ni que venga el rey ni que el gobierno marche: ¿qué otro medio hay que el de apoyar y aprobar la proposición del señor Romero Robledo?»

»Tendría este argumento alguna fuerza si el rey hubiera de venir aquí el 1.º de Enero. Mas ¿por qué ha de venir el 1.º de Enero y no ha de venir en Febrero ó Marzo? ¿Tanta impaciencia tenéis por convertiros en vasallos del rey? ¿Tanta impaciencia tenéis por tener un amo y señor? ¿Tanto os pesa esa soberanía de que hacíais tan pomposo alarde, esa soberanía nacional que consideráis como base de las instituciones políticas que estáis impacientes por enajenarla y abdicarla en manos de la casa de Saboya? Decís que la soberanía nacional quedara en pié; pero ¿cómo ha de quedar en pié después de establecida la monarquía hereditaria? ¿qué medios os dará la ley para derribar esa dinastía si no llega á cumplir mañana las esperanzas que habéis concebido? El dia que queráis derribarla necesitaréis de otro Topete que inicie otra revolución.

»Decís que la soberanía nacional queda en pié; pero no decía ayer otro tanto el señor Herrera, que quería cerrar estas Córtes para que no existieran dos soberanías. Y esto es decir claramente que la soberanía nacional, ó sea la de las Córtes, desaparece desde el momento en que llega el rey. ¿Es este el amor que tenéis á vuestros derechos? Lo extraño de todos vosotros; pero más del señor Presidente del Consejo de Ministros. Sus idólatras, que también los tiene el general Prim, nos hacían presente en él un nuevo Cronvell ó un nuevo Washington, y hoy está también impaciente por ir á caracolear con su caballo alrededor del coche del rey y por lucir en las recepciones de palacio sus brillantes placas, vano oropel que sólo satisface ya á almas vulgares y mezquinas.

»No tenéis razón alguna para pedirnos la autorización que nos pedís. ¡Si se tratara de cosas insignificantes! Pero se trata de fijar la dotación civil del nuevo rey, que, según la Constitución, no cabe alterar en los presupuestos, ni discutir todos los años, sino determinar al principio de cada reinado. ¿Y queréis que eso se discuta de cualquier manera en un breve y cortísimo plazo? Se trata de la cuestión de incompatibilidades, de una cuestión que ha traído muy agitada á la Cámara y ha hecho imposible el acuerdo entre las fracciones, no ya de la oposición, sino de la misma mayoría, ¿y queréis también que la discutamos al vuelo? No hablaré de la negociación de los billetes del Tesoro, puesto que por lo que resultó de la sesión de ayer se viene en pleno conocimiento de que ese proyecto no entra ya en la proposición del señor Romero Robledo; ¿pero son poco importantes los demás proyectos, incluso el de división de distritos electorales? ¿Y consideráis, sin embargo, como incidental la proposición que discutimos?

»No repetiré, á propósito de esto, los argumentos hechos por los que me han precedido en el uso de la palabra, porque no soy amigo de repetir argumentos ajenos; pero si os haré una sencilla observación.

»Estas Cortes han sido tal vez las menos celosas de su soberanía, diré más, las menos celosas de su propio decoro. Estas Cortes han votado autorizaciones para todo; para reformas civiles, para reformas penales, para reformas políticas, para reformas económicas. No hay tal vez ejemplo de que Cortes españolas hayan autorizado para tanto al gobierno; ¿pero habéis pretendido una sola autorización que no la hayáis hecho objeto de una proposición de ley y no la hayáis sometido á las secciones y á los demás trámites que impone el reglamento? ¿Cómo, pues, ahora que se trata de una autorización condicional para cinco proyectos de ley pretendéis que la proposición es meramente incidental? ¿Es esta vuestra consecuencia? ¿Es este vuestro respeto al reglamento y á la constitución del Estado? Y si vosotros os salís de la legalidad ¿con qué derecho pretendéis que los partidos estén dentro de la legalidad? Si apeláis al terreno de la fuerza y de la violencia ¿cómo queréis que no vayamos al terreno de la violencia los partidos que nos sentamos en los bancos de la oposición?

»Recuerdo que el general Prim en 1842, siendo diputado de la Nación, decía al gobierno de aquella época: «estáis hacinando combustibles que arderán á la menor chispa.» ¿No teme el general Prim que á fuerza de hacinar combustibles salte la chispa y venga un fuego que nos devore á todos? Más de una vez he querido buscar el verdadero motivo de vuestra impaciencia y no he podido encontrarlo. Creo entreverlo ahora. Vosotros habéis comprendido sin duda que el duque de Aosta es el candidato más impopular que ha habido en nación alguna. Está contra él la antigua grandeza, que se ha separado completamente de él, disolviendo su diputación permanente; está contra él el antiguo partido conservador, que ha levantado bandera por el príncipe Alfonso; están contra él los grandes hombres de la unión liberal, aunque no las medianías, que se han venido con vosotros; están contra él el partido absolutista y el partido republicano, que distan aún más de aceptar vuestra obra, y teméis que cuanto más se prolongue la venida de vuestro candidato, tanto más difícil ha de ser su entrada y su afianzamiento en el trono; de aquí que pretendáis que venga dentro de tan breve plazo. Como teméis, por otra parte, que al venir aquí se encuentre asediado y turbado por la viva oposición de todos los partidos, á fin de imponer silencio á lo único á que no podéis imponerle, á la tribuna, nos decís que es preciso que antes de acabar el año termine la discusión de los proyectos de ley y se disuelvan las Cortes.

»Sabíais que por el Código penal podrías fácilmente imponer silencio á la prensa; sabíais que por el Código penal podríais fácilmente hacer ilusorios los derechos de reunión y asociación pacíficas; lo que no considerabais fácil era imponer silencio á la tribuna estando las Cortes abiertas, y á fin de que aún esa voz se apague, queréis que las Cortes se disuelvan. Y yo os pregunto: ¿en virtud de qué derecho pueden disolverse estas Cortes? ¿Hasta ese punto olvidáis los preceptos de la Constitución del Estado? Yo no os hablaré nada del argumento que os hizo el señor Figueras sobre el Código penal, argumento que después reforzó el señor Calderón Collantes. Sí, os autorizamos á plantear el Código penal, pero con condición: esta condición no se ha cumplido, y por tanto la reforma es insostenible; había necesidad de cumplirla tal como estaba acordado para que aquella reforma fuese legal. Pero yo prescindo de este argumento.

»Vamos al artículo 108 de la Constitución del Estado. «Las Cortes Constituyentes, dice, reformarán el sistema actual de gobierno de las provincias de Ultramar cuando hayan tomado asiento los diputados de Cuba ó Puerto Rico, para hacer extensivos á las mismas, con las modificaciones que se creyeran necesarias, los derechos consignados en la Constitución.»

»Las Cortes Constituyentes deben antes de disolverse hacer las reformas necesarias para extender los derechos individuales y la Constitución del Estado á las colonias. Los diputados de Puerto Rico aquí están y vosotros mismos habéis presentado un proyecto de Constitución. ¿Cómo, pues, sin que ese proyecto haya sido discutido y aprobado os atrevéis á pedir que las

Cortes se disuelvan? Estas Cortes no pueden ser de ninguna manera disueltas. ¡Vergüenza da decirlo! Habéis presentado un proyecto de Constitución para Puerto Rico y no habéis podido llevarlo á cabo solamente porque habéis encontrado oposición en cierto lado de la Cámara. Lo que yo extraño es, no solamente vuestra debilidad, sino la de los diputados de Puerto Rico. Esos hombres que debían estar aquí con nosotros están con el gobierno y al lado de la mayoría; esos hombres deberían haber venido á estos bancos para reclamar uno y otro día que se discutiera la Constitución de Puerto Rico; esos hombres deberían estar aquí para darnos fuerza, para probar y demostrar de una manera irrefragable que la disolución de las Cortes es completamente imposible. Extraño la conducta de los diputados todos de Puerto Rico, pero extraño mucho más la del señor Padial, hombre que me ha parecido tan honrado como ardiente.

»Dos años hace que tenéis en Cuba una insurrección desde un principio localizada y en dos años no habéis podido vencerla, á pesar de haber derramado allí á raudales los tesoros y la sangre de la nación. La manera de desarmar á los insurrectos, la manera de que los insurrectos no aumentasen ni propagasen el fuego á otras colonias habría sido realizar los derechos individuales para aquellas islas, y vosotros, sin embargo, queréis que las Cortes se disuelvan sin haberles otorgado los derechos que debíais haberles concedido desde los primeros momentos de la Revolución de Setiembre. ¿Es poco censurable vuestra conducta?

»Nos pedís una autorización, ó, por mejor decir, nos pedís cinco autorizaciones, y nos pedís, por lo tanto, un voto de confianza. Cuando se trata de votos de confianza las minorías tienen siempre derecho de examinar si los gobiernos los merecen. Voy á examinar vuestra conducta y á demostrar de una manera clara y palmaria que no merecéis la confianza, ni de la minoría ni de la mayoría.

»¿Cuál es me he preguntado repetidas veces, la idea política del actual gobierno? Y no he sabido contestarme. Tengo para mí que el gobierno carece por completo de idea política. En este punto, no sólo tengo que quejarme del gobierno actual, sino también de los anteriores.

»Las naciones cultas suelen tener todas una aspiración, un objeto, un fin á que se encaminan sin cesar en medio de las vacilaciones á que les condena la perpetua contradicción de las ideas y la incesante lucha de los partidos. Unas, por ejemplo, concentran su actividad en desarrollar sus fuerzas productivas. Otras se hacen núcleo de grupos de pueblos ó razas que en otro tiempo constituían organismos más ó menos perfectos cuando no vastos y dilatados imperios. Otras se hacen el corazón y el brazo de una idea y la defienden por todas partes consagrando á ella su riqueza y su sangre. Otras, habiendo llegado su industria y su comercio á un punto tal que tiene absoluta necesidad de exteriorizarse, buscan sin cesar nuevos mercados para sus productos. Nosotros hemos tenido en otro tiempo nuestra idea política; nosotros, nación entonces eminentemente católica, nos dejábamos llevar de la idea que entraña el catolicismo; aspirábamos á la unidad y á la universalidad. En un principio, cuando estaba aun España dividida en diversos reinos, aspirábamos á reconstituir nuestra nacionalidad, y ya que la habíamos reconstituido, quisimos llevar la unidad fuera de nosotros mismos y pretendimos sojuzgar el mundo.

»Verificábase en otras naciones el gran movimiento de la Reforma, que era la aurora de la libertad, y nos empeñamos en matarla, dominados por nuestra idea de unidad y de universalidad. Entonces fué cuando llevamos nuestras armas á Flandes, á Alemania é Italia, entonces cuando fuimos á conquistar el Nuevo Mundo; entonces cuando quisimos penetrar en Africa; entonces cuando fuimos á los mares de Asia; entonces cuando paseamos nuestras armas vencedoras por todos los ámbitos del orbe. Pero ¡cuán caras nos costaron aquellas guerras! Concitamos contra nosotros los odios de toda Europa y las iras de la libertad naciente, y caímos en la más espantosa decadencia, en la postración más vergonzosa. Perdimos nuestra industria, nuestra agricultura, nuestro comercio: perdimos nuestra población, lo perdimos todo. Esa lección fué grande para nosotros; debió, por lo menos, serlo, y era natural que abandonáramos nuestra idea política. No podíamos ni debíamos aspirar ya de manera alguna á reanudar esas glorias militares, á abrir de nuevo la guerra, á terciar de nuevo en los asuntos de Europa, echando en la balanza de los negocios nuestra rota espada.

»Así lo entendimos desde principios de este siglo hasta el año 1860; hasta 1860 no tuvimos más que guerras de independencia ó guerras civiles. Pero el año 60 tuvimos reminiscencias de otros tiempos, y nos empeñamos en otra serie de guerras tan funestas y lamentables como las de los siglos XVI y XVII. Hicimos la guerra de Africa, la de Santo Domingo, la de Méjico y la de las repúblicas del Pacífico; quisimos llevar y llevamos nuestras armas con los franceses hasta los antiguos imperios de Oriente. ¿Qué sacamos de todo esto? Fuimes á Africa y no logramos afianzar allí nuestra planta como la había afianzado Francia en Argel. Fuimos á Santo Domingo y tuvimos que retirarnos vergonzosamente. Fuimos á Méjico y abandonamos la guerra sin alcanzar la paz. Fuimos á las repúblicas del Pacífico, y hoy, después de cuatro años, nos encontramos impotentes lo mismo para alcanzar la paz que para continuar la guerra. ¿Parece posible que después de esa cara y costosa lección volvamos á querer figurar como potencia militar en Europa? ¿Es posible que amamantemos todavía esa ilusión que tan cara nos ha salido?

»Yo suponía que el gobierno de la Revolución de Setiembre estaba curado de ese grave mal; yo suponía que el gobierno de la Revolución de Setiembre quería concentrar todos sus esfuerzos sólo en ir desarrollando nuestra agricultura, nuestra industria, nuestro comercio, nuestro entendimiento, nuestra conciencia. Parece con todo, que piensa lo contrario. ¿Lo pensará efectivamente? Aquí quisiera yo que el Presidente del Consejo de ministros, aunque no fuese más que por un signo, me dijese que me equivoco. ¿El gobierno actual quiere reanudar nuestra historia militar? ¿La quiere reanudar, señor Presidente del Consejo de ministros? ¡Ah! vuestro silencio me indica que esa es efectivamente vuestra utopía, vuestro sueño. ¡Buena, bonísima noticia para el señor Ministro de Hacienda! Sí, el actual gobierno, téngalo entendido las Cortes, el actual gobierno sueña con volver á abrir nuestras antiguas páginas de gloria; sueña en volver á encender guerras en Europa; sueña con volver á terciar en nuevas contiendas, cuando nosotros, que gozamos de una posición tan envidiable, podíamos vivir apartados de toda clase de discordias sin pensar más que en remediar nuestros males anteriores. ¿Dudarán, acaso, las Cortes, de que lo que yo digo sea cierto? Si las Cortes lo dudaran probarían que tienen poca conciencia de sí mismas, probarían que no saben lo que por su boca ha dicho el señor Presidente de las Cortes al ofrecer la corona al Duque de Aosta.

«La nación espera, ha dicho el señor Presidente de las Cortes dirigiéndose al Duque, la nación espera hallar en V. A. un rey que, aclamado por el amor de los pueblos y ansioso de su felicidad, procure cerrar las heridas abiertas en el corazón de la patria por continuadas desgracias que amenguaron el poderío con que en otros tiempos logró, comprendiendo y prohijando al inmortal Genovés, conquistar á la civilización un nuevo mundo, al par que llenaba el antiguo con el brillo de su gloria y con el eco de sus hazañas.»

»¿Es decir que vais á buscar un rey para que vuelva á abrir ese periodo de gloria que nos ha traído otro de deshonra? Es tan cierto esto, que el señor Presidente de las Cortes, temiendo que el Duque creyera que nuestro pueblo hubiese perdido su antigua fuerza y fuese indigno de mezclarse en las contiendas de las naciones europeas, le decía á continuación:

«La patria de tantos héroes no ha muerto, sin embargo, al porvenir y á la esperanza.

»Decaída, postrada estaba ya cuando á principios de este siglo, cautivo su rey é invadido su territorio, asombró al mundo por el esfuerzo, por el tesón, por el heroismo con que luchó hasta arrojar de su suelo al invasor y recobrar su hollada independencia. Pueblos que aun demuestran tan viril energía y que saben escribir en el templo de la inmortalidad los nombres de sus hijos y de sus ciudades, tienen derecho á creer pasajeros sus infortunios y á esperar que la Providencia otorgue compensación á sus males, llamándoles á nuevos y más altos destinos.»

»Ved cual es la política del gobierno.

»El duque de Aosta, que pertenece á una familia algo más hábil y diplomática que los individuos que componen nuestro gobierno, recogió la idea, pero no con la franqueza con que la expresó el señor presidente de las Cortes. ¿Cómo había de poder usar de esa franqueza el hijo de un rey que está despertando los celos y temores de otras naciones? ¿El hijo de un rey á quien puede atribuirse tal vez el pensamiento de erigirse en jefe de la raza latina?

»El duque de Aosta contestaba:

«Los anales de España están llenos de nombres gloriosos, caballeros valientes, maravillosos navegantes, grandes capitanes, reyes famosos. No sé si me alcanzará la fortuna de verter mi sangre por mi nueva patria y si me será dado añadir alguna página á las innumerables que celebran las glorias de España; pero en todo caso estoy bien seguro, porque esto depende de mí y no de la fortuna, de que los españoles podrán siempre decir del rey que han elegido.» «Su lealtad se ha levantado por encima de las luchas de los partidos y no tiene en el alma más deseo que la concordia y la prosperidad de la nación.»

»El duque de Aosta recoge la idea, procurando revestirla de formas que no permitan atribuirle el deseo directo é inmediato de abrir la historia de nuestras guerras.

»Si no tuviera los hechos que acabo de citaros para haceros ver que el gobierno no comprende absolutamente cuál es la conveniencia política de España, tendría todavía otros para probaros que marcha sin rumbo ni concierto.

»Se trataba de elegir rey; se andaba buscando un candidato y ¡cosa singular! á ese gobierno le era indiferente tomar un individuo de la casa de Hohenzollern ó un individuo de la casa de Saboya. Hoy, cuando se está debatiendo en Francia si debe preponderar en Europa la raza germánica ó la latina, al gobierno le era indiferente tener un candidato de raza latina ó de raza germánica. ¿Se concibe tan absoluta falta de pensamiento en un gobierno? ¿Para qué queréis un rey? Vosotros lo habéis dicho repetidas veces. Para garantía de las instituciones libres que os habéis dado.

»¿Y creíais que ibais á encontrar la garantía de las instituciones que os habéis dado en un individuo de la casa de Hohenzollern, en una casa que ha sido siempre enemiga de la libertad y lo es todavía? ¿Ignoráis acaso cuáles son las tradiciones de la casa de Hohenzollern? ¿Ignoráis que cuando la primera revolución francesa el primer rey que pensó en una coalición contra Francia fué el rey de Prusia? ¿Ignoráis que ese rey estuvo empujando al imperio de Austria para que entrara en la coalición? ¿Ignoráis que el emperador de Austria, á pesar de ser hermano de María Antonieta, tuvo necesidad de contener al desatentado Federico Guillermo II para que no bajara á Francia con quince ó veinte mil hombres, ejército que le parecía bastante para acabar con aquella revolución? ¿Ignoráis que Federico Guillermo III y Federico Guillermo IV estaban tan pagados de su derecho, que decían: «Jamás consentiremos que ninguna potencia de la tierra amengüe nuestra autoridad, porque hemos recibido de Dios nuestra corona y no hemos de tolerar que se interponga entre nosotros y nuestro pueblo una Constitución?» ¿Ignoráis quién es el actual rey Guillermo? ¿Ignoráis la lucha que ha tenido con su Parlamento? ¿Sabíais que estas eran las tradiciones políticas de esa casa, y pensabais encontrar en ella la garantía de vuestras instituciones liberales? ¡Mentira parece que hayáis pensado en esa familia de reyes, originando una guerra de que vosotros no habréis sido la causa pero sí el pretexto!

»Vais luego á Italia á buscar un nuevo rey ¿por qué? Porque creéis que esa casa es también liberal y será la mejor garantía de vuestras instituciones. ¿Si ignoraréis también lo que es la casa de Saboya? Ha sido tan enemiga de esas instituciones liberales como la misma casa de Hohenzollern. ¿Tenemos acaso que volver los ojos á tiempos remotos para demostrarlo? ¿No os acordáis, vosotros todos, de Carlos Alberto que empezó su reinado dando la libertad á su pueblo, y desde el momento en que vió triunfante en Europa la reacción, se aprovechó de ella para recobrar su absolutismo? ¿Ignoráis que ese mismo Carlos Alberto, cuando estalló nuestra guerra civil, la guerra de sucesión, se declaró por Carlos V y no por Isabel II, que representaba entonces los principios liberales? ¿Ignoráis que si el año 48 volvió á adoptar los principios de la revolución fué porque concibió la idea de engrandecer su reino, y creyó que por ese camino podía llegar á conseguir lo que ha logrado después Víctor Manuel? Un pensamiento interesado ha hecho á esa casa inclinarse á la libertad; no otro motivo.

»Os lo repito: carecéis completamente de idea política. ¿Qué idea política ha de tener un gobierno que un día parece inclinarse al desarrollo de los intereses morales é intelectuales del pueblo español, y otro día piensa en resucitar nuestras antiguas y malhadadas glorias? ¿Cómo la ha de tener un gobierno, que deseando buscar un candidato para garantía de las instituciones liberales, piensa hoy en la casa de Hohenzollern y mañana en la casa de Saboya?

»Cualesquiera que sean nuestras faltas, diréis, cualesquiera que sean nuestras vacilaciones, nosotros hemos tenido siempre una norma, y ha sido afianzar los derechos individuales. Sí; vosotros los habéis proclamado, pero hace mucho tiempo que estáis buscando el modo de destruirlos. Siento que en este momento no se halle en su banco el señor Ministro de la Gobernación. S. S. nos manifestaba días pasados que él había sido siempre consecuente, que profesaba hoy las mismas ideas que había profesado en la oposición. Tengo necesidad de demostrarle que esto no es cierto; que es el hombre más inconsecuente que se sienta en el banco de los ministros.

»El señor Ministro de la Gobernación ha estado al frente de un periódico que ha gozado de justa celebridad. En ese periódico defendía los derechos individuales en todo su absolutismo. Pertenecía entonces S. S. al partido llamado democrático, y conmigo y con otros muchos de mis compañeros firmó, el año 58, un manifiesto en que se decía que la única forma posible de la democracia era la república.

»Sucedió más: el manifiesto era del carbonarismo, y los que entonces le firmamos creíamos que debíamos poner al pié, no nuestros nombres propios, sino nuestros nombres de guerra. Se levantó entonces el señor Rivero para decirnos que era preciso que firmáramos con nuestros propios nombres y apellidos, porque aquel era un compromiso que establecíamos para lo futuro. ¡Quién había de decir al señor Rivero que había de ser el primero en romper el compromiso! Esta inconsecuencia es tanto más grave, tanto más deplorable, cuanto que en 1854, en este mismo recinto, cuando se trató de la cuestión monárquica, el señor Rivero votó contra la monarquía. Votó contra la monarquía en aquella época en que el partido republicano era naciente y no podía esperar en mucho tiempo el triunfo de sus ideas, y diez y seis años después cuando el partido republicano es un partido fuerte, vigoroso, entonces vota por la monarquía y contra la república.

»No han parado aquí las inconsecuencias del señor Rivero. El era el eterno enemigo de los estados de sitio; los combatía desde las columnas de su periódico, y criticaba y censuraba acerbamente las leyes del año 21. El era uno de los oradores más vigorosos que aquí combatían la arbitrariedad ministerial. Hoy, sin embargo, el señor Ministro de la Gobernación ha consentido, no sólo los estados de sitio, sino la violación de la ley de orden público por él propuesta y por las Cortes aprobada, y aun cuando no hay ya facciosos armados en ninguna parte, permite que continúe el estado de sitio en las provincias Vascongadas y en la de Navarra.

»El era enemigo de las quintas y las atacaba en su periódico, en las Cortes, en todas partes, y ha subido, sin embargo, á esta tribuna para pedir una quinta de cuarenta mil hombres.

»El decía que era partidario del absolutismo de los derechos individuales, y hoy consiente que esos derechos se mutilen. ¿No recuerda, acaso, el señor Rivero, que en 1855, en aquellas Cortes Constituyentes, presentó una proposición en que decía que no reconocía más delitos de imprenta que la injuria y la calumnia? ¿Cómo, pues, consiente ahora que en el Código penal se diga que pueden cometerse por la imprenta todos los delitos consignados en el Código?

»El señor Rivero nos decía, con todo, el otro día, que estaba hoy por lo mismo que había estado siempre, y añadía que no temía los abusos de la libertad, porque los tenía previstos. Los tenía previstos, y sin embargo, porque algunos periódicos abusan, en concepto suyo, de la libertad, consiente que esos periódicos sean recogidos sin que antes hayan sido circulados.

»Permítame que le pregunte al señor Rivero: ¿en qué consiste el verdadero delito de imprenta? ¿Consiste acaso en el solo hecho de transmitir, de exteriorizar nuestros pensamientos? Entonces sería preciso llevar á la cárcel á todos los que pensamos en algo que pueda constituir un delito. ¿Consiste en el hecho de expresar nuestros pensamientos por medio de la imprenta? Creeríamos entonces en el error de poder castigar el pensamiento por una prueba de imprenta. ¿En qué consiste, pues, el delito? En la publicidad: allí está el delito, si es que puede haber delitos de imprenta, que yo lo niego, como no sean los de injuria y calumnia.

»Y si el delito está en la publicidad, ¿cómo puede el señor Ministro de la Gobernación creer que es posible recoger periódicos antes de que hayan circulado por todos los ámbitos de la península? ¿Cómo puede creer que quepa recogerlos en manos del editor, de los vendedores y de los oficinistas de correos? Después de todo, no disputemos sobre palabras. ¿Cree el señor Rivero que por el camino de la represión se puede alcanzar lo que se alcanzaba antes por el de la prevención? Era, entonces, una hipocresía, no sólo de S. S., sino de los demás ministros, venir á decirnos que no querían el método preventivo; porque ¿qué me me importa á mí, escritor de un periódico, que se me recoja dos minutos después de lo que antes se hacía? ¿En qué ha de influir este cambio sobre la marchar de mi pensamiento? ¿Cuál es la libertad que por ahí se me concede?

»No: el pensamiento de la Cámara, el pensamiento de la Revolución de Setiembre, no pudo ser éste. El pensamiento de la Revolución de Setiembre fué que todos tuviéramos amplio derecho de emitir nuestro pensamiento y circularlo.

»Si puede haber delitos de imprenta debe castigárselos después de la publicidad, no antes.

»Y no se me diga que la publicidad consiste en que hayan circulado uno, dos, cien ejemplares: no hay publicidad mientras el periódico no ha llegado á manos de todos los que quieren recogerlo.

»Esta es otra inconsecuencia del

señor Rivero, y lo que yo siento no son aun las inconsecuencias que ha cometido, sino las que temo que pueda cometer. Hay en política una especie de pudor que hace que permanezcamos firmes en las ideas y en los principios de nuestro partido; una especie de rubor que nos obliga á sobreponer nuestros principios, nuestras ideas, á todo interés personal. Mientras ese pudor se conserva no es fácil que nos dejemos atraer por esperanzas ni por halagos. Pero ¡ay del día en que ese pudor se pierda! Sucede con el pudor político lo mismo que con el pudor en la mujer. ¡Ay del día en que la mujer pierde el pudor, que constituye uno de sus encantos! ¿Lo duda el señor Rivero? No tiene más que volver los ojos al señor Presidente del Consejo. Ese hombre perdió desgraciadamente el pudor político en una edad muy temprana. Ese hombre ha sido desde entonces la inconsecuencia andando.

»Así, le habéis visto un día tirando de la espada contra el general Espartero, que era el jefe de su partido, y otro día esgrimiendo sus armas contra aquellos de sus correligionarios que le habían ayudado á derribarle; así le habéis visto hoy entrando en una conspiración de asesinato contra el general Narváez, y mañana recibiendo del general Narváez la capitanía general de Puerto Rico; así le habéis visto viniendo un día de Oriente con un programa democrático en la mano, y al otro día entrando en este recinto para combatir la democracia y defender la monarquía y la dinastía de doña Isabel II; así le habéis visto entrar con ardor en la unión liberal, haciéndose lenguas del general Odonell, de quien había recibido á manos llenas grados y mercedes, y al otro día sublevándose contra el general Odonell al frente de dos regimientos; así le habéis visto prestando caballerosos juramentos de fidelidad á la persona de doña Isabel, y al otro día conjurándose con sus enemigos para derribarla. ¡Sabe Dios las inconsecuencias que le están todavía reservadas en el camino de su vida! Es preciso conservar, ante todo, ese pudor político de que os hablo, porque, os lo repito, así como después de perdido el pudor va fácilmente la mujer á la prostitución, va el hombre fácilmente á todas partes (1).

»No repetiré los argumentos que se han expuesto sobre lo que se ha llamado justamente los asesinatos de Andalucía y sobre los hechos salvajes de cierta partida que no quiero siquiera nombrar; no los repetiré, pero sí diré que algunas de las explicaciones dadas por el gobierno me han convencido de lo fundado que son los ataques de mis compañeros. Lo presentía ya, porque esos que se llaman asesinatos de An-

---

(1) El general Prim protestó contra estas acusaciones sin que pudiera destruirlas por estar fundadas en hechos históricos. Hasta la misma mayoría tuvo que callar ante la verdad. El poeta Campoamor, impresionado por el discurso, decía pocos días después á Pi y Margall al saber el asesinato del general:

—*Han dado al general Prim un trabucazo en el cuerpo, pero usted se lo había disparado cuatro días antes al alma.*

dalucía no son nuevos en nuestra historia. Se han verificado antes en aquellas mismas provincias, en la provincia de Valencia, y sobre todo, en la de Cataluña: lo que han hecho los guardias civiles en Andalucía, hacían allí los mozos de escuadra, y fueron por centenares los asesinatos. Y lo que sucedió entonces es fácil que suceda ahora. Después de haberse fusilado sin formación de causa á los bandoleros se asesina del mismo modo á hombres políticos abversarios del gobierno.

»El señor Figueras pronunció aquí, sobre este punto, un elocuente discurso, y á él me refiero. ¿Y cómo he de creer yo que esos hechos no sean ciertos, cuando el señor Ministro de la Gobernación nos ha venido encareciendo los muchos bandoleros que había en Andalucía, la grande alarma y el gran terror que habían difundido y la casi imposibilidad de acabar con ellos? ¡Ah! S. S., sin quererlo, nos estaba diciendo que fueron efectivamente fusilados los bandidos de que se trata.

»La misma apreciación hago de esa partida á que antes me he referido. Los hechos brutales se han repetido con no poca frecuencia en esta y otras épocas. Recuerdo que el señor Figuerola nos hablaba de ciertos atropellos cometidos por hombres con uniforme, y es cierto. Pero S. S. no recordaba que la partida de esos hombres con uniforme existía en tiempo de los progresistas contra las redacciones de los periódicos moderados.

»Nótese ahora una singular coincidencia. Se abre el primer interregno parlamentario, y esa partida de bandoleros va y ataca las redacciones de ciertos periódicos; viene el segundo interregno parlamentario, y á los pocos días esa misma partida ataca los casinos carlistas; se suspenden últimamente las sesiones de las Cortes, y ocurre el escándalo del teatro de Calderón. Todos esos atropellos han sido cometidos mientras han estado suspendidas ó cerradas las Cortes. ¿Por qué no cuando abiertas? El primer atropello quedó impune. Ninguna satisfacción se dió á la opinión pública. Cuando ocurrió el segundo, el señor Ministro de la Gobernación tomó ya ciertas medidas que parecieron dar por resultado la dimisión del señor Moreno Benítez. Ultimamente, el señor Ministro de la Gobernación protestaba ya contra esos escándalos, y nos dió há poco un nuevo gobernador. ¿No podría inferir de ahí que, si no el señor Ministro de la Gobernación, algunas autoridades más ó menos elevadas debían ser protectoras y patrocinadoras de esa partida que no quiero señalar por su nombre? (*El señor Ministro de la Gobernación:* No; no lo fué ninguna). No insistiré más sobre este punto. (*El señor Ministro de la Gobernación:* Ninguna).

»Vengamos ahora á la cuestión de Hacienda; veamos ahora si en el terreno de la economía ese gobierno merece la confianza de las Cortes.

»Si fuera pesible que yo me enorgulleciera de haber profetizado los males de mi patria, debería estar hoy muy orgulloso; pero soy incapaz de tener esta clase de orgullo. Yo hubiera querido equivocarme; yo hubiera tenido un gran gozo en ver que mis profecías no se cumplían; pero se han cumplido. ¡Qué de veces he dicho que por el sistema que seguiais era completamente imposible nivelar el presupuesto! ¡Qué de veces he dicho que el camino que seguiais no podía menos de agravar el déficit! El déficit se ha gravado considerablemente. El déficit del presupuesto de 1868 á 1869, liquidado y reconocido por el señor Figuerola, era sólo de 708 millones; hoy es de 972, según nos ha revelado el señor Moret. De manera que entre el déficit del presupuesto de 1868 y el de 1870, hay nada menos que la diferencia de 264 millones. Y nos manifestaba el señor Figuerola esperanzas de que el presupuesto de 1870 á 71 no tendría más que un déficit de 90 millones de pesetas ó sea 360 millones de reales, y decía que el presupuesto de 1871 á 72 no tendría más déficit que el de 60 millones de pesetas ó sea 240 millones de reales. ¡Qué desengaño! Pero ¿cómo no había de suceder así? Siguiendo por el camino de los empréstitos no se hace más que aumentar los intereses de la deuda.

»¿A cuánto subían esos intereses en el presupuesto de 1868 á 69? A 630 millones. Hoy ascienden á 777. Han aumentado en sólo dos años en 146 millones de reales. Sumad ahora estos intereses con lo que importa la amortización del papel de carreteras, ferrocarriles y canal de Lozoya, y tendréis en todo 823 millones. Oid ahora y ved si es poco desastrosa la situación de nuestra Hacienda. ¿Sabéis á cuánto asciende el producto total de las contribuciones directas permanentes? A sólo 797 millones. Resulta de aquí que tenemos absorbidas por nuestra deuda todas las contribuciones directas del país, sin que ni aun por ellas quede cubiertas. Faltan para cubrirla 26 millones de reales, es decir, sobre poco más ó menos el total producto de la contribución sobre la misma renta del Estado. ¿Puede seguir así una nación?

»Pasemos á otro punto. Los 823 millones, se refieran solo á la Deuda consolidada, á la de carreteras, ferrocarriles y á la flotante. Hay además otra que afecta al producto de las ventas de bienes nacionales. Prescindo de los billetes hipotecarios que figuran en el presupuesto, como dijo muy bien el señor Moret, sólo por razón de contabilidad. En el presupuesto de 1868 á 69, figuraba esta deuda por sólo nueve millones, y en el presupuesto de 1870 á 71, figura por 273; es decir, por 264 millones más. Esto es debido en gran parte á la liquidación de la Caja de Depósitos. Y aquí debo hacerme cargo de una pretensión del señor Figuerola.

»El señor Figuerola se envanecía ayer de haber liquidado esa caja, y lo contaba como una de sus glorias, cuando fué la mayor de las injusticias, como demostré en otra ocasión. ¡Presentar como gloria suya esa liquidación cuando con ella se sacrificaba á los acreedores que más derecho tenían á ser considerados! ¿Olvida el señor Figuerola que unos eran acreedores por depósitos voluntarios, y otros por depósitos forzosos? ¿Olvida que había en aquellas cajas intereses de menores, de pueblos, de familias que tal vez no contaban con otros recursos? Si por otra parte con la liquidación de la Caja de Depósitos, hubiera el señor Figuerola puesto término á la deuda flotante, tendría alguna razón para envanecerse por este hecho, ¿no vuelve acaso á estar la Deuda flotante á 972 millones? A este paso, dentro de otros dos años alcanza de nuevo la deuda flotante la cifra que tenía cuando la Caja de Depósitos. El presupuesto 1868 á 69 no era más que de 2,600 millones; el presupuesto actual, según el señor Moret, sube á 2,904; advirtiendo que hay aún que agregar á esta suma otras importantes, de las cuales hablaré después. ¿A dónde vamos á parar por este camino?

»Recuerdo que cuando los progresistas mandaban en 1854, la cifra del presupuesto alcanzó por primera vez la de 2,000 millones; es muy posible que por poco que sigan mandando llegue esa cifra á 3,000 millones. Y ¿son esas las economías de que hablaban desde los bancos de la oposición?

»En tal estado las cosas, deja el **señor Figuerola la cartera de Hacienda,** encargándose de ella el señor Moret. S. S. es sin disputa, uno de los hombres de más conocimientos rentísticos, y uno también de los de más claro juicio. Ha defraudado, sin embargo, las esperanzas que había hecho concebir. Siento realmente verle en el ministerio de Hacienda; mejor estaba en el de Ultramar. Si el señor Moret hubiera creído desde luego que podía traer un remedio eficaz y seguro para la Hacienda, estaría justificada su venida á este departamento. Pero cuando S. S. no viene á traernos aquí más que un remedio empírico, ó como él ha dicho pasajero, S. S. debía haberse resistido á aceptar la cartera de Hacienda, que llegará á serle funesta.

»¿Qué razón había para que S. S. ocupase el puesto del señor Figuerola, y éste no pudiera seguir el sistema que sigue el señor Moret? ¿Qué ha presentado S. S. que no pueda aceptar el señor Figuerola? El señor Moret ha venido por de pronto á decirnos, el déficit estaba calculado en seiscientos y tantos millones, y asciende á más de novecientos; si autorizasteis á mi predecesor á que emitiera billetes del Tesoro para conseguir 600 millones, autorizadme á mí para que pueda emitirlos por 900. ¿Qué inconveniente había aquí para que el señor Figuerola viniera á hacer esa confesión ante las Cortes, y pedir la misma autorización? El señor Moret ha añadido: emitidos los billetes con el sólo interés del 6 por 100, sería preciso darlos á tipo bajo, á un tipo que no pasaría del 50 por 100: este interés sería puramente nominal; entremos en realidad, y permitidme que los emita con el interés del 12 por 100.

»¿Qué dificultad podía tener tampoco el señor Figuerola en venir á decirnos lo mismo? El señor Moret decía, por fin, y éste puede ser un motivo de disidencia entre S. S. y su predecesor: «Si por acaso los billetes del Tesoro no pueden ser pagados á su vencimiento, autorizadme para que los reciba por todo su valor para el pago de una tercera parte de las contribuciones del Estado.» Sobre esto podrá haber dicho el señor Figuerola que esto es una especie de hipoteca de las contribuciones generales del Estado, y que él no podía admitir la la enajenación de las rentas; pero si hubiera tenido ese escrúpulo el señor Figuerola, cabía también desvanecérsele con sólo recordarle que había afectados al pago de los bonos del Tesoro los bienes nacionales, los del patrimonio de la corona, las minas y los buques del Estado, todo nuestro patrimonio; y habría dado además en garantía, ó por mejor decir, en pago de los bonos tomados por el Banco de París el producto total de los azogues durante treinta años, sin que por esta operación haya obtenido el Tesoro ventaja de ninguna clase. ¿Cómo había ahora de tener escrúpulo ni remordimientos en dejar afectas las rentas y contribuciones generales?

»Siguiendo por ese camino, enajenado todo nuestro patrimonio, no quedará más recurso que ir enajenando nuestras rentas. Este tampoco podía ser un motivo serio, para que el señor Figuerola abandonase el ministerio; y no comprendo, repito, por qué el señor Moret lo ha aceptado. La disidencia entre los dos hacendistas, habría podido existir si se hubiese tratado de presentar desde luego todo su plan de Hacienda, y pues esto queda para más tarde, para más tarde había de quedar la resolución de esta extraña crisis. Y esto no lo digo en son de censura, lo digo tan sólo porque era una esperanza para la revolución, y siento que esta esperanza se frustre.

»No me propongo ahora examinar el proyecto del señor Moret, haré únicamente brevísimas observaciones. Primer punto. S. S. quiere realizar otro empréstito por medio de billetes del Tesoro; es decir, sigue el camino de su predecesor. Segundo punto: Su Señoría dice que el 6 por 100 no es el interés real de los capitales para la Hacienda, y que por lo tanto, quiere dar á los billetes el interés del 12, el interés real á que de todos modos saldrían; mas para esto habría sido preciso que S. S. se comprometiese á dar esos billetes á la par, cosa que ni en el proyecto de S. S., ni en el dictamen de la comisión se expresa. Resulta de aquí que S. S. se reserva dar esos billetes á menos de la par, si no puede enajenarlos á mayor precio, y por consiguiente que el 12 por 100 tampoco será el interés real, sino el nominal de los billetes.

«Trata, por fin, S. S. de dar más

valor á esos billetes con la cláusula de que después de su vencimiento sean admitidos en pago de la tercera parte de las contribuciones. Mas ¿cómo no ve S. S. que esto es aumentar el déficit del presupuesto del año venidero? «Tendré medios para atender á esas obligaciones, dice S. S., cuento con el producto sobrante de los bienes nacionales, con el de los bienes del presupuesto de la Corona, y en último término con una negociación sobre la renta de tabacos.» El señor Moret nos ha dicho que el señor Figuerola se había hecho ilusiones que había venido á desvanecer el tiempo, y S. S. incurre en la misma falta. S. S. no puede contar ni con los bienes nacionales, ni con los del patrimonio de la Corona, para amortizar los billetes del Tesoro; porque si pudiera, si fuese posible acordar con los vencimientos de los billetes los de pagarés que no estuviesen afectos á otros pagos, habría hecho, de seguro una operación muy distinta. Le habría sido entonces fácil ir al Banco y hacer una nueva emisión de billetes hipotecarios, que habría dado más beneficiosos resultados.

»Cuando S. S. no quiso hacer eso, es porque estaba seguro de que los vencimientos de los pagarés de los bienes nacionales y del patrimonio de la Corona, que no estén afectos á otros pagos, no vendrían nunca á coincidir con los vencimientos de los billetes del Tesoro. Cabe, en último término, hacer una operación sobre la renta de tabacos; es decir, una operación como la que ha hecho el gobierno de Italia. Como tenemos un príncipe italiano, no es extraño que vayamos tomando lecciones del gobierno italiano, lecciones que nos serán, por cierto, poco provechosas, puesto que al último recurso á que debe acudir todo gobierno, es á la enajenación de las rentas, toda vez que esta es la última desgracia que puede ocurrir á la hacienda de una nación. Los billetes del Tesoro, sin embargo, no hay que esperar que sean pagados á su vencimiento, y no pudiendo esperarlo habrá que acudir, queramos ó no queramos, á la enajenación de las rentas, la especial del tabaco ó las contribuciones generales.

»Pero dirá el señor Moret, «el señor Pi se fija en una operación meramente accidental: ¿por qué no ha de fijarse en el plan de Hacienda que yo propongo?» También me ocuparé de esto, señor Moret. S. S. nos dice para lo futuro: «Hé aquí mi pensamiento: por de pronto yo fijo el presupuesto de gastos en 2,500 millones de reales, porque me propongo separar el presupuesto del Estado, del presupuesto especial de bienes nacionales (cosa que se ha hecho en otro tiempo, y que yo aplaudo); podrá conseguir un aumento en las rentas del Estado, y ese aumento lo calculo en 100 millones de reales.» ¡Ah! S. S. nos decía el otro día que el aumento de los ingresos había sido mal calculado por el señor Figuerola: calcule S. S. lo que ha de sucederle cuando espera ese aumento viniendo el nuevo rey. ¿Cree S. S. que un rey tan impopular como ese viene á traernos la paz? Un rey tan impopular como ese no viene á traernos la paz, sino la guerra, y S. S. debe contar, no con el aumento, sino con la disminución de las rentas del Estado. S. S. nos dice luego: «Yo haré, por otra parte, una rebaja de 50 millones en todos los servicios del Estado: ya ven los señores diputados, añadió Su Señoría, que no exagero la cifra.» En efecto, es corta, cortísima, pero ni aun eso podrá hacer; porque para rebajar esos 50 millones de reales en los gastos del Estado, sería preciso cambiara el sistema de gobierno, y mientras exista el actual sistema, es materialmente imposible que se rebaja del presupuesto de gastos un solo céntimo.

»El señor Figuerola también intentó esa reforma, el señor Figuerola también la hizo, ¿y qué resultó? S. S. mismo nos lo dijo días pasados: desde dos mil setecientos y tantos millones que importaba el presupuesto, le tenemos elevado, por confesión de Su Señoría, á la cifra de 2,904 millones de reales. S. S. nos ha traído aquí, además, un proyecto de ley, por el cual pide que le concedamos por suplementos de crédito y créditos extraordinarios otros 30 millones de de reales. A renglón seguido, el señor Presidente del Consejo de ministros, ha subido á esa tribuna á decirnos que la dotación del rey será de 30 millones. Rebajando de esta última suma quince millones, correspondientes al segundo semestre de 1871, tenemos ya hoy, por de pronto, un presupuesto de gastos que asciende á 2,949 millones de reales. ¿Qué importará que S. S., apelando á la generosidad de sus compañeros, cortando un poco de acá y otro poco de acullá, rebaje el presupuesto de gastos en 50 millones de reales? Luego vendrán los presupuestos de crédito y los créditos extraordinarios á destruir la obra de S. S.

»Pero decia también S. S.: «Es que yo convengo también en la necesidad do imponer nuevos tributos, y calculo que los nuevos que deben imponerse, puede darme hasta doscientos millones de reales.» ¿Qué tributos son esos? Su Señoría nos lo indicaba: un impuesto sobre el timbre, es decir, un sistema para que el timbre produzca lo que nunca ha producido, y después la generalización del registro para toda clase de escrituras y documentos.

»Yo he extrañado mucho esa proposición de los labios de S. S., que pertenece á la escuela de los economistas. Los economistas han dicho siempre que no aceptaban sino como una necesidad, como una triste necesidad, los impuestos sobre las traslaciones de dominio. Yo estoy de acuerdo con la escuela en este punto, y ya sabe S. S. que no lo estoy en todos, porque las traslaciones de dominio no representa la riqueza, sino el movimiento de la riqueza, y por lo tanto no hay ningún derecho para ir á trabar su circulación. ¿Cómo, pues, si S. S. cree que no es posible gravar el movimiento de la riqueza, cómo si S. S. cree que es menester ir á buscar la riqueza en su producción, y no en su circulación, va á hacer extensivo el registro á las escrituras todas, y á ensanchar el timbre, dándole una fuerza que nunca tuvo? Esta es una grave contradicción en que con sentimiento he visto incurrir á S. S. Esto me prueba que S. S. quiere apelar á medios empíricos, y no á un principio generador, cuyas consecuencias pudieran ofrecerle la resolución del problema de que se halla encargado.

»El señor Figuerola debía haber dicho al gobierno: «Es necesario cambiar por completo de sistema, marchar por otro derrotero: ¿no quéreis seguirle? Me separo de vosotros.» Este mismo cargo me temo yo que se habrá de formular algún día contra el señor Moret: tampoco tendrá S. S. carácter, tampoco tendrá la energía necesaria para imponer al gobierno esta marcha, y S. S. se estrellará lo mismo que se ha estrellado su antecesor.

»Comprendo, señores diputados, que debo teneros cansados y fatigados. Yo lo estoy también; pero antes de terminar debo hacerme cargo de algunas consideraciones de cierta importancia. Ya lo habéis visto: ese gobierno es un gobierno sin ideal político de ninguna clase, ó por lo menos sin ideal fijo y permanente; ese gobierno en su política interior, no sabe á donde va, como no lo sabe tampoco en su política exterior; ese gobierno no merece, por tanto, la confianza de las Cortes, no merece que le auticemos para plantear los cinco proyectos de ley que vienen incluidos en la proposición del señor Romero Robledo. Por esto nos oponemos á que la autorización se apruebe.

»Pero ayer nos decía el señor Herrera: «Lo que yo extraño es la conducta de la minoría republicana: lo que yo extraño es que ese partido no quiera entrar en las vías legales, no quiera aprovechar los medios que le da la Constitución del Estado para poder propagar sus doctrinas á fin de poder más tarde realizarlas.»

»Yo no sé qué puede haber autorizado á S. S. para atribuirnos esta ó la otra conducta. Sin duda S. S. se ha propuesto arrancar por este medio á la minoría republicana la declaración de si piensa estar dentro ó fuera de la legalidad.

»Pues bien: yo niego á S. S., yo niego al gobierno la facultad de preguntarnos cuál será nuestra conducta; la facultad de interrogarnos sobre si estaremos dentro ó fuera de la ley. Un gobierno que salta por cima de las leyes á sabiendas; un gobierno que viola el reglamento y atropella la Constitución del Estado; un gobierno que viola las mismas leyes que las Cortes han dictado, como ha sucedido con la de orden público, por ejemplo; un gobierno que apela á los medios á que ha pelado en Andalucía y en Madrid, porque cree sin duda que las leyes penales y la administración de justicia, no son suficientes para hacer respetar el derecho; un gobierno que para investigar la conducta de sus adversarios apela á los medios á que ha apelado un señor Escoda, á quien todos conocen; un gobierno que cree que la ley de la necesidad es superior á todas las leyes escritas; un gobierno que cree que puede violarlas, y presentarse mañana como el salvador de la nación, y pedir á las Cortes un *bill* de indemnidad; un gobierno de esta clase no tiene derecho para preguntar á las oposiciones si estarán dentro ó fuera de las leyes.

»Para poder imponer la legalidad á los demás, es preciso empezar por respetarla, pues que no la respetáis, pues que venís á decir que la ley de la necesidad es superior á las leyes escritas, no vengáis á preguntarnos si estaremos mañana dentro ó fuera de las leyes. Lo que vosotros podéis presumir, es que las oposiciones se colocarán en el terreno de la fuerza, puesto que al terreno de la fuerza las habéis llevado.

»Habláis de coaliciones, teméis que nosotros nos coaliguemos con nuestros eternos adversarios. No: nosotros no hemos sido nunca amigos de las coaliciones; yo no he entrado jamás en ninguna; pero tened entendido que las coaliciones se hacen muchas veces contra la voluntad de los hombres, contra la torpeza de los gobiernos, y yo temo mucho que la torpeza del gobierno actual venga á traer la necesidad de la coalición contra la voluntad de los que hayan de formarla.

»Nosotros, por de pronto, protestamos contra la autorización que se nos pide, que de ninguna manera vot mos. Nosotros no contribuiremo quiera á la votación de su proposi insensata, que consideramos, ilegal y fuera de la Constitució repetimos con los unionistas que leyes que vengan aprobadas en vi de esta autorización, serán leyes, desobediencia no podremos meno aconsejar, porque ese deber nos i ne la misma Constitución del Est Vosotros podíais haber tenido la y habéis traído la guerra. No os jéis de lo que suceda: es justo que el pecado llevéis la penitencia.»

A pesar de la gran impresión produjo el enérgico discurso de F Margall y de los esfuerzos de la noria federal, la mayoría, dócil sie pre y obediente á los mandatos del bierno, aprobó la autorización que pedía, exigiéndole únicamente que su día diese cuenta á las Cortes uso que de ella hubiese hecho.

El gobierno recibió un telegra en que se le anunciaba que don A deo se había embarcado en Spe el día 26, y se apresuró á marcha Cartagena, que era el punto indic para el desembarque del nuevo r

Entre los progresistas reinaba g animación con motivo del suceso se mostraban muy preocupados, p parando las fiestas y las ovaciones cenarias que se habían de tributa don Amadeo para que éste creyera todo el país estaba á sus órdenes.

La sesión del martes, 27 de Dici bre, terminó á las seis y cuarto d

el general Prim al salir se de-
el salón de conferencias ó in-
ndose en un corro dijo en son
a á un diputado federal:
r qué no viene usted á Carta-
ecibir á nuestro rey?
erpelado contestó en el mismo
omo en aquel instante se acer-
l y Angulo, el general le dijo
do el ceño:
haya juicio, porque de lo con-
ndré la mano muy dura.
neral,—respondió el aludido
ría entonación,—á cada puer-
za su San Martín.
salió á las siete de la tarde del
por la calle de Floridablanca
ado de sus ayudantes Moya
n. El suelo estaba cubierto de
sa capa de nieve, y en el mo-
le el general con sus ayudan-
á su carruaje, un embozado
una cerilla repitiendo esta
os hombres que estaban esca-
nasta la calle del Turco.
el coche ministerial á desem-
la calle de Alcalá, quedó de-
r otros dos carruajes que obs-
paso y al asomarse el ayu-
oya para preguntar lo que
vió á pocos pasos un grupo de
vestidos con blusas y que
n enormes trabucos. Inme-
te Moya volvió á meterse en
je gritando:—*¡Mi general que
fuego!*
hombres se acercaron á cada
carruaje y uno de ellos rom-
on la boca de su trabuco el

cristal de la portezuela apuntó á Prim gritando: *Prepárate que vas á morir.*

El general y sus ayudantes intentaron librarse de la descarga pegándose al fondo del coche, pero en el mismo instante los criminales hicieron la descarga y el carruaje encontrando al fin libre el paso siguió rápidamente su carrera hasta el Ministerio de la Guerra.

Las heridas que Prim acababa de recibir en un hombro y en la parte superior del pecho eran mortales y así lo comprendió él, á pesar de lo cual subió por su propio pié la escalera que conducía á sus habitaciones y animó con serenidad á su atribulada familia asegurando que sus heridas eran leves.

Prim, que en aquellos momentos de angustia no olvidaba su situación política, hizo llamar al brigadier Topete, que pocos días antes había pedido el retiro, y le rogó que interinamente desempeñase la presidencia del Consejo de ministros y fuera á Cartagena á recibir al rey.

Esto último equivalía á exigir de Topete un inmenso sacrificio, pues conocido era su entusiasmo montpensierista, pero á pesar de ello el ilustre marino aceptó con verdadera caballerosidad, demostrando que podían más en él las súplicas de un amigo moribundo que las conveniencias políticas.

En la sesión parlamentaria del día siguiente todos los partidos protestaron contra aquel horroroso crimen, anatematizando á sus autores y aun se llegó á abrigar alguna esperanza en vista de la débil mejoría que experimentó Prim: pero el 30 de Diciembre, después de una breve conferencia con Montero Ríos, comenzó á delirar, muriendo casi á la misma hora en que don Amadeo pisaba el suelo español desembarcando en Cartagena.

En las Cortes, á pesar de que el triste suceso era esperado, produjo gran sensación la muerte de Prim. Moret dió cuenta de ella con un elocuentísimo discurso y todas las minorías se asociaron á sus manifestaciones resultando aquella sesión de imponente solemnidad.

El espantoso crimen quedó en un misterio tan absoluto que después de diez y seis años de investigaciones judiciales y de efectuarse en el primer instante numerosas prisiones, todavía no se ha podido saber nada cierto sobre tan misterioso hecho ni menos se ha logrado una completa convicción acerca de quienes fueron los autores. La opinión pública mostróse dividida al señalar quienes fueron los matadores del general Prim. Unos atribuyeron el asesinato á Montpensier y á los suyos, otros hicieron recaer la responsabilidad sobre Paul y Angulo que huyó de Madrid en la misma noche del crimen; pero nada de positivo se sabe, y el triste fin de aquel caudillo á quien la muerte respetó en cien gloriosos combates para hacerle perecer al fin á manos de repugnantes bandidos, ha venido á ser uno de los muchos enigmas de la historia.

Fácil es imaginar la horrible impresión que causaría en Amadeo tan triste suceso. El principio de su reinado no podía ser más fatal, pues la primera noticia que recibía al pisar el suelo español era la del asesinato del hombre que lo había elevado al trono.

Hay que reconocer que Amadeo tenía todas las condiciones de la familia de Saboya, y aunque de insignificante y limitada inteligencia, era valiente y mostraba ante el peligro una serenidad imperturbable. Estas condiciones, unidas á la sencillez de costumbres de que hacía gala, lograron que en las poblaciones que recorrió antes de llegar á Madrid se le acogiera con respetuosa frialdad que era lo más que en tal situación podía pedirse, pues el pueblo se hallaba dispuesto antes de su llegada á recibirlo con muestras de hostilidad y manifestaciones en honor de la república.

El 2 de Enero de 1873 entró Amadeo en Madrid al frente de un brillante Estado mayor, pero sin precauciones de ninguna clase, como confiándose al pueblo español cuya nobleza conocía y de quien no podía temer ninguna traición.

Las Cortes le recibieron con el ceremonial preparado, el general Serrano como regente del reino le hizo entrega de sus poderes y Amadeo juró la Constitución quedando reconocido como rey y visitando, antes de entrar en Palacio, á la desconsolada viuda del general Prim.

Con esto se disolvieron las Cortes

El rey Amadeo jurando la Constitución (Cuadro de J. Casado del Alisal)

Constituyentes, de las que el país esperaba algo más que una monarquía que apenas si tenia verdaderos defensores y que sin el apoyo de la tradición ni de la costumbre, iba á luchar con la inmensa mayoría del país que estaba por el absolutismo ó por la República federal.

CAPITULO XXVI

1871-1873

El reinado de Amadeo de Saboya, juzgado por D. Francisco Pí y Margall.

Ningún historiador, como D. Francisco Pí y Margall, en su epúsculo titulado «Amadeo de Saboya,» ha sabido describir tan exactamente y con tan sobrio y vigoroso estilo, aquella breve y fugaz monarquía que transcurrió en medio de la general indiferencia sin conquistar un solo defensor desinteresado y que fué como la antesala de la república.

¿A qué relatar nosotros lo que un hombre eminente ha escrito con brillantez y concisión que no podríamos ni aun remotamente imitar?

Por esto creemos más beneficioso para el lector, transcribir á continuación los principales fragmentos de "Amadeo de Saboya," considerando como un gran honor para la presente obra que sea Pí y Margall quien describa la marcha y los incidentes de tal reinado.

«Amadeo de Saboya era joven, si de algún corazón, de corto entendimiento. Desconocía de España la historia, la lengua, las instituciones, las costumbres, los partidos, los hombres: y no podía por sus talentos suplir tan grave falta. Era de no muy firme carácter. No tenía grandes vicios, pero tampoco grandes virtudes: poco moderado en sus apetitos, era aun menos cauto en satisfacerlos. Una cualidad buena manifestó, y fué la de no ser ni parecer ambicioso. Mostró escaso afán por conservar su puesto: dijo desde un principio que no se impondría á la nación por la fuerza, y lo cumplió, prefiriendo perder la corona á quebrantar sus juramentos. Esta lealtad puede asegurarse que fué su principal virtud y la única norma de su conducta.

»No eran dotes éstas para regir á

un pueblo tan agitado como el nuestro. El día de su elección había tenido Amadeo en pro sólo ciento noventa y uno votos; en contra ciento veinte. No le querían ni los republicanos ni los carlistas, que eran los dos grandes partidos de España, ni los antiguos conservadores, que estaban por don Alfonso. Recibíanle de mal grado los unionistas, que habían puesto en el duque de Montpensier su esperanza, y algunos progresistas que deseaban ceñir la diadema de los reyes á las sienes de Espartero. No le acogía con entusiasmo nadie; y era evidente que sólo un príncipe de grandes prendas habría podido hacer frente á tantos enemigos, y venciendo en éstos la indiferencia, en aquéllos la prevención, en los de más allá el amor á viejas instituciones, reunir en torno suyo y como en un haz á cuantos estuviesen por la libertad y el trono.

»Aun así la tarea habría sido difícil. Surgían de la misma Constitución del Estado graves obstáculos. Los crea en todo tiempo la contradicción, y la contradicción era allí manifiesta. Se consignaba por una parte la soberanía de la nación, se establecía por otra la monarquía hereditaria, y se concluía diciendo que por un simple acuerdo de las Cortes cabía reformar la ley fundamental en todos sus artículos, sin exceptuar los relativos á la forma de gobierno. Ni es soberana la nación que vincula en una familia la primera y la más importante magistratura del Estado; ni hereditaria, ni siquiera vitalicia, la monarquía en que una Asamblea puede alterar y aun derogar la ley que le dió vida. ¿Qué fundador de dinastía ha de poder gobernar tranquilo, sobre todo en los comienzos de su reinado, teniendo pendiente esta espada sobre su cabeza?

»Han visto muchos para el rey otra dificultad en los derechos individuales, entonces latos y absolutos; pero no es comparable á la anterior, por más que no cupiera suspenderlos cerradas las Cortes, y por la rapidez con que alteran la opinión y gastan las ideas y los hombres fuesen poco ó nada compatibles con magistraturas perpetuas. Un monarca inteligente que sepa hacerse superior á los partidos, puede, sin grande esfuerzo, seguir los cambios de la opinión con los de sus consejeros; y en los casos en que verdaderamente peligren la libertad y el orden, tomar, aunque sea en menoscabo del derecho de algunos ciudadanos y sin el beneplácito del Parlamento, las medidas que la necesidad exija: que ante la necesidad enmudeció siempre la justicia y pudieron muy poco las pasiones. El mal para la monarquía estaba en que no era Amadeo hombre de gran temple, según veremos.

»Amadeo, al venir á España, quiso ganar los ánimos por el valor y la modestia. Entró en Madrid á caballo, fría la atmósfera, cubiertas de nieve las calles, caliente aun la sangre del general Prim, á quien se había asesinado días antes por su causa. Iba á la cabeza de su Estado Mayor con serena calma, mostrando en el pueblo una confianza que tal vez no abrigase. Rechazó desde luego la vana pompa de los antiguos reyes. Ocupó en palacio un reducido número de aposentos, vivió sin ostentación, recibió sin ceremonia, salió unos días á caballo, otros en humildes coches, los más solo, y siempre sin escolta. Prodigábase, tal vez más de lo que convenía, por el deseo de ostentar costumbres democráticas.

»No se lo agradecía la muchedumbre, por más que no dejase de verlo con alguna complacencia. La aristocracia lo volvía en menosprecio del joven príncipe. Las clases medias no sabían si censurarlo ó aplaudirlo. Tanto distaban estos sencillos hábitos de la idea que aquí se tenía formada de la monarquía y los monarcas.

»Los que habían recibido sin prevención la nueva dinastía esperaban principalmente de Amadeo actos que revelasen prendas de gobierno. Habrían querido verle poniendo desde luego la mano en nuestra viciosa y corrompida administración ó en nuestra desquiciada Hacienda. Deseaban que, por lo menos, estimulase el comercio, la industria, la instrucción, algunas de las fuentes de la vida pública. Amadeo no supo hacerlo ni sacrificar á tan noble objeto parte de su dotación ni de sus rentas, y fué de día en día perdiendo.

»Nombró Presidente del Consejo de Ministros al general Serrano, y convocó para el día 3 de Abril las primeras Cortes (1). En tanto que éstas se reunían, apenas hizo más que repartir mercedes al ejército, crear para el servicio de su persona un cuarto militar y una lucida guardia, y exigir juramento de fidelidad á toda la gente de armas. Deseaba ser el verdadero jefe de las fuerzas de mar y tierra; y sobre no conseguirlo por lo insuficiente de los medios, sembró en unos la desconfianza y en otros el disgusto. Negáronse á jurarle algunos, con lo que, al descontento, se añadió el escándalo.

»Mas estos no eran sino leves tropiezos. El gran peligro estaba en la significación que daban á las próximas elecciones los republicanos. Habían puesto en duda la facultad de las Cortes Constituyentes para elegir monarca, y pretendían ahora que los comicios, aunque de un modo indirecto, iban á confirmar ó revocar la elección de Amadeo. Terminaron por creerlo así cuantos no estaban por la nueva dinastía; y la lucha fué verdaderamente entre dinásticos y antidinásticos. No había aún coalición formal entre las oposiciones; mas por la manera como se había presentado el asunto, la que no se sentía con fuerzas para vencer en un distrito, se inclinaba á votar al candidato de otra, aunque las separasen abismos. Hecho gravísimo, que

(1) Se encargó el duque de la Torre de la Presidencia y la cartera de Guerra; en Estado entró Martos; en Gobernación, Sagasta; en Gracia y Justicia, Ulloa; en Fomento, Ruiz Zorrilla; en Hacienda, Moret; en Marina, Beranger, y en Ultramar, Ayala.

no sin razón alarmó al Gobierno y le arrancó, poco antes de abrirse las urnas, la tan arrogante como impolítica frase de que no se dejaría sustituir por la anarquía.

»Acudió el gobierno para vencer, sobre todo, en los campos, á toda clase de coacciones, extremando las ya conocidas ó inventándolas de tal índole, que hasta á los hombres de corazón más frío encendieron en ira. No por esto pudo impedir que fuesen poderosas en las Cortes las minorías antidinásticas, ni que, movidas por la misma idea que dirigió los comicios, pensasen desde un principio, más que en dictar leyes, en acabar con Amadeo. Después y aun antes de constituído el Congreso, fueron con frecuencia las sesiones apasionadas, tumultuosas, turbulentas, sin que se viera medio de calmar los enardecidos ánimos. No estaban tampoco unidas las minorías por ningún pacto, antes sentían cierta repulsión las unas por las otras; pero las acercaba y estrechaba, quisieran ó no, la identidad de propósitos.

»Nada menos que cuarenta días invirtió el Congreso en el solo examen de las actas. No pudo constituirse hasta el día 13 de Mayo, y esto después de haberse habilitado un domingo y celebrádose en cuatro días ocho sesiones. En la elección de Presidente, favorable al señor Olózaga, hubo ciento catorce votos en blanco.

»Háblase al punto de una proposición encaminada á la reforma de la Constitución contra la casa de Saboya, y arde el Congreso. Para impedirla, propone la mayoría que se haga en el reglamento una enmienda por la cual no quepa dar lectura de proposiciones de esta índole sino después de autorizadas por cuatro de las siete sesiones en que se divide la Cámara. Coléricas las oposiciones, claman al cielo y se resuelven á presentar la temida proposición antes no terminen los debates sobre la enmienda, debates que están decididas á prolongar lo más posible. Léese entonces, con el carácter de incidental, otra proposición para que se suspenda la lectura de todas las relativas á reformas constitucionales, interin no esté discutida y votada la del reglamento. Crece el furor en las minorías, y ocurren verdaderos tumultos en las sesiones del 22 y el 23 de Mayo. Vence la mayoría al fin y logra que se apruebe la proposición incidental el día 24, la enmienda el 30; pero ¡cuán terriblemente herida no queda una dinastía cuyos partidarios, al verla expuesta dentro de los límites de la Constitución á los rudos ataques de las minorías, no encuentran otro medio para protegerla, que imponerles silencio por una reforma en el reglamento! Corregíase en cierto modo por esta reforma la misma ley fundamental del Estado, y se ponía al descubierto uno de sus capitales vicios; vicio, digo, tratándose de una monarquía hereditaria.

»Empezaron el día 31 de Mayo los debates sobre la contestación al discurso de la Corona, donde no era notable sino la promesa del rey de no imponerse jamás á la nación, promesa en Amadeo espontánea y aun escrita, dicen, de su puño y letra. Si tarde empezaron, más tarde concluyeron, que no era posible la brevedad en Cortes donde tan formidable era la oposición y tan enardecidas estaban las pasiones. Duraron hasta el 23 de Junio. Verdad es que á la par se discutió el llamamiento á las armas de treinta y cinco mil hombres y ocurrieron incidentes como el del 18 de Junio, en que se habló acaloradamente del escándalo que dos días antes hubo en Madrid por haber querido el neocatolicismo celebrar con alardes públicos el vigésimoquinto aniversario del advenimiento de Pío IX á la silla de San Pedro.

»Apenas concluidas las deliberaciones sobre el mensaje, sobrevino en el gobierno una crisis, que si por de pronto abortó, no tardó en reproducirse. Para desventura de la dinastía no reinaba el mayor acuerdo entre sus mismos partidarios. No estuvieron nunca muy firmemente unidos los tres bandos autores de la Revolución de Setiembre; lo estaban menos desde la célebre noche de San José de 1870, en que la unión liberal trabajó descaradamente por derribar á Prim, jefe del partido progresista; pero amenazaba ahora una división entre los progresistas mismos. Empezaron á decir unos que, promulgada la Constitución, elegido el rey y hechas las leyes orgánicas, podía darse por concluida la obra revolucionaria, y urgía consolidarla por una política conservadora que, sin renunciar al progreso, buscase, más que las reformas, la conciliación y el orden; y otros que no podía darse por coronada la obra ínterin no estuviesen en armonía con las nuevas instituciones políticas las económicas y las civiles, y se debía, á la vez que asegurar el orden, marchar decididamente á las reformas, sin las cuales no era posible que se arraigase ni ganase prosélitos la casa de Saboya. Estaban con los primeros los unionistas, y de aquí la crisis presente y las que más tarde surgieron, funestas para la nueva dinastía.

»Pasáronse con algún sosiego los primeros quince días del mes de Julio. No fué borrascosa sino la sesión del 10, en que los diputados ultramarinos censuraron amargamente la conducta del gobierno para con las colonias, siempre burladas en sus esperanzas. Versaron principalmente los debates del Congreso acerca de los medios para saldar el déficit, que no bajaba de 350 millones de pesetas. Impuso la Cámara como cifra máxima de los gastos nacionales la de 600 millones, y autorizó para cubrir el déficit la emisión de 150 millones efectivos en renta consolidada, y la de 225 nominales en billetes del Tesoro; emisiones que en realidad no lo extinguían, antes aumentaban considerablemente el importe ya exagerado y alarmante de la Deuda, que, sin contar la de Tesorería, llegaba en 30 de Junio de 1870 á poco menos de 7,000 millones. No se estaba en tiempo hábil para discutir los presupuestos, ni lo consentían lo caluroso de la estación ni lo largo de la legislatura; y se acordó que rigieran interinamente para el año económico de 1871 á 72 los de 1870 á 71. Continuación de abusos deplorable para los comienzos de una dinastía.

»Ya con recursos el gobierno, retoñó la pasada crisis. Promovióla en el seno del gabinete el señor Zorrilla después de haberse asegurado de la benevolencia de los republicanos, que se la prometieron en el Parlamento; y el rey se vió obligado á optar entre las dos indicadas tendencias. Consultaba Amadeo para resolverse á los hombres más notables de la situación, entre ellos los presidentes del Senado y del Congreso; y le presentaban todos el rompimiento de la conciliación como inoportuna y peligrosa. No se presentaban, sin embargo, á entrar en un nuevo gabinete compuesto de los tres partidos los mismos hombres que así sentían; no se prestaba á tanto ni el señor Sagasta, á quien no dejó de significar su propio partido el desagrado con que le veía patrocinar á los conservadores; y el rey, queriendo ó no, se hubo de echar en brazos del señor Zorrilla, que constituyó un ministerio exclusivamente progresista. Con la caída del general Serrano, que desde el 3 de Enero presidía los Consejos de la Corona, quedó rota del todo la conciliación; y los progresistas que por ella estaban, debieron, mal de su grado, formar con la unión liberal una nueva parcialidad política. En vano quiso el señor Zorrilla impedirlo llamando á su gabinete al señor Sagasta. Este, aunque sin ánimo todavía de separarse de su partido, se negó á subordinarse á su rival alegando ó pretextando razones de dignidad y decoro.

»Quedó constituído el nuevo Gobierno el 25 de Julio, y en aquel mismo día suspendieron las Cortes sus sesiones (1). Durante el interregno parlamentario, hubo realmente libertad y orden, y algo se hizo porque fuera popular la dinastía. Castigóse, aunque más en el material que en el personal, los gastos públicos hasta dejarlos reducidos á la cifra de los 600 millones; se decretó la formación de un censo general de la propiedad rústica y urbana á fin de aumentar los rendimientos de la contribución territorial, base de nuestro sistema de tributos; llevóse á cabo con tan brillante como inesperado éxito la suscrición al empréstito en deuda consolidada de 150 millones de pesetas, y el país empezó á concebir halagüeñas esperanzas. Usando de una autorización concedida por las Cortes, se decretó entonces, á fin de dar á los ánimos mayor esparcimiento, una amplia y general amnistía por delitos po-

---

(1) El gabinete se constituyó del siguiente modo: Presidencia y Gobernación, D. Manuel Ruiz Zorrilla; Estado, Martos; Gracia y Justicia, Montero Ríos; Fomento, D. Santiago Diego Madrazo; Hacienda, D. Servando Ruiz Gómez; Guerra, D. Fernando Fernández de Córdoba; Marina, Beranger; Ultramar, D. Tomás M.ª Mosquera. Duró tan sólo sesenta y siete días.

líticos; y aprovechándose tan favorable momento, se llevó al rey por las provincias de Oriente, donde más vivo estaba el espíritu liberal y más eran y podían los republicanos. Viaje, no sin algún éxito, que terminó en 1.º de Octubre, día en que las Cortes reanudaron las sesiones.

»Todo era, no obstante, inútil. Estaba á la sazón vacante, por hallarse el señor Olózaga de embajador en Francia, la presidencia del Congreso. Había ya en este cuerpo, además de las minorías enemigas del rey, una oposición dinástica. Presentó ésta como candidato al señor Sagasta, y el gobierno al señor Rivero. Empeñada fué la lucha, pero quedó al fin vencido el gabinete. Dimiten al punto el señor Zorrilla y sus colegas, y el rey se ve por segunda vez en grave conflicto. La elección de presidente acaba de hacer ostensible que está dividido en dos el partido progresista, y la antigua unión liberal en el campo del señor Sagasta. Volver á los gabinetes de conciliación parece lo más lógico. Pero ¿lo consiente la popularidad de la política iniciada por el señor Zorrilla? Nombra el rey un ministerio de la devoción del señor Sagasta, compuesto sólo de progresistas, que por boca de su presidente Malcampo, se declara sin vacilidad dispuesto á seguir la marcha de sus antecesores (1).

»Se quiere con esto dejar abierto el paso á la reconciliación de los progresistas, pero inútilmente. Como nada había conseguido el señor Zorrilla, prescindiendo de los demócratas para la formación de su ministerio, nada puede conseguir el señor Malcampo prescindiendo de los conservadores. Está ya el partido roto y sin compostura. Para colmo de mal, cuentan ya las dos fracciones con jefes reconocidos que no dejarán de irlas deslindando.

»El ministerio Malcampo no se vió por de pronto hostilizando en las Cortes. Hízosele por el señor Jove una interpelación sobre la *Sociedad Internacional de Trabajadores*, que estaba entonces en su apogeo, y el gobierno de Francia había presentado á los ojos de Europa como un gran peligro; y se suscitó con este motivo amplios y levantados debates que duraron hasta el 10 de Noviembre. Vivió en tanto tranquilo el gobierno. Tres días después era ya objeto de un voto de censura por los partidarios del señor Zorrilla. Había sostenido que la *Internacional* caía por sus doctrinas y sus tendencias bajo la letra del Código y la jurisdicción de los tribunales, y se lo vituperaban radicales, demócratas y republicanos, por creer que los fines

---

(1) Malcampo no tenía significación política y fué solo un instrumento de Sagasta. El gabinete Malcampo se formó, casi en su totalidad, de medianías sin nombre. El presidente ocupó la cartera de Marina; en Estado entró D. Bonifacio de Blas; en Gobernación, D. José Candau; en Gracia y Justicia, Alonso Colmenares; en Fomento, D. Telesforo Montejo; en Hacienda, D. Santiago de Angulo; en Guerra, el general Bassols, y en Ultramar, D. Víctor Balaguer.

de tan vasta asociación no eran contrarios á la moral pública. Partía de aquí principalmente el voto de censura, y no tenía probabilidades de éxito. En esto los carlistas, que no habían podido votar por la *Internacional*, en el fondo atea, creyendo oportuno el momento para obtener de la Cámara una declaración favorable á la libertad de las comunidades religiosas, presentaron sobre éstas una proposición incidental que, como defensa del derecho de asociación y medio de acabar con el gabinete, aceptaron las oposiciones todas y quisieron dejar discutida y votada aquella misma noche. En vano trató la mayoría de aplazar la cuestión: las oposiciones consiguieron que la sesión se prorogase indefinidamente é hicieron segura la derrota del gobierno.

»¿Qué hacer en tan duro trance? Acude Malcampo al rey, le manifiesta la imposibilidad de que gobierno alguno marche con las Cortes, sobre todo mientras dure la exaltación de los ánimos; la manera anómala como se ha traído al debate una de las más graves cuestiones; el conflicto constitucional que surgiría de que se la resolviese en tan extraña forma; el raro medio por que vendría á quedar derogada una de las leyes de la revolución que más influyó en la suerte de la patria; y logra al fin que el rey, perplejo entre la salud del ministerio y la de las Cortes, le preste su eficaz apoyo. Derrotado estaba ya el gabinete en el Congreso, próxima á votarse la proposición presentada, y lacios y abatidos los espíritus por diez y siete horas de debates, cuando el señor Malcampo, apenas rayando el día, subió con paso firme y sosegado á la tribuna, y leyó, acentuando algún tanto las palabras, un decreto por el que el rey suspendía las Cortes (1).

»Aunque indispensable esta medida, levantó, como era natural, grandes iras en las oposiciones, tan de improviso burladas en sus proyectos; pero quedó con ella quebrantada la nueva dinastía. ¡Las primeras Cortes suspendidas por decreto! ¡El rey en lucha con el Parlamento! ¡El Poder Ejecutivo sobreponiéndose al Poder Legislativo! ¡Y esto en un país donde sobre los consejos de la razón prevalece de ordinario la voz de las pasiones y no son siempre de buena ley las armas que se esgrime!

»A poco de cerradas las Cortes, allá en la isla de Cuba, donde con motivo de una larga insurrección por la independencia, estaban grandemente alterados los espíritus, se pasó por las armas á jóvenes imberbes, á quienes se atribuía el crimen de haber profanado el sepulcro de uno de los defensores de España. Tuvo el gobierno la ligereza de aplaudir el hecho antes de conocerlo en sus pormenores, y los partidos, en cuanto lo supieron, ocasión de po-

---

(1) Romero Robledo á fin de dar tiempo á Malcampo para ir á Palacio y lograr el decreto de disolución, estuvo hablando en el Congreso más de cuatro horas, hazaña oratoria que le valió ser ministro.

ner el grito en el cielo, achacando á los ministros tamaña violencia. Ocurrió también por aquellos días que discordaron públicamente sobre los límites del derecho de asociación, el gabinete y el fiscal del Tribunal Supremo de Justicia; hechos todos que, unidos á la derrota del gobierno en las Cortes y á la consideración de que nadie, como el señor Sagasta, podía representar la política adoptada, produjeron una nueva crisis y la formación del cuarto ministerio del reinado de Amadeo.

»El gobierno del señor Sagasta, que se constituyó el día 21 de Diciembre, contenía ya un elemento extraño al partido progresista, el señor Topete (1). ¿Qué debía hacer de las Cortes? Vaciló entre abrirlas ó disolverlas; y al fin se decidió por declarar concluída la legislatura de 1871 y convocarlas para el 22 de Enero. Conocía sobradamente que no había de tener mayoría en el Congreso; pero, bien porque esperase de las oposiciones un arranque de patriotismo, bien porque buscase otro motivo para disolver las dos Cámaras, quiso, fundándose en la necesidad y el deseo de regularizar la Hacienda, proponer y pedir una tregua. Acababa de dirigir una circular bastante enérgica contra la *Internacio-*

(1) D. Práxedes Mateo Sagasta ocupó la Presidencia y la cartera de Gobernación; en Estado, siguió D. Bonifacio de Blas; en Gracia y Justicia, entró D. Alejandro Groizard; en Fomento, Alonso Colmenares; en Hacienda, Angulo; en Guerra, el general Gaminde; en Marina, Topete, y en Ultramar, Malcampo.

nal y los filibusteros de Cuba residentes en la Península, cuando las Cortes reanudaron las sesiones. Encontró mal dispuestos los ánimos en el Congreso, tanto, que no pudo pronunciar su discurso-programa sin graves interrupciones, ni concluirlo sin que se levantase una verdadera borrasca. Había calificado de necesaria la división de los monárquicos de Setiembre en dos campos: el conservador y el radical ó progresista; y se había declarado francamente conservador dentro de la nueva dinastía y la Constitución de 1869. No se había manifestado, por otra parte, decidido á inmediatas reformas en nuestras colonias de América; y al hablar de la situación del Tesoro, había lastimado á sus predecesores. Reclamaron los representantes de Ultramar, reclamó el ministro de Hacienda del anterior gobierno; y sobre si debía ó no prorogar la sesión, ocurrieron incidentes en que estallaron con fuerza las pasiones de uno y otro bandos. Quería el señor Sagasta, á lo que parece, ser derrotado aquella misma noche; así que hizo cuestión de gabinete, primero la próroga de la sesión, á la cual se oponía, y después la conducta de la presidencia de la Cámara, que las oposiciones combatían y él aprobaba. Salió vencida la presidencia y con ella el ministerio.

»Cuando en cuestiones tan frívolas se aventura la suerte de los poderes públicos, aunque sea con la intención de no prolongar los conflictos ni dejar por más tiempo incierta la marcha de

lítica, bien puede asegurarse que pasiones han llegado á su colmo, en los que por su carácter y la ión que ocupan deben ser más edidos y cautos. Irritábanse cada más las oposiciones, y la sesión 4 fué verdaderamente deplorable. llevaba el señor Sagasta en su ra el decreto de disolución de las es, lo sabían los diputados al en en el salón, y quisieron todos ha antes no se aprobase el acta. A r de no consentirlo el reglamen ubo discursos, luchas, tumultos, rdenes, voces de ira, amenazas, amiento á las armas. Un diputado importancia del señor Zorrilla, daba la noche de San José, y aba un discurso brevísimo con las oras: *¡Dios salve al país! ¡Dios sal libertad! ¡Dios salve la dinastía!* caba el señor Rivero el temor de la disolución del Parlamento no á la muerte de los derechos del adano. Acusaba el señor Martos moralidad política al señor Sagas- le suponía destinado á ser la a de las mismas libertades de que ser escudo. Entre los republica uno decía que el rey había roto el Parlamento, y en aquel día aca la dinastía de Saboya; otro que rrojaba un guante al país, y su do le recogería á su tiempo, fijan l día y la hora del combate. El de los carlistas hacía leer ciertos ulos de la Constitución, para de los pueblos que no podía legal te el gobierno recaudar tributos.

Los antiguos conservadores aprovecha ban, por fin, el momento para hacer palpable la esterilidad de la Revolución de Setiembre, y encarecer la bondad de sus principios, sin los cuales no acertaban á gobernar ni aun los mis mos revolucionarios.

»Todo estaba perdido. Acababa de abrirse un foso insondable entre los partidarios del señor Zorrilla y los del señor Sagasta, únicos defensores de la casa de Saboya; y en ese foso estaba condenada á caer y morir la monarquía democrática.

. . . .

»Fueron disueltos el 24 de Enero el Senado y el Congreso, y convoca das para el 24 de Abril las nuevas Cortes. El interregno fué también bo rrascoso. No porque hubiera insurrec ciones ni tumultos populares, que no ocurrió más que el de Cavite, en las islas Filipinas, sedición tan pronto sofocada como nacida, bien que á cos ta de sangre, sino porque siguió y aun se extendió y creció la agitación de los espíritus, y estuvo como nunca desbordada la prensa, y agotaron los partidos los medios legales de lucha, y, ciegos los mismos partidarios de la dinastía, la pusieron al borde del abis mo. Fiel el señor Sagasta al pensa miento que había manifestado en el Congreso modificó el día 20 de Febre ro su gabinete para conceder á los an tiguos unionistas mayor participación en el gobierno (1). En vano al día si-

---

(1) Dejaron de formar parte del gabinete los señores Groizard, Angulo, Gaminde, y Topete;

guiente, decía en una circular que se proponía observar la Constitución, garantir los derechos de todos los ciudadanos y defender las instituciones vigentes; en vano se comprometía y obligaba á sus delegados á observar fielmente la ley y respetar en los próximos comicios la libertad de los electores; los partidos de oposición, que tenían ya concebida la idea de coligarse, hicieron de la modificación del ministerio motivo para realizarla y enardecieron más los ánimos.

»Eran los primeros en acalorarlos y promover la coalición los partidarios del señor Zorrilla, que por el nuevo gabinete llegaban á ver en peligro la Revolución de Setiembre. Ayudábanlos á poner en alarma al país los federales, los más interesados en hacer imposible la monarquía; pero sin que sintieran de mucho por la alianza tan grande entusiasmo. Confiaban en sus propias fuerzas y se resistían á estrechar, siquiera fuese por tiempo y con el fin de echar abajo un trono, la mano de los moderados y los carlistas. Mas se decidieron por la coalición sus jefes, y en la Asamblea federal que por aquellos días estaba reunida, vencieron toda resistencia. Aceptada la coalición por los republicanos, lo fué por los demás partidos contrarios al señor Sagasta. Vióse entonces, cosa de muy lamentar, á hombres de las más opuestas doctrinas repartiéndose amistosamente los distritos de España, y trabajando por el triunfo de candidatos que aborrecían de muerte; en provincias, revueltos dinásticos y antidinásticos, radicales, moderados, federales y absolutistas; la nación toda conturbada por el rencor y el odio.

»Habló de nuevo el gobierno el 10 de Marzo. Lamentábase amargamente en otra circular de los injustos cargos que le dirigía la pasión y el ciego furor de los partidos; calificaba de monstruosa, de inmoral, de funesta, la coalición de bandos que nada podrían construir sobre las ruinas del ministerio; presentaba como consecuencia de la victoria de los aliados la lucha, la confusión, el caos; y, aunque se mostraba sereno y confiado en su causa, encarecía por segunda vez el respeto á la libertad de los electores y á las leyes, y llamaba en su auxilio á todos los hombres de recto sentido que amasen la paz y quisiesen ver afianzadas las nuevas instituciones, diciéndoles que debían optar entre el orden social y la anarquía. En este, como en el otro documento, decía que estaba formado el partido conservador, y de era viva y genuina representación gobierno, dejando entrever que est no se oponía á que hubiese un partid radical, y luchando uno y otro en l prensa, los comicios y la tribuna, sucediesen en el mando y contribuy sen á la consolidación de la libertad y la dinastía de Saboya.

---

pasando á Gracia y Justicia, Alonso Colmenares; á Fomento, D. Francisco Romero Robledo; á Hacienda, D. Juan Francisco Camacho; á Guerra, el general Rey; á Marina, Malcampo, y á Ultramar, Martín de Herrera.

por esto se apartaron de su iñ-
s oposiciones. Radicales y fe-
veían en la existencia del par-
nservador el principio de una
1 de ignorado término; y no
no que, respecto á elecciones,
en la sinceridad de las prome-
gobierno. Los radicales estaban
a parte ofendidos de que el
rio adoptase en la circular,
la de su bandera, no sólo la
ición y la dinastía, sino tam-
integridad del territorio. Ha-
, aunque solapadamente, acu-
filibusteros, y veían en esto la
in de dar indirectamente cuer-
n grosera calumnia. La con-
electoral fué, al fin, entre la
a y el gobierno; y no hay para
ir si el gobierno había ó no
mar sus medios de defensa.
n algunos distritos atropellos
itas violencias, sobre todo, en
utinios, verdaderamente esos.
ihí tomaron pretexto los car-
ara alzarse en armas. Apres-
hacia tiempo al combate, cre-
popular la guerra contra un
ranjero; y consideraron favo-
ra la iniciativa el momento
, por las arbitrariedades del
se acababa de reconocer la im-
lad de vencer en las urnas y
n ira los corazones. Formida-
desde un principio la insurrec-
incipalmente en las Provincias
gadas y Navarra, donde los
ritados la conducta de los libe-

rales, que, siendo los menos, querían sobreponerse á los más, y en Guipúzcoa habían llegado, para conseguirlo, al extremo de limitar el derecho electoral contra el texto de la Constitución del Estado. Pusiéronse allí á la cabeza de los rebeldes hombres importantes, y puede decirse que fué general el alzamiento. No bajaban de seiscientos hombres muchas de las facciones, y estaban todas dirigidas y alimentadas por diputaciones á guerra.

»Vino casi á coincidir el levantamiento de éstas y otras fuerzas que aparecieron en Castilla, Aragón y las provincias de Oriente, con la apertura de las nuevas Cortes, á las que las oposiciones fueron ya por lo mismo hondamente quebrantadas. Dijo el rey á las Cámaras en su discurso, que se proponía ser inexorable con los carlistas, viendo cuán inútil había sido hasta entonces la clemencia; que, como había manifestado en ocasión no menos solemne, no trataría nunca de imponerse, pero tampoco abandonaría el puesto que ocupaba por la voluntad del pueblo; que, si no bastasen los medios ordinarios para vencer la insurrección, propondría los que la necesidad exigiese; que con el objeto de hacer prácticos y fecundos los derechos de los ciudadanos, pediría la corrección de los defectos que más de realce, había puesto la experiencia en las leyes que los regulaban. ¿Habría podido decir más si se hubiere propuesto levantar dudas y afirmar temores? Republicanos, radicales, conservadores del antiguo régimen, hombres de todos los partidos vieron en esas palabras, jamás cumplidas, la inmediata limitación de sus libertades, la amenaza de un estado de sitio y un arrepentimiento. El efecto que no podía menos de producir en las oposiciones la sublevación carlista, vino á quedar destruido por tan imprudentes frases.

»Al principio, con todo, estaban frías las Cortes. Faltaban de sus escaños los absolutistas, que tanto animaron el anterior Parlamento, y no dejaban de vivir preocupados los liberales por la rebelión del Norte, que dirigía ya el mismo don Carlos, y tan temible era á los ojos de muchos, que el gobierno había creído necesario enviar al general Serrano á sofocarla. Las oposiciones, aunque exasperadas, no tenían tampoco grandes bríos. Se constituyó el Congreso el día 10 de Mayo, y se eligió presidente al señor Ríos y Rosas. Hasta el día 16 no se leyó el proyecto de contestación al discurso de la Corona; hasta el 28 no empezaron los debates. Retardo y atonía inconcebibles, si en todo este tiempo no hubiesen salido otras cuestiones al paso de las Cortes.

»No hablaré de los presupuestos, presentados el día 11 de Mayo. No hablaré ni del de gastos, que se elevó á 655 millones de pesetas, ni del de ingresos, que sólo ascendía á 469 ni del déficit que se había de cubrir, dejando de pagar en metálico la tercera parte de la renta, ni de la Deuda flo-

tante del Tesoro, para cuyo saldo había de negociar por suscrición ó citación los bonos en cartera, em otros por valor nominal de 100 mi nes, y dar recibos amortizables cinco años por una cifra igual á semestre de las contribuciones so la tierra, la industria y el comer siempre que no fuesen inferiores cuotas á la de 25 pesetas. En aq mismo día, un diputado federal, señor Moreno Rodríguez, iniciaba, una sencilla pregunta, una cues que había de ejercer grande influ cia en la marcha de la política. « cierto, decía, que para asuntos ele rales necesitó fondos el ministro de Gobernación, y tomó de la caja Ultramar dos millones de reales?» «No para elecciones, contestó el señor Sagasta, pero sí para cubrir gastos previstos dispuso el gobierno de fondos que creyó necesarios.» E confesión le hirió de muerte. Pi en seguida el señor Moreno que trajase á la mesa del Congreso el pediente sobre transferencia tal de cr dito, y el ministro acabó de hundir negándose á presentarlo. Podía ser carácter reservado la inversión de l fondos; nunca el hecho ni la forma la transferencia.

»El día 13 insistió en su pretensi el señor Moreno; el 16 se propuso Congreso el nombramiento de una misión que examinara los antecedent y las circunstancias del negocio; y tanto la prensa y la opinión trona contra un gobierno que disponía de

lel Estado, sin siquiera guar-
.rámiles que la ley exige. Con
á las elecciones daban todos
ados los cien mil duros; y se
pié de aquí para poner más en
corrupción de los comicios, y
la legitimidad de las Cortes.
gobierno, durante cinco días,
á las exigencias de las opo-
, escudado por la mayoría;
nién podía defenderlo ya con
general clamoreo? El mismo
quiso el señor Sagasta desva-
tormenta, proponiendo á las
que aprobasen aquel crédito
ipliación del que para gastos
del ministro de la Goberna-
ira en los presupuestos.
til empeño! Las oposiciones,
fuera de las Cámaras, dicen
)z, que, pues el gobierno es-
cuestión, es culpable: y la
arrecia. No puede rehuir ya
Sagasta ni la presentación de
mentos que acrediten la inver-
.os fondos: al pedir la aproba-
crédito, acusó de conspiradores
los partidos, y buscó en tan
ole conjuración la necesidad de
recursos, y los partidos todos,
ión del carlista, protestan con
injustos cargos. Presenta, por
eñor Sagasta el expediente, si
el carácter de reservado, y
su ruina. Obran en el expe-
comunicaciones de la policía
que lastiman la honra de los
más ilustres y alcanzan al
Amadeo: comunicaciones ab-

surdas á que no podía dar importancia ningún hombre de mediana inteligencia. Cunde la noticia por el Congreso, corre calles y plazas, llega al rey, y cae anonadado el gobierno bajo el peso de la opinión pública. No siente ya crugir sobre su frente el látigo de la ira, sino el de la sátira.

»Dimitió el ministerio el día 22, y hasta el 26 no se resolvió la crisis. El rey, contra lo que muchos esperaban, buscó en el mismo partido conservador sus nuevos ministros. No podía en realidad proceder de otra manera, si no quería disolver las Cámaras, puesto que las oposiciones no contaban juntas ochenta votos. Decía, por otra parte, que si los partidos radicales fundaban ordinariamente las dinastías, no las consolidaban. Confió de nuevo el poder al general Serrano, y mientras éste no volviera del Norte, á D. Juan Topete, encargado del ministerio de Marina (1).

»No fué tampoco afortunado el nuevo Gabinete. La insurrección del Norte había seguido en todo ese tiempo con éxito vario. El día 7 de Mayo había batido el general Moriones en Oroquieta las tropas mandadas por el mismo don Carlos, que salió herido y se hubo de poner en fuga. Habían caído en poder de nuestros soldados ochocientos

---

(1) El duque de la Torre ocupó la presidencia con la cartera de Guerra, en Estado, entró don Augusto Ulloa; en Gobernación, Candau; en Gracia y Justicia, Croizard; en Fomento, Balaguer; en Hacienda, Elduayen; en Marina, Topete, y en Ultramar, Angulo. Este ministerio duró sólo diez y siete días.

prisioneros; y más de dos mil facciosos habían depuesto, por consecuencia, las armas. La rebelión había continuado, no obstante, amenazadora en Vizcaya. Temeroso el general Serrano de que no tomara las alarmantes proporciones de otros tiempos, había creido mejor concluirla por negociaciones que por la espada. Las había entablado con la diputación á guerra de los carlistas, y el 24 de Mayo había suscrito en Amorevieta un convenio.

»Por este convenio se indultaba de toda pena á los rebeldes de Vizcaya, á sus diputados, á todos los que hubiesen intervenido de algún modo en la revuelta, aunque procediesen de la emigración ó de las filas del ejército. Se conservaba á los jefes y oficiales desertores los grados de antes. Se había hecho, naturalmente, exacciones de fondos públicos; y respecto á las que perteneciesen al Señorío ó con él se relacionasen, se dejaba la resolución á las juntas generales de Guernica, que se había de celebrar conforme á fuero.

»Conocióse en Madrid este documento el día 28, precisamente el día después del nombramiento de Serrano para la presidencia del Consejo. Grande fué la sorpresa, general la alarma. Corría el convenio de mano en mano, y nadie se explicaba la debilidad ni la largueza del General en jefe. Preguntaban unos con qué autoridad lo había celebrado. Se quejaban otros de que hasta los jefes de la insurrección quedasen impunes y pudiesen permanecer en su patria. Escandalizában otros de la conducta seguida con l desertores. Fijábanse otros en que confiase á juntas, que se habian componer de los mismos rebeldes, resolución de los negocios sobre l exacciones, exacciones que vendrán pesar, decían, no solamente sobre l carlistas, sino también sobre los lib rales de Vizcaya.

»No era fácil que dejasen las opo ciones de aprovechar esta coyuntu para enflaquecer al nuevo gabine El 29 de Mayo, conociendo el señ Topete el estado de la opinión, cre decir algo al Congreso sobre tan i portante asunto. Había recibido, leer el tratado, la misma impresi que las Cortes, y no supo ocultar Confesó que estaba justamente ala mada la opinión pública, limitánd á reservar la suya para cuando con ciera los antecedentes del conven Conducta poco hábil, que pudo m bien comprometer la existencia gobierno. Tomó en seguida la palal el señor Zorrilla y apremió al se Topete á que dijera si aprobaría hecho en el caso de que resultase v dico el documento. No habiendo po do el señor Zorrilla conseguirlo, pi la palabra el señor Martos para diri preguntas sobre el mismo asunto. la negó el Presidente, y hubo conf sión, desorden, tumulto, cólera t que los radicales se creyeron con j tos motivos para retirarse de la Cán ra. Habíase presentado con el mis intento una proposición, pero no qu ya defenderla el señor Zorrilla. ¡Tan candentes estaban las pasiones!

»El 31 de Mayo, á fin de calmar á los radicales y volverlos al salón de sesiones, se propuso contra el señor Ríos y Rosas un voto de censura, que fué desechado. Aun así no se pudo evitar que el mismo día renunciara el señor Zorrilla el cargo de representante, hecho que no dejó de producir sensación en el Parlamento, y aun creo que en Palacio. Decía el señor Zorrilla que no le movían á tanto la pasión ni el despecho, y sí el haber venido á una situación superior á sus fuerzas. Había perdido, en su sentir, la fe y el vigor de otros días, que entonces exigían más que nunca las circunstancias.

»No por esto se entibió en las oposiciones el calor que habían despertado los sucesos de Amorevieta. El 3 de Junio estaba ya en Madrid el general Serrano. Explicó en el Congreso los pasos por que se había llegado al convenio, que á sus ojos no era sino un indulto, y la extensión é importancia de las cláusulas que contenía. Satisfizo, naturalmente, á los conservadores, que veían en el general su única ancla de salvación y su esperanza; pero no á las minorías, que le combatieron rudamente y le dejaron muy mal trecho, sobre todo en la cuestión de si podía conceder tan amplia y general amnistía, cuando la Constitución reservaba este derecho á las Cortes. Aprobada después de todo su conducta, se encargó de la presidencia del gabinete. ¡Por cuán poco tiempo!

»El convenio de Amorevieta había sido verdaderamente un desastre. Estaban los carlistas envalentonados y hablaban dándose más aires de vencedores que de vencidos. Estaba apagado en el Norte el fuego de la insurrección, pero quedaba el rescoldo. Al menor soplo volaban las cenizas y retoñaba el incendio. En Cataluña no deponían los facciosos las armas ni tenían ánimo de deponerlas. Presentábanse, por el contrario, cada día más audaces, y suplía por la rapidez de los movimientos y la atrocidad de sus actos la escasez de sus fuerzas.

»Esto, y las noticias que se tenía de movimientos preparados por radicales y republicanos, decidieron al gobierno á pedir la suspensión de las garantías constitucionales. Necesitaba para esto del beneplácito del rey; y no lo obtuvo. El rey, bien porque temiera la tempestad que sentía cernerse sobre su cabeza, bien porque quisiera realmente conservarse fiel á sus compromisos y juramentos, se negó decididamente á los deseos del general Serrano. Dimitió el ministerio, y fué al punto llamado por segunda vez á los consejos de la Corona el señor Zorrilla, que vivía á la sazón en Tablada (1).

---

(1) Se formó este ministerio el 13 de Junio, casi con los mismos ministros que habían formado parte del anterior gabinete presidido por Ruiz Zorrilla. Este se encargó de la Presidencia y Gobernación: Martos entró en Estado: Montero Ríos,

»Presentóse el nuevo gabinete á las Cámaras el 14 de Junio, y suspendió las sesiones. Catorce días después estaban disueltas las Cortes, sin que ni siquiera hubiese contestado al discurso de Amadeo.

. . . .

»Así acabó el segundo Parlamento de la monarquía. ¡Cuán rápidos van los acontecimientos! En año y medio dos Cortes suspendidas por decreto y por decreto disueltas, cinco ministerios devorados, el partido progresista dividido en fracciones que separan implacables odios, los carlistas en armas, los federales amenazando, el rey medido con ceño por sus mismos partidarios luego que bajaban del gobierno, los legisladores sin legislar, los pueblos esperando siempre y no viendo nunca el término ni el alivio de sus males. ¿Mejorará el Estado del país con el señor Zorrilla? ¿Estará la dinastía más segura? El señor Sagasta no podía sostenerse en el poder sin el apoyo de los conservadores. El señor Zorrilla necesitará la benevolencia de los republicanos. Sólo por ella había subido al gobierno en 1871: sólo con ella podrá resistir ahora el empuje de sus enemigos.

»Pero la benevolencia no es ahora tan fácil como antes. Los republicanos han concebido grandes esperanzas viendo por qué derrumbaderos va la monarquía, y están impacientes. Preparados para el combate, al cual pensaron arrastrar á los mismos radicales, miran como una contrariedad el cambio de gobierno. Sus hombres, y con ellos la parte más templada del partido, apoyarán aún con su inacción y su silencio al señor Zorrilla; los más ardientes seguirán conspirando en las tinieblas. Si son ya imposibles los ministerios del señor Sagasta, y de nosotros depende que los radicales vivan, ¿á qué esperamos, dicen, para destruir la monarquía y levantar sobre los escombros la República? Mientras no estén cerradas las puertas de la legalidad no cabe abrir las de la guerra, contestan los jefes de más valía; pero otros dan la razón á los turbulentos, creyendo que hay siempre derecho á esgrimir la espada contra los reyes, por ser éstos la negación de la soberanía de las naciones.

»Así las cosas, no era ya posible que el gobierno del señor Zorrilla fuese tan brillante ni tranquilo como en 1871. Aun los hombres exentos de pasiones políticas que antes confiaron en él desesperaban hoy viendo las feroces luchas suscitadas entre los mismos progresistas y el mal sesgo que habían tomado los negocios. Costó arrancar al señor Zorrilla de su hacienda de Tablada; y si fué porque previó las dificultades que había de encontrar en su camino, forzoso es decir que su previsión le honra.

»Empezó el señor Zorrilla su tarea exponiendo en una circular su progra-

en Gracia y Justicia; Echegaray, en Fomento; Ruiz Gómez, en Hacienda; Córdova, en Guerra; Beranger, en Marina, y Gasset y Artime, en Ultramar.

ma de gobierno. No consideraba indespensable ni conveniente el uso de medidas extraordinarias ni aun contra los amigos de don Carlos: decía que la libertad era la base y el fundamento de la dinastía. Comprometíase á establecer por decreto el Jurado. Obligábase á presentar á las Cortes, luego de reunidas, un proyecto de reorganización del ejército y la armada sobre las bases que excluyesen las quintas y las matrículas é hicieran una verdadera institución nacional de las fuerzas de mar y tierra. Aplazaba las reformas de Cuba para después de sometidos á las armas los rebeldes. Hablaba de una nueva reforma de la deuda, pero declarando que no la haría sin el asentimiento de los poseedores de nuestros títulos. Devolvía, por fin, al derecho de asociación los límites que le había señalado la Constitución de 1869. Concesiones hechas, unas con el propósito de ganar á los republicanos, otras con el de tranquilizar á las clases conservadoras.

»Convocó nuevas Cortes para el día 15 de Setiembre; y á fin de asegurar en los comicios el triunfo de sus parciales y aliados á la vez que reparar notorias injusticias, ordenó la reposición de todos los Ayuntamientos y todas las Diputaciones de provincia que no estuviesen suspendidas ó disueltas por sentencia de los tribunales.

»Ponían los conservadores el grito en el cielo contra tan súbita disolución de las Cortés, que, según ellos, habían de vivir por lo menos cuatro meses; pero el señor Zorrilla, con sus hábitos de lucha, que no perdía en el Gobierno, rechazó estos cargos en otra circular de 16 de Julio, donde no vaciló en denunciar los torpes amaños de sus antecesores; ni en asegurar que, merced á las arbitrariedades y violencias de que eran hijas, estaban muertas las pasadas Cortes desde que nacieron; ni en demostrar con la Constitución en la mano, que en todos tiempos podía usar el rey de su prerogativa, bastando que en cada año estuviesen reunidos durante cuatro meses uno ó más Parlamentos; ni en decir resueltamente que la disolución había sido indispensable para restituir á las Cortes su autoridad y su pureza. Conducta, si enérgica y atrevida, altamente peligrosa y nada prudente en un Gobierno.

»Repetía el señor Zorrilla en esta circular su anterior programa, insistiendo particularmente en la inmediata abolición de las quintas, por ser lo que más halagaba á los pueblos y más conmovía el corazón de las madres. Había decidido al monarca á recorrer las provincias del Norte, y quería de antemano buscarle plácemes y captarle aplausos. Ignoraba que en tanto se fraguaba en las tinieblas un complot contra los reyes. Retirábanse éstos el día 18 sobre las once y media de la noche á su palacio de Oriente, cuando en la calle del Arenal, no lejos de la antigua plaza de Isabel II, hombres armados de trabucos y apostados en las dos aceras, les hicieron una descarga que les puso en grave riesgo la vida y les hirió uno de los caballos del carruaje. Sólo horas antes había sabido la autoridad el proyectado crimen. Si no lo evitó, prendió por lo menos parte de los agresores. Uno de ellos, en lucha con la policía, cayó muerto en la misma calle, sin que ni aun hoy se conozca ni sus antecedentes ni su nombre..

»Gran polvareda levantó el hecho en el campo de la política. Quien lo atribuía á los republicanos, quien á los conservadores. Ni faltaba quien acusase al gobierno de haber expuesto á sabiendas la vida de los príncipes. ¿Cómo, se preguntaba, no se les hizo siquiera cambiar de itinerario? Otros tomaban ocasión de aquí para combatir la política de los radicales, política, decían, que por lo poca vigorosa relaja los resortes de la sociedad y alienta á los enemigos del orden. Los radicales á su vez ansiaban ver envueltos en proceso á sus enemigos. La verdad es que eran republicanos los presos en el teatro del crimen, republicano el único que los tribunales condenaron á muerte. Amadeo, á lo que parece, por no pecar de cobarde, quiso, aun sabiendo el peligro, dirigirse á Palacio por las calles de costumbre.

»Levantó esto algún tanto en favor del rey el espíritu del pueblo. Los partidos todos protestaron contra el atentado, obra de la imaginación calenturienta de unos pocos hombres. No quiso Amadeo demorar su viaje y salió de Madrid la mañana del 20 de Julio.

Fué bastante bien recibido en algunos pueblos, y lo habría sido más sin ciertas excentricidades impropias del que está á la cabeza de una nación como la nuestra.

»La víspera de su regreso, el 24 de Agosto, habían empezado las elecciones de diputados y senadores. Pocos eran los partidarios del señor Sagasta que solicitaban ser elegidos, y menos los que vencían en las urnas. Sagasta mismo veía derrotada en todas partes su candidatura. Otro tanto sucedía al señor Ríos Rosas, casi siempre vencedor en los comicios. Venían en mayor número que los modernos los antiguos conservadores. El triunfo era para los republicanos, principalmente para los amigos del señor Zorrilla. Pasaban de ochenta los diputados federales, los radicales eran cerca de doscientos.

»No tardó el Congreso en discutir las actas. Estaba ya constituido el 26 de Setiembre, en que se eligió presidente al señor Rivero. Larga existencia le predecía este varonil repúblico y á grandes cosas le suponía llamado, y no salió á la verdad del todo vana la profecía. Tampoco se deslizó, sin embargo, la vida de este Parlamento por un camino de flores. El día 27 cumplía ya el gobierno una de sus palabras, presentando un proyecto de reorganización del ejército: pero acompañándolo con otro por el que se llamaba cuarenta mil quintos á las armas. No es para dicha la sensación que esto produjo: hubo primero en los diputados un movimiento de sorpresa,

cólera: Fiados en las palabras | presupuestos, y en él un arreglo con
ierno, los candidatos habían | el Banco de París para la extinción
á los electores con la dulce | del déficit. Chocaba desde luego ver
e que ya los hijos no se verían | á todo un gobierno tratando como de
os de sus madres para ir á los | potencia á potencia con un Banco, no
y los campamentos. ¿Qué ha- | ya sobre operaciones de Tesorería,
decir los pueblos al ver tan | sino sobre los medios de sacar al Esta-
llida su esperanza? | do de sus crecientes ahogos. Chocaba
ndíase el gobierno, alegando | que esto se hiciera con una sociedad
edia una nueva quinta, se lla- | de capitalistas de triste recuerdo en
sólo á mozos ya destinados | el país por cierta negociación de bonos
io por la suerte; que urgía | del Tesoro que había sido ruinosa para
r el ejército, y no cabía espe- | la Hacienda. Chocaban, sobre todo,
la propuesta reorganización | las concesiones que se pedía á las Cor-
e; que no era posible por va- | tes en pro de tan afortunada empresa,
úpulos dejar indefensas con- | concesiones que iban á ponerle en las
cciones la libertad y el orden. | manos la fortuna del Estado.
diputados, especialmente los | »Volvíase al pensamiento de pagar
, consideraban especiosas ta- | en papel una tercera parte de los in-
es, y aun calificaban el hecho | tereses de la Deuda, y se trataba de
ienta burla, sosteniendo que | garantir el resto con pagarés de bie-
a el ánimo del gobierno, se | nes nacionales que no estuvieran par-
esde un principio hablar con | ticularmente afectos á otras obligacio-
es acerca de la abolición de | nes. Estos pagarés, que debían servir
tas. Comunicóse el enojo al | también para disminuir los descubier-
y hubo pronto en toda España | tos del Tesoro, se los había de conver-
ación sorda que á los ojos de | tir en billetes hipotecarios con renta
bres prácticos era posible y | de 6 por 100. Se había de emitir inme-
degenerara en rompimiento. | diatamente billetes por valor de tres-
motivo tuvieron aquí los re- | cientos millones de pesetas: 150 con
os ardientes para demostrar | destino á la expresada garantía y los
o merecían los radicales la | demás para deuda flotante. ¿Quién ha-
ncia y la confianza del parti- | bía de hacer la emisión, colocar las
idir por la conspiración y la | cédulas, recoger y realizar los pagarés,
ún á hombres que las repro- | aplicar los productos á la amortización
mo medios de llegar á la rea- | de los nuevos títulos? Un Banco hipo-
de sus principios. El ministe- | tecario que debía crear y fundar en él
ió nuevas armas. Presentó el | término de tres meses el mismo Banco
la 27 el proyecto de ley de | de París. El de París en representación

del futuro Banco, había de anticipar desde luego con cargo á los rendimientos de la negociación de los billetes hasta 100 millones, si ya no los tenía, que sí los tenía prestados al gobierno. Para que fuera más irritante el arreglo, se estipulaba que si no bastasen á cubrir los pagarés disponibles los 300 millones de billetes hipotecarios, se entregase al Banco los bonos en cartera, bonos que para él habían sido objeto de eterna codicia.

»Hubo más. El gobierno, á fin de acabar de cubrir el déficit, proponía que se emitiese deuda consolidada interior ó exterior por valor de 250 millones, y se los negociara por el sistema de suscrición que había producido en el año anterior tan brillantes resultados. Aun esta suscrición debía correr á cargo de tan dichoso Banco. Indignáronse de tan injustificada y desmedida protección las oposiciones todas, principalmente de la concesión del Banco hipotecario, en la cual veían con razón un monopolio y por consecuencia un olvido de las vigentes leyes. Levantóse gran clamoreo contra el proyecto, no ya tan sólo dentro, sino también fuera del Parlamento, sin que bastase para acallarlo la cifra del presupuesto de gastos, que llegaba á 559 millones, ni la del de ingresos, que pasaba de 545.

»Con estos dos motivos de discordia y disgusto,—el Banco hipotecario y el llamamiento de los cuarenta mil hombres,—empezaron el día 7 de Octubre los debates sobre la contestación al discurso de la corona. La víspera había ya concluido por un motín la manifestación de los tenderos de Madrid contra un arbitrio que estableció Ayuntamiento sobre las invasiones la vía pública. Cuatro días despu estallaba en el rico arsenal del Fer una insurrección gravísima. Obrero guardias, marinos enarbolaban la ba dera de la República. Disponían armas, de municiones, de víveres, toda suerte de pertrechos, y podí fácilmente echar al Océano buque allí varados, de alto bordo. Tenían u fragata de vapor, la *Carmen*, otra vela, la *Ferrolana*, y un vapor-tran porte, la *Ciudad de Cádiz*. Contab también con lanchas cañoneras. R belión formidable si la hubiesen di gido mejor sus autores y se hubies apoderado de los castillos que defie den la embocadura de la ría.

»No la secundó el pueblo del F rrol, cuanto menos la provincia. N la siguió ninguna de las fuerzas mil tares que allí había, ni aun cuando l insurrectos cañonearon desde la *Ca men* el baluarte de la *Libertad* y cuartel de *Batallones*. Solos, arrinc nados en el arsenal, difícil el paso p mar, no muy fácil por tierra, don había ya reunidas muchas tropas, ap vecharon los republicanos la oscurid y el recio temporal de la madruga del 17 para, embarcándose en sus la chas, dirigirse á la costa, travesía e que algunos perdieron la vida. No t dos tuvieron por donde llegar á la r bera, ni todos los que la alcanzaro n escapar libres: cayeron pri- sobre mil, unos en el mismo , otros en la población, muchos ntedeume, á donde se dirigie- jefes con los miserandos restos batida gente.

ó el movimiento sólo del 10 al)ctubre; pero lo bastante para viera cuánto no podía el parti- blicano aun contra la autoridad jefes, y cuán peligrosa no era radicales su benevolencia. Y la minoría, al saber los suce- había vacilado en declarar ante mento, que para ella la insu- dejaba de ser un derecho y á ser un crimen desde el mo- n que, como entonces sucedía, versal el sufragio y libres la y la tribuna. Declaración atre- le produjo honda agitación en o de los federales.

bastaron estas alteraciones á npir las tareas del Congreso. e Octubre se cerraba la discu- ire el discurso de Amadeo. El se la empezaba sobre el llama- á las armas de cuarenta mil s. Animadísimas fueron sobre ito las arengas de los oradores. is los republicanos, unos que- otros sin querer, iban calen- corazón del pueblo; y era ya ficil que se recogiera á los sin estrépito y sin sangre. Con- estas deliberaciones el 1.° de bre, y el 7 se las abrió sobre ra de saldar el déficit y sobre o hipotecario; cuestiones sobre

las cuales no fué menos ardiente la polémica. La minoría federal, no sa- tisfecha con atacar rudamente el pro- yecto, terminó por hacer una protesta tan imprudente como enérgica. Si llegamos á gobernar, dijo, conste de hoy para entonces, que no respetare- mos esas concesiones ni esos contratos. Salvo cortas excepciones, deseaban los republicanos la paz, ¿no era esto echar leña al fuego? Se aprobaron, á pesar de todo, los dos proyectos.

»El tiempo en que se los discutió ocurrieron otros dos incidentes de im- portancia. Se presentó una proposi- ción para que se acusase al señor Sa- gasta por la transferencia de los dos millones de reales; y ocurrió un grave conflicto entre el general Hidalgo y los oficiales del cuerpo de artillería. Nombróse para la primera una comi- sión que la examinara y emitiera dic- tamen, y dió margen la segunda á cargos y explicaciones que no cabe pasar en olvido. En la sesión del 16 de Noviembre, un republicano, el señor González, interrogó sobre esta cues- tion al ministro de la Guerra. El ge- neral Córdova, que á la sazón lo era, contestó en el acto, y dió cuenta del suceso. El señor Hidalgo había ido á Vitoria con el cargo de capitán gene- ral de las Provincias Vascongadas. Se le habían presentado, según costum- bre, los oficiales de todos los cuerpos de la guarnición, pero no los artille- ros. Sorprendido el general, había in- dagado el motivo de la falta, y ente- ráddose de que aquel mismo día había salido para Madrid sin verle ni pedirle el oportuno pasaporte el comandante general de artillería del distrito. Había llamado á los demás oficiales, y se le habían todos fingido enfermos.

»¿Cuál podía ser la causa de tan extraña conducta? La indicaba el ministro de la Guerra. Los oficiales de artillería creían que entre ellos y el general Hidalgo había un lago de sangre. Le hacían, aunque injustamente, responsable de los terribles homicidios cometidos, en compañeros suyos, la mañana del 22 de Junio de 1866 por los sargentos que se sublevaron en San Gil, uno de los cuarteles de esta villa. Consideraban indecoroso servir á las órdenes de un general que, siendo artillero, había á sus ojos, empañado con sangre de artilleros el brillo de su nombre y de su espada.

»Herido en su amor propio el señor Hidalgo, había mandado procesar y conducir al hospital á los oficiales que se decían enfermos. Alegando luego que en el hospital no cabían, había querido trasladarlos al castillo de la Mota de San Sebastián, previa autorización del ministro. Como no la hubiese obtenido, había creído ver abandonada su honra, y había dimitido, no ya tan sólo el cargo de capitán general de las Provincias, sino también el empleo de mariscal de campo.

»La cuestión era grave. Susurrábase si todo el cuerpo de artillería hacía suya la causa de los oficiales de Vitoria, hecho que podía muy bien producir un conflicto. Proponía el ministro de la Guerra, sin duda para evitarle que se sometiera á un jurado de hon la conducta del general Hidalgo e los tristes sucesos del 22 de Juni mas el presidente del Consejo tomó s vacilar la defensa del general, á qui no cabía en manera alguna imputar muerte de sus camaradas, y se man festó resuelto á no dejarse imponer p ningún arma del ejército. No porq los artilleros, dijo, tengan contra general Hidalgo una prevención inju ta, se ha de privar al gobierno de e plearle donde exigen las necesidad del servicio.

»No llegaron á más las cosas aquel día; pero harto se hizo que permitía ya el decoro que el gobier retrocediese. El Congreso pensaba c todo con el señor Zorrilla, y no e menester gran penetración para v que no era aquello sino el primer a de un drama que podía ser de trág desenlace. No venía llamada á tar la acusación del señor Sagasta, au que propuesta hábil y brillantemer por el señor Moreno Rodríguez. N gáronse á tomarla sobre sus homb los radicales, y aun los antiguos co servadores; y abandonada á los rep blicanos, no era de esperar que pros rase. Tanto menos, cuando por nob y generosos sentimientos quería os cerla el señor Zorrilla, que tenía su mano pruebas de que á mane electorales habían sido destinad cuando menos en parte, los dos m llones.

»A pesar de esto, los partidarios

señor Sagasta buscaron por dónde acusar al gobierno. Fijáronse en un collar que se había comprado para los días en que el ministro de Gracia y Justicia presidiera el Tribunal Supremo. Pretendieron que se lo había adquirido faltando á la ley sobre contratación de servicios públicos; pero bastaron cortas explicaciones del señor Montero Ríos, no sólo para desvanecer el cargo, sino también para declinarlo, si existiera, en sus antecesores. Era grande el encono entre los dos bandos, y no se acertaba á ocultarlo.

»Concluyeron el 18 de Noviembre los debates sobre los medios de extinguir el déficit; y el 19 se empezó á discutir el presupuesto de obligaciones eclesiásticas, por el cual pasaban los gastos del culto y clero á cargo de los ayuntamientos y las diputaciones de provincia. Combatiéronlo hasta diputados del gobierno, principalmente los que, representando distritos rurales, conocían la penuria y los ahogos de los municipios, privados por recientes disposiciones de gran parte de sus recursos; pero se lo aprobó por fin, no sin peligro de que, irritado cada vez más el sacerdocio, fomentase la guerra civil, que continuaba ardiendo en Cataluña. La cuestión de la Iglesia entraba por mucho en esta malhadada lucha, y era por cierto de lamentar que, pues de todas maneras había de perturbar algunas provincias, no se la resolviese radicalmente, declarando independientes la Iglesia y el Estado.

»Ya el 25 de Noviembre el señor Olave, diputado por Navarra, dió la voz de alerta denunciando los aprestos que estaban haciendo en el Norte los secuaces de don Carlos para volver á las armas. No tardaron efectivamente en levantarse otra vez en las Provincias Vascongadas, en Navarra, en Valencia y en Castilla, aprovechando la ocasión que de nuevo se les ofrecía. Precisamente entonces se había de hacer en toda España la declaración de soldados. Enfurecidos los pueblos contra actos que, como se ha dicho, no esperaban, y movidos por la parte más impaciente del bando federal, hubo en no pocos puntos violencias y trastornos. En algunos, principalmente en Andalucía y Murcia, ocurrieron verdaderos levantamientos donde hubo fuego y sangre. Amenazaba ser general la insurrección, y hasta se temía que no la secundasen tropas acaudilladas por un general republicano. ¿Que ocasión más oportuna para los carlistas?

»El movimiento contra las quintas no fué, sin embargo, ni de gran duración ni de grandes luchas. Quedó pronto limitado á partidas que, como todas las liberales, habían de venir á pronta muerte. Pero ¿qué no debía revelar á los ojos de todo hombre previsor? Ponía una vez más de manifiesto cuán débil era el gobierno, de cuán poco le servía la benevolencia de los federales y cuán poco había de durar el día en que aun ésta le faltase.

»Se discutían los presupuestos y se había anunciado ya la suscrición al empréstito de 250 millones de pesetas, cuando ocurrió en Madrid otra alteración del orden. Hízose disparos en la Puerta del Sol, acudió gente armada á la plazuela de Antón Martín, la hubo, aunque no reunida, en el cuartel del Norte; y si bien todo desapareció á la primera descarga de las tropas, murieron de una parte dos paisanos y de la otra un guardia del municipio y un agente de orden público. Aconteció esto la noche del 11 de Diciembre, la víspera misma del empréstito, cuando más podía perjudicar al gobierno. Aun sin esto, habría distado la suscrición de tener el éxito que la de 1801: con esto no llegó á cubrir siquiera los 250 millones.

»Los conservadores se bañaban, como suele decirse, en agua de rosas. Tenían decidido interés por demostrar que la política radical favorecía el desorden, y veían con fruición tan injustificados movimientos. Unos días antes del que ocurrió en la plazuela de Antón Martín, se habían retirado los del Congreso por haberse leido una proposición relativa al señor Sagasta, estando ausente el que la presentó y faltándose á una palabra con él empeñada. Protestaron al día siguiente contra esta conducta, hija de un olvido; y como el Presidente de la Cámara, temeroso de que llevaran ánimo de producir escándalo, impidiera que el señor Ulloa explicara antecedentes y calificara con dureza los hechos antes de oirle, abandonaron sus puestos protestando á la vez contra la lectura de la proposición y el proceder del señor Rivero, que había sido, en realidad, excesivamente enérgico, y por evitar tumultos los había levantado. Iban ahora á encontrar campo favorable en que combatir al gobierno y crearle grandes y poderosos enemigos.

»Estaba firmemente decidido el señor Zorrilla á resolver la cuestión sobre la esclavitud de los negros. No se sentía con fuerzas para tanto en la isla de Cuba, donde había insurrectos y eran muchos los esclavos, pero sí en Puerto Rico, donde los siervos eran poco más de treinta mil y no se había alzado pendones contra España. Expuso su propósito en Consejo de Ministros, y no se lo rechazaron sino dos, que salieron por esta razón del Gabinete (1). No vaciló luego en someterlo al rey ni tardó en llevarlo á las Cortes.

»En la sesión del Congreso de 21 de Diciembre se prejuzgó ya cuestión tan importante. Interpelado sobre ella el señor Ruiz Zorrilla, se declaró abiertamente por la abolición inmediata. Presentóse una proposición por la que se decía que el Congreso había oído

(1) Fueron D. Servando Ruiz Gómez y don Eduardo Gasset y Artime. Para sustituirlos entró en Hacienda D. José Echegaray; en Fomento, D. Manuel Becerra, y en Ultramar, D. Tomás M.ª Mosquera, que inmediatamente redactó el proyecto de abolición de la esclavitud en Puerto Rico. Gasset y Artime, se había declarado enemigo de la abolición de la esclavitud costándole la cartera este rasgo de inhumanidad indigno en un liberal.

con gusto las palabras del Presidente; y después de discutida, se la aprobó por doscientos catorce votos contra doce. Verdad es que la Cámara votó bajo la impresión de un discurso del señor Castelar, que en cuestión donde por tanto entra el sentimiento había de llevar al más alto punto su brillante elocuencia.

»Venía la cuestión preparada de antiguo por la ardiente fe y la inquebrantable constancia de algunos hombres que han consagrado á la libertad de los esclavos su corazón y su vida. Estos hombres en reuniones, en cátedras, en parlamentos, en periódicos, en libros, á donde quiera que habían podido llevar su ardiente frase y su vigorosa idea, habían defendido con entusiasmo la emancipación de los negros y demostrado que la abolición gradual, además de insuficiente, es perturbadora. Habían conseguido interesar por tan noble causa á eminentes compatricios y comunicado su calor á los pueblos; así que ahora llovían sobre el Congreso desde todos los ámbitos de la Península exposiciones calurosas donde se pedía que se rompiese las cadenas de nuestros esclavos de América. El señor Labra y sus amigos empezaban, por fin, á ver coronada su obra.

»Escogióse para leer el proyecto el día 24 de Diciembre, en que la cristiandad conmemora el nacimiento del que suponen haber bajado del cielo para abolir toda servidumbre. A fin de hacer más solemne el acto, no se trató en aquel día de otro asunto y se suspendió las sesiones. Por el proyecto quedaba del todo y para siempre abolida la esclavitud en Puerto Rico; los esclavos, libres de hecho á los cuatro meses de promulgada la ley; sus dueños indemnizados dentro del mismo término. Lo exigía la necesidad y lo aconsejaban la razón y el derecho; mas no por esto dejaron los conservadores de censurarlo y de levantar contra el gobierno una verdadera cruzada.

. . . .

»Entro en el tercer año de la monarquía de Amadeo. ¿Había mejorado en España la situación de este príncipe? Ahora, como antes, Amadeo tenía á su lado los partidos que hicieron la Revolución de Setiembre, y se decidieron por la monarquía; pero hondamente divididos á los progresistas y parte de la unión liberal marchándose á banderas desplegadas al campo de don Alfonso. Los demás partidos continuaban siéndole hostiles; y algunos le daban evidentes muestras de no fiar á la ley el triunfo de su causa. La rebeldía del Ferrol y el movimiento contra las quintas le revelaban cuán peligrosa y temible era la actitud de los republicanos. La reproducción de la guerra del Norte, la persistencia de la de Cataluña y el levantamiento de nuevas facciones en Valencia y las dos Castillas, le decían en alta voz que no estaban dispuestos á darle paz ni tregua los secuaces de don Carlos. Contenía poco ó mucho á los republicanos la benevolencia de sus jefes para con los radicales: ¿qué les contendría cuando los radicales cayeran?

»Amadeo podia apenas volver los ojos á los conservadores. Los habia herido en el alma dejándolos de su mano precisamente cuando, vencedores de la coalición de todos los partidos, tenian Cortes en que realizar sus pensamientos. Tampoco le era fácil desprenderse de los radicales, que sobradamente le habían enseñado en la oposición cuán poco les servian de freno ni el monarca ni la monarquía. Uno de sus ministros no habia vacilado en decir bajo el gobierno del señor Sagasta, que no creia bastante oreados los salones del palacio de Oriente, y otro que por encima de todo estaban la soberanía de la nación y los derechos de los ciudadanos. Las amenazas subieron de punto al retirarse á Tablada el señor Zorrilla, que era, sin duda, el más monárquico de los radicales y el que con más decisión se habria sacrificado por la casa de Saboya.

»Amadeo estaba á merced de los radicales, y los radicales poco menos que á merced de los republicanos. A la primera cuestión en que el rey se quisiera sobreponer á sus ministros, ó, no atreviéndose á tanto, se propusiera salvar de algún modo sus compromisos personales ó la integridad de su conciencia, su caida era inevitable. Más de una vez habia manifestado ya el deseo de abandonar el trono: se lo avivaban hoy así lo triste y dificil de su situación, como las pasiones que en torno suyo rugían.

»Con mala suerte habia puesto aquel monarca el pié en España, y con poca fortuna habia hasta aquí regido el reino. El mismo dia de su entrada en la península fallecía el general que le habia hecho rey y le debía servir de escudo. Vivo este general, habría contenido, cuando menos por algún tiempo, la división de su partido. Se desencadenaron sobre el sepulcro de Prim rivalidades hasta entonces mal ó bien reprimidas; y una dinastía, débil por lo nueva, y más débil aún por el número y el valer de sus enemigos, lejos de cobrar fuerzas, las fué de dia en dia perdiendo. En presencia de tantos partidos como le combatían, los que estaban por el rey, debían alrededor del rey haber constituido un solo bando, ó ya que esto no fuese posible por las tendencias sobradamente conservadoras de los que de conservadores se preciaban antes de Setiembre de 1868, haberse dividido en unionistas y progresistas. Estos por haber hecho prevalecer sus ideas en la revolución, eran los que lógicamente habrian debido mandar en primer término y por mucho tiempo; habrian de seguro tardado en caer conservarse unidos. Dividiéronse, y á pesar de no ser grandes las diferencias, fué la división honda y sangrienta, como alimentada por la pasión tanto ó más que por la política.

»Débiles las fracciones que de aquí resultaron, hubieron de buscar, como

la una el apoyo de los re-
s, la otra el de los anti-
ellistas, y estuvieron pron-
á merced de sus auxiliares.
más los radicales por lo
de su programa y la mayor
l partido que los apoyaba;
tuación fué naturalmente in-
e á la república.
que la república viniera, fal-
onflicto, y el conflicto surgió
s días. Reanudaron las Cá-
sesiones el día 15 de Enero.
pezaron los debates sobre la
ición del ejército; el 27 sobre
Discutíase tranquilamente
oyectos, cuando se reprodujo
n de los artilleros. Había
l gobierno al general Hidal-
aluña; y los jefes y oficiales
ía, tomándolo á provocación
habían dimitido en masa.
disciplina del peor género,
r él, atendido el estado de
que vivíamos, creían poner
o en la alternativa de dejar
5 retirar el nombramiento.
ocio era grave, la resolución
día sobrevenir una cuestión
enfase al cuerpo de artillería
á don Alfonso, cuando me-
igo de las doctrinas con-
. ¿No sería el nombramien-
eral Hidalgo pretexto para
onflicto y derribar la dinas-
scitarse por primera vez la
contrajo el gobierno, como
el lector, grandes compro-
podía ahora, en que de nuevo

se la promovía, ni esquivarla ni mostrarse débil. Pero ¿aceptarían la resolución las Cortes? ¿no vacilarían ante la magnitud del peligro? ¿no se pondrían del lado de los rebeldes, temiendo que los apoyasen las demás fuerzas del ejército?

»El presidente del Congreso, hombre de corazón y de inteligencia, seguía con atención desde mucho tiempo el rumbo de la política, y estaba convencido de que si con Zorrilla no bajaba del trono Amadeo, empezaría una reacción que había de provocar una catástrofe. Deseoso de asegurar el triunfo de sus principios y evitar nuevos males, estaba resuelto á, si sobrevenía una crisis, reunir los dos Cuerpos Colegisladores y reivindicar la soberanía de la nación para las Cortes. Al efecto, se había concertado secretamente con hombres importantes de las dos Cámaras, principalmente con el señor Figueras, único republicano que estaba en el secreto y preparaba hábilmente el cambio.

»Temeroso no sin razón el señor Rivero de que fracasara el proyecto por sobrevenir la crisis después de la legislatura, estaba decidido á valerse de la primera ocasión que se le viniese á la mano. Quiso ejecutarlo ya días antes, cuando el rey, desconociendo ó fingiendo desconocer las costumbres de la corte de España, se negó á recibir las comisiones de las Cámaras en el momento de dar á luz la reina al último de sus hijos; viendo ahora sugerir la cuestión de la artillería, lo hizo con tanta decisión como buen éxito. Sabedor de que no estaba Amadeo porque se admitiera la renuncia á los jefes y oficiales y se organizase el arma, trabajó por que Cortes y ministros dijeran que no consentían otra medida la dignidad y el decoro del gabinete. Puestos frente á frente los dos más altos poderes del Estado, no olvidó que Amadeo podía disolver las Cortes. Previno contra este peligro, no sólo á ciertos diputados y senadores, sino también á generales que á la sazón disponían de grandes fuerzas. Desarmado el rey, ¿cómo no había de lograr sus propósitos el señor Rivero? Fué así la caída de Amadeo tan poco estrepitosa como rápida.

»Llevóse la cuestión de la artillería al Congreso el día 7 de Febrero. Inicióla, como la vez pasada, el señor González, que empezó por pedir explicaciones acerca de un hecho que tan preocupados traía todos los partidos y todas las clases. Limitóse el señor Zorrilla á decir que no había recibido todavía dimisión alguna de los jefes y oficiales de artillería; pero que en ésta, como en cualquiera otra cuestión que pudiera suscitarse, estaba decidido el gobierno á cumplir su deber y no consentiría que nadie dejase de respetar los poderes del Estado.

»No satisfecho el señor González, anunció una interpelación que explanó en el acto. Quejóse de que un cuerpo privilegiado, como el de artillería, promoviera conflictos cuando ondeaba la bandera de don Carlos en varias provincias, y talaba una guerra salvaje el fértil suelo de la isla de Cuba. Quejóse no menos de la falta de energía del gobierno para resolver la cuestión cuando los sucesos de Vitoria; y recordando que los artilleros, después de la Revolución de Setiembre, habían servido á las órdenes del general Hidalgo, primero en Cuba y después en Cataluña, sin protesta, sin quejas, sin rechazar los grados y empleos que por conducto de tan digno jefe recibían, demostraba que algo más que un sentimiento de dignidad los llevaba ahora á dimitir sus cargos y romper su espada. La conducta de los artilleros, decía, no es sino el veto que opone un cuerpo militar á las decisiones del gobierno; conviene que sepamos de una vez si el ejército es una hueste pretoriana ó una institución consagrada á la defensa de los derechos escritos en la Constitución y las leyes. Tal vez acontezca, añadía, y esto era lo más grave, que nazca de esta cuestión un conflicto; si el gobierno sabe resolverla arrostrando los peligros de abajo y deshaciendo las tenebrosas conjuraciones de arriba, puede contar, no sólo con mi voto y el de los demás republicanos, sino también con el esfuerzo de cuantos se interesen por que la justicia se cumpla y la libertad triunfe de todos sus enemigos.

»Aplaudieron mayoría y minoría las palabras del señor González; y á grandes voces decían los diputados de la derecha que estimularían á los ministros al cumplimiento de los deberes que la situación les imponía. Habló en esto el señor presidente del Consejo: descartó la cuestión personal del señor Hidalgo, se defendió del cargo de debilidad que se le había dirigido, y entrando de lleno en el asunto, dijo que de no admitirse las renuncias á los jefes y oficiales que las presentasen, el gobierno se degradaría y haría pasar á la nación por la última de las vergüenzas, pues no cabría ya un ministerio de tal ó cual partido, sino un ministerio del cuerpo de artillería. Después de estas palabras, no era posible buscar la solución del conflicto en un cambio de gabinete: no queriendo abdicar el gobierno, como el rey pretendiera dar la razón á los dimitentes, había de entrar en lucha con sus propios consejeros. Estaba la cuestión casi donde la querían los señores Rivero y Figueras: faltaba sólo enardecer algo más las Cortes.

»Las enardeció el mismo señor Zorrilla enlazando el asunto con la abolición de la esclavitud en Puerto Rico, y calificando de atentatoria á la libertad y los poderes públicos la conducta de los artilleros. «Desde que hemos propuesto la emancipación de los negros, decía, se enconan las pasiones, se recrudecen los ataques y las calumnias de la prensa, aumentan en hombres y en recursos las facciones de don Carlos, crecen las intrigas, se avivan las ambiciones y se envenenan los odios contra el gobierno: observen las Cortes que, precisamente cuando tal sucede, surge de nuevo la cuestión del cuerpo de artillería y toma alarmantes proporciones.—Carece de toda razón, añadía, la protesta de esos jefes; y si cediéramos á sus amenazas, seríamos el último de los gobiernos y los últimos de los hombres.»

»Habla aun más explícita y enérgicamente el ministro de la Guerra: «Las dimisiones están, dice en la Dirección general de artillería: si no se las admite, es porque no han seguido aún los trámites que la ley establece. Concederemos á todo jefe y oficial lo que pida: el cuartel, el retiro, la licencia absoluta. Reorganizaremos el arma, y reemplazaremos á los oficiales dimitentes por otros del ejército. Hay en el arma misma con que reformarla. Aboliremos los injustos privilegios que tanto la enorgullecen, uniremos en ella como en las otras los elementos populares y los aristocráticos, y tendremos una artillería, tan buena como la de hoy, que, identificada con las instituciones, no sea un peligro ni para la nación ni para los individuos que la representan. No es que hoy lo sea: el gobierno está tranquilo, y no se preocupa siquiera con el orden público, porque se siente con la fuerza que dan el derecho y el apoyo de todos los lados de la Cámara.»

»Acoge casi todo el Congreso con aplausos estas palabras, y felicita calurosamente al orador. El señor Zorrilla no había dicho sino que el gobierno cumpliría sus deberes; el general Córdova manifiesta cómo el gobierno puede y quiere cumplirlos. Retroceder es imposible. Ya saben los jefes y oficiales de artillería la suerte que los espera, ya sabe el rey cómo sus consejeros se proponen resolver el conflicto, ya saben unos y otros que acepta la solución la inmensa mayoría del Congreso. De rechazarla, sabe también Amadeo que tendrá en frente, no sólo al gobierno, sino también á las Cortes; no sólo á las Cortes, sino también en estrecha unión é íntima concordia á radicales y republicanos.

»Teme Amadeo firmar el decreto de reorganización del cuerpo de artillería, pero lo suscribe. El cuerpo queda dividido en dos grupos: uno que toma á su cargo la parte facultativa; otro constituido por los regimientos y secciones del arma. En el primero no pueden entrar sino los jefes y los oficiales de la carrera; en el segundo, todos los que entre éstos le soliciten, y en su defecto los de otras armas, principalmente los que hayan prestado servicios en el cuerpo ó del cuerpo que procedan. Se suprime, además, la Dirección de Artillería.

»Completa es la victoria del gobierno; mas, ¿y Amadeo? Amadeo acaba de sufrir una verdadera imposición, porque otro era, á lo que parece, su espíritu, y otras las esperanzas que había dejado concebir á los artilleros. ¿Qué valen ya su cetro ni su corona? Está á merced de un partido, entre una guerra y una amenaza. No puede vivir sino en la incertidumbre, y es fácil perezca arrebatado por un torbellino. Comprendiendo su situación, abdica por sí y sus hijos y pone fin á la monarquía democrática.

. . . .

»Tales fueron los principales acontecimientos de aquel brevísimo reinado.

»Amadeo, como se ha dicho, carecía de condiciones para establecer y consolidar una dinastía; era fácil que, aun teniéndolas, hubiese sucumbido en la empresa. No vacilo en repetir que vino inoportunamente.

»Los promovedores de la Revolución de Setiembre se habían propuesto, cuando más, sustituir en el trono á doña Isabel por doña Luisa Fernanda. El pueblo les respondió al grito de ¡abajo los Borbones! y no pudieron impedir que tomaran otro rumbo los sucesos. Hubo entonces cosas en que no se fijaron bastante los que regían la nave del Estado. No sólo se rasgaba en todas partes los retratos de los reyes, sino que también se borraba de todos los escudos de armas y de todos los edificios públicos lo que en todo tiempos ha sido representación y símbolo de la monarquía: la corona. Porque la llevaba Prim en su kepis cuando entró en la capital de Cataluña, fu rudamente increpado por la muchedumbre. Aprovecharon esta disposición de los ánimos hombres de valía, enarbolaron la bandera de la República y se llevaron tras sí las gentes. Exaltáronlas, sobre todo, cuando dijeron que se había de reconstituir federalmente la nación y recobrar su autonomía las antiguas regiones.

en España, como ninguno; republicano. Prevalecía á ciudades de Extremadura, Andalucía, en las de Valen- s de Cataluña, en las de en algunas de Castilla; en- cuatro meses setenta dipu- Cortes; y, puesto al año con el gobierno, contaba mil hombres en armas. Fué in después de su derrota en tuno alzamiento: tronaba blea y mantenía el país en larma contra todos los can- trono.
onárquicos, por otra parte, eran por convencimiento, labian puesto su los ojos en s príncipes, ni todos se á las miras del gobierno. i sus vacilaciones: á la Napoleón es indudable que proclamar la República. quizá por miedo, tal vez ber visto en la de Fran- sión ni el empuje que te- aron, como dije, él y los n muchas casas reinantes. o de la de Saboya se fijaron el duque de Génova, y Amadeo. Ni lograron que stuviesen por un solo can- uvo ciento noventa y un uque de Aosta; veintisiete tpensier; ocho, Espartero; onso de Borbón; sesenta y epública. Depusieron en cédulas diez y nueve re- s.

»Resultaba elegido Amadeo por diez y nueve votos de mayoría, era extranjero y venía á reinar en cir- cunstancias dificilísimas: entre dos aspirantes á la Corona que invocaban derechos de sangre, — don Carlos y don Alfonso;—con enemigos enfren- te irreconciliables y ya poderosos, —los federales; y sujeto á una Cons- titución que daba campo y luz á las ideas y los ataques de todos sus adversarios,—la de 1869. Aun sien- do hombre de superior inteligencia, habría debido apurarla toda en vencer tantas dificultades.

»Para establecer en España un tro- no con esperanzas de consolidarlo, habría debido venir Amadeo, ó des- pués de un República turbulenta ó cuando, naciente aún el partido fede- ral, era débil y contribuían á enfla- quecerlo hombres importantes de la democracia que transigieron con la monarquía. Vino á deshora, y no pudo con los obstáculos que encontró en el camino.

»Para mayor desgracia suya, ¡halló Amadeo tan escaso apoyo en sus mis- mos partidarios! Muerto Prim, se dis- putaron la jefatura del partido radical los señores Zorrilla y Sagasta, y pa- saron, sin sentirlo, de rivales á ene- migos. Los separaban al nacer la lu- cha diferencias políticas tan sútiles, que apenas las distinguían ni aún los hombres del Parlamento. Se fueron agrandando y la animosidad creciendo hasta convertirse en duelo á muerte. Llevados por el ardor de la pelea, no vacilaron, según se ha visto, los dos contendientes en recurrir á extrañas fuerzas: suscitaron al nuevo rey dificultades que habrían bastado á derribarle, aun no habiendo existido algunas de las que antes expuse.

»Fué principalmente esta lucha la que hizo instables las Cortes, instables los gobiernos, instable la monarquía, estéril el reinado. Sin ella Amadeo habría dejado en el país más ó menos profundas huellas; con ella no dejó ninguna. No se hizo entonces reforma de importancia, con ser tantas las que uno de los dos rivales se proponía llevar á cabo. Se dictó sólo leyes por las que se llamaba miles de hombres á las armas, ó se suspendía el pago de los intereses de la deuda, ó se decretaban empréstitos, ó se consentían operaciones ruinosas para el Tesoro, ó se agravaban los tributos aparentando disminuirlos. Se propuso en los días de Amadeo la emancipación de los esclavos de Puerto Rico; pero no se la votó sino después de proclamada la República. El reinado se pasó todo en la guerra de los dos ilustres progresistas, que, para sostenerla, no vacilaban en recurrir á toda clase de medios.

»Falseaban uno y otro las elecciones, suspendían ó restablecían ayuntamientos, según el interés se lo aconsejaba, y en bajando del poder se volvían contra el mismo Amadeo. Vencedores, exageraban las dotes que le enaltecían; vencidos, las faltas. Le cohibían también sin que reparasen en la índole de los recursos. For policía de Sagasta tenebrosas c raciones. Los radicales, despué primera crisis tenían su *meeti* amenazas á los reyes, su man ción por las calles, sus ocultas gencias con los republicanos coalición insensata con todos lo migos de la dinastía. Derrota los comicios y abiertas las Cort rrilla ordenaba á sus parciales retrajeran del Congreso, dim cargo de representante, y se r en són de guerra á su finca blada.

»Intimidado Amadeo, le ll aun le hizo instar á que vin desde aquel día estuvo en m los radicales. Los radicales de en voz baja que no se dejarían por los conservadores; y Riv sentarse en la silla presidenc Congreso, «que aquellas Corte rían todo su término, porque s legitimidad de los comicios es de la lógica y los tiempos, y dían venir ni vendrían los col dores mientras no estuviese mada la obra de la Revolución tiembre y no contasen en la sc con grandes y poderosos elem

»D. Nicolás María Rivero vino desde entonces contra A por su propia cuenta, de tal con tal secreto, que no llegó á ni el mismo Ruiz Zorrilla. Tan estaba á su obra, que en las fie Diciembre no consintió que se dieran por decreto las sesiones laras, y si solo con la fórmula de avisará á domicilio,» por miedo á el rey, prevaliéndose de la sus- sión, no le hiciera fracasar la em- a. En el mes de Febrero de 1873, o hubiese encontrado para su in- ola cuestión de los artilleros, habría novido cualquiera otra: tenía la cosa sazón y no queria comprometerla la tardanza.

D. Manuel Ruiz Zorrilla, á juzgar su folleto *A mis amigos y adver- os*, no se explica todavía la dimi- . de Amadeo. La cuestión de arti- ia no fué real y verdaderamente el motivo ocasional de la renun- la causa verdadera estuvo en que el engañado príncipe se encontró ionero de los radicales y no vió io de romper sus ataduras sin des- los vientos revolucionarios. Tal vez llegase á conocer los trabajos de Rivero; conociéndolos ó no, hubo de comprender, como doña María Cristina en 1840, que llevaba por cetro una caña, y no podía, segúu dijo en su Mensaje á las Cortes, ni dominar el contradictorio clamor de los partidos ni hallar remedio á los males que nos afligían.

»La caída de Amadeo produjo escasa impresión en los que hasta entonces le habían defendido. Algunos, al otro día, eran ministros de la República. El que le guardó más tiempo en su memoria y su corazón fué sin duda el señor Ruiz Zorrilla.

»¿Merecia Amadeo este olvido? Consideradas las cosas en conjunto, es más digno de lástima que de censura. Nada hizo; pero nada le dejaron hacer sus mismos hombres.»

CAPITULO XXVII

1871-1873

El partido republicano federal.—Conducta del Directorio.—Manifiesto electoral.—Extraña coalic
—Coacciones electorales del gobierno.—Nouvilas y Contreras.—Asamblea Federal.—La Com
de París.—Debate que produce en las Cortes Españolas.—Imprudente declaración de Castela
La benevolencia con los radicales.—Efecto que produce en el partido federal.—Benévolos
transigentes.—Debate sobre *La Internacional*.—Opinión de Ruiz Zorrilla.—Presentación de
merón en el Congreso.—D. Baldomero Lostau.—Amenazas de los radicales á don Amadeo.
fracción intransigente.—D. Francisco García López.—Subida de Sagasta al poder.—Escand
disolución de las Cortes.—Asamblea Federal.—Sus trabajos.—Reformas sociales.—Los pro
mientos electorales de Sagasta.—Resultado de las elecciones.—Sublevación de los carlist
Nuevo Directorio Federal.—D. Nicolás Estévanez.—La transferencia famosa de Sagasta.
traimiento parlamentario.—Ministerio Ruiz Zorrilla.—Animosidad entre benévolos é intr
gentes.—Propaganda alfonsina.—Actitud de Montpensier.—Nuevas Cortes.—Propagand
los conservadores en favor de la República.—Su verdadero significado.—Sublevación del Fe
—Declaraciones de Pí y Margall.—Alboroto que producen en el partido republicano.—Lo
transigentes se constituyen en partido.—Insurrección republicana.—Estévanez en Desj
perros.—Galvez en Murcia.—Fin de la insurrección.—Incidente palaciego.—Indignació
Rivero.—El Consejo de ministros del día 8.—Relación de Ruiz Zorrilla.—Dimisión de
deo.—Sesión parlamentaria del 10 de Febrero.—Las Cortes quedan en sesión permanen
Su contestación al rey.—El Senado se reune con el Congreso.—Proposición de Pí y Margall
que se proclame la República.—Incidente que ocasiona Rivero.—Abandona éste la presid
de la Asamblea.—Discusión de la proposición de Pí y Margall.—Proclamación de la Rep
ca.—Figueras presidente del Poder Ejecutivo.—Su discurso.—Elección de mesa de la A
blea.—Consideraciones sobre el 11 de Febrero.

Después de la brillante exposición hecha por Pí y Margall del reinado de D. Amadeo de Saboya, creemos necesario reseñar los actos del partido republicano federal en dicho período, pues él fué quien más infl en hacer difícil la vida de aquella narquía creada por los hombres de Revolución de Setiembre, y que país, haciendo poco caso de las cua

el nuevo rey, miraba con an-
con indiferencia.
lementos de acción del partido
ano deseaban, como ya dijimos,
;iese una protesta armada á la
 del nuevo monarca. Esta
resultaba lógica y racional,
lo era menos la actitud del
io que, viendo fracasadas las
:iones de apoyo con Francia y
ndo dinero ni armas para lle-
bo una insurrección imponen-
onía al movimiento compren-
que esto había de convertirse
lerrota que quebrantaría por
iempo el prestigio del partido.
ayoría de los federales estaba
volución despreciando la lu-
al, pero á pesar de esto el
io, con fecha 19 de Enero
, publicó un manifiesto re-
por Pí y Margall, aconsejan-
s correligionarios que toma-
e en las próximas elecciones,
Cortes que se habían de ele-
 tan importantes como las
yentes ya que en ellas se ha-
ianifestar de un modo claro si
staba conforme con la elección
leo. Además se aconsejaba la
n los comicios fundándose
l país ya que contaba con el
 universal debía reservarse el
 del derecho de insurrección
ndo las circunstancias lo hi-
ecesario. «El quietismo,—de-
Directorio en su manifiesto,—
rupción y la muerte; optemos
movimiento. La monarquía

nace endeble y no necesitaremos grandes esfuerzos para cavar su sepulcro
porque el triunfo de la República federal es ya inevitable.

También la minoría republicana de
las disueltas Cortes dirigió á sus electores un notable manifiesto haciendo
historia de su campaña parlamentaria
y combatiendo enérgicamente el retraimiento al par que defendía la conveniencia de la lucha electoral.

Estas exhortaciones conmovieron al
partido y aunque con bastante frialdad
los federales se decidieron á tomar
parte en la lucha. Estas elecciones
ofrecieron un espectáculo tan raro
como fué ir juntos á la lucha prestándose mutuo apoyo los republicanos,
los conservadores y los carlistas. El
odio á la nueva dinastía en que coincidían los tres partidos, fué la base de
tan extraña coalición.

El gobierno al verificarse las elecciones en los días 9, 10 y 11 de Marzo apeló á todos los procedimientos
propios de un ministerio centralizador
y poco escrupuloso; siendo tan escandalosos los atropellos cometidos, que
todos los políticos calificaron la elección como la más repugnante de cuantas se habían verificado en España.

Los candidatos federales fueron tan
perseguidos por las autoridades que de
cien distritos donde tenían seguro el
triunfo apenas alcanzaron la victoria
en cincuenta, falsificándose los resultados del escrutinio para sacar á flote
á los amigos del gobierno.

En representación del partido republicano federal tomaron asiento en el Congreso, Orense, Pi y Margall, Castelar, Figueras, Salmerón y Alonso (D. Nicolás), Pérez de Guzmán, Sorní, Joarizti, Pascual y Casas, Barcia, Pierrad (D. Blas), Lostau, Escuder, Serrano Magriñá, González Hernández, Moreno Rodríguez, Castro y Solís, Gutiérrez Agüera, González Chermá, Forasté, Ocón, Torres y Gómez, Salinas, Tutau, Molinero, Santa María, Pérez Guillén, Sánchez Yago, Morayta, Vázquez López, García López, Blanc, Joraite, Castilla, Palanca, Prefumo, Lapizburo, González Alegre, Aniano Gómez, Sañudo, Garrido, Rubio, Díaz Quintero, Guisasola, Fantoni, Abarzuza, Rispa, Bes Hédiger, Pruneda, Muro, Soler y Garchitorena.

La insignificante agrupación republicana unitaria sacó triunfante sus dos diputados, que eran siempre Sánchez Ruano y García Ruiz, los carlistas alcanzaron el triunfo en cincuenta y siete distritos; los conservadores en cuarenta y ocho y los progresistas disidentes ó partidarios de Espartero, en ocho.

Este triunfo de las oposiciones era temible para el gobierno, pues sumados los votos de todas ellas casi igualaban á los del gobierno y podían vencer á éste apenas flaquease un poco la mayoría.

En las elecciones de senadores sacó el partido republicano seis candidatos triunfantes entre los que figuraba el general Nouvilas que acababa de hacer declaraciones de federalismo. También el general D. Juan Contre que había obtenido un puesto e Congreso como candidato esparter ingresó en las filas del partido fe ral, después de haberse negado á j fidelidad á don Amadeo, por lo fué dado de baja en el ejército. N vilas y Contreras habían perten al partido moderado, teniendo p cipación en varios golpes de E contra la libertad; pero ahora se traban exageradamente republic y hasta atacaban al Directorio po no defendía la revolución á todo t ce. Esta conducta resultaba nat pues nadie es tan violento y ex rado como un reaccionario que se vierte repentinamente en demag

El 12 de Abril reunióse en Ma la segunda Asamblea federal baj presidencia de D. José María Ore Mientras ésta celebraba sus sesio en el Congreso discutíanse las acta los diputados, demostrándose en chas de ellas los escandalosos ab llevados á cabo por el gobierno coacción que había ejercido sobr cuerpo electoral.

Constituída la Asamblea feder fueron elegidos presidente efect Orense, vice-presidente Pi y Mar y Figueras, y secretarios López V quez, Santos Manso, Rodríguez S y Oleaga.

Los federales mostrábanse m preocupados en aquel entonces con *Commune* de París, movimiento d centralizador y federalista que h comenzado por proclamar la autono

)s los departamentos y munici-
e Francia, proponiéndose des-
a centralización administrativa
ica. El heroismo de los valien-
erales de París que se batían
más de cien mil soldados que
cionaria Asamblea de Versalles
enviado sobre la gran ciudad, y
e de medidas adoptadas por la
me en favor de la clase obrera
ısmaban á los republicanos es-
s, y la Asamblea federal, reuni-
Madrid, no pudo menos de de-
r su simpatía á sus correligiona-
Francia.
nín de Salvoechea haciéndose
la mayoría de los representan-
la Asamblea que simpatizaban
doctrinas socialistas desarrolla-
la *Commune*, propuso que se
una comisión á París para fe-
á los bravos defensores del
, siendo designados para for-
Salvoechea, Estébanez, Rodrí-
Sepúlveda, Sardá, Ravella y
López. Los comisionados no
on cumplir la misión que se les
:onfiado, pues antes de ponerse
cha se extinguió la insurrección
alista que, aunque vencida, se
ió hasta el último instante con
roismo casi salvaje, constitu-
la postrer semana de su exis-
una de las más sombrías tra-
de la historia.
a sesión del día 1, Pí y Margall
ante la Asamblea la presiden-
Directorio y los poderes que se
an conferido, explicando deta-

lladamente el uso que había hecho de ellos, y mereciendo tanto él como los otros individuos del Directorio un voto de gracias.

Aprobó la Asamblea unas bases para la organización del partido, y después de nombrar una comisión encargada de redactar un proyecto de Constitución federal que había de discutirse por la próxima Asamblea, designó para el nuevo Directorio á Pí y Margall, Orense, Castelar, Barcia, Salvoechea, Pruneda y Joarizti.

Pí y Margall fué nombrado, como en los años anteriores, presidente del Directorio, distinción que molestó mucho á Figueras y á Castelar, y que fué objeto por parte de ambos personajes de cabildeos y murmuraciones, lo que no impidió que en público manifestasen á su compañero la mayor amistad, llegando á decir Castelar en su apasionado lenguaje que sentía hacia Pí *admiración profunda y verdadera veneración*.

La primer tarea de la minoría republicana en las Cortes, fué combatir enérgicamente los abusos electorales. A los pocos días, con motivo de una proposición presentada por Becerra pidiendo la reforma del reglamento del Congreso, la minoría federal quiso retirarse en son de protesta; pero al fin prevaleció la opinión de Pí y Margall y otros que eran partidarios de que los diputados republicanos permaneciesen en sus puestos.

En la sesión del 30 de Mayo tratóse de la *Commune* de París, por haber algunos diputados de la mayoría presentado una proposición, pidiendo á las Cortes declarasen haber visto con profunda indignación los excesos de los comunalistas.

Efectivamente, los defensores de París, poseídos de una loca desesperación, habían vengado sus desastres fusilando sin motivo alguno á varias personas respetables únicamente por su amistad con los gobernantes de Versalles; pero era injusto atribuir tales delitos á la corporacion municipal de París y así lo demostró Pi y Margall en un discurso elocuentísimo que hizo resaltar sobre los desafueros de los comunalistas, las matanzas que en aquel momento se estaban llevando á cabo por mandato de los *republicanos de orden* que legislaban desde Versalles. El fogoso orador García López también habló elocuentemente en favor de la *Commune* y ambos diputados fueron muy felicitados por sus correligionarios de toda España.

La conciliación ministerial, combatida al mismo tiempo por divergencia de los elementos que la constituían y por la tenaz oposición de las minorías, quedó por completo destrozada, declarando el general Serrano ante el Congreso en la sesión del 23 de Junio que el ministerio estaba dispuesto á retirarse, pero que antes era necesario que la minoría republicana manifestase si apoyaría la formación de un gobierno radical.

Castelar que acababa de pronunciar un brillantísimo discurso encargóse en nombre de la minoría de recoger ést alusión, contestando en los siguiente términos:

«Yo deseo la salud de mi patria, y deseo el triunfo de la libertad, y deseo el desarrollo de la democraci moderna y para ello defiendo los der chos individuales, que son de todos esta es una de las más grandes vent jas de las instituciones modernas, qu no son el triunfo de ninguna clas sino que extrañan la justicia igu para la universalidad de los ciudada nos: yo quiero, yo deseo que todo es se salve y voy á mostraros hasta fondo más íntimo de mi pensamient

»Creo que en la situación en que hallan las provincias, creo que en estado en que se encuentra esta Cám ra, el nombramiento de un minister conservador, óigame el señor duqu de la Torre, el nombramiento de u ministerio conservador puede produci aunque no lo quieran los demócratas progresistas, puede producir inconvé nientes tan tirantes como los de 185 Pues que; ¿los hombres de Estado aquella época no se vieran forzados hacer lo que hicieron contra su volu tad, por la importancia del parti progresista? ¿No teméis que ahora s ceda lo mismo? Si no lo teméis desc nocéis la realidad de las cosas.

»Se dirá que hay una conjuracic cortesana; se alarmarán ciertos el mentos, se escribirá en algunos perió dicos sobre el convento de Jesús com antes se escribía sobre el convento d San Pascual y vendrán esos grande movimientos que son tan difíciles de enfrenar en los partidos populares cuando están apoyados en la opinión. Si el duque de la Torre tiene confianza en ganar la batalla, gánela en buena hora. Yo creo que la ganará. ¿Pues no lo he de creer si ganó la del 56, la del 66 y la del 68, porque el duque de la Torre tiene la fortuna de caer siempre de pié? Pero óigame, al ganarla la perdería como el duque de Tetuán el 22 de Junio: su victoria sería la victoria de sus enemigos.

»Creo que un ministro radical no tiene tantos inconvenientes. Tiene un gran inconveniente, las Cortes, estas Cortes, inconveniente casi insuperable; pero puede venir aquí, ver si logra lo que necesita para vivir un poco de tiempo y atravesar esta situación. Los peligros del duque de la Torre están abajo, en el pueblo; sea el que quiera el monarca los peligros del partido radical están arriba. Pero voy á decirlo todo: he oído manifestar á algunos amigos que al vencer las dificultades y los obstáculos de la situación un ministerio radical dependería de nuestra actitud; pero la verdad es que de nuestra actitud no depende nada. ¡Pues qué! ¿Podemos nosotros ofrecer apoyo incondicional á ningún gobierno monárquico? Pues qué; ¿no somos nosotros republicanos federales? nosotros tenemos definidas, formuladas y explicadas nuestras ideas, buenas ó malas; y no transigimos con nada que no sea nuestro ideal.

»Yo, señores diputados... (iba á decir una tontería; iba á decir, y me van á contestar como á la zorra de la fábula «están agrias;» iba á decir que yo nunca sería ministro ni aunque viniera la República federal). Sé que si algo soy, no soy hombre de gobierno. La tribuna, la palabra, la propaganda me entusiasman, y por nada en el mundo aceptaría un ministerio. Yo no quiero sino un gobierno que exprese mis ideas, y no prestaría apoyo incondicional, por altas razones de patriotismo y de libertad á ningún gobierno que no fuera presidido y dirigido por los señores Pí y Margall, Orense y Figueras. Fuera de éste no apoyaré á ningún gobierno, ni formaré parte en ninguna mayoría. Pero yo, señores diputados, disminuyo mi oposición á medida que el gobierno se acerca á mí. Yo tengo, sino sería un insensato, yo tengo grados de oposición. Yo, en esta misma situación, reivindico para el partido republicano el título I de la Constitución. Por consiguiente yo, sin comprometerme á apoyar incondicionalmente á ningún gobierno ni á formar parte de ninguna mayoría prestaría, no apoyo, pero sí benevolencia á un gobierno radical. (Rumores). Sí; le prestaría benevolencia, señores diputados, ó mejor dicho, estaría en espectación benévola.»

Esta declaración no podía ser más inoportuna, pues equivalía á prometer que el Directorio permanecería en actitud pacífica ante la monarquía de Amadeo siempre que el poder lo tuviese un gabinete radical, justamente cuando el partido republicano en sus periódicos y en sus clubs pedía que se hiciese una guerra cruda y sin cuartel á todas las situaciones monárquicas sin fijarse en la libertad que pudieran ofrecer al país.

En el primer momento callaron los periódicos federales como deseosos de no producir ninguna división en el partido; pero á los pocos días *la Igualdad* que dirigía el intransigente García López, manifestóse contraria á la benevolencia con los radicales. Inmediatamente muchos comités se adhirieron á esta manifestación, comenzando á marcarse en el partido federal dos agrupaciones; una de republicanos *intransigentes* y otra de republicanos *benévolos*.

Los intransigentes eran los que estaban más en armonía con el programa del partido, pues apoyándose en una verdad tan indiscutible como que la monarquía es la negación de la soberanía popular, sostenían la necesidad de hacer una guerra tenaz á los gobiernos monárquicos sin fijarse si éstos respetaban ó no los derechos individuales. Los benévolos creían más beneficioso para la causa de la república apoyar á Zorrilla y combatir á Sagasta, ó lo que es lo mismo, hostilizar á los conservadores y proteger á los radicales para de este modo atraerse los republicanos las simpatías de éstos y extremar la desunión que existía en el partido progresista, único sostén de don Amadeo.

La división que experimentaba el partido republicano no obedecía á ninguna cuestión de principios, pues igual programa sostenían los intransigentes y los benévolos y todos defendían el sistema federal; pero en el fondo los benévolos eran los que no estaban conforme con el federalismo aunque no tenían el valor de manifestarlo y buscaban una inteligencia con los radicales para llegar á establecer una república unitaria.

Al frente de los benévolos figuraban Castelar y Figueras cada vez peor avenidos con Pi y Margall, al que detestaban, porque el partido le confería siempre la jefatura y esperanzados de atraerse al apóstata Rivero que estaba ofendido con la monarquía de don Amadeo porque no se acordaba de él y únicamente encargaba la formación de gabinete á Sagasta ó á Ruiz Zorrilla. Los republicanos benévolos eran los que algunos años después habían de formar el núcleo de los partidos unitarios.

La crisis anunciada á las Cortes por el general Serrano, conjuróse repentinamente y entonces la minoría republicana siguió combatiendo vigorosamente al gobierno que estaba ya bastante quebrantado.

El incansable propagandista federal don Roque Barcia que compartía con don Fernando Garrido la noble misión de educar republicanamente el pueblo español, fué acusado con notoria injusticia de haber tenido participación en el asesinato del general

Prim. La inmensa popularidad del escritor republicano, la energía con que atacaba á la Iglesia y las crudas verdades que decía á los hombres de la situación fueron el principal motivo de aquel procesamiento que tenía por objeto librarse de un enemigo incómodo cuyas palabras eran acogidas con aplausos por un público entusiasta.

Barcia fué reducido á prisión el 13 de Marzo á pesar de su calidad de diputado. A fines de Junio se presentó á las Cortes el suplicatorio para procesarle y la comisión parlamentaria acordó conceder el juzgado al permiso que solicitaba. Pí y Margall se opuso enérgicamente á tal medida, pero su esfuerzo resultó infructuoso y el popular Barcia, víctima de la calumnia, permaneció preso hasta mediados de Agosto que fué cuando su inocencia apareció como indiscutible.

Al subir los radicales al poder, el Directorio del partido republicano dirigió á sus correligionarios con fecha 4 de Agosto una circular firmada por Pí, Castelar y Barcia en la que se explicaba la actitud que los republicanos debían observar ante el nuevo gobierno. La benevolencia con los radicales, aunque no tan marcada como la deseaba Castelar, aparecía patente en dicho documento que tenía párrafos como los que siguen:

»El partido federal debe, sin plegar armas, seguir una política de oposición más templada que con los anteriores gobiernos; no ponerse á su lado, pero sí dejarle de suscitar las dificultades que crea para todo gobierno la oposición sistemática.

»No nos hagamos ilusiones,—añadía el Directorio,—puede venir mañana la hora de la acción, pero no ha concluido, como algunos suponen, el período de la propaganda. Así, este Directorio no vacila en condenar, hoy por hoy, todo movimiento á mano armada. Aconseja al partido que emprenda con más energía que nunca la propaganda de sus ideas. Desea verle organizado y apercibido para terciar, según las circunstancias, en las discordias tal vez no lejanas de los partidos monárquicos. Rechaza toda coalición con los bandos reaccionarios. Se atrinchera de nuevo en los principios y quiere ser, hoy como ayer, una oposición intransigente. Acepta el bien y el progreso de cualesquiera manos que vengan y está dispuesto á prestar sus fuerzas para realizarlos. Se niega desde luego á todo acto que pueda conducir á la pérdida de la libertad y á la servidumbre de la patria.

»No funda este Directorio grandes esperanzas en el partido progresista. Teme que no ha de llevar á cabo ni aun esas prometidas reformas, pero no quiere servirle de pretexto para dejar de hacerlas, ni por su conducta atraer sobre la frente del partido la responsabilidad de los males que pueden ocasionar su pronta ruina. ¿Deja de cumplir su programa? Ningún pacto nos liga con él, ningún lazo nos une; suya será la vergüenza. Nosotros, atrincherados en nuestro campo, usaremos de nuestro derecho.

»Tales son las opiniones de este Directorio y tal la norma de su conducta.»

Este documento sirvió para acentuar la división de los republicanos en benévolos é intransigentes, poniéndose al frente de los últimos García López, Pruneda, Joarizti y otros, que al poco tiempo tuvieron á su lado todos los hombres de acción con que contaba el partido federal en Madrid y en provincias.

Afortunadamente el primer ministerio radical fué de breve duración, y no hubo tiempo para que se extremasen las diferencias del partido republicano.

Por entonces, el general D. Blas Pierrad, preso en la cárcel de Tarragona desde 1869, y Roque Barcia, encarcelado en Madrid por el motivo que ya conocemos, fueron puestos en libertad; pero este suceso no compensaba al partido federal de la deplorable pérdida que experimentó con la muerte de Joarizti, orador fogoso y vehemente revolucionario, que era una legítima esperanza de la República. Casi en el mismo tiempo murió Sánchez Ruano, joven de gran talento, que de vivir hoy sería la personalidad más saliente en los partidos republicanos unitarios, pues él fué el único que en aquella época defendió con entereza tales doctrinas.

Las Cortes comenzaron á propuesta del diputado conservador Jové y Hevia, á ocuparse de la legalidad de la *Sociedad Internacional de Trabajadores*, que fundada en 1864 y dirigida por Carlos Marx, contaba en ambos hemisferios con muchos millones de afiliados. Los políticos reaccionarios negaban á dicha asociación el carácter legal, pintando como muy peligrosa su propaganda, y calificando de disolventes é inmorales sus doctrinas á las que atribuían todos los excesos de la *Commune* de París.

Ruiz Zorrilla, al subir al poder, había recibido una carta-manifiesto del *Consejo Federal de la Región Española de la Internacional*, en la que aparecían los siguientes fragmentos:

«El derecho que asiste á los obreros para realizar su completa emancipación, está basado en la misma naturaleza; además de natural es justo, y por ser natural y justo debe ser legal, si es que la ley no es un sarcasmo lanzado al rostro del infeliz proletario.

»Destruída la antigua aristocracia y colocada en su lugar la clase media, el proletariado, que siente pesar sobre sus fatigados hombros la pesada carga de las dos, espera que cada uno recoja integro el fruto de su trabajo más claro aun, ciudadano ministro; que aquel que quiera consumir ó gozar, tenga el deber de producir en la misma proporción del producto consumido. Así se realizará nuestra fórmula: *No más derechos sin deberes; no más deberes sin derechos*, que contiene la más severa crítica del pasado y del presente y la

adora promesa para el por-
:ración regional española es
entro de la federación inter-
: los trabajadores, como pue-
paña, á pesar de su concier-
ridad con las naciones eu-

nbargo, á pesar de estar la
Internacional dentro de la
a ley y de venir á realizar
nisión social, ha sido objeto
s calumnias y persecuciones
paña por parte de las auto-
balternas, patrocinadas por
ministro, vuestro prede-

) puede continuar así, ciu-
nistro; vos, como jefe del
inete, habéis proclamado la
represión, que preferimos
la preventiva; pero necesi-
ebas de la sinceridad de
:omesas; ¡se nos han prodi-
 y son tantos los desenga-
mos recibido!

. . . .

aos cambiar por completo
e esta sociedad de esclavos
sustituyéndola por una sola
e productores libres, para
re la bien cultivada tierra
 principios que constituyen

sto sabemos demasiado que
iza con desórdenes inmoti-
con efímeras revoluciones
Sólo con la propaganda y
iva discusión de nuestros

principios nos proponemos lograr la unidad de miras necesarias para que su práctica sea un hecho en el mundo social.

»Nosotros nos atenemos á las leyes del país, hechas sin nuestro consentimiento. Si el gobierno cree que faltamos, que nos declare fuera de la ley; de lo contrario, respete y haga respetar nuestros derechos, sobreseyendo las causas que con habilidosos pretextos, pero en realidad por ser Internacionales, se siguen á muchos y laboriosos obreros.»

Ruiz Zorrilla cumpliendo el programa liberal y expansivo que había prometido al subir al poder, se manifestó dispuesto á reconocer la legalidad de la *La Internacional*, siendo este uno de los pretextos de que se valió Sagasta para separarse de él arrojándose en brazos de los conservadores, que era su más vehemente deseo.

Al caer el gabinete Ruiz Zorrilla y sustituirle el presidido por Malcampo, Jové y Hevia presentó su proposición contra *La Internacional*, y el ministro de la Gobernación, señor Candau, en nombre del gobierno, declaró ilegal la célebre asociación de trabajadores y sujeta á las prescripciones del Código.

La minoría republicana alarmóse ante aquella disposición que comprometía los derechos individuales y promovióse un extenso y solemne debate en el cual Candau y muchos diputados de la mayoría demostraron su ignorancia y su nulidad.

Los internacionales no quisieron dejar impunes los asertos calumniosos de los ministros y sus amigos, y publicaron una elocuente protesta que se repartió profusamente y en la cual se leían justificaciones tan razonadas como éstas:

«Dicen que somos enemigos de la moral, y sin embargo defendemos la práctica de la justicia. ¿Qué más moral queréis que la justicia en acción? ¡Que atacamos la religión! ¡Calumnia! *La Internacional* no ha dicho nada sobre este punto en los congresos universales, que es donde se formulan sus doctrinas.

»¡Que somos enemigos de la propiedad! ¡Calumnia también! Queremos, sí, que la propiedad sufra una transformación, ya que tantas ha sufrido, para que cada uno reciba íntegro el fruto de su trabajo: ni más ni menos.

»¡Que somos enemigos de la familia! Volvemos á decir que se nos calumnia. *La Internacional* nada ha dicho sobre eso.

»Pretendéis destruir *La Internacional*. ¡Vano empeño! Para destruir *La Internacional* es preciso que destruyáis la causa que le dió el sér.

»Si nos declaráis fuera de la ley, trabajaremos á la sombra; si esto no nos conviene prescindiremos de la organización que tenemos, formaremos un partido obrero colectivista é iremos á la revolución social inmediatamente.»

Políticos de ideas tan poco avanzadas como eran Nocedal, Escosura, Esteban Collantes y D. Gabriel Rodríguez coincidieron en aquella discusión con las opiniones de los republicanos, ayudándoles á combatir las afirmaciones anticonstitucionales del gobierno.

D. Fernando Garrido, que era el más eminente escritor que tenía en España la escuela socialista, fué el primero de la minoría federal que tomó parte en el debate pronunciando un extenso discurso en el que demostró sus vastos conocimientos sociológicos, ramo de la ciencia en el que nadie podía rivalizar con él en aquella Cámara. Castelar habló después demostrando que aunque no conocía más que superficialmente el punto debatido, podía revestir con las galas de su brillante elocuencia las más áridas cuestiones.

El debate sobre *La Internacional* sirvió para que hiciera su presentación ante la Cámara un gran orador, que fué D. Nicolás Salmerón y Alonso, el cual en los primeros tiempos de la Revolución se había mostrado indeciso en abrazar la causa de la república, siendo como Martos y Rivero de los que creían que la democracia no era consustancial con la forma de gobierno. A esto sin duda era debido que los republicanos mirasen con cierto recelo á Salmerón oponiéndole obstáculos en los albores de su carrera política; pero su posterior conducta le captó bastantes simpatías y en adelante fué considerado como uno de los prohombres del republicanismo. Su discurso sobre *La Internacional* á más de ser magnífico sirvió para triturar las afirmaciones de los conservadores poniendo en evidencia los absurdos de su argumentación.

Pi y Margall en aquel debate estuvo á más altura que nunca, pronunciando un discurso que duró dos sesiones y el cual produjo profunda impresión en los oyentes, desconcertando á los gobernantes.

Como la discusión versaba sobre los derechos de los trabajadores, levantóse á hablar el joven obrero D. Baldomero Lostau, diputado por Gracia y recién llegado de la emigración que había tenido que sufrir después de la insurrección federal de 1869, en la que tanto se distinguió por su valor y su entusiasmo. Esperaban tanto sus amigos como sus contrarios un fracaso á causa de su inexperiencia parlamentaria; pero Lostau, animado por la convicción de que en aquel momento representaba la causa de muchos miles de compañeros, habló con elocuencia sencilla y conmovedora, relatando las miserias de la clase obrera y haciendo ver la necesidad de emanciparla; consiguiendo impresionar á los oyentes y mostrarse como orador de pelea, especialmente en sus contestaciones espontáneas y contundentes á los diputados de la mayoría que pretendían desconcertarle con sus interrupciones.

Pi y Margall rectificó de un modo brillante las afirmaciones de Cánovas del Castillo; y Ruiz Zorrilla habló después para manifestar que ni él ni sus amigos podían apoyar la declaración de ilegalidad contra *La Internacional*, asegurando que él quería apartar al partido progresista de ciertas tendencias reaccionarias, pues éste se había perdido siempre por miedo á la libertad.

A pesar de una oposición tan brillante y unánime *La Internacional* fué declarada fuera de la ley por ciento noventa y un votos contra treinta y ocho de la minoría federal. Los radicales se abstuvieron de votar.

A los pocos días suspendiéronse las sesiones de las Cortes, y el gobierno permaneció en su puesto á pesar de que todos esperaban su dimisión.

Los radicales, que se hacían ilusiones de reemplazar inmediatamente al gabinete Malcampo, mostrábanse muy indignados al ver que éste permanecía en el poder, y el 26 de Noviembre celebraron una reunión en la cual amenazaron á don Amadeo y dijeron que de seguir las cosas en tal situación buscarían una inteligencia con los republicanos. Rivero era el que se mostraba más ofendido con la nueva monarquía que le había relegado á figura de segundo término, cuando él pensaba ser el árbitro de la situación, y por ésto dijo con tono amenazador que se preparaba una lucha entre el trono y la libertad, siendo indudable que ésta triunfaría sobre aquél.

Entretanto el partido republicano seguía más agitado que nunca por la división de sus individuos en benévolos é intransigentes.

Todos los hombres importantes del partido figuraban en la fracción que momentáneamente creía preferibles los procedimientos legales á los de fuerza, y la agrupación intransigente, necesitando un jefe, puso á su frente al diputado García López que defendía los procedimientos revolucionarios á todo trance.

García López era hombre digno de dirigir un partido por su limpia historia política y los brillantes sacrificios que había hecho en pró de la idea republicana. En 1854 votó ya contra la permanencia de Isabel II en el trono y fué de los primeros en afiliarse al partido republicano, gastando en trabajos de propaganda y de conspiración la mayor parte de su fortuna. Había estudiado poco y no poseía los profundos conocimientos de los principales hombres del republicanismo, pero era un orador fogoso y vehemente que arrebataba á las masas por estar éstas convencidas de que García López sentía cuanto decía.

Era director de *La Igualdad*, órgano del Directorio, pero desde que Castelar, en su discurso del 23 de Junio, ofreció benevolencia á un gabinete radical, manifestóse en abierta hostilidad con el Directorio, abandonando la dirección del periódico á D. Ramón de Cala, que aunque al principio aplaudió la autoridad del partido, poco después la atacó por su carácter transigente.

El Directorio, á pesar de la oposición de los revolucionarios de su partido, seguía prometiendo benevolencia á todo gabinete que se formase bajo la presidencia de Ruiz Zorrilla, y al aproximarse las elecciones municipales dió á sus correligionarios un manifiesto aconsejándoles que tomasen parte en la lucha legal sin proscribir por esto la lucha armada si las circunstancias la hacían necesaria y afirmando que la monarquía estaba haciendo su último ensayo en España, por lo cual los republicanos debían combatirla en todos los terrenos á donde se les llamase.

Al verificarse las elecciones municipales el gobierno cometió tal cúmulo de atropellos que los republicanos se retrajeron en varias provincias, á pesar de lo cual obtuvieron mayoría absoluta en veinticuatro capitales y en cien poblaciones de importancia.

Al subir Sagasta al poder produjose gran efervescencia en el partido federal, pues dicho político era el más impopular de cuantos habían surgido de la Revolución de Setiembre. El con sus insensatas provocaciones era el principal responsable de la insurrección de 1869, y además resultaba altamente antipático á los ojos del pueblo por representar la tendencia reaccionaria dentro de la monarquía de don Amadeo. Los unionistas y los conservadores le prestaban su apoyo al oirle declarar que el período revolucionario había terminado ya y que era preciso crear una situación de fuerza para combatir sin ningún escrúpulo legal á los enemigos del trono.

En la sesión celebrada el 24 de Enero de 1872, el gobierno fué derrotado en una votación, y Sagasta, para que no se repitiera el desastre, apeló al consabido medio de disolver las Cortes. Cuando se dió lectura al decreto de disolución fué tan grande la indignación de las minorías que algunos diputados radicales y republicanos profirieron exclamaciones de amenaza contra la monarquía de don Amadeo, patentizándose en esta ocasión las estrechas relaciones que existían entre los republicanos y el grupo radical, capitaneado por Ruiz Zorrilla (1).

---

(1) Entre los gritos que profirieron los diputados los hubo tan dignos de mención como los siguientes:

Ruiz Zorrilla.—¡Dios salve á la libertad, Dios salve al país!

Rivero.—¡Viva la libertad!

Martos.—¡Viva la soberanía nacional!

Figueras.—¿Queréis sangre? Pues bien; recogemos el guante que nos arrojáis, reservándonos el señalar el día y la hora.

Abarzuza.—Habiendo roto el pacto constitucional, el rey se encuentra fuera de ley. Hoy ha concluido la dinastía de Saboya.

Nocedal.—Que se lea el artículo 15 de la Constitución. «No podrá exigirse contribución alguna que no haya sido votada por las Cortes.»

Eldurayen.—Se ha puesto en tela de juicio la prerogativa de la Corona.

Muchas voces.—¡No hay corona!

El Vice-presidente (Becerra).—No permitiré que se diga nada contra la ley y la Constitución.

Moro.—Se dirá en las barricadas.

Esteban Collantes.—Si sois producto de la fuerza, ¿cómo negáis á los republicanos el derecho de insurrección?

Muchas voces.—¡Verdad, verdad!

Ríos Rosas.—Yo siempre he estado con las víctimas.

Una voz.—¡Verdugo!

Así que las Cortes quedaron cerradas, el Directorio del partido republicano convocó la tercera Asamblea federal que debía reunirse el 25 de Febrero.

Era de gran necesidad que los representantes del partido federal se unieran y tomaran acuerdos, pues la gran mayoría de sus correligionarios al ver próximas unas elecciones de diputados y llevados de su odio contra la monarquía de don Amadeo, no tenían inconveniente en coaligarse como lo habían hecho el año anterior, teniendo como bandera el grito de *¡abajo el extranjero!*

Tanto arraigo tenía aquella estupenda idea de una coalición carlista-federal para ir á las elecciones, que hasta Castelar y Figueras se mostraban partidarios de ella, siendo Pí y Margall el único que se oponía á tal contubernio.

No eran necesarios tantos esfuerzos para derribar la monarquía de don Amadeo, pues ésta se mostraba á los ojos de todos como próxima á morir á causa de las intemperancias reaccionarias de Sagasta y del odio de los radicales, despechados al ver que aquella situación que ellos habían creado no les llamaba al poder. En un *meeting* que los partidarios de Ruiz Zorrilla celebraron en el Cir-

Ríos Rosas.—¡De los facciosos!

Sorní.—No eran facciosos los diputados constituyentes de 1856.

El Vice-presidente.—Queda disuelto el Congreso.

Varios diputados.—Aquí lo que se disuelve es el rey.

co de Price, profiriéronse tremendas amenazas contra la monarquía de don Amadeo, llegando á decir Echegaray que la revolución había abierto las puertas y balcones de Palacio para que el viento le limpiara de toda miasma reaccionaria, y que, sin embargo, aun no se había oreado bien. Martos, dijo que no era posible que el país sufriera por más tiempo la desdicha y la vergüenza de ser regido por camaleones como Alonso Colmenares, hacendistas como Angulo y traidores como Sagasta, y al resumir Ruiz Zorrilla tan amenazadores discursos aseguró que estaba dispuesto á aceptarlo *todo* con la Constitución de 1869 y absolutamente nada sin ella.

Esta actitud de los radicales entusiasmaba á los federales tibios y les hacía pensar otra vez en la posibilidad de una coalición con los antiguos amigos de Prim sobre la base de una república unitaria.

Al reunirse la Asamblea federal, el 25 de Febrero, Pí y Margall, como presidente del Directorio, habló á los representantes de las provincias, describiendo fielmente la difícil situación del país y encareciendo la conveniencia de que juzgasen con frialdad y sin apasionamiento las cuestiones que habían de tratarse y que eran principalmente la actitud que había de adoptar el partido en la próxima lucha electoral y el proyecto de Constitución federal que había redactado la comisión nombrada para dicho objeto por la anterior Asamblea.

La división entre benévolos é intransigentes marcóse en dicha Asamblea, cada vez más enconada, pues provincias tan importantes como Barcelona y Valencia presentaron actas dobles por haber en ellas comités que representaban ambas tendencias.

Al constituirse la Asamblea, Pí y Margall fué elegido presidente por unanimidad ocupando las vice-presidencias Castelar y Salmerón.

El primer punto que discutió la Asamblea fué la conducta que debía seguir el partido en las próximas elecciones, haciendo uso de la palabra casi todos los representantes y llamando la atención Figueras, quien defendió con vehemencia la coalición con los carlistas, los radicales y los moderados, diciendo que si se acordaba esta *salvadora coalición nacional*, era partidario de la lucha y si se rechazaba estaba por el retraimiento absoluto. Por fin, se aceptó en principio la lucha en los comicios por cincuenta y siete votos contra veinticinco.

En la sesión del 2 de Marzo, don Miguel Morayta presentó á la Asamblea una proposición pidiendo que se autorizase á Pí y Margall, Castelar y Salmerón para tratar con los demás partidos respecto á la coalición nacional contra el gobierno. García López, Rodríguez Solís, Taillet y otros representantes combatieron la proposición manifestándose partidarios del retraimiento y de la lucha armada, y Castelar pronunció un discurso tan elocuente como todos los suyos pretendiendo demostrar que el acto revolucionario más grande que había llevado á cabo el partido federal era la benevolencia con los radicales, pues esto había herido de muerte á la monarquía de don Amadeo.

Salmerón combatió el proyecto con energía, diciendo que la coalición propuesta era ilegítima é inmoral y no debía por tanto aceptarse.

Los intransigentes mantenían también este criterio, y es indudable que la coalición hubiese sido desechada á no ser por la influencia que en las siguientes sesiones ejerció sobre los representantes la arrebatadora elocuencia de Castelar.

Este presentó á la Asamblea una proposición concebida en los siguientes términos:

«Pedimos á la asamblea que, en vista de las provocaciones del gobierno, atentatorias á la honra de los españoles y á la dignidad de los partidos, se responda resueltamente con el nombramiento, por unanimidad, de una comisión compuesta de siete representantes encargados de pactar una coalición nacional para defender el gobierno de España por los españoles.»

Castelar defendió su proposición con entusiasmo y ya que no tenía el apoyo de la razón y de la justicia apeló á la elocuencia y al lirismo, y para aumentar el efecto de sus palabras dió lectura á un artículo de *La Iberia* en que se insultaba á los coaligados, diciendo después con entonación trágica:

—Yo entrego toda mi vida á los calumniadores, yo entrego mi cuerpo al puñal de los asesinos antes que consentir que se humille al pueblo más grande é inspirado de la tierra por una familia á quien durante tantos siglos llevamos uncida al carro de nuestras victorias.

Castelar terminó diciendo que quería más que nunca la República federal y la emancipación social, y tanto efecto produjeron sus palabras que inmediatamente aprobó la Asamblea la coalición propuesta, nombrándose una comisión en la que entraron García López, Chao, Rispa, Garrido, Figueras y Castelar.

La anterior Asamblea había nombrado una comisión para formular en nombre del partido federal bases económico-sociales que mejorasen la condición de las clases obreras, y en la sesión del 5 de Marzo presentaron los comisionados el siguiente notabilísimo dictamen que ha servido de base á las reformas sociales que once años después en plena restauración borbónica, aceptó el partido federal en la Asamblea reunida en Zaragoza. Hé aquí el dictamen:

«Esta comisión, cumpliendo con su encargo, ha estudiado los medios de mejorar las condiciones de las clases jornaleras y se ha propuesto, aunque con poca fortuna, oir á los mismos trabajadores de *La Internacional*, que, por razones que no es del caso explicar, se negaron á satisfacer sus deseos. Está firmemente convencida de que no es posible cambiar en un momento dado la organización social de los pueblos, y sí tan sólo irla modificando por una serie de reformas, ya en las leyes civiles, ya en las económicas, que la vayan purgando de los vicios que entraña, hasta acomodarlas al ideal de la más absoluta justicia. Y como, por otra parte, vea que lo que se ha convenido en llamar cuestión social no tiene aún en el criterio de ninguna escuela ni de ningún partido soluciones que satisfagan la razón y la conciencia pública, ha creído que la República federal que mañana se constituya no haría poco si empezase por poner á los jornaleros en situación de atender á sus necesidades intelectuales y morales, garantiese contra la inmoderada codicia de los capitalistas la justa cifra de los salarios, asentase sobre nuevas bases el crédito, haciendo que sus beneficios redundasen en favor de la masa de los productores y acelerando por este medio la elevación del proletario á propietario y encaminase al mismo fin la organización de todos los servicios públicos. Con esto y con reformar las leyes de la sucesión intestada, hoy extendida á grados que no consistió nunca el espíritu de la legislación verdaderamente española; con mejorar en favor de los colonos y de los inquilinos las condiciones de los arrendamientos; con estimular la posesión de tierras á censo y autorizar la redención del censo por partes; con ir, en una palabra, subordinando la propiedad á los intereses generales y llevándola á las manos de los que con su trabajo la fecundan, entiende la comisión que se adelantaría más en el terreno de las cuestiones sociales que pretendiendo transformar como por encanto la vieja sociedad de que formamos parte.

»No olvidamos que muchos dan hoy por resuelto el problema con lo que llaman el colectivismo, y aconsejan á los trabajadores que, después de una revolución, no abandonen las armas ni vuelvan á sus hogares sin haberse apoderado de todos los instrumentos de trabajo y entregádolos á las asociaciones agrícolas é industriales que se formen con los braceros que hoy cultivan los campos y los artesanos que mantienen en movimiento los talleres; pero creemos y no vacilamos en decirlo, que, aun prescindiendo de la imposibilidad de plantear el sistema por un acto de fuerza, aun pasando por alto lo injusto que sería arrebatar sin distinción ni indemnización algunas cosas, muchas fruto directo del trabajo y las más legítimamente adquiridas á la sombra de leyes seculares, no es admisible el colectivismo como solución del problema que tan preocupados tiene en Europa los ánimos. Estamos por la asociación: entendemos que de ella depende en gran parte el porvenir del mundo; á asociaciones entregaríamos principalmente los servicios de que antes se ha hablado; al fomento de las asociaciones, sobre todo, encaminaríamos los nuevos establecimientos de crédito; mas estamos lejos de creer

sólo sustituir en el terreno
jo el grupo al individuo que
ncidas las mil y una dificul-
nómicas que traen perturba-
iedad y la condenan á graves
ntes conflictos. De grupo á
reproducirían fatal y necesa-
las dificultades é iniquidades
endra el cambio, los trastor-
ocasiona la superabundancia
ducción, los tristes resultados
n origen las crisis monetarias
los simples caprichos de la
l grupo, bien por ineptitud,
mala fortuna, podria hacer
raciados negocios como el in-
y quebrar y caer en la mise-
lo cual se deja ver ya cla-
que, aun estableciendo el
smo de la mejor manera, no
ia los portentosos efectos que
esperan, como no se le ro-
otras garantías aun hoy, al
desconocidas de sus más ar-
partidarios.

olectivismo, hijo, por decirlo
dia de ayer, es aun una teoría
ndo no una idea indefinida;
stado que hoy tiene, ó mucho
añamos, ó es de todo punto
cable. Choca abiertamente con
tu individualista de la época,
facer la tendencia comunista.
de su principio sólo algunas
encias ó incurre en graves
cciones.
omisión no ha podido en ma-
guna aceptarlo, por más que
a la necesidad de poner diques
al desenfrenado egoismo de nuestros dias. Sin pretender, por lo tanto, dar la solución del problema social, la comisión cree que la República federal debe emprender con ánimo resuelto, las siguientes reformas:

»Debe, ante todo, dar condiciones al obrero para que se desarrolle en la plenitud de su sér, y al efecto ha de

»Reducir las horas de trabajo.

»Prohibir la entrada en los talleres á los niños menores de nueve años;

»Alejar de la fábrica á la mujer, sobre todo desde el momento con que entra á ejercer las augustas funciones de madre de familia;

»Establecer escuelas gratuitas para la primera y segunda enseñanza y además escuelas profesionales para contrarrestar los efectos subversivos de la extremada división de funciones;

»Fomentar las cajas de socorros mutuos y amparar á los inválidos del trabajo.

»Debe, también, suavizar la guerra entre el trabajo y el capital, ya que no pueda acabarla, y al efecto ha de

»Organizar, donde quiera que sea posible, jurados mixtos de jornaleros y capitalistas, elegidos por todos los individuos de sus respectivas clases, que diriman todas las cuestiones sobre salarios;

»Dejar libres las huelgas donde no sea posible el establecimiento de los jurados y donde no se los haya aun establecido.

»Debe, además, procurar por cuantos medios estén á su alcance que los jornaleros vayan siendo los empresarios de su propio trabajo y facilitar por este camino la emancipación á que aspiran. Al efecto ha de

»Conferir á la nación, al Estado y al municipio todos los servicios verdaderamente públicos; los generales, los parciales. los municipales.

»Preferir para el desempeño de todos estos servicios á las asociaciones de jornaleros que al intento se constituyan ó ésten ya constituidas;

»Facilitar las condiciones de sus servicios.

»Pero esto no sería posible sin mejorar las del crédito. La gran palanca del crédito son los bancos de emisión y descuento y los beneficios de la emisión redundan hoy principalmente en favor de los banqueros, que con el desembolso de 100 manejan un capital de 400 ó 500, y aun no cobrando de estos más interés que el de 5 por 100 ganan sobre lo que aportaron un 18 ó un 20. Si se invirtiesen los términos, si del capital nominal no se exigiera sino el interés bastante á cubrir el 5 por 100 del capital efectivo, el crédito estaría hoy ya á muy bajo precio y llegaría á ser baratísimo á medida que se extendiese la esfera de circulación de los billetes y creciesen las necesidades de la producción y del comercio. Bastaría para esto que los Bancos quedasen reducidos á ser meros cuerpos administrativos, destinados á facilitar y aumentar por el uso del crédito las relaciones entre el capital el trabajo, ya que no se quisiese que el crédito fuera uno de los servicios públicos. Los Bancos no deberían, sobre el interés de los capitales que recibiesen, cargar más que $^1/_4$ ó $^1/_2$ por ciento para los gastos de administración, y los quebrantos probables en las operaciones de descuento á préstamo. Esto precipitaría naturalmente la baja de los capitales y por consecuencia la mayor baratura de los servicios de los Bancos, lo cual permitiría la generalización del crédito.

»Hoy existe en materia de Bancos una libertad absoluta; pero esto, en sentir de la comisión, no impide que la nación, el Estado, el municipio los funden sobre estas nuevas bases, las que más se aproximan á la justicia, para, haciendo la concurrencia á los demás, obligarlos á entrar en el nuevo régimen. Con hacer luego que estos Bancos prestasen á las asociaciones jornaleras que ofreciesen garantías de moralidad y les descontasen sus efectos ó valores de comercio, se habría dado un gran paso en la emancipación social del cuarto estado.

»Así la República federal debe también:

»Cambiar las bases actuales del crédito, reduciendo los nuevos Bancos de emisión y descuento á meros cuerpos administrativos encargados de recibir con una mano el capital á interés y aplicarlo con la otra á las necesidades de la agricultura, la industria y el comercio;

»Fundar sobre esta base Bancos que presten á las asociaciones obreras de moralidad sobre los encargos que se les hagan y descuenten sus efectos mercantiles, letras, pagarés, libranzas, etc., al par de los de las personas á quienes hoy se los descuenta;

»Fomentar además el establecimiento de Bancos donde se verifique el cambio directo de productos y se asienten por este medio las bases del más ancho y más seguro crédito.

»La República federal debe, por fin, para la realización del más perfecto derecho y para contrarrestar la tendencia de las fortunas á una desnivelación exagerada:

»Partir del principio de que la propiedad, por su doble carácter individual y social, está subordinada á los grandes intereses humanos;

»Mejorar las leyes sobre arrendamientos en favor de los colonos y los inquilinos;

»Hacer prevalecer por medidas fiscales el censo sobre el arrendamiento y autorizar la redención del censo por partes;

»Fomentar el sistema de autorización de los capitales por medio del pago de una prima de amortización, unida á la renta ó al cánon;

»No consentir la sucesión intestada en la línea colateral sino hasta el cuarto grado civil, conforme estaba establecido por las leyes de la Novísima Recopilación, vigente sobre este punto hasta el año 1835;

»Imponer un crecido tributo sobre las traslaciones de dominio, por simple derecho de sucesión testada ó intestada ó por cualquier otro título gratuito.

»Estas y otras reformas análogas son las que, hoy por hoy, cree la comisión posibles. No son, repetimos, la solución del problema social, pero es indudable que pueden facilitarla y acelerarla. Lo que, por otro lado, importa, es dar el impulso; que una vez dado, la misma espontaneidad individual fecundaría y aumentará las indicadas reformas.

»Sucedería esto tanto más si cupiese sacar las clases todas del inmoral egoismo en que están sumergidas; si una nueva moral, basada en el sentimiento de nuestra propia dignidad y en el sentimiento de la humanidad, de la que somos parte integrante, viniese á levantar los corazones é hiciese prevalecer, en la determinación de nuestros pensamientos y de nuestros actos el interés de todos, sobre el de cada individuo; si aceptada universalmente esta moral, puramente humana, llegase á ser un nuevo é indisoluble vínculo, no ya tan solo entre los hombres, sino también entre todos los pueblos y naciones de la tierra. No hay ahora entre los pueblos ni entre los individuos otro vínculo que el de los intereses materiales y la guerra amenaza, cuando no turba, desde la paz de la familia hasta la paz del mundo.

»Algo cree también la comisión que debería hacerse en este camino, pero se limita á indicarlo, porque comprende que las reformas morales no son ni pueden ser obra del Estado. Lo indica, sin embargo, porque cree que, atendida la última relación que existe entre la moral y el derecho y la recíproca influencia que el uno sobre la otra ejercen, puede el Estado en sus leyes, ya civiles, ya penales, ya económicas, encaminar en este sentido sus reformas.

»Ni van tampoco encaminadas á otro punto las que aquí proponemos; reformas inspiradas por un largo y detenido estudio, que distamos, con todo, de presentar como nuestra última palabra. La comisión está íntimamente penetrada de lo difíciles y complejas que son las cuestiones sociales, y por consecuencia de que exigen un completo y nunca interrumpido examen. ¡Ojalá pudiéramos nosotros completar la información parlamentaria abierta sobre el estado de las clases jornaleras, yendo á practicarla por nosotros mismos en los grandes centros productores!

»Una observación más y concluimos. Este dictamen obedece, naturalmente, á un criterio que, aunque descubrirán, de seguro, prontamente los individuos todos de esta Asamblea, queremos desde luego dar á conocer. Nosotros hemos considerado siempre el Estado como órgano de la justicia: nosotros creemos que el Estado tiene y tendrá siempre, como su primera y más esencial atribución, sancionar con las sucesivas evoluciones del derecho en la razón pública, en el alma de los pueblos. Por esto no hemos vacilado en proponer reformas en las leyes vigentes, por más que creemos que en el terreno de la economía los adelantos de los pueblos pueden llegar á hacer inútil la intervención del Estado. Nosotros, por otra parte, somos decididos partidarios de la libertad individual y no creemos que se deba ni se pueda menoscabarla, sino cuando lastime de una manera evidente los intereses colectivos y no quepa evitarlo por otro medio. De aquí que, respecto de algunas reformas, hayamos limitado la acción pública á promoverlas ó fomentarlas.

»La Asamblea dirá ahora si hemos ó no acertado.

»Madrid 29 de Febrero de 1872.— Francisco Pi y Margall, presidente. —Emilio Castelar.—Nicolás Salmerón.—Eduardo Chao.—Francisco Diaz Quintero.—Joaquín Martín de Olías.—Eustaquio Santos Manso, secretario.»

La animosidad que reinaba entre benévolos é intransigentes dió lugar á discusiones puramente de carácter personal que acabaron en acaloradas disidencias y en la retirada momentánea de una gran parte de los representantes, lo que obligó á la Asamblea á suspender sus sesiones sin haber discutido el proyecto de reformas sociales y el de Constitución federal, ni haber nombrado el nuevo Directorio.

Entretanto acercábanse las elecciones, y Sagasta, que en ocasiones más favorables para él se había mostrado como electorero poco escrupuloso, en las presentes circunstancias y teniendo enfrente á todos los partidos se propuso salir triunfante aunque para ello hubiese de apelar á los más infames medios. La circular que envió á los gobernadores dándoles instrucciones para la próxima lucha electoral, tenía párrafos como los siguientes que demostraban un cinismo inconcebible:

«Los gritos de *Viva la República*, ya prohibidos, constituyen, como los *vivas á Carlos VII*, una serie de delitos que, perseguidos con actividad y constancia, darán ocasión seguramente á muchos procesos que inutilizarán votos de la coalición, amedrentarán á los dudosos é impondrán á los demás. Este medio puede ser muy fecundo si se promueven por los agentes confidenciales gritos y alborotos que den motivo la víspera á arrojarse sobre los republicanos.

»Siempre habrá quien, de acuerdo con la autoridad, se preste á cohechos, deje rastro y después los denuncie, si se les ofrece la impunidad y la recompensa.

»A la puerta del colegio debe haber agentes de corazón y energía, y como los electores de oposición, al encontrar el paso impedido, proferirán gritos, los agentes harán bien en repartir algunos palos y llevar á la cárcel á los jefes más autorizados y el juzgado aprovechará las setenta y dos horas que le da la ley antes de ponerlos en libertad.»

Además, Sagasta destituyó en masa á miles de ayuntamientos por ser radicales ó republicanos, promoviéndose con este motivo algunos motines en las poblaciones; uno de los cuales, el de Granada, fué muy sangriento, pues las tropas experimentaron más de cuarenta bajas.

Al verificarse las elecciones de diputados, Sagasta puso en práctica todas sus abominables arbitrariedades, á pesar de lo cual salieron triunfantes cuarenta y seis federales, cincuenta y dos radicales, treinta y siete carlistas y treinta y un conservadores, lo que hacía ascender á ciento sesenta y seis diputados la oposición en que iba á luchar el gobierno.

Los federales que ocuparon los escaños del Congreso en estas Cortes que habían de tener muy corta vida, eran Pí y Margall, Figueras, Salmerón, Castelar, Pinedo, Somolinos, Rodríguez, Sepúlveda, Boet, Soler y Plá, Puigjaner, Martín Torres, Villalonga, Pascual y Casas, Vidal, García Martínez, González Chermá, Moreno Rodríguez, Gutiérrez Agüera, Pérez Costales, Orense, Sánchez Yago, García López, Blanc, Agulló, Galiana, Estébanez, Lapizburu, Fernández Cuervo, González Alegre, Chao, Martínez Barcia, Riesco, Aniano Gómez, Cagigal, Villaamil, Abarzuza, Muro, López, Sorní, Guerrero, Soler (don Juan Pablo), Gil Berges, Lozano (don Patricio), Ladico (don Teodoro), Rozas, y Corchado, que fué elegido por uno de los distritos de Puerto Rico.

Los republicanos, irritados por las arbitrariedades del gobierno, querían acudir inmediatamente á las armas excitando este sentimiento el general

Contreras, quien figuraba al lado de García López y al frente de los federales revolucionarios; pero no llegaron á realizarse las amenazas que continuamente dirigían contra el trono de don Amadeo.

En cambio los carlistas, fundándose en los mismos atropellos electorales apelaron á las armas, si bien es verdad que tal pretexto era falso, pues hacía ya mucho tiempo que se preparaban para llevar á cabo la insurrección. Esta tuvo al principio escasa importancia, pues se limitó á algunas partidas que recorrieron las Provincias Vascongadas y los montes de Cataluña; pero poco después creció considerablemente, gracias á la secreta protección que daban los conservadores al carlismo.

La Asamblea federal volvió á reunirse en 30 de Abril de 1872, y en vista de la gravedad excepcional de la situación política todos los representantes convinieron en designar á Pí y Margall como jefe supremo del partido concediéndole atribuciones amplísimas. Esta dictadura, que el partido daba á Pí, estaba conferida en la siguiente forma:

«La Asamblea, en consideración á la gravedad de las circunstancias actuales, acuerda la suspensión de sus sesiones y delega todas sus facultades y las extraordinarias que los presentes críticos momentos requieran en su presidente el ciudadano Francisco Pí y Margall, autorizándole para que delegue en quien crea conveniente las facultades que juzgue oportunas y se asocie á los ciudadanos que tenga á bien nombrar, sometiéndose á lo que éstos con él acuerden.»

Pí y Margall sentíase molestado por aquella exuberancia de poder que le confería el partido, y si la aceptó fué por no desatender los ruegos de sus correligionarios; pero para que no se le pudiera tachar de dictador y deseoso de que la autoridad del partido no fuese unipersonal, después que estudió detenidamente la situación y las fuerzas del federalismo en Madrid y provincias y que quedó convencido de que era imposible una insurrección con probabilidades de triunfo, designó para que constituyesen Directorio bajo su presidencia, á Figueras, Castelar, Perez de Guzmán, Sorni, Contreras y Estévanez.

El nuevo Directorio al quedar constituido en esta forma, dirigió á sus correligionarios el siguiente manifiesto:

«Duros son los tiempos que atravesamos; rudos los que vienen. Los carlistas han dejado el parlamento por el campo de batalla, la restauración amenaza, el gobierno intenta hipócritamente cercenar nuestras libertades. No se nos lleva á la paz, sino á la guerra.

«En situación tal, conviene que vivamos serenos y apercibidos. Nosotros somos aun más fuertes por las ideas que sustentamos que por los soldados que contamos. Terciando á tiempo en las contiendas de los monárquicos, podemos salvar la libertad y es-

GENERAL CONTRERAS. D. NICOLÁS ESTEVANEZ. SUÑER Y CAPDEVILA.

tablecer la República. Falta para esto que sepamos organizarnos y moderar nuestra impaciencia.

»La revolución dista de estar consolidada ni haber llegado á su término. Nada ha hecho aun asiento en este pueblo; ni el nuevo derecho constitucional, ni la nueva monarquía. Todo vacila y todo parece interino, como antes de subir al trono la casa de Saboya. No ha llegado aun la revolución á su último combate y para este combate debemos prepararnos.

»Esta será la tarea del nuevo Directorio. Necesitamos para llenarla al concurso de todos, de la prudencia de todos, la energía de todos. De la conducta de nuestro partido dependen, por lo menos en gran parte, los destinos de España. Inmensa sería nuestra responsabilidad si, olvidándolo, no supiésemos modificar nuestro excesivo ardor ó nuestra excesiva moderación en aras de nuestra causa.

»La línea de conducta que, hoy por hoy debemos seguir, es determinada y clara. Nada nos une á los carlistas, ninguna alianza ni ninguna inteligencia tuvimos ni podemos tener con un partido que es la negación de nuestros principios. Nada nos une tampoco á los dinásticos. Salvo lo que puedan aconsejar y aun exigir las circunstancias locales, nosotros no podemos, ni proteger la causa de don Carlos, ni prestarnos á pelear bajo la bandera de Amadeo. Republicanos, sólo podemos militar y morir bajo las enseñas de la República.

»Mas á la sombra de esas enseñas caben todos los españoles que amen de corazón la libertad y la patria. Sigamos con ellos una política de atracción; disipemos las prevenciones que contra nosotros han engendrado la pasión y el miedo; repitamos una y mil veces que venimos á cerrar, por la práctica de nuestras ideas, el largo período de las revoluciones sangrientas, y poderosos por nuestra organización y el apoyo del país, fundaremos la más sólida de las repúblicas.

»Madrid 10 de Mayo de 1872.— FRANCISCO PI Y MARGALL.—EMILIO CASTELAR.—JUAN CONTRERAS.—JOSÉ CRISTÓBAL SORNÍ.—NICOLÁS ESTÉVANEZ.—ESTANISLAO FIGUERAS.—ENRIQUE PÉREZ DE GUZMÁN.

El elemento intransigente del partido estaba representado en el nuevo Directorio por el general Contreras y don Nicolás Estévanez, comenzando este último á ser considerado por entonces como el primer hombre de acción del partido federal, fama que posteriores hechos se encargaron de ratificar.

Estévanez, que era hijo de un veterano de las guerras de América el cual había tenido por compañero de armas á Espartero y vivía en Canarias después de un largo destierro á que le condenaron los gobiernos reaccionarios por sus opiniones liberales, entró siendo casi un niño en la carrera militar alcanzando á la edad de veintidos años el empleo de capitán y la cruz de San Fernando por actos de verdadero valor. En la guerra de Africa y en la de Santo Domingo se distinguió como uno de los oficiales más ilustrados y valientes, y en los años anteriores á la Revolución de Setiembre, aunque vigilado de cerca por las autoridades, fué uno de los más audaces agentes de Prim conspirando en unión del coronel Escalante cuyas temeridades ya conocemos. Al triunfar la revolución podía haber hecho una carrera tan rápida como todos los militares que rodeaban á Prim, pues éste apreciaba en mucho el valor y la ilustración del joven capitan; pero Estévanez era entusiasta partidario de la República federal y de la verdadera revolución, como lo demostraban sus brillantes escritos que reproducía la prensa avanzada de toda España, y al convencerse de la tendencia monárquica del héroe de los Castillejos se separó definitivamente de él conspirando desde entonces en favor de la República. Cuando en 1869 Salvochea inició la insurrección federal sublevando la milicia de Cádiz, Estévanez corrió á la inmortal ciudad para exponer su vida en defensa de la causa federal, y en Octubre, al extenderse la revolución republicana por toda España, salió para Béjar por encargo del respetable Orense, quien creía estaba dicha población dispuesta á levantarse en armas. Estévanez al entrar en Béjar fué inmediatamente preso, corriendo gran peligro su vida, pues los progresistas hicieron creer á las masas ignorantes que era un agente pagado por los industriales de Alcoy para destruir fábricas de tejidos de la población. friendo toda clase de insultos fué ducido Estévanez á la cárcel y permaneció once meses, observ con él las autoridades gran lujo de cauciones, en vista de que varias v estuvo próximo á evadirse, demos do en tales intentonas un arrojo si mites.

La amnistía de las Cortes Con tuyentes devolvióle la libertad y llegada de Amadeo fué dado de en el ejército como Contreras y militares por haberse negado á fidelidad al nuevo rey.

El aprecio en que tenía Prim cualidades de militar y revolucior que adornaban á Estévanez, de tróse en la conferencia que tuv célebre general con el conde de ratry enviado de la República fra sa y de la cual ya hablamos. Ker para amenazar á Prim dijo que lo publicanos federales contaban cor liosos elementos en el ejército, Prim repuso inmediatamente:

—Sé muy bien quienes son militares federales y me causan impresión sus amenazas. A Contr y Nouvilas los conozco sobradame y sé que no son capaces de hacer n serio. El único que podría inspirar algún cuidado es Estévanez, pero a tunadamente sólo es capitán y adem está algo loco.

Para Prim era una demencia el q un militar á quien podía colmar empleos y honores le abandonase seguir á un partido que estaba en la desgracia.

Este era el hombre que en unión del general Contreras, que en muchas ocasiones tenía el buen acuerdo de aconsejarse de él, representaba al elemento intransigente en el seno del nuevo Directorio.

Pí y Margall, al reunir á sus compañeros y en vista de que Estévanez y Contreras se manifestaban partidarios de una inmediata insurrección, propuso abrir una información secreta para enterarse detenidamente de la fuerza revolucionaria de las provincias. El trabajo se llevó á cabo con tanta minuciosidad como sigilo, dando por resultado el convencimiento de que una insurrección en tales circunstancias y á pesar del entusiasmo que demostraban los correligionarios equivaldría á una inevitable derrota.

Entretanto, los representantes del republicanismo en las Cortes alcanzaban grandes triunfos parlamentarios, especialmente en la famosa transferencia de dos millones de reales que hizo Sagasta de la caja de Ultramar para gastos electorales y que ocasionó su dimisión.

Con motivo del expediente que se instruyó sobre dicha transferencia pusiéronse de manifiesto los servicios que prestaba al ministerio de la Gobernación la policía secreta, cuerpo repugnante é inútil que para explotar á los gobiernos que creen en sus revelaciones inventa las más estupendas falsedades.

De los informes policiacos que entonces se hicieron públicos resultaba que el general Serrano y Ríos Rosas conspiraban unas veces á favor de Montpensier y otras del príncipe Alfonso; que el general Rey, ex-ministro de la Guerra, trabajaba por los carlistas; que Ruiz Zorrilla estaba afiliado á *La Internacional* y preparaba el incendio de las fábricas de Barcelona, y que el partido republicano federal preparaba un motín para robar el Banco de España, queriendo Castelar apoderarse de todo el numerario del Banco y Pí y Margall de las pastas metálicas; añadiéndose para detallar más la delación, que Orense se oponía al hecho por ser accionista de dicha sociedad de crédito. El país lanzó una carcajada ante tan estupendas mentiras, pero pronto se sintió indignado al saber que el gobierno gastaba muchos miles de duros en tan estrambóticas delaciones.

Como la situación política seguía mostrándose francamente conservadora, la agitación de los intransigentes iba en aumento, proclamando éstos el retraimiento, que pronto adoptaron algunos diputados dejando de asistir á las sesiones. Esta conducta la imitó Ruiz Zorrilla renunciando su cargo el 31 de Mayo, lo que fué considerado por muchos como una apelación revolucionaria.

Por entonces el general Serrano, después de ajustar con la diputación de Vizcaya el deshonroso convenio de Amoravieta que sólo sirvió para dar importancia á los carlistas, regresó á Madrid y tomó posesión de la presidencia del Consejo, lo que animó á los conservadores y les hizo pedir severas medidas de represión contra los republicanos.

El duque de la Torre, decidido á adoptar esta conducta, solicitó el auxilio de los alfonsinos, y aunque Cánovas del Castillo se negó aceptar la cartera de la Gobernación, accedió á que su amigo y correligionario Elduayen entrase á desempeñar la de Hacienda.

Los intransigentes del federalismo, ante esta conducta reaccionaria del gobierno, tenían motivo sobrado para protestar contra sus representantes en las Cortes que no querían retirarse.

Por fin, el Directorio, aunque convencido de que una insurrección era imposible por el momento, hubo de decidirse por el retraimiento parlamentario, comprendiendo la justicia con que se quejaban sus correligionarios de las atenciones que se tenían con un gobierno francamente conservador. Además los radicales estaban en el retraimiento imitando la conducta de su jefe Ruiz Zorrilla que se había retirado de las Cortes.

La fracción benévola del federalismo iba ya, en vista de las circunstancias, confundiéndose con los intransigentes cuando un suceso vino á restablecer con más fuerza aún la ruinosa división. El ministerio Serrano presentó su dimisión en vista de que el rey se negaba á sancionar un decreto sobre suspensión de las garantías constitucionales y entonces fué llamado Ruiz Zorrilla al poder, lo que produjo un completo cambio en la situación política.

Los conservadores, que bajo el régimen de Serrano estaban dispuestos á transigir con la monarquía de don Amadeo, dieron por fracasados sus planes y se ampararon nuevamente bajo la bandera alfonsina; Sagasta casi estuvo próximo á seguirles en esta evolución y el rey quedóse sin el apoyo de otros partidarios que los radicales, los cuales, como durante la oposición habían estado en frecuente roce con los republicanos, tenían grandes compromisos que cumplir con éstos, lo que hacía muy difícil la vida de aquella débil monarquía.

Conocían los intransigentes del partido republicano el compromiso que tenía el Directorio y sus principales prohombres de tratar con benevolencia á un gabinete presidido por Ruiz Zorrilla y por esto, antes que el Consejo nacional se opusiera á un movimiento revolucionario, se apresuraron á organizar una insurrección que había de estallar inmediatamente.

La subida de los radicales al poder fué la señal de ruptura de las escasas relaciones que existían entre benévolos é intransigentes. La mayoría del partido federal pedía la inmediata insurrección y casi todos los periódicos republicanos hicieron propaganda en igual sentido. En provincias la exaltación intransigente resultaba aún mayor y allí donde los comités eran fieles al Directorio se formaban inmediatamente otros que representaban la tendencia avanzada.

El 30 de Junio celebraron los federales intransigentes de Madrid una gran reunión en el Circo de Price, siendo aprobada por unanimidad una proposición en que se pedía «la más absoluta oposición é intransigencia para todos los gobiernos que funcionan en nombre de la institución monárquica, por ser la única conducta conforme al honor, dignidad y razón de ser del partido, que rechaza la benevolencia y espectación para con sus enemigos, por ser contraria á las aspiraciones é intereses que la República federal ha de realizar: el retraimiento en las elecciones para diputados á Cortes que se verifiquen antes de realizarse la gran revolución á que el partido republicano aspira, y por último, la independencia del partido federal de toda jefatura.»

Esta proposición encontró muchos defensores, hablando en pro de ella Lacalle, Treserra, Coll y Puig y Casalduero; alcanzando grandes aplausos este último que dijo que los republicanos no podían estrechar la mano de Ruiz Zorrilla por estar teñida con la sangre de los federales de Valencia y Málaga.

D. Francisco García López, á quien todos reconocían como jefe civil del partido intransigente, pronunció un fogoso discurso diciendo que quería la libertad y la República como medio de llegar á la reforma social ó sea á la verdadera revolución, y abogó por el retraimiento electoral declarándose contrario á las jefaturas.

Esta reunión que fué numerosísima y que equivalía á una protesta contra el Directorio, alarmó á éste, causando gran efecto en Pí y en Castelar la oposición que Contreras y Estévanez como representantes del elemento intransigente hacían á todas las proposiciones de carácter marcadamente benévolo. El primer punto en que éstos se mostraron en discrepancia fué al tratarse de la cuestión electoral, pues Estévanez y Contreras defendieron el retraimiento y el procedimiento revolucionario como el único apropiado á las circunstancias. Los demás individuos del Directorio se opusieron á los propósitos de sus compañeros, siendo aquel objeto por tal motivo de los ataques de toda la prensa que estaba al lado de los exaltados.

Mientras el Directorio, en su mayoría, se mostraba inclinado á la lucha legal y daba instrucciones á sus correligionarios sobre el modo como debían tomar parte en las próximas elecciones, los partidarios de la restauración borbónica activaban su propaganda en favor de don Alfonso, llegando á contar con la adhesión del mismo duque de Montpensier, quien firmó un manifiesto comprometiéndose á aceptar la monarquía de don Alfonso siempre que fuese bajo su tutela. Este documento iba suscripto por más de quinientas firmas de grandes de España, exministros y generales pertenecientes á los partidos más reaccionarios. Al anunciarse que Montpensier llevado de su ambición entraba en el campo alfonsino, uno de los hijos del desgraciado infante don Enrique publicó en *Le Gaulois* de París una carta contra el matador de su padre que obtuvo gran resonancia, y en la cual figuraban los siguientes párrafos:

«¿Quiere ser regente de España ese tránsfuga del Sena, el náufrago de la familia de los Orleans? ¿regente el que mató á don Enrique?

»El hombre de poco corazón que pagó la Revolución de Setiembre; el que hizo mal á su bienhechora y el que mató á su primo, no se aparta tan pronto de sus malas acciones. No ha sido rey de España y no será regente. ¡No será regente el francés que da muerte á un español!

»No tengo más que diez y nueve años y por hoy le hago conocer el profundo desprecio que siento hacia su persona, esperando que dentro de poco se lo pueda probar de otra manera. El hijo segundo del infante don Enrique, Francisco María de Borbón.»

En el campo borbónico produjo gran disgusto esta carta, pero la renuncia de Montpensier á sus pretensiones monárquicas, y su acto de adhesión á don Alfonso animó mucho á los partidarios de la restauración, devolviendo al duque el prestigio que entre ellos gozaba.

El Directorio del partido federal había convocado la Asamblea para el 15 de Julio, pero tan escaso fué el número de diputados que asistieron el presidente Pí y Margall hubo d clarar suspensas la sesiones. El D torio, en vista de este retraimien los representantes del partido y prendiendo la necesidad de hacer en tan crítica situación, cuando á elegirse las nuevas Cortes, p un manifiesto diciendo que el pa federal cometería la mayor de las consecuencias no acudiendo á la xima lucha y que el Directorio p tanto aconsejaba la intervención e elecciones añadiendo el siguiente rrafo: «La libertad de escribir, reunión y asociación son comple sólo cuando estas libertades fal podríamos acudir con razón al c de batalla. Hay horas de pelear c hierro y con la palabra; hoy est en este último caso. No nos s ninguna cuestión de principios de conducta; nuestras diferencia triban sólo sobre la oportunida momento para ir á la lucha. D todos un gran ejemplo de sensa vayamos unidos á las urnas.»

Este manifiesto disgustó mu los intransigentes que redoblaro ataques contra el Directorio é hic una activa propaganda para in que el partido interviniese en las ciones.

El gobierno, por su parte, justi las excitaciones del elemento intr gente, pues á pesar de sus pro liberales intervenía directamen las elecciones, y aunque Ruiz Z no pretendía falsear la opinión p ca tan escandalosamente como Sagasta, no por esto dejaba de prestarse á muchos abusos.

Las elecciones se verificaron á principios de Setiembre, tomando asiento en el Congreso en representación del partido federal Pí y Margall, Orense, Figueras, Castelar, Sorní, Pérez Guillén, Pérez de Guzmán, Cervera, Gil Berges, Espondaburu, Soler y Pla, González Chermá, Palanca, Solier, Carrión, Garrido, Cabello, Lafuente, Sánchez Yago, Marín Baldo, Cagigal, Pérez, Castelar, Maissonave, Salmerón, Muñoz, Nougués, González (don José Fernando), Santa María, Pascual y Casas, Villalonga, Prefumo, Lapizburu, Boronat, Baltá, Mena, Suñer y Capdevila, Blanc, Pierrad (don Blas), Nouvilas, Rovira, Orense (A). Tutau, Fantoni, Calcáño, Calzada, Martínez Villegas, Vázquez y López, Coromina, Rosell, Pascual, Cisa y Cisa, Roberto Robert, Abarzuza, Pedregal y Cañedo, Ocón, Moreno Rodríguez, Cepeda, Pla y Mas, Morayta, Janer, Agustí, Villaamil, Jusca, Isábal, Gasca, Rodríguez Sepúlveda, Sanpere y Miquel, Navarrete, Carvajal y Hué, Gutiérrez Agüera, Somolinos, Pedregal, Guerrero, Fernández, Soto, Escuder, Mola y García (don Bernardo). En las elecciones de senadores obtuvieron el triunfo diez y seis republicanos, entre ellos Barcia, Benot, Cala y Guillén Flores.

Aquellas Cortes demostraron desde sus primeras sesiones cuán próximo estaba el fin de la monarquía de Saboya. Los defensores de la República eran en el Congreso más de ochenta, los conservadores apenas si tenían representación y los radicales se mostraban en su mayor parte desengañados de la monarquía y defendían el establecimiento de una república unitaria á imitación de la francesa.

Tan general y unánime se mostraba la opinión á favor de la República, que hasta los partidarios de don Alfonso la apoyaban hipócritamente manifestando *La Época* que en aquellos instantes no conocía otra solución para el problema político, añadiendo que la República era el gobierno del país por el país y que ningún sentimiento honrado ofende cuando no degenera en anarquía y en disolución social.

Estas inesperadas declaraciones del órgano del partido conservador tenían una justificación que el señor Vera y González en su notable obra *Pi y Margall y la Política contemporánea* explica con claridad del siguiente modo:

«Parecerá extraño que los defensores de la restauración borbónica se manifestasen, siquiera fuese accidentalmente, favorables al establecimiento de la República: el hecho tiene, sin embargo, su explicación. Desde algunos meses antes venía haciendo trabajos de zapa en las filas del partido radical el señor Rivero para preparar los ánimos en favor de una República conservadora. Mostrábase Rivero muy disgustado de la experiencia que se había hecho de la monarquía democrática, tan ardientemente defendida por él dos años antes; declaraba haberse arrepentido de torcer el curso de la Revolución, guiando por una creencia que no habían justificado los hechos, y veía en la República la única garantía de las conquistas democráticas tan penosamente realizadas en los últimos tiempos. Desde luego aspiraba á ser el jefe del Estado así que abdicase don Amadeo, lo que prueba que en su conversión republicana había más ambición que sincero convencimiento. No podía avenirse Rivero con el papel secundario á que estaba reducido en la nueva monarquía, él que había acariciado la esperanza de ser jefe del partido radical y presidente del Consejo de ministros, y pugnaba por crearse una posición política á la altura de sus esperanzas, erigiéndose en jefe de una agrupación republicano-conservadora. Para declararse federal le estorbaron desde luego sus ideas autoritarias y la consideración de que este partido tenía en Pí y Margall un jefe difícilmente reemplazable. Quiso, pues, Rivero allegar elementos para establecer una república unitaria, semejante á la francesa, y al efecto se puso de acuerdo con Martos, Becerra y algunos de sus antiguos correligionarios. Necesitaba, además, para realizar sin graves inconvenientes su proyecto, contar con el apoyo ó al menos con la benevolencia de los federales, pero sospechando, y con razón, que Pi se opondría resueltamente á su plan y lo desbarataría, no lo comunicó sino á Figueras, que por su ductilidad de carácter y por el mal oculto despecho que le separaba del jefe del partido federal podía ser para Rivero un auxiliar valiosísimo.

»Apercibíanse un tanto los conservadores de estas maniobras y no pudieron menos de acogerlas con regocijo, no porque simpatizaran con la República, sino porque tal como la quería Rivero no les inspiraba desconfianzas ni temores; alejaba de sus ojos el peligro de la federación y les daba grandes esperanzas de realizar en breve plazo la restauración por un golpe de fuerza, cosa difícil mientras reinase don Amadeo y más difícil aún con la República federal que supone una transformación completa en la organización del Estado. La hora de la restauración estaba todavía lejana, así lo comprendían los mismos alfonsinos: ¿cómo no habían de contribuir á acelerarla una República que por la fuerza de los hechos había de ser dirigida principalmente contra los republicanos? El partido federal tenía en su seno masas indisciplinadas que proclamaban como único procedimiento para combatir la monarquía el de la fuerza, ¿y no había de aumentar estos obstáculos si se establecía una República doctrinaria? Ningún federal podía aceptarla.»

Ruiz Zorrilla, á pesar de su intimidad con Rivero, no se apercibió de los manejos de éste, y así se comprende que accediera á darle la presidencia del Congreso, favor que no lo hubiera hecho al saber que tramaba algo contra la monarquía; pues el jefe de los radicales era lealmente adicto á don Amadeo y le profesaba demasiada gratitud para permitir tales maquinaciones contra su corona.

El discurso que pronunció Rivero al tomar posesión de la presidencia del Congreso, fué en extremo significativo; pero Ruiz Zorrilla no pareció comprenderlo y permaneció impasible sosteniendo á aquel rey que no tenía ya más apoyo que el del partido radical.

La minoría republicana, comprendiendo que aquella situación era la antesala de la república y que la monarquía de don Amadeo moriría á manos de los radicales que la habían creado, limitábase á hacer una tibia oposición y á recomendar á sus correligionarios la calma asegurándoles la proximidad del triunfo.

En esta situación, el 12 de Octubre de 1872 ó sea poco después de la apertura de las Cortes, estalló en el Ferrol una sublevación republicana preparada por el elemento intransigente. El coronel retirado, Pozas, y el capitán de fragata D. Braulio Montojo, sublevaron las fuerzas del Arsenal que sumaban unos mil quinientos hombres, apoderándose de dos fragatas, un transporte y varios cañoneros. La sublevación fracasó desde el primer instante, pues el vecindario se abstuvo de tomar parte en ella y no produjo eco en ningún punto de España.

La noticia de esta sublevación, que causó gran extrañeza, llegó á Madrid el 14 de Octubre, y al día siguiente Pí y Margall en la sesión del Congreso se apresuró á manifestar que estaba tan sorprendido como el gobierno, pues el Directorio del partido federal no había tenido conocimiento hasta entonces de los sucesos del Ferrol, añadiendo que en una época en que era universal el sufragio y la prensa y la tribuna libres, la insurrección dejaba de ser un derecho para convertirse en un delito.

Estas palabras produjeron una gran protesta en el seno del partido federal. Muchos de los antiguos benévolos pasáronse á los intransigentes; las censuras contra el Directorio fueron muy apasionadas; en provincias suscribiéronse protestas contra las autoridades del partido, y en Madrid circularon unas hojas sueltas titulada *La Gran Traición de Pí y Margall*.

El ilustre pensador permaneció impasible en medio de aquella tempestad sin que decayera su ánimo un solo instante y sin importarle perder su inmensa popularidad á cambio de haber dicho francamente su pensamiento sobre una sublevación que aunque organizada por el elemento intransigente había sido favorecida en secreto por los alfonsinos.

Pí y Margall para justificarse convocó á la minoría republicana de ambas Cámaras, sometiendo á su juicio las declaraciones hechas en el Congreso. Reuniéronse cincuenta diputados y senadores, y por cuarenta y tres votos contra siete, la minoría hizo suyas las palabras de Pí y Margall. Este volvió á hablar en el Congreso el día 10, haciendo constar que sus declaraciones no implicaban la condenación absoluta de los sucesos del Ferrol, de los cuales era en gran parte responsable el gobierno por haber faltado á sus compromisos, especialmente no aboliendo las quintas como lo había prometido.

Entretanto la insurrección del Ferrol terminaba de un modo desastroso. Al aproximarse á la población las fuerzas mandadas por el general Sánchez Bregua, los insurrectos se embarcaron en lanchas, ahogándose algunos y llegando otros con Pozas á las costas de Francia. El número de prisioneros que hicieron las tropas del gobierno fué considerable.

Resueltos los intransigentes á romper con los benévolos y especialmente con el Directorio, se organizaron en partido aparte declarando en sus periódicos que no querían *nada de asamblea de Directorio, ni de farsas; sino la revolución violenta.*

El nuevo partido tuvo un organismo directivo, especie de comité revolucionario que tomó el título de *Consejo provisional de la federación española*. El general Contreras, que había abandonado el Directorio en unión de Estévanez, era el presidente del Consejo provisional figurando como vicepresidente García López y como vocales Córdova y López, Estévanez y otros.

El Directorio y el Consejo provisional publicaron algunos manifiestos defendiendo cada uno sus procedimientos políticos y enconándose cada vez más las divergencias que los separaban y que eran puramente de procedimiento, pues en punto á doctrinas los benévolos y los intransigentes pensaban de igual modo.

Uno de los asuntos que más preocupó por entonces á la minoría federal fué la acusación de Sagasta por la famosa transferencia de dos millones, y que de ser objeto de un proceso parlamentario hubiera imposibilitado á dicho político para seguir figurando en la vida pública; pero Ruiz Zorrilla, obrando con gran caballerosidad con su antiguo amigo, y no queriendo que se dudara de su nobleza de corazón y se creyera que se ensañaba con el caído, reunió á los diputados republicanos rogándoles encarecidamente que retirasen su proposición contra el antiguo presidente del Consejo. Los republicanos tuvieron la debilidad de acceder á los ruegos de Ruiz Zorrilla, el cual después de haber salvado á Sagasta de la deshonra, sólo recibió de éste pruebas de miserable ingratitud.

La Asamblea federal reunióse el 21 de Noviembre de 1872, bajo la presidencia de Pí y Margall, el cual al resumir un debate sobre una proposición de confianza al Directorio como autoridad del partido, insistió en sus declaraciones de siempre diciendo que mientras hubiese libertad de reunión y asociación las insurrecciones eran ilícitas.

«Hoy, añadió, existen estas libertades, como lo prueba el hecho de estar reunidos libremente los republicanos en esta Asamblea, discutiendo sin el menor peligro hasta si hemos ó no de insurreccionarnos contra el gobierno. ¡Quiera la suerte que nunca tengamos que echar de menos en extranjero suelo la pérdida de esta libertad sin igual que disfrutamos, y que no hayamos de arrepentirnos, cuando ya sea tarde, del mal uso que hicimos de ella!» Quejóse de que en el partido existiesen elementos que á todas horas estaban pidiendo la guerra y la revolución violenta, para rogar luego al Directorio, como lo habían hecho, que la contuviese á todo trance; afirmó que el partido no debía gastar su fuerza en motines; que las predicaciones apasionadas de los últimos tiempos le habían dividido y perturbado hondamente, y que los hombres sinceros debían tener firmeza y advertir á los federales el camino que debían seguir para lograr el triunfo de sus principios, terminando con el ruego á la Asamblea de que eligiese otro Directorio.

Los representantes del partido aprobaron por gran mayoría la conducta del Directorio, pero éste insistió en presentar su dimisión con lo cual la agrupación federalista quedó sin jefatura.

Las primeras sesiones de la Asamblea habían coincidido con el levantamiento de partidas republicanas en varios puntos de España, tomando como pretexto la quinta de cuarenta mil hombres aprobada por las Cortes y que, según la promesa del gobierno, había de ser la última que se verificase. La prensa intransigente con sus continuas excitaciones daba bastantes elementos á la insurrección; pero á pesar de tal ventaja ésta no llegó á ser tan imponente como el movimiento federalista de 1869.

El joven revolucionario de Andalucía, D. Diego Carrasco, organizó algunas partidas en Paterna de Rivera y Medina-Sidonia, levantándose otras en varios puntos de Vizcaya, La Rioja, Albacete, Almería, Badajoz, Cáceres, Valencia, Salamanca, Orense, Zaragoza, Teruel, Ciudad Real, Barcelona y Tarragona.

Algunas de estas partidas estaban formadas exclusivamente por quintos y se disolvieron antes de sostener ningún combate, pero otras las componían entusiastas republicanos que se batieron con bastante suerte. De todas estas la más importante fué la que reunió Estévanez en Despeñaperros y que llegó á tener unos mil hombres.

En vista de que los intransigentes designaban á Estévanez como su principal hombre de acción, el gobierno le había vigilado de cerca proponiéndose reducirlo á prisión apenas saliese de Madrid; pero el valeroso revolucionario burló las precauciones de la policía y fué á ponerse al frente de los federales de Baeza y Linares comenzando su campaña con la incomunicación de la línea férrea de Andalucía cortando el puente de Vilches. La partida de Estévanez fué la que por más tiempo se defendió y la que más atrajo la atención del gobierno que envió numerosas fuerzas contra el caudillo federal; pero éste no solamente se sostuvo sino que derrotó al ejército en cuatro encuentros, demostrando con sus operaciones que no había aun terminado en España la heroica raza de los guerrilleros.

El general Contreras había prometido ponerse al frente de la insurrección, pero no pudo verificarlo por causas que se ignoran, y el movimiento careció de un general, pues D. Blas Pierrad, que era el otro oficial superior con que contaban los intransigentes, había muerto poco antes á consecuencia de un ataque de apoplegía.

El célebre guerrillero federal, Antonio Gálvez Arce, se sublevó en el pueblo de Torre Agüera (Murcia), al frente de unos cincuenta hombres, y después de batir un destacamento de la guardia civil causándole catorce muertos y treinta heridos, entró en la ciudad de Murcia haciéndose dueño de ella con cuarenta hombres y permaneciendo algunos días en dicho punto á pesar de que el vecindario se mostraba hóstil al movimiento. Sólo cuando se presentaron ante la ciudad numerosas fuerzas fué cuando Gálvez abandonó á Murcia dando con tal hazaña una prueba concluyente de su temerario valor.

La ciudad de Béjar, que tanta p[a] ticipación había tomado siempre todas las luchas á favor de la libert[ad] sublevóse aclamando la República b[ajo] el mando del modesto y entusiasta [fe] deral Aniano Gómez. En Málaga ta[m] bién se levantaron en armas los fe[de] rales y aunque al llegar el mome[nto] de peligro quedaron reducidos á u[n] ciento cincuenta, se fortificaron en [los] barrios del Perchel y de la Trini[dad] de donde el brigadier Salamanca [no] pudo desalojarlos después de un fu[ego] horroroso y de hacer jugar la a[rti] llería.

Las partidas republicanas fueron [en] general disueltas en todos los pu[ntos] y únicamente las de Estévanez y G[ál] vez siguieron en pié, aunque cada [vez] menos numerosas, sosteniéndose [du] rante los dos meses y medio que tr[ans] currieron hasta el advenimiento d[e la] República.

Tal fué la insurrección llevad[a á] cabo por el partido intransigente y [de] cuyos principales organizadores so[la] mente Estévanez y Gálvez cump[lie] ron con su deber.

El país seguía sumido en una [de] esas calmas absolutas que preceden [á] las funestas tempestades, y Ruiz Zo[rri] lla gobernaba tranquilamente aunq[ue] comprendiendo que aquella situaci[ón] monótona era demasiado extraordi[na] ria y no podía durar.

El incidente más curioso de e[sta] época fué el ocurrido en 30 de Ene[ro] de 1873, el cual dió lugar á un gra[n] conflicto entre el gobierno y el m[inisterio] con motivo del nacimiento de un nuevo hijo de éste. Una comisión parlamentaria en la que figuraban los ministros fué á Palacio según el ceremonial de costumbre para cumplimentar al rey por el nacimiento del nuevo vástago. Don Amadeo, que estaba rendido de cansancio, se negó á recibir la comisión á pesar de las indicaciones de Ruiz Zorrilla al gentil hombre de servicio, haciéndole observar que era imprescindible, según el ritual palaciego, recibir á la comisión. Por dos veces solicitó Ruiz Zorrilla que se recibiera á los comisionados, pero don Amadeo se limitó á responder que le era imposible darles audiencia hasta la tarde. La comisión salió indignada de Palacio y tan furioso se mostraba Rivero que habló inmediatamente con Figueras, proponiéndole reunir acto continuo el Congreso y el Senado para votar la destitución del rey que despreciaba los acuerdos de las Cortes. La indecisión de Figuerola, presidente del Senado, impidió la realización de tal proyecto, que no quedó en el secreto, pues llegó á oídos de Ruiz Zorrilla poco después aunque no le dió importancia.

En la misma tarde volvió á Palacio la comisión parlamentaria fingiéndose enfermo Rivero para no formar parte en ella.

Con esto terminó el conflicto recibiendo don Amadeo dos días después un cruel desaire de parte del general Serrano y su esposa, á los que había invitado para que apadrinasen á su hijo.

Era general la opinión de que á la monarquía de don Amadeo le quedaba escasa vida, pero nadie esperaba que estuviese tan próximo el derrumbamiento de aquel trono.

El día 8 de Febrero de 1873, reuniéronse los ministros en Consejo bajo la presidencia del rey, mostrándose éste conforme con la disolución del cuerpo de artillería y otras medidas propuestas por sus consejeros. Terminado el despacho, rogó don Amadeo á los ministros que saliesen y esperasen, pues tenía que hablar aparte con el presidente del Consejo.

D. Manuel Ruiz Zorrilla, en su folleto titulado *«A mis amigos y mis adversarios»* describe del siguiente modo lo que ocurrió al quedar solo con el rey:

«Me habló,—dice,—de la desunión de los partidos, de la falta de respeto de la prensa, de las ideas avanzadas de las Cámaras, de la guerra carlista y de otros asuntos menos importantes para concluir por decirme que iba á renunciar la corona.

»Procuré convencerle de la poca importancia de los motivos que por otra parte habían existido siempre; le ofrecí la dimisión ó una modificación del gabinete; y le recordé, por si había influido la cuestión de los artilleros, que el general Córdova estaba dispuesto á renunciar. Me contestó que su decisión era irrevocable; que no admitía crisis total ni parcial y que así lo participara á mis compañeros. Le rogué que el asunto quedara entre los dos, tomándose siquiera veinticuatro horas para reflexionar, y volvió á repetirme el mismo terrible adjetivo que ya había usado varias veces en el curso de esta grave y para mí dolorosísima entrevista. Viendo que nada alcanzaba le supliqué que, al menos quedase reservado lo ocurrido hasta el día siguiente y que yo obtendría de mis compañeros la misma promesa, sin perjuicio de que me llamara á cualquiera hora del día ó de la noche, si variaba su resolución.

»Mis lectores comprenderán el estado de mi ánimo, al salir de la cámara regia, y que impresión recibieron mis compañeros al ver la descomposición de mi semblante y al exigirles juramento, como lo prestaba yo, de que quedaría reservado entre nosotros lo que tenía que comunicarles. La realidad fué, sin embargo, para ellos superior á cuanto hubieran podido imaginarse.

»Religiosamente cumplimos nuestro acuerdo. Salimos para ir á las Cámaras y ni los presidentes de ellas, ni los amigos más íntimos, ni nuestra familia misma pudieron sospechar lo ocurrido durante veinticuatro horas, que fueron para mí casi tan horribles como las setenta y dos que habían de seguirlas hasta la noche del 11 de Febrero.

»Ningún aviso recibí durante las horas que transcurrieron hasta el día siguiente á las once de la mañana, que volví á ver al rey. Le encontré más resuelto, si cabe, que el día anterior.

»Dos veces se reunieron los ministros aquel día, preocupados con la trascendencia de un acto que ya considerábamos realizado, sin perjuicio de intentar un último esfuerzo, y únicamente divididos en la manera de apreciar el rumbo que cada uno seguiria, según sus afecciones y sus mayores ó menores compromisos para con el rey.

»Hasta la noche del día 9 no conoció el público de Madrid la terrible noticia, por primera vez anunciada en un periódico de la tarde, de oposición al Gabinete. Yo prohibí todo telegrama para el extranjero y para provincias, esperando, aunque sin confianza alguna, y menos después de haberse hecho público, el resultado del último esfuerzo que nos proponíamos hacer al día siguiente.

»A la una de la tarde del día 10 se reunió el Consejo bajo la presidencia del rey; hablaron todos los ministros y todos se esforzaron para que desistiera de su resolución, habiendo un momento en que creímos que su voluntad estaba quebrantada y que íbamos á obtener el cambio por nosotros tan deseado. No fué así. Conseguimos, sin embargo, un aplazamiento de veinticuatro horas más, que habíamos solicitado, sin contar con la rapidez con que los sucesos se desenvolvían fuera de aquel sitio y la actitud que iba á tomar el Congreso de los Diputados. Otro pudo ser todavía el desenlace si el rey hubiera creído conveniente aceptar una idea que me inspiró la primera noticia que recibí de lo que pasaba en el palacio del Congreso antes de abrirse la sesión. «Autorícenos V. M. á decir en las Cortes que nada hay de la renuncia, que no tienen carácter oficial los rumores que han circulado y todo está concluido,» dije yo al rey, apoyado calurosamente por mis compañeros; pero tampoco creyó que debía aceptar este medio salvador.

»La actitud del Congreso y la inutilidad de mis esfuerzos para que no se tomara ninguna determinación que prejuzgara el problema planteado, vinieron á desvanecer mi última esperanza.

»Nada que yo sepa con certeza, ó que sea pertinente á su objeto, puedo decir hasta que, al día siguiente, se nos participó que el rey tenía hecha la renuncia y quería entregármela para que fuera leída en las Cortes. Subí á la cámara real acompañado del señor Martos; recibimos el documento; quedé con el rey á solas unos cuantos momentos para despedirme y reiterarle mi lealtad y mi respeto, así como mi propósito de abandonar la vida pública, y salí de Palacio sin que tuviera la satisfacción de despedirme de la reina y sin que me cupiera más tarde la honra de acompañar á la real familia hasta la salida de nuestra patria, que yo debía abandonar y abandoné al día siguiente.

»Consignado está en el *Diario de Sesiones* lo ocurrido en el Congreso durante la tarde del día 10; pero conviene á mi propósito recordar algo de lo que antes de abrirse la sesión había ocurrido, así como de lo que sucedió al día siguiente hasta la proclamación de la República.

»Los generales Sanz y Malcampo primero, el general Topete y el señor Sedano más tarde, y los mismos señores Topete y Malcampo en el momento en que me disponía á ir al Congreso, me rogaron á nombre de los conservadores que continuara en mi puesto con las condiciones que quisiera, prometiéndome la ayuda incondicional de todos sus amigos que en aquellos momentos estaban reunidos con el duque de la Torre, considerándome entonces la más segura garantía del orden, de la propiedad y de la familia. Mi contestación fué una negativa terminante, como se la había dado antes á Figueras, Pí, Castelar, Fernández González y Abarzuza, y como se la dí después á Salmerón y á la multitud de amigos, diputados y senadores y á mis compañeros de ministerio que me solicitaban en nombre de otras ideas y de otros intereses. Prescindo de la pretenciosa visita del director de *La Época*, señor Escobar, á quien no recibí, y que habló con mi secretario «en nombre de todos los que tenían camisa limpia.»

»Y la resistencia era difícil. Los que en nombre de los conservadores hablaban, eran dos hombres á quienes en lo íntimo de mi alma tengo jurada gratitud eterna, cualquiera que sea nuestra situación política y la distancia que de ellos me separe, recordando el decisivo apoyo de la Marina, á la causa de la revolución, y el día en que nos recibieron á bordo de la escuadra en Cádiz.

»Los que invocaban la libertad y los intereses revolucionarios constituían la mayoría de la Cámara que se había elegido, siendo yo Presidente del Consejo y ministro de la Gobernación, y lo hacían en nombre del partido de que era jefe, recordando todo aquello que más podía influir en mi espíritu en aquel instante supremo y decisivo para la causa de la libertad y de la revolución. Y estos eran azuzados por los republicanos sin distinción de posición ni de matices, á quienes siempre agradeceré las consideraciones de que les fui deudor hasta el último momento.

»Pero mi determinación estaba tomada, y á pesar de la situación en que quedé con el rey, que hasta donde es posible en asunto tan grave he explicado á mis lectores, permanecí en las Cortes hasta que se votó el Gobierno, y partí al día siguiente para Portugal.

»Me retiré abandonando la posición más sólida que hombre alguno público haya tenido en su patria, pudiendo abrazar cualquiera de las dos banderas que se iban á disputar el poder, para lo que no me habrían faltado pretextos, queriendo prescindir de las inspiraciones de mi conciencia, á las que he obedecido siempre y he de seguir obedeciendo en lo que me quede de vida. Pude abrazar la causa de la República, con lo que, sin perder la poderosa fuerza que en mi partido tenía, hubiera adquirido inmenso prestigio en las masas republicanas: y lo podía hacer en nombre de las ideas que había defendido toda mi vida, para desenvolverlas y traducirlas en leyes dentro de la nueva forma de gobierno. Pude continuar al frente del gobierno aceptando las ofertas conservadoras en provecho y engrandecimiento personal, al menos por el momento, pero esto hubiera sido faltar á mi tradición y á los principios liberales y parlamentarios de toda mi vida. Y podía hacerlo invocando el miedo que lo desconocido inspiraba, suponiendo faltas de poderes en la Cámara, con miles de pretextos, que nunca faltan en cierto orden de ideas y para cierto género de actos, cuando se quieren justificar con el bien público las arbitrariedades y los golpes de Estado. Pude, si hubiera querido, conservar el gobierno y ser mediador entre los unos y los otros, y defender que se debía consultar al país, procurando que fuera bajo mi dirección.

»Nada de esto hice; todo lo rehusé lastimando y dejando en el abandono mis amigos más queridos; disgustando á los republicanos; haciendo crecer los sentimientos conservadores y dando un día de placer á los alfonsinos, mis enemigos encarnizados de siempre, y me retiré sin dejar ni un periódico que me defendiera ni un amigo que estuviera conforme con este acto, y sin intención ni deseo de responder á los denuestos, á las injurias y á las calumnias que contra mí pudieran publicarse y se publicaron por todas partes y en todos los tonos, no atreviéndome á disculparme ni siquiera mis amigos, y cebándose como nunca sobre el vencido los adversarios de distintos campos; que no hay que pedir conciencia á los intereses lastimados ni á las pasiones desencadenadas y menos aun en los momentos supremos para la vida de un pueblo.»

Figueras, que estaba al tanto de lo que ocurría, preguntó al presidente del Consejo en la sesión del 10 de Febrero, que medidas estaba dispuesto á adoptar ante la grave crisis por que atravesaba el país; pero Ruiz Zorrilla mostróse reservado, contestando que, aunque extraoficialmente ocurrieran cosas gravísimas, oficialmente nada ocurriría y por tanto las Cortes debían limitarse á esperar el desarrollo de los sucesos sin tomar iniciativa alguna.

Figueras, apoyado por Rivero, insistió en que las Cortes tenían el derecho y hasta el deber de conocer la situación del país, cuidando de poner remedio á sus inmediatos males.

Presentóse una proposición para que el Congreso se declarara en sesión permanente y la defendió el mismo Figueras, manifestando sus temores de que las veinticuatro horas de plazo que pedía el gobierno, pudieran emplearlas los enemigos de la libertad para destruir las conquistas revolucionarias.

Zorrilla y Martos, intentaron oponerse á la proposición, pero ésta fué al fin aprobada, quedando constituído el Congreso en sesión permanente, aunque sin deliberar.

A las tres de la tarde del 11 de Febrero se reanudó la sesión, ocupando las inmediaciones del Palacio del Congreso una compacta muchedumbre que daba vivas á la República.

Un secretario dió lectura á la siguiente comunicación que había recibido el gobierno:

«Al Congreso: Grande fué la honra que merecí á la Nación Española eligiéndome para ocupar su trono; honra tanto más por mí apreciada, cuanto que se me ofrecía rodeada de las dificultades y peligros que lleva consigo la empresa de gobernar un país tan hondamente perturbado.

»Alentado, sin embargo, por la resolución propia de mi raza, que antes busca que esquiva el peligro; decidido á inspirarme únicamente en el bien del país, y á colocarme por cima de todos los partidos; resuelto á cumplir religiosamente el juramento por mí prometido á las Cortes Constituyentes, y pronto á hacer todo linaje de sacrificios por dar á este valeroso pueblo la paz que necesita, la libertad que merece y la grandeza á que su gloriosa historia y la virtud y constancia de sus hijos le dan derecho, creí que la corta experiencia de mi vida en el arte de mandar sería suplida por la lealtad de mi carácter, y que hallaría poderosa ayuda para conjurar los peligros y vencer las dificultades que no se ocultaban á mi vista, en las simpatías de todos los españoles, amantes de su patria, deseosos ya de poner término á las sangrientas y estériles luchas que hace tanto tiempo desgarran sus entrañas.

»Conozco que me engañó mi buen deseo. Dos años largos há que ciño la corona de España, y la España vive en constante lucha, viendo cada día más lejana la era de paz y de ventura que tan ardientemente anhelo. Si fuesen extranjeros los enemigos de su dicha, entonces, al frente de estos soldados, tan valientes como sufridos, sería el primero en combatirlos; pero todos los que con la espada, con la pluma, con la palabra agravan y perpetúan los males de la Nación son españoles; todos invocan el dulce nombre de la patria; todos pelean y se agitan por su bien; y entre el fragor del combate, y entre el confuso, atronador y contradictorio clamor de los partidos; entre tantas y tan opuestas manifestaciones de la opinión pública, es imposible atinar cuál es la verdadera, y más imposible todavía hallar el remedio para tamaños males.

»Lo he buscado ávidamente dentro de la ley y no lo he hallado. Fuera de la ley no ha de buscarlo quien ha prometido observarla.

»Nadie achacará á flaqueza de ánimo mi resolución. No habría peligro que me moviera á desceñirme la corona si creyera que la llevaba en mis sienes para bien de los españoles, ni causó mella en mi ánimo el que corrió la vida de mi augusta esposa, que en este solemne momento manifiesta, como yo, el vivo deseo de que en su día se indulte á los autores de aquel atentado. Pero tengo hoy la firmísima convicción de que serían estériles mis esfuerzos é irrealizables mis propósitos.

»Estas son, señores diputados, las razones que me mueven á devolver á la nación, y en su nombre á vosotros, la corona que me ofreció el voto nacional haciendo de ella renuncia por mí, por mis hijos sucesores.

»Estad seguros de que al desprenderme de la corona no me desprendo del amor á esta España tan noble como desgraciada, y que no llevo otro pesar que el de no haberme sido posible procurarla todo el bien que para ella mi leal corazón apetecía.—AMADEO.

»*Palacio de Madrid 11 de Febrero de 1873.*»

Aunque todos esperaban este mensaje, su lectura produjo gran impresión en la Cámara, anunciando el presidente Rivero que desde aquel momento la soberanía nacional, en toda su integridad, residía en las Cortes.

Inmediatamente se pasó una comunicación al Senado para que se uniera al Congreso, y ambos cuerpos en nombre de la nación diesen respuesta al documento que acababa de leerse.

Los diputados Salaverría y Ulloa, en nombre del partido conservador, prometieron su apoyo á todo gobierno que sostuviera el orden y la integridad del país, respetando á los tenedores de la Deuda pública, y Castelar les contestó en nombre de los republicanos prometiendo por su honor y su conciencia hacer toda clase de sacrificios en pro de la honra y la integridad nacional.

A las tres y media de la tarde el Senado, precedido de los maceros y con gran aparato, entró en el salón de sesiones del Congreso, tomando asiento su presidente D. Laureano Figuerola al lado de Rivero, quien, por mayor antigüedad, siguió dirigiendo los debates.

Leída nuevamente la comunicación de don Amadeo y habiendo resignado el gobierno sus poderes en la Asamblea, nombróse una comisión encargada de contestar al rey y de la cual fué ponente Castelar, que redactó el siguiente mensaje:

«LA ASAMBLEA NACIONAL Á S. M. EL REY D. AMADEO I.

»Señor: Las Cortes soberanas de la Nación española han oído con religioso respeto el elocuente mensaje de V. M., en cuyas caballerosas palabras de rectitud, de honradez, de lealtad, han visto un nuevo testimonio de las altas prendas de inteligencia y de carácter que enaltecen á V. M., y del amor acendrado á ésta su segunda patria, la cual, generosa y valiente, enamorada de su dignidad hasta la superstición y de su independencia hasta el heroismo, no puede olvidar, no, que V. M. ha sido Jefe del Estado, personificación de su soberanía, autoridad primera dentro de sus leyes, y no puede desconocer que honrando y enalteciendo á V. M., se honra y enaltece á sí misma.

»Señor: Las Cortes han sido fieles al mandato que traían de sus electores y guardadoras de la legalidad que hallaron establecida por la voluntad de la Nación en la Asamblea Constituyente. En todos sus actos, en todas sus decisiones, las Cortes se contuvieron dentro del límite de sus prerogativas, y respetaron la autoridad de V. M. y los derechos que por nuestro pacto constitucional á V. M. competían. Proclamando esto muy alto y muy claro, para que nunca recaiga sobre su nombre la responsabilidad de este conflicto, que aceptamos con dolor, pero que resolveremos con energía, las Cortes declaran unánimemente que V. M. ha sido fiel, fidelísimo guardador de los respetos debidos á las Cámaras; fiel, fidelísimo guardador de los juramentos prestados en el instante en que aceptó V. M., de las manos del pueblo, la corona de España. Mérito glorioso, gloriosísimo en esta época de ambiciones y de dictaduras, en que los golpes de Estado y las prerogativas de la autoridad absoluta atraen á los más humildes, es no ceder á sustentaciones desde las inaccesibles alturas del trono, á que sólo llegan algunos pocos privilegiados de la tierra.

»Bien puede V. M. decir en el silencio de su retiro, en el seno de su hermosa patria, en el hogar de su familia, que si algún humano fuera capaz de atajar el curso incontrastable de los acontecimientos, V. M., con su educación constitucional, con su respeto al derecho constituido, los hubiera completa y absolutamente atajado. Las Cortes, penetradas de tal verdad, hubieran hecho, á estar en sus manos, los mayores sacrificios para conseguir que V. M. desistiera de su resolución y retirase su renuncia. Pero el conocimiento que tienen del inquebrantable carácter de V. M., la justicia que hacen á la madurez de sus ideas y á la perseverancia de sus propósitos, impiden á las Cortes rogar á V. M. que vuelva sobre su acuerdo, y las deciden á notificarle, que han asumido en sí el Poder supremo y la soberanía de la Nación, para proveer en circunstancias tan críticas y con la rapidez que aconseja lo grave del peligro y lo supremo de la situación, á salvar la democracia, que es la base de nuestra política, la libertad, que es el alma de nuestro derecho, la Nación, que es nuestra inmortal y cariñosa madre, por la cual estamos decididos á sacrificar sin esfuerzo, no sólo nuestras individuales ideas, sino también nuestro nombre y nuestra existencia.

»En circunstancias más difíciles se encontraron nuestros padres á principios del siglo, y supieron vencerlas inspirándose en estas ideas y en estos sentimientos. Abandonados por sus reyes; invadido el suelo patrio por extrañas huestes; amenazada por aquel genio ilustre que parecía tener en sí el secreto de la destrucción y la guerra; confinadas las Cortes en una isla donde parecía que se acababa la Nación, no solamente salvaron la patria y escribieron la epopeya de la independencia, sino que crearon sobre la ruinas dispersas de las sociedades antiguas la nueva sociedad. Estas Corte saben que la Nación española no h degenerado, y esperan no degenera tampoco ellas mismas en las austera virtudes patrias que distinguieron á los fundadores de la libertad en España.

»Cuando los peligros estén conjurados; cuando los obstáculos estén vencidos; cuando salgamos de las dificultades que trae consigo toda época de transición y de crisis, el pueblo español, que mientras permanezca V. M en su noble suelo ha de darle todas la muestras de respeto, de lealtad, d consideración, porque V. M. se lo merece, porque se lo merece su virtuosísima esposa, porque se lo merece sus inocentes hijos, no podrá ofrece á V. M. una corona en lo porvenir pero le ofrecerá otra dignidad, la dignidad de ciudadano en el seno de u pueblo independiente y libre.

»*Palacio de las Cortes 11 de Febrer de 1873.*»

Fué aprobado unánimemente est mensaje y se nombraron comisione que debían entregárselo al ex-rey acompañarle hasta la frontera, despué de lo cual se dió lectura á la siguien te proposición:

«La Asamblea Nacional reasume to dos los poderes, y declara como form de gobierno de la Nación la Repúbli-

dejando á las Cortes Constituyen-
[...]a organización de esta forma de
[gobi]erno.

Se elegirá, por nombramiento di-
[rect]o de las Cortes, un Poder ejecutivo,
[que] será amovible y responsable ante
[las] Cortes mismas.

Pí y Margall.—Nicolás Salme-
[rón].—Francisco Salmerón.—Lagu-
[nero].—Figueras.—Molini.—Fer-
[nánd]ez de las Cuevas.»

[P]ara apoyar esta proposición don
[Fran]cisco Pí y Margall pronunció el
[sigu]iente discurso:

[«]No sé, señores Representantes de
[la N]ación, si podré guardar la sereni-
[dad] que estáis acostumbrados á obser-
[var] en mis discursos. Confieso que
[me s]iento profundamente conmovido:
[afort]unadamente mi tarea es más fácil
[de lo] que parece; porque ¿qué podré
[deci]ros yo que no esté en vuestro en-
[tend]imiento, en vuestra conciencia.
[H]abiais elegido una dinastía que
[rigie]ra los destinos de la Nación, y
[esa di]nastía acaba de entregaros la auto-
[ridad] que la habiais confiado; no tenéis,
[pues], un jefe del Poder ejecutivo; no
[tené]is, tampoco, Gobierno, porque ese
[Gobi]erno había recibido su mando del
[rey,] y con el rey ha desaparecido su
[man]dato. Queda solo aquí un Poder le-
[gítim]o, el poder de estas Cortes; las
[Corte]s, pues, deben naturalmente rea-
[sumi]r en sí todos los poderes. ¿Hay
[algu]no de vosotros que lo dude? Vos-
[otros] mismos acabáis de afirmarlo con
[vues]tros actos.

[P]ero si la Cámara entera puede desempeñar el Poder legislativo que aquí
ha tenido, no es posible que desempe-
ñé entero el Poder ejecutivo, que requiere una acción más rápida, tanto
para llevar á cabo las leyes por vosotros formuladas, como para salvar los
intereses sociales, el orden y la libertad. Así, os proponemos, que por votación directa, elijáis un Poder ejecutivo que se encargue de dar debido
cumplimiento á todas vuestras resoluciones.

»Como no me propongo ser largo,
como no me propongo decir más que
lo absolutamente necesario, porque no
es hoy día de grandes discursos, no
añadiré más sobre este punto. ¿Deberíamos, empero, entrar en otro periodo
de interinidad? ¿Deberíamos dejar la
dinastía fuera de su órbita, fuera de
su poder, y no sustituir esa dinastía
con algo, y no sustituir la misma monarquía con otra forma de gobierno?
Todos vosotros sabéis los resultados
que ha dado hasta aquí la monarquía.
Primeramente ensayasteis la monarquía constitucional en la persona de
una reina de derecho divino, y no
pudisteis con ella conciliar la libertad. El pueblo deseaba reformas, deseaba progreso, deseaba, sobre todo,
la integridad de la personalidad humana, y aquella reina, y antes su
padre, no pensaron más que en cercenar la libertad política, no pensaron
más que en atajar los progresos del
pueblo español; y llegó un tiempo en
que, viendo ya que era enteramente
incompatible aquella monarquía con

la libertad, vosotros la desterrasteis del reino. Después habéis querido ensayar la monarquía constitucional de derecho popular, y habéis elegido, por unas Cortes Constituyentes, una nueva dinastía. Ya veis también el resultado que ha dado: ella misma os confiesa que no ha podido dominar el oleaje de los partidos; ella misma os confiesa que no ha podido atajar la discordia que nos está devorando.

»Las divisiones se han ahondado, la discordia ha crecido, la discordia ha llegado á existir hasta entre los mismos partidos que habían hecho la Revolución de Setiembre. Confesad, pues, señores, que la monarquía es incompatible con el derecho político por vosotros creado; preciso es que se establezca la República, y yo creo que está en el ánimo de todos establecerla. ¿Por qué? Porque en realidad, vosotros que habéis sentado el gran principio de la soberanía nacional, no podéis aceptar más que una forma que sea compatible con ese principio; y no lo es ciertamente la monarquía, puesto que es una verdadera enajenación de la soberanía nacional en manos de una familia.

»¿Cómo será posible que conservarais ya la monarquía? El privilegio de castas ha desaparecido ya por completo, y yo pregunto ¿es posible que cuando se trata del mando supremo de la Nación lo vengáis á vincular en una casta, ó lo que es lo mismo en una familia? Debéis haceros cargo del estado de las ideas y del movimiento de las opiniones de nuestro siglo. E otro tiempo en que, gracias á l creencias religiosas, universalmen aceptadas, había una base algo fir y había algo que servía de freno movimiento de las ideas, eran posibl esos poderes inamovibles, esos pod res hereditarios; pero desde el m mento en que hay un gran movimie to de ideas, ¿cómo es posible q podáis suponer que una sola perso pueda seguir la corriente de las ide mismas? Se necesitan poderes amov bles que puedan participar del mo miento de la opinión pública; y pa eso se necesita establecer la Repúb ca, establecer el Poder ejecutivo tal manera que pueda siempre modi carse con arreglo á la corriente de l ideas y á la corriente de la opinión p blica del pueblo español.

»Ved, además, cuál es el esta presente de España. Las ideas absol tistas están levantadas en grandes p vincias de España; vosotros est convencidos de que la fuerza armad el ejército, no es capaz de domin estas mismas facciones, por las ra nes que todos vosotros os explicáis, de que es necesario que los pueb se levanten contra esas facciones ahoguen en su principio la guerra vil; y para que esto suceda, es ind pensable que los pueblos tengan u bandera á la cual acogerse, y en cu nombre ataquen á esas mismas ide No sería fácil que lo alcanzarais p medio de la monarquía, porque ya h béis visto que ésta no produce m que divisiones y hace que los partidos populares no puedan acogerse todos á la sombra de una misma bandera. Siendo así, yo estoy en que la Asamblea soberana debe proclamar desde luego la República, dejando á unas Cortes Constituyentes que vengan á determinar la organización y la forma que debe tener esta República en España.

»Nosotros, bien lo sabéis, somos republicanos federales; nosotros creemos que la federación es la resolución del problema de la autonomía humana; nosotros creemos que la federación es la paz, por hoy, de la Península, y más tarde lo será de la Europa entera; pero nosotros creemos también que es necesario que todos hagamos algún sacrificio de nuestras ideas, sin perjuicio de que mañana vengan las Cortes para resolver cuál debe ser la forma de la República.

»Si las Cortes Constituyentes vienen á decir que la República federal es la forma que ha de adoptarse, quedarán por completo satisfechos nuestros deseos, y seguiremos con ella: mas si por acaso nosotros saliésemos vencidos, entonces obedeceríamos; aunque persistiendo en nuestro propósito, porque no es posible que hagamos jamás el sacrificio de nuestras ideas. Hoy no os pedimos nosotros sino que proclaméis la República, y ya vendrá día en que otros decidirán cuál ha de ser la organización que se dé á esa forma.»

Este breve discurso de Pí y Margall causó honda impresión en el Congreso por la franqueza con que planteaba el problema entre la monarquía y la república; pero á pesar de esto aun hubo diputados que se opusieron con el pretexto de que las Cortes no podían cambiar la Constitución del Estado, por ser ordinarias. Estos políticos creían aún en la posibilidad de un gobierno provisional como el de 1869 presidido por el general Serrano y en el que entrasen algunos federales para lograr de este modo la adhesión de las masas republicanas.

Salmerón combatió esta tendencia haciendo un llamamiento á todos los partidos para que se agrupasen bajo la bandera republicana y diciendo que allí no había vencedores ni vencidos, sino revolucionarios que fraternizaban para salvar la libertad.

La intervención de D. Manuel Ruiz Zorrilla vino á cambiar el aspecto del debate, pues propuso que antes de votarse la proposición de Pí se nombrase un gobierno que pudiera responder del orden público, y como Rivero contestase que él salía garante del orden en Madrid y las provincias si le ayudaban los que acababan de salir del ministerio Zorrilla, manifestó que no estaba dispuesto á sentarse en el banco ministerial aunque así lo acordase la Asamblea.

Rivero, como presidente de las Cortes que resumían en aquel momento todos los poderes, mandó á los ministros en nombre de la patria y de la Asamblea Nacional, que bajasen al banco azul los exministros para ejercer de gobierno mientras las Cortes elegían otro. Martos y Zorrilla quisieron hacer observaciones, pero Rivero, que estaba muy orgulloso del cargo que las circunstancias le hacían desempeñar y que escudándose en la salud de la patria quería adoptar una actitud dictatorial, *exigió* con gran vehemencia á los dos ministros que obedeciesen sus órdenes.

Protestaron Zorrilla y Martos contra aquel atropello moral; prodújose en la Cámara bastante alboroto y como un diputado preguntase á Rivero quién le había dado la dictadura, éste comprendiendo la difícil situación en que se había colocado con sus intemperancias, cambió de actitud y dulcificando su voz *rogó* á los exministros que aceptasen la autoridad que les conferiría la Asamblea, á lo que tampoco accedieron los designados.

Este acaloramiento de Rivero que le puso en ridículo á los ojos del país fué causa de que los republicanos al triunfar no le diesen la presidencia del Poder ejecutivo como estaba ya concertado con Figueras y aceptado por la minoría republicana.

Martos que había pedido la palabra al principio del conflicto parlamentario comenzó á hablar al terminar el incidente diciendo que éste no había sido provocado por él sino por la resistencia y obcecación de Rivero, al que atacó diciendo: «No está bien que contra la voluntad de nadie parezca que empiezan las formas de la tiranía el día que la monarquía acaba.»

Las Cortes aplaudieron estas palabras, y Rivero, mostrándose ofendido, bajó de la presidencia, diciendo que no quería desempeñar ya cargo alguno. Esta fué otra ligereza de Rivero que en aquella ocasión pareció estar trastornado, pues permaneciendo al frente de la Cámara es seguro que hubiese logrado una reacción á favor de su personalidad siendo en adelante uno de los primeros hombres de la República á la que hubiera podido prestar grandes servicios.

Quedó de presidente de la Asamblea D. Laureano Figuerola y después de algunas aclaraciones sobre el anterior incidente reanudóse el debate sobre la proposición de Pi y Margall.

El diputado moderado Barzanallana manifestó en nombre de los conservadores que éstos no podían votar la República, pero que la apoyarían siempre que diese paz y tranquilidad al país; Martos y el marqués de Sardoal se declararon republicanos apoyando su evolución en la imposibilidad de sustituir la dinastía de Saboya por otra que representase igualmente los principios revolucionarios. Martos, además, dijo que todo lo aceptaría con tal que no triunfase la restauración borbónica que era una gran vergüenza, y terminó diciendo que respetaba la actitud de Ruiz Zorrilla que, á pesar de tener tantos amigos y tan gran influencia, hacía el mayor y más honrado de los sacrificios retirándose de la política.

Ruiz Zorrilla habló entonces y después de examinar la proposición de Pí y Margall, añadió:

«No debo, y aunque pudiera y debiera, no quiero ser republicano y tampoco soy monárquico, y esta es mi desgracia, porque yo tengo que decir aquí y puedo decirlo después de ocho meses que he estado al frente del gobierno, que todas mis simpatías, que todos mis sentimientos, que todos mis afectos son para los que están del lado de la libertad.» Terminó diciendo, que aquella noche concluía su historia política, y que la última de las vergüenzas para todos los revolucionarios de Setiembre, para todos los hombres liberales, sería la restauración, con sus errores y su impotencia.»

Cuando estaban ya consumidos todos los turnos en pro y en contra de la proposición, pidió la palabra Castelar comprendiendo que en aquella solemne deliberación era necesaria su palabra elocuente que entusiasmaba al pueblo, y fundándose en las discusiones de los monárquicos que se echaban en cara el haber contribuido unos por radicales y otros por conservadores á la caída del trono, exclamó así:

«No; nadie ha destruido la monarquía en España, nadie la ha matado; yo, que tanto he contribuido á que este momento viniera, yo, debo decir que no siento en mi conciencia, no, el mérito de haber concluido con la monarquía. La monarquía ha muerto por una descomposición interior; la monarquía ha muerto sin que nadie haya contribuido á ello más que la providencia de Dios. Con la muerte de Fernando VII, murió la monarquía tradicional: con la fuga de doña Isabel II, la monarquía parlamentaria; con la renuncia de don Amadeo de Saboya, la monarquía democrática; nadie ha acabado con ella, ha muerto por sí misma; nadie trae la República; la traen todas las circunstancias, la trae una conjuración de la sociedad de la naturaleza y de la historia. Señores: saludémosla como al sol que se levanta por su propia fuerza en el cielo de nuestra patria.»

Las Cortes acordaron que la proposición de Pí y Margall se votase por partes; primero la forma de gobierno y después la elección de Poder ejecutivo.

Por doscientos ochenta y cinco votos fué proclamada la República contra treinta y dos de los conservadores y alfonsinos.

Figueras, al terminar la votación, pidió que oficialmente se comunicase tan feliz noticia á todas las provincias y á las naciones que estaban en íntima relación con España, dando al terminar su discurso, un *¡viva la República!* que fué contestado por la mayoría de los diputados.

Inmediatamente se pasó á la votación del Poder ejecutivo, tomando parte en ésta doscientos cincuenta y seis diputados. La minoría republicana quería designar á Pí y Margall para la presidencia de la nueva República; pero los radicales, que eran republicanos por necesidad, sentían miedo ante el carácter inflexible de Pí y su pureza en la conservación en las doctrinas, por lo que preferían á Figueras cuya debilidad moral les era bien conocida. Verificóse la votación y para la presidencia del Poder ejecutivo, alcanzó doscientos cuarenta y cuatro votos D. Estanislao Figueras; para la cartera de Estado, doscientos cuarenta y cinco D. Emilio Castelar; para la de Gobernación, doscientos cuarenta y tres D. Francisco Pí y Margall; para la de Gracia y Justicia, doscientos cuarenta y dos D. Nicolás Salmerón; para la de Fomento D. Manuel Becerra por doscientos treinta y tres; para la de Hacienda D. José Echegaray por doscientos cuarenta y dos; para la de Guerra el general Fernández de Córdova por doscientos treinta y nueve; para la de Marina D. José Beranger por doscientos cuarenta y seis y para la de Ultramar D. Francisco Salmerón por doscientos treinta y ocho.

Los ministros elegidos por la Cámara sentáronse en el Banco azul siendo saludados con nutridos aplausos mientras que Martos daba vivas á la República, á la integridad nacional y á Cuba española.

Figueras, como presidente del gobierno, hizo uso de la palabra y dió las gracias á la Asamblea por aquel honor que se le confería y que él atribuyó á la antigüedad de sus ideas republicanas, diciendo que si se hubiese encontrado en aquella Cámara el decano de la democracia, D. José M.ª Orense, para él hubiesen sido los votos de la Asamblea.

«Nosotros,— añadió,— acudiremos á todas las necesidades del momento con la integridad de nuestros principios, con el firme propósito de aplicarlos con sinceridad; nosotros acudiremos sobre todo á las necesidades del orden público, que es el que ha de asegurar para siempre la forma republicana en España. Los miembros de este gobierno nacional, que pertenecemos al antiguo partido republicano, tenemos sobre esta forma de gobierno y de la manera como han de desarrollarse, ideas que todos vosotros conocéis.

»Por necesidades del momento hemos hecho el sacrificio de estas ideas, dejando á las próximas Constituyentes que desarrollen la forma definitiva de la República, y para que esto se pueda verificar de una manera estable y para que el voto de la Nación nunca pueda ser falseado, es preciso ante todo una gran sinceridad y una gran libertad electoral, y nosotros estamos resueltos todos mis compañeros y yo á hacer que la más amplia libertad reine en las próximas elecciones.

»Si el resultado de estas elecciones no fuera completamente conforme con nuestros principios, en relación á la manera como creemos nosotros que debe constituirse la República, todos vosotros tenéis testimonio de la consecuencia de nuestra vida política, y hablo sólo en nombre de mis antiguos compañeros del partido republicano, podéis estar seguros que de este banco pasaríamos inmediatamente á

PROCLAMACION DE LA REPUBLICA 11 FEBRERO 1873.

aquéllos *(señalando á los bancos de la izquierda)*, donde tantos años hemos permanecido.»

Echegaray habló después para justificar á los que habían sido ministros de don Amadeo, pero estuvo tan desgraciado en su discurso, que los oyentes no reconocieron en él al elocuente orador que tan rápida y brillantemente se había abierto paso en las Cortes Constituyentes.

A las dos y media de la madrugada del 12 de Febrero se suspendió la sesión, reanudándose á las tres de la tarde para elegir la mesa definitiva de la Asamblea. D. Cristino Martos fué elegido presidente por doscientos veintidós votos; vicepresidente el marqués de Perales y D. José Cristóbal Sorní, y secretarios los señores Benot, Moreno Rodríguez, López y Balart.

Martos pronunció un elocuente discurso de gracias diciendo que ocupaba aquel puesto elevado por ser de honor y de peligro, asegurando que los radicales darían por defender la República hasta la vida si era necesario y que el orden era preciso en las repúblicas como la libertad en las monarquías modernas.

Todos al oir aquellas palabras que parecían sinceras creyeron que los radicales iban de buena fe á sostener la República, pero pronto se encargaron los hechos de demostrar la falsedad de tales promesas. Los aventureros políticos proceden con igual escepticismo en todas las circunstancias; aun en las más supremas.

Después del discurso de Martos dióse por terminada aquella sesión, abierta el 10 de Febrero, que había durado cincuenta y cuatro horas. Comenzó á la sombra de un trono y acababa entre el entusiasmo del pueblo que, influido por generosas esperanzas y lleno de fe en los mismos políticos que odiaba poco antes, gritaba: ¡Viva la República!

Por primera vez ó indudablemente por última, se daba el espectáculo de cambiarse una forma de gobierno tradicional por otra popular sin conflictos ni sacudimientos y sin que el pueblo tuviese que disparar un tiro ni derramar una sola gota de sangre.

El espectáculo no podía ser más hermoso; el entusiasmo era inmenso; todos se forjaban para el porvenir risueñas ilusiones y..... sin embargo, la República Española nacía muerta.

No la habían hecho triunfar las sublimes energías de un pueblo que convencido de lo mucho que le costaba el conquistarla supiera sostenerla, sino que la habían traído la caballerosa susceptibilidad de un rey y las luchas internas de los monárquicos antes que los esfuerzos de los republicanos.

Aquella República era la obra, no de la iniciativa popular, sino de la apurada situación de los radicales, que monárquicos hasta la médula y no teniendo un rey á quien colocar en el trono, se arrojaban en brazos de aquella misma forma de gobierno que habían combatido en el 68 y el 69, épocas que fueron las mejores para establecer la República sobre sólidas bases, pues entonces existía latente el espíritu revolucionario.

La nueva República la defenderían indudablemente los republicanos, pero éstos forzosamente habían de marchar subordinados á los antiguos monárquicos que consideraban la nueva situación como obra suya y desde los primeros instantes se extremaban en limitar la iniciativa del pueblo. Buena prueba de esto fué la imposición del poder central á las Juntas revolucionarias que se formaron al proclamarse la República. Con esto repitióse el espectáculo de 1868 cuando los hombres de Setiembre esterilizaron la revolución disolviendo las Juntas populares.

Teniendo en cuenta estos antecedentes es como se comprende la vida anémica y extraña del gobierno nacido en 1873.

Aquella República sólo lo fué de nombre; pues en el fondo no pasó de ser una interinidad como la de 1869 bajo la Regencia de Serrano.

¿Dónde se vió en ella el sublime entusiasmo popular, el heroísmo sin límites del pueblo americano y del francés en el pasado siglo, cuando consideraban en peligro su República? ¿Qué rasgos de ardiente patriotismo y de sacrificio republicano pueden citarse en tal período? ¿Quién protestó con las armas en la mano cuando los Borbones volvieron á España después del incalificable acto de Sagunto?

Volvemos á repetirlo. La República del 11 de Febrero nació moribunda, y forzosamente había de ser su vida breve y anodina.

La evolución, como procedimiento para cambiar las formas de gobierno, es una falsedad. Si alguna vez llega á realizarse casualmente, su resultado es breve y fugaz; es un feto sin vida.

La República, para tener solidez y estar asentada sobre firmes bases, es preciso que surja entre el estruendo popular. Sólo se sostiene y se conserva lo que cuesta mucho de adquirir, y del mismo modo que en la vida nos interesamos más por nuestros hijos que por los extraños, aunque éstos sean nuestros semejantes, los pueblos sólo tienen energía y se exceden en heroísmo para defender lo que es obra exclusiva suya, el gobierno que consideran como cosa propia y que han conquistado á fuerza de sacrificios y de sangre.

Una República que nada cuesta al pueblo y que éste reciba ya formada, es una República muerta; y todas cuantas formas de gobierno democrático se den á los españoles como producto de una casualidad parlamentaria ó de una debilidad de las instituciones tradicionales, caerán como cayó la República del 73.

Sólo la que se forje sobre el yunque de la barricada; la que tenga por verdadero padre al pueblo; la que nazca entre entusiasmo heróico y supremas convulsiones que remuevan hasta las últimas capas del país, será la que vivirá, pues tendrá siempre quien la defienda en los momentos difíciles y la haga resucitar como Fénix de libertad cuando la reacción la empuje á la muerte.

CAPITULO XXVIII

1873

Situación de radicales y federales al proclamarse la República.—Tendencias de los dos partidos.—Exagerada benignidad de los republicanos.—Desórdenes en Andalucía.—Exageración de los conservadores.—Adhesión de Espartero á la República.—Sospechas que excita el general Moriones como general del ejército del Norte.—Le reemplaza el general Pavía.—Ingratitud de los radicales.—Sus manejos contra los republicanos.—Provocan la crisis ministerial.—Reunión de la Asamblea en secciones.—Conferencia de radicales y federales.—Golpe de Estado que preparan los radicales.—Es desbaratado por Pí y Margall.—Apurada situación de Martos.—Su debilidad y vergüenza.—Resolución que adopta.—Sesión del 24 de Febrero.—Dimisión del ministerio.—Justificación de Martos.—Facultades que le da la Asamblea.—El nuevo gobierno.—La proclamación de la República en Barcelona.—Planes reaccionarios de las autoridades militares.—Irritación de los republicanos catalanes.—Disposiciones de la Diputación Provincial.—Fuga de los jefes.—Abandono en que queda el ejército de Cataluña.—Honradez de los soldados.—El cabo Lambiaga.—Baldomero Lostau.—Sus acertadas disposiciones.—El Estado Catalán.—La Diputación inviste á Lostau de la dictadura revolucionaria.—Sus acertados actos de gobierno.—Efecto que causan en Cataluña las noticias de las Cortes.—Fracaso del movimiento federal.—Figueras en Barcelona.—Sus actos.—Lostau sale á campaña con los Guías de la Diputación.—Sus triunfos sobre los carlistas.—Estévanez gobernador de Madrid.—Actitud de Pavía.—Nouvilas en el Norte.—La República en sus relaciones internacionales.—Reconocimiento de Suiza y los Estados-Unidos.—Conducta de la Asamblea.—Hostilidad de los radicales.—Su inteligencia con los conservadores.—La asociación de *vecinos honrados*.—Debates que origina en la Asamblea.—Proposición del gobierno sobre disolución de la Asamblea.—Dictamen de la comisión.—Voto particular de Primo de Rivera.—Discurso de Figueras.—Debate sobre el voto particular.—Acuérdase la disolución de la Asamblea.—Ultimas hostilidades de los radicales.—Abolición de la esclavitud en Puerto Rico.—Nombramiento de la comisión permanente.—Disolución de la Asamblea.

Al triunfar la República, los republicanos comprendieron que iban á encontrar grandes obstáculos en sus nuevos compañeros los radicales, quienes teniendo el nuevo gobierno como obra suya, querían ejercer más influencia aún que bajo el reinado de don Amadeo. A esto se unía la

D. ESTANISLAO FIGUERAS.

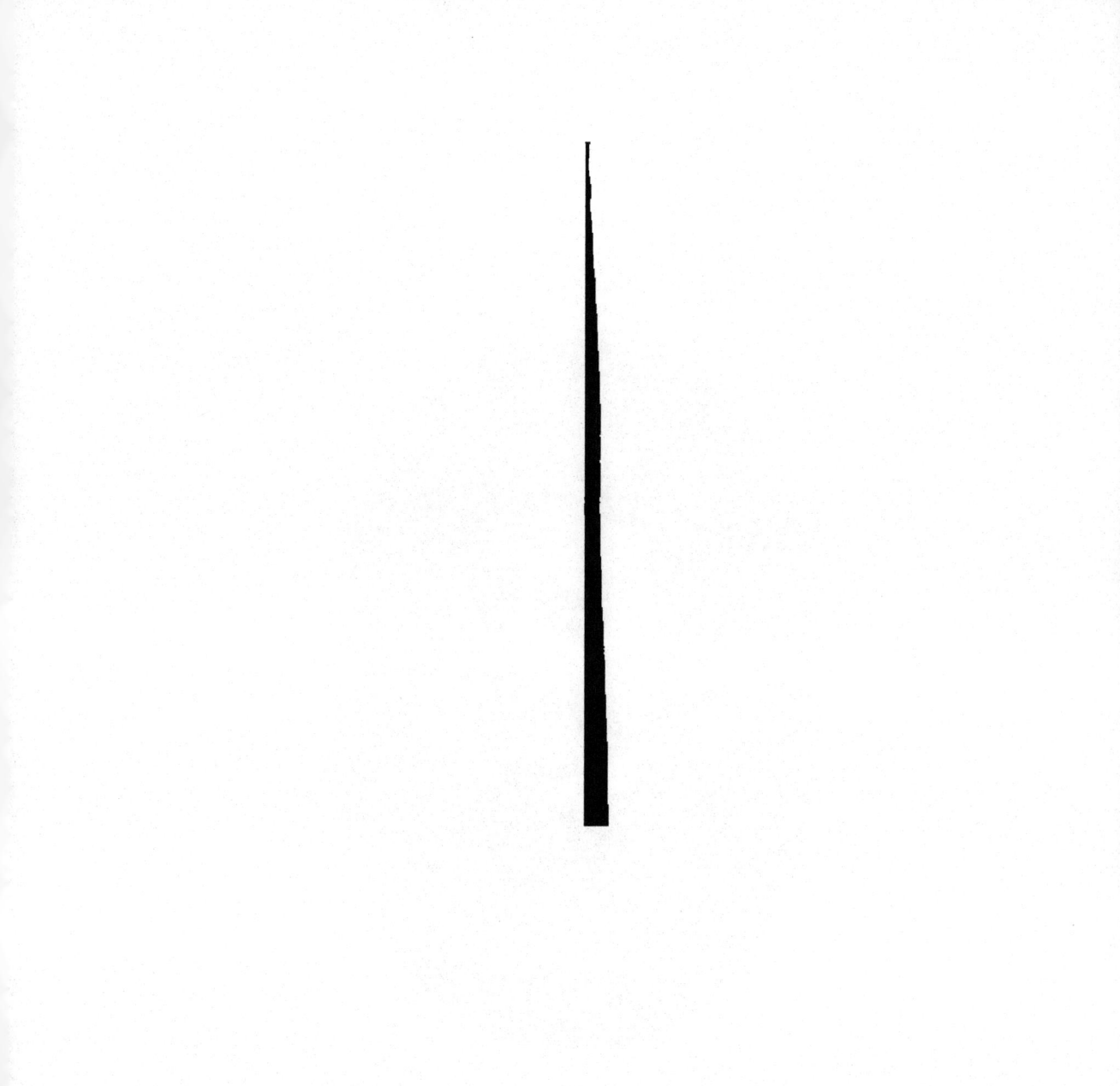

desconfianza que sentía el partido federal tratándose de los radicales, pues estaban recientes los discursos de Martos, Echegaray y Becerra en contra de la República, y nadie creía que en tan poco tiempo hubiesen podido cambiar tan por completo de doctrinas políticas.

El nuevo programa de los radicales estaba bien determinado por la conducta que éstos observaban. Transigían con la República porque no encontraban un rey que reemplazase á don Amadeo; pero procuraban mantener en pié lo más esencial de la monarquía y especialmente la centralización política y administrativa, que convierte en Estados monárquicos á las repúblicas unitarias.

Los radicales transigían con los republicanos y compartían con ellos el poder porque se veían débiles después de la retirada de don Amadeo; pero desde el 11 de Febrero pensaron en el medio de recobrar su antiguo prestigio para desembarazarse de sus revolucionarios auxiliares, que sustentando sus doctrinas pedían que la República no se detuviese en su avance, y que fuese pronto un hecho el planteamiento del régimen federal.

Si los radicales miraban con desconfianza á los republicanos, éstos por su parte no veían con menos hostilidad á sus nuevos auxiliares, pues conocían en ellos el deseo de falsear la República, haciendo que fuese unitaria y centralizadora.

Para que la nueva República mereciese el nombre de tal y no fuese el gobierno de unos cuantos monárquicos despechados, era necesario que los republicanos la dirigiesen exclusivamente; pero por desgracia existía un pacto entre radicales y federales que les obligaba á cumplir el compromiso de dejar la República tal como se hallaba, hasta que unas Cortes Constituyentes reuniéndose, acordasen si había de ser unitaria ó federal.

Pí y Margall en su folleto *La República de 1873*, hablando del modo como se constituyó dicha forma de gobierno y de la conducta observada por los federales que entraron en el ministerio, dice así:

«Vine á las Cortes de 1869 con la firme decisión de propagar la idea federal, y, si posible fuese, aplicarla. Los que hayan seguido con mediano interés el curso de nuestra revolución, sabrán si he cumplido mi propósito. Otros habrán podido vacilar; yo no he vacilado un momento. No han quebrantado mi fe las derrotas ni las ingratitudes. La he llevado incólume al poder é incólume la he sacado del gobierno. El día 11 de Febrero de 1873 me cupo la señalada honra de redactar y sostener la proposición por la cual se había de establecer en España la República. Quise que unas Cortes Constituyentes viniesen á definir y organizar la nueva forma de gobierno; y aquel mismo día declaré clara y paladinamente ante la Asamblea Nacional que si las futuras Cortes se decidiesen por la república unitaria, seguiría en los bancos de la izquierda.

»El país no podía ciertamente llamarse á engaño sobre mis ideas políticas. Atendido mi carácter, podía aún esperar menos que me llevase al gobierno otro fin que realizarlas. Así lo comprendieron, sin duda, los enemigos de la República, puesto que me escogieron por blanco de sus tiros. En la imposibilidad de ganarme por la lisonja, resolvieron acabar conmigo por la difamación, y así lo hicieron. Desgraciadamente, los ayudaron en su obra, unos por maldad, otros por torpeza, muchos de mis correligionarios.

»Mis ideas han sido claras y precisas hasta en lo que toca al procedimiento para establecer la República. La federación, como lo dice la etimología de la palabra, es un pacto de alianza; un pacto por el cual pueblos completamente autónomos se unen y crean un poder que defiende sus comunes intereses y sus comunes derechos. Llevado de la lógica, había yo siempre sostenido que no cabía federación, es decir, pacto, mientras no hubiese en España Estados autónomos, y, por lo tanto, que el movimiento federal debía empezar por la constitución de las antiguas provincias en Estados. Sobre este punto habían pensado así conmigo ó yo con ellos, todas las asambleas federales, todos los directorios republicanos y, lo que es más, la inmensa mayoría del partido, cuya opinión fué bien explícita cuando la célebre declaración de la prensa.

»No se me habían ocultado los peligros que este procedimiento entr[a]ba. Las provincias de España tie[nen] entre sí vínculos demasiado fue[rtes] para que en ningún tiempo preten[dan] disgregarse rompiendo la unidad [na]cional; no por esto era menos de te[mer] que, abandonadas á sí mismas du[ran]te el período de su conversión en [Es]tados, ya por cuestiones de territo[rio] ya por la determinación de la ór[den] en que hubiesen de moverse, ya [por] la ignorancia de los más y la nat[ural] exaltación de las pasiones, surgi[esen] conflictos que vinieran á interrum[pir] aunque por corto tiempo, la vida d[e la] patria y los intereses de la industr[ia y] el comercio. Para conjurar estos [peli]gros,—tan atento estaba aún ento[nces] á conservar la unidad y la integr[idad] de la patria,—había propuesto y [yo] había recibido con general apla[uso] que en los primeros momentos de [la] revolución federal se crease con e[l ca]rácter de transitorio un poder cen[tral] fuerte y robusto que, disponiendo [de] la misma autoridad y de los mis[mos] medios de que hoy dispone, mantu[vie]se en todas partes la nación y el ord[en] hasta que, reorganizadas las prov[in]cias, se llegase á la constitución [defi]nitiva y regular de los poderes fe[de]rales.

»Aun así, este procedimiento [de] abajo arriba era aplicable sólo al c[aso] en que la República federal viniese [ó] por un movimiento á mano arma[da] como el de 1869, ó por acontecimi[en]tos y circunstancias tales que nos h[u]biesen permitido llegar al gobie[rno] sin transacciones ni compromisos. No vinimos así á la República, y, como era natural, hubo de ser otro el procedimiento.

»La República vino por donde menos esperábamos. De la noche á la mañana Amadeo de Saboya, que en dos años de mando no había logrado hacerse simpático al país ni dominar el creciente oleaje de los partidos, resuelve abdicar por sí y sus hijos la corona de España. Vacío el trono, mal preparadas aún las cosas para la restauración de los Borbones, sin más príncipes á que volver los ojos, los hombres políticos, sin distinción de bandos, ven casi todos como una necesidad la proclamación de la República. Resueltos á establecerla se hallaban ya los que habían previsto y tal vez acelerado el suceso; y como hombres que llevaban un pensamiento y se habían proporcionado medios de ejecutarlo, empujan unos á los tímidos, deciden otros á los vacilantes é inutilizan todos á los que aun pretenden salvar de las ruinas de la dinastía el principio monárquico. Al abrirse la sesión del Congreso la tarde del 10 de Febrero de 1873 las resistencias están ya casi vencidas; las que aun subsisten ceden al primer ímpetu de radicales y republicanos. Se declara el Congreso en sesión permanente, y la tarde del 11, leída la abdicación del rey, se refunden en una sola Asamblea las dos Cámaras y casi sin debate aceptan la República.

»¿Qué república era la proclamada? Ni la federal ni la unitaria. Había mediado acuerdo entre los antiguos y los modernos republicanos y habían convenido en dejar á unas Cortes Constituyentes la definición y la organización de la nueva forma de gobierno. La federación de abajo arriba era desde entonces imposible: no cabía sino que la determinasen, en el caso de adoptarla, las futuras Cortes. Admitida en principio la federación, no cabía ya empezar sino por donde se habría antes concluido, por el deslinde de las atribuciones del poder central. Los Estados federales habrían debido constituirse luego fuera del círculo de estas atribuciones.

»El procedimiento,—no hay para qué ocultarlo,—era abiertamente contrario al anterior: el resultado podía ser el mismo. Representadas habían de estar en las nuevas Cortes las provincias, y, si éstas tenían formada idea sobre los límites en que habían de girar los poderes de los futuros Estados, á las Cortes podían llevarla y en las Cortes sostenerla. Como determinando la esfera de acción de las provincias habría venido á quedar determinada por el otro procedimiento la del Estado, determinando ahora la del poder central, se determinaba, se quisiera ó no, la de las provincias. Uno y otro procedimiento podían, á no dudarlo, haber producido una misma constitución y no habría sido, á mi manera de ver, ni patriótico ni político dificultar, por no transigir sobre este punto, la proclamación de la República.

»Si el procedimiento de abajo arriba era más lógico y más adecuado á la idea de la federación, ora, en cambio, el de arriba abajo más propio de una nacionalidad ya formada como la nuestra, y en su aplicación mucho menos peligroso. No había por él solución de continuidad en el poder; no se suspendía ni por un sólo momento la vida de la nación; no era de temer que surgiesen graves conflictos entre las provincias; era la obra más fácil, más rápida, menos expuesta á contratiempos y vaivenes. Aun con este procedimiento habían de presentar nuestros enemigos la federación como ocasionada á desastres; pero habían de encontrar menos eco en el país y el temor había de ser mucho menos fundado y legítimo.

»Como quiera que fuese, la transacción estaba hecha y yo no había de faltar á una palabra solemnemente empeñada. Unas Cortes Constituyentes eran las llamadas á decidir en primer término si la República había de ser federal ó unitaria; luego, cuál había de ser su organismo. Individuo de un gobierno que había de regir los destinos del país durante el intérvalo de una Asamblea á otra Asamblea, no podía adelantarme ni permitir que nadie se adelantase á la obra de las Cortes. Si después de reunidas seguía gobernando, podía tolerar aún menos que tratase nadie de usurpar las atribuciones que tenían.»

Estas declaraciones de Pi y Margall, demuestran la fiel lealtad con que los federales cumplían el compromiso contraído con los radicales, mientras éstos mostraban la más ab[soluta] y absorbente ambición. El res[peto á] la legalidad que en aquella o[casión] observaron los ministros republi[canos] resultó altamente nocivo, y tanto [des]pués del 11 de Febrero como [en la] jornada del 23 de Abril fué la [verda]dera causa de que la República [no lle]gase á consolidarse y que arra[strase] una vida mísera.

Fué una falta imperdonable [de los] prohombres federales demostra[r tan]ta abnegación y desinterés, pue[s de]bían haberse aprovechado de la [exci]tación del país que estaba á su l[ado,] acelerar la constitución de la Re[públi]ca, cambiando las antiguas prov[incias] en Estados federales.

Esta benignidad y respeto c[on los] enemigos fué la principal causa [de la] muerte de aquella República q[ue en]tre tantos hombres eminentes [que] contaba no encontró uno solo d[e ver]dadera energía ó de suficiente [des]preocupación para atropellar u[na le]galidad mentida en nombre del [inte]rés revolucionario.

La proclamación de la Rep[ública] fué acogida en todas las provinci[as con] gran entusiasmo y en casi toda[s las] poblaciones fueron destituidos [por el] pueblo los ayuntamientos moná[rqui]cos, sustituyéndolos otros con ca[rácter] de interinos compuestos de los fe[dera]les de más prestigio.

La República nacía con muy [buen] aspecto, pues las clases conservad[oras,] aunque retraídas, no se mostra[ban] asustadas y los fondos públicos ex[

rimentaban una alza respetable, mientras el pueblo permanecía tranquilo y confiado esperando que no tardaría en establecerse la federación ya que la República había triunfado.

Los republicanos mostrábanse como el partido más moral y desinteresado, pues eran pocos los que pedían destinos públicos queriendo aprovecharse del triunfo de sus ideales. Los radicales no imitaban esta conducta, pues no contentos con sostener á todos sus parciales en los cargos públicos entablaban una verdadera batalla en el Consejo de ministros cada vez que se proponía para un empleo á un republicano.

El establecimiento de juntas revolucionarias ó ayuntamientos provisionales en las principales poblaciones produjo gran efervescencia en los radicales, que veían en ellas un peligro para sus planes y comprendían que por tal camino la República federal estaba próxima.

Con tales propósitos sostuvieron en el Consejo de ministros la necesidad de disolver las juntas, restableciendo los antiguos ayuntamientos monárquicos, pretensión á la que desgraciadamente accedieron los ministros republicanos tomando gran empeño en disolver aquellos organismos populares que eran legítima consecuencia del cambio político verificado.

Pi y Margall, que en el seno de aquel ministerio ejercía gran influencia siendo de hecho el jefe del Poder Ejecutivo, en el folleto ya citado explica tal acto justificándose de paso del deseo que le atribuían de establecer la federación de abajo á arriba lo que no era verdad por desgracia, pues de haber sido así tal vez se hubiese salvado la República.

«Me encargué del ministerio de la Gobernación,—dice,—la mañana del día 13. Apenas puse en él los piés, cuando empecé á recibir noticias de haberse destituido ayuntamientos y establecido juntas revolucionarias en muchos pueblos de la Península. Los partidos en España habían hecho otro tanto á todo cambio de sistema político; los republicanos se creyeron en el derecho y deber de repetirlo. Es verdad que la República no había nacido de combates ni de tumultos; pero no lo es menos que tampoco debía á la ley su origen. Los pueblos, á falta de la inteligencia de que están dotados los individuos, tienen un instinto que rara vez les engaña. Vieron en la proclamación de la República un acto revolucionario. Comprendieron que ni era constitucional la fusión de las dos Cámaras, ni podían estas sin violar las leyes fundamentales del Estado, alterar la forma de gobierno.

»No autorizaba esto, con todo, la formación de las juntas, legítimas tan sólo cuando desaparece el poder central ó se alza el país en masa para derribarlo. Aquí las juntas no pretendían más que secundar el movimiento de la Asamblea; y sobre ser para ello inútiles, no podían menos de trabar la acción del gobierno y precipitar tal vez la nación á la anarquía, cuando tan perturbada estaba ya por las facciones de don Carlos. Di al punto las más apremiantes y severas órdenes para disolver las juntas y reponer los ayuntamientos. Hice que se amenazara con la fuerza á los que se negasen á obedecerlas. Y casi sin hacer otra cosa que enseñar á los más rebeldes las bayonetas del ejército, logré en días el restablecimiento del orden.

»Si me hubiese propuesto hacer la federación de abajo arriba, á pesar de mis compromisos, no habría seguido esta conducta. Con que hubiera combatido tibiamente las juntas, el movimiento se habría extendido pronto á las capitales de provincia. El gobierno y aun la Asamblea no habrían tardado en desear perecer arrollados por la corriente revolucionaria. No lo pensé siquiera. Pensé, por lo contrario, en alejar otro motivo de agitación que habría podido producir los mismos efectos.

»Distaba de hacerme ilusiones. Tenía restablecido el orden material, no la calma en los ánimos. Si se había recibido mal que bien la disolución de las juntas, se había visto con muy malos ojos la reposición de los ayuntamientos. Creían sinceramente los más de los republicanos que el cambio en la forma y el personal del gobierno, llevaba lógicamente consigo el de las corporaciones populares. Lo creían, y es más, los mismos ayuntamientos, que se habían prestado á disolverse á la primera exigencia de

mis correligionarios: algunos, sabedores de la proclamación República, los habían buscad que los reemplazaran, cuando r bían abandonado cobardement puestos.

»Conocedor de este estado de y partícipe de la opinión gene mi partido, propuse ya en el Consejo de ministros la renovaci sufragio de todos los ayuntam y las diputaciones de provincia. otras razones que para ello daba colegas, les hacía presente que dos los cambios políticos algo b se apoderaba de los pueblos cie tividad febril que era preciso en algo, si no se quería que la sen contra el gobierno. Ocupé decía yo en la elección de los c municipales y provinciales y t mos la seguridad de llevar la sin violencia ni trastornos á las Constituyentes..»

La benignidad y el respeto q federales observaban con los ra era tan grande que hasta á éstos mos asombraba, no compren como la confianza en el triunfo principios llegase hasta el pu responder con favores y concesi los que aprovechaban todas la cunstancias para mostrarse alev desleales.

El dualismo que existía en e del ministerio y que imposib la constitución definitiva de la l blica sirvió para que el triu ésta no se señalase con ninguna

que indicara al país que ha-
de un gobierno tradicional
regido por otro democrático.
r de esto, la revolución se
tir, y en varias poblaciones
órdenes motivados por odios
dad y antiguas venganzas.
illa los desórdenes tuvieron
er grave, pues fueron incen-
gunas fincas y asesinados dos
ios. Los autores de tan cen-
echo no pudieron ser habi-
 esto no evitó que muchos
, la mayor parte de los cuales
n de probada inocencia, fue-
rrados en la cárcel, prisión
a que ha durado veinte años,
roceso sobre aquellos sucesos
stá sin terminar, y en el
hay aún algunos procesados
onsabilidad es problemática
esar de esto continúan presos.
ros puntos de Andalucía la
ción de la República, hirien-
ente la imaginación meridio-
ujo trastornos de carácter so-
que no tuvieron más impor-
e la que le quisieron dar las
iones de los conservadores.
os pueblos se intentó hacer
o de la propiedad territorial;
 conatos no llegaron á reali-
 gran pesar de los conserva-
 buscaban motivos para des-
 á la naciente República.
anto el gobierno recibía ad-
de hombres que hasta enton-
abían estremecido al pensar
ña pudiera ser republicana;

distinguiéndose entre todas la del general Espartero, que, como ya sabemos, se indignaba al oir algunos años antes hablar de República. En dicho documento el héroe de Luchana se valía de su ya popular muletilla política, pues decía así:

«*Cúmplase la voluntad nacional*, ha sido siempre mi lema; los cuerpos colegisladores en uso de su soberanía han proclamado la República, que yo acepto, y doy las más expresivas gracias á todos los señores que forman el Gobierno, por las consideraciones que se han dignado dispensar á este veterano de la libertad que, ajeno siempre á toda mira personal, nunca su ambición conoció más móvil que la ventura de su patria.—Baldomero Espartero.

»Logroño 13 de Febrero de 1873.»

Así que los ministros republicanos tomaron posesión de sus carteras, Pí y Margall, como ministro de la Gobernación, envió la siguiente circular á los gobernadores de las provincias, dándoles cuenta del cambio político que la nación acababa de experimentar:

«Vacante el trono por renuncia de D. Amadeo de Saboya, el Congreso y el Senado, constituídos en Cortes soberanas han resumido todos los poderes y proclamado la República.

»A consolidarla, á darla prestigio, deben dirigirse ahora los esfuerzos de todas las autoridades que de este ministerio dependen. Se ha establecido sin sangre, sin sacudimientos, sin la menor alteración del orden público y sin disturbios, conviene que se sostenga para que acaben de desengañarse los que la consideraban compañera inseparable de la anarquía.

»Orden, libertad, justicia, tal es el lema de la República. Se contrariarían sus fines, si no se respetara ó hiciera respetar el derecho de todos los ciudadanos, no se corrigieran con mano firme todos los abusos y no se doblegaran al saludable yugo de la ley todas las frentes. Se la contrariaría también si no se dejara sincera y absoluta libertad á las manifestaciones del pensamiento y de la conciencia, si se violara el menor de los derechos consignados en el título 1.° de la Constitución de 1869.

»No se los contrariaría menos si por debilidad se dejara salir de la órbita de las leyes á alguno de los partidos en que está dividida la nación española. Conviene no olvidar que la insurrección deja de ser un derecho desde el momento en que, universal el sufragio, sin condiciones la libertad y sin el límite de la autoridad real la soberanía del pueblo, toda idea puede defenderse y realizarse sin necesidad de apelar al bárbaro recurso de las armas.

»Confío en que, penetrándose V. S. bien de estas ideas, determine por ellas su conducta. Por ellas determinará rigurosamente la suya el ministro que suscribe. Se han de reunir Cortes Constituyentes que vengan á dar organización y forma á la República. No se repetirán en los p mos comicios las ilegalidades de tiempos; no se cometerán ya las ciones y amaños, los fraudes y lencias que tanto falsearon otras ciones; no quedará por lo men castigo el que los cometa. Si profundo respeto á la ley, se República un desengaño más pa pueblos, y los que componem Poder ejecutivo no hemos de de darlos ni consentir que se les d de la última esperanza.—FRAN Pí y MARGALL.—Madrid 14 de I ro de 1873.»

La mayor preocupación del mi rio republicano así que tomó po del poder fué la actitud en q suponía al general Moriones je ejército del Norte. Apenas se p mó la República en la noch 11 de Febrero se le envió un tel ma urgente dándole cuenta del s y el día 14 todavía no había ll su contestación.

Este silencio tenía en actitud losa al gobierno, contribuyendo la noticia que circuló por M asegurando que Moriones se l sublevado en Vitoria contra el go no de la República.

El general Córdova, ministro Guerra, que de absolutista furib que fué en tiempos de Fernando se había convertido en republic se mostraba algo inseguro de la lidad de Moriones inclinándose crédito á los rumores públicos.

Esto hizo que los ministros r

dos en Consejo acordasen el relevo de Moriones, buscando un general que le sustituyese. Los ministros federales querían que este fuese Contreras ó Nouvilas y los radicales trabajaban por su amigo D. Manuel Pavía y Albuquerque, el cual era muy impopular entre los republicanos por haber combatido la insurrección federal de Málaga á principios de 1869 y hecho fuego sobre los intransigentes en la algarada que en 1872 promovieron en la plaza de Antón Martín.

Los ministros republicanos accedieron como de costumbre á las pretensiones de los radicales, y aprobaron el nombramiento de Pavía, que fingía entonces ser muy republicano. Pavía se presentó ante el Consejo, recibiendo el encargo de relevar á Moriones y de volver á la obediencia á las tropas del Norte si por desgracia se habían sublevado, prometiéndole el empleo de teniente general si cumplía con éxito esta misión.

El general Contreras, que estaba presente y que no quería mucho á su compañero ni tenía en sus ideas políticas gran confianza, le increpó duramente diciendo que no era republicano y que su nombramiento constituía un peligro; llegando á tal punto su insolencia, que el mismo Pí y Margall, para evitar un escándalo, hubo de recordar á Contreras que él tampoco era muy antiguo en la defensa de las doctrinas federales, pues después de la Revolución de Setiembre era partidario de la candidatura de Espartero para el trono de España.

Pavía partió para el Norte tomando varias precauciones, con el fin de que los agentes alfonsinos no estorbasen su viaje. No necesitó de grandes esfuerzos para cumplir su misión, pues apenas encontró á Moriones éste le hizo entrega del ejército sin disgusto y sin resistencia, á pesar de las súplicas del general D. Fernando Primo de Rivera, que quería sublevar las tropas en favor del pretendiente don Alfonso.

Pavía, al quedar al frente del ejército, dirigió á los vascos y navarros la siguiente alocución:

«El gobierno de la República me ha nombrado general en jefe del ejército del Norte y me manda con los brazos abiertos para estrecharos como hermanos.

»El gobierno de la República me encarga deciros á todos, sin distinción de opiniones, que la República es la tolerancia, el respeto á todas las opiniones, á todos los derechos y creencias y que recibe á todos como hermanos, sin humillaciones ni convenios, sin pactos ni traiciones, á lo que se agrega que sus deseos para estas provincias Vascongadas y Navarra, se sintetizan con estas palabras: *Paz y Fueros.*

»Bravos vascos y navarros: á vuestras casas á fraternizar con el valiente ejército de la libertad y de la patria. Perdón y olvido completo, y el mayor timbre que tendré en mi vida será que no se dispare un tiro entre nosotros y que me abráis vuestros brazos para que se arroje en ellos vuestro hermano y general en jefe del ejército del Norte.—Pavía.»

Al regresar á Madrid el general Moriones, quiso explicar francamente su conducta para que no pudiera sospecharse de su lealtad, y se presentó al gobierno demostrando que las nieves habían tenido incomunicado su ejército durante cinco días y que hasta el 13 no recibió dos telegramas, en uno de los cuales se le participaba que don Amadeo había pedido un plazo de veinticuatro horas para renunciar al trono y en el otro se le daba la orden para proceder á la nueva organización del arma de artillería.

—«Yo quise forzar la marcha,—añadió,—pero me fué imposible hacerlo: nuestros soldados tuvieron que caminar sobre más de un metro de nieve y por sitios donde ésta llegaba á la altura de un hombre á caballo. Unicamente pude llegar á Vitoria el 14 y allí el capitán general me comunicó que el rey estaba en Portugal. En el acto puse un telegrama al gobierno diciéndole que entonces acababa de saber la noticia de la proclamación de la República y que contara con la disciplina del ejército.

»Quiero que conste,—dijo por fin,—que si efectivamente el rey no se hubiera ido, que si hubiera sido echado, el ejército del Norte habría cumplido con su deber, y habría sostenido al rey, porque era la representación de la voluntad nacional. El rey se fué por su voluntad; el ejército del Norte y su general en jefe, no tenían más que un deber que cumplir: respetar la soberanía nacional.»

Los ministros republicanos vieron en estas palabras una oculta amenaza; pero los radicales las aplaudieron mucho, encareciéndolas como un acto de gran fidelidad. Esto era debido á que los radicales contaban con la amistad incondicional de Moriones y confiaban en su espada para llevar á cabo un acto de fuerza que desde mucho antes venían proyectando.

Otro de los peligros que reconocían los ministros era el general Contreras, aunque por diversa causa que Moriones. Sabíase que en Madrid iba á estallar un movimiento intransigente y que Contreras era el encargado de dirigirlo, siendo secundado por varias provincias importantes; y para evitar este suceso, nombraron al jefe militar de los intransigentes capitán general de Cataluña, aunque los radicales colocaron á su lado como segundo cabo al general Lagunero, que era de su absoluta confianza.

Con esta resolución no consiguieron los ministros alejar el peligro con que les amenazaban los intransigentes, pues éstos cubrieron el vacío que entre ellos dejaba Contreras atrayéndose al general Nouvilas que soñaba en desempeñar con el tiempo la dictadura revolucionaria.

Los ruegos de los ministros federales consiguieron que se disolvieran las juntas revolucionarias de las provincias, logrando de este modo los radicales un completo triunfo, pues quedaron repuestos los antiguos ayuntamientos monárquicos y el país presenció un espectáculo tan repugnante como era ver á los caciques de la anterior situación vitorear con mercenario entusiasmo la República y en su nombre seguir oprimiendo y vejando á los antiguos republicanos.

Esta censurable benevolencia de los ministros federales con los radicales no lograba que éstos depusieran su actitud egoísta y se mostrasen más generosos con los republicanos que les sostenían en el poder. Cada vez que los federales proponían en el Consejo de ministros á alguno de sus correligionarios para un cargo público, promovíase una acalorada discusión que hacía más visible la imposibilidad de que continuase aquel gabinete heterogéneo.

Los mismos radicales eran los que más prisa demostraban en romper la conciliación, y por esto en el Consejo celebrado el 23 de Febrero dijeron que no podían seguir en el gobierno hasta saber qué grado de federalismo era el de los republicanos. Pí y Margall contestó diciendo que esta pregunta sólo era pertinente antes de la proclamación de la República; pero que desde el momento en que se había acordado la reunión de unas Cortes Constituyentes, á estas solas tocaba determinar si la República española había de ser federal, señalando las condiciones y límites del nuevo sistema.

Los radicales insistieron en que no podían marchar de acuerdo con los republicanos, añadiendo que éstos eran los que debían mandar y que á las Cortes tocaba resolver la crisis. Los federales intentaron aplazar ésta, pero insistieron los otros ministros y la crisis quedó planteada inmediatamente.

Esta resolución de los radicales tenía por objeto encubrir una odiosa trama, pues días antes se habían reunido todos los prohombres de tal partido acordando constituir por medio de un golpe de fuerza una República unitaria, con exclusión absoluta de los republicanos. Zorrillistas y sagastinos habían de constituir el núcleo de tal República bajo la presidencia del general Serrano, y Martos era el director de la trama, el cual, sin conocimiento de los ministros, ilegalmente y sin otra autoridad que la de presidente de la Asamblea, nombró general en jefe del ejército de Castilla la Nueva al general Moriones, quien dispuso el relevo de varios coroneles muy conocidos por sus ideas republicanas.

Estas maniobras de los radicales aunque se llevaron á cabo con cierto sigilo llegaron inmediatamente á conocimiento del ministro de la Gobernación, Pí y Margall, el cuál pasó toda la noche del 23 en el ministerio con gran zozobra, temiendo que estallasen al mismo tiempo dos movimientos; uno de los intransigentes capitaneado por Nouvilas y otro de los radicales á favor de la república unitaria dirigido por Moriones y Martos.

Entretanto en las secciones del palacio del Congreso reuníanse por separado la minoría federal y la mayoría radical para acordar el desenlace que había de darse á la crisis.

A la reunión de los republicanos acudieron los ministros Figueras, Castelar y Salmerón y después de un debate de tres horas acordóse nombrar una comisión compuesta de Sorní, Garrido, Diaz Quintero, Chao, González y Cervera para que conferenciase con otra que habían nombrado los radicales y en la que figuraban Figuerola, Sardoal, Moncasí, Romero Girón, Saulate, Ramos Calderón y Martos.

Las dos comisiones reuniéronse á la una y media de la madrugada discutiendo hasta las seis sin llegar á un acuerdo. Los republicanos, ya que la conciliación se había roto, no querían admitir otro ministerio de ambos partidos, y en cambio los radicales, después de haber provocado la crisis injustificadamente, querían nombrar un gabinete bajo la presidencia de Rivero en el que entrasen Sardoal, Figuerola, Acosta y Becerra.

Al mismo tiempo algunos federales hacían una propaganda entusiasta á favor de un ministerio en el que era designado Orense para la presidencia sin cartera; Castelar para el ministerio de Estado; Figueras para el de la Gobernación; Pí y Margall para el de Hacienda; Salmerón para el de Gracia y Justicia; Moreno Rodríguez para el de Fomento; Nouvilas para los de Guerra y Marina y Sorní para Ultramar.

No llegaron los dos parti(adoptar ninguna resolución con dora y los radicales se decidie dar el golpe de fuerza que pr taban.

Pí y Margall, que se había re del ministerio de la Gobernació cinco de la mañana, regresó á (las ocho y media, viendo con so que el edificio estaba ocupad cuatrocientos guardias civiles q habían introducido en él durar ausencia. A las preguntas del mi contestó el jefe de la fuerza que bía posesionado de dicho punto] den de D. Cristino Martos, pres: de la Asamblea nacional, y cua: medio día se dirigió Pí y Marg Congreso, vió con extrañeza q palacio de las Cortes estaba oc por un batallón de infantería de y que Moriones en traje de can estaba en la puerta del edificio.

Cuando Pí y Margall entró e habitaciones del presidente, enc reunidos todos sus compañeros d nisterio, y dirigiéndose á Marto una indignación que resultaba m rrible á causa de su caracter frialdad, le increpó rudamente lla dole traidor y censurando su con con los más duros calificativos.

Martos, en cuyo valor confi sobradamente sus correligionario vez de contestar con entereza : ataques de Pí se turbó y trémulo la emoción balbuceó algunas exc lo que irritó de tal modo á Moriones que tiró con rabia su kepis sobre una silla murmurando que no le engañarían más, ni se metería otra vez en aventuras con hombres de tan poco valor.

Martos estaba tan aturdido que rogó á Pí y Margall pasase al salón de secretaría donde podrían tratar con más sosiego el asunto, y una vez allí, Pí y Margall continuó sus protestas cada vez con más subida entonación, diciendo á Martos que no tenía ninguna autoridad para disponer que fuerzas de la guardia civil y del ejército ocupasen el ministerio de la Gobernación y el Congreso. Martos, cada vez más aturdido, contestaba á todo afirmativamente y se sinceraba diciendo, que aquellas disposiciones eran obra del general Córdova, ministro de la Guerra, pero en esto entró dicho general en secretaría y contestando á las preguntas de Pí dijo que él no había dado ninguna orden y que hasta momentos antes no tenía conocimiento de lo que ocurría causándole mucha indignación ver soldados con bayoneta calada á la puerta del Congreso.

Para que la confusión de Martos fuera mayor, tras estas manifestaciones del general Córdova entró en la secretaría un diputado y dió lectura á la orden de la plaza de aquel día, en la cual aparecía nombrado el general Moriones general en jefe del ejército de Castilla la Nueva, por mandato del mismo Martos. Este al verse entonces descubierto, quedó tan anonadado que no supo que decir y tal pavor le infundieron las justas censuras y las indignadas amenazas de Pí y Margall que para hacer que terminase cuanto antes la difícil situación accedió á que se nombrase aquella misma tarde un ministerio republicano homogéneo.

De este modo la energía de Pí y Margall salvó á la naciente República de las maquinaciones reaccionarias de los radicales.

No queremos herir la susceptibilidad de ningún republicano ni dejarnos arrastrar por la pasión de partido; pero rindiendo tributo á la imparcialidad y á la justicia debemos manifestar que en aquella ocasión todos los ministros federales, á excepción de Pí y Margall, demostraron una debilidad censurable y que á no ser por éste la República mediante un pequeño golpe de Estado hubiese caído por completo en manos de los radicales.

Figueras, que por ser presidente del Poder ejecutivo debía haber tomado la iniciativa en aquella ocasión, mostróse acobardado como de costumbre sin preferir la menor palabra contra los planes de Martos, y en cuanto á Castelar estaba asustado ante la energía y la rudeza de lenguaje de Pí, y trémulo y vacilante le rogaba que transigiese con los radicales accediendo á formar con ellos otro gabinete de conciliación. Pí y Margall se opuso con energía á tan absurda propuesta, y el mismo Martos, que estaba subyugado en aquel instante por aquél, le apoyó diciendo que era enemigo de los ministerios heterogéneos y que debia formarse inmediatamente uno compuesto únicamente de republicanos.

Pensóse inmediatamente en designar los que debían ocupar las vacantes que dejasen en el gabinete los ministros radicales, y se acordó que en reemplazo de Becerra, Echegaray y Salmerón (D. Francisco), entrasen D. Eduardo Chao, D. Juan Tutau y D. José Cristóbal Sorni.

La cartera de la Guerra ofreció más dificultades, pues los radicales no querían aceptar al general Nouvilas, á quien proponían los republicanos, acordándose al fin que entrase en dicho ministerio el general Acosta, y en el de Marina el contraalmirante Oreiro. Para que el candidato de los republicanos no pareciese desairado, nombróse á Nouvilas general en jefe del ejército del Norte, cargo que éste aceptó manifestando que no quería ser un obstáculo para la constitución del gabinete.

Además convinieron en nombrar capitán general de Madrid á D. Manuel Pavía, para que no pudiera ofenderse por su rápido relevo.

El partido radical ignoraba por completo esta actitud de sus ministros y de Martos, y tan confiado estaba del éxito que alcanzarían los manejos de éste, que á la misma hora en que se acordaba la constitución de un ministerio homogéneo republicano, la mayoría radical creía ya indiscutible la formación de un gabinete compuesto exclusivamente por sus correligionarios. Por esto cuando en la sesión que se verificó el día 24 por la tarde oyeron á Martos proponer la formación de un gabinete puramente federal, el asombro de los radicales fué inmenso, pues nunca creían que la cobardía del presidente de la Asamblea llegase á tal punto.

Abierta la sesión sostúvose un ligero debate sobre la abolición de la esclavitud en Puerto Rico, é inmediatamente pidió la palabra D. Estanislao Figueras como presidente del Poder ejecutivo, pronunciando el siguiente breve discurso en medio de la mayor espectación:

«Señores representantes de la Nación: las circunstancias graves y difíciles por que atraviesa el país, han hecho necesaria la dimisión del gabinete; el Poder ejecutivo nombrado por la Asamblea ha creído necesario, cediendo á sentimientos de alto patriotismo, de amor á la paz y al orden en que se cifra hoy la forma republicana, ha creído conveniente venir á resignar sus poderes ante la Asamblea que se los había conferido.

»Si en todos los momentos gobernar es obrar, y obrar activa, enérgica é incesantemente, en los momentos actuales, dicho se está que esa necesidad es más imperiosa todavía, y como por estas mismas circunstancias el gobierno no podía gobernar con entera libertad; como tenía que discutir cada medida y cada acto, á pesar de que todos los ministros estaban animados de sentimientos patrióticos y no tenían otro fin ni otro objeto que el de consolidar la paz, el orden y la República, ha sido necesario este acto por parte de todos nosotros; hemos presentado, pues, nuestra dimisión.

»Ruego al señor Presidente de la Cámara se sirva acordar que se dé lectura de ella, y ruego á los señores representantes de la Nación, que nombren inmediatamente quién haya de sustituirnos; nosotros declinaríamos toda responsabilidad si se saliera de esta sesión sin tener nuestros sucesores nombrados; en las circunstancias actuales, es de absoluta necesidad que no haya solución de continuidad en el poder: que á un gabinete que hace dimisión, suceda otro gabinete nombrado por la Asamblea Nacional. De vuestra soberanía habíamos recibido nuestros cargos, en vuestra soberanía los resignamos; á vuestra soberanía toca el reemplazo nuestro en este banco.»

Terminado este discurso, leyó un secretario la siguiente comunicación del gobierno:

«Razones de política, sentimientos de amor inextinguible á la libertad, al orden y á la patria, que se cifran hoy en la forma republicana, nos aconsejan presentar las dimisiones de nuestros cargos al presidente de la Asamblea, para que las comunique al Poder Supremo de la Nación. Vuecencia al presentarlas debe añadir el testimonio de nuestro acatamiento á la Asamblea y de nuestro fervoroso entusiasmo por la República.

»Madrid 24 de Febrero de 1873.— Estanislao Figueras.—Emilio Castelar.—Nicolás Salmerón.—Fernando Fernández de Córdova.—Francisco Pí y Margall.—Manuel Becerra.—José María de Beranger y Alonso.—José Echegaray.»

Apenas terminó la lectura de este documento, levantóse á hablar don Cristino Martos y empezó manifestando que los trabajos y preocupaciones á que se había entregado en aquellos días, le tenían privado de energía moral para el pensamiento y de fuerzas materiales para hablar.

Afirmó que cuando hombres de tan reconocido patriotismo y experiencia como eran los individuos del gobierno presentaban la dimisión, no debía atribuirse á falta de valor sino á la absoluta imposibilidad de vencer las circunstancias, afirmando en vista de la gravedad de éstas que no debía llegar la noche sin que la Asamblea nombrase otro gabinete.

«Si el ministerio compuesto de las dos fuerzas políticas no es ya posible, —añadió,—hay que votar un ministerio homogéneo. ¿Pero qué es ministerio homogéneo, señores? Un ministerio compuesto de los hombres procedentes del antiguo partido republicano. ¿Por qué así? Porque aquí nos hallamos también en presencia de un imposible moral, de la formación de un ministerio homogéneo compuesto de los hombres del antiguo partido radical. Porque es verdad que nosotros teníamos para llevar al gobierno el interés del orden, de la libertad, de la patria y de la República; todos estos intereses eran comunes al partido radical y al republicano, pero singularmente el interés de la República, la autoridad de las ideas de la República, la confianza para la realización de esas ideas estaban de derecho en los hombres del antiguo partido republicano. La confianza se va conquistando, pero no se impone por el esfuerzo de un día; la confianza vendrá, porque si no viniese, entonces vendría la perdición.

»Las circunstancias, señores,—añadió al observar el mal efecto que sus palabras causaban en la mayoría,—son bastante extraordinarias para que yo explique lo extraordinario de lo que estoy diciendo aquí. En vez de procurar convencer á mis amigos en los pasillos, quiero que mis pensamientos, honrados, honradamente se sepan; que todo el país los oiga y la conciencia pública los juzgue. Yo digo, señores, que el partido radical solo en el poder acaso simbolizaba una batalla en Madrid esta misma noche; batalla breve, que estábamos seguros de ganar prontamente, pero batalla sangrienta y terrible, que debíamos evitar por bien del país, por humanidad, por amor á la libertad, aunque yo crea que en ella hubiéramos vencido. No es, pues, el temor á ella lo que nos ha retraído de darla, sino el convencimiento de que hubiera podido ser la perdición de España y sus frutos no los hubiera recogido ciertamente el antiguo partido radical, los habría recogido la reacción y probablemente la última y más inverosímil de las reacciones.

»Hé aquí explicada la crisis; hé aquí propuesta la solución que el patriotismo y la necesidad nos imponen.»

Martos afirmó además, en su discurso, que la Asamblea no podía disolverse porque tenía en sus manos el depósito de la soberanía y había de entregarla íntegra á las Cortes Constituyentes y por eso aconsejó que en caso de suspenderse las sesiones, se nombrase una comisión permanente que pudiese convocar á la Cámara en caso de extrema gravedad ó á petición del gobierno. El orador terminó su discurso con un párrafo elocuente, pero á pesar de esto no consiguió ni un solo aplauso.

La Asamblea preguntada si admitía la dimisión del gobierno, contestó afirmativamente, suspendiéndose la sesión por media hora.

Al volver ésta á reanudarse, Martos manifestó que estando en aquellos instantes la nación huérfana de gobierno, había creído preciso adoptar algunas medidas de orden público figurando entre éstas el nombramiento de general en jefe del ejército de Castilla la Nueva, á favor del diputado y teniente general D. Domingo Moriones. Como éste era el hombre de acción en quien confiaban los radicales, la mayoría acogió con aplausos el nombramiento, y Martos terminó diciendo que la Asamblea podía deliberar con calma porque las circunstancias aunque extrañas no eran graves por fortuna.

La Asamblea quedaba, pues, en la misma situación que trece días antes al renunciar don Amadeo la corona, con la diferencia alarmante de que Martos no se indisponía con la Asamblea como le ocurrió á Rivero, sino que antes al contrario obtenía su absoluta confianza y era investido de facultades excepcionales.

Los republicanos que conocían el carácter tornadizo y alevoso de Martos comenzaban á recelar alguna traición y aun aumentó más su cuidado, al ver que se presentaba una proposición suscrita por Figuerola, Becerra, Rojo Arias y otros, en la cual se hacía la petición siguiente:

«Artículo único. Ínterin se constituye el gobierno por designación de la Asamblea, se inviste al presidente de ésta, de la facultad que encierra el Poder ejecutivo.»

Becerra, con su oratoria desaliñada y brusca, apoyó la proposición fundándola en la necesidad de conservar el orden público; y al ser tomada en consideración acordando que se discutiera, Figueras pidió la palabra en contra.

«Señores representantes del país,—dijo,—en estas circunstancias graves; saliendo hace pocos momentos de aquel banco espinoso, podéis comprender que tendré bastante dominio sobre mí mismo para no decir nada inconveniente, nada en que pueda ofender á los individuos de esta Cámara.

»¡Revestir de todas las facultades, al Presidente de esta Asamblea! ¿Por qué? ¿Con qué objeto? Si fuera necesario para salvar el orden público, si fuera necesario para salvar la libertad en las deliberaciones de esta Asamblea, si no hubiera otro medio, la Cámara debería hacerlo. ¿Pero es que la Cámara no tiene en su mano el medio de que esto termine? Pues qué, ¿la Cámara ha de crear poderes anormales que nos pongan en la interinidad de las olas excesivas? Esta Cámara, ¿puede buscar este conflicto cuando tiene en su mano el derecho del procedimiento? ¿No recordáis la noche del 11 de Febrero? ¿Hubo necesidad de investir al Presidente de la Asamblea de facultades extraordinarias, y de crear ese fantasma de dictadura que ha de hacer más daño á los que la nombren, que el que pudieran hacer hordas de bandidos esparcidas por Madrid y por España entera? ¿No recordáis que estuvimos sin gobierno diez ó doce horas? ¿No recordáis que los que estaban sentados en aquel banco después de admitida su dimisión, vinieron á sentarse en estos? ¿No recuerdan los señores representantes que hubo una disidencia entre el jefe de aquel gobierno y sus compañeros respecto á la solución de la crisis? Pues si entonces no se concedieron esas facultades extraordinarias al Presidente de la Cámara, ¿por qué lo hemos de hacer ahora? Esto valdría tanto como decir que aquí se pasarán horas y días sin resolver esta cuestión.

»La Cámara es soberana, tiene la plenitud de la soberanía; pero la Cámara no puede delegar sus facultades en nadie ni en estos momentos, sino cuando no hay otro remedio. La mayoría esta aquí, que se avengan sus diputados y nombren poder, que nosotros todos leales, estamos al lado del poder que la Cámara nombre. ¿Sabéis, señores representantes, la responsabilidad que contraéis al dilatar el momento supremo y solemne de nombrar el Poder ejecutivo? ¿Sabéis que cuando se traduzca por telégrafo á todas las provincias de España este estado de anarquía que presenta la propia Asamblea que se dice y es soberana, puede sobrevenir un conflicto que nos haga pasar por la vergüenza de que triunfe lo único que cuenta con fuerza compacta, lo único que puede venir á reemplazar á esta asamblea en esta posición crítica, lo que combatimos hace cuarenta años?

»No es posible jugar de esta suerte con un país. ¿Acaso alguien disputa el derecho que tenéis de nombrar un Poder ejecutivo? ¿Hay alguien aquí que intente, que tenga el pensamiento de no obedecer, atacar y respetar el Poder ejecutivo, que en uso de vuestra soberanía nombráis vosotros? Pues, ¿á qué este punto intermedio? Conveníos, deliberad y nombrad, esta es vuestra obligación, haciendo otra cosa contraéis una grave responsabilidad y conducís, no á la República, sino á la patria á su total ruina.»

Rojo Arias contestó al discurso de Figueras negando que se tratara de establecer dictadura alguna y aconsejando á los diputados que diesen al Presidente de la Asamblea las facultades extraordinarias que se pedían y que no temieran los peligros indicados por los republicanos, pues en aquella misma sesión se había de nombrar el nuevo gobierno.

La mayoría pidió inmediatamente la votación, y la proposición quedó aprobada, dando Martos las gracias por tal honor y manifestándose dispuesto á despojarse de la dictadura que se le confería.

Inmediatamente hizo uso de las facultades extraordinarias que se le habían dado nombrando con carácter de interino al ministerio que acababa de dimitir sin más variación que designar al general Moriones para la cartera de la Guerra en reemplazo del general Córdova.

Apenas los ministros ocuparon el banco azul, Figueras pidió que la Asamblea quedase en sesión permanente hasta que se nombrara el nuevo gobierno, á lo que se procedió sin tardanza tomando parte en la votación doscientos cuarenta y cinco representantes. D. Estanislao Figueras resultó elegido presidente del Poder ejecutivo por doscientos treinta y un votos; don Emilio Castelar ministro de Estado por doscientos treinta y cuatro; don Francisco Pí y Margall, de la Gobernación por doscientos veintiseis; D. Nicolás Salmerón de Gracia y Justicia por doscientos veinte; D. Eduardo Chao, de Fomento por ciento setenta y dos; don Juan Tutau, de Hacienda por ciento sesenta y nueve; el general Acosta de la Guerra por ciento cincuenta y nueve; el brigadier Oreiro de Marina por ciento sesenta y D. José Cristóbal Sorní de Ultramar por ciento sesenta y tres.

En esta votación, la fracción que capitaneaba Becerra y que era la más hostil á los republicanos, dió todos sus votos á una candidatura compuesta en su mayor parte de radicales, con lo que se demostró que en la mayoría comenzaba á relajarse la disciplina parlamentaria.

Así quedó constituido el primer ministerio homogéneo de la República.

Trece días habían gobernado juntos los dos partidos que aparecían exteriormente unidos por estrecha conciliación, y ni un solo instante reinó entre radicales y federales la concordia necesaria.

La formación del nuevo gabinete no resolvía tampoco la cuestión, pues su homogeneidad era más ilusoria que real, ya que tenía en su seno á los ministros de la Guerra y de Marina que figuraban entre los radicales. Además la Asamblea por su mayoría radical era un verdadero obstáculo para aquel gobierno, pues los antiguos amadeistas no transigían con el triunfo de los federales y deseaban volver las cosas á su primitivo ser y estado valiéndose de un golpe de fuerza.

Lo único que contenía á los radicales era la actitud de ciertas provincias y en especial de Cataluña donde las ideas federales tenían infinitos defensores.

Al proclamarse la República el 11 de Febrero prodújose gran agitación entre los elementos militares de Cataluña, que eran en su mayor parte de procedencia reaccionaria y estaban comprometidos en la conspiración alfonsina. Los generales Gaminde y Andía que ejercían la autoridad militar de Barcelona, intentaron no reconocer la República votada por las Cortes y proclamar rey al príncipe Alfonso contando con el apoyo del general Caballero de Rodas que estaba en las inmediaciones de la capital y de los brigadieres Urtuzum, J. Fajardo y otros que recorrían el Principado al frente de las columnas encargadas de la persecución de los carlistas.

En la noche del 11 de Febrero dió el capitán general una orden reservada para que todas las columnas que operaban en el Principado marchasen con celeridad sobre Barcelona aprovechando las líneas ferreas, y al mismo tiempo se mandó á los coroneles Lera, Iriarte y Darnell que mandaban los regimientos de infantería de Cádiz y caballería de Alcántara y el batallón de cazadores de la Habana, que saliesen inmediatamente de Barcelona en aquella misma noche. El ser los jefes y oficiales de dichos cuerpos muy conocidos por sus ideas republicanas era la verdadera causa de dicha orden, que demostraba en las autoridades militares el deseo de librarse de unas tropas cuya lealtad republicana podía comprometer sus planes reaccionarios.

Estas disposiciones, al ser conocidas

por el pueblo barcelonés, produjeron gran efervescencia. El vecindario veía con sorpresa la llegada de nuevas columnas que en vez de perseguir á los carlistas se replegaban sobre la capital con un fin misterioso, y las fuerzas de la guarnición seguían encerradas en los cuarteles sin adherirse al gobierno republicano que acababa de votar la representación nacional.

Era tan clara la actitud sediciosa de las autoridades militares de Cataluña, que hasta en Madrid se tenía el convencimiento de que aquéllas no aceptarían la nueva forma de gobierno.

D. Nicolás María Rivero estaba tan convencido del peligro que los militares querían hacer correr á la República en Cataluña, que, como Presidente de la Asamblea (que aun lo era entonces), llamó al diputado provincial de Barcelona, D. Baldomero Lostau, manifestándole que estuviese dispuesto á salir al primer aviso en compañía del general D. Juan Acosta, con dirección á Tarragona, para allí reunirse con las tropas que mandaba el general Hidalgo y caer sobre la capital del Principado, donde se proclamaría la República.

Tan manifiesta era la deslealtad de los generales Gaminde y Andía, que hasta el mismo Ruiz Zorrilla siendo aún presidente del gabinete, manifestó en plena Asamblea «que podría ser que en alguna capitanía general no se acatase el voto de la Asamblea si ésta proclamaba la República.»

Los generales de Barcelona que estaban divididos en benévolos é intransigentes, en vista de lo críticas que eran las circunstancias se unieron ante el peligro que corría la República y encargaron á la Diputación Provincial, compuesta en gran parte de correligionarios, que tomase la iniciativa. La popular corporación dirigida por su venerable vice-presidente D. Ildefonso Cerdá, acordó «apelar á todos los medios que le sugiriese su patriotismo para conjurar el peligro que por todos se creía inminente.»

En el Casino Radical verificóse una reunión de patriotas á la que asistieron los coroneles Lera, Iriarte y Darnell, discutiéndose la forma de oponerse á la conspiración alfonsina que estaba fraguando en la Capitanía general. El escritor D. Valentín Almirall y el editor D. Inocente López invocaron el patriotismo de los militares allí presentes excitándolos á defender la República que estaba en peligro á pesar de ser el gobierno legal de España. Los tres coroneles tan directamente aludidos mostráronse entusiasmados por el servicio que se les pedía y desenvainando sus espadas juraron por su honor defender la República y hacer que se respetara la voluntad de la Asamblea nacional.

Como las circunstancias eran apremiantes y no había tiempo que perder, los tres jefes fueron á ponerse al frente de sus respectivos cuerpos, y la Diputación Provincial y el Ayuntamiento dirigiéronse en masa á la Capitanía general para exigir á los generales facciosos el respeto al gobierno constituído.

El general Andía recibió á las autoridades populares en traje de campaña, pues ya se disponía á montar á caballo para dar el grito insurreccional en favor de don Alfonso y por esto su turbación fué grande en presencia de los diputados y concejales, deshaciéndose en protestas de amor á la legalidad que todos conocían eran falsas.

A las cuatro de la madrugada el batallón de cazadores de la Habana, después de simular que obedecía la orden del capitán general saliendo de Barcelona, volvió á entrar en la ciudad y ocupó la plaza de la Constitución respondiendo los soldados con entusiasmo al grito de ¡viva la República! que daba su jefe el señor Darnell.

No tardó en secundar el movimiento el regimiento de Cádiz con su bizarro coronel Lera á la cabeza, poniéndose tanto este cuerpo como el batallón de cazadores á las órdenes de la Diputación Provincial.

Entretanto los diputados Roig y Minguet, Carreras, Rabella, Arabia, Suñer y Capdevila, Lostau y otros entusiastas patriotas, entre los que se distinguían D. Marcelino Juvany y don Juan Ristol, se lanzaron con un valor heroico al interior de los cuarteles y arengaron á las tropas desbaratando con su audacia el plan de los generales alfonsinos. En esta ocasión se demostró hasta dónde llegan en punto á heroismo los ciudadanos más pacíficos cuando se trata de defender la libertad en peligro.

Los sargentos y los soldados acogieron con entusiasmo las palabras de aquellos valerosos patriotas dando vivas á la República y haciendo que las bandas de música de sus respectivos cuerpos entonasen *La Marsellesa*, y esto bastó para que la mayor parte de los jefes y oficiales que estaban comprometidos en la conspiración alfonsina se asustasen del resultado indirecto de su obra y se diesen á la fuga por temor al popular castigo. De este modo batallones enteros quedaron sin dirección encargándose de su mando el sargento más antiguo.

Convenía además á estos militares de conducta tan miserable demostrar que la República ponía al ejército en completo estado de indisciplina, y de aquí su fuga cobarde y la indignación que se apoderó de los soldados al verse abandonados de sus oficiales.

La restauración que fué la verdadera autora de aquellos sucesos ha glosado mucho, los gritos de ¡que baile! y ¡fuera galones! que los soldados lanzaban en aquella ocasión al ver á sus jefes; pero se guarda muy bien de decir que no otra cosa merecían los militares que faltando á sus deberes huían después de haber intentado levantarse contra la única forma de gobierno legal que ha tenido España ya que era debida á la voluntad de la mayoría de los ciudadanos y no á la imposición de la fuerza.

Los generales Gaminde y Andía al

apercibirse de que su complot había fracasado y de que todas las tropas estaban por la República y se mostraban irritadas contra los conspiradores alfonsinos, huyeron á Portvendre, en el vapor *Ulloa* dejando en Barcelona doce mil soldados abandonados en su mayoría por sus jefes. Exigir después de esto que los soldados guardasen la disciplina, era añadir un repugnante sarcasmo á la traición y la cobardía.

Natural resultaba que en una ciudad como Barcelona doce mil soldados sin el freno de la subordinación y excitados por ciertos elementos que tenían interés en promover desórdenes realizaran algunos hechos punibles; pero á pesar de ésto la indisciplina no pasó de manifestaciones ruidosas contra los jefes, demostrando el soldado en aquella ocasión más respeto y civismo que los miserables que habían huido.

Los escritores monárquicos que con el torpe intento de deshonrar á la República exageran la indisciplina de la guarnición de Barcelona, debían estudiar mejor la historia del ejército bajo la monarquía y ver si los sangrientos motines de la soldadesca, en la guerra de la Independencia y en la primer guerra civil, pueden compararse á los de 1873; pues en éstos no se asesinaron generales ni se fusilaron jefes como ocurrió en las épocas precitadas. Muy al contrario, la guarnición de Barcelona demostraba un desinterés digno de aplauso no perdiendo los soldados en aquella perturbación general ese sentimiento de instintiva moralidad que caracteriza al ejército español.

Los sargentos que se habían encargado del mando de los cuerpos llenaban sus funciones con modestia y en la clase de soldados hubo rasgos que llenan el alma de consuelo, pues demuestran que aún sin el freno que impone la presencia de los jefes no puede ocurrir en nuestro ejército los latrocinios que se realizan en los ejércitos de las naciones más civilizadas.

El batallón de cazadores de Béjar, alojado en el hoy teatro Lírico que entonces se llamaba de los Campos Elíseos, estaba mandado por un alférez, único oficial que había quedado y que tenía escasa autoridad. El cabo de cornetas, hombre revoltoso y de costumbres perversas, inculcó á muchos soldados después de embriagarlos la idea de apoderarse de la caja del batallón que se hallaba en el mismo local y repartirse los fondos.

Este proyecto halagó á muchos y cogiendo sus fusiles se dispusieron á practicarlo, llegando á poner sus manos en la caja; pero en esto el cabo de gastadores, aragonés de arrogante figura, apareció empuñando su remigton y cogiendo la bandera del batallón la puso sobre la caja al mismo tiempo que gritaba en voz de trueno:

—¡Atrás! ¡sólo una vez yo muerto, lograréis deshonrar mi batallón!

Y acometiendo á culatazos al numeroso grupo, consiguió imponerse enviando aviso á la Diputación Provincial para que fuese en su auxilio.

Lostau, acudiendo inmediatamente al cuartel, logró restablecer el orden é hizo presente al gobierno el heroico comportamiento de aquel honrado y valiente militar que se llamaba Lambiaga. El gobierno de la República,—vergüenza causa decirlo,—no dió ninguna recompensa á aquel valiente cabo que salvaba la honra y la disciplina del ejército español puesta en peligro por los generales. Pertenecía Lambiaga á esa clase de héroes oscuros que sacrifican su vida para recibir como premio la más negra ingratitud, y el nuevo gobierno guardaba todos sus ascensos y honores para los *leales* militares de alta graduación que correspondieron á la generosidad de la República proclamando á los Borbones á la primera ocasión favorable.

La Diputación de Barcelona asumió todas las responsabilidades y se encargó de dirigir una situación tan anormal. Nombró al coronel Iriarte capitán general interino y como los pueblos estaban desarmados y no podían resistir á los carlistas, pues la anterior autoridad militar aseguraba que no habían armas en el Parque, incautóse á propuesta del diputado Lostau de todo el armamento que existía en dicho depósito y que constaba aproximadamente de unos diez mil fusiles.

La comisión de armamento y defensa de la cual era el alma D. Baldomero Lostau así como de todas las funciones de la Diputación de carácter puramente ejecutivo, procedió á repartir armas á los pueblos más necesitados de ellas y que mediante este auxilio lograron muchas veces cerrar el paso á las hordas carlistas.

Se dispuso además la salida á campaña de varias columnas del ejército y se organizaron algunos cuerpos francos, uno de los cuales era mandado por el conocido guerrillero Juan Martí (a) *el Xich de la Barraqueta* quien combatió con algún exito á los carlistas.

El gobierno había autorizado á la Diputación de Barcelona para organizar á su costa cuatro batallones de voluntarios denominados *Guias de la Diputación Provincial*, y ésta procedió inmediatamente á su organización confiriendo el mando superior de dichos batallones á D. Baldomero Lostau en clase de delegado de la Diputación y con el carácter de brigadier.

Cuando las necesidades de la política hacían imposible la permanencia de Lostau al frente de los batallones, éstos quedaban bajo el mando interino del diputado Roig y Minguet.

El gobierno de Madrid, que tenía interés en que la Diputación Provincial cesase en el ejercicio de las facultades extraordinarias que las circunstancias habían puesto en sus manos, envió, como ya dijimos, de capitán general de Cataluña á D. Juan Contreras y de segundo cabo el general Lagunero, nombrando además gobernador civil á D. Miguel Ferrer y Garcés.

La gestión de las nuevas autoridades militares de Cataluña había de ser forzosamente desacertada á causa del dualismo que existía entre ellas. Contreras era un valiente militar, pero carecía de condiciones de mando y además estaba continuamente en pugna con Lagunero cuidando más de sus disensiones con éste que de las operaciones de la guerra.

Por otra parte los elementos federales de Cataluña mostrábanse muy inquietos y desconfiados, pues conocían que la mayoría radical de las Cortes, siempre monárquica, había proclamado la República arrastrada por las circunstancias proponiéndose dificultar su verdadero establecimiento impidiendo que el federalismo fuese un hecho y negando á las provincias la deseada autonomía.

Los hombres más conocidos del federalismo catalán desconfiaban del espíritu republicano de las Cortes y llegaron á pensar en salvar la República por su propio esfuerzo iniciando la constitución de los Estados regionales. Con este fin reuniéronse delegados de las cuatro diputaciones provinciales de Cataluña y de las islas Baleares, naciendo en dicha reunión la idea de constituir el Estado de Cataluña y Balear invitando á hacer lo propio á todas las regiones de España.

Como en Barcelona existían muchos elementos vacilantes que no podían admitir de buen grado tal resolución, los federales intransigentes apresuraron su obra con el fin de que tuvieran que acatar los hechos ya consumados.

La mayoría de la Diputación estaba compuesta de republicanos pertenecientes á la fracción benévola, pero la minoría lograba imponerse en todas ocasiones por estar compuesta de populares y ardientes republicanos como lo eran Lostau, Rosell, Roig y Minguet, Carreras, Rabella y otros, los cuales eran apoyados por el vicepresidente D. Ildefonso Cerdá.

Esta minoría, merced á su propaganda, hizo tomar á la Diputación el acuerdo de que «la negativa de las Cortes á disolverse, determinaría ser llegada la oportunidad de reivindicar su autonomía Cataluña.»

La Diputación, en los días que ejerció de Poder Supremo, pudo convencerse de lo perjudicial que era confiar la potestad ejecutiva á muchos individuos, y deseando dar á uno solo dicho Poder, para que la acción no careciese de unidad, puso sus ojos en el hombre que por su juventud enérgica y por su pericia revolucionaria más se había distinguido en los sucesos recientes.

Con este fin la Diputación en la noche del 8 de Marzo de 1873, acordó que, caso de emanciparse Cataluña del Poder Central, recobrando su autonomía, la Diputación Provincial de Barcelona «resignaba todas las facultades y atribuciones de que en el orden civil y militar estaba investida, en la persona del diputado provincial D. Baldomero Lostau, quien debía proceder á la organización de un gobierno provisional que convocara las Cortes catalanas para mediados de Abril.»

ADOLFO JOARIZTI

BALDOMERO LOSTAU

GONZALO SERRACLARA

Además, había de constituir de hecho el Estado catalán, invitando á las demás regiones de España á imitar tal ejemplo.

Lostau, á pesar de lo difícil que era la misión que se le confiaba, la aceptó inmediatamente, y constituido en dictador por la voluntad revolucionaria, adoptó todas las resoluciones propias de la situación. La milicia mostróse adepta y obediente á su autoridad, y Lostau, después de arengar á los batallones populares, visitó todos los cuarteles y se puso de acuerdo con el brigadier Guerrero, gobernador del castillo de Montjuich, quien como toda la guarnición de Barcelona, estaba dispuesto á secundar el movimiento. Además prohibió que entrase en los cuarteles ningún oficial general, como no llevase un pase autorizado con su firma.

Lostau conferenció después con varios caracterizados republicanos para establecer el gobierno provisional, del que entraron á formar parte el mismo Lostau, D. Ildefonso Cerdá, vicepresidente de la comisión provincial; los diputados á Cortes D. Gonzalo Serraclara, D. Francisco Suñer y Capdevila, y tres representantes de las diputaciones de Gerona, Tarragona y Lérida.

El ramo de Guerra fué confiado en el nuevo gobierno á una comisión compuesta de los tenientes coroneles Muñoz y Pina, pertenecientes al regimiento de Navarra y al batallón de cazadores de Béjar, y de algunos otros distinguidos oficiales, bajo la presidencia de Lostau. Esta comisión formuló su proyecto por el cual quedaba disuelto el ejército de Cataluña, tal como se encontraba, constituyéndose inmediatamente otro con la base de treinta batallones de á mil plazas con su correspondiente sección de caballería y artillería. En estos batallones sólo podían entrar aquellos jefes y oficiales que demostrasen su competencia en un riguroso examen, y que por sus antecedentes políticos no constituyesen un peligro para la República. La misión de este ejército era ocupar inmediatamente la alta montaña, arrojando á los carlistas de toda Cataluña.

Al mismo tiempo, los pueblos no ocupados por los carlistas y armados contra éstos, organizábanse en confederaciones para la defensa común, comprometiéndose las milicias de cada comarca á acudir en socorro del punto que fuese atacado, y estableciendo como una línea de bloqueo que impedía que los absolutistas bajasen al llano.

El ramo de Hacienda estaba confiado á una comisión presidida por don Ildefonso Cerdá, el cual proyectaba un respetable empréstito con el Banco, al cual éste accedía, y cuyo producto estaba destinado á hacer frente á las necesidades del momento. La comisión de Gobernación y de Fomento, dirigida por Serraclara, organizaba también los demás servicios con gran precisión.

Sólo se esperaba para dar el golpe decisivo y proclamar difinitivamente al Estado Catalán, la actitud de las Cortes y su negativa á disolverse; pero en la madrugada del día 9 se recibió en Barcelona un telegrama haciendo saber que las Cortes habían decidido su disolución aprobando el voto particular presentado por el general Primo de Rivera.

Los republicanos benévolos que hasta entonces habían permanecido retraídos en vista de la gravedad de las circunstancias, dejándose guiar por los exaltados, salieron de su estupor al saber lo ocurrido en las Cortes y comenzaron á trabajar contra el proyecto del Estado Catalán, que ellos eran los primeros en alabar poco tiempo antes. Para matar la reciente revolución regionalista apelaron á todos los medios, induciendo el Comité de sargentos á desobedecer á la Diputación y llegando hasta intentar el soborno de los voluntarios que guardaban el palacio de dicha corporación.

Contreras estaba ausente de Barcelona, pues Lostau para realizar mejor sus planes le había aconsejado que saliera á dirigir personalmente las operaciones contra los carlistas, y Lagunero, que había quedado de capitán general interino, advertido de lo que intentaba hacer la Diputación, montó á caballo y rodeado de un brillante Estado mayor dirigióse á los cuarteles de Atarazanas y de la Ciudadela, donde no lo dejaron entrar por no llevar un pase firmado por Lostau, como representante de la Diputación.

Lagunero era muy conocido por su carácter arrebatado, y como militar creía que el ejército debía estar por encima de todas las clases de la nación: júzguese, pues, cuán terrible efecto le causaría aquella negativa de sus subordinados ordenada por un paisano.

Seguramente que Lagunero á contar en aquel instante con un solo batallón se hubiera dirigido á la Diputación para disolverla por la fuerza, pero como no se encontraba en tal caso, limitóse á ir en busca de Lostau para pedirle explicaciones y éste le hizo ver la necesidad suprema en que todos estaban de evitar un inútil derramamiento de sangre, y que de aquí provenía su orden negando la entrada en los cuarteles.

Lagunero, convencido por estas palabras ó transigiendo con las circunstancias, no sólo desistió de entrar en los cuarteles, sino que ordenó al jefe del tercio de la guardia civil que se pusiera de acuerdo con Lostau, para que sus fuerzas guardasen el Banco, unidas á los voluntarios de la Diputación Provincial.

La resolución que las Cortes habían adoptado con el voto de Primo de Rivera cambió por completo la situación de Barcelona. Los diputados catalanes enviaron desde Madrid numerosos telegramas disuadiendo á sus compatriotas del plan que estaban dispuestos á realizar, y se anunció la llegada de Figueras en tren expres, para impedir como presidente de la República la proclamación del Estado Catalán. Hasta la clase obrera, con esa inconstancia propia de las masas, abandonó las ideas que horas antes defendía con tenaz entusiasmo, y las diputaciones de las otras provincias de Cataluña no tardaron en retirarse.

Lostau quedó aislado sufriendo las amarguras propias de una empresa que apoya el pueblo más por entusiasmo que por convicción. Los que ahora le abandonaban eran los mismos que le habían hecho comprometerse con las más terribles responsabilidades, y resultaban vanos todos sus esfuerzos para reanimar el movimiento federalista, pues no encontraba quien quisiera participar de su suerte.

Hasta Pí y Margall, por un error que él reconoció después, y deseoso de cumplir los compromisos que había contraído con los demás ministros, procuró aislar el movimiento de Cataluña que en aquellas circunstancias sin derramamientos de sangre y con grandes condiciones de viabilidad hubiese hecho triunfar la República federal. Así lo reconoció poco después el mismo Pí y Margall, pues en su folleto *La República de 1873*, exclama: «*En Barcelona los que intentaron hacer el movimiento del 9 de Marzo, fueron tal vez más previsores que yo.*»

La obra de Lostau malogróse por las malas artes de los benévolos y la indecisión del pueblo. De haber triunfado, el federalismo hubiese sido un hecho y la República asentada sobre firmes bases no hubiese estado á merced del primer soldado de fortuna que quisiera rematarla con un infame golpe de mano.

Figueras llegó á Barcelona con amplios poderes de sus compañeros de ministerio para resolver todo lo concerniente á la situación de Cataluña. Le acompañaba su secretario D. José Rubau Donadeu, republicano que tenía gran prestigio en todo el Principado y especialmente en el Ampurdán, su patria. Los benévolos asediaron al presidente de la República con el clamoreo de su indignación, que se habían cuidado de ocultar cuando la Diputación estaba en el apogeo de su poder, y Figueras con las concesiones de su carácter débil y un buen número de credenciales que repartió, consiguió restablecer la tranquilidad. Para contentar á los obreros, dióles la iglesia de San Felipe Neri que aquellos deseaban, con el fin de establecer en ella un Ateneo.

La presencia de Figueras en Barcelona hizo que cesaran los temores de las clases conservadoras, las cuales en vez de mostrarse agradecidas por la tranquilidad que les proporcionaba mostraron una insolencia propia de reaccionarios que se consideran en seguro.

Quiso Figueras realizar un empréstito con los principales banqueros de Barcelona, y éstos, que conocían su carácter débil y su falta de energía, se negaron con desdeñosa altivez. Dos dias antes aquellos mismos banqueros se habían comprometido con la Diputación á cubrir un empréstito mucho mayor que el solicitado por el presidente de la República, pues temían las energías revolucionarias de Lostau.

Para que el ejército, que manifestaba grandes simpatías por la Diputación, no se mostrase descontento, Figueras aumentó en una peseta el plus del soldado; pero no se cuidó de reformar los cuerpos ni de darles una nueva organización, lo que hacía que el ejército de Cataluña resultase inútil.

Figueras, que sólo buscaba salir en apariencia airoso de aquella empresa de *pacificar* Cataluña, volvió á Madrid dejando el Principado lo mismo que á su llegada, si bien él hacía públicamente las más hermosas promesas sobre el porvenir. El general Lagunero, que no quería permanecer más tiempo en Cataluña, regresó á Madrid acompañando al presidente.

En Barcelona continuó el malestar y se hizo más enconada aún la división entre benévolos é intransigentes. D. Baldomero Lostau que veía premiados con una cruel ingratitud sus esfuerzos por constituir el Estado Catalán, base de la federación española, y que conocía la imposibilidad de continuar con éxito sus trabajos, buscó en la guerra un consuelo para sus decepciones políticas y salió á campaña contra los carlistas al frente de los cuatro batallones de «Guías de la Diputación.»

Lostau probó una vez más que en España cada ciudadano es un soldado y que dadas las especiales condiciones de nuestras guerras, un paisano puede convertirse en denodado caudillo. Los Guías de la Diputación, mandados por tan valiente jefe, se cubrieron de gloria en diferentes encuentros, y cuando el espíritu liberal del Principado estaba decaído por las derrotas que sufrían las columnas de tropa regular, Lostau consiguió reanimarlo desbaratando en Caldas de Montbuy las fuerzas que mandaba don Alfonso, hermano del pretendiente don Carlos, y su esposa doña Blanca, las cuales eran cuatro veces superiores en número á aquellos batallones de patriotas. Lostau y sus soldados prestaron grandes servicios á la causa liberal y honraron con su valor al partido republicano. El entusiasmo federal que mostraban los cuatro batallones fué causa de que Castelar cuando subió al poder los disolviera inmediatamente, recelando sin duda que fuesen un peligro para sus futuros planes.

Mientras se iniciaba en Cataluña el movimiento federal, ocurrían en Madrid importantes sucesos. La intentona de los radicales en 24 de Febrero y la constitución de un gabinete homogéneo, habían cambiado algo la marcha política. A consecuencia de aquel conato de insurrección de los radicales, fué destituido el gobernador civil de Madrid D. Joaquín Fiol, entrando á reemplazarle el popular don Nicolás Estévanez; nombramiento acertadísimo, pues la República necesitaba un hombre de su temple que velase por la tranquilidad de la capital de España.

El general Pavía fué relevado por Nouvilas, como ya dijimos, y volvió á Madrid despechado por su relevo y por no habérsele dado el entorchado de teniente general como se le había prometido en Consejo de ministros. Pavía había adoptado ya el propósito de hacer cuanto daño pudiese á la naciente República, y el gobierno fué tan ciego que le dió la capitanía general de Madrid poniendo en sus manos los medios de vengarse.

Nouvilas, antes de salir para el Norte, asistió á un banquete que en su honor dieron algunos intransigentes, y á los postres manifestó que se engañaban los que fundaban en él algunas esperanzas, pues era enemigo de las dictaduras y le gustaba más ser hombre de guerra que político. Cuando en Pamplona se encargó del mando del ejército, dirigió á los vasco-navarros una proclama aconsejándoles que depusieran las armas y no defendiesen á un rey extranjero como don Carlos. Inmediatamente emprendió las operaciones, y á pesar de que sus fuerzas eran inferiores á las del ejército carlista mandado por Dorregaray, consiguió derrotar á éste apoderándose del pueblo de Monreal donde se habían fortificado. Esta victoria se alcanzó á costa de mucha sangre, y el ejército liberal reconoció en dicho combate la organización militar que tenían ya las fuerzas carlistas.

La República española, en sus relaciones internacionales, daba pábulo á las murmuraciones de los conservadores que exageraban pesimistamente el efecto que su proclamación había causado en los gabinetes extranjeros. La circular que Castelar como ministro de Estado había enviado á las potencias el 12 de Febrero y el *Memorandum* que les dirigió en 3 de Marzo, sólo habían sido contestados por los gobiernos de los Estados-Unidos y Suiza, naciones federales y eminentemente democráticas que inmediatamente reconocieron nuestra República. Francia, á pesar de que desde tres años antes estaba regida por la misma forma de gobierno, guardó silencio y se abstuvo de reconocer la República española, imitando en esto á las potencias monárquicas de Europa.

La República francesa, doctrinaria y democrática únicamente en el nombre, no sólo se abstenía de reconocernos sino que consentía que los prefectos de los departamentos de los Pirineos favoreciesen á los carlistas prestándoles toda clase de auxilio.

La falta de reconocimiento de las potencias extranjeras no fué el mayor inconveniente con que tropezó aquella República, pues otros existían de mayor importancia. La Asamblea era para la República un peligro constante, pues los diputados radicales con sus interpelaciones entorpecían la marcha del gobierno y la fracción

Becerra, deseosa de combatir á los republicanos, se unía á los conservadores. La situación de los ministros era poco grata, pues no contaban ni aun con el apoyo de sus correligionarios ya que los federales de toda España les criticaban por su falta de arrojo y decisión para realizar reformas revolucionarias.

La Asamblea tomaba, en su afán de avasallarlo todo, el aspecto de una Convención, pues quería asumirse en muchas ocasiones la potestad ejecutiva. La hostilidad entre los antiguos republicanos y los radicales republicanos de la víspera iba acentuándose cada vez más, y si no llegó á convertirse en una lucha apasionada y sin tregua, fué porque la antigua mayoría amadeísta, á pesar de su superioridad numérica no se atrevía contra aquellos federales conocidos que contaban con las simpatías del país.

La Asamblea, que después de la proclamación de la República invirtió muchas sesiones en manifestaciones de adhesión á la nueva forma de gobierno, entró á discutir y á aprobar varios proyectos de ley con carácter urgente de los cuales los más principales fueron una amplia amnistía á todos los procesados por las insurrecciones federales y la abolición de las quintas, declarando que el ejército permanente se compondría de voluntarios de diez y ocho á cuarenta años.

En la sesión del día 17 empezó á discutirse el proyecto de ley sobre la abolición de la esclavitud en Puerto Rico, que había sido presentado por el último gobierno de don Amadeo. La discusión fué tan extensa como elevada, llegando á gran altura algunos de los oradores.

Los diputados que eran hostiles á los federales molestaban en todas las sesiones al gobierno con interpelaciones y preguntas y especialmente al saberse en Madrid lo ocurrido en Barcelona convenientemente exagerado y ennegrecido por los monárquicos. Castelar, que era el encargado de contestar en todas las interpelaciones dirigidas al ministro de la Gobernación, ya que Pí y Margall por sus numerosas y apremiantes ocupaciones apenas si salía del ministerio, deshizo todas las exageraciones de los conservadores presentando los sucesos de Barcelona como producto de la inquietud del pueblo ante la conducta extraña de los generales Gaminde y Andía.

Al quedar rota la conciliación, después del 24 de Febrero, Martos y los radicales, á pesar de las grandes protestas de amistad que hacían á los federales, dispusiéronse á hacerles una cruda guerra y conspiraron para destruir por medio de la fuerza aquel gobierno que ellos habían contribuido á crear. Con tal propósito no vacilaron los radicales en unirse secretamente con los amigos del duque de la Torre y de Sagasta, y aún con los mismos conservadores, los cuales entraban en toda clase de trabajos disolventes para de este modo acelerar el triunfo de la restauración.

Algunos elementos moderados, sagastinos y radicales, con el intento de desacreditar la República y de estar prevenidos para dar un golpe de mano que suprimiese al nuevo gobierno, reuniéronse en varios distritos de Madrid y especialmente en el del Centro, constituyendo una asociación armada titulada de *vecinos honrados* que defendiera la propiedad amenazada y el orden social en peligro. Esto equivalía á querer demostrar á las provincias y á Europa entera que los que ocupaban el poder eran unos bandidos y que bajo el gobierno de la República la seguridad personal era un mito. La sociedad de *vecinos honrados*, á pesar de su fin *moral*, no podía estar más fuera de la legalidad, pues las leyes no permitían otros cuerpos armados que el ejército y la milicia; pero no obstante esto, Gamazo y el marqués de Sardoal se atrevieron á defender en la Asamblea á la asociación de *vecinos honrados*.

Gamazo, con afectada sencillez, preguntó si era lícito en España á todo ciudadano tener un arma para su defensa y si constituía delito el que los ciudadanos tuviesen armas en sus casas y celebrasen un convenio para protegerse mutuamente; pero Sardoal fué más imprudente y con audacia afirmó desde luego que los *vecinos honrados* se armaban porque no tenían confianza en la protección que el gobierno de la República pudiera prestarles.

Los diputados federales se indignaron ante el insulto grosero que se hacía á la República, suponiéndola poco menos que un gobierno de foragidos, y Figueras contestó con energía á los dos oradores monárquicos diciendo á Gamazo que los ciudadanos podían, con arreglo á la ley, poseer armas; pero que no estaban autorizados para conspirar á ciencia y á paciencia de las autoridades; y en cuanto al marqués de Sardoal, le contestó manifestando que si el orden social corría peligros, no era por los excesos del pueblo que en los momentos de mayor peligro se constituía en fiel guardador de la propiedad sin que nadie se lo mandara, si no por las maquinaciones de las clases conservadoras.

Los conspiradores radicales y sagastinos no escarmentaron con esta derrota parlamentaria y siguieron sus trabajos de organización de los *vecinos honrados* logrando que los cien alcaldes de barrio de Madrid convocasen reuniones públicas para fomentar el alistamiento en dicha asociación.

Fácil es presumir el efecto que estos alardes reaccionarios producirían en las masas federales, y más sabiéndose que en dichas reuniones se decía que era preciso ir á buscar al príncipe Alfonso, aunque fuese de rodillas, para ponerlo en el trono; así es que no resultaron extraños los excesos de algunos grupos populares que á viva fuerza disolvieron las juntas de los *vecinos honrados*.

Estos no constituían un peligro material para la República, pues hombres de costumbres sedentarias y de carácter pacífico, era difícil que hiciesen uso de sus armas aun cuando el gobierno se lo permitiera y fuesen atacados por aquella *terrible demagogia* que tanto temían; pero sí que contribuían á desacreditar la nueva forma de gobierno demostrando falsamente que en la España republicana resultaba imposible la vida de los ciudadanos tranquilos. Esto era precisamente lo que deseaban Sardoal y los demás corifeos de aquella empresa tan ridícula como maligna.

En la sesión del 13 de Marzo, Sardoal explanó una interpelación sobre tal asociación, afirmando con cínica serenidad que los propietarios madrileños estaban intranquilos, por lo que era necesario tolerar aquella liga de todos los vecinos amenazados en sus intereses. Sardoal para dar más fuerza á sus absurdos argumentos, añadió maliciosamente que el conocido diputado federal, Suñer y Capdevila, se había alistado en su barrio.

Castelar contestó á Sardoal reconociendo el derecho del ciudadano para usar armas, pero también el no menos legítimo del gobierno, para ser el director de la fuerza pública, y Suñer y Capdevila explicó de este modo su ingreso en la *Orden caballeresca de vecinos honrados*.

«Yo vivo bastante aislado; no acudo á ningún centro y me encontré, cuando no había tenido lugar esta agitación, con una papeleta en la que se me decía que para la defensa del orden, de la propiedad y de la familia me citaban, á fin de que á las ocho de la noche compareciese en tal casa de una calle de mi barrio; y yo, señores, que aunque soy republicano, ó según entiendo, porque soy republicano, soy partidario del orden, de la familia y de la propiedad, encontré que no había inconveniente en que compareciese á esta cita, y fuí allí, y ví que había bastante gente, pero no reunida en asamblea, no discutiendo el punto para el cual había sido llamado, sino simplemente anotándose los nombres de los que asistían. Y yo que ví, repito, que no se trataba más que de eso, hice que se inscribiera mi nombre. Después han pasado los días y he venido observando que ese movimiento, que esa cuestión hoy extraordinaria, que esa cuestión en mi entender tan sencilla é inocente al principio, ha tomado vuelo. Yo entendí que los republicanos que combatían esos alistamientos, lo habían tomado á mala parte. Yo creo y aún sigo creyendo que los republicanos estamos interesadísimos en formar parte de esos alistamientos; todos, sin exceptuar ninguno, por si por parte de algunos que no son republicanos, que sean monárquicos de la clase que fuere, ha habido intención de explotar esto, como se ha tratado de explotar la Liga anti-reformista y otras cuestiones; nadie mejor que nosotros, estando dentro con los ojos abiertos para desbaratar cuantos planes se fundaran en esos alistamientos ó en ese pensamiento que se fraguase por los enemigos de la República. Por lo demás, y dadas estas explicaciones que necesitaba dar, comprenderá la Cámara, y sobre todo el señor marqués de Sardoal, que si yo tuviera que dar mi opinión respecto de la legalidad de estos alistamientos, porque insisto expresamente y con intención en la palabra, diría que mientras no pasen de la esfera de alistamientos son perfectamente legales; pero que cuando pasan de alistamientos á tomar la forma de organización, porque organización es una cosa muy distinta de puro alistamiento, entónces creo que será ilegal, y que el gobierno tiene el deber y el derecho de prohibirlos.»

Este discurso de Suñer y Capdevila puso las cosas en su verdadero aspecto, y su efecto fué tal, que inmediatamente terminó el debate sobre los *vecinos honrados*, malográndose tan brillante institución. Por desgracia los reaccionarios comprendieron que nada alcanzarían con tales farsas, y se dedicaban á conspirar con más fruto y más directamente, contra la República.

El gobierno, que deseaba verse libre de una Asamblea hostil y obstruccionista, aceleraba la discusión de los proyectos de ley para que cuanto antes terminase la vida de aquélla. En la sesión del 4 de Marzo, después de haber transcurrido las horas dedicadas al debate sobre la abolición de la esclavitud en Puerto-Rico, se dió lectura al siguiente proyecto, suscrito por los individuos del gobierno:

«Esta Asamblea al proclamar la República dejó á las Cortes Constituyentes la difícil tarea de organizarla. Para llevar á debida ejecución este acuerdo y abreviar lo más posible el período de interinidad en que vivimos ocasionado á turbulencias y rodeado de peligros, el Poder ejecutivo tiene el honor de presentar á la Asamblea el siguiente proyecto de ley:

Artículo 1.° Las Cortes de la Nación compuestas de sólo el Congreso de los Diputados, se reunirán en Madrid con el carácter de Constituyentes el día 1.° de Mayo del presente año, para la organización de la República.

Art. 2.° Se procederá á la elección de Diputados para dichas Cortes en la Península, islas adyacentes y Puerto Rico, en los días 10, 11, 12 y 13 de Abril próximo.

Art. 3.° Las elecciones se verificarán con arreglo á las leyes vigentes, debiendo considerarse para los efectos de esta ley como mayor de edad á todos los españoles de más de veinte años, y en su consecuencia proceder desde luego los Ayuntamientos á la rectificación de las listas y censo electorales por el padrón de vecinos.

Art. 4.° Las actuales Cortes seguirán deliberando hasta que sean votados definitivamente el proyecto de abolición de la esclavitud en Puerto Rico, el de abolición de las matrículas de mar, y de organización, equipo y sostén de los cincuenta batallones de cuerpos francos.

Art. 5.° Votados definitivamente

estos proyectos, nombrarán las actuales Cortes una Comisión de su seno que las represente, y suspenderán desde luego sus sesiones.

Art. 6.° Esta comisión tendrá el carácter de consultiva para el Poder ejecutivo de la República, y podrá por sí ó á propuesta del gobierno, abrir de nuevo las sesiones de las actuales Cortes, siempre que lo exijan circunstancias extraordinarias.

Art. 7.° Reunidas las Cortes Constituyentes, esta comisión resignará en ellas los poderes de la actual Asamblea, que desde luego quedará disuelta. El gobierno resignará á su vez el suyo en cuanto están constituidas las Cortes.

Art. 8.° El Poder ejecutivo de la República podrá, para el cumplimiento de esta ley, y especialmente para el de su artículo 3.°, dictar las disposiciones que crea necesarias, y abreviar los plazos prescritos en el artículo 22 y siguientes de la ley electoral, para que sean posibles las elecciones en los días fijados

Madrid 4 de Marzo de 1873.—Estanislao Figueras.—Emilio Castelar.—Nicolás Salmerón.—Juan Tutau.—Jacobo Oreiro.—José Cristóbal Sorní.—Francisco Pi y Margall.—Eduardo Chao.»

En la misma sesión presentó el ministro de Hacienda D. Juan Tutau un proyecto de ley declarando propiedad de la Nación todos los bienes declarados de servicio del rey en Diciembre de 1869; y el de Ultramar don José C. Sorní otro dando por vig en Ultramar, la ley de Banco 1869, el Código Penal, las ley matrimonio y registro civil y ot carácter igualmente liberal.

En la sesión del día siguiente menzó la discusión del proyec organización de cincuenta batal de francos haciendo uso de la pa todos los diputados que pertenecí ejército, y distinguiéndose los g rales Socías, Gándara, Snaz y M nes y el coronel Vidart.

En la sesión del 7 de Mar acordó corresponder á la atenciór la República suiza había tenido la nuestra, restableciéndose la l ción española en Berna con el car de plenipotencia de primera c Roberto Robert, el chispeante esc que á pesar de ser una gloria nac había vivido hasta entonces en la yor miseria por ser consecuente é terable en la defensa de las doctr federales y libre-pensadoras, fué signado para representar á España una nación tan simpática y am con el sueldo anual de veinticinco pesetas; pero la fortuna fué cruel el célebre humorista hasta el úl instante de su vida, pues Robert m por aquellos días antes de tomar sión, víctima de la tisis que v minando su existencia.

En la misma sesión, con motiv proyecto de ley para la convoca de las Cortes Constituyentes, se m más que nunca el antagonismo existía entre radicales y federale comisión encargada de dar el dictamen sobre este proyecto, á excepción de D. Rafael Primo de Rivera que había formulado voto particular, se oponía á que se otorgase al gobierno el voto de confianza que se solicitaba en el proyecto de ley; pidiendo además que en virtud de los amplios poderes de que la Asamblea se hallaba investida siguiese legislando y prolongase su vida hasta que acalladas las pasiones pudiese garantizarse la libertad del sufragio.

Como se ve, los radicales que componían toda la comisión querían prolongar la vida de su partido y seguir causando daño á la República con su obstruccionismo, pues conocían que si salían de las Cortes, el sufragio no los llevaría á las Constituyentes republicanas.

Además la comisión oponíase á que se cumpliese el sufragio concediéndolo á todos los españoles mayores de veinte años, y en todos los puntos extremaban su oposición á los deseos del Poder ejecutivo, aunque lamentándose de ello de un modo hipócrita.

El voto particular de D. Rafael Primo de Rivera consistía en reproducir el proyecto de ley presentado por el gobierno sin más variación que el aplazamiento de un mes para la elección de las próximas Cortes.

El general Primo de Rivera al presentar este voto particular se había inspirado en la opinión del ministerio, el cual por su parte hacía á los radicales una concesión tan enorme como era el nombramiento de aquella Comisión permanente que designada por la Asamblea había de ser forzosamente radical y podía resultar otro obstáculo á los planes del gabinete.

En la sesión del 8 de Marzo después de ser leídos el dictamen de la comisión y el voto particular de Primo de Rivera, pidió la palabra Figueras y defendió dicho voto.

«Todos los señores representantes, —dijo,—saben que el gobierno ha presentado un proyecto que estimó como una transacción entre las diversas discusiones y los diversos propósitos que se han presentado estos días en el seno de la Asamblea Nacional. El gobierno creyó que no debía ir más allá, y sin embargo, en aras de altísimas consideraciones de patriotismo ha pensado que aun debía ceder algún tanto. Un dignísimo general del ejército de la República, miembro de la Comisión y que había expuesto sus ideas conciliadoras en el seno de la misma, ha apurado todos los medios conciliatorios y creído que en último término debía presentar su voto particular.

»Este voto modifica el proyecto del gobierno en algunos puntos que hoy por hoy son de grande importancia; como son las facultades, en cierto modo indefinidas, de la Comisión permanente y lo que se refiere al plazo en que han de hacerse las elecciones para las próximas Constituyentes, llamadas á organizar la República. Sin embargo, el gobierno acepta este voto particular, siendo este el último límite, el último punto de transacción á que debe llegar. Como además el gobierno debe exponer franca, lisa y llanamente ante la Asamblea su opinión sobre la situación presente, tiene que decir á los señores representantes, que es para él cuestión de vida ó muerte el que se admita ó se rechace este voto particular. Si fuera admitido y la Cámara siguiera prestando su confianza á este gabinete, seguiríamos nosotros con la ruda y penosa tarea de gobernar en estos tiempos agitados y revueltos; lo haríamos, no con placer, sino en cumplimiento de un deber que los hombres públicos no pueden rehuir sin indignidad; lo haríamos porque este gobierno se halla resuelto á cumplir el primero de los deberes de todo gobierno, y el primero de todos los deberes hoy es sostener á todo trance el orden, la disciplina militar y la ley.

»La ley, señores representantes, que es necesario acatar más en la República que en ninguna otra forma de gobierno. La ley, la ley igual para todos; la ley sostenida con vigorosa mano por el gobierno y la disciplina militar del ejército como amparo y apoyo de esa ley; la disciplina militar del ejército como garantía del orden público. Esto es lo que ha hecho y esto es lo que hará el gobierno.

»Pero si este proyecto de ley que presenta un digno individuo de la comisión en su voto particular fuese rechazado por la Cámara, entonces, señores, en el acto mismo este ministerio saldría de este banco, depositando en manos del Presidente de la Asamblea la dimisión de sus cargos, rogando á los señores representantes que admitiesen en el acto la dimisión y que seguidamente se nombrara el gobierno que le sucediera, porque en estos momentos no puede haber un vacio de poder á poder; no puede haber solución de continuidad en el gobierno sin graves peligros para la República y para la patria.»

Las palabras de Figueras, produjeron gran impresión en la Cámara, pues planteaban otra vez el problema que ya se había resuelto el 24 de Febrero con la constitución del gabinete homogéneo.

El general Primo de Rivera defendió su voto particular, manifestando que el partido radical estaba incapacitado por su falta de prestigio en el país para formar gobierno.

Don Cayo López, presidente de la comisión que había redactado el dictamen, defendió los intereses del partido radical pintando con los más negros colores el porvenir de la República; y Echegaray, con su estilo dramático y animado, pronunció un discurso en el que insultaba al partido federal, y especialmente á los intransigentes, afirmando con gran énfasis que de realizarse el programa federalista que era un gran peligro para la integridad del territorio, los carlistas enarbolarían una bandera tan simpática como resultaba la unidad de España.

Don José de Canalejas y Casas se encargó de contestar á Echegaray. Canalejas había pertenecido al partido radical hasta el 11 de Febrero, pero al votar la República fué sinceramente republicano desaprobando los manejos de sus antiguos correligionarios que conspiraban contra la misma forma de gobierno que habían creado. El discurso que pronunció elocuente y profundo, fué una acusación severa contra los radicales que habían sido ministros de la República y especialmente contra Echagaray, al que demostró que con sus palabras negaba la misma soberanía nacional de que se decía partidario. Canalejas terminó su discurso manifestando que la Asamblea debía interesarse en no prolongar su vida, porque de lo contrario podía ser acusada justamente de egoismo y de usurpación.

La sesión prorogóse algunas horas para que pudiesen hablar todos los oradores que habían pedido la palabra, y Figueras hizo uso de ella manifestando que había sido partidario de la conciliación, y que á pesar de la desconfianza mutua que existía entre republicanos y radicales, aun se sustentaba aquélla; como lo demostraba el que dos de los actuales ministros, los de la Guerra y de Marina, eran radicales, y que la política que seguía el gabinete era de estricta neutralidad evitando cuidadosamente el prejuzgar la futura organización de la República.

«Cierto es,—añadió,— que varias veces se nos había exigido por el señor Echegaray y sus amigos que hiciésemos la declaración de lo que entendíamos por República federal, y que desde el gobierno manifestásemos la política á que nosotros estábamos inclinados, por medio de una circular ó de una alocución al país; pero el señor Echegaray sabe que todos le dijimos que esto, sobre ser imposible en tales momentos, era además ilegal é ilegítimo, y que siempre le recordamos el grave error y quizá el crimen político que cometió el gobierno provisional en 1868 al prejuzgar, como lo hizo, la forma de gobierno. Entonces, aquel ministerio, desde las esferas del poder, con todas las fuerzas que le daban sus facultades revolucionarias, se atrevió á decir á la Nación, á la Nación que había hecho un pacto de neutralidad para consolidar la Revolución de Setiembre, que era monárquico y que defendía la forma monárquica: no habíamos de incurrir nosotros en este grande error, ni hacer lo mismo que tan dura y acerba como merecidamente habíamos combatido en el gobierno provisional de 1868.»

Figueras terminó su discurso afirmando que el gobierno moriría si era preciso en defensa del orden social y que los ministros estaban resueltos á dejar sus cuerpos en medio de la calle si resultaba necesario este sacrificio, para restablecer la disciplina del ejército.

El presidente de la Asamblea, don Cristino Martos, se levantó á hablar para responder á alusiones personales y pronunció un extenso discurso en el cual aunque atacó con reticencias á los federales, afirmó que los radicales no querían el poder, decidiendo con su discurso el éxito del voto particular de Primo de Rivera.

Puesto éste á votación nominal fué tomado en consideración por ciento ochenta y ocho votos contra diez y nueve, venciendo el gobierno gracias á la indecisión de los radicales. Estos podían haber triunfado en la votación, pues tenían en la Asamblea una gran mayoría; pero temían justamente el enojo de las provincias que examinaban la marcha de la Cámara con mirada atenta, y deseaban su próxima disolución para que la verdadera república fuese un hecho, estando dispuestas á realizar un alzamiento federal si es que aquélla intentaba prolongar su vida.

En la sesión del 10 de Marzo la Asamblea nacional recibió una comunicación de D. Estanislao Figueras, el cual manifestaba, que teniendo que partir para Cataluña, encargaba la presidencia del Poder ejecutivo interinamente á D. Francisco Pí y Margall.

Los radicales que temían la energía inquebrantable de Pí y Margall, acogieron con recelo la proposición, pero ésta fué aprobada, y cuando el ilustre federal se presentó en la Asamblea por primera vez, después del 11 de Febrero varios diputados de la mayoría le dirigieron un verdadero diluvio de preguntas sobre los sucesos de Cataluña. En la misma sesión comenzó á discutirse el voto particular de Primo de Rivera y fueron aprobados sus artículos con tal rapidez, que á la sesión siguiente se había ya convertido en ley.

Martos que se veía agobiado por las censuras de sus correligionarios á causa de la indecisión y falta de energía que había mostrado desde el 11 de Febrero, presentó la dimisión de la presidencia de la Asamblea la cual no fué discutida ni mereció atención alguna, limitándose la Cámara á declarar que *quedaba enterada*.

En la sesión del 15 de Marzo hubo un incidente ruidoso, motivado por la impresionabilidad de Castelar ante las pérfidas insinuaciones de los radicales. Estos hacían llover sobre los ministros un inacabable chaparrón de preguntas, á las que Pí y Margall contestaba con gran calma á pesar de conocer su pérfida intención; pero los radicales estaban resueltos á exasperar á los ministros y tanta fué su ligereza y provocación especialmente en los discursos de Figuerola y Vázquez Gómez, que Castelar no pudo detenerse y pidió con gran urgencia la palabra.

«Señores representantes,—dijo,—en vista del espectáculo que presenta esta Cámara, y en vista de la gravedad de las circunstancias, el gobierno necesita que su autoridad se conserve, no por él, sino por los grandes peligros que corren la libertad, el derecho, la Nación y la República.

»La verdad es que una Cámara no hace lo que está haciendo esta Cámara, no crea un gobierno, no le nombra para luego escupirlo, denigrarlo, abofetearlo y envilecerlo. Si no os gusta este gobierno, señores representantes, si este gobierno no os inspira confianza; si creeis que sus ideas no pueden aplacar las tormentas y si sus personas no os ofrecen las garantías necesarias para conservar el orden, derribadlo, pero no le quitéis autoridad y luego le pidáis energía.

»¡Ah, señores! El gobierno lo ha prometido; quiere restablecer la autoridad en todas sus jerarquías, quiere tener un ejército disciplinado, quiere tener también una Hacienda desahogada, quiere que las promesas hechas por su partido en la oposición al llegar al poder se cumplan; mas para todo se necesita en circunstancias tan graves, tan difíciles y tan solemnes, que tengáis fe en su mesura, en su prudencia y en su patriotismo. *(Aplausos. Muchos señores representantes. A votar* ahora mismo la disolución).

»¡Ah señores representantes! Nadie, nadie como yo ha combatido la demagogia; pero tengo que decir que desde que estoy en el gobierno, he visto á la demagogia de abajo, con muy raras excepciones, muy sometida, y he visto muy sublevada á la demagogia de arriba; porque la demagogia de arriba consiste en unos, y no aludo á nadie, y no excluyo tampoco á nadie, en adquirir el poder por todos los medios; en otros, en conservar el poder por todos los medios también, sacrificando á la adquisición ó á la conservación del poder la patria ó la justicia.

»¡El poder, señores, el poder en estas circunstancias, con la agitación, con las dificultades que trae consigo el gobierno, con la responsabilidad que tenemos delante de Europa y delante del mundo y delante de la historia! El mejor de mis amigos sería aquel que me quitase en estos momentos la responsabilidad del poder. Pero, señores representantes, si queréis poder, si queréis unidad, si queréis concentración de fuerzas, si queréis autoridad moral, tened confianza en el gobierno, y si no la tenéis, derribadle; pero no deis este espectáculo, por la honra de la Nación, por la salud de nuestros hijos, por el nombre sagrado de la patria.»

Este breve discurso produjo en los radicales el efecto de una amenaza, aunque tuvo mucho de impolítico y de exceso de debilidad, pues los republicanos federales no estaban por su número y su fuerza en el caso de suplicar á sus enemigos, sino el de imponerles su voluntad obrando con energía.

El proyecto de ley sobre creación de batallones francos, que por culpa de las circunstancias no dió buenos resultados, fué aprobado en la sesión del 17 de Marzo siendo estos sus principales artículos:

«1.° Se autoriza al Gobierno para organizar ochenta batallones, con el nombre de *Voluntarios de la República*, cada uno de á seis compañías y seiscientas plazas.

»2.° Los cuadros de estos cuerpos se formarán con jefes, oficiales, sargentos primeros y cabos primeros de cornetas, pertenecientes á las reservas y por los individuos de las dos primeras clases citadas que se hallen en situación de reemplazo y sean necesarios para completar el número reglamentario.

»3.° Las plazas de sargentos segundos, cabos primeros y cabos segundos, se cubrirán con voluntarios que, además de reunir las circunstancias de tener buena conducta, saber leer y escribir y probar la aptitud necesaria para el desempeño de dichos empleos, presenten en los centros de recluta el número de aislados siguientes: treinta los que deseen ser sargentos segundos; veinte los primeros y diez los cabos segundos.

»4.° Se señalan los sueldos y gratificaciones reglamentarias á los jefes y oficiales procedentes de los cuadros de las reservas y de la situación de reemplazo.

»Las demás clases disfrutarán los haberes que á continuación se expresan:

»Tres pesetas los sargentos primeros.

»Dos pesetas cincuenta céntimos los sargentos segundos.

»Dos pesetas veinticinco céntimos los cabos primeros, cabos segundos y cornetas.

»Dos pesetas los soldados.

»Y una ración de pan diaria cada plaza de tropa, y cincuenta pesetas de primera puesta.

»5.° Los jefes, oficiales y tropa, optarán á las mismas recompensas que se otorguen á los de los cuerpos del ejército y á las vacantes de sangre, retiros por inutilidad y demás goces establecidos en los reglamentos. Además, los cabos y soldados tendrán derecho á cuatro reales diarios, en caso de que resulten inútiles en función de guerra ó de resultas de ella.

»6.° Los batallones de voluntarios de la República estarán sujetos á cuantas disposiciones rigen relativamente al régimen, disciplina y administración de los cuerpos del ejército.

»7.° No se exigirá talla determinada á los voluntarios de la República; pero habrán de tener la robustez necesaria y la edad de diez y ocho á cuarenta años.»

La discusión sobre el proyecto de abolición de la esclavitud en Puerto Rico resultaba interminable, pues llevaba más de un mes sin adelantar gran cosa. Los oradores que combatían el horrendo crimen de lesa humanidad sancionado por la barbarie del tiempo, conseguían con gran brillantez pulverizar los argumentos de los partidarios de la esclavitud, entre los cuales figuraba el campeón de la República unitaria D.¡Eugenio García Ruiz, el cual en la sesión del día 18 pronunció un desdichado discurso en contra de la abolición inmediata. Hay que advertir que este republicano unitario solo tenía de tal el nombre, pues su programa político venía á ser una derivación del credo progresista en su espíritu más reaccionario y un odio irreflexivo á todo cuanto fuese obra de los federales.

El día 19 se verificó la elección de presidente de le Asamblea. Los federales presentaban á D. José María Orense, pero por un voto triunfó don Francisco Salmerón y Alonso candidato de los radicales y tal vez el más insignificante de cuantos presidentes ha tenido la Cámara española. El discurso que pronunció al tomar posesión de su cargo fué una clara demostración de su escasa capacidad política, lo que hizo creer á muchos que los radicales con tal elección pretendían burlarse de los republicanos y de aquella Asamblea cuya vida habían intentado en vano reanimar.

La Asamblea nacional aun celebró tres sesiones dedicadas casi todas á discutir el proyecto de abolición de la esclavitud.

Como tales discusiones se prolongaban demasiado en la sesión del 22 de Marzo presentóse una proposición pidiendo que la Cámara se declarase en sesión permanente hasta dejar aprobados todos los proyectos en discusión y declarar inmediatamente suspensas las sesiones.

El autor de la proposición, D. Rafael Cervera, la defendió con un breve discurso diciendo que el gobierno para salvar la República necesitaba la libertad de acción de que le privaba la Asamblea, y Figueras como presidente del Poder ejecutivo le apoyó diciendo así:

«Creo, que está en el ánimo de todos los señores representantes lo que voy á decir. El gobierno no puede vivir en perpetua crisis y en perpetua crisis vive, por causas que todos los señores representantes conocen, el gobierno necesita unidad de acción, necesita gran rapidez y energía como medio de gobernar. Cree el Poder ejecutivo que tiene necesidad absoluta de que esta proposición sea tomada en consideración y luego aprobada. No extrañarán, pues, los señores representantes que el gobierno haga de esta proposición cuestión de gabinete; de suerte que si no es tomada en consideración, ó si siéndolo es después rechazada, se retirará inmediatamente de este sitio, presentará su dimisión y exigirá de la Asamblea, como tiene derecho á hacerlo, que inmediatamente nombre el gobierno que ha de sustituirle, para que no tenga absolutamente ninguna responsabilidad en sucesos ulteriores.»

La proposición fué aprobada sin debate, pero los radicales consiguieron que fuese aceptada en principio por los republicanos otra que presentaron ellos y que era muy peligrosa, pues determinaba que para la elección de la comisión permanente, pudiera escribir cada diputado tan solo cuatro nombres en la papeleta, quedando elegidos por número de votos los veinte que obtuvieran mayor cantidad de ellos. Esta proposición hacía seguro el predominio de los radicales en la comisión permanente con lo que podía seguir aquella campaña obstrucionista que hacían al gobierno de la República.

Figueras manifestó que no tenía inconveniente en aceptar la proposición, pero puesta ésta á votación fué desechada por ciento ocho contra ciento seis, motivando este resultado grandes protestas por parte de los derrotados.

El proyecto de ley aboliendo las matrículas de mar fué aprobado sin debate, y volviendo otra vez la Asamblea á discutir la abolición de la esclavitud en Puerto Rico, el presidente de aquella suspendió la sesión para que esclavistas y abolicionistas buscasen una fórmula de conciliación que permitiera terminar prontamente el interminable debate.

Dicho proyecto abolicionista con las alteraciones hechas por los elementos conservadores quedó en la siguiente forma:

La Asamblea Nacional en uso de su soberanía decreta y sanciona la siguiente ley:

Artículo 1.° Queda abolida para siempre la esclavitud en la isla de Puerto Rico.

Art. 2.° Los libertos quedan obligados á celebrar contratos con sus actuales poseedores, con otras personas ó con el Estado por un tiempo que no bajará de tres años.

En estos contratos intervendrán con el carácter de curadores de los libertos tres funcionarios especiales nombrados por el gobierno superior con el nombre de protectores de los libertos.

Art. 3.° Los poseedores de esclavos serán indemnizados de su valor en el término de seis meses después de publicada esta ley en la *Gaceta* de Madrid.

Los poseedores con quienes no quisieran celebrar contratos sus antiguos esclavos, obtendrán un beneficio de veinticinco por ciento sobre la indemnización que hubiera de corresponderles en otro caso.

Art. 4.° Esta indemnización se fija en la cantidad de treinta cinco millones de pesetas que se hará en efectivo mediante un empréstito que realizará el gobierno sobre la exclusiva garantía de las rentas de la isla de Puerto Rico comprendiendo en los presupuestos de la misma, la cantidad de tres millones quinientas mil pesetas anuales para intereses y amortización de dicho empréstito.

Art. 5.° La distribución se hará por una junta compuesta del gobernador superior civil de la isla, presidente; del jefe económico, del fiscal de la Audiencia, de tres diputados provinciales elegidos por la Diputación; del síndico del Ayuntamiento de la capital; de dos propietarios elegidos por los cincuenta poseedores del mayor número de esclavos y de otros dos elegidos por los cincuenta poseedores del menor número.

acuerdos de esta comisión serán os por mayoría de votos.

6.º Si el gobierno no colocase réstito entregará los títulos á uales poseedores de esclavos.

7.º Los libertos entrarán en o goce de los derechos políticos inco años de publicada la ley *Gaceta* de Madrid.

8.º El gobierno dictará las iciones necesarias para la ejecu- e esta ley y atender á las nece- s de beneficencia y de trabajo misma hiciere precisos.

Asamblea estaba dominada por mentáneo entusiasmo al votar y, y parecían haberse borrado erencias entre radicales y fede- rivalizando todos en manifestar de concordia. Al quedar apro- la ley abolicionista, acordóse itirla telegráficamente á las as y á todos los gobiernos de a, y se dieron entusiastas vivas ña y á la República.

radicales á pesar de esta bulli- oncordia no olvidaban sus inte- políticos; antes bien, queriendo charse de aquella, propusieron nombrara inmediatamente la ón permanente que había de nar durante el interregno par- tario. Suspendióse la sesión para e de acuerdo los representantes, una y media de la madrugada udó proponiendo el presidente l que formasen la comisión nente, Rivero, Beranger, Fi- a, Izquierdo, Mosquera, Mom-

peón, Becerra, Molins, Vargas Machuca, Esteban Collantes, Romero Ortiz, Salmerón, Ramos Calderón, Fabra, Canalejas, Cala, Díaz Quintero, Martra, Palanca y Cervera. Don Manuel Becerra, negóse rotundamente á ser de la comisión y fué sustituido por D. Juan Ulloa.

La Asamblea aprobó esta designación y la comisión quedó compuesta por diez radicales, cinco conservadores y ¡cinco federales! Resultaba un absurdo que el partido que ocupaba el poder y gozaba las simpatías del pueblo, tuviese tan limitada representación; pero los federales pasaron por todo con tal de librarse de aquella Asamblea que gravitaba con peso abrumador sobre la República; no comprendiendo que la comisión permanente sería también otro obstáculo de importancia.

Nombrada la comisión, la Asamblea á instigación del diputado Díaz, acordó que se colocara en el salón del Congreso, una lápida de mármol con la fecha de 22 de Marzo, y la siguiente inscripción: *En este día famoso fué rota la cadena del esclavo.*

Hizo después uso de la palabra don Estanislao Figueras, quien como presidente del Poder ejecutivo despidió á los representantes con este breve discurso:

«Señores representantes: el gobierno comprende la gran responsabilidad que habéis echado sobre sus hombros con los acuerdos de esta noche, para siempre memorable, y tiene que decir, para que lo sepa la Cámara, para que lo sepa la Nación, para que lo sepa el mundo entero, que su misión es la de llegar á las Cortes Constituyentes; la de proteger la libertad electoral, la de conservar el orden público á toda costa, y que estos principios los observará rápidamente. Su deseo más vehemente es que todos los partidos, absolutamente todos, puedan acudir libremente á las urnas; y para ello no hay sacrificio que no esté dispuesto á hacer. Con esta seguridad, pueden los señores representantes retirarse tranquilos á sus casas; pueden preparar desde ahora sus trabajos electorales para llegar á las urnas, que próximo está el plazo en que han de hacerse las elecciones, á fin de que la opinión nacional deposite en las urnas su última resolución.

»Nosotros sabemos que nuestro mandato es corto, y procuraremos, por todos los medios que estén á nuestro alcance, cumplir las promesas que el gobierno, por mi boca, hace á la Asamblea, que va á suspender sus sesiones en este momento.»

Sardoal fué el último que habló en aquella Asamblea y como presidente pronunció un breve discurso, rogando á Dios que durante el interregno parlamentario inspirase al gobierno y á la comisión permanente; después de lo cual declaró suspendidas las sesiones de la Asamblea.

El gobierno quedaba libre de aquella oposición interminable y molesta que le hacía la Asamblea, mas no por esto recobraba su legítima independencia. Estaba aún frente á él un organismo como era la comisión permanente, con todos los defectos del parlamentarismo y manejada además por los radicales.

Estos no desistían de combatir aquella República que ellos mismos habían creado y que ahora aborrecían por estar en manos de los antiguos republicanos y no de ellos, que fueron monárquicos hasta pocos días antes.

Pronto veremos cuál fué su conducta durante el interregno parlamentario y los medios de que se valieron para atentar contra la vida de la República.

CAPITULO XXIX

1873

tuación del país.—Conducta del gobierno después de cerrada la Asamblea.—La guerra en Cataluña.—Extravagancias de Contreras.—Conspiración de los radicales y conservadores acaudillados por Serrano.—Propósitos electorales de los progresistas.—Honrada firmeza de Pí y Margall.—La Comisión permanente.—Sus sesiones.—Golpe de Estado que conciertan los enemigos de la República.—El 23 de Abril.—Vigilancia de Pí y del gobernador Estévanez.—Disposiciones que acuerdan.—Revista de la Milicia monárquica.—Insurrección en la Plaza de Toros.—El brigadier Carmona es nombrado jefe de la Milicia republicana.—Se reune la Comisión permanente.—Actitud subversiva de sus individuos.—Cinismo de Rivero.—Disposiciones de Pí.—Fuga de los sublevados.—Blandura de los ministros.—Insistencia de la Comisión permanente.—Indignación que en el pueblo produce su conducta.—Motín en la plaza de las Cortes.—Disolución de la Comisión permanente. — Fuga de los sediciosos. — Decreto disolviendo la Comisión. — Principio de la verdadera época republicana.—Desacierto de Pí y Margall.—Inmenso poder que las circunstancias le confieren.—Entusiasmo del país por la federación.—Notable circular de Pí sobre elecciones.—Nouvilas ministro de la Guerra.—Atrevimientos del secretario Pierrad.—Protesta de la extinguida Comisión permanente.—Salida de Nouvilas al Norte.—Figueras en el ministerio de la Guerra.—Su desacertada conducta.—Resultado de las elecciones.—Indisciplina del ejército.—Guerra que los conservadores hacen á Nouvilas.—Grupos parlamentarios.—Apertura de las Cortes.—Orense es nombrado presidente.—Su extraña proclamación de la República Federal.—Dimisión del gobierno.—Las Cortes encargan á Pí Margall la formación de gabinete.—Sesión del 8 de Junio.—Gabinete propuesto por Pí.—Inconveniencia de la Cámara.—Escándalo parlamentario.—Retirada de Pí.—Tardía satisfacción que le dan las Cortes.—Manejos parlamentarios contra Pí.—Conferencia de éste con Figueras.—Figueras se fuga al extranjero.—Agitación que produce en Madrid.—Pí y Margall presidente del Poder ejecutivo.—Su presentación á las Cortes.—Calidad de su ministerio.

AL suspender la Asamblea sus sesiones, la situación del país era grave en extremo. Los carlistas aumentaban su organización en Cataluña y en el Norte y los republicanos tenían justos motivos de enojo con el gobierno á causa de la benevolencia que dispensaba á los radicales y de la indiferencia con que miraba sus planes liberticidas.

En las grandes ciudades predominaba el elemento republicano, pero en las pequeñas localidades no se conocía el triunfo de la República, pues los antiguos caciques monárquicos del tiempo de Sagasta, continuaban sus abusos y arbitrariedades validos del apoyo que les dispensaba el partido radical. Esto era causa de que el pueblo que creía encontrar en la República el remedio de todos sus males, se desengañara al ver que seguía sometido á los mismos hombres que le habían tiranizado en tiempos de la monarquía.

El gobierno comprendía la gravedad de la situación, pero veíase forzado á transigir con los radicales desde el momento en que éstos habían aceptado el voto particular de Primo de Rivera accediendo á que se disolviera la Asamblea más por miedo que por afecto á la República. El gabinete federal podía adoptar dos resoluciones. Cumplir su palabra y llevar adelante sus compromisos con los radicales aunque esto fuera en perjuicio de la República, ó romper abiertamente con ellos prefiriendo á todo la salud y el desarrollo de la nueva institución.

Por desgracia el gobierno optó por el primer procedimiento, demostrando con esto que era tan sobrado en espíritu caballeresco como falto de buen sentido político.

A pesar de esto los radicales correspondían á la benevolencia del gobierno conspirando sin tregua, y se hacía inevitable un rompimiento.

El 25 de Marzo publicó la *Gaceta* una alocución que el Poder ejecutivo de la República dirigía al país con motivo del desarrollo del carlismo en el Norte y Cataluña. En dicho documento el gobierno hablaba de sus continuos esfuerzos para reunir fuerzas con que combatir á los absolutistas, y añadía así:

«Pero en los gobiernos republicanos es necesario el concurso de todos sin excepción, si ha de regirse la sociedad por sí misma. Cada ciudadano debe saber que defendiendo la República, defiende su dignidad moral y sus derechos imprescriptibles. El partido liberal debe recordar que esa libertad tan preciada, esa libertad por la cual tantos sacrificios ha hecho, está indisolublemente unida á la forma republicana. Que no se perdone, como se perdonó en la pasada guerra civil medio alguno de combate, que las milicias ciudadanas se movilicen; que los cuerpos francos se armen; que los ciudadanos armados mantengan la paz pública, el hogar y la propiedad, á fin de disponer de los soldados, para caer con fuerza y vigor sobre las facciones. Sólo así podremos demostrar que merecemos la libertad, reservada á los pueblos capaces de redimirse y salvarse por sí mismos; sólo así con esfuerzos heroicos podremos salvar la República, y con la República la libertad y la patria.»

Este documento no produjo el efecto que esperaban los ministros, pues el país lo acogió con bastante indiferencia. Además, nadie podía pensar que triunfase el absolutismo á pesar del incremento que tomaba en el Norte y en Cataluña, pues la libertad se defiende por sí misma en España, desde que el insigne Mendizábal con sus célebres reformas, supo crear intereses en favor del régimen constitucional. Si los gobiernos de la República hubiesen imitado el ejemplo del ilustre progresista y hubiesen puesto la institución nacida en 1873 sobre la base de populares intereses creados á su sombra, no es fácil que un Pavía hubiese logrado derribar la República que era obra de la voluntad nacional.

Las medidas adoptadas por el gobierno de Figueras en lo referente á la guerra, dieron un resultado nulo ó más bien perjudicial. Las circunstancias hicieron que fracasara el proyecto de ejército voluntario, pues aunque el enganche se abrió en todas las capitales, fueron muy pocos los que se alistaron, llegando á formarse algunos batallones de francos que hubieron de ser disueltos á toda prisa, pues eran motivo de continua perturbación. Las únicas fuerzas voluntarias que dieron buen resultado fueron los batallones de Guías de la Diputación de Barcelona mandados por el valeroso Lostau; pero sus esfuerzos resultaron muchas veces infructuosos por la falta de cooperación del ejército, pues los militares les miraban con esa ojeriza que siempre tienen á los patriotas armados.

Cataluña, en toda la época de la República, sufrió la desgracia de tener á su frente generales de reconocida ineptitud ó generales reaccionarios, que tenían empeño en complicar la situación para acelerar de este modo el triunfo de don Alfonso.

El general Contreras demostró dirigiendo la guerra en Cataluña una ineptitud y extravagancia que provocaba la hilaridad de los catalanes. Después de grandes preparativos para salir á campaña, no sostuvo la más pequeña acción con los carlistas y tuvo la original idea de marchar en carretela descubierta al frente del ejército, por las abruptas montañas de Cataluña donde las más de las veces era difícil el paso hasta para los infantes. De un general de tal clase, natural resultaba que se burlaran los soldados, relajándose con esto la disciplina.

Contreras comprendió al fin su ridícula posición y su falta de prestigio, y el 1.º de Abril presentó la dimisión, cumpliéndose con esto el vaticinio de Córdova, el ministro de la Guerra, quien al salir Contreras para Cataluña no hizo la menor objeción á los disparatados planes de campaña que le expuso y como los demás ministros reprocharan á Córdova su tolerancia, éste contestó:

—Le dejo hacer á Contreras cuanto quiera porque estoy seguro de que no durará mucho en Cataluña. Los catalanes le conocerán inmediatamente y en cuanto le conozcan es hombre al agua.

La peor de las desgracias de la República fué tener confiada su defensa á generales de tal clase.

Nouvilas era el único que se mostraba afortunado mandando el ejército del Norte, donde alcanzó algunas victorias; pero tan reducidas eran las fuerzas con que contaba que tuvo que valerse de una gran actividad para impedir el desarrollo rápido de las tropas carlistas. Su escasez de fuerzas y el no ser obedecido fielmente por algunos jefes subalternos, fueron causa de lamentables fracasos; pero á pesar de esto hay que reconocer que el mando de Nouvilas en el Norte, si no brillante fué al menos acertado; pues evitó el rápido crecimiento del carlismo.

Los elementos conservadores celebraban con gran contento las complicaciones sufridas por la República y apoyaban tan claramente la insurrección carlista, que muchos alfonsinos no vacilaban en decir que preferirían don Carlos al gobierno republicano.

La reorganización democrática del arma de artillería, sirvió de pretexto á muchos jefes y oficiales para abandonar el ejército con el propósito de pasarse á los carlistas; pero el general Serrano se los atraía formando con ellos un núcleo y preparándose á dar á la República el golpe de gracia.

Serrano no podía conformarse á estar retraído y en la oscuridad como le ocurría desde el 11 de Febrero. Elevado á los primeros puestos de la política más por sus gracias personales y su buena suerte que por verdaderos méritos, se había acostumbrado en la época de su regencia á las dulzuras del poder, y empujado por su ambiciosa esposa aspiraba á crear una república conservadora y despótica, de la que él sería el dictador. Al mismo tiempo que abrigaba tales planes y reunía los elementos para dar el golpe de Estado, mantenía relaciones con los alfonsinos y los carlistas, mostrándose hipócritamente asustado del sesgo que tomaba la revolución y diciendo que estaba arrepentido de su conducta en 1868 y dispuesto á trabajar por la restauración borbónica. Tan falsa é hipócritamente procedía aquel general á quien radicales y conservadores consideraban como el futuro salvador del país.

El 3 de Abril publicó Pí y Margall, como ministro de la Gobernación, un decreto sobre las próximas elecciones de Cortes Constituyentes y con tal motivo los hombres más importantes del partido radical celebraron una reunión en el Congreso para acordar la conducta que debían seguir en la próxima lucha. Los radicales mostrábanse alarmados en vista de las cartas que recibían de los distritos por donde anteriormente habían sido elegidos y en las cuales no sólo se les anunciaba su futura derrota electoral, sino la disolución del partido, que compuesto por gentes sin ideales ni entusiasmo, desbandaban apenas sus jefes no disponían de las seducciones del poder.

A pesar de esto, los radicales acordaron ir á las elecciones, pues confiaban en que Pí y Margall no tendría inconveniente en darles las actas de cien distritos, procediendo del mismo modo que todos los ministros de la Gobernación.

No tardaron en salir de su error, pues el inflexible ministro federal quería ser como siempre fiel á sus principios y se proponía no intervenir en las elecciones ni ejercer la menor presión sobre el cuerpo electoral, llegando en sus catonianos escrúpulos á no dar ni aún consejos á los republicanos que se los pedían, no como á individuo del gobierno sino como amigo y correligionario. Ni un solo candidato logró la más pequeña recomendación de Pí y Margall y por esto las elecciones de 1873 han sido las únicas verdaderas y legales que registra la historia de España, tan exuberante en coacciones, abusos y falsificaciones de la opinión pública.

Cuando los radicales se convencieron de que nada conseguirían en las elecciones estando en el ministerio de la Gobernación una virtud tan rígida como la de Pí y Margall, convinieron en impedir á todo trance la elección de las Constituyentes.

El miedo que les causó la actitud de Cataluña á principios de Marzo se había desvanecido ya, y como aun disponían de la comisión permanente, delieron valerse de ella para reunir nuevamente la Asamblea nacional y derrotar al gobierno de los federales, sustituyéndolo por otro compuesto de radicales y que presidiría Rivero ó el general Serrano.

En la segunda sesión que verificó la comisión permanente el 3 de Abril, y á la que asistió Figueras en representación del Poder ejecutivo, mostróse ya claramente el deseo que radicales y conservadores sentían de derribar la situación. Sardoal, fundándose en algunos desórdenes sin importancia, ocurridos en la provincia de Granada, atacó duramente á los federales; Romero Ortiz habló de la necesidad de hacer orden; Figuerola culpó al gobierno de la insubordinación de las tropas y los conservadores Salaverría y Esteban Collantes ayudaron á los radicales atacando también rudamente al gobierno.

Figueras supo contestar á todos, poniendo en muy buen lugar al gobierno y demostrando que muchos de los males de la nación eran producidos por los anteriores gobiernos de la monarquía.

El 10 de Abril verificóse la segunda reunión y á ella asistió Castelar en representación del ministerio, teniendo que sufrir como Figueras una serie de iracundas interpelaciones, en las cuales se faltaba descaradamente á la verdad y á la lógica con tal de acusar al gobierno. Los radicales en tono de amenaza hablaron de retraimiento en las próximas elecciones, demostrándoles Castelar que esto era improcedente atendida la situación del país.

Los prohombres del partido radical no se dieron por convencidos y en unión de los conservadores prepararon el golpe de Estado contra la República, único medio de sostener la supremacia política que les negaba el país.

En la cuarta sesión de la comisión permanente, que se verificó el 17 de Abril y á la cual asistió Pí y Margall, en representación de sus compañeros de gabinete, marcóse más que nunca la animadversión de radicales y conservadores, viéndose el ministro de la Gobernación obligado á pronunciar muchos discursos para deshacer las calumnias y las injustificadas acusaciones de los apasionados enemigos de la República.

Los radicales tenían ya formado su plan de conspiración que consistía en reunir en un día dado á todos los ministros en el Congreso y reducirlos á prisión; acto de violencia, de cuya ejecución se encargaría D. Manuel Pavía, capitán general del distrito, el cual odiaba á los federales, jactándose públicamente de haberlos combatido en varias ocasiones y asegurando que estaba deseoso de ametrallarlos en la primera revuelta popular que surgiese. Así que Pavía aprisionase al ministerio, se declararían reanudadas las sesiones de la Asamblea y la comisión permanente asumiría el ejercicio del Poder ejecutivo, hasta que la Cámara nombrase un nuevo gobierno.

Sabían los radicales que esto podría originar un gran derramamiento de sangre, pero estaban dispuestos á todo, con tal de reconquistar el poder, y contaban con el poco escrupuloso Pavía, que pagaba los favores de la República queriendo sublevarse contra ella, valido de la elevada autoridad militar que los federales tan imprudentemente le habían concedido. Además el ministro de la Guerra, general Acosta, estaba en una actitud poco definida, y Pavía tenía motivos para esperar que en el momento decisivo no se pondría frente á él. Afortunadamente esta esperanza no se cumplió, y Acosta arrepentido de sus compromisos con los radicales púsose por completo al lado de los demás ministros.

Los manejos de los radicales, aunque efectuados con sigilo, habían trascendido al público, produciendo en Madrid gran agitación, especialmente el 19 de Abril, víspera de la sesión extraordinaria de la comisión permanente.

Los batallones de la milicia compuestos de federales, se apercibían á la lucha, y el gobernador de Madrid, D. Nicolás Estévanez estaba atento á lo que ocurría, dispuesto á sofocar el primer intento reaccionario, con su característica energía.

Los radicales en vez de ocultarse ante aquella alarma que hacía peligrar sus planes, crecieron en audacia, y el presidente de la Asamblea, don Francisco Salmerón se atrevió á pedir al ministro de la Guerra un batallón de ejército para que guardase á la Comisión mientras deliberaba.

Al día siguiente 20, cuando iba á verificarse la sesión extraordinaria, falleció la esposa del presidente del Poder ejecutivo, D. Estanislao Figueras, el cual se vió privado por tan triste suceso de asistir á la sesión como lo tenía dispuesto, reemplazándole el ministro de Ultramar, D. José Cristóbal Sorní, quien dió cuenta á la reunión de la desgracia que acababa de experimentar el presidente de la República.

Con este motivo acordóse aplazar la sesión extraordinaria hasta el miércoles siguiente, 23 de Abril.

Pí y Margall, por desempeñar la cartera de la Gobernación, estaba más al tanto que sus compañeros de lo que tramaban los radicales y de su inteligencia con los conservadores, así como de las reuniones que muchos personajes de ambos partidos en unión con algunos alfonsinos tenían en casa del general Serrano, donde habían acordado destruir el Gobierno de los federales y organizar una república conservadora en la que sólo entrasen los antiguos monárquicos. El ministro de la Gobernación conocía además el plan de arrestar á los individuos del Gobierno cuando asistiesen al Congreso, y estaba resuelto á no acudir á la sesión extraordinaria, pues no quería abandonar su puesto ni un solo instante, seguro de que desde allí podía defender á la República mejor que en otro lugar.

Figueras, que á causa de la inmensa desgracia que había experimentado no se encontraba en aptitud para desempeñar las funciones de gobernante, hizo que Pí y Margall se encargara interinamente de la presidencia del Poder ejecutivo, medida que salvó á la República, pues á su actividad y á su celo, así como á la energía del gobernador Estévanez, se debió el éxito de la jornada del 23 de Abril.

En la noche del 22, Pí y Margall y Estévanez, que conocían la proximidad del peligro, celebraron una larga conferencia en la que se tomaron todas las medidas necesarias para que al día siguiente no fuese sorprendido el gobierno. Estévanez, que había aumentado considerablemente la guardia de orden público, de cuyo espíritu republicano estaba muy seguro, se encargó de ocupar con ella la línea central de Madrid ó sean las calles de Alcalá y Mayor, y además en aquella misma noche, con arreglo al plan concertado, fueron ocupados por otras fuerzas el palacio de los Consejos, los ministerios de Gobernación y Hacienda y la Presidencia. Hay que advertir que los otros ministros, salvo rara excepción, estaban atolondrados, no sabiendo qué medidas adoptar y que en aquella misma tarde algunos políticos conservadores amigos particulares de Pí y Margall y de Estévanez les habían visitado manifestándoles que el movimiento de los radicales estaba combinado perfectamente y que era inútil resistir, por lo cual debían procurar poner á salvo sus personas si no querían perder la vida.

Pí y Margall y Estévanez, lejos de intimidarse ante tales indicaciones, las despreciaron, continuando sus preparativos de resistencia.

A poco de terminar la entrevista entre el ministro y el gobernador, presentóse á Pí y Margall el general Pavía, quien se quejó de que se hubiesen adoptado precauciones militares sin contar con él y anunció que iba á dimitir la Capitanía general de Madrid, á lo que no se opuso Pí y Margall, pues sabía que estaba en directa relación con los conspiradores.

El ministro de la Gobernación retiróse en las primeras horas de la madrugada á su casa por atenciones de familia, y allí fué á buscarle el general Moriones, quien se hizo el sensible prestándose á servir de mediador entre los republicanos y los radicales para evitar una lucha. Esto hizo ver á Pí que los conspiradores no tenían gran seguridad en el triunfo y buscaban el medio de prolongar la interinidad en la República formando un nuevo gabinete de conciliación y se negó en absoluto á todo arreglo á pesar de que Moriones le probó que Figueras y Castelar eran de opinión contraria y estaban dispuestos á toda clase de transacciones.

En las primeras horas de la mañana circuló la noticia de que el alcalde de Madrid, D. Juan Pablo Marina, perteneciente al partido radical, había enviado aviso á domicilio á los milicianos que componían los batallones monárquicos para una gran revista que él mismo debía pasarles en la Plaza de Toros. Los elementos federales no permanecían inactivos, y buena prueba de ello fué que comenzaron á circular por los cuarteles hojas impresas, en las que se excitaba á los soldados á desobedecer á todo general que en nombre de una Asamblea que había muerto ya quisiera sublevar al ejército contra el gobierno republicano.

Pí y Margall, que estaba ya en su Ministerio, llamó inmediatamente al alcalde, increpándole con energía por la convocatoria de la milicia monárquica, y negándose á aceptar el pretexto de la revista, pues ésta resultaba absurda en un día no festivo, tratándose de hombres dedicados al trabajo, y que habían de perder por ella sus jornales. El alcalde, no sabiendo cómo contestar á tan justos cargos, anunció su dimisión, que inmediatamente le fué aceptada, designándose para sustituirle al concejal republicano D. Pedro Bernardo Orcasitas.

A medio día estaban ya reunidos en la Plaza de Toros y en abierta insurrección los batallones de la milicia nacional 1.°, 5.°, 6.°, 7.°, 8.°, 9.°, y 10.°, de infantería, y los de artillería, zapadores, caballería y veteranos, dirigidos por el general alfonsino López de Letona. El general Serrano, director del movimiento, permanecía en su casa con Topete y Caballero de Rodas, prontos á ponerse al frente del movimiento, y momentos antes habían estado en dicho hotel los generales Bassols, Gándara y Ros de Olano, el marqués de Sardoal, D. Nicolás María Rivero, D. Cristino Martos, D. Eduardo Gasset y Artínse, D. José Luis Albareda, D. Manuel Becerra y otros políticos sagastinos y conservadores.

Los insurrectos, que pasaban de cuatro mil, se habían posesionado de la calle de Serrano, y además el batallón mandado por Martínez Brau ocupaba como posición estratégica el palacio de Medinaceli.

El brigadier Carmona, que era muy conocido por sus ideas republicanas y figuraba como jefe de Estado mayor de la milicia, avistóse con Pí y Margall para dar cuenta de cuanto ocurría y dimitir su cargo, fundándose en que el Ayuntamiento de Madrid había desconocido su autoridad; pero el ministro de la Gobernación, que apreciaba el republicanismo y la pericia de Carmona, no sólo se negó á admitirle la dimisión, sino que le confirió el mando general de los batallones populares.

Al poco rato Carmona, seguido de los comandantes de todos los batallones federales, presentóse ante los ministros reunidos en Consejo, para asegurarles que el pueblo estaba á su lado y que él marchaba inmediatamente á batir á los insurrectos, desalojándolos de la Plaza de Toros.

Iba á reunirse de un momento á otro la Comisión permanente á la que debía asistir representación del Gobierno, y todos los ministros fueron á ella á excepción de Pí y Margall, que permaneció en Gobernación para velar por el orden.

Entretanto Pavía, á pesar de haber dimitido su cargo de capitán general y no tener ya autoridad alguna, se avistó con el presidente de la Asamblea, D. Francisco Salmerón y Alonso, ofreciéndose á combatir á los republicanos con la condición de que convocase inmediatamente las Cortes, las cuales se reunirían en el campamento de Carabanchel, donde estarían bajo la protección del ejército, y al mismo tiempo no verían turbadas sus deliberaciones por el combate que se entablaría en Madrid entre la milicia federal y los monárquicos.

Don Francisco Salmerón conformóse con tales proposiciones que tendían á matar la República, pero afortunadamente no llegaron á realizarse, pues Pí y Margall lo impidió con su atenta vigilancia.

Mientras tanto, la Comisión permanente, que era el foco de la conspiración contra la República, se reunía en el Congreso y con su actitud indiferente parecía demostrar que era ajena á la agitación que reinaba en Madrid. Don Francisco Salmerón, por indicaciones de Sardoal, había colocado en una de las secciones alguna gente armada destinada á prender á los ministros apenas se presentasen; pero como Pí y Margall, que era el personaje del que más apetecían los radicales apoderarse, no asistió á la sesión, fracasó el plan. Además el gobernador Estévanez era un motivo de preocupación para los conspiradores, pues sabían que aunque se apoderaran de todo el ministerio, aquél sabría preparar una terrible resistencia manteniendo la causa del orden, que en tales circunstancias era la de la República federal. A pesar de esto don Nicolás Estévanez entró dos veces en el Congreso pasando por delante de los conspiradores, algunos de los cuales, no contentos con la idea de hacerle prisionero, hablaban de matarlo, y nadie hizo la menor demostración contra su persona. Esta indecisión les perdió, pues dejaron á la causa federal su principal hombre de acción y el que en la jornada del 23 de Abril más contribuyó á las órdenes de Pí á sofocar la insurrección.

La sesión de la Comisión permanente abrióse á las dos de la tarde á pesar de la agitación pública, y Echegaray fué el primero que habló para hacer una negra descripción del estado del país, sacando como consecuencia la necesidad de reunir nuevamente la Asamblea. Echegaray se esforzó en demostrar que las circunstancias por que atravesaba el país hacían imposible la elección de las Cortes Constituyentes en el plazo fijado, y que por tanto era preciso convocar la Asamblea cuanto antes para que la nación no careciese de Poder legislativo.

Don Nicolás Salmerón contestó en nombre del gobierno desvaneciendo todos los pérfidos argumentos del orador y demostrando con datos irrefutables que desde que había quedado rota la conciliación con los radicales había mejorado la situación del país y que el ejército comenzaba á reponerse de su anterior indisciplina, como lo demostraban las derrotas que los carlistas habían sufrido en el Norte y en Cataluña.

Habló entonces Rivero, cuya situación política era indefinida en aquella ocasión, y empezó declarando que la comisión permanente no debía residenciar al gobierno para oir sus explicaciones sino reunir la disuelta Asamblea, que era la verdadera representación nacional. Añadió que él era republicano antiguo y que republicano había sido durante el reinado de don Amadeo, y explicó como mejor pudo su vergonzosa apostasía á raiz de la Revolución de Setiembre, contradiciéndose inmediatamente, pues afirmó que la democracia era lo esencial y que ésta lo mismo podía existir en una monarquía que en la República. El cínico apóstata terminó asegurando que desde que los republicanos habían roto la conciliación con los radicales las clases acomodadas no tenían ya confianza en la República y que elegir unas Constituyentes era marchar rectamente al abismo. Este discurso de Rivero fué tan incoherente y desdichado que hasta los mismos radicales lo tacharon de inhábil.

Castelar contestó á Rivero con vehemente elocuencia, negando á la comisión la facultad de reunir la Asamblea; pero al poco rato se vió interrumpido por el general Acosta, ministro de la Guerra, quien por encargo de Pí y Margall hizo presente que los nueve batallones de la milicia monárquica reunidos en las afueras de la puerta de Alcalá se habían declarado en abierta insurrección contra el gobierno de la República haciendo fuego sobre el brigadier Carmona, que como comandante general de las tropas ciudadanas los había arengado llamándolos al cumplimiento de su deber. El general alfonsino López de Letona había contestado á Carmona que el jefe legítimo de la milicia era él, por haberle nombrado el duque de la Torre, verdadero presidente de la República.

Estas noticias impresionaron poco á radicales y conservadores que las esperaban desde mucho antes; pero los ministros federales se levantaron diciendo que las necesidades del orden público los llamaban al frente de sus respectivos ministerios. El gobierno pidió al presidente que levantara la sesión, pero D. Francisco Salmerón se negó á ello imprudentemente, confiando sin duda en las promesas de Pavía.

La comisión acordó quedar en sesión permanente esperando la vuelta de los ministros, y éstos salieron del local demostrando que aceptaban aquel reto que la comisión lanzaba al gobierno. Al salir del palacio del Congreso, el ministro D. José Cristóbal Sorní, oyendo gran algazara en las secciones tercera y cuarta, abrió sus puertas y vió que dichos departamentos estaban ocupados por hombres armados, reclutados entre la peor gente de Madrid. Aquella era la guardia de honor de la comisión permanente, con la que se proponía prender á los ministros.

Estos se reunieron con Pí y Margall en el ministerio de la Gobernación aprobando cuantas disposiciones había tomado y aceptando otras que propuso el día anterior y que no quisieron aprobar. Entre éstas figuraba el enviar á cada cuartel un general adicto para impedir la sublevación de las tropas. Así que fué aprobada la idea, se envió al general Hidalgo al cuartel de la Guardia civil; al general Ferrer á donde se hallaba el batallón de Mendigorría, el cual era tenido por muchos como sospechoso y recibió á dicho jefe al grito de ¡*Viva la República Federal!* al brigadier D Fernando Pierrad se le encargó de la custodia del ministerio de la Gobernación; al brigadier Peco de la caballería y al brigadier Arín de la artillería.

Esta había recibido orden de marchar á las inmediaciones de la Plaza de Toros y su actitud inspiraba muchas sospechas, pues era conocido el espíritu reaccionario de su oficialidad y se temía que en vez de combatir á los insurrectos se pusiera á su lado. El valeroso Estévanez conjuró este peligro, pues al pasar las baterías por la Puerta del Sol las detuvo y arengó con marcial elocuencia á los soldados, que levantándose sobre los armones dieron entusiásticos vivas á la República federal y al gobierno. La decisión de los soldados impuso á los oficiales, y la artillería cumplió con su deber, tomando posiciones doce piezas frente á la Plaza de Toros.

Como el gobierno había admitido la dimisión del general Pavía, designó para reemplazarle en la Capitanía general de Castilla la Nueva al teniente general D. Mariano Socías, viéndose obligado Acosta, el ministro de la Guerra, á suscribir tal nombramiento aunque con visible repugnancia.

Mientras se tomaron disposiciones para estar á la defensiva. todos los ministros aceptaron las proposiciones de Pí y Margall; pero cuando éste dió orden para que inmediatamente se atacase la Plaza de Toros, Castelar se interpuso suplicando encarecidamente que desistiera de tal propósito y pidiendo que se buscara un acomodo con los radicales antes de llegar á un derramamiento de sangre.

Pí y Margall, á pesar de conocer el carácter sobradamente impresionable de su compañero, no esperaba tal sensiblería, y como las circunstancias no eran para usar de contemplaciones sino para obrar pronta y enérgicamente, no hizo caso de sus ruegos y de las lágrimas que derramaba en abundancia y dió la orden de ataque á pesar de las terribles catástrofes que profetizaba Castelar.

La tragedia preparada con tanto esmero por los radicales, convirtióse en grotesco sainete. Apenas la columna de ataque mandada por Carmona y formada por los voluntarios federales llegó á la Plaza de Toros, los batallones monárquicos reunidos en ella pidieron parlamento, y como los de fuera se negaran á parlamentar, entregaron inmediatamente las armas dispersándose en todas direcciones, amparados de las sombras del crepúsculo. A las siete y media de la tarde la Plaza de Toros estaba ya ocupada por las fuerzas del gobierno y la insurrección quedaba vencida sin derramarse una sola gota de sangre.

Este triunfo tan rápido como completo, agigantó considerablemente la personalidad de Pí y Margall, quien fué desde aquel día el árbitro de la situación y el personaje más popular de la República. Así lo comprendió Castelar, quien, sea por envidia ó por haber sufrido una cruel decepción política, aseguró que consideraba fracasados sus planes y que por tanto aprovecharía la primera ocasión favorable para retirarse del gabinete, ya que era imposible la conciliación con los radicales que él tanto había defendido.

Los ministros de la Guerra y de Marina, que pertenecían al partido radical, también se manifestaron dispuestos á retirarse del gabinete; pero Pí y Margall les persuadió de que debían continuar en sus puestos hasta que se restableciera la calma.

Terminado el Consejo de ministros, recibió Pí y Margall la inesperada visita de D. Nicolás María Rivero, el cual tuvo el atrevimiento de censurar al gobierno por su conducta en aquel día y de defender á la comisión permanente. El ministro de la Gobernación le contestó en tono muy enérgico, echándole en cara sus vergonzosas apostasías y su conducta llena de doblez, afirmando que todos podían criticar al gobierno antes que él, que creaba una República para conspirar después contra ella unido á los reaccionarios.

Rivero, tan valeroso y decidido cuando combatía en favor de la libertad, mostrábase ahora débil y atemorizado bajo el peso de sus apostasías y traiciones políticas, y temiendo que las masas que le habían visto entrar en el ministerio le atropellasen á la salida, rogó encarecidamente á Pí y Margall que le pusiera en salvo, evitando la venganza que el pueblo quería ejercer en su persona.

Pí y Margall lo sacó del ministerio de la Gobernación por una escalera secreta y de allí fué Rivero á refugiarse en casa del general Acosta.

Mientras tanto la comisión permanente, á pesar de saber la rendición de la milicia, confiaba aun en el apoyo de Pavía é insistía en seguir reunida, no haciendo caso de la protesta de Díaz Quintero, Cala, Martra y Cervera que eran individuos suyos y que se retiraron para dar cuenta al gobierno de lo que pasaba. En vista de ésto los ministros Salmerón y Sorní marcharon al Congreso y avistándose con el presidente de la comisión permanente le hicieron presente la agitación del pueblo de Madrid y los peligros que corrían los diputados radicales si se empeñaban en permanecer reunidos.

Habíase propuesto la comisión apurar la paciencia de los federales y negóse tenazmente á retirarse, dando por el contrario muestras de franca sedición al tratar de si debía nombrarse un comandante general de la milicia que representase á la Asamblea contra el gobierno. En esto se esparció la noticia de que el batallón radical que ocupaba el palacio de Medinaceli se negaba á entregar las armas, y las masas federales, en actitud hostil y dispuestas á emprender inmediatamente un combate, ocuparon la plaza de las Cortes.

Era ya del dominio de todos la idea de que la comisión permanente, abusando de la benignidad de los republicanos, alentaba el movimiento reaccionario y estaba en franca sedición contra el gobierno, lo que indignó á la muchedumbre, que tomó aquella persistencia de los radicales en permanecer reunidos como un insulto al pueblo federal.

Comenzaron las masas á proferir gritos amenazadores contra la comisión permanente, y los individuos de ésta que estaban reunidos hablaron por telégrafo con el gobierno pidiéndole encarecidamente que fuese en su auxilio. En esto el batallón que estaba en el palacio de Medinaceli rindió las armas y desde entonces todo fué confusión, pavor y atolondramiento en el seno de la comisión permanente. Los que con tanto descaro excitaron la indignación popular y se mostraron tan jactanciosos con el gobierno, sintiéronse ante el rujido popular tan dominados por el miedo que abultaron considerablemente los peligros, juzgándose próximos á la muerte.

Pí y Margall, al ver el riesgo que los radicales se habían creado con sus ridículos alardes de imprudencia, perdonó sus intentos liberticidas y dispuso que el gobernador Estévanez con algunas fuerzas fuese á socorrer la bloqueada Comisión. Además Salmerón, Castelar, Sorni y muchos diputados federales acudieron al Congreso y arengaron á los voluntarios y al pueblo rogándoles que no maltratasen á los individuos de la Comisión.

Estos se consideraban ya próximos á la muerte creyendo que el pueblo que pugnaba por entrar en el Congreso no tardaría en hacerlos pedazos, y Romero Ortiz oyendo los gritos de muerte de la muchedumbre decía á sus aterrados compañeros:

—A mí me parece que por no haber salido cuando debíamos, nos van á sacar ahora por las ventanas.

Cuando á las dos de la madrugada se calmó un tanto la efervescencia, gracias á las palabras de Castelar y á las excitaciones de Sorní, que por sus hazañas revolucionarias tenía gran prestigio sobre la muchedumbre, una comisión de voluntarios federales entró en el Congreso para decir á los individuos de la Comisión que aún permanecían en el edificio que podían salir sin miedo, y así lo hicieron, precedidos por Castelar, quien arengó al pueblo diciendo que lo matasen á él antes que á los radicales. Este arranque oratorio no consiguió aplausos como en otras ocasiones, y lo único que alcanzó fué que el pueblo no pasara á vías de hecho, contentándose con una silba estrepitosa y algunos mueras á la Comisión permanente.

De este modo los sediciosos radicales lograron llegar incólumes á sus casas sin haber sufrido otra cosa que el enorme susto con que el pueblo premió sus ridículas amenazas.

Serrano, que en esta ocasión no demostró el valor que en otras circunstancias, púsose bajo el amparo de Castelar, encargado de la hermosa misión de proteger á todos los enemigos de la República, y juntos fueron á altas horas de la noche al Gobierno civil, rogando al ministro de Estado y á Estévanez, que sacara al general en su coche y lo pusiera camino de Francia, librándolo de las patrullas que pululaban por las calles de Madrid.

Los generales Acosta y Socías y D. Estanislao Figueras, que á pesar de hallarse retraído en aquellos días de la política, no lo estaba para dar pasaportes, pusieron en salvo á Caballero de Rodas y á los principales promovedores de la insurrección, sin dar conocimiento de ello á Pí y Margall, que quería dejar caer sobre los más conocidos sediciosos todo el peso de la ley para atemorizar de tal modo á los enemigos de la República y demostrar que ésta no tenía la debilidad de los gobiernos agonizantes.

Por desgracia en aquel ministerio únicamente Sorní y Tutau secundaron la actitud enérgica del ministro de la Gobernación; los demás demostraron que sólo servían para hacer la oposición en tiempos de desgracia y dejarse engañar y vencer en épocas de prosperidad.

Como la Comisión permanente había sido disuelta por las iras populares, y además se había mostrado en rebeldía contra el Gobierno y contra los acuerdos de la Asamblea, fué necesaria su supresión, y el ministerio la acordó el día siguiente haciéndola pública por medio de este decreto:

«Presidencia del Poder ejecutivo. —El gobierno de la República:

»Considerando que la Comisión permanente de las Cortes se ha convertido por su conducta y por sus tendencias en elemento de perturbación y desorden;

»Considerando que ha tratado ostensiblemente de prolongar indefinidamente la interinidad en que vivimos, cuando aconsejaba lo contrario el interés de la República y la patria;

»Considerando que al efecto quiso aplazar, contra el texto de una ley de la Asamblea, la elección de diputados para las Cortes Constituyentes;

»Considerando que se propuso con el mismo intento convocar de nuevo a Asamblea, cuando lejos de existir as circunstancias extraordinarias que pudieran cohonestarlo, había mejorado notablemente la disciplina del ejército, estaba casi asegurado el orden público y acababan de recibir las facciones de don Carlos derrotas que las iban quebrantando;

»Considerando que con sus injustificadas pretensiones contribuyó á provocar el conflicto de ayer, aun prescindiendo de la parte directa que en él tomaron algunos de sus individuos;

»Considerando que en el mismo día de ayer intentó nombrar por sí un comandante general de la fuerza ciudadana usurpando las atribuciones del Poder ejecutivo;

»Considerando, por fin, que era un constante obstáculo para la marcha del gobierno de la República, contra el cual estaba en maquinación continua;

»Decreta:

»Artículo 1.º Queda disuelta la Comisión permanente de la Asamblea.

»Artículo 2.º El Gobierno dará en su día cuenta á las Cortes Constituyentes de lo resuelto en este decreto.

»Madrid 24 de Abril de 1873.— Por acuerdo del Consejo de ministros, el Presidente interino del Poder ejecutivo, FRANCISCO PÍ Y MARGALL.»

Con el 23 de Abril comenzaba la verdadera época republicana, pero faltó mucho para que el triunfo fuese completo.

Con la disolución de la Comisión

permanente y la derrota del partido radical, este, que era el principal obstáculo con que tropezaba la República en su definitiva constitución, quedaba sin intervención en la política, y la República comenzaba á ser dirigida en absoluto por los republicanos, que se veían por fin libres de tan pesada carga como era la conciliación.

Podían ya los federales desarrollar una política propia, eran dueños absolutos de la situación, el pueblo estaba á su lado, y Pí y Margall, especialmente en virtud de la energía que había demostrado en la jornada del 23 de Abril, era el ídolo popular, el árbitro de la suerte de la nación, un verdadero dictador revolucionario.

El inmenso poder de que disponía no lo había buscado él, era obra de las circunstancias; pero esto no impedía que su omnipotencia política fuese tan inmensa que sólo pudiera compararse á la que Espartero gozó en 1840 cuando estaba en el apogeo de su gloria.

El mismo, en su folleto de vindicación tantas veces citado, explica la grandeza del poder que las circunstancias pusieron en sus manos.

«Si yo hubiese querido,—dice,—que al día siguiente se hubiese proclamado la República federal, proclamada habría quedado. Si hubiese querido que las provincias hubiesen convocado desde luego sus Parlamentos, convocados habrían sido. Amigos y enemigos, todos creían entonces que por los acontecimientos del 23 de Abril el gobierno había pasad[o] una dictadura revolucionaria.»

Pí, en aquella ocasión, debí[a] demostrado esa falta de escrúp[ulos po]líticos que caracteriza á los [buenos] revolucionarios, y ya que las [ten]dencias de sus enemigos le co[nferían] un inmenso poder, aprovechar[lo para] establecer la federación, que [era la] doctrina á cuya propaganda d[edicó] toda su existencia. De este [modo] hubiese evitado el triste espe[ctáculo] de ineptitud vergonzosa que [dieron] las Constituyentes del 73, y l[os mo]vimientos cantonales que deb[ilitaron] á la República y aceleraron su m[uerte].

Las provincias estaban ansi[osas de] la federación, el pueblo se m[ostraba] dispuesto á acoger favorablemen[te todo] lo que fuesen medidas enérgi[cas que] asentasen la República sobre [firmes] bases, y Pí y Margall, por pri[mera y] única vez en su vida política[obró] mal y se equivocó al dejar infr[uctífe]ro el suceso del 23 de Abril po[r sus i]les escrúpulos de legalidad.

El afán de Pí y Margall por [cum]plir el compromiso contraído [con la] anterior asamblea; su catonian[a rigi]dez que le obligaba á no salirs[e de la] legalidad, y su respeto á una p[alabra] dada á sus enemigos, fué tal [vez la] principal causa de la vida az[arosa y] mísera que después arrastró la [Repú]blica.

Si en vez de confiar la obra [federal] á unas Constituyentes que res[ultaron] impotentes, por no decir ine[ptas,] hubiese decretado al día siguie[nte]

23 de Abril el procedimiento de la federación de *abajo á arriba* fundándolo en el *salus populi*, supremo derecho de todas las situaciones revolucionarias, la República tal vez hubiese vivido, pues en vez de quedar reducida, como se vió, al fin á un gobierno antipático, contra el que se sublevaban las provincias, hubiese encontrado sus mejores defensores en éstas, fortificadas por las ventajas de la vida regional autonómica.

Después de pasadas aquellas supremas circunstancias, el mismo Pí y Margall no estuvo muy seguro de la bondad de su conducta y de la tenacidad con que aconsejaba á sus correligionarios el respeto á la ley de la Asamblea de 11 de Marzo y la confianza en las futuras Cortes Constituyentes, encargadas de organizar y definir la República. En el folleto precitado, Pí muestra algún arrepentimiento de la conducta extremadamente legal que observó después del 23 de Abril. «¿Hice bien,—dice en los citados apuntes.—Lo dudo ahora si atiendo al interés político; lo afirmo sin vacilar si consulto mi conciencia.»

Nosotros creemos que en circunstancias supremas de las que dependía la vida de la República y el porvenir liberal de España, el interés de partido debía haberse sobrepuesto á la conciencia del ciudadano. Y no decimos más.

El deseo que sentía la nación de ver gobernar á los federales completamente solos y sin las trabas de ruinosas conciliaciones, se demostró al día siguiente del 23 de Abril en que el gobierno recibió numerosos telegramas y comunicaciones de felicitación de todas las provincias. Dichos documentos, así como las comisiones que visitaron á Pí y Margall, todos pedían la inmediata proclamación de la República federal. En Barcelona intentábase volver á constituir el Estado catalán y Pí y Margall tuvo que mantener una larga conferencia telegráfica con los federales barceloneses para disuadirles de su empeño. En Málaga, Sevilla, Granada y Cádiz, los republicanos habían proclamado la federación, y el general Contreras amenazaba al gobierno con sublevarse en Madrid si no imitaba tal conducta. De todas partes, hasta de las más humildes localidades, llegaron comunicaciones excitando al gobierno á realizar el cambio político, siendo tan grande el entusiasmo federal, que muchos miles de republicanos se comprometían á alistarse para ir á combatir á los carlistas si es que el ministerio decretaba la autonomía municipal y regional.

Entretanto el gobierno dirigía las siguientes alocuciones al ejército y á la milicia republicana:

«Soldados: Habéis merecido bien de la patria. De hoy más seréis la esperanza de la República. Habéis resistido noblemente á las sugestiones de nuestros enemigos. Cuando ha sonado la hora crítica, habéis sabido volver contra los que momentos antes os trabajaron para corromperos, vuestras carabinas, vuestras espadas, vuestros cañones. Nada ha podido quebrantar vuesta fe, ni rebajar vuestra disciplina. Habéis permanecido fieles al gobierno, y ha bastado vuestra actitud para demostrar á los que, separados por sus diversos principios, y unidos por sus comunes odios, habían fraguado contra la naciente República la más injustificante y la más inicua de las conspiraciones. Para esto no habéis tenido necesidad de disparar un arma. Basta en adelante este recuerdo para que sepáis que de vosotros depende en gran parte la salvación de los grandes intereses sociales, la salud del país, la paz de los pueblos. Recibid el más cariñoso saludo del gobierno de la República.

»El presidente interino del Poder ejecutivo, Francisco Pí y Margall.»

«Voluntarios de la República: ¡Qué lección para los que ayer os calumniaban! Al ver enarbolada la bandera de la insurrección, os habéis levantado como un solo hombre, y no habéis vacilado en poner al servicio de la autoridad y de la ley las armas que acababais de recibir del Poder ejecutivo. Dóciles á la voz de vuestros jefes habéis cubierto los puestos que os señalaron, y os hemos visto llenos de noble entusiasmo, resueltos á morir por la causa que defendemos. Vencedores sin necesidad de disparar un tiro, habéis sido luego la salvaguardia de la familia, de la propiedad, de la libertad de vuestros conciudadanos. ¿Donde están los desmanes que tanto afectaban temer vuestros enemigos? Volved tranquilos á vuestros hogares; la República os vivirá eternamente agradecida, segura de que en vosotros tiene su más firme y decidido apoyo. No peligrará ni prevalecerán contra ella las maquinaciones de los ambiciosos, mientras sepáis aliar como hoy el tacto y la energía, y después del triunfo regresar al seno de vuestras familias, dejando noblemente confiada á los poderes públicos la salud de la patria. En nombre de los más altos intereses sociales, reconoce y agradece vuestros generosos servicios el gobierno de la República.

»El presidente interino del Poder ejecutivo, Francisco Pí y Margall.»

No tardaron en producir su efecto las numerosas felicitaciones que se dirigían á Pí por su conducta en el día 23.

Figueras, que era susceptible en grado sumo, consideró la inmensa popularidad de Pí y Margall denigrante para su persona y presentó la dimisión de la presidencia del Poder ejecutivo; pero el ministro de la Gobernación, que conocía perfectamente el carácter de su compañero, no quiso hacer uso de ella y la guardó sin abrirla, convencido de que el mismo interesado la recogería voluntariamente. Con ésto demostró Pí y Margall la falsedad de ciertas murmuraciones que le suponían á él como devorado por la ambición y ganoso de suplantar á Figueras en la presidencia de la República.

Los federales de Madrid organizaron el 27 de Abril una grandiosa manifestación en la que pronunciaron discursos Olías, Casalduero, D. Alberto Araus y otros, excitando al pueblo á que proclamase la República federal social antes que se reunieran las Cortes Constituyentes. Con esto se demostraba que el partido federal era más previsor y leía más claramente en el porvenir que el mismo Pí y Margall, el cual agotaba una inmensa cantidad de actividad y energía aconsejando á las provincias que permaneciesen en actitud espectante y confiasen en las Cortes Constituyentes que serían las encargadas de proclamar la federación. Con este propósito sostenía interminables conferencias telegráficas y gastaba sin compasión su salud y su popularidad, obcecado por el empeño de detener un movimiento creado por el entusiasmo que el pueblo sentía en favor de unas ideas de las cuales él había sido el mejor propagandista.

Consecuente en su propósito de reunir las Cortes Constituyentes y aproximándose la fecha de las elecciones, expidió en 5 de Mayo á los gobernadores de las provincias la siguiente circular, digna de ser reproducida, pues es la única que se conoce merecedora de aprecio en este país donde el gobierno quiere siempre ejercer presión sobre el cuerpo electoral:

«Próximas las elecciones de diputados á Cortes, creo conveniente recordar á V. S. el criterio del gobierno en tan importante asunto. No tiene el ministro que suscribe por el mejor de los gobernadores al que procure el triunfo á más candidatos adictos á su causa, sino al que sepa conservarse más neutral en medio de la contienda de todos los partidos. El que más respete la ley, el que mejor garantice el derecho de todos los candidatos y la libertad de todos los electores, ese será el que se muestra más merecedor de gobernar una provincia. No ha venido la República para perpetuar abusos, sino para corregirlos y extirparlos, y no secundaría, por cierto, las miras del Poder ejecutivo, el que, inspirándose en la conducta de autoridades de otros tiempos, ejerciese la menor violencia ó la menor coacción para sacar vencedores ni aún á los más leales amigos del gobierno. Lejos de apelar á tales medios, debe V. S. impedir á todo trance que los empleen sus agentes y los representantes, ya del municipio, ya de la provincia.

»Cuando no nos impusieran esta conducta la severidad de nuestros principios y las promesas que en la oposición tenemos hechas, no olvide V. S. que nos la exigirían las circunstancias y nuestra propia conveniencia. Amenazan muchos candidatos con un injustificado retraimiento, pretextando temores, ya de presión por parte de las autoridades sobre los electores, ya de falta de seguridad en los ciudadanos para la libre emisión de sus sufragios. Es preciso demostrar, no con palabras sino con hechos, que ese temor es infundado, y ha sido muy distinto el móvil á que han obedecido para retirarse de la lucha. Deje V. S. libre campo á los candidatos de oposición, para que convoquen y reunan sus huestes y las lleven tranquilamente á los comicios, y si alguien tratase de emplear contra ellos ó sus electores la fuerza, no vacile V. S. en castigarle con mano firme, tomando las necesarias precauciones para evitarlo donde quiera que asomase el menor peligro de tumultos ó de violencias. Nunca deberá V. S. velar más por el orden público que mientras estén abiertos los comicios. Debe V. S. esforzarse por que los candidatos vencidos no puedan nunca atribuir su derrota más que á su falta de influencia en los distritos, y al desprestigio en que hayan caído sus ideas.

»El gobierno desea que las futuras Cortes sean el reflejo de la opinión del país. Lejos de temer en ellas la oposición, la desea, porque sabe que sólo del choque de las ideas brota la luz, y sólo por la discusión pueden depurarse los principios en que ha de descansar la organización de la República. Los problemas que se van á examinar, unos políticos, otros económicos, son de gran trascendencia y resolución difícil. Sólo puestas en frente unas de otras contrapuestas teorías y encontrados pareceres, sabrán estimarlos bajo todos sus aspectos y darles la solución más acertada en bien del país.

»La corriente de las nuevas ideas es, por otra parte, grande é incontrastable. Las oposiciones, por mucha que sea su libertad y por heróicos que sean sus esfuerzos, han de quedar en notable minoría y ser arrolladas en los futuros debates. La República es ya en España un hecho consumado, y atendida la historia de las evoluciones por que van pasando las ideas, no es dudoso que recibirá al fin la forma que más se acomode á nuestras antiguas tradiciones, á la manera como están constituidas nuestras provincias, á las prescripciones de la ciencia y al natural desenvolvimiento del principio de la autonomía humana, solemnemente proclamado y sancionado por la Revolución de Setiembre.

»La conveniencia, la lealtad, la razón, exigen, por lo tanto, de nosotros la conducta electoral que antes se ha trazado. V. S., digno representante del gobierno en su provincia, la seguirá sin duda escrupulosamente, si oye, á la vez que los mandatos del ministro que suscribe, los de su propia conciencia.

»Madrid 5 de Mayo de 1873.— Francisco Pí y Margall.—Sr. Gobernador de...»

Esta circular, en que se recomendaba á los gobernadores absoluta neutralidad, resultaba extraña en un país donde Posada Herrera y Sagasta habían sido ministros de la Gobernación adquiriendo triste celebridad con sus coacciones y atropellos. Tan extraña resultaba la circular, que algunos gobernadores, creyendo que ésta sólo seria para el público y que el ministro querría comunicarles instrucciones secretas, se dirigieron á Pi y Margall pidiéndole que designase los candidatos por cuyo triunfo debían trabajar en sus respectivas provincias; pero el ministro de la Gobernación se limitó á responder:—*Aténgase V. S. á la circular del 5 de Mayo.*

No hubo, pues, en aquellas elecciones dirección gubernativa ni recomendaciones directas ni indirectas; pero como los monárquicos debían justificar su retraimiento, hijo de la convicción que tenían de que sin el apoyo gubernamental les era imposible triunfar en las elecciones, apelaron en la prensa á las más groseras calumnias, diciendo que si Pí recomendaba á las autoridades una imparcial neutralidad era porque estaba seguro de que los voluntarios federales ejercerían una brutal coacción sobre los electores; calumnia cuya falsedad se encargaron los hechos de demostrar, pues algunos conservadores que desobedeciendo el acuerdo de su partido se presentaron candidatos, salieron triunfantes sin que pudieran alegar el haber luchado contra el menor obstáculo.

Una de las cuestiones que más preocupó al gobierno después del 23 de Abril fué la dimisión de Acosta, el ministro de la Guerra, pues no encontraban un general apto para sustituirle. Los ministros no querían designar al general Contreras, que justamente acababa de fundar, en unión con los antiguos intransigentes, una asociación secreta titulada *Dirección Federativa Revolucionaria*, destinada á provocar en las provincias insurrecciones federales. El general Socías no inspiraba confianza á los republicanos y como en el mismo caso estaban la mayor parte de los oficiales superiores, hubo de pensarse en el general Nouvilas que estaba al frente del ejército del Norte. Este contestó al ofrecimiento de la cartera de la Guerra que le hacía el gobierno con un telegrama que decía: «que no podía ir á Madrid sin cumplir antes su compromiso de dominar la insurrección carlista, ó por lo menos alcanzar sobre ella una señalada victoria.» Insistió el gobierno en su ofrecimiento y Nouvilas accedió por fin á aceptar la cartera de la Guerra, aunque con la condición de seguir mandando el ejército del Norte. Retiróse entonces el general Acosta del ministerio de la Guerra y quedó al frente de éste como secretario general y ministro interino D. Fernando Pierrad, que acababa de ser ascendido á mariscal de campo.

Pierrad tomó en serio este cargo, más honorífico que real, que se le confería y creyéndose que era un ministro efectivo, en vez de atender al despacho ordinario del ministerio, se dedicó á dictar reformas, publicando una circular dirigida *A los ejércitos de tierra de la República Española,* en la cual decía á los soldados que iban á pasar de la esclavitud á la vida libre y del servilismo á la democracia, asegurándoles que apenas se abrieran las Constituyentes, como ministro ó como diputado, presentaría importantes reformas.

Resultaba en aquellas circunstancias, cuando la guerra carlista hacía necesaria la disciplina del ejército y el gobierno dejaba por desgracia á las futuras Cortes la organización de la República, altamente perjudicial y peligrosa la conducta de aquel ministro á medias, que mostraba empeño en singularizarse.

Para evitar las consecuencias de una conducta tan imprudente, el general Nouvilas se encargó del ministerio el 3 de Mayo, manifestándose muy disgustado con Pierrad, no sólo por la circular sino por las raras innovaciones que había introducido en dicho centro.

La circular de Pierrad, por las declaraciones federales que en ella se hacían, había gustado mucho á todo el partido republicano, que deseaba la organización federalista de la nación antes de la apertura de las Constituyentes, y así lo manifestó una comisión que fué al ministerio de la Guerra para hacer presente á Nouvilas el gusto con que habían visto las disposiciones de su secretario. Nouvilas contestó evasivamente y al día siguiente publicó en la *Gaceta* una orden del día al ejército cuyo espíritu era contrario al de la circular de Pierrad, pues decía que el gobierno era simplemente republicano y que el ejército lo debía ser también, dejando á las Constituyentes que decretasen la organización federal de la nación así como la de las tropas.

Otro documento atrajo por entonces la atención pública aunque no tanto como la circular de Pierrad. Los radicales después de su derrota permanecieron callados creyendo que ya que Pí era el verdadero dueño de España, se aprovecharía de su poder para acelerar la revolución federal en cuyo caso resultaba peligroso llamar hacia sus personas la atención del pueblo con inoportunas protestas. Pero cuando vieron que Pí y Margall no se aprovechaba de su buena fortuna y que la revolución federal no sobrevenía, pensaron en hablar al país por ver si todavía despertaban en él algún eco, y después de varias reuniones que celebraron los individuos de la Comisión permanente y de la negativa de su presidente D. Francisco Salmerón y de D. Nicolás María Rivero á suscribir la protesta, apareció ésta en todos los periódicos monárquicos en la forma siguiente:

«*A la Nación*

»Los representantes del Parlamento que suscriben, individuos de la Comisión permanente, forzados á un penoso silencio por razones de altísimo patriotismo, durante los días críticos y excepcionales que acabamos de atravesar, creen un deber ineludible de honra y de dignidad declarar ante la Nación:

»Primero. Que interin llega el momento de que los miembros de la Comisión, dispersos y perseguidos puedan reunirse, y acordar lo conveniente, los infrascritos protestan pública y solemnemente contra el decreto fecha 24 de Abril último, disolviendo la Comisión nombrada por la Asamblea, en la ley de 11 de Marzo anterior.

»Segundo. Que rechazan las erróneas suposiciones que han sido vertidas y tomadas como pretexto de tan violenta é inconstitucional resolución.

»Tercero. Que declaran, con la mano puesta en el pecho y bajo palabra de honor, que en todos sus actos se han ceñido estrictamente á los límites del mandato impuesto por la Asamblea.

»Cuarto. Que ni un momento han faltado para con el Poder ejecutivo á las consideraciones y respetos que los poderes públicos se deben entre sí.

»Y por último. Que particular y exclusivamente se reservan el derecho de exigir la responsabilidad á los ministros del Poder ejecutivo, ante la Representación Nacional legítimamente congregada, así como el de perseguir ante la justicia del país á los autores del inicuo y escandaloso atropello perpetrado en la noche del 23 de Abril.

»Madrid 6 de Mayo de 1873. El Marqués de Sardoal.—Luís de Molini.—José Echegaray.—Juan Monpeón.—Pedro Salaverría.—Agustín Esteban Collantes.—Antonio Romero Ortiz.—Saturnino de Vargas Machuca.—José Beranger.—Cayo López.»

La prensa monárquica quiso dar gran importancia á este documento, pero su decepción fué grande al ver que no producía ningún efecto en el país, el cual, por el contrario, criticaba al gobierno por la blandura con que había tratado á los radicales. El país estaba únicamente preocupado por la proximidad de las elecciones y en esta situación llegó la noticia dolorosa de que el ejército liberal había sufrido en el Norte un descalabro de importancia. Una columna mandada por el coronel Navarro fué dispersada en los desfiladeros de Eraul por las facciones que dirigían Dorregaray y Ollo, los cuales hicieron muchos prisioneros y se apoderaron de algunos cañones. Esta derrota, más que por sus resultados materiales, era sensible por la gran fuerza moral que daba á los carlistas, los cuales hasta entonces habían sido siempre derrotados. Además, la prensa conservadora abultó considerablemente el suceso con el fin de hacer responsable de él á la República.

Nouvilas, que conservaba el mando del ejército del Norte, salió de Madrid el 8 de Mayo para las provincias Vascongadas llevando algunos cuerpos francos y el batallón de Mendigorría. *El Imparcial* que era el más miserable de cuantos periódicos hacían entonces la guerra á la República por medio de las calumnias, tuvo el atrevimiento de decir que Nouvilas llevaba instrucciones del gobierno para constituir el cantón Vasco-Navarro ofreciendo al cabecilla Dorregaray la comandancia de las fuerzas de dicho cantón y á todos los jefes y oficiales el reconocimiento de sus grados. Por fortuna estas miserables calumnias solo merecieron el general desprecio.

Por entonces Figueras, repuesto ya del dolor que le había producido el fallecimiento de su esposa, volvió á la política activa, haciendo caso omiso de la dimisión enviada á Pí y Margall, y de la que éste no había dado cuenta á los demás ministros, adivinando que su compañero se arrepentiría de tal resolución.

Como con la marcha de Nouvilas al Norte el ministerio de la Guerra quedaba de nuevo abandonado, Figueras tuvo la singular ocurrencia de encargarse de él, lo que trajo malas consecuencias, pues el ejército careció de una dirección ordenada, y los más sagrados intereses quedaron sometidos al arbitrio de los oficinistas del ministerio que se aprovecharon de aquella anarquía.

La gestión de Figueras en el ministerio de la Guerra fué desastrosa. Juguete por su carácter débil y complaciente de los oficiales empleados, sólo supo firmar ascensos de militares *aprovechados* que nada habían hecho por la República y dar empleos de comandante y de coronel á varios diputados federales muy apreciables como políticos, pero que no tenían más méritos para alcanzar tales graduaciones en el ejército que su intervención en motines é insurrecciones populares. El que tales improvisaciones se hubiesen llevado á cabo en tiempos de Narváez ó de Prim, aunque con más fundamento, no justificaba que la República se entretuviese en crear militares federales, cuando los pocos que existían de antiguo en el ejército siendo partidarios de la República, veían premiados sus sacrificios con la más negra ingratitud. Justamente el mismo Figueras, que de un alborotador de club hacía un coronel, retiró por intrigas personales el ascenso á mariscal de campo que el gobierno había acordado para el bravo brigadier Carmona, que tanto había expuesto su vida en la jornada del 23 de Abril, contribuyendo más que el presidente del Poder ejecutivo al triunfo de la República federal. Este honrado militar, al que el gobierno republicano demostraba tanta ingratitud, sufrió en cambio, al llegar la restauración borbónica, un sinnúmero de irritantes persecuciones, y hoy vive oscuro y olvidado como víctima de la monarquía en la isla de Menorca, sin haber perdido tras tanto desengaño su fe en la República federal, que mientras daba á manos llenas á los aventureros y advenedizos no tuvo para él la menor distinción. ¡Suerte cruel la de los hombres modestos y generosos!

Verificáronse las elecciones en los días 10 al 13 de Mayo, y en casi todos los distritos salieron triunfantes los candidatos federales. Ninguna elección se ha verificado en España interviniendo menos el gobierno. Pí y Margall hizo cumplir á los gobernadores la circular que ya conocemos, y Salmerón recomendó al poder judicial la abstención más absoluta.

Figueras y Castelar, corrompidos por las teorías doctrinarias, querían que el gobierno interviniera en las elecciones, no para hacer triunfar á los federales, pues esto era seguro ya que la inmensa mayoría del país estaba á su lado, sino para sacar victoriosos á una respetable minoría de radicales y conservadores, pues según ellos era imposible un gobierno sin oposición. Los partidos enemigos habían acordado el retraimiento, pero á pesar de esto tomaron parte en la lucha algunas de sus personalidades importantes logrando tomar asiento en las Cortes Becerra, Canalejas, Blanco y Soza, Cintrón, Elduayen, Fernández Villaverde, García San Miguel, Labra, León y Castillo, Mansi, Morán, La Orden, Esteban Collantes, Padial, Olavarrieta, Olave, Plaza, Regidor, Ríos Rosas, Romero Robledo, Salaverría, Figuera y Silvela, Sanromá y Socías.

De éstos, Fabra y Olave se declararon federales á las pocas sesiones, y los demás, algunos se llamaron republicanos unitarios y unos doce sostuvieron la bandera de la monarquía; también fué elegido D. Eugenio García Ruiz que al fin veía engrosado el número de republicanos unitarios, aunque con harto dolor para él no le querían reconocer por jefe.

Una prueba concluyente de que el gobierno no intervino en las elecciones, fué que el ministro de Marina no alcanzó asiento en el Congreso, pero en cambio resultaron elegidos veintiún gobernadores que se ayudaron mutuamente, conviniendo unos en presentar á los otros candidatos por sus provincias valiéndose de su influencia, medio inmoral que reprobó con energía el ministro de la Gobernación.

La indisciplina del ejército preocupaba mucho al gobierno y en especial la de los cuerpos francos, que se portaban en los pueblos de un modo tan reprobable, que éstos más temían su llegada que la de los carlistas.

La columna que más tristemente se distinguía por su insubordinación en Cataluña era la de Martínez Campos, al cual Figueras había ascendido á mariscal de campo á pesar de que todos sabían que era alfonsino y que mostraba empeño en que creciera la facción, para lo cual dejaba que Saballs ocupase sin resistencia importantes poblaciones del Principado. En el Norte los cuerpos del ejército y los batallones de francos tenían continuos rozamientos, y estas fuerzas voluntarias, en su cuartel de Leganés, á dos leguas de Madrid, producían tremendos conflictos, viéndose obligado el Capitán general de Madrid á intervenir personalmente en una sedición que promovieron el 28 de Mayo.

Los carlistas sabían aprovecharse de esta anarquía militar, y tan aprisa crecían, que á fines de Mayo tenían ya en el Norte unos catorce mil hombres sobre las armas y en Cataluña seis mil. Del mismo modo que durante el mando del general Córdova en la primer guerra civil, los políticos interesados en contra del gobierno y el vulgo ignorante clamaban ahora contra Nouvilas, tachando de inacción lo que era producto de la falta de fuerzas y de un plan acertado pero lento, en el que resultaban perjudiciales esas batallas tan ruidosas como inútiles. Los conservadores, ofendidos con Nouvilas por haber éste rechazado sus indignas proposiciones para sublevar el ejército del Norte en favor de don Alfonso, ofreciéndole muchos millones y el entorchado de Capitán general, desatábanse en injurias contra él y movían la opinión de la gente crédula y sencilla, pintando al general poco menos que como un imbécil ó un traidor.

Las protestas del país contra el jefe del ejército del Norte hicieron que el gobierno enviase á Vitoria al ministro de Gracia y Justicia D. Nicolás Salmerón, para que Nouvilas le dijese en secreto todos los detalles de su plan que no pudiera confiar al correo ó al telégrafo. El general en jefe manifestó que con los diez mil hombres escasos de que disponía, su plan se limitaba á reducir la esfera de acción de los carlistas, concentrándolos lentamente en un punto dado, para allí acabar con ellos por medio de un golpe decisivo. Nouvilas se manifestó dispuesto á dimitir si el gobierno no aceptaba este plan, y en vista de las seguridades que le dió Salmerón continuó al frente del ejército.

El 31 de Mayo celebraron las Constituyentes su sesión preparatoria, notándose en ella cierto tendencia á fraccionarse en tres grupos los federales que comulgaban en idénticos principios. La derecha fué dirigida por Castelar y Salmerón; en el centro, á cuyo frente estaba D. José María Orense, figuraban Díaz Quintero, Benot, Estévanez, Cala y Merino, y la izquierda la constituían Contreras, Navarrete, Araus, Casalduero, Gálvez Arce y otros muchos pertenecientes al antiguo partido intransigente, cuyo jefe civil, García López, se había retirado de la política desde que el gobierno le dió una plaza en el Consejo de Estado.

La apertura de las Constituyentes se verificó el 1.º de Junio bajo la presidencia de edad de D. José María Orense, y D. Estanislao Figueras leyó, desde la tribuna, el discurso mensaje del gobierno, en el cual se reseñaban las dificultades que éste había tenido que vencer para reunir aquellas Cortes y el triste estado en que se encontraba la nación. El documento, que era muy notable, estaba redactado por Castelar y sus párrafos más salientes eran estos:

«Llegamos al momento anhelado, al momento de ver reunida la nación española en Cortes, autoridad legítima por su origen constituyente, por su mandato, amada de todos por sus tradiciones; el pueblo mismo legislador y soberano, fundando gobierno, instituciones en perfecta consonancia con el temperamento de nuestro carácter y con el espíritu de nuestro tiempo.

. . . .

»Puede, sin embargo, deciros en su abono el Gobierno, que habiendo recibido la funesta herencia de tantos siglos de monarquía, agravada por cuatro años de revolución material y moral; los ánimos agitados, las pasiones exaltadas, los partidos disueltos, la administración desorganizada, la Hacienda exhausta, el ejército perturbado, la guerra civil en gran pujanza y el crédito en gran mengua, propios achaques de todas estas épocas de transición, ha venido y llegado hasta vosotros sin verter una gota de sangre y sin suscitar ninguno de esos grandes conflictos que, en circunstancias menos difíciles y críticas, han manchado tristemente los anales de nuestra historia.

»Bien es verdad que la lógica de los hechos desbarata las combinaciones de los partidos, sacando inflexible la consecuencia encerrada en nuestras instituciones fundamentales, esencialmente democráticas. La revolución de 1868 fué una revolución anti-monárquica, aunque sus autores, desconociendo la propia obra, pugnaron por reducirla á los estrechos límites de una revolución anti-dinástica. Por vez primera en nuestra historia moderna, el Rey, que desde la fundación de las grandes monarquías había sido el genio tutelar de la patria; El Rey, que cautivo y cómplice y cortesano de los conquistadores, había presidido ausente las Cortes de Cádiz y la guerra de la Independencia; el Rey desaparece, perseguido por sus ejércitos, ahuyentado por sus vasallos, herido en sus derechos, negado hasta en los fundamentos más sólidos de su autoridad, criticado con irreverencia, sustituído con audacia por un Gobierno cuyo origen está en la revolución, cuya legitimidad en el sufragio universal, cuyo espíritu, sin quererlo, sin saberlo, por necesidad, por fuerza, en los principios republicanos; que no otra cosa sino República, era aquel artículo 32 de la Constitución, copiado á la letra del pacto fundamental en los pueblos federales, el cual se reducía á declarar origen perpetuo del poder á la Nación entera, principio contrario á toda monarquía. Así es que, ó la Revolución de Setiembre no había arraigado en los ánimos, ó la Revolución de Setiembre había traído consigo necesariamente la República.

»En vano el dogmatismo de las escuelas se opuso á la ley de los hechos. Decretóse una monarquía en las Cortes, y no hubo medio de crear el Monarca. Español, hería nuestros sentimientos de igualdad; extranjero, hería nuestros sentimientos de independencia; y un Rey ha de vivir con los sentimientos nacionales, y de ninguna manera contra los sentimientos nacionales. Así es, que declararon al Rey español, y jamás hubo nadie más extraño á España; irresponsable, y de todo respondía ante el juicio de la opinión pública; permanente, hereditaria, y no hay magistrado en el pueblo republicano que tenga un poder tan disputado como lo fué el suyo por las competencias de los partidos, ni tan fugaz por su propia naturaleza, ajena y contraria á la naturaleza que hubieren querido darle los intereses de las sectas y las artificiales combinaciones de la política. Por esta causa, el Rey, con grande entereza de ánimo y mayor previsión política, renunció á la Corona; y las Cortes, no menos animosas y previsoras, proclamaron por votación casi unánime la República. La Revolución de Setiembre había llegado, después de cinco años de incertidumbre y de duda, á la forma de gobierno que debe corresponder á una gran democracia.

. . . .

»En la República sucede como en la naturaleza; todos los seres destinados á vivir mucha vida se forman lentamente. Así, al dejar intactas todas las cuestiones, os hemos dejado expedito el camino que conduce al acierto. Habéis oído los clamores de la opinión; conocéis las dificultades de la realidad; lleváis en la mente el ideal de este siglo, y en el corazón el amor á la libertad y á la democracia, discutid en paz, deliberad con madurez y decidid con acierto: que nosotros no hemos querido comprometer la independencia de vuestras resoluciones, ya que éramos ayer un mero Gobierno encargado de llegar á este solemne día, y sois vosotros desde ahora la majestad de la nación y la conciencia del pueblo.

. . . .

»Dichas estas ideas sobre la política general, debiéramos aquí terminar, si el profundo respeto á la representación del pueblo no justificase alguna mayor latitud dada á las minuciosidades y detalles de los diversos departamentos ministeriales. Os engañaríamos y nos engañaríamos tristemente, si ocultáramos que la proclamación de la República ha sido recibida con algún recelo y desconfianza por parte de casi todos los gobiernos de Europa. Y os engañaríamos también si os hiciésemos creer que esta desconfianza provenía de aquel antiguo dogmatismo político que unía á los reyes en santa alianza para impedir la emancipación de los pueblos. No; hoy en el viejo continente no existe ni una nación que niegue á las demás el derecho incontestable de gobernarse á sí mismas, y de regir, por tanto, en plena libertad la forma de gobierno que mejor los cuadre. Mas, como nosotros hemos tenido en la historia opresión tan larga, y la República exige virtudes cívicas de energía tan grande, no extrañéis, antes justificad la desconfianza de Europa. Una idea debe deciros el gobierno, que aumentará vuestra satisfacción, al mismo tiempo que aumente nuestra responsabilidad: de nadie más que de nosotros mismos depende el reconocimiento de la República española. Una buena política de orden le abrirá de par en par las puertas del concierto europeo, donde podrá este pueblo, dirigido por magistrados populares, alzar su voz como los pueblos dirigidos por reyes históricos. Las épocas de las intervenciones han pasado ya, y ningún pueblo ha contribuido tanto á que pasaran, como el pueblo inmortal de 1808. Nosotros solos podemos perdernos, y nosotros solos podemos salvarnos. El mundo sabe demasiado que nuestra República nada tiene que ver con la revolución europea; que nuestra República, espontánea por su origen, es una República puramente española por su carácter, ajena á toda propaganda revolucionaria y á todo engrandecimiento territorial.

. . . .

»Grande es el ministerio que vais á desempeñar y la obra que vais á cumplir en nuestra historia. Vais á sustituir el gobierno de casta y de familia por el gobierno de todos; el gobierno del privilegio por el gobierno del derecho. Vais á fundar esas autonomías de los organismos políticos que dan á la vida social toda la variedad de la naturaleza. Vais á oponer á los antiguos poderes, sagrados, teológicos, seculares, irresponsables, los poderes amovibles y responsables que piden y necesitan las grandes democracias. Vais á confirmar esos derechos que son la señal más espléndida de la dignidad de nuestra naturaleza y la conquista más preciosa de la Revolución de Setiembre. Vais á establecer el organismo más complicado, más difícil, pero al mismo tiempo, y por privilegio bien raro, más en armonía con las ideas de la ciencia y con las tradiciones de nuestra historia. Vais á procurar el mejoramiento económico, moral y material del pueblo, sin herir las bases fundamentales de las sociedades modernas y respetando los derechos del individuo. Obra inmensa que, emprendida con desinterés y rematada con patriotismo, admirarán perpetuamente los siglos.

»Pero nuestra obra no es solamente obra del progreso, sino también obra de conservación. No basta con procurar las reformas que nos faltan; es necesario consolidar las reformas que hemos adquirido. Ayer éramos aún esclavos, y no es tan seguro que mañana podamos ser libres de esta inquieta y movediza Europa. Procuremos con verdadero espíritu político arraigar esta libertad de conciencia, esta libertad de enseñanza, por las cuales todas las ideas progresivas se formulan; y esta libertad de reunión, y esta libertad de asociación, por las cuales todas las ideas progresivas se difunden; y este sufragio universal por cuya virtud todas las ideas progresivas se realizan; y esta forma de gobierno, que llama á todos los ciudadanos á participar igualmente del poder. Para esto, uniendo al valor la prudencia, cerremos el período de las revoluciones violentas, y abramos el período de las revoluciones pacíficas. Procuremos calmar y no enconar los ánimos; reconciliar y no dividir á los ciudadanos; fundar una legalidad que, como la luz, á todos alcance, y como el cielo á todos cobije, y que sea universalmente amada, porque todos hayan conocido y tocado sus ventajas.

»Puesto que España va á ser la República, la libertad, la democracia, que sea por lo mismo un grande ejemplo moral y una grande fuerza material en el mundo, para iluminar con sus ideas y para imponer el debido respeto á su autoridad y su soberanía. Intacto tenéis el mandato del pueblo; de este pueblo en quien no sabemos si admirar más el valor ó la prudencia, la sensatez ó el entusiasmo. Todos los poderes se hallan en vuestras manos. Los hemos defendido á costa de todos los sacrificios; usadlos con la moderación que es propia de los fuertes. Nosotros, los miembros del Poder ejecutivo, nos contentamos con haber sido los fundadores de la República. Este privilegio basta á satisfacer todas nuestras ambiciones y á recompensarnos de todos nuestros trabajos.

»Si vosotros lográis consolidarla, podréis decir ante el mundo: hemos sido una generación predilecta en la humanidad y aguardamos tranquilos el juicio de la conciencia humana y el fallo inapelable de la historia.»

Terminado el discurso declaráronse legalmente constituídas las Cortes Constituyentes de la República Española y los diputados salieron al atrio del Congreso para presenciar el desfile de los batallones de la milicia republicana.

Procedióse inmediatamente á la constitución provisional de la mesa, siendo elegidos vice-presidentes Palanca, Cervera, Pedregal y Díaz Quintero y secretarios Soler y Plá, Bartolomé y Santamaría, López Vázquez y Pérez Rubio.

Las primeras sesiones de las Cortes tuvieron escasa importancia, pues fueron dedicadas á la discusión de actas. En la del 7 de Junio se constituyeron definitivamente las Cortes, siendo elegido presidente D. José María Orense por ciento setenta y siete votos. Los vice-presidentes fueron reelegidos y de secretarios en propiedad quedaron Soler y Plá, Cajigal, Benot y Bartolomé y Santamaría.

Orense pronunció un sencillo discurso dando gracias á las Cortes por el honor que le conferían y manifestando que si llegaba á convencerse de que aquella Asamblea no quería realizar el programa del partido federal, él abandonaría la presidencia é iría á sentarse en los bancos de la oposición.

Habló inmediatamente el presidente del Poder ejecutivo para anunciar la dimisión del gobierno que era irrevocable y pedir á la Asamblea que designase una persona de su confianza que formase gabinete. Figueras manifestó además los peligros de la indisciplina que existía en el ejército de Cataluña y el choque entre la fuerza armada y el pueblo que acababa de ocurrir en Granada y terminó diciendo así:

«Se necesita tener un gobierno fuerte, enérgico; se necesita un gobierno que tenga unidad de pensamientos y de miras; porque sin unidad de pensamientos y de miras, no puede haber unidad de acción.»

Esperaban muchos que se debatiera inmediatamente el importante punto de la dimisión y por esto vieron con extrañeza como Orense, en vez de contestar al gobierno, decía que lo primero que debía hacerse á su juicio era proclamar la República federal.

Esta proposición, aunque resultaba extemporánea, fué acogida con vivas y con aplausos por la mayoría de los diputados, presentándose inmediatamente una proposición escrita, que firmaban Pérez Costales, Sánchez Yago, Lapizburu y otros, en que se declaraba como forma de gobierno de la nación española la República Democrática Federal. Esta proposición se aprobó sin discutirse en votación ordinaria.

El gobierno y muchos federales de buen sentido vieron con disgusto un acto como éste debido á un entusiasmo irreflexivo y que demostraba que Orense, á pesar de sus excelentes deseos, era incapaz de presidir bien las Cortes.

Resultaba ridículo antes de votar una constitución federal, careciendo las provincias de autonomía y habiendo de regirse durante mucho tiempo por leyes de carácter unitario, proclamar la federación, pues ésta resultaba en tal caso una palabra vacía de sentido, buena para ilusionar á las gentes que se fijan más en el nombre que en la esencia de las cosas. Para que el absurdo resultara mayor, aquellas Constituyentes se mostraban muy celosas por conservar incólume su representación y no pensaban en consentir por aquel momento la autonomía absoluta á las provincias, sin la cual el federalismo carecía de base. Además el sistema federal debe partir siempre del municipio á la nación, y buscar que una Asamblea nacional proclame la república federativa en medio de un pueblo que está aún regido por las leyes unitarias, es tan absurdo como poner los cimientos de una casa en el tejado. Después que quedó proclamada la República federal, se dió lectura á una proposición que el diputado Cervera había presentado al terminar Figueras su discurso. En dicha proposición se decía que ya que el gobierno presentaba la dimisión, se encargase al diputado Pí y Margall la formación del nuevo gabinete por reunirse en su persona las condiciones necesarias para salvar la situación.

Los diputados Benot, Araus, Gálvez Arce y otros presentaron entonces una proposición de no há lugar á deliberar, en que se calificaba de atentatoria á la libertad de la Cámara la autorización que se pedía para Pí y Margall, aunque se tributaban á éste los mayores elogios.

Figueras terció entonces en la discusión, aunque no consiguió aclarar el asunto, y la proposición de no há lugar á deliberar, puesta á votación, fué rechazada por ciento cuarenta y cinco votos contra setenta y nueve. Discutióse entonces la proposición de Cervera y hablaron en pró de ella, Gil Berges, La Rosa, y Maisonave y en contra Cala, Suñer y Olave.

Pí y Margall para contestar á las numerosas alusiones que se le dirigieron hizo uso de la palabra manifestando que jamás había solicitado puesto alguno, pero que estaba dispuesto á aceptar cuantos se le confiasen por grandes que fueran las dificultades que en ellos se hubieran de vencer; y que en el caso de formar gobierno escogería los ministros de todas las fracciones de la Cámara, porque quería fomentar la unión entre los republicanos huyendo de divisiones que más que de principios eran de personalidades.

La proposición de Cervera fué aprobada por ciento cuarenta y dos votos contra cincuenta y ocho, quedando Pí y Margall facultado para formar el nuevo gabinete y presentarlo al día siguiente á la aprobación de las Cortes.

Castelar y Salmerón, á pesar de que se sentían mortificados por el inmenso prestigio que había alcanzado Pí y Margall, ayudábanle, so capa de amistad é interés generoso, en la formación del ministerio, colocando en él á sus más íntimos partidarios para asegurar de este modo su influencia en todas las situaciones. A esto llamaba Castelar en su lenguaje familiar *trabajar entre bastidores,* así como á ganarse en los pasillos la voluntad de aquellos diputados á quienes no podía convencer con sus discursos.

La sesión del 8 de Junio abrióse teniendo Castelar y Salmerón conquistada la voluntad de la mayoría. Comenzó con la votación definitiva de la República federal, en cuyo debate demostró Orense su falta de carácter para presidir una Cámara, pues desde su sitial discutía y se cuidaba poco de regularizar el turno de los oradores los cuales en algunos momentos hablaban todos á la vez. Cuando se llegó á la votación definitiva de la República federal, ésta fué proclamada por doscientos diez y nueve votos contra dos, que fueron los de Ríos Rosas y García Ruiz.

El no tener todavía un candidato apto para desempeñar la cartera de Hacienda en el nuevo gabinete, hizo que la Asamblea suspendiera la sesión hasta las nueve de la noche, en que había de tratarse la resolución de la crisis.

A dicha hora fué reanudada la sesión y se dió lectura de la siguiente comunicación de Pí y Margall:

«*Ministerio de la Gobernación.*—Excmo. señor: En cumplimiento del encargo que me ha sido conferido, tengo el honor de proponer á las Cortes Constituyentes el siguiente Poder ejecutivo: Presidencia y Gobernación, don Francisco Pí y Margall; Estado, don Rafael Cervera; Gracia y Justicia, D. Manuel Pedregal; Fomento, don

Eduardo Palanca; Hacienda, D. José de Carvajal; Guerra, D. Nicolás Estévanez; Marina, D. Jacobo Oreiro; Ultramar, D. José Cristóbal Sorní.

»Lo que tengo el honor de poner en conocimiento de V. E. para que se sirva comunicarlo á las Cortes Constituyentes. Madrid 8 de Junio de 1873.—Francisco Pí y Margall.—Excmo. Sr. Presidente de las Cortes Constituyentes.»

No todos los ministros propuestos eran amigos de Pí, ni éste podia fiar mucho en su adhesión. Cervera, Pedregal y Carvajal eran amigos de Castelar y éste era quien intentaba darles las carteras. Palanca antes que republicano era amigo de Salmerón, y el marino Oreiro estaba en inteligencia con los radicales. Unicamente Estévanez y Sorní eran adictos al jefe del gobierno.

Cervera, que se distinguía en la Cámara como uno de los peores oradores y que entonces mostraba por el federalismo un entusiasmo sin límites del que no tardó en olvidarse, no tenía ni con mucho las facultades necesarias para ser ministro, pero pretendió conquistarse la cartera de Hacienda asegurando que él por sus relaciones particulares poseía medios para hacer frente á todas las necesidades pecuniarias de la República. Pí y Margall le puso á prueba, y fundándose en sus promesas le encargó que para el día siguiente buscase quien prestara á la nación doscientos millones de pesetas que se necesitaban con urgencia. Cervera no encontró quien hiciese tal empréstito y esto, unido á sus nulos conocimientos rentísticos, hizo que fracasara su candidatura siendo reemplazado por Carvajal que presentaba mayores garantías para atender á las necesidades de la Hacienda. A pesar de esto, Pí por no desairar á sus protectores lo designó para Estado.

De todos los demás candidatos quien más llamaba la atención era D. Nicolás Estévanez, propuesto por Pí y Margall para el ministerio de la Guerra. Estévanez, como ya dijimos, era capitán de infantería retirado y esto hacía que los generales que tomaban asiento en la Cámara se opusieran á tal nombramiento; pero Pí, que conocía sus vastos conocimientos, y la mayoría, que recordaba su valor y energía en la jornada de 23 de Abril, le preferían en la dirección del ejército á todos aquellos ambiciosos con faja, republicanos de la víspera, que constituían un peligro para la República por demasiado reaccionarios ó demasiado exaltados. Procedía acertadamente la Cámara elevando á ministro de la Guerra al popular gobernador de Madrid (1). En circunstancias revo-

---

(1) Estévanez fué uno de los mejores gobernadores que ha tenido Madrid, y en el tiempo que permaneció desempeñando tal cargo le hizo célebre un rasgo propio de su carácter genial y decidido. En cierta ocasión, como fuera excesivo el número de pretendientes que le asediaban, hubo de fijar á la puerta de su despacho el siguiente letrero: «*El gobernador no tiene dinero, ni credenciales, ni distritos, ni paciencia, ni nada.*» El periódico conservador *La Política* sacó gran partido de esa inscripción, y Estévanez le dirigió un co-

lucionarias la nación debe apreciar á los hombres por lo que valgan en sí y no por los oropeles que ostenten, hijos muchas veces más de la intriga que del mérito. El gran Lázaro Carnot, aquel encargado de la Guerra de la República Francesa, que mereció el dictado de *Organizador de la victoria*, era un modesto capitán de ingenieros.

Cuando se dió lectura á las Cortes de la comunicación de Pí, varios diputados pidieron inmediatamente la palabra promoviendo una discusión molesta acerca de los méritos personales de cada uno de los presuntos ministros, siendo Cervera quien sufrió más rudos ataques, pues nadie le reconocía competencia para ser ministro de Estado. También Pedregal fué objeto de algunas agresiones, ayudando á la oposición el ser tan desconocido dicho señor en Madrid, que en varias esquinas habían aparecido carteles impresos con esta pregunta: *¿Quién es Pedregal?* En este ataque, la oposición era injusta, pues el ser desconocido Pedregal resultaba obra de la exagerada centralización de España que sólo concede celebridad á los hombres que bullen en Madrid. Pedregal era ya entonces una de las personalidades más salientes de la región asturiana y se había acreditado como jurisconsulto ilustre.

Figueras, aunque sin defender directamente á los candidatos al ministerio, tachó aquella discusión de bochornosa é inoportuna, lo que motivó que se cruzaran varios insultos entre él y el general Pierrad.

Cala, Benot y otros diputados siguieron atacando el ministerio propuesto por Pí, y Orense, según su costumbre, en vez de encauzar y regularizar el debate, discutía desde la presidencia y miraba con beatífica satisfacción el desorden que reinaba en la Cámara donde los oradores hacían uso de la palabra sin pedirla y hablaban dos ó más á un tiempo.

El diputado Muro y López, sin derecho alguno, pues Pí y Margall aun no era jefe de gobierno, pidió que expusiera su programa, y Orense, inmediatamente desde la presidencia, dijo con tono oficioso:

—Me tomo la libertad de manifestar al señor Pí que me parece racional lo que ha dicho el señor Muro.

—Me tomo la libertad de indicar al señor Presidente,—contestó entonces Pí,—que la costumbre no es esa: la costumbre ha sido siempre que el gobierno, al sentarse en ese banco, dé su programa; pero no ha sido nunca costumbre el que antes de sentarse

---

municado en que, después de decir que, efectivamente, en un momento de desesperación había puesto aquel anuncio, añadía que desde su nombramiento habían ido á visitarle muchos republicanos federales y hasta socialistas, pero también muchísimos monárquicos y una nube de políticos indiferentes de los que acuden á todos los que mandan: que los primeros le habían pedido modestas plazas de agentes de orden público y recompensas más que merecidas, que no había podido darles; pero que los monárquicos y sobre todo, los indiferentes, le habían abrumado con toda clase de peticiones, desde las más humildes hasta las de distritos, como si, por acaso, fuese ministro universal.

liga cuál es su línea de conducta. Y la razón es clara. ¿Cómo es posible que se explique el programa de un gobierno que no existe? Por lo tanto, me reservo explicar el programa del gobierno, cuando exista, si es que llega á existir.

Esta respuesta acertada, no impidió que Muro y otros diputados insistieran en que Pí y Margall presentara su programa aun antes de ser gobierno; pero éste hizo nuevamente uso de la palabra.

—¿Soy,—dijo,—señores diputados alguna persona completamente desconocida para vosotros? ¿Es que no sabéis qué es lo que yo pienso en política y en todas las cuestiones que puedan aquí agitarse? ¿Es que soy nuevo en el Parlamento? Si vosotros habéis puesto en mí una confianza inmerecida hasta el punto de designarme para que os proponga un ministerio, ¿por dónde venís ahora á dudar de cuáles son mis opiniones? Y si yo os presento un ministerio que se siente conmigo en el banco azul, dado caso de que lo aprobéis, ¿no podéis suponer que estarán de acuerdo conmigo todas las personas que lo compongan? ¿Podéis creer que habrán de venir á sentarse conmigo personas que no pensarán de la misma manera que yo? ¿Por dónde, pues, he de venir yo aquí á decir, antes que el gobierno se siente en su banco, cuál es su programa? Esto sería hasta faltar á la confianza que habéis depositado en mí.

La mayoría de la Cámara aprobó estas afirmaciones, pero por desgracia, unos cuantos diputados que mostraban impaciencia por darse á conocer, alborotaban sin descanso, produciendo una confusión indescriptible. Sobre si la votación había de ser nominal ó por papeletas y por si debía recaer sobre todo el ministerio ó ministro por ministro, promovióse una confusa discusión con todo el carácter de escandalosa disputa, sin que Orense hiciera el menor esfuerzo para evitar una situación tan vergonzoza.

Pí y Margall, que contemplaba con profunda amargura tal escena, la cual desvanecía las esperanzas puestas en aquellas Cortes que miradas en conjunto no eran más que una aglomeración de nulidades escandalosas corroidas por la envidia y la ansia del poder, comprendió que era imposible aceptar un gobierno que tanto se le discutía y como por otra parte adivinó en aquel motín parlamentario la mano de alguno de sus ilustres compañeros, resignó el poder que se le había conferido el día anterior y que ahora tanto se le discutía.

El discurso en que Pí manifestó su resolución fué breve pero convincente. Ya que las Cortes le daban una prueba de desconfianza, él se retiraba dejando que eligiesen las personas que tuvieran por más conveniente.

Sólo algunos diputados aplaudieron á Pí y Margall, y el escándalo en aquellas Cortes tan bulliciosas como inútiles fué grande hasta el punto que Díaz Quintero, que ocupaba la presidencia por haberla abandonado Orense, tuvo que pedir á la Cámara que se declarase en sesión secreta, pues de lo contrario se cubría y abandonaba el puesto. Además pidió que mientras las Cortes se ponían de acuerdo sobre el nombramiento del gobierno, ocupasen el banco azul los ministros del anterior gabinete y así lo hicieron Figueras y Sorní.

La sesión pública quedó suspendida á las doce de la noche, terminándose de este modo uno de los mayores y más asquerosos escándalos que ha presenciado la Cámara española y que demostró hasta la saciedad lo infructuoso y perjudicial que es en nuestra época confiar á unas Constituyentes la regeneración política del país, tarea que debe llevar á cabo instintivamente el pueblo en el primer momento de su triunfo.

Quien mejor juzgó aquella sesión fué el periódico *El Estado Catalán* que dijo con justa dureza:

«En la sesión de ayer, todos los que en discursos disparataron, los que promovieron tumultos, no hacían más que mendigar una cartera. ¡Cual si las carteras de una nación de diez y seis millones de españoles estuviesen á la disposición del primer necio que quiera alargarlas la mano! ¡Cual si hubiéramos llegado ya á un estado en que debiéramos ser presa del primer advenedizo que quiera dominarnos!

»Y es lo más triste que mayoría y minoría, todos estuvieron á la misma altura, todos eran guiados por los mismos móviles, todos dieron igual repugnante espectáculo. Políticos de oficio, mercaderes de la Nación eran unos y otros. Los pocos ó muchos diputados de buena fé, los provincianos que desean verdaderamente la salvación de la patria, debatíanse en la impotencia y si querían salvarse de las garras del general improvisado, del merodeador que se llama intransigente para encumbrarse sobre la muchedumbre, debían caer en las del vividor del guante blanco, del ente despreciable que no tiene inconveniente en cambiar de opiniones como se cambia de camisa para llegar á su único objeto, que no es otro que explotar al país desde los altos puestos del Estado.

»Si el Sr. Pí y Margall pudiera dar al público las intrigas, las bajezas, las miserias y las asquerosidades que á su alrededor ha visto durante las horas que pasó para tratar de formar un ministerio, la mayoría de los españoles ó caería en el indiferentismo más completo ó expulsaría á latigazos á los mercaderes que nos deshonran, sin lo cual toda esperanza debe desecharse.»

Pí y Margall, herido por una profunda decepción y por la falta de lealtad de antiguos é ilustres amigos que envidiosos de su prestigio habían preparado aquel escándalo parlamentario para desacreditarle, retiróse á su casa dispuesto á no mezclarse ya más en la marcha de aquellas Constituyentes de las que tanto esperaba y que tan mal correspondían. En aquellos momentos el dictador popular del 23 de Abril de bió de arrepentirse profundamente de haber confiado en las futuras Cortes negándose á constituir revolucionariamente la federación de abajo á arriba como le aconsejaban sus amigos.

Castelar, Salmerón y Figueras, que eran los promovedores de todo lo ocurrido, al ver retirarse á Pí y Margall se asustaron de su obra y corrieron á buscarle suplicándole que volviese á las Cortes. Mucho hubieron de esforzarse para vencer su voluntad, pero al fin consiguieron que Pí volviese á las Cortes, presentándose en la sesión secreta á las dos de la mañana y siendo recibido con una gran salva de aplausos. Los mismos diputados que horas antes habían hecho tan vergonzosa oposición á Pí y Margall se acercaron á él para manifestarle que era el hombre de toda su confianza, que eran completamente adictos á él y que si antes habían obrado de tal modo tan sólo fué por sostener el principio de que á las Cortes les tocaba elegir los ministros.

En la sesión secreta y como para dar una satisfacción á Pí se trató de constituir un ministerio en el que él desempeñaría la presidencia con la cartera de Hacienda, entrando en Estado D. Adolfo La Rosa; en Gracia y Justicia, Gil Berges; en Gobernación, Palanca; en Fomento, Diaz Quintero; en Guerra, Estévanez; en Marina, Benot y en Ultramar, Rebullida. Pí se negó terminantemente á aceptar este proyecto é igualmente se opuso á otro que consistía en darle la presidencia de la Asamblea encargándose Orense de formar gabinete. Pí sólo quería conservar su puesto de diputado y al sentarse en el banco azul con los demás ministros dimisionarios manifestó que si se acordaba su permanencia en el ministerio dimitiría inmediatamente.

Como las infundadas ambiciones de muchos hacían imposible la formación de un nuevo ministerio, optó la Cámara por mantener el que existía y al reanudarse la sesión á las cuatro de la madrugada fué aprobada por unanimidad la siguiente proposición:

«Pedimos á la Cámara se sirva declarar que han merecido bien de la Patria, por los sacrificios que han hecho para llegar tranquilamente á la reunión de las Cortes Constituyentes de la República federal española, los individuos que componen el Poder ejecutivo, todos los cuales merecen la confianza de la Asamblea y son confirmados en los puestos que tan dignamente desempeñan.»

Este voto de confianza hubiera sido pertinente antes de lo ocurrido con motivo de la autorización á Pí para que formase gabinete; pero después de tal escándalo parlamentario resultaba improcedente y no daba vida alguna al ministerio Figueras que estaba ya muerto.

En las sesiones del 9 y 10 de Junio, á las que no asistieron los ministros, presentó la dimisión de presidente de la Asamblea D. José M.ª Orense.

Pí y Margall, deseoso de abandonar

el gobierno cuanto antes, se ocupaba exclusivamente en desempeñar los asuntos del ministerio de la Gobernación, esperando su relevo, y en tanto algunos de sus compañeros de gabinete, los más ilustres, hacian en las Cortes una hábil propaganda contra él trabajando en favor de Figueras y pidiendo que se le diera á éste la autorización que se había negado á Pí y que la Cámara se despojara de su derecho á nombrar los ministros.

Esto produjo un incidente que tuvo importantes consecuencias. El diputado D. Joaquín Pí y Margall, hermano del ministro de la Gobernación, indignado por las intrigas parlamentarias que contra éste se urdían y llevado por su cariño fraternal, se quejó en los pasillos del Congreso con bastante dureza de la conducta que Figueras, Castelar y Salmerón observaban con su compañero de ministerio. Pronto los oficiosos se encargaron de hacer públicas sus palabras y á pesar de que se sabía que don Joaquín no estaba en continua relación con su hermano por hallarse éste como encastillado en el ministerio de la Gobernación, tomáronse sus protestas como eco fiel de lo que pensaba Pí y Margall, y el impresionable Figueras fué á buscarle al ministerio presa de nerviosa agitación.

Llamó aparte á Pí que estaba despachando con algunos funcionarios y le manifestó lo que su hermano había dicho en el Congreso, y que consistía principalmente en haber asegurado que el incidente parlamentario del día 8 era obra de Figueras para desprestigiar á Pí y Margall.

Este contestó que hacía días que no veía á su hermano, que éste podía decir cuanto quisiera y que él no sabía nada de lo ocurrido ni tenía queja alguna contra Figueras, aunque cuando le habían asegurado que acababa de lograr de las Cortes la autorización que le habían negado á él, lo que siendo verdad deshacía la explicación que le habían dado acerca de que la oposición al ministerio no era dirigida á su persona si no al procedimiento.

Figueras contestó á esto que era verdad lo de la autorización, pero que en vista de lo dicho por Pí se comprometía á no admitirla.

Al despedirse, Pí, por una distracción insignificante propia de la preocupación que le producían tan azarosas circunstancias, tardó un poco en estrechar la mano que le tendía Figueras, y éste, impresionable como siempre, salió diciéndose que su compañero le guardaba profundo rencor, lo que no era cierto, pues atendido el carácter de Pí éste se lo hubiera manifestado con su franqueza habitual si tal sentimiento hubiese albergado en su pecho.

Grande sorpresa experimentó el mismo Pí cuando en aquella misma tarde se presentó Castelar en el ministerio para decirle que Figueras estaba muy disgustado con él por ciertas palabras que se habían deslizado en la entrevista. Como el ministro de la

Gobernación estaba lejos de querer causar ninguna molestia á su compañero, aunque extrañando mucho aquel enfado extemporáneo, se apresuró á dar á Figueras una satisfacción, enviando á la Presidencia una cariñosa carta; pero cuando ésta llegó ya era tarde.

Figueras se había fugado al extranjero á las ocho de aquella misma noche.

Hecho es este tan extraño que no ha tenido todavía una verdadera justificación á pesar de las explicaciones diversas que se han dado.

Los amigos de Figueras han pretendido justificar á éste diciendo que huyó por no oponer obstáculos á su amigo Pí y Margall; afirmación falta de verdad, pues el mismo Figueras era quien había creado en las Cortes las principales complicaciones al gabinete presentado por aquél. Hase dicho por otros, que huyó por la frialdad que Pí mostró en la conferencia celebrada en el ministerio de la Gobernación. Esto aun lo creemos menos, haciendo con ello un gran favor á Figueras, pues de lo contrario éste aparecería como un sér de debilidad femenil, que por un simple incidente personal con un antiguo amigo abandonaba la dirección de su patria justamente en los momentos de más peligro y cuando el país confiaba en su talento.

La única explicación racional de tan vergonzosa fuga, está en el carácter de Figueras débil é impresionable como pocos. El que por celos personales y sin motivo alguno, enviaba á Pí su dimisión al día siguiente de la jornada de 23 de Abril, se dejó arrastrar también indudablemente por tan censurables sentimientos cuando, abandonando el país, se fugó al extranjero. Esta es la única explicación racional que puede aplicarse al nebuloso y oscuro acto del primer presidente de la República española.

La fuga de Figueras llevóse á cabo con tanto secreto que su noticia no empezó á circular por Madrid hasta muy avanzada la noche.

El general Pierrad, subsecretario del ministerio de la Guerra, la supo á las tres de la madrugada é inmediatamente llamó á Contreras, para acordar lo más conveniente á la fracción intransigente.

Contreras pasó al ministerio de la Guerra, y sin otro apoyo ni autorización que la de Pierrad preparóse á poner sobre las armas la guarnición de Madrid para proclamar la República federal.

No eran los dos generales hombres capaces de dar un golpe de Estado, y procedieron con tal falta de cautela que Castelar y Salmerón supieron inmediatamente lo que se preparaba por conducto de algunos militares amigos. Los dos ministros llamaron entonces al general Socías, capitán general de Madrid, el cual fué á los cuarteles á prevenir á los cuerpos que no obedeciesen las órdenes que dictara el ministerio de la Guerra.

Amaneció el día 11 estando Madrid en pié de guerra; el ejército solicitado por dos diversas tendencias y el pueblo no sabiendo qué creer de aquel aparato de fuerza. El batallón de guardias de órden público y la guardia civil tomaban posiciones estratégicas, mientras los voluntarios republicanos ocupaban algunos puntos importantes.

Pí y Margall, que había pasado la noche en su casa y estaba ignorante de cuanto sucedía, al dirigirse á las nueve de la mañana al ministerio de la Gobernación extrañó mucho el bélico aparato y preguntó lo que ocurría á Castelar y Salmerón que le esperaban en su despacho. Entonces supo la fuga de Figueras y la actitud de Pierrad y Contreras, noticias que sus dos compañeros no se habían cuidado de comunicarle en toda la noche.

Castelar, con tono plañidero, dijo que la República la había dejado Figueras en medio del arroyo y que únicamente podía salvarla la rectitud, la integridad y la inflexibilidad de Pí y Margall, á lo que añadió Salmerón que ni él ni su compañero tenían popularidad ni fuerzas suficientes para salvarla, empresa reservada para el ministro que tan alta había puesto su fama el 23 de Abril.

Tan continuas y vehementes fueron las súplicas, que Pí, á pesar de hallarse resuelto á abandonar el ministerio, accedió á continuar en él, en vista de la alarmante situación de la República; decisión tan noble y generosa para el impresionable Castelar, que le hizo derramar lágrimas de emoción. En aquella época Castelar se impresionaba con tanta frecuencia, que asombra su caudal de lágrimas.

Los dos ministros rogaron á Pí que constituyese inmediatamente ministerio, pues ellos se encargarían de que las Cortes lo aceptasen sin obstáculo; pero Pí, que aun recordaba la conducta que la Cámara observó con él, negóse á ello y únicamente accedió á gobernar con los ministros que votasen los diputados.

Esto satisfizo mucho á Castelar y Salmerón que todavía no se sentían con valor para afrontar resueltamente la situación desde el poder, pero que deseaban tener fieles y adictos representantes dentro del gobierno, y valiéndose de la conformidad de Pí procuraron crearle un ministerio con amigos que habían de seguir sus indicaciones con preferencia á las del nuevo presidente del Poder ejecutivo.

Los dos ministros dirigiéronse al Congreso y Castelar dió cuenta de la fuga de Figueras en un discurso que produjo honda sensación.

Inmediatamente pensóse en Pí y Margall para reemplazar al fugitivo presidente, y los que más se habían distinguido escandalizando contra él en la sesión del día 8, eran los que ahora le tributaban mayores elogios pintándolo como el único hombre capaz de salvar á la República.

Castelar y Salmerón aprovecháronse de tan buenas disposiciones recomendo á los diputados que eligiesen [un] ministerio de conciliación republi[can]a en el que entrasen todos los [gru]pos, excepto la izquierda, pues en [su] concepto era muy peligroso llamar [al p]oder á los extremadamente federa[le]s. Los dos negábanse á entrar en [el n]uevo ministerio, pero en cambio re[com]endaban á sus más adictos amigos [par]a las principales carteras.

[C]omo era de esperar, en tal asunto [pus]iéronse de relieve mezquinas y rí[dic]ulas ambiciones; se hicieron extra[ñas] combinaciones; se pensó acertada[me]nte en nombrar un ministro por cada [una] de las futuras regiones y Estados [fed]erales; pero como esto oponía el in[con]veniente del número, se llegó por [fin] á formar una candidatura que fué [la s]iguiente:

[P]residencia y Gobernación, don [Fra]ncisco Pí y Margall; Estado don [Jos]é Muro; Gracia y Justicia, D. José [Fer]nando González; Fomento, don [Ed]uardo Benot; Hacienda, D. Teodo[ro] Ládico; Guerra, D. Nicolás Es[tév]anez; Marina, D. Federico An[ric]h, y Ultramar, D. José Cristóbal [Sor]ní.

[L]a calidad de algunos de los minis[tro]s designados por las Cortes, demos[tró] la incapacidad de los cuerpos deli[ber]antes para elegir gobiernos y las [int]rigas miserables de que son vícti[ma]s. Muro, Ládico y Anrich no hu[bie]ran llegado jamás á ser ministros á [no] ser por la elección de las Cortes que [se] prestaba á toda clase de manejos é [int]rigas. Muro era un abogado de Va-

lladolid sin historia política y que brilló escasamente en aquellas Constituyentes para merecer tan alta distinción; Ládico un comerciante mahonés de origen judío, en quien muchos supusieron grandes conocimientos rentísticos que nunca demostró, y Anrich un marino desconocido de cuyo republicanismo salió garante el diputado Prefumo, gran amigo de Castelar; Anrich se pasó á los carlistas algún tiempo después y en la época de su ministerio dió claras muestras de enajenación mental.

Pí y Margall, que conocía las condiciones de algunos de los ministros, acogió con frialdad tales nombramientos.

En la sesión de aquella tarde se aceptó la dimisión del antiguo gabinete, procediéndose á la elección pública del acordado en la sesión secreta de la mañana.

Pí y Margall, después de haber restablecido el orden en Madrid haciendo que se retiraran á sus cuarteles las fuerzas que ocupaban los puntos estratégicos é imponiéndose á Pierrad que desde el ministerio de la Guerra quería proceder como un dictador, se presentó en el Congreso. Cuando el ilustre federal ocupó el banco azul en unión de los compañeros que le habían impuesto y que en su mayor parte no le merecían confianza, resonó un nutrido aplauso en la Asamblea y levantándose pronunció el siguiente breve discurso:

«Señores diputados: ante la gravedad de las circunstancias; atendida la alarma que cundió ésta mañana en Madrid por temor de que se alterara el orden público, por el recelo de que peligraran los altos intereses de la República y de la patria, he abandonado la firme resolución que tenía, no de retirarme á la vida privada, que no es posible que se retire á la vida privada, quien, como yo, ha estado veinte años agitando al país con la bandera de la República en la mano *(aplausos)*; pero sí de sentarme en vosotros como el último de los diputados *(aplausos)*. Vengo á ponerme al frente del gobierno, á pesar de conocer que es tarea superior á mis fuerzas; á pesar de comprender los graves peligros que en estos momentos puedo correr. Vosotros me habéis nombrado y los compañeros que me habéis elegido y yo, estamos dispuestos á aceptar el cargo, precisamente por los graves riesgos que en estos dias tiene el arrostrar todas las dificultades del gobierno.

»¿A qué viene aquí el actual ministerio? No puedo deciroslo hoy, porque es preciso que antes nos pongamos de acuerdo los ministros; lo que puedo deciros por lo pronto, es que el gobierno viene hoy por hoy á salvar la cuestión de orden público; á hacer que todo ciudadano, sin distinción de clases, doble la frente bajo el sacrosanto imperio de las leyes *(aplausos)*.

»Lo dije en la oposición y lo repito muy alto en el poder. Abiertas las Cortes, el pueblo en pleno ejercicio de su soberanía; concedida la más amplia libertad de que puede gozar un pueblo; teniendo el pensamiento todos los medios legales de difundirse y de realizarse cuando llegue á obtener el asentimiento de la mayoría de los ciudadanos; la insurrección no sólo deja de ser un derecho, sino que es un crimen: *(aplausos)*; y un crimen, no como cualquiera, sino uno de los más graves crímenes que pueden llegar á cometerse; porque los demás afectan á una ó más personas, al paso que el de la insurrección afecta á los altos intereses de la sociedad, á los grandes intereses de la Patria.

»Es hora de obrar y no de hablar: por esto no os diré más de lo que acabo de decir. En la sesión próxima me presentaré ante vosotros y tendré el honor de deciros cuál es nuestro programa. Nuestro programa, hoy por hoy, os lo repito, es salvar la República, el orden *(aplausos)*.»

La brevedad del discurso de Pi y el dejar para la sesión siguiente la exposición de su programa, obedecía á la heterogeneidad del gabinete, pues algunos de los ministros eran los que más habían hostilizado á Pi en la sesión del día 8, y éste necesitaba convencerse, antes de hablar, de que no estaban en disconformidad en algunos de los puntos del programa que iba á exponer.

El absurdo del sistema parlamentario estaba bien á la vista, pues resultaba ilógico querer que un hombre gobernase y salvara la República con ministros que no eran de su confianza.

El parlamentarismo fué una funesta herencia que los radicales dejaron á la República y que ésta tuvo la simpleza de aceptar.

CAPITULO XXX

1873

Presidencia de D. Francisco Pí y Margall.—Situación del país al inaugurarse dicho gobierno.—Pí expone su programa en las Cortes.—Manejos de Castelar y Salmerón.—Impaciencia de las provincias por la federación.—Indisciplina del ejército.—Hechos reprobables de la soldadesca.—Salmerón presidente de las Cortes.—Su tibieza federal.—Elecciones municipales y provinciales. —Planes de Hacienda.—Empréstito proyectado por Pí con el gobierno de los Estados-Unidos.— Comisión constitucional.—Sorní, Estévanez y Benot.—El ministro de Marina.—Sus excentricidades.—Crisis ministerial.—Dificultad para proveer la cartera de la Guerra.—El general González Iscar.—Desconcierto en las Cortes.—El nuevo ministerio.—Sedición en Andalucía.—El gobierno solicita facultades extraordinarias.—Discusiones en las Cortes.—Estas conceden á Pí una verdadera dictadura.—La extrema izquierda se retira de las Cortes.—Interpelación del diputado Navarrete.—Interpelación de Romero Robledo.—Brillante defensa que Castelar hace de la federación.—Discurso de Pí y Margall.—El ejército de Andalucía.—La guerra en el Norte y en Cataluña.—Muerte del heroico Cabrinetty.—Sangriento motín en Alcoy.—Sublevación de Cartagena.—Medidas del gobierno.—Traidora conducta del ministro de la Guerra.—Vil conducta que observan con Pí los amigos de Castelar.—Noble defensa del presidente de la República.—La Constitución Federal.—Dimisión de Pí y Margall.—Su franca vindicación.

La situación de España al ocupar Pí y Margall la presidencia del Poder ejecutivo no podía ser más precaria y difícil. La nación había de sufrir las horribles consecuencias de dos guerras civiles, la carlista y la de Cuba; el Tesoro público estaba exhausto, el ejército profundamente quebrantado por la indisciplina, y lo que era peor aún, faltaba al país ese espíritu revolucionario que obra milagros y hace revivir á los pueblos que están agonizando.

La subida de Pí y Margall al poder infundió gran confianza al país y en especial á los federales; pero poco podía hacer aquél teniendo á su lado ministros que no merecían su confianza y le contrariaban en todas ocasiones, y en frente unas Cortes tan bullidoras como incapaces, que perdían el tiempo en discusiones personales y para

D. FRANco PÍ Y MARGALL.

convencerse de su omnipotencia se entretenían en crear obstáculos al gobierno.

En todo aquel montón anónimo de diputados que sólo servían para vociferar y que creían ganarse la simpatía del país haciendo una oposición injustificada é irracional á todo lo propuesto por el gobierno imaginándose que esto suponía independencia de carácter y patriotismo, eran muy pocos los que no soñaban en llegar á ministros, y de aquí que mostraran gran empeño en derribar á los ministerios y sustituirlos por otros, siempre con la esperanza de pescar una cartera en el río revuelto del parlamentarismo.

Además, Pi, que deseaba que la República federal proclamada por las Cortes fuese pronto un hecho y no se limitara á unos cuantos vivas dados en el salón de sesiones del Congreso, tenía que luchar con Castelar y Salmerón que, menos rígidos en sus principios políticos, se habían conquistado el afecto de muchos ambiciosos de baja estofa que existían en la Cámara y validos de ellos influían en la mayoría y retardaban todos los acuerdos que pudieran acelerar la constitución federativa de la República.

Tal era la situación del país y de las Cortes cuando Pi y Margall, impulsado por el noble anhelo de salvar la República en peligro, aceptó el poder, sabiendo que en su ejercicio iba á arriesgar lo que tenía en más estima ó sea la inmensa reputación adquirida en su vida pública, tan pura como larga y brillante.

Conforme había prometido ante las Cortes, apenas reunió á los ministros en Consejo les expuso su programa, que fué aceptado por todos, y vencida ya tal dificultad, desarrolló él mismo su programa ante la Asamblea en la sesión del día 13 pronunciando este notable discurso:

«Señores diputados: Os prometí presentaros hoy el programa del nuevo gobierno: vengo á cumplir la palabra que os tengo dada.

»Grande es la tarea que habéis echado sobre nuestros hombros; tarea, sin duda, superior á nuestras fuerzas. La voluntad, sin embargo, puede mucho y nosotros tenemos una voluntad firme y decidida para conjurar los peligros de la situación presente. ¡Qué de dificultades rodean al actual gobierno! ¡Qué de dificultades rodean á estas mismas Cortes de las cuales el gobierno emana! Volved los ojos á vuestro alrededor y os encontraréis casi solos. Los antiguos partidos monárquicos se retrajeron y no quisieron tomar parte en las pasadas elecciones.

»Ya sabéis lo que significa en España el retraimiento: la conspiración primero, más tarde la guerra. Yo estoy en que la República tiene fuerza bastante para desconcertar las maquinaciones de todos sus enemigos, pero con una condición: con la de que no perdamos el tiempo en cuestiones estériles, de que no nos dividamos, de que estemos unidos como un solo hombre, de que aceleremos la constitución de la República española. Si nos dividimos en bandos, si consumimos nuestras fuerzas en cuestiones estériles, no os quejéis de los conspiradores: los primeros conspiradores seréis vosotros *(Bien, bien)*.

»Antes de venir al Parlamento había ya presumido que el partido republicano se dividiría en fracciones; pero no pude calcular jamás que se dividiera antes que se discutieran las altas cuestiones políticas ó las económicas, que son tan graves como las políticas.

»No comprendo, francamente, que cuando no hemos tocado todavía ninguna cuestión importante, cuando no hemos examinado ninguna de las bases sobre que hemos de asentar la constitución definitiva de la República, estemos ya divididos y haya cierto encarnizamiento entre los unos y los otros, como si se tratara, no de hijos de una misma familia, sino de grandes é implacables enemigos.

»A juzgar por las sesiones pasadas, cualquiera hubiera dicho, no que estaban de una parte los republicanos más ó menos templados y de otra los más ó menos ardientes, sino que de una parte estaban los carlistas y de otra los federales.

»Hay necesidad de que volvamos sobre nosotros mismos, y comprendiendo la gravedad de la situación hagamos un esfuerzo para que ésta cese. Mañana no faltarán quizás motivos para que haya centro, derecha é izquierda; pero aun entonces preciso es que los republicanos sepamos tratarnos los unos á los otros con la consideración que nos debemos. Y ya que nos dividamos, sea por cuestiones de principios ó de conducta, jamás por meras cuestiones de personas.

»El gobierno se propone hacer todo lo posible para que esto suceda; y al efecto entiende que hay que satisfacer las necesidades que todos sentimos y realizar las reformas á que todos aspiramos.

»Tenemos, señores diputados, una verdadera guerra civil: la tenemos en las provincias del Norte y del Oriente, y aunque de menos importancia, en algunas provincias del centro. No se trata de una de esas insurrecciones pasajeras, por que ha atravesado tantas veces la nación española, se trata de una guerra tenaz y persistente que lleva más de un año de existencia, tiene su dirección, cuenta con una verdadera organización administrativa, recauda contribuciones y presenta un Estado en frente del Estado; de una guerra que asola nuestros campos, rompe nuestros puentes, interrumpe nuestras vías férreas, corta los telégrafos, y nos incomunica en cierto modo con el resto de Europa.

»La primera necesidad, la más universalmente sentida, es poner término á esa guerra. *(Bien, bien)*.

»¿Qué debemos hacer para conseguirlo? Ante todo, contener la indisciplina del ejército, sin la cual es completamente imposible destruir las facciones. Para contener esa indisciplina, es preciso castigar con mano fuerte, no sólo á los soldados que se insubordinen, sino también á los jefes y oficiales que no sepan morir en sus puestos para contener la insubordinación de sus tropas. *(Bien, bien. Varias voces:* A los jefes. *Otras voces:* A todos).

»Quéjanse esos jefes y oficiales, de que en las cosas de la guerra hay cierta arbitrariedad, gran falta de justicia; y debemos hacer que la justicia reine en el ejército como en todos los ramos de la administración pública. *(Bien, bien)*.

»Los hombres que se baten contra nuestros enemigos, merecen recompensa, pídanla ó no los interesados, propónganla ó no sus jefes. Así una de las primeras medidas que adoptaremos es, que todos los jefes y oficiales que lleven más de un año de campaña y se hayan batido lealmente contra los insurrectos, obtengan una recompensa, si no han obtenido otra gracia del gobierno.

»Por otra parte, es preciso evitar para lo sucesivo, que los ascensos se den al favor ó por antojo de los ministros. Deben darse en juicio contradictorio, y al efecto, establecer tribunales de honor en los diversos cuerpos del ejército. *(Aplausos)*. Lograremos de esta manera, no sólo que haya completa justicia en las armas, sino también que el ejército comprenda que debe ser el ejército, no de tal ó cual partido, sino de la nación española. *(Prolongados aplausos)*.

»Estamos dispuestos á llevar la justicia hasta tal punto, que hasta se revisen las hojas de servicio. *(Nuevos y nutridos aplausos)*.

»No basta, sin embargo, señores, que pensemos en el ejército de hoy; conviene pensar además en las dificultades de mañana. Todos vosotros sabéis que están para cumplir diez y ocho mil soldados, y que hay necesidad de que los repongamos con arreglo á la nueva ley de reemplazos, según la cual han cambiado completamente las condiciones del ejército. Según ésta, ha de haber un ejército activo compuesto sólo de voluntarios y una reserva en que deben entrar todos los mozos de veinte años. Desde el ministerio de la Gobernación, al que pertenece este ramo, he trabajado por acelerar el alistamiento, que está ya hecho y casi ultimado en todos los pueblos de España, y dentro de breves días todos los hombres útiles para la reserva ingresarán en los respectivos cuadros. Hay absoluta necesidad de que se organice la reserva y se la organice perfectamente para que tengamos medios de terminar la guerra.

»Pero ¿bastará esto? Entiendo, señores, que cuando se trate de un país en guerra, no es posible aplicar á la guerra las leyes y las garantías de la paz. *(Bien, muy bien)*. No sé de ningún pueblo culto, no sé de ningún pueblo libre donde á la guerra se hayan dejado de aplicar las leyes de la guerra. *(Aplausos).* Nosotros vendremos aquí á pediros lealmente medidas extraordinarias. *(Nuevos aplausos).*

»Todo esto, señores, trae consigo grandes dificultades; calculad cuánto no deben haber aumentado el presupuesto las muchas necesidades de la guerra civil. El presupuesto de la guerra es hoy, en efecto, grande; exige cada dia grandes gastos el continuo movimiento de las tropas.

»De otro lado, ya sabéis que por leyes de la anterior Asamblea, el soldado cobra doble haber del que antes cobraba. Agregad á esto que hemos debido armar batallones de francos y movilizar voluntarios. Calculad cuáles no habrán sido nuestras dificultades, cuando además hemos encontrado exhaustas las arcas del Tesoro y los parques sin armas.

»Esto nos trae como por la mano á la cuestión de Hacienda.

»Al llegar á la cuestión de Hacienda, apenas tiene uno valor para decir lo que debe. Con pensar que al fin del mes de Junio el déficit del Tesoro llegará á quinientos cuarenta y seis millones de pesetas, ó sea acerca de dos mil doscientos millones de reales; con saber que los vencimientos del mismo mes importan ciento cincuenta y tres millones de pesetas, y no tenemos recursos más que por la suma de treinta y dos millones, resultando, por lo tanto, un déficit de ciento veintiún millones, fácilmente comprenderéis cuán grave y difícil es la situación de la Hacienda.

»¿Qué podemos hacer nosotros? No podemos ni siquiera presentaros el presupuesto del año económico de 1873 á 74, porque ¿qué presupuesto hemos de hacer sin que sepamos cuáles son las funciones propias del Estado, las de la provincia y las del municipio? ¿No comprendéis que la organización del presupuesto dependerá de la forma de la República, es decir, de las atribuciones que reservéis al centro federal? No podemos presentaros un plan de Hacienda ínterin no esté formulada la Constitución política. Lo que sí podemos y estamos resueltos á hacer, es desbrozar el camino al futuro ministro de Hacienda, es resolver hasta dónde podamos la cuestión de la Deuda flotante, la cual, ya que no desaparezca, cosa de todo punto imposible, haremos al menos que se la organice para que, después de la Constitución política, pueda abordarse y resolverse el problema de la Hacienda.

»Entonces será cuando podamos lograr la nivelación del presupuesto; que no cabe nivelar presupuestos donde el ministro de Hacienda vive agobiado de continuo por los vencimientos del Tesoro; donde tiene que hacer frente á una deuda flotante enorme, y apenas tiene tiempo para ir buscando el dinero bastante á cubrir las grandes atenciones del día. Entretanto, castigaremos severamente los diferentes presupuestos de los ministerios y re-

emos los gastos á su mínima
sión, para que se vea que en si-
n tan apurada, hacemos los ma-
sacrificios por aligerar la carga
 pueblos.

odos vosotros sabéis que los repu-
nos tenemos un sistema tributa-
estro y empeñada la palabra de
arlo; pero ¿es posible que pense-
n reducir las rentas cuando ni
on todas las existentes podemos
r las atenciones del Estado? ¿No
rendéis que si esto hiciéramos,
esidad, que es casi siempre su-
 á las leyes, vendría pronto á
lecer las rentas en el ser y esta-
e antes tenían? ¿Qué sucedió con
tribución de consumos? La ha-
abolido en 1854 y las Cortes
ituyentes en 1855 se vieron obli-
 á restablecerla: la habéis abo-
le nuevo en 1868 y las Cortes
70 tuvieron que autorizar á los
os para establecerla como arbitrio
cipal.

sto os prueba que cuando la ne-
d de las cosas exige que una
ibución exista, aunque vosotros
claréis abolida, renace; y para
sto no suceda, lo más convenien-
empezar por reducir los gastos
rreglo al estado de la riqueza pú-

lo entonces serán duraderas las
nas, que es á lo que aspiramos y
gramos nuestras tareas.

ebemos entrar además, en otra
 de imprescindibles reformas.
as Cortes de 1869, proclamaron

la absoluta libertad de cultos y la consecuencia lógica, la consecuencia obligada de esa libertad es la indepencia completa de la Iglesia y el Estado. *(Bien bien)*. Desde el momento en que en un pueblo hay absoluta libertad de cultos, las Iglesias todas pasan á ser meras asociaciones, sujetas á las leyes generales del Estado. En esto, por cierto, no ganará solamente el Estado, sino también la Iglesia. La Iglesia hoy, á pesar de sus alardes de independencia, no puede leer en España una bula de su Pontífice sin el *pase* del Estado, ni nombrar por sí misma á sus obispos, ni establecer las enseñanzas que la convienen, al paso que después de esta reforma será completamente libre para regirse como quiera, sin necesidad de que el Estado intervenga en sus actos.

»Cierto que el Estado no la dará entonces las subvenciones que antes; pero la Iglesia encontrará de seguro en la caridad de sus creyentes los medios necesarios para hacer frente á sus obligaciones. Y si llegara un día en que esta Iglesia se rebelara contra el Estado; si llegase un día en que abusara de la independencia que tratamos de darla; como habría perdido el carácter que hoy tiene, y no sería más que una asociación como otra cualquiera, tendríamos el derecho de coger al más alto de los poderes y colocarle en el banquillo como al último de los culpables. *(Aplausos)*.

»Otra de las reformas que necesitamos con urgencia, es la de la enseñanza. En las anteriores Cortes que los republicanos quisimos establecer la enseñanza gratuita y obligatoria. Encontramos graves dificultades, porque se nos decía que no se puede obligar á un padre á que enseñe á sus hijos. ¡Vano sofisma, que es bien fácil destruir! ¿Pues qué, todas las leyes del mundo no obligan á los padres á que alimenten á sus hijos? Las leyes imponen esta obligación á los padres y á los abuelos, y cuando éstos faltan la imponen á las madres.

»Como se puede obligar á los padres á que alimenten á sus hijos, se los puede obligar á que los den enseñanza. El hombre, ¿se alimenta acaso sólo de pan? ¿No necesita del alimento material, del intelectual y del moral, atendida su triple naturaleza? Estamos decididos á hacer todo lo posible para establecer la enseñanza gratuita y obligatoria.

»Pasando ya de la Península á nuestras provincias de América, debo deciros que, si queremos conservar la integridad del territorio, entendemos que no se la puede conservar con el actual régimen. *(Aplausos)*

»Nos hemos encerrado aquí en un círculo vicioso; no podemos llevar á nuestras provincias de América las libertades que tenemos en la Península, porque se creería que obedecíamos á la presión de los insurrectos, y los insurrectos, por su parte, dicen que no pueden deponer las armas, porque la patria les niega las libertades concedidas á los peninsulares, libertades que son inherentes á la perso humana. Por este camino no ble llegar á ninguna parte. sostenido que las libertades in les son anteriores y superiores ley escrita y forman parte de propia personalidad, y donde que haya hombres sometidos á tras leyes, allí debemos lleva tras libertades.

»¿Cómo queréis, señores di que haya paz en nuestras pr de América bajo el régimen ¿Ignoráis acaso que los natur nuestras provincias americana can los más, bien en las uni des de los Estados-Unidos, las de España? Vienen á estas sidades, respiran el aire de la tad, se impregnan de nuestros mientos, participan de nuest chos; ¿queréis luego que al v sus hogares vean con calma q domina un régimen complet distinto?

»Debemos llevar también á obra de la abolición de la escl La esclavitud es ahora más du los negros de Cuba que antes, tienen el ejemplo de Puerto donde se han emancipado c mil esclavos.

»De las reformas políticas mos á las sociales. Supongo, diputados, que os habéis fijado carácter de las revoluciones po todas entrañan una revolución mica. Son las revoluciones po en su fondo, la guerra de clas

ecir, un esfuerzo de las clases
es para subir al nivel de las
es. ¿Qué ha sido esa larga se-
chas políticas que consumió
zas de la República romana
siete siglos? No fué más que
ra de la plebe contra el patri-
o fué más que el deseo de la
elevar su condición al nivel
los patricios. ¿Qué ha sido
la Edad media esa larga lu-
as Comunidades que ha traído
da durante dos siglos toda
No ha sido más que la gue-
as clases medias de elevarse al
la nobleza. Esta revolución
crisis suprema en 1789, y
atonces toma vida el cuarto
Las clases jornaleras tienen
nismo instinto, los mismos de-
mismas aspiraciones que tu-
as clases medias.
ien: nosotros no podemos re-
todos los grandes problemas
trae consigo; pero ¿quién du-
podemos hacer algo en este
¿Quién duda que podemos,
menos, realizar las reformas
das en otros pueblos, que por
o pueden ser calificadas de
, ni decir que se dejan arras-
la fuerza de las teorías? Nin-
e vosotros ignora lo que pasa
Europa: entre jornaleros y ca-
s hay una lucha que se verifi-
iversas maneras, pero que se
rincipalmente por las huelgas,
sencialmente perturbador que
asigo grandes abusos; medio

que no hace más que complicar el problema, puesto que dificultando la producción, disminuye la riqueza y se resuelven en contra de los mismos que lo emplean. ¿No hemos de poder convertir esta lucha en otra más legal y pacífica? Sustituyamos á las huelgas los jurados mixtos, compuestos de obreros y fabricantes, para resolver todos los problemas relativos á las condiciones del trabajo. Estos jurados han nacido espontáneamente en nuestro pueblo; los tenemos establecidos en diferentes puntos; no tenemos más que sancionar la obra de la espontaneidad social.

»Debemos también velar porque los niños no sean víctimas, ya de la codicia, ya de la miseria de sus padres; debemos evitar que se atrofien y enerven en los talleres por entrar en ellos antes de la edad necesaria para sobrellevar tan rudas tareas. Hemos de dictar condiciones para los niños que entran en las fábricas, y sobre todo hacer que el trabajo no impida su desarrollo intelectual, que por desgracia es muy escaso en las clases jornaleras.

»Ningún país del mundo puede estar interesado en que su razón degenere: todos los países del mundo están, por lo contrario, interesados en que las razas conserven y aun aumenten su pujanza y sus bríos, para que los hombres sean ciudadanos útiles y miembros activos de la gran familia humana. Y esto no es posible alcanzarlo sin leyes que defiendan á los niños contra los abusos de sus padres.

»Queremos realizar, además, otro pensamiento que ya abrigaba el anterior gabinete. A nuestro parecer es necesario cambiar en beneficio de las clases jornaleras la forma de venta de los bienes nacionales. Ya cuando se trató de venderlos en 1836, hubo una voz autorizada que manifestó la necesidad de que esos bienes se cedieran no á título de venta, sino á censo.

»Si entonces se hubiera creído al que esto decia, ¡cuán distinta no sería hoy la situación de la nación española! ¡Cuántos millares de propietarios no habría hoy completamente identificados con la revolución que la hubieran defendido á toda costa, así como hoy están, por desgracia, apegados á las antiguas tradiciones y á las antiguas ideas, siendo auxiliares y cómplices de la rebelión de don Carlos! Si entonces se hubiera dado las tierras á censo, si se las hubiera puesto al alcance de las últimas clases sociales, esas clases jornaleras serian hoy la base y el sostén de la obra revolucionaria; mientras que hoy en los campos son sus más decididos enemigos.

»Pensamos, por lo tanto, cambiar la forma de enajenación de esos bienes, haciendo que en vez de vendérselos, se les dé á censo reservativo, con facultad en los jornaleros para ir redimiendo el censo por pequeñas partes, á fin de que pronto sean propietarios de sus tierras en pleno alodio.

»Pudiera hablaros de otras muchas reformas; pero creo que bastan las dichas para el tiempo que podemos emplear en realizarlas. ¿Qué podremos hacer sobre esto desde el momento en que entremos en la discusión de la Constitución política de la República? Fáltame ahora solamente deciros, que es necesario que aceleréis la obra de esa Constitución; que es necesario que no perdáis momento, que debéis nombrar, si es posible, hoy mismo la Comisión que ha de redactar el proyecto y la que debe demarcar los futuros Estados federales. Sólo constituyendo rápidamente la República; sólo dando á conocer que la República no es un peligro; sólo haciendo comprender á todo el mundo que la federación no compromete la unidad nacional, peligro que algunos temen y otros afectan temer, sólo así conseguiremos que los pueblos de Europa tengan el respeto debido á la República española y empiecen por reconocerla.

»Caminamos á este fin, y no perdonaremos medio para alcanzarlo lo más pronto posible. Nuestro ánimo es, que todos los pueblos entiendan, que no sólo no somos un peligro para los demás, sino que no lo somos ni aun para nosotros mismos.

»Y si vosotros, recordando las palabras que os he dirigido, por más que salgan de labios desautorizados, en vez de consumiros en luchas estériles entráis en cuestiones de verdadera importancia para la vida de la Nación, yo os lo aseguro se salvará la República, por grandes y poderosos que sean los enemigos.» *(Aplausos).*

El discurso de Pí y Margall produjo gran entusiasmo en el centro y en la izquierda de la Cámara, pero fué acogido con frialdad por los grupos de Castelar y Salmerón, quienes eran contrarios al propósito de que la Constitución federal se discutiera y votara con rapidez y procuraban ocultamente prolongar aquella situación difícil para la República.

Esta conducta era más censurable si se atendía al estado extraño en que se encontraba la nación y que reclamaba prontas y radicales reformas.

En las provincias las masas republicanas sentían impaciencia por constituir la federación, y con sus continuos motines y algaradas demostraban que si las Cortes no procedían con actividad en tal tarea, ellas sabrían anticiparse. En Andalucía especialmente, la efervescencia federal tomaba un carácter peligroso. En Granada los voluntarios republicanos habían desarmado el 2 de Junio mil carabineros, y en Málaga, las fracciones que seguían á Carvajal y á Palanca, se hacían cruda guerra, pero se coaligaban para impedir que penetrara ni un soldado en la ciudad. En Cádiz y en Sevilla también era imponente el espíritu de las masas.

A esto había que añadir la actitud poco tranquilizadora de Cataluña y Valencia, regiones que ya habían demostrado varias veces lo terrible que en ellas era una insurrección popular y que ahora reclamaban al gobierno la inmediata constitución de la nación federativamente, amenazando, si eran desatendidas, con sublevarse formando cantón independiente.

Esta actitud de las provincias, aun resultaba tolerable al lado del horrible cáncer de la indisciplina que corroía al ejército y que extendían secretamente los reaccionarios con el intento de desprestigiar la República y facilitar el triunfo de don Alfonso.

Las tropas que operaban en Cataluña eran las que daban más fatales ejemplos de insubordinación. La columna mandada por el general Velarde se sublevó en Igualada contra sus jefes negándose á marchar en persecución contra los carlistas y dando el grito entonces popular de ¡Afuera galones! Este acto de insubordinación hizo que Velarde dimitiera la Capitanía general de Cataluña y se retirara inmediatamente.

Los militares que se muestran en todas ocasiones tan celosos del cumplimiento de la ordenanza y que miran la subordinación como ídolo santo que nadie puede tocar sin peligro de muerte, mostrábanse muy pacíficos y transigentes en tiempo de la República y apenas cuatro soldados gritaban contra ellos, se apresuraban á retirarse sin intentar imponerse ni hacer respetar su autoridad. Después en tiempos de reacción ya supieron sin que nadie se lo mandase, impedir que el ejército se desmoralizara ni perdiera el respeto á sus jefes El enérgico brigadier Cabrinetty, héroe digno de mejor suerte, como no tenía interés en que triunfase don Alfonso y obedecía de buena fe al gobierno de la República, supo evitar la indisciplina en su columna á pesar que en ésta hubo varias veces conatos de sedición.

En Valencia, aunque más corto, fué más terrible el período de insubordinación militar. El batallón de cazadores de Madrid que estaba acantonado en Sagunto, se indisciplinó, y su pundonoroso jefe, el teniente coronel Martínez Llagostera, en vez de huir como hacían los jefes y oficiales de Cataluña, fué mártir sublime de su deber y supo arengar á la soldadesca desenfrenada que le asesinó.

El gobierno procedió con gran actividad á la busca y castigo de los asesinos, no queriendo que quedase impune tal hecho, que no podía atribuirse á la República, pues por desgracia tenía muchos precedentes más terribles aun en épocas monárquicas; pero los reaccionarios se aprovecharon de él para calumniar á los federales y exagerar hasta lo infinito aquella indisciplina cuyos verdaderos autores conocían ellos mejor que nadie.

Como la presidencia de la Asamblea había quedado vacante por dimisión de D. José M.ª Orense, fué elegido en la sesión del 13 de Junio para tal cargo D. Nicolás Salmerón por ciento sesenta y siete votos.

Salmerón, en su discurso de gracias, demostró, aunque seguía llamándose federal, cierta tendencia á oponerse á la constitución federalista, pues procuró no hablar ni aun incidentalmente de tal cuestión y en cambio calificó de orgullo satánico el querer que la República fuese organizada por los republicanos. Aludió agriamente á los diputados de la izquierda, dijo que las Cortes debían proteger ante todo los intereses de las clases conservadoras y se guardó de recomendar á la Cámara que procediese con actividad á dar una Constitución federal al país, como eran los deseos de éste.

Todos vieron en tal discurso un acto de oposición poco franca contra el gobierno y comprendieron que entre el presidente del Poder ejecutivo y el de la Asamblea no existirían muy cordiales relaciones.

Pí y Margall en la sesión del día 14 de Junio dió lectura á un proyecto de ley en que se proponía la renovación total de todos los ayuntamientos y diputaciones provinciales en el más breve plazo posible, considerando como electores á todos los españoles mayores de veintiún años. Al ponerse á discusión este proyecto, lo atacaron los diputados de la extrema izquierda fundándose en que era innecesario elegir ayuntamientos y diputaciones cuando estaba ya próxima la organización federal de España; pero Pí y Margall refutó tal argumento que á primera vista parecía incontrovertible, diciendo que precisamente la renovación de los ayuntamientos facilitaría el planteamiento de la República federal, pues de este modo se evitarían muchos conflictos que indudablemente surgirían promovidos por los monárquicos que aun figuraban en las corporaciones municipales.

El proyecto fué aprobado en la sesión del 24 de Junio, acordándose que las elecciones municipales se verificasen á mediados de Julio y las de diputados provinciales en los días 6 al 9 de Setiembre.

El ministro de Hacienda, D. Teodoro Ládico, en la sesión del 17 de Junio, presentó un proyecto de ley pidiendo que siguieran rigiendo los presupuestos de 1872-73 hasta que las Constituyentes formasen la Constitución de la República. La situación del Tesoro era angustiosa en alto grado y los ministros de Hacienda veíanse obligados á violentar la tributación y arbitrar recursos por todos los medios para ir atendiendo á las crecientes necesidades del país.

Ládico con este objeto pidió autorización á las Cortes en la sesión del día 19 para negociar el arriendo de tabacos de Filipinas y para verificar otras operaciones que aunque no salvaban la situación servían para ir collevando por algún tiempo más aquel penoso estado financiero.

Pí y Margall que se preocupaba mucho de la Hacienda, meditaba ciertas operaciones que podían remediar en parte la penuria del Tesoro. La contribución extraordinaria de cien millones de pesetas que había propuesto al diputado Ocón para atender á los gastos de la guerra civil, encontró una viva oposición en la Cámara, y por esto el presidente del Poder ejecutivo confiaba en un gran empréstito concertado en ventajosísimas condiciones y que se hubiese realizado á permanecer más tiempo en el gobierno.

Pí y Margall, antes de la proclamación de la República, había tenido algunas conferencias con un agente norteamericano que le había indicado la conveniencia de un empréstito con el gobierno de los Estados Unidos. Como el partido republicano estaba aun en la oposición, Pí se limitó á aplaudir la idea; pero cuando quedó establecida la República volvió á reanudar sus conferencias con el *yanké* acordando que el empréstito que los Estados Unidos habían de hacer á la República española, sería por valor de mil quinientos millones de pesetas con garantía de las rentas de Cuba, comprometiéndose el gobierno norteamericano á garantir los títulos que se emitieran suscribiéndolos junto con el gobierno español y al mismo tiempo hacer con éste una alianza ofensiva y defensiva ayudándole durante veinte años á impedir en Cuba toda insurrección. Todas las condiciones que la gran República americana exigía para realizar tal proyecto, eran la abolición de la esclavitud en Cuba y algunas franquicias para su comercio en nuestras colonias.

Pí y Margall estaba conforme con tan ventajosísimo proyecto, pues aunque se indemnizase á los dueños de los esclavos de Cuba, como ya se había hecho con los de Puerto Rico, quedaban á la República ochocientos millones de pesetas que empleadas en obras públicas de utilidad indiscutible, como eran, la canalización de los ríos y la terminación de la red de carreteras, podían dar trabajo á muchos miles de obreros, y al mismo tiempo fomentar la agricultura, principal riqueza del país, con lo que la nación entraría en una época de prosperidad y abundancia que afirmaría la República en el ánimo de las personas indiferentes.

Además el proyecto tenía la ventaja de destruir los últimos vestigios de ese crimen de lesa humanidad llamado esclavitud y de herir de muerte la insurrección separatista de Cuba.

Pí y Margall expuso el plan á Figueras y sus demás compañeros de ministerio, los cuales lo aprobaron aunque Castelar presentó ciertos obstáculos, que el representante de los Estados-Unidos, Mr. Sikles, se encargó de desvanecer, demostrando claramente que la gran República no tenía ninguna mira ambiciosa sobre Cuba y que estaba dispuesta á toda clase de sacrificios para ayudar á la naciente República española contra sus numerosos enemigos. A pesar de esto, el gobierno mostróse indeciso en apoyar un plan tan beneficioso, y para cubrir las necesidades del momento se prefirió sostener un proyecto de ley de Tutau, declarando de circulación forzosa los billetes del Banco de España y que de haber sido aprobado por las Cortes, hubiera reproducido todos los males que á la Revolución francesa produjo las emisiones de asignados.

Pí y Margall, mientras desempeñó la Presidencia del Poder ejecutivo, á pesar de que las cuestiones de orden público absorbían toda su actividad, ocupóse mucho del ramo de Hacienda, pues conocía la incapacidad financiera del ministro Ládico que le habían impuesto las Cortes, y de seguro que á no caer tan pronto del poder hubiese realizado un empréstito que habría producido general bienestar dando á la República una firme base en la opinión nacional.

En las Cortes habíase promovido una discusión sobre las precauciones militares adoptadas en Madrid el 11 Junio, y el general Socías que estaba muy ofendido con la República por no haber sido llamado á desempeñar la cartera de la Guerra, tuvo una serie de polémicas personalísimas con el ministro Estévanez, manifestando que él y muchos generales no podían ver con calma á un ex-capitán de infantería ocupando el primer puesto militar de la nación.

Tan personal y apasionado se hizo el debate, que Socías llegó á leer en sesión la hoja de servicios de Estévanez, y como estaba limpia de malas notas hizo hincapié en la falta de salud que había demostrado Estévanez cuando era oficial. Estos ridículos ataques del general progresista excitaron la hilaridad de la Cámara, que aun fué en aumento, cuando Estévanez con oportunidad y gracejo contestó que si la falta de salud era un obstáculo para ser ministro, él ya se había curado de

JUAN TUTAU

EDUARDO BENOT

S. CRISTOBAL SORNÍ

tal defecto, pues en la actualidad ya estaba sano y robusto como podría apreciarlo su encarnizado competidor. Por fortuna Pí y Margall terció en el debate que comenzaba á hacerse escandaloso y éste terminó.

Pasóse entonces á elegir la comisión encargada de redactar el proyecto de Constitución federal siendo designados veinticinco diputados que fueron los siguientes por orden de votos:

Orense, Díaz Quintero, Castelar, Palanca, Soler, Cala, Chao, Gil Berges, Pedregal y Cañedo, Malo de Molina, Guerrero, Labra, Montalvo, Maissonave, Rebullida, Río y Ramos, Paz Novoa, Cervera, Figueras, Martín de Olías, Moreno Rodríguez, Manera y Serrá, Canalejas, Castellanos y Gómez Marín.

La comisión eligió por presidente al de la Cámara y secretarios á los señores Maissonave y Martín de Olías, siendo nombrado ponente D. Emilio Castelar.

El ministerio, formado á la casualidad por el capricho de los diputados, demostró desde el primer día no tener unidad de miras, ni merecer la confianza de su presidente que se veía obligado á gobernar con hombres que sabía eran movidos por sus ocultos enemigos. Sólo los ministros Sorní, Estévanez y Benot secundaban la política de Pí y Margall y daban pruebas de republicanismo.

Don José Cristóbal Sorní, ministro de Ultramar, hizo en su departamento importantes reformas que no dieron todo su resultado al ser desvirtuadas por los que le reemplazaron en el ministerio. Hizo extensivas á las colonias antillanas todas las conquistas liberales consignadas en la Constitución de 1869; preparó un proyecto aboliendo la esclavitud en Cuba que hubiera llegado á realizarse á permanecer algunos días más en el gobierno, y redimió diez mil negros que sufrían una indebida esclavitud, teniendo para ello que luchar con gran energía contra la avaricia y la maldad de los esclavistas antillanos.

En el ministerio de la Guerra don Nicolás Estévanez hizo cuanto humanamente le fué posible para remediar los desaciertos de sus antecesores Figueras y Pierrad. Formó un plan de campaña que de seguro hubiese acelerado la terminación de la guerra, pero sufrió la inmensa amargura para una alma entusiasta y deseosa de salvar y mantener la República, de ver que el Consejo de ministros dejaba para más adelante el examen y aprobación de su plan, y en cambio pasaba sesiones enteras ocupado en discutir el nombramiento de un gobernador.

D. Eduardo Benot, que es uno de los mayores sabios que honran á España, distinguióse al frente del ministerio de Fomento promoviendo reformas que aun hoy se mantienen y merecen general aprobación. Reorganizó el Instituto Geográfico y Estadístico y dió una ley reglamentando higiénica y moralmente el trabajo de las mujeres y los niños en las fábricas, imponiendo á los dueños de éstas la condición de designar en sus propiedades un local para establecer en él una escuela de instrucción primaria costeada por el Estado. Benot fué uno de los mejores ministros de la República, é hizo grandes reformas, permaneciendo en el ministerio muy pocos días, lo que hace presumir de lo que era capaz á haber gobernado con mayor estabilidad.

Los demás ministros nombrados por la Asamblea, no merecían iguales elogios, pues en vez de trabajar por la República, sólo se cuidaban de obstruir la marcha política de Pí y Margall. Muro y Fernando González hacían una oposición infundada en todas las reuniones del Consejo, y en cuanto á Anrich daba muestras de enajenación mental proponiendo extravagancias que Pí procuraba evitar. El ministro de Marina, cuando mayores eran los peligros por que atravesaba el país y más imponentes se hacían las guerras carlista y de Cuba, proponía á su compañero Estévanez, ministro de la Guerra, ir á cazar durante algunos meses en las Baleares utilizando un buque del Estado.

Tratándose de un hombre así, ya no resulta tan extraño que un año después se pasara á los carlistas y publicase un manifiesto diciendo que mientras fué ministro de la República favoreció la causa de don Carlos; lo cual era una falsedad, pues pocas traiciones podía hacer á la causa republicana en treinta y seis días que fué todo el tiempo que estuvo al frente del departamento de Marina.

Con tales ministros era imposible que Pí y Margall pudiese gobernar, y más conociendo que la mayoría de ellos eran agentes de Castelar y Salmerón y que la Asamblea los había puesto á su lado para que dificultasen sus planes. La crisis era inevitable y surgió á los ocho días.

El mismo D. José Fernando González, que era el ministro más desafecto á Pí, la promovió en el Consejo celebrado el 20 de Junio, apoyándose en que el gabinete tenía diversas tendencias y era imposible que marchase de acuerdo.

Pí y Margall, que por motivos de delicadeza no quería dar á entender al país el desacuerdo en que estaba con sus ministros, manifestó á la Asamblea en la sesión del día 21 que el gobierno, teniendo en cuenta las circunstancias en que fué elegido y sintiéndose débil para resolver los conflictos del momento, necesitaba saber si contaba ó no con la confianza de las Cortes. Afortunadamente algunos diputados comprendieron lo que aquello significaba y presentaron una proposición pidiendo á las Cortes que autorizasen á Pí y Margall para resolver por sí mismo la crisis. Después de un empeñado debate en el que hablaron en pró de la proposición Suñer, Almagro, Pedregal y Castelar y en contra Díaz Quintero, Cala, Araus y Casalduero, la proposición fué aprobada por ciento setenta y seis votos contra cuarenta y nueve de los individuos de la extrema izquierda.

Pí y Margall al quedar autorizado por las Cortes para resolver las crisis que pudieran ocurrir en el gabinete que presidía, procuró reformar éste de modo que no volviera á surgir en él el obstruccionismo.

Todos los ministros dimitieron sus cargos y la crisis fue laboriosa y difícil, porque aunque el espectáculo resultase extraño en España, país de las ambiciones desmedidas, hubo algunos republicanos de valía que se negaron á admitir una cartera, contentándose con el honroso cargo de representar al país en las Cortes. Díaz Quintero se negó resueltamente á ser ministro y lo mismo hizo el modesto D. Ramón de Cala; pero esta conducta no la imitaron los amigos de Castelar y Salmerón que querían predominar en el nuevo gabinete amparándose de la buena fé de Pí y Margall que aun tendía á unificar en su gobierno las diversas aspiraciones de la Cámara y no se había persuadido de que aquellas auxiliares sólo ansiaban desacreditarle.

Castelar le recomendó para una cartera á su joven amigo D. Eleuterio Maissonave, á quien protegía con la esperanza de que entrase á formar parte de su familia, y Pí y Margall aceptó este candidato en unión de los individuos de la derecha Gil Berges y Carvajal, entrando también en el gabinete en representación del centro Suñer y Capdevila y Pérez Costales.

Como la cartera de Marina era de provisión difícil, Anrich, que aunque incapaz no había dado motivos de desconfianza, siguió desempeñándola; pero fué más difícil encontrar quien se encargara de la cartera de la Guerra.

Estévanez, que estaba disgustado por la marcha lenta y poco revolucionaria de la República y al mismo tiempo por la escasa atención que el gobierno prestaba á la guerra carlista, á pesar de que ésta era su mayor peligro, había presentado su dimisión con carácter de irrevocable, y fueron vanos los esfuerzos de sus amigos para hacer que desistiera de tal resolución. No era fácil encontrar un individuo apto para el desempeño de dicha cartera que era en aquellas circunstancias la más importante, pues se sabía que el general Serrano desde Bayona hacía trabajos de conspiración en el ejército para que proclamase su dictadura, al mismo tiempo que el general Villate en representación de los alfonsinos corrompía á muchos jefes y oficiales ofreciéndoles grandes recompensas si restauraban la dinastía borbónica.

Pí y Margall, alarmado por estos trabajos sediciosos que le revelaban los gobernadores de las provincias, telegrafió al capitán general de las Vascongadas, González Iscar, manifestándole que en su distrito estaba el foco de la conspiración y ordenándole comunicara inmediatamente todos cuantos datos pudiera recoger acerca de tan importante asunto. González Iscar, después de pedir que se le facilitara la clave telegráfica del gobierno anunciando que sus revelaciones eran muy graves, envió al presidente de la República una lista de los militares comprometidos en el movimiento reaccionario en la cual figuraban casi todos los brigadieres y coroneles del ejército del Norte.

Pí y Margall puso ésto en conocimiento del general en jefe, Nouvilas, quien ratificó lo dicho por González Iscar. Entonces el presidente de la República que estaba muy ocupado en buscar un ministro de la Guerra, ofreció esta cartera á González fundándose en la adhesión á la República de que daba claras muestras, y más que todo en la consideración de que estando tan enterado de los planes de los reaccionarios sabría impedirlos mejor que nadie. Pí y Margall no había visto nunca á González Iscar, é ignoraba, por tanto, que éste era uno de los conspiradores alfonsinos.

Antes de que se constituyera el nuevo ministerio, algunos sucesos vinieron á complicar la situación. Cuando la columna del brigadier Cabrinetty y las fuerzas populares mandadas por Lostau acababan de derrotar á los carlistas en Cataluña, vino á turbar el contento de estas victorias, la derrota de la columna del coronel Castañón en Navarra. Además en Sevilla proclamóse el cantón andaluz y el pueblo invadió la Maestranza apoderándose de las armas viejas ó descompuestas que en ella existían, resultando infructuosos los esfuerzos del capitán general y de las autoridades para impedir el movimiento.

Entretanto la Cámara estaba agitada por diversos pareceres y la tendencia conservadora y la exaltada dividían al partido federal. Mientras unos proponían que ocupase la presidencia del Poder ejecutivo D. Nicolás Salmerón siguiendo una política moderada y tolerante, otros pedían que se constituyese la Asamblea en Convención Nacional y se crease una Junta de Salud Pública que desempeñase las funciones de gobierno; y el 27 de Junio publicóse un manifiesto firmado por treinta y un diputados catalanes en que se indicaba la necesidad de que la República variase de rumbo y entrase con paso rápido en la senda de las reformas revolucionarias, porque aquellas vacilaciones, perplejidades y luchas intestinas, sólo conducían á debilitar los caracteres y matar la República.

En la sesión del 28 de Junio anunció Pí y Margall que el ministerio estaba definitivamente constituído, entrando en Estado D. Eleuterio Maissonave; en Gracia y Justicia D. Joaquín Gil Berges; en Fomento D. Ramón Pérez Costales; en Hacienda D. José Carvajal; en Guerra D. Eulogio González Iscar y en Ultramar D. Francisco Suñer y Capdevila. En Marina continuaba D. Federico Anrich, y Pí seguía encargado de la presidencia con la cartera de la Gobernación.

Los sucesos de Andalucía, era lo

que más preocupaba al gobierno. En Málaga los disturbios promovidos por la fracción de D. Eduardo Carvajal habían costado la vida al alcalde popular señor Moreno y Micó, que fué alevosamente asesinado. En Sevilla la insurrección cantonal era imponente, pues obedecía al plan de insurrección que en Madrid habían trazado los elementos exaltados. Sevilla, aunque en actitud sediciosa, permanecía bastante tranquila, pero se dirigió á ella desde Málaga el famoso perturbador Carvajal é inmediatamente la situación se hizo más peligrosa.

Pí y Margall, apenas iniciada la insurrección en Sevilla, envió de gobernador á dicha provincia al diputado D. Gumersindo de la Rosa, hombre de gran energía que con sus rasgos de temerario valor consiguió intimidar á los voluntarios malagueños de Carvajal, haciéndolos salir de la ciudad y restableciendo el orden en ésta.

A pesar de tan completa victoria la pacificación de Andalucía era imposible mientras no se refrenasen las turbulencias de Málaga, y para ello nombró Pí y Margall gobernador de la provincia á Solier, que era enemigo de Carvajal, y á pesar de esto, no quería le enviase tropas el gobierno para restablecer el orden.

Entretanto la situación del país se agravaba por momentos y las provincias, especialmente aquellas en que se desarrollaba la guerra civil, sufrían una inmensa miseria, pues á más de ver sus campos devastados muchas veces por las fuerzas beligerantes, pagaban dobles tributos, ya que los carlistas exigían contribuciones lo mismo que el gobierno de la nación. Esto hacía que muchos diputados se quejasen continuamente á Pí y Margall pidiendo que adoptara medidas extraordinarias que pusieran término á la insurrección carlista, obstáculo el más grande con que tropezaba la República. Esta había heredado de la monarquía una Hacienda en el peor estado y ahora veía agravarse su situación con la guerra civil que sólo en el Norte le costaba ochenta mil duros diarios.

La mayoría de la Cámara excitaba al gobierno á adoptar resoluciones extraordinarias y Pí y Margall en la sesión del 30 de Junio dió lectura al siguiente proyecto de ley:

«Algunas provincias de España, principalmente las Vascongadas, la de Navarra y las de Cataluña, se hallan hace tiempo en verdadero estado de guerra. No hay en ellas una insurrección pasajera, sino una lucha constante y porfiada en que á la sombra de un principio, y bajo la bandera de la monarquía absoluta, intentan facciones rebeldes destruir la República. Allí está la mayor parte de nuestro ejército; allí consumimos raudales de oro y sangre; allí han de tener fija la vista los gobiernos sin que apenas puedan volverla á las demás provincias.

»A consecuencia de esta guerra nos encontramos casi incomunicados con el resto de Europa. Están interrumpidos nuestros ferrocarriles, rotos los telégrafos, paralizado el comercio, desalentada la industria, sin cobrar buena parte de los tributos, amenazadas las rentas del Estado, cada día en mayores apuros el Tesoro, la nación entera sufriendo y clamando porque se ponga término á situación tan deplorable. Agrava estos males la conducta de las facciones que recaudan por su parte impuestos con grave daño de los pueblos, y olvidando los fueros de la humanidad incendian, talan, y matan hasta á los simples prisioneros de guerra.

»Para cortar tan desastrosa guerra, entiende el gobierno que no bastan las medidas ordinarias. No han bastado nunca las leyes de la paz para los estados de guerra, y en todas las naciones del mundo, hasta en las más libres y cultas, al sobrevenir luchas como la presente se han adoptado todas las medidas que exigía la necesidad de vencer á los rebeldes y restablecer la paz y el imperio de las leyes. Los mismos Estados Unidos de América, cuando se levantó en armas el Sur, hicieron cuanto podían aconsejar, fuera del círculo de la ley, las necesidades de la guerra.

»Para poner fin á la nuestra, no bastaría ni aun la aplicación de la ley de orden público. Redactada ésta sólo para cortar insurrecciones del momento, rebeliones que en el día son vencedoras ó vencidas, no sirve para cortar guerras que duran años y vienen á poner un Estado en frente de otro Estado. Así lo comprendió el mismo legislador, cuando en el tercero de los artículos adicionales, dijo que la ley no abrazaba los casos de guerra extranjera ni de guerra civil, formalmente declarada. Aunque es verdad que esta declaración no se ha hecho, los hechos hablan harto elocuentemente para que podamos dudar de que la guerra civil existe, y no sería digno de nosotros que, por no confesar lo que los hechos dicen, nos priváramos de los medios que pudieran conducir al restablecimiento de la paz, y á la consolidación de la República. No es ni puede ser esta la conducta de los pueblos viriles. Los pueblos viriles saben siempre mirar y apreciar el mal en toda su intensidad, sin que su ánimo decaiga ni se turbe, y aceptan sin vacilación el remedio, por penoso y heróico que á sus ojos se presente.

»Fundado en estas consideraciones el ministro que suscribe, de acuerdo con el Poder ejecutivo, tiene la honra de someter á las Cortes el siguiente proyecto de ley:

»Artículo 1.º En atención al Estado de guerra civil en que se encuentran algunas provincias, principalmente las Vascongadas, las de Navarra y las de Cataluña, el gobierno de la República podrá tomar desde luego todas las medidas extraordinarias que exijan las necesidades de la guerra, y puedan contribuir al pronto restablecimiento de la paz.

»Art. 2.º El gobierno dará después cuenta á las Cortes del uso que haga de las facultades que por esta ley se le conceden.

»Madrid 30 de Junio de 1873.—El Presidente del Poder ejecutivo, Francisco Pí y Margall.»

La mayoría aplaudió este proyecto, pero en cambio el elemento exaltado lo acogió con rumores, pues como conspiraba contra el gobierno, tenía interés en que aumentasen las dificultades con que esto había de luchar.

Declarado el proyecto de urgente interés, comenzó su discusión por artículos, presentando antes D. Ramón de Cala una proposición para que bajo ningún pretexto pudieran suspenderse los derechos individuales garantidos en la Constitución; la cual fué desaprobada.

Hablaron en contra del artículo primero Díaz Quintero, Colulá y Rubau Donadeu, y en pró Suñer y Capdevila (menor), Carvajal, el ministro de Hacienda, Zabala y el diputado vizcaino Echevarrieta, que demostró la necesidad en que estaba la República de destruir cuanto antes el carlismo aunque para ello tuviera que limitar momentáneamente la libertad.

El proyecto fué aprobado por ciento treinta y siete votos contra treinta y uno, y Pí y Margall quedó investido de una verdadera dictadura con gran pesar de los exaltados que precisamente por entonces ultimaban su plan de insurrección y se preparaban á abandonar las Cortes.

Funcionaba en Madrid un comité de insurrección federal llamado *de Salud Pública* que intentó un levantamiento en la capital; pero Pí que estaba al tanto de sus trabajos, supo impedir todas sus intentonas. Este movimiento había de ser dirigido por el general Contreras y estallar en la noche del 4 de Julio.

Las autoridades estaban prevenidas y el gobernador Hidalgo Ceballos publicó un bando el 30 de Junio aconsejando á los vecinos pacíficos que abandonasen la vía pública apenas se iniciase alguna algazara para que las tropas no los confundieran con los revoltosos.

Este bando produjo gran efervescencia en el elemento intransigente de las Cortes, y el diputado Cala propuso en la sesión del 1.º de Julio que fuese destituído el gobernador de Madrid como autoridad reaccionaria. Contestó Pí y Margall defendiendo á su subordinado, pero á pesar de esto la proposición de Cala se tomó en consideración y originó un acalorado debate siendo por fin desechada por ciento treinta y cinco votos contra cuarenta y seis.

Después de esto procedióse á la votación definitiva de la ley que autorizaba al gobierno para la adopción de medidas extraordinarias y en el momento de comenzar aquélla se levantó D. José M.ª Orense para declarar que en vista de lo que sancionaba la Cámara y de la conducta del gobierno, los diputados de la extrema izquierda se retiraban.

Este acto, á pesar de que era esperado, produjo honda y dolorosa impresión en la Cámara, pues resultaba deplorable que cuando la República estaba tan cercada de peligros, muchos diputados se separaran de la legalidad para valerse de la insurrección. Algo de fundamento tenían los diputados exaltados para quejarse de una República que llamándose federal se mantenía en el unitarismo; pero sus quejas ya no eran tan justificadas ocupando el poder un político como Pí y Margall en el que ellos tenían puesta la confianza y que se esforzaban en acelerar los trabajos de preparación, para que en breve tuviese España una Constitución federal.

El acto de los intransigentes resultaba una locura cometida á sabiendas y tal vez por la pueril satisfacción de demostrar á sus partidarios que tenían energía y sabían llevar su propaganda hasta las últimas consecuencias. Con arranques de esta clase se aceleraba la muerte de la República.

Quedaron en las Cortes algunos diputados que simpatizaban con la minoría intransigente, y uno de éstos, el comandante D. José Navarrete, distinguido escritor, explanó una interpelación en la sesión del 2 de Julio sobre la política general del gobierno. Atacó á los hombres más eminentes del republicanismo porque sólo sabían dar muestras de debilidad y tibieza transigiendo antes del 23 de Abril con los radicales y perdiendo después la mejor ocasión para organizar España federativamente y fué haciendo la crítica de todos los ministros en la que no le faltaron sólidos argumentos. Al de Hacienda lo atacó por haber reconocido las obligaciones creadas por los despilfarros de la monarquía; al de Gracia y Justicia por no haber llevado á cabo la separación de la Iglesia y el Estado, y al de la Gobernación por no haber armado quinientos mil voluntarios encargados de mantener el orden en las provincias, mientras todo el ejército iba al Norte á extinguir de un solo golpe la insurrección carlista. El orador pidió además que la Asamblea enviase delegados á los campamentos á imitación de los célebres comisionados de la Convención Francesa, para que excitasen el entusiasmo de los soldados, impulsándolos á morir si era necesario por la patria y la República. La ley autorizando al gobierno para adoptar medidas extraordinarias mereció también en dicho discurso tremendos ataques, y el señor Navarrete terminó excitando á la Cámara á que aceptase las resoluciones presentadas por la izquierda, despreciando los consejos de Castelar, que afirmaba había en España un exceso perjudicial de libertad y democracia.

El presidente del Poder ejecutivo contestó con gran acierto á los ataques del diputado intransigente, haciendo hincapié especialmente en su afirmación de que las facultades pedidas por Pí y Margall no eran únicamente para combatir á los carlistas, sino para exterminar á los federales exaltados.

«¿De dónde deduce su señoría,—dijo,—que nosotros hemos pedido facultades extraordinarias más que contra los carlistas? ¿Pues no está basado nuestro proyecto de ley en el estado de guerra producido por los carlistas? ¿No está basado en el estado de guerra en que se encuentran las provincias del Norte y Cataluña? ¿Pues no decimos en ese proyecto, que sólo podrá tomar el gobierno medidas extraordinarias para atender á las necesidades de la guerra? No adoptaremos jamás contra los republicanos medidas extraordinarias, á no ser que esos republicanos vinieran á caer en el mismo error que los carlistas, y sostuvieran una verdadera guerra civil. Lo que existe en las provincias del Norte y Oriente de España, es, no una insurrección pasajera, sino una guerra tenaz y persistente.»

Pí y Margall terminó su discurso rogando al señor Navarrete que influyera con los diputados de la izquierda para que volviesen á las Cortes y abandonasen su retraimento que resultaría funesto para la República.

Este ruego no tuvo eco, pues el 2 de Julio cincuenta y siete diputados publicaron un manifiesto explicando su retirada de las Cortes y atacando al gobierno rudamente.

Romero Robledo, que valiéndose de la escasez de monárquicos en aquella Cámara ejercía de primer defensor de las instituciones tradicionales, explanó en las sesiones del 3 y 4 de Julio una interpelación en sentido contrario á la de Navarrete atacando al gobierno por su conducta sobradamente liberal y su falta de energía en reprimir la indisciplina del ejército y preguntando si la República iba á ser la disolución de la unidad nacional.

El orador monárquico en medio de la insustancialidad de sus argumentos hizo la siguiente observación que por desgracia era muy cierta:

«En esta confusa Babel,—dijo,—la Asamblea ha dado hasta ahora por todo remedio la proclamación precipitada en los primeros instantes de la República federal como forma definitiva de gobierno: he oído aclamar muy entusiastamente la República federal, y no la he visto definida por nadie. Me sospecho que si aisladamente me acercara á cada uno de vosotros, había de recoger una rica y abundante colección de definiciones varias. Aguardo sin impaciencia me la deis á conocer.

»A semejanza de los antiguos que ponían la imagen del dios, á quien dedicaban un templo en la portada del mismo, habéis escrito esas mágicas palabras de República federal antes de empezar el edificio. Luego veremos lo que significan cuando la Comisión constitucional dé su dictamen.»

En el debate que tal interpelación produjo, intervinieron muchos oradores tanto monárquicos como republicanos, distinguiéndose Esteban Collantes, Valbuena (religioso exclaustrado), Boet, Rubau Donadeu y Fabra; y sobre todos el elocuente Castelar que defendiendo la federación estuvo á más altura que nunca.

El sistema federalista fué el punto que más mereció las galas de su sublime elocuencia, pronunciando los siguientes párrafos que conviene recordar para que se vea en toda su censurable magnitud la inconsecuencia de este ilustre hombre, tan apreciable y digno de universal respeto como tribuno cual detestable como político:

—«Señores, después de todo, ¿qué es la República federal? Es aquella forma de gobierno mediante la cual todas las autonomías existen y coexisten como los astros en el cielo sin chocarse jamás. En la República federal, todo lo individual pertenece al individuo; todo lo municipal pertenece exclusivamente al municipio; todo lo Regional pertenece al Estado y todo lo nacional pertenece á la nación. Y como quiera que en la ciencia política moderna todos estos derechos y todas estas facultades se encuentran completamente definidas y completamente clasificadas, ni padece el individuo, ni padece el municipio, ni padece el Estado, ni padece la nación de ninguna manera en una República verdaderamente federal.

»Pero además, si esto es cierto, no es menos cierto también que desde el punto de vista patriótico, aquí no hay más solución, no puede haber más solución que la solución de la República federal.

»¿No oiais ayer la elocuencia severa, enérgica, con que el señor García Ruiz pintaba los horrores del militarismo y de la Convención francesa? Sí; se proclaman los derechos del hombre, se escriben en una Carta, se promulgan por todas las conciencias, se loan desde la tribuna, se extienden á los pueblos, y luego, como la individualidad humana se ha suprimido en aquella República, como se ha suprimido el municipio, como se ha suprimido la federación, ya no hay más que una gigantesca tiranía, la tiranía del club sobre el Ayuntamiento de París, la tiranía del Ayuntamiento de París sobre la Convención, la tiranía de la Convención sobre la Francia, y se levanta el verdugo que acaba con los girondinos, que son los federales, siega la cabeza de Dantón, que era la cúspide de la montaña, devora á Robespierre, que los había creado, y luego, entre los aullidos de la reacción, caen al pié de los thermidorianos, y al fin y al cabo, aquella unidad romana, aquella unidad prefectorial, aquella unidad antidemocrática, crea á Napoleón, que coge á la Francia, la ata á la cola de su caballo, la arrastra por los campos de batalla, la disuelve á los cuatro vientos entre las maldiciones del género humano y la eterna reprobación de la historia.

»Yo siempre comparo la democracia francesa con la democracia americana, yo no conozco democracia más ilustre por su nombre liberal, por su timbre histórico, que la democracia francesa. Yo no conozco democracia más moderna, más humilde que la democracia americana.

»La democracia francesa ha sido educada en la enciclopedia y en la revolución, dándole su inmortal ironía Voltaire y su inagotable elocuencia Rousseau; mientras que la democracia americana ha sido educada en un libro humilde de una sociedad primitiva, en el libro de la Biblia. La democracia francesa ha tenido los primeros oradores del mundo; Mirabeau, el trueno; Vergniaud, el orador griego; Dantón, el fuego de las grandes tempestades, y apenas se encuentra un orador en la democracia americana. Los unos han discutido, han vivido, han luchado en el seno de esta Europa y casi todos ellos pertenecen á la aristocracia de la inteligencia; los otros, pobres siervos, pobres hijos de desheredados, han ido por la desembocadura de los ríos ingleses, en medio de las tinieblas, perseguidos por los caballeros, á embarcarse para buscar en la religión de Calvino un espacio á su alma, un consuelo á sus dolores; han salido de Suiza y Holanda, se han embarcado en la barca *Flor de Mayo*, han cruzado los mares en medio de las tempestades y han llegado allí modestos y oscuros. Pero como tenían idea de la personalidad humana, como tenían idea de la federación, como tenían idea de la democracia, no han tenido cadalsos ni terror; han tenido hombres que á primera vista eran medianos, pero que federales han fundado la justicia en el derecho. La democracia francesa está suprimida del mundo; la democracia americana llena con su esplendor la faz del mundo.

»Véase por qué yo quiero la República federal; y véase por qué yo JAMÁS, JAMÁS, JAMÁS, JAMÁS APOYARÉ NI DEFENDERÉ UNA REPÚBLICA UNITARIA.»

Los tres *jamases* de Castelar que en boca de otro hombre hubieran equivalido á un sagrado juramento, hoy no podemos menos de considerarlos como una figura retórica de un gran poeta de la tribuna, femenilmente impresionable y cuyas ideas son tan firmes y duraderas como sus hermosas palabras que se pierden en el viento.

El debate terminó con un discurso notabilísimo de Sorní en el que hizo una atinada crítica del partido radical; y otro de D. Nicolás Estévanez que con enérgica elocuencia se declaró enemigo de la política conservadora diciendo muy acertadamente que mientras la República y la Federación no estuviesen consolidadas, el gobierno debía valerse de procedimientos revolucionarios.

Pí y Margall, como presidente del Poder ejecutivo, resumió el debate pronunciando un discurso notable en el que describió los numerosos obstáculos con que la República estaba luchando para establecerse. Deshizo las exageraciones con que los monárquicos describían los actuales desórdenes y después exclamó así: «¿Recordáis un período histórico en que un gobierno se haya visto más desarmado enfrente de los partidos enemigos? ¿Recordáis, sin embargo, un período de transición como el nuestro en que á proporción haya habido menos desórdenes y menos desastres?»

Después entró de lleno á tratar de la situación de la República en aquellos instantes y su discurso tuvo fragmentos como los siguientes:

«Tenedlo en cuenta, señores diputados, para restablecer el orden no bastan los medios materiales, es preciso emplear medios morales. Es de todo punto indispensable satisfacer la sed de reformas que tiene el país. *(Bien, bien, grandes aplausos).* Es de todo punto indispensable que esas reformas se lleven á cabo con la posible urgencia. *(Nuevos aplausos).* Todos mis compañeros están trabajando con este objeto en diferentes proyectos de ley, que serán presentados á la Cámara dentro de breves días; quizá antes de que se concluya esta semana. Faltará luego que esas reformas se discutan, se aprueben, á fin de que se satisfaga la sed que de ellas tiene justamente el pueblo. Hay además necesidad de hacer otra cosa; no bastan esas reformas aisladas que podemos proponeros; lo que más importa es que aceleréis la obra de nuestra constitución. *(Bien, bien).*

»Si la retardáis, si tenéis la idea, que no creo en vosotros, de suspender las sesiones de estas Cortes, *(No, no)*, entonces, os lo aseguro, no respondo de la suerte de la República. No he sido nunca partidario de la suspensión de las sesiones y hoy lo soy menos que nunca. Sé y conozco el estado de las provincias y entiendo que la agitación que hay en muchas no se podrá contener fácilmente sino dándoles pronto la Constitución federal de la nación española. *(Eso, eso).* Las provincias convertidas luego en Estados federales con arreglo á la Constitución, podrán empezar su organización política, administrativa y económica, *(Grandes aplausos)*, y entraremos en un período de reposo. ¡Qué se dirá de nosotros, señores diputados, si se suspendiesen las sesiones cuando se trata de la constitución del país, fundándonos simplemente en el calor, en lo elevado de la temperatura *(Aplausos)* ó fundándonos en que nuestros intereses nos llaman á las provincias! ¡Qué son los intereses personales cuando se trata de los grandes intereses de la patria! *(Bien, bien).*

»Hay, sin embargo, un peligro para la Constitución que habéis de formular; la retirada de la minoría.

»La minoría, si tiene patriotismo, si desea la República federal, si conoce el estado de las provincias, si desea que la agitación de esas provincias cese, si quiere que este ministerio pueda llevar adelante todas sus reformas y pueda cumplir todo lo que os tiene prometido, es necesario que venga á apoyar al gobierno con todas sus fuerzas. *(Grandes aplausos).* Sin esto, no hay salud para la República.»
. . . .

»Levantad hoy el espíritu del pueblo,—continuó;—decidle que es necesario que contribuya con su dinero y con su sangre á poner término á una guerra que nos deshonra á los ojos de Europa. Si nos apoyáis en esta patriótica tarea, si no os asustan las medidas que necesitamos tomar para que concluyan los males de la patria, contad con que este gobierno sabrá cumplir su deber; si nos abandonáis, si no os prestáis á secundarnos imponiendo á los pueblos los sacrificios necesarios, alejad de este banco á este gobierno porque este gobierno es imposible.»

La derecha de la Cámara que á pesar de seguir llamándose federal estaba ya bajo las órdenes de Castelar y Salmerón, francamente conservadores dentro de la República, acogió con disgusto el discurso de Pí y Margall, y los dos personajes que un mes antes le suplicaban con las lágrimas en los ojos que aceptase el poder, conspiraban ahora descaradamente contra él; especialmente Castelar que empezaba á llamar á Pí, *hombre anárquico, peligroso y funesto*.

La mala fé con que procedían contra el federalismo dichos republicanos era bien manifiesta, pues á pesar de tener terminado el proyecto de Constitución federal desde los primeros días de Julio, demoraron su presentación, no sometiéndolo á las Cortes hasta el día 17 cuando ya estaba sublevada Cartagena y era imposible la organización federal de arriba abajo.

Mientras la Asamblea se entretenía en discusiones, las más de las veces de carácter personal y que no reportaban ninguna ventaja á la nación, los elementos intransigentes promovían desórdenes en varias provincias dirigidos por D. Roque Barcia y el general Contreras, dos descontentos que conspiraban contra la República porque ésta no los había hecho ministros.

En Andalucía el orden estaba en peligro por hallarse dominadas Cádiz por Fermín Salvochea y Málaga por Eduardo Carvajal, los cuales hacían retirar á cuantas fuerzas del ejército enviaba el gobierno á dichos puntos.

Pí y Margall, para evitar una insurrección, formó en Andalucía un ejército que se concentró en Córdoba á las órdenes del general Ripoll. El presidente de la República, que tenía gran confianza en dicho general, al darle el mando de tal ejército le marcó la conducta que debía seguir con las siguientes palabras:

—Confío tanto en la prudencia de usted como en su temple de alma. No entre usted por Andalucía en són de guerra. Haga comprender á los pueblos que no se forma un ejército sino para garantir el derecho de todos los ciudadanos y hacer respetar los acuerdos de la Asamblea. Tranquilice usted á los tímidos, modere á los impacientes, manifiésteles que con sus eternas conspiraciones y frecuentes desórdenes, están matando la República. Mantenga usted siempre alta su autoridad; pero en los conflictos que surjan, no se desdeñe usted nunca de apelar ante todo á la persuasión y al consejo. Cuando estos no basten, no vacile usted en caer con energía sobre los rebeldes. La Asamblea es hoy el poder soberano; hay que esperar á sus fallos y cuando los dé, acatarlos.

El ejército mandado por Ripoll fué muy pequeño, pues en aquella época era reducido el número de tropas y todas eran necesarias en el Norte y en Cataluña; pero con todo, prestó más adelante importantísimos servicios.

La guerra del Norte, aunque sin ser tan peligrosa para la República como manifestaban los periódicos monárquicos, tuvo en aquel período un carácter alarmante á causa del rápido crecimiento de las huestes carlistas y de la falta de dirección que experimentaba nuestro ejército, pues Nouvilas había dimitido su cargo de general en jefe, quedando al frente del ejército con el carácter de interino el general Sánchez Bregua, que por ser uno de los principales conspiradores alfonsinos dejaba que los carlistas se multiplicasen sin intentar nada contra ellos.

En Cataluña, el capitán general del distrito, Acosta, se cuidaba más de molestar á los republicanos que de perseguir á los carlistas, dejando á las fuerzas que operaban en el Principado en el mayor abandono y sin darlas apoyo alguno.

Los batallones de voluntarios que mandaba Lostau y la brigada del intrépido Cabrinetty eran las únicas fuerzas que luchando con el escaso apoyo que les daba el capitán general perseguían á los carlistas siempre con completo éxito.

Por desgracia, á principios de Julio el heróico Cabrinetty fué víctima de su audaz valor al entrar en el pueblo de Alpens con el intento de sorprender á los carlistas. Impulsado por su temeridad marchaba delante de todos sus soldados y la primera descarga del enemigo le produjo instantánea muerte. Así acabó aquel héroe de nuestras guerras civiles á quien habían hecho muy popular sus rasgos de temeridad y que fué el jefe que más leal y entusiastamente sirvió á la República.

Cuando los republicanos aun no se habían repuesto del dolor producido por tal desgracia que hacía dueños á los carlistas de toda la alta Cataluña, vino otro suceso á aumentar la funesta impresión.

Los obreros de Alcoy, pertenecientes en su mayor parte á la Internacional, declaráronse en huelga, exigiendo á los fabricantes que aumentasen el jornal y disminuyesen las horas de trabajo. La huelga fué pacífica al principio, pero los huelguistas pensaron en destituir al Ayuntamiento para formar otro compuesto por obreros y se dirigieron al alcalde de Alcoy, D. Agustín Albors, diputado en las Constituyentes de 1869 y antiguo revolucionario, pues desde 1848 que figuraba como republicano. Albors se negó con una energía quizás excesiva á las pretensiones de las masas y se encerró en la casa del Ayuntamiento con algunos milicianos y guardias civiles dispuestos á resistir las imposiciones populares.

La muchedumbre cercó la casa consistorial, oyéronse algunos tiros, circuló la noticia de que Albors hacía fuego sobre el pueblo, é inmediatamente quedó forzada la entrada del edificio, siendo el infeliz alcalde asesinado y perpetrándose en su cadáver algunas asquerosas profanaciones. Las turbas, en las cuales iban mezclados muchos vecinos de los pueblos cercanos tenidos por carlistas, quedaron dueños de la ciudad é incendiaron algunas fábricas, cometiendo otros excesos que no fueron ni con mucho tan horribles como los describió con exagerado lenguaje Maissonave, el ministro de Estado, dócil instrumento de Castelar, que por indicación de éste aprovechaba todas las ocasiones para desacreditar el gobierno de Pí y Margall.

Justamente éste en el asunto de Alcoy procedió con gran energía, pues dió orden inmediatamente al general Velarde para que con las fuerzas que pudiera distraer del Maestrazgo y con un batallón de la milicia de Valencia marchara sin perder tiempo á Alcoy. Los rebeldes amenazaron al gobierno con asesinar á los mayores contribuyentes si las tropas pasaban de Biar; pero Pí y Margall decidido á restablecer el orden despreció tales amenazas y Velarde entró en Alcoy el 13 de Julio sin encontrar á ninguno de los sediciosos que habían huído en la noche anterior. Formóse inmediatamente proceso y se hicieron muchas prisiones, pero hasta tres años después no fué fallada la causa, siendo castigados con exagerado rigor algunos cuya criminalidad estaba muy lejos de ser probada.

Como si el gobierno de la República estuviese destinado á no gozar nunca de sosiego, apenas se había desvanecido el buen efecto que produjo la entrada de Velarde en Alcoy, cuando ya otro suceso venía á complicar la situación.

Cartagena se sublevó contra el gobierno el 12 de Julio, iniciándose de este modo la revolución cantonal que tanto influyó en la suerte de la República y de la que más adelante hablaremos con extensión.

Al saber Pí y Margall lo que ocurría en Cartagena por un telegrama del gobernador de Murcia D. Antonio Altadill, reunió á los comandantes de todos los batallones de voluntarios de Madrid y de este modo se convenció de que no peligraba en la capital el prestigio de la Asamblea y del gobierno.

En Consejo de ministros acordáronse algunas medidas militares y Anrich, el ministro de Marina, salió en un tren especial para Cartagena con objeto de evitar que la insurrección cantonal se extendiese á los grandes buques de guerra surtos en el puerto.

El ministro de la Guerra comenzó á mostrar entonces algo de la conducta sediciosa que debía observar después, pues se negó á enviar tropas á la provincia de Murcia que reforzasen el pequeño ejército de Velarde, diciendo que no podía disponer ni aun de una compañía.

Pí y Margall había dispuesto el arresto de Contreras, considerado por todos como el jefe militar de los conspiradores; pero cuando la policía fué á su domicilio supo que acababa de salir de Madrid.

El ministro de la Guerra, González Iscar, mostraba una criminal indiferencia ante tan importantes sucesos. El general Velarde, que estaba en Alcoy al verificarse la insurrección de Cartagena, telegrafió al ministro de la Guerra sin recibir contestación y trasladándose á Villena después de despedir el batallón de voluntarios de Valencia reprodujo nuevamente sus telegramas sin ser esta vez más afortunado.

La situación de Velarde, era muy difícil. Conocía que de un momento á otro iba á estallar en Valencia un movimiento cantonal; temía el desarrollo de los carlistas en el Maestrazgo y dudaba si debía dirigirse ó no á Cartagena. En tal perplejidad se situó en Albacete que era el punto más favorable para acudir prontamente á los lugares del peligro, y allí recibió un telegrama de Pí y Margall que se le ordenaba que si se creía con fuerzas suficientes cayese sobre Murcia que acababa de insurreccionarse.

Como el ministro de la Guerra observaba aquella indiferencia tan extraña y perniciosa, Pí y Margall se veía obligado á dar órdenes al ejército.

Cuando tan difícil hacían las circunstancias la situación del gobierno, era justamente cuando la mayoría de la Asamblea, impulsada por Castelar y Salmerón, más irracionalmente se oponía á los planes de Pí y Margall.

El diputado de la derecha, Prefumo, que por ser hijo de Cartagena y tener en ella mucha popularidad podía haber evitado en parte la insurrección, se negó á los ruegos de Pí y Margall, que le pedía fuese á dicha ciudad acompañando al ministro de Marina, y en cambio en la sesión del día siguiente acusó al presidente de la República diciendo que era él responsable de los sucesos de Cartagena.

Pí y Margall estaba en aquellos instantes ocupado en conferenciar telegráficamente con los gobernadores de las provincias para que impidiesen el movimiento cantonalista, y así lo manifestó Carvajal, el ministro de Hacienda, contestando á las calumnias de Prefumo. Entonces un tal Sainz de Rueda, diputado amigo de Castelar que quiso aprovechar aquella ocasión para lucirse, gritó refiriéndose á la ausencia de Pí:—*¡Está conspirando!*

Fué vergonzosa y miserable la conducta de los amigos de Castelar y Salmerón en aquella sesión del 14 de Julio, en la que para combatir á un hombre que ellos mismos habían arrastrado con súplicas al poder y que no había variado en lo más mínimo su programa político, se valían de la rastrera calumnia y del miserable insulto.

Los amigos de Pi y Margall indignáronse con la conducta de la derecha, y Estévanez le avisó inmediatamente rogándole que se presentara en la Cámara á confundir á sus detractores.

Se presentó Pi y Margall y comenzó á hablar demostrando que el gobernador de Murcia, Altadill, había sido leal al gobierno y no traidor como decian algunos diputados, pues únicamente había pecado de débil al sancionar la sustitución del Ayuntamiento de Cartagena por la Junta revolucionaria con lo que creyó evitar la insurrección.

«He referido todos los sucesos,—añadió,—tales como han pasado y no podéis dudar de mi veracidad.

»¡Que hemos sido desgraciados en Cartagena! ¿Y puede eso motivar tan graves insinuaciones? Apenas supimos que había salido el general Contreras con dirección á Cartagena, expedimos la correspondiente orden para que se le detuviese en el camino; desgraciadamente no le pudimos alcanzar; pero, esta desgracia, ¿es imputable al gobierno? El gobierno, cumpliendo lealmente sus deberes, ha hecho contra el movimiento de Cartagena todo lo que podía, como lo ha hecho con todos los movimientos, y si el gobierno no ha hecho más ha sido porque no ha tenido para tanto medios materiales.

»¿Qué podíamos hacer en Andalucía, donde no teníamos un solo soldado?

»Hemos tenido fuerzas para batir Alcoy; y qué, ¿no las hemos mandado contra aquella ciudad?

»Se dice que las tropas del gobierno han entrado indebidamente en Alcoy, y esto tampoco es exacto. Las tropas han entrado en Alcoy sin condiciones ni pactos de ninguna clase; han entrado en Alcoy sin resistencia de los insurrectos, porque no la han opuesto; pero si los insurrectos hubieran opuesto resistencia, el general Velarde con sus tropas habría sabido cumplir con su deber y con las órdenes dadas por el gobierno. Pues qué, ¿había de entrar acuchillando quizá á los mismos que habían sido víctimas del movimiento? ¿Había de castigar á los que no sabía si eran culpables? En el momento mismo en que las tropas han entrado en Alcoy, se ha constituido la autoridad judicial; la autoridad judicial es la encargada de perseguir á los delincuentes y será la que los castigue. Entretanto, se procura recoger las armas á los insurrectos; entretanto se hace lo posible para restablecer la calma y la autoridad. La autoridad en estos momentos, así la judicial como la gubernativa, funcionan libremente sin que nada pueda impedir su marcha. No; el gobierno no ha tenido debilidad: lo que le faltan al gobierno son medios materiales. ¿Es que acaso ignoráis lo que está pasando en el Norte? ¿Acaso ignoráis que las fuerzas que tenemos en el Norte no son ni siquiera suficientes para atajar el aumento que van tomando las facciones carlistas? ¿Podemos retirar tampoco los batallones de Cataluña donde tenemos un enemigo temible y donde además las tropas están tan indisciplinadas, que no obedecen ni las órdenes del gobierno ni las de las autoridades militares? ¿De dónde queréis que nosotros saquemos las fuerzas?

»Cuando se empieza á dudar de un hombre, se duda de todos sus actos.

»He sabido que aquí, si no en público, en secreto, se ha dicho que yo me estaba entendiendo en esos momentos con la minoría. Cierto; es verdad: pero me he entendido con la minoría por ciertos sucesos que han pasado esta tarde. No pensaba decíroslos, pero os los diré desde luego. Esta tarde hemos celebrado un Consejo de ministros. Parte de los individuos del Poder ejecutivo han anunciado una crisis fundándose, no en que haya habido entre nosotros el menor desacuerdo, sino en que la gravedad de las circunstancias presentes y la gravedad de las que puedan venir, hacen necesario un gobierno que tenga mayor fuerza en esta Cámara que el presente. Yo les he consultado como á leales amigos; les he preguntado cuál era el camino que se podía seguir; nos hemos hecho cargo de la cuestión constitucional, es decir, de la dificultad de hacer una Constitución sin el acuerdo de la minoría, ó por lo menos sin el debate de la minoría y ellos mismos son los que me han indicado que convenía formar un gabinete del centro y de la izquierda, porque esta era tal vez la única salvación que podíamos encontrar en la cuestión constitucional. Entonces ha sido cuando yo he llamado á algunos individuos de la minoría para hacerles proposiciones que de ninguna manera pueden redundar en desdoro ni en desprestigio del gobierno, ni del actual presidente del Poder ejecutivo.

»Otros me podrán ganar en inteligencia; otros me podrán ganar en corazón; otros me podrán ganar en cualquiera otra cualidad: ninguno podrá ganarme en lealtad (*bien, bien*). Por lo tanto, nada debo añadir. Os he expuesto los sucesos tales como han pasado, y tened entendido que cualquier cosa que pongáis en duda, es fácil esclarecerla. Allí está el gobernador; aquí están mis compañeros; y finalmente, en el telégrafo están los partes que han mediado sobre los sucesos de Cartagena.»

La Asamblea como avergonzada de su anterior conducta aplaudió mucho á Pi y Margall, pero éste se hallaba ya profundamente resentido y desilusionado, reconociendo que en la Cámara los más eran sus enemigos, y dispuesto por tanto á retirarse del gobierno.

Todos comprendían que el ministerio estaba en crisis, y Castelar y Salmerón que eran entonces dos amistosos compadres que trabajaban en comandita, intrigaban más que nunca para derribar á Pi del poder, habiendo convenido ambos que fuese el segundo quien le sustituyese.

Las Cortes, preocupadas con la crisis, celebraban muy cortas las sesiones y en cambio los diputados organizaban reuniones para tratar de hallar una solución á aquellas circunstancias. En la reunión que la mayoría celebró el día 15, Pí y Margall demostró la posibilidad de que todas las provincias de España imitasen la conducta de Cartagena y dijo que el único medio de evitar este peligro era poner cuanto antes á discusión el proyecto de Constitución Federal y aprobarlo con rapidez aunque las Cortes hubiesen de declararse en sesión permanente.

Hablaron en aquella reunión muchos diputados de la mayoría que demostraron con sus palabras cuan dispuestos estaban á poner en todas ocasiones el procedimiento obstruccionista á los planes de Pí y Margall, y por fin acordóse que fuese sometido á la Asamblea el proyecto de Constitución Federal.

Este proyecto presentóse el 17 de Julio, cuando ya era del dominio público que Pí y Margall iba á abandonar el poder en vista de las dificultades que encontraba.

Esta Constitución, que era obra de D. Emilio Castelar, merece ser conocida como único recuerdo que dejaron aquellas Cortes federales tan movedizas como inútiles:

PROYECTO DE CONSTITUCIÓN FEDERAL
DE LA REPÚBLICA ESPAÑOLA

La nación española reunida en Cortes Constituyentes, deseando asegurar la libertad, cumplir la justicia y realizar el fin humano á que está llamada en la civilizacion, decreta y sanciona el siguiente Código fundamental:

TÍTULO PRELIMINAR

Toda persona encuentra asegurados en la República, sin que ningún Poder tenga facultades para cohibirlos, ni ley ninguna autoridad para mermarlos, todos los derechos naturales.

1.º El derecho á la vida, y á la seguridad, y á la dignidad de la vida.
2.º El derecho al libre ejercicio de su pensamiento, y á la libre expresión de su conciencia.
3.º El derecho á la difusión de sus ideas por medio de la enseñanza.
4.º El derecho de reunión y de asociación pacíficas.
5.º La libertad del trabajo, de la industria, del comercio interior, del crédito.
6.º El derecho de propiedad, sin facultad de vinculación ni amortización.
7.º La igualdad ante la ley.
8.º El derecho á ser jurado y á ser juzgado por los jurados; el derecho á la defensa libérrima en juicio; el derecho, en caso de caer en culpa ó delito, á la corrección y á la purificación por medio de la pena.

Estos derechos son anteriores y superiores á toda legislación positiva.

TÍTULO I

De la nación española

Artículo 1.º Componen la nación española los Estados de Andalucía Alta, Andalucía Baja, Aragón, Asturias, Baleares, Canarias, Castilla la Nueva, Castilla la Vieja, Cataluña, Cuba, Extremadura, Galicia, Murcia, Navarra, Puerto-Rico, Valencia, Regiones Vascongadas.

Los Estados podrían conservar las actuales provincias ó modificarlas, según sus necesidades territoriales.

Art. 2.º Las islas Filipinas, de Fernando Póo, Annobon, Corisco y los establecimientos de Africa, componen territorios que, á medida de sus progresos, se elevarán á Estados por los Poderes públicos.

TÍTULO II

De los españoles y sus derechos

Art. 3.º Son españoles:
1.º Todas las personas nacidas en territorio español.
2.º Los hijos de padre ó madre españoles, aunque hayan nacido fuera de España.

3.º Los extranjeros que hayan obtenido carta de naturaleza.

4.º Los que, sin ella, hayan ganado vecindad en cualquier pueblo del territorio español.

La calidad de español se adquiere, se conserva y se pierde con arreglo á lo que determinan las leyes.

Art. 4.º Ningún español ni extranjero podrá ser detenido ni preso, sino por causa de delito.

Art. 5.º Todo detenido será puesto en libertad ó entregado á la autoridad judicial dentro de las veinticuatro horas siguientes al acto de la detención.

Toda detención se dejará sin efecto ó elevará á prisión dentro de las setenta y dos horas de haber sido entregado el detenido al juez competente.—La providencia que se dictare, se notificará al interesado dentro del mismo plazo.

Art. 6.º Ningún español podrá ser preso, sino en virtud de mandamiento de juez competente. El auto por el cual se haya dictado el mandamiento, se ratificará ó repondrá, oído el presente reo, dentro de las setenta y dos horas siguientes al acto de la prisión.

Art. 7.º Nadie podrá entrar en el domicilio de un español ó extranjero residente en España, sin consentimiento, excepto en los casos urgentes de incendio, inundación ú otro peligro análogo ó de agresión procedente de adentro, ó para auxiliar á persona que necesite socorro, ó para ocupar militarmente el edificio cuando lo exija la defensa del orden público.—Fuera de estos casos, la entrada en el domicilio de un español ó extranjero residente en España, y el registro de sus papeles y efectos, sólo podrá decretarse por juez competente. El registro de papeles y efectos tendrá siempre lugar á presencia del interesado ó de un individuo de su familia, y en su defecto, de dos testigos vecinos del mismo pueblo. Sin embargo, cuando un delincuente hallado *infraganti*, y perseguido por la autoridad ó sus agentes se refugiase en su domicilio, podrían éstos penetrar en él solo para el acto de la aprehensión. Si se refugiase en domicilio ajeno, precederá requerimiento al dueño de éste.

Art. 8.º Ningún español podrá ser compelido á mudar de domicilio ó residencia, sino en virtud de sentencia ejecutoria.

Art. 9.º En ningún caso podrá detenerse ni abrirse por la autoridad gubernativa la correspondencia confiada al correo, ni tampoco detenerse la telegráfica.

Pero en virtud de auto de juez competente, podrán detenerse una y otra correspondencia, y también abrirse en presencia del procesado la que se dirija por el correo.

Art. 10. Todo auto de prisión, de registro de morada, ó de detención de la correspondencia escrita ó telegráfica, será motivado.

Cuando el auto carezca de este requisito, ó cuando los motivos en que se haya fundado se declare en juicio ilegítimo ó notoriamente insuficientes, la persona que hubiera sido presa, ó cuya prisión se hubiera ratificado dentro del plazo señalado en el art. 5.º, ó cuyo domicilio hubiera sido allanado, ó cuya correspondencia hubiera sido detenida, tendrá derecho á reclamar del juez que haya dictado el auto, una indemnización proporcionada al daño causado, pero nunca inferior á quinientas pesetas.

Los agentes de la autoridad pública estarán así mismo sujetos á la indemnización que regule el juez, cuando reciban en prisión á cualquiera persona sin mandamiento en que se inserte el auto motivado, ó cuando la retengan sin que dicho auto haya sido ratificado dentro del término legal.

Art. 11. La autoridad gubernativa que infrinja lo prescrito en los arts. 5.º, 6.º, 7.º y 8.º, incurrirá según los casos, en delito de detención arbitraria ó de allanamiento de morada, y quedará además sujeta á la indemnización prescrita en el párrafo segundo del artículo anterior.

Art. 12. Tendrá asimismo derecho á indemnización, regulada por el juez, todo detenido que dentro del término señalado en el art. 5.º no haya sido entregado á la autoridad judicial.

Si el juez, dentro del término prescrito en dicho artículo, no elevare á prisión la detención, estará obligado para con el detenido á la indemnización que establece el art. 10.

Art. 13. Ningún español podrá ser procesado ni sentenciado, sino por el juez ó tribunal, á quien, en virtud de leyes anteriores al delito, competa el conocimiento, y en la forma que éstas prescriban.

No podrán crearse tribunales extraordinarios ni comisiones especiales para conocer de ningún delito.

Art. 14. Toda persona detenida ó presa sin las formalidades legales ó fuera de los casos previstos en esta Constitución, será puesta en libertad á petición suya ó de cualquier español.

La ley determinará la forma de proceder sumariamente en este caso, así como las penas en que haya de incurrir el que ordenare, ejecutare ó hiciere ejecutar la prisión ilegal.

Art. 15. Nadie podrá ser privado temporal ó

perpetuamente de sus bienes y derechos, ni turbado en la posesión de ellos, sino en virtud de auto ó sentencia judicial.

Los funcionarios públicos que, bajo cualquier pretexto, infrinjan esta prescripción, serán personalmente responsables del daño causado.

Quedan exceptuados de ella los casos de incendio é inundación ú otros urgentes análogos, en que por la ocupación se haya de excusar un peligro al propietario ó poseedor, ó evitar ó atenuar el mal que se temiere ó hubiere sobrevenido.

Art. 16. Nadie podrá ser expropiado de sus bienes sino por causa de utilidad común y en virtud de mandamiento judicial, que no se ejecutará sin previa indemnización, regulada por el juez con intervención del interesado.

Art. 17. Nadie está obligado á pagar contribución que no haya sido votada por las Cortes ó por las corporaciones populares legalmente autorizadas para imponerla, y cuya cobranza no se haga en la forma prescrita por la ley.

Todo funcionario público que intente exigir ó exija el pago de una contribución sin los requisitos prescritos en este artículo, incurrirá en el delito de exacción ilegal.

Art. 18. Ningún español que se halle en el pleno goce de sus derechos civiles, podrá ser privado del derecho de votar en las elecciones.

Art. 19. Tampoco podrá ser privado ningún español:

Del derecho de emitir libremente sus ideas y opiniones, ya de palabra, ya por escrito, valiéndose de la imprenta ó de otro procedimiento semejante.

Del derecho de reunirse y asociarse pacíficamente para todos los fines de la vida humana que no sean contrarios á la moral pública.

Del derecho de dirigir peticiones individual ó colectivamente á las Cortes y á las demás autoridades de la República.

Art. 20. El derecho de petición no podrá ejercerse colectivamente por ninguna clase de fuerza armada.

Tampoco podrán ejercerlo individualmente los que formen parte de una fuerza armada, sino con arreglo á las leyes de su instituto, en cuanto tenga relación con éste.

Art. 21. No se establecerá, ni por las leyes ni por las autoridades, disposición alguna preventiva que refiera el ejercicio de los derechos definidos en este título.

Tampoco podrán establecerse, la censura, el depósito, ni el editor responsable para los periódicos.

Art. 22. Los delitos que se cometan con ocasión del ejercicio de los derechos expresados en este título, serán penados por los tribunales con arreglo á las leyes comunes, y deberán ser denunciados por las autoridades gubernativas, sin perjuicio de los que procedan de oficio ó en virtud de la acción pública ó fiscal.

Art. 23. Las autoridades municipales pueden prohibir los espectáculos que ofendan al decoro, á las costumbres y á la decencia pública.

Art. 24. Las reuniones al aire libre y las manifestaciones serán de día y nunca han de obstruir la vía pública ni celebrarse alrededor de los ayuntamientos, Cortes del Estado ó Cortes de la Federación.

Art. 25. Nadie impedirá, suspenderá ni disolverá ninguna asociación, cuyos estatutos sean conocidos oficialmente, y cuyos individuos no contraigan obligaciones clandestinas.

Art. 26. Todo español podrá fundar y mantener establecimientos de instrucción ó de educación, sin previa licencia, salva la inspección de la autoridad competente por razones de higiene y moralidad.

Art. 27. Todo extranjero podrá establecerse libremente en territorio español, ejercer en él su industria, ó dedicarse á cualquiera profesión para cuyo desempeño no exijan las leyes títulos de aptitud expedidos por las autoridades españolas.

Art. 28. A ningún español que esté en el pleno goce de sus derechos civiles, podrá impedirse salir libremente del territorio, ni trasladar su residencia y haberes á países extranjeros, sabrá las obligaciones de contribuir al servicio militar ó al mantenimiento de las cargas públicas.

Art. 29. Todos los españoles son admisibles á los empleos y cargos públicos, según su mérito y capacidad probada.

El extranjero que no estuviere naturalizado, no podrá ejercer en España el sufragio ni cargo alguno que tenga aneja autoridad ó jurisdicción.

Art. 30. Todo español está obligado á defender la Patria con las armas, cuando sea llamado por la ley, y á contribuir á los gastos del Estado, en proporción de sus haberes.

Art. 31. La enumeración de los derechos expresados en este título no implica la prohibición de cualquiera otro no declarado expresamente.

Art. 32. No será necesaria la previa autorización para procesar ante los tribunales á los funcionarios públicos, cualquiera que sea el delito que cometieren.

El mandato del superior no eximirá de responsabilidad en los casos de infracción manifiesta, clara y terminante, de una prescripción constitucional.

En los demás, sólo eximirá á los agentes que no ejerzan autoridad.

Art. 33. Cuando el Poder legislativo declare un territorio en estado de guerra civil ó extranjera, regirán allí las leyes militares.

En ningún caso podrá establecerse otra penalidad que la prescrita previamente por la ley.

Art. 34. El ejercicio de todos los cultos es libre en España.

Art. 35. Queda separada la Iglesia del Estado.

Art. 36. Queda prohibido á la Nación ó Estado federal, á los Estados regionales y á los Municipios subvencionar directa ó indirectamente ningún culto.

Art. 37. Las actas de nacimientos de matrimonio y defunción serán registradas siempre por las autoridades civiles.

Art. 38. Quedan abolidos los títulos de nobleza.

Título III
De los poderes públicos

Art. 39. La forma de gobierno de la Nación española es la República federal.

Art. 40. En la organización política de la Nación española todo lo individual es de la pura competencia del individuo; todo lo municipal es del Municipio; todo lo regional es del Estado, y todo lo nacional de la Federación.

Art. 41. Todos los poderes son electivos, amovibles y responsables.

Art. 42. La soberanía reside en todos los ciudadanos, y se ejerce en representación suya por los organismos políticos de la República constituida por medio del sufragio universal.

Art. 43. Estos organismos son:
El Municipio.
El Estado regional.
El Estado federal ó Nación.

La soberanía de cada organismo reconoce por límites los derechos de la personalidad humana. Además el Municipio reconoce los derechos del Estado, y el Estado los derechos de la Federación.

Art. 44. En Africa y en Asia posee la República española territorios en que no se han desarrollado todavía suficientemente los organismos políticos, y que por tanto se regirán por leyes especiales destinadas á implantar allí los derechos naturales del hombre y á procurar una educación humana y progresiva.

Título IV

Art. 45. El poder de la Federación se divide en Poder legislativo, Poder ejecutivo, Poder judicial, y entre estos Poderes.

Art. 46. El Poder legislativo será ejercido exclusivamente por las Cortes.

Art. 47. El Poder ejecutivo será ejercido por los ministros.

Art. 48. El Poder judicial será ejercido por jurados y jueces, cuyo nombramiento no dependerá jamás de los otros Poderes Públicos.

Art. 49. El Poder de relación será ejercido por el Presidente de la República.

Título V
De las facultades correspondientes á los Poderes públicos de la federación

1.ª Relaciones exteriores.
2.ª Tratado de paz y de comercio.
3.ª Declaración de guerra exterior, que será siempre objeto de una ley.
4.ª Arreglo de las cuestiones territoriales y de las competencias entre los Estados.
5.ª Conservación de la unidad y de la integridad nacional.
6.ª Fuerzas de mar y tierra, y nombramientos de todos sus jefes.
7.ª Correos.
8.ª Telégrafos.
9.ª Ferrocarriles, caminos generales, medios oficiales de comunicación marítima y terrestre y obras públicas de interés nacional.
10. Deuda nacional.
11. Empréstitos nacionales.
12. Contribuciones y rentas que sean necesarias para el mantenimiento de los servicios federales.
13. Gobierno de los territorios y colonias.
14. Envío de delegados á los Estados para la percepción de los tributos y el mando de las fuerzas militares encargadas de velar por el cumplimiento de las leyes federales.
15. Códigos generales.
16. Unidad de moneda, pesas y medidas.
17. Aduanas y Aranceles.
18. Sanidad, iluminación de las costas, navegación.
19. Montes y minas, canales generales de riego.
20. Establecimiento de una Universidad fede-

ral, y de cuatro escuelas normales superiores de agricultura, artes y oficios en los cuatro puntos de la Federación que se determinen por una ley.

21. Los bienes y derechos de la Nación.

22. Conservación del orden público federal y declaración de estado de guerra civil.

23. Restablecimiento de la ley por medio de la fuerza cuando un motín ó una sublevación comprometan los intereses y derechos generales de la sociedad en cualquier punto de la Federación.

Título VI

del Poder legislativo

Art. 50. Las Cortes se compondrán de dos Cuerpos: Congreso y Senado.

Art. 51. El Congreso se compondrá de diputados, debiendo haber uno por cada cincuenta mil almas, y siendo todos elegidos por sufragio universal directo.

Art. 52. Los senadores serán elegidos por las Cortes de sus respectivos Estados, que enviarán cuatro por cada Estado, sea cualquiera su importancia y el número de sus habitantes.

Art. 53. Las Cortes se renovarán en su totalidad cada dos años.

Título VII

De la celebración y facultades de las Cortes

Art. 54. Las Cortes se reunen todos los años.

Art. 55. Las Cortes celebrarán las legislaturas anuales que durarán por lo menos entre ambos cuatro meses.

Las Cortes comenzarán su primera legislatura todos los años el 15 de Marzo y su segunda el 15 de Octubre. Los diputados y senadores serán renovados en su totalidad cada dos años.

Art. 56. Cada uno de los Cuerpos Colegisladores tendrán las facultades siguientes:

1.ª Formar el respectivo Reglamento para su gobierno interior.

2.ª Examinar la legalidad de la elección y la aptitud de los individuos que la compongan.

3.ª Nombrar al constituirse su Presidente, Vicepresidentes y Secretarios.

Art. 57. No podrá estar reunido uno de los Cuerpos Colegisladores sin que le esté también el otro.

Art. 58. Los Cuerpos Colegisladores no pueden deliberar juntos, ni reunirse sino en el caso ó casos que taxativamente expresa esta Constitución.

Art. 59. Las sesiones del Congreso y del Senado serán públicas, excepto los casos que necesariamente exijan reserva.

Art. 60. Todas las leyes serán presentadas al Congreso, ó por iniciativa de éste ó por iniciativa del presidente, ó por iniciativa del Poder ejecutivo.

Art. 61. Las resoluciones de las Cortes se tomarán á pluralidad de votos.

Para votar las leyes se requiere, en cada uno de los Cuerpos Colegisladores, que tengan aprobadas sus actas.

Art. 62. Las Cortes podrán tomar medidas que obliguen á los diputados y senadores á asistir á sus sesiones.

Art. 63. El cargo de diputado y senador es incompatible con todo cargo público, ya sea honorífico, ya retribuído.

Art. 64. Los diputados y senadores recibirán una indemnización que será fijada por las leyes.

Art. 65. Los ministros no podrán ser diputados ni senadores, ni asistir á las sesiones sino por un mandato especial de las Cámaras.

Art. 66. El Congreso tiene el derecho de acusar ante el Senado al Presidente y á los ministros; el Senado tiene derecho á declarar que ha lugar ó no á la formación de una causa, y el Tribunal Supremo á juzgarlos y sentenciarlos.

Art. 67. Los senadores y los diputados, desde el momento de su elección no podrán ser procesados, ni detenidos cuando estén abiertas las Cortes, sin permiso del respectivo Cuerpo Colegislador, á no ser hallado *infraganti*. Así en este caso, como en el de ser procesados ó arrestados mientras estuviesen cerradas las Cortes, se dará cuenta al Cuerpo á que pertenezcan, tan luego como se reunan, las cuales decidirán lo que juzguen conveniente.

Cuando se hubiere dictado sentencia contra un senador ó diputado en proceso seguido sin el permiso á que se refiere el párrafo anterior, la sentencia no podrá llevarse á efecto hasta que autorice su ejecución el Cuerpo á que pertenezca el procesado.

Art. 68. Los senadores y diputados son inviolables por las opiniones y votos que emitan en el ejercicio de su cargo.

Art. 69. Para ser diputado se exige el carácter de ciudadano español y tener veinticinco años de edad: para ser senador el carácter de ciudadano español y cuarenta años de edad.

Título VIII

Facultades especiales al Senado

Art. 70. El Senado no tiene la iniciativa de las leyes.

Corresponde al Senado exclusivamente examinar si las leyes del Congreso desconocen los derechos de la personalidad humana, ó los poderes de los organismos políticos, ó las facultades de la Federación ó el Código fundamental.

Si el Senado, después de madura deliberación, declara que no, la ley se promulgaría en toda la Nación.

Cuando el Senado declare que hay lesión de algún derecho ó de algún poder, ó de algún artículo constitucional, se nombrará una comisión mixta que someterá su parecer al Congreso. Si después de examinada de nuevo la ley, el Senado persiste en su acuerdo, se suspenderá la promulgación por aquel año.

Si al año siguiente reproduce el Congreso la ley se remitirá al Poder ejecutivo para su promulgación; pero si éste hiciera objeciones al Congreso, se volverá la ley al Senado, y si el Senado insiste nuevamente, se suspenderá también la promulgación.

Por último, si al tercer año se reproduce la ley, se promulgará en el acto por el Presidente y será ley en toda la Federación.

Sin embargo, al Poder judicial representado por el Tribunal Supremo de la Federación, le queda la facultad siempre de declarar en su aplicación si la ley es ó no constitucional.

Título IX

Del Poder ejecutivo

Art. 71. El Poder ejecutivo será ejercido por el Consejo de Ministros; bajo la dirección de un Presidente, el cual será nombrado por el Presidente de la República.

Art. 72. Al Poder ejecutivo compete:

1.º Disponer del ejército de mar y tierra para seguridad interior y defensa exterior de la Federación.

2.º Disponer el empleo de las reservas, siempre que sean llamadas por una ley.

3.º Nombrar los empleados públicos de la Federación.

4.º Distribuir los ingresos y hacer los gastos con arreglo á las leyes.

5.º Emplear todos los medios legítimos para que se cumpla y se respete la ley.

6.º Facilitar al Poder judicial el ejercicio expedito de sus funciones.

7.º Presentar á las Cortes Memorias anuales sobre el estado de la administración pública y proponer á su deliberación y sanción las leyes que le parezcan convenientes.

8.º Enviar á cada Estado regional un delegado con encargo expreso de vigilar el cumplimiento de la Constitución y de las leyes, de los decretos y reglamentos federales; pero sin autoridad ninguna especial dentro del Estado ó del Municipio.

9.º Dar reglamentos para la ejecución de las leyes.

Título X

Del Poder judicial

1.º El Poder judicial no emanará ni del Poder ejecutivo ni del Poder legislativo.

2.º Queda prohibido al Poder ejecutivo, en todos sus grados, imponer penas, ni personales, ni pecuniarias, por mínimas que sean. Todo castigo se impondrá por el Poder judicial.

3.º Todos los tribunales serán colegiados.

4.º Se establece el Jurado para toda clase de delitos.

En cada Municipio habrá un tribunal nombrado directamente por el pueblo y encargado de entender en la corrección de las faltas, juicios verbales y actos de conciliación.

5.º Los jueces de los distritos serán nombrados mediante oposición verificada ante las audiencias de sus respectivos Estados.

6.º Las Audiencias se compondrán de los jueces de distrito ascendidos á magistrados en concurso público y solemne.

Art. 73. El Tribunal Supremo federal se compondrá de tres magistrados por cada Estado de la Federación.

Art. 74. El Tribunal Supremo federal elegirá entre sus magistrados á su presidente.

Art. 75. Los jueces de los distritos, los magistrados de las Audiencias y los magistrados del Tribunal Supremo, no podrán ser separados sino por sentencia judicial ó por acuerdo del Tribunal superior jerárquico.

Art. 76. Los magistrados del Tribunal Supremo podrán ser removidos por una comisión compuesta por iguales partes de representantes del Congreso, del Senado, del Poder ejecutivo y del mismo Tribunal Supremo.

En el caso de que el Poder legislati-
na ley contraria á la Constitución, el
Supremo en pleno tendrá facultad de
los efectos de esta ley.

En los litigios entre los Estados en-
decidirá el Tribunal Supremo de la
.

También entenderá en las funciones
ordinarias que determinen las leyes; en
tos que se susciten sobre inteligencia
:ados; en los conflictos entre los Pode-
)s de un Estado; en las causas formadas
nte, á los ministros en el ejercicio de
, en los asuntos en que la Nación sea

. El Tribunal Supremo dictará su re-
administrativo inferior y nombrará
empleados subalternos.

Título XI

Poder de relacion ó sea presidencial

El Poder de relación será ejercido
dadano mayor de 30 años que llevará
e *Presidente de la República Federal*, y
o sólo durará cuatro años, no siendo
mente reelegible.

. Habrá también un Vicepresidente
de reemplazar al Presidente cuando se
re por muerte, por larga enfermedad, ó
l de sentencia judicial.
.dente compete:
omulgar dentro de los quince días si-
. su aprobación definitiva las leyes que
sancionen las Cortes, salvo el caso de
rtes declaren la promulgación urgente.
cer en caso de una disidencia sobre la
ción de las leyes entre el Senado y el
á este último las observaciones que
cesarias.
ivocar las reuniones extraordinarias de
cuando lo requiera así el estado de la

rigir mensajes á los poderes públicos
oles el cumplimiento de sus deberes le-

mbrar y separar con toda libertad al
e del Poder ejecutivo.
mbrar los embajadores, ministros y
plomáticos de las demás naciones.
stener las relaciones internacionales.
nceder los indultos.
idar de que sean garantizadas las Cons-
particulares de los Estados.

11. Personificar el poder supremo y la suprema dignidad de la Nación; y á este fin se le seña-
lará por la ley y sueldos y honores que no podrán
ser alterados durante el período de su mando.

Título XII

De la elección del Presidente y Vicepresidente de la República

Art. 83. Los electores votarán en cada Estado
una Junta compuesta de doble número de individuos del que envían al Congreso y al Senado fe-
derados.

Art. 84. No pueden pertenecer á esta Junta
los empleados del Gobierno federal.

Art. 85. Reunida la Junta en la capital del
Estado, procederá al nombramiento de Presidente
y Vicepresidente de la República, inscribiendo
cada nombre en una papeleta é indicando el cargo
para que le designen.

Art. 86. La Junta electoral se reunirá cuatro
meses antes de haber espirado el plazo de terminación de la Presidencia.

Art. 87. Inmediatamente procederá á designar sus candidatos, y hecho el escrutinio, remitirá una lista con los nombres de los que hayan
obtenido votos al Presidente del Congreso del
Estado y otra al Presidente del Congreso de la
Nación.

Art. 88. El Presidente del Congreso de la Nación abrirá las listas á presencia de ambos cuerpos colegisladores reunidos. Asociados á los secretarios, cuatro miembros del Congreso y cuatro
del Senado, sacados á suerte procederán inmediatamente á hacer el escrutinio y á anunciar el
número de sufragios que resulte en favor de cada
candidato para la Presidencia y Vicepresidencia
de la Nación. Los que reunan en ambos casos la
mayoría absoluta de todos los votos serán proclamados inmediatamente Presidente y Vicepresidente.

Art. 89. En el caso de que por dividirse la
votación no hubiere mayoría absoluta, elegirán
las Cortes entre las dos personas que hubieren
obtenido mayor número de sufragios. Si la primera mayoría hubiese cabido á más de dos personas, elegirán las Cortes entre todas éstas. Si
la primera mayoría hubiere cabido á una sola
persona y la segunda á dos ó más elegirá el Congreso entre todas las personas que hayan obtenido la primera y segunda mayoría.

Art. 90. Esta elección se hará á pluralidad
absoluta de sufragios y por votación nominal. Si

verificada la segunda votación uo resultase mayoría, se hará segunda vez, contrayéndose la votación á las personas que en la primera hubiesen obtenido mayor número de sufragios. En caso de empate, se repetirá la votación; y si resultase nuevo empate, decidirá el Presidente del Congreso. No podrá hacerse el escrutinio ni la rectificación de estas elecciones, sin que estén presentes las tres cuartas partes del total de los miembros de las Cortes.

Art. 91. Las elecciones del Presidente y Vicepresidente de la Nación deben quedar concluidas en una sola sesión de las Cortes, publicándose en seguida el resultado de ésta y las actas electorales en la *Gaceta*.

Título XIII

De los Estados

Art. 92. Los Estados tienen completa autonomía económico-administrativa y toda la autonomía política compatible con la existencia de la Nación.

Art. 93. Los Estados tienen la facultad de darse una Constitución política que no podrá en ningún caso contradecir á la presente Constitución.

Art. 94. Los Estados nombran sus Gobiernos respectivos y sus Asambleas legislativas por sufragio universal.

Art. 95. En la elección de los Gobiernos, de los legisladores, y de los empleados de los Estados no podrá nunca intervenir ni directa ni indirectamente el Poder federal.

Art. 96. Los Estados regirán su política propia, su industria, su hacienda, sus obras públicas, sus caminos regionales, su beneficencia, su instrucción y todos los asuntos sociales que no hayan sido por esta Constitución remitidos al Poder federal.

Art. 97. Los Estados podrán levantar empréstitos y emitir deuda pública para promover su prosperidad interior.

Art. 98. Los Estados tendrán obligación de conservar un Instituto de segunda enseñanza por cada una de las actuales provincias, y la facultad de fundar las Universidades y escuelas especiales que estimen convenientes.

Art. 99. Los Estados no podrán legislar ni contra los derechos individuales, ni contra la forma democrática republicana, ni contra la unidad y la integridad de la Patria, ni contra la Constitución federal.

Art. 100. Los Estados regularán á su arbitrio y bajo sus expensas, su organización territorial.

Art. 101. Los Estados no podrán mantener más fuerza pública que la necesaria para su policía y seguridad interior.

La paz general de los Estados se halla garantida por la Federación, y los Poderes federales podrán distribuir la fuerza nacional á su arbitrio, sin necesidad de pedir consentimiento alguno á los Estados.

Los Estados no podrán jamás apelar á la fuerza de las armas unos contra otros, y tendrán que someter sus diferencias á la jurisdicción del Tribunal Supremo federal.

Cuando un Estado ó parte de él se insurreccionase contra los poderes públicos de la Nación, pagará los gastos de la guerra.

Los Estados constituirán sus poderes con entera libertad, pero con analogía al tipo federal, y dividiéndolos en los tres fundamentales de legislativo, ejecutivo y judicial.

Art. 102. Los Estados sujetarán sus Constituciones respectivas al juicio y sanción de las Cortes federales, que examinarán si están respetados ó no en ellas los derechos de la personalidad humana, los límites de cada Poder y los preceptos de la Constitución federal.

Art. 103. Los ciudadanos de cada Estado gozarán de todos los derechos unidos al título de ciudadano en todos los otros Estados.

Art. 104. Ningún nuevo Estado será erigido ó formado en la jurisdicción de otro Estado.

Art. 105. Ningún nuevo Estado será formado de la reunión de dos ó más Estados sin el consentimiento de las Cortes, de los Estados interesados y sin la sanción de las Cortes federales.

Título XIV

De los municipios

Art. 106. Los Municipios tienen en todo lo municipal autonomía administrativa, económica y política.

Los Municipios nombrarán por sufragio universal sus gobiernos ó sus alcaldes, que ejercerán el Poder ejecutivo municipal.

Nombrarán también por sufragio universal sus ayuntamientos, que darán reglas sobre los asuntos municipales.

Nombrarán por sufragio universal sus jueces, que entenderán en las faltas y en los juicios verbales y actos de conciliación.

Art. 107. Los alcaldes y ayuntamientos darán

cuenta de sus gastos al concejo, ó común de vecinos, en la forma que ellos mismos establezcan.

Art. 108. Los alcaldes y ayuntamientos no podrán ser separados sino por sentencia de tribunal competente, ni sustituídos sino por sufragio universal.

Las Constituciones de los Estados pondrán en poder de los municipios la administración de justicia civil y criminal que les compete, la policía de orden y de seguridad y de limpieza.

Los caminos vecinales, las calles, las veredas, los hospitales y demás institutos de beneficencia local.

Las rentas, los fondos, los medios de crédito necesario para llevar á ejecución todos estos fines.

Las Constituciones de los Estados deben exigir de todo municipio:

Que sostenga escuelas de niños y de adultos, dando la instrucción primaria gratuita y obligatoria.

Art. 109. Si los ayuntamientos repartieran desigualmente la contribución ó la exigieran á un ciudadano en desproporción con sus haberes, habrá derecho de alzada á las asambleas de los Estados y de denuncia criminal ante los tribunales de distrito.

Título XV

De la fuerza pública

Art. 110. Todo español se halla obligado á servir á su Patria con las armas.

La Nación se halla obligada á mantener ejército y armada.

Art. 111. Los Poderes federales darán la conveniente organización á este ejército, y lo distribuirán según lo exijan las necesidades del servicio.

Título XVI

De la reserva nacional

Art. 112. Se establece una reserva nacional forzosa.

Art. 113. Todos los ciudadanos de 20 á 40 años pertenecen á la reserva.

Art. 114. Todos los ciudadanos de 20 á 25 años deberán emplear un mes anualmente en ejercicios militares; todos los ciudadanos de 25 á 30, quince días; todos los ciudadanos de 30 á 40, ocho.

Los jefes y oficiales de la Reserva Nacional, serán nombrados por el gobierno federal.

Las reservas tendrán depositadas sus armas en los cuarteles, en los parques del gobierno federal, y sólo podrán armarse por un decreto de éste, y movilizarse por una ley.

Título XVII

De la reforma de la Constitución

Art. 115. Las Cortes podrían acordar la reforma de la Constitución, señalando al efecto el artículo ó artículos que hayan de alterarse.

Art. 116. Hecha esta declaración, se disolverán el Senado y el Congreso, y el Presidente de la República convocará nuevas Cortes, que se reunirán dentro de los tres meses siguientes.

En la convocatoria se insertará la resolución de las Cortes de que habla el artículo anterior.

Art. 117. Los Cuerpos Colegisladores, tendrían el carácter de Constituyentes tan sólo para deliberar acerca de la reforma, continuando después con el de Cortes ordinarias.

Palacio de las Cortes 17 de Julio de 1873.—EMILIO CASTELAR.—EDUARDO PALANCA.—SANTIAGO SOLER.—EDUARDO CHAO.—JOAQUÍN GIL BERGES.—MANUEL PEDREGAL.—JOSÉ ANTONIO GUERRERO.—RAFAEL LABRA.—TOMÁS ANDRÉS DE ANDRÉS MONTALVO.—ELEUTERIO MAISSONAVE.—BENIGNO REBULLIDA.—LUIS DEL RÍO Y RAMOS.—JUAN MANUEL PAZ NOVOA.—RAFAEL CERVERA.—JOAQUÍN MARTÍN DE OLÍAS.—PEDRO J. MORENO RODRIGUEZ.—FRANCISCO DE PAULA CANALEJAS.

El proyecto de Castelar era en conjunto bastante aceptable, aunque no por ello estaba exento de defectos que demostraban lo poco determinada que se hallaba entonces la doctrina federal y que daban á entender la tendencia autoritaria de los que habían trabajado en su redacción.

Así y todo, la República se habría salvado si los hombres influyentes de la situación hubiesen procurado poner el proyecto en práctica, y no formar una Constitución por el puro gusto de redactarla y sin ningún interés de verla realizada.

En aquellos días presentóse á las Cortes otro proyecto de Constitución redactado por Díaz Quintero y Cala, individuos disidentes de la Comisión Constitucional á los cuales se asoció D. Eduardo Benot. En este proyecto los derechos del ciudadano tenían una clasificación más racional que en el anterior; se establecía para los diputados el mandato imperativo; no se limitaba el número de Estados regionales, dejando libre la voluntad de los municipios, se establecía el librecambio, y se marcaban otras reformas que aunque sobradamente minuciosas daban al proyecto un carácter más democrático que el de Castelar.

La crisis del segundo ministerio presidido por Pí y Margall había coincidido con la presentación del proyecto constitucional; así es que esto pronto quedó olvidado y las Cortes sólo se ocuparon de la renovación del Poder ejecutivo.

Pí y Margall hasta en el seno de su mismo ministerio notaba la influencia de sus enemigos. El general González Iscar, alfonsino disfrazado de republicano, se negó á asistir al Consejo de ministros pretextando estar enfermo, lo que dió lugar á varios incidentes molestos. El ministro de la Guerra, conocido vulgarmente por *Gonzalón*, no sólo se negó á acudir al llamamiento de Pí, sino que se encerró en su ministerio en actitud sediciosa y con algunas fuerzas, diciendo que recibiría á tiros á cuantos intentasen hacerle salir.

Este ministro que de tal modo procedía con el gobierno de la República y que todos reconocían ya por alfonsino, fué conservado en su alto puesto por Salmerón cuando ocupó la presidencia de la República, sin duda por agradecimiento á los conflictos que había creado á su antecesor.

Estévanez, que estaba indignado por la conducta reaccionaria de su sucesor en el ministerio de la Guerra é irritado por sus bravatas, se prestaba á ir á dicho centro y sacar á la fuerza y preso si era preciso al sedicioso González Iscar; pero Pí que dispuesto ya á retirarse no quería complicar la situación se negó á toda clase de procedimientos enérgicos.

Es, pues, falso que Pí abandonara el poder como algunos han dicho, á causa de la conducta sediciosa de *Gonzalón*, pues le sobraba energía y medios para reducir á la obediencia á aquel fanfarrón monárquico, á quien, poco después, recompensó el gobierno de la República en vez de castigarlo.

Lo que hizo que Pí abandonase el poder fué la justa indignación producida por las maquinaciones de Salmerón y Castelar que se llamaban sus amigos y secretamente urdían contra él las más villanas tramas.

Pí para constituir un nuevo ministerio tenía que formarlo de las tres fracciones de la Cámara y aunque la izquierda estaba dispuesta á darle ministros en bien de la República, á pesar de que continuamente se la llamaba cuna del desorden, la derecha y el centro se negaban á ello, como si deseasen desbaratar cuanto antes la situación y formar un gobierno de fuerza que exasperase la insurrección cantonal acelerando la muerte de la República.

Todo el plan político de Pí y Margall fracasaba por las miserables intrigas de sus enemigos y en la sesión del 18 de Julio hizo dimisión de su cargo enviando la comunicación siguiente:

«Presidencia del Poder ejecutivo de la República española.—A las Cortes. —Por decreto de las Cortes de 21 de Junio último, se me autorizó para resolver por mí mismo las crisis que ocurriesen en el ministerio que presidía. Ha llegado el caso de hacer uso de esta autorización y no he podido resolver la presente crisis con arreglo á lo que me prescribían mi razón y mi conciencia. Entendía yo que dada la gravísima situación del país y los grandes peligros que amenazan la República y la Patria, sólo era posible un ministerio en el que, aunadas en un sentimiento común todas las fracciones de la Cámara, cupiese hacer frente á las necesidades de la guerra y contener el movimiento de disgregación que ha empezado en algunas provincias. No me ha sido posible realizarlo. Poco afortunado para llevar á cabo mi pensamiento, que después de todo puede ser desacertado; blanco en las mismas Cortes, no ya de censuras, sino de ultrajes y calumnias; temeroso de que, por quererme sostener en mi puesto se me atribuyera una ambición que nunca he sentido y se comprometiera tal vez la suerte de la República, renuncio, no sólo la autorización para resolver la crisis, sino también el cargo de Presidente del Gobierno, á fin de que las Cortes, descartada mi persona, que ha tenido la desgracia de excitar en ellas tan vivas simpatías como profundos odios, puedan constituir tranquilas un Gobierno capaz de remediar los males presentes y conjurar los futuros.

»Ruego á las Cortes se sirven admitirme esta formal renuncia, en la seguridad de que me han de encontrar siempre dispuesto á prestar los servicios que de mí exijan la vida y la consolidación de la República.

»Madrid 18 de Julio de 1873.— Francisco Pí y Margall..—Señores Secretarios de las Cortes Constituyentes.»

La Asamblea aceptó la dimisión de Pí y Margall, acordando darle un voto de gracias por los grandes servicios que había prestado á la República desde la presidencia del Poder ejecutivo.

De este modo terminó el gobierno de D. Francisco Pí y Margall, la figura más grandiosa y venerable del republicanismo federal.

Semejante á todos los hombres de genio, fué calumniado y hubo de sufrir los ladridos insultantes de una vulgaridad envidiosa.

Con él terminó el verdadero período republicano (si es que realmente lo hubo en España), pues los dos presidentes que le siguieron, aunque inconscientemente, fueron preparadores del más vergonzoso de los golpes de Estado y de la más absurda de las reacciones.

Sus enemigos, no encontrando en su vida pública de gobernante un solo detalle sobre el que levantar el asqueroso edificio de sus calumnias, inventaron con imaginación satánica los más irritantes embustes, y atribuyeron á Pí participación directa en la sublevación cantonal de Cartagena, con el propósito de herir de este modo el corazón del tribuno venerable y obligarle á que renunciase el Poder, única aspiración de los infamadores.

Esta sospecha de complicidad con los cantonales, que resultaba tan absurda como vil, inspiró á Pí y Margall las siguientes reflexiones en su opúsculo, tantas veces citado, *La República de 1873*.

«Se pretende que no hice cuanto pude y debía para sofocar la insurrección en su origen. De aquí ha nacido la baja y vil calumnia de que yo estaba con los cantonales, ó por lo menos, los favorecía.

»Quiero suponer que por falta de actividad ó de energía hubiera dejado de poner en juego los medios necesarios para contener el movimiento: ¿habria nunca motivo para dudar de mi lealtad y creerme autor ó cómplice de hechos que, desde los bancos de la oposición, arrostrando la impopularidad y las iras del partido, no había vacilado en calificar de crímenes? ¿A qué fin había yo de promover ni de patrocinar tan injustificado ó inoportuno levantamiento? Lo había impedido con todas mis fuerzas cuando era dudoso el triunfo de mi causa: ¿y lo había de querer cuando las Cortes, de que no tenía motivos para desconfiar, iban á realizar mi pensamiento y coronar mi obra? Y ya que hubiese desconfiado de la Asamblea, ¿había de buscar en una conspiración oscura y en un alzamiento de incierta marcha y dudoso éxito lo que más fácilmente habría podido encontrar en un golpe de Estado desde las alturas del Poder ejecutivo? No me habrían faltado entonces, á buen seguro, ni en el ejército ni en la milicia de Madrid, fuerzas con que imponer la voluntad del pueblo. La misma noche del 16 de Julio, en que se me puso frente á frente del ministro de la Guerra, tenía medios sobrados para vencerle. Tenía decididamente á mi lado la artillería, tan impolíticamente reorganizada por uno de mis sucesores.

»Se ha buscado por algunos en la ambición el motivo de mi supuesta complicidad con los cantonales. ¿Dónde la he demostrado? Si hay en España un hombre á quien desde la Revolución de Setiembre acá haya pedido el voto para ser diputado ó presidente de las Asambleas federales ó jefe del Directorio ó ministro, que levante la voz y lo diga. Ni siquiera para sostenerme en el gobierno he solicitado jamás el favor de nadie. Ni he captado votos, ni halagado pasiones, ni ocultado la verdad, ni repartido credenciales, ni para granjearme amigos ni para deshacerme de adversarios. Por deber he aceptado los cargos, por deber los he ejercido y por deber los he dejado. Después del 8 de Junio estaba resuelto á no ser más que diputado. Había dimitido en aquel mismo día, reiterado la dimisión el 9. El día 11, ausente el jefe del Poder ejecutivo, alarmado Madrid, agitada la milicia, desorganizado el gobierno, medio en revolución el ministerio de la Guerra, vinieron los amigos á decirme que estaba la República en medio del arroyo, y sólo yo podía recogerla. Acepté sin vacilar la presidencia del Consejo de Ministros, y fuí á las Cortes para calmar los ánimos. ¿Es así como proceden los ambiciosos? ¿Qué ambición podía ser luego la mía, cuando me hallaba en Julio al frente del gobierno, cuando nadie me disputaba el puesto?

»Por muy corto de alcances que se me considere, no se me tendrá, creo, por de tan menguado entendimiento, que no haya aprendido la marcha y la índole de los movimientos populares. No acaban nunca donde ha pensado y desea el que los promueve. Los que más visiblemente los han iniciado, los que en ellos han mostrado más valor y arrojo, los que más directamente han contribuido á su triunfo, esos son los destinados á recoger sus frutos. Aun suponiendo que yo hubiese favorecido ó promovido á las calladas el de Cartagena, ¿había de tener la esperanza de recoger sus frutos, yo que, cuando menos en la apariencia, había de combatirlo? ¿yo, á quien habían hecho blanco de su cólera los periódicos revolucionarios? ¿yo, á quien acusaban de haber perdido el día 23 de Abril, por mi exagerado amor á la legalidad, la causa de la República?

»No extraño la calumnia. Extraño, sí, que se haya propagado y echado raíces en el país, sin que hayan bastado á servirme de escudo ni mis antecedentes en el gobierno, ni mi ponderada templanza, ni las muchas veces que había servido de moderador y freno á mi propio partido, ni veinte años de una vida política sin mancha. Mas ¿cuándo no han sido injustos los hombres para los gobiernos en las grandes turbulencias? ¿Cuándo han dejado de serlo los partidos?»

CAPITULO XXXI

1873

Salmerón, presidente del Poder ejecutivo.—Gabinete que forma.—Política de Salmerón.—Situación de las provincias.—Sublevación de Cartagena.—Trabajos de los intransigentes.—Contreras y Barcia.—Sublevación de Valencia.—Proclamación de los cantones en toda España.—Primeros actos de la sublevación de Cartagena.—Insurrección de la escuadra.—Arbitrarias declaraciones de Salmerón.—Declaración de piratería.—La guerra carlista.—Heroísmo de los defensores de Estella.—La guerra en Cataluña.—Fin del movimiento cantonal de Andalucía.—Sitio de Valencia por Martínez Campos.—Legitimidad de la revolución cantonal.—Los defensores de Cartagena.—Sus expediciones marítimas.—Bombardeo de Almería.—Intervención de la escuadra prusiana.—Pérdidas marítimas de los cantonales.—Acción de Chinchilla.—Protesta de los cantonales contra Inglaterra.—Bombardeo de Alicante.—La escuadra del contraalmirante Lobo.—Combate naval del Cabo de Palos.—Nueva expedición de la escuadra cantonal.—Pérdida del *Fernando el Católico*.—Sublevación fracasada en Valencia.—Traición que se descubre en Cartagena.—Calumnias de la prensa ministerial.—Situación desahogada de Cartagena.—Incendio de la *Tetuán*.—Trabajo de las Constituyentes.—Triste suerte del proyecto de Constitución Federal.—Castelar presidente del Congreso.—Originales declaraciones de Salmerón sobre los delitos políticos.—Dimite la presidencia de la República.—Causas de la dimisión.—Sesión del 6 de Setiembre.—Vuelta de Pi y Margall al Congreso.—Su discusión con Ríos Rosas.—Castelar presidente del Poder ejecutivo.—Su programa.—Proposición de Morayta sobre suspensión de las sesiones.—Su discusión.—Ciérranse las Cortes.—La dictadura de los cien días.—Arbitrariedades de Castelar.—Regreso de los emigrados monárquicos.—Influencia que ejercen.—Castelar pone el ejército en manos de los alfonsinos.—Los partidos monárquicos se reorganizan protegidos por Castelar.—Fallecimiento de Olózaga.—Provocaciones de Castelar al pueblo.—La cuestión del *Virginius*.—Insolencia del elemento militar reaccionario.—Persecución que sufre la prensa.—Rumores de restauración.—Reapertura de las Cortes.—Sesión del 2 de Enero.—Discusiones.—Castelar arroja la máscara y reniega de la federación.—Pavía atropella la representación nacional.—Deshonroso fin de las Constituyentes.—Débil protesta del país.

AL admitir las Cortes la dimisión de D. Francisco Pi y Margall, procedieron en la misma sesión del 18 de Julio á elegir su sucesor en la presidencia del Poder ejecutivo.

Si Pi y Margall hubiese deseado la

D. NICOLÁS SALMERON.

...ección la habría obtenido fácil...te, pues unos cuarenta diputados ... fluctuaban entre el centro y la ...echa, esperaban la menor indica... ... del presidente dimisionario para ... e sus votos; pero éste, que deseaba ...laderamente retirarse del poder ... tantas angustias le producía, no ... el menor trabajo en tal sentido. ... pesar de esto, al verificarse la ...ción de presidente del Poder eje...vo, obtuvo noventa y tres votos ...ra ciento diez y nueve que alcan...). Nicolás Salmerón á quien vota...los radicales y conservadores.

...almerón fué proclamado presiden...e la República Española, y aquella ...ma noche constituyó su gabinete. ... Gobernación entró Maissonnave; ...stado D. Santiago Soler y Pla; ...racia y Justicia D. Pedro Moreno ...riguez; en Hacienda D. José ...vajal; en Fomento D. José Fer...do González; en Guerra el general ...ulogio González Iscar; en Marina ...ntraalmirante D. Jacobo Oreiro ... Ultramar D. Eduardo Palanca.

...omo se ve, tres de los ministros ... Salmerón habían pertenecido al ...nete de Pi y Margall, lo que ...ba que aquel disponía de fieles ...tes para estorbar la marcha del ...nete anterior.

...demás, el conservar á González ...r en el ministerio de la Guerra, ...valía á un insulto dirigido á Pi y ...ner la suerte de la República en ...os de alfonsinos declarados.

...almerón en la sesión del 19 de Julio expuso su programa, pronunciando un discurso en el que comenzó saludando á los diputados de la izquierda que habían vuelto á la Cámara y los excitó á que abandonasen los procedimientos revolucionarios.

Atacó después la insurrección cantonal, pintándola como un movimiento que ponía en peligro la unidad nacional, afirmación completamente falsa, pues ninguna de las provincias sublevadas había demostrado una tendencia separatista y únicamente luchaban por alcanzar su autonomía.

Salmerón añadió: «Soy y he sido republicano federal y sólo seré gobierno mientras pueda sostener la República y la federación, que si alguien cree ó teme que este gobierno representa un movimiento de reacción respecto del anterior yerra lastimosamente.» Afirmó después que el gabinete que él representaba no quería prescindir de las reformas prometidas; pero deseaba ante todo y á toda costa restablecer el orden, para lo cual el gobierno procedería inflexiblemente con especialidad contra los republicanos, pues éstos eran los más obligados á que se respetasen sus propios principios.

El discurso de Salmerón fué acogido con muestras de entusiasmo por la derecha y algunos diputados del centro, siendo desaprobado al mismo tiempo por la mayoría del mismo centro y por la izquierda. Comprendían todos que á pesar de las promesas de Salmerón el nuevo gabinete iba á crear una situación de fuerza y á combatir militarmente á los republicanos con mayor tenacidad que á los carlistas.

Si Salmerón creyó que por este procedimiento iba á conseguir debilitar la insurrección cantonal, pronto vinieron los hechos á demostrarle su error, pues la sublevación en vez de extinguirse adquirió mayor fuerza en vista de las prevenciones del gobierno.

Pí y Margall, al frente del Poder ejecutivo, era una garantía de federalismo para las provincias, y al retirarse del gobierno la alarma fué general entre los federales, y poblaciones tan importantes como Valencia, Sevilla, Cádiz, Castellón, Alicante, Granada, Salamanca, Jaen y otras, declaráronse en cantón mostrándose en actitud tan imponente que todos creyeron inevitable el planteamiento de la federación de abajo á arriba, sistema opuesto al de la Asamblea.

De todos los movimientos cantonales, el de Cartagena fué el más importante y por tanto debemos ocuparnos de reseñarlo con predilección á las otras insurrecciones.

La sublevación de dicha plaza fué obra de los federales intransigentes que, como ya dijimos, habían formado un comité revolucionario que funcionaba en Madrid y tenía la misión de fomentar el espíritu cantonalista en todas las provincias. La desconfianza que dominaba al país y que le hacía mirar como enemigos de la federación á todos los ministerios republicanos, facilitaba la propaganda sediciosa de los exaltados.

Al frente de éstos, en unión de algunos políticos de última fila, figuraban Contreras y D. Roque Barcia, dos ambiciosos despechados, que odiaban la República existente porque en ésta no habían alcanzado los puestos que constituían la meta de sus aspiraciones. Esto no supone la negación de espíritu y entusiasmo federal en dichos hombres; pero es indudable que el egoismo y el despecho informaban con preferencia sus actos. Contreras quería ser ministro de la Guerra, y las negativas con que se habían acogido sus pretensiones le tenían muy disgustado; y en cuanto á Barcia mostrábase resentido primeramente porque no se le quiso dar una cartera y después porque no fué nombrado embajador de la República en Paris, concediéndosele únicamente el cargo de representante de España en Suiza que él rehusó indignado.

Barcia fundó el periódico *La Justicia Federal*, órgano de los intransigentes y desde cuyas columnas hacía una ruda oposición al gobierno republicano.

La agrupación exaltada, merced á la inmensa popularidad que Roque Barcia tenía por sus escritos de propaganda, aumentó con pasmosa rapidez y su organismo directivo, el *Comité de Salud Pública*, funcionó como un verdadero gobierno siendo innumerables las adhesiones que recibió de provincias. Unido á dicho organismo, funcionaba un Comité de Guerra presidido por Contreras que poco á poco fué asumiendo todas las funciones quedando al fin como única autoridad del partido.

La pésima marcha que seguían las Cortes hizo que los intransigentes adquiriesen más fuerza y que la mayoría de la masa federal, ansiosa de reformas y de un gobierno revolucionario en los procedimientos, los considerase como el único partido que podía salvar y consolidar la República.

El Comité intransigente fué preparando su plan insurreccional y á mediados de Junio ya estaba dispuesto á dar el golpe. El diputado Edmigio Santamaría se comprometió á sublevar la provincia de Valencia; el coronel Moreno del Cristo prestóse á ir á Barcelona para impulsar al brigadier Guerrero, gobernador de Monjuich, á que se insurreccionase contra el gobierno; Pedregal Guerrero, Fantoni, Cabello de la Vega y otros diputados sevillanos se dispusieron á proclamar el cantón en Sevilla; Fermín de Salvoechea que seguía gozando de gran prestigio sobre las masas de Cádiz púsose de acuerdo con Contreras para levantarse en armas á la primera indicación; y el diputado Aniano Gómez prometió sublevar á Béjar que serviría de base á las otras insurrecciones que estallarían en Salamanca y toda Castilla la Vieja.

De Cartagena se encargó el intrépido Gálvez Arce, anticipándosele en iniciar el movimiento en dicha ciudad el joven y fogoso propagandista don Manuel Cárceles Sabater que se había distinguido mucho en los *meetings* celebrados en Madrid por el partido intransigente.

Al verificarse la insurrección de Cartagena, el movimiento cantonal se esparció rápidamente por toda España con más ó menos fortuna. El 17 de Julio ó sea cinco días después, la oficialidad de los batallones de voluntarios de Valencia reunióse, mostrándose resuelta á proclamar el cantón valenciano. Una gran parte de los congregados resistíase á adoptar tal resolución creyéndose por muchos que el conflicto había terminado; pero en la mañana del 19, al saberse la subida de Salmerón al poder, renació la agitación revolucionaria, los voluntarios cantonales se apoderaron de los principales puntos de la ciudad, y declararon que Valencia se constituía en Estado regional.

Inmediatamente se eligió para gobierno del cantón valenciano una Junta de la cual fué nombrado presidente D. José Antonio Guerrero, que á la sazón se hallaba en Madrid como diputado á Cortes.

Para dar una clara muestra del sentido político y del espíritu revolucionario de los cantonales de Valencia, baste decir que uno de los individuos de la Junta que mereció más entusiasta proclamación, fué el marqués de Cáceres, agente alfonsino encargado de la conspiración reaccionaria en el reino de Valencia.

Castellón siguió inmediatamente el ejemplo de Valencia, poniendo al frente de su cantón al diputado González Chermá.

En Sevilla se declaró constituido el cantón andaluz en la madrugada del 19 de Julio, viéndose obligado el gobernador D. Gumersindo de la Rosa á abandonar la ciudad, dejando ésta en poder de los cantonales. A la misma hora sublevábase también Cádiz, poniéndose al frente de su Junta revolucionaria el popular Salvoechea. Hay que advertir que tanto Sevilla como Cádiz, al declararse en Estados regionales, manifestaron que en todo lo de interés nacional, reconocían y acataban la autoridad del gobierno y de la Asamblea.

Los cantonales confiaban mucho en el auxilio del ex-ministro de la Guerra, D. Nicolás Estévanez; pero esta creencia era infundada, pues aunque dicho personaje simpatizaba con el movimiento regionalista, no se había ofrecido á tomar parte en él por creerlo peligroso mientras durase la guerra contra los carlistas.

En Jaen el brigadier Peco proclamó el cantón el 22 de Julio, habiéndose sublevado dos dias antes la provincia de Granada poniéndose á su frente D. Francisco Lumbreras. En cuanto á Málaga, después de haber turbado al gobierno republicano con tantas revueltas y asonadas, permaneció tranquila y sumisa al poder central defraudando á los cantonales en sus esperanzas, pues éstos creían que dicha ciudad iba á ser el principal foco de la insurrección.

En Extremadura, Castilla la Vieja y las provincias del Norte, el movimiento cantonal apenas sí tuvo eco, y en Béjar, Aniano Gómez sólo consiguió producir una ligera é infructuosa agitación.

En Barcelona las gestiones de los intransigentes no tuvieron éxito, pues el brigadier Guerrero, gobernador de Montjuich, se negó á entregar el castillo. Además las masas federales de Cataluña estaban muy preocupadas por el crecimiento del carlismo y las continuas correrías de Saballs, no queriendo comprometerse en un movimiento que hiciese aún más dificultosa la situación.

Como se ve, en Cartagena fué únicamente donde la revolución cantonal alcanzó un triunfo completo, que la falta de capacidad de sus directores se encargó de hacer infructuoso. Se había encargado, como ya dijimos, el popular Gálvez de sublevar dicha plaza, pero se le anticipó el joven propagandista Cárceles de acuerdo con el señor Romero Germes, patriota de gran prestigio en dicha población.

Funcionaba en Cartagena un ayuntamiento de republicanos benévolos elegido por indicación del diputado Prefumo, y contra dicho organismo hizo Cárceles una activa propaganda organizando varios *meetings* en los cuales se captó el afecto de muchos oficiales de la milicia y de algunos cabos de cañón de las fragatas *Al-*

mansa y *Vitoria* surtas en el puerto. La marinería mostrábase muy quejosa contra el gobierno, diciendo que se la trataba tan mal como en tiempos de la monarquía, y por esto acogía con entusiasmo aquellas predicaciones en favor de una República más avanzada que la existente.

La circunstancia de haber relevado fuerzas de la milicia la tropa que guarnecía el castillo de Galeras, decidió á Cárceles á dar el grito insurreccional sin aguardar las órdenes del comité de Salud Pública, y después de encargar por medio del cartero Sáez á los que guardaban el castillo de Galeras que no se dejasen relevar por ninguna clase de tropas, convocó á una reunión de los más caracterizados federales en la cual no reinó el mejor acuerdo, pues unos se mostraron enemigos del movimiento y otros indecisos sin saber qué resolución tomar.

Esto ocurría en la noche del 11 de Julio, y Cárceles, al salir de la reunión en la madrugada del 12, estaba tan dispuesto á continuar su obra, que con quince hombres, única fuerza que pudo reunir, se posesionó de las Casas Consistoriales. En tal momento recibió un recado de los cabos de cañón de la fragata *Almansa* que le manifestaban estar dispuestos á sublevarse, aunque no se atreverían á hacerlo hasta que la plaza se hubiese insurreccionado, pues temían insurreccionarse quedando completamente solos. Cárceles les manifestó si les bastaría para convencerse del movimiento que el castillo de Galeras disparase un cañonazo izando la bandera roja, proposición que aceptaron los marinos. Inmediatamente el audaz revolucionario envió sus instrucciones á Sáez, que ocupaba el castillo de Galeras, no tardando en dispararse el cañonazo convenido y á enarbolar la bandera roja, lo que produjo gran extrañeza en la gente que empezaba á transitar por el Arsenal, y esparció la alarma en la población.

Cárceles había pedido al jefe de la milicia tambores y trompetas para tocar generala; pero en vista de la negativa, envió cuatro individuos á cada iglesia para que tocasen á rebato. Después colocó cinco hombres como centinelas avanzados en las calles que afluían á la plaza donde estaba la casa municipal, y con seis hombres que le quedaban, se encerró en ésta fingiendo tener á sus órdenes grandes fuerzas y esperando pacientemente á que el pueblo se adhiriera á su movimiento. Poco después llegaron dos compañías de milicia dando vivas á la República federal, y al ver que el movimiento ganaba terreno, los mismos que en la noche anterior se habían negado á tomar parte en él, presentáronse en las Casas Consistoriales pidiendo ser los primeros en la Junta revolucionaria.

Formóse la Junta, y Cárceles que había sido nombrado presidente, cedió el puesto á don Pedro Gutiérrez que era el decano del partido federal, aunque no había tomado parte en el movimiento.

El incansable Cárceles, mientras se constituía la Junta, fué al telégrafo con algunos voluntarios para cortar las comunicaciones, y estando ocupado en tal trabajo, le avisaron que la Junta se había reunido con el Ayuntamiento benévolo y estaban trabajando de común acuerdo para deshacer el movimiento y castigar á su principal autor. El valeroso joven corrió inmediatamente á las Casas Consistoriales, y apoyado por los sublevados disolvió al Ayuntamiento y á la Junta, diciendo que era necesario cumplir al pueblo las promesas hechas y no ir transigiendo en provecho propio como hacían aquellos falsos revolucionarios.

Cárceles tuvo tremendos altercados con todos aquellos federales que anatematizaban un movimiento cuando estaba en preparación y se apresuraban después á gozar sus resultados, é inmediatamente hizo que se constituyera una nueva Junta en la que no entró él, por haberse acordado que se encargara del mando de las fuerzas populares.

En aquella misma tarde llegó á Cartagena el conocido Antonio Gálvez que fué recibido con una estruendosa ovación, tanto por su gran prestigio en el país como por ser el primer diputado que se adhería al movimiento; al día siguiente llegó el general Contreras que fué recibido con no menos entusiasmo, y tanto él como Gálvez se hicieron cargo del mando que la Junta había dado á Cárceles, el cual desde aquel momento quedó relegado á último término y sin la menor intervención en aquel movimiento, que con justicia podía considerar como obra suya.

Triste destino el de todos los que se sienten con fuerzas suficientes para llevar á cabo una gran empresa. La envidia se ceba en ellos, la nulidad les persigue cruelmente y la ventaja de la juventud, que es garantía de enérgico entusiasmo y de sublimes generosas aspiraciones, resulta casi un crimen á los ojos de la imbecilidad decrépita que cree ver un atentado á su dignidad en cada uno de los actos decisivos que lleva á cabo el que echó sobre su persona la responsabilidad de la revolución. Breve fué la dirección de Cárceles en Cartagena, pero en aquellas pocas horas demostró valer mucho más que todos los generales, diputados y folletistas que después se aglomeraron en la plaza, para mostrar una estupidez política tan inmensa que sólo podía compararse á su desmedida ambición.

A pesar de todo los revolucionarios de Cartagena obraron lógicamente al olvidar á Cárceles, pues no hicieron más que imitar lo sucedido en todos los movimientos revolucionarios de España, saturados de un irracional espíritu de tradición y en los cuales se admiraba la imbecilidad con tal de que vaya revestida de canas y se desprecia al genio si éste ostenta la recomendación de la juventud. En todas las revoluciones españolas, Dantón,

Saint-Just, Robespierre y otros más, hubiesen sido despreciados por el enorme delito de no pasar de los treinta años.

Todos los fuertes de Cartagena quedaron en poder de los sublevados, haciendo entrega de ellos el comandante Guzmán. Las fragatas *Almansa* y *Vitoria* secundaron la insurrección á pesar de que acababa de llegar á Cartagena el ministro de Marina, Anrich. Este se presentó á bordo de los buques é intentó arengar á las tripulaciones; pero en la *Almansa* vió suspendidas sobre su cabeza las hachas de abordaje que empuñaba la marinería enfurecida, y en la *Vitoria* fué tan grande el peligro que corrió, que hubo de embarcarse en un remolcador que le condujo á Alicante en unión de los jefes y oficiales de la armada, ninguno de los cuales quiso adherirse al movimiento.

Gálvez Arce se presentó en las fragatas para arengar á sus tripulaciones, que aun no estaban muy decididas en favor de la causa cantonal, y poco después enarbolaban la bandera roja la *Almansa* y la *Vitoria*, imitando su ejemplo la *Numancia*, la *Tetuán*, la *Méndez Núñez* y el vapor *Fernando el Católico*. Con esto la insurrección cantonal quedaba dueña de los mejores buques de la marina española.

Ya conocemos el efecto que produjo en España la insurrección de Cartagena y el apasionamiento que excitó en el jefe del Estado D. Nicolás Salmerón, quien llegó á decir en las Cortes que perseguiría con más encarnizamiento á los federales sublevados que á los carlistas. Esta declaración fué tan impolítica que excitó en todas partes la indignación de los federales y dió á la causa cantonal más partidarios que una grandiosa y eficaz propaganda. Sólo un hombre poseído de satánica soberbia ó convencido de que la presidencia de la República daba un poder arbitrario semejante al de un rey absoluto, podía hacer tan inconcebible declaración; pero como el notable filósofo no debía encontrarse en tal caso, hay que creer en favor suyo que tan estupenda declaración fué únicamente un arranque oratorio, pero que contribuyó á excitar las pasiones más de lo que estaban y á embrollar la situación.

Por desgracia un nuevo acto del gobierno vino á rivalizar con la citada declaración, y fué el decreto funesto y deshonroso que publicó la *Gaceta* el 21 de Julio, declarando piratas á los buques sublevados en Cartagena en pró del federalismo.

Este hecho es tan enorme que no queremos comentarlo por cuenta propia para que no se nos pueda tachar de apasionados, y dejarnos que lo juzgue el historiador Vera que dice así con tanta justicia como imparcialidad:

«Este decreto vergonzoso, atentatorio á la dignidad é independencia de la nación y que, en el fondo, no era sino un llamamiento á las potencias de Europa para que interviniesen en nuestras discordias civiles, será siempre un verdadero padrón de ignominia para el gobierno presidido por el señor Salmerón, y una mancha imborrable en la historia de este hombre público. Cualquiera que fuese el móvil que llevase á D. Nicolás Salmerón á autorizar semejante delito de lesa patria, no podrá justificarse nunca ante la historia. Hay errores que incapacitan á un político para seguir interviniendo en los destinos de su país; el decreto de 21 de Julio de 1873 es la patente de incapacidad política del señor Salmerón y Alonso, filósofo notable, orador de primera talla, pero estadista funestísimo, que no acertó á deslindar los límites que separan á la justicia de la rencorosa cólera; que hirió la dignidad del país en vez de herir á los insurrectos republicanos y provocó una intervención extranjera que, de haberse verificado hasta el extremo á que autorizaba el decreto sobre piratería, hubiese dejado muy atrás las vergüenzas y los horrores de 1823. En 1872 se había sublevado en el arsenal del Ferrol contra un gobierno monárquico parte de la marina; en 1868 se había sublevado también la marina en sentido revolucionario, no ya contra un gobierno, sino contra la dinastía borbónica; ni á D. Manuel Ruiz Zorrilla, ni á D. Luis González Brabo se les había ocurrido, ni se les hubiera ocurrido nunca arrastrar el nombre de la patria, declarando piratas á los rebeldes; estaba reservada esa gloria á un republicano, á D. Nicolás Salmerón y Alonso. ¡Gloria tristísima! Esa declaración, que exasperó á los intransigentes, indignó á los hombres de ideas más templadas y lanzó á la insurrección á muchos republicanos que de otra suerte no hubieran tomado parte en ella, hirió de muerte á la República.»

El gobierno, ajustándose á la línea de conducta que Salmerón trazó en su discurso, atendió más á la extinción del movimiento cantonal que á combatir á los carlistas. Su primera disposición fué nombrar general en jefe del ejército de Andalucía y Extremadura á D. Manuel Pavía y Alburquerque á pesar de que á Salmerón le constaba, desde el 23 de Abril, que dicho general era enemigo de la República y acechaba una ocasión para destruirla dando el poder á los radicales. Puesto ya en camino el gobierno de favorecer á los enemigos de la República, dió el mando del ejército que había de dirigirse contra Valencia al general Martínez Campos, que era conocido por todos como conspirador alfonsino.

Salmerón no cejaba en su propósito de combatir á los cantonales, con preferencia á los carlistas, y como había pocas tropas disponibles, reforzó los ejércitos de Andalucía y de Valencia con algunos batallones que sacó del Norte, con lo cual los defensores del absolutismo quedaron á sus anchas, creciendo rápidamente y cercando con doce mil hombres la población de Estella, que los repelió dando sus defensores grandes muestras de heroismo. (1).

En Cataluña continuaban las sediciones militares complicando la situación, á lo que contribuyó también la traición del coronel Freixas, jefe del tercio de la guardia civil, que salió de Barcelona con unos trescientos individuos de dicho cuerpo proponiéndose unirse á los carlistas. Los guardias civiles que conocían las ideas de su jefe, cuando se enteraron de la traición que éste meditaba, le abandonaron á excepción de cuatro oficiales, y regresaron á Barcelona donde el pueblo los recibió con una entusiasta ovación.

Pavía apenas se encargó del ejército de Andalucía, marchó á Córdoba y á Jaen, evitando que estas poblaciones cumplieran su promesa de proclamarse en cantón.

La insurrección federal quedaba, pues, limitada á Sevilla, Cádiz, Granada, Andújar y otras poblaciones andaluzas de menos importancia, y á la primera de dichas ciudades se dirigió Pavía con su ejército.

El 27 de Julio llegó á la vista de Sevilla, cuya Junta, despreciando todas las intimaciones, dispúsose á la resistencia. Los cantonales sevillanos habían encomendado la defensa de la plaza al general D. Fernando Pierrad, pero éste, lejos de cumplir su encargo, abandonó Sevilla cuando más necesarios eran sus servicios, y el pueblo tuvo que organizar por sí mismo la defensa, cortando las calles con barricadas y estableciendo baterías en las afueras.

Durante tres días, los cantonales sevillanos consiguieron batir las tropas de Pavía impidiéndolas avanzar un sólo paso, pero la traición realizó lo que el valor había evitado. Un individuo que mandaba una gran parte de las fuerzas populares del barrio de Triana y que estaba muy resentido con la Junta revolucionaria porque no le habían nombrado individuo de dicha corporación, pasó secretamente á avistarse con Pavía señalándole los puntos que estaban abandonados y por los cuales podía entrar sin exposición alguna.

El general del gobierno se aprovechó de esta traición, y penetrando por las puertas de Carmona y del Rosario que estaban abandonadas, apoderóse de una gran parte de la ciudad sin otra resistencia que un ligero tiroteo.

Tratándose de fuerzas populares que combaten siempre por entusiasmo y no conocen los lazos de la disciplina, tan útil en la adversidad, fácil es imaginarse el efecto desastroso que aquella traición produciría en los voluntarios cantonales. Dispersáronse éstos abandonando sus formidables posiciones en que podían defenderse durante muchos días, y Pavía se hizo dueño de Sevilla de un modo tan fácil como

_____
(1) Distinguióse notablemente en dicho sitio un voluntario llamado Celestino Grimalde, que situado en el polvorín donde estaban almacenadas trescientas arrobas de pólvora, tenía la mecha preparada para volarlo así que los carlistas entrasen en la población.

reprobable, á pesar de lo cual comunicó su triunfo al gobierno pintándolo como una acción heroica sin ejemplo en nuestra historia.

Salmerón ascendió á Pavía á teniente general, concediéndole poco después la gran cruz de San Fernando. De este modo iba la República haciendo crecer al hombre que había de matarla villanamente en la noche del 3 de Enero.

Con la *conquista* de Sevilla, casi toda Andalucía quedó pacificada y los federales que aun quisieron seguir en armas se refugiaron en Cádiz, á donde se dirigió Pavía el 3 de Agosto.

Valencia, que tan inmensa fama había adquirido por su insurrección de 1869, presentó igualmente á las fuerzas del gobierno una resistencia pasajera. La Junta cantonal; como ya dijimos, era un conjunto abigarrado de federales, radicales y alfonsinos, y con estos antecedentes resultaba lógica la falta de resistencia en un pueblo acostumbrado á defensas heroicas. El gobernador Castejón, que había sido guerrillero republicano en 1869, se negó á secundar el movimiento, y con algunos centenares de carabineros y guardias civiles se retiró á Alcira. Los elementos conservadores de la Junta negociaban con el gobierno un medio de arreglo, traicionando á los federales exaltados, pero éstos hicieron una salida para apoderarse del gobernador Castejón, y el gobierno, atendiendo sus demandas de auxilio, se resolvió á emplear la fuerza enviando al general Martínez Campos á sofocar la insurrección de Valencia.

El vecindario pacífico que recordaba el bombardeo de 1869, se apresuró á abandonar la ciudad y los voluntarios cantonales quedaron dueños de ésta, disponiéndose á una enérgica resistencia, y colocando piezas de artillería en todos los puntos estratégicos.

Martínez Campos intentó entrar por sorpresa en Valencia, valiéndose de las sombras de la noche y de la traición de algunos conocidos federales que estaban en relaciones directas con él; pero algunas compañías de voluntarios que ocupaban la Plaza de Toros y las inmediaciones del pueblo de Ruzafa, recibiéronlo con un nutrido fuego que le hizo retroceder, yendo á establecer su cuartel general en Mislata el 31 de Julio. Desde allí publicó una proclama ofreciendo á los sublevados perdón y olvido, pero éstos contestaron con una vigorosa salida hacia el cuartel general, trabándose un reñido combate que terminó con el triunfo de los cantonales y la retirada de las tropas. Las fuerzas de que disponía Martínez Campos eran muy escasas, por lo que pidió refuerzos al gobierno y un tren de batir que le fué enviado de Madrid con gran rapidez. La columna del brigadier Villacampa que operaba en el Maestrazgo contra los carlistas, unióse al ejército sitiador, con lo cual Cucala y otros cabecillas, libres ya de toda persecución, se envalentonaron y extendieron sus correrías incendiando algunas estaciones de ferrocarril y cometiendo toda clase de excesos.

La Junta revolucionaria de tan híbrida constitución, fué reemplazada por los intransigentes con otra en la que entraron algunos individuos de la Internacional. Si la primera resultó desafecta al movimiento, la segunda mostró una incapacidad que rayaba en el ridículo.

Pocas veces se ha visto una insurrección más confusa y desordenada, y aunque esos héroes oscuros y humildes, principal nervio de todas las evoluciones, figuraban en gran número entre los combatientes cantonales, sus esfuerzos resultaban infructuosos á causa de la nulidad y la inercia de los encargados de dirigir la insurrección.

Para dificultar más la situación de los cantonales, estaban dentro de la ciudad algunas partidas de voluntarios retribuidos, como la de Nicolás Plaza y otras, compuestas de gente floja y levantisca, que únicamente tenían energía para crear conflictos á la Junta, y que apenas hacían una salida y recibían las primeras descargas del enemigo, se desbandaban gritando que la Junta les había vendido y que los directores del movimiento eran traidores. Además los republicanos benévolos que no estaban conformes con el movimiento, permanecían en Valencia sosteniendo relaciones con los sitiadores y enterándoles de cuanto ocurría, conducta que produjo graves conflictos y que fué causa de un suceso tan lamentable como el fusilamiento del desgraciado D. Mariano Aser, capitán de una compañía de voluntarios y gran amigo de Castelar.

Martínez Campos convencido de que no podía tomar por asalto á Valencia á pesar de ser ésta una ciudad abierta, la bombardeó; pero el desorden y la falta de armonía que existía entre los defensores, hicieron más que todas las medidas militares del general.

Una insurrección que contaba con miles de combatientes, un gran parque de fusiles, veinticuatro piezas Krupp y toda clase de material de guerra, sólo pudo sostenerse quince días contra un ejército reducido que se limitaba á bombardear la ciudad. No fué ésto por falta de valor, pues harto lo demostraron en diferentes salidas y combates los voluntarios de Valencia, sino por la escasez de dirección y de miras elevadas en los que dirigían el movimiento. Los más entusiastas federales disgustados del giro que tomaba la insurrección, retirábanse de ella y tanto menudearon las deserciones, que hubo de pensarse en la rendición.

La noticia que circuló el día 7 de haber sido pacificada Andalucía, desalentó aún más á los insurrectos, los cuales abandonaron la ciudad durante la noche arrojando las armas y refugiándose en los pueblos inmediatos. Al día siguiente, 8 de Agosto, Martínez Campos se posesionó de Valencia sin obstáculo alguno, recibiéndolo el coronel cantonal Virginio Cabalote que era el primero que había proclamado el cantón.

El cantón de Castellón de la Plana que estaba presidido por el diputado don Francisco González Chermá, contaba con el decidido apoyo de unos tres mil voluntarios, pero á pesar de esto no opuso ninguna resistencia al brigadier Villacampa que marchaba sobre Castellón por orden del gobierno, y lo único que hizo González Chermá fué refugiarse en Valencia con algunos de los sublevados más comprometidos, tomando una parte activa en la defensa de la ciudad.

Este fué, exceptuando Cartagena, el espectáculo que en conjunto ofreció aquella insurrección cantonal hija más del sentimiento que de la reflexión. No mediaron relaciones entre los puntos sublevados, no hubo verdadera unidad de miras y la revolución cantonal resultó como un confuso hacinamiento de combustible quemado, sin producir ninguna fuerza.

En cuanto á la legitimidad y la lógica de dicho movimiento, nadie que sea federal puede negarla. Las Constituyentes de la República habían decretado la federación y á pesar de esto España seguía bajo el régimen unitario. La mayoría parlamentaria demostraba con sus actos ser enemiga de la federación; con pretextos infundados procuraba retardar la formación del Código federal; y el mismo Pí, si resultaba tan combatido por la derecha de la Cámara, era únicamente por ser el único político que amaba la federación y quería realizarla. Esto lo veía el país, esto lo reconocían los federales y de aquí la protesta armada contra la tendencia unitaria que el poder central quería dar á la República. Apenas Pí y Margall cayó del poder, la insurrección cantonal recrudeciéndose con mayor fuerza se extendió por toda España, mostrándose convencidos los federales de que era un absurdo esperar que Salmerón y Castelar constituyesen España federativamente. Los hechos posteriores han venido á demostrar que el pueblo de 1873 pensaba con gran acierto.

Reducido el movimiento cantonal á Cartagena, esta ciudad en la que se habían reunido los principales intransigentes, fué la que atrajo toda la atención del gobierno.

Los sublevados de Cartagena que contaban con grandes elementos militares, no quisieron permanecer inactivos, y el 19 de Julio, ó sea siete días después de iniciada la insurrección, salió de la plaza el general Contreras al frente del batallón de Mendigorría con objeto de extender la revolución por los pueblos del litoral.

Al mismo tiempo el diputado Gálvez salió en la fragata *Vitoria* con dirección á Alicante, y al fondear en dicho puerto la guarnición y las autoridades abandonaron la ciudad quedando ésta con su castillo en poder de la expedición cantonal.

Gálvez, después de constituir en Alicante una Junta revolucionaria, regresó á Cartagena llevándose el vapor *Vigilante* y otros buques menores de guerra que encontró en dicho puerto, y apenas salió de éste, la ciudad se puso de nuevo á las órdenes del gobierno de Madrid.

El vapor *Vigilante* en el que iba Gálvez, fué apresado en las mismas aguas de Cartagena y sin ningún derecho por la fragata prusiana *Federico Carlos*. Este hecho ocurrió el 23 de Julio y como se ve comenzaba ya á producir sus efectos la intervención extranjera que Salmerón había provocado con su vergonzosa declaración de piratería. Contreras, indignado por tal aprehensión, protestó, llegando en su furor hasta querer declarar la guerra á Alemania; pero aunque Gálvez fué puesto en libertad, el vapor *Vigilante* quedó en poder de los marinos prusianos.

El 25 de Julio salió otra expedición compuesta de voluntarios y de ejército al mando de Gálvez para organizar Juntas cantonales en Lorca y otras poblaciones; pero apenas la columna revolucionaria las abandonaba, las juntas se disolvían y el vecindario pedía auxilio al gobierno.

Dos días después llegó á Cartagena el popular Roque Barcia, que fué recibido con tanto aparato y entusiasmo como si se tratara de un héroe ó de un genio sobrehumano. Inmediatamente fué nombrado Presidente del gobierno provisional establecido en Cartagena, y Contreras salió al siguiente día con las fragatas de guerra *Vitoria* y *Almansa* para sublevar la costa desde Cartagena á Málaga y recoger fondos para atender á las necesidades del cantón. Iban en dichos buques los regimientos de Iberia y Mendigorría y el batallón de infantería de marina.

El 29 fondearon en el puerto de Almería las dos fragatas, exigiendo inmediatamente Contreras que las tropas del gobierno evacuasen la plaza y que las autoridades aprontasen un subsidio de guerra de cien mil duros. Negóse á ello el vecindario de Almería y entonces Contreras anunció que comenzaría el bombardeo á las siete de la mañana siguiente. La gente pacífica abandonó la población; el pueblo que era federal, pero que estaba indignado por la conducta de los cantonales; dispúsose á resistir el bombardeo que comenzó á las diez de la mañana del día 30. La escuadra cantonal envió sus cañoneras hasta muy cerca de los muelles, cruzándose un nutrido fuego entre sus tripulantes y los de Almería que habían fortificado las bocas calles; y pasadas algunas horas suspendióse el combate, saliendo las dos fragatas con rumbo á Málaga.

El bombardeo fué casi insignificante, pues los buques sólo dispararon treinta y cinco cañonazos que causaron leves desperfectos en los edificios; pero el ministro de la Gobernación, Maissonave, protegido de Castelar y encargado de desacreditar la República con absurdas y ridículas exageraciones, echó mano de aquella imaginación horripilante que había demostrado durante el gobierno de Pí y Margall al relatar los calumniados sucesos de Alcoy, y pintó á Almería poco menos que reducida á escombros por los cañones cantonales y con las calles sembradas de cadáveres mutilados.

Si estas exageraciones de que tan ridículas y numerosas muestras dió Maissonave en las Cortes, eran hijas de una impresionabilidad excesiva, Maissonave resultaba inútil para el gobierno, que requiere siempre un ánimo sereno y frío; y si eran obra del deseo de desacreditar á la República, entonces excusamos todo comentario.

Las fragatas *Vitoria* y *Almansa*, al llegar frente á Málaga en la madrugada del 1.º de Agosto, fueron apresadas por el buque alemán *Federico Carlos* que ejercía oficiosamente, en aquellas circunstancias, de marina de guerra de Salmerón, pues fué el buque extranjero que más intervino en los sucesos cantonales.

Como se ve, la declaración de piratería surtía sus efectos, y Salmerón debía mostrarse muy satisfecho de aquella idea de intervención extranjera que había surgido de su privilegiada inteligencia. Nada importaba que los carlistas creciesen rápidamente y que la nación enrojeciera de vergüenza al ver á los odiados alemanes apoderarse de nuestros buques; lo necesario era que batiese á los federales aquel gobierno hipócrita que para sostenerse en el poder seguía llamándose federal.

Para que se vea á qué punto tan vergonzoso llegó la intervención de Alemania en nuestros asuntos, solicitada por Salmerón, insertamos la siguiente relación que hizo del suceso *El Cantón Murciano*, órgano oficial de los sublevados de Cartagena:

«Anteayer fué devuelta su libertad á nuestro querido general Contreras, y ahora que no hemos de acibarar los malos tratamientos de que era objeto con el relato de sus infortunios, haremos públicos los detalles de su expedición marítima, tan calumniada por la prensa, como poco conocida en sus detalles por todo el mundo.

»La pequeña escuadra organizada á costa de inmensos esfuerzos en las aguas de Cartagena, con buques que la nación tenía en un estado malísimo que hacía enrojecer el rostro de vergüenza al examinarlos, zarpó de este puerto á las cinco de la tarde del 28, con escasa provisión de víveres, no abundantes materiales y reducidísimos fondos; pero repleta de gente y conducida en alas de un entusiasmo grandísimo, que hacía presagiar seguros y señalados adelantos revolucionarios.

»Iba de capitana la *Almansa*, para que no se dijese que el general Contreras temía el peligro de marchar en un buque de madera, y haciendo adelantar á la blindada *Vitoria*, cuyos fondos no la permitían casi moverse, emprendieron el viaje con rumbo á Almería, seguida de la fragata prusiana *Federico Carlos* á nuestra vista desde el apresamiento del *Vigilante*.

»A las siete de la mañana del 29, se hallaba la escuadrilla frente á Almería, y desembarcando dos hijos de la ciudad que iban en la expedición, invitaron á las autoridades para que pasaran á avistarse con el general, haciéndolo primero el gobernador civil, el cónsul inglés, varios contribuyentes, una comisión de voluntarios y algunas otras personas.

»El general les manifestó que, resuelto como se hallaba á favorecer el movimiento cantonal de la federación española, en conformidad con lo decretado por las Cortes y proclamado por el pueblo al abdicar el último monarca, suplicaba le fuesen entregados todos los fondos de la Hacienda popular para atender á los gastos de la armada, como generales que son de la federación, y abandonasen la ciudad todas las fuerzas dependientes del gobierno que se oponían á la formación de los cantones, para dejar á los habitantes en completa libertad de declararse ó no en cantón, pues si á hacerlo no tenían inclinación, no les hostilizaría.

»Llegó una segunda comisión para enterarse de la cantidad que el general decía serle necesaria, y habiéndose hablado antes de fijarla en cincuenta mil duros, se creyó ver en esto una resistencia y se dijo á las comisiones del Ayuntamiento y Diputación, que eran precisos cien mil duros, que podían arbitrar por los medios que estimaran más procedentes. Reiteróles su deseo de que abandonaran las fuerzas del gobierno central la ciudad, y viendo que éstas empezaban á construir parapetos con sacos de arena, se formó una batería con cuatro botes artillados que tripulaban diez y seis marineros y diez soldados de ejército cada uno, al mando del teniente coronel Rivero, y se dirigió con ellos hacia la costa.

»Al desplegarse en guerrilla los botes, con bandera de parlamento, salió de la villa otro con la misma enseña, conduciendo al coronel graduado teniente coronel de carabineros, un comandante graduado capitán de infantería, representando al brigadier Alemán, y varios paisanos que se acercaron hasta interrogar á los botes armados qué misión llevaban, por lo que fueron conducidos á bordo para conferenciar con el general.

»Parecieron convenir en que dejarían en libertad al pueblo si querían constituirse en cantón, y que no hostilizarían á los federales salidos de Cartagena; pero que de ningún modo saldrían las fuerzas de la ciudad ni abandonarían las posiciones que estaban defendiendo.

»Llegaba ya la noche; el general les hizo entender que no pretendía un desembarco, y mucho menos por el punto que defendían, pues es más favorable la entrada por los costados, que efectivamente, empezaron después á defender, y les manifestó que si la guarnición no salía se vería en el caso de expulsarla á cañonazos.

»Cuando por la noche bajaron á

buscar agua el capitán Flores y el pagador de la *Almansa*, encontraron trabajando en las obras de defensa á los guardias civiles y carabineros, y en vista de esto, al amanecer del 30 se prepararon las fragatas para lanzar fuego sobre los edificios de la población.

»El general señaló á algunos de Almería los puntos donde dirigiría sus tiros; la Capitanía del puerto, donde estaban algunas autoridades militares, una casa situada delante del cuartel de guardia civil que servía á ésta de parapeto y el sitio donde se hallaba el resto de la guarnición.

»Salió el ayudante Rivero á llevar los correspondientes oficios de aviso á los cónsules, y al llegar á la orilla recibió la orden de dirigirse exclusivamente al gobernador militar, en cuya presencia explicó su misión, y para ejecutarla se le acompañó con dos oficiales, con órdenes de no dirigirse á ningún punto más que á la casa de los cónsules. El brigadier militar añadió: —Al general Contreras le hace usted presente la expresión de mi respeto.— En el trayecto que recorrió tropezó con un paisano que llevaba gorra con insignia de jefe, el cual vitoreó á la República federal y fué contestado por Rivero, á la Asamblea y al gobierno, que no fué contestado por éste; pero sí por unos diez ó doce hombres armados que se acercaron y prorumpieron en mueras á Contreras y á su ayudante y á los traidores.

»Los oficiales que acompañaban al ayudante Rivero lograron aplacar la exaltación de aquellos inocentes serviles, y no encontrando á ninguno de los cónsules en sus casas, por haberse retirado al campo, pasó á bordo de un vapor inglés donde se hallaba el de esta nación, el cual dió recibo de su oficio y de los seis correspondientes á sus demás compañeros de representación.

»A las diez menos cuarto comenzaba el fuego contra los edificios señalados de Almería, con disparos desde las lanchas y desde la *Vitoria*, dando largos intervalos de media en media hora para enarbolar bandera de parlamento, que no era contestada en ninguna parte.

»Una de las primeras balas, porque todos los proyectiles fueron de esta clase, excepto una granada que inconvenientemente lanzó la *Vitoria*, se dirigió y cayó en la fábrica del gas; pero enarbolada en seguida bandera francesa en un edificio contiguo, no se volvió á disparar sobre ella, así como tampoco sobre el interior de la población, que fué en un todo respetada.

»A la bandera de parlamento solamente contestó el castillo á media tarde, enarbolando la bandera negra, y duró el fuego con la misma lentitud hasta las seis de la tarde, habiendo disparado unos treinta y tantos cañonazos.

»La plaza contestó desde los primeros disparos con una lluvia de balas, que cayeron sobre las lanchas, hiriendo á un soldado en una mano y á otro

pié, únicas desgracias que hu-
lamentar entre la gente de los
s.
vadas anclas al anochecer, ama-
el día 31 en Motril, donde no
a detenerse sino muy poco el
l para dejar á los heridos; pero
lo é instado á que bajase por
s correligionarios, se acercó al
, distante algún tanto del puer-
ió algunos fondos que las fá-
le dieron en letra sobre Málaga
lor de ciento sesenta mil reales,
tretuvo todo el día, no saliendo
uy tarde para Málaga.
lvió á marchar delante de la
a, que sólo andaba dos millas
ra; pero á media noche ya se
raban separadas por larga dis-
, al extremo de que la *Vitoria*
varias señales con luces de
la y cohetes, sin ser contes-

óximo á amanecer el 1.º de Agos-
entrar en las aguas de Málaga,
la *Almansa* dos fragatas que,
eros calados, comenzaron á fran-
a, mientras que el general daba
n de zafarrancho, creyéndolas
gobierno de Madrid. Echado el
o, se vió á la primera luz del día
evaban bandera prusiana é in-
y, cuidadoso de evitar un con-
previno el general contención
lencia, por más que la prusiana
como aviso una bala, que pasó
tre las vergas, faltando así al
o de gentes.
dieron, ya más cercana, parla-

mento, y fué el ayudante Rivero, que volvió portador de un oficio firmado por el comodoro de la prusiana, Werner y el comandante de la inglesa, Wart, intimando á la fragata á volver á Cartagena y llamando á bordo de la prusiana al general. Pidió éste echaran las escalas, y no bien hubo entrado se vió amenazado con insultante y provocativo lenguaje por el comodoro, quien le dijo que lo ahorcaría como pirata, á lo que contestó el general Contreras, que teniendo en más que el gobierno de Madrid el interés de la patria y queriendo evitarla los efectos de una lucha con Europa, no opondría resistencia á ninguno de aquellos atropellos, porque veía allí dos naciones y suponía estarían secundadas por otras, por lo que podía ahorcarle si quería, aunque protestaba del nombre de pirata y de haber bombardeado á Almería, que sólo recibió unas cuantas balas donde había fuerzas militares de resistencia.

»Avistóse entonces la *Vitoria*, que llegó al cabo de seis horas del encuentro con los extranjeros, y preguntados por éstos si haría fuego, contestó el general que sí, si se lo mandaba, pero que podían confiar en que no se romperían las hostilidades, por no dar gusto al gobierno de Madrid, que quería enredar en una guerra imposible á los revolucionarios para que gastasen todo su empuje contra los buques extranjeros.

»Recibió orden la *Vitoria* de variar de rumbo, siguiendo el de la *Almansa*, á donde volvió Contreras á dicho buque; sin comprender cuanto había sucedido, siguió, manifestando grande contrariedad, las aguas de la *Almansa*.

»Tenía éste que manifestar grande reserva para no enterar á la gente de la *Vitoria* de que iban impuestos por los buques extranjeros; pero ésta, recelosa, tocó más de cuatro veces á zafarrancho de combate, y una ya estuvo á punto de chocar con la fragata inglesa, de poco empuje para la importancia de la *Vitoria*, pues ordenado por el comandante Wart que le siguiera, le contestó que no le daba la gana, mientras acercaba su buque para el abordaje, que huyó el inglés, por tener su maquinaria mucho más ligera.

»La *Almansa* con sus señales contuvo los ímpetus de la *Vitoria*, que era temida por los extranjeros: pero en cambio, la primera, en un momento que se adelantó mucho de su compañera, tuvo que ceder ante una intimación grosera del prusiano, pues receloso éste de que aun se trabara el combate, quería á toda costa tener á bordo al general Contreras como rehenes y embistiendo con toda fuerza de máquina, después de separarse para tomar campo á la *Almansa*, sólo pudo ésta salvarse de ser echada á pique, conteniendo la máquina por adivinar la intención del *Federico Carlos*, pero no tanto que aun no llegara el espolón de ésta á destrozar el botalán de proa y á causar algunos otros daños de consideración. Entonces comprendió el general que debía entrar en la prusiana donde desde entonces rompió abiertamente con el comodoro, por insultarle éste diciéndole había faltado á la palabra dada y desmentirle Contreras agriamente, hasta el punto de no volver á cruzar una sola palabra.

»Entretanto se avistó una escuadra inglesa por la noche del primero, y cambiadas infinitas señales con el almirante de ella, se manifestó al general Contreras que había cambiado el acuerdo, y en vez de dejar los buques en Cartagena serían detenidos en Escombreras, poniéndolos en libertad y á él conservándole en rehenes.

»Cuando la *Vitoria* se apercibió de la prisión del general concibió el plan de penetrar en el puerto de Cartagena en vez de pasar á Escombreras confiada en que la protegerían los fuertes; pero era preciso contar con la *Almansa*, que por ser de madera sería sacrificada al romper las hostilidades. Esta, conforme con las instrucciones del general, siguió á Escombreras y la *Vitoria* no tuvo más remedio que inclinarse á obedecer al general y á no comprometer á los ochocientos hombres de la *Almansa*, fondeando á su lado á las ocho de la mañana del día 3.

»No querían las tripulaciones abandonar los barcos y se excitaban é indignaban más cuando contestaba el prusiano que los colgaría á todos ó los echaría al mar; pero el general les suplicó no provocasen lucha que si eran expulsados de los barcos los abandonasen, haciendo constar lo hacían por la fuerza y como ellos querían quedarse prisioneros con el general, el comodoro prohibióles recibir comunicaciones ni mucho menos víveres que, sobre todo á la *Vitoria*, le estaban hacía doce horas faltando.

»Les señaló plazo para abandonar el barco y les mandó severas amenazas que á unos pocos intimidaron, pero que al mayor número encendieron el deseo de combate.

»Fué entretanto una comisión de la ciudad acompañando á los cónsules, excepción hecha del francés, á ver al comodoro prusiano y al general Contreras, y el primero se limitó á exponer que había procedido la detención de los barcos por su acción de Almería, que deseaba evitar se repitiera en cualquier otro punto, que pedía instrucciones á su gobierno y en tanto las recibiera permanecería en rehenes el general Contreras. Negóse á dar más explicaciones, por cierto ante el corresponsal de *Le Temps*, que sentiría revivir todo su odio de francés ante el altanero continente de tal prusiano, que á no haber estado en su barco, hubiera sido corregido por más de uno de los presentes, llenos de indignación y de ira al escuchar el desprecio con que eran tratados los españoles.

»El comandante inglés, jefe de la expedición, por superioridad de categoría no quiso echar sobre sí la responsabilidad de detener al general; pero se negó á protestar del hecho, limitándose á decir que no tenía participación en ello, por más que lo consentía.

»El general Contreras estaba en una litera estrecha, atestada de papeles, durmiendo en el suelo, sobre un colchón de dos dedos de grueso, teniendo en el mismo cuarto á sus ayudantes y al diputado Torres Mendieta, comiendo de lo que le mandaban de la *Almansa*, sin merecer siquiera de los oficiales prusianos esas pequeñas galanterías que tanto distinguen entre todas las clases el trato de los marinos.

»El capitán Werner es un hombre de carácter brusco é impetuoso, que se expresa con aire de fatuidad insufrible, que habla riéndose del que está delante y que no habrá visto cruzada su cara porque no habrá descendido nunca de las tablas de su buque, que deben los prusianos á su inicua guerra con Francia, pues es uno de los que obtuvieron como indemnización.

»Cuando la comisión volvió á tierra y hubo enterado á las autoridades de los pormenores de la detención, acordaron éstas, después de largas discusiones, sostener la lucha contra las extranjeras, aunque fuese preciso echar á pique las fragatas; se dieron órdenes á los artilleros, disponiendo las baterías, y se aprestó la *Méndez Núñez*, único buque que podía salir.

»Pero en estos preparativos pasó la noche, las tripulaciones de las fragatas, aunque se negaban á bajar, como no recibían comunicaciones, por la rigurosa vigilancia, comenzaron á dividirse, obedecieron la orden del comodoro de apagar los fuegos y descargar los cañones y empezaron á ir desembarcando.

»En fin, era esto ignorado del pueblo la mañana del 4; hervía en él la indignación contra los extranjeros con todo el furor con que se desencadenan las pasiones de las masas en los días de más excitación. Las medidas del Gobierno provisional y de la Junta soberana le parecían lentas; corría de una á otra parte pidiendo la lucha, amenazando á las autoridades si no la comenzaban, y por fin, un torrente de toda clase de personas se arrojó en la *Méndez Núñez*, que salió á la boca del puerto, fué arrastrada la *Numancia* á la boca del Arsenal, la goleta inglesa se salió del puerto, dispuso zafarrancho de combate la escuadrilla extranjera, dando frente á la entrada del puerto; abandonaron la población todas las gentes pacíficas, y se llegó á un extremo tal, que parecía inevitable la lucha; lo hubiera sido á haber sonado en aquel momento un tiro, cuando comienzan á venir á tierra las lanchas henchidas de soldados y marineros, con toda la tripulación de la *Almansa* y parte de la *Vitoria*, y se sabe por ellas que los cañones están descargados, las máquinas apagadas y los extranjeros al pié de la escala, esperando á que bajase el último marinero.»

El atentado cometido por los alemanes produjo en Cartagena inmensa agitación, y el pueblo enfurecido, después de dar frenéticos mueras á Salmerón y á Castelar, desahogó su rabia destruyendo los muebles del casino que tenían los unitarios.

La pérdida de las fragatas fué más sensible á los cantonales, por cuanto cinco días antes la columna mandada por Gálvez había derrotado las fuerzas de carabineros y guardia civil que guarnecían á Orihuela haciendo cincuenta y cuatro prisioneros.

Contreras, que había sido retenido por el comodoro alemán, fué puesto en libertad en la tarde del día 3, conservando el marino extranjero en su poder las fragatas *Almansa* y *Vitoria*. El gobierno alemán dió más muestras de delicadeza que su subordinado, pues reprendió al comodoro Werner por su conducta y le ordenó que entregase á los ingleses las fragatas apresadas, y que éstos se encargarían de conducir á Escombreras cuyas aguas habían sido declaradas neutrales.

Ya que la pérdida de los dos buques dificultaba por el momento la continuación de las excursiones marítimas, dispusieron los cantonales una expedición militar para batir la columna del brigadier Salcedo, enviada por el gobierno contra Cartagena, y al mismo tiempo para prestar ayuda á un movimiento que en Madrid habían de intentar los intransigentes.

La expedición componíase de unos tres mil hombres y un tren de artillería, mandados por Contreras y Gálvez que llevaban como jefes subalternos á los brigadieres Pozas y Pernas. Salieron estas tropas en trenes que al efecto se prepararon, y Pozas que mandaba la vanguardia cuya fuerza era de unos setecientos hombres y que se anticipó un día en la salida al resto del ejército, llegó en la mañana del día 10 á la estación de Chinchilla, donde sorprendió la fuerza de carabineros mandada por Escoda, obligándola á replegarse desordenadamente sobre la población.

En esto llegó por un lado el resto del ejército cantonal y por otro la columna del brigadier Salcedo deliberando inmediatamente los jefes cantonales sobre la convenencia de emprender el combate ó retirarse á Cartagena. Contreras era partidario de la retirada y en vano le excitó Pozas á emprender el ataque pintándole las probabilidades de éxito que tenía á su favor. Las fuerzas cantonales, por orden de Contreras, abandonaron las posiciones que habían tomado y se metieron en los trenes para volver á Cartagena; pero Salcedo supo aprovecharse de aquella larga vacilación y cortó la vía impidiendo de este modo el paso á los últimos trenes. Contreras con su gente logró salvarse, pero las fuerzas de Pozas fueron cañoneadas en sus vagones y hubieron de abandonar éstos esparciéndose por los campos donde muchos soldados fueron hechos prisioneros.

La derrota de Chinchilla fué para los cantonales más sensible por el efecto moral que en sus filas produjo, que por las innumerables pérdidas de material de guerra que en ella tuvieron. Como siempre sucede en tales casos, atribuyóse á traición lo que sólo era obra de la ineptitud de los jefes, y los ilusos cantonales fijáronse en Pozas atribuyéndole aquella lamentable derrota.

Una de las preocupaciones mayores del gobierno de Madrid era formar una escuadra para oponerla á la de los cantonales, y juntando los vapores de ruedas *Cádiz*, *Lepanto* y *Colón* dió el mando de esta flotilla al contraalmirante Lobo el cual se presentó á la vista de Cartagena en la madrugada del 14 de Agosto.

Los cantonales, creyendo que los buques del gobierno iban á llevarse las dos fragatas que guardaban los ingleses fondeadas en Escombreras, les dirigieron algunos disparos desde los castillos de Galeras, San Julián y Revolución á los que contestó Lobo haciendo zafarrancho de combate é intentando forzar la entrada del puerto; pero el nutrido fuego de los fuertes modificó su propósito y se dirigió á Algeciras después de tocar en Escombreras donde conferenció con el almirante inglés sir Hastings.

En aquel mismo día Martínez Campos, que por su fácil triunfo en Valencia había sido nombrado general en jefe del ejército del Centro, comenzó á establecer el bloqueo de Cartagena.

El 19 de Agosto el gobierno provisional constituído por los cantonales, recibió una comunicación del cónsul inglés en la cual manifestaba en nombre de su gobierno que la escuadra inglesa iba á llevarse las fragatas *Al-*

mansa y *Vitoria* á Gibraltar para hacer entrega de ellas al gobierno de Madrid.

Inmediatamente se reunió el ministerio cantonal para tomar un acuerdo sobre tan importante asunto, manifestándose algunos de sus individuos y en especial el fogoso Alberto Araus, dispuestos á resistir á todo trance aquella resolución de los ingleses. En vista de la diversidad de pareceres en tan importante asunto, acordaron convocar en el arsenal una Asamblea de notables á la cual concurrieron, además de los individuos del gobierno y de los comites todos los jefes y oficiales de los buques y los cuerpos armados y otras muchas personas de reconocida popularidad.

La sesión comenzó á las diez de la mañana del día 20, presidida por Roque Barcia, quien después de explicar el objeto de la reunión leyó las siguientes declaraciones del gobierno:

«1.° Si viniese el almirante Lobo por nuestras fragatas, es evidente que nosotros provocaríamos el combate. Si se tratara solamente de una nación extraña, es muy posible que lo aceptásemos también; pero cuando se trata de la Europa monárquica, que se desploma contra la idea federal en el Occidente, no hallamos razón para que Cartagena sea víctima expiatoria de nuestros pecados centralistas; porque el hecho es que el resto de España está sometido al bastardo gobierno de Madrid.

»2.° Si las fragatas van á poder del almirante Lobo, podemos recuperarlas, puesto que podemos derrotarle; pero si se atraviesa la Europa, nadie dudará de que no es posible la contienda. Luchando con Lobo, cabe vencer; luchando con toda la Europa tradicional, no es posible el triunfo.

»3.° Si no tuviésemos otro recurso que la muerte, deberíamos acudir á una muerte gloriosa; si no tuviéramos otra salida que una catástrofe, deberíamos acudir al honor de un grande infortunio; pero cuando sabemos positivamente que aun podemos luchar, el patriotismo y el amor á la revolución nos imponen el deber de la lucha.

»4.° Nosotros no nos levantamos para imitar la sublime desesperación de los héroes, sino para plantear en España la República federalista; mientras tengamos esperanza de poderla salvar, no debemos, no podemos hacer abandono de su salvación.

»5.° Para que el almirante Lobo pueda presentarse á hostilizarnos con las fragatas tripuladas, han de pasar al menos doce ó quince días, y en ese tiempo puede ocurrir cualquier mudanza favorable, como la descomposición del caduco gobierno de Madrid, la proclamación del cantón catalán, ó un golpe de Estado en favor de los radicales, lo cual produciría un movimiento en Aragón y tal vez el recrudecimiento de la tendencia revolucionaria en Andalucía. Y si podemos revivir en España ¿qué razón hay para que muramos en Europa? Si podemos vivir ¿por qué hemos de perecer? ¿Sería esto otra cosa que el fanatismo del despecho, más peligroso aún que el fanatismo de la locura?

»6.º Una vez rotas las hostilidades con la Europa monárquica, la causa nacional tendría interés en que esta insurrección se sofocara, porque triunfando tendría que sostener una intervención europea que desolaría nuestro desgraciado país.

»Por consiguiente, la guerra en cuestión hará fuerte, necesario y hasta patriótico al gobierno infame que nos ha denunciado á todas las naciones como piratas. Y ¿quién puede aprobar que demos razón y fortaleza á un gobierno enemigo? ¿Quién puede aprobar que hagamos poderoso á un gobierno débil? ¿Quién puede aprobar que demos el triunfo á nuestros adversarios, traidores ante la Asamblea, ante la patria y ante el universo? ¿Quién puede aprobar que nosotros, los revolucionarios, demos muerte á la revolución?

»7.º La política de sentimiento, esa política que se alimenta con las inspiraciones del corazón, esa política que nos inflama muchas veces con los nombres de *patria* y *honra*, esa política que nos lleva siempre á empresas de peligro sin reparar que hay una cobardía más valerosa que el temerario arrojo, esa política que quiere hacer fuego sobre toda la Europa monárquica, es una política pequeña, porque no ve más que dos fragatas donde debe verse todo un pueblo.

»¿Qué? ¿No es la revolución española más que dos buques, dos buques que acaso mañana podamos recobrar?

»Pues si la revolución española es más que dos fragatas ¿cómo sacrificamos á esas dos fragatas el porvenir de la revolución?

»Esto fuera insensato: esto fuera inmoral.

»Unicamente cuando escuchemos el primer cañonazo disparado contra toda la Europa monárquica que guarda nuestras naves en Escombreras, podemos decir en nuestro interior: «Perdimos la República, tal vez la libertad, durante algunas generaciones.»

Estas declaraciones fueron puestas á discusión, y en los discursos que se pronunciaron tanto en pró como en contra y que fueron ardientes y muy extensos, marcóse la incertidumbre en que todos estaban, pues al par que su entusiasmo patriótico y su dignidad española ultrajada les impulsaba á ponerse con energía á la arbitrariedad del almirante inglés apelando á las armas si era necesario, la razón les dictaba que para hacer triunfar la República federal y no comprometer á la nación de que eran hijos, resultaba necesario ahogar los impulsos del corazón y sufrir en silencio que una potencia extraña prevaliéndose de su fuerza interviniese en asuntos que en nada le afectaban.

El elocuente y valeroso Cárceles que desde que inició la insurrección había quedado relegado á último término, pronunció un hermoso discurso excitando á los cantonales á impedir con las armas en la mano que los ingleses se llevasen las fragatas, diciendo que ésto provocaría una beneficiosa exaltación en el sentimiento nacional, y que tal vez Francia, por razones de política, apoyase entonces á los federales españoles.

Contreras, Gálvez y Barcia manifestáronse resueltos partidarios de los temperamentos de prudencia, y la mayoría de la Asamblea les imitó, acordándose redactar una protesta que se entregó al cónsul inglés para que la trasmitiera á su gobierno y que decía así:

«Recibida vuestra comunicación en la que se nos avisa que el almirante inglés se llevará nuestras fragatas *Almansa*, *Vitoria* á Gibraltar á las doce del día de mañana, debemos contestar que protestamos de este hecho de fuerza dejando la responsabilidad del acto á dicho almirante. Salud y Federación,—Cartagena 21 de Agosto de 1873. (Siguen las firmas).»

De este modo quedaba consumado aquel atentado bochornoso provocado por Salmerón y en el que la dignidad de la patria quedaba pisoteada.

Los insurrectos al consentir la captura de los dos buques, no quedaban tan humillados como el gobierno al recibir cual una limosna unas fragatas que eran propiedad de España, de manos de dos naciones que no habían querido reconocer la República española. Después de esto podían aún Castelar y Salmerón, pavonearse con sus títulos de grandes patriotas ó ilustres hombres de Estado.

Mientras tanto, Martínez Campos iba estableciendo el bloqueo de Cartagena y todo hacía presumir que éste sería muy largo, pues la situación de la plaza resultaba inmejorable y tan completo era el orden que en ella reinaba que muchas personas que habían huido al iniciarse la insurrección temiendo terribles desmanes, volvieron á Cartagena en la cual el comercio y la industria seguían su marcha acostumbrada en tiempos de paz.

No veían así las cosas de Madrid, pues los amigos del gobierno propalaban las más atroces calumnias contra los defensores de Cartagena, pintándolos como un populacho feroz que cometía los mayores excesos y en el que figuraban mezclados los presidiarios á los cuales el gobierno cantonal había dejado en libertad. Esta última medida no la creemos muy acertada, pero en honor de la imparcialidad histórica debemos asegurar que si excesos hubo en Cartagena, no los cometieron los presidiarios, quienes durante el sitio fueron el cuerpo que mayores trabajos realizó y los que más obedientes se mostraron á las autoridades cantonales. Además éstas no les habían prometido la libertad inmediata como aseguraban los amigos del gobierno, sino una rebaja en sus condenas, dedicándose además á examinar con atención la clase de delitos por que habían sido sentenciados y guardándose mucho de dedicar á la defensa de la plaza á hombres cuyos antecedentes penales hacían imposible toda regeneración.

Como los sitiadores no tenían bastantes fuerzas para establecer un bloqueo formal, los cantonales hacían frecuentes salidas apoderándose algunas veces de convoyes de víveres que iban consignados al campamento sitiador.

Las fragatas *Numancia* y *Méndez Núñez* y el vapor *Fernando el Católico* hacían continuas excursiones á diferentes puntos de la costa recogiendo víveres y algunas cantidades en metálico como contribución de guerra.

Contreras hizo varias salidas tiroteándose con los sitiadores, y el gobierno cantonal puso sus ojos en Alicante que se negaba á suministrar víveres y recursos á los sublevados de Cartagena.

La *Numancia* se presentó el 20 de Setiembre por la tarde en las aguas de Alicante, enviando una comunicación á las autoridades en la que amenazaban con el bombardeo si no cumplían las peticiones del gobierno cantonal. Pasado el plazo exigido por el comodoro inglés, en nombre de sus compatriotas, residentes en la ciudad, las autoridades tanto militares como civiles contestaron enérgicamente al jefe del buque insurrecto que les intimaba la rendición, y en vista de esto la *Numancia* regresó á Cartagena para municionarse y pedir instrucciones á su gobierno. Este dió un amplio voto de confianza al jefe de la escuadra é inmediatamente se hicieron á la mar con rumbo á Alicante la *Numancia*, la *Tetuán*, la *Méndez Núñez* y el *Fernando el Católico*. Poco después la *Tetuán* regresó á Cartagena por haber observado sus tripulantes que hacía agua en abundancia.

Maissonave, el ministro de la Gobernación, había llegado á Alicante con el intento de organizar la defensa, pero la población no estaba muy dispuesta á resistir y entró en negociaciones con los cantonales en los días 25 y 26, aunque sin resultado alguno. Terminado el plazo de cuarenta y ocho horas exigido por el jefe de la escuadra francesa, los buques cantonales dispararon su primer cañonazo á las seis y media de la mañana del día 27, contestando inmediatamente al fuego el castillo de Alicante. El bombardeo fué lento, y en cinco horas lanzaron todos los buques ciento cincuenta proyectiles, que causaron en la plaza algunas bajas y no pocos desperfectos. Como el desembarco era imposible, los cantonales, después de este inútil acto de venganza, volvieron por la tarde á hacer rumbo á Cartagena.

Limitados como estaban los cantonales á simples expediciones á diferentes puntos de la costa, organizaron otra correría marítima de la que se encargó Gálvez saliendo con la *Tetuán* y el vapor *Despertador*. En el pueblo de Garrucha fueron acogidos los cantonales con gran entusiasmo, y después de una correría por los pueblos inmediatos en que fueron recibidos con repiques de campana y entusiastas aclamaciones, volvieron á Cartagena con un cargamento importante de víveres y unos cuatro mil duros en metálico.

El gobierno centralista, que estaba reuniendo una escuadra en Gibraltar al mando del contraalmirante Lobo, dió orden á éste para que acelerase su salida en vista del bombardeo de Alicante que podía repetirse en otros puntos de la costa.

La escuadra del gobierno que salió el día 5 de Gibraltar, componíase de las fragatas *Vitoria*, *Carmen*, *Navas* y *Almansa* y los vapores *Cádiz* y *Ulloa*. Estos buques se presentaron el día 10 en las aguas de Cartagena con masteleros calados y zafarrancho de combate provocando á los buques cantonales.

El general Ceballos, que había sustituido á Martínez Campos en el mando de las tropas sitiadoras, púsose en relación con Lobo para ayudar por la parte de tierra sus operaciones marítimas.

Los cantonales, que no rehuían el combate con la escuadra centralista, municionaron sus buques el día 10 y dispusieron para la lucha la *Numancia*, la *Méndez Núñez*, la *Tetuán* y el *Despertador*, destinando el *Fernando el Católico*, que era el buque de más rápida marcha, para remolcar alguna de las fragatas si ésta necesitaba tal auxilio.

El día 11 á las siete de la mañana salió en orden de batalla la escuadra cantonal al mando del general Contreras, que se tenía por muy apto para la navegación, sin duda por haber servido toda su vida en el cuerpo de caballería.

Los buques cantonales iban tan faltos de dirección como sobrados de tripulantes, pues los más valerosos defensores de Cartagena querían tomar parte en el combate y se aglomeraban confusamente en las cubiertas, especialmente en la de la *Numancia* donde iba Contreras con su Estado mayor. Frente al Cabo de Palos distinguieron la escuadra centralista é inmediatamente la tripulación de la *Numancia* cometió la imprudencia de lanzarse sola y á toda máquina contra los buques del gobierno, que aunque débiles iban bien dirigidos y cercaron á la fragata envolviéndola en un círculo de fuego. La potencia de su blindaje y su superior artillería fué lo que salvó á la célebre *Numancia*, que disparando á la vez todas sus baterías y embistiendo de frente, consiguió romper el círculo de hierro en que involuntariamente se había metido.

El contraalmirante Lobo había colocado sus buques tan acertadamente en orden de batalla, que pudo combatir por separado á la *Méndez Núñez* y á la *Tetuán*. Esta última fragata combatió tan cerca de la *Vitoria* que se traspasaron ambas sus blindajes á cañonazos. Mientras tanto la *Numancia* causaba bastantes destrozos en la *Almansa* con sus certeros disparos y dejaba fuera de combate al vapor *Cádiz* que hubo de izar bandera de parlamento.

Los dos buques almirantes, la *Vi-*

toria y la *Numancia* buscábanse en la batalla con la tenacidad propia de rivales irreconciliables y se colocaron frente á frente con el intento de embestirse. El choque iba á ser terrible é indudablemente aquellos dos mónstruos marítimos estaban próximos á despedazarse con su gigantesca embestida; pero las escuadras extranjeras que presenciaban el combate no quisieron que se realizara una resolución tan desesperada y propia del carácter español, y la fragata francesa, *Semiramis*, se interpuso entre los dos navíos impidiéndoles avanzar. Con esto terminó el combate y la escuadra centralista fué á replegarse en Portmán mientras la cantonal volvía á Cartagena.

El éxito de la batalla quedó indeciso, pero los cantonales pudieron atribuirse la victoria, pues los buques enemigos sufrieron grandes averías en el combate quedando la *Almansa* y el vapor *Cádiz* inservibles por algún tiempo. Es indudable que á tener mejor dirección los buques cantonales y á no ir cargados de tanta gente inútil, hubieran obtenido un triunfo completo.

En la madrugada del 13 de Octubre salió nuevamente la escuadra cantonal á combatir á los buques centralistas; pero el contraalmirante Lobo que se había convencido de que le faltaban fuerzas para alcanzar una ventaja decisiva y que conocía que de aquellas luchas sólo podía resultar la total destrucción de la marina española, rehuyó el combate y se dirigió á Gibraltar donde había sido llamada por el gobierno la fragata *Zaragoza* que se encontraba en la Isla de Cuba. El gobierno no aprobó la conducta de Lobo y nombró para reemplazarle en el mando de su escuadra al contraalmirante Chicarro.

Mientras tanto los cantonales, para evitar que los víveres escasearan en Cartagena, organizaron una expedición por la costa del Mediterráneo, saliendo el 17 de Octubre los mismos buques que habían librado la batalla del día 11. Mandaba la flota como de costumbre el general Contreras, y además se embarcaron en la *Numancia* Roque Barcia y la mayor parte de los individuos de la Junta.

La escuadra pasó junto á Alicante sin detenerse dirigiéndose á Valencia, y durante la marcha ocurrió un terrible incidente, á causa de la inexperiencia de los encargados del mando de los buques.

El vapor *Fernando el Católico*, que era el buque de más ligera marcha, hacía imprudentes alardes de la fuerza de su máquina, evolucionando alrededor de la *Numancia*; cuya tripulación ya advirtió varias veces á los del *Fernando el Católico* que no se expusieran á un abordaje involuntario. A las cuatro y media de la madrugada cuando aún era densa la oscuridad, el *Fernando el Católico*, al pasar frente á la proa de la *Numancia*, fué alcanzado por ésta siendo el choque tan violento y tan considerable la avería

para hacer público y notorio lo que el pueblo debe conocer, debo manifestar á mis queridos hermanos y compañeros que con tanta abnegación defienden y mantienen limpia y pura nuestra bandera federal que en el día de ayer me fueron entregados á prisión el brigadier Carreras, el coronel Estévez y un capitán de movilizados, y practicado en el momento un reconocimiento escrupuloso se encontró, entre otros papeles, al citado brigadier Carreras un documento en forma de borrador, sin firma, que copiado á la letra, dice así:

«*Según las ganas á olor alfonsino*, empleo de brigadieres, con nombramiento en el bolsillo, marchando por dos meses, al parecer, á la emigración, pero en realidad como licencia, volviéndose en tiempo en que aparezca el indulto; y reconocimiento de empleo anterior, y por efecto de propuesta el empleo; once mil duros á cada uno de los dos y si no puede ser el de brigadieres, *veinte y un mil duros*.

»*Si hay menos ganas*, seis mil duros á cada uno y el indulto en el bolsillo, con reconocimiento de empleos anteriores, en particular para cada uno de los cuatro y en general para todos, siendo de dos meses el tiempo de estar fuera, y conservando cada uno el puesto que tenía antes del alzamiento.

»Nuestro compromiso, presentarnos con la tropa únicamente.

»Si podemos, combinar el desarme y arresto de los presidiarios.

»Si podemos, llevarnos la caballería, pues esta fuerza fué dirigida por Pernas.

»Si podemos, llevarnos los cañones, pues fueron mandados por él.»

«Esta es la copia textual del citado documento cuyo original obra en mi poder.

»Castillo de la Vanguardia de la República federal, á 22 de Noviembre de 1873.—José Antonio Sáez.»

«Parece que el genio de la Providencia está velando por el destino de un pueblo inocente.—Roque Barcia.»

La prensa de Madrid al tener conocimiento de estos sucesos los exageró de un modo censurable pintando á los defensores de Cartagena divididos por terribles rivalidades y combatiéndose con salvaje saña, y á los militares prisioneros como víctimas de tormentos más horribles que los de la Inquisición.

Con la prisión del brigadier Carreras y sus compañeros, el gobierno centralista no pudo ya combatir por medio de traidoras intrigas á los sublevados de Cartagena, y como la Junta cantonal seguía mostrando su energía acostumbrada, en la mañana del 26 de Noviembre el ejército sitiador comenzó á bombardear la plaza, arrojando más de mil doscientos proyectiles que causaron muchas víctimas.

Los fuertes de la plaza contestaron acertadamente, causando grandes desperfectos en las baterías sitiadoras, y hasta bien entrada la noche continuó el fuego, negándose el general Contreras á suspender los disparos y á permitir la salida de una comisión de vecinos pacíficos que querían negociar con el general sitiador la salvación de las personas inermes. El jefe de la insurrección dió tal negativa para que no pudiera achacarse á debilidad de los sitiados aquella tentativa humanitaria.

El bombardeo sólo sirvió para excitar más los ánimos de los cantonales, quienes recordaban con terrible ira que Castelar, el jefe del gobierno que de tal modo les maltrataba, era el mismo que en 1869 había predicado el santo derecho de insurrección contra todo lo que no fuese República federal, noble aspiración del pueblo español. La conducta del apóstata exasperó los ánimos de todos, que juraron resistir al bombardeo mientras tuviesen fuerzas para ello.

El terrible fuego de los sitiadores prosiguió sin interrupción hasta el día 10 de Diciembre, causando tal estrago las bombas, que todas las casas habían sufrido grandes deterioros y algunas estaban completamente arruinadas.

El sitio de Cartagena iba tomando un carácter horrible. Las provisiones disminuían y la harina comenzaba á escasear, pues se habían agotado los repuestos y sólo quedaba una gran partida de trigo averiado comprada á un buque griego y que producía un pan negro y de sabor desagradable. El bacalao y las sardinas arenques estaban en abundancia; pero éste era el único medio de alimentación de los sitiados y contribuía á propagar las afecciones herpéticas y otras enfermedades. Como las minas cercanas á Cartagena producían plata en gran abundancia, la Junta cantonal había acuñado moneda que le servía para pagar puntualmente cuantos víveres compraba á los buques extranjeros.

Una de las mayores ocupaciones de la Junta era impedir las traidoras gestiones de los ocultos agentes que Castelar tenía dentro de la plaza, lo que conseguía merced á su escrupulosa y atenta vigilancia. El célebre federal Sáez tenía encerrados en el castillo de Galeras á los militares que habían entrado en negociaciones con el gobierno de Madrid; y en la población, los defensores dedicábanse exclusivamente á contestar al fuego enemigo mientras que los presidiarios estaban ocupados en la reparación de los fuertes y la limpieza de las calles, sin dar el más leve motivo de queja.

Los cantonales esperaban con verdadera ansiedad la reunión de las Cortes que había de verificarse el 2 de Enero de 1874, en cuya reunión, si el gobierno de Castelar era derrotado, la organización de los cantones sería inmediata.

Desde el día 10 de Diciembre hasta el 15 estuvo suspendido el fuego, pero en la mañana de este último día se rompió con más violencia que nunca, y como la gente transitaba tranquila y descuidadamente por las calles, fué grande el número de muertos y heridos aumentando el catálogo de las víctimas la terrible explosión de una caja de municiones ocurrida el 18 en el baluarte de Cantarranas.

El cañoneo entre las baterías sitiadoras y los fuertes continuaba sin interrupción, y el castillo de Galeras, llamado por los cantonales de la Vanguardia que mandaba el intrépido Sáez y que era el punto donde con más predilección dirigían los cañones los sitiadores, enarboló bandera negra en señal de desesperada y tenaz resistencia. A pesar del horrible bombardeo, la festividad de la Noche Buena fué celebrada en las calles de Cartagena con gran alegría cantándose coplas alusivas al fuego de los centralistas.

La Junta continuaba vigilando á los que estaban en relaciones con el gobierno de Madrid é intentaban entregar la plaza á los centralistas, y fundándose en datos incontrovertibles, condujo presos á las bodegas de la fragata *Ferrolana* al presidente de la Cruz Roja, al administrador y al cura del Hospital de la Caridad y á otros sospechosos de traición. No por esto debe creerse que la Junta de Salvación Pública procedía arbitrariamente, y buena prueba es de ello que algunas personas, á pesar de que se sospechaba de ellas con bastante fundamento, fueron puestas en libertad por carecer la acusación de pruebas claras y concluyentes.

A pesar de las precauciones de la Junta, la traición hizo que el año de 1873 acabase de un modo siniestro para los insurrectos. A las cuatro de la tarde del 30 de Diciembre se inició á bordo de la fragata *Tetuán* un espantoso incendio, que al cabo de una hora creyeron todos sofocado, pero que volvió á renacer con más fuerza, siendo inútiles los trabajos que hizo la tripulación para extinguirlo. Hasta las nueve de la noche lucharon los bravos marinos cantonales con el voraz elemento; pero á tal hora el fuego hizo dispararse la artillería de la *Tetuán*, y como de un momento á otro se esperaba que estallase la santabárbara, los tripulantes hubieron de ponerse en salvo arrojándose al agua y ganando á nado las embarcaciones cercanas. Una hora después verificóse la explosión; la *Tetuán* se convirtió en una gigantesca columna de fuego y conmoviendo el espacio con un estampido horrible, el buque se sumergió para siempre.

A nadie se ocultó la significación de este siniestro. Así como el abordaje del *Fernando el Católico* había sido obra de la imprudencia y la falta de pericia, el incendio de la *Tetuán* fué señalado por todos como producto de la traición de ocultos agentes que el gobierno de Madrid tenía en la plaza, los cuales se proponían ir poco á poco por tan repugnantes medios, privando á los cantonales de sus magníficos buques. Aquel siniestro hizo perder al país más de cincuenta millones de reales, que eran el coste de tan hermoso buque.

Los periódicos que en Madrid tenía Castelar á sueldo, dijeron que los cantonales eran los autores del siniestro; pero esta acusación resultaba tan ridícula como absurda, pues en interés de los insurrectos estaba el conservar sus máquinas de guerra para poder batir á sus enemigos. Al mismo tiempo todos veían claramente el interés del gobierno en destruir la escuadra federal, pues mientras ésta constase de buques tan superiores á la escuadra centralista, era imposible el bloqueo marítimo y por tierra no había esperanzas de poder tomar tan fuerte plaza. Además, de la información que el gobierno cantonal abrió sobre dicho siniestro, resulta que un maquinista de la fragata, gravemente herido, manifestó en sus últimos momentos que había sido sobornado para prender fuego al buque precisando hasta la cantidad que había recibido por llevar á cabo un acto tan reprobable.

Es verdad que, á pesar de todas las averiguaciones del gobierno cantonal, el siniestro de la *Tetuán* quedó en el misterio; pero si la opinión popular es suficiente para que la historia juzgue, debemos afirmar que el autor de este siniestro, así como de otros muchos sucesos reprobables que ocurrieron, fué el gobierno de Madrid que, temeroso de que en Cartagena volviera á reanimarse la sublevación federal de toda España, apeló á todos los medios para vencer la resistencia de los cantonales.

Hemos dejado de ocuparnos de la situación política en general á raíz de la subida de Salmerón al poder, y tiempo es ya de que volvamos á tratar de los actos de aquel gobierno central que cada vez tomaba un tinte más conservador, acelerando con esto la muerte de la República.

Urgía, como mil veces lo había demostrado Pí y Margall, discutir y aprobar el proyecto de Constitución Federal, para de este modo secundar las justas aspiraciones del país; pero á pesar de esto, el proyecto dormía el sueño del olvido, pues el gobierno retardaba su aprobación por no hacer, según decía, una concesión á los intransigentes.

La izquierda y la derecha de la Cámara se combatían con más encono que nunca, y sólo muy de tarde en tarde daban alguna tregua á sus disputas para adoptar medidas beneficiosas. A propuesta de D. José de Navarrete declaróse abolida la pena de muerte por delitos políticos, y por una proposición de González Alegre y Muro, que fué aprobada por unanimidad, se suprimió en el presupuesto de gastos la partida consagrada á las cesantías de los ex-ministros.

La discusión del proyecto de Constitución figuraba en la orden del día de todas las sesiones; pero á pesar de esto nunca se entraba en su discusión, dedicándose las horas á debatir leyes de carácter represivo dirigidas especialmente contra los federales insurrectos. El gobierno imitaba los procedimientos de Prim en 1869, aunque la conducta del célebre general resultaba más liberal y democrática que la de aquellos ministros salidos de la nada y deudores al pueblo de su propia prosperidad, que procedían como los tiranuelos de una República á la veneciana.

Por fin á mediados de Agosto púsose á discusión el proyecto de Constitución federal, pronunciando un discurso en contra León y Castillo, quien después de agotar todos los lugares comunes que se lanzan como argumentos contra la federación, dijo una gran verdad, cual es: «que el procedimiento lógico para plantear el sistema federal, era precisamente el opuesto al que empleaba la Cámara, porque la federación debía hacerse de abajo á arriba, y no á la inversa, y que, por lo tanto, los insurrectos estaban más dentro de la ortodoxia federal que el gobierno y las Cortes.» Este discurso, aunque vulgar, exigía una vigorosa y elocuente réplica, y la comisión constitucional encomendó la contestación á D. Joaquín Martín de Olías, hombre que carecía de condiciones oratorias y que no tenía muy arraigadas las ideas federales, por lo cual la defensa que hizo del federalismo fué desdichada en extremo. Pí y Margall no podía hablar por no ser individuo de la Comisión constitucional; pero Castelar y Salmerón, que pertenecían á ella, debían haberse levantado para rebatir á León y Castillo, y deshacer los desdichados argumentos de Olías. No lo hicieron, porque estaban decididos á quitar toda solemnidad al debate, queriendo que la Constitución naciese muerta.

Becerra también habló desacertadamente, como de costumbre, contra el proyecto constitucional, y éste quedó sobre la mesa, figurando siempre en la orden del día, aunque nadie consumió ya ningún turno en pró ni en contra. Por este procedimiento, Castelar y Salmerón, dueños de la derecha de la Cámara, impedían la legalización del Código federal, á pesar de que no tenían aún el valor y la franqueza de llamarse unitarios.

Algunos diputados quisieron reanudar la discusión constitucional, pero Castelar pronunció un discurso sentimental diciendo que cuando la libertad y la República estaban en peligro debía atenderse á otros asuntos más urgentes que el examen de la Constitución, y la proposición fué inmediatamente retirada.

Castelar, que tanta historia sabe, olvidaba al hablar así que los padres de la libertad española, los valerosos diputados de 1812, en situación mucho más apurada que la de los constituyentes de 1873, teniendo por toda patria el suelo que pisaban sus piés, bajo el fuego del cañón sitiador, obligados á dirigir una guerra hasta en sus menores detalles y luchando con el espíritu del país que era absolutista, encontraron tiempo suficiente para discutir y votar una Constitución democrática que fué el asombro de su época.

La presidencia de las Cortes estaba

vacante desde que Salmerón se encargó del Poder ejecutivo, y después de que fué rechazada por Pí y Margall, á quien le fué ofrecida, quedó designado Castelar para ocuparla, por ciento cuarenta y cuatro votos contra sesenta y cuatro papeletas en blanco.

Al sentarse Castelar en el sillón presidencial y pronunciar el discurso de gracias, no atacó á la federación, como lo esperaban sus amigos que en el seno de la intimidad le veian desde mucho tiempo antes partidario de una República conservadora. Hizo la apología de la federación como garantía de todos los derechos y obstáculos, infranqueable para la dictadura; pero trás esto dió rienda suelta á su elocuencia declamadora, colocando la unidad de la patria por encima de toda idea política, y haciendo declaraciones de encubierto unitarismo que fueron mal acogidas por el centro y la izquierda de la Cámara. Castelar terminó su discurso diciendo que creía en Dios porque lo había encontrado siempre en el fondo de la historia, de la ciencia y de la naturaleza, y que, por lo tanto, no debían extrañar los diputados que levantase los brazos al cielo pidiendo á Dios sus bendiciones para aquella Cámara.

La izquierda y la derecha seguían combatiéndose con gran encono, y los suplicatorios enviados á las Cortes para proceder al procesamiento de los diputados insurrectos promovían terribles batallas. Era aquella una guerra apasionada en la que se herían con más predilección las personalidades que las ideas, mostrándose la derecha cada vez más conservadora y enemiga de la verdadera República.

En la sesión del 29 de Agosto el diputado Martín de Olías presentó una proposición pidiendo que las Cortes suspendieran sus sesiones el 5 de Setiembre, reanudándolas el 5 de Noviembre, fundándose en la necesidad de investir al gobierno de facultades extraordinarias para combatir la guerra cantonal y la carlista. El señor Bartolomé y Santamaría se opuso á tal proposición con otra de *no ha lugar á deliberar* que fué rechazada por la Cámara.

El venerable Orense, deseoso de dar al movimiento cantonal una solución pacífica, presentó en la sesión siguiente una proposición pidiendo á las Cortes que votasen una ley de amnistía para todos los insurrectos federales. Martín de Olías contestó declarando que la dignidad del gobierno y de las Cortes no permitían conceder una amnistía en aquellas circunstancias.

Salmerón, que cuando se trataba de defender la federación de los ataques de los conservadores permanecía mudo, se levantó entonces para hablar con su habitual prosopopeya, llamando á los insurrectos federales criminales que en nombre de la federación sembraban el terror y el espanto en las clases conservadoras, sin las cuales es imposible que ninguna institución se arraigue ni que la sociedad prospere. Dijo además que él se opondría siempre á que los rebeldes cantonales fuesen amnistiados y terminó con la original afirmación de que no hay diferencia entre los delitos comunes y los delitos políticos, diciendo que estos últimos acusan una profunda perversión moral que es preciso corregir con el castigo que purifica.

Algunos diputados que estaban presentes y que antes de 1868 habían sido conducidos á presidio por atacar la monarquía, debieron quedarse asombrados al saber que sus esfuerzos en pro de la República eran producto, según el señor Salmerón, de una perversión moral, á la cual debía estar agradecida el orador á pesar de todo, pues mediante tal perversión moral, un oscuro é ininteligible metafísico se elevaba hasta ocupar la primera magistratura de la nación.

La proposición de Orense fué desechada por ciento diez y ocho votos contra cuarenta y dos, consiguiendo de este modo el gobierno fomentar la insurrección cantonal que podía haber atajado con una mediación pacífica.

La proposición sobre suspensión de sesiones continuó discutiéndose al mismo tiempo que un proyecto del ministro de la Gobernación sobre milicia nacional, que tendía á hacer este instituto armado impopular y antipático, quitándole el carácter federal que tenía desde 1869. Los conservadores, comprendiendo que con esto se quitaba una gran fuerza á la República, ayudaron al gobierno en el proyecto de milicia nacional y éste fué aprobado tras una breve discusión en el que tomaron parte Sorní y Becerra.

Otro proyecto discutían también las Cortes, que trataba del restablecimiento de la pena de muerte para los delitos de insubordinación militar, y cuando la Asamblea hubo aprobado este proyecto, vió con asombro que el presidente del Poder ejecutivo, D. Nicolás Salmerón, dimitía su alto cargo.

La explicación que daba Salmerón á este inesperado acto era que, como partidario que siempre había sido de la abolición de la pena de muerte, no quería aplicar tal pena á algunos soldados que se hallaban sometidos al fallo de la ordenanza por el delito de insubordinación. La conducta de Salmerón mirada en tal aspecto resultaba digna y noble; pero ya no lo era tanto, si se atendía á que él mismo reconocía que era imprescindible que el gobierno aplicase tan bárbara pena siempre que no fuese él el encargado de sancionarla.

Resaltaba inmediatamente á la vista de todos el egoismo y la comodidad del filósofo en aquella resolución de Salmerón. Era él, partidario de la pena de muerte, siempre que Castelar, Pi y Margall ú otro republicano ilustre, elevado á la presidencia de la nación, fuese el encargado de aplicarla; reconocía la necesidad del mayor de los castigos en el ejército; pero no quería ser el instrumento porque durante toda su vida se había opuesto á la pena de muerte.

Resultaba con esto Salmerón el Pilatos de la República, y en tal acto procedía con hipocresía manifiesta, pues disponiendo como disponía de la mayoría de la Cámara, si hubiese deseado la abolición de la pena de muerte en el ejército, lo habría conseguido inmediatamente.

Lo que deseaba Salmerón era abandonar el poder con un golpe de efecto, y á pesar de toda su superioridad y despreocupación de filósofo, no debió desagradarle la leyenda sentimental que los periódicos conservadores compusieron al explicar su salida del gobierno.

Hoy todavía existen gentes sencillas y de carácter simple que derraman lágrimas de grata emoción cuando recuerdan á aquel Salmerón dulce, humanitario y puro como Jesús, que abandonó la presidencia de la República por no firmar sentencias de muerte; pero ésto no impide que se recuerde que ese mismo hombre, modelo de mansedumbre evangélica, poco tiempo antes declaraba piratas con sin igual tranquilidad á varios miles de compatriotas y correligionarios, poniendo con esto sus vidas á disposición de la primera escuadra extranjera que los apresara.

Resulta menos censurable Castelar, el tiranuelo de la República, ordenando el fusilamiento de infelices soldados, que Salmerón abandonando el gobierno para que ordenen otros los suplicios cuya necesidad él reconoce; todo con el afán de poner á salvo su reputación de filósofo consecuente. La franqueza, aun cuando sea la de un fatuo que en su afán de distinguirse llega á la brutalidad, siempre es más simpática que una hipocresía egoísta.

Al comenzar la sesión del 6 de Setiembre fueron leídas á las Cortes las dimisiones de Salmerón y sus compañeros de gabinete, aceptándolas la Asamblea que, á propuesta de Gil Berges, dió un voto de gracias á los dimisionarios.

Aun había salvación para la República, y muchos diputados presentaban como medida regeneradora la vuelta de Pí y Margall al poder, quien concedería á los sublevados una amplia amnistía y por medio de un convenio honroso extinguiría la insurrección de Cartagena, restableciendo la fraternidad y unidad de miras entre todos los republicanos.

Además, nadie como él podía acelerar la discusión y aprobación del proyecto de Constitución Federal, que crearía intereses en todas las provincias en favor de la República, dando con esto un golpe de muerte al carlismo. Pero estaban allí Castelar y Salmerón, maestros en el arte de zurcir voluntades y dueños por completo de la mayoría de la Cámara, que lo preferían todo, antes que Pí y Margall volviese á ocupar el poder. Castelar, especialmente, estaba tan dispuesto á combatir toda República que no fuese dirigida por él, que hizo en esta ocasión algunos preparativos para impedir, si era necesario, por la fuerza, el triunfo de la extrema izquierda. Si Pí y Margall hubiese sido llamado al gobierno por la voluntad de la Cámara, es posible que el repugnante golpe del 3 de Enero se hubiese intentado cuatro meses antes.

Castelar prefería la restauración borbónica antes que el triunfo de los verdaderos ideales federales, y tan dispuesto estaba á ello, que, temiendo que las Cortes derrotasen su candidatura para la presidencia de la República, hizo saber á Pí y Margall con escandaloso cinismo, que si triunfaba la política de la izquierda ocurriría inmediatamente en Madrid un movimiento en favor de la restauración borbónica. Pí y Margall despreció tal amenaza y se propuso, como un deber de dignidad y de conciencia, exponer su programa ante las Cortes.

Apenas fueron leídas las dimisiones de Salmerón y sus compañeros, don Marcelino Isabal presentó una proposición pidiendo á las Cortes que designasen un individuo de ellas para que formase gabinete con las mismas atribuciones que se habían concedido á Salmerón. Casalduero se opuso á tal proposición, aludiendo en su discurso con insistencia á Pí, Salmerón y Castelar.

El respetable Orense habló para condenar la política seguida por Salmerón, pidiendo á la mayoría que, en beneficio de la República, sacrificase su egoísmo de monopolizar el poder.

Hacía mes y medio que Pí y Margall no había hablado en las Cortes, y por esto, cuando pidió la palabra, produjose una profunda espectación en toda la Cámara.

Su discurso causó honda sensación, especialmente los principales fragmentos que á continuación transcribimos:

«Hace mes y medio, señores diputados, que abandoné la presidencia del Poder ejecutivo. En este mes y medio he sido objeto constante de alusiones en esta Cámara; blanco de acusaciones y de cargos terribles fuera de este recinto. He creído deber guardar hasta aquí silencio, por muchas y muy poderosas razones. No quería yo que mis explicaciones se interpretaran como arrancadas al despecho; no quería de ninguna manera que las explicaciones que aquí diese, pudieran legitimar ni cohonestar en lo más mínimo la insurrección promovida por nuestros propios correligionarios.

»Muchos de mis amigos se quejaban de tan prolongado y tenaz silencio. ¿Cómo, decían, no os defendéis? ¿Cómo, siendo atacado por todos, no levantáis la voz y no decís lo que ha ocurrido? Yo, señores diputados, no tengo nunca gran prisa en vindicarme de los ultrajes ni de las calumnias de que soy objeto, porque para mí, la satisfacción de mi propia conciencia basta para que se conserve tranquila, completamente tranquila mi alma.

»He llegado, señores, á la idea de la autonomía, no sólo por reflexión, sino por temperamento, por carácter. Habrá hombres tan autónomos como yo; no habrá de seguro ninguno más autónomo en todo lo que á mi humilde persona se refiere. ¿Qué me han de importar á mí los aplausos de los demás, si la conciencia me condena? ¿Qué me han de importar á mí las censuras de mis semejantes si mi conciencia me absuelve y me aplaude? *(Bien, bien)*.

»Por lo demás, yo estoy ya acostumbrado á esas tempestades: esta es quizá la cuarta ó quinta que corro. ¿No recordáis que hace poco más de un año era yo blanco de los mismos odios, de las mismas injurias de que ahora soy objeto? Yo debí pasar entonces por las calles de Madrid entre turbas de vendedores de periódicos que á mis oídos pregonaban *la gran traición del ciudadano Pí y Margall.*

»Entonces, sin que levantara la voz contra la calumnia, tuve la seguridad de que, con dejar pasar el turbión, había de venir tiempo en que se me hiciera completa justicia.

»Se me ha acusado de haber autorizado, ó por lo menos consentido la última insurrección federal, cosa por demás grave. ¡Cuán perturbada no debe estar la sociedad cuando treinta años de una vida sin mancha no pueden poner á un hombre al abrigo de tan grosera calumnia! ¡Cuán perturbada no debe estar la sociedad, cuando esas groseras calumnias crecen, se extienden y ganan hasta el ánimo de personas que le profesan, unas amor y otras respeto! Desde los bancos de la oposición había yo tenido el valor, estando en armas mis correligionarios, de declarar que la insurrección dejaba de ser un derecho y pasaba á ser un crimen desde el momento en que, libre el pensamiento, podía realizarse por medio del sufragio universal: desde el banco ministerial había sostenido que la insurrección, no sólo era un crimen, sino también el más grande de los crímenes bajo el régimen de la libertad, porque los demás afectan sólo intereses privados y el de rebelión afecta los altos intereses de la sociedad y de la patria. ¡Y acusarme ahora de que desde el poder autorizaba, ó cuando menos consentía, una insurrección contra una Asamblea y un Gobierno republicanos! Imposible parece que tal calumnia haya podido tomar cuerpo.

»Son contados los casos históricos en que un ministro, un presidente del Poder ejecutivo, un jefe del Estado haya conspirado contra el mismo poder de que era representante. ¿Qué motivo podía tener yo para conspirar contra mí mismo, es decir, contra el poder de que estaba legítimamente investido? ¿Tenía yo, acaso, algún agravio que vengar? ¿Había algún *Tribunal de los Cuarenta* de que quejarme? ¿Había aquí algún cuerpo de patricios que me hubiera inferido algún sangriento ultraje y de quien debiera yo tomar sangrienta venganza? Si nada de esto había ¿qué podía moverme á favorecer y consentir la insurrección? ¿Se dirá, acaso, que era la ambición la que me guiaba? ¿Pero qué ambición podía ser la mía? ¿No era, acaso, yo, el jefe del Estado en aquel momento? ¿No ocupaba el primer puesto de la República? Y sobre todo: ¿cuándo me habéis conocido ambicioso? A vosotros, todos los que estáis aquí y habéis podido seguir mi larga carrera política, os pregunto: ¿hay alguno á quien me haya dirigido jamás ni directa ni indirectamente para solicitar ninguno de los puestos que he ocupado, ni cuando estaba el partido en la oposición, ni cuando ha llegado al poder? El cargo que más me halaga es el de diputado; digan los electores republicanos de España si han recibido jamás una carta mía en que haya solicitado sus sufragios para tan importante cargo. Yo gozo, merecida ó inmerecidamente, de una reputación literaria y política; si hay algún periodista aquí ó fuera de aquí á quien yo me haya dirigido jamás para decirle que encarezca una obra mía ó defienda cualquiera de mis actos ó sostenga alguna de mis doctrinas, que levante la voz y lo diga. ¿Es esa la manera como proceden los hombres ambiciosos?»

. . . .

Expuso después Pí y Margall detenidamente los grandes esfuerzos que había hecho para evitar la insurrección cantonal, debiendo luchar para ello con la mala voluntad del general González, ministro de la Guerra; demostró que los recursos que utilizó el gobierno del señor Salmerón para combatir á los carlistas y á los cantonales, habían sido acumulados durante su presidencia, enumeró los esfuerzos que había hecho para que la autoridad militar viniese á ser únicamente el brazo de la civil, dependiendo las armas del ministro de la Gobernación, é hizo notar que ya desde el primer ministerio de la República, se habían observado dos tendencias; una representada por los que querían aplazar la discusión del proyecto constitucional hasta Octubre, y otra por los que estimaban, como él, que la discusión de ese proyecto era urgente.

«Yo me encargué de la presidencia del Poder ejecutivo,—añadió,—el 11 de Junio. El 13 del mismo mes vine á exponeros mi programa, y en él pedía que se discutiera la Constitución del Estado para conjurar los peligros que nos amenazaban. Es preciso, os dije, que hoy mismo nombréis dos comisiones: una que redacte el proyecto constitucional y otra que entienda en la demarcación de los futuros Estados federales. Sin embargo, hasta siete días después no se nombró una de las comisiones que yo propuse. Después, ya lo habéis visto, unas veces por razones de la temperatura, otras teniendo en cuenta los intereses personales de ciertos diputados que eran labradores y tenían que ir á recoger sus cosechas, otras por la ausencia, inmotivada, incalificable, impolítica y funesta de la minoría; otras veces porque nacían discordias en el seno de la comisión constitucional, ha habido aquí siempre un grupo de hombres que ha tratado de ir aplazando la discusión del proyecto constitucional. Había, pues, aquí dos tendencias, dos políticas, la una enfrente de la otra: una que quería la discusión inmediata, rápida, de la Constitución federal y otra que quería irla aplazando indefinidamente. A qué fin obedecían una y otra política, á vosotros toca juzgarlo.

»Además, como ya sabéis, yo era partidario de las reformas, no de irlas aplazando, sino de irlas planteando lo más pronto posible. Yo, que me había negado desde el 23 de Abril á entrar en las vías revolucionarias y hacer las reformas que el partido republicano exigía, tenía grandísimo interés en que las Cortes las abordasen y las hiciesen dentro del más breve plazo. ¿Es esta la conducta que aquí se ha seguido? Yo he cumplido mi promesa. Treinta y siete días he sido presidente del Poder ejecutivo, y en esos treinta y siete días, á pesar de haber habido dos graves y espinosas crisis, he ido presentando proyectos de ley para llevar á cabo esas reformas y no he dejado de excitar á mis compañeros para que presentasen las referentes á sus departamentos.

»Todo esto lo he hecho considerando que si discutíamos la Constitución, si dábamos lugar á que las provincias se pudiesen convertir en Estados federales, si satisfacíamos la sed de reformas que había en el país, se podrían evitar las perturbaciones y desórdenes que después han venido.»

Hablando después de las divisiones que Castelar y Salmerón habían fomentado entre los republicanos, y que él había tratado de evitar siempre, añadió Pí y Margall:

«Por una fatalidad que no sé explicarme, la tendencia de muchos ha sido dividir profundamente la Cámara, hasta el punto de que, cuando en 18 de Julio la Cámara se dividió en dos, un hombre político importante os dijera que aquel era el más grande acto político que habíais realizado.

»Yo comprendo que es muy bueno que en las Cámaras existan las diversas opiniones que se agitan en el país: yo entiendo que es muy fructífero, muy saludable para cualquiera reforma, que sean oídas las opiniones de todos los partidos que hay en España; yo habría visto con gusto que aquí estuviesen representados, no sólo todos los partidos, sino todas las fracciones; pero crear artificialmente divisiones dentro de un mismo partido, entiendo que es el mayor de los absurdos que ha podido ocurrir al entendimiento humano.

»Recuerdo lo que ha pasado á otros partidos por efecto de esas divisiones. El partido progresista, después de haber escrito la Constitución del 69, después de haber formulado las leyes orgánicas para su desenvolvimiento, después de haber realizado más reformas de las que en la oposición había prometido, después de haber coronado la obra trayendo aquí una dinastía extranjera que había de servir y sirvió de escudo y guarda á las libertades del pueblo, se dividió con el fin de realizar eso que se llama el juego constitucional, de que tanto os hablan los conservadores. Se creía que la división del partido en fracciones no había de traer consecuencias. Las trajo, desgraciadamente para ellos, afortunadamente para nosotros. Nacieron entre las dos fracciones del partido odios profundos, abriéronse insondables abismos; y sin embargo, cuando vosotros leíais en sus programas, teníais que aguzar el ingenio para hallar las diferencias que separaban á los unos de los otros. Y como las dos fracciones, aisladas, eran cada una de por sí impotentes, la una tuvo que ir buscando el apoyo de los antiguos conservadores y la otra el apoyo de los republicanos: ¿Qué sucedió luego? Que los republicanos absorbimos y devoramos á los radicales, como los conservadores habrían sido absorbidos y devorados por los unionistas si hubieran sido los que en las esferas del poder hubiesen prevalecido.

»Cread divisiones en el seno de nuestro partido, y aunque digáis que las fracciones no tienen importancia, ya veréis como os sucede lo que ha sucedido al partido progresista.

»Hay ya entre vosotros profundos y enconados odios; os miráis ya, no como hermanos, sino como enemigos; no hay ya entre vosotros ni cortesía; todo ha desaparecido, el odio está por encima de todo. Imposible parece que hayáis caído en tales errores; no se puede explicar esto sino sabiendo por la historia que así los individuos como los partidos escarmientan siempre en cabeza propia, nunca en cabeza ajena.

»Los conservadores triunfan casi siempre de los demás partidos. Es esto debido en gran parte á que son la serpiente de la lisonja que se enrosca y se adhiere á los hombres principales de los demás partidos para irlos atrayendo hacia sí y hacerles sus instrumentos.

»El día en que yo bajaba de la presidencia del Poder ejecutivo, decía al señor Ríos Rosas que mi ministerio no había sido el sostén de la República y el orden, que los ministerios anteriores no habían sido gobiernos y que sólo tenía esperanza que lo fuera el presidido por el señor Salmerón. Siento que el señor Salmerón admitiese la censura á cambio de la lisonja: si yo hubiese sido entonces presidente del Poder ejecutivo y hubiese, como el señor Salmerón, formado parte de los demás gobiernos, no hubiera dejado levantar la sesión sin contestar á aquel discurso, que todavía está en pié.

»Los conservadores os llamarán hombres de gobierno, os calificarán de hombres de Estado, os levantarán hasta las nubes mientras los sirváis de instrumentos: el día en que, gracias á vuestro apoyo, hayan alcanzado el poder, os mirarán por encima del hombro, si es que no os tratan con desprecio. Entonces, ó tendréis que pasaros á ellos con armas y bagajes, ó bajaréis del poder escupidos y befados por esos mismos conservadores que antes os llenaban de lisonjas.

»Recordad lo que sucedió en 1856; había entonces un centro parlamentario que se unió á los conservadores; los conservadores triunfaron. ¿Sabéis que algún hombre político de aquel centro haya figurado en primera línea entre los unionistas? No: lo más que se les dió fué una dirección en un ministerio ó algún asiento en el Consejo de Estado.

»Volved, pues, sobre vosotros, pensad lo que hacéis; comprended que seguís un camino que no puede menos de conducir á la ruina de la República; trabajad, en lugar de dividir, por conciliar; trabajad porque el partido republicano sea uno; porque todos depongamos nuestros odios y nuestros rencores en aras de la patria, esto es lo noble, esto es lo que debéis aconsejar todos, en vez de aumentar las divisiones y ahondar los abismos que nos separan.

»Esta fué también mi política, mi política era de conciliación; pero dentro del partido republicano, no fuera, yo quería el orden, pero dentro de la República, no fuera de la República.» *(Aplausos en la izquierda).*

. . . .

«Quería yo la conclusión de la guerra civil, y para conseguirla hice cuanto pude. Necesitamos soldados, y como ministro de la Gobernación procuré llevar á cabo lo antes posible la ley de reemplazos votada por las anteriores Cortes, á pesar de que un individuo de la mayoría, y por cierto el actual presidente de la Cámara, calificó la reserva de quinta farisáica. Farisáica ó no, tenía que llevarla á cabo, porque era una ley y no correspondía juzgarla, sino ejecutarla.

»Organicé las reservas, exigiendo primero el padrón, después el alistamiento, luego su rectificación, más tarde la declaración de mozos útiles, y por último la entrada en caja de esos mozos, y cuando el mismo día de mi salida del ministerio tuve noticia de los abusos que se habían cometido en los reconocimientos, di orden, no sé si se habrá cumplido, de que se procediese contra los funcionarios que tales abusos habían cometido.

»Yo estaba preparando las reservas á fin de que me sirviesen para poner término á la guerra; así, al verme envuelto en la insurrección cantonal, al ver lo que entonces sucedía, confieso que me sentí perplejo, porque, como os decía en otra ocasión, el problema tenía varios términos, y no era posible resolverlo de una manera parcial sin peligro de que se agravasen las dificultades del país.

»Es verdad que este gobierno ha hecho frente á la insurrección cantonal, que ha vencido á los insurrectos; pero ha sucedido lo que yo temía: han sido vencidos los republicanos; ¿lo han sido los carlistas? No: interin ganabais victorias en el Mediodía, los carlistas las ganaban en el Norte.

»No os acuso por esto; estas son fatalidades de la situación; lo que sí os digo es que, en vista de lo sucedido, no encontraréis extraño que yo me viese perplejo, temiendo que al hacer la guerra á los unos diese aliento á los otros.

»Yo habría combatido la insurrección cantonal como vosotros, si es que por los medios persuasivos y amistosos que hubiese empleado no hubiera conseguido la rendición de los insurrectos. Lo que no hubiera hecho jamás habría sido apelar á los medios á que vosotros habéis apelado; que éstos habrían sido siempre vedados para mí. Yo no hubiera declarado jamás piratas á los buques de que se apoderaron los federales; yo no hubiera permitido que naciones extranjeras que ni siquiera nos han reconocido, viniesen á intervenir en nuestras tristísimas discordias. Yo no hubiera bombardeado la ciudad de Valencia. Habría recordado que un bombardeo fué la causa de la caída del general Espartero. Habría recordado que el bombardeo de París, á pesar de haber ocurrido en una guerra extranjera, sublevó á toda Europa, que veía con dolor amenazados los primeros edificios del mundo.

»Sé que en Valencia no existen los primeros edificios del mundo; pero existen edificios de propietarios que estaban muy lejos de simpatizar con los insurrectos y tenían que sufrir las consecuencias del bombardeo. Yo habría empleado otros medios, jamás el del bombardeo.

»Pero vosotros, no hablo del actual gobierno, que ha muerto, hablo del gobierno que pueda nacer de la mayoría, ¿qué os proponéis hacer para acabar con la guerra? El señor Ríos Rosas y algunos otros han creído que la cosa urge, que no es cosa de quince días, ni de ocho, ni de un día, sino de una hora, y bien, ¿dónde están los medios para hacer frente á necesidades tan apremiantes? ¿En el aumento de la Guardia civil, que no puede menos de ser lento, atendidas las condiciones que para su ingreso se exigen? ¿En las reservas, que tardarán por lo menos un mes en estar organizadas para entrar en campaña? ¿En esos quinientos mil milicianos de que nos hablaba el señor Castelar? ¿Dónde están las armas? ¿Dónde tenéis medios para ello? Lo que debéis pensar es ver si podéis aprovechar lo que tenéis, no lo que podáis tener mañana.

»Y bien: yo os digo que por el camino que seguís es imposible salvar la República, porque vosotros desconfiáis de las masas populares, como más de una vez habéis demostrado, y sin tener confianza en las masas populares es imposible que podáis hacer frente á los carlistas. Haced lo que hicieron nuestros padres en la guerra civil: las plazas más importantes las entregaron á los milicianos nacionales; ellos guarnecían, no sólo las ciudades, sino los castillos y las fortalezas de las provincias, y de esta manera las fuerzas del ejército podían combatir á las facciones. Vosotros, hoy, temáis la desconfianza como principio de gobierno y no veis que las reservas tan sólo van á serviros para guarnecer las ciudades y las fortalezas. ¿Qué queréis dejar para las necesidades de la República en las provincias, es decir, para hacer frente á las eventualidades del orden público?¿Queréis dejar en cada una sólo mil quinientos hombres? Pues necesitáis para esto sólo setenta mil hombres; al paso que si tuvieseis plena confianza en las masas populares, procurando contentarlas, realizando las reformas que quieren, exaltándolas, podriais disponer de todas las fuerzas armadas del país y enviarlas al Norte ó al Oriente, donde mayores fueren las necesidades de la guerra.

»No creáis, señores, que yo os digo esto en son de oposición; yo no soy de la mayoría, ni de la minoría, ni del centro; yo no he asistido á ninguna reunión de ningún grupo de la Cámara; yo no he tomado parte en ninguna de sus deliberaciones; porque ya os he dicho, no ahora, sino cuando el partido estaba en la oposición, que á mí no me debéis buscar jamás para ser elemento de discordia y sí tan sólo para ser lazo de unión y de concordia. Me importa poco que hoy me juzguéis como mejor os parezca; día vendrá en que me conozcáis y digáis si este hombre honrado tenía ó no deseos de salvar la República. Podré haberme engañado en los medios, podré haber dejado de hacer algo de lo que debiera haber hecho. ¿Quién lo duda? ¿Es que yo tengo siempre tal dominio sobre mí mismo, que no pueda dejar de hacer alguna vez lo que aconseja la convenencia? De todas maneras, recordaréis algún día todos que he sido siempre fiel á mis principios y que he procurado afianzar la República y la paz.

»Y ahora, en lugar de pensar en formar lo que llamáis ministerio homogéneo, pensad en formar un ministerio compuesto de todas las fracciones de la Cámara, como lo pretendí yo antes de presentar la renuncia de Presidente del Poder ejecutivo. Yo entiendo que con sólo los republicanos, alrededor de los cuales podrían agruparse todas las fuerzas, vosotros podriais hacer frente á las necesidades de la guerra. Pero ¿cómo queréis que esto suceda, si empezáis por enajenaros la voluntad de las masas aplazando las reformas, puesto que hasta queréis suspender las sesiones de las Cortes?

»Obrad como queráis, he dicho lo bastante para librarme de responsabilidad por lo que pueda suceder; he dicho cuál ha sido mi política, cuáles son mis propósitos; me he vindicado como cumplía á mi decoro: estoy tranquilo. Ya os he dicho que no me preocupa lo que la opinión pueda decir de mí; tengo la satisfacción de mi conciencia y vivo en paz, seguro de haber hecho lo que cumplía á los altos intereses de la República y de la Nación española.»

La derecha permaneció impasible ante el discurso de Pí y Margall, pero la izquierda lo acogió con calurosos aplausos.

El ministro de la Gobernación, señor Maissonave, contestó á Pí y Margall y después de hacer justicia á su honradez política, afirmó que si el gobierno había distraído fuerzas del ejército del Norte para batir á los cantonales, era porque consideraba á éstos como más peligrosos que los carlistas.

Ríos Rosas, que estaba muy enojado con Pí por haber comparado éste al partido conservador con una serpiente, hizo uso de la palabra dirigiendo al ilustre federal un ataque tan injustificado como era hacerle responsable de todos los actos del gabinete presidido por Figueras.

Una declaración importantísima tratándose de un conservador, tuvo el discurso de Ríos Rosas.

«Ya os dije ayer en sesión secreta, —dijo el enérgico orador,—y hoy tengo el valor y el gusto de decíroslo en sesión pública, que sois una Cámara legal que representáis la soberanía de la Nación; que cualquiera que se levante contra vosotros con cualquier título, con cualquier bandera, es faccioso y rebelde; que aquí está la personificación genuina del poder público; que de aquí ha de salir toda representación inferior del poder público.»

Ríos Rosas terminó pidiendo á la mayoría que renunciase á la federación ya que ésta era en su concepto la ruina de la patria y á su oratoria apasionada, violenta y muchas veces injuriosa, contestó Pí y Margall con una rectificación clara y exuberante de vigor.

«Siento, señores,—dijo con noble calma,—que una frase retórica de mejor ó peor gusto haya podido levantar la cólera del señor Ríos Rosas. No le consideraba yo ciertamente de epidermis tan delicada; de mí sé decir que la tengo muy dura.

»No contestaré á los mortificadores calificativos de su señoría, devolviéndole golpe por golpe, ya sabe el señor Ríos Rosas que suelo guardar en esta Cámara toda la serenidad posible y no me dejo llevar de las impresiones del momento, cosa impropia de hombres de mi temple. El señor Ríos Rosas me ha hecho inculpaciones graves y me veo en la necesidad de combatirlas con energía, con valor, porque energía y valor puede tener y tiene el que tiene tranquila la conciencia. Yo no veo en el señor Ríos Rosas más que la personificación de todos los odios que han levantado contra mí todos los enemigos de la República. He tenido que devorar en silencio durante mucho tiempo las acusaciones de que se ha hecho ahora eco el señor Ríos Rosas; y sin embargo, lo confieso, he sentido cierta secreta complacencia al verme blanco de tan profundos odios. No, no los temo, no temo los odios de mis enemigos; los desafío, los arrostro: lo que siento es que los correligionarios míos no comprendan la táctica de los enemigos de la República, y en vez de arrojar el arma que les ofrecían la esgriman contra un hombre que, según ellos, ha prestado grandes servicios á la causa de la República.

»Su señoría ha seguido la conducta de sus partidarios. Si trataba de hablar, me acusaban de que quería censurar al gobierno y precipitar los sucesos y cohonestar la insurrección del Mediodía; si guardaba silencio, lo interpretaban como un acto de hipocresía, como un medio que tenía para oponer dificultades y obstáculos á la marcha del gobierno. Reto á S. S. á que presente un solo documento, uno solo, que acredite que he podido faltar á la lealtad que debo á mi partido.»

Pí y Margall explicó después los sucesos ocurridos en Alcoy, de los cuales habían tenido los conservadores gran culpa y tratando de la indisciplina del ejército, la achacó con sobrada razón á los generales que cobardes ó traidores, faltaban á su deber, huyendo al menor síntoma de insubordinación.

Después añadió dirigiéndose siempre á Ríos Rosas:

«Harto sentirá S. S., que tuviese yo bastante fuerza para resistir el día 23 de Abril, en que sin disparar siquiera un cañonazo deshice una vasta conspiración fraguada por todos los enemigos de la República.

»Por eso soy el blanco de tantos y tan profundos odios. Pero, lo he dicho ya, no los temo con tal de tener el apoyo de que hablaba el señor Ríos Rosas, el apoyo de los republicanos. Yo aquí, según S. S., soy un hombre que no está ni en el cielo, ni en la tierra, ni en el aire, porque he declarado que no pertenecía á ninguna fracción.

»No pertenezco á ninguna fracción, pero pertenezco en cambio á la gran comunión republicana y tengo por hermanos á todos los que quieren la República federal. Todos, todos ellos pueden contar con mis servicios. Porque yo soy un hombre que, aunque parece que tengo un exterior frío y severo, abrigo un corazón ardiente y estoy dispuesto, no ya á ser presidente de un gabinete, no ya á entrar de simple ministro en cualquiera que se forme, sino á desempeñar el gobierno de la última provincia de la República, el último puesto que un gobierno republicano quiera confiarme para la salud de la República y de la patria. Me veis un hombre de exterior frío y creéis que no tengo corazón; y sin embargo, mi corazón late tal vez con más violencia que el vuestro y en él se levantan tempestades cien veces más sombrías y pavorosas que las tempestades políticas que corro.

»Ya lo habéis oído: el señor Ríos Rosas os dice que debéis renunciar á la República federal por el movimiento iniciado en Cartagena. Menguados seriais si tal hicierais. Si vuestros padres al querer implantar la libertad en España hubieran retrocedido ante los disturbios, los crímenes, los excesos que han manchado la historia de la revolución en España, ¿creéis que gozaríamos hoy de la libertad de que gozamos? Recordad el año 34 que era la aurora de nuestra libertad, ó por mejor decir, su renacimiento. Por una parte la guerra civil, por otra los incendios de los conventos y la matanza de los frailes; por otra el cólera, azote que asomaba por primera vez en Europa y tenía consternadas y llenas de terror las gentes.

»Hubo entonces una reina gobernadora de ánimo varonil y esforzado que vino á Madrid á abrir las Cortes y próceres y procuradores que se reunieron en medio de aquellas grandes calamidades públicas, y sin perder la fé en la libertad, hicieron frente á los peligros y á las necesidades de la patria.

»¿Y habriais vosotros de deteneros ante el movimiento cantonal porque se os diga que con la federación peligra nuestra nacionalidad? Condeno y censuro amargamente esa insurrección, la considero como uno de los más grandes males que podían venir sobre la República; pero debo decir con la mano en el corazón que no es cierto que ese movimiento haya tratado de destruir la unidad de la patria. ¿Queréis la prueba? los hombres ciegos que todavía hoy tienen levantado el estandarte de la rebelión en Cartagena, ¿sabéis lo que han hecho en cuanto han llegado á constituir algo? Han creado, no un ministerio del cantón, sino un Poder ejecutivo de la nación española, han trabajado por la unidad de la patria como nosotros mismos. ¿Cómo no, si el sentimiento de esa unidad está tan fuertemente arraigado en nuestros corazones que es imposible que se debilite? ¿No habéis visto el año 1808 levantarse independientemente las provincias después del 2 de Mayo y poco después agruparse todas alrededor de la Junta Central y de las Cortes de Cádiz? No; la unidad es inquebrantable en España, porque no sólo está fundada en la unidad de sentimientos, sino en la unidad de intereses, y los intereses están entrelazados en las provincias de manera que no es posible su independencia.

»Os lo suplico encarecidamente: no hagáis caso de lo que ha dicho el señor Ríos Rosas, por grande que sea su importancia política. Escuchad solamente vuestra conciencia y las lecciones de la historia, y no olvidéis que siempre que los partidos liberales se han unido á los conservadores, han sido víctimas de tan torpe alianza.»

Cuando terminó la polémica entre Pí y Margall y Ríos Rosas, y después de hacer uso de la palabra Prefumo, Ocón, Suñer y Maissonave, habló don Nicolás Salmerón, quien dedicó todo su discurso á atacar á Pí, que en su concepto comprometía la libertad y los intereses de la civilización por su intransigencia con los conservadores. La conciliación que Pí intentaba para unir todas las fracciones de la Cámara la calificó Salmerón de nefanda y rogó á la mayoría que en ninguna ocasión se uniese con la izquierda.

Contestó Pí á tan directas alusiones y Salmerón volvió á hablar recomendando la formación de un gabinete homogéneo conservador presidido por don

D. EMILIO CASTELAR.

Emilio Castelar, al que pintó como el único hombre capaz de salvar la República.

La mayoría, dócil como siempre á la voz de sus dos inspiradores, procedió inmediatamente á la designación del diputado que se había de encargar de constituir el nuevo gobierno, resultando elegido presidente del Poder ejecutivo D. Emilio Castelar por ciento treinta y tres votos contra sesenta y siete que espontáneamente obtuvo Pí y Margall, y dos Salmerón.

Con esto la sesión abierta el 6 de Setiembre se dió por terminada á las cuatro y cuarto de la madrugada.

En la sesión del día 8, Castelar participó á las Cortes que había constituido su gabinete nombrando ministro de Estado á D. José de Carvajal; de la Gobernación á D. Eleuterio Maissonave; de Fomento á D. Joaquin Gil Berges; de Gracia y Justicia á D. Luis del Río y Ramos; de Hacienda á D. Manuel Pedregal Cañedo; de Marina y con carácter interino de la Guerra al contraalmirante D. Jacobo Oreiro, y de Ultramar á D. Santiago Soler y Plá.

El nuevo presidente del Poder ejecutivo pronunció su discurso-programa. Después de manifestar que aceptaba el poder guiado únicamente por su deseo de servir á la patria en momentos de peligro, declaró que seguiría la misma conducta política que su antecesor Salmerón, al que llamó uno de los más grandes filósofos de nuestro siglo. Creyó Castelar muy del caso aun en aquel entonces mostrarse federal, é hizo la defensa de tal doctrina, aunque con tibieza y notándose en él que por interés egoísta defendía ideas que estaba muy lejos de sentir. Afirmó que la derecha de la Cámara quería irse antes con los monárquicos liberales que con la izquierda, porque los procedimientos de ésta conducían á la demagogia, y se detuvo en exagerar la importancia de la insurrección carlista, haciéndola aparecer terriblemente amenazadora y próxima á triunfar, todo con el objeto de pedir á la Cámara que cercenase los derechos individuales y diese al gobierno facultades excepcionales. Para vencer á los carlistas en la guerra hizo un llamamiento á todos los partidos que tenían representación en la Cámara, obligándose á dar los mandos del ejército á generales de todas las opiniones, hasta á aquellos que estaban comprometidos en la conspiración alfonsina.

Estas declaraciones resultaban deplorables, pues con ellas se ponía la República á merced de los enemigos; pero á pesar de esto la derecha aplaudió con entusiasmo.

En la sesión siguiente fué elegido presidente de la Asamblea D. Nicolás Salmerón por ciento veintidos votos. Inmediatamente declaróse la urgencia del proyecto de autorización ilimitada que pedía el gobierno y se puso en conocimiento de las Cortes que había sido nombrado ministro de la Guerra el teniente general D. José Sánchez

Bregua, que mandaba el ejército del Norte y que era declaradamente alfonsino.

Después que fueron aprobadas las autorizaciones dictatoriales pedidas por Castelar, esperábase que de un momento á otro el gobierno propusiera á las Cortes la suspensión de las sesiones. En la del 18 de Setiembre D. Miguel Morayta, por indicación de Castelar, pidió dicha suspensión, fijando para el 2 de Enero la fecha de la reunión de la Asamblea. Morayta estuvo muy desgraciado al apoyar esta proposición, pero á pesar de esto las Cortes la tomaron en consideración por noventa y un votos contra cincuenta y tres.

Otra proposición de *no há lugar á deliberar* presentada por el señor Blanco Villarta, á pesar de ser defendida por su autor con poderosas razones, fué desechada por cien votos contra cincuenta y uno.

La proposición de Morayta fué defendida por los diputados Montalvo, Boet y Almagro, y combatida por Pérez Costales, Castellanos y Bartolomé Santamaría. Los señores Benot y Suñer y Capdevila hablaron por alusiones personales combatiendo la política autoritaria é irreconciliable que se proponía seguir el gobierno con los federales sublevados, y Pi y Margall atacó con gran acierto á Castelar, demostrando que era improcedente y fatal para la República cerrar las Cortes cuando atravesaba la República un período tan difícil.

Castelar contestó con una arenga declamatoria en la cual después de afirmar que la República existía ya de hecho y que no eran necesarias más reformas ni más libertad, invocó como de costumbre á Dios para que protegiese la República, asegurando que ésta tenía necesidad de confiarse á los militares sin atender al partido á que pertenecían. Recordó que los Estados Unidos habían tardado diez años en hacer su definitiva Constitución federal y terminó pidiendo á los diputados mucha calma y mucha confianza, ya que la República, obra de la nación y de la Providencia, bastaba para asegurar la libertad, la integridad y la honra de España.

Este discurso causó una triste impresión en la izquierda, y el señor Blanco Villarta, hablando en representación de ella, hizo notar que todas las libertades consignadas por Castelar en su discurso figuraban en el programa de los radicales, y que por tanto, el partido republicano federal no debía limitarse á su establecimiento. El diputado de la izquierda terminó su discurso gritando: «¡Republicanos federales! ¡La República federal ha muerto! ¡Viva la República federal!» La izquierda y el centro aplaudieron estas palabras y la escéptica y apóstata mayoría las acogió con carcajadas.

Díaz Quintero vindicó á los cantonales de las injurias que les acababa de dirigir Castelar y después hizo uso de la palabra para rectificar D. Francisco Pi y Margall, quien pidió al presidente del Poder ejecutivo que declarase si entendía haber llegado la hora de transigir respecto á la República federal. Después añadió:

«En cuanto á la colocación de hombres de diversos partidos para los mandos militares, debo decir á S. S. que hay que andar en eso con muchísimo tino. No se haga S. S. ilusiones: los partidos en España serán siempre partidos y vendrán siempre á alcanzar el poder por los medios que puedan. No crea nunca S. S. que los demás partidos se presten á servir á la República por el sólo gusto de servirla: lo harán con el ánimo deliberado de derribarla y hacer triunfar sus principios. Hombres que bajo un régimen monárquico que todos aceptaban no pudieron dejar de estar en guerra y comprometieron dos dinastías y pusieron en peligro de muerte la misma monarquía, objeto de su culto, es de todo punto imposible que bajo un régimen republicano que detestan, principalmente si es federal, quieran prestar desinteresadamente sus servicios á esta forma de gobierno. Por lo demás, opino con su señoría que la República debe fundar el orden, establecer la autoridad y resolver el problema político: pero, entiéndalo bien S. S., es preciso empezar por constituir la República, porque sin tenerla constituida, los peligros serán siempre grandes y S. S. impotente para dominarlos.»

La profecía de Pí y Margall sobre la conducta de los generales, no tardó en verse realizada.

Rectificó Castelar sin hacer ninguna declaración importante, y la proposición de Morayta sobre suspensión de las sesiones resultó aprobada por ciento veinticuatro votos contra sesenta y ocho.

El 20 de Setiembre, ó sea dos días después, suspendiéronse las sesiones de Cortes, hasta el 2 de Enero de 1874, quedando á Castelar un plazo de ciento cuatro días para enfrenar la demagogia y las hordas del absolutismo, como él decía en sus pintorescos discursos.

Aquellas Cortes sólo debían reunirse ya para morir deshonradas.

El período dictatorial de Castelar fué el más funesto y censurable de la época de la República y bajo su gobierno se vió caminar aceleradamente al abismo la popular institución cuya conquista tantos esfuerzos había costado.

La reacción no se inició con el golpe de Estado del 3 de Enero, sino que se mostró en toda su repugnante grandeza desde el momento en que Castelar, libre ya de las censuras de las Cortes, gobernó por completo á su antojo.

Apenas ocupó el célebre orador la presidencia del Poder ejecutivo regresaron á Madrid todos los monárquicos que fugitivos después del fracaso del 23 de Abril conspiraban desde Francia contra la República. Conocedores todos ellos de la desordenada vanidad y de la falta de fijeza en las ideas que caracterizaban á Castelar, halagaron sus instintos dictatoriales, convenciéndolo fácilmente de que debía renunciar á la federación. Sagasta, Serrano, Olózaga, Martos y otros enemigos de la República fueron sus principales consejeros, con lo cual el gobierno de la República convirtióse en azote de los republicanos y en protector benévolo de los monárquicos.

Todos los militares enemigos de la República quedaron colocados en los primeros puestos del ejército, y los alfonsinos merecieron una estimación mayor aún que la que podía profesarles el pretendiente por quien trabajaban. Ceballos y González Iscar fueron ascendidos á tenientes generales; Pavía fué confirmado en la Capitanía general de Madrid, y Moriones, Turón y Martínez Campos quedaron nombrados generales en jefe de los ejércitos del Norte, Cataluña y Centro. Tanto afán mostraba el ministro de la Guerra por elevar á todos los generales enemigos de la República que reconoció los grados, empleos y honores á Novaliches, Calonge, Gasset y otros militares isabelinos que se habían opuesto á la Revolución de Setiembre de 1868. Primo de Rivera, que todos sabían conspiraba en favor de la restauración borbónica, quedó nombrado comandante general de Navarra, y Jovellar, que no era menos reaccionario, fué enviado de capitán general á Cuba. A estas disposiciones iban unidas otras encaminadas á hacer antipática la República en el ejército y á favorecer el triunfo de la restauración, sirviendo Castelar de cándido instrumento á Sánchez Bregua, quien tuvo el impudor algún tiempo después de afirmar que él desde el ministerio de la Guerra había hecho más en favor de la restauración que Pavía con su infame golpe de Estado.

El haberse entrometido el gobernador civil de Madrid, señor Hidalgo Caballero, en la dirección de la Guardia civil con motivo de una supuesta conspiración carlista, motivó su dimisión, siendo reemplazado por el señor Prefumo.

Otra perturbación prodújose á los pocos días en Madrid con motivo de la llegada de los voluntarios de Málaga, que en un rapto de entusiasmo decidiéronse á marchar al Norte como movilizados á las órdenes del señor Solier. Eran unos mil doscientos, y al desbandarse por Madrid dieron tales muestras de mala educación y molestaron tanto á las señoras que transitaban por las calles, que el vecindario los miró como á enemigos. Cuando tocaron llamada sólo acudieron ochocientos que marcharon inmediatamente para el Norte y los demás fueron desarmados.

Castelar, que sin duda aspiraba á ser el González Brabo de la República, valiéndose de la suspensión de las garantías constitucionales y de haberse puesto en vigor la ley de orden público de 23 de Abril de 1870, procedió con gran saña, así que se cerraron las Cortes, contra la prensa republicana, ofendido por los justos ataques que ésta le dirigía.

Todos los procedimientos empleados contra la prensa por los gobiernos más reaccionarios de Isabel II los imitó Castelar, que multó los periódicos á granel, y en vista de que con este procedimiento no lograba amordazar á la verdad, suspendió las publicaciones, encarceló á los directores y hasta llegó á deportar á los operarios de las imprentas.

Puede ser que al dictar estas tiránicas disposiciones Castelar sintiera remordimientos de conciencia y pensara avergonzado en el tribuno entusiasta que en 1869 predicaba el derecho de insurrección contra gobiernos más liberales que el suyo; pero allí estaban para consolarle con sus burlonas alabanzas los radicales y los conservadores, que llamándolo el más grande hombre de Estado del siglo lo manejaban á su gusto.

Castelar se arrojaba con gran cariño en brazos de los conservadores, sin ver que éstos en vez de corresponder con su adhesión á tal benevolencia se envalentonaban reorganizándose. Los alfonsinos y los montpensieristas se habían reconciliado por completo, y el pretendiente don Alfonso había nombrado jefe de su partido á D. Antonio Cánovas del Castillo.

Al mismo tiempo reorganizábanse los constitucionales y los radicales.

En este último partido la mayoría estaba por la República unitaria, pero había muchos también partidarios de la monarquía, y Ruiz Zorrilla, que era un jefe más honorífico que real de la agrupación, hallábase en Lisboa y no intervenía en los asuntos políticos.

Aquella política de *atracción* que tanto encomiaba Castelar, sólo servía para que se organizasen á la sombra del gobierno los partidos monárquicos que estaban disgregados y próximos á morir desde que se proclamó la República.

A fines de Setiembre falleció en las inmediaciones de París el célebre don Salustiano Olózaga, que tanto había figurado en la política española durante cuarenta años.

Al proclamarse la República había dimitido su cargo de embajador de España en París; pero como Francia no había reconocido aún nuestra República, siguió Olózaga desempeñando hasta su muerte un cargo que sólo era nominal y en el que le reemplazó D. Buenaventura Abarzuza.

Castelar hacía esfuerzos porque la República española fuese reconocida por algunas naciones importantes; pero únicamente logró que los gobiernos de las repúblicas de Costa Rica, Honduras, Guatemala y Nicaragua, que son las más pequeñas de América, entrasen en relaciones con España, recibiendo á sus embajadores con un aparato regio.

Tan desacertada y loca era la conducta de Castelar que excitaba de mil modos la susceptibilidad de los voluntarios federales para asestarles un golpe de muerte, y á pesar de que la guerra del Norte no adelantaba por falta de hombres, acumulaba batallones en Madrid para dar la batalla al pueblo, según él decía.

Mientras Castelar se cuidaba únicamente de desfigurar aquella República que él había propagado, la guerra carlista se hacía cada vez más imponente á causa de que el gobierno dedicaba todas sus fuerzas á batir y atemorizar á sus mismos correligionarios.

Moriones, después de sostener en el Norte sangrientos combates para apoderarse de Estella, tenía que abandonar su conquista por falta de fuerzas, y en el Centro la facción penetraba en Cuenca y poco después en Albacete, sin que ninguna fuerza se opusiera á su paso, por estar todo el ejército concentrado en el sitio de Cartagena.

Que los carlistas gozaran de absoluta libertad en sus correrías y que los liberales de las pequeñas poblaciones hubieran de abandonar sus haciendas para refugiarse en las plazas fortificadas y salvar su vida, esto nada significaba para Castelar, que se había propuesto salvar la sociedad del peligro en que estaba, y lo conseguía ordenando el fusilamiento de soldados y buscando pretextos para exterminar á la milicia de Madrid, la cual, con su conducta prudente y digna, se empeñó en no favorecer este plan liberticida. Como se ve, la grotesca dictadura de Castelar iba tomando un carácter trágico.

El 31 de Octubre fué apresado en aguas de Cuba el vapor *Virginius*, tripulado por ciento sesenta y cinco filibusteros y con cargamento de armas destinadas á los insurrectos separatistas. Castelar no vaciló en su conducta de feroz represión ante el número de delincuentes, y en Santiago de Cuba fueron fusilados todos los prisioneros.

Mientras tanto Salmerón, el enemigo irreconciliable de la pena de muerte, el filósofo que no transigía con los derramamientos de sangre, seguía tan tranquilo en la presidencia del Poder legislativo, apoyando al gobierno y sin ocurrírsele presentar la dimisión.

La circunstancia de llevar el *Virginius* izada la bandera de los Estados-Unidos, dió lugar á alarmantes reclamaciones diplomáticas. España estuvo próxima á una guerra con la gran República americana, y la cuestión del *Virginius* absorbió durante dos meses la atención del país.

La terquedad de Castelar fué en aquella ocasión muy peligrosa. Sometiendo el asunto á las Cortes le hubiera podido dar fácil solución; pero prefirió enredarse en una interminable maraña de negociaciones antes que reanudar las sesiones de la Asamblea, por temor á que ésta le pidiera estrecha cuenta de su dictadura irritante.

Las arbitrariedades del gobierno, que excitaban las iras del pueblo, arrastraban á confiarse cada vez más á la protección de los militares y éstos se ensoberbecían mostrando ya claramente sus planes que habían de producir la muerte de la República.

En la madrugada del 3 de Noviembre falleció el fogoso orador Ríos Rosas, uno de nuestros primeros parlamentarios, y el gobierno acordó que sus funerales y entierro fuesen costeados por el Estado, en vista de la pobreza del difunto hombre ilustre. En el entierro, el general Pavía, con toda la insolencia de su carácter y llevado del afán de insultar á los republicanos, molestó con su conducta á la representación de la Asamblea, y al ser amonestado, profirió frases amenazadoras contra los diputados y contra el mismo gobierno. Después de esto, todos esperaban la destitución de Pavía, pero Castelar le mantuvo en su Capitanía general de Madrid.

El impresionable tribuno iba ya tocando en la práctica los resultados de su programa.

Reorganizaba el ejército, pero era para poner la representación nacional á merced del primer general que quisiera pisotearla.

Mientras tanto, no daba grandes resultados la exagerada protección á los militares. La guerra civil no adelantaba gran cosa y esto era á causa de que el gobierno destinaba el ejército más á combatir los federales en armas, que á extinguir el carlismo.

En el Norte, Moriones, tras una sangrienta batalla, tomaba las posiciones de Montejurra, aunque sin atreverse á entrar en Estella y dejando indeciso el éxito de la acción.

En Cataluña las partidas carlistas, dueñas de las montañas, efectuaban atrevidas correrías y daban golpes de mano como el de Cardedeu, donde la facción mandada por Savalls, después de vencer la desesperada resistencia que opusieron los heroicos voluntarios de la población, penetraron en ésta incendiando las casas y fusilando diez y nueve defensores.

Estos hechos vandálicos de los carlistas debían caer sobre la frente de Castelar que era el único responsable, pues para llevar á cabo sus planes liberticidas y no temer ningún obstáculo había disuelto los cuatro batallones de *Guías de la Diputación* que mandados por el intrépido Lostau tanto daño habían causado á los absolutistas, protegiendo de sus rapaces expediciones á las poblaciones rurales.

Entretanto Castelar y su favorito Maissonave veían impasibles los avances de los carlistas cuya importancia tanto habían exagerado en las Cortes, y únicamente pensaban en combatir en Madrid á lo que ellos llamaban la *demagogia* y que eran el mismo pueblo federal, honrado y entusiasta que meses antes aplaudía frenéticamente al célebre tribuno cuando éste aun no había iniciado su apostasía.

Tan vehementes eran los deseos que Castelar y Maissonave sentían de provocar al pueblo de Madrid para darle la batalla y tenerlo después más oprimido, que fundándose en falsas delaciones adoptaron medidas depresivas para la milicia madrileña, recibiendo de ella una lección de prudente patriotismo en vista de que ésta procuró no dar gusto al gobierno que quería originar conflictos para acelerar la muerte de la República. Hasta en los elementos más exaltados é intransigentes del partido federal había mayor cordura y espíritu de gobierno que en aquellos locos que ocupaban el poder y que con tal de ganarse las burlonas alabanzas de los conservadores no vacilaban en proceder contra el pueblo.

El gobernador, sin motivos justificantes, publicó un bando prohibiendo se formasen en las calles grupos de gente armada y amenazando disolverlos inmediatamente por la fuerza quedando todos los vecinos obligados á ayudar á la autoridad. La alarma era general, pues como se sabía de lo que era capaz el gobierno con tal de exterminar al pueblo, temíase que distribuyera en las calles grupos de gente pagada para justificar de este modo la agresión.

En vista de la conducta política que observaba Castelar, algunos diputados del centro y de la izquierda reuniéronse en el salón de conferencias del Congreso redactando la siguiente protesta dirigida á la mesa de las Cortes:

«Los diputados que suscriben, miembros de la minoría republicana federal, izquierda de la Asamblea Constituyente, se ven en la enojosa y triste necesidad de dirigir á la mesa de las mismas Cortes una protesta dura sobre la perniciosa política que viene siguiendo el Poder ejecutivo, no sólo contraria á las aspiraciones del partido republicano, sino también á los más naturales sentimientos de humanidad y justicia.

»Ya sabían los diputados verdaderamente federales, que el Gobierno, en mal hora nombrado, daría fuerzas á la reacción, poniendo la República á los piés de sus enemigos; pero no sospecharon en el primer momento que tan torpe conducta pudiera ser el resultado de una determinación deliberada y de una confabulación repugnante, ni menos pudieron imaginar que con voluntad y conocimiento se deseaba, no ya poner la República á los piés de sus enemigos, sino lo que es más odioso, ponerla ensangrentada.

»Una serie de actos dimanados del Gobierno, prueban el propósito de suscitar un conflicto en la capital de la nación; actos rebuscados que serían pueriles si no tuvieran un fondo de saña; actos que, por otra parte, están conformes con los que practican los delegados del Poder ejecutivo en todas las provincias españolas.

»Vivimos en un período de tiranía en que está vejada la prensa, la libertad á merced de los procónsules, la vida en manos del verdugo y la República deshonrada por atentados que la comprometen en el concierto de las naciones civilizadas; y como si todo esto no fuera bastante, todavía el Gobierno desarma en Cataluña á los republicanos, que aun tienen abiertas las heridas que recibieron de los carlistas, y provoca en Madrid á los voluntarios de la República, como si buscara la rebeldía para recrearse en una represión sangrienta.

»Los diputados que suscriben protestan una vez más de la conducta del Gobierno, y lo señalan al país como responsable de las desdichas que están afligiendo á la República y han de herir el corazón de la patria.

»Por todas estas consideraciones creen cumplir un deber ineludible dirigiéndose, como lo hacen por medio de esta comunicación-protesta, á la mesa de las Cortes, excitando su celo para que acuerde, si lo tiene á bien, la inmediata reunión de las mismas, como único medio, en su concepto, de salvar la libertad y la República federal, que todos han votado.

»Palacio de las Cortes á 18 de Noviembre de 1873.—José María de Orense. — Nicolás Estévanez. — Francisco Palacios Sevillano. — Eduardo Benot. — Juan D. Pinedo. —Angel Armentia.—José Vázquez Moreiro.—Mariano García Criado. —Silvestre Haro.—León Merino. —Ramón Cala.—Romualdo Lafuente. — Ramón Moreno. — Francisco Forasté. — Mariano Galiana. — León Taillet.—Cesáreo M.ª Somolinos.—Luis Blanc.—Jerónimo Fuillerat.—Serafín Olave.—Emigdio Santa María.»

El presidente de la Asamblea no hizo caso de esta protesta, mas no por ello dejó de causar muy buen efecto en el país.

La benevolencia del gobierno con los conservadores solo era comparable con la intransigencia que reservaba para los federales y especialmente para los que se habían levantado en armas.

Los cantonales de Cartagena, cuando Salmerón era presidente de la República y Castelar actuaba ya de inmediato sucesor, habían enviado á Madrid algunos comisionados para manifestar que estaban dispuestos á rendir la plaza siempre que se concediera una amnistía amplia y se procediera en las Cortes, inmediatamente, á la discusión y votación de la Constitución Federal. Al subir Castelar al poder reprodujéronse estas peticiones, pero el presidente de la República las rechazó, prefiriendo continuar el sitio de Cartagena y pagar á peso de oro los repugnantes servicios de los traidores asalariados que tenía dentro de la plaza. La prisión de Pernas, Carreras y los otros militares cantonales quitó á Castelar toda esperanza de alcanzar por medio del soborno la rendición de la plaza y desde entonces se decidió á apelar al bárbaro recurso del bombardeo, no deteniéndose ante la consideración de convertir Cartagena en un montón de ruinas.

Esperaba el país con impaciencia la reapertura de las sesiones de Cortes, pero antes que esto sucediera circuló la noticia de que Castelar y Salmerón, que tan amigablemente habían trabajado hasta entonces en comandita política, estaban próximos á romper sus relaciones.

Nadie comprendía el por qué de

aquella disidencia. Salmerón la explicó más tarde en la sesión del 2 de Enero, diciendo que no podía transigir con la conducta antidemocrática de Castelar; pero tal acusación era injusta, pues éste como gobernante no había hecho más que seguir las huellas de su antecesor. Si Castelar había bombardeado Cartagena y perseguido sañudamente á los cantonales, Salmerón había firmado antes su sentencia de muerte declarándolos piratas, había bombardeado Valencia y manifestado en pleno Congreso que perseguiría con más predilección á los republicanos que á los carlistas.

Castelar se sentía cada vez más atraído por el abismo de la reacción y aceleraba sus medidas despóticas sin pensar que se acercaba el momento en que la representación nacional le pediría estrecha cuenta de su conducta.

Sosteniendo cada vez con más empeño su propósito de rodear á la República de enemigos, nombró á Martínez Campos capitán general de Cataluña y á López Domínguez general en jefe del ejército sitiador de Cartagena, encargándole que rindiese la plaza antes de la reapertura de las Cortes.

La cuestión del *Virginius* fué resuelta satisfactoriamente antes de que el Poder legislativo reanudase sus sesiones, con gran disgusto de los españoles de Cuba, que arrastrados por un patriotismo tan ardiente como irreflexivo, querían que nuestro gobierno no diese ninguna explicación al de los Estados-Unidos.

Como si Castelar tuviese empeño en abusar hasta el último límite de las facultades que le habían concedido las Cortes y en dar á la República un carácter ridículo, publicó unos decretos en la *Gaceta* del 20 de Diciembre, promoviendo á las sillas metropolitanas de Toledo, Santiago y Tarragona, al arzobispo de Valencia y á los obispos de Cuenca y Málaga. Esta conducta en un gobierno republicano que proclamaba la neutralidad del Estado en cuestión de cultos, provocó la risa en unos y la indignación en otros.

Esta conducta de Castelar resultaba menos liberal que la de los radicales, que aunque no eran partidarios de la separación de la Iglesia y el Estado procuraban no mezclarse en asuntos religiosos.

El presidente del Poder ejecutivo se excusaba diciendo que el nombramiento de los tres obispos era un acto de alta política que desarmaría á los carlistas, demostrándoles que la República era tan católica como ellos, pero esto resultaba una ridiculez, pues sabido es que los absolutistas quieren únicamente la religión como un pretexto de fuerza para sus planes políticos.

Hasta los conservadores, que en el fondo son profundamente escépticos, rieron de la mojigatería sacristanesca de Castelar, y en cuanto á los republicanos manifestáronse justamente ofendidos de que la dignidad de la República sufriese entrando en pactos con la Santa Sede y de que el presidente prejuzgase arbitrariamente una cuestión tan importante como era la separación de la Iglesia y el Estado que estaba pendiente de la resolución de la Asamblea.

Salmerón, desde el momento en que se publicaron los famosos decretos sobre el nombramiento de arzobispos, extremó su ruptura con Castelar, sin que ésto significase que él fuera partidario de la separación de la Iglesia y el Estado, pues manifestaba que si volvía al poder no sólo conservaría el presupuesto de culto y clero, sino que lo aumentaría, pues en su concepto la Iglesia cobraba poco en España, percibiendo cerca de cincuenta millones de pesetas.

Se aproximaba la reapertura de las Cortes y Castelar extremaba cada vez más la reacción.

Los gobernadores quedaron autorizados para suspender los periódicos á su capricho, sin apercibimiento y multa previa, y Castelar, careciendo de motivo justificante, acumuló en Madrid unos doce mil hombres al mismo tiempo que el general Moriones, por orden del ministro de la Guerra, verificaba un movimiento extraño cuyo solo objeto era acercarse á Madrid para que el gobierno pudiera tener á mano el ejército del Norte.

Todo hacía presentir que Castelar, temiendo que las Cortes le exigiesen una estrecha responsabilidad por su conducta reaccionaria, preparaba un golpe de fuerza para disolver la Representación Nacional.

Figueras, que había regresado de Francia á mediados de Setiembre, reunió en su casa á Salmerón y á Pí y Margall pocos días antes de la reunión de las Cortes para tratar de la situación; pero se separaron sin tomar acuerdo alguno.

Mientras tanto la alarma era cada vez mayor entre los verdaderos partidarios de la República. Sabíase que Moriones estaba en Miranda con parte del ejército del Norte para caer inmediatamente sobre Madrid así que se lo ordenara el gobierno, y que Pavía había conferenciado con Castelar para manifestarle terminantemente que si su política reaccionaria era derrotada en la sesión del 2 de Enero, él disolvería las Cortes á viva fuerza para salvar la sociedad amenazada por la demagogia.

Esto se susurraba entonces sin poderlo probar; pero de las declaraciones que Pavía hizo después del 3 de Enero, resulta que Castelar desde el 20 de Diciembre de 1873 estaba enterado de que dicho militar pensaba en disolver las Cortes republicanas, á pesar de lo cual le mantuvo en la Capitanía general de Madrid. Después de tal declaración, que nunca ha sido desmentida por Castelar, inútil es extremarse en probar la complicidad de éste en el repugnante golpe del 3 de Enero.

Los interesados en matar la República disolviendo las Cortes, no procedían con misterio ni ocultaban sus planes; antes al contrario, seguros de la protección que les dispensaba Castelar, decían con el mayor descaro lo que se proponían hacer si la política de éste era derrotada.

El ministro de Marina, Oreiro, hablando con el exministro de igual ramo, D. Federico Anrich, le decía así:

—Es inútil que triunféis por los votos cuando se abra la Asamblea, porque en ese caso triunfaremos nosotros por las armas.

Pí y Margall era de los que menos querían creer en la posibilidad de un golpe de Estado preparado por los mismos ministros. El, á quien tanto habían acusado villanamente de conspirar desde el gobierno, creía que Castelar era víctima de iguales calumnias, no pudiendo imaginarse que un hombre que tantos himnos había entonado en honor de la República se aliase ahora á los reaccionarios para producir su muerte.

La conspiración reaccionaria era ya inevitable. Los primeros puestos del ejército los ocupaban los monárquicos; no había un solo general que fuese partidario de la República, y los soldados, sumisos á la voz de sus jefes, estaban dispuestos á marchar contra la legalidad.

Gran parte de los republicanos conocían hasta donde llegaba el peligro, y por esto, deseosos de evitarlo en cuanto fuese posible, algunos periódicos federales publicaron en 31 de Diciembre y 1.º de Enero al frente de sus ediciones, la siguiente proclama al ejército:

«Soldados: La forma de gobierno solemnemente proclamada por las Cortes Constituyentes de España, es la REPUBLICA DEMOCRATICA FEDERAL.

»La REPUBLICA DEMOCRATICA FEDERAL es la única legalidad política de nuestra patria, y debéis defenderla á costa de vuestra vida si queréis ser soldados leales y no queréis incurrir en las penas que la ordenanza militar impone á los traidores é indisciplinados.

»Soldados: Si algún general, jefe ó subalterno intenta sublevaros al grito de ¡*Viva D. Alfonso de Borbón!* haced fuego sobre él; matadle sin compasión; porque querrá arrastraros contra la legalidad existente.

»Si algún general, jefe ó subalterno quiere pronunciaros al grito de ¡*Viva la República unitaria!* contestadle á bayonetazos, no dejéis que viva un instante más, porque querrá indisciplinaros contra la ley política que nos rige.

»Si algún general, jefe ó subalterno trata de arrastraros contra la única soberanía legítima, contra las Cortes Constituyentes, sed implacables con él, acribillad su corazón á balazos, despedazad su cuerpo, porque querrá haceros traidores á la patria.

»Soldados: Obrando de esta manera estáis dentro de la legalidad, dentro del honor y de la disciplina militar, castigando á los facciosos; y no sólo no tenéis responsabilidad alguna por ello, sino que contribuís á regenerar la patria, á castigar á los fariseos políticos y á redimir al pueblo español, que se halla formado con el conjunto de vuestros padres, hermanos, esposas é hijos.

»¡Soldados! ¡Viva la República Democrática Federal!»

A las tres y cuarto de la tarde del 2 de Enero de 1874, reanudaron las Cortes sus sesiones en medio de la general alarma. Después que fué aprobada el acta de la sesión anterior ó sea la de 20 de Setiembre de 1873, D. José María Orense dió un viva á la República federal que fué contestado con entusiasmo por la izquierda y el centro de la Cámara.

Estaban presentes todos los ministros excepto el de Ultramar, Soler y Pla, que á fines de Octubre había tenido la idea de emprender un viaje á Cuba para estudiar, según él decía, sobre el terreno, las necesidades de la gran Antilla. Este viaje, que resultó altamente grotesco é infructuoso, no tenía en el fondo otro objeto que el de exhibirse en aquella isla como un personaje omnipotente, recibiendo toda clase de agasajos y honores. El capricho de Soler y Pla costó á la nación más de cuatro millones de reales, quedando el ministro en situación muy desairada cuando á poco de llegar á Cuba se vió cesante y despreciado por los mismos que antes le agasajaban.

El presidente de las Cortes, don Nicolás Salmerón, pronunció un breve discurso recomendando á los diputados la circunspección más completa á las cuestiones políticas que se iban á discutir, ya que en aquellos momentos la Asamblea era el único principio de legalidad.»

Después de la lectura de varios proyectos de ley, Castelar, como presidente del Poder ejecutivo, levantóse para leer el mensaje en que daba cuenta de su conducta durante el interregno parlamentario. Decía haber usado con moderación de las facultades extraordinarias concedidas por las Cortes y justificaba su política, que él mismo reconocía ser un tanto anormal, exagerando la guerra carlista y más aún la revolución cantonal de Cartagena, que presentaba como el más terrible peligro del orden social. La protección dispensada á los generales monárquicos la disculpaba diciendo que era necesario dar al ejército un carácter verdaderamente nacional, y después enumeraba los proyectos de ley que en concepto del gobierno eran de urgente resolución.

Tales eran los principales puntos de aquel mensaje. Terminada su lectura los diputados Olías, Morayta, Canalejas y otros presentaron una proposición pidiendo á las Cortes que declarasen haber oído con satisfacción el mensaje del gobierno y que acordasen dar á éste un voto de gracias.

El individuo de la izquierda Bartolomé y Santamaría se opuso á tal proposición, con gran alarma de la extrema derecha, diciendo que no un voto de gracias sino de censura debía darse al gobierno por su política reaccionaria. Castelar se levantó entonces con aire indignado y tuvo el atrevimiento de decir que si la Asamblea se oponía á aquel voto de gracias, el gobierno no respondería del mantenimiento del orden público, amenaza que demostraba claramente la complicidad de Castelar en el golpe de Estado que se preparaba.

Protestó indignado Bartolomé y Santamaría contra aquella escandalosa amenaza, y Castelar, comprendiendo que había ido demasiado lejos, se presuró á rectificar quitando toda importancia á sus anteriores palabras.

Santamaría, en vista de las declaraciones de Castelar, manifestó que por razones que comprendía perfectamente la Cámara retiraba su proposición, comenzando entonces á discutirse la presentada por Olías.

El primer turno en contra lo consumió el diputado puertoriqueño Corchado, quien se reveló como uno de los primeros oradores que tuvo la Cámara republicana. Todas las arbitrariedades del gobierno de Castelar; todas las persecuciones contra la prensa federal; la censurable protección concedida á los monárquicos y los incalificables pactos con la Santa Sede, que constituían la esencia de aquella política llamada de atracción, fueron atacados con gran elocuencia y verdad, demostrando el señor Corchado que el estado de la guerra era peor bajo el gobierno de Castelar que en los anteriores, teniendo el actual ministerio como única gloria la de haber desprestigiado la República á los ojos del pueblo.

El primer turno en pro lo consumió el señor Montalvo, quien pronunció un discurso vulgar, intentando defender con argumentos conservadores á aquel gobierno antipático.

Benitez de Lugo consumió el segundo turno en contra, haciendo una crítica acertada del ministerio Castelar á quien calificó de inmoralidad política.

Romero Robledo, León y Castillo y Esteban Collantes hablaron en nombre del partido alfonsino para asegurar su simpatía á la política de Castelar, pintándola como la única capaz de salvar la nación. Los elogios que los monárquicos tributaban á Castelar eran la más clara demostración del escaso republicanismo de éste.

Gómez Sigura consumió el segundo turno en pro de la política de Castelar, y no solamente dejó sin réplica los ataques que se le dirigían á su jefe por reaccionario, sino que calificó de reacción bendita la conducta observada por el ministerio.

D. Rafael María de Labra pronunció un bellísimo discurso combatiendo rudamente la política de Castelar, al que consideró como fuera de la democracia, profetizándole que su desprestigio sería de los más grandes que registra la Historia contemporánea.

El tercer turno en contra lo consumió el diputado cordobés Torres, quien condenó las arbitrariedades cometidas por el ministro de la Gobernación durante el período de la dictadura.

«A los republicanos,—dijo,—se les persigue de una manera terrible en todas las provincias y especialmente en Sevilla, donde apenas hay un republicano á quien, por el mero hecho de serlo, no le sujeten á un procedimiento que consiste en prenderle y deportarle á Ceuta ó á otro paraje; y esto se hace sin darles tregua, sin que se les permita lo más preciso para el viaje, á diferencia de lo que sucede con los carlistas.»

El deber de Maissonave, como ministro de la Gobernación, era estar en aquellos momentos al frente de su departamento para prevenir los desórdenes que todos esperaban; pero como el gobierno era cómplice del golpe de Estado, de aquí que él permaneciera tranquilamente en el banco azul, dejando á los reaccionarios que conspirasen libremente á sus espaldas.

Las acusaciones del señor Torres obligáronle á contestar y lo hizo pronunciando un discurso injurioso, en el que insultó á la izquierda de la Cámara.

Para justificar su conducta antidemocrática, apeló á los resortes oratorios de los conservadores, calumniando del modo más villano á los insurrectos de Cartagena.

«Nosotros,—dijo,—al combatir la insurrección de Cartagena no hemos perseguido á los que defienden una idea política, sino á verdaderos criminales. ¿Qué significa en la época actual la insurrección de Cartagena? ¿Qué significan sus hechos vandálicos? ¿Qué significan sus piraterías por el Mediterráneo? ¿Qué significan sus asaltos á los pueblos, sus robos y saqueos á las casas? Se ha pedido que la guarnición que cerca á Cartagena vaya á combatir á los carlistas. Eso hubieran querido los presidiarios de Cartagena, que hubiéramos sacado de allí la guarnición, que se les hubiese dejado en libertad para poder asolar aquella bien asolada comarca, que se hubieran constituído las playas del Mediterráneo en un presidio suelto.»

Terminó emplazando á los diputados de la izquierda y el centro para una discusión detallada y tranquila de todos y cada uno de sus actos para otra ocasión, bien siguiera él ó no siendo ministro.

Después de este discurso habló el consecuente García Marqués, defendiendo la milicia nacional de los que la habían pintado como un foco de perturbaciones; y á la una de la mañana comenzó á consumir el tercer turno en pro del gobierno el señor Canalejas, quien declaró absurdo el federalismo y defendió las medidas del gobierno exponiendo un programa político igual al de los progresistas.

Al terminar la discusión reglamentaria, pidió la palabra Castelar, pero Salmerón le rogó que le dejase hablar antes, pues tenía necesidad de hacer declaraciones que debía al país más que á la Cámara.

No tuvo inconveniente Castelar en

Ya lo sabéis; proceded en consecuencia.

»Yo creo, señores diputados, que urge, urge fundar el partido conservador republicano, porque si no tenemos muchos matices no podremos conservar mucho tiempo la República. Y nosotros tenemos más cualidades que ninguno de vosotros para fundar el partido conservador republicano. Y las tenemos, no porque yo no reconozca en los más avanzados y en los que más se inclinan á la extrema izquierda aptitudes extraordinarias, las reconozco: lo que yo sostengo es que nosotros hemos conquistado y tenemos ya todo lo que hemos predicado. Porque después de todo, tenemos la democracia, tenemos la libertad, tenemos los derechos individuales, tenemos la República, no nos falta ya nada. (*Rumores en la izquierda*). No, no nos falta nada de cuanto hemos predicado: vosotros, los que queréis dividir el mundo y repartirlo en cantones y tener en cada cantón un Contreras, vosotros sí tenéis mucho que desear.

»Pero nosotros dos reformas no más necesitamos, dos no más: la primera es la separación de la Iglesia y del Estado; la segunda la abolición de la esclavitud. (*Un Sr. Diputado:* ¿Y la federal?)—¿La federal? Esa es organización municipal y provincial; ya hablaremos más tarde; no vale la pena; el más federal tiene que aplazarla por diez años. (*Un Sr. Diputado:* ¿Y el proyecto?)—¿El proyecto?

cederle su turno, y en medio de la espectación más absoluta comenzó á hablar D. Nicolás Salmerón.

Lo primero que manifestó fué la disidencia en que estaba con el presidente de la República, afirmando á continuación que él era partidario de una política eminentemente republicana, democrática en los principios, radical en las reformas y conservadora en los procedimientos.

«Pero esta política de paz, de orden, de imperio de la ley y de la autoridad, —añadió,—entendía yo, señores diputados, que debía tener para ese gobierno una órbita precisa, infranqueable, dentro de la cual fuese seguro su derrotero y pudiera tan fácilmente determinarse su trayectoria en la mecánica social como se determinan las órbitas planetarias en la mecánica celeste. Mas desde el momento en que esta política conservadora no se hace dentro de los principios republicanos, no se hace con los medios y procedimientos republicanos, ¡ah, señores! entonces la situación voltea como un cometa por órbitas indefinidas, arrastrada por las fuerzas extrañas que la precipitan. Sí, se ha roto, en mi sentir, la órbita trazada á la política conservadora de la República por los principios democráticos, y en tales términos que ya hoy no pesan con su legítimo valor, sino que preponderan en la política de España las fuerzas conservadoras y en verdad no conservadoras de la República, que yo no sé se hayan declarado hasta ahora republicanas, ni tengan siquiera afecto á los principios democráticos que estimaron siempre como pesada losa de plomo, con la cual era imposible el libre movimiento del gobierno. Y es que repugnan el nuevo régimen de la democracia, porque son como eran, empedernidos doctrinarios; y los principios democráticos se asientan y afirman en el derecho y los doctrinarios quieren sólo vivir ó imperar en el bastardo régimen de la arbitrariedad.»

Combatió Salmerón todas las disposiciones del gobierno, y terminó declarando que si Castelar no se decidía á variar de política, él se vería obligado á negarle su apoyo.

Levantóse entonces Castelar para pronunciar su famoso discurso del 3 de Enero, ó más bien dicho, para hacer pública la más vergonzosa apostasía, el más grande borrón que figura en la historia de nuestros hombres políticos. Comenzó declarando que el partido republicano no podía gobernar solo porque estaba hondamente dividido y abrigaba en su seno á la demagogia. Se esforzó en probar que él había sido siempre conservador dentro de la República; que quería que ésta fuese gobernada por todos los partidos y que la República había marchado al abismo desde que en 24 de Febrero se rompió la conciliación entre radicales y republicanos. Afirmó que todos los hombres importantes del republicanismo estaban desacreditados ya, y como la izquierda y el centro protestasen, dijo Castelar encarándose con los diputados:

—Meceos, meceos en vuestras ilusiones; somos más impopulares que los conservadores, más que los moderados y más que los radicales.

Dijo después, que había aceptado el poder tan contra su voluntad, que estaba en él como en un potro; que era liberal y demócrata por temperamento, pero que ponía la República sobre la libertad y la democracia hasta el punto que prefería la peor de las repúblicas á la mejor de las monarquías. Después solicitó de los republicanos la abnegación suficiente para que en vez de gobernar sus hombres dejasen gobernar á los de los partidos afines.

—¿Y sabéis por qué?—exclamó,—porque yo no necesito la adhesión del partido republicano á la República, de eso estoy cierto: lo que yo necesito es que elementos que ó no han sido republicanos ó lo son recientemente ó no tienen más remedio que serlo, sean, usando del nombre vulgar, resellados por la República. Y yo, señores, yo no he hecho esa política porque no he podido; no he traído los otros partidos al poder porque no he podido; que si algún día,—oidlo, lo declaro con franqueza,—fuera yo árbitro de traer al poder algunos partidos en cuya fidelidad á la República tuviera yo confianza, porque no tuvieran más remedio que ser republicanos ó por concesión ó por necesidad, os lo aseguro, no me tachéis de desleal, yo los traería.

Ya lo sabéis; proceded en consecuencia.

»Yo creo, señores diputados, que urge, urge fundar el partido conservador republicano, porque si no tenemos muchos matices no podremos conservar mucho tiempo la República. Y nosotros tenemos más cualidades que ninguno de vosotros para fundar el partido conservador republicano. Y las tenemos, no porque yo no reconozca en los más avanzados y en los que más se inclinan á la extrema izquierda aptitudes extraordinarias, las reconozco: lo que yo sostengo es que nosotros hemos conquistado y tenemos ya todo lo que hemos predicado. Porque después de todo, tenemos la democracia, tenemos la libertad, tenemos los derechos individuales, tenemos la República, no nos falta ya nada. (*Rumores en la izquierda*). No, no nos falta nada de cuanto hemos predicado: vosotros, los que queréis dividir el mundo y repartirlo en cantones y tener en cada cantón un Contreras, vosotros sí tenéis mucho que desear.

»Pero nosotros dos reformas no más necesitamos, dos no más: la primera es la separación de la Iglesia y del Estado; la segunda la abolición de la esclavitud. (*Un Sr. Diputado:* ¿Y la federal?)—¿La federal? Esa es organización municipal y provincial; ya hablaremos más tarde; no vale la pena; el más federal tiene que aplazarla por diez años. (*Un Sr. Diputado:* ¿Y el proyecto?)—¿El proyecto?

lo quemasteis en Cartagena. No me diréis que no soy franco (1).

»Ya sé yo que me llamaréis apóstata, inconsecuente, traidor; pero yo, señores diputados, creo que hay una porción de ideas muy justas, que son en este momento histórico irrealizables, y no quiero, no, perder por utopias la República. Me contento ahora, me contento con la República. Y creo que han contribuído mucho á traer la República varios partidos; los hombres ilustres que la iniciaron y á los cuales, sean cualesquiera las distancias que de ellos me separan, rendiré siempre fervoroso culto. La han traído también aquellos partidos que, sean cualesquiera los móviles (porque en los móviles no se puede entrar), la han traído también aquellos partidos que en Cádiz levantaron la bandera de la insurrección contra la bandera de los Borbones. Y creo más, creo que hicieron esos hombres más por la República que todos vuestros marinos cantonales. Y esto es tan exacto que jamás en el mundo ha tenido una insurrección menos medios que aquella insurrección, y jamás ninguna ha sido tan rápida, y jamás ninguna insurrección tuvo tantos medios como tuvieron vuestros marinos; (señalando á los bancos de la izquierda): fortalezas inexpugnables, ciudades, grandes barcos, ejércitos, generales, almirantes, media España con ellos,

y á los pocos días se habían hundido en su vergüenza é impotencia, porque en vez de inspirar amor, inspiraron horror á la nación española.»

Explicó después el señor Castelar su conducta en la famosa cuestión de los Obispos con los mismos argumentos que en el mensaje; esto es, diciendo que como hombre de Estado y jefe de gobierno se había creído en el caso de transigir con sus opiniones de secta. Añadió que, si además de la quinta de ochenta mil hombres no se sacaba inmediatamente otra de cien mil para caer rápidamente sobre los carlistas, triunfaría la utopia feroz del absolutismo. «Por eso, señores,—continuó, —si algo maldigo yo en el mundo, si algo me causa horror es esa ciudad que ha encerrado á sus honrados habitantes, ha abierto sus presidios y se ha convertido en un nido de piratas que nos ha traído la intervención extranjera, que ha materialmente aniquilado nuestros arsenales, que ayer mismo quemó ¡oh grandes economistas! cincuenta millones en un poco de pólvora y voló la *Tetuán*, si algo maldigo es á esa ciudad, no por nosotros, sino porque con esos diez mil hombres tendriamos dominado el Centro y próximo á ser invadido el Norte; de suerte que vuestro cantón ha sido el pedestal de don Carlos (1). Por eso yo creo que la

---

(1) No fué franqueza la de Castelar sino desvergüenza política.

(1) La presencia de algunos agentes carlistas en Cartagena, que no consiguieron, como era de suponer, el menor éxito en sus gestiones, fué suficiente para que Castelar calumniase á los cantonales diciendo que querían ayudar á don Carlos. En cuanto al incendio de la *Tetuán*, ya dijimos

República no tiene más que un enemigo terrible, la demagogia; y por eso yo creo que es necesario evitar la demagogia á todo trance.»

Castelar terminó su discurso modelo de impudor político, en el que abjuraba de aquella federación cantada en tantos discursos, solicitando de las Cortes que le sustituyesen cuanto antes, en la seguridad que el gobierno que nombrasen seguiría su misma política.

La Asamblea procedió á la votación sobre la conducta del gobierno, resultando derrotado el gabinete de Castelar por ciento veinte votos contra ciento.

Al verificarse el escrutinio eran las cinco y media de la mañana del 3 de Enero.

Acto continuo, Castelar y sus compañeros de gabinete presentaron las dimisiones y la sesión se suspendió durante veinte minutos para que los diputados se pusieran de acuerdo en la designación del nuevo candidato para la presidencia de la República.

D. Eduardo Chao y el general Socías figuraban hacía algunos días como candidatos probables; pero á última hora la Asamblea se decidió por don Eduardo Palanca, que había sido ministro de Ultramar en el gabinete de Salmerón y que resultaba simpático á todos por el desinterés que siempre había demostrado y haber permanecido ajeno á las luchas parlamentarias á causa de su falta de ambición, pues siendo un notable orador de fácil y elegante palabra, guardaba un modesto silencio. Gran trabajo costó á sus amigos el decidirle á que no se opusiera á su candidatura; pero así y todo no llegaron á arrancarle una rotunda afirmación de que aceptaría la presidencia de la República.

La izquierda, el centro y una gran parte de la derecha dieron sus votos á Palanca é iba ya á verificarse el escrutinio y á ser proclamado aquel presidente, cuando ocurrió la infame intervención del ejército.

La conspiración tenía buenos agentes dentro de la Asamblea, y solo se decidió á dar el golpe cuando Castelar quedó convencido de que se le iba para siempre el poder y de que la República iba á despojarse de aquella esclavitud que él le había impuesto con su feroz y grotesca dictadura.

Hé aquí la última parte de la sesión del 3 de Enero, tal como está consignada en las notas taquigráficas de los redactores de las Cortes:

«Abierta de nuevo la sesión, á las siete menos cinco minutos, dijo

El Sr. Vicepresidente (Cervera): Empieza la votación para nombramiento de presidente del Poder ejecutivo.

«Advierto á los señores diputados que las papeletas deben estar firmadas.»

Pidiéndose la palabra por varios

---

que Castelar era el que menos podía lamentarse de tal siniestro, tal vez él, mejor que nadie, sabe de quién fué obra dicho incendio, así como otro que á los pocos días se inició sin graves consecuencias á bordo de la *Numancia*.

señores diputados mientras se estaba votando, dijo

El Sr. Vicepresidente (Cervera): No puedo conceder la palabra: se está en una votación; pero el presidente sabe su deber, y lo cumplirá.

El Sr. Secretario (Benítez de Lugo): ¿Ha dejado de votar algún señor diputado?

Repetida esta pregunta y no contestada, dijo:

El Sr. Vicepresidente (Cervera): Se cierra la votación; se procede al escrutinio.

A los pocos momentos, y habiendo comenzado el escrutinio, el Sr. Presidente, ocupando su sitial é interrumpiendo el acto, dijo

El Sr. Presidente: Señores diputados, hace pocos minutos que he recibido un recado ú orden del capitán general (creo que debe ser ex-capitán general de Madrid), por medio de dos ayudantes, para decir que se desalojara el local en un término perentorio..... *(Varias voces:* Nunca, nunca). —Orden, señores diputados; la calma y la serenidad es lo que corresponde á ánimos fuertes en circunstancias como estas.—Para que se desalojara el local en un plazo perentorio, ó que de lo contrario, lo ocupará á viva fuerza. Yo creo que es lo primero y lo que de todo punto procede... *(El tumulto que se levanta en el salón interrumpe al Sr. Presidente. — Se oye decir que esto es ofensivo á la dignidad de la Asamblea).* Señores diputados, sírvanse oir la voz... *(Continúa el tumulto).*—Orden, señores diputados... *(Mucha calma, mucha calma, se grita por algunos).* Yo recomiendo á los señores diputados la calma y la serenidad... *(Continúa la agitación).*—*(El Sr. Chao:* Esto es una cobardía miserable). Señores diputados, vuelvo á recomendar la calma y la serenidad.

Entiendo que bajo esta presión no puede, no debe continuar la votación que estaba verificándose. En los momentos en que este recado se había recibido, aun no había terminado, sino que se estaba comenzando el escrutinio.

El gobierno presidido por el digno é ilustre patricio D. Emilio Castelar es todavía gobierno; no hace mucho tiempo que os decía que tenía una perfecta conciencia del sentimiento de su deber, por el valor y por la energía con que sabía inspirarse para defendernos, y acaba de darme palabra de ello, pocos momentos hace, con la lealtad que está fuera de toda duda; y toda vez que bajo esta presión no podemos continuar verificando la votación, y puesto que todavía es gobierno, sus disposiciones habrá adoptado ya. Entretanto, yo creo que debemos seguir en sesión permanente, y seremos fuertes, para resistir hasta que nos desalojen á la fuerza, dando un espectáculo que aun cuando no sepan apreciarlo en lo que vale aquellos que sólo pueden conseguir el triunfo por ciertos medios, las generaciones venideras sepan que los que antes éramos adversarios, ahora todos hemos estado unidos para defender la República. *(Varios señores diputados:* Todos, todos).

Un señor Diputado: ¡Viva la soberanía nacional! ¡Viva la República! ¡Viva la Asamblea!

(Estos vivas fueron contestados por todos los lados de la Cámara).

El Sr. Presidente: No esperaba yo menos, señores diputados; ahora somos todos unos. *(Varios señores diputados:* ¡Todos! ¡todos!)

Se han borrado en estos momentos todas las diferencias que nos separaban, hasta tanto que no quede reintegrada esta Cámara en la representación de la soberanía nacional *(Muy bien)* y que se le podrá arrancar por la fuerza de las bayonetas, pero que no se le arrancará el derecho que tiene.

El Sr. Presidente del Poder ejecutivo (Castelar): Pido la palabra.

El Sr. Presidente: La tiene S. S.

El Sr. Presidente del Poder ejecutivo: Yo siento no participar de la opinión de S. S., respecto al escrutinio, porque yo creo que el escrutinio debe continuar como si no sucediera nada fuera de esta Cámara. Puesto que todavía tenemos aquí la libertad de acción, continuemos el escrutinio, sin que por eso el presidente del Poder ejecutivo tenga que rehuir ninguna responsabilidad. Yo he reorganizado el ejército, pero lo he reorganizado, no para que se volviera contra la legalidad, sino para que la mantuviera *(Aplausos).*

Yo, señores, no puedo hacer otra cosa más que morir aquí el primero con vosotros... *(Bravo, bravo).*

El Sr. Benot: ¿Hay armas? Vengan. Nos defenderemos.

El Sr. Presidente: Señores diputados, inútil sería nuestra defensa, y empeoraríamos nuestra causa.

Un Sr. Diputado: No se puede empeorar.

El Sr. Presidente: Digo que nosotros nos defenderemos con aquellas armas que son las más poderosas en estos momentos; las de nuestro derecho, las de nuestra dignidad y las de nuestra resignación para recibir semejantes ataques.

El Sr. Presidente del Poder ejecutivo: Pero hay una cosa que hacer... *(Un Sr. Diputado:* Que se dé un voto de confianza al ministerio que ha dimitido). De ninguna manera; aunque la Cámara lo votara, este gobierno no puede ser gobierno, para que nunca se dijera que había sido impuesto por el temor de las armas á una Asamblea soberana. Lo que está pasando me inhabilita á mí perpetuamente, no sólo para ser poder, sino para ser hombre político.

Un Sr. Diputado: No, que te creemos leal.

El Sr. presidente del Poder ejecutivo: Así es, señores, que á mí no me toca demostrar que yo no podía tener parte alguna en esto. Aquí, con vosotros los que esperéis, moriré y moriremos todos.

El Sr. Benot: Morir no, vencer.

El Sr. Chao: Me atrevo á hacer una declaración y una petición á la Cámara y al Sr. Presidente del Poder ejecutivo, y es que, si lo tiene á bien, expida un decreto declarando fuera de la ley al general Pavía, y otro decreto sujetándole á un Consejo de guerra, y si es necesario, desligando de la obediencia al soldado *(Muchos Sres. diputados:* Sí, sí).

El Sr. Ministro de la Guerra (Sánchez Bregua): Pido la palabra.

El Sr. Presidente: La tiene S. S.

El Sr. Ministro de la Guerra: Señores diputados, en este momento, cumpliendo con la voluntad soberana de las Cortes, voy á expedir el decreto destituyendo al general Pavía de sus honores y condecoraciones *(Aplausos, muy bien).*

El Sr. Fernández Latorre: Y que se le haga saber á la parte del ejército que está á las puertas del Congreso.

El Sr. Olave: Había pedido la palabra.

El Sr. Presidente: Dispénseme el Sr. Olave; creo que la había pedido antes el Sr. Canalejas, y tiene la palabra.

El Sr. Canalejas: Era tan sólo para indicar á la Cámara, si lo cree conveniente, á fin de ganar tiempo, que en estas ocasiones el tiempo es precioso, que la Cámara, comisionando desde luego á dos ó tres diputados, vaya á llevarle el decreto que acaba de dictar esta Asamblea, al general rebelde.

El Sr. Presidente del Poder ejecutivo: Yo no puedo consentir que ningún diputado al llevarle pueda exponerse... *(Un Sr. Diputado:* Yo voy. *Varias voces:* Yo también).

El Sr. Chao: Venga el decreto, exonerándole, y yo le llevo. *(Otros Sres. diputados:* Y yo también).

El Sr. Calvo: La guardia civil entra en el edificio, preguntando á los porteros la dirección, y diciendo que se desaloje el edificio de orden del capitán general de Madrid.

El Sr. Benitez de Lugo: Que entre, y todo el mundo á su asiento.

El Sr. Presidente: Ruego á los señores diputados que se sirven ocupar sus asientos, y que sólo esté en pié aquel que haya de hacer uso de la palabra.

El Sr. Benitez de Lugo: He pedido la palabra.

El Sr. Presidente: La tiene S. S.

El Sr. Benitez de Lugo: Es para rogar á los Sres. diputados de la izquierda y del centro, que han votado conmigo, yo que no puedo ser sospechoso, porque he consumido un turno en contra de la política del Sr. Castelar, que en este momento la Cámara entera dé un voto de confianza al Sr. Castelar. *(Muchos Sres. diputados:* Por unanimidad).

El Sr. Presidente del Poder ejecutivo: Ya no tendría fuerza y no me obedecerán.

El Sr. Presidente: Ruego á los señores diputados que ocupen sus asientos.

No tenemos más remedio que ceder ante la fuerza, pero ocupando cada cual su puesto. Vienen aquí y nos desalojan. ¿Acuerdan los Sres. diputados que debemos resistir? ¿Nos dejamos matar en nuestros asientos? *(Varios señores diputados:* Sí, sí, todos).

El Sr. Presidente del Poder ejecutivo: Sr. Presidente, yo estoy en mi puesto y nadie me arrancará de él: yo declaro que me quedo aquí, y aquí moriré.

Un Sr. Diputado: Ya entra la fuerza armada en este salón.

(Penetra en el salón tropa armada).

Varios Sres. diputados: ¡Que escándalo!

El Sr. Presidente del Poder ejecutivo: ¡Qué vergüenza!

Varios Sres. diputados: ¡Soldados! ¡Viva la República federal! ¡Viva la Asamblea soberana!

(Otros señores diputados apostrofan á los soldados que se repliegan en la galería, y allí se oyen algunos disparos, quedando terminada la sesión en el acto).

Eran las siete y media de la mañana.»

. . . .

Así acabaron las Cortes Constituyentes de la República.

Lo que jamás se había visto en tiempos de la monarquía bajo el imperio de reyes arbitrarios que tendían al absolutismo, ocurrió gobernando España D. Emilio Castelar, el cantor de la libertad, el defensor del derecho popular y el eterno anatematizador de la fuerza.

Castelar antes que verse reemplazado por algunos de sus correligionarios en la presidencia de la República, quiso que ésta muriera sacrificada en aras de aquellas clases conservadoras que le adulaban burlescamente llamándole el grande hombre de Estado, y para ello fué á buscar los auxiliares en las cuadras de los cuarteles.

Cuatro reclutas ebrios enviados por un general que no tenía ningún prestigio en el país y que gozaba esa triste fama reservada á los personajes informales ó insignificantes, fueron suficientes para matar aquellas Cortes de las que tanto había esperado el país.

Evitamos hacer comentarios, pues la historia severa debe envolver en la misma censura á todos los que figuraron en la triste escena que á las siete de la mañana se desarrollaba en el salón del Congreso. El ejército se mostró como una manada de miserables pretorianos indignos de ser mantenidos por la nación cuya voluntad asesinaban en aquel instante; los diputados demostraron ser unos cobardes, indignos también de ostentar la representación de sus conciudadanos y de lucir la noble distinción de legisladores. Estaban ya muy lejanos los tiempos en que los ancianos senadores de la República Romana recibían á los invasores galos sentados en sus sillas de marfil, y con la impasibilidad olímpica de los dioses, convencidos de la misión sublime que allí cumplían, se dejaban degollar antes que abandonar sus asientos.

El golpe del 3 de Enero cayó principalmente sobre el prestigio político de Castelar. Todos le señalaron como cómplice de tan miserable hazaña y el eminente Gambetta al recibirse en París la noticia, dijo así:

—Castelar es un traidor ó un imbécil y en uno ú otro caso está incapacitado para siempre para gobernar.

El juicio que el golpe de Estado mereció á Pí y Margall, no fué menos cruel.

Cuando los soldados de Pavía penetraban en el salón de sesiones, Castelar exclamó con tono compungido:

—¿Quién había de suponer que se cometiera este atentado?

—Cualquiera menos usted,—le contestó desdeñosamente Pí y Margall que estaba á sus espaldas.

Después de esto se comprende la antipatía que aun hoy existe entre ambos políticos.

Un autor varias veces citado dice con gran exactitud al reflexionar sobre el golpe del 3 de Enero.

«Castelar sabía perfectamente que el ministro de la Guerra estaba separando de los cargos que ocupaban á todos los generales y jefes republicanos. Castelar sabía que estos cargos se encomendaban á generales y jefes alfonsinos. Castelar sabía que el capitán general de Madrid y el general en jefe de las fuerzas que sitiaban á Cartagena, eran partidarios de la disolución de las Cortes si éstas desaprobaban la política reaccionaria del gobierno; Castelar sabía que el general en jefe del ejército del Norte no transigía con la República federal; que el capitán general de Cataluña era alfonsino declarado, y que el de Aragón había ganado sus últimos empleos combatiendo á los republicanos; Castelar sabía que á pesar de la escasez de fuerzas de que se resentían los ejércitos que luchaban contra los carlistas, había en Madrid catorce mil hombres sin necesidad alguna, puesto que no tenían enemigos á quienes combatir. Todo esto lo sabía perfectamente el señor Castelar. Una sola disculpa le queda, y bien débil por cierto; la de que, á pesar de saber todas estas cosas, no pudo apreciar su alcance, ni creer que bastasen á derribar la República. Aun admitiendo esto, resultaría que el señor Castelar, con ser un hombre de privilegiada imaginación, un historiador notabilísimo y un orador admirable, es el más torpe y desdichado de los estadistas posibles, un gobernante nulo, incapacísimo, á quien el más inocente de los niños podría dar lecciones de previsión y de prudencia. Nos repugna tanto suponer al señor Castelar abiertamente traidor á la República, que nos acogemos gustosos á la única explicación que en contrario se presenta, por débil que pueda ser. Mas, aparte de lo bochornoso de sus consecuencias, ¿deja esta explicación á salvo la tremenda responsabilidad del último jefe del gobierno republicano? ¿Le releva, en poco ni en mucho, del gravísimo cargo de haber asesinado á la República por torpeza, por despecho, por apostasía, por haberla entregado atada y amordazada á sus irreconciliables enemigos?»

Salmerón sabía también con muchos días de anticipación, por confidencia de varios amigos militares, el golpe que preparaba Pavía; pero bien fuese que confiase en la fidelidad del ejército ó que no creyera en la conspiración, lo cierto es que como presidente de las Cortes no tomó precaución alguna.

Había motivos para esperar algo de la Milicia de Madrid, de aquel cuerpo armado que tanto temía el gobierno y que era presentado por Castelar como un organismo revolucionario, eterno foco de perturbaciones; pero ni un solo hombre armado protestó contra el atropello efectuado por Pavía.

No era esto porque á los federales de Madrid les faltase valor, pues harto lo habían demostrado en diversos movimientos revolucionarios, sino porque carecían de una voz poderosa que los dirigiese y porque no estaban prevenidos, viniendo el golpe de Estado á sorprenderles antes de que pudieran adoptar una resolución.

Los comandantes de los batallones confiaban demasiado en la fuerza de la República; creían que ésta no podía morir á manos de un Pavía, y por otra parte no quisieron reunir sus fuerzas ni estar sobre las armas en la noche del 2 de Enero, por evitar que Castelar y los suyos dijesen que pretendían ejercer coacción sobre las decisiones de la Asamblea.

Cuando el repugnante atentado llegó á consumarse, faltó un hombre de prestigio y de energía que convocase las fuerzas ciudadanas, se pusiera á su frente y batiese la turba de pretorianos mandada por Pavía.

Uno había capaz de cumplir tan santa misión, y era el ex-ministro de la Guerra, D. Nicolás Estévanez, en quien todos confiaban; pero como si una fatalidad extraña se ensañase con los federales, el célebre gobernador del 23 de Abril, sufrió en aquella misma noche la pérdida de un individuo de su familia, y agobiado por el dolor permaneció ajeno á los sucesos políticos.

Un diputado y comandante de la Milicia, el señor García Marques, federal de brillante historia revolucionaria, intentó reanimar á los voluntarios y organizar la resistencia; pero en vista de la general frialdad y deseoso, á pesar de todo, de protestar contra el inicuo atentado, salió para Zaragoza donde excitó un movimiento revolucionario del que más adelante hablaremos.

La República quedó indefensa en Madrid, á pesar de que tenía elementos sobrados para resistir.

Tanto habían gritado ¡orden! los principales republicanos, que al fin conseguían su deseo. Tenían el orden de la tumba y cuando fué preciso que la República se defendiese, vieron con dolor que ésta era ya una momia.

CAPITULO XXXII

1874

El golpe de Estado.—Conducta de Pavía.—Reunión de políticos.—Declaraciones de Cánovas.—Gabinete que se forma.—García Ruiz.—Su tiranía con los republicanos.—Odiosas persecuciones.—Medidas reaccionarias.—Manifiesto del gobierno.—Protestas contra el golpe de Estado.—Insurrección de Zaragoza.—Su importancia.—Sublevación de Valladolid.—Actitud de Cataluña.—Varias insurrecciones.—Defensa del *Xich de las Barraquetas*, en Sarriá.—La defensa de Cartagena.—Terrible bombardeo.—Desgracias en el interior de la plaza.—Pérdida del castillo de Atalaya.—Progresos de la idea de capitulación.—Los cantonales envían una comisión al campo sitiador.—Deliberación de la Junta cantonal.—Salida de la *Numancia*.—Rendición de Cartagena.—Apostasía de Roque Barcia.—Arbitrariedades del gobierno.—La guerra del Norte.—Dimisión de Moriones.—Marcha Serrano al Norte.—Su censurable inacción.—Desaliento público.—Heróica defensa de Bilbao.—Campaña de la prensa ministerial contra los federales.—Vindicación de Pí y Margall.—El general D. Manuel Concha.—Liberta á Bilbao.—Crisis ministerial.—Oficiosidad de Castelar.—Ministerio constitucional.—Reorganización de los republicanos.—Adhesión de Ruiz Zorrilla.—Medidas del gobierno contra la prensa.—Muerte de Concha en Montemuro.—Conspiraciones alfonsinas.—Saqueo de Cuenca por los carlistas.—Horribles fusilamientos en Olot.—Reforma ministerial.—Trabajos revolucionarios de Ruiz Zorrilla.—Nombramientos militares.—Planes reaccionarios del gobierno.—Sublevación de Martínez Campos.—Efecto que produce.—Traidora conducta del gobierno.—Ridícula decisión de Serrano.—Triunfo de la insurrección de Sagunto.—Proclamación de Alfonso XII.

Ya hemos visto de que modo murió la Asamblea Constituyente por obra y gracia de Pavía, dueño absoluto de la guarnición de Madrid.

Así que dicho general, traidor á la nación que le mantenía y á la República que lo había ensalzado, supo que Castelar había sido derrotado en las C s, dispúsose á dar el proyectado golpe de Estado. Quiso ser, á pesar de su pequeñez, un imitador de Napoleón, en 18 de Brumario, pero tal fué su falta de valor moral, que ni aun se atrevió á entrar mandando sus soldados en el palacio de la representación nacional, como Bonaparte, al pasar repentinamente, de héroe á bandido, penetró al frente de sus granaderos en el Consejo de los Trescientos. Envió Pavía al coronel de la guardia civil, señor Iglesias, y al comandante de artillería, señor Messa, con una compañía de guardia civil y otra de infantería, á que desalojasen el palacio del Congreso de orden del capitán general de Madrid, y esperó intranquilo el resultado, á pesar de que en Madrid no se notaba el menor signo de protesta. A pesar de sus anteriores alardes, creía á la República muy fuerte y temía que surgiesen á miles inesperados defensores.

Castelar, y más especialmente el ministro de la Guerra, en la última parte de la sesión y asediados por las reclamaciones de los diputados, fingieron adoptar severas medidas contra Pavía, para evitar el golpe de Estado que todos veían próximo; pero ya hemos descrito el triste fin que tuvo la Asamblea.

El valor cívico se ruborizó de vergüenza con la conducta de aquellos representantes de la nación. Bastó que algunos soldados disparasen sus fusiles al aire para que inmediatamente los diputados apelaran á la fuga y salieran desordenadamente del Congreso. Hubo algunos que intentaron resistir, y hasta llegaron á luchar á viva fuerza con los soldados, pero fueron pocos y se vieron pronto arrastrados por la fuga general. Del mismo modo que los ejércitos se desordenan cuando su jefe huye, las asambleas caen del modo más vergonzoso cuando su presidente no está dispuesto á morir antes que se violen sus santos derechos. Salmerón, en aquella vergonzosa jornada, debió ser arrancado á viva fuerza de su sillón presidencial por aquella banda de sayones; y sin embargo, fué de los primeros en salir.

El general Pavía, después de colocar tropas en los puntos más estratégicos de Madrid, estableció su cuartel general en los salones de la presidencia del Congreso, y desde allí pasó comunicación á varios hombres políticos que acudieron inmediatamente al llamamiento.

A las ocho de la mañana reuniéronse en dicho local, convocados por Pavía, los señores Serrano, Cánovas del Castillo, Elduayen, Sagasta, Topete, Concha, Rivero, Martos, Becerra, Oreiro, Montero Ríos, García Ruiz, Ulloa, Beranger, Mosquera, Echegaray, Romero Ortiz y otros políticos de menor significación.

Pavía los enteró del motivo de la reunión, manifestándoles lo que ellos sabían ya muy bien por haberlo estado esperando toda la noche; esto es, que había disuelto el Congreso para librar á la nación de *un puñado de hombres* que querían sumirla en la anarquía, y que como él no había obrado así por conquistar el poder, de aquí que reuniera á los políticos más significados para que formasen un gobierno nacional.

Después de hablar en este sentido, Pavía, se retiró para que los reunidos pudiesen discutir con entera libertad.

Cánovas del Castillo planteó inmediatamente la cuestión de la forma política que había de tener el nuevo gobierno, manifestándose partidario resuelto de la monarquía con el pretendiente don Alfonso en el trono, añadiendo que sólo por deferencia podía entrar en un gabinete que representase pura y exclusivamente la defensa de los intereses sociales amenazados por la anarquía.

Martos se encargó de contestar diciendo que ni él ni sus amigos podían formar parte de ningún gobierno que no fuese el de la República unitaria.

Entonces Cánovas y Elduayen manifestaron que sus convicciones monárquicas les impedían formar parte de ningún gabinete republicano, y se levantaron para retirarse.

Los reunidos, en vista de que se había planteado la cuestión de forma de gobierno, llamaron á Pavía para que explicase las intenciones que le habían guiado al dar el golpe de Estado y disolver la Asamblea, á lo que contestó el general que su deseo era formar con hombres de todos los partidos un gobierno nacional conservando la forma republicana.

Los radicales y constitucionales que abrigaban el mismo plan que Pavía, suplicaron repetidas veces á Cánovas y Elduayen que accediesen á entrar en el nuevo gobierno; pero éstos se negaron á ello limitándose á prometer que permanecerían en la reunión como simples testigos presenciales.

Aunque radicales y constitucionales se profesaban un odio irreconciliable, el deseo de alcanzar el poder les hizo olvidar momentáneamente sus diferencias y procedieron inmediatamente á constituir un gabinete mixto. En los primeros momentos los dos partidos se trataron con cordial fraternidad; pero cuando llegaron al reparto de las carteras, las ambiciones se despertaron surgiendo numerosas y serias dificultades.

La cartera de la Gobernación fué la que originó mayores luchas. Martos quería para sí tal ministerio, pero se lo disputaba Sagasta alegando mayores méritos por sus trabajos en favor de la reacción, y tanto se encendieron los ánimos en la disputa, que la conciliación estuvo próxima á desvanecerse.

Por fin, los dos rivales transigieron llegando á un acomodo, cual era, entregar dicha cartera á otra persona que por su insignificancia y falta de prestigio político no fuese peligrosa. Estaba presente el unitario D. Eugenio García Ruiz, que reunía las condiciones deseadas por Martos y Sagasta, y á él le ofrecieron dicha cartera que se apresuró á aceptar, pues estaba ansioso por ser ministro.

Este personaje del que varias veces hemos hablado y que era un eterno disidente del partido republicano, á pesar de su jefatura ilusoria de un partido unitario que no existía, figuraba en el partido radical y se había distinguido durante el período republicano atacando alevosamente á todos los gabinetes é insultando á las Cortes de 1873, á las que calificaba de *indignas del bofetón de un tirano*. No pasaba de ser una medianía, y como orador resultaba ridículo por sus estrambóticos discursos y los latinajos con que los matizaba; pero su ambición era inmensa y esto hacía que la envidia y la crueldad fuesen sus rasgos más distintivos. El gabinete de conciliación no podía haber escogido mejor ministro de la Gobernación para martirizar y perseguir á los verdaderos republicanos.

De la presidencia del Consejo se encargó el general Serrano; y en Estado entró Sagasta; en Gracia y Justicia, Martos; en Fomento, Mosquera; en Hacienda, Echegaray; en Guerra, el general Zabala; en Marina, Topete; y en Ultramar Balaguer.

De este modo se constituyó el gobierno más ilegítimo, arbitrario y cruel que ha tenido la España liberal.

La reacción no tardó en dejarse sentir. Todos los ayuntamientos y diputaciones provinciales de España fueron disueltos por republicanos, siendo reemplazados por otros formados á capricho y en los que entraron personas de reconocido alfonsinismo. Los batallones de voluntarios de la República fueron desarmados y los gobernadores nombrados en masa por el gobierno recibieron una circular de García Ruiz, el ministro de la Gobernación, recomendándoles la persecución de los republicanos y poniendo en estado de sitio á toda España.

El gobierno para justificar su ilegal formación, publicó un manifiesto dirigido á toda la Nación, en el cual explicaba los propósitos que le impulsaban.

Dicho documento era el alarde de cinismo político más grande que podía imaginarse. Decíase en él que el Poder ejecutivo *había asumido* en aquellas circunstancias toda la autoridad, *revistiéndose* de facultades extraordinarias, y que después de esto se creía en el deber de dirigirse á los españoles para explicar su origen, exponer sus propósitos y justificar su actitud.

El manifiesto estaba redactado por D. José Echegaray y decía así en una de sus partes:

«Las Cortes Constituyentes elegidas bajo el imperio del terror por un solo partido, retraídos ó proscritos los demás, nacieron sin autoridad moral, necesaria más que á nadie á los que quieren acometer terribles y peligrosas novedades, y así vivieron perturbadas por la discordia y divididas en bandos irreconciliables; ingratas con el elocuentísimo tribuno, honrado patricio y eminente hombre de Estado que dirige los destinos del país, acababan de despojarle de la dictadura, salvadora en estos momentos y hubieran marchado al triunfo de la más espantosa anarquía. En tan suprema ocasión el orden social, la integridad de la patria, su honra, su vida misma han sido salvados por un arranque de energía, por una inspiración denodada y dichosa, por un acto de fuerza doloroso siempre y vitando, pero ahora, no sólo digno de disculpa sino de imperecedera alabanza. La guarnición de Madrid no ha hecho más que ser el instrumento de la opinión pública unánime, la ejecutora fiel y resuelta de la voluntad de la nación, divorciada por completo de sus falsos representantes, cuya desaparición política anhelaba, porque iban á matarla, porque iban á borrarla del número de los pueblos civilizados.»

Decía después aquel gobierno ilegal, que mientras continuasen la guerra civil y la resistencia de Cartagena era imposible el ejercicio de las libertades públicas y se hacía necesaria la existencia de un poder fuerte y robusto; que seguiría en pié la Constitución de 1869, para cuando se restableciera la tranquilidad y que ni la aristocracia ni la iglesia tenían nada que temer de la nueva situación, "pues la libertad de cultos,—decía el manifiesto,—no borrará la unidad religiosa en un país tan católico como el nuestro.»

Después tratábase de imponer respeto á los que pudieran protestar contra la ilegalidad del gobierno y se decía que esto sería inexorable con los que se levantaran en armas; terminando así el documento.

«No se nos oculta, ni lo arduo y peligroso del empeño, ni el grave peso que echamos sobre nuestros hombros, ni la tremenda responsabilidad que contraemos ante la historia, si nuestros propósitos no se cumplen; pero confiamos en la buena voluntad y recto juicio de nuestros conciudadanos, en nuestra propia decisión, en el valor de nuestro bizarro ejército de mar y tierra y en la vitalidad, brío, virtud y fortuna de España, que está llamada aún á los más gloriosos destinos.»

Este manifiesto vino á poner aún más de relieve la arbitrariedad con que se había constituido el nuevo gobierno. Decían los hombres del golpe de Estado que esto había salvado á España de la anarquía, falsedad indigna y repugnante, pues el señor Palanca que era quien iba á ser elevado á la presidencia de la República en la madrugada del 3 de Enero, no podía ser tildado de demagogo y estaba decidido á mantener el orden público á todo trance y á perseguir á los carlistas. Bien es verdad que los miserables que con tanto cinismo atropellaron la representación nacional habían de justificar su crimen de algún modo, y para esto, nada les pareció mejor que echar mano de la *demagogia, la anarquía* y demás lugares comunes de la fraseología reaccionaria, con los cuales se asusta siempre á las clases conservadoras.

No pasó el golpe de Estado sin protestas, aun cuando éstas no fueron tan enérgicas y unánimes como era de desear.

Salmerón, unido á muchos diputados del centro y de la izquierda, dirigió una protesta muy razonada al Tribunal Supremo, quien oprimido por esa dependencia en que el poder judicial vive en España con respecto al gobierno, se declaró incompetente para condenar el acto de Pavía.

Castelar, que estaba agobiado por el público desprecio y era señalado por todos como cómplice del golpe de Estado, publicó en los periódicos un comunicado protestando en dramático tono contra «el poder creado por la fuerza de las bayonetas, del que le separaba su conciencia y su honra,» pero dos meses después ofreció su benevolencia á la misma situación, á pesar de la *conciencia* y de la *honra* que sin duda eran para él, adornos retóricos; y le faltó muy poco para adherirse por completo al gobierno del golpe de Estado. Además muchos de sus compañeros de ministerio hicieron declaraciones posteriormente favorables al atentado político, y especialmente el general Sánchez Bregua demostró que Castelar tenía conocimiento con gran anticipación del crimen que preparaba el general Pavía.

La mesa de las Cortes también protestó en la forma siguiente:

«Las Cortes Constituyentes convocadas en virtud de una ley hecha por la Asamblea Nacional y por sufragio universal elegidas, han sido atropelladas hoy, hallándose en sesión pública, por fuerzas del ejército al mando del capitán general de Castilla la Nueva y por la misma guardia civil encargada de su defensa y custodia. Violado el santuario de las leyes por soldados que invadieron el salón de sesiones é hicieron fuego dentro del palacio del Congreso; expulsados los representantes del país y apoderada del edificio la fuerza insurrecta, la Mesa de las Cortes, cumpliendo un sagrado deber, protesta contra ese criminal atentado, sin ejemplo en nuestra historia, y lo denuncia solemnemente á la Nación, cuya soberanía ha sido desconocida y ultrajada.»

Tras las protestas escritas, eran necesarias otras más enérgicas y decisivas, y también las hubo de esta clase, aunque por desgracia sólo surgieron en muy contadas provincias y no tuvieron éxito alguno.

En el mismo 3 de Enero hubo en Badajoz serios conatos de sublevación, aun cuando no llegó á entablarse combate, y al día siguiente Zaragoza y Valladolid levantáronse en armas.

En Zaragoza la lucha fué terrible. Cuatro batallones de la milicia republicana levantaron barricadas y ocuparon los puntos más estratégicos, mientras la guarnición se situaba en la calle de Santa Engracia y en el arrabal. En las primeras horas de la tarde y después que los voluntarios federales despreciaron las intimaciones de la autoridad, rompióse el fuego, demostrando una vez más los republicanos zaragozanos su valor indomable que tan gloriosamente acredita la historia. Ocupaban dos casas de gran importancia estratégica y en ellas resistieron varias cargas á la bayoneta y el fuego de diez cañones *krupp*, abandonándolas únicamente cuando estaban acribilladas á balazos y próximas á desplomarse.

La guarnición era doble en número á los sublevados; carecían éstos de artillería y luchaban con la escasez de municiones; pero á pesar de esto defendiéronse hasta muy entrada la noche. La rudeza de aquel combate está demostrada por los centenares de muertos y heridos que cayeron en ambas partes. El general Burgos, capitán general del distrito, en los despachos enviados al gobierno confesaba que *la lucha fué breve y rápida; pero ruda y terrible*. Los batallones de voluntarios de Zaragoza fueron disueltos inmediatamente, y las tropas hicieron unos trescientos prisioneros entre los que figuraba el diputado constituyente D. Manuel García Marqués, que, como dijimos, había salido de Madrid, después de la disolución de las Cortes y de intentar, sin éxito alguno, un levantamiento en la capital. García Marqués batióse valerosamente al lado de los voluntarios zaragozanos y al caer prisionero fué tratado con rudeza por los vencedores.

En Valladolid, los jefes de la milicia al tener conocimiento en la tarde del mismo 3 de Enero de lo ocurrido en Madrid, acordaron la resistencia armada, y en la madrugada del día 4, los batallones de voluntarios ocuparon los principales puntos estratégicos, levantando barricadas en las principales calles. Rompióse inmediatamente el fuego entre los voluntarios y la guarnición, y como el capitán general González Iscar tenía pocas fuerzas, limitóse á permanecer á la defensiva esperando refuerzos que llegaron al anochecer. Los batallones de milicia en vista de que en el resto de España no protestaban contra el golpe de Estado y de que los insurrectos de Zaragoza habían sido vencidos, abandonaron sus posiciones á las diez de la noche por indicárselo así sus jefes. La lucha, á pesar de no haber sido tan empeñada como en Zaragoza, produjo entre ambas partes un centenar de heridos y veinticuatro muertos.

En Cataluña produjo también gran agitación el golpe Estado. Algunas compañías de la milicia de Barcelona reuniéronse con el propósito de sublevarse, aunque sin tener plan alguno, y ocuparon las Casas Consistoriales, la Diputación y algunos edificios importantes de la ciudad. Por desgracia reinaba entre sus jefes el desacuerdo y no todos estaban dispuestos á la resistencia, por lo cual las fuerzas populares abandonaron inmediatamente los puntos que habían ocupado.

El capitán general del distrito, Martínez Campos, tomó extraordinarias medidas para impedir que los federales organizasen una insurrección imponente, como lo hacía esperar el número de fuerzas con que contaban. A pesar de las precauciones, la agitación continuó en Barcelona durante algunos días, hasta que en la mañana del 8, después que la fuerza pública disolvió numerosos grupos reunidos en la plaza de Cataluña, recibióse la noticia de que en Sans se habían sublevado contra el gobierno, secundando el movimiento los pueblos de Gracia y Hostafranchs.

Los voluntarios federales que se habían concentrado en dichos pueblos, defendiéronse bizarramente de las columnas que Martínez Campos envió contra ellos. Cinco horas duró la lucha y sólo al anochecer, cuando las tropas habían recibido considerables refuerzos, consiguieron apoderarse de Sarriá á costa de muchas bajas.

Esta derrota no desanimó á los republicanos catalanes, pues dos días después verificóse una nueva insurrección en Sarriá al frente de la cual se puso el valeroso guerrillero republicano conocido por el *Vich de las Barraquetas*.

El mismo Martínez Campos, con numerosas fuerzas, acudió á sofocar la insurrección, entablándose un combate tenaz y desesperado que produjo grandes pérdidas en ambas partes. El *Vich de las Barraquetas*, al abandonar Sarriá con el resto de sus fuerzas, intentó recorrer la provincia para excitar la protesta de los republicanos contra el gobierno; pero le hizo desistir de su propósito la consideración de que haciendo en la montaña la guerra de partidas sólo conseguiría favorecer á los carlistas. Pocos días después el guerrillero republicano se presentó á indulto con los suyos y así terminó la protesta federal de los catalanes.

Faltamos reseñar el fin de la sublevación de Cartagena, último baluarte de la idea federal. Era de esperar que los hombres del golpe de Estado tratasen con la mayor barbarie á los defensores de Cartagena. Políticos que se llamaban federales, como Salmerón y Castelar, habían declarado piratas á los cantonales y dicho que preferían fusilarlos antes que entenderse con ellos, y cuando de tal modo se expresaban dos presidentes de la República, natural resultaba que los hombres del golpe de Estado extremasen sus procedimientos contra el cantonalismo con el cual no les unia ninguna antigua relación.

La única diferencia existente entre Castelar y el nuevo gobierno consistía en que aquel en sus momentos de humor bélico hablaba de entrar en Cartagena al asalto llevándolo todo á sangre y fuego, y los hombres del día 3 de Enero, partidarios de procedimientos rastreros que aconsejaba su escepticismo, pensaban prodigar el oro para apoderarse por medio de la traición y el soborno de las fortalezas cantonales que los sitiadores no podían conquistar.

López Domínguez, al tener noticia del golpe de Estado, dió una orden del día á su ejército felicitándose por aquella *medida salvadora* que libraba á la nación de los horrores de la anarquía, tachando de insurrectos á los diputados del centro y de la izquierda, que, según él, apoyaban secretamente á los defensores de Cartagena. Las calumnias que urdía López Domínguez contra los vencidos, tenían una explicación: el jefe del nuevo gobierno era su tío el general Serrano que tanto había favorecido su carrera militar, y resultaba natural que él por egoismo apoyase con interesados elogios á la nueva situación.

Ya sabemos el interés con que los cantonales de Cartagena esperaban el 2 de Enero, fecha de la reunión de las Cortes. Creían que el gobierno de Castelar sería derrotado (como así sucedió) y que lo reemplazaría un gabinete menos reaccionario encargado de ajustar con los defensores de la plaza un convenio honroso que diera fin al sitio. Por esto la noticia del golpe de estado produjo en Cartagena una conmoción general, y aunque optimistamente creyeron los cantonales en el primer momento que un hecho tan inicuo provocaría la protesta armada de todos los republicanos, pronto vinieron los hechos á demostrarles que estaban aislados y no debían abrigar esperanza alguna.

Para que la situación se hiciera más difícil, los sitiadores arreciaron el bombardeo, arruinando los proyectiles muchos edificios y produciendo innumerables víctimas.

La alarma de los habitantes de Cartagena llegó á su colmo en la mañana del 6 de Enero con la voladura del Parque, edificio magnífico que se desplomó por completo, sepultando bajo sus ruinas gran número de familias. Atribuyóse esta catástrofe á haber penetrado por una de las rejas del Parque un proyectil enemigo, pero esto no podía ser verosímil, pues la explosión verificóse en el polvorín que existía en dicho edificio y aquél estaba en condiciones que imposibilitaban la llegada de un proyectil de afuera. Atendiendo á que en dicho edificio existía el principal depósito de municiones y que después de su pérdida era ya difícil la defensa de la plaza, no es aventurado afirmar que dicha catástrofe fué intencionada y que la mano criminal que se encargó de realizar tan horrible traición fué impulsada por los enemigos que la federación tenía fuera de Cartagena.

A pesar del desaliento que este siniestro produjo, los cantonales continuaron sus operaciones sin desmayar un solo instante, y el día 9 hicieron una vigorosa salida que fué rechazada por las tropas sitiadoras.

En este mismo día fué el bombardeo tan espantoso, que se calcularon en más de cinco mil los proyectiles arrojados sobre la plaza. Al día siguiente continuó el fuego con igual ensañamiento.

En la misma noche del 10, el castillo de la Atalaya, á pesar de que estaba en muy buena situación para defenderse y de que tenía una numerosa guarnición, se entregó á las tropas del gobierno, y al amanecer del día 11 los defensores de Cartagena vieron con sorpresa que en dicho castillo ondeaba el pabellón nacional en vez de la bandera roja. La pérdida de dicho fuerte fué también, según la opinión popular, obra de la traición, siendo general la creencia de que el gobernador del castillo había hecho la entrega á cambio de veinte mil duros.

La Junta reunióse inmediatamente para deliberar, y la muchedumbre excitada arrolló á los centinelas penetrando tumultuosamente en el salón de sesiones. Después de un indescriptible alboroto en que todos querían hacer uso de la palabra al mismo tiempo, se acordó continuar la resistencia á todo trance, condenando á muerte al que se mostrase partidario de la capitulación. Esto último era imposible, pues aunque todos públicamente, por amor propio ó por miedo, querían continuar la defensa de la plaza, la idea de capitulación ganaba por momentos terreno aún entre las gentes más exaltadas.

El castillo de Galeras, que mandaba el valeroso y consecuente Sáez, el héroe más popular de la defensa de Cartagena, hizo un fuego terrible sobre el perdido castillo de la Atalaya, metiendo muchos de los proyectiles en sus fortificaciones. Gálvez, con una columna de doscientos soldados del batallón de Mendigorría intentó recobrar el castillo, pero á pesar de todos sus esfuerzos fué rechazado con grandes pérdidas.

En la tarde del día 11 continuó su sesión la Junta cantonal, y uno de sus individuos propuso que se facilitase la salida de la plaza á las personas inermes, idea que fué muy bien acogida.

Inmediatamente fueron designados los individuos de la asociación de la Cruz roja, D. Fernando Segundo y D. Antonio Bonmatí, para que con tal objeto llevasen una comunicación al cuerpo consular de Cartagena residente en Portman. Al aceptar la comisión, el primero de dichos señores dijo que ya era hora de que cesara tanto inútil derramamiento de sangre y de que se hiciera una capitulación, palabras que conmovieron á la muchedumbre y que la dividieron en dos bandos; uno que quería un arreglo honroso con los sitiadores, y otro que deseaba la resistencia hasta la muerte.

El general Contreras al oir hablar de capitulación, se levantó indignado increpando á los que pronunciaron tal palabra, y como una parte del público le echara en cara sus desaciertos, exclamó con desesperación:

—Sacadme á la muralla y fusiladme que yo daré á los soldados la orden de hacer fuego; y si no hay quien lo haga, yo sacaré mi revólver y me pegaré un tiro en la cabeza.

A pesar de la tenacidad de los que pedían la continuación de la defensa, la idea de capitular se impuso, y por fin se convino en comisionar á los ciudadanos Segundo y Bonmatí para que gestionasen la rendición, siendo portadores de un oficio dirigido al general López Domínguez en el que se pedía á éste designase sitio y hora para tratar de las bases de un arreglo decoroso. A dichos parlamentarios se unió una comisión militar compuesta de oficiales de todas las armas, arriándose las banderas negras en los fuertes y en los buques, como signo de suspensión de hostilidades.

La comisión fué recibida en el cuartel general de los sitiadores por el brigadier Carmona, quien los condujo á presencia de López Domínguez. Este, después de leer el oficio de la Junta, manifestó que no podía entenderse con dicha corporación, pues no la reconocía; pero deseoso de evitar el derramamiento de sangre, siempre que la plaza se rindiese antes de las doce del día siguiente, estaba dispuesto á conceder un indulto general por el delito de insurrección, reconociendo á los militares que rindiesen las armas todos los grados y empleos que tenían antes del movimiento, sin perjuicio de entregar á los tribunales á todos los autores de delitos comunes. Inmediatamente el general, como prueba de que las hostilidades quedaban suspendidas, dió orden á las baterías sitiadoras para que cesasen de hacer fuego.

Al regresar los parlamentarios á Cartagena, presentáronse á la Junta que estaba presidida en aquellos momentos por Roque Barcia, explicando el resultado de sus gestiones.

La Junta, después de una larga deliberación, acordó enviar una comisión á Portman para pedir que el cuerpo consular interviniese en el asunto de la capitulación. A pesar de la tregua que se había ajustado y que había de cesar al medio día del 12 de Enero, al amanecer una batería sitiadora hizo fuego sobre la plaza, destrozando una casa é biriendo á varias mujeres. Este brusco ataque que fué sin duda obra de una mala inteligencia, quedó pronto reparado, cesando inmediatamente el fuego.

La Junta terminó pronto las condiciones que pensaba presentar para la capitulación, y á las nueve de la mañana el ciudadano Antonio Lacalle dió lectura de ellas ante un gentío inmenso. Las condiciones eran: reconocimiento de todos los grados y empleos concedidos durante la insurrección; movilización de los voluntarios para ir al Norte; reconocimiento de la deuda cantonal; indemnización de los daños y perjuicios sufridos por la propiedad; indulto á los prisioneros de guerra hechos en Chinchilla; prohibición de que nadie fuera desarmado y recibimiento de las tropas sitiadoras á tambor batiente.

La comisión marchó al campamento sitiador con dicho pliego de condiciones, y los generales Ferrer y Contreras dispusiéronse á salir antes de que la plaza se rindiera, pues como militares, no podían autorizar la capitulación de una ciudad que estaba en excelentes condiciones de defensa y no tenia aún brecha alguna en su muralla.

Por orden de la Junta alistóse rápidamente la *Numancia* para hacerse á la mar y en ella se embarcaron los generales Contreras y Ferrer, los diputados á Cortes Gálvez y Alberto Araus y todos los individuos de la Junta á excepción de Roque Barcia, Esteban Eduarte y Rafael Fernández. En menos de una hora se refugiaron en el buque más de mil quinientas personas, entre voluntarios y soldados que no querían esperar á los vencedores, y el buque llevando gente hasta en las cofas y las escalas, salió del puerto á toda máquina, á las cinco de la tarde. La escuadra del gobierno mandada por el contraalmirante Chicarro trató de impedir el paso y envió á la *Numancia* muchas andanadas, pero ésta contestó vigorosamente á los fuegos y pasó por entre los buques centralistas sin sufrir ninguna avería, alejándose rápidamente hacia las costas de África. Pocas horas después llegó la *Numancia* á las costas argelinas fondeando en el puerto de Mers-el-Kebir. Las autoridades francesas hicieron desembarcar sin armas á los tripulantes y pasajeros, y dos compañías de zuavos quedaron encargadas de la custodia del buque; el cual no tardó á ser entregado al contraalmirante Chicarro, que había seguido á la *Numancia* con la *Carmen* y la *Victoria*. Los fugitivos cantonales fueron encarcelados provisionalmente en los fuertes por las autoridades francesas.

Entretanto, los parlamentarios cantonales, al presentarse en el alojamiento de López Domínguez y exponerle las condiciones de la Junta para la rendición de la plaza, habían obtenido del general una proposición escrita y firmada por él en la que trataba con aquellas autoridades cantonales que antes no quería reconocer. El documento que contenía las bases propuestas por López Domínguez decía así:

«Ejército de operaciones frente á Cartagena. El general en jefe del ejército de operaciones, frente á Cartagena, teniendo en consideración la defensa hecha por la plaza y la petición que se le ha dirigido en nombre de la humanidad para que cese el derramamiento de sangre, concede, una vez rendida dicha plaza con sus castillos, arsenal, buques y cuantos medios de defensa encierra, lo siguiente:

»Artículo primero. Quedan indultados los que entreguen las armas dentro de la plaza, tanto jefes como oficiales, clases, é individuos de tropa de mar y de tierra, institutos armados, y movilizados.

»Art. 2.º Los pertenecientes al ejército de mar y tierra, quedarán á disposición del Gobierno, para distribuirlos en los distintos cuerpos del Ejército y Armada.

»Art. 3.º Los que procedan de otros institutos armados, pasarán á sus casas, libres de toda pena por el hecho de la rebelión.

»Art. 4.º Los procedentes de correccionales ó penados por otros delitos, se entiende quedan solamente indultados de la rebelión que tuvo su principio en el alzamiento cantonal.

»Art. 5.º Se exceptúan del anterior indulto á los individuos que componen ó han formado parte de la Junta Revolucionaria y, de ser habidos, quedan á disposición del Gobierno.

»Art. 6.° Se hará entrega de todo el material de guerra y marina, buques, armamentos y cuantos enseres pertenecían al ramo de guerra en la citada plaza á una comisión de jefes y oficiales de este ejército, nombrados al efecto.

»Art. 7.° Para la aceptación de las anteriores condiciones se da como plazo improrrogable hasta las ocho de la mañana del día 13 del actual, no admitiéndose condición ni variación alguna en el texto de estas cláusulas, en la inteligencia de que espirado aquél, se continuarán las operaciones con el mayor vigor, no volviéndose á admitir proposición alguna, para la suspensión de hostilidades. Cuartel general frente á Cartagena, 12 de Enero de 1874.—José López Domínguez.»—(Sello del cuartel general).

Roque Barcia, en nombre de los individuos de la Junta que aun quedaban en Cartagena, aceptó esta capitulación, y el ejército mandado por López Domínguez hizo su entrada en la plaza el 13 de Enero.

En toda la población sólo habían quedado ilesas veintiocho casas, pues los treinta mil proyectiles enviados por las baterías enemigas habían destruido totalmente trescientos veintisiete edificios y deteriorado más de mil quinientos. La plaza no estaba en disposición de resistir por mucho tiempo, y López Domínguez obró ligeramente al conceder una capitulación tan honrosa á los defensores de Cartagena. A pesar de esto, el gobierno le dió por su conquista el empleo de teniente general y poco después la cruz de San Fernando con la pensión anual de diez mil pesetas.

Así terminó la revolución de Cartagena, tan sobrada en medios de defensa como falta de dirección. Contreras demostró en ella un valor heróico junto con una carencia completa de condiciones de mando. El cantón de Cartagena contaba con el general Ferrer, hombre de grandes conocimientos militares y reputado artillero, que hubiera podido prolongar la defensa de la plaza durante muchos meses; pero por desgracia su poca afición á la populachería le tenía relegado á segundo término, y nadie hizo caso de sus consejos ni se pensó en llevar á la práctica sus indicaciones.

En cuanto á la moralidad cantonal, inútil es extremarnos en demostrarla. Ya dijimos lo calumniosos que son la mayor parte de los ataques que se dirigieron contra tal movimiento, que no tuvo más defectos que los que acompañan siempre en España á todas las revoluciones. Los siniestros ocurridos dentro de Cartagena fueron obra de la traición; no hubo durante el sitio hechos verdaderamente penables y la Junta no toleró el más pequeño atentado contra la propiedad, limitándose á exigir á los contribuyentes algunas cuotas que con escrupulosa fidelidad se invirtieron en la defensa de la plaza. Unicamente el odio salvaje que en nuestro país profesan los reaccionarios á todos sus enemigos y que les hace mentir y calumniar del modo más vil, afeó el movimiento cantonal, suponiendo que en él se habían cometido horrorosos crímenes; pero la historia jamás sancionará tales noticias cuya falsedad es manifiesta.

Al terminar la insurrección de Cartagena, el pueblo vió con extrañeza y repugnancia la vil apostasía del ciudadano Roque Barcia, el hombre que más había atacado á los primeros gobiernos de la República y que desde su periódico, *La Justicia Federal*, había excitado continuamente al pueblo á sublevarse. Este escritor, más digno de compasión que de censura y en quien el despecho hablaba más alto que la razón, una vez terminada la sublevación de Cartagena, de la que él era el principal autor, publicó un escrito estrafalario y de estilo bíblico, en el cual atacó rudamente su misma obra llegando á calumniar vilmente á los mismos infelices á quienes había hecho tomar las armas. En dicho escrito, que produjo general repugnancia, adulaba rastreramente á los hombres del golpe de Estado y abdicaba de toda su historia política, atacando la federación de la que él había querido ser el principal defensor. La desdichada obra de Roque Barcia era una adulación indigna á los enemigos de la República y una preparación para que fuese arraigándose en el público la idea de restaurar á los Borbones en el trono de España.

Roque Barcia, desde que hizo tan degradantes declaraciones, quedó anulado políticamente y lo mismo sus amigos que sus adversarios lo condenaron á un eterno desprecio.

Al quedar libre el gobierno de la inquietud que le producía la resistencia de Cartagena y no temer ya á los federales que estaban desarmados, comenzó á perseguir á éstos con inaudita violencia. El unitario García Ruiz quiso eclipsar la triste fama de Narváez y González Brabo, y desde el ministerio de la Gobernación procuró saciar su odio contra los federales que tanto lo habían humillado con su ilustre superioridad.

Parecióle poco á García Ruiz enviar á los deportados políticos á Filipinas, como en los tiempos más reaccionarios de Isabel II, é hizo salir para las Marianas algunos centenares de cantonales. Por un rasgo de clemencia García Ruiz envió á otros á Cuba, con la esperanza de que el clima mortífero acabase con ellos, y al ser embarcados estos infelices en la Carraca, hubo horrores sin cuento y algunos fueron arrojados al mar, á creer en el testimonio de muchos de los infelices prisioneros que presenciaron tan horrendo crimen.

Al hablar de deportaciones hay que hacer justicia á Narváez que resulta una paloma sin hiel al lado de García Ruiz. El general reaccionario al deportar á los progresistas y demócratas á Filipinas atendía á la satisfacción de sus necesidades y de tal modo facilitaba su subsistencia que muchos de los desterrados arraigaron en aquel lejano país consiguiendo regulares fortunas; pero García Ruiz envió centenares de federales á las islas Marianas y los dejó abandonados en medio de una naturaleza inculta y llena de peligros, sin víveres, ni instrumentos de trabajo, ni medio alguno de los necesarios para colonizar un país salvaje. Algunos buques extranjeros que tocaron en dichas islas, encontraron á los infelices deportados convertidos en espectros por el hambre y la miseria, lo que dió á entender á Europa cuanto ciega en nuestra patria la pasión política y cuantos crímenes impulsa á realizar.

Estas medidas inhumanas no fueron obra de un apasionamiento momentáneo, sino de cruel y frío cálculo, ya que muchos meses después, al entrar el señor Sagasta en el ministerio de la Gobernación, envió á las Marianas setecientos federales más.

García Ruiz no se contentaba con perseguir á los cantonales de Cartagena, pues su envidia y su despecho le arrastraba á querer ensañarse en los hombres que habían dirigido la República á excepción de Castelar. Por esto en Consejo de ministros propuso que fuesen expulsados de España, Figueras, Pí y Margall y Salmerón; pero todos los ministros desaprobaron la idea, y el mismo Sagasta, con ser tan reaccionario, la tachó de inoportuna y desacertada.

Ya que García Ruiz no podía ordenar directamente á los ex-presidentes de la República que saliesen de España, se propuso molestarlos por medio de la policía verificando continuos registros en sus domicilios, queriendo por este medio desesperarlos y obligarles á abandonar su patria. Figueras mostrábase partidario de marchar á París inmediatamente huyendo de tan odiosa persecución; pero Salmerón y Pí y Margall le manifestaron que ellos no saldrían de España mientras que el gobierno no les obligase á hacerlo directa y terminantemente.

Estaba convencido el gobierno del golpe de Estado de su carácter interino y su falta de prestigio, y para que el país no se apercibiera de su ilegitimidad y los conservadores no pidieran el poder, propúsose distraer la atención nacional exagerando la importancia de la guerra carlista, como ya lo había hecho Castelar siempre que se veía en peligro.

Fundándose en tal motivo, hizo un llamamiento á todos los liberales pidiendo una tregua política y solicitando su concurso para hacer frente al absolutismo.

La situación de la guerra civil en el Norte, aunque no tan exagerada como la presentaba el gobierno, no por esto dejaba de ser bastante difícil. Los veinte mil hombres mandados por el mismo pretendiente don Carlos que cercaban la invicta villa de Bilbao desde 1873, tenían á esta plaza en situación muy apurada, por lo que acudió en su socorro el general Moriones que era apreciado por todos los liberales como un jefe enérgico y activo. El ser Moriones radical decidido, hacía que los constitucionales le tratasen con cierta reserva por temor á que inclinase la balanza política en favor de su partido, y por esto no le fueron concedidos los refuerzos que pedia con gran urgencia.

Los ministros radicales intentaban ayudar á su correligionario, pero se sentían humillados ante sus compañeros de gabinete los constitucionales, á quienes apoyaba el general Serrano.

En esta situación y no teniendo Moriones más arriba de catorce mil hombres, marchó contra los carlistas que casi le doblaban en número y ocupaban formidables posiciones. Moriones sabía que marchaba á un fracaso cierto; pero no queria permanecer en la inacción y por otra parte le parecia deshonroso dimitir su cargo en circunstancias tan críticas. Además, el general confiaba en la acreditada bravura de los soldados españoles, que supliria la escasez del número, y el 25 de Febrero pretendió forzar las posiciones que ocupaban los carlistas en las montañas de San Pedro Abanto. La lucha fué desesperada, y al fin, como era de suponer, Moriones fué rechazado con algunos centenares de bajas. Acto seguido telegrafió al gobierno pidiendo refuerzos y presentando su dimisión, la cual no le fué aceptada, rogándosele que concretase su petición de auxilios. Esta fué bien modesta, pues se limitaba á pedir seis batallones y algunas baterías. El gobierno por toda contestación nombró á Serrano general en jefe del ejército del Norte.

Como se ve, no fué muy correcta la conducta que observó el ministerio con el general Moriones, y especialmente su negativa á enviarle refuerzos, pues el gobierno disponia de muchos soldados, ya que además de la quinta de ochenta mil hombres realizada por Castelar, se había decretado otra de ciento veinticinco mil. El verdadero movil del gobierno era convertir á Serrano en un héroe á quien la nación debiera la paz, y por eso, mientras negaba refuerzos á Moriones con el deseo de que éste experimentara un fracaso, reconcentraba numerosas fuerzas que el duque de la Torre había de conducir al Norte.

La arbitrariedad del gobierno nacido del golpe de Estado púsose de manifiesto más que nunca, pues el general Serrano, por su propia voluntad y sin consultar al país, se elevó desde la Presidencia del Consejo de ministros á la del Poder ejecutivo, asumiendo todas las facultades que la Constitución de 1869 concedia al regente del reino. Serrano, en virtud de estas mismas facultades y antes de salir para el Norte, nombró presidente del Consejo de ministros al general don Juan Zabala, que desempeñaba la cartera de la Guerra.

El ejército de refuerzo que el duque de la Torre llevaba al Norte era muy superior al que allí existía, pues constaba de más de treinta mil hombres, divididos en tres cuerpos mandados por los generales Primo de Rivera, Letona y Loma, siendo el jefe de Estado mayor del ejército el general López Domínguez.

El desaliento que sentía el país al perder su esperanza en la revolución y estar regido por un gobierno ilegítimo que no levantaba ninguna bandera determinada contra el absolutismo, daba por resultado la indiferencia del pueblo liberal ante la insurrección carlista, que constituía un serio peligro.

El gobierno intentaba reanimar la opinión y crear una atmósfera patriótica que favoreciese sus planes; pero á excepción del heroico vecindario de Bilbao, en ningún otro punto de España surgía el entusiasmo. En Cataluña los ocho mil carlistas en armas, á pesar de su falta de organización, verificaban sus correrías sin tropiezo alguno, entrando en poblaciones importantes y lo mismo ocurría en otras provincias de España. El país estaba poseído de un marasmo desconsolador, y por no apoyar al gobierno no hacía nada en contra de los carlistas. Entusiasmábase el pueblo con la menor ventaja del ejército liberal; pero apenas se le exigían sacrificios mostrábase sordo.

Las grandes masas republicanas protestaban con su silencio y su desvío contra el gobierno del golpe de Estado, y únicamente Castelar, con sus amigos, merecía la general censura haciendo pública su benevolencia á una situación usurpadora é ilegal que no podía merecer el aprecio de ningún hombre honrado. En realidad Castelar obraba lógicamente reconociendo la obra de aquel golpe de Estado que él había preparado y tal vez consentido desde el poder.

Serrano, á pesar de sus preparativos y de las numerosas fuerzas con que contaba, procedió con gran lentitud al llegar al Norte. Cerca de un mes empleó en preparar el ataque de las posiciones que ocupaban los carlistas en Somorrostro, y, por fin, en los últimos días de Marzo, se decidió á tomar la ofensiva, sosteniendo un combate que duró tres días y que costó algunos miles de bajas á nuestro ejército. Las ventajas que se consiguieron fueron tan insignificantes que los carlistas se consideraron vencedores y creyeron asegurada la conquista de Bilbao.

La lentitud y vulgaridad de las operaciones de Serrano contrastaba con el heroísmo y la bravura de los bilbaínos, que legítimos descendientes de aquellos denodados liberales que durante la primer guerra civil supieron defender la invicta villa, soportaban con sublime serenidad el horroroso fuego de las baterías enemigas y sufrían toda clase de privaciones y peligros. Bilbao en 1874 era la misma población que en 1835 y en 1836; sin otra diferencia que ahora esperaba su salvación de un Serrano que estaba lejos de ser un Espartero.

Después de las tres sangrientas batallas de Somorrostro, el duque de la Torre suspendió las operaciones, lo que equivalía á una derrota moral, por lo que los mismos hombres de la situación comenzaron á convencerse de la posibilidad de la pérdida de Bilbao. El desaliento reemplazó á la confianza, y aun aumentó la pública zozobra al saberse que Martos había dicho en Consejo de ministros «que era preciso tener corazón sereno y ánimo levantado para no desalentarse si los carlistas entraban en Bilbao.»

La ansiedad que los liberales sentían ante el crecimiento del carlismo y la impotencia del gobierno había producido una tregua en los asuntos políticos, de la cual se aprovechaba el gobierno usurpador para vivir en paz; pero esto no impedía que los periódicos de la situación siguiesen calumniando á los principales hombres de la República y en especial á Pí y Margall, contra el que se dirigían los más infames ataques. Para restablecer la verdad de los hechos y poner á salvo su honra política, Pí y Margall á fines del mes de Marzo, publicó su célebre folleto *La República de 1873. Apuntes para escribir su historia. Vindicación del autor*.

En esta obra demostraba Pí y Margall que no había tenido ninguna participación en el movimiento cantonal; pero como no convenía á los radicales ni á los constitucionales que se hiciese luz sobre varios sucesos importantes, apresuróse el gobierno á prohibir la obra, ordenando á la policía que secuestrase los ejemplares puestos á la venta en Madrid y los enviados á las provincias. Este procedimiento despótico y contrario á la libertad no era nuevo, pues ya en 1855 mandando los progresistas habían ordenado la supresión de otra obra de Pí y Margall titulada *La Reacción y La Revolución*. El tiempo no ha cambiado los procedimientos de ese partido progresista (que hoy acaudilla Sagasta) y que por desgracia tanto ha influido durante más de medio siglo en la política española.

El estado difícil de la guerra en el Norte era la principal preocupación del gobierno, que comprendía que la pérdida de Bilbao le arrebataría inmediatamente el poder. Durante todo el mes de Abril estuvo el gobierno enviando nuevos é importantes refuerzos al Norte, y como todos recordaban que el valeroso Moriones, tan injustamente tratado por el gabinete usurpador, había prometido salvar á Bilbao con sólo un refuerzo de tres regimientos, censurábase duramente al duque de la Torre que con un ejército muy numeroso sólo sabía permanecer en la inacción.

Todo eran preparativos que no daban resultado alguno, y para asegurar una victoria que nunca llegaba, el gobierno creó un nuevo ejército á cuyo frente se puso el capitán general don Manuel Gutiérrez de la Concha, que era muy superior á Serrano en punto á conocimientos militares.

A fines de Abril volvieron á reanudarse las operaciones sosteniéndose reñidos combates para obligar á los carlistas á que levantasen el sitio de Bilbao. Concha, merced á un hábil movimiento táctico que demostró su valía, obligó á los carlistas á abandonar sus posiciones, y el día 2 de Mayo entró en Bilbao el ejército libertador, que fué recibido con grandes muestras de entusiasmo.

Concha, á quien todos reconocían como el verdadero autor de aquella victoria, obtuvo de los bilbaínos una delirante ovación que contrastó con la frialdad con que fué recibido el general Serrano. Los carlistas se retiraron sin experimentar ninguna pérdida; así es que el levantamiento del sitio de Bilbao sólo fué para ellos una derrota moral y quedaron en disposición para emprender otras operaciones importantes.

Serrano, que tenía el convencimiento de su fracaso, dejó á Concha al frente del ejército del Norte y regresó á Madrid, donde fué recibido con frialdad á pesar de que las autoridades habían organizado una manifestación mercenaria.

El gobierno, por no tener enemigos políticos que combatir, estaba en apurada situación, pues en su seno habían fermentado los antiguos odios que separaban á constitucionales y radicales. Había llegado el momento de que un bando se librase de la enojosa compañía del otro, y como el general Serrano estaba al frente de la fracción constitucional, los radicales fueron los vencidos.

Castelar dió entonces un espectáculo raro. Él, que tanto había intrigado por desunir á sus correligionarios en tiempo de la verdadera República, bullía ahora por mantener la conciliación entre los autores del golpe de Estado y ofrecía su concurso á radicales y constitucionales para reconstituir sin grandes variantes el anterior gabinete. Con este objeto conferenció con Serrano, Martos y Zabala, quedando acordado en principio, que su amigo y protegido, D. Buenaventura Abarzuza, entraría como ministro de Estado en el gabinete próximo á formarse.

La crisis se resolvió el 12 de Mayo después de muchos cabildeos y conferencias, formándose un gabinete homogéneo, en el que sólo entraron constitucionales, negándose participación en él á los amigos de Castelar.

El duque de la Torre, como si fuese por derecho propio, siguió desempeñando la presidencia del Poder ejecutivo, y el general Zabala la del Consejo de ministros con la cartera de la Guerra. En Gobernación entró D. Práxedes Mateo Sagasta; en Estado, D. Augusto Ulloa; en Gracia y Justicia, don Manuel Alonso Martínez; en Fomento, D. Eduardo Alonso Colmenares; en Hacienda, D. Juan Francisco Camacho; en Marina, D. Alejandro Rodríguez Arias y en Ultramar, D. Antonio Romero Ortiz.

El partido constitucional, que había muerto después de la renuncia de don Amadeo y resucitado merced á la ayuda de Castelar, empeñado en proteger siempre á los enemigos, volvía á ocupar exclusivamente el poder, aceptando la República en apariencia y siendo en el fondo tan monárquico como siempre.

El porvenir de la nación bajo tal gobierno estaba ya bien determinado. España marchaba directamente á la monarquía, pues caracterizados constitucionales no tenían inconveniente en afirmar que ya que era difícil un rey democrático, había que echar mano del pretendiente D. Alfonso de Borbón.

El general Pavía, que después del golpe de Estado se consideraba á sí mismo como el primer hombre de la situación, al saber el desenlace de la crisis, presentó su dimisión al gobierno del cargo de capitán general de Madrid, fundándose en que no había disuelto la Cámara de diputados para entregar el poder á un solo partido; pero la dimisión no le fué admitida y él continuó en su alto puesto, aunque en adelante perdió toda su influencia política y no pudo tratar como hijos suyos á los gobiernos.

El partido republicano, después del golpe de Estado del 3 de Enero, no había podido atender á su reorganización por impedirle el gobierno las reuniones públicas y toda clase de trabajos. Ya hemos visto el efecto que produjo en los usurpadores un simple folleto de Pí y Margall.

Urgía tal reorganización, y más desde que se excitaron los ánimos á consecuencia de la benevolencia que D. Emilio Castelar dispensaba al gobierno de Serrano, y del discurso que poco después pronunció en Granada, declarándose partidario de una República unitaria y renunciando por siempre á la federación.

Para protestar de tal conducta y afirmar la actitud del partido republicano, verificáronse las reuniones que más adelante fueron llamadas las conferencias de la calle de Chinchilla por vivir en ella D. Estanislao Figueras.

Acudieron á dichas reuniones Salmerón, Pí y Margall y otros conocidos republicanos, tratándose de llegar á un acuerdo y suscribir un programa común. Don José Fernando González había redactado el proyecto de programa, en el cual se hablaba de un modo vago é indeterminado del federalismo y la cuestión social y se renunciaba á todo golpe de fuerza para restaurar la República, fiando el porvenir republicano á la propaganda pacífica. Salmerón, que era el inspirador de tal proyecto, lo defendió diciendo que enaltecería á los republicanos á los ojos de Europa; pero Pí y Margall se opuso con energía diciendo que el partido republicano estaba en el deber de reconquistar por medio de la revolución armada, si era preciso, la soberanía del pueblo detentada por las bayonetas; y que estaba convencido de que así en España como en el extranjero sería muy censurada la conducta de los republicanos si éstos después de haber sido ignominiosamente arrojados del templo de las leyes se disponían á besar el látigo que los azotaba.

En vista de la justa oposición de Pí, renuncióse á la publicación del manifiesto, buscándose una fórmula de concordia para todos los federales, pues en aquel entonces Salmerón y sus amigos, aunque en el fondo eran unitarios, seguían mostrándose aparentemente como defensores de la federación.

Continuaron, pues, las conferencias en casa de Figueras y en ellas tocáronse una porción de cuestiones relacionadas con el sistema federal.

Entonces fué cuando se demostró que únicamente Pí y Margall sostenía con pureza la doctrina federal, pues Salmerón y Figueras estaban contaminados por la doctrina unitaria, y á pesar de que reconocían la autonomía municipal y regional, eran partidarios de que interviniera en ellas y las dirigiera el poder central.

Terminaron dichas reuniones sin otro resultado que el dejar marcadas tres diversas tendencias republicanas; la de los pactistas representada por Pí y Margall; la de los antipactistas ú orgánicos dirigida por Figueras, y la de Salmerón que era casi igual á la anterior.

Por entonces se anunció que Ruiz Zorrilla, que desde la caída de Amadeo estaba en Lisboa, se había declarado republicano dirigiendo en tal sentido algunas cartas á sus amigos de Madrid.

Este suceso era de importancia para el partido republicano, pues Ruiz Zorrilla, á más de la respetabilidad que le daba el haber sido presidente de gobierno, tenía la de seguir figurando como el verdadero jefe del partido radical, á pesar de que hacía tanto tiempo que estaba retirado de la política.

Las declaraciones republicanas de Ruiz Zorrilla causaron muy mal efecto en los individuos del gobierno usurpador, que conocían los valiosos elementos de que aquél disponía.

El gobierno homogéneo conservador experimentaba grandes fracasos rigiendo los destinos del país. La guerra civil era el escollo más formidable con que tropezaba, pues á pesar de todos sus esfuerzos, el carlismo en vez de decrecer iba en aumento. En el Norte tenía el pretendiente don Carlos más de treinta mil hombres en armas y perfectamente organizados, y en Cataluña, Valencia y Aragón las partidas engrosaban rápidamente.

El nuevo gobierno veíase amenazado por grandes peligros. Tenía enfrente á la demagogia teocrática y absolutista que estaba en toda su pujanza, y por otra parte contemplaba con alarma la rápida reorganización de los republicanos que deseaban vengarse. En tal situación creyó prudente apelar á esos procedimientos de fuerza y preventivos contra la opinión pública que usan todos los gobiernos reaccionarios, y extremó su rigor contra la prensa impidiendo que los periódicos publicasen otras noticias de la guerra que las adquiridas en los centros oficiales ó imponiendo á los desobedientes multas de importancia. El gobernador de Madrid, D. José Luis Albareda, que había comenzado en la prensa su carrera política, no quiso poner en práctica estas medidas del gobierno y renunció su cargo, siendo reemplazado por D. Juan Moreno Benítez, que interpretó con excesivo celo las órdenes del ministerio y fué un infatigable perseguidor de los periodistas.

Creía el gobierno que amordazando á la prensa impediría que fuesen conocidos los desastres de la guerra; pero no pudo evitar que fuesen públicas inmediatamente las ventajas de los carlistas y los descalabros de nuestro ejército.

Parecía que la desgracia se ensañaba con predilección en nuestro valiente ejército. El general D. Manuel Gutiérrez de la Concha, que había quedado al frente del ejército del Norte, después de hacer que los carlistas levantasen el sitio de Bilbao, proyectó apoderarse de Estella, dando á las huestes de don Carlos un golpe decisivo, y el día 27 de Junio empeñó la para él funesta batalla de Montemuro.

El ejército liberal fué derrotado, y cuando Concha, llevado de su heróico valor, recorría las guerrillas para reanimar á sus soldados, recibió un certero balazo y murió como un militar heróico frente al enemigo.

El efecto que esta desgracia irreparable produjo en el ejército fué inmediato. El general Echagüe, que tomó el mando, dió la orden de retirada que se verificó con el mayor orden. La desgraciada batalla de Montemuro costó al ejército liberal unas tres mil bajas entre muertos y heridos, y es indudable que mayores hubiesen sido las pérdidas, á no ser por la pericia de los jefes y la serenidad de los soldados.

El efecto que esta desgraciada jornada produjo en la opinión pública fué tan triste, que hasta los periódicos afectos á la situación no ocultaron su desaliento.

El general Zabala, presidente del Consejo de ministros, salió entonces para el Norte con nuevos refuerzos y se puso al frente del ejército de operaciones; pero en vez de tomar inmediatamente la ofensiva para reanimar el espíritu del país y quitar á los carlistas el valor moral que les había dado su victoria, permaneció inactivo hasta el punto de que se murmurase de él, diciendo que estaba dispuesto á entrar en pactos y armisticios con el enemigo. Al mismo tiempo se formó en Navarra un nuevo cuerpo de ejército al frente del cual se puso el general Moriones, que era designado por la opinión pública como el general más apto para dirigir la guerra del Norte.

En medio de aquel continuo peligro que amenazaba á la causa liberal, los alfonsinos no permanecían inactivos, y buena prueba de ello era que el gobierno hubo de quitar á Martínez Campos el mando de la división que estaba á sus órdenes, por saber ciertamente que éste intentaba verificar un alzamiento en favor del pretendiente don Alfonso.

En el Centro no iban las cosas mejor que en el Norte. Las hordas que mandaba don Alfonso, hermano del Pretendiente, en unión de su esposa la famosa doña Blanca, después de hacer varias correrías por Aragón, cayeron sobre Cuenca intimando la rendición de la ciudad. Estaba Cuenca guarnecida por unos setecientos soldados al mando del brigadier Iglesias y después de tres días de lucha entraron en ella los carlistas al asalto.

El saqueo de Cuenca es uno de los hechos más salvajes que ensucian la historia del siglo XIX; aquellas bandas de defensores de Dios y del Rey, que iban mandadas por clérigos y gente fanática, se esparcieron por las calles incendiando edificios después de saquearlos, asesinando seres indefensos, violando mujeres en presencia de sus padres y esposos y cometiendo, en fin, tantas fechorías, como si fuesen tribus salidas de las más incultas selvas de Africa. La religión debió sentir gran satisfacción al ver el empuje y el cinismo de sus bravos defensores.

El gobierno había enviado en socorro de Cuenca al general Soria Santa Cruz, pero éste permaneció alejado de la ciudad sin atreverse á atacar á los carlistas.

El gobierno, al saber el saqueo de Cuenca, se convenció de que era preciso adoptar medidas revolucionarias que intimidasen á los carlistas, y en la *Gaceta* del 18 de Julio publicó un decreto autorizándose á sí mismo para embargar los bienes de todas las personas que estuviesen en las filas carlistas ó que por medios indirectos fomentasen la guerra; destinándose el producto de dichos bienes á indemnizar á los perjudicados por los facciosos. En tal decreto se marcaba lo que debían percibir los herederos de los jefes, oficiales, soldados y voluntarios fusilados por los carlistas; pero por desgracia el decreto no se cumplió en ninguna de sus partes.

Tres días después de la publicación de este decreto circuló la espantosa noticia de que el cabecilla Savalls había fusilado cerca de Olot trescientos prisioneros, entre jefes, oficiales y carabineros, procedentes de la columna mandada por D. Eduardo Nouvilas que había sido derrotada poco antes en Castellfullit. Este hecho brutal produjo en toda España inmensa indignación, siendo de notar con tal circunstancia lo mucho que había progresado moralmente nuestra patria, pues nadie pensó en pedir represalias como en la primer guerra civil, comprendiendo que el peor castigo para el enemigo era dejarle íntegra la responsabilidad de tan brutal acto. A los carlistas quedaba reservado el aparecer á los ojos de la Europa culta como un partido brutal, salvaje é indigno del menor respeto.

Afortunadamente para la causa liberal, tras estos desastres alcanzó algunas ventajas que reanimaron el espíritu público. Los defensores de Teruel y Alcañiz consiguieron repeler con gloria las ensoberbecidas hordas de doña Blanca, y las columnas de Despujols, Calleja y López Pinto derrotaron en varias ocasiones las partidas que infestaban el bajo Aragón.

En el Norte también se mostró propicia la fortuna. Zabala, que había sido ascendido recientemente á capitán general, mostrábase tan inactivo é inútil como Serrano; pero en cambio Moriones aparecía tan activo, audaz y valeroso como en anteriores ocasiones y en Oteiza derrotó á los batallones navarros causándoles más de ochocientas bajas.

Las justas censuras de que era objeto Zabala por parte hasta de sus mismos correligionarios, le obligaron á retirarse del gobierno, produciéndose con esto una crisis ministerial que aun agravó la dimisión de Alonso Martínez, ministro de Gracia y Justicia.

Procedióse entonces á la reorganización del gabinete, y de la presidencia del Consejo se encargó D. Práxedes Mateo Sagasta. D. Eduardo Alonso Colmenares pasó á Gracia y Justicia dejando vacante la cartera de Fomento de la que se encargó D. Carlos Navarro Rodrigo. Del ministerio de la Guerra que Zabala se empeñó en no conservar, encargóse el general Serrano Bedoya.

Este nuevo gabinete no alteraba la marcha política del país, pues seguía manteniendo los intereses del partido constitucional.

Había ya llegado el momento de que el gobierno se ocupara seriamente del porvenir de la situación política creada por el golpe del 3 de Enero. El país estaba convencido de que aquella situación usurpadora sólo era una interinidad y deseaba saber á qué atenerse acerca del porvenir político de España.

Las promesas que aquel gobierno había hecho no se habían cumplido en ninguna de sus partes. La guerra carlista iba en aumento, la insurrección cubana estaba en su período álgido y era imposible marcar ni aun aproximadamente la fecha en que terminaría la lucha que desangraba á la nación. En los primeros momentos de la usurpación, los partidos, disgregados y sin unidad de miras, habían permanecido silenciosos ante el brutal acto de fuerza de Pavía, pero ahora comenzaban á reorganizarse y á combatir la situación, lo que producía gran inquietud al gobierno que se reconocía débil para luchar contra tan grandes enemigos. El gabinete, con el propósito de librarse de una revolución preparada por los republicanos ó un levantamiento de los alfonsinos que le arrojara del poder, acordó convocar Cortes Constituyentes apenas una victoria decisiva sobre los carlistas hiciese esperar la pronta terminación de la guerra civil.

No eran muy unánimes las opiniones de los ministros acerca de la organización política que debían dar al país las nuevas Cortes. Sagasta y algunos de los ministros querían conservar aquella República que sólo tenía de tal el nombre, concediendo su presidencia á Serrano durante siete años, como ya se había hecho en Francia con el mariscal Mac-Mahon; pero otros al frente de los cuales figuraba Navarro Rodrigo, pedían la restauración borbónica representada por don Alfonso, arguyendo contra el septenado de Serrano, que este sólo serviría para que con más ó menos prontitud triunfasen los federales volviendo á ocupar la dirección del Estado.

Esta divergencia de opiniones hizo que el gobierno no tomara ningún acuerdo definitivo; pero las discusiones ministeriales sirvieron para demostrar que una parte del gabinete andaba en tratos con D. Antonio Cánovas del Castillo y quería preparar el triunfo pacífico de la causa alfonsina.

Confiaban muchos republicanos en la reciente adhesión que á la causa de la soberanía popular había prestado D. Manuel Ruiz Zorrilla, y por esto, cuando dicho personaje llegó á Madrid procedente de Lisboa, el 27 de Setiembre, fué recibido en la estación del ferrocarril con una afectuosa ovación figurando confundidos los más caracterizados radicales con republicanos de conocida popularidad.

Ruiz Zorrilla, aunque monárquico hasta poco tiempo antes, no había atacado á la República ni tomado parte en el crimen del 3 de Enero, y esto unido á la simpatía que inspira siempre el hombre que defiende honradamente sus ideas y que convencido de sus defectos abraza otras más avanzadas, hacía que el pueblo lo mirase con cariñoso afecto apreciándolo como un auxiliar digno y de valía.

Pí y Margall, que, como ya vimos, era partidario del procedimiento revolucionario para destruir aquella situación política que llevaba al país rectamente á la restauración borbónica, conferenció largamente con Zorrilla, el cual convencido igualmente de la proximidad de una restauración vergonzosa y con el propósito de impedirla comenzó á buscar la adhesión del ejército, haciendo grandes trabajos para atraerse á algunos generales de prestigio.

Pronto contó Ruiz Zorrilla con la promesa revolucionaria de varios generales que tenían mando activo y con la adhesión del cuerpo de orden público de Madrid; mientras Pí y Margall daba órdenes á su partido para que se procurara armas y estuviese pronto á sublevarse.

Por entonces ocurrió un suceso que demostró lo sucia que estaba la conciencia del gobierno y el sobresalto que experimentaba apenas se le hacía la menor insinuación sobre su pasada conducta. El señor Vera y González, que en su obra varias veces citada, se muestra como el historiador más bien enterado de los asuntos del partido federal, relata este incidente detalladamente y por ello dejamos que él sea quien hable.

«Publicábanse á la sazón en Ma-

D. MANUEL RUIZ ZORRILLA.

drid, como periódicos republicanos contrarios á la situación, prescindiendo de los órganos del partido radical, dos diarios castelaristas, *La Discusión* y *El Orden*, y uno federal, *La Igualdad*. Durante los primeros meses de 1874 dirigió este último periódico D. Andrés Mellado, federal, pero de tendencias conservadoras; más tarde le dirigió el señor Ocón, federal identificado con las ideas de Figueras, y por fin, en Agosto del mismo año entraron á formar su redacción los ex-diputados constituyentes afectos á Pi Margall, D. R. Bartolomé y Santamaría, que se encargó de la dirección, D. Alejandro Quereizaeta, D. Rafael Cabello de la Vega, D. Enrique Calvo y D. Manuel García Marqués. Sostuvo *La Igualdad*, especialmente en este último período, grandes polémicas con el diario castelarino *El Orden*, dirigió á Castelar gravísimas acusaciones que no fueron satisfactoriamente contestadas acerca de su intervención en los sucesos del 3 de Enero, y por fin, en una larga y brillante campaña deslindó perfectamente las diferencias que separaban á la naciente fracción posibilista del antiguo partido federal.

»A principios de Octubre, y con motivo de transparentes indicaciones de *La Igualdad*, ocupó la atención pública un incidente muy curioso y de gran significación é importancia. *La Igualdad* publicó un suelto dando á entender que obraban en poder de sus redactores varias cartas dirigidas un año antes por personajes importantes de los partidos constitucional y radical, de este último especialmente, á generales y jefes de columna excitándoles á que distrajeran á las facciones sin atacarlas, á fin de crear dificultades á la República y hacerla imposible. En estas cartas, que no llegaron á ver la luz pública, se traslucía el plan completo de las conspiraciones que desde Abril á Setiembre de 1873 habían tramado en Bayona los radicales y los constitucionales contra los gobiernos republicanos. El general Nouvilas, solicitado infructuosamente por alfonsinos y radicales para sublevar su ejército, ya en pró de los Borbones, ya en pró de la República unitaria; Cánovas del Castillo, asediando á su vez al duque de la Torre para que montase á caballo y enarbolase la bandera de D. Alfonso de Borbón; Becerra y Martos ejerciendo de pequeños Maquiavelos para impedir á todo trance el triunfo de la República federal; un ex-ministro ducho en empréstitos, esforzándose en negociar uno encaminado á destruir por la fuerza de las armas la legalidad establecida por la Asamblea Nacional; hombres que se decían demócratas haciendo la causa del carlismo en odio á la República; todo esto aparecía como á través de una linterna mágica en las poco veladas indicaciones de *La Igualdad*. Sobresaltóse el gobierno, que no podía sentir la conciencia tranquila; sobresaltáronse más aun los radicales, y á los pocos días se presentó en la redacción de aquel periódico con gran pompa y aparato, una comisión militar; tomó declaración al director y á los redactores y terminó por pedirles que entregasen las cartas. Todos estuvieron acordes en no quererlas presentar, hizo suya la cuestión el director, señor Bartolomé Santamaría, y fué conducido á las prisiones militares de San Francisco el día 12 de Octubre. Constábale sin duda al gobierno el fundamento de las insinuaciones de *La Igualdad* y la existencia de las cartas, porque no perdonó medio de apoderarse de ellas, pero como los redactores afirmasen que estaban en lugar seguro y que, en caso necesario, las publicarían desde el extranjero, se echó tierra al asunto, y quedó defraudada la espectación pública en asunto de tan inmensa trascendencia y que tanta luz podía dar acerca de importantes acontecimientos de nuestra historia contemporánea.»

Mientras en Madrid se iba reanimando la lucha política, en el Norte la guerra seguía en el mismo estado. Zabala, que aun conservaba el mando supremo del ejército, seguía cruzado de brazos y á la defensiva; pero tan generales y vehemente fueron las censuras que contra él se dirigían, que al fin, después de tres meses de inacción, dimitió su cargo.

Creyóse entonces con sobrado fundamento, que el gobierno, deseoso de terminar la guerra cuanto antes, daría el mando supremo del ejército al general Moriones, que en Oteiza había demostrado su pericia; pero Serrano y Sagasta temían que el popular caudillo y gran amigo Ruiz Zorrilla se sublevara contra ellos, y pusieron al frente de las tropas del Norte al anciano general Laserna, que siguiendo las costumbres de sus antecesores, se limitó á permanecer quieto observando á los carlistas.

En el Centro no se mostraba el gobierno más hábil para batir á sus enemigos. Pavía, que había sido nombrado capitán general de Valencia, después de muchos preparativos puso en práctica un plan que le facilitaba el copar las facciones mandadas por don Alfonso y doña Blanca; pero cuando ya les iba al alcance y creía seguro el resultado, fué bruscamente relevado por faltar al respeto en sus comunicaciones al ministro de la Guerra.

La facilidad con que el gobierno castigaba las impertinencias de Pavía demostraba el poco aprecio que hacían del autor del golpe de Estado los mismos que se habían aprovechado de él.

Para sustituir á Pavía en el mando del ejército del Centro, se pensó en el general Quesada, pero éste resultaba sospechoso por su estrecha amistad con Cánovas del Castillo, y al fin el gobierno se decidió en favor de Jovellar, que aunque alfonsino declarado, había prometido fidelidad á la situación.

Hubo entonces algún otro movimiento en los altos cargos militares, pues López Domínguez se encargó de la Capitanía general de Cataluña para observar una censurable inacción ante los carlistas; y al frente de la de Castilla la Nueva púsose á D. Fernando Primo de Rivera, cuyos compromisos con el pretendiente don Alfonso eran bien conocidos.

El gobierno marchaba á pasos agigantados hacia la Restauración. Había en su seno dos tendencias como ya dijimos: una alfonsina y otra que tendía á conservar una República conservadora y dictatorial, con Serrano al frente, apoyado por la benevolencia de Castelar.

El duque de la Torre, á pesar de ser parte interesada, no se decidía por ninguno de los dos extremos. Le halagaba la idea de ser durante siete años el presidente de una República con todos los honores propios de un monarca, pero por otra parte no se mostraba enemigo de la restauración, y decía que todo estaba dispuesto á aceptarlo menos el carlismo y la demagogia.

La mayoría del gabinete estaba decidida por don Alfonso. Los ministros no se hacían ilusiones; sabían que aquella situación usurpadora no tenía arraigo alguno, comprendían que si fundaban una República, ésta insensiblemente vendría á caer en manos de los federales, y aquellos antiguos progresistas y unionistas preferirían la vuelta de los Borbones antes que consentir volviera el pueblo á entrar en el legítimo goce de su soberanía.

Si el gobierno se detenía y no proclamaba inmediatamente á don Alfonso, era porque quería realizar este cambio político pacífica y paulatinamente, para que la restaurada dinastía debiera á los constitucionales exclusivamente la vuelta al poder.

Por desgracia para ellos, un militar ambicioso y rudo, se les adelantó en Sagunto, estropeándoles su hermosa obra.

El plan de Sagasta era dar á la vuelta de los Borbones un carácter de absoluta legalidad á estilo de todas las legalidades que se permitía el partido constitucional, y para ello pensaba convocar unas Cortes Constituyentes que manejaría á su voluntad y que proclamarían á don Alfonso si así lo ordenaba el jefe del gobierno. Ya sabemos que Sagasta tenía buena mano para desde el ministerio de la Gobernación fabricar Cortes á su capricho, y que su cinismo político no le permitía retroceder ante ninguna escandalosa arbitrariedad cuando se trataba de elecciones, así como tampoco sentía escrúpulos de acudir á las armas para imponerse á un pueblo justamente indignado.

Lo que Sagasta temía era que el partido conservador, ganoso de quitar la gloria de la restauración á los constitucionales, obrase por su propia cuenta y levantase á don Alfonso sobre el pavés de una insurrección militar, y por esto el gobierno vigilaba con gran atención á Cánovas y sus allegados.

Navarro Rodrigo era de todos los ministros el más empeñado en que el hijo de Isabel II ocupara el trono pacíficamente y por los esfuerzos de los constitucionales, para lo cual pedía á sus compañeros que evitasen las maquinaciones de los conservadores, desterrando á Canarias á Martínez Campos y al conde de Balmaseda que conspiraban descaradamente, y quitando la Capitanía general de Madrid al alfonsino Primo de Rivera, sustituyéndolo con el general Gándara.

Nada de esto hizo el gobierno, que siguió tratando con grandes consideraciones á los conservadores, y por dos distintas partes continuaron los trabajos en pró de la restauración. Los constitucionales trabajaban por don Alfonso desde las esferas del gobierno y los conservadores preparaban el elemento militar para un golpe de fuerza.

Para dar señales de existencia y que el país se fijase un poco en la insignificante figura del que se presentaba como futuro rey de España, los conservadores hicieron hablar á don Alfonso, y este dió en 27 de Noviembre su famoso manifiesto de Sandhurst, en que prometía «restañar las heridas que las discordias civiles habían abierto en el seno de la patria, con una política de orden, libertad, conciliación y olvido.»

Este manifiesto no produjo gran efecto en el país, pero fué muy debatido por la prensa, llamando la atención un artículo publicado por *El Imparcial* y atribuído al eminente literato D. Juan Valera, en el cual se prevenía al país que preparase el bolsillo, pues apenas triunfase la restauración toda la familia de los Borbones cobraría los millones de asignación que habían dejado de percibir durante el período que los reyes destronados titulaban *los seis llamados años de revolución*. En efecto; cuando la restauración triunfó, los reyes padres, las infantas, sus parientes, etc., no anduvieron tardos en cobrar sus atrasos que sumaron una enorme cantidad de millones.

Serrano salió de Madrid á principios de Diciembre para sustituir al general Laserna en el mando del ejército del Norte. El duque de la Torre estaba decidido á terminar la guerra en breve plazo, y para ello contaba con dar un golpe decisivo á los enemigos ó en caso que la suerte le fuera desfavorable, entrar en un arreglo con los principales jefes carlistas, plan descabellado y perjudicial que hacía tiempo meditaba.

Los periódicos ministeriales pintaron aquel viaje como un suceso de trascendencia, dando á entender que apenas Serrano diese un golpe á los carlistas y obtuviera algunas ventajas, convocaría inmediatamente las Cortes Constituyentes y el gobierno observaría una conducta amplia y tolerante para que todos los partidos pudiesen organizarse.

A pesar de tales promesas, el duque de la Torre, que siempre al llegar al Norte parecía dominado por una mortal inercia, permaneció inmóvil ante los carlistas, transcurriendo de este modo todo el mes de Diciembre.

Cuando más tranquilos estaban los ánimos y menos se acordaba el país de la restauración borbónica, circuló la extraña noticia de que la brigada Dabán, del ejército del Centro, se había sublevado en las cercanías de Sagunto, poniéndose al frente del movimiento el general Martínez Campos. Esta noticia, de cuya autenticidad se dudó en los primeros momentos, por lo inesperada, no tardó en obtener completa confirmación.

La opinión no podía ser más fatalista al juzgar el éxito del movimiento alfonsino. El que menos, lo comparaba á la loca insurrección de San Carlos de la Rápita, y se decía que las tropas adheridas en los primeros instantes al movimiento habían abandonado á Martínez Campos, y que éste, para salvarse, se disponía á ingresar en las filas carlistas con los pocos que le seguían.

Tan desesperada creían todos aquella intentona, que hasta los mismos conservadores, creyendo segura su ruina, la censuraban rudamente, y Cánovas hizo saber al gobierno que él no tenía parte en la insurrección, que la consideraba improcedente y que declinaba toda responsabilidad. ¡Cómo transforma el éxito los sentimientos de los políticos monárquicos! Los mismos conservadores que aclamaron á Martínez Campos vencedor, y procuraron sobreponerse á él aprovechándose de su obra, hubiesen aplaudido su fusilamiento caso de ser derrotado.

Pronto cambiaron las noticias y la verdad transformó la opinión. Súpose que la brigada Dabán, en vez de quedar aislada y dispersa, había sido secundada por las tropas de Jovellar y que los sublevados habían entrado en Valencia proclamando á don Alfonso, rey de España. Los republicanos de Valencia, inflamados por el valeroso Virginio Cabalote, habían pensado impedir la entrada á los sublevados y acudieron á las autoridades constitucionales en demanda de armas; pero los representantes del gobierno estaban comprometidos en el movimiento y lejos de escucharles adoptaron algunas medidas contra ellos.

La noticia de lo ocurrido en Valencia alarmó á todos los que en Madrid eran enemigos de la restauración borbónica y querían que prevaleciera la obra de la Revolución de Setiembre. Pí y Margall, Salmerón, Ruiz Zorrilla, Martos, Becerra y los amigos de Castelar estaban por excitar á la nación á que con las armas en la mano impidiese la vuelta de los Borbones, y como todos ellos tenían fundadas dudas de si Sagasta estaba por acatar la restauración ó impedirla el paso, comisionaron al general Hidalgo para que fuera á ofrecer al jefe del gobierno el apoyo eficaz y unánime de todos los republicanos.

Sagasta contestó que le ofendía se pusiera en duda si estaba dispuesto ó no á cumplir con su deber, y dijo que se hallaba pronto á combatir en todos los terrenos la naciente insurrección, por lo cual agradecía mucho el ofrecimiento de los republicanos.

La conducta enérgica que se proponía seguir el gobierno, apareció confirmada en el siguiente manifiesto al país que publicó la *Gaceta* del 30 de Diciembre.

«Presidencia del Consejo de Ministros.—En el momento mismo en el que el jefe del Estado movía el ejército del Norte para librar una batalla decisiva contra las huestes carlistas, utilizando los inmensos sacrificios que el gobierno ha exigido al país y que éste ha otorgado con tan noble patriotismo, algunas fuerzas del ejército del Centro, capitaneadas por los generales Martinez Campos y Jovellar, han levantado al frente del enemigo la bandera sediciosa de D. Alfonso de Borbón.

»Este hecho incalificable que pretende iniciar una nueva guerra civil, como si no fueran bastantes las calamidades de todo género que pesan sobre la patria, no ha encontrado eco, por fortuna, ni en los ejércitos del Norte y Cataluña, ni en ninguno de los diversos distritos militares.

»El gobierno, que ha apelado en las supremas circunstancias en que la nación se encuentra, en la Península y en América, á todos los partidos que blasonan de liberales para ahogar en un común esfuerzo las aspiraciones del absolutismo, tiene el derecho incuestionable y hasta el deber sagrado de calificar duramente y de castigar con todo rigor dentro de su esfera una rebelión que, en último resultado, no podrá favorecer, si se propagase, más que al carlismo y á la demagogia, deshonrándonos además á los ojos de Europa.

»El gobierno, fiel á sus propósitos y leal á los solemnes compromisos que ante el país y Europa tiene contraídos, está hoy más resuelto que nunca á cumplir con su deber y lo cumplirá.

»Madrid 30 de Diciembre de 1874.—El Presidente del Consejo de Ministros y ministro de la Gobernación, Práxedes Mateo Sagasta.—El ministro de Estado, Augusto Ulloa.—El ministro de Gracia y Justicia, Eduardo Alonso Colmenares.—El ministro de Fomento, Carlos Navarro Rodrigo.—El ministro de Hacienda, Juan Francisco Camacho.—El ministro de la Guerra, Francisco Serrano Bedoya.—El ministro de Marina, Alejandro Rodríguez Arias.—El ministro de Ultramar, Antonio Romero Ortíz.»

En el mismo día 30 el Consejo de ministros acordó dar de baja en el Estado Mayor del ejército á los generales Martinez Campos, Jovellar y Conde de Balmaseda, este último por haberse sublevado con algunas fuerzas en la provincia de Córdoba; destituyendo algunas otras autoridades militares que simpatizaban con el movimiento y nombrando al general Castillo jefe del ejército del Centro.

Además ordenóse la detención de los más caracterizados conservadores y Cánovas, Elduayen y el conde de Toreno fueron conducidos al gobierno civil, donde se les trató con tantas atenciones como si fuesen reyes destronados.

La sublevación alfonsina, á pesar de haberse hecha dueña de Valencia, tenía pocas probabilidades de éxito, y es seguro que á haber tenido España un verdadero gobierno republicano, la obra de Martínez Campos hubiese sufrido el más completo fracaso. Se ha dicho después que la conspiración alfonsina dirigida por Martínez Campos tenía hondas raíces en los ejércitos del Norte y Cataluña; pero esta afirmación resulta falsa, pues tales ejércitos no secundaron el movimiento hasta que el gobierno se retiró cediendo el paso á la insurrección.

Los ministros en las primeras horas de la noche del 30 se reunieron por segunda vez en tal día, y una vez completo todo el Consejo, sostuvieron una larga conferencia telegráfica con el general Serrano.

Todos los gobernantes, monárquicos en el fondo y deseosos de hacer méritos para que don Alfonso los tratara benévolamente al subir al trono, estaban acordes en dejar paso franco á la insurrección, y el general Serrano para justificar su debilidad al transigir con los insurrectos, tuvo un arranque sentimental de estúpida patriotería.

—No quiero,—dijo á los ministros en la conferencia telegráfica,—que en España haya al mismo tiempo tres gobiernos.

Si es que Serrano no quería que existiesen tres gobiernos, fácil le hubiera sido suprimir uno, el de los alfonsinos, pues Martínez Campos hubiese huido después de la dispersión de sus fuerzas apenas el ministerio enviara algunas tropas contra él. Ya que Serrano abandonaba el poder según él decía, para que no existiesen en España varios gobiernos, lógicamente debía haber hecho entrega de su autoridad, de un modo igual, al pretendiente don Carlos, que en el Norte tenía una corte, un ejército y un gobierno, cosa de que carecía don Alfonso, oscuro alumno de un colegio austriaco, que no disponía de más elementos que la adhesión de unos cuantos ambiciosos que á la sombra de una monarquía nueva querían seguir explotando á la nación.

El patriotismo de los constitucionales en 30 de Diciembre de 1874, fué una farsa indigna, un cruel sainete, digno remate del golpe de 3 de Enero.

Como dice un escritor, el año 1874 comenzó y acabó del mismo modo, deslizándose entre dos grandes traiciones.

Solo el calificativo de traición miserable, de indiferencia indigna, merece la conducta de aquel gobierno tan activo y arbitrario contra los federales y que se cruzó de brazos ante la insurrección alfonsina.

El gobierno abandonó el poder para dejar el paso franco á los alfonsinos, y en la mañana del 31 de Diciembre, el Capitán general de Madrid hizo fijar en las esquinas gran número de alocuciones anunciando á España que tenía ya reyes otra vez y que el monarca se llamaba Alfonso XII.

No había que buscar el derecho en cuya virtud se hacía aquel cambio tan radical. En virtud del derecho de la fuerza y de la traición; esos dos factores repugnantes que en 3 de Enero habían asesinado la representación nacional.

La revolución había detenido su majestuoso curso que no ha reanudado aún en el presente.

La traición de un general oscuro, y la sedición de unos cuantos soldados engañados, á la sombra de un algarrobo, árbol simbólico de la nueva forma de gobierno, bastaban para detener la noble aspiración de un gran pueblo y su ansiada regeneración política.

¡Pobre España! ¡Desgraciada nación, en la que pueden verificarse tan absurdos sucesos y donde obtienen éxito tan repugnantes traiciones!

LA RESTAURACIÓN

Con la restauración de la dinastía borbónica, quedó interrumpido el curso sereno y majestuoso de la revolución española.

Por eso el segundo reinado de los Borbones en nuestra patria nunca será un verdadero período político, ni merecerá otra importancia que la de una interinidad.

Escribir hoy la historia de esa reacción que todavía subsiste, pintar su verdadero carácter, es por ahora imposible. Se hallan todavía envueltos en el misterio las principales causas de la vida de la restauración, y para que su historia se presente algún día con carácter de veracidad, es necesario descubrir el oscuro fondo de la Hacienda española desde el momento que el sable de Martínez Campos volvió á levantar la arruinada dinastía; los medios poco nobles de que dicho general se valió para acabar la guerra civil y la de Cuba, conocidos son del Tesoro únicamente; los móviles secretos que han impulsado á Cánovas y Sagasta, los eternos gobernantes de la Restauración; y sobre todo, la influencia que el imperio alemán ha tenido en nuestra vida interna, manejando á los reyes de España como obedientes autómatas, indisponiéndonos con nuestra vecina la republicana Francia y haciéndonos entrar en la sombría conjuración de los tiranos de Europa contra la gran nación, cuna de la más sublime y trascendental de las revoluciones. El día en que la explosión popular por todos esperada derribe la forma política impuesta al país por la fuerza de las bayonetas y queden al descubierto en las oficinas del Estado los secretos de la Restauración, es cuando la historia podrá poner de manifiesto los tremendos abusos generalmente presentidos, pero que hoy por falta de datos ciertos no pueden presentarse como un padrón de ignominia para la monarquía.

Todo cuanto de notable produjo la revolución española en su última etapa desde 1868 á 1874, quedó destruido de un golpe por el primer gobierno de la restauración, ó sea la reaccionaria dictadura de Cánovas del Castillo, quien poseído de la soberbia satánica que el éxito produce en los espíritus mezquinos y estrechos, despreció al país y sus más santas aspiraciones, poniendo su mano en todas las conquistas populares.

La restauración demostró de un modo franco su espíritu reaccionario en los primeros años de su existencia. El elemento teocrático volvió á ser tan omnipotente como en tiempos de Isabel II, los jesuitas volvieron á España para continuar su dominación sobre las más elevadas clases sociales, y Cánovas y Sagasta se atrevieron á lo que no habían osado los más reaccionarios ministros de la monarquía anterior restableciendo las órdenes religiosas, con lo que volvió á darse en las calles de nuestras ciudades un espectáculo tan anacrónico como es ver en medio de los esplendores de una civilización enemiga de ridiculeces tradicionales unos hombres de cabeza afeitada y grotescos ropajes, pugnando por reanimar el estúpido entusiasmo que la muchedumbre ignorante sentía por los frailes á principios de siglo.

Los beneficios que la restauración ha producido en nuestra patria podemos apreciarlos á todas horas, pues hemos sido testigos presenciales de lo que era España antes de 1874 y de lo que es hoy.

Desde que Alfonso XII subió al trono, España, obedeciendo á un impulso que venía de arriba, hizo lo posible por volver á los felices tiempos de *pan y toros*. Las costumbres gitanas tomaron carta de naturaleza entre la aristocracia, arraigándose además en la juventud, y como á la monarquía le resultaba aun temible el pueblo revolucionario que estaba entusiasmado con sus recuerdos de gloria, hizo lo posible por unirlo en la degradación, fomentando un género canallesco llamado *flamenco*, engendro surgido de la asquerosa conjunción de la taberna con el presidio.

La actividad que dominó á la nación á raiz de la Revolución de Setiembre, aquella saludable agitación que dió nueva vida á la industria y al comercio haciendo circular raudales de riqueza, desvanecióse con la subida al trono de don Alfonso XII. Desde 1874 hasta el presente los ficticios valores de Bolsa son la única riqueza de la nación, y sus jugadas, que las más de las veces equivalen á verdaderos robos, la única industria que mantiene á una gran parte de los españoles.

El comercio se ha paralizado; funestos tratados han empobrecido la agricultura; el clérigo y el soldado han vuelto á ser los funcionarios mimados por el Estado; pero la restauración puede ostentar en contraposición á esto los méritos de haber levantado frente á las fábricas arruinadas, conventos é iglesias que son eternos testimonios de lo unidos que van siempre la monarquía y el catolicismo, trabajando mancomunadamente para arruinar á España y hacer mayor su estupidez y falta de cultura.

La interinidad monárquica á la que se da el nombre de Restauración no ha de alcanzar larga vida, ni seguramente obtendrá ningún lugar importante entre los períodos de nuestra historia.

Hoy que la monarquía está representada en nuestra patria por una mujer extranjera y un niño de cuya salud é inteligencia se duda; hoy que la forma política del pasado, en virtud de la inmutable ley del progreso ve como se aleja de ella rápidamente el afecto de las masas indiferentes y como pierde su arraigo tradicional, el republicanismo, repuesto de la sorpresa que en él produjo la restauración y que logró desorganizarlo, hállase fuerte y pujante; ha reconquistado la simpatía general y cuenta con huestes más numerosas y disciplinadas que nunca.

La monarquía no ha logrado esa vida tranquila reservada á las instituciones que están en armonía con la opinión del país. La protesta republicana ha surgido contra esa política monárquica que insulta al país con su juego de balancín, que hace subir á Sagasta cuando cae Cánovas ó viceversa, y los numerosos levantamientos antimonárquicos han dado á entender que en España son muchos los que desean derribar el obstáculo que Martínez Campos opuso traidoramente al curso majestuoso de la revolución.

Badajoz, la Seo de Urgel, Santo Domingo de la Calzada y otras insurrecciones de menos importancia han demostrado el espíritu republicano y revolucionario que late en el seno del pueblo español; y Mangado, Cebrián Ferrándiz, Bellés, los cuatro sargentos de Santo Domingo de la Calzada, el bravo Villacampa y otros, son mártires cuya sangre clama venganza. Y la venganza sobrevendrá fatal y necesariamente, pues nunca ha clamado en vano la sangre derramada por la causa popular.

En la situación presente la revolución y la República son lo seguro, lo cierto, lo inevitable: la monarquía y los Borbones, son lo casual, lo inesperado, lo que vive merced á uno de esos caprichos que á veces parecen regular la marcha de los pueblos.

¡Lástima grande que al entusiasmo revolucionario que es general y unánime entre los republicanos españoles, no acompañe una completa identidad en punto á ideales!

El republicanismo español se ha desviado de su carrera durante la restauración.

La apostasía de un gran tribuno que creyendo en su lirismo que eran los hechos revolucionarios hermosas estrofas de un poema, se asustó de su propia obra y huyó, yendo á prosternarse casi en las mismas gradas del templo de la monarquía; y la indecisión de un hombre respetable por su fe y entereza que recién llegado al campo de la República sólo verificó á medias su conversión política, han hecho que se aclimate la doctrina unitaria en el republicanismo español, á pesar de que este ha sido, es y será siempre, genuinamente federal.

Lo tradicional, lo característico, lo que se compagina mejor con el modo de ser de nuestro pueblo y la historia de nuestra patria, es la federación. El unitarismo es una moda política importada de Francia y sostenida por los fugitivos de la causa popular ó los neófitos recién llegados de la monarquía que no se sintieron con fuerzas para realizar una completa evolución.

No creemos pertinente consignar aquí los argumentos inconstrastables, tantas veces repetidos á favor de la federación.

La simple observación es el mejor argumento, pues no puede ser más violento el contraste entre la unitaria Francia y las repúblicas federales de Suiza, los Estados-Unidos y algunas otras de América.

Si la libertad es beneficiosa hay que aceptarla hasta en sus últimas consecuencias. Si la República reconoce la autonomía del individuo y la de la nación, debe también reconocer y acatar la del municipio y la del Estado regional.

Por fortuna en el republicanismo español constituyen la inmensa mayoría los que sustentan la doctrina federal, que es en nuestra patria la verdadera bandera popular.

En España los nombres de República y Federación nacieron juntos y federales fueron todos los republicanos hasta la llegada de la Restauración.

Todos los programas republicanos unitarios no han sido otra cosa que fórmulas de transacción con el fatal pasado, faltando á los sagrados intereses de la revolución. Si el pasado es malo, no debe transigirse con él; debe anulársele con un radicalismo inexorable.

Uno de los más pérfidos ataques que en nuestra patria los republicanos arrepentidos dirigen al federalismo, es asegurar que el pueblo español no está preparado para practicar los deberes que impone tal forma de gobierno. Ni lo estará nunca contestamos nosotros á esto, sino vive bajo un régimen federal. ¿Puede el pájaro acostumbrarse á volar sin haber salido jamás de su nido? ¿Puede un hombre aprender á nadar sin haberse lanzado nunca al agua? ¿Puede el niño saber leer sin tener antes quien le enseñe? Nunca un pueblo podrá educarse á practicar una forma de gobierno mientras ésta no esté establecida.

Implántese la federación y tal vez se verá entonces como el pueblo se acostumbra con más facilidad á las prácticas federales por ser estas claras y sencillas, que á las de una República unitaria que se basan casi siempre en lo absurdo y en la negación más completa de la libertad.

La autonomía se impone dentro de la República como la más legítima consecuencia de la democracia. La federación es la forma de la próxima República española.

Pí y Margall lo ha dicho: Una revolución siempre empieza por donde acabó la anterior.

La República de 1873, aunque no lo fuera en el fondo, federal fué en la forma, y debe tenerse por seguro que el pueblo español, cuando verificada la explosión revolucionaria y derribada la efímera obra de Sagunto se halle en el pleno goce de todos sus derechos y proceda á la formación de un nuevo régimen; cuando barra todos los abusos y arbitrariedades que se amontonan á la sombra de la monarquía y sobre las ruinas de la nación constituida por la fuerza levante el grandioso templo de la sociedad política constituida por el derecho, entonces emprenderá tan santa obra llevando en el corazón y en los labios el grito que en 1869 puso setenta mil hombres sobre las armas; ese grito que electriza á los ciudadanos honrados y que será á no dudar la consigna de la futura revolución:

¡Viva la República Federal!

FIN DE LA PRIMERA PARTE

EPÍLOGO

No pude por mis muchas ocupaciones escribir el prólogo de este importante libro; escribiré el epílogo.

Ochenta años van transcurridos desde que se promulgó la Constitución de Cádiz. Voy á decir breve y concisamente los adelantos políticos hechos en tan largo período.

La Constitución de Cádiz era exageradamente religiosa. Empezaba en el nombre de Dios Todopoderoso, Padre, Hijo y Espíritu Santo. Declaraba religión perpetua de España la católica, prescribía que la Nación la protegiera por leyes sabias y justas y prohibía el ejercicio de cualquiera otro culto. Limitaba de consiguiente á las ideas políticas la libertad de imprenta. Daba á los clérigos libre entrada en los comicios y las Córtes, les abría lugar en el Consejo de Estado y les respetaba el fuero de que venían gozando.

En esto los adelantos han sido notables. Prescindo de la supresión de las comunidades monásticas y de la venta de los bienes de los dos cleros. La expresa prohibición de extraños cultos no pareció en ninguna de las sucesivas constituciones. En la más conservadora, en la de 1845, se dijo sólo que la Nación se obligaba á mantener el culto y los ministros de la religión católica que los españoles profesaban.

Hasta la revolución de 1868 se penaba, sin embargo, en las leyes de imprenta todo ataque al catolicismo y su iglesia. Reducíase la tolerancia á que no se persiguiese á nadie por las creencias ni las opiniones religiosas que privadamente profesase.

En la Constitución de 1869 se estableció paladinamente la libertad religiosa, bien que considerándola para los españoles poco menos que innecesaria. En ella se garantió el ejercicio público ó privado de todos los cultos sin otra limitación que las reglas universales de la moral y el derecho. Adoptóse como deducción lógica el matrimonio y el registro civiles y se quiso secularizar los cementerios.

La Restauración de 1874 vino desgraciadamente á interrumpir esta marcha. La situación actual es la siguiente:

La religión católica, apostólica, romana es la del Estado. No cabe molestar á nadie por sus opiniones religiosas ni por el ejercicio de su culto, siempre que se guarde el respeto debido á la moral cristiana; pero no se permite sino á la Iglesia las ceremonias y las manifestaciones públicas. Paga la nación el culto católico. Subsiste el registro civil para todos los españoles; pero el matrimonio civil, sólo para los disidentes. Ha de tener cementerio civil todo municipio.

Distamos aún de la libertad verdadera. No la hay donde todos los cultos no viven bajo las mismas condiciones ni gozan de iguales derechos, donde para el uno está abierto el tesoro de la Nación y para los demás cerrado, donde puede el uno públicamente manifestarse y los otros ni siquiera inscribir sus nombres en el frontispicio de sus templos. *Libertas quæ æqua non est libertas non est*, decía con razón Marco Tulio.

La libertad de cultos revela por otra parte que la religión ha perdido su carácter social y es un simple hecho de conciencia. No es ya lógico ni racional que el Estado tenga ni pague religión alguna. No la tiene ni la paga hoy ni en los Estados Unidos de la América del Norte, ni en Méjico, ni en el Brasil, ni en muchas de las colonias Británicas: de justicia y de imperiosa necesidad es que deje de tenerla en todas las naciones.

El Estado no ve sino ciudadanos así en los nobles como en los plebeyos, así en los que se dedican á las letras como en los que ejercen artes mecánicas, así en los espiritualistas como en los materialistas, así en los creyentes como en los ateos, así en los partidarios de la monarquía como en los de la república; no hay razón alguna para que no los vea en los eclesiásticos como en los seglares, en los sacerdotes ortodoxos como en los heterodoxos, en los ministros de la iglesia católica como en los de la sinagoga judía. Por no considerar tales á los sacerdotes católicos, al paso que del tesoro de la Nación les da anualmente cuarenta y dos millones de pesetas y los exime de tributos, les cierra la entrada del Parlamento y aún la de las corporaciones populares, los priva del ejercicio de toda industria y les niega los santos goces de la familia.

Lo uno y lo otro es soberanamente injusto. Injusto que por razón de su oficio estén exentos de contribuir á las cargas del Estado; injusto que cobren del Tesoro cuando no prestan á sus fieles servicio de que no exijan recompensa; injusto que para retribuirles de las arcas públicas se arranque un solo céntimo á los que con ellos no comulguen. Injusto también que se los prive de derechos políticos; que se los rechace de la industria y del comercio; que se les vede el matrimonio por votos de castidad moralmente nulos, de que sólo pueden ser responsables para con sus pontífices. El sacerdote sólo dentro de su iglesia debe ser sacerdote; fuera del templo no ha de ser sino ciudadano.

Afortunadamente hay todo un partido que así piensa. Vendrá, y no tarde, la completa separación de la Iglesia y el Estado, la absoluta igualdad de cultos, la consiguiente supresión de las obligaciones eclesiásticas, el reconocimiento de todos los derechos civiles y políticos para todos los hombres, la abolición de todos los privilegios.

Si en lo religioso anduvieron tímidos los legisladores de Cádiz, no en lo político. Declararon libre é independiente la nación: dijeron que la nación no es patrimonio de familia ni persona alguna, afirmaron que en la nación reside esencialmente la soberanía y sólo á la nación por lo tanto corresponde el derecho de establecer sus leyes fundamentales. Sentaron con esto el principio de la soberanía nacional, antes y después objeto de tantas controversias.

Han permanecido fieles al principio los progresistas. Las Cortes solas han decretado y sancionado las constituciones progresistas de 1837 y 1869. En cambio no han admitido nunca esta soberanía los conservadores. La Constitución conservadora de 1876, por la que aun nos regimos, viene así encabezada: «D. Alfonso XII, por la gracia de Dios rey constitucional de España, á todos los que las presentes vieren y entendieren sabed que en unión y de acuerdo con las Cortes actualmente reunidas hemos venido en decretar y sancionar la siguiente Constitución de la Monarquía.» Aquí, como se ve, comparte el Rey la soberanía con la nación y resulta el verdadero soberano. Como sancionó la Constitución, pudo dejar de sancionarla.

La cuestión, aún dentro de las monarquías hereditarias, no deja de ser importante. La nación que es soberana, puede por sí alterar la sucesión á la Corona, determinar las dotes que hayan de reunir sus reyes, privarlos de más ó menos amplios atributos. ¿Dejará con todo de tener en la familia reinante un límite á su poder y un peligro? Para los legisladores de Cádiz Fernando VII era el rey legítimo de España y así lo declararon: les rasgó Fernando la Constitución y aún los persiguió á la vuelta de su destierro.

La monarquía hereditaria y la soberanía nacional son incompatibles. No es soberana la nación que una familia gobierna por la gracia de Dios ó sea por derecho propio. No hay ya en España por esta razón un solo partidario de la soberanía nacional que esté por la monarquía. Son aún monárquicos muchos de los antiguos progresistas; pero han abandonado con Sagasta su capital principio y aceptado el encabezamiento de la Constitución que nos rige. Los demás son republicanos.

Conviene ahora que nos fijemos en el principio. La nación es soberana en el sentido de que no está sujeta á superiores poderes ni ajenas leyes; no en el de que sea señora y dueño de los distintos grupos que la componen. Puede y debe regir los intereses que á todos sean comunes, no los privativos de las regiones y los municipios. De ella deben emanar, no todos los poderes, como equivocadamente se dijo en la Constitución de 1869, sino los poderes nacionales.

No tienen aún este concepto de la soberanía nacional todos los republicanos, pero sí los federales, que aspiramos, más que á un simple cambio de forma de gobierno, á un cambio de sistema.

Deseosos los legisladores de Cádiz de sobreponer la Nación al Rey, adoptaron en realidad graves medidas. Las Cortes se habían de reunir por su propia autoridad el día primero de Marzo de todos los años. El Rey no podía bajo pretexto alguno impedir que se reuniesen. Tampoco disolverlas ni suspenderlas. Tampoco perturbarlas de modo alguno en las sesiones que celebraran. A los que para tales actos le aconsejasen ó ayudasen se los había de perseguir como traidores. Tenía el Rey el veto, mas sólo el veto suspensivo. Dos veces podía oponerlo, no la tercera. Las Cortes tenían, además, una vida permanente. Al separarse dejaban una comisión de siete individuos que debía velar sobre la observancia de la Constitución y las leyes y convocar á Cortes extraordinarias, si por acaso vacase la Corona, ó se inhabilitase el Monarca, ó el Monarca se propusiese resolver graves crisis ó negocios arduos.

No se ha ido tan allá en los posteriores tiempos. En todas las sucesivas constituciones se ha otorgado al Rey el derecho de convocar, suspender y disolver las Cortes; en todas, más ó menos explicitamente el veto. Se los ha limitado; mas no por esto han tenido las Cortes más segura vida. Según la Constitución de 1869 habían de estar reunidas cuatro meses al año y el Rey no podía suspenderlas por sí más de una vez en cada legislatura; según la de 1876, de acuerdo con la de 1869, no cabe que el Rey las disuelva sin que convoque y reuna otras dentro de tres meses. Raras han sido no obstante, las Cortes que han llegado al término legal de su existencia. En honor de la verdad, he de decir que nunca fueron más frecuentes las suspensiones ni las disoluciones que bajo la Constitución de 1869.

De la Diputación Permanente se ha prescindido en todas las constituciones. La hubo al disolverse la Asamblea Nacional de 1873 y al suspender sus trabajos las Cortes Constituyentes de 1869; mas no por ningún precepto constitucional sino por acuerdos ordinarios de las mismas Cortes.

En mi opinión, acertaron los legisladores de Cádiz. Los poderes todos han de tener vida propia y permanente y no depender el uno del otro. Así lo cree el partido federal, y así lo ha consignado en el proyecto de Constitución de Zaragoza.

Decidiéronse los diputados de Cádiz por una sola cámara, y tampoco en esto los han seguido sus más liberales sucesores. Ya en el Estatuto Real de 1834 se creaba un Estamento de Próceres y un Estamento de Procuradores del Reino. En la Constitución de 1837 se estableció un Congreso y un Senado; y un Congreso y un Senado continúan constituyendo las Cortes. No se atrevieron á suprimir el Senado ni aun los demócratas de 1869.

¿Quién ha tenido razón? Bajo el régimen unitario en que vivimos, la tuvieron á mi entender los diputados de Cádiz. Abolida la distinción de castas y de clases, era á no dudarlo ilógico distribuir el poder legislativo en dos cuerpos, uno popular y otro aristocrático. ¿Habían de ser populares los dos y proceder de un mismo origen, como sucedía por la Constitución de 1837? La existencia de los dos cuerpos resultaba entonces más inexplicable.

Hoy el Senado es una mezcla de las tres aristocracias: la de la sangre, la de la ciencia y la del dinero. ¿De qué sirve? De nada. Cede aun más que el Congreso á los antojos de los ministros. Pasa por las resoluciones todas de la otra Cámara como el Gobierno se lo exija. Carece de toda importancia: está completamente eclipsado por el Congreso.

Nosotros, los federales, queremos el Senado, pero con origen y fin distintos de los de la otra Cámara. En nuestro sistema el Congreso representa la Nación, y el Senado las regiones; el Congreso nace del sufragio de todos los españoles, y el Senado del voto de las asambleas regionales; el Congreso legisla, y el Senado vela por que no se menoscabe con las nuevas leyes la autonomía de la región ni la del municipio.

Los legisladores de Cádiz otorgaron el derecho electoral á todos los ciudadanos, es decir, á todos los españoles vecinos de cualquier pueblo que estuviesen en el pleno goce de la libertad civil, tuviesen empleo, oficio ó modo de vivir conocido y no perteneciesen al servicio doméstico. Sólo para después del año 1830 lo limitaron á los que conociesen la lectura y la escritura. Decidiéronse, empero, por la elección indirecta. Habían de nombrar los ciudadanos de cada parroquia determinado número de electores; los electores de parroquia, electores de partido; los electores de partido, electores de provincia; y los electores de provincia, á los diputados á Cortes, á los que habían de conferir poder en forma prometiendo tener por válido y obedecer y cumplir cuanto con arreglo á la Constitución éstos resolviesen. Era lato el círculo de los electores, pero no tanto el de los elegibles. No podían ser diputados sino los que hubiesen nacido en la provincia ó llevasen cuando menos en ella siete años de residencia y además disfrutasen de renta procedente de bienes propios. Se había de elegir un diputado por cada setenta mil almas y proceder cada dos años á nuevas elecciones. Sin mediar una diputación no era reelegible ningún representante.

La elección indirecta no fué viable: acabó con la misma Constitución de Cádiz. Tampoco lo fué la irreelegibilidad de los diputados: se la derogó ya en el Estatuto. Sólo en el Estatuto revivió la necesidad de que los candidatos llevasen tiempo de residencia en la provincia. Subsistió en cambio, desde el año 1845 hasta el año 1869, la condición de la renta para sentarse en el Congreso. Pareció pronto corta la duración del cargo: se la amplió primero á tres años, después á cinco. Rebajóse por otro lado la proporción entre representantes y representados: se elige ahora un representante por cada cuarenta mil almas. Una innovación grande prevaleció en la Constitución de 1837 y continuó en las posteriores: se cerró las puertas del Congreso á los eclesiásticos.

Lo vergonzoso es que murió también el sufragio universal con la Constitución de Cádiz. Lo derogaron las Cortes progresistas de 1837, y no osaron restablecerlo en su nonnata Constitución las de 1854 con haber abogado calurosamente por él los diputados demócratas. Revivió el sufragio universal el año 1869, volvió á morir el 1876 y hace poco más de dos años renació de sus cenizas. Por fortuna ha merecido hoy la aceptación de los conservadores: ¿será realmente sólida su reconquista?

Hoy los partidos liberales quieren todos directa la elección, universal el voto, elegibles los electores, reelegibles los representantes, duradero el cargo por más de un bienio, proporcional con la población el número de diputados. Vecindad ni residencia de los candidatos en la provincia que los acepte no hay ya partido que las exija. Nosotros, los federales, las exigimos sólo respecto á los senadores. Lo que yo particularmente deseo, es que con los hombres de Cádiz se excluya de los comicios á todos los que no tengan modo de vivir conocido. Son los vagos para mí indignos de todo derecho.

Nos diferenciamos de los demás partidos los federales en cuanto á los sacerdotes. Establecida la verdadera libertad religiosa, los sacerdotes de todos los cultos lo serían, como antes he dicho, sólo dentro de su respectiva iglesia. Ciudadanos en el mundo, deberían lógicamente gozar de todos los derechos de ciudadanía, tener entrada lo mismo en las Cortes que en los comicios. Tuviéronla en cuantas Cortes se celebró con arreglo á la Constitución de Cádiz y también en las democráticas de 1869.

Miraron los legisladores de 1812 por la seguridad y la independencia de los diputados y los hicieron inviolables por sus opiniones, dispusieron que se los juzgara por el tribunal de Cortes en las causas criminales que se les abriera, prohibieron que durante las sesiones y treinta días después se los demandara civilmente ni se los ejecutara por deudas, les vedaron la petición de todo empleo de nombramiento real y aun la de todo ascenso que no fuese de escala, lo mismo para sí que para cualquiera otra persona, y sólo un año después de su diputación les consintieron que obtuviesen para sí ó solicitasen para otros pensiones y condecoraciones.

De todas estas garantías ha subsistido principalmente la de la inviolabilidad. Hoy como entonces, es inviolable por sus opiniones el diputado. Se le puede demandar civilmente; pero no procesarle sin la previa resolución del Congreso. Lo que no hay ya ni hubo después de la Constitución de Cádiz es tribunal de Cortes que le juzgue.

Respecto á la admisión y solicitud de empleos el cambio ha sido notable. Por la Constitución de Cádiz se vedaba en absoluto al diputado que los admitiera ni aún los solicitara; por las demás constituciones se le ha exigido sólo que opte entre el empleo y el cargo. Por la Constitución de Cádiz se le impedía aún la petición de destinos y honores para terceras personas; por las demás se le ha permitido y permite. Por la Constitución de Cádiz se admitía en las Cortes á todo empleado que hubiese merecido los votos del pueblo; posteriormente se ha establecido ciertas incompatibilidades.

Hoy no puede haber en el Congreso más de cuarenta funcionarios públicos. Hoy la diputación es compatible sólo con los destinos civiles y militares de residencia fija en Madrid y de un sueldo que no baje de doce mil quinientas pesetas al año, con el de presidente, fiscal y presidente de Sala de la Audiencia de esta Corte, el de rector y catedrático de número de esta universidad, el de inspector de ingenieros y los que aquí desempeñen los oficiales generales del ejército y la armada.

Son pocas aún á juicio de muchos las incompatibilidades. Nosotros por el proyecto de Constitución de Zaragoza hemos declarado incompatibles con todo empleo público, aun con los meramente honoríficos, así la diputación como la senaduría; y hay ya quien pretende, en mi opinión, no sin justicia, que se los declare incompatibles aun con los destinos de consejero de administración que hay en las grandes compañías anónimas, sobre todo en las de ferrocarriles.

La corrupción parlamentaria es hoy tan grande, que son ya poco menos que insuficientes todas las medidas precautorias. Convendría, á no dudarlo, restablecer la prohibición de solicitar para otros condecoraciones y empleos. Principalmente por habérsela derogado suele ser hoy la diputación agencia de destinos, hombres de poco ó ningún valer se erigen en dueños y señores de sus distritos, cuando no de sus provincias, y la España toda vive bajo el más vergonzoso caciquismo.

Las facultades concedidas á las Cortes por la Constitución de Cádiz difieren poco de las de ahora: proponer y decretar leyes; interpretarlas y derogarlas siempre que sea necesario; fijar todos los años las fuerzas de mar y tierra, los gastos de la Administración y las contribuciones; examinar las cuentas del Estado; tomar sobre el crédito de la Nación caudales á préstamo; aprobar antes que se los ratifique los tratados de alianza ofensiva, los de subsidios y los de comercio; determinar la ley de la moneda y conocer, por fin, de todo lo relativo á la sucesión á la corona. Entre las facultades privativas de aquella Constitución hallo tan sólo la de aprobar el repartimiento de las contribuciones entre las provincias, la de promover y fomentar toda especie de industrias, la de aprobar los reglamentos generales de sanidad y policía y la de proteger la libertad política de la imprenta.

Concedieron, por otro lado, al Rey, los legisladores de Cádiz, las facultades siguientes: sancionar promulgar y ejecutar, las leyes, expedir los decretos y las instrucciones que para hacerlas cumplir considerara convenientes, cuidar de que en todo el Reino se administrara pronta justicia, proveer todos los empleos, otorgar toda clase de honores, indultar á los delincuentes, dirigir las relaciones diplomáticas, disponer de los ejércitos de mar y tierra y distribuirlos como más y mejor conviniese, declarar la guerra y hacer la paz, conceder ó negar el pase á las bulas pontificias, procurar la acuñación de la moneda, nombrar y separar libremente á los ministros y proponer á las Cortes las reformas que al bien de la Nación condujeran.

Estas atribuciones, como ve el lector, tampoco difieren de las que hoy otorga al Rey la Constitución del Estado. Así en las del Rey como en las de las Cortes preciso es confesar que no ha habido en los ochenta años que este epílogo abraza, notable progreso ni notable retroceso, como se prescinda de la absoluta prohibición de convocar, suspender y disolver las Cortes que al Rey impusieron los legisladores de Cádiz. Refiérome, entiéndase bien, solo á los períodos constitucionales.

Aun las facultades que para las Cortes figuran sólo en la Constitución de Cádiz son generalmente de escasa monta. La de mayor importancia política es la que hacía á las Cortes escudo de la libertad de imprenta; la de mayor importancia económica, la que se refería á la remoción de los obstáculos que impidiesen el desarrollo de la industria.

Es, con todo, de advertir, que la Constitución de Cádiz ponía á las atribuciones del Rey un no despreciable correctivo. Creaba un Consejo de Estado, cuyos cuarenta vocales, propuestos en terna por las Cortes y elegidos por la Corona, no podían ser removidos sin causa seguida ante el Supremo Tribunal de Justicia. Debía el Rey oir el dictamen de este Consejo antes de resolver asuntos que gravemente afectaran la gobernación del Reino. Debía, sobre todo, oirlo antes de dar ó negar la sanción á las leyes, hacer tratados internacionales y declarar la guerra.

Por sí y ante sí ha podido después el Rey declarar la guerra á las demás naciones. Goza aún hoy de esa facultad terrible. ¿Se explica fácilmente que tal suceda? Nosotros, los federales, somos tan enemigos y temerosos de la guerra, que no nos atrevemos á confiar exclusivamente al que haya de presidir la República la dirección de las relaciones diplomáticas, antes queremos que la comparta con el Senado. Podría de otra manera el Presidente comprometer por impremeditadas negociaciones la suerte de la Nación y poner al Congreso en el caso de haber de optar entre la guerra ó la deshonra.

Otra garantía dieron contra el poder real los hombres de Cádiz y ésta ha subsistido en todas las constituciones: la necesidad de venir refrendada toda disposición del Rey por un ministro.

Grandes reformas hicieron también aquellos sesudos legisladores en la administración de justicia. Dispusieron que ningún español pudiera ser juzgado ni en las causas criminales ni en las civiles sino por el tribunal que hubiesen declarado competente anteriores leyes. Dejaron libre en todo lo civil el juicio de árbitros. Hicieron indispensable el acto previo de conciliación aun en las causas de injuria. Exigieron para prender á los ciudadanos información sumaria del hecho penable y mandamiento judicial por escrito. Ordenaron que dentro de las veinticuatro horas se comunicase al presunto reo la causa de su prisión y el nombre del acusador si lo hubiere. Facilitaron la excarcelación bajo fianza. Quisieron que se dispusiera las cárceles de modo que asegurasen y no molestasen á los presos. Prohibieron que se los pusiese por motivo alguno en calabozos subterráneos y mal sanos. Abolieron la confiscación de bienes y cualquiera otra pena que trascendiese á la familia del delincuente. Dejaron á las futuras Cortes la conveniencia del jurado ó sea la distinción de jueces de hecho y de derecho.

Establecieron toda una jerarquía judicial: crearon los jueces de partido y un tribunal supremo que había de juzgar á los ministros acusados por las Cortes, conocer de todos los asuntos contenciosos del Real Patronato, dirimir las cuestiones de jurisdicción entre las Audiencias y resolver todos los recursos de nulidad que se interpusiese, ya contra los fallos que éstas hubiesen proferido, ya contra los de los tribunales eclesiásticos. A las Audiencias sometieron los recursos de vista y de revista.

Declararon inamovibles á los magistrados y los jueces. Los hicieron en cambio responsables de la inobservancia de las leyes de procedimientos y entregaron á la acción popular á los que hubiesen prevaricado ó se hubiesen hecho accesibles al soborno.

Decretaron la unidad de fuero bien que salvando por de pronto el de los militares y los sacerdotes; la unidad de códigos, bien que con las variaciones que por circunstancias particulares pudieran hacer las Cortes.

¿Cabía pedir más á los hombres de 1812? Sesenta años transcurrieron sin que se instituyese el jurado. Se lo instituyó el año 1872, se lo derogó el 1875 y no se lo restableció hasta el 1888. La responsabilidad de los magistrados y los jueces es todavía poco menos que ilusoria. La hacen tal el antejuicio que se exige y el hecho de no poderla reclamar sino después de terminados por sentencia firme la causa ó el pleito en que la infracción se haya cometido. Sólo cuando el juez ó el Tribunal se hayan negado á juzgar por insuficiencia ó silencio de la ley se permite reclamarla antes. La unidad de fuero no se la consiguió hasta el año 1868. Corresponden hoy todavía á los tribunales eclesiásticos las cuestiones de matrimonio, y á los de guerra, no sólo los delitos de militares que la ley civil no exceptúa, sino también los que con relación á la milicia cometan los demás ciudadanos. Se ha sometido no há mucho á un consejo de guerra, con general escándalo, la denuncia de abusos de un asentista del ejército, hecha en un periódico. La inamovilidad judicial existe, pero más aún de nombre que de hecho.

A la unidad de códigos se ha ido también con calma. El primer Código de Comercio es del año 1830: el primer Código Penal, del año 1848; la primera Ley de Enjuiciamiento Civil, del año 1855; la primera Ley de Enjuiciamiento Criminal, del año 1872, no hace aún veinte años. Todas estas leyes y códigos fueron desde su promulgación comunes á todos los españoles. Púsose mano en 1843 á un Código Civil, se lo publicó como proyecto en 1851 y después de muchas y graves reformas se lo decretó en 1889; pero no rige sino en las provincias que antes se gobernaban por las leyes de Castilla. En las Islas Baleares, en Cataluña, en Navarra, en Vizcaya, sirve solamente de derecho supletorio; en Aragón es aplicable sólo en lo que no ataque el fuero. No lo han querido aceptar las regiones aforadas que tienen establecidas sobre bases diversas de las del resto del País la propiedad y la familia, y no es á la verdad de presumir que más tarde lo admitan, atendido el creciente predominio de las ideas federales. El federalismo otorga á las regiones el derecho de legislar, y lo que las aforadas desean es corregir por sí mismas con arreglo á sus particulares opiniones jurídicas sus antiguas leyes. Racional es el deseo y quizá más conducente de lo que muchos creen á la unidad de Códigos. Previeron ya nuestros hombres de Cádiz la dificultad de conseguirla al consignar que se debía realizarla sin perjuicio de las variaciones que se creyera oportunas.

De lo por esos legisladores decretado, tal vez lo que haya sufrido más variación sea el Enjuiciamiento. La jerarquía judicial es en el ondo la misma. Subsiste aún aquel tribunal supremo con que reemplazaron en lo que á juicios civiles se refería el antiguo y abigarrado Consejo de Castilla. Lo que ya no hay son los recursos de nulidad ni las tres instancias. Se prefiere hoy la instancia única. Adoptada la tenemos ya en las causas, y es de presumir que se la adopte á no tardar en los pleitos. Con este objeto se trata de substituir por tribunales de partido los jueces de primera instancia. Contra el fallo único no se está sino por el recurso de casación, mucho más amplio que el de nulidad y el de injusticia notoria. Se quiere la instancia única y el juicio oral y público.

Respecto á cárceles ¡cuán estériles fueron los conatos de aquellos filantrópicos legisladores! Medianas no hay doce en todo el reino. Son casi todas las demás lugares material y moralmente infectos que nos avergüenzan á los ojos de las otras naciones. En ninguna hay la debida clasificación de presos; en todas se inflige extrajudiciales castigos cuando no se ejerce terribles venganzas. En molestar más que en asegurar se piensa. Se explota inicuamente á los detenidos, y en la celular de Madrid se empieza por torturarlos con un casi absoluto aislamiento. De todo corazón aborrezco estas prisiones: no pueden descansar sino en la absurda creencia de que es la sociedad la que pervierte al individuo. No hablaré de los establecimientos penales, ya que ni siquiera los menciona la Constitución que examino: me bastará decir que corren parejas con las cárceles.

No faltan con todo aspiraciones á grandes reformas. Se quiere gratuita la justicia, breves y rápidos los procedimientos, inmediatos y públicos los fallos, consecutiva á la infracción la responsabilidad de los magistrados y los jueces, suprimido aun en las cuestiones matrimoniales el fuero eclesiástico, reducido el de guerra á los delitos militares que por militares se cometan, abolida en absoluto la pena de muerte, separados en la cárcel y en el presidio los delincuentes políticos de los comunes, los autores de delitos graves de los de delitos menos graves ó leves, y los que por primera vez delinquieron de los reincidentes y los contumaces. Se quiere que se establezca en las posesiones de la Oceanía colonias penitenciarias y en éstas, como en [los] presidios y las cárceles, un régimen que, lejos de deprimir, vigorice [y] levante la conciencia y la dignidad de los penados. Nosotros, los [fe]derales, queremos, además, la libre legislación civil para las region[es.]

En Hacienda ordenaron los legisladores de Cádiz la presentaci[ón] anual de los presupuestos de gastos é ingresos, la dación y public[a]ción de cuentas, la creación de una contaduría mayor que las exa[mi]nara, el establecimiento de una tesorería central de la que dependie[sen] las de las provincias. Gasto que no tuviese la autorización de [las] Cortes dispusieron que no se lo admitiese en descargo del Teso[ro.] Quisieron que las contribuciones fuesen proporcionadas á los gas[tos] presupuestos, y mandaron que se las repartiese sin excepción ni p[ri]vilegio alguno entre todos los españoles según las facultades q[ue] cada uno tuviese. El reparto individual lo dejaron á los ayuntamie[n]tos; el municipal, á las diputaciones; el provincial al Ministro de H[a]cienda que, como antes he dicho, había de someterlo á la aprobaci[ón] de las Cortes.

Limitaron para lo futuro las aduanas á las fronteras y los puerto[s] y encargaron particularmente á las Cortes la progresiva extinción [de] la deuda pública y el pago de los intereses con arbitrios que se gua[r]dase en una caja especial con absoluta independencia del Tesoro.

Esa caja especial no existe. Los intereses y la amortización de [la] deuda van embebidos en las obligaciones generales del Estado. S[e] ha pretendido extinguirla con el producto de los bienes nacional[es,] pero inútilmente: á semejanza del árbol que se poda, cuanto más [se] la ha cercenado, tanto más ha crecido. La causa es notoria. No se [ha] conseguido aún la nivelación de los presupuestos, es decir, la ec[ua]ción que aquellos hombres querían entre los gastos y los tributos. [El] desnivel ha conducido naturalmente al préstamo, el préstamo al a[u]mento de la deuda, el aumento de la deuda al de los gastos, el de [los] gastos al mayor déficit. ¡Qué ventura si hoy cupiese abrir la caja pecial de arbitrios! Desgraciadamente es tarde: ha desaparecido ya, con notable pérdida para el Tesoro, aquella enorme masa de bienes con que un tiempo cupo alimentarla.

La presentación anual de los presupuestos, la de las cuentas generales, las tesorerías de Madrid y de provincias, el modo de repartir las contribuciones, la prohibición de satisfacer créditos que no estén autorizados por las Cortes, todo esto subsiste, bien que no con la regularidad debida. Lo que no subsiste, da vergüenza decirlo, es la igualdad ante el impuesto. Hay aún provincias que no cubren las cargas públicas á proporción de su riqueza. La Iglesia no sufre todavía descuento. La Corona sigue exenta de toda reducción de sueldo y de todo tributo. Las compañías de ferrocarriles no pagan por sus estaciones. Los innumerables rentistas del Estado cobran íntegras sus rentas. Los empleados militares no pagan lo que los civiles. ¡Oh vilipendio! ¡oh mengua! ¿qué dirían aquellos hombres si del sepulcro se levantaran? Eran enemigos de los privilegios hasta el punto de haber prohibido esplícitamente al Rey que los concediera á personas ni corporaciones.

Aduanas no las hay realmente sino en los puertos de mar y las fronteras; pero hay zonas fiscales. La contribución de consumos ha venido, por otra parte, á crear una manera de aduana en todos los pueblos.

Tienden hoy todos los republicanos á mejorar ese orden de cosas. Nosotros estamos, desde luego, decididos á no perdonar medio de nivelar y transformar los presupuestos con el fin de que se pueda beneficiar todos los elementos de riqueza y cerrar definitivamente el libro de la deuda. Nos permite nuestro sistema realizar grandes economías, principalmente en la cobranza de las contribuciones y las rentas, y no las dejaremos de hacer pese á quien pese y gima el que gima. Tanto ó más enemigo, del privilegio que los legisladores de Cádiz, no hemos de consentir que ni un solo español deje de contribuir á las cargas en proporción á su fortuna.

Tampoco ningún extranjero que aquí haya fijado su domicilio.

En cuanto al ejército y la armada fueron las Cortes de Cádiz poco innovadoras. Declararon obligatorio para todos los españoles el servicio de las armas. Pusieron á cargo del poder legislativo, no solo determinar todos los años las fuerzas que exigiese la conservación de la paz y el orden, sino también fijar el modo de levantar las tropas de tierra y dictar las oportunas ordenanzas. Decretaron la creación de escuelas militares. Dejaron en pié, aunque cambiándoles el nombre, aquellas famosas milicias provinciales que tanto encarecía Federico de Prusia. Permitieron que en caso de necesidad las utilizase el Rey dentro de la provincia; no fuera, como las Cortes no se lo consintiesen.

Cumplido está de sobra todo lo que aquellos legisladores dispusieron. Fijan anualmente las Cortes las fuerzas de mar y tierra. Hay escuelas militares. Tenemos, no unas ordenanzas, sino todo un Código Militar con su Ley de Enjuiciamiento. Es general y obligatorio el servicio, y entran en el ejército todos los españoles en cuanto cumplen los diez y nueve años. Hay varias reservas: una de ellas constituida por las milicias provinciales.

No dieron aquellos hombres leyes para el reemplazo y ha prevalecido el sorteo. Los jóvenes que sacan los números más bajos pasan al ejército activo; los demás quedan en la condición de reclutas disponibles. Exímense, sin embargo, del servicio activo los que pagan al Estado mil y quinientas pesetas.

La democracia abogó un tiempo por la abolición de las quintas y aun la de los ejércitos permanentes. Se deja hoy llevar algún tanto de las corrientes de guerra que hay por desgracia en Europa; pero no en nosotros que hoy como ayer estamos por un reducido ejército voluntario que baste á garantir la libertad de los ciudadanos y el orden público y pueda mañana servir de núcleo á mayores fuerzas, y sólo para los casos en que peligren la independencia ó la honra de la nación aceptamos el servicio forzoso. Nosotros aborrecemos de todo corazón la guerra, y con el fin de evitarla proponemos la federación de las naciones y el general desarme: no estamos ni podemos estar por que se continúe invirtiendo en gastos bélicos los centenares de millones que con tanto imperio y tanta justicia reclama el desarrollo de la agricultura y la industria. Si tanto se teme futuras complicaciones, ¿hay más que incluir en la enseñanza el manejo de las armas y adoptar el tiro nacional de los suizos?

Interesáronse también los legisladores de Cádiz por la instrucción pública. Quisieron que hubiese en todos los pueblos escuelas primarias y en la Nación el competente número de universidades y los demás establecimientos que se considerase necesarios para la difusión de las ciencias, la literatura y las artes. Ordenaron que se crease una dirección general de estudios. Encargaron á las futuras Cortes la formación de los convenientes planes y estatutos.

Previnieron que se enseñase en todas las escuelas primarias el catecismo, pero un catecismo que llevara por apéndice una exposición de las obligaciones civiles. En las universidades y en los demás institutos literarios prescribieron que se explicase la Constitución Política de la Monarquía.

Con haber transcurrido ochenta años no vienen aun incluidas en la instrucción general nociones de derecho civil ni de derecho político. En ninguna escuela se explica la Constitución; en todas el catecismo de Ripalda. Donde no hay ya religiosidad queda la hipocresía.

Distamos de tener escuelas primarias en todos los pueblos. Acomodadas á las exigencias de la higiene y los adelantos de la pedagogía las poseen en cortísimo número aun los pueblos de importancia. Da grima ver las de este mismo Madrid, capital del Reino.

En lo que hemos complacido á los hombres de Cádiz es en los estudios superiores. Tenemos en cada provincia por lo menos un instituto de segunda enseñanza, en cada región una universidad, en Madrid y algunas ciudades escuelas de Agricultura, de Industria y de Comercio en Madrid, escuelas de Arquitectura, de Puentes y Calzadas, de Montes, de Minas, de Pintura y Escultura, etc., etc.

Para nosotros es de preferente atención la primera enseñanza; tanto, que, á pesar de nuestro sistema, nos inclinamos á conceder al Estado el derecho de obligar á los municipios á que la establezcan y aun el de subvenirla con sus fondos donde los del municipio no basten. Hay que procurar, ante todo, la cultura general, y no es lícito prescindir de medio alguno para conseguirla.

No estamos por los institutos. Estamos más bien por que se amplíe la primera enseñanza y se generalice en escuelas de artes y oficios la de las ciencias de aplicación al trabajo. Por el trabajo viven y se engrandecen las naciones; por nuestra falta de trabajo, sobre todo de trabajo inteligente, vivimos en la pobreza.

No combatimos las universidades,—de presumir es que cada región quiera conservar la suya,—mas ¿por qué habríamos de callar que preferimos las escuelas especiales?

No ignoramos que para las reformas que proponemos se necesita grandes recursos. Los hallaremos en la supresión de gastos improductivos y en la de obligaciones que en manera alguna incumben al Estado. ¿No es vergonzoso que sólo en la lista civil se gaste hoy más que en la enseñanza?

En la organización de las provincias y los pueblos adoptaron franca y decididamente los legisladores de Cádiz el régimen unitario. Se les atribuyó tendencias federales; mas, si las tuvieron, no las dejaron ver en la obra que examino. Quisieron una Diputación en cada provincia y un Ayuntamiento en cada municipio; pero uno y otro bajo la presidencia de un jefe político de nombramiento del Rey. A falta del jefe político estatuyeron que fuese presidida la Diputación por el Intendente, el Ayuntamiento por el Alcalde. Al Alcalde lo hicieron, con todo, de elección popular lo mismo que á los regidores y al procurador síndico. También á los vocales de la Diputación, salvo el intendente. Adoptaron para uno y otro cuerpos la elección indirecta y declararon inmediatamente irreelegibles los cargos; irreelegibles é incompatibles con todo empleo de real nombramiento. Impusieron, por fin, como condición de elegibilidad la residencia.

A los Ayuntamientos les confiaron sólo la administración de los intereses locales; á las diputaciones, la de los intereses provinciales y la vigilancia sobre el cumplimiento de la Constitución y la cobranza y el uso de las rentas públicas. De los abusos que en éstas notasen exigieron que las Diputaciones diesen parte al Gobierno; de las infracciones que de aquélla viesen, parte á las Cortes. Sin la aprobación de las Cortes no consintieron que Diputaciones ni Ayuntamientos estableciesen nuevos arbitrios. Otorgaron al Rey el derecho de suspender por abuso de facultades á las Diputaciones dando conocimiento al poder legislativo de las causas por que lo ejerciese, y á los Ayuntamientos los obligaron á vivir bajo la inspección de las Diputaciones, á las que debían rendir anualmente cuenta de la recaudación é inversión de los caudales públicos.

Hicieron permanentes las corporaciones municipales; intermitentes las provinciales. Las provinciales no habían de celebrar al año más de noventa sesiones.

En el fondo difieren poco de estas disposiciones la actual Constitución y las actuales leyes. Hay una Diputación en cada provincia y un Ayuntamiento en cada municipio; uno y otra bajo la férula de un gobernador civil que el Rey nombra á propuesta del Consejo de Ministros. Para ser del Ayuntamiento como para ser de la Diputación se exige la residencia. Los concejales son inmediatamente irreelegibles en pueblos que excedan de seis mil almas. No cabe á la vez formar parte de las dos corporaciones. Son incompatibles uno y otro cargos con el de Diputado á Cortes y también con el de todo empleo público.

La dependencia en que están del Gobernador así las Diputaciones como los Ayuntamientos es estrechísima. Al Gobernador han de someter sus presupuestos y sus cuentas; á la aprobación del Gobernador pasar los arbitrios que de nuevo establezcan; al Gobernador abrir sus libros de contabilidad, sus documentos de justificación, su archivo y sus arcas. Por el Gobernador pueden ser suspendidos sus acuerdos y aún su propia existencia. Bajo la presidencia del Gobernador han de deliberar cuando asista á sus sesiones.

Unos y otros cuerpos tienen, además, minuciosamente consignadas en leyes comunes sus facultades. Facultades todas de mera administración; ninguna de carácter político. Aun entre las administrativas las hay reservadas á los gobernadores. A ellos incumbe la represión de los actos contrarios á la moral y la decencia, el cumplimiento de las reglas de sanidad é higiene y aun el permiso para los espectáculos.

Los únicos adelantos hasta aquí hechos han sido el establecimiento de la elección directa para diputados y concejales y la creación de comisiones permanentes en las provincias. En cambio es hoy de libre nombramiento del Rey el alcalde de esta villa y de nombramiento entre los regidores elegidos por el pueblo los tenientes-alcaldes de esta misma Corte y los alcaldes de pueblos de más de seis mil almas. Produjo hace cuarenta y dos años el nombramiento de alcaldes por la Corona un trastorno que trajo consigo la abdicación de María Cristina: en siete años de poder no lo han derogado aún los liberales, los sucesores de los que aquella revolución hicieron.

Este orden de cosas no es durable. Se ha estudiado atentamente el desarrollo de la humanidad y se ha visto que los pueblos no se prestaron nunca á constituir grupos superiores sino con el objeto de impedir la guerra y regular las relaciones que de pueblo á pueblo, como de individuo á individuo, engendra la división del trabajo y el consiguiente cambio de productos. La ingerencia de las provincias en el organismo interior de los pueblos y la de las naciones en el de las provincias han aparecido desde entonces como una manifiesta violación del derecho. De aquí el sistema federal que tiene por base la autonomía de las regiones y los municipios. De las regiones, digo, para que se entienda que hablo aquí no de las provincias modernas, creaciones arbitrarias de la Administración, sino de las antiguas, en otros siglos casi todas reinos.

Ese principio de la autonomía va sin cesar ganando fuerza. Lo llevan incrustado en sus cerebros los mismos conservadores, cada día más convencidos de cuán imposible es mantener por mucho tiempo los municipios y las provincias en la actual servidumbre. No lo entienden todavía de igual manera todos los republicanos; pero todos lo invocan.

Cuando no la razón, la necesidad política nos llevará á realizarlo. Merced al actual régimen unitario provincias enteras han perdido toda iniciativa y lo esperan todo del favor de los gobiernos. Los más de los pueblos viven en lamentable atonía, y aún las villas y las ciudades más activas y prósperas ven á cada paso contenidos sus alientos por la depresiva acción del Estado. Omnipotente el Poder Central, todo lo avasalla y lo corrompe. Por la intervención y la autoridad de sus gobernadores abate con frecuencia á los que no se doblan á sus antojos. Hace fácilmente de brutos hombres y aún ídolos á fuerza de venderles la administración y la justicia; falsea por este medio la voluntad de los comicios, amaña las Cortes, y hace imposibles lo mismo el régimen parlamentario que el meramente representativo.

Por tan funesto sistema hemos venido á la vergonzosa situación política y á la difícil situación económica en que nos encontramos; situación, bajo la monarquía, sin esperanza de arreglo. ¿Será posible que contra él no levanten en cercanos días todos los hombres de buena fé una viril protesta y se decidan á cambiarlo por el que nosotros venimos defendiendo?

En derechos y garantías individuales se quedaron cortos los legisladores de Cádiz. Apenas hicieron más que garantir, como se ha dicho, la libertad política de la imprenta y prohibir que sin mandamiento de juez se prendiera á los ciudadanos. Prohibieron también que se allanase la morada de los españoles; pero sólo en los casos en que para el buen orden y la seguridad del Estado no lo considerasen preciso las leyes.

Hoy, sobre la libertad de imprenta, hay la de reunirse, la de asociarse para todos los fines de la vida humana y la de dirigir individual ó colectivamente peticiones á las autoridades, al Rey y las Cortes. Hoy á la inviolabilidad del domicilio se añade la de la correspondencia.

Se está, con todo, lejos del suspirado término. La correspondencia se la viola harto frecuentemente en averiguación de reales ó supuestas conspiraciones. El domicilio se lo allana no menos frecuentemente cubriendo antes ó después las formas. Las asociaciones y las reuniones pueden ser suspendidas por los gobernadores y los alcaldes. La prensa vive bajo la amenaza de ciertos artículos del Código que permite interpretar violentamente la jurisprudencia del Tribunal Supremo. Gozamos realmente de libertad, pero, más que por las leyes, por la tolerancia de los gobiernos. Para que se la consolide es indispensable que los ciudadanos adquieran el hábito de usarla y los poderes públicos el de respetarla.

Fáltame ahora decir la manera cómo trataron aquellos grandes legisladores las colonias y la amplitud que dieron á las funciones y los fines del Estado. No hicieron, pásmese el lector, diferencia alguna entre los habitantes de Ultramar y los de la Península. Los confundieron á todos bajo el nombre de ciudadanos de España y les otorgaron iguales derechos é igual representación en las Cortes. Temieron que aquí no se postergase á los diputados ultramarinos, y les señalaron tres puestos en la Diputación Permanente y cuando menos doce en el Consejo de Estado.

Hoy, después de ochenta años, no es igual la legislación política en las colonias y la metrópoli. Tienen ya representación en el Parlamento las islas de Cuba y Puerto Rico, pero no las de Oceanía. Por un exiguo número de electores vienen aún á las Cortes los representantes antillanos.

No consentiríamos nosotros semejante injusticia. Identificados con los hombres de Cádiz, concederíamos iguales derechos á cuantos viviesen en los dominios de España; y, fieles á nuestro sistema, declararíamos autónomas en su vida interior las colonias.

El Estado no lo concibieron, por fin, aquellos hombres como una institución meramente destinada á mantener el orden, garantir los derechos del individuo y defender contra los extranjeros la vida y la independencia de la Patria; entendieron que debía también procurar la ventura de los ciudadanos. El fin de toda sociedad política, dijeron, no es otro que el bienestar de los individuos que la componen. Pusieron por esta razón entre las facultades de las Cortes la de fomentar toda especie de trabajo y entre los servicios de los Ayuntamientos y las Diputaciones de Provincia el de promover la Agricultura, el comercio, la industria y cuanto pudiera ser útil y beneficioso á los pueblos, encargando particularmente á las Diputaciones la protección de los autores de descubrimientos.

Estamos aquí también con aquellos inmortales legisladores. El fin social del Estado lo reconocen, después de todo, por sus obras los mismos que lo niegan. No mantendrían de otra manera hospitales ni otros institutos de beneficencia. No acudirían en auxilio de los que pierden su hacienda por las inundaciones ó los terremotos. No se desvivirían por atajar el camino á la peste ni por sanear las poblaciones. No construirían caminos ni canales. No coronarían de aduanas las fronteras. No abrirían escuelas ni templos. No habrían transformado la propiedad desamortizándola y desvinculándola. No habrían reducido el canon de los censos ni la cuantía de los laudemios. No se preocuparían con la suerte de los huérfanos, á quienes escudan hoy por el tutor, el protutor y el consejo de familia.

El Estado en todos tiempos ha sido á la vez social y político. Se irá de día en día socializando por la lucha del capital y el trabajo. Se peleó hasta aquí por la libertad, y se pelea ahora por la igualdad, segundo término de la divina tríada que concibió y escribió con sangre el genio de la Revolución Francesa. Que le plazca ó no, deberá el Estado sentar las bases de nuevos códigos y ensanchar el círculo de sus funciones. Nosotros lo empujaremos por este camino.

Doy aquí punto á mis observaciones. Pálido y corto parecerá mi trabajo á los que estimen en mucho la obra de los hombres de Cádiz; sobradamente largo á los que la miran como una simple copia de ajenas constituciones. La de Cádiz es mucho más española de lo que se imaginan; principalmente por serlo, adolece de vicios que no he podido ni debido pasar en silencio. Aunque no lo fuera, deberíamos aplaudirla y bendecirla: ha sido la iniciadora y la guía de todo nuestro desarrollo político y en muchas cuestiones el alfa y la omega. Por sus propios artículos era reformable, circunstancia de que carece la que hoy nos rige.

Madrid, 4 de Septiembre de 1892.

Francisco Pí y Margall.

ÍNDICE

Cap. primero.—1840-1841.—Moderados y progresistas.—Sus programas políticos.—Absolutismo de los moderados.—Falso espíritu revolucionario de los progresistas.—Primeros actos de la regencia provisional.—Su conducta poco revolucionaria.—Manifiesto de Cristina.—Tratos de ésta con el Papa.—Disposiciones del gobierno.—Las nuevas Cortes.—Oradores notables.—Discusiones sobre la vacante regencia.—Las Cortes eligen á Espartero.—Juramento del regente.—Dimisión del gabinete Cortina.—Nuevo ministerio.—Su programa.—Disidencias progresistas.—Sus causas.—La tutela de la reina.—Es designado para desempeñarla D. Agustín Argüelles.—Modestas palabras de éste.—Indignación que el asunto de la tutela causa en los moderados.—Conducta de éstos.—Acertadas disposiciones de las Cortes.—Cuestiones internacionales.—Los conservadores y la integridad del territorio.—Suspenden las Cortes sus sesiones . . . 5

Cap. ii.—1841-1842.—Manejos de los moderados.—Calumnias contra los progresistas.—La conspiración conservadora.—Su organización.—Trabajos de O'Donell.—Sublevación en Pamplona.—Indiferencia de los carlistas.—Sublevación de Borso en Aragón.—Levantamiento de Montes de Oca en Álava.—Sublevación en Bilbao.—Insurrección en Madrid.—El general Concha pónese al frente de ella.—Ataque de Palacio.—Valiente defensa del coronel Dulce y los alabarderos.—Acertadas disposiciones del gobierno.—El general León.—Su inesperada presencia.—Derrota de los insurrectos.—Fuga de los comprometidos.—Prisión de León.—Fusilamiento de éste y otros militares.—Fin de la sublevación en Aragón y Ávila.—Fusilamientos de Borso y Montes de Oca.—Infame conducta de O'Donell.—Bombardea á Pamplona y se retira á Francia.—Actitud de Espartero.—Su viaje por España.—El Ayuntamiento de Barcelona.—Derribo de la Ciudadela.—Irritación del regente y exageradas medidas que adopta contra los catalanes.—Impopularidad de Espartero en Cataluña.—Reunión de las Cortes.—Fracciones del partido progresista.—Voto de censura al gobierno.—Diputados republicanos.—Don Patricio Olavarría.—Propaganda republicana.—Disidencias en las Cortes. —Olózaga y Cortina.—Nuevo voto de censura.—Dimisión del gabinete.—Ministerio Rodil.—Calumnias contra Espartero.—*Los ayacuchos*. —La mayor edad de la reina.—Ridiculeces monárquicas en que caen los progresistas........ 16

Cap. III.—1842.—Las ideas republicanas en España.—Sus primeras manifestaciones.—Conspiraciones republicanas en el segundo periodo constitucional.—Sublevaciones de Barcelona, Zaragoza y Valencia.—Eclipse de las ideas republicanas durante la segunda reacción. —El republicanismo en Cataluña. —Entusiasmo del pueblo por el nuevo credo político.—Prensa republicana.—D. Patricio Olavarría. —*El Huracán. El Cangrejo.*—Programa republicano federal.—Propaganda republicana.—*La Sociedad Patriótica* en Barcelona.—Abdón Terradas.—El entusiasmo republicano llevado al fanatismo. —*La canción de la Campana.*—Zurbano en Cataluña.—Sus arbitrariedades.—Atropella á la redacción de *El Republicano.*—Sublevación popular.—El agitador Carsí. —Primeros actos de la insurrección republicana.—El pueblo derrota á la guarnición de Barcelona. —Importancia que adquiere la insurrección.—Conducta de Espartero.—Sitio de Barcelona.—Se retira la junta revolucionaria.—Terrible bombardeo.—Anarquía entre los sitiados.—Rendición de Barcelona.—Tiranía de Espartero. —El general Seoane.—Tropelías que comete.—Impopularidad de Espartero......... 30

Cap. IV.—1843.—Conspiraciones de María Cristina.—*La Orden Militar Española.*—Situación de Espartero.—Nuevas Cortes.—Ministerio López.—Conflicto entre la regencia y las Cortes.—Ruidosa sesión en el Congreso.—Palabras de Olózaga.—Coalición contra Espartero.—El coronel Don Juan Prim.—Se subleva en Reus.—Efecto que causa su insurrección en toda España.—Desaciertos de Seoane.—Sublevación en Valencia.—El gobernador Camacho.—Su trágica muerte.—Apurada situación de Espartero.—Su manifiesto.—Sale Espartero de Madrid.—Desembarco de Narváez y demás emigrados en Valencia.—Sus planes militares.—Batalla de Torrejón de Ardoz.—Traidora farsa de Seoane. —Entrada en Madrid de los antiesparteristas.—Van-Halen bombardea á Sevilla.—Protesta de Espartero antes de embarcarse.—Su viaje á Inglaterra.—Torpeza de los progresistas.—Primeros actos del gobierno provisional. — Omnipotencia de Narváez.—Disposiciones reaccionarias de López.—Ridiculeces monárquicas.—La mayor edad de la reina.—Campaña contra el gobierno.—Insurrección en Cataluña á favor de la Junta Central. —Valerosa conducta del pueblo de Barcelona.—Heroica defensa. —Abdón Terradas subleva Figueras.—Bombardeo de Barcelona.—Rendición de la ciudad.—Resistencia de Ametller en el Ampurdán. —Sublevación de Zaragoza.—Es sofocada por el gobierno. . . . 44

Cap. V.—1843-1844.—Influencia de Narváez en el gabinete López.—Las nuevas Cortes.—*La Joven España.*—Se declara la mayor edad de la reina.—Caída del gabinete López.—Formación del ministerio Olózaga.—Intrigas de los moderados.—La marquesa de Santa Cruz. —Disposiciones del gobierno favorables á los esparteristas.—Discordia entre Olózaga y Serrano.—Dimisión de éste.—El decreto de disolución de las Cortes.—Conferencia de Olózaga con Isabel.—Sus escandalosos resultados.—Vileza de la *inocente reina.*—Destitución de Olózaga.—Justas protestas de éste.—Decepción que sufre Serrano.—González Bravo elevado á la presidencia.—Su cinismo político. — Escándalo monárquico en las Cortes. — Defensa de Olózaga. —Ataques de los moderados.—Fuga de Olózaga.—Disposiciones reaccionarias de González Bravo.—

Conspiración de los progresistas.—Sublevación de Alicante, Cartagena y Murcia.—Roncali se apodera de Alicante.—Venganza de los vencedores.—Rendición de Cartagena.—Vuelta de Cristina á España.—Decadencia de González Brabo.—Caída de éste.—Narváez sube al poder. 64

Cap. vi.—1844-1845.—Primeras medidas de Narváez.—Planes reaccionarios de Cristina.—Viaje de la reina á Barcelona.—Manejos de los carlistas.—Carácter político de Narváez.—Persecuciones que sufren los liberales.—Entrada de Martínez de la Rosa en el Ministerio.—Las nuevas Cortes.—Reforma constitucional.—El diputado D. José M.ª Orense.—La Constitución de 1845.—Protesta de Espartero.—Conspiraciones progresistas.—Sublevación de Zurbano.—Fracaso que sufre.—Sanguinaria conducta de la reina y su gobierno.—Fusilamiento de Zurbano.—Tremendas disposiciones del gobierno.—La policía reaccionaria.—Espíritu anti-liberal de las Cortes.—Supresión de todas las reformas revolucionarias.—Adulaciones monárquicas de los progresistas.—Exigencias del clero.—Los bienes nacionales.—Reformas que Mon hace en Hacienda.—Motín en Madrid.—Indignos fusilamientos.—El Nuevo Senado.—Cuestiones que provoca el matrimonio de la reina.—Sale Narváez del poder.—Intentos de establecer un gabinete absolutista.—Ministerio Miraflores.—Nuevos honores que se conceden á Narváez. 82

Cap. vii.—1846-1847.—El gabinete Miraflores.—Sus tendencias absolutistas.—Intrigas sobre el casamiento de la reina.—Escándalo parlamentario.—Caída del ministerio Miraflores.—Vuelta de Narváez al poder.—Persecuciones contra la prensa.—Las jugadas de Bolsa.—Enemistad entre Cristina y Narváez.—Proyectos sobre Méjico.—Caída de Narváez.—Ministerio Isturiz.—Sublevación de Galicia.—El comandante Solís.—Conducta del general Concha.—Derrota de los insurrectos.—Heroísmo de Solís.—Sanguinarios castigos.

—El traidor Rubín.—Barbarie del gobierno.—Tiránicas disposiciones de los capitanes generales.—Proyectos sobre el Ecuador.—El casamiento de la reina.—Candidatos á la mano de Isabel II.—Matrimonio de la reina con D. Francisco de Asís.—Vileza de éste.—Ministerio Sotomayor.—Actitud de los carlistas.—Su sublevación en Cataluña.—El canónigo Tristany.—Su muerte y derrota de los carlistas.—Situación del país. . . . 96

Cap. viii.—1847-1848.—Obstáculos que encuentra el gabinete Sotomayor.—Escándalos en Palacio.—Apasionamientos lujuriosos de Isabel.—Osadía de su amante el general Serrano.—Ministerio Pacheco.—Vindicación de Godoy.—Licenciosidades regias.—Vergonzosa conferencia en el Pardo.—Propósitos de Narváez.—Intervención armada en Portugal.—El Marqués del Duero.—Caída del gabinete Pacheco.—El magistrado García Goyena.—Imposición de la reina.—Ministerio García Goyena.—Su conducta honrada.—Proyectos de Escosura contra el militarismo.—Protestas de los generales.—Un artículo de Pí y Margall.—Exoneración del gabinete.—Subida de Narváez al poder.—Sus primeras disposiciones.—Ataques contra Salamanca.—La guerra carlista en Cataluña.—Regreso de Espartero.—La revolución de 1848.—Conspiraciones en Madrid.—Movimiento en 26 de Abril.—Derrota de los insurrectos republicanos.—Sublevación del 7 de Mayo.—Muerte del capitán general Fulgosio.—Fusilamientos que ordena el gobierno.—Sublevación en Sevilla.—Movimiento en el Ferrol.—Martirio del abogado Somoza.—Persecuciones que sufren los liberales.—El infante don Enrique se declara republicano.—Inmoralidades en la Hacienda.—Estado de España á fines de 1848. 110

Cap. ix.—1848-1849.—Disposiciones reaccionarias de Narváez.—Disidencias en el partido moderado.—González Brabo, Odonell y Alcalá Galiano.—Mon sale del ministerio.—Política internacional reaccionaria.—Auxilios á Pio IX.—

Expedición á Italia.—Intrigas palaciegas.—Grosero fanatismo de los reyes.—Conspiración palaciega contra Narváez.—La desbarata éste.—*El ministerio relámpago.*—La guerra civil en Cataluña.—Trabajos revolucionarios del infante don Enrique.—Partidas republicanas.—Entrada de Cabrera en España.—Fusilamiento de varios republicanos.—Progresos de los carlistas.—Operaciones del general Concha.—Trabajos para la terminación de la guerra.—El barón de Abella.—Prisión de Montemolin.—Fuga de Cabrera.—Las doctrinas democráticas.—Gran desarrollo del republicanismo en Cataluña.—Formación del partido democrático.—Orense, Rivero y Ordax Avecilla.—Indecisión de los demócratas.—Su programa.—Sixto Cámara.—Su verdadero carácter.—Verdadera importancia del partido democrático. 130

Cap. x.—1849-1853.—El ministro Bravo Murillo.—Sus disposiciones absolutistas.— Tribulaciones de Narváez.—La oposición palaciega.—La irritación del rey consorte.—Condescendencias de Narváez.—Apertura de las Cortes.—Despilfarros de la reina.—Sale Bravo Murillo del ministerio.—Protestas de los moderados.—El favorito Lersundi.—Dimisión de Narváez —Gabinete Bravo Murillo.—Carácter politico de este personaje.—Su programa de gobierno.—Oposición del elemento militar.—Reformas en Hacienda.—Incidente que ocurre en su votación.—Dictadura de Bravo Murillo.—Desprecio con que trata á las Cortes.—Inmorales explotaciones de María Cristina.—Bravo Murillo logra imponerse al elemento militar.—Debilidad de los progresistas.—Sus inteligencias con los moderados.—Dimisión de los partidos.—Energia de Bravo Murillo.—Concordato con la Santa Sede.—Tentativa de regicidio.—El cura Merino.—Su demencia.—Su suplicio.—Decretos reaccionarios.—Tiránica ley de imprenta.— Desarrollo de las órdenes religiosas.—Ignorancia y fanatismo.—Reformas del gabinete. — Reforma constitucional ideada por Bravo Murillo.—Protestas que produce.—Coalición de moderados y progresistas.—Los proyectos del gobierno.—Su absolutismo.—Destierro de Narváez.—Caída de Bravo Murillo.—Gabinete Roncali.—Gabinete Lersundi.— Inmoralidades del gobierno.—Las irregularidades de Esteban Collantes.—Caída de Lersundi.. 145

Cap. xi.—1853-1854.—El Gabinete Sartorius.—Efecto que produce su elevación en todos los partidos. - Actitud de Narváez.—Muerte de Mendizábal.—Reunión de las Cortes.—La cuestión ferrocarrilera.—Disolución de las Cortes.—Actitud reaccionaria del gobierno.—Persecución que sufren los periodistas.—Trabajos revolucionarios.—Indecisión de los generales.—Sublevación de Zaragoza.—Penalidades de Bermúdez de Castro.—La casa de banca Rianzares y Compañía. — Los escándalos en Palacio.—El chulo de la reina.—Preparativos revolucionarios. — Primer fracaso de la insurrección. — Candidez del ministro de la Guerra.—Dulce se subleva con la caballería en el Campo de Guardias.—Disposiciones del gobierno.—Carácter político de Odonell.—Batalla de Vicálvaro.—Frialdad con que el país acoge el movimiento.—Resolución decisiva de los agentes revolucionarios.—Manifiesto de Manzanares.—Su carácter democrático.—Efecto que produce en la nación.—Sublevaciones de Alcira, Barcelona, Valladolid y Zaragoza.—Espartero se adhiere al movimiento.—Manifestación revolucionaria en Madrid.—Dimisión del gabinete Sartorius.—Ministerio del duque de Rivas.—Ineficacia de sus reformas. . . 165

Cap. xii.—1854.—Las jornadas de Julio.—Su verdadero carácter político.—Saqueo é incendio de varios palacios.—Salvajismo del coronel Gándara.—Las barricadas.—Junta revolucionaria.—Su formación arbitraria.—Combates del dia 18.—El brigadier Garrigó.—Sus servicios á la revolución.—Héroes populares.—Brutalidades de Gándara.—Valiente defensa de la calle de Atocha.—Desarrollo del movimiento durante la noche del 18.—Combates del 19.—Oficiosidades del general San Miguel.—Su entrevista con la reina.—Dimisión del ministerio.—Conducta reaccionaria de la Junta.—Valiente protesta de Pí y Margall.—*El Eco de la Revolución*.—Prisión y justificación de Pí y Margall.—Adulaciones monárquicas de la Junta.—Las ridiculeces de San Miguel, ministro universal.—Informalidades de Allende Salazar.—Medidas de la Junta.—Fusilamiento del polizonte Chico.—Manifiesto rastrero de Isabel.—Entrada de Espartero y Odonell en Madrid.—Un abrazo grotesco.—Constitución del ministerio.—Su conducta poco liberal.—Fuga de Cristina.—Protestas que motiva.—Convocatoria de las Cortes.—Meetings electorales.—Don Emilio Castelar.—Resultado de las elecciones. 180

Cap. xiii.—1854-1856.—Ridiculeces de Espartero.—Siguen los abrazos.—Votación en las Cortes contra Isabel II.—Crisis ministeriales.—Reforma constitucional.—Discusión en las Cortes.—Desamortización eclesiástica.—Conflicto entre la reina y el gobierno.—Conspiraciones de Isabel.—Entereza del gobierno.—La milicia nacional.—Tramas de Odonell.—Actitud de la milicia.—Reforma ministerial.—Los disgustos de Espartero.—Insurrecciones carlistas en Cataluña y otras provincias.—Agitación socialista en Barcelona.—Sorda enemistad de Espartero y Odonell.—Crisis ministerial en 1856.—Algarada misteriosa.—Desórdenes en Castilla.—Traición de Odonell.—Su entrevista con la reina.—Espartero y Escosura.—Debilidad del duque de la Victoria.—El último Consejo de ministros.—Espartero y Odonell ante la reina.—Caída de Espartero.—Ministerio Odonell.—Reunión extraordinaria de las Cortes.—Voto de censura al gobierno.—Enérgica actitud de la milicia—La lucha en las calles.—Entereza de las Cortes.—Conducta censurable de Espartero.—Piérdese por él la revolución.—Triunfo del gobierno.—Sus primeras disposiciones.—Sublevaciones en las provincias.—Tiranías del general Zapatero en Barcelona.—Sus brutalidades y locuras.—Protección que le presta Odonell.—El gobierno de éste. 197

Cap. xiv.—1856.—Concesiones de Odonell.—Su servilismo en palacio.—La *Acta Adicional* á la Constitución.—Decadencia de Odonell.—Sistema denigrante que emplea Isabel para sustituirle con Narváez.—Gabinete que preside éste.—Sublevación republicana en Málaga.—Debate entre Odonell y Narváez.—Proyecto de ley de imprenta.—Las extravagancias de Miraflores.—Manejos carlistas de D. Francisco de Asís.—Trabajos revolucionarios.—Sublevación republicana en Sevilla.—Sanguinarios suplicios ordenados por el gobierno.—Disidencias entre los moderados.—Imbecilidades del rey consorte.—Dimisión de Narváez.—El ministerio acéfalo.—Su fracaso.—El gabinete armero.—Su insignificancia.—Su caída.—Ministerio Isturiz.—Amargura de Bravo Murillo.—La estatua de Mendizábal.—Isturiz se inclina á la Unión liberal.—Ministerio Odonell.—Su programa político.—Cinismo de Posada Herrera.—Su conducta electoral.—Preparativos de los partidos.—Conducta de los progresistas.—Reforma en el ministerio.—Apertura de las Cortes.—El proceso de Esteban Collantes.—Inmoralidad administrativa.—Tendencia aventurera y militar de la Unión liberal.—Ignorancia de Odonell.—Influencia corruptora de la Unión liberal. 211

Cap. xv.—1858-1860.—Servilismo de Odonell.—Sus complacencias con la teocracia.—Su manía religiosa y militar.—La guerra de Conchinchina.—Imbécil participación de nuestro gobierno.—Inutilidad del auxilio prestado por España.—Miras de Odonell sobre Marruecos.—Conflictos con el gobierno del sultán.—Prudencia de éste y exageradas exigencias de Odonell.—Arbitrariedad del gobierno español.—Declaración de guerra.—Docilidad de las Cámaras.—Loco entusiasmo de la nación.—Falta de fundamento en la guerra de Africa.—Ideas reaccionarias que hace revivir la patriotería.—La campaña de Marruecos.—Sus principales incidentes.—Toma de Tetuán.—Indecisión de Odonell que esteriliza la guerra.—Solicita él mismo la paz.—Bases que presenta.—Segunda campaña.—Batalla de Wad-Ras.—Tratado definitivo da paz.—El despertar de la opinión.—Amargura de Odonell.—Conspiración carlista.—Influencia del clero en palacio.—La familia real conspirando contra sí misma.—Doña Isabel partidaria de don Carlos.—Manejos de la teocracia.—La *Comisión Regia Suprema*.—Sus extensos trabajos de conspiración.—El general D. Jaime Ortega.—Sus preparativos.—Manifiesto de don Carlos.—Sublevación de Ortega en San Carlos de la Rápita.—Su fracaso.—Prisión y fusilamiento de Ortega.—Detención de Montemolín.—Su abdicación espontánea.—Su retractación desde el extranjero.—Vileza de los principales conspiradores carlistas. 226

Cap. xvi.—1859-1862.—Continúa la política aventura de la Unión liberal.—Apertura de las Cortes.—Sus actos.—La cuestión de Italia.—Tendencia ultramontana de la reina.—Conducta de Odonell.—Divisiones en la Unión liberal.—Conducta de Ríos de Rosas.—Ruidosa interpelación de Sagasta.—Trabajos de los carlistas.—El pretendiente D. Juan de Borbón.—Su carácter y sus ideas.—Extraña muerte de Montemolín.—Trabajos do partido democrático.—Persecuciones del gobierno.—Los carbonarios.—Movimiento proyectado.—El revolucionario Sixto Cámara.—Su trágico fin.—Barbarie de Odonell.—Fernando Garrido.—La república de Méjico.—Miras ambiciosas de Odonell.—Tratado de París.—Infructuosas tentativas para establecer una monarquía en Méjico.—Exageradas pretensiones de Francia é Inglaterra.—Intrigas de Napoleón III.—El traidor Miramón.—Benito Juárez.—Guerra de Méjico.—Nuestro embajador Pacheco.—Sus torpezas.—Triunfo de Juárez.—Coalición de España, Francia é Inglaterra.—Tratado de Londres.—Envío de las tres expediciones.—Conducta del general Prim.—Sus trabajos diplomáticos.—Conferencias de Orizava.—Noble retirada de Prim.—Comentarios diversos sobre su conducta.—Actitud de la reina.—Ductilidad de Odonell.—Tiranía de Napoleón III.—El imperio de Maximiliano.—Su trágico fin.—Efecto que la guerra de Méjico produjo en el ejército francés. 252

Cap. xvii.—1861-1864.—Persistencia de Odonell en su política aventurera.—Anexión de Santo Domingo.—La cuestión de Italia.—Conflicto con Venezuela.—Disidencia de Ríos Rosas.—Debates parlamentarios.—Discursos de Rivero y Olózaga.—Muerte de Martínez de la Rosa.—Nuevas disidencias en el partido unionista.—Reapertura de las Cortes.—Debate en el Senado sobre la cuestión de Méjico.—Evolución de Cánovas del Castillo.—Crisis ministerial.—Odonell forma nuevo gabinete.—Manejos de la reina.—Caída de Odonell.—Lo que fué la Unión liberal.—Perniciosa influencia que ejerció sobre el país.—Debilidad de los progresistas.—Ministerio Miraflores.—Prim vuelve al partido progresista.—Programa ridículo de Miraflores.—El aniversario del 2 de Mayo.—Disposiciones electorales del gobierno.—Las nuevas Cortes.—Ridiculeces de Miraflores.—Vergonzosa persecución contra los protestantes.—Conspira Isabel contra su gabinete.—Caída de Miraflores.—Ministerio Arrazola.—Su breve vida.—Ministerio Mon.—Bárbara ley de imprenta de Cánovas del Castillo.—Los consejos de guerra.—Escándalos y discordias en Palacio.—Fin del Ministerio Mon.—Odonell renuncia el poder.—Narváez forma Ministerio.—Recelos que le inspira Odonell.—Franca reacción.—El partido democrático.—*La Discusión*.—Polémicas entre socialistas é individualistas.—La sublevación republicana socialista de Loja.—Grandiosa discusión entre Castelar y Pi Margall.—Triunfo de las doctrinas socialistas. 269

Cap. xviii.—1863-1865.—Los propósitos de Narváez.—Regreso á España de Cristina.—Disolución de las Cortes.—Actitud de todos los partidos.—La anexión de Santo Domingo.—Historia de tan desdichada empresa.—Crisis que estuvo próxima á producir.—Mensaje de la Corona.—Estado ruinoso de la Hacienda.—Discusión del mensaje.—Efecto que el *Syllabus* causa en España.—Gestiones reaccionarias de D. Francisco de Asís.—Su monstruoso plan.—El *rasgo* de la reina.—Efecto que causa en la opinión.—Notable artículo de Castelar.—Persecución que sufre éste.—Conflicto del gobierno con la Universidad.—Actitud de los estudiantes.—Tumulto en la noche del 8 de Abril.—Conducta del gobierno.—*La noche de San Daniel.*—Brutalidad del ministerio.—Fin de Alcalá Galiano.—Ley de imprenta de González Brabo.—Intemperancia de Narváez y sus compañeros.—Protesta y retirada de los progresistas en el Senado.—Narváez cae del poder y le reemplaza Odonell.—El partido progresista.—Pónese á su frente el general Prim.—Sus actos políticos.—Sus conspiraciones.—Banquete en los campos Elíseos.—Rozamientos con Espartero.—Movimiento fracasado.—Destierro de Prim—El general Contreras.—Negociaciones de Prim con Odonell.—Decadencia de Espartero.—Movimiento que se intenta en Valencia.—Su fracaso.—Fuga de Prim á Francia.—Se presenta en Navarra.—Inutilidad de sus esfuerzos. 286

Cap. xix.-1865-1866.—Primeras gestiones de Odonell.—Intenta sin fruto atraerse á los progresistas.—Gabinete que forma Odonell.—Candidez de Prim.—Intrigas palaciegas.—Energía de Odonell.—Odios clericales.—Conspiración absolutista en Palacio.—Retraimiento electoral.—Reuniones de los progresistas y los demócratas.—Olózaga y Espartero.—Apertura de las Cortes.—Trabajos revolucionarios de Prim.—Desprecio que hace éste de las fuerzas populares.—Fracaso de la insurrección.—Entereza de Prim.—Su retirada á Portugal.—

Manifiesto que publica.—Fusilamiento del capitán Espinosa.—Miseria del país y despilfarros del gobierno.—Inteligencia de Prim con los demócratas.—Indecisión política de algunos progresistas.—Plan revolucionario.—Torpeza de algunos de sus agentes.—Sublevación en el cuartel de San Gil.—Sus horribles detalles.—Jornada del 22 de Junio.—Combates en las calles.—Audacia del general Serrano.—Heroísmo de los demócratas.—Triunfo del gobierno.—Vileza de los reaccionarios.—Monstruosa orden de la reina. 308

Cap. xx—1866.—La revolución en las provincias.—Fracaso de la conspiración.—La opinión de Narváez.—Fusilamientos que ordena Odonell.—Salvajismo del gobierno.—Aficiones sanguinarias de la reina.—Hipocresía de Odonell.—Sentencias á que condena á los jefes de la revolución.—Conspiración palaciega.—Desacuerdo entre la reina y Odonell.—Humillante retirada de éste.—Sus amenazas.—La última aventura de la Unión liberal.—Conflicto con el Perú y Chile.—Excitación en ambas repúblicas contra España.—Exageradas pretensiones de Odonell.—Intransigencias del contraalmirante Pareja.—Bloqueo de las costas chilenas.—Suicidio de Pareja.—Méndez Núñes se encarga del mando.—Derrota de la escuadra chilena.—Bombardeo del Callao.—Heroísmo de los marinos españoles.—Inutilidad de la guerra del Pacífico. . . . 329

Cap. xxi.— 1867-1868.—Política de la reina y de Narváez.—Gabinete que forma éste.—Maquinaciones reaccionarias de González Brabo.—Peligros que corre el régimen parlamentario.—Allanamiento del palacio del Congreso.—Actitud de Ríos Rosas.—Prisión y destierro de éste y algunos diputados.—Serrano entrega á la reina la exposición parlamentaria.—Castigo que sufre.—Alardes reaccionarios de González Brabo. — Circular revolucionaria de los progresistas.—Relaciones entre Prim y Odonell.—Planes poco revolucionarios de éste.—El favorito Marfori.—Los demócratas y los progresistas.—Conferencias de

Bruselas y de Ostende.—Movimiento insurreccional en Aragón y Cataluña.—Triunfo de los revolucionarios en Llinás de Marcuello.—Término de la insurrección.—Fallecimiento de Odonell.—Apertura de las Cortes.—Su envilecimiento.—El gobierno extrema la reacción.—Jactancia de González Brabo.—Manejos de Miraflores.—Crisis ministerial.—Actitud de los unionistas.—Los duques de Montpensier.—Actitud que observa con ellos la reina.—Escándalo que da en París el infante don Enrique.—Fallecimiento de Narváez.—Ingratitud de los reyes.—Gabinete González Brabo.—Inteligencia entre unionistas y progresistas.—Prisión de Serrano y varios generales.—Destierro de los duques de Montpensier.—Divergencias entre los conspiradores.—Movimientos fracasados.—Absurdas negociaciones entre los progresistas y el pretendiente don Carlos.—Cabrera y Sagasta.—Verdadero espíritu del partido progresista.—Montpensier y Prim.—Descuido de la reina.—Preludios de la revolución. 338

Cap. XXII.—1868.—Trabajos revolucionarios en la armada.—El capitán Laguier.—Los generales desterrados en Canarias.—Viaje de Prim.—Su entrevista con Topete.—Sublevación de la escuadra en Cádiz.—Proclama de Topete.—Llegada de los generales desterrados.—Manifiesto notable de Ayala.—Los revolucionarios de Madrid.—Cobardía de González Brabo.—Ministerio de D. José de la Concha.—Disposiciones de éste.—Sublevación de Sevilla.—Notable programa de su junta revolucionaria.—Sublevación de varias provincias.—Combates en Santander.—Ejércitos de Serrano y Novaliches.—Asesinato del montpensierista Vallin.—Negociaciones entre Serrano y Novaliches.—Batalla de Alcolea.—Derrota y herida de Novaliches.—La junta de Madrid.—Sublevación del pueblo.—La junta democrática.—Armamento popular.—Junta con carácter definitivo.—Desacierto de los demócratas.—Apostasía de Rivero.—Monarquismo intransigente de Prim.—Alarma de la corte en San Sebastián.—Absurdos planes de la reina.—Su fuga á Francia.—Su furibundo manifiesto.—Entrada de Serrano en Madrid.—Servilismo de la junta.—Serrano ministro universal.—Derroche de recompensas á los militares.—Prim en Barcelona.—Hácese antipático al pueblo catalán.—Entusiasmo republicano.—Entrada de Prim en Madrid.—Oposición que hace á los demócratas.—El Gobierno Provisional.—Agonía ridícula de la junta de Madrid. . . 365

Cap. XXIII.—1868-1869.—Carácter del Gobierno Provisional.—Ideas de sus individuos.—Monarquismo de Prim y Ruiz Zorrilla.—Disolución de las juntas de provincia.—Derechos que decreta el gobierno.—Los demócratas apóstatas.—Su manifiesto.—El partido republicano federal.—Su brillante y gigantesca propaganda.—El republicanismo en Cataluña, Valencia, Aragón y Andalucía.—Manifestaciones republicanas.—Entusiasmo federal.—Manifiesto de 17 de Noviembre.—Medidas del gobierno contra la milicia nacional.—Sublevación republicana en Cádiz.—Insurrección de los republicanos de Málaga.—Protesto del comité republicano.—Coacciones que ejerce Sagasta.—Propaganda reaccionaria.—Asesinato del gobernador de Burgos.—Elección de las Cortes Constituyentes.—Coacciones del gobierno.—Victoria de los republicanos.—Apertura de las Cortes.—Trabajos de la minoría republicana.—Pi y Margall contesta al mensaje del gobierno.—Interpelación sobre Hacienda.—Las bases constitucionales.—Discusiones en la comisión constitucional.—Brillante debate en el congreso.—La libertad religiosa.—Contestación de Castelar al canónigo Manterola.—Discurso de Pi y Margall sobre la separación de la Iglesia y el Estado.—Discusión de los derechos individuales.—Defensa que hace Pi y Margall de la República Federal.—Votación de la forma de gobierno.—Dimisión de López de Ayala.—Aprobación de la Constitución de 1869.—El duque de la Torre es nombrado Regente del Reino.—Su juramento antes de las Cortes. 393

Cap. xxiv.—1869.—Ministerio Prim.—Organización del partido republicano federal.—El pacto de Tortosa.—Otros pactos federales.—Disidencias monárquicas.—Candidatos al trono.—Crisis ministerial.—Divergencias entre Prim y Serrano.—Intenta Prim una conciliación con los federales.—Negativa de Pí y Margall.—Ineficacia de las Cortes Constituyentes.—Despotismo de Sagasta.—Persecución que sufren los periodistas republicanos.—*La partida de la Porra.*—*El combate* de Paul y Angulo.—La Constitución de 1869.—Los carlistas.—Propaganda reaccionaria del clero.—Arbitrariedades de Prim y Sagasta.—Ponen en vigor la ley de Abril de 1821.—Débil insurrección carlista.—Brutalidad del gobierno.—Actitud del partido federal.—Trabajos revolucionarios.—Actitud de la milicia de Madrid el 8 de Setiembre.—Manifestación en Tarragona.—Asesinato del gobernador interino.—Despóticas disposiciones de Sagasta sobre las reuniones públicas.—Protesta de la minoría republicana.—Sublevación de la milicia de Barcelona—La insurrección federal en todo el Principado.—Operaciones de los partidos republicanos—Sublevación de Andalucía.—Paul y Angulo.—Salvoechea y Guillén.—Pacificación de Andalucía y Cataluña.—Heroica insurrección de los federales de Zaragoza.—Insurrección de Valencia.—D. Froilán Carvajal.—Su heroica muerte.—Levantamiento de los federales de Valencia.—Terrible combate y gloriosa resistencia.—Defensa de Alcira.—Grandeza de la insurrección valenciana.—Pésima dirección del movimiento republicano. 452

Cap. xxv.—1869-1870.—Tareas parlamentarias.—Actitud de la minoría federal.—Discursos de Orense, Figueras, Castelar y Pí y Margall.—Retirada de la minoría federal.—Candidatura del duque de Génova.—Desacuerdo ministerial.—Marasmo parlamentario.—Pi y Margall hace volver á las Cortes á la minoría republicana.—Discurso que pronuncia.—Contestación de Prim.—Suspenden las Cortes sus sesiones.—Reorganización del partido federal.—Disidencias entre los hombres de la situación.—Propaganda de Ruiz Zorrilla en favor del duque de Génova.—Su fracaso.—Crisis ministerial.—Ruiz Zorrilla presidente de las Cortes.—Campaña de Pí y Castelar en las Cortes.—Oposición de Prim á la candidatura de Montpensier.—Animosidad de los unionistas contra Prim.—Apurada situación de éste.—Primera Asamblea del partido federal. Ilusiones de Rivero.—Desórdenes que promueven las quintas.—Sucesos de Gracia.—Ardides de Zorrilla para aprobar las leyes sin discusión.—Enérgica interpelación de Pí y Margall.—Su firmeza.—Discusión sobre la esclavitud.—Manejos de los unitarios para perturbar el partido federal.—*La declaración de la prensa.*—Protesta del Directorio.—Triunfo del sistema federal y del Pacto.—Manifiesto de los diputados republicanos.—Trabajos de Prim para encontrar un rey.—D. Fernando de Coburgo, el duque de Génova y el príncipe Hohenzollern.—Impopularidad de Montpensier.—Su desafío con D. Enrique de Borbón.—Candidatura de Espartero.—Conflicto entre Francia y Prusia por la corona de España.—Guerra franco-alemana.—Manifiesto del directorio republicano.—Solicita el auxilio de la República Francesa.—Entrevista de Castelar con Gambetta.—Viaje de Pí y Margall á Francia.—Gambetta no cumple sus promesas.—El Gobierno Provisional de Francia envía á España al conde de Keratry solicitando socorros.—Entrevista de éste con Prim.—Candidatura de Amadeo de Saboya.—Su resistencia á aceptar la corona de España.—Manejos de Víctor Manuel.—Amadeo acepta la corona.—Votación del rey.—Su insignificante resultado.—Nómbrase una comisión para que pase á Italia.—Ciérranse las Cortes hasta su regreso.—Agitación que se produce en el país.—Protestas de los republicanos.—Trabajos de los carlistas.—Doña Isabel y don Carlos.—Sus conferencias en París y su impudor político.—Propaganda del clero contra don Amadeo.—La isla de Cuba.—Insurrección separatista.—Carácter horrible de la guerra en Cuba.—Arbitrariedades del gobierno.—Hazañas de *la partida de la porra.*—Vuelven á ser abiertas las Cortes.—Proposición de autorización al gobierno para plantear leyes.—Protestas que provoca.—Discurso de Pi y Margall.—Preparativos de los progresistas para recibir á Amadeo.—Asesinato del general Prim.—Impresión que produce.—Misterio en que queda el crimen.—Llegada de Amadeo á España.—Su actitud.—Entrada en Madrid.—Su juramento y proclamación. 484

Cap. xxvi.—1871-1873.—El reinado de Amadeo de Saboya, juzgado por D. Francisco Pí y Margall. . . 550

Cap. xxvii.—1871-1873.—El partido republicano federal.—Conducta del Directorio.—Manifiesto electoral.—Extraña coalición.—Coacciones electorales del gobierno.—Nouvilas y Contreras.—Asamblea Federal.—La *Comunne* de París.—Debate que produce en las Cortes Españolas.—Imprudente declaración de Castelar.—La benevolencia con los radicales.—Efecto que produce en el partido federal.—Benévolos é intransigentes.—Debate sobre *La Internacional.*—Opinión de Ruiz Zorrilla.—Presentación de Salmerón en el Congreso.—D. Baldomero Lostau.—Amenazas de los radicales á D. Amadeo.—La fracción intransigente.—D. Francisco García López.—Subida de Sagasta al poder.—Escandalosa disolución de las Cortes.—Asamblea Federal.—Sus trabajos.—Reformas sociales.—Los prodecimientos electorales de Sagasta.—Resultados de las elecciones.—Sublevación de los carlistas.—Nuevo Directorio Federal.—D. Nicolás Estévanez.—La transferencia famosa de Sagasta.—Retraimiento parlamentario.—Ministerio Ruiz Zorrilla.—Animosidad entre benévolos é intransigentes.—Propaganda alfonsina.—Actitud de Montpensier.—Nuevas Cortes.—Propaganda de los conservadores en favor de la República.—Su verdadero significado.—Sublevación del Ferrol.—Declaraciones de Pí y Margall.—Alboroto que producen en el partido republicano.—Los intransigentes se constituyen en partido.—Insurrección republicana.—Estévanez en Despeñaperres.--Gálvez en Murcia.--Fin de la insurrección.—Incidente palaciego.—Indignación de Rivero.—El Consejo de ministros del día 8.—Relación de Ruiz Zorrilla.—Dimisión de Amadeo.—Sesión parlamentaria del 10 de Febrero.—Las Cortes quedan en sesión permanente.--Su contestación al rey.—El Senado se reune con el Congreso.—Proposición de Pí y Margall para que se proclame la República.—Incidente que ocasiona Rivero.—Abandona éste la presidencia de la Asamblea.—Discusión de la proposición de Pí y Margall.—Proclamación de la República.—Figueras presidente del Poder ejecutivo.—Su discurso.—Elección de mesa de la Asamblea.—Consideraciones sobre el 11 de Febrero. 584

Cap. xxviii.—1873.—Situación de radicales y federales al proclamarse la República.—Tendencias de los dos partidos.—Exagerada benignidad de los republicanos.—Desórdenes en Andalucía.--Exageración de los conservadores.—Adhesión de Espartero á la República.—Sospechas que excita el general Moriones como general del ejército del Norte.—Le reemplaza el general Pavía.—Ingratitud de los radicales.—Sus manejos contra los republicanos.—Provocan la crisis ministerial.—Reunión de la Asamblea en secciones.—Conferencia de radicales y federales.—Golpe de Estado que preparan los radicales.—Es desbaratado por Pí y Margall.—Apurada situación de Martos.—Su debilidad y vergüenza.—Resolución que adopta.—Sesión del 24 de Febrero.—Dimisión del ministerio.—Justificación de Martos.—Facultades que le da la Asamblea.—El nuevo gobierno.—La proclamación de la República en Barcelona.—Planes reaccionarios de las autoridades militares.—Irritación de los republicanos catalanes.—Disposiciones de la Diputación Provincial.—Fuga de los jefes.—Abandono en que queda el ejército de Cataluña.—Honradez de los soldados.—El cabo Lambiaga.—Baldomero Lostau.—Sus acertadas disposiciones.—El Estado Catalán.—La Diputación inviste á Lostau de la dictadura revolucionaria.—Sus acertados actos de gobierno.—Efecto que causan en Cataluña las noticias de las Cortes.—Fracaso del movimiento federal.—Figueras en Barcelona.—Sus actos.—Lostau sale á campaña con los Guías de la Diputación.—Sus triunfos sobre los carlistas.—Estévanez gobernador de Madrid.—Actitud de Pavía.—Nouvilas en el Norte.—La República en sus relaciones internacionales.—Reconocimiento de Suiza y los Estados-Unidos.—Conducta de la Asamblea.—Hostilidad de los radicales.—Su inteligencia con los conservadores—La asociación de *vecinos honrados*.—Debates que origina en la Asamblea.—Proposición del gobierno sobre disolución de la Asamblea.—Dictamen de la comisión.—Voto particular de Primo de Rivera.—Discurso de Figueras.—Debate sobre el voto particular.—Acuérdase la disolución de la Asamblea.—Ultimas hostilidades de los radicales.—Abolición de la esclavitud en Puerto Rico—Nombramiento de la comisión permanente.—Disolución de la Asamblea. . . . 636

Cap. xxix.—1873.—Situación del país.—Conducta del gobierno después de cerrada la Asamblea.—La guerra en Cataluña.—Extravancias de Contreras.—Conspiración de los radicales y conservadores acaudillados por Serrano.—Propósitos electorales de los progresistas.—Honrada firmeza de Pí y Margall.—La Comisión permanente.—Sus sesiones.—Golpe de Estado que conciertan los enemigos de la República.—El 23 de Abril.—Vigilancia de Pi y del gobernador Estévanez. — Disposiciones que acuerdan.—Revista de la Milicia monárquica.—Insurrección en la Plaza de Toros.—El brigadier Carmona es nombrado jefe de la Milicia republicana.—Se reune la Comisión permanente.—Actitud subversiva de sus individuos.—Cinismo de Rivero.—Disposiciones de Pí.—Fuga de los sublevados.—Blandura de los ministros.—Insistencia de la Comisión permanente.—Indignación que en el pueblo produce su conducta.—Motín en la plaza de las Cortes.—Disolución de la Comisión permanente.—Fuga de los sediciosos.—Decreto disolviendo la Comisión. Principio de la verdadera época republicana.—Desacierto de Pi y Margall.—Inmenso poder que las circunstancias le confieren.—Entusiasmo del país por la federación.—Notable circular de Pí sobre elecciones. — Nouvilas ministro de la Guerra.—Atrevimientos del secretario Pierrad.—Protesta de la extinguida Comisión permanente.—Salida de Nouvilas al Norte. Figueras en el ministerio de la Guerra.—Su desacertada conducta.—Resultado de las elecciones.—Indisciplina del ejército.—Guerra que los conservadores hacen á Nouvilas.—Grupos parlamentarios.—Apertura de las Cortes.—Orense es nombrado presidente.—Su extraña proclamación de la República Federal.—Dimisión del gobierno.—Las Cortes encargan á Pí y Margall la formación de gabinete.—Sesión del 8 de Junio.—Gabinete propuesto por Pi.—Inconveniencia de la Cámara.—Escándalo parlamentario.—Retirada de Pí.—Tardía satisfacción que le dan las Cortes.—Manejos parlamentarios contra Pí.—Conferencia de éste con Figueras.—Figueras se fuga al extranjero.—Agitación que produce en Madrid.—Pí y Margall presidente del Poder ejecutivo.—Su presentación á las Cortes.—Calidad de su ministerio. 681

Cap. xxx.—1873.—Presidencia de D. Francisco Pí y Margall.—Situación del país al inaugurarse dicho gobierno.—Pí expone su programa en las Cortes.—Manejos de Castelar y Salmerón.—Impaciencia de las provincias por la federación.—Indisciplina del ejército.—Hechos reprobables de la soldadesna.—Salmeron, presidente de las Cortes.—Su tibieza federal.—Elecciones municipales y provinciales.—Planes de Hacienda.—Empréstito proyectado por Pi con el gobierno de los Estados-Unidos.—Comision constitucional.—Sres. Estévanez y Benot.—El ministro de Marina.—Sus excentricidades.—Crisis ministerial.—Dificultad para proveer la cartera de la Guerra.—El general González Iscar. —Desconcierto en las Cortes.—El nuevo ministerio.—Sedicion en Andalucía.—El gobierno solicita facultades extraordinarias.—Discusiones en las Cortes.—Estas conceden á Pi una verdadera dictadura.—La extrema izquierda se retira de las Cortes.—Interpelacion del diputado Navarrete.—Interpelacion de Romero Robledo. —Brillante defensa que Castelar hace de la federacion.—Discursos de Pi y Margall.—El ejército de Andalucía.—La guerra en el Norte y en Cataluña.—Muerte del heróico Cabrinetti.—Sangriento Motin en Alcoy.—Sublevacion de Cartagena.—Medidas del gobierno.— Traidora conducta del ministro de la Guerra.—Vil conducta que observan con Pi los amigos de Castelar.—Noble defensa del presidente de la República.—La Constitucion Federal.—Dimision de Pi y Margall.—Su franca vindicacion. Cap. XXXI.—1873.—Salmeron, presidente del Poder ejecutivo.—Gabinete que forma.—Política de Salmeron.—Situacion de las provincias.—Sublevacion de Cartagena.—Trabajos de los intransigentes.—Contreras y Borcia.—Sublevacion de Valencia.—Proclamacion de los cantones en toda España.—Primeros actos de la sublevacion de Cartagena.—Insurreccion de la escuadra.—Arbitrarias declaraciones de Salmeron.—Declaracion de piratería.—La guerra carlista.—Heroismo de los defensores de Estella.—La guerra en Cataluña.—Fin del movimiento cantonal de Andalucía.—Sitio de Valencia por Martinez Campos.—Legitimidad de la revolucion cantonal.—Los defensores de Cartagena.—Sus expediciones marítimas.—Bombardeo de Almería.—Intervencion de la escuadra prusiana.—Pérdida ocasional de los cantones.—Amenazas de Cartagena.—Protestas de los cantonales contra Inglaterra.—Bombardeo de Alicante.—La escuadra federal contramirada.—Combate naval del Cabo de Palos.—Nueva expedicion de la escuadra cantonal.—Pérdida del Fernando el Católico.—Sublevacion fracasada en Valencia.—Traicion que se descubre en Cartagena.—Calumnias de la prensa ministerial.—Situacion desahogada de Cartagena.—Incendio de la Tea.—Trabajos de las Constituyentes.—Triste suerte del proyecto de Constitucion Federal.—Castelar presidente de las Córtes.—Originales declaraciones de Salmeron sobre los fusilamientos.—Dimite á presidencia de la República.—Causas de la dimision.—Sesion del 6 de Setiembre.—Vuelta de Pi y Margall á Congreso.—Su discurso contra Rios Rosas.—Castelar Presidente del Poder ejecutivo.—Su programa.—Proposicion de Maisonnave sobre suspension de las sesiones.—Su discusion.—Ciérranse las Córtes.—La dictadura de los cien dias.—Arbitrariedades de Castelar.—Regreso de los emigrados monárquicos.—Influencia del ejército.—Castelar pone el ejército en manos de los alfonsinos.—Los partidos monárquicos se reorganizan protegidos por Castelar.—Fallecimiento de Olózaga.—Provocaciones de Castelar al pueblo.—La cuestion del Virginius.—Insolencia del elemento militar reaccionario.—Persecucion que sufre la prensa.—Rumores de restauracion.—Reapertura de las Córtes.—Sesion del 2 de Enero.—Discusiones.—Castelar arroja la máscara y reniega de la federacion.—Pavía atropella la representacion nacional.—Deshonroso fin de las Constituyentes.—Dedil protesta del pais. Cap. XXXII.—1874.—El golpe de Estado.—Conducta de Pavía.—Reunion de políticos.—Declaraciones de Cánovas.—Gabinete que se forma.—García Ruiz.—Su tiranía con los republicanos.—Odiosas perse-

ÍNDICE

	Páginas		Páginas
s.—Medidas reaccionarias. fiesto del gobierno.—Pro- contra el golpe de Estado. rección de Zaragoza.—Su ncia.—Sublevación de Va- .—Actitud de Cataluña.— insurrecciones.— Defensa h de las Barraquetas, en —La defensa de Cartagena. ble bombardeo.—Desgra- el interior de la plaza.— del castillo de Atalaya.— os de la idea de capitula- Los cantonales envían una n al campo sitiador.—De- ón de la Junta cantonal. e la Numancia.—Rendición agena.—Apostasía de Ro- rcia.—Arbitrariedades del o.—La guerra del Norte.— n de Moriones.—Marcha al Norte.—Su censurable n.— Desaliento público.— defensa de Bilbao.—Cam- la prensa ministerial con-		tra los federales.—Vindicación de Pí y Margall.—El general D. Ma- nuel Concha.—Liberta á Bilbao. —Crisis ministerial.—Oficiosidad de Castelar.— Ministerio consti- tucional.—Reorganización de los republicanos.—Adhesión de Ruiz Zorrilla.—Medidas del gobierno contra la prensa.—Muerte de Con- cha en Montemuro.—Conspiracio- nes alfonsinas.—Saqueo de Cuen- ca por los carlistas.— Horribles fusilamientos en Olot.—Reforma ministerial.—Trabajos revolucio- narios de Ruiz Zorrilla.—Nombra- mientos militares.—Planes reac- cionarios del gobierno.—Subleva- ción de Martínez Campos.—Efecto que produce.—Traidora conducta del gobierno.—Ridícula decisión de Serrano.—Triunfo de la insu- rrección de Sagunto.—Proclama- ción de Alfonso XII.	842
		La Restauración.	875
		Epílogo de D. Francisco Pí y Margall.	881

PAUTA PARA LA COLOCACIÓN DE LÁMINAS

	Págs.
—Calomarde, Zea Bermúdez.	
el Cortina.	8
mero Espartero.	11
eón.	21
tiano Olózaga.	72
M.ª Orense.	85
Ordas de Avecilla.	142
donell.	173
Tetuán.	234
rim.	265
ecerra, A. Fernández de los Ríos, A. Ríos Rosas. .	320
cisco Serrano.	326
bio, Calvo Asencio.	361
ra española en Cádiz, iniciando la Revolución de Setiembre. . . .	367
ás M.ª Rivero. .	387
rcia, Fernando Garrido, Roberto Robert. .	397
des Mateo Sagasta. .	467
Barca, Fermín Salvochea.	477
adeo, jurando la Constitución. . . .	548
ontreras, Nicolás Estévanez y Suñer y Capdevila. .	607
ion de la República, 11 de Febrero de 1873. .	633
islao Figueras.	636
rizti, Baldomero Lostau, Gonzalo Serraclara. .	661
cisco Pí y Margall.	725
u, Eduardo Benot, S. Cristóbal Sorní. .	737
ás Salmerón.	769
o Castelar.	817
el Ruiz Zorrilla.	866

ca.—Salmerón presidente de las Cortes.—Su tibieza federal.—Elecciones municipales y provinciales.—Planes de Hacienda.—Empréstito proyectado por Pí con el gobierno de los Estados-Unidos.—Comisión constitucional.—Sorní, Estévanez y Benot.—El ministro de Marina.—Sus excentricidades.—Crisis ministerial.—Dificultad para proveer la cartera de la Guerra.—El general González Iscar.—Desconcierto en las Cortes.—El nuevo ministerio.—Sedición en Andalucía.—El gobierno solicita facultades extraordinarias.—Discusiones en las Cortes.—Estas conceden á Pí una verdadera dictadura.—La extrema izquierda se retira de las Cortes.—Interpelación del diputado Navarrete.—Interpelación de Romero Robledo.—Brillante defensa que Castelar hace de la federación.—Discurso de Pí y Margall.—El ejército de Andalucía.—La guerra en el Norte y en Cataluña.—Muerte del heroico Cabrinetti.—Sangriento Motín en Alcoy.—Sublevación de Cartagena.—Medidas del gobierno.—Traidora conducta del ministro de la Guerra.—Vil conducta que observan con Pí los amigos de Castelar.—Noble defensa del presidente de la República.—La Constitución Federal.—Dimisión de Pí y Margall.—Su franca vindicación. 724

CAP. XXXI.—1873.—Salmerón, presidente del Poder ejecutivo.—Gabinete que forma.—Política de Salmerón.—Situación de las provincias.—Sublevación de Cartagena.—Trabajos de los intransigentes.—Contreras y Birciá.—Sublevación de Valencia.—Proclamación de los cantones en toda España.—Primeros actos de la sublevación de Cartagena.—Insurrección de la escuadra.—Arbitrarias declaraciones de Salmerón.—Declaración de piratería.—La guerra carlista.—Heroismo de los defensores de Estella.—La guerra en Cataluña.—Fin del movimiento cantonal de Andalucía.—Sitio de Valencia por Martínez Campos.—Legitimidad de la revolución cantonal.—Los defensores de Cartagena.—Sus expediciones marítimas.—Bombardeo de Almería.—Intervención de la escuadra prusiana.—Pérdidas marítimas de los cantonales.—Acción de Chinchilla.—Protestas de los cantonales contra Inglaterra.—Bombardeo de Alicante.—La escuadra del contraalmirante Lobo.—Combate naval del Cabo de Palos.—Nueva expedición de la escuadra cantonal.—Pérdida del *Fernando el Católico*.—Sublevación fracasada en Valencia.—Traición que se descubre en Cartagena.—Calumnias de la prensa ministerial.—Situación desahogada de Cartagena.—Incendio de la *Tetuán*.—Trabajo de las Constituyentes.—Triste suerte del proyecto de Constitución Federal.—Castelar presidente del Congreso.—Originales declaraciones de Salmerón sobre los delitos políticos.—Dimite la presidencia de la República.—Causas de la dimisión.—Sesión del 6 de Setiembre.—Vuelta de Pí y Margall al Congreso.—Su discusión con Ríos Rosas.—Castelar Presidente del Poder ejecutivo.—Su programa.—Proposición de Morayta sobre suspensión de las sesiones.—Su discusión.—Ciérranse las Cortes.—La dictadura de los cien días.—Arbitrariedades de Castelar.—Regreso de los emigrados monárquicos.—Influencia que ejercen.—Castelar pone el ejército en manos de los alfonsinos.—Los partidos monárquicos se reorganizan protegidos por Castelar.—Fallecimiento de Olózaga.—Provocaciones de Castelar al pueblo.—La cuestión del *Virginius*.—Insolencia del elemento militar reaccionario.—Persecución que sufre la prensa.—Rumores de restauración.—Reapertura de las Cortes.—Sesión del 2 de Enero.—Discusiones.—Castelar arroja la máscara y reniega de la federación.—Pavía atropella la representación nacional.—Deshonroso fin de las Constituyentes.—Débil protesta del país. 768

CAP. XXXII.—1874.—El golpe de Estado.—Conducta de Pavía.—Reunión de políticos.—Declaraciones de Cánovas.—Gabinete que se forma.—García Ruiz.—Su tiranía con los republicanos.—Odiosas persecuciones.—Medidas reaccionarias. —Manifiesto del gobierno.—Protestas contra el golpe de Estado. —Insurrección de Zaragoza.—Su importancia.—Sublevación de Valladolid.—Actitud de Cataluña.— Varias insurrecciones.— Defensa del *Xich de las Barraquetas*, en Sarriá.—La defensa de Cartagena. —Terrible bombardeo.—Desgracias en el interior de la plaza.— Pérdida del castillo de Atalaya.— Progresos de la idea de capitulación.—Los cantonales envían una comisión al campo sitiador.—Deliberación de la Junta cantonal.— Salida de la *Numancia*.—Rendición de Cartagena.—Apostasía de Roque Barcia.—Arbitrariedades del gobierno.—La guerra del Norte.— Dimisión de Moriones.—Marcha Serrano al Norte.—Su censurable inacción.—Desaliento público.— Heróica defensa de Bilbao.—Campaña de la prensa ministerial contra los federales.—Vindicación de Pi y Margall.—El general D. Manuel Concha.—Liberta á Bilbao. —Crisis ministerial.—Oficiosidad de Castelar.— Ministerio constitucional.—Reorganización de los republicanos.—Adhesión de Ruiz Zorrilla.—Medidas del gobierno contra la prensa.—Muerte de Concha en Montemuro.—Conspiraciones alfonsinas.—Saqueo de Cuenca por los carlistas.— Horribles fusilamientos en Olot.—Reforma ministerial.—Trabajos revolucionarios de Ruiz Zorrilla.—Nombramientos militares.—Planes reaccionarios del gobierno.—Sublevación de Martínez Campos.—Efecto que produce.—Traidora conducta del gobierno.—Ridícula decisión de Serrano.—Triunfo de la insurrección de Sagunto.—Proclamación de Alfonso XII. 842

La Restauración. 875
Epílogo de D. Francisco Pi y Margall. 881

PAUTA PARA LA COLOCACIÓN DE LÁMINAS

Págs.

Portada.—Calomarde, Zea Bermúdez.
Don Manuel Cortina. 8
Don Baldomero Espartero. 11
General León. 21
Don Salustiano Olózaga. 72
Don José M.ª Orense. 85
Don José Ordas de Avecilla. 142
General Odonell. 173
Batalla de Tetuán. 234
General Prim. 265
Manuel Becerra, A. Fernández de los Ríos, A. Ríos Rosas. . . 320
Don Francisco Serrano. 326
Carlos Rubio, Calvo Asencio. 361
La escuadra española en Cádiz, iniciando la Revolución de Setiembre. . . . 367
Don Nicolás M.ª Rivero. 387
Roque Barcia, Fernando Garrido, Roberto Robert. 397
Don Práxedes Mateo Sagasta. 467
R. Cala y Barca, Fermín Salvoechea. 477
El rey Amadeo, jurando la Constitución. 548
General Contreras, Nicolás Estévanez y Suñer y Capdevila. . 607
Proclamación de la República, 11 de Febrero de 1873. . . . 633
Don Estanislao Figueras. 636
Adolfo Joarizti, Baldomero Lostau, Gonzalo Serraclara. . . 661
Don Francisco Pi y Margall. 725
Juan Tutau, Eduardo Benot, S. Cristóbal Sorní. 737
Don Nicolás Salmerón. 769
Don Emilio Castelar. 817
Don Manuel Ruiz Zorrilla. 866